THE NE

Hebrew-En

THE NEW DICTIONARY

Hebrew-English English-Hebrew

Compiled by YISRAEL LAZAR

·K·U·P·E·R·A·R·D·

The New Dictionary
Hebrew - English   English - Hebrew
Published in Great Britain in 1999 by Kuperard
311 Ballards Lane
London NI2 8LY
Great Britain
Tel (0044) 0181 446 2440   Fax (0044) 0181 446 2441
E-mail kuperard@bravo.clara.net

©1999 KS-JM Books
Kuperard is an imprint of Bravo Ltd.

ISBN 1-87066-826-X

CONTENTS
(English–Hebrew)

Preface

This new bilingual dictionary, appearing at the end of the twentieth century and on the threshold of the year 2000, contains words and concepts which are most commonly used in Hebrew and English in daily life, in the press and media, in education, and in the realm of science and technology. In modern times every living language has undergone many changes and developments. This is true especially for English, which is today the international medium of communication, but is also true for Hebrew, the ancient Biblical tongue which has undergone so many deep and extensive developments in the last hundred years, and has spread in usage both in Israel and in other centers of Jewish life.

Arrangement of Entries

Special features of this dictionary concern the Hebrew side in particular. The spelling is the full spelling established by the Hebrew Language Academy and obligatory in all written materials. We have however seen fit also to vocalize each word fully so as to enable the user and learner to know its proper pronunciation. Verbs are entered as usual in Hebrew dictionary practice according to the third person past tense of the simple conjugation פָּעַל, thus שָׁמַר, לָמַד, כָּתַב and so on. In the פִּיעֵל conjugation י, and in the פּוּעַל conjugation ו, have been added after the first root letter, thus בִּיטֵּל, לִימֵּד, סִידֵּר ... בּוּטַּל, שׁוּתַּק, סוּדַּר .... In the נִפְעַל conjugation verbs are arranged beginning with נ, thus נִכְתַּב, נוֹתַר, נוֹאַשׁ, ... and in the הִפְעִיל, הוּפְעַל and הִתְפַּעֵל conjugations verbs are arranged beginning with ה, thus הִשְׁלִיךְ, הִמְתִּין, הִשְׁמִיד ... הוּשְׁלַךְ, הוּרְתַּק, הוּשְׁמַד ... הִתְלַהֵב, הִסְתַּדֵּר, הִזְדַּמֵּן, הִצְטַעֵר ...

הקיצורים בחלק האנגלי־עברי הם:
Abbreviations on the English Side

abbrev. – abbreviation קִיצוּר
adj. – adjective תּוֹאַר
adv. – adverb תּוֹאַר הַפּוֹעַל
coll. – colloquial דִּיבּוּרִי, בִּלְשׁוֹן הַדִּיבּוּר
conj. – conjunction מִלַּת חִיבּוּר
fem. – feminine נְקֵבָה
fig. – figurative בְּהַשְׁאָלָה
imp. – imperative צִיוּוּי
inf. – infinitive מָקוֹר
inter. – interjection מִלַּת קְרִיאָה
masc. – masculine מִין זָכָר
n. – noun (שֵׁם (עֶצֶם
pl. – plural רַבִּים
pp. – past or passive participle עָבָר אוֹ 'בֵּינוֹנִי פָּעוּל'
prep. – preposition מִלַּת יַחַס
pron. – pronoun מִלַּת גּוּף, כִּינּוּי גּוּף
pt. – past tense זְמַן עָבָר
s., sing. – singular יָחִיד
sl. – slang סְלֶנְג, עָגָה
v. aux. – auxiliary verb פּוֹעַל עֵזֶר
v.i. – intransitive verb פּוֹעַל עוֹמֵד
v.t. – transitive verb פּוֹעַל יוֹצֵא

GRAMMATICAL TABLES
טבלאות דקדוק

פעלים חריגי נטייה

להלן רשימת פעלים באנגלית שצורות העבר וה'בינוני פעול' שלהן חריגות. בדרך כלל
מוסיפים בפועל את הסופיות ed הן לצורות העבר והן לצורות ה'בינוני פעול'. ברשימת
Irregular Verbs אין ed בסוף הפועל בעבר או ב'בינוני פעול' אלא סיומות אחרות או
ששינויים 'פנימיים' חלים בפועל בעבר או ב'בינוני פעול'

ENGLISH IRREGULAR VERBS

PRESENT	PAST	PAST PARTICIPLE
abide	abode	abode
am, is, are	was, were	been
arise	arose	arisen
awake	awoke, awaked	awoke, awaked
bear	bore	born, borne
beat	beat	beaten, beat
become	became	become
begin	began	begun
bend	bent	bent
bereave	bereaved, bereft	bereaved, bereft
beseech	beseeched, besought	beseeched, besought
beset	beset	beset
bet	bet, betted	bet, betted
bid	bade, bid	bidden, bid
bind	bound	bound
bite	bit	bitten
bleed	bled	bled
blow	blew	blown
break	broke	broken
breed	bred	bred
bring	brought	brought
build	built	built
burn	burned, burnt	burned, burnt

PRESENT	PAST	PAST PARTICIPLE
burst	burst	burst
buy	bought	bought
can	could	
cast	cast	cast
catch	caught	caught
choose	chose	chosen
cleave	cleaved, clove, cleft	cleaved; cloven, cleft
cling	clung	clung
clothe	clothed, clad	clothed, clad
come	came	come
cost	cost	cost
creep	crept	crept
crow	crowed, crew	crowed
cut	cut	cut
deal	dealt	dealt
dig	dug	dug
do	did	done
draw	drew	drawn
dream	dreamed, dream	dreamed, dreamt
drink	drank	drunk
drive	drove	driven
dwell	dwelled, dwelt	dwelled, dwelt
eat	ate	eaten
fall	fell	fallen
feed	fed	fed
feel	felt	felt
fight	fought	fought
find	found	found
flee	fled	fled
fling	flung	flung
fly	flew	flown
forbear	forbore	forborne
forbid	forbade, forbad	forbidden
forget	forgot	forgotten

PRESENT	PAST	PAST PARTICIPLE
forgive	forgave	forgiven
forsake	forsook	forsaken
freeze	froze	frozen
get	got	got, gotten
gild	gilded, gilt	gilded, gilt
gird	girded, girt	girded, girt
give	gave	given
go	went	gone
grind	ground	ground
grow	grew	grown
hang	hung	hung
have	had	had
hear	heard	heard
heave	heaved, hove	heaved, hove
help	helped	helped
hew	hewed	hewed, hewn
hide	hid	hidden, hid
hit	hit	hit
hold	held	held
hurt	hurt	hurt
keep	kept	kept
kneel	knelt, kneeled	knelt, kneeled
knit	knitted, knit	knitted, knit
know	knew	known
lay	laid	laid
lead	led	led
lean	leaned, leant	leaned, leant
leap	leaped, leapt	leaped, leapt
learn	learned, learnt	learned, learnt
leave	left	left
lend	lent	lent
let	let	let
lie	lay	lain
light	lighted, lit	lighted, lit

PRESENT	PAST	PAST PARTICIPLE
load	loaded	loaded, laden
lose	lost	lost
make	made	made
may	might	–
mean	meant	meant
meet	met	met
mow	mowed	mowed, mown
must	–	–
ought	–	
pay	paid	paid
pent	penned, pent	penned, pent
put	put	put
rend	rent	rent
rid	rid	rid
ride	rode	ridden
ring	rang	rung
rise	rose	risen
ran	ran	run
saw	sawed	sawed, sawn
say	said	said
see	saw	seen
seek	sought	sought
sell	sold	sold
send	sent	sent
set	set	set
sew	sewed	sewed, sewn
shake	shook	shaken
shall	should	–
shave	shaved	shaved, shave'
shear	sheared	shorn
shed	shed	shed
shine	shone	shone
shod	shod	shod
shoot	shot	shot

PRESENT	PAST	PAST PARTICIPLE
show	showed	shown
shred	shredded	shredded, shred
shrink	shrank, shrunk	shrunk
shut	shut	shut
sing	sang	sung
sink	sank	sunk
sit	sat	sat
slay	slew	slain
sleep	slept	slept
slide	slid	slid
sling	slung	slung
slink	slunk	slunk
slit	slit, slitted	slit, slitted
smell	smelled, smelt	smelled, smelt
smite	smote	smitten
sow	sowed	sown, sowed
speak	spoke	spoken
speed	sped, speeded	sped, speeded
spell	spelled, spelt	spelled, spelt
spend	spent	spent
spill	spilled, spilt	spilled, spilt
spin	spun	spun
spit	spat, spit	spat, spit
split	split	split
spoil	spoiled, spoilt	spoiled, spoilt
spread	spread	spread
spring	sprang	sprung
stand	stood	stood
steal	stole	stolen
stick	stuck	stuck
sting	stung	stung
stink	stank, stunk	stunk
strew	strewed	strewed, strewn
stride	strode	stridden

PRESENT	PAST	PAST PARTICIPLE
strike	struck	struck
string	strung	strung
strive	strove, strived	striven, strived
swear	swore	sworn
sweep	swept	swept
swell	swelled	swelled, swollen
swim	swam	swum
swing	swung	swung
take	took	taken
teach	taught	taught
tear	tore	torn
tell	told	told
think	thought	thought
thrive	thrived, throve	thrived, thriven
throw	threw	thrown
understand	understood	understood
thrust	thrust	thrust
tread	trod	trodden, trod
upset	upset	upset
wake	waked, woke	waked, woken
wear	wore	worn
weave	wove	woven
weep	wept	wept
wet	wet, wetted	wet, wetted
will	would	
win	won	won
wind	wound	wound
work	worked, wrought	worked, wrought
wring	wrung	wrung
write	wrote	written

דוּגְמָה לִנְטִיַּית הַפּוֹעַל מִגִּזְרַת הַשְּׁלֵמִים: הַשּׁוֹרֶשׁ פקד
(בכתיב מלא)

SAMPLE INFLECTION OF THE REGULAR VERB
ROOT פקד

בִּנְיָן Pattern / זמן Tense	פָּעַל (קַל)	נִפְעַל	פִּיעֵל	פּוּעַל	הִתְפַּעֵל	הִפְעִיל	הוּפְעַל
עָבָר Past	פָּקַדְתִּי	נִפְקַדְתִּי	פִּיקַּדְתִּי	פּוּקַּדְתִּי	הִתְפַּקַּדְתִּי	הִפְקַדְתִּי	הוּפְקַדְתִּי
	פָּקַדְתָּ	נִפְקַדְתָּ	פִּיקַּדְתָּ	פּוּקַּדְתָּ	הִתְפַּקַּדְתָּ	הִפְקַדְתָּ	הוּפְקַדְתָּ
	פָּקַדְתְּ	נִפְקַדְתְּ	פִּיקַּדְתְּ	פּוּקַּדְתְּ	הִתְפַּקַּדְתְּ	הִפְקַדְתְּ	הוּפְקַדְתְּ
	פָּקַד	נִפְקַד	פִּיקֵּד	פּוּקַּד	הִתְפַּקֵּד	הִפְקִיד	הוּפְקַד
	פָּקְדָה	נִפְקְדָה	פִּיקְּדָה	פּוּקְּדָה	הִתְפַּקְּדָה	הִפְקִידָה	הוּפְקְדָה
	פָּקַדְנוּ	נִפְקַדְנוּ	פִּיקַּדְנוּ	פּוּקַּדְנוּ	הִתְפַּקַּדְנוּ	הִפְקַדְנוּ	הוּפְקַדְנוּ
	פְּקַדְתֶּם	נִפְקַדְתֶּם	פִּיקַּדְתֶּם	פּוּקַּדְתֶּם	הִתְפַּקַּדְתֶּם	הִפְקַדְתֶּם	הוּפְקַדְתֶּם
	פְּקַדְתֶּן	נִפְקַדְתֶּן	פִּיקַּדְתֶּן	פּוּקַּדְתֶּן	הִתְפַּקַּדְתֶּן	הִפְקַדְתֶּן	הוּפְקַדְתֶּן
	פָּקְדוּ	נִפְקְדוּ	פִּיקְּדוּ	פּוּקְּדוּ	הִתְפַּקְּדוּ	הִפְקִידוּ	הוּפְקְדוּ
הוֹוֶה Present	פּוֹקֵד	נִפְקָד	מְפַקֵּד	מְפוּקָּד	מִתְפַּקֵּד	מַפְקִיד	מוּפְקָד
	פּוֹקֶדֶת	נִפְקֶדֶת	מְפַקֶּדֶת	מְפוּקֶּדֶת	מִתְפַּקֶּדֶת	מַפְקִידָה	מוּפְקֶדֶת
	פּוֹקְדִים	נִפְקָדִים	מְפַקְּדִים	מְפוּקָּדִים	מִתְפַּקְּדִים	מַפְקִידִים	מוּפְקָדִים
	פּוֹקְדוֹת	נִפְקָדוֹת	מְפַקְּדוֹת	מְפוּקָּדוֹת	מִתְפַּקְּדוֹת	מַפְקִידוֹת	מוּפְקָדוֹת
עָתִיד Future	אֶפְקוֹד	אֶפָּקֵד	אֲפַקֵּד[12]	אֲפוּקַּד[12]	אֶתְפַּקֵּד	אַפְקִיד	אוּפְקַד
	תִּפְקוֹד	תִּיפָּקֵד	תְּפַקֵּד	תְּפוּקַּד	תִּתְפַּקֵּד	תַּפְקִיד	תּוּפְקַד
	תִּפְקְדִי	תִּיפָּקְדִי	תְּפַקְּדִי	תְּפוּקְּדִי	תִּתְפַּקְּדִי	תַּפְקִידִי	תּוּפְקְדִי
	יִפְקוֹד	יִיפָּקֵד	יְפַקֵּד	יְפוּקַּד	יִתְפַּקֵּד	יַפְקִיד	יוּפְקַד
	תִּפְקוֹד	תִּיפָּקֵד	תְּפַקֵּד	תְּפוּקַּד	תִּתְפַּקֵּד	תַּפְקִיד	תּוּפְקַד
	נִפְקוֹד	נִיפָּקֵד	נְפַקֵּד	נְפוּקַּד	נִתְפַּקֵּד	נַפְקִיד	נוּפְקַד
	תִּפְקְדוּ	תִּיפָּקְדוּ	תְּפַקְּדוּ	תְּפוּקְּדוּ	תִּתְפַּקְּדוּ	תַּפְקִידוּ	תּוּפְקְדוּ
	יִפְקְדוּ	יִיפָּקְדוּ	יְפַקְּדוּ	יְפוּקְּדוּ	יִתְפַּקְּדוּ	יַפְקִידוּ	יוּפְקְדוּ
	(תִּפְקוֹדְנָה)	(תִּיפָּקַדְנָה)	(תְּפַקֵּדְנָה)	(תְּפוּקַּדְנָה)	(תִּתְפַּקֵּדְנָה)	(תַּפְקֵדְנָה)	(תּוּפְקַדְנָה)
צִיוּוּי Imperative	פְּקוֹד	הִיפָּקֵד	פַּקֵּד		הִתְפַּקֵּד	הַפְקֵד	
	פִּקְדִי	הִיפָּקְדִי	פַּקְּדִי	אַיִן	הִתְפַּקְּדִי	הַפְקִידִי	אַיִן
	פִּקְדוּ	הִיפָּקְדוּ	פַּקְּדוּ		הִתְפַּקְּדוּ	הַפְקִידוּ	
	(פְּקוֹדְנָה)	(הִיפָּקַדְנָה)	(פַּקֵּדְנָה)		(הִתְפַּקֵּדְנָה)	(הַפְקֵדְנָה)	

הַצּוּרוֹת בִּסְיוֹמֶת – נָה בעתיד וּבציווּי הנתוּנות בסוגריים הן צורות הנהוּגות בעתיד וּבציווּי בעיקר במקרא לגוּף שני וּלגוּף שלישי רַבּוֹת. בלשון חֲכָמִים בַּעֲקִיבוּת, וּבמידה ההולכת וגוברת גם בְּיָמֵינוּ, אֵין מִשְׁתַּמְּשִׁים בַּצּוּרוֹת הַמְּאֻרָכוֹת לנקבות אלא בַּצּוּרוֹת לְרַבִּים נוכחים ונסתרים: המדינות יָדוּנוּ, הילדות יְשַׂחֲקוּ, הַבְּעָיוֹת יִתְלַבְּנוּ, בנות, **בּוֹאוּ** הנה, חנה וּמזל שמעוּ בקולי וכו'. הצורות המוארכות לנקבות – נוֹכְחוֹת ונסתרות – הֵן אֵיפוֹא **רְשׁוּת** וְלֹא **חוֹבָה**, ועל כן הוּבאוּ בתוך סוגריים.

Parenthesized feminine forms with ־נָה in future and imperative are optional in Modern Hebrew, and the corresponding masculine forms are used instead.

תַּבְנִית־יְסוֹד לִנְטִיּוֹת הַשֵּׁם

SAMPLE INFLECTION OF THE NOUN

דּוּגְמָה לְשֵׁם נְקֵבָה: תְּמוּנָה Feminine		דּוּגְמָה לְשֵׁם זָכָר: דּוֹד Masculine	
מִסְפָּר רַבִּים Plural	מִסְפָּר יָחִיד Singular	רַבִּים Plural	יָחִיד Singular
תְּמוּנוֹת, תְּמוּנוֹת־	תְּמוּנָה, תְּמוּנַת־	דּוֹדִים, דּוֹדֵי־	דּוֹד, דּוֹד־
תְּמוּנוֹתַי	תְּמוּנָתִי	דּוֹדַי	דּוֹדִי
תְּמוּנוֹתֶיךָ	תְּמוּנָתְךָ	דּוֹדֶיךָ	דּוֹדְךָ
תְּמוּנוֹתַיִךְ	תְּמוּנָתֵךְ	דּוֹדַיִךְ	דּוֹדֵךְ
תְּמוּנוֹתָיו	תְּמוּנָתוֹ	דּוֹדָיו	דּוֹדוֹ
תְּמוּנוֹתֶיהָ	תְּמוּנָתָהּ	דּוֹדֶיהָ	דּוֹדָהּ
תְּמוּנוֹתֵינוּ	תְּמוּנָתֵנוּ	דּוֹדֵינוּ	דּוֹדֵנוּ
תְּמוּנוֹתֵיכֶם	תְּמוּנַתְכֶם	דּוֹדֵיכֶם	דּוֹדְכֶם
תְּמוּנוֹתֵיכֶן	תְּמוּנַתְכֶן	דּוֹדֵיכֶן	דּוֹדְכֶן
תְּמוּנוֹתֵיהֶם	תְּמוּנָתָם	דּוֹדֵיהֶם	דּוֹדָם
תְּמוּנוֹתֵיהֶן	תְּמוּנָתָן	דּוֹדֵיהֶן	דּוֹדָן

סְפָרוֹת Numerals	מִסְפָּרִים יְסוֹדִיִּים Cardinals		מִסְפָּרִים סִידּוּרִיִּים Ordinals	
	לְזָכָר Masculine	לִנְקֵבָה Feminine	לְזָכָר Masculine	לִנְקֵבָה Feminine
1	אֶחָד, אַחַד־	אַחַת, אַחַת	רִאשׁוֹן	רִאשׁוֹנָה
2	שְׁנַיִם שְׁנֵי־	שְׁתַּיִם שְׁתֵּי־	שֵׁנִי	שְׁנִיָּה
3	שְׁלוֹשָׁה, שְׁלוֹשֶׁת־	שָׁלוֹשׁ שְׁלוֹשׁ־	שְׁלִישִׁי	שְׁלִישִׁית
4	אַרְבָּעָה, אַרְבַּעַת־	אַרְבַּע, אַרְבַּע־	רְבִיעִי	רְבִיעִית
5	חֲמִישָּׁה, חֲמֵשֶׁת־	חָמֵשׁ, חֲמֵשׁ־	חֲמִישִׁי	חֲמִישִׁית
6	שִׁישָּׁה, שֵׁשֶׁת־	שֵׁשׁ	שִׁישִּׁי	שִׁישִּׁית
7	שִׁבְעָה, שִׁבְעַת־	שֶׁבַע, שְׁבַע	שְׁבִיעִי	שְׁבִיעִית
8	שְׁמוֹנָה, שְׁמוֹנַת־	שְׁמוֹנֶה	שְׁמִינִי	שְׁמִינִית
9	תִּשְׁעָה, תִּשְׁעַת־	תֵּשַׁע, תְּשַׁע־, תֵּשַׁע	תְּשִׁיעִי	תְּשִׁיעִית
10	עֲשָׂרָה, עֲשֶׂרֶת־	עֶשֶׂר, עֶשֶׂר־	עֲשִׂירִי	עֲשִׂירִית
11	אַחַד עָשָׂר	אַחַת עֶשְׂרֵה	הָאַחַד־עָשָׂר	הָאַחַת־עֶשְׂרֵה
12	שְׁנֵים עָשָׂר	שְׁתֵּים עֶשְׂרֵה	הַשְּׁנֵים־עָשָׂר	הַשְּׁתֵּים־עֶשְׂרֵה
13	שְׁלוֹשָׁה עָשָׂר	שְׁלוֹשׁ עֶשְׂרֵה	הַשְּׁלוֹשָׁה־עָשָׂר	הַשְּׁלוֹשׁ־עֶשְׂרֵה
14	אַרְבָּעָה עָשָׂר	אַרְבַּע עֶשְׂרֵה	הָאַרְבָּעָה־עָשָׂר	הָאַרְבַּע־עֶשְׂרֵה
15	חֲמִישָּׁה עָשָׂר	חֲמֵשׁ עֶשְׂרֵה	הַחֲמִישָּׁה־עָשָׂר	הַחֲמֵשׁ־עֶשְׂרֵה
16	שִׁישָּׁה עָשָׂר	שֵׁשׁ־עֶשְׂרֵה	הַשִּׁישָּׁה־עָשָׂר	הַשֵּׁשׁ־עֶשְׂרֵה
17	שִׁבְעָה עָשָׂר	שְׁבַע־עֶשְׂרֵה	הַשִּׁבְעָה־עָשָׂר	הַשְּׁבַע־עֶשְׂרֵה
18	שְׁמוֹנָה עָשָׂר	שְׁמוֹנֶה עֶשְׂרֵה	הַשְּׁמוֹנָה־עָשָׂר	הַשְּׁמוֹנֶה־עֶשְׂרֵה
19	תִּשְׁעָה עָשָׂר	תְּשַׁע עֶשְׂרֵה	הַתִּשְׁעָה־עָשָׂר	הַתְּשַׁע־עֶשְׂרֵה
20	עֶשְׂרִים	עֶשְׂרִים	הָעֶשְׂרִים	הָעֶשְׂרִים
21	עֶשְׂרִים וְאֶחָד	עֶשְׂרִים וְאַחַת	הָעֶשְׂרִים וְאֶחָד	הָעֶשְׂרִים וְאַחַת
30	שְׁלוֹשִׁים		הַשְּׁלוֹשִׁים	
40	אַרְבָּעִים		הָאַרְבָּעִים	
50	חֲמִישִּׁים		הַחֲמִישִּׁים	
60	שִׁישִּׁים		הַשִּׁישִּׁים	
70	שִׁבְעִים		הַשִּׁבְעִים	
80	שְׁמוֹנִים		הַשְּׁמוֹנִים	
90	תִּשְׁעִים		הַתִּשְׁעִים	
100	מֵאָה		הַמֵּאָה	
125	מֵאָה עֶשְׂרִים וַחֲמִישָּׁה (וְחָמֵשׁ)		הַמֵּאָה עֶשְׂרִים וַחֲמִישָּׁה (וְחָמֵשׁ)	
200	מָאתַיִם		הַמָּאתַיִם	
300	שְׁלוֹשׁ מֵאוֹת		הַשְּׁלוֹשׁ־מֵאוֹת	
400	אַרְבַּע מֵאוֹת		הָאַרְבַּע־מֵאוֹת	
1000	אֶלֶף		הָאֶלֶף	
2000	אַלְפַּיִם		הָאַלְפַּיִם	

הָאוֹתִיּוֹת בְּמִסְפָּרִים

NUMERICAL VALUES OF THE LETTERS

100–ק	40–מ	7–ז	1–א
200–ר	50–נ	8–ח	2–ב
300–ש	60–ס	9–ט	3–ג
400–ת	70–ע	10–י	4–ד
	80–פ	20–כ	5–ה
	90–צ	30–ל	6–ו

600–ת"ר	18–י"ח	11–י"א
613–תרי"ג	19–י"ט	12–י"ב
700–ת"ש	21–כ"א	13–י"ג
		14–י"ד
800– ת"ת	31–ל"א	15–ט"ו
900– תת"ק		16–ט"ז
1,000– א'	500–ת"ק	17–י"ז
5,750–התש"ן		

A

a, an *adj.* תָּווית מְסַתֶּמֶת
לְשֵׁם עֶצֶם או תוֹאַר יָחִיד
aback *adv.* לְאָחוֹר, אֲחוֹרָה
(לגבי מִפרשׂי ספינה)
abacus *n.* חֶשְׁבּוֹנִייָּה
abandon *v.* זָנַח, הִפְקִיר
abandon *n.* מוּפְקָרוּת
abase *v.* בִּיזָּה, הִשְׁפִּיל
abash *v.* הֵבִיךְ; הִכְלִים, בִּייֵּשׁ
abate *v.* שָׁכַךְ, צמצם
abattoir *n.* בֵּית־מִטְבָּחַיִים
abbess *n.* (אישה) ראשׁ מִנְזָר
abbey *n.* מִנְזָר, בֵּית נְזִירִים
abbot *n.* (גֶּבֶר) רֹאשׁ מִנְזָר
abbreviate *v.* נִטְרֵק, קִיצֵּר
abbreviation *n.* נִטְרוּק, רָאשֵׁי תֵּיבוֹת
A.B.C. אָלֶף־בֵּית
abdicate *v.* הִתְפַּטֵּר, יָצָא בְּדִימוֹס
abdomen *n.* בֶּטֶן
abduct *v.* חָטַף בְּכוֹחַ, כָּלָא
aberration *n.* סְטִייָּה מֵהֶרְגֵּיל;
יְרִידָה מוּסָרִית
abet *v.* סִייֵּעַ לִדְבַר עֲבֵירָה
abeyance *n.* הַשְׁעָיָה; בִּיטּוּל זְמַנִּי
abhor *v.* תִּיעֵב, סָלַד בּ
abhorrent *adj.* מְתוֹעָב, גּוֹעֲלִי
abide *v.* נִשְׁאַר, הִתְמִיד, הִמְשִׁיךְ לִסְבּוֹל;
קִייֵּם, צִייֵּת
ability *n.* כִּשְׁרוֹן, יְכוֹלֶת
abject *adj.* אָבוּד, שָׁפָל, נִתְעָב
ablaze *adj., adv.* מִתְלַקֵּחַ בְּלֶהָבוֹת
able *adj.* מְסוּגָּל; כִּשְׁרוֹנִי
able-bodied *adj.* שָׁלֵם בְּגוּפוֹ, בָּרִיא
abloom *adv.* בִּפְרִיחָה
abnormal *adj.* חָרִיג, לֹא נוֹרְמָלִי
aboard *adv., perp.* בּ, בְּתוֹךְ
(אוֹנִייָּה, רֶכֶב, רַכֶּבֶת, מָטוֹס וְכַדּוֹמֶה)
abode *n.* בַּיִת, מְגוּרִים
abolish *v.* בִּיטֵּל (מוסד, תקנות וכַדּוֹמֶה)
A-bomb *n.* פְּצָצָה אֲטוֹמִית
abomination *n.* (אדם, דבר) שָׂנוּא,
נִתְעָב; תּוֹעֵבָה
aborigines *n.* תּוֹשָׁבֵי הַמָּקוֹם מדורות
abort *v.* הִפִּילָה (עוּבָּר)
abortion *n.* נִיתּוּחַ הַפָּלָה;
הַפָּלָה; נֵפֶל; כִּשָּׁלוֹן
abortive *adj.* לִפְנֵי זְמַנּוֹ,
כּוֹשֵׁל, שֶׁל נִיסָּיוֹן נֵפֶל
abound *v.* שָׁפַע, הָיָה מְשׁוּפָּע, שָׁרַץ
about *prep.* עַל, בְּנוֹגֵעַ ל,
בִּדְבַר, בְּעֵרֶךְ, כּ, סָבִיב ל
about *adv.* כִּמְעַט; מִסָּבִיב;
לְאָחוֹר; כֹּה וָכֹה, הֵנָּה וָהֵנָּה
above *prep.* עַל, מֵעַל; גָּבוֹהַּ מִן
above *adv.* יוֹתֵר מִן, מֵעַל,
שֶׁלְּמַעְלָה; לְעֵיל
above *adj.* שֶׁלְּעֵיל, הַנַּ״ל
above-board *adj.* גָּלוּי, הוֹגֵן
above-mentioned *adj.* הַנִּזְכָּר
לְעֵיל, הַנַּ״ל
abracadabra *n.* לַחַשׁ־נַחַשׁ, פִּטְפּוּט,
לַהַג
abrasive *n.* (חוֹמֶר נִיקּוּי)
מְקַרְצֵף, מְצַחְצֵחַ
abrasive *adj.* סוֹרֵט, מְגָרֶה
abreast *adv.* יַחַד, שֶׁכֶם אֶחָד,
בְּרוּחַ הַזְּמַן
abridge *v.* צִמְצֵם, קִיצֵּר; הִפְחִית

abroad *adv.* בְּחוּ"ל, בַּמֶּרְחָב

abrogate *v.* בִּיטֵּל (חוק, מנהג)

abrupt *adj.* נִמְהָר (בשיחה); לֹא מְנוּמָּס; פִּתְאוֹמִי

abscess *n.* כִּיב, פֶּצַע מוּגְלָתִי

abscond *v.* בָּרַח; חָמַק, הִסְתַּלֵּק

absence *adj.* הֵיעָדְרוּת; חוֹסֶר

absent *adj.* חָסֵר, נֶעְדָּר

absent *v.* הִסְתַּלֵּק, הֶחְסִיר

absentee *n.* (אדם) חָסֵר, נֶעְדָּר

absent-minded *adj.* פְּזוּר־נֶפֶשׁ, מְפוּזָּר

absinthe *n.* אַבְּסִינְת (מַשקה אלכוהולי כגון ג'ין)

absolute *adj.* שָׁלֵם, מוּחְלָט

absolutely *adv.* בְּהֶחְלֵט, וַדַּאי; לְלֹא סְיָיג

absolve *v.* חָנַן, הִתִּיר מִנֶּדֶר, פָּטַר מֵעוֹנֶשׁ

absorb *v.* סָפַג; קָלַט

absorbent *adj.* סוֹפֵג; קוֹלֵט

absorbing *adj.* מוֹשֵׁךְ לֵב, מְרַתֵּק

abstain *v.* נִמְנַע; הִתְנַזֵּר

abstemious *adj.* מִסְתַּפֵּק בְּמוּעָט

abstinent *adj.* מִתְנַזֵּר, פָּרוּשׁ

abstract *adj.* מוּפְשָׁט; לֹא מוּחָשׁ

abstract *n.* תַּקְצִיר, תַּמְצִית; (דבר) מוּפְשָׁט (כגון ציור או פיסול)

abstract *v.* חָשַׁב (ללא המחשה), הִכְלִיל; הֶחְסִיר; גָּנַב

abstruse *adj.* קָשֶׁה לַהֲבָנָה, מוּקְשֶׁה

absurd *adj.* מְגוּחָךְ, אַבְּסוּרְדִי

absurdity *n.* מוּפְרָךְ, דָּבָר מְגוּחָךְ; חוֹסֶר הִיגָּיוֹן, אַבְּסוּרְד

abundant *adj.* שֶׁבְּשֶׁפַע, שׁוֹפֵעַ

abuse *v.* הִשְׁתַּמֵּשׁ לְרָעָה; הִתְעַלֵּל בּ; גִּידֵּף

abuse *n.* שִׁימּוּשׁ לְרָעָה; הִתְעַלְּלוּת, גִּידּוּף

abusive *adj.* פּוֹגֵעַ, מַעֲלִיב

abut *v.* גָּבַל עִם, נִשְׁעַן עַל

abutment *n.* צְמִידוּת (של שני דברים); מִשְׁעָנָה, מִסְעָד

abysmal *adj.* תְּהוֹמִי, גָּדוֹל מְאוֹד; רַע מְאוֹד

abyss *n.* תְּהוֹם

academic *adj.* אֲקָדֶמָאִי, אֲקָדֶמִי; עִיּוּנִי, לֹא מַעֲשִׂי

academician *n.* חֲבֵר אֲקָדֶמְיָה

academy *n.* אֲקָדֶמְיָה

accede *v.* נַעֲנָה, הִסְכִּים; נִכְנַס (לתפקיד), הִגִּיעַ

accelerate *v.* הֵאִיץ, הִגְבִּיר מְהִירוּת

accelerator *n.* מֵאִיץ; דַּוושַׁת הַדֶּלֶק (ברכב מנועי)

accent *n.* נַחַץ, הַטְעָמָה; סִימַן נַחַץ, תָּג; מִבְטָא, אוֹפֶן הֲגִיָּיה

accentuate *v.* הִדְגִּישׁ, הִטְעִים

accept *v.* קִיבֵּל, הִסְכִּים; הִשְׁלִים עִם; נַעֲנָה ל

acceptable *adj.* קָבִיל, רָאוּי לְהִתְקַבֵּל, רָצוּי

acceptance *n.* הִתְקַבְּלוּת; הַסְכָּמָה לְקַבֵּל

access *n.* כְּנִיסָה, זְכוּת כְּנִיסָה, גִּישָׁה

accessible *adj.* בְּהֶישֵּׂג יָד, נוֹחַ לְגִישָׁה, נָגִישׁ

accession *n.* הַגָּעָה (לזכויות, למעמד); תּוֹסֶפֶת; הֵיעָנוּת

accessory *n.* אַבְזָר; מְסַיֵּיעַ לִדְבַר עֲבֵירָה

accident *n.* תְּאוּנָה, תַּקָּלָה

accidental *adj.* אַקְרָאִי, מִקְרִי, תַּקְרִיתִי

acclaim *v.* הֵרִיעַ, מָחָא כַּף
acclaim *n.* תְּרוּעוֹת, תְּשׁוּאוֹת
acclimate *v.* הִתְאַקְלֵם
acclimatize *v.* אִקְלֵם, הִסְתַּגֵּל
accolade *n.* עִיטּוּר, אוֹת, הַעֲנָקַת תּוֹאַר אַבִּיר
accommodate *v.* אִכְסֵן, אֵירֵחַ; הִתְאִים
accommodating *adj.* נוֹחַ; גָּמִישׁ, מִסְתַּגֵּל
accommodation *n.* אִכְסוּן; תֵּיאוּם, הַתְאָמָה
accompaniment *v.* לִיוּוּי, לִיוּוּי מוּסִיקָלִי
accompanist *n.* מְלַוֶּה; לַוּוָאִי (בְּמוּסִיקָה בִּלְבַד)
accompany *v.* לִיוָּה, נִלְוָה
accomplice *n.* שׁוּתָּף לִדְבַר עֲבֵירָה
accomplish *v.* בִּיצֵּעַ, הִגְשִׁים; הִשְׁלִים
accomplished *adj.* גָּמוּר, מוּשְׁלָם
accomplishment *n.* הַשְׁלָמָה; הֶישֵּׂג, הַגְשָׁמָה, מַעֲלָה
accord *v.* תָּאַם, הִתְאִים; הֶעֱנִיק
accord *n.* תֵּיאוּם, הַתְאָמָה; תַּצְלִיל, אַקּוֹרְד; הַסְכָּמָה, תְּמִימוּת דֵּעוֹת
accordance *n.* הֶתְאֵם, תֵּיאוּם
according *adv.* עַל פִּי, לְפִי
accordingly *adv.* לְפִיכָךְ, לָכֵן
accordion *n.* מַפּוּחוֹן, אַקּוֹרְדְיוֹן
accost *v.* הִתְקָרֵב, נִיגַּשׁ; הִזְמִינָה (לִזְנוּת)
accouchement *n.* לֵידָה
account *n.* דִּין וְחֶשְׁבּוֹן, חֶשְׁבּוֹן; הֶסְבֵּר; עֵרֶךְ, חֲשִׁיבוּת; רֶוַח
account *v.* הִסְבִּיר, הִצְדִּיק; דִּיוּוֵחַ חָשַׁב ל, הֶעֱרִיךְ
accountable *adj* אַחְרָאִי, שֶׁנִּיתָּן לְהַסְבִּירוֹ
accountant *n.* רוֹאֵה חֶשְׁבּוֹן; מְנַהֵל חֶשְׁבּוֹנוֹת
accredit *v.* רָחַשׁ אֵמוּן, הִסְמִיךְ, יִיפָּה כּוֹחַ
accretion *n.* גִּידּוּל, הִצְטַבְּרוּת
accrue *v.* הִתְרַבָּה, הִצְטַבֵּר
accumulate *v.* אָסַף, צָבַר; הִצְטַבֵּר
accuracy *n.* דִּיּוּק, דַּיְיקָנוּת
accurate *adj.* מְדוּיָּק
accusation *n.* אִישׁוּם, הַאֲשָׁמָה
accusative *n.* יַחַס הַפָּעוּל, יַחֲסַת הַמּוּשָּׂא הַיָּשִׁיר
accuse *v.* הֶאֱשִׁים
accustom *v.* הִרְגִּיל
ace *n.* אַחַת (בִּקְלָפִים וּבְקוּבִּיּוֹת); אַלּוּף, מוּמְחֶה
acerbity *n.* מְרִירוּת, חֲמִיצוּת (בְּהַבָּעָה, בְּמַצַּב רוּחַ)
acetate *n.* אֲצֵטָט, מֶלַח חוּמְצַת חוֹמֶץ
acetic *adj.* שֶׁל חוֹמֶץ, חוּמְצִי
acetic acid *n.* חוּמְצַת חוֹמֶץ
acetone *n.* אֲצֵטוֹן (נוֹזֵל דָּלִיק חֲסַר צֶבַע)
acetylene *n.* אֲצֵטִילִין (גַּאז לְמָאוֹר וּלְהַלְחָמָה)
acetylene torch *n.* מַבְעֵר אֲצֵטִילִין
ache *v.* כָּאַב; סָבַל כְּאֵב
ache *n.* כְּאֵב, מַכְאוֹב
achieve *v.* הִגְשִׁים, הִשִּׂיג
achievement *n.* הֶישֵּׂג, הַגְשָׁמָה
achievement test *n.* מִבְחַן הֶישֵּׂגִים
Achilles' heel *n.* עֲקֵב אֲכִילֶס, מְקוֹם הַתּוֹרְפָּה
acid *adj., n* חָמוּץ; חוּמְצָתִי; חוּמְצָה

acidify *v.* הָפַךְ לְחוּמְצָה, חִימֵּץ
acidity *n.* חֲמִיצוּת
ack-ack *n.* נ"מ, (אֵשׁ) נֶגֶד מְטוֹסִים
acknowledge *v.* אִישֵׁר, הוֹדָה בּ; הִכִּיר בּ
acknowledgement *n.* אִישּׁוּר; הַכָּרָה; הַבָּעַת תּוֹדָה
acme *n.* שִׂיא, פִּסְגָּה (של הצלחה וכד')
acne *n.* חֲזָזִית (מחלת עור)
acolyte *n.* שַׁמָּשׁ (בכנסייה), פָּקִיד זוּטָר, טִירוֹן
acorn *n.* בַּלּוּט, אִצְטְרוֹבָּל
acoustic *adj.* שְׁמִיעוּתִי
acoustics *n.pl.* תּוֹרַת הַשְּׁמִיעוּת
acquaint *v.* וִידֵּעַ, הִכִּיר; הִקְנָה יְדִיעָה
acquaintance *n.* מַכָּר; הֶיכֵּרוּת; יְדִיעָה
acquiesce *v.* הִסְכִּים (בשתיקה)
acquiescence *n.* הַסְכָּמָה (בשתיקה)
acquire *v.* רָכַשׁ, הִשִּׂיג
acquisition *n.* רְכִישָׁה; קִנְיָין (חשוב)
acquit *v.* זִיכָּה; שִׁילֵּם (חוב)
acquittal *n.* זִיכּוּי, נִיקּוּי מֵאַשְׁמָה
acre *n.* אַקְר (מידת שטח, כ־4 דונמים)
acrid *adj.* חָרִיף, צוֹרֵב
acrimonious *adj.* חָרִיף, מַר (לגבי ריב וכד')
acrimony *n.* חֲרִיפוּת, מְרִירוּת
acrobat *n.* לוּלְיָין, אַקְרוֹבָּט
acrobatic *adj.* לוּלְיָנִי, אַקְרוֹבָּטִי
acrobatics *n.pl.* לוּלְיָנוּת, אַקְרוֹבָּטִיקָה
acronym *n.* מִלָּה מְנוּטְרֶקֶת, אַקְרוֹנִים
acropolis *n.* אַקְרוֹפּוֹלִיס, מְצוּדַת עִיר עַתִּיקָה (ביוון)
across *prep., adv.* בְּצוּרַת צְלָב; לָרוֹחַב, בַּחֲצִיָּיה, בָּעֵבֶר הַשֵּׁנִי; דֶּרֶךְ
across-the-board *adj.* כּוֹלֵל הַכּוֹל, לְלֹא יוֹצֵא מֵהַכְּלָל
acrostic *n.* אַקְרוֹסְטִיכוֹן
act *n.* מַעֲשֶׂה, פְּעוּלָּה; חוֹק, רִישּׁוּם; מַעֲרָכָה (במחזה); הַעֲמָדַת פָּנִים
act *v.* פָּעַל, מִילֵּא תַּפְקִיד, הֶעֱמִיד פָּנִים
acting *adj.* בְּפוֹעַל, מְמַלֵּא מָקוֹם לְמַעֲשֶׂה
action *n.* פְּעוּלָּה, מַעֲשֶׂה, תְּבִיעָה לְמִשְׁפָּט; קְרָב
activate *v.* הִפְעִיל, תִּפְעֵל
active *adj.* פָּעִיל; פְּעַלְתָּנִי; זָרִיז
activity *n.* פְּעִילוּת, עִיסּוּק
actor *n.* שַׂחְקָן
actress *n.* שַׂחְקָנִית
actual *adj.* מַמָּשִׁי, קַיָּים
actually *adv.* בְּעֶצֶם, לְמַעֲשֶׂה, לַאֲמִיתּוֹ שֶׁל דָּבָר
actuary *n.* אַקְטוּאָר, מוּמְחֶה (לחישובי ביטוח)
actuate *v.* הֵנִיעַ; תִּפְעֵל; פָּעַל
acuity *n.* חַדּוּת, שְׁנִינוּת
acumen *n.* טְבִיעַת־עַיִן, מְהִירוּת תְּפִיסָה
acute *adj.* חַד, חָרִיף; צוֹרֵב; חָמוּר
ad *abbr.* מוֹדָעָה
A.D. – anno domini לספה"נ, לִסְפִירַת הַנּוֹצְרִים
adage *n.* מֵימְרָה; מִכְתָּם
adagio *n.* (במוסיקה) בְּאִיטִיּוּת, בִּמְתִינוּת
Adam *n.* אָדָם
adamant *adj.* מִתְעַקֵּשׁ, עַקְשָׁנִי
Adam's apple *n.* תַּפּוּחַ אָדָם הָרִאשׁוֹן, פִּיקַת הַגַּרְגֶּרֶת
adapt *v.* סִיגֵּל, הִתְאִים, עִיבֵּד

adaptation *n.* עִיבּוּד; סִיגּוּל, הִסְתַּגְּלוּת
add *v.* צֵירֵף; הוֹסִיף
adder *n.* צֶפַע, אֶפְעֶה
addict *v.* הִתְמַכֵּר, הָיָה שָׁטוּף
addict *n.* שָׁטוּף, מִתְמַכֵּר
addiction *n.* הִתְמַכְּרוּת, שְׁטִיפוּת
addition *n.* תּוֹסֶפֶת; הוֹסָפָה; מוּסָף
additive *adj., n* צֵירוּף; נוֹסָף; מִיתּוֹסֵף
address *n.* כְּתוֹבֶת, מַעַן; פְּנִיָּה; נְאוּם
address *v.* פָּנָה בִּדְבָרִים; מִיעֵן (מכתב)
addressee *n.* נִמְעָן, מְכוּתָּב
addressing machine *n.* (מְכוֹנָה) מְמַעֶנֶת
adduce *v.* הֵבִיא רְאָיָה, הוֹכִיחַ
adenoids *n.pl.* פּוֹלִיפִּים, 'שְׁקֵדַיִים' (בּאף)
adept *n., adj.* מוּמְחֶה, מְיוּמָּן
adequate *adj.* מַסְפִּיק, דַּיּוֹ, הוֹלֵם
adhere *v.* דָּבַק בּ; דָּגַל בּ
adherence *n.* נֶאֱמָנוּת, דְּבֵקוּת
adherent *adj.* חָסִיד, נֶאֱמָן
adhesion *n.* דְּבֵקוּת, נֶאֱמָנוּת
adhesive *adj.* דָּבִיק, נִצְמָד
adhesive tape *n.* סֶרֶט דָּבִיק, דְּבִקִית
ad hoc *adj., adv.* לְעִנְיָן זֶה, לְתַכְלִית מְסוּיֶּמֶת
adieu *int., n.* שָׁלוֹם, הֱיֵה שָׁלוֹם!
adjacent *adj.* גּוֹבֵל, קָרוֹב בְּיוֹתֵר
adjective *n.* שֵׁם תּוֹאַר
adjoin *v.* גָּבַל עִם
adjoining *adj.* סָמוּךְ, גּוֹבֵל
adjourn *v.* הִפְסִיק; הוּפְסַק (יְשִׁיבָה וכד')
adjournment *n.* דְּחִיָּה; הַפְסָקָה
adjunct *n.* תּוֹסֶפֶת מִשְׁנִית; מַשְׁלִים (בּתחביר)
adjust *v.* הִתְאִים, סִיגֵּל; תִּיקֵּן; הִסְדִּיר, כִּוּוֵן
adjustable *adj.* מִתְכַּוְּנֵן, נִיתָּן לְהַתְאָמָה
adjustment *n.* תִּיקּוּן, הַתְאָמָה; כִּוְונוּן; הִסְתַּגְּלוּת
adjutant *n.* שָׁלִישׁ; עוֹזֵר
Adjutant General *n.* שָׁלִישׁ רָאשִׁי
ad lib *v.* אִלְתֵּר חוֹפְשִׁית (מִלִּים, מוּסִיקָה)
administer *v.* נִיהֵל; הִנְהִיג
administrator *n.* אֲמַרְכָּל, מְנַהֵל
admiral *n.* אַדְמִירָל, מְפַקֵּד חֵיל־יָם
admiralty *n.* בֵּית דִּין חֵיל הַיָּם, אַדְמִירָלִיּוּת
admire *v.* הֶעֱרִיץ; הִתְפַּעֵל
admirer *n.* מַעֲרִיץ; חָסִיד
admissible *adj.* קָבִיל; מוּתָּר
admission *n.* הֶיתֵּר כְּנִיסָה, כְּנִיסָה; הוֹדָאָה
admit *v.* הִכְנִיס, הִתִּיר לְהִיכָּנֵס; הוֹדָה
admittance *n.* רְשׁוּת כְּנִיסָה, מַתִּירוּת
admixture *n.* תּוֹסֶפֶת; תַּעֲרוֹבֶת
admonish *v.* הוֹכִיחַ, הִזְהִיר
ad nauseam *adv.* עַד לְזָרָא, מַגְעִיל
ado *n.* הֲמוּלָּה, טוֹרַח, שָׁאוֹן
adobe *n.* לְבֵנָה מֵחוֹמֶר; בֵּית חוֹמֶר
adolescence *n.* (גִּיל הַ)הִתְבַּגְּרוּת
adolescent *n., adj.* מִתְבַּגֵּר(ת)
adopt *v.* אִימֵּץ
adoption *n.* אִימּוּץ
adorable *adj.* (בּדיבּוּר) נֶחְמָד, חָמוּד
adore *v.* הֶעֱרִיץ; (בּדיבּוּר) חִיבֵּב בְּיוֹתֵר, אָהַב

adorn *v.* יִיפָּה; קִישֵּׁט
adornment *n.* יִיפּוּי; קִישּׁוּט; תַּכְשִׁיט
adrenal *adj.* סָמוּךְ לַכְּלָיוֹת
Adriatic *n., adj.* הַיָּם הָאַדְרִיאָטִי;
אַדְרִיאָטִי
adrift *adv., predic., adj.* נִטְרָד;
נִסְחָף בָּרוּחַ אוֹ בַּזֶּרֶם
adroit *adj.* זָרִיז, פִּיקֵחַ
adulation *n.* חֲלָקוֹת, חֲנוּפָּה
adult *n.* מְבוּגָּר, בּוֹגֵר
adult *adj.* בָּשֵׁל, מְבוּגָּר
adulterate *v.* זִיֵּיף, קִלְקֵל, מָהַל
adulterer *n.* נוֹאֵף, זַנַּאי
adulteress *n.* נוֹאֶפֶת
adultery *n.* נִיאוּף
advance *n.* הִתְקַדְּמוּת, עֲלִיָּיה; מִקְדָּמָה
advance *v.* קִידֵּם; הִתְקַדֵּם;
שִׁילֵּם מֵרֹאשׁ
advanced *adj.* קְדוּמָנִי; מִתְקַדֵּם
advancement *n.* הִתְקַדְּמוּת; עֲלִיָּיה
בְּדַרְגָּה
advances *n.pl.* תִּמְרוּנֵי אַהֲבָה
advantage *n.* יִתְרוֹן, מַעֲלָה;
תּוֹעֶלֶת, רֶוַח
advantageous *adj.* מוֹעִיל; מֵקֵל,
נוֹחַ; מַכְנִיס
advantageously *adv.* בְּיִתְרוֹן, בְּרֶוַח
advent *n.* הוֹפָעָה, הִתְגַּלּוּת
adventitious *adj.* מִקְרִי; חָרִיג
(בביולוגיה)
adventure *n.* הַרְפַּתְקָה
adventure *v.* הֵעֵז; הִסְתַּכֵּן
adventurer *n.* הַרְפַּתְקָן
adventuresome *adj.* נוֹעָז, הַרְפַּתְקָנִי
adventuress *n.* הַרְפַּתְקָנִית
adventurous *adj.* נוֹטֶה לְהַרְפַּתְקָנוּת

adverb *n.* תּוֹאַר הַפּוֹעַל
adversary *n.* יָרִיב; מִתְחָרֶה
adversity *n.* צָרָה, מְצוּקָה
advert *v.* צִיֵּין, הִזְכִּיר
advertise *v.* פִּרְסֵם, הִדְפִּיס מוֹדָעָה
advertisement *n.* מוֹדָעָה
advertiser *n.* מְפַרְסֵם, פִּרְסוּמַאי
advertising *n.* פִּרְסוּם בְּמוֹדָעוֹת;
פִּרְסוּם
advertising man *n.* סוֹכֵן מוֹדָעוֹת
advice *n.* עֵצָה; יְדִיעָה
advisable *adj.* רָצוּי, מוּמְלָץ, נָבוֹן
advise *v.* יָעַץ, יִיעֵץ, הִמְלִיץ; הוֹדִיעַ
advisement *n.* עֵצָה נְכוֹנָה, שִׁיקּוּל־דַּעַת
advisory *adj.* מְיַיעֵץ
advocate *v.* הִמְלִיץ בְּפוּמְבֵּי,
לִימֵּד זְכוּת, צִידֵּד, דָּגַל בּ
advocate *n.* עוֹרֵךְ־דִּין, פְּרַקְלִיט;
סַנֵּיגוֹר, חָסִיד
aegis *n.* מָגֵן, חָסוּת
aerate *v.* אִוְורֵר; מִילֵּא גָּז
aerial *adj.* אֲוִירִי
aerial *n.* מְשׁוֹשָׁה, אַנְטֶנָּה
aerobatics *n.* אֵירוֹבַּטִיקָה, לוּלְיָינוּת
טִיסָה
aerobics *n.* מָחוֹל אֵירוֹבִּי,
הִתְעַמְּלוּת אֲוִירָנִית
aerodrome *n.* שְׂדֵה תְּעוּפָה
aerodynamics *n.pl.* אֵירוֹדִינָמִיקָה
airfoil, aerofoil *n.* כְּנַף מָטוֹס
aerogramme *n.* אִיגֶּרֶת אֲוִיר
aeronaut *n.* טַיַּיס כַּדּוּר פּוֹרֵחַ
aeronautics *n.pl.* אֲוִירוֹנוֹטִיקָה
aerosol *n.* תַּמְסְאֲוִיר, אֶרוֹסוֹל
aerospace *n.* הֶחָלָל (הסמוך לכדור־
הארץ); מַדַּע הַטַּיִס

aesthete *n.* אֶסְתֵטִיקָן, רָגִישׁ לְיוֹפִי

aesthetic *adj.* אֶסְתֵטִי

aesthetics *n.pl.* אֶסְתֵטִיקָה, תּוֹרַת הַיָּפֶה

afar *adv.* רָחוֹק, הַרְחֵק, לַמֶּרְחַקִּים

affable *adj.* אָדִיב, חָבִיב, נְעִים הֲלִיכוֹת

affair *n.* מַעֲשֶׂה, עִנְיָן; עֵסֶק, הִתְאַהֲבוּת, רוֹמָן

affect *v.* הִשְׁפִּיעַ עַל, פָּעַל עַל; הֶעֱמִיד פָּנִים, הִתְגַּנְדֵּר

affectation *n.* הַעֲמָדַת־פָּנִים

affected *adj.* מְעוּשֶׂה; (על אדם) מְזוּיָּף בַּהֲלִיכוֹתָיו; מוּשְׁפָּע, נִרְגָּשׁ

affection *n.* חִיבָּה, רֶגֶשׁ, נְטִיָּיה חוֹלָנִית

affectionate *adj.* מְחַבֵּב, רוֹחֵשׁ אַהֲבָה

affidavit *n.* תַּצְהִיר, הַצְהָרָה בִּשְׁבוּעָה

affiliate *v.* קִיבֵּל כְּחָבֵר; הִצְטָרֵף; סִינֵּף

affinity *n.* זִיקָה; הִימָּשְׁכוּת, קִרְבָה

affirm *v.* אִישֵּׁר בְּתוֹקֶף; הִצְהִיר

affirmative *adj.* מְאַשֵּׁר, חִיּוּבִי

affix *v.* קָבַע; טָבַע; צֵירֵף, הִדְבִּיק

affix *adj.* הוֹסָפָה; (בבלשנות) מוּסָפִית (תחילית או סופית)

afflict *v.* יִיסֵּר, הִכְאִיב, הֵצִיק

affliction *n.* פֶּגַע, סֵבֶל

affluent *adj.* שׁוֹפֵעַ, שֶׁל רְוָוחָה

affluence *n.* שֶׁפַע; עוֹשֶׁר, רְוָוחָה

afford *v.* הָיָה יָכוֹל; עָמַד בּ

affray *n.* מְהוּמָה, תִּגְרָה

affront *v.* הֶעֱלִיב, בִּיזָּה, בִּיֵּישׁ

affront *n.* הַעֲלָבָה; דִּבְרֵי עֶלְבּוֹן

afield *adv.* בַּשָּׂדֶה, מִחוּץ לַבַּיִת

afire *adv., adj.* בָּאֵשׁ; מוּצָּת

aflame *adv., adj.* בְּלַהֲבוֹת; זוֹהֵר, מְשׁוּלְהָב

afloat *adv., adj.* צָף; בַּיָּם

afoot *adv.* בִּפְעוּלָּה; בְּשִׁימּוּשׁ

aforementioned *adj.* הַנִּזְכָּר לְעֵיל

aforenamed *adj.* הַנִּזְכָּר לְעֵיל

afoul *adv., adj* בִּתְסְבּוֹכֶת; מִסְתַּבֵּךְ

afraid *adj.* מְפַחֵד, חוֹשֵׁשׁ

aft *adv.* (באונייה) בַּיַּרְכָתַיִם, מֵאָחוֹר בַּחֵלֶק הָאֲחוֹרִי

after *prep.* לְאַחַר, אַחֲרֵי, בְּעִיקְבוֹת; עַל שֵׁם, בְּהֶתְאֵם ל, אַחַר כָּךְ

after *adv., conj.* מֵאָחוֹר; מְאוּחָר יוֹתֵר אַחֲרֵי, לְאַחַר שֶׁ

after hours *adv.* לְאַחַר שְׁעוֹת הָעֲבוֹדָה

aftermath *n.* תּוֹצָאָה (בייחוד של אסון), עוֹלֵלוֹת

afternoon *n.* אַחַר־הַצָּהֳרַיִים

afternoon-tea *n.* תֵּה שֶׁל מִנְחָה, אֲרוּחַת מִנְחָה

aftertaste *n.* טַעַם לְוַואי

afterthought *n.* הִרְהוּר שֵׁנִי; תְּגוּבָה שֶׁלְּאַחַר מַעֲשֶׂה

afterwards *adv.* אַחַר־כָּךְ, אַחֲרֵי כֵן

afterworld *n.* עוֹלָם הַבָּא

again *adv.* שׁוּב, עוֹד פַּעַם

against *prep.* נֶגֶד, לְעוּמַּת, מוּל; לִקְרָאת

agape *adj.* פְּעוּר פֶּה

age *v.* הִזְקִין, הִתְיַישֵּׁן, בָּלָה

age *n.* גִּיל; תְּקוּפָה; זִקְנָה

Age of Enlightenment *n.* תְּקוּפַת הַהַשְׂכָּלָה

age-old *adj.* עַתִּיק יוֹמִין

aged *adj.* זָקֵן, קָשִׁישׁ; בֶּן־, בְּגִיל

ageless *adj.* שֶׁאֵינוֹ מַזְקִין

agency *n.* סוֹכְנוּת, מִשְׂרָד מִסְחָרִי; שְׁלִיחוּת; אֶמְצָעִי

agenda *n.* סֵדֶר הַיּוֹם; סֵדֶר פְּעוּלוֹת
agent *n.* סוֹכֵן; עוֹשֵׂה הַפְּעוּלָּה; אֶמְצָעִי
agglomeration *n.* צוֹבֶר, גּוּשׁ; עֲרֵמָה, הִצְטַבְּרוּת, גִּיבּוּב
aggrandizement *n.* הַאְדָּרָה, הַגְדָּלָה
aggravate *v.* הֶחְמִיר, הֵרֵעַ; הִרְגִּיז
aggregate *n., adj.* סַךְ, סַךְ־הַכּוֹל; מְצוֹרָף, מְקוּבָּץ
aggression *n.* תּוֹקְפָנוּת
aggressive *adj.* תּוֹקְפָנִי
aggressor *n.* תּוֹקְפָן
aghast *adj.* מוּכֵּה תַּדְהֵמָה, נִדְהָם
agile *adj.* זָרִיז, קַל תְּנוּעָה
agitate *v.* זִעְזַע; הֵסִית, סִכְסֵךְ; בִּקֵּשׁ לְעוֹרֵר דַּעַת קָהָל
aglow *adv., adj* בְּלַהַט; בּוֹעֵר, לוֹהֵט
agnostic *adj., n.* אַגְנוֹסְטִי, הַטּוֹעֵן שֶׁאֵין הוֹכָחָה לִמְצִיאוּת הָאֱלֹהִים (ועם זאת אינו מתכחש לאפשרות כזאת)
ago *adv.* בֶּעָבָר, לְפָנִים
agog *adj., adv.* בְּצִיפִּיָּה רַגְשָׁנִית, נִרְגָּשׁ
agony *n.* יָגוֹן, יִיסּוּרִים
agrarian *adj.* חַקְלָאִי, אַגְרָרִי
agree *v.* הִסְכִּים; הָיָה תְּמִים־דֵּעִים, תָּאַם
agreeable *adj.* נוֹחַ, נָעִים; תּוֹאֵם, מוּכָן וּמְזוּמָּן
agreement *n.* הַסְכָּמָה; הֶסְכֵּם, הֶתְאֵם, תְּמִימוּת־דֵּעִים
agriculture *n.* חַקְלָאוּת
agronomy *n.* אַגְרוֹנוֹמְיָה (מדע גידולי הקרקע)

aground *adj., adv.* עַל שִׂרְטוֹן
ague *n.* קַדַּחַת הַבִּיצּוֹת; צְמַרְמוֹרֶת; רְעָדָה
ah *interj.* אַהּ! (להבעת תמיהה, כאב או שביעות רצון)
aha *interj.* אַהָה! (להבעת תימהון, שמחת ניצחון)
ahead *adv. adj* בְּרֹאשׁ; קָדִימָה, לִפְנֵי
ahem *interj.* אַהֶם! (קריאת אזהרה או ספק)
ahoy *interj.* אָהוֹי! (קריאת ספנים)
aid *n., v.* עֶזְרָה, סִיּוּעַ; עוֹזֵר; עָזַר
aide-de-camp *n.* שָׁלִישׁ אִישִׁי
aide memoire *n.* סִימָנִים (מְנֶמוֹטֶכְנִיִּים) לִזְכִירָה
AIDS *n.* מַחֲלַת אֵידְס, תַּכְּחָ"ן (תסמונת כֶּשֶׁל חיסוני נרכש)
ail *v.* הִכְאִיב, הֵצִיק; כָּאַב, חָלָה
ailing *adj.* יְדוּעַ חוֹלִי
ailment *n.* מֵחוֹשׁ, חוֹלִי, מַכְאוֹב
aim *v.* כִּיוּוֵן, כּוֹוֵן (כלי־יריה); שָׁאַף, הִתְכַּוֵּון
aim *n.* כִּיוּוּן; מַטָּרָה, שְׁאִיפָה
air *v.* אִוְורֵר; הִבִּיעַ בְּפוּמְבֵּי; הִתְאַוְורֵר
air *n.* אֲוִויר; רוּחַ קַלָּה; מַנְגִּינָה
air attack *n.* הַתְקָפַת אֲוִויר
air-borne *adj.* מוּטָס בָּאֲוִויר
air-borne troops יְחִידוֹת צָבָא מוּטָסוֹת
air-condition *n.* מִיזּוּג־אֲוִויר
air-conditioned *adj.* מְמוּזָּג אֲוִויר
air corps *n.pl.* חֵיל־הָאֲוִויר
aircraft *n.* מָטוֹס, כְּלִי־טַיִס
aircraft-carrier *n.* (ספינה) נוֹשֵׂאת מְטוֹסִים
airdrome *n.* שְׂדֵה תְּעוּפָה, נְמַל תְּעוּפָה

airdrop *n.* אַסְפָּקָה מוּצְנַחַת
airfield *n.* שְׂדֵה תְּעוּפָה
airfoil *n.* חֵלֶק מָטוֹס, פְּנֵי הַמָּטוֹס
air force *n.* חֵיל־הָאֲוִויר
air-gap *n.* מִרְווַח אֲוִויר
air-hostess *n.* דַּיֶּלֶת
air-lane *n.* נְתִיב אֲוִויר
air-lift *n.* רַכֶּבֶת אֲווִירִית
airliner *n.* מְטוֹס נוֹסְעִים גָּדוֹל
airmail *n.* דוֹאַר אֲוִויר
airman *n.* טַיָּיס; אֲוִוירַאי; חַיָּיל בְּחֵיל הָאֲוִויר
airplane *n.* מָטוֹס, אֲווִירוֹן
airpocket *n.* כִּיס אֲוִויר
airport *n.* נְמַל תְּעוּפָה
air-raid *n.* הַתְקָפָה אֲווִירִית
air-raid drill *n.* תַּרְגִּיל הָגָ"א
air-raid shelter *n.* מִקְלָט
airship *n.* סְפִינַת־אֲוִויר
airstrip *n.* מַסְלוּל מְטוֹסִים
airtight *adj.* אֲטִים אֲוִויר, מְהוּדָּק, לֹא חָדִיר
airway *n.* פֶּתַח לָאֲוִויר, נְתִיב אֲווִירִי
airy *adj.* אֲוִורִירִי; קַל, עַלִּיז; מְאוּוְרָר שִׁטְחִי, מְרַפְרֵף
aisle *n.* מַעֲבָר (בֵּין שׁוּרוֹת ספסלים)
ajar *adv.* פָּתוּחַ מְעַט
akimbo *adv.* בְּיָדַיִים עַל הַיְּרֵכַיִים
akin *adj.* קָרוֹב, דוֹמֶה
alabaster *n.* בַּהַט
à la carte לְפִי הַתַּפְרִיט (בְּצִיּוּן מחיר לכל מנה)
alacrity *n.* רָצוֹן טוֹב, זְרִיזוּת
à-la-mode *adj.* לְפִי הָאוֹפְנָה הָאַחֲרוֹנָה
alarm *n.* אַזְעָקָה, אוֹת אַזְעָקָה; חֲרָדָה
alarm-clock *n.* שְׁעוֹן מְעוֹרֵר
alarmist *n.* זוֹרֵעַ בֶּהָלָה
alas *interj.* אֲהָהּ! אֲבוֹי!
albatross *n.* יַסְעוּר, אַלְבַּטְרוֹס
albino *n.* לַבְקָן
album *n.* אַלְבּוֹם, תַּלְקִיט
albumen, albumin *n.* חֶלְבּוֹן, אַלְבּוּמִין
alchemy *n.* אַלְכִּימְיָה
alcohol *n.* כּוֹהַל, אַלְכּוֹהוֹל
alcoholic *adj., n.* כּוֹהֲלִי; אַלְכּוֹהוֹלִי
alcove *n.* פִּינָּה מוּפְנֶמֶת, גּוּמְחָה
alder *n.* אַלְמוֹן (עֵץ)
alderman *n.* חֲבֵר מוֹעֶצֶת עִירִיָּיה
ale *n.* שֵׁכָר, שֵׁיכָר
alert *adj.* בְּמַצַּב הִיכּוֹן; עֵרָנִי, זָהִיר
alert *n.* כּוֹנְנוּת, אַזְעָקָה
alert *v.* הִכְרִיז כּוֹנְנוּת; הִזְהִיר
alfalfa *n.* אַסְפֶּסֶת (תרבותית)
algae *n.pl.* אַצּוֹת
alias *n.* הַמְכוּנֶּה (שם מזוּיף)
alias Jones הַמְכוּנֶּה ג'וֹנס
alibi *n.* טַעֲנַת אַלִיבִּי, 'בְּמָקוֹם אַחֵר הָיִיתִי'; (דיבוּרית) תֵּירוּץ
alien *n.* זָר, אֶזְרַח חוּץ
alien *adj.* נָכְרִי, זָר; שׁוֹנֶה
alienable *adj.* עָבִיר, נִיתָּן לְהַעֲבָרָה
alienate *v.* נִיכֵּר; מָסַר, הִרְחִיק
alienation *n.* נִיכּוּר; מְסִירָה, הוֹצָאָה מֵרְשׁוּת
alight *v.* יָרַד (מֶרְכָּב), נָחַת
alight *adj.* מוּאָר; דּוֹלֵק, בּוֹעֵר
align *v.* עָרַךְ, יִישֵּׁר, סִידֵּר בְּשׁוּרָה
alike *predic., adj., adv.* דּוֹמֶה, זֵהֶה; בְּאוֹפֶן שָׁוֶה

alimentary canal *n.* צִינּוֹר הָעִיכּוּל
alimony *n.* מְזוֹנוֹת; הַקְצָבַת דְּמֵי מִחְיָה
alive *predic., adj.* חַי, בַּחַיִּים; עֵר, זָרִיז; הוֹמֶה, רוֹעֵשׁ
aliya *n.* עֲלִיָּיה לְיִשְׂרָאֵל
alkali *n.* אַלְקָלִי, חוֹמֶר בְּסִיסִי
all *n., adj* הַכּוֹל; מִכְלוֹל; כָּל־
Allah *n.* אַלְלָה, הָאֵל
all at once פִּתְאוֹם, לְפֶתַע
allay *v.* הִשְׁקִיט, שִׁיכֵּךְ
all-clear *n.* אוֹת אַרְגָּעָה
allegation *n.* טַעֲנָה, הַצְהָרָה
allege *v.* אָמַר, טָעַן; הֶאֱשִׁים
allegiance *n.* נֶאֱמָנוּת, אֱמוּנִים
allegoric(al) *adj.* אַלֵּגוֹרִי, מְשָׁלִי
allergy *n.* אַלֶּרְגְיָה, סַלֶּדֶת
alleviate *v.* שִׁיכֵּךְ, הֵקֵל (כאב); רִיכֵּךְ (עונש)
alley *n.* סִמְטָה
All Fools' Day *n.* אֶחָד בְּאַפְּרִיל
All Hallows Day *n.* יוֹם כָּל הַקְּדוֹשִׁים
alliance *n.* בְּרִית
alligator *n.* אַלִּיגָטוֹר, תַּנִּין (בצפון אמריקה או בדרום מזרח סין)
alliteration *n.* לָשׁוֹן נוֹפֵל עַל לָשׁוֹן, אַלִּיטֵרַצְיָה
all-knowing *adj.* יוֹדֵעַ הַכּוֹל
allocate *v.* הִקְצָה, הִקְצִיב
allot *v.* הִקְצָה, הִקְצִיב
all-out *adj.* כָּל כּוּלוֹ, מְרַבִּי, שָׁלֵם
all-out effort *n.* מַאֲמָץ מְרַבִּי
allow *v.* הִרְשָׁה, הִתִּיר
allowance *n.* קִצְבָּה, הַקְצָבָה; הֲנָחָה
alloy *n.* סַגְסוֹגֶת, תַּעֲרוֹבֶת
all-powerful *adj.* כּוֹל יָכוֹל
all right *adv.* נִיחָא, בְּסֵדֶר, כַּשּׁוּרָה
All Saints Day see All Hallows
allspice *n.* פִּלְפֵּל אַנְגְּלִי, תְּבָלִים מְעוֹרָבִים
allude *v.* רָמַז, הִזְכִּיר
allure *v.* פִּיתָּה, מָשַׁךְ, הִקְסִים
alluring *adj.* מְפַתֶּה, מוֹשֵׁךְ
allusion *n.* אִזְכּוּר, רְמִיזָה
alluvium *n.* סַחַף, סְחוֹפֶת
ally *v.* אִיחֵד, הֵבִיא בִּבְרִית
ally *n.* בַּעַל־בְּרִית
almanac *n.* אַלְמָנָךְ, שְׁנָתוֹן
almighty *adj.* כּוֹל־יָכוֹל, רַב־כּוֹחַ
almond *n.* שָׁקֵד
almost *adv.* כִּמְעַט
alms *n.pl.* צְדָקָה, נְדָבָה
alms-house *n.* בֵּית־מַחְסֶה לַעֲנִיִּים
aloft *adv., predic., adj.* כְּלַפֵּי מַעְלָה; גָּבוֹהַּ
alone *predic., adj.* לְבַד, בְּעַצְמוֹ, בִּלְבַד
along *prep., adv.* לְאוֹרֶךְ, מִקָּצֶה אֶל קָצֶה
alongside *adv., prep.* לְיַד, אֵצֶל; לְיַד אוֹנִיָּיה, לְיַד רְצִיף
aloof *adv., predic., adj.* מְסוּיָּג, קַר, מְרוּחָק
aloud *adv.* בְּקוֹל רָם
alphabet *n.* אָלֶף־בֵּית, א"ב
alpine *adj.* הֲרָרִי, אַלְפִּינִי
already *adv.* כְּבָר, מִכְּבָר
alright see all right
also *adv.* גַּם כֵּן, גַּם, וְכֵן, מִלְּבַד זֹאת
also-ran *n.* (המונית) נִכְשָׁל (בתחרות, בבחירות)

altar *n.* מִזְבֵּחַ

alter *v.* שִׁינָּה, הִשְׁתַּנָּה

alterable *adj.* בַּר שִׁינּוּי, מִשְׁתַּנֶּה

alter ego *n.* הָאֲנִי הָאַחֵר

altercate *v.* הִתְקוֹטֵט, הִתְוַוכֵּחַ בְּקוֹלָנִיּוּת

alternate *adj.* מִתְחַלֵּף, בָּא לְפִי תּוֹר

alternate *v.* בָּא אַחֲרֵי; הֶחֱלִיף

alternating current *n.* זֶרֶם חִילּוּפִין

alternative *n.* בְּרֵירָה, חֲלוּפָה

alternatively *adv.* לַחֲלוּפִין

although *conj.* אַף־עַל־פִּי, אִם־כִּי

altimetry *n.* מְדִידַת גְּבָהִים

altitude *n.* גּוֹבַהּ

alto *n.* אַלְט, קוֹל שֵׁנִי

altogether *adv.* בְּסַךְ הַכּוֹל, לְגַמְרֵי; כְּלָלוֹ שֶׁל דָּבָר

altruist *n.* זוּלְתָן, אוֹהֵב הַזּוּלַת, אַלְטְרוּאִיסְט

altruistic *adj.* זוּלְתָנִי, שֶׁבְּאַהֲבַת הַזּוּלַת, אַלְטְרוּאִיסְטִי

alumina *n.* תַּחְמוֹצֶת־חַמְרָן

aluminium, aluminum *n.* חַמְרָן, אֲלוּמִינְיוּם

alumna *n.* בּוֹגֶרֶת בֵּית סֵפֶר גָּבוֹהַּ

alumnus *n.* בּוֹגֵר בֵּית סֵפֶר גָּבוֹהַּ

always *adv.* תָּמִיד, לְעוֹלָם

a.m. *abbr.* **ante meridiem** לִפְנֵי הַצָּהֳרַיִים

Am. *abbr.* **American** אֲמֶרִיקָנִי

amalgam *n.* אֲמַלְגָּם, תִּצְרוֹפֶת מַתֶּכֶת כַּסְפִּית

amalgamation *n.* צֵירוּף, מִיזּוּג (של חֲבָרות לגוף חדש)

amass *v.* צָבַר הַרְבֵּה

amateur *n., adj.* חוֹבְבָן, חוֹבֵב

amaze *v.* הִפְתִּיעַ, הִפְלִיא, הִתְמִיהַּ

amazing *adj.* מַפְתִּיעַ, מַפְלִיא, מַדְהִים

ambassador *n.* שַׁגְרִיר

ambassadress *n.* שַׁגְרִירָה

amber *n.* עִנְבָּר

ambiguity *n.* דּוּ־מַשְׁמָעוּת, הִשְׁתַּמְּעוּת לִשְׁתֵּי פָּנִים

ambiguous *adj.* דּוּ־מַשְׁמָעִי, תַּרְתֵּי מַשְׁמָע

ambition *n.* שַׁאַפְתָנוּת, אַמְבִּיצְיָה

ambitious *adj.* שְׁאַפְתָנִי; יוּמְרָנִי

ambivalent *adj.* דּוּ עֶרְכִּי, סוֹתְרָנִי

amble *v.* הִתְנַהֵל לְאִטּוֹ

ambulance *n.* אַמְבּוּלַנְס

ambush *n.* מַאֲרָב, מִכְמוֹנֶת

ambush *v.* הִתְקִיף מִמַּאֲרָב; אָרַב

amelioration *n.* טִיּוּב, הַשְׁבָּחָה, שִׁיפּוּר

amen *n.* אָמֵן

amenable *adj.* צַיְיתָן, מוּכָן לְקַבֵּל; כָּפוּף (לחוק)

amend *v.* תִּיקֵּן, הִשְׁבִּיחַ, שִׁיפֵּר

amendment *n.* תִּיקּוּן, הַשְׁבָּחָה

amends *n.pl.* שִׁילּוּמִים, פִּיצּוּיִים

amenity *n.* נוֹחוּת, נְעִימוּת

American *n., adj.* אֲמֶרִיקָנִי

americanize *v.* אִמְרֵק; הִתְאַמְרֵק

amethyst *n.* אַחְלָמָה (אבן טובה)

amiable *adj.* חָבִיב; נָעִים

amicable *adj.* חֲבֵרִי, יְדִידוּתִי

amid, amidst *prep.* בֵּין, בְּתוֹךְ, בְּקֶרֶב

amiss *adv.* לֹא כַּשּׁוּרָה

amity *n.* יְדִידוּת; יַחֲסֵי חֲבֵרוּת

ammeter *n.* מַד זֶרֶם, מַד־אַמְפֵּר

ammonia *n.* אַמּוֹנְיָה

ammunition *n.* תַּחְמוֹשֶׁת

amnesia *n.* שִׁכְחוֹן, מַחֲלַת הַשִּׁכְחָה

amnesty *n.* חֲנִינָה כְּלָלִית
amoeba *n.* חִילוּפִית, אֲמֶבָּה
amoeboid *adj.* דְמוּי חִילוּפִית
amok אַמוֹק, הִשְׁתּוֹלְלוּת טֵירוּף
among, amongst *prep.* בֵּין, בְּתוֹךְ, בְּקֶרֶב
amoral *adj.* לֹא מוּסָרִי
amorous *adj.* חַמְדָנִי; מְאוֹהָב
amorphous *adj.* נְטוּל צוּרָה, לֹא מְגוּבָּשׁ
amount *n.* סְכוּם; שִׁיעוּר; כַּמּוּת
amount *v.* הִסְתַּכֵּם, הִגִּיעַ כְּדֵי
amour propre *n.* כָּבוֹד עַצְמִי
ampere *n.* אַמְפֶּר
amphibious *adj.* דוּחַיִּי, אַמְפִיבִּי
amphitheater *n.* אַמְפִיתֵיאַטְרוֹן
ample *adj.* מְרוּוָּח, רַב־מִידּוֹת; דַּיי וְהוֹתֵר
amplifier *n.* מַגְבִּיר קוֹל, מַגְבֵּר
amplify *v.* הִגְדִיל; הִרְחִיב
amplitude *n.* הִתְפַּשְׁטוּת; הִתְרַחֲבוּת; תְּנוּפָה, עוֹצְמָה
amply *adv.* בְּמִידָּה מַסְפֶּקֶת, דַּי וְהוֹתֵר
amputate *v.* קָטַע (אֵיבָר)
amuck *see* **amok**
amulet *n.* קָמֵיעַ
amuse *v.* שִׁעֲשֵׁעַ; שִׂימֵּחַ; הֵינָּה
amusement *n.* שַׁעֲשׁוּעַ, בִּידּוּר; צְחוֹק
amusement park *n.* גַּן שַׁעֲשׁוּעִים
amusing *adj.* מְשַׁעֲשֵׁעַ, מְבַדֵּחַ
an *see* **a**
anachronism *n.* אֲנַכְרוֹנִיזְם, עִיוּוּת סֵדֶר זְמַנִּים
anaemia *n.* מִיעוּט דָם, חִיווָּרוֹן חוֹלָנִי
anaemic *adj.* חֲסַר דָם, אֲנֵמִי
anaesthesia *n.* אִלְחוּשׁ, אַלְחוּשׁ, הַרְדָּמָה
anaesthetic *adj., n.* מְאַלְחֵשׁ, מַרְדִּים
anaesthetise *v.* אִלְחֵשׁ, הִרְדִּים
anagram *n.* אֲנַגְרָם (שִׁינּוּי סֵדֶר אוֹתִיּוֹת)
anal *adj.* שֶׁל פִּי הַטַּבַּעַת
analgesic *n.* מְשַׁכֵּךְ כְּאֵבִים
analogous *adj.* דוֹמֶה, מַקְבִּיל
analogy *n.* הֶיקֵּשׁ, אֲנָלוֹגְיָה
analysis *n.* נִיתּוּחַ, אַבְחָנָה; אֲנָלִיזָה, אִנְלוּז
analyst *n.* בּוֹדֵק, מְאַבְחֵן; מְאַנְלֵז
analytic *adj.* נִיתּוּחִי, אֲנָלִיטִי
analyze, analyse *v.* נִיתֵּחַ, אִנְלֵז, אִבְחֵן
anarchist *n.* אֲנַרְכִיסְט
anarchy *n.* אֲנַרְכְיָה; הֶעְדֵר שִׁלְטוֹן; אִי־סֵדֶר
anathema *n.* נִידּוּי, קְלָלָה; תּוֹעֵבָה
anatomy *n.* אֲנָטוֹמְיָה; גּוּף הָאָדָם
ancestor *n.* אָב קַדְמוֹן
ancestry *n.* יִיחוּס מִשְׁפָּחָה; אָבוֹת
anchor *n.* עוֹגֶן; מִשְׁעָן
anchor *v.* עָגַן, הִשְׁלִיךְ עוֹגֶן
anchovy *n.* עַפְיָן, דָּג הָאַנְצ'וֹבִי
ancient *adj.* עַתִּיק, קָדוּם; קַדְמוֹן
and *conj.* ו, וְכֵן, עִם, גַּם, וְעוֹד
andirons *n.* מִתְמַךְ עֵצִים
anecdote *n.* אֲנֶקְדוֹטָה, בְּדִיחָה
anemia *see* **anaemia**
anesthesia *see* **anaesthesia**
anew *adv.* שׁוּב, מֵחָדָשׁ
angel *n.* מַלְאָךְ
anger *n.* כַּעַס, רוֹגֶז
anger *v.* הִרְגִּיז, הִכְעִיס
angina pectoris *n.* תְּעוּקַת הַלֵּב
angle *n.* זָוִית; נְקוּדַּת מַבָּט

angle-iron *n.* זָוִויתוֹן, בַּרְזֶל מְזוּוָּה
angle *v.* דָּג בְּחַכָּה
angler *n.* דַּיָּיג חוֹבֵב
angora *n.* אַנְגּוֹרָה (צמר בעלי חיים ארוּכֵּי שֵׂער)
angry *adj.* כּוֹעֵס, רוֹגֵז
anguish *n.* יִיסּוּרִים, כְּאֵב לֵב
angular *adj.* זָוִויתִי; גַּרְמִי, רָזֶה
animal *n.* חַיָּה, חַי; בַּעַל־חַיִּים
animal *adj.* שֶׁל חַיָּה; בַּהֲמִי; בְּשָׂרִי
animal magnetism *n.* כּוֹחַ מְשִׁיכָה פִיסִי
animated cartoon *n.* צִיּוּר הַנְפָּשָׁה
animation *n.* זְרִיזוּת; עֵרָנוּת; הַנְפָּשָׁה (בטלוויזיה)
animosity *n.* שִׂנְאָה, אֵיבָה
animus *n.* אֵיבָה, טִינָה
anise *n.* כַּמְנוֹן
aniseed *n.* זַרְעֵי כַּמְנוֹן
ankle *n.* קַרְסוֹל
ankle support *n.* תּוֹמֵךְ קַרְסוֹל
anklet *n.* גַּרְבִּית, קַרְסוּלִית, קִישׁוּט לַקַּרְסוֹל
annals *n.pl.* תּוֹלָדוֹת, דִּבְרֵי הַיָּמִים
annex *v.* סִיפֵּחַ, צֵירֵף
annexe, annex *n.* אֲגַף; נִסְפָּח, צֵירוּף
annihilate *v.* חִיסֵּל, הִשְׁמִיד
anniversary *n.* יוֹבֵל; צִיּוּן יוֹם שָׁנָה
annotate *v.* פֵּירֵשׁ, כָּתַב הֶעָרוֹת
announce *v.* הִכְרִיז, הוֹדִיעַ; קִרְיֵין
announcement *n.* הוֹדָעָה; מוֹדָעָה
announcer *n.* מוֹדִיעַ; קַרְיָין (בּראדיו)
annoy *v.* הֵצִיק, הִטְרִיד
annoyance *n.* מִטְרָד
annoying *adj.* מֵצִיק, מַטְרִיד
annual *adj.* שְׁנָתִי
annual *n.* שְׁנָתוֹן
annuity *n.* קִצְבָּה שְׁנָתִית; הַכְנָסָה שְׁנָתִית
annul *v.* בִּיטֵּל
anoint *v.* מָשַׁח (למלך וכד׳)
anomalous *adj.* חָרִיג; לֹא סָדִיר; לֹא תַּקִּין, סוֹטֶה
anomaly *n.* דָּבָר חוֹרֵג, חֲרִיגָה; סְטִיָּיה
anon. *abbr.* אַלְמוֹנִי, עֲלוּם־שֵׁם, אֲנוֹנִימִי
anonymity *n.* עִילּוּם־שֵׁם, אַלְמוֹנִיּוּת
anonymous *adj.* שֶׁבְּעִילּוּם שֵׁם, אַלְמוֹנִי
another *pron., adj.* נוֹסָף; אַחֵר, עוֹד אֶחָד
answer *n.* תְּשׁוּבָה, תְּגוּבָה, פִּתְרוֹן
answer *v.* הֵשִׁיב, עָנָה, הֵגִיב; הָיָה אַחְרַאי
ant *n.* נְמָלָה
antacid *n.* מְנַטְרֵל חוּמְצוֹת
antagonism *n.* נִיגּוּד, קוֹטְבִיּוּת דֵּעוֹת
antagonize, antagonise *v.* עוֹרֵר נֶגְדּוֹ, דָּחָה מֵעָלָיו
antarctic, antartic *adj.* שֶׁמּוּל הַקּוֹטֶב הַדְּרוֹמִי, אַנְטַרְקְטִי
antecedent *n., adj.* הַנָּחָה, רֵישָׁה; מִלָּה קוֹדֶמֶת; קוֹדֵם, קוֹדְמָן, זוֹקֵק
antecedents *n.pl.* קוֹרוֹת, מוֹצָאוֹת
antechamber *n.* חֲדַר הַמְתָּנָה, פְּרוֹזְדוֹר
antedate *v.* הִקְדִּים בִּזְמַן
antelope *n.* דִּישׁוֹן
antenna *n.* מְשׁוֹשָׁה, אַנְטֶנָּה
antepenult *n.* (הברה) שְׁלִישִׁית מִסּוֹף הַמִּלָּה, לִפְנֵי מִלְעֵיל
anteroom *n.* מָבוֹא לְחֶדֶר, חֲדַר־הַמְתָּנָה
anthem *n.* הִימְנוֹן

anthology *n.* מִקְרָאָה, אַנְתּוֹלוֹגְיָה, לֶקֶט
anthrax *n.* גַּחֶלֶת (מחלת עור)
anthropology *n.* אַנְתְרוֹפּוֹלוֹגְיָה, תּוֹרַת לִימּוּד הָאָדָם
anthropomorphism *n.* הַאֲנָשָׁה, אַנְתְרוֹפּוֹמוֹרְפִיזְם
antibiotic *adj., n.* אַנְטִיבִּיוֹטִי, הַנִּלְחָם בַּחַיְידַקִים
antibody *n.* נוֹגְדָן
anticipate *v.* רָאָה מֵרֹאשׁ; צִיפָּה; הִקְדִים
anticlimax *n.* יְרִידַת הַמֶּתַח, סִיּוּם מְאַכְזֵב
antics *n.pl.* תַּעֲלוּלִים
antidote *n.* סַם שֶׁכְּנֶגֶד; תְּרוּפָה
antifreeze *n.* מוֹנֵעַ הַקְפָּאָה
antiglare *n.* מוֹנֵעַ סִנְווּר, מְעַמְעֵם
antiknock *n.* מוֹנֵעַ נְקִישׁוֹת
antimony *n.* אַנְטִימוֹן (יסוד מתכתי שמערבים בסגסוגות שונות)
antipasto *n.* מְתַאֲבֵן
antipathy *n.* אַנְטִיפַּתְיָה, סְלִידָה
antiphonal *adj.* שֶׁל שְׁנֵי קוֹלוֹת הָעוֹנִים זֶה לָזֶה (במקהלה ליטורגית)
antiquary *n.* סוֹחֵר, חוֹקֵר אוֹ אוֹסֵף עַתִּיקוֹת
antiquated *adj.* מִתְיַישֵּׁן; מְיוּשָּׁן
antique *n., adj.* עַתִּיק; מְיוּשָּׁן
antique dealer *n.* סוֹחֵר עַתִּיקוֹת
antique store *n.* בֵּית מִמְכַּר עַתִּיקוֹת
antiquity *n.* קַדְמָאִיּוּת; יְמֵי־קֶדֶם
anti-Semitic *adj.* אַנְטִישֵׁמִי
antiseptic *adj., n.* אַנְטִיסֶפְּטִי, מְחַטֵּא
antitank *adj.* נֶגֶד טַנְקִי
antithesis *n.* אַנְטִיתֵיזָה, הַנָּחָה סוֹתֶרֶת
antitoxin *n.* נֶגֶד רַעַל

antler *n.* קֶרֶן שֶׁל צְבִי (זכר)
antonym *n.* הִיפּוּכוֹ שֶׁל מַשְׁמָע, אַנְטוֹנִים
anus *n.* פִּי הַטַּבַּעַת
anvil *n.* סַדָּן; כַּן
anxiety *n.* חֲרָדָה, חֲשָׁשׁ, דְּאָגָה
anxious *adj.* מוּדְאָג, חָרֵד
any *pron., adj., adv.* אֵיזֶה, אֵיזֶשֶׁהוּ, כּוֹלְשֶׁהוּ; כָּל אֶחָד
anybody *pron.* כָּל אֶחָד; מִישֶׁהוּ
anyhow *adv.* בְּכָל אוֹפֶן, מִכָּל מָקוֹם, עַל כָּל פָּנִים
anyone *pron.* כָּל אָדָם; כָּל אֶחָד
anything *pron.* כָּל דָּבָר שֶׁהוּא; כּוֹלְשֶׁהוּ
anyway *adv.* בְּכָל אוֹפֶן; בְּכָל צוּרָה
anywhere *adv.* בְּכָל מָקוֹם; לְכָל מָקוֹם
apace *adv.* בִּמְהִירוּת; בִּזְרִיזוּת
apart *adv.* הַצִּדָּה; בִּנְפְרָד, בִּמְפוֹרָק
apartheid *n.* אַפַּרְטְהַייד, הַפְרָדָה
apartment *n.* דִּירָה
apartment house *n.* בֵּית־דִּירוֹת
apathetic(al) *adj.* אָדִישׁ, אַפָּטִי
apathetically *adv.* בַּאֲדִישׁוּת
apathy *n.* אֲדִישׁוּת, אַפַּתְיָה
ape *n., v.* קוֹף; חִיקָּה
aperitif *n.* מְתַאֲבֵן (יין, ליקר)
aperture *n.* חוֹר, פֶּתַח, חָרִיר
apex (*pl.* **apexes, apices**) *n.* רֹאשׁ, שִׂיא; קוֹדְקוֹד
aphorism *n.* אֲפוֹרִיזְם, פִּתְגָּם, מֵימְרָה
aphrodisiac *adj., n.* מְגָרֶה, מְעוֹרֵר חֵשֶׁק
apiary *n.* כַּוֶּורֶת
apiece *adv.* כָּל אֶחָד, לְכָל אֶחָד
apish *adj.* כְּמוֹ קוֹף; חִיקּוּיִי; אֱוִילִי
aplomb *n.* בִּטְחָה עַצְמִית

apocalypse *n.* הִתְגַּלּוּת (חזון אחרית הימים. נבואות וחזיונות על ימות המשיח)

apogee *n.* שִׂיא הַמֶּרְחָק, שִׂיא הַגּוֹבַהּ

apologize *v.* הִצְטַדֵּק; הִתְנַצֵּל, בִּיקֵּשׁ סְלִיחָה

apology *n.* הִתְנַצְּלוּת; הִצְטַדְּקוּת

apoplectic *adj.* שֶׁל שָׁבָץ, שְׁבָצִי

apoplexy *n.* שָׁבָץ, שְׁבַץ־הַלֵּב

apostate *n.* אַפּוֹסְטָט, עָרִיק (מתמרד בדתו, במפלגתו, בעקרונותיו)

a posteriori *adj., adv.* (בלוגיקה) אַפּוֹסְטֶרְיוֹרִי, בְּדִיעֲבַד, לְאַחַר מַעֲשֶׂה

apostle *n.* שָׁלִיחַ, מְבַשֵּׂר (הנצרות)

apostrophe *n.* גֵּרֶשׁ, תָּג

apothecary *n.* רוֹקֵחַ

apothecaries' jar *n.* צִנְצֶנֶת חֶרֶס (לתרופות וכד')

apothecaries' shop *n.* בֵּית־מִרְקַחַת

appal *v.* הֶחֱרִיד, הִפְחִיד

appalling *adj.* מַחֲרִיד, אָיוֹם

apparatus *n.* מִתְקָן; מַעֲרֶכֶת מַכְשִׁירִים

apparel *n.* לְבוּשׁ, מַלְבּוּשׁ

apparent *adj.* בָּרוּר, נִרְאֶה

apparition *n.* הוֹפָעָה לֹא צְפוּיָה; רוּחַ מֵת

appeal *n.* קְרִיאָה לִתְמִיכָה; מַגְבִּית; פְּנִיָּיה; עִרְעוּר; כּוֹחַ מְשִׁיכָה

appeal *v.* הִתְחַנֵּן; עִרְעֵר; פָּנָה; מָשַׁךְ לֵב

appealing *adj.* נוֹגֵעַ לַלֵּב, מוֹשֵׁךְ, מְלַבֵּב

appear *v.* הוֹפִיעַ; נִרְאָה; יָצָא לָאוֹר

appearance *n.* הוֹפָעָה; הִתְיַצְּבוּת; מַרְאֶה חִיצוֹנִי

appease *v.* פִּייֵּס; הִשְׁלִים; הִשְׂבִּיעַ (רעבון)

appeasement *n.* פִּיּוּס; הַשְׁלָמָה

appendage *n.* צֵירוּף; תּוֹסֶפֶת, יוֹתֶרֶת

appendicitis *n.* דַּלֶּקֶת הַתּוֹסֶפְתָּן

appendix (*pl.*-**ixes, -ices**) *n.* תּוֹסֶפְתָּן; נִסְפָּח (לספר)

appertain *v.* הִשְׁתַּייֵּךְ ל, נָגַע ל,

appetite *n.* תֵּיאָבוֹן

appetizer *n.* מְתַאֲבֵן, מָנָה רִאשׁוֹנָה

appetizing *adj.* מְתַאֲבֵן

applaud *v.* מָחָא כַּף, הֵרִיעַ; שִׁיבֵּחַ

applause *n.* מְחִיאַת כַּפַּיִם, תְּרוּעָה, תְּשׁוּאוֹת

apple *n.* תַּפּוּחַ

apple dumpling תַּפּוּחַ בִּגְלִימָה (עטוף בבצק ואפוי)

apple of the eye *n.* בָּבַת הָעַיִן

apple polisher *n.* (המונית) מְלַחֵךְ פִּנְכָּה

applejack *n.* שֵׁכַר תַּפּוּחִים

appliance *n.* כְּלִי, מַכְשִׁיר; שִׁימּוּשׁ

applicable *adj.* בַּר הֲשָׂמָה, יָשִׂים

applicant *n.* מְבַקֵּשׁ, מַגִּישׁ בַּקָּשָׁה

apply *v.* הֵנִיחַ עַל; יִישֵּׂם; הִגִּישׁ בַּקָּשָׁה

appoint *v.* מִינָּה; הוֹעִיד; קָבַע

appointment *n.* קְבִיעָה (זמן, מקום); מִינּוּי, מִשְׂרָה; פְּגִישָׁה, רֵיאָיוֹן

apportion *v.* הִקְצָה; הִקְצִיב; מִינֵּן

apposition *n.* זֶה לְעוּמַּת זֶה; (בדקדוק) תְּמוּרָה

appraisal *n.* הַעֲרָכָה; שׁוּמָה, אוּמְדָן

appraise *v.* הֶעֱרִיךְ; אָמַד

appreciable *adj.* נִיתָּן לְהַעֲרָכָה, רָאוּי לְהַעֲרָכָה; נִיכָּר

appreciate *v.* הֶעֱרִיךְ, הֶחֱשִׁיב

appreciation *n.* הַעֲרָכָה; הוֹקָרָה; הֲבָנָה; עֲלִיַּית הָעֵרֶךְ

appreciative *adj.* מַבִּיעַ הַעֲרָכָה, מַעֲרִיךְ כָּרָאוּי

apprehend *v.* עָצַר, אָסַר; הֵבִין, הִשִּׂיג; חָשַׁשׁ, יָרֵא

apprehension *n.* עֲצִירָה; חֲשָׁשׁ, פַּחַד מֵהַבָּאוֹת; הֲבָנָה

apprehensive *adj.* חָרֵד, חוֹשֵׁשׁ לַבָּאוֹת

apprentice *n.* שׁוּלְיָה; חָנִיךְ

apprentice *v.* הִכְנִיס (לעבודה) כְּשׁוּלְיָה

apprenticeship *n.* חֲנִיכוּת, אִימּוּן

apprise, apprize *v.* הוֹדִיעַ, דִּיוֵּחַ

approach *n.* הִתְקָרְבוּת, גִּישָׁה

approach *v.* קָרַב, הִתְקָרֵב, נִיגַּשׁ

approbation *n.* אִישּׁוּר, הֶיתֵּר

appropriate *v.* רָכַשׁ; הִקְצָה, יִיחֵד

appropriate *adj.* רָאוּי, מַתְאִים, הוֹלֵם

approval *n.* הַסְכָּמָה, חִיּוּב, אִישּׁוּר

approve *v.* הִסְכִּים ל, חִיֵּיב; אִישֵּׁר

approximate *v.* קֵירֵב; קָרַב

approximate *adj.* מְשׁוֹעָר; קָרוֹב; מְקוֹרָב

a priori *adj., adv.* מִלְכַתְּחִילָּה, מֵרֹאשׁ

apricot *n.* מִשְׁמֵשׁ

April *n.* אַפְּרִיל

April-fool *n.* פֶּתִי שֶׁל אֶחָד בְּאַפְּרִיל

April-fool's Day *n.* אֶחָד בְּאַפְּרִיל ('יוֹם שֶׁקֶר')

apron *n.* סִינָּר; סוֹכְכוֹן, כִּיסּוּי (למכונה וכד')

apropos *adv., adj.* אַגַּב; בְּעִנְיָין; שַׁיָּךְ לָעִנְיָין, קוֹלֵעַ

apt *adj.* מַתְאִים; נוֹטֶה; מָהִיר תְּפִיסָה

aptitude *n.* נְטִיָּה; כִּשְׁרוֹן; חָרִיצוּת

aquamarine *adj., n.* כְּצֶבַע מֵי יָם, כָּחוֹל־יְרַקְרַק

aquarium (*pl.*-**iums, -ia**) *n.* אַקְוַרְיוֹן

aquatic *adj.* חַי בְּמַיִם, נַעֲשֶׂה בְּמַיִם

aquatics *n.pl.* סְפּוֹרְט מַיִם

aqueduct *n.* מוֹבִיל־מַיִם

aquiline *adj.* נִשְׁרִי, כְּמַקּוֹר נֶשֶׁר

Arab *n., adj.* עַרְבִי; סוּס עַרְבִי

Arabia *n.* עֲרָב

Arabic *adj., n.* עַרְבִי; עַרְבִית (השפה)

Arabist *n.* חוֹקֵר תַּרְבּוּת עֲרָב, עַרַבִּיסְט

arable *adj.* רָאוּי לְעִיבּוּד (אדמה)

arbiter *n.* בּוֹרֵר; קוֹבֵעַ

arbitrary *adv.* שְׁרִירוּתִי; זְדוֹנִי, לְלֹא נִימּוּק

arbitrate *v.* פִּישֵּׁר; בֵּירֵר; פָּסַק

arbitration *n.* מִשְׁפַּט בּוֹרְרוּת; תִּיוּוּךְ

arbor *n.* מִסְעָד לִמְכוֹנָה; צִיר

Arbor Day *n.* חַג הָאִילָנוֹת

arboretum *n.* גַּן עֵצִים בּוֹטָנִי

arc *n.* קֶשֶׁת

arc welding *n.* רִיתּוּךְ בְּקֶשֶׁת־אוֹר

arcade *n.* מִקְמֶרֶת; שְׁדֵרַת קְשָׁתוֹת

arch *n.* קֶשֶׁת; שַׁעַר מְקוּשָּׁת; כִּיפָּה

arch *v.* קִישֵּׁת; הִתְקַשֵּׁת

arch *adj.* רֹאשׁ, רִאשׁוֹן בַּמַּעֲלָה; שׁוֹבָב, מְמוּלָּח

archaeology *n.* אַרְכֵיאוֹלוֹגְיָה

archaic *adj.* אַרְכָאִי, קַדְמָאִי

archaism *n.* אַרְכָאִיזְם, מִלָּה מְיוּשֶּׁנֶת, בִּיטּוּי מְיוּשָּׁן

archangel *n.* רַב־מַלְאָכִים

archbishop *n.* אַרְכִיבִּישׁוֹף, בִּישׁוֹף עֶלְיוֹן

arch-enemy *n.* הָאוֹיֵב הָרָאשִׁי; הַשָּׂטָן

archer *n.* קַשָּׁת, מוֹרֵה בְּקֶשֶׁת

archery *n.* קַשָּׁתוּת, יְרִיָּה בְּחֵץ וָקֶשֶׁת
archetype *n.* אַבְטִיפּוּס, טוֹפֶס רִאשׁוֹן
archipelago *n.* קְבוּצַת אִיִּים
architect *n.* אַדְרִיכָל, אַרְכִיטֶקְט
architectural *adj.* אַדְרִיכָלִי, אַרְכִיטֶקְטוּרִי
architecture *n.* אַדְרִיכָלוּת, אַרְכִיטֶקְטוּרָה
archives *n.pl.* אַרְכִיּוֹן, גִּנְזַךְ; גְּנָזִים
archway *n.* מִקְמֶרֶת
arctic *adj.* שֶׁל הַקּוֹטֶב הַצְּפוֹנִי, אַרְקְטִי
ardent *adj.* נִלְהָב; לוֹהֵט
ardor *n.* לַהַט, הִתְלַהֲבוּת
arduous *adj.* כָּרוּךְ בְּמַאֲמַצִּים רַבִּים, קָשֶׁה, מְיַיגֵּעַ
area *n.* שֶׁטַח; אֵיזוֹר; תְּחוּם
arena *n.* זִירָה
argue *v.* טָעַן; הִתְוַכֵּחַ; נִימֵּק
argument *n.* וִיכּוּחַ, דִּיּוּן; נִימּוּק
argumentative *adj.* וַכְחָנִי
aria *n.* אַרְיָה, שִׁירַת יָחִיד (באופירה)
arid *adj.* צָחִיחַ, יָבֵשׁ
aridity, aridness *n.* צְחִיחוּת, יוֹבֶשׁ
aright *adv.* הֵיטֵב, כָּרָאוּי
arise *v.* עָלָה; קָם; הוֹפִיעַ; נָבַע
aristocracy *n.* אֲצוּלָה, אֲרִיסְטוֹקְרַטְיָה
aristocrat *n.* אָצִיל, אֲרִיסְטוֹקְרָט
aristocratic *adj.* אֲצִילִי, אֲרִיסְטוֹקְרָטִי
Aristotelian *adj.* שֶׁלְּפִי תּוֹרַת אֲרִיסְטוֹ
Aristotle *n.* אֲרִיסְטוֹ
arithmetic *n.* חֶשְׁבּוֹן
arithmetic(al) *adj.* חֶשְׁבּוֹנִי
arithmetically *adv.* בִּפְעוּלָּה חֶשְׁבּוֹנִית
ark *n.* תֵּיבָה; אָרוֹן
Ark of the Covenant *n.* אֲרוֹן־הַבְּרִית

arm *n.* זְרוֹעַ; חַיִל
arm-in-arm *adv.* שְׁלוּבֵי־זְרוֹעַ
armada *n.* צִי מִלְחָמָה גָּדוֹל
armature *n.* שִׁרְיוֹן; (בחשמל) עוֹגֶן
armchair *n.* כּוּרְסָה
armadillo *n.* חֲפַרְפֶּרֶת שִׁרְיוֹן
armament *n.* נֶשֶׁק חִימּוּשׁ
armed forces *n.pl.* הַכּוֹחוֹת הַמְּזוּיָּנִים
armful *n.* מְלוֹא הַזְּרוֹעַ, מְלוֹא חוֹפְנַיִים
armistice *n.* שְׁבִיתַת נֶשֶׁק
armor *n.* שִׁרְיוֹן, מָגֵן
armored *adj.* מְשׁוּרְיָין; מוּגָן
armored car *n.* רֶכֶב שִׁרְיוֹן
armorial bearings *n.pl.* לְבוּשׁ שִׁרְיוֹן
armor-plate *n.* שִׁרְיוֹן
armor-plate *v.* שִׁרְיֵין (רֶכֶב וכד')
armory *n.* בֵּית־נֶשֶׁק; סַדְנַת נֶשֶׁק
armpit *n.* בֵּית־הַשֶּׁחִי, שֶׁחִי
armrest *n.* מִסְעַד־יָד
arms *n.pl.* נֶשֶׁק
army *n.* צָבָא
army corps *n.* גַּיִס, גְּיָיסוֹת
aroma *n.* בְּסוֹמֶת
aromatic *adj.* בְּסוֹמְתִּי, נִיחוֹחִי
around *adv., prep.* מִסָּבִיב, מִכָּל צַד, בְּעֶרֶךְ, בְּקֵירוּב
arouse *v.* עוֹרֵר; הֵנִיעַ
arpeggio *n.* תַּצְלִיל שָׁבוּר, שְׁבָרִים
arraign *v.* תָּבַע לְמִשְׁפָּט; הֶאֱשִׁים
arrange *v.* סִידֵּר; עָרַךְ; הִסְדִּיר, עִיבֵּד
array *n.* הֵיעָרְכוּת; לְבוּשׁ
array *v.* סִידֵּר; עָרַךְ (צבא)
arrears *n.pl.* חוֹבוֹת יְשָׁנִים, חוֹבוֹת רוֹבְצִים
arrest *v.* עָצַר, תָּפַס; עִיכֵּב
arrest *n.* מַעְצָר; בְּלִימָה; עִיכּוּב

arresting *adj.* שׁוֹבֵה לֵב, מְצוֹדֵד

arrival *n.* הַגָּעָה; הוֹפָעָה

arrive *v.* הוֹפִיעַ; הִגִּיעַ; בָּא

arrogance *n.* שַׁחֲצָנוּת; יְהִירוּת

arrogant *adj.* שַׁחֲצָן; יָהִיר

arrogate *v.* תָּבַע לְעַצְמוֹ שֶׁלֹּא כַּדִּין; יִיחֵס שֶׁלֹּא כַּדִּין

arrow *n.* חֵץ; (חפץ) דְּמוּי־חֵץ

arsenal *n.* בֵּית־נֶשֶׁק, מַחְסַן נֶשֶׁק

arsenic *n.* זַרְנִיךְ, אַרְסָן

arson *n.* הַצָּתָה, שְׁלִיחַת אֵשׁ

art *n.* אֱמָנוּת; מְיוּמָּנוּת; מְלֶאכֶת־מַחֲשֶׁבֶת; אוּמָּנוּת

artefact, artifact *n.* כְּלִי מַכְשִׁיר, מוּצָר אַרְכֵיאוֹלוֹגִי

arteriosclerosis *n.* הִסְתַּיְּידוּת הָעוֹרְקִים

artery *n.* עוֹרֵק

artful *adj.* עָרוּם, עַרְמוּמִי; נוֹכֵל

arthritic *adj.* שֶׁל דַּלֶּקֶת הַמִּפְרָקִים אַרְתְּרִיטִי

arthritis *n.* דַּלֶּקֶת הַמִּפְרָקִים

artichoke *n.* חוּרְשָׁף, קִנְרֵס

article *n.* מַאֲמָר; דָּבָר, עֶצֶם; פְּרִיט; תָּוִית הַיִּידוּעַ; סְעִיף תַּקָּנָה

articulate *v.* דִּיבֵּר בִּבְהִירוּת; מִפְרֵק, עָשָׂה מִפְרָק

artifact *n.* **see artefact**

artifice *n.* טֶכְנִיקָה מְתוּחְכֶּמֶת; עַרְמוּמִיּוּת, תַּחְבּוּלָה

artificial *adj.* מְלָאכוּתִי, מְעוּשֶּׂה

artillery *n.* חֵיל תּוֹתְחָנִים

artilleryman *n.* תּוֹתְחָן

artisan *n.* אוּמָּן; חָרָשׁ

artist *n.* אָמָּן; צַיָּיר

artistic *adj.* אֳמָנוּתִי

artless *adj.* טִבְעִי, תָּמִים

Aryan *n., adj.* אָרִית; אָרִי

as *adv.* כְּ, כְּמוֹ, כְּשֶׁ, כֵּיוָון שֶׁ

as for *adv.* אֲשֶׁר לְ, בְּנוֹגֵעַ לְ

as long as כָּל עוֹד, כָּל זְמַן שֶׁ

as regards בְּעִנְיַין, בְּנוֹגֵעַ

as soon as בְּרֶגַע שֶׁ, מִיָּד לִכְשֶׁ

as though כְּאִילּוּ

asbestos *n.* אַסְבֶּסְט

ascend *v.* עָלָה, טִיפֵּס

ascendancy, -ency *n.* שְׁלִיטָה; עֲלִיָּיה; הַשְׁפָּעָה

ascension *n.* עֲלִיָּיה

ascent *n.* עֲלִיָּיה; מַעֲלֶה

ascertain *v.* וִידֵּא, אִימֵּת

ascertainable *adj.* נִיתָּן לְבֵירוּר

ascetic *n., adj.* סַגְּפָן, מִתְנַזֵּר

ascribe *v.* יִיחֵס לְ, תָּלָה בְּ, שִׁיֵּיךְ

ash, ashes *n.* אֵפֶר, רֶמֶץ

ashamed *pred.adj.* בּוֹשׁ, מְבוּיָּשׁ, נִכְלָם

ashen *adj.* כְּאֵפֶר, אָפוֹר

Ashkenazim *n.pl.* אַשְׁכְּנַזִּים

ashore *adv.* אֶל הַחוֹף; עַל הַחוֹף

ashtray *n.* מַאֲפֵרָה

Asia Minor *n.* אַסְיָה הַקְּטַנָּה

Asian *adj.* אַסְיָינִי, אַסְיָתִי

aside *adv.* הַצִּדָּה; בַּצַּד

aside *n.* (בתיאטרון) שִׂיחַ מוּסְגָּר

asinine *adj.* חֲמוֹרִי; אֱווִילִי

ask *v.* שָׁאַל; בִּיקֵּשׁ; תָּבַע; דָּרַשׁ

askance *adv.* בַּחֲשְׁדָנוּת; בְּאִי־אֵמוּן

askew *adj.* עָקוֹם, לֹא יָשָׁר

asleep *adv., pred. adj.* בְּשֵׁינָה; יָשֵׁן

asp *n.* אֶפְעֶה

asparagus *n.* אַסְפָּרָגוֹס

aspect *n.* הֶיבֵּט, בְּחִינָה, אַסְפֶּקְט

aspersion *n.* הַשְׁמָצָה, דִיבָּה

asphalt *n.* אַסְפַלְט, חֵמָר

asphalt *v.* רִיבֵּד בְּאַסְפַלְט

asphyxiate *v.* שִׁינֵּק, הֶחֱנִיק

aspic *n.* קְרִישׁ (של בשר צלוי)

aspirant *adj., n.* שׁוֹאֵף, מוּעֲמָד

aspire *v.* שָׁאַף, הִתְאַוָּה

aspirin *n.* אַסְפִּירִין

ass *n.* חֲמוֹר; שׁוֹטֶה; (המונית) תַּחַת

assail *v.* הִתְקִיף; הִסְתָּעֵר

assassin *n.* מִתְנַקֵּשׁ, רוֹצֵחַ

assassinate *v.* הִתְנַקֵּשׁ, רָצַח

assassination *n.* הִתְנַקְּשׁוּת, רֶצַח

assault *n.* הִתְנַפְּלוּת, תְּקִיפָה, אוֹנֶס

assay *v.* בָּדַק; נִיסָּה

assay *n.* בְּדִיקָה (של מתכת)

assemble *v.* כִּינֵּס; הִרְכִּיב; הִתְכַּנֵּס

assembly *n.* כִּינּוּס, עֲצֶרֶת; הַרְכָּבָה

assembly plant *n.* מִפְעַל הַרְכָּבָה

assent *v.* הִסְכִּים

assent *n.* הַסְכָּמָה

assert *v.* טָעַן; עָמַד עַל דַעְתּוֹ

assertion *n.* הַכְרָזָה; עֲמִידָה עַל זְכוּת

assess *v.* הֶעֱרִיךְ, שָׁם; קָבַע

assessment *n.* הַעֲרָכָה; שׁוּמָה

asset *n.* קִנְיָן, עֵרֶךְ; פְּרִיט (ברכוש)

assets *n.pl.* רְכוּשׁ, נְכָסִים

assiduous *adj.* מַתְמִיד, שַׁקְדָנִי

assign *v.* הִקְצָה; מִינָּה; הוֹעִיד

assignment *n.* חֲלוּקַת תַּפְקִידִים, קַבָּלַת תַּפְקִיד, מְשִׂימָה; הַעֲבָרַת נְכָסִים

assimilate *v.* טִימֵּעַ; הִטְמִיעַ; הִתְבּוֹלֵל, הִתְדַּמָּה

assist *v.* עָזַר, סִייֵּעַ

assistant *n.* עוֹזֵר, סְגָן, מְסַייֵּעַ

associate *n., adj.* חָבֵר שׁוּתָּף; חָבֵר נִסְפָּח; חָבֵר יוֹעֵץ

associate *v.* צֵירֵף, הִסְמִיךְ; הִתְחַבֵּר, הִשְׁתַּתֵּף

association *n.* הִתְאַחֲדוּת, אִיגּוּד, אִרְגּוּן; צֵירוּף

assort *v.* סִיוֵּג, מִייֵּן; עָרַךְ

assortment *n.* סִיוּוּג, מִיוּן; אוֹסֶף עָרוּךְ

assuage *v.* רִיכֵּךְ, שִׁיכֵּךְ; פִּייֵּס

assume *v.* הִנִּיחַ, הִתְיַימֵּר; קִיבֵּל עַל עַצְמוֹ

assumed name *n.* שֵׁם בָּדוּי

assumption *n.* הַנָּחָה, הַשְׁעָרָה; הִתְייַמְּרוּת; הִתְחַייְּבוּת

assure *v.* הִבְטִיחַ; חִיזֵּק

Assyria *n.* אַשּׁוּר

Assyrian *n., adj.* אַשּׁוּרִי; אַשּׁוּרִית

aster *n.* אַסְתֵּר

asterisk *n.* כּוֹכָב, כּוֹכָבִית

astern *adv.* בַּיַּרְכָתַיִים; לְאָחוֹר

asteroid *n.* דַּג הַכּוֹכָב; כּוֹכָבִית (כוכב לכת קטנטן)

astigmatism *n.* אִי מִיקּוּד (פגם בעדשת העין)

astir *adv.* בִּתְנוּעָה, רוֹגֵשׁ

asthma *n.* קַצֶּרֶת, אַסְתְּמָה

astonish *v.* הִדְהִים, הִפְתִּיעַ

astonishing *adj.* מַתְמִיהַּ, מַפְתִּיעַ

astound *v.* הִדְהִים, הִפְתִּיעַ

astounding *adj.* מַדְהִים, מַפְתִּיעַ

astral *adj.* דְמוּי כּוֹכָב

astray *adv., adj.* שֶׁלֹּא בַּדֶּרֶךְ הַיָּשָׁר, הַצִּדָּה

astride *adv., adj.* בְּמִפּוּסָק, כְּרוֹכֵב

astringent *adj.* כּוֹבֵל, עוֹצֵר; קָשֶׁה

astrology *n.* אַסְטְרוֹלוֹגְיָה
astronaut *n.* מַרְקִיעָן, אַסְטְרוֹנָאוּט, טַיַּס חָלָל
astronautics *n.pl.* מַרְקִיעָנוּת, אַסְטְרוֹנָאוּטִיקָה
astronomer *n.* אַסְטְרוֹנוֹם, תּוֹכֵן
astronomical *adj.* אַסְטְרוֹנוֹמִי; עֲנָקִי, גָּדוֹל מְמַדִּים
astronomy *n.* אַסְטְרוֹנוֹמְיָה, תְּכוּנָה, מַדַּע הַכּוֹכָבִים
astute *adj.* פִּיקֵחַ, עָרוּם
asunder *adv.* בְּנִפְרָד; לִקְרָעִים, לִרְסִיסִים; לְכָל רוּחַ
asylum *n.* מִקְלָט; בֵּית חוֹלֵי רוּחַ
asymmetry *n.* אִי־סִימֶטְרִיּוּת, אִי־תְּאִימוּת
at *prep.* בּ; אֵצֶל
atavism *n.* אַטָוִויזְם, (תכונות תורשתיות המופיעות לאחר מרחק של דורות)
atelier *n.* אָטֶלְיֶה, סַדְנַת הָאָמָּן
atheism *n.* אַתֵּאִיזְם; כְּפִירָה בָּעִיקָּר
atheist *n.* אַתֵּאִיסְט, כּוֹפֵר בָּעִיקָּר
Athens *n.* אָתוּנָה
athirst *adj.* צָמֵא, תָּאֵב
athlete *n.* אַתְלֵט
athlete's foot *n.* כַּף רֶגֶל אַתְלֵט (מחלת עור)
athletic *adj.* אַתְלֵטִי
athletics *n.pl.* אַתְלֵטִיקָה
athwart *prep.* מִצַּד אֶל צַד; בִּמְלוּכְסָן; בְּנִיגּוּד
Atlantic *adj.* שֶׁל הָאוֹקְיָינוֹס הָאַטְלַנְטִי
Atlantic Charter *n.* הַהַצְהָרָה הָאַטְלַנְטִית
Atlantic Pact *n.* הָאֲמָנָה הָאַטְלַנְטִית

atlas *n.* אַטְלַס
atmosphere *n.* אַטְמוֹסְפֵרָה, אֲוִירָה
atmospheric *adj.* אַטְמוֹסְפֵרִי, שֶׁל אֲוִיר הָאָרֶץ
atmospherics *n.pl.* הַפְרָעוֹת אַטְמוֹסְפֵרִיּוֹת
atoll *n.* אָטוֹל (אי או טַבַּעַת איי אלמוגים מסביב לאגם)
atom *n.* אָטוֹם
atom bomb *n.* פְּצָצָה אֲטוֹמִית
atomic *adj.* אֲטוֹמִי
atomize *v.* אִיטֵּם, הִפְרִיד עַד הָאָטוֹם, רִיסֵּס
atonal *adj.* אָטוֹנָלִי (לא הולם שום סולם)
atone *v.* כִּיפֵּר, סָלַח
atonement *n.* פִּיּוּס, כַּפָּרָה, כִּיפּוּר
atop *adv., prep.* בְּרֹאשׁ, עַל
atrocious *adj.* רַע, נִתְעָב
atrocity *n.* מַעֲשֶׂה זְוָועָה
atrophy *n.* דִּלְדּוּל, נִיוּוּן
attach *v.* קָשַׁר, חִיבֵּר; צֵירֵף; עִיקֵּל
attache *n.* נִסְפָּח (בשגרירות)
attache case *n.* תִּיק מִסְמָכִים (דמוי מזוודה קטנה)
attachment *n.* מוּסָף; צֵירוּף; קִשְׁרֵי חִיבָּה; עִיקּוּל
attack *v.* הִתְקִיף, הִתְנַפֵּל
attack *n.* הַתְקָפָה, תְּקִיפָה
attain *v.* הִשִּׂיג; הִגִּיעַ ל
attainment *n.* הַשָּׂגָה, הֶישֵּׂג
attainments *n.pl.* הֶישֵּׂגִים, כִּשְׁרוֹנוֹת
attar *n.* שֶׁמֶן וְרָדִים, וַרְדִּינוֹן
attempt *v.* נִיסָּה; הִשְׁתַּדֵּל
attempt *n.* נִיסָּיוֹן, מַאֲמָץ
attend *v.* נָכַח; שָׂם לֵב; טִיפֵּל, הִשְׁגִּיחַ

attendance *n.* נוֹכְחוּת; טִיפּוּל, הַקְשָׁבָה

attendant *adj.* מְלַוֶּה; נוֹכֵחַ, מְשַׁמֵּשׁ

attendant *n.* סַדְרָן; לַבְלָר; מְטַפֵּל

attention *n.* תְּשׂוּמֶת־לֵב, הַקְשָׁבָה; טִיפּוּל; עֲמִידַת דוֹם

attentive *adj.* נוֹתֵן דַּעְתּוֹ; קַשּׁוּב; מְנוּמָּס

attenuate *v.* הִדְלִיל; הֶחְלִישׁ; דִּלְדֵּל

attest *v.* הֵעִיד; אִימֵּת

attic *n.* עֲלִיַּית־גַּג, עֲלִיָּיה

attire *n.* לְבוּשׁ, מַלְבּוּשׁ

attire *v.* הִלְבִּישׁ; קִישֵּׁט

attitude *n.* עֶמְדָּה; גִּישָׁה; יַחַס

attorney *n.* פְּרַקְלִיט, מוּרְשֶׁה

attract *v.* מָשַׁךְ; הֵסֵב תְּשׂוּמֶת־לֵב

attraction *n.* מְשִׁיכָה; כּוֹחַ מְשִׁיכָה; דָּבָר מוֹשֵׁךְ; אַטְרַקְצְיָה

attractive *adj.* מוֹשֵׁךְ; מְצוֹדֵד

attribute *n.* תְּכוּנָה; תּוֹאַר; לְוָאי (בדקדוק)

attribute *v.* יִיחֵס; קִישֵּׁר; תָּלָה בּ...

attrition *n.* חִיכּוּךְ, הִשְׁתַּחֲקוּת

attune *v.* כִּיוּוֵן, כּוֹוְנֵן, תֵּיאֵם

atypical *adj.* לֹא טִיפּוּסִי, חָרִיג, לֹא סָדִיר

auburn *adj.* חוּם־זָהוֹב

au courant *adv.* מְעוּדְכָּן

auction *n.* מְכִירָה פּוּמְבִּית

auction *v.* מָכַר בִּמְכִירָה פּוּמְבִּית

auctioneer *n.* מְנַהֵל מְכִירָה פּוּמְבִּית

auctioneer *v.* נִיהֵל מְכִירָה פּוּמְבִּית

audacious *adj.* נוֹעָז, הַרְפַּתְקָנִי

audacity *n.* נוֹעָזוּת, הֶעָזָה; חוּצְפָּה

audibility *n.* שְׁמִיעוּת

audible *adj.* שָׁמִיעַ

audience *n.* קְהַל שׁוֹמְעִים; רֵיאָיוֹן

audiofrequency *n.* תְּדִירוּת שֶׁמַע

audit *n.* רְאִיַּית חֶשְׁבּוֹן; דו״חַ חֶשְׁבּוֹנִי

audit *v.* בָּדַק חֶשְׁבּוֹנוֹת, רָאָה חֶשְׁבּוֹן

audition *n.* מִבְחַן לְאָמָן

auditor *n.* שׁוֹמֵעַ, מַאֲזִין; רוֹאֵה חֶשְׁבּוֹן

auditorium *n.* אוּלָם

auger *n.* מַקְדֵּחַ, מַקְדֵּחַ־כַּף

augment *v.* הִגְדִּיל; גָּדַל

augur *v.* בִּישֵּׂר, הִגִּיד עֲתִידוֹת

augury *n.* הַגָּדַת עֲתִידוֹת, נִיחוּשׁ עַל־פִּי סִימָנִים

august *adj.* מְרוֹמָם; מָלֵא הוֹד

August *n.* אוֹגוּסְט

aunt *n.* דּוֹדָה

aura *n.* הִילָּה, הַשְׁרָאָה

au revoir *interj.* לְהִתְרָאוֹת

aurora *n.* זוֹהַר קוֹטְבִּי

aurora australis *n.* זוֹהַר הַדָּרוֹם

aurora borealis *n.* זוֹהַר הַצָּפוֹן

auspice *n.(usu.pl.)* חָסוּת

auspicious *adj.* מְבַשֵּׂר טוֹב

austere *adj.* חָמוּר; צָנוּעַ, לְלֹא קִישּׁוּט

austerity *n.* צֶנַע; נוּקְשׁוּת; הִינָּזְרוּת

autarchy *n.* אוֹטַרְכְיָה, רִיבּוֹנוּת מוּחְלֶטֶת, מִמְשָׁל עַצְמִי

authentic *adj.* אוֹתֶנְטִי, אָמִין

authenticate *v.* וִידֵּא, אִישֵּׁר

author *n.* מְחַבֵּר; יוֹצֵר

authoress *n.* מְחַבֶּרֶת; יוֹצֶרֶת

authoritarian *n., adj.* אוֹתוֹרִיטָרִי, סַמְכוּתִי

authoritative *adj.* מוּסְמָךְ; מְפַקֵּד

authority *n.* סַמְכוּת; יִיפּוּי־כּוֹחַ; שִׁלְטוֹנוֹת, בַּעַל סַמְכוּת; אַסְמַכְתָּה

authorize *v.* יִיפָּה כּוֹחַ; הִסְמִיךְ

authorship *n.* מְחַבְּרוּת

auto *n.* מְכוֹנִית, רֶכֶב מְמוּנָּע
autobiography *n.* תּוֹלְדוֹת עַצְמוֹ, אוֹטוֹבִּיוֹגְרַפְיָה
autobus *n.* אוֹטוֹבּוּס
autocratic *adj.* אוֹטוֹקְרָטִי, רוֹדָנִי
auto-da-fé *n.* אוֹטוֹ־דָה־פֶה, מִשְׁפַּט הָאִינְקְוִוִיזִיצְיָה, הַעֲלָאָה עַל מוֹקֵד
autograph *n.* אוֹטוֹגְרָף, חֲתִימַת שֵׁם
autograph *v.* חָתַם אֶת שְׁמוֹ
automat *n.* מִזְנוֹן אוֹטוֹמָטִי (בּאה"ב)
automatic *adj., n.* אוֹטוֹמָטִי, מְאוּטְמָט
automation *n.* אוֹטוֹמַצְיָה, אִטְמוּט
automaton (*pl.*-**ata,-atons**) *n.* רוֹבּוֹט, אוֹטוֹמָט
automobile *n.* אוֹטוֹמוֹבִּיל, רֶכֶב מְנוֹעִי, מְכוֹנִית
autonomous *adj.* אוֹטוֹנוֹמִי, עַצְמָאִי
autonomy *n.* אוֹטוֹנוֹמְיָה, שִׁלְטוֹן עַצְמִי
autopsy *n.* בְּדִיקָה לְאַחַר הַמָּוֶת, נְתִיחָה
autumn *n.* סְתָיו; שַׁלֶּכֶת
autumnal *adj.* סְתָוִי, סִתְוָנִי
auxiliary *n.* מְשָׁרֵת, עוֹזֵר; עֵזֶר, פּוֹעַל עוֹזֵר
avail *n.* תּוֹעֶלֶת, רֶוַח
avail *v.* הוֹעִיל, סִייֵּעַ; הָיָה לְעֵזֶר
available *adj.* נָשִׂיג, נִיתָּן לְהַשִּׂיג, זָמִין; עוֹמֵד לִרְשׁוּת
avalanche *n.* גַּלְשׁוֹן, מַפּוֹלֶת שֶׁלֶג, אֲוָולַנְשׁ
avant-garde *n., adj.* אֲוַנְגַּרְד, חֲלוּצֵי רַעְיוֹן
avarice *n.* תַּאֲוַות מָמוֹן, קַמְצָנוּת
avaricious *adj.* חוֹמֵד מָמוֹן, קַמְצָן
avenge *v.* נָקַם, הִתְנַקֵּם
avenue *n.* שְׂדֵרָה, שְׂדֵרוֹת, מָבוֹא
aver *v.* אִישֵּׁר, קָבַע בְּבִטְחָה
average *n., adj.* מְמוּצָּע, בֵּינוֹנִי
average *v.* מִיצֵּעַ, חִישֵּׁב אֶת הַמְּמוּצָּע
averse *adj.* מִתְנַגֵּד; לֹא נוֹטֶה
aversion *n.* סְלִידָה, אִי־נְטִיָּיה
avert *v.* הִפְנָה הַצִּדָּה, מָנַע, הֵסִיחַ
aviary *n.* כְּלוּב צִיפּוֹרִים
aviation *n.* תְּעוּפָה, טִיסָה
aviator *n.* טַיָּיס
avid *adj.* לָהוּט, מִשְׁתּוֹקֵק
avidity *n.* לְהִיטוּת, תְּשׁוּקָה
avocado *n.* אֲבוֹקָדוֹ, אֲווֹקָדוֹ
avocation *n.* עִיסּוּק, מִקְצוֹעַ
avoid *v.* הִתְחַמֵּק, נִמְנַע
avoidable *adj.* מָנִיעַ, נִיתָּן לִמְנִיעָה
avoidance *n.* חֲמִיקָה, הִימָּנְעוּת
avow *v.* הוֹדָה; הִתְוַודָּה
avowal *n.* הַכְרָזָה; אִישּׁוּר
await *v.* חִיכָּה, צִיפָּה
awake *v.* הֵעִיר; הִתְעוֹרֵר
awake *adj.* עֵר, לֹא יָשֵׁן
awaken *v.* הֵעִיר; הִמְרִיץ; הִתְעוֹרֵר
awakening *n.* הִתְעוֹרְרוּת; הִתְפַּכְּחוּת
award *n.* הַחְלָטַת בּוֹרְרוּת; פְּרָס; עִיטּוּר
award *v.* הֶעֱנִיק; זִיכָּה
aware *adj.* מוּדָע, יוֹדֵעַ; חָשׁ
awareness *n.* מוּדָעוּת, חִישָּׁה, הַכָּרָה
away *adv.* הָלְאָה מִזֶּה; רָחוֹק; בַּצַּד
awe *n.* יִרְאַת־כָּבוֹד, חֲרָדָה
awesome *adj.* מְעוֹרֵר יִרְאַת־כָּבוֹד
awestruck *adj.* מָלֵא יִרְאַת־כָּבוֹד
awful *adj.* נוֹרָא, אָיוֹם
awfully *adv.* (דִּיבּוּרִית) 'נוֹרָא', מְאוֹד
awhile *adv.* זְמַן־מָה; לִזְמַן־מָה
awkward *adj.* מְסוּרְבָּל, מְגוּשָּׁם; חֲסַר חֵן; מֵבִיךְ

awl *n.* מַרְצֵעַ
awning *n.* גְנוּנָה, מַחְסֶה
awry *adj.* מְעוּקָם, מְשׁוּבָּשׁ
axe, ax *n.* גַּרְזֶן
axe, ax *v.* קִיצֵץ (בתקציב, בשירותים וכד')
axiom *n.* אַקְסִיוֹמָה, מוּשְׂכָּל רִאשׁוֹן
axis *n.(pl.***axes)** צִיר, קַו הָאֶמְצַע
axle *n.* צִיר, סֶרֶן, גַּל
ay, aye *n. interj.* הֵן, כֵּן (תשובה חיובית)
ay, aye *adv.* תָּמִיד, לָנֶצַח
azimuth *n.* אַזִימוּת (קשת השמיים מן הזנית בניצב לאופק)
azure *adj.* כָּחוֹל, תְּכֵלֶת

B

baa *v., n.* פָּעָה; פְּעִיָּה

babble *v.* בִּרְבֵּר, פִּטְפֵּט, קִשְׁקֵשׁ

babble *n.* בִּרְבּוּר, פִּטְפּוּט, קִשְׁקוּשׁ

babe *n.* תִּינוֹק, עוֹלָל; (המונית)בַּחוּרוֹנֶת

baboon *n.* בַּבּוּן, קוֹף גָּדוֹל

baby *n.* תִּינוֹק, עוֹלָל

baby-carriage *n.* עֶגְלַת יְלָדִים

babyhood *n.* יַנְקוּת

Babylon, Babylonia *n.* בָּבֶל

Babylonian *adj.* בַּבְלִי; בַּבְלִית (שפה)

baby sitter *n.* שׁוֹמֵר טַף, שׁוֹמֶרֶת טַף, שְׁמַרְטַף

baccalaureate *n.* תּוֹאַר הַבּוֹגֵר

baccarat *n.* בַּקָּרָט (משחק קלפים)

bacchanal *n.* בַּקְכָנָל, מִתְהוֹלֵל בְּמִשְׁתָּאוֹת

bachelorhood *n.* רַוָּקוּת

bacillus *n.*(**pl. bacilli**) חַיְדַּק, מֶתֶג

back *n.* גַּב; אָחוֹר; מִסְעָד; (בכדורגל) מָגֵן

back *adj.* אֲחוֹרִי; לְשֶׁעָבַר; בְּכִוּוּן לְאָחוֹר

back *v.* תָּמַךְ, גִּיבָּה; הֵזִיז אֲחוֹרַנִּית; הִימֵּר לְטוֹבַת

back a bill עָרַב לִשְׁטָר בַּחֲתִימַת הֵיסֵב

back *adv.* אָחוֹרָה; בַּחֲזָרָה

backache *n.* כְּאֵב גַּב

backbone *n.* עַמּוּד־הַשִּׁדְרָה

back-breaking *adj.* שׁוֹבֵר גַּב, מְעַיֵּף, מְפָרֵךְ

back down *v.* הוֹדָה בְּטָעוּת

backdown *n.* נְסִיגָה (מהתחייבות או מטענה)

backer *n.* תּוֹמֵךְ; פַּטְרוֹן; מְהַמֵּר (על סוס במרוץ וכד')

backfire *n.* הַצָּתָה מוּקְדֶּמֶת (במנוע)

back-fire *v.* הִצִּית (מנוע) קוֹדֶם זְמַנּוֹ; הֵבִיא תּוֹצָאוֹת הֲפוּכוֹת

backgammon *n.* שֵׁשׁ־בֵּשׁ

background *n.* רֶקַע, מוֹצָא

backing *n.* תִּימּוּכִין, 'גִּיבּוּי'

backlash *n.* רְתִיעָה לְאָחוֹר; תְּגוּבָה חֲרִיפָה

backlog *n.* הִצְטַבְּרוּת (עבודה)

back-number *n., adj.* חוֹבֶרֶת יְשָׁנָה (של כתב־עת); מְיוּשָּׁן

back out *v.* הִתְחַמֵּק, הִסְתַּלֵּק

back-pay *n.* פִּיגּוּרֵי שָׂכָר

back-room boys *n.pl.* אַנְשֵׁי הַמֶּחְקָר

back-seat *n.* מוֹשָׁב אֲחוֹרִי; תַּפְקִיד מִשְׁנִי

backside *n.* אָחוֹר, 'יַשְׁבָן', תַּחַת

backslide *v.* הִתְדַּרְדֵּר לְחֵטְא

backstage *n., adj.* אֲחוֹרֵי הַקְּלָעִים; שֶׁמֵּאֲחוֹרֵי הַקְּלָעִים

backstairs *n., adj.* שֶׁבַּדֶּרֶךְ אֲפֵלָה; עָקִיף

backstop *n.* חַיִץ; בּוֹלֵם כַּדּוּר (מלצאת, במגרש כדורגל וכד')

back-talk *n.* חוּצְפָּה; תְּשׁוּבָה מְחוּצֶּפֶת

backward *adj.* מְכוּוָּן לְאָחוֹר; מְפַגֵּר; בַּיְישָׁן

backward(s) *adv.* אֲחוֹרַנִּית, לְאָחוֹר; בְּהִיפּוּךְ

backwater *n.* מַיִם עוֹמְדִים; מָקוֹם קוֹפֵא עַל שְׁמָרָיו

backwoods *n.pl.* יַעַר בְּרֵאשִׁית, יַעַר עַד; שְׁמָמָה

backyard *n.* חָצֵר

bacon *n.* קוֹתֶל חֲזִיר (מְמוּלָּח וּמְעוּשָּׁן)

bacteria *n.pl.*(**bacterium** *sing.)* חַיְידַקִּים, מְתָגִים
bacteriologist *n.* בַּקְטֶרִיוֹלוֹג
bacteriology *n.* בַּקְטֶרִיוֹלוֹגְיָה (מדע חקר תכונות החיידקים)
bad *adj.* רַע; לָקוּי; רָקוּב, מוּשְׁחָת
badge *n.* תָּג; סֵמֶל (על בגד)
badger *v.* הִטְרִיד, הֵצִיק
badly *adv.* רַע; מְאוֹד, בְּמִידָּה רַבָּה
badly off *adj.* דָּחוּק בְּכֶסֶף, עָנִי
badminton *n.* בֶּדְמִינְטוֹן (מִשחק בכדור נוֹצָה, דומה לטֶנִיס)
baffle *v.* סִיכֵּל; הֵבִיךְ; הָיָה קָשֶׁה
bag *n.* תִּיק, יַלְקוּט; שַׂקִּית; אַרְנָק; שְׁלַל צַיִד
bag and baggage *adv.* עַל כָּל רְכוּשׁוֹ, הַכּוֹל בַּכּוֹל מִכּוֹל כּוֹל
baggage *n.* מִטְעָן; מִזְווָדוֹת
baggage-car *n.* קְרוֹן מִטְעָן
bagpipe *n.* חֵמַת חֲלִילִים
bail *n.* עַרְבוּת; עֲרוּבָּה
bail *v.* הִפְקִיד; עָרַב
bailiff *n.* פְּקִיד הוֹצָאָה לְפוֹעַל; מְנַהֵל אֲחוּזָה
baliwick *n.* מְחוֹז שִׁיפּוּט
bailment *n.* הַפְקָדָה, פִּיקָּדוֹן; חוֹזֵה הַפְקָדָה
bail out *v.* צָנַח (ממטוס); עָרַב (לעציר)
bait *v.* הִתְגָּרָה; לָעַג; שָׂם פִּיתָּיוֹן
bait *n.* פִּיתָּיוֹן; מִקְסָם, פִּיתּוּי
bake *v.* אָפָה; נֶאֱפָה
bakehouse *n.* מַאֲפִיָּיה
baker *n.* אוֹפֶה
baker's dozen *n.* שְׁלוֹשָׁה־עָשָׂר
bakery *n.* מַאֲפִיָּיה
baking powder *n.* אַבְקַת מַאֲפֶה; אֲפִיּוֹן
baking soda *n.* סוֹדָה לַאֲפִיָּיה
baksheesh *n.* בַּקְשִׁישׁ, תֶּשֶׁר, מַתָּת; שׁוֹחַד
balalaika *n.* בַּלָלַייְקָה (כלי נגינה עממי, בעל 3־4 מֵיתרים)
balance *n.* מֹאזְנַיִם; אִיזּוּן; מַאֲזָן; יִתְרָה
balance *v.* אִיזֵּן; הֵבִיא לְשִׁיוּוּי־מִשְׁקָל; הִשְׁוָוה; קִיזֵּז
balance of payments *n.* מַאֲזַן הַתַּשְׁלוּמִים
balance of power *n.* מַאֲזַן הַכּוֹחוֹת
balance-sheet *n.* מַאֲזָן
balcony *n.* מִרְפֶּסֶת, גְּזוּזְטְרָה; יָצִיעַ
bald *adj.* קֵירֵחַ, גִּיבֵּחַ; יָבֵשׁ, חַדְגוֹנִי; גָּלוּי
baldness *n.* קָרַחַת, גַּבַּחַת
baldric *n.* חֲגוֹרָה, רְצוּעָה
bale *n.* חֲבִילָה; צְרוֹר גָּדוֹל
bale *v.* אָרַז; קָשַׁר בַּחֲבִילוֹת
baleful *adj.* מֵבִיא רָעָה, מַשְׁחִית
balk, baulk *v.* נֶעְצַר; שָׂם מִכְשׁוֹל
balky *adj.* סַרְבָנִי, עַקְשָׁנִי
ball *n.* כַּדּוּר מִשְׂחָק; נֶשֶׁף רִיקּוּדִים
ballad, ballade *n.* בַּלָּדָה
ballast *v.* הִנִּיחַ זְבוֹרִית; אִיזֵּן
ballast *n.* זְבוֹרִית (משקולת לשמירת איזון אונייה)
ball-bearing *n.* מֵסַב כַּדּוּרִיּוֹת
ballerina *n.* בַּלֶּרִינָה, רַקְדָנִית
ballet *n.* בַּאלֶט
ballistic *adj.* בַּאלִיסְטִי
balloon *n.* כַּדּוּר פּוֹרֵחַ, בַּאלוֹן
ballot *n.* פֶּתֶק הַצְבָּעָה; הַצְבָּעָה חֲשָׁאִית
ballot-box *n.* קַלְפֵּי
ballpoint pen *n.* עֵט כַּדּוּרִי

ballroom *n.* אוּלַם רִיקוּדִים
ballyhoo *n.* פִּרְסוֹמֶת רַעַשְׁנִית
balm *n.* בּוֹסֶם, בֹּשֶׂם; שֶׁמֶן מִשְׁחָה; מַרְפֵּא
balmy *adj.* בָּסוּם, בָּשׂוּם; מַרְגִּיעַ,
נָעִים; לָקוּי בְּשִׂכְלוֹ
baloney *n.* הֲבָלִים, שְׁטוּיוֹת
balsam *n.* שְׂרַף מַרְפֵּא, נֶטֶף רֵיחָנִי
baluster *n.* עַמּוּד יָצִיעַ; עַמּוּד מַעֲקֶה
balustrade *n.* מַעֲקֶה לְמַדְרֵגוֹת
bamboo *n., adj.* בַּמְבּוּק, חִזְרָן
bamboozle *v.* רִימָּה; בִּלְבֵּל
ban *n.* אִיסּוּר; חֵרֶם, נִידּוּי
ban *v.* אָסַר; הֶחֱרִים, נִידָּה
banal *adj.* בַּנָּלִי, נָדוֹשׁ, תָּפֵל
banana *n.* בָּנָנָה
band *n.* אֶגֶד, פַּס, סֶרֶט, קִישּׁוּר;
גְּדוּד, כְּנוּפְיָה; תִּזְמוֹרֶת
band *v.* הִתְאַחֵד, הִתְקַבֵּץ
bandage *n.* תַּחְבּוֹשֶׁת, אֶגֶד
bandage *v.* חָבַשׁ, תִּחְבֵּשׁ
bandanna *n.* בַּנְדַנָּה, מִטְפַּחַת צִבְעוֹנִית
bandit *n.(pl* **-its, -tti)** שׁוֹדֵד, לִסְטִים
bandmaster *n.* מְנַצֵּחַ (עַל מְנַגְּנִים)
bandstand *n.* בִּימַת הַתִּזְמוֹרֶת
bandy *v.* זָרַק מִכָּאן לְכָאן, הֶחְלִיף
bane *n.* מְחַבֵּל, מַזִּיק, גּוֹרֵם הֶרֶס
baneful *adj.* אַרְסִי; מְחַבֵּל
bang *n.* דְּפִיקָה חֲזָקָה, מַכָּה, חֲבָטָה;
קוֹל נֶפֶץ
bang *v.* הָלַם; טָרַק (דלת);
הִשְׁמִיעַ קוֹל נֶפֶץ
bangle *n.* אֶצְעָדָה, עֶכֶס
banish *v.* גֵּירֵשׁ; הִגְלָה
banishment *n.* גֵּירוּשׁ; הַגְלָיָה
banister *n.* מַעֲקֵה הַמַּדְרֵגוֹת
banjo *n.* בַּנְג'וֹ (כלי מיתרים

עגול אריך צוואר)
bank *v.* חָסַם (בְּשִׁיפּוּע, בגדה);
טָס מוּטֶה הַצִּדָּה; נֶעֱרַם;
פָּעַל כְּבַנְק; הִפְקִיד בְּבַנְק; סָמַךְ
bank *n.* בַּנְק; קוּפָּה; סוֹלְלָה, תֵּל, גָּדָה
bank account *n.* חֶשְׁבּוֹן בְּבַנְק
bankbook *n.* פִּנְקַס בַּנְק
banker *n.* בַּנְקַאי; הַמַּחְזִיק בַּקּוּפָּה
banking *n.* בַּנְקָאוּת; עִסְקֵי בַּנְק
banknote *n.* שְׁטַר כֶּסֶף
bankroll *n.* צְרוֹר שִׁטְרֵי כֶּסֶף
bankrupt *n., adj.* פּוֹשֵׁט רֶגֶל
bankrupt *v.* הֵבִיא לִפְשִׁיטַת רֶגֶל
bankruptcy *n.* פְּשִׁיטַת רֶגֶל
banner *n.* דֶּגֶל
banner headline *n.* כּוֹתֶרֶת עֲנָקִית
(בעיתון)
banquet *n.* מִשְׁתֶּה
banquet *v.* עָרַךְ מִשְׁתֶּה;
נֶהֱנָה בְּמִשְׁתֶּה
banter *n.* לָצוֹן, הִתְלוֹצְצוּת
(ברוח טובה)
banter *v.* חָמַד לָצוֹן, הִתְלוֹצֵץ
baptism *n.* טְבִילָה, טֶקֶס הִתְנַצְּרוּת
Baptist *n.* בַּפְּטִיסְט, מַטְבִּיל
baptist(e)ry *n.* אֲגַף הַטְּבִילָה;
אַגַּן הַטְּבִילָה
baptize *v.* הִטְבִּיל; הִזָּה מַיִם; קָרָא שֵׁם
bar *n.* מוֹט; בְּרִיחַ; (במוסיקה) מַקָּף
תָּווִים; חַיִץ; סוֹרְגֵי תָּא הָאָסִיר;
דֶּלְפֵּק מַשְׁקָאוֹת; בֵּית מַרְזֵחַ
bar *v.* מָנַע, חָסַם, אָסַר
bar *prep.* חוּץ מִן, בְּלִי
bar association *n.* לִשְׁכַּת עוֹרְכֵי־הַדִּין
barb *n.* חוֹד, חִדּוּד; עוֹקֶץ; מַלְעָן
barbarian *n.,adj.* בַּרְבָּרִי, לֹא תַּרְבּוּתִי

barbaric *adj.* בַּרְבָּרִי, אַכְזָרִי

barbarism *n.* בַּרְבָּרִיּוּת; שִׁיבּוּשׁ גַּס בַּלָּשׁוֹן

barbarous *adj.* אַכְזָרִי; לֹא תַּרְבּוּתִי

barbecue *v.* צָלָה בָּשָׂר (בחוץ)

barbecue *n.* מְסִיבַּת צְלִי בָּשָׂר (בחוץ)

barbed *adj.* דּוֹקֵר, עוֹקֵץ

barbed wire *n.* תַּיִל דּוֹקְרָנִי

barber *n.* סַפָּר

barber shop *n.* מִסְפָּרָה

bard *n.* מְשׁוֹרֵר, פַּייְטָן; שִׁרְיוֹן סוּס

bard *v.* הִלְבִּישׁ שִׁרְיוֹנִים, שִׁרְייֵן (סוס)

bare *adj.* עָרוֹם; גָּלוּי; רֵיק; דָּחוּק

bare *v.* הִפְשִׁיט; עִרְטֵל

bareback *adj., adv.* לְלֹא אוּכָּף

barefaced *adj.* לְלֹא בּוּשָׁה, חָצוּף

barefoot *adj., adv.* יָחֵף

bareheaded *adj., adv.* בְּגִלּוּי רֹאשׁ

barely *adv.* בְּלִי קִישּׁוּט; בְּדוֹחַק, בְּקוֹשִׁי

bargain *n.* מְצִיאָה, קְנִייָּה בְּזוֹל

bargain counter *n.* דּוּכַן מְצִיאוֹת

barge *n.* אַרְבָּה; סְפִינַת טֶקֶס

barge *v.* הוֹבִיל מִטְעָן בְּאַרְבָּה; פָּרַץ לְדִבְרֵי חֲבֵרוֹ בְּגַסּוּת

baritone *n., adj.* קוֹל בָּרִיטוֹן

bark *n.* נְבִיחָה; קְלִיפַּת הָעֵץ

bark *v.* נָבַח; צָרַח (דיבורית) הִשְׁתַּעֵל; קִילֵּף, שִׁפְשֵׁף אֶת הָעוֹר

barley *n.* שְׂעוֹרָה

barley water *n.* מֵי־שְׂעוֹרִין (מַשְׁקֶה לחולים)

barmaid *n.* מוֹזֶגֶת, מֶלְצָרִית

barn *n.* אָסָם (בחווה)

barnacle *n.* סַפּוּחַ, דַּג הַשַּׁבְּלוּל (הנדבק לאונייה); אֲוַוז הַצָּפוֹן

barnyard *n.* חֲצַר־הַמֶּשֶׁק

barometer *n.* בָּרוֹמֶטֶר, מַדְלַחַץ אַטְמוֹסְפֵירִי

baron *n.* בָּרוֹן; אֵיל הוֹן

baroness *n.* בָּרוֹנִית

baroque *adj.* בָּרוֹקִי (בסגנון המצטיין בקישוט נִפרז)

barracks *n.pl.* קְסַרְקְטִין

barrage *n.* מָסַךְ אֵשׁ תּוֹתָחִים, מְטַר יְרִיּוֹת

barrel *n.* חָבִית; קְנֵה רוֹבֶה

barren *adj.* עָקָר; שׁוֹמֵם, מְשַׁעֲמֵם

barricade *n.* מִתְרָס, בָּרִיקָדָה

barricade *v.* חָסַם, תָּרַס, הִתְגּוֹנֵן בְּמִתְרָסִים

barrier *n.* מַחְסוֹם; מַעֲקֶה

barrier reef *n.* שׁוּנִית אַלְמוּגִּים

barrister *n.* פְּרַקְלִיט, עוֹרֵךְ־דִּין

barroom *n.* מִסְבָּאָה, בָּר

bartender *n.* מוֹזֵג

barter *n.* סַחַר חֲלִיפִין

barter *v.* סָחַר בַּחֲלִיפִין; הֵמִיר

barytone, *see* **baritone**

base *n.* בָּסִיס; תַּחְתִּית; יְסוֹד

base *v.* בִּיסֵּס, יִיסֵּד

base *adj.* שָׁפָל; מוּג לֵב; נִבְזֶה

baseball *n.* כַּדּוּר בָּסִיס, בֵּייסְבּוֹל

base metals *n.pl.* מַתָּכוֹת פְּחוּתוֹת עֵרֶךְ

baseless *adj.* חֲסַר יְסוֹד; עוֹמֵד עַל בְּלִימָה

basement *n.* קוֹמַת־מַסָּד; מַסָּד

bash *v., n.* הִכָּה בְּחָזְקָה; מַכָּה חֲזָקָה

bashful *adj.* בַּיְישָׁן, בַּיְישָׁנִי

basic *adj.* בְּסִיסִי; עִיקָּרִי, יְסוֹדִי

basilica *n.* בָּזִילִיקָה (בניין רומי עתיק מוארך)

basin *n.* כִּיּוֹר, אַגָּן, קְעָרָה
basis *n.* בָּסִיס, יְסוֹד ,עִיקָּר
bask *v.* הִתְעַנֵּג (בהתחממות בשמש); נֶהֱנָה
basket *n.* סַל, טֶנֶא מְלוֹא הַסַּל
basketball *n.* כַּדּוּרְסַל
basket work *n.* קְלִיעָה; טְוִויַּת קְלִיעָה
bas relief *n.* תַּבְלִיט נָמוּךְ
bass *n., adj.* (של) קול בַּס (מוסיקה)
bass *n.* מוּשְׁט (דג); תִּרְזָה
bass drum *n.* תּוֹף גָּדוֹל
bass horn *n.* טוּבָּה
bassinet *n.* סַל שֵׁינָה (לתינוק)
bassoon *n.* (במוסיקה) בַּסּוֹן (כלי נשיפה)
bass viol *n.* כּוֹנֶרֶת־בֶּרֶךְ, וִיוֹלָה דָא גַמְבָּא
bass wood *n.* תִּרְזָה
bastard *n.* מַמְזֵר, יֶלֶד לא חוּקִי; מְעוֹרָב; שָׁפָל
baste *v.* הִכְלִיב, תָּפַר אַרְעִית; הִרְטִיב בְּשֶׁמֶן; הִלְקָה, הִצְלִיף
bastion *n.* סוֹלְלָה, חוֹמַת מָגֵן; מְצוּדָה
bat *n.* עֲטַלֵּף; מַחְבֵּט, אַלָּה
bat *v.* חָבַט, הִיכָּה
batch *n.* מַעֲרֶכֶת, קְבוּצָה, צְרוֹר
bate *v.* הִפְחִית, הִקְטִין; עָצַר (נשימה)
bath *n.* רְחִיצָה בְּאַמְבָּט; אַמְבָּט; בֵּית־מֶרְחָץ
bathe *v.* הִטְבִּיל; הִרְטִיב; רָחַץ; הִתְאַמְבֵּט
bather *n.* מִתְרַחֵץ
bathhouse *n.* בֵּית־מֶרְחָץ; מֶרְחָצָה (בחוף)
bathing *n.* רְחִיצָה, רְחִיצָה בַּיָּם
bathing beach *n.* חוֹף רַחְצָה
bathing beauty *n.* נַעֲרַת מַיִם
bathing resort *n.* מֶרְחֲצָאוֹת
bathing trunks *n.pl.* מִכְנְסֵי רַחְצָה
bathos *n.* נְפִילָה (מן הנשגב אל המגוחך)
bathrobe *n.* מְעִיל רַחְצָה, גְלִימַת רַחְצָה
bathroom *n.* חֲדַר־רַחְצָה, חֲדַר־אַמְבָּט
bathroom fixtures *n.pl.* אַבְזְרֵי חֲדַר־אַמְבָּט
bathtub *n.* אַמְבָּט
batik *n.* בָּטִיק (שיטת צביעת בדים)
baton *n.* שַׁרְבִיט; אַלַּת שׁוֹטֵר
battalion *n.* בַּטַּלְיוֹן; גְדוּד
batter *n.* טִשְׁטוּשׁ בִּדְפוּס; תַּבְלִיל; שֶׁתּוֹרוֹ לְשַׂחֵק (במשחקי מחבט)
batter *v.* הָלַם בְּחָזְקָה, נִיתֵּץ
battering ram *n.* אֵיל־בַּרְזֶל (לניגוח)
battery *n.* סוֹלְלַת תּוֹתָחִים; גּוּנְדָה יחידת חיל־תותחנים); מַעֲרֶכֶת מְכוֹנוֹת; תְּקִיפָה
battle *n.* קְרָב, מַעֲרָכָה
battle *v.* נִלְחַם בְּ, נֶאֱבַק בְּ
battle array *n.* מַעֲרָךְ קְרָבִי
battle-cry *n.* קְרִיאַת מִלְחָמָה
battlefield *n.* שְׂדֵה־קְרָב
battlefront *n.* חֲזִית
battleground *n.* שְׂדֵה מַעֲרָכָה
battleship *n.* אוֹנִיַּית־קְרָב, אוֹנִיַּית מִלְחָמָה
batty *adj.* מְשׁוּגָע, מְשׁוּנֶּה
bauble *n.* תַּכְשִׁיט זוֹל
baulk, *see* **balk**
bawd *n.* סַרְסוּרִית לִזְנוּת; נִיבּוּל־פֶּה
bawdy *adj.* זְנוּנִי; נִיבּוּלִי, שֶׁל נִיבּוּלֵי־פֶּה
bawdy house *n.* בֵּית־זוֹנוֹת, בֵּית־בּוֹשֶׁת

bawl *v.* הִרְעִישׁ; בָּכָה

bay *n.* מִפְרָץ; רְצִיף צְדָדִי (בתחנת־רכבת); נְבִיחָה־יְבָבָה

bay *v.* נָבַח־יִיבֵּב

bay *adj.* חוּם־אָדוֹם; עַרְמוֹנִי

bay leaves *n.pl.* עֲלֵי דַפְנָה

bay window *n.* גַּבְלִית (מֵעֵין גזוזטרה צרה בחלון נמוך)

bayonet *n.* כִּידוֹן

bayonet *v.* כִּידֵּן, דָּקַר בְּכִידוֹן

bayou *n.* שֶׁפֶךְ בּוֹצִי (של נהר לאגם)

bazaar *n.* בַּזָּאר (שוק מזרחי; שוק למטרות צדקה)

bazooka *n.* בָּזוּקָה (מטול רקטות נגד שריון)

B.C. לִפְנֵי סְפִירַת הַנּוֹצְרִים, לפסה"נ

be *v.* הָיָה, חַי, הִתְקַיֵּים

beach *n.* שְׂפַת־הַיָּם, חוֹף

beachcomber *n.* נַוַּד חוֹפִים

beachhead *n.* רֹאשׁ גֶּשֶׁר, רֹאשׁ חוֹף (עֶמדה שתופס חיל חלוץ בחוף למטרת פלישה)

beacon *n.* אוֹר מְאוֹתֵת, סִימַן אַזְהָרָה

beacon *v.* אוֹתֵת; הִבְהִיק

bead *n.* חָרוּז, חוּלְיָה

beadle *n.* שַׁמָּשׁ (במקום תפילה)

beagle *n.* שַׁפְלָן (כלב)

beak *n.* מַקּוֹר, חַרְטוֹם; זִיז

beaker *n.* גָּבִיעַ; כּוֹס (בעלת פייה לצורכי מעבדה)

beam *n.* קוֹרָה; קֶרֶן, אֲלוּמַּת אוֹר

beam *v.* קָרַן, הֵאִיר

bean *n.* שְׁעוּעִית, פּוֹל

bear *n.* דּוֹב; סַפְסָר בְּמְנָיוֹת

bear *v.* נָשָׂא; תָּמַךְ; הוֹבִיל; סָבַל; יָלַד; הֵנִיב (פרי)

beard *n.* זָקָן; (בבוטניקה) מַלְעָן

beardless *adj.* לְלֹא חֲתִימַת זָקָן

bearer *n.* נוֹשֵׂא, מַעֲבִיר; מוֹכ"ז (מוסר כתב זה)

bearing *n.* צוּרַת הוֹפָעָה אִישִׁית, הִתְנַהֲגוּת; קֶשֶׁר, יַחַס

bearings *n.pl.* מוּדָעוּת לִמְצִיאוּת; תְּחוּשַׁת הִתְמַצְּאוּת

beast *n.* חַיָּה, בְּהֵמָה

beastly *adj.* חַיָּתִי, בֶּהֱמִי

beat *n.* מַכָּה בַּתּוֹף, אוֹת (על־ידי תיפוף); הוֹלֶם (לב); פַּעֲמָה (יחידת המִקצב); מַקּוֹף (של שוטר)

beat *adj.* רָצוּץ

beat *v.* הִלְקָה, הִכָּה, הָלַם

beater *n.* מַקִּישׁ, מַקְצֵף

beatify *v.* הִכְרִיז כְּקָדוֹשׁ

beating *n.* הַכָּאָה, הַלְקָאָה; תְּבוּסָה

beatnik *n.* בִּיטְנִיק (המזלזל, בלבושו ובהתנהגותו, במוסכמות)

beau *n.* מְחַזֵּר, אוֹהֵב

beautician *n.* יַפַּאי, יַפָּאִית

beautiful *adj.* יָפֶה, יָפָה

beautify *v.* יִיפָּה; פֵּיאֵר

beauty *n.* יוֹפִי; יְפֵהפִיָּה, יְפֵיפִיָּה

beauty parlor *n.* מְכוֹן יוֹפִי, מִסְפָּרָה

beaver *n.* בּוֹנֶה; כּוּמְתַּת פַּרְוָה

becalm *v.* עָצַר; הִשְׁקִיט, הִרְגִּיעַ

because *adv., conj.* מִשּׁוּם שֶׁ, מִפְּנֵי שֶׁ, כִּי, כֵּיוָן שֶׁ, הוֹאִיל וּ, בִּגְלַל

because of him בִּגְלָלוֹ, בְּשֶׁלּוֹ

beck *n.* רְמִיזָה, מֶחְוָה

beckon *v.* רָמַז, הֶחֱוָה; אוֹתֵת

becloud *v.* כִּיסָּה בְּעָנָן, עִרְפֵּל, בִּלְבֵּל

become *v.* נַעֲשָׂה, הָיָה לְ; הִתְאִים, הָלַם

becoming *adj.* הולֵם, מוֹשֵׁךְ עַיִן; מַתְאִים
bed *n.* מִיטָה; עֲרוּגָה (של פרחים); קַרְקָעִית
bed and board *n.* אֵשֶׁ"ל, לִינָה וְאוֹכֶל
bedbug *n.* פִּשְׁפֵּשׁ
bedclothes *n.pl.* כְּלֵי־מִיטָה
bedding *n.* כְּלֵי־מִיטָה; יְסוֹד, מַסָּד
bedeck *v.* קִישֵּׁט, יִיפָּה
bedevil *v.* בִּלְבֵּל, קִלְקֵל
bedfellow *n.* שׁוּתָּף לַמִּיטָה; חָבֵר קָרוֹב
bedlam *n.* מְהוּמָה; בֵּית מְשׁוּגָּעִים
bed-linen *n.* לִבְנֵי מִיטָה
bedouin *n., adj.* בֶּדְווּי
bedpan *n.* סִיר לַיְלָה
bedpost *n.* עַמּוּד הַמִּיטָה (במיטה בעלת חופה)
bedraggle *v.* פָּרַע וְלִכְלֵךְ (שֵׂער, לבוש)
bedridden *adj.* מְרוּתָּק לַמִּיטָה
bedrock *n.* תַּשְׁתִּית, יְסוֹד
bedside *n., adj.* צַד הַמִּיטָה; שֶׁלְּיַד הַמִּיטָה
bedsore *n.* כְּאֵב שְׁכִיבָה, פִּצְעֵי לַחַץ
bedspread *n.* כִּיסּוּי מִיטָה
bedspring *n.* קְפִיצֵי מִיטָה
bedstead *n.* מִיטָה
bedtime *n., adj.* (שֶׁל) שְׁעַת הַשֵּׁינָה
beduin *see* **bedouin**
bee *n.* דְּבוֹרָה
beech *n.* תְּאַשּׁוּר, אַשּׁוּר (עץ)
beef *n.* בְּשַׂר בָּקָר; תְּלוּנָה
beef *v.* הִתְאוֹנֵן, רָטַן
beefsteak *n.* אוּמְצַת בָּשָׂר, כְּתִיתָה
beehive *n.* כַּוֶּורֶת
beeline *n.* מְעוּף צִיפּוֹר, קַו יָשָׁר
beep *n.* צְפִירָה חַדָּה (בִּכְלִי רֶכֶב או במכשיר אלקטרוני)
beeper *n.* זִימּוּנִית, אִיתּוּרִית
beer *n.* בִּירָה, שֵׁכָר
beeswax *n.* דּוֹנַג, שַׁעֲוָוה
beet *n.* סֶלֶק
beetle *n.* חִיפּוּשִׁית
beetle browed *adj.* בַּעַל גַּבּוֹת בּוֹלְטוֹת
befall *v.* אֵירַע, קָרָה
befitting *adj.* הוֹלֵם, מַתְאִים, רָאוּי
before *adv.* לִפְנֵי, קוֹדֶם שֶׁ, לִפְנֵי־כֵן
before *prep.* לִפְנֵי, בְּנוֹכְחוּת
before *conj.* לִפְנֵי, קוֹדֶם שֶׁ
beforehand *adj.* מִקּוֹדֶם, מֵרֹאשׁ
befoul *v.* טִינֵּף, לִכְלֵךְ
befriend *v.* הֶרְאָה יְדִידוּת, קֵירֵב
befuddle *v.* טִמְטֵם; בִּלְבֵּל
בִּיקֵּשׁ, הִתְחַנֵּן; קִיבֵּץ נְדָבוֹת
beget (begot, begat; begotten) *v.* הוֹלִיד; הֵבִיא לִידֵי
beggar *n.* קַבְּצָן, פּוֹשֵׁט יָד; (דיבּוּרית) בַּרְנָשׁ
begin *v.* הִתְחִיל
beginner *n.* מַתְחִיל; טִירוֹן
beginning *n.* הַתְחָלָה; רֵאשִׁית
begrudge *v.* קִינֵּא בּ, עֵינוֹ הָיְיתָה צָרָה בּ, 'לֹא פִּרְגֵּן'
beguile *v.* הִטְעָה, הִשְׁלָה; הִקְסִים
behalf *n.* צַד, טַעַם (מִטַּעַם)
behave *v.* נָהַג; הִתְנַהֵג, הִתְנַהֵג כַּשּׁוּרָה
behavior *n.* הִתְנַהֲגוּת, יַחַס לַזּוּלַת
behead *v.* עָרַף רֹאשׁ
behest *n.* פְּקוּדָה, צַו
behind *adv.* מֵאָחוֹר, לְאָחוֹר
behind *prep.* מֵאֲחוֹרֵי, אַחֲרֵי; בְּפִיגּוּר
behind *n.* אֲחוֹרַיִים, יַשְׁבָן, תַּחַת

behold *v.* רָאָה
behold! *interj.* הִנֵּה!
beholden *adj.* חַיָּיב מוּסָרִית
behove, behoove *v.* הָיָה עַל, **(impersonal)** שׁוּמָה עַל
beige *adj.* (צבע) בֵּז', חוּם בָּהִיר
being *n.* יֵשׁוּת, קִיוּם; מְצִיאוּת
bejeweled *adj.* עָדוּי, מְקוּשָּׁט בְּתַכְשִׁיטִים
belabor *v.* הִצְלִיף, הִלְקָה; בִּיקֵּר קָשֶׁה
belated *adj.* בְּאֵיחוּר, בִּמְאוּחָר
belch *n.* גִיהוּק; מַטַּח אֵשׁ (וכד')
belch *v.* גִיהֵק; הֵטִיחַ (אש וכד')
beleaguer *v.* כִּיתֵּר, צָר
belfry *n.* מִגְדַּל פַּעֲמוֹנִים
belie *v.* הִפְרִיךְ, סָתַר, הֵזִים
belief *n.* אֱמוּנָה, אֵמוּן
believable *adj.* אָמִין, מְהֵימָן
believe *v.* הֶאֱמִין, נָתַן אֵמוּן; חָשַׁב
believer *n.* מַאֲמִין
belittle *v.* מִיעֵט; זִלְזֵל, הֵקֵל רֹאשׁ
bell *n.* פַּעֲמוֹן; צִלְצוּל
bell *v.* גָּעָה, שָׁאַג; קָשַׁר פַּעֲמוֹן ל
bellboy *n.* נַעַר מְשָׁרֵת (במלון)
belle *n.* אִשָּׁה יָפָה
belles-lettres *n.pl.* סִפְרוּת יָפָה, בֶּלֶטְרִיסְטִיקָה, סִיפּוֹרֶת
bellhop *n.* נַעַר מְשָׁרֵת (במלון)
bellicose *adj.* מִתְחַרְחֵר מִלְחָמָה, תּוֹקְפָנִי
belligerent *adj.* צַד לוֹחֵם; לוֹחְמָנִי, תּוֹקְפָנִי
bellow *n.* גְעִיָּיה; רַעַם
bellows *n.pl.* מַפּוּחַ
bellow *v.* גָּעָה, שָׁאַג; רָעַם
bell-ringing *n.* צִלְצוּל פַּעֲמוֹנִים
bellwether *n.* מַשְׁכּוֹכִית, תַּיִשׁ (נושא פעמון, ההולך בראש העדר)
belly *n.* בֶּטֶן; גָּחוֹן
belly *v.* נִיפַּח; הִתְנַפֵּחַ (בעיקר לגבי מפרשים)
belly-ache *n.* כְּאֵב בֶּטֶן
belly button *n.* טַבּוּר
bellylanding *n.* (במטוס) נְחִיתַת גָּחוֹן
belong *v.* הָיָה שַׁיָּיךְ, הִשְׁתַּיֵּיךְ; הָיָה מַתְאִים
belongings *n. pl.* מִיטַּלְטְלִים, חֲפָצִים אִישִׁיִּים
beloved *adj., n.* אָהוּב, אֲהוּבָה
below *prep., adv.* מִתַּחַת ל, לְמַטָּה; לְהַלָּן
belt *n.* חֲגוֹרָה, רְצוּעָה; אֵזוֹר
bemoan *v.* סָפַד, קוֹנֵן, הִתְאוֹנֵן
bemuse *v.* בִּלְבֵּל, הֵבִיךְ
bench *n.* סַפְסָל; כֵּס הַמִּשְׁפָּט, חֶבֶר שׁוֹפְטִים; שׁוּלְחַן מְלָאכָה
bend *n.* סִיבּוּב; כֶּפֶף, עִיקּוּם, עִיקּוּל
bend *v.* כָּפַף, עִיקֵּם; סִיבֵּב; הִתְכּוֹפֵף; נִכְנַע
beneath *prep., adv.* מִתַּחַת, לְמַטָּה מִן
benediction *n.* הַבָּעַת בְּרָכָה; בִּרְכַּת סִיּוּם (תפילה בכנסייה)
benefactor *n.* נַדְבָן, גּוֹמֵל חֶסֶד
benefactress *n.* נַדְבָנִית, גּוֹמֶלֶת חֶסֶד
beneficence *n.* גְּמִילוּת חֶסֶד, צְדָקָה
beneficent *adj.* גּוֹמֵל חֶסֶד, נָדִיב
beneficial *adj.* מוֹעִיל, מֵיטִיב
beneficiary *n.* נֶהֱנֶה (מצוואה, מביטוח)
benefit *n.* טוֹבָה, תּוֹעֶלֶת; הֲטָבָה, גְּמוּלָה; רֶוַוח, יִתְרוֹן
benefit *v.* הִשְׁפִּיעַ טוֹבָה; נֶהֱנָה
benefit performance *n.* הַצָּגַת צְדָקָה
benevolence *n.* רוֹחַב־לֵב, נְדִיבוּת לֵב

benevolent *adj.* שוחֵר טוב, גומֵל חֶסֶד
benign *adj.* טוב־לֵב; לֹא מַמְאִיר (גידול)
bent *adj.* כָּפוּף, מְעוּקָּם, מְעוּקָּל
benzine, benzene *n.* בֶּנְזִין
bequeath *v.* הוֹרִישׁ, הִנְחִיל
bequest *n.* עִיזָּבוֹן, יְרוּשָׁה
berate *v.* גִידֵּף, נָזַף קָשֶׁה
bereave *v.* שָׁכַל; שָׁלַל
bereavement *n.* שְׁכוֹל, יְתוֹם, אַלְמוֹן
beret *n.* כּוּמְתָה, בֶּרֶט
bereft *adj.* מִתְאַבֵּל, מְשׁוּלָּל (דבר נחוץ לו)
berry *n.* גַּרְגִּיר
berserk *adj.* מִשְׁתּוֹלֵל
berth *n.* מִיטַּת מַדָּף (באונייה, ברכבת); מֶרְחַב תְּנוּעָה; מִשְׂרָה; מַעֲגָן
beryllium *n.* בֶּרִילְיוּם (מַתכת קלה, משמשת בתעשיות כלי טיס)
beseech *v.* הִפְצִיר; הִתְחַנֵּן
beset *v.* צָר, הִתְקִיף, הִטְרִיד
beside *prep.* אֵצֶל, עַל יַד; נוֹסָף עַל; מִלְּבַד
beside oneself יוֹצֵא מִגִּדְרוֹ, יוֹצֵא מִכֵּלָיו
besides *prep., adv.* מִלְּבַד, נוֹסָף לְכָךְ, יְתֵרָה מִזּוֹ, בְּכָל אוֹפֶן, גַּם כֵּן
besiege *v.* הִטְרִיד; צָר, הִקִּיף
besmirch *v.* הִכְתִּים, הִשְׁמִיץ
best *adj., adv., n.* הַטּוֹב בְּיוֹתֵר, הֲכִי טוֹב; מֵיטָב
bestial *adj.* חַיָּיתִי
best girl *n.* אֲהוּבָה
bestir *v.* הִתְעוֹרֵר, הֵנִיעַ אֶת עַצְמוֹ; עוֹרֵר, זֵירֵז
best man *n.* מְלַוֵּוה הֶחָתָן
bestow *v.* הִפְקִיד; הֶעֱנִיק
best seller *n.* רַב־מֶכֶר
bet *n.* הִימּוּר, הִתְעָרְבוּת
bet *v.* הִימֵּר, הִתְעָרֵב
betake *v.* הָלַךְ, פָּנָה אֶל
betide *v.* קָרָה, אֵירַע, הִתְרַחֵשׁ
betray *v.* בָּגַד; גִּילָּה (סוד), הֶרְאָה, הֵעִיד עַל
betrayal *n.* בְּגִידָה; גִּילּוּי סוֹד
betroth *v.* הִתְאָרֵס, אֵירֵס
betrothal *n.* אֵירוּסִים
betrothed *n., adj.* אָרוּס, אֲרוּסָה
better *n., adj.* יִתְרוֹן; מוּבְחָר, טוֹב יוֹתֵר, עוֹלֶה עַל
better *adv.* יָפֶה יוֹתֵר, בְּאוֹפֶן טוֹב יוֹתֵר
better half *n.* (דיבורית) בֶּן־זוּג, בַּת־זוּג
betterment *n.* הַשְׁבָּחָה, שֶׁבַח מְקַרְקְעִים
between *prep., adv.* בֵּין שְׁנַיִים, בֵּין, בְּתָווֶךְ
between ourselves בֵּינֵינוּ לְבֵין עַצְמֵנוּ, בְּסוֹד
betwixt and between *prep., adv.* חֲצִי־בַּחֲצִי
beverage *n.* מַשְׁקֶה
bevy *n. pl.* קְבוּצָה (של נשים); לַהֲקָה (צביים, עופות)
bewail *v.* סָפַד, הִסְפִּיד; בָּכָה
beware *v.* הִזְהִיר; נִזְהַר
bewilder *v.* הֵבִיךְ, בִּלְבֵּל
bewitch *v.* כִּישֵּׁף; הִקְסִים, רִיתֵּק
beyond *prep., adv.* מֵעֵבֶר ל, לְמַעְלָה מִן, יוֹתֵר מִן
bias *n.* דֵּעָה מוּקְדֶּמֶת; נְטִיָּיה, פְּנִיָּיה
bias *v.* הִשְׁפִּיעַ (לנטייה מן הצדק)
biased *adj.* נוֹשֵׂא פָּנִים, בַּעַל דֵּעָה קְדוּמָה

bib *n.* סִינָרִית
Bib. *abbr.* **Biblical**
Bible *n.* תּוֹרָה נְבִיאִים וּכְתוּבִים (תנ"ך), כִּתְבֵי־הַקּוֹדֶשׁ
Biblical, biblical *adj.* מִקְרָאִי, תְּנָ"כִי
bibliographer *n.* בִּיבְּלִיוֹגְרָף
bibliography *n.* בִּיבְּלִיוֹגְרַפְיָה, רְשִׁימַת סְפָרִים
bibliophile *n.* בִּיבְּלִיוֹפִיל, אוֹהֵב סְפָרִים
bicameral *adj.* שֶׁל שְׁנֵי בָּתֵּי מְחוֹקְקִים (עליון ותחתון)
bicarbonate *n.* דּוּ־פַּחְמָה
bicarbonate of soda *n.* סוֹדָה לַאֲפִיָּה וְלִשְׁתִיָּה
bicker *v.* הִתְנַצֵּחַ, רָב
bicycle *n.* אוֹפַנַּיִם
bid *n.* הַצָּעַת מְחִיר; הַצָּעָה; צַו
bid *v.* הִצִּיעַ (מחיר); צִיוָּה, הוֹרָה
bidder *n.* מַצִּיעַ, מַכְרִיז הַצָּעָה
bidding *n.* הוֹרָאָה; הַצָּעָה
bide *v.* נִשְׁאַר
biennial *n., adj.* דּוּ־שְׁנָתִי
bier *n.* אֲרוֹן הַמֵּת; כַּן לִגְוִויַּית הַמֵּת
bifocal *adj.* דּוּ־מוֹקְדִי
bifocals *n. pl.* מִשְׁקָפַיִים דּוּ־מוֹקְדִיִּים
bifurcate *v.* פִּילֵּג אוֹ הִתְפַּלֵּג לִשְׁנַיִים
big *adj.* גָּדוֹל, מְגוּדָּל; מְבוּגָּר
bigamist *n.* בִּיגָמִיסְט (נושא אישה שנייה על אשתו)
bigamy *n.* רִיבּוּי נִישׂוּאִים, נִישׂוּאִים כְּפוּלִים
big deal! (בלגלוג ובבוז) עֵסֶק גָּדוֹל
Big Dipper *n.* הָעֲגָלָה הַגְּדוֹלָה, הַדּוּבָּה הַגְּדוֹלָה (קבוצה ידועה של שבעה כוכבים בשמי הצפון)

big game *n.* צַיִד גָּדוֹל
big-hearted *adj.* נָדִיב, רְחַב לֵב
bigot *n.* קַנַּאי קִיצוֹנִי
bigoted *adj.* עִיוּוֵר בֶּאֱמוּנָתוֹ
bigotry *n.* קַנָּאוּת עִיוֶּרֶת, אֱמוּנָה עַקְשָׁנִית
big shot *n.* (בדיבור) אָדָם חָשׁוּב
bigwig *n.* (בדיבור) אָדָם חָשׁוּב
bike *n.* (בדיבור עממי) אוֹפַנַּיִם; אוֹפַנּוֹעַ
bilateral *adj.* דּוּצְדָדִי, בִּילָטֶרָלִי
bile *n.* מָרָה, מִיץ מָרָה; זְרִיקַת מָרָה, כַּעַס
bile-stone *n.* אֶבֶן מָרָה
bilge *n.* קַרְקָעִית (אונייה), (המונית) הֶבֶל, שְׁטוּיוֹת
bilingual *adj., n.* דּוּ־לְשׁוֹנִי (מדבר בשתי לשונות)
bilious *adj.* זוֹרֵק מָרָה, רוֹגְזָנִי
bilk *v.* הִשְׁתַּמֵּט מִפִּרְעוֹן חוֹב; הוֹנָה
bill *n.* חַרְטוֹם; מַקּוֹר; חֶשְׁבּוֹן; שְׁטָר; הַצָּעַת חוֹק; מוֹדָעָה; רְשִׁימָה (של פריטים מוצעים)
bill of exchange *n.* שְׁטַר חֲלִיפִין (תעודה המבקשת שסכום מנוקב מסוים ישולם לאדם מסוים)
bill of fare *n.* תַּפְרִיט
bill of lading *n.* רְשִׁימַת מִטְעָן
bill of sale *n.* שְׁטַר מְכִירָה
bill *v.* הִגִּישׁ חֶשְׁבּוֹן; חִייֵּב; פִּרְסֵם בְּמוֹדָעָה
billboard *n.* לוּחַ־מוֹדָעוֹת
billet *n.* מְגוּרֵי חַיָּיל; מְקוֹם עֲבוֹדָה
billet-doux *n.* מִכְתַּב אַהֲבָה
billfold *n.* תִּיק, אַרְנָק
billiards *n.pl.* מִשְׂחַק הַבִּילְיַארְד
billion *n.* בִּילְיוֹן 10^9 (בבריטניה 10^{12})
billionaire *n.* בִּילְיוֹנֵר
billow *n.* נַחְשׁוֹל

billow *v.* הִתְנַחְשֵׁל

billy *n.* אַלַּת שׁוֹטֵר; כְּלִי פַּח (להרתחת מַיִם)

billy-goat *n.* (בדיבור) תַּיִשׁ

bin *n.* אַרְגָּז, כְּלִי־קִיבּוּל

binary *adj.* בִּינָרִי, שְׁנִיּוּנִי, כָּפוּל; מְיוּסָד עַל הַמִּסְפָּר 2 (בשיטת מספור במתמטיקה; בכימיה: מורכב או מכיל רק מוליקולות בעלות שני סוגים של אטומים)

bind *v.* קָשַׁר, הִידֵּק; חָבַשׁ; כָּרַךְ; חִיֵּיב

bindery *n.* כְּרִיכִיָּה

binding *n.* קִישּׁוּר, חִיזּוּק; כְּרִיכַת סֵפֶר

binding *adj.* מְחַיֵּיב

binge *n.* (המונית) מִשְׁתֶּה, הִילּוּלָא

bingo *int., n.* בִּינְגוֹ (משחק תחרותי חברתי, דומה ללוטו); בּוּל!, בְּדִיּוּק! (דיבורית)

binoculars *n. pl.* מִשְׁקֶפֶת

biochemical *adj.* בִּיּוֹכִימִי

biochemist *n.* בִּיּוֹכִימַאי

biochemistry *n.* בִּיּוֹכִימְיָה

biographer *n.* בִּיּוֹגְרָף, כּוֹתֵב תּוֹלָדוֹת

biographic(al) *adj.* בִּיּוֹגְרָפִי, שֶׁל תּוֹלְדוֹת חַיֵּי אָדָם

biography *n.* בִּיּוֹגְרַפְיָה, תּוֹלְדוֹת חַיִּים

biologist *n.* בִּיּוֹלוֹג

biology *n.* בִּיּוֹלוֹגְיָה, תּוֹרַת הַחַי

bipartite *adj.* (במשפט) דּוּ־צְדָדִי; (בבוטאניקה) מְחוּלָּק לִשְׁנַיִם

biped *adj.* (בזואולוגיה) הוֹלֵךְ עַל שְׁתַּיִם

birch *n.* (עֵץ) לִבְנֶה, שַׁדָּר; מַקֵּל

birch *v.* הִכָּה בְּמַקֵּל

bird *n.* צִיפּוֹר; עוֹף; בַּחוּרוֹנֶת; טִיפּוּס

bird-cage *n.* כְּלוּב צִיפּוֹר

bird of prey *n.* עוֹף דּוֹרֵס

birdseed *n.* מְזוֹן צִיפּוֹרִים

bird's-eye view *n.* מַרְאֶה מִמְּעוֹף הַצִּיפּוֹר

birth *n.* לֵידָה; יְלוּדָה; מוֹצָא, רֵאשִׁית

birth certificate *n.* תְּעוּדַת לֵידָה

birth control *n.* אֶמְצָעֵי מְנִיעַת לֵידָה

birthday *n.* יוֹם־הוּלֶּדֶת

birthday cake *n.* עוּגַת יוֹם־הוּלֶּדֶת

birthmark *n.* סִימָן מוּלָד

birthplace *adj.* מְקוֹם הוּלֶּדֶת

birthright *n.* זְכוּת לֵידָה (הניתנת לאדם מעצם לידתו, כגון אזרחות)

biscuit *n.* רָקִיק, בִּיסְקְוִויט, מַרְקוֹעַ

bisect *v.* חָצָה לִשְׁנֵי חֲלָקִים שָׁוִים

bisexual *adj.* דּוּ־מִינִי

bishop *n.* בִּישׁוֹף, הֶגְמוֹן; (בשחמט) רָץ

bison *n.* בִּיסוֹן, תְּאוֹ

bit *n.* רֶסֶן; מַקְדֵּחַ; מַשֶּׁהוּ, קוּרְטוֹב; רֶגַע קָט

bit by bit לְאַט־לְאַט, טִיפִּין־טִיפִּין

bitch *n.* כַּלְבָּה, מִרְשַׁעַת

bite (bit, bitten) *v.* נָשַׁךְ; נָגַס

bite *n.* נְשִׁיכָה; נְגִיסָה

biting *n.* נוֹשֵׁךְ; צוֹרֵב; עוֹקְצָנִי

bitter *adj.* מַר; צוֹרֵב

bitterness *n.* מְרִירוּת

bitumen *n.* בִּיטוּמֶן, אַסְפַלְט, חֵמָר

bivouac *n.* מַחֲנֶה צְבָאִי אַרְעִי

bivouac *v.* חָנָה אַרְעִית

bizarre *adj.* תִּימְהוֹנִי, מוּזָר, מְשׁוּנֶּה

blab *v.* קִשְׁקֵשׁ, פִּטְפֵּט, בִּרְבֵּר

blabber *n.* פַּטְפְּטָן, בַּרְבְּרָן

black *adj.* שָׁחוֹר; קוֹדֵר

black and blue *adj.* כּוּלּוֹ פֶּצַע וְחַבּוּרָה

blackberry *n.* אוּכְמָנִית
blackbird *n.* קִיכְלִי הַשַּׁחְרוּר
blackboard *n.* לוּחַ (של בית ספר)
blacken *v.* הִשְׁחִיר; הִשְׁמִיץ
blackguard *n.* מְנוּוָל, נִבְזֶה
blackguard *v.* הִתְנַהֵג בְּנִבְזוּת; גִידֵּף
blackjack *n.* אַלָּה; סוּכָּר שָׂרוּף
blackjack *v.* הִכָּה בְּאַלָּה
blackmail *n.* סְחִיטָה, סַחְטָנוּת
blackmail *v.* סָחַט
black market *n.* שׁוּק שָׁחוֹר
blackout *n.* הַאֲפָלָה, אִיפּוּל; דִּמְדוּם חוּשִׁים; אִיבּוּד זִיכָּרוֹן
blackout *v.* אִיפֵּל; הִגִּיעַ לְדִמְדוּם חוּשִׁים
black sheep *n.* כִּבְשָׂה שְׁחוֹרָה, חֶרְפַּת הַמִּשְׁפָּחָה (אוֹ הַמַּעֲמָד)
blacksmith *n.* נַפָּח
black tie *n.* עֲנִיבַת עֶרֶב
bladder *n.* שַׁלְפּוּחִית (הַשֶּׁתֶן)
blade *n.* לַהַב
blame *n.* אַשְׁמָה, גִּינּוּי
blame *v.* הֶאֱשִׁים, גִּינָּה
blameless *adj.* חַף מִפֶּשַׁע, לֹא אָשֵׁם
blanch *v.* הִלְבִּין, נִיקָּה; הֶחֱוִויר
bland *adj.* נָעִים, אָדִיב; רַךְ, מַרְגִּיעַ; תָּפֵל (בְּטַעַם)
blandish *v.* הֶחֱנִיף
blank *n.* נְיַיר מִכְתָּבִים, טוֹפֶס רֵיק
blank *adj.* רֵיק, חֲסַר הַבָּעָה
blank check *n.* שֶׁק לְלֹא סְכוּם; יָד חוֹפְשִׁית
blanket *n.* שְׂמִיכָה, כִּיסּוּי
blanket *adj.* מַקִּיף, כּוֹלֵל
blanket *v.* כִּיסָּה בִּשְׂמִיכָה; כִּיסָּה
blarney *n.* דִּבְרֵי חֲנֻפָּנוּת, חֲלָקוֹת

blasé *adj.* עָיֵף מֵעִינּוּגִים
blaspheme *v.* חִילֵּל אֶת הַשֵּׁם, חִילֵּל אֶת הַקּוֹדֶשׁ
blasphemous *adj.* שֶׁל חִילּוּל הַשֵּׁם; שֶׁל גִּידּוּף
blasphemy *n.* חִילּוּל הַשֵּׁם; גִּידּוּף
blast *n.* הִתְפָּרְצוּת רוּחַ; שְׁרִיקָה; נְשִׁיפָה חֲזָקָה; הִתְפּוֹצְצוּת
blast *v.* פּוֹצֵץ (סלעים וכד׳); הִקְמִיל, נִיוֵּון
blast furnace *n.* כִּבְשַׁן אֵשׁ
blast off *v.* הִתְפָּרֵץ מִכַּעַס; שׁוּגַּר (רָקֵטָה, טִיל)
blatant *adj.* זוֹעֵק, רַעֲשָׁנִי; גַּס
blaze *n.* לֶהָבָה; זוֹהַר; הִתְפָּרְצוּת
blaze *v.* סִימֵּן (שביל); בָּעַר
blazon *v.* הִכְרִיז, פִּרְסֵם
bleach *n.* חוֹמֶר מַלְבִּין
bleach *v.* הִלְבִּין
bleacher *n.* מַלְבִּין; כְּלִי לְהַלְבָּנָה
bleaching powder *n.* אַבְקָה מַלְבִּינָה
bleak *adj.* שׁוֹמֵם; פָּתוּחַ לָרוּחַ; עָגוּם
bleary *adj.* מְעוּמְעַם רְאִיָּיה; לֹא בָּרוּר
bleat *n.* פְּעִיָּה, גְּעִיָּה
bleed *v.* שָׁתַת דָּם; נִקְקַז; הִקִּיז דָּם
blemish *v.* הֵטִיל מוּם, הִשְׁחִית
blemish *n.* לִיקּוּי, פְּגָם, פְּסוּל
blend *n.* תַּעֲרוֹבֶת, מְזִיגָה
blend *v.* עֵירֵב, מִיזֵּג
blender *n.* מַמְחֵה
bless *v.* בֵּירֵךְ, קִידֵּשׁ; הֶעֱנִיק אוֹשֶׁר
blessed *adj.* נִקְדָּשׁ בְּטֶקֶס דָּתִי נוֹצְרִי; מָלֵא אוֹשֶׁר וָשֶׁפַע
blessedness *n.* אוֹשֶׁר; בִּרְכַּת שָׁמַיִם
blessing *n.* בְּרָכָה, אוֹשֶׁר
blest *adj.* see blessed
blight *n.* כִּימָּשׁוֹן; פֶּגַע

blight *v.* הִכְמִישׁ, הִקְמִיל; סִיכֵּל
blimp *n.* סְפִינַת אֲוִויר
blind *adj.* עִיוֵּר; אָטוּם
blind *v.* עִיוֵּר, סִימֵּא
blind *n.* וִילוֹן, מְחִיצָה
blind alley *n.* מְשִׂימָה חֲסֵרַת תּוֹעֶלֶת, מָבוֹי סָתוּם
blind date *n.* פְּגִישָׁה עִיוֶּרֶת
blindfold *adj.* חֲבוּשׁ עֵינַיִים
blindfold *v.* חָבַשׁ עֵינַיִים
blind landing *n.* נְחִיתָה עִיוֶּרֶת
blind man *n.* עִיוֵּר
blind man's buff *n.* (משחק) לֶמֶךְ וְנַעֲרוֹ; יַעֲקֹב יַעֲקֹב
blindness *n.* עִיוָּרוֹן
blink *v.* נִצְנֵץ; מִצְמֵץ בְּעֵינָיו
blink *n.* נִצְנוּץ; מִצְמוּץ עַיִן
blip *n.* כֶּתְמוּם רָדָאר
bliss *n.* אוֹשֶׁר עִילָּאִי; שִׂמְחָה שְׁלֵמָה
blissful *adj.* מְאוּשָּׁר; מֵבִיא אוֹשֶׁר
blister *n.* חַבּוּרָה, אֲבַעְבּוּעָה
blister *v.* כּוּסָּה אֲבַעְבּוּעוֹת
blithe *adj.* שָׂמֵחַ, עָלִיז
blitzkrieg *n.* מִלְחֶמֶת־בָּזָק
blizzard *n.* סוּפַת שֶׁלֶג
bloat *v.* נִיפֵּחַ, מִילֵּא אֲוִויר; הִתְפִּיחַ; הִתְנַפֵּחַ
blob *n.* טִיפָּה; כֶּתֶם צֶבַע
bloc *n.* בְּלוֹק (גוש נבחרים או מדינות למטרות משותפות)
block *n.* בּוּל עֵץ, גֶּזֶר אֶבֶן; גַּרְדּוֹם; מַעֲצוֹר; גְּלוּפָה (בדפוס)
block *v.* חָסַם, עָצַר; אִימֵּם (כובע)
blockade *n.* מָצוֹר, הֶסְגֵּר יַמִּי
blockade-runner *n.* פּוֹרֵץ הֶסְגֵּר
blockbuster *n.* פְּצָצָה גְּדוֹלָה
blockhead *n.* שׁוֹטֶה, מְטוּמְטָם
bloke *n.* **(colloq)** בָּחוּר, בַּרְנָשׁ
blond, blonde *n., adj.* בְּלוֹנְדִי(ת)
blood *n.* דָּם
bloodcurdling *adj.* מַפְחִיד, מַקְפִּיא דָּם
bloodhound *n.* כֶּלֶב גִּישׁוּשׁ, כֶּלֶב מִשְׁטָרָה
blood poisoning *n.* הַרְעָלַת־דָּם
blood pressure *n.* לַחַץ דָּם
blood relation *n.* קִרְבַת דָּם
bloodshed *n.* שְׁפִיכַת דָּמִים
bloodshot *adj.* עֲקוּבָה מִדָּם, מוּכְתֶּמֶת בְּדָם
blood test *n.* בְּדִיקַת דָּם
blood vessel *n.* כְּלִי דָּם, עוֹרֵק, וְרִיד
bloodthirsty *adj.* צְמֵא דָּם
blood transfusion *n.* עִירוּי דָּם
bloody *adj.* מְגוֹאָל בְּדָם; אַכְזָרִי, אָרוּר
bloom *n.* פֶּרַח; פְּרִיחָה, לִבְלוּב
bloom *v.* לִבְלֵב, פָּרַח
bloomers *n. pl.* מִכְנְסֵי נָשִׁים; תַּחְתּוֹנֵי נָשִׁים
blossom *n.* פֶּרַח; פְּרִיחָה
blossom *v.* הִפְרִיחַ, פָּרַח
blot *n.* כֶּתֶם, פְּסוּל, חֶרְפָּה
blot *v.* הִכְתִּים; סָפַג (בסופג)
blot out *v.* מָחַק, הִשְׁמִיד
blotch *n.* כֶּתֶם גָּדוֹל
blotting paper *n.* נְיָיר סוֹפֵג
blouse *n.* חוּלְצָה
blow *n.* מַכָּה, מַהֲלוּמָה
blow *v.* נָשַׁף, נָשַׁב; פּוֹצֵץ; נִישָּׂא (ברוח); בִּזְבֵּז
blow out (a candle) *v.* כָּבָה; כִּיבָּה (נר)

blow-out *n.* הִתְפּוֹצְצוּת
blowpipe *n.* מַפּוּחַ; צִינּוֹר נִיפּוּחַ
blowtorch *n.* מַבְעֵר הַלְחָמָה
blubber *n.* שׁוּמַּן לְוִוייָתָנִים
blubber *v.* דִּיבֵּר בִּבְכִייָּה
bludgeon *n.* אַלָּה, מַקֵּל עָבֶה
bludgeon *v.* הִכָּה בְּאַלָּה
blue *n.* תְּכוֹל, כָּחוֹל
blue *adj.* כָּחוֹל; מְדוּכָּא;
שֶׁל זִימָּה, פּוֹרְנוֹגְרָפִי
blue *v.* הִכְחִיל, צָבַע בְּכָחוֹל
blue book *n.* סֵפֶר כָּחוֹל
(דו"ח ועדה ממשלתית)
blue chip *n.* נֶכֶס בַּעַל עֵרֶךְ
blue-pencil *v.* תִּיקֵּן וּמָחַק
blue streak *n.* (דיבורית) בָּזָק, זֶרֶם מִלִּים
blueberry *n.* אוּכְמָנִית
blueprint *n.*, *v.* (הֵכִין) תּוֹכְנִית מְפוֹרֶטֶת
blues *n. pl.* דִּכְדּוּךְ; שִׁירֵי עַצְבוּת
bluestocking *n.* כְּחוּלַת־גֶּרֶב
(לגבּי אישה), מְלוּמֶּדֶת וּפַדְּנִית
bluff *n.* שׁוּנִית, שֵׁן־סֶלַע,
יוּהֲרָה; אִיּוּם סְרָק; רַמָּאוּת, בְּלוֹף
bluff *adj.* יָשִׁיר, גְּלוּי־לֵב; לְבָבִי
blunder *n.* שְׁגִיאָה גַסָּה
blunt *adj.* קֵיהֶה; (לגבּי דיבּוּר)
יָבֵשׁ; גָּלוּי
blunt *v.* הִקְהָה
bluntness *n.* קֵיהוּת; גִּילּוּי־לֵב
blur *n.* כֶּתֶם כֵּיהֶה; טִשְׁטוּשׁ
blur *v.* טִשְׁטֵשׁ; נִיטַשְׁטֵשׁ
blurb *n.* פִּרְסוֹמֶת קוֹלָנִית
blurt *v.* הֵסִיחַ לְפִי תּוּמּוֹ
blush *n.* סוֹמֶק, אַדְמוּמִית
blush *v.* הִסְמִיק
bluster *n.* הֲמוּלָּה; רַבְרְבָנוּת קוֹלָנִית
bluster *v.* הִרְעִישׁ, הִרְעִים, אִייֵּם,
הִכְרִיחַ בִּצְעָקוֹת
blustery *n.* מַרְעִישׁ עוֹלָמוֹת,
צוֹעֵק־מְאַייֵּם
boa-constrictor *n.* חַנָּק עֲנָקִי
(נחש לא ארסי החונק את טרפו)
boar *n.* חֲזִיר־בַּר
board *n.* אֲרוּחוֹת, אוֹכֶל;
וַעַד מְנַהֵל, וַעֲדָה
board and lodging *n.* חֶדֶר עִם
אֲרוּחוֹת, פֶּנְסְיוֹן מָלֵא
board of trustees *n.* וַעַד נֶאֱמָנִים
board *v.* כִּיסָּה בְּלוּחוֹת;
הִתְאַכְסֵן (עם אוכל); יָרַד (בּאונייה),
עָלָה (על כּלי רכב, מטוס וכד')
boarder *n.* מִתְאַכְסֵן; תַּלְמִיד בְּפְנִימִיָּה
boarding house *n.* אַכְסַנְיָה, פֶּנְסְיוֹן
boarding school *n.* בֵּית־סֵפֶר
עִם פְּנִימִיָּה
boardwalk *n.* טַייֶּלֶת עֵץ
boast *n.* הִתְרַבְרְבוּת
boast *v.* הִתְפָּאֵר, הִתְרַבְרֵב
boastful *adj.* יוּהֲרָנִי, מִתְפָּאֵר
boat *n.* סִירָה, סְפִינָה
boating *n.* שִׁיּוּט בְּסִירוֹת
boatman *n.* מַשְׂכִּיר סִירוֹת
boatswain *n.* רַב מַלָּחִים
boatswain's mate *n.* סְגַן רַב־מַלָּחִים
bob *v.* הֵנִיעַ בִּמְהִירוּת; הֶחֱוָוה
קִידָּה; סִיפֵּר תִּסְפּוֹרֶת קְצָרָה
bob *n.* שִׁילִינְג
bobbed hair *n.* תִּסְפּוֹרֶת קְצָרָה
bobbin *n.* אַשְׁוָוה; בּוֹכְייר
(בּמכונות תפירה)
bobby pin *n.* מַכְבֵּנָה, סִיכַּת שֵׂעָר
bobbysocks *n. pl.* גַּרְבִּיּוֹת

bobbysoxer *n.* נַעֲרָה מִתְבַּגֶּרֶת (דיבורית)
bobsled *n.* מִגְרָרָה
bobtail *n., adj.* זָנָב קָצָר; קְצַר־זָנָב
bobwhite *n.* חוּגְלָה
bode *v.* נִיבָּא, רָאָה מֵרֹאשׁ; נִרְאָה מֵרֹאשׁ
bodice *n.* גּוּפִית (החלק העליון הצמוד לגוף של שמלת נשים או גופייה)
bodily *adj., adv.* גּוּפָנִי; בִּכְלָלוֹ; בִּשְׁלֵמוּת; גוּפָנִית
body *n.* גּוּף; גְּוִויָּה; מֶרְכָּב (של רֶכֶב)
bodyguard *n.* שׁוֹמֵר־רֹאשׁ
bog *n.* בִּיצָה
bog *v.* הִשְׁקִיעַ בְּבִיצָה; שָׁקַע בְּבִיצָה
bogey, bogy *n.* מִפְלֶצֶת, שֵׁד
bogeyman *n.* שֵׁד
boggle *v.* נִרְתַּע, הִיסֵּס, פָּסַח עַל שְׁתֵּי הַסְּעִיפִּים
bogus *adj.* מְזוּיָּף
Bohemian *adj., n.* בּוֹהֶמִי (מתעניין בספרות או באמנות שאינו נותן את דעתו לדפוסי התנהגות מקובלים)
boil *n.* רְתִיחָה; תְּפִיחָה מוּגְלָתִית
boil *v.* הִרְתִּיחַ; רָתַח, הִתְבַּשֵּׁל
boiler *n.* דוּד הַרְתָּחָה
boilermaker *n.* מְתַקֵּן דְּוָדִים
boiling *n.* רְתִיחָה; הַרְתָּחָה
boiling point *n.* נְקוּדַּת הָרְתִיחָה
boisterous *adj.* עַז וְסוֹעֵר, קוֹלָנִי־עַלִּיז
bold *adj.* עַזְּ־פָנִים, אַמִּיץ, בּוֹטֵחַ
boldface *n.* אוֹת שְׁחוֹרָה
boldness *n.* הֶעָזָה
bolero *n.* בּוֹלֵרוֹ (מחול ספרדי; לסוטה קצרה)
boll weevil *n.* זִיפִית, תּוֹלַעַת הַכּוּתְנָה
boloney *n.* הֲבָלִים, שְׁטוּיוֹת
Bolshevik *n.* בּוֹלְשֶׁוִיק (חבר המפלגה הקומוניסטית ברוסיה)
bolster *n.* כַּר אָרוֹךְ
bolster *v.* חִיזֵּק; תָּמַךְ
bolt *n.* בְּרִיחַ; לוֹלָב; בּוֹרֶג; בְּרִיחַת פֶּתַע
bolt *v.* בָּרַג, חִיזֵּק בִּבְרָגִים; בָּרַח, הִשְׁתַּמֵּט
bomb *n.* פְּצָצָה
bomb *v.* הִפְצִיץ
bomb crater *n.* מַכְתֵּשׁ פְּצָצָה
bombard *v.* הִרְעִישׁ, הִפְגִּיז; הִמְטִיר (שאלות וכד׳)
bombardment *n.* הַפְצָצָה, הַפְגָּזָה
bombast *n.* גִּיבּוּב מְלִיצוֹת
bombastic(al) *adj.* מְלִיצִי, בּוֹמְבַּסְטִי
bombproof *adj.* חֲסִין פְּצָצוֹת
bombshell *n.* פְּצָצָה, הַפְתָּעָה מַדְהִימָה
bon mot *n.* מֵימְרָה שְׁנוּנָה
bon vivant *n.* נֶהֱנְתָן, חַי בְּמוֹתָרוֹת
bona fide *adj.* בְּתוֹם לֵב, מְהֵימָן, כֵּן
bonanza *n.* הַצְלָחָה, מַזָּל; שֶׁפַע
bond *n.* קֶשֶׁר; חֶבֶל; מְקַשֵּׁר, כּוֹבֵל שְׁטַר הִתְחַיְּיבוּת, אִיגֶּרֶת חוֹב; עֲרוּבָּה
bondage *n.* עַבְדוּת; שִׁעְבּוּד
bonded warehouses *n.* מַחְסְנֵי עֲרוּבָּה
bondholder *n.* מַחֲזִיק תְּעוּדַת־מִלְוָה
bondsman *n.* עֶבֶד
bone *n.* עֶצֶם
bone *v.* הוֹצִיא עֲצָמוֹת; לָמַד בִּשְׁקִידָה
bone-head *n.* אֱוִיל, עַקְשָׁן
boneless *adj.* חֲסַר עֲצָמוֹת
boner *n.* טָעוּת מְגוּחֶכֶת
bonfire *n.* מְדוּרָה
bonhomie *n.* יְדִידוּת שׁוֹפַעַת
bonnet *n.* מִצְנֶפֶת, כּוּמְתָּה; חִיפַּת הַמָּנוֹעַ
bonny, bonnie *adj.* נֶחְמָד, שָׂמֵחַ

bonus *n.* הֲטָבָה, תּוֹסֶפֶת מְיוּחֶדֶת
bony *adj.* גַּרְמִי; מָלֵא עֲצָמוֹת
boo *int., n.* בּוּ!, בּוּז!
boo *v.* הִשְׁמִיעַ קְרִיאוֹת־גְּנַאי
booby *n.* שׁוֹטֶה, אֱוִיל
booby prize *n.* פְּרָס לָאַחֲרוֹן
booby trap *n.* מַלְכּוֹדֶת מִשְׂחָק; חוֹמֶר נֶפֶץ מוּסְוֶה
boogie-woogie *n.* בּוּגִי ווּגִי (סוג של ג'ז מלנכולי)
book *n.* סֵפֶר; כֶּרֶךְ; פִּנְקָס; רְשִׁימַת הַימּוּרִים
book-end *n.* זָוִיתָן לִסְפָרִים
book review *n.* סְקִירַת סְפָרִים
book *v.* הִזְמִין מָקוֹם; הִכְנִיס לִרְשִׁימָה
bookbinder *n.* כּוֹרֵךְ סְפָרִים
bookbindery *n.* כְּרִיכִיָּה
bookcase *n.* אֲרוֹן סְפָרִים
bookie *n.* סוֹכֵן הִימּוּרִים
booking *n.* הַזְמָנָה (כרטיס, מקום)
bookish *adj.* לַמְדָנִי
bookkeeper *n.* מְנַהֵל סְפָרִים
bookkeeping *n.* הַנְהָלַת־סְפָרִים
bookmaker *n.* עוֹשֵׂה סְפָרִים (עורך, מדפיס, כורך); סוֹכֵן הִימּוּרִים
bookmark(er) *n.* סִימָנִית; תָּוִית סֵפֶר
bookplate *n.* תָּוִית סֵפֶר
bookstand *n.* דּוּכַן סְפָרִים
bookworm *n.* תּוֹלַעַת סְפָרִים; אוֹהֵב לִלְמוֹד וְלִקְרוֹא
boom *n.* קוֹל נֶפֶץ; שִׂגְשׂוּג כַּלְכָּלִי; מוֹט מִפְרָשׂ; שַׁרְשֶׁרֶת חוֹסֶמֶת
boom *v.* רָעַשׁ, זִמְזֵם; קָפַץ קְפִיצַת־דֶּרֶךְ (בהתפתחות וכד')
boomerang *n.* בּוּמֶרַנְג (מֵעין חֵץ של ילידים אוסטרליים החוזר לידי זורקו), חֶרֶב פִּיפִיּוֹת
boom town *n.* עִיר מְשַׂגְשֶׂגֶת
boon *n.* הֲנָאָה; חֶסֶד, בְּרָכָה
boon companion *n.* חָבֵר שָׂמֵחַ
boor *n.* גַּס־רוּחַ; בּוּר
boorish *adj.* גַּס, מְגוּשָּׁם
boost *n.* הֲרָמָה; עִידּוּד; הַגְבָּרָה, פִּרְסוֹמֶת
boost *v.* הֵרִים; דִּיבֵּר בְּשֶׁבַח, פִּרְסֵם
booster *n., adj.* תּוֹמֵךְ, מְעוֹדֵד, מְפַרְסֵם
boot *n.* נַעַל גְּבוֹהָה; תָּא הַמִּטְעָן (במכונית)
boot *v.* נָעַל, הִנְעִיל; בָּעַט, פִּיטֵּר
bootblack *n.* מְצַחְצֵחַ נַעֲלַיִים
booth *n.* סְכָכָה; תָּא (לטלפון וכד')
bootjack *n.* חוֹלֵץ נַעַל
bootleg *v., adj.* סָחַר בְּשׁוּק שָׁחוֹר
bootlegger *n.* מַבְרִיחַ מַשְׁקָאוֹת
bootlegging *n.* הַבְרָחָה
bootlicker *n.* מְלַחֵךְ פִּנְכָּא, 'מְלַקֵּק'
bootstrap *n.* לוּלְאַת נַעַל
booty *n.* שָׁלָל, בִּיזָּה
booze *n.* מַשְׁקָאוֹת חֲרִיפִים
booze *v.* שָׁתָה לְשָׁכְרָה
borax *n.* בּוֹרַקְס (תרכובת של בור)
border *n.* גְּבוּל; סְפָר; קָצֶה, שׁוּל, שָׂפָה
border *v.* הֵקִים גְּבוּל; גָּבַל
border clash *n.* הִתְנַגְּשׁוּת בַּגְּבוּל
borderline *adj.* גּוֹבֵל; שָׁנוּי בְּמַחֲלוֹקֶת
bore *n.* לוֹעַ הַתּוֹתָח; קוֹטֶר לוֹעַ הַתּוֹתָח; (אדם) מְשַׁעֲמֵם; שִׁעֲמוּם
bore *v.* קָדַח, קִידֵּחַ, נִיקֵּב; חָדַר; שִׁעֲמֵם
boredom *n.* שִׁעֲמוּם, מֶטְרָד
boring *n.* קִידּוּחַ; נִיקּוּב; נֶקֶב
born *adj.* נוֹלָד; מִלֵּידָה, מוּלָד
borough *n.* אֵזוֹר עִיר; עִיר
borrow *v.* לָוָה, שָׁאַל

borrower *n.* לוֹוֶה, שׁוֹאֵל
borsch, borscht *n.* חֲמִיצַת סֶלֶק
bosh *interj.* הֲבָלִים, שְׁטוּיוֹת
bosom *n.* חָזֶה, חֵיק
bosom friend *n.* יְדִיד קָרוֹב
boss *n.* זִיז; מַטְבַּעַת; בַּעַל עֵסֶק; מְנַהֵל; (בארה"ב) מְרַכֵּז מִפְלָגָה
boss *v.* נִיהֵל; הִשְׁתַּלֵּט
bossy *adj.* שְׁתַלְטָנִי
botanic(al) *adj.* בּוֹטָנִי
botanist *n.* בּוֹטָנַאי, בּוֹטָנִיקָן
botany *n.* בּוֹטָנִיקָה
botch *v.* תִּיקֵּן תִּיקּוּן גָּרוּעַ
botch *n.* מְלָאכָה גְּרוּעָה; טְלַאי גַּס
both *adj., pron., adv.* הַשְּׁנַיִם; שְׁנֵיהֶם, שְׁתֵּיהֶן
bother *n.* טִרְחָה, מִטְרָד; טַרְחָן
bother *v.* הִדְאִיג, הִטְרִיד
bothersome *adj.* מַטְרִידָן, מַטְרִיד, מַדְאִיג
bottle *v.* מִילֵּא בַּקְבּוּקִים
bottle *n.* בַּקְבּוּק
bottle opener *n.* פּוֹתְחָן (לבקבוקים)
bottleneck *n.* צַוַּאר בַּקְבּוּק (תקלה או היעצרות בתהליך)
bottom *n.* תַּחְתִּית, קַרְקָעִית; קַעַר (בספינה); מוֹשָׁב (של כיסא); יַשְׁבָן, תַּחַת
bottomless *n.* לְלֹא קַרְקָעִית; לְלֹא תַּחְתִּית
boudoir *n.* בּוּדוּאָר, חֲדַר הָאִישָּׁה
bough *n.* עָנָף
bouillon *n.* מְרַק בָּשָׂר
boulder *n.* גּוּשׁ אֶבֶן
boulevard *n.* שְׂדֵרָה
bounce *n.* הַקְפָּצָה, הֲעָפָה; הִתְרַבְרְבוּת
bounce *v.* זִינֵּק, הֵעִיף, הִקְפִּיץ; הִתְרַבְרֵב
bouncer *n.* מֵעִיף, זוֹרֵק, מְגָרֵשׁ; שַׁקְרָן גָּדוֹל
bound *n.* זִינּוּק, קְפִיצָה, נְתִירָה
bound *n.* גְּבוּל, תְּחוּם
bound *adj.* בַּדֶּרֶךְ, נוֹעָד; קָשׁוּר, אָנוּס; מְכוּרָךְ (לגבי ספר); חַיָּב, מְחוּיָּב
boundary *n.* גְּבוּל
boundary stone *n.* אֶבֶן גְּבוּל
bounder *n.* חֲסַר נִימוּס
boundless *adj.* לְלֹא גְּבוּל
bountiful *adj.* נְדִיב־לֵב; מְשׁוּפָּע
bounty *n.* נְדִיבוּת; מַעֲנָק
bouquet *n.* זֵר פְּרָחִים; נִיחוֹחַ יַיִן
bourbon *n.* שַׁמְרָנִי קִיצוֹנִי; בּוּרְבּוֹן, וִיסְקִי
bourgeois *n., adj.* בּוּרְגָּנִי
bourgeoisie *n.* הַבּוּרְגָּנוּת
bourse *n.* בּוּרְסָה (בייחוד של פאריז)
bout *n.* הִתְמוֹדְדוּת; מִשְׁמֶרֶת; הַתְקָפָה (של שתייה או מחלה)
bovine *adj.* דְּמוּי שׁוֹר; קֵיהֶה, מְשַׁעֲמֵם
bow *v.* הֶחֱוָה קִידָּה; נִכְנַע; הִכְנִיעַ; הִרְכִּין; קִישֵּׁת; הִתְקַשֵּׁת; (במוסיקה) קָשַׁת
bow *n.* קֶשֶׁת; עִיקּוּל; לוּלָאָה; קִידָּה; חַרְטוֹם הַסְּפִינָה
bow-legged *adj.* מְקוּשַּׁט רַגְלַיִם
bowdlerize *v.* טִיהֵר (ספר)
bowel, bowels *n.* מֵעַיִים, קְרָבַיִים
bowel movement *n.* יְצִיאָה, פְּעוּלַּת מֵעַיִים
bower *n.* סוּכַּת יֶרֶק, סְכָכָה
bowl *n.* קְעָרָה, קַעֲרִית
bowl *v.* שִׂיחֵק בְּכַדּוֹרֶת
bowler *n.* מְגַלְגֵּל כַּדּוּר; מִגְבַּעַת גְּבָרִים

bowling *n.* מִשְׂחַק הַכַּדּוֹרֶת
bowling alley *n.* אוּלַם כַּדּוֹרֶת
bowling green *n.* דֶּשֶׁא כַּדּוֹרֶת
bowshot *n.* מְטַחֲוֵי קֶשֶׁת
bow tie *n.* עֲנִיבַת פַּרְפַּר
box *n.* תֵּיבָה, אַרְגָּז; תָּא (בתיאטרון); מַכַּת אֶגְרוֹף; (עץ) תְּאַשּׁוּר
box office *n.* קוּפָּה
box office hit *n.* לָהִיט קוּפָּתִי
box office record *n.* שִׂיא קוּפָּתִי
box office sale *n.* מְכִירַת כַּרְטִיסִים בַּקּוּפָּה
box seat *n.* מוֹשַׁב תָּא (בתיאטרון)
box *v.* שָׂם בְּתֵיבָה אוֹ בְּאַרְגָּז
box *v.* הִתְאַגְרֵף; הָלַם בְּאֶגְרוֹפָיו
boxcar *n.* קְרוֹן מִטְעָן סָגוּר
boxer *n.* מִתְאַגְרֵף; (כלב) בּוֹקְסֶר
boxing *n.* אִגְרוּף
boxing glove *n.* כְּפָפַת אִגְרוּף
boxwood *n.* עֵץ תֵּיבוֹת (תאשור)
boy *n.* יֶלֶד; נַעַר; בָּחוּר
boy scout *n.* צוֹפֶה
boycott *n.* חֵרֶם
boycott *v.* הֶחֱרִים, נִידָּה
boyish *adj.* שֶׁל נַעַר, תָּמִים
bra *n.* חֲזִיָּיה
brace *n.* מַאֲחֵז; הֶדֶק; חֲגוֹרַת חִיזּוּק; גֶּשֶׁר (מיישר שיניים)
brace *v.* הִידֵּק, צִימֵּד; חִיזֵּק; אוֹשֵׁשׁ
brace and bit *n.* מַקְדֵּחַת אַרְכּוּבָּה
bracelet *n.* צָמִיד
bracer *n.* מְחַזֵּק, מְאוֹשֵׁשׁ
braces *n. pl.* כְּתֵפוֹת, כְּתֵפִיּוֹת
bracing *adj.* מַבְרִיא, מְחַזֵּק, מְאוֹשֵׁשׁ
bracket *n.* מַדָּף, כַּן, מִסְעָד, זִיז פִּינָּה; (בסימני־פיסוק) סוֹגֵר
bracket *v.* תָּמַךְ, סָעַד; שָׂם בְּסוֹגְרַיִים; הִצְמִיד; צִיֵּין יַחַד
brackish *adj.* (מים) מְלוּחִים בְּמִקְצָת
brad *n.* מַסְמֵר דַּק (בלי ראש)
brag *n.* דִּבְרֵי רַבְרְבָנוּת
brag *v.* הִתְרַבְרֵב, הִתְפָּאֵר
braggart *n.* רַבְרְבָן, מִתְיַיהֵר
braid *n.* מִקְלַעַת, צַמָּה, קְווּצָּה
braid *v.* קָלַע; קָשַׁר בְּסֶרֶט
braille *n.* בְּרַייל (כתב העיוורים)
brain *n.* מוֹחַ; (ברבים) שֵׂכֶל, הֲבָנָה
brain child *n.* פְּרִי רוּחַ, יְצִירָה, רַעְיוֹן
brain drain *n.* הֲגִירַת אֲקָדֶמָאִים
brain power *n.* יְכוֹלֶת שִׂכְלִית
brain-storm *n.* הַתְקָפַת שִׁיגָּעוֹן; הַשְׁרָאָה פִּתְאוֹמִית
brains trust *n.* צֶוֶות מוֹחוֹת
brain-washing *n.* שְׁטִיפַת מוֹחַ
brain-wave *n.* הַבְרָקָה, נִצְנוּץ רַעְיוֹן
brainless *adj.* חֲסַר שֵׂכֶל, שׁוֹטֶה
brainy *adj.* פִּיקֵּחַ, חֲרִיף שֵׂכֶל
braise *v.* צָלָה לְאַט
brake *n.* בֶּלֶם, מַפֵּץ פִּשְׁתָּן; מֶרְכָּבָה; סְבַךְ שִׂיחִים; שָׂרָךְ
brake *v.* בָּלַם, הִפְעִיל בְּלָמִים
brake band *n.* סֶרֶט הַבֶּלֶם
brake drum *n.* תּוֹף הַבֶּלֶם
brake lining *n.* רְפִידַת הַבֶּלֶם
brakeman *n.* בַּלְמָן
bramble *n.* אָטָד, קוֹץ
brambly *adj.* קוֹצָנִי
bran *n.* סוּבִּין
branch *n.* עָנָף, חוֹטֶר; סְנִיף
branch *v.* הִסְתָּעֵף
branch line *n.* שְׁלוּחַת מְסִילַּת בַּרְזֶל
branch office *n.* מִשְׂרָד סְנִיפִי

brand *n.* סִימָן מִסְחָרִי; סוּג, טִיב; סִימָן מְקוּעְקָע; אוֹת קָלוֹן; אוּד
brand *v.* צִיֵּין סִימָן; שָׂם אוֹת קָלוֹן
brand-new *adj.* חָדָשׁ לְגַמְרֵי
branding iron *n.* מוֹט קִעְקוּעַ
brandish *v.* נוֹפֵף (חרב וכד׳)
brandy *n.* בְּרַנְדִי, יֵי״שׁ
brash *adj.* פָּזִיז; מְחוּצָף
brass *n.* פְּלִיז; (במוסיקה) כְּלֵי־נְשִׁיפָה
brass band *n.* תִּזְמוֹרֶת כְּלֵי־נְשִׁיפָה
brass hat *n.* (המונית) קָצִין גָּבוֹהַ
brass winds *n. pl.* כְּלֵי־נְשִׁיפָה מִמַּתֶּכֶת
brassière *n.* חֲזִיַּית אִישָּׁה
brassy *adj.* פְּלִיזִי, מַתַּכְתִּי; מְחוּצָף
brat *n.* יֶלֶד (כינוי של בוז)
bravado *n.* הִתְפָּאֲרוּת, יוֹמְרָנוּת
brave *adj.* אַמִּיץ
brave *v.* הִתְנַגֵּד בְּאוֹמֶץ
bravery *n.* אוֹמֶץ, הָעָזָה
bravo *interj., n.* הֵידָד!, יִישַׁר כּוֹחַ!
brawl *n.* הִתְכַּתְּשׁוּת, מְרִיבָה
brawl *v.* הִתְכַּתֵּשׁ, רָב
brawler *n.* אִישׁ רִיב
brawn *n.* כּוֹחַ שְׁרִירִי; בְּשַׂר חֲזִיר כָּבוּשׁ
brawny *adj.* שְׁרִירִי, חָזָק
bray *v.* (חמור) נָעַר, צָוַוח; הִצְלִיף קָשֶׁה
braze *v.* צִיפָּה בִּפְלִיז; הִלְחִים
brazen *adj.* עָשׂוּי פְּלִיז; חֲסַר בּוּשָׁה
brazen *v.* הִתְחַצֵּף
brazier, brasier *n.* עוֹבֵד בִּפְלִיז
breach *n.* שְׁבִירָה; בְּקִיעַ; הֲפָרָה
breach *v.* בִּיקֵּעַ, פָּרַץ
breach of faith *n.* הֲפָרַת אֵמוּן
breach of peace *n.* הֲפָרַת שָׁלוֹם
breach of promise *n.* הֲפָרַת הַבְטָחַת נִישּׂוּאִים
breach of trust *n.* הֲפָרַת אֱמוּנִים
bread *n.* לֶחֶם; מִחְיָה
bread crumbs *n. pl.* פֵּירוּרֵי לֶחֶם
breaded *adj.* מְכוּסֶּה בְּפֵירוּרֵי לֶחֶם
breadth *n.* רוֹחַב
breadwinner *n.* מְפַרְנֵס
break *n.* שֶׁבֶר; בְּקִיעַ; בְּרִיחָה; הַתְחָלָה (של היום); הַפְסָקָה; שִׁינּוּי פִּתְאוֹמִי (בקול, בכיוון); הִזְדַּמְּנוּת
break of day *n.* עֲלוֹת הַשַּׁחַר
break-up *n.* הִתְפָּרְקוּת, הִתְפּוֹרְרוּת
break *v.* שָׁבַר; פָּרַץ (כלא וכד׳); נִשְׁבַּר
breakable *adj.* שָׁבִיר, פָּרִיךְ
breakage *n.* שְׁבִירָה; שֶׁבֶר
breakdown *n.* הִתְמוֹטְטוּת; קִלְקוּל בִּמְכוֹנָה); הִתְמוֹטְטוּת (עצבים); פֵּירוּק לִפְרָטִים
breaker *n.* מְשַׁבֵּר; מִשְׁבָּר (גל)
breakfast *n.* אֲרוּחַת־בּוֹקֶר
breakneck *adj.* מְסוּכָּן, מְסַכֵּן
breakthrough *n.* פְּרִיצָה, חֲדִירָה, הִתְקַדְּמוּת חֲשׁוּבָה
breakwater *n.* מֵזַח, שׁוֹבֵר גַּלִּים
breast *n.* חָזֶה, שַׁד
breastbone *n.* עֶצֶם הֶחָזֶה
breaststroke *n.* שְׂחִיַּית חָזֶה
breath *n.* נְשִׁימָה; אֲוִויר לִנְשִׁימָה; שְׁאִיפַת רוּחַ
breathe *v.* נָשַׁם; הִתְנַשֵּׁם
breathe in *v.* נָשַׁם, שָׁאַף
breathe out *v.* נָשַׁף
breathing space, breathing spell *n.* שָׁהוּת לִנְשׁוֹם לִרְוָוחָה
breathless *adj.* חֲסַר נְשִׁימָה

breathtaking *adj.* עוֹצֵר נְשִׁימָה
breeches *n. pl.* מִכְנְסֵי רְכִיבָה, מִכְנָסַיִים
breed *n.* גֶּזַע
breed *v.* הֵקִים וְלָדוֹת; גִּידֵּל; הִשְׁבִּיחַ גֶּזַע
breeder *n.* מְגַדֵּל, מְטַפֵּחַ
breeding *n.* גִּידּוּל; תַּרְבּוּת הַבַּיִת
breeze *n.* מַשַּׁב־רוּחַ
breezy *adj.* פָּתוּחַ לָרוּחַ; רַעֲנָן
brethren *n. pl.* אַחִים (לדת, לרעיון)
breviary *n.* סֵפֶר תְּפִילּוֹת (בכנסייה)
brevity *n.* קוֹצֶר, צִמְצוּם
brew *v.* בִּישֵּׁל; זָמַם, מִשְׁמֵשׁ וּבָא
brewer *n.* מְבַשֵּׁל שֵׁיכָר
brewery *n.* בֵּית מִבְשָׁל שֵׁיכָר
briar *n.* see **brier**
bribe *n.* שׁוֹחַד
bribe *v.* שִׁיחֵד
briberee *adj.* מְקַבֵּל שׁוֹחַד
bribery *n.* שׁוֹחַד; שִׁיחוּד
bric-a-brac *n.* תַּקְשִׁיטִים קְטַנִּים (חסרי ערך)
brick *n.* לְבֵנָה
brick-kiln *n.* כִּבְשַׁן לְבֵנִים
brick *v.* בָּנָה בִּלְבֵנִים
brickbat *n.* חֲתִיכַת לְבֵנָה (לזריקה); (דיבורית) הֶעָרָה פּוֹגַעַת
bricklayer *n.* בַּנַּאי, מַנִּיחַ לְבֵנִים
brickyard *n.* בֵּית חֲרוֹשֶׁת לִלְבֵנִים
bridal *adj.* שֶׁל כַּלָּה, שֶׁל כְּלוּלוֹת
bride *n.* כַּלָּה
bridegroom *n.* חָתָן
bridesmaid *n.* שׁוֹשְׁבִינַת הַכַּלָּה
bridge *n.* גֶּשֶׁר; בְּרִידְג' (משחק קלפים)
bridge *v.* גִּישֵּׁר
bridgehead *n.* רֹאשׁ־גֶּשֶׁר (עמדה צבאית שנכבשה בגדת הנהר של האויב)
bridle *n.* רֶסֶן
bridle *v.* רִיסֵּן; הִגְבִּיהַּ רֹאשׁ (בכעס)
bridle path *n.* שְׁבִיל לְרוֹכְבֵי סוּסִים
brief *n.* תַּדְרִיךְ, תִּדְרוּךְ
brief *adj.* קָצָר, תַּמְצִיתִי
brief *v.* תִּדְרֵךְ
briefcase *n.* תִּיק
brier *n.* עוֹקֶץ; חוֹחַ; וֶרֶד יַיִנִי; עֶצְבּוֹנִית
brig *n.* (ספינה) דּוּ־תּוֹרְנִית; כֶּלֶא אוֹנִיָּה
brigade *n.* בְּרִיגָדָה, חֲטִיבָה
brigadier *n.* בְּרִיגָדִיר, אַלּוּף
brigand *n.* לִסְטִים, שׁוֹדֵד
brigantine *n.* דּוּ־תּוֹרְנִית קְטַנָּה (ספינה)
bright *adj.* זוֹרֵחַ, מֵאִיר; מַזְהִיר; פִּיקֵחַ, שָׁנוּן
brighten *v.* הֵאִיר יוֹתֵר; הוּאַר יוֹתֵר
brilliance, brilliancy *n.* זוֹהַר, זִיו; הִצְטַיְּינוּת
brilliant *adj.* מַזְהִיר; מִצְטַיֵּין
brim *n.* שָׂפָה; אוֹגֶן (במגבעת וכד')
brimstone *n.* גּוֹפְרִית, גָּפְרִית
brine *n.* מֵי־מֶלַח; מֵי־יָם
bring *v.* הֵבִיא
bring about *v.* גָּרַם
bring up *v.* גִּידֵּל (ילד)
brink *n.* שָׂפָה (של שטח מים); קָצֶה, גְּבוּל, סַף
brisk *adj.* מָהִיר; תּוֹסֵס
brisket *n.* בְּשַׂר חָזֶה
bristle *n.* זִיף
bristle *v.* הִזְדַּקֵּר כְּזִיף; הִסְמִיר שֵׂעָר
brittle *adj.* שָׁבִיר, פָּרִיךְ

broach *n.* שַׁפּוּד (לִצְלִייָה); חוֹד (בְּרֹאשׁ סִיכָּה); מַקְדֵּחַ

broach *v.* נָקַב, נִיקֵּב (חָבִית); פָּתַח

broad *adj.* רָחָב, נִרְחָב; גַּס

broadcast *n.* שִׁידּוּר

broadcast *v.* שִׁידֵּר; הֵפִיץ

broadcasting station *n.* תַּחֲנַת שִׁידּוּר

broadcloth *n.* אָרִיג מְשׁוּבָּח

broaden *v.* הִרְחִיב; הִתְפַּשֵּׁט

broadloom *n.* נוֹל רָחָב

broadminded *adj.* רְחַב־אוֹפֶק; סוֹבְלָנִי, פָּתוּחַ

broadshouldered *adj.* רְחַב כְּתֵפַיִים

broadside *n.* פְּנֵי הָאוֹנִיָּה; סוֹלְלַת צַד הָאוֹנִיָּה

broadsword *n.* חֶרֶב רַחֲבַת לַהַב

brocade *n.* מַעֲשֵׂה רִקְמָה (בּוֹלֶטֶת)

broccoli *n.* בְּרוֹקוֹלִי (זַן שֶׁל כְּרוּבִית)

brochure *n.* עָלוֹן

brogue *n.* מִבְטָא אִירִי (בְּאַנְגְּלִית); נַעַל (חֲזָקָה וּמְקוּשֶּׁטֶת)

broil *v.* צָלָה

broiler *n.* תַּנּוּר צְלִייָה; עוֹף צָעִיר

broken *adj.* שָׁבוּר, רָצוּץ

brokendown *adj.* הָרוּס; נִכְנַע

brokenhearted *adj.* שְׁבוּר־לֵב

broker *n.* סַרְסוּר; מְתַוֵּךְ

brokerage *n.* סַרְסָרוּת; דְּמֵי סַרְסָרוּת

bromide *n.* בְּרוֹמִיד (סַם מַרְגִּיעַ, הֶעָרָה נְדוֹשָׁה)

bronchitis *n.* דַּלֶּקֶת הַסִּימְפוֹנוֹת

broncho, bronco *n.* בְּרוֹנְקוֹ (סוּס קָטָן וּפְרָאִי)

broncho-buster *n.* מְאַלֵּף סוּסֵי בְּרוֹנְקוֹ

bronze *adj., n.* אָרָד, בְּרוֹנְזָה

brooch *n.* סִיכַּת תַּכְשִׁיט, מַכְבֵּנָה

brood *n.* דּוֹר גּוֹזָלִים; יַלְדֵי הַמִּשְׁפָּחָה

brood *v.* דָּגְרָה; הִרְהֵר

brook *n.* פֶּלֶג

brook *v.* נָשָׂא, סָבַל

broom *n.* מַטְאֲטֵא

broomstick *n.* מַקֵּל מַטְאֲטֵא

broth *n.* מְרַק בָּשָׂר; מְרַק דָּגִים

brothel *n.* בֵּית־זוֹנוֹת, בֵּית־בּוֹשֶׁת

brother *n.* אָח

brother-in-law *n.* גִּיס

brotherhood *n.* אַחֲוָה, יְדִידוּת

brotherly *adj.* כְּאָח, יְדִידוּתִי

brouhaha *n.* בְּרוּהָהָה: (קוֹל רַעַשׁ), מְהוּמָה, שָׁאוֹן

brow *n.* גַּבָּה; מֵצַח

browbeat *v.* רָדַף, הִפְחִיד (בְּמִלִּים)

brown *adj.* חוּם

browned-off *adj.* מְיוּאָשׁ לְגַמְרֵי, נִמְאַס עָלָיו

brownie *n.* עוּגַת שׁוֹקוֹלָד; שֵׁד גַּמָּד (שֶׁעוֹשֶׂה עֲבוֹדוֹת בַּלַּיְלָה)

brownish *adj.* שְׁחַמְחַם, שְׁחַמּוּמִי

browse *n.* חוֹטָרִים; קְלָחִים

browse *v.* לִיחֵךְ; הֵצִיץ בִּסְפָרִים

bruise *n.* חַבּוּרָה

bruise *v.* פָּצַע בְּמַכָּה; הִכְחִיל (מִמַּכָּה)

brunch *n.* בּוֹקְרַיִים (אֲרוּחַת בּוֹקֶר מְאוּחֶרֶת שֶׁכּוֹלֶלֶת גַּם צָהֳרַיִים)

brunet *n., adj.* שָׁחוּם, בְּרוּנֶטִי

brunette *n., adj.* שְׁחוּמָה, בְּרוּנֶטִית

brunt *n.* מְלוֹא הַנֵּטֶל אוֹ הָעוֹצְמָה

brush *n.* סְבַךְ שִׂיחִים; מִבְרֶשֶׁת; מִכְחוֹל; קְרָב קָצָר

brush *v.* בֵּירֵשׁ; צִחְצֵחַ; נָגַע קַלּוֹת
brush-off *n.* סֵירוּב, מֵיאוּן
brusque *adj.* קָצָר וּמָהִיר; לֹא אָדִיב, גַּס
brusqueness *n.* פְּזִיזוּת, חוֹסֶר אֲדִיבוּת
brussels sprouts *n. pl.* כְּרוּב בְּרוּסֶלִי
brutal *adj.* פִּרְאִי, חַיָּתִי, אַכְזָרִי
brutality *n.* אַכְזְרִיּוּת, פִּרְאוּת
brute *n.* חַיָּה; יֵצֶר חַיָּתִי
brute *adj.* נִבְעָר מִדַּעַת; חַיָּתִי
brutish *adj.* חַיָּתִי, אַכְזָרִי
bubble *n.* בּוּעָה; בִּעְבּוּעַ
bubble *v.* הֶעֱלָה בּוּעוֹת; גִּרְגֵּר
buccaneer *n.* שׁוֹדֵד־יָם
buck *n.* זָכָר (של צבי וכד'); גַּנְדְּרָן; (דיבורית) דוֹלָר
buck private *n.* טוּרָאִי
buck *v.* (לגבי סוס) דָּהַר בִּזְקִיפוּת; דָּחָה בְּעַקְשָׁנוּת
bucket *n.* דְּלִי
buckle *n.* אַבְזֵם
buckle *v.* סָגַר בְּאַבְזֵם; הִתְעַקֵּם
buckshot *n.* כַּדּוּר עוֹפֶרֶת (לְצַיִד)
bucktooth *n.* שֵׁן בּוֹלֶטֶת
buckwheat *n.* חִיטָּה שְׁחוֹרָה, כּוּסֶּמֶת
bucolic *adj.* רוֹעִי, כַּפְרִי; חַקְלָאִי
bud *n.* נִיצָּן, צִיץ; נֶבֶט
buddy *n.* (דיבורית) חָבֵר, אָחָא
budge *v.* זָע; הֵנִיעַ קְצָת
budget *n.* תַּקְצִיב
budget *v.* תִּקְצֵב; תִּכְנֵן
budgetary *adj.* תַּקְצִיבִי
buff *n.* עוֹר חוּם־צְהַבְהַב; חוֹבֵב
buff *adj.* עוֹרִי; חוּם־צְהַבְהַב
buff *v.* הִבְרִיק בְּעוֹר, לִיטֵּשׁ
buffalo *n.* תְּאוֹ, בּוּפָלוֹ
buffer *n.* בּוֹלֵעַ הֶלֶם, בּוֹלֵם, חוֹצֵץ
buffer state *n.* מְדִינַת חַיִץ
buffer zone *n.* אֵזוֹר חַיִץ
buffet *v.* הִכָּה; נֶאֱבַק
buffet *n.* מִזְנוֹן; מַכַּת אֶגְרוֹף
buffet car *n.* מִזְנוֹן רַכֶּבֶת
buffoon *n.* בַּדְחָן
buffoonery *n.* בַּדְחָנוּת
bug *n.* חֶרֶק; פִּשְׁפֵּשׁ
bug *v.* (דיבורית) צוֹתֵת; הִרְגִּיז
bugbear *n.* דַּחְלִיל
bugger *n. (colloq.)* (במשפט) עוֹשֶׂה מַעֲשֵׂה סְדוֹם; נִתְעָב, נֶאֱלָח
buggy *n.* מֶרְכָּבָה קַלָּה; עֶגְלַת תִּינוֹק
buggy *adj.* נָגוּעַ בְּפִשְׁפְּשִׁים, מְפוּשְׁפָּשׁ
bughouse *n.* בֵּית־מְשׁוּגָּעִים
bugle *n.* חֲצוֹצְרָה
bugle call *n.* קְרִיאַת חֲצוֹצְרָה
bugler *n.* מְחַצְצֵר
build *n.* מִבְנֶה
build-up *n.* הִצְטַבְּרוּת; תַּעֲמוּלָה מוּקְדֶמֶת
build *v.* בָּנָה
building *n.* בִּנְיָין; בְּנִיָּיה
building lot, building site *n.* מִגְרַשׁ בְּנִיָּיה
building trades *n. pl.* מִקְצוֹעוֹת הַבְּנִיָּיה
built-in *adj.* בָּנוּי בַּקִּיר, מוּבְנֶה
built-up *adj.* מְכוּסֶּה בִּנְיָנִים
bulb *n.* בָּצָל; פְּקַעַת; נוּרַת־חַשְׁמַל
bulge *n.* בְּלִיטָה; תְּפִיחוּת
bulge *v.* הִבְלִיט; בָּלַט, תָּפַח, הִתְפִּיחַ
bulk *n.* כַּמּוּת גְּדוֹלָה, נֶפַח; עִיקָר; צוֹבֶר

bulkhead *n.* מְחִיצָה (באונייה או במכרה למנוע שריפה)
bulky *adj.* גַמְלוֹנִי; נָפוּחַ
bull *n.* פַּר; זָכָר (כגון פיל); (בבורסה) סַפְסָר יַקְרָן; צַו שֶׁל הָאַפִּיפְיוֹר
bulldog *n.* כֶּלֶב בּוּלְדוֹג
bulldoze *v.* כָּפָה בְּאִיּוּמִים
bulldozer *n.* דַּחְפּוֹר
bullet *n.* קָלִיעַ, כַּדּוּר
bulletin *n.* עָלוֹן; יְדִיעוֹן
bulletin board *n.* לוּחַ מוֹדָעוֹת
bulletproof *adj.* חֲסִין קְלִיעִים
bullfight *n.* מִלְחֶמֶת פָּרִים
bullfrog *n.* צְפַרְדֵּעַ־הַשּׁוֹר (גדולה במיוחד)
bullheaded *adj.* עַקְשָׁנִי, אֱוִילִי
bullion *n.* זָהָב, כֶּסֶף; מְטִיל (זהב או כסף)
bullish *adj.* פָּרִי; עַקְשָׁנִי, אֱוִילִי; (בבורסה) גּוֹרֵם לַעֲלִיַּית מְחִירִים
bull pen *n.* זִירַת פָּרִים; מִכְלָאָה; בֵּית־מַעְצָר
bullring *n.* זִירַת הַפָּרִים
bull's-eye *n.* פְּגִיעָה בְּאִישׁוֹן הַמַּטָּרָה, 'בּוּל'
bully *n.* מֵצִיק לַחַלָּשִׁים, רוֹדָן וּפַחְדָן
bully *v.* רָדַף (גופנית או מוסרית)
bully *interj.* מְצוּיָּן!, יוֹפִי!
bulrush *n.* אַגְמוֹן
bulwark *n.* סוֹלְלָה, דָּיֵק; הֲגָנָה
bum *n.* הוֹלֵךְ בָּטֵל; שַׁתְיָין
bum *v.* חַי עַל חֶשְׁבּוֹן הַכְּלָל; הָלַךְ בָּטֵל
bumblebee *n.* דְבוֹרָה (גדולה שזמזומה חזק)
bump *n.* מַכָּה, חַבּוּרָה; הִתְנַגְּשׁוּת; שִׁיבּוּשׁ (בכביש)
bump *v.* הִתְנַגֵּשׁ; הֵטִיחַ
bumper *n.* (במכונית) פָּגוֹשׁ
bumpkin *n.* כַּפְרִי מְגוּשָּׁם
bumptious *adj.* קוֹפֵץ בְּרֹאשׁ, בּוֹטֵחַ בְּעַצְמוֹ
bumpy *adj.* לֹא חָלָק
bun *n.* עוּגִית; לַחְמָנִית (מְתוּקָה)
bunch *n.* צְרוֹר, אֶשְׁכּוֹל; חֲבוּרָה
bunch *v.* אִיגֵּד, צֵירֵף; הִתְאַגֵּד
bundle *n.* חֲבִילָה; אֲלוּמָּה
bundle *v.* צָרַר, אָרַז, אִיגֵּד
bungalow *n.* בּוּנְגָלוֹ (בית חד קומתי)
bung hole *n.* פֶּתַח מְגוּפָה
bungle *v.* קִלְקֵל, שִׁיבֵּשׁ
bungling *adj.* מְקַלְקֵל, 'מְפַסְפֵס'
bunion *n.* יַבֶּלֶת
bunk *n.* מִיטַּת־קִיר; (המונית) שְׁטוּיוֹת
bunker *n.* תָּא הַפֶּחָם (באונייה); מַחְסֶה תַּת־קַרְקָעִי, 'בּוּנְקֶר'
bunkum *n. (colloq.)* נְאוּם לֹא כֵּן; פִּטְפּוּט, דִּבְרֵי הֶבֶל
bunny *n.* שָׁפָן קָטָן (כינוי חיבה)
bunting *n.* אֲרִיג דְּגָלִים; גִּיבְּתוֹן (צִיפּוֹר)
buoy *n.* מָצוֹף
buoyancy *n.* צִיפָנוּת; כּוֹחַ הָעִילּוּי
buoyant *adj.* צִיפָנִי; מְעוֹדֵד, עַלִּיז
bur, burr *n.* קְלִיפָּה קָשָׁה; זִיז
burble *v.* גִּרְגֵּר; פִּטְפֵּט
burble *n.* גִּרְגּוּר; מִלְמוּל, פִּטְפּוּט
burden *n.* מַשָּׂא, נֵטֶל
burden of proof *n.* נֵטֶל הַהוֹכָחָה
burdensome *adj.* מֵעִיק
bureau *n.* שׁוּלְחַן־כְּתִיבָה; מִשְׂרָד, לִשְׁכָּה
bureaucracy *n.* בִּירוֹקְרַטְיָה, נַיְּירֶת, סַחֶבֶת

bureaucrat *n.* בִּיּוּרוֹקְרָט
bureaucratic(al) *adj.* בִּיּוּרוֹקְרָטִי
burgess *n.* אֶזְרָח
burgh *n.* עִיר (בסקוטלנד)
burgher *n.* אֶזְרַח־עִיר
burglar *n.* פּוֹרֵץ
burglar alarm *n.* אַזְעָקַת שׁוֹד
burglar proof *adj.* חֲסִין פְּרִיצָה
burglary *n.* פְּרִיצָה
burgle *v.* פָּרַץ, שָׁדַד
burial *n.* קְבוּרָה
burial-ground *n.* אֲחוּזַת־קֶבֶר
burlap *n.* אָרִיג גַּס
burlesque *n.* בּוּרְלֶסְקָה, פָּרוֹדְיָה
burlesque *v.* לִגְלֵג, עָשָׂה לִצְחוֹק
burlesque show *n.* הַצָּגַת בּוּרְלֶסְקָה
burly *adj.* בַּעַל גּוּף
burn *n.* כְּוִיָּה
burn *v.* דָּלַק; בָּעַר
burn down *v.* עָלָה בָּאֵשׁ
burner *n.* מַבְעֵר, מַדְלֶקֶת
burning *adj.* בּוֹעֵר, לוֹהֵט
burnish *n.* בָּרָק, בּוֹהַק
burnish *v.* צִחְצֵחַ, מֵירֵט; הִבְרִיק
burnou(s) *n.* בּוּרְנוּס
burr *n.* זִיז; קְלִיפָּה קָשָׁה
burrow *n.* שׁוּחָה, פִּיר
burrow *v.* חָפַר שׁוּחָה,
חָפַר מִנְהָרָה; הִתְחַפֵּר
bursar *n.* גִּזְבָּר (של מוסד גבוה)
burst *n.* הִתְפּוֹצְצוּת; הִתְפָּרְצוּת;
(בצבאיות) צְרוֹר
burst *v.* הִתְפּוֹצֵץ; הִתְפָּרֵץ; נִיפֵּץ; בָּקַע
bury *v.* קָבַר, הִטְמִין
burying-ground *n.* בֵּית־קְבָרוֹת
bus *n.* אוֹטוֹבּוּס

busboy *n.* עוֹזֵר לְמֶלְצַר (במסעדה)
bush *n.* שִׂיחַ; סְבַךְ; יַעַר
bushel *n.* בּוּשֶׁל (בארה"ב 36.5 ליטר)
business *n.* עֵסֶק; עִיסּוּק
business district *n.* אֵזוֹר עֲסָקִים
business-like *adj.* שִׁיטָתִי, מַעֲשִׂי
businessman *n.* אִישׁ־עֲסָקִים, סוֹחֵר
business suit *n.* חֲלִיפַת עֲבוֹדָה
busman *n.* נֶהַג אוֹטוֹבּוּס
buss *n.* נְשִׁיקַת תַּאֲוָה
buss *v.* נִישֵּׁק בְּתַאֲוָה, הִתְנַשֵּׁק
bust *n.* פֶּסֶל רֹאשׁ, חָזֶה;
חֲזֵה אִשָּׁה; כִּישָּׁלוֹן; פְּשִׁיטַת רֶגֶל
bust *v.* הִתְפּוֹצֵץ; פּוֹצֵץ, הָרַס
buster *n.* נַעַר קָטָן
bustle *n.* פְּעִילוּת חֲזָקָה; נִיפּוּחַ שִׂמְלָה
bustle *v.* נָע בִּמְהִירוּת; זֵירֵז
busy *adj.* עָסוּק; פַּעַלְתָּנִי
busy *v. refl.*, *v.* הֶעֱסִיק; הִתְעַסֵּק בּ
busybody *n.* מִתְעָרֵב בַּכּוֹל
busy signal *n.* צְלִיל תָּפוּס
but *conj.* אֲבָל, אַךְ; חוּץ מִן;
אֶלָּא שֶׁ; מִבְּלִי שֶׁ
but *adv.*, *prep.* חוּץ מִן, אֶלָּא; כִּמְעַט
but for אִלְמָלֵא
butcher *n.* קַצָּב, בַּעַל אִטְלִיז; שׁוֹחֵט
butcher *v.* שָׁחַט; רָצַח בְּאַכְזְרִיּוּת
butcher knife *n.* סַכִּין קַצָּבִים
butcher shop *n.* אִטְלִיז
butchery *n.* בֵּית־מִטְבָּחַיִים;
קַצָּבוּת; טֶבַח
butler *n.* מְשָׁרֵת רָאשִׁי
butt *v.* נָגַע בּ; גָּבַל עִם; נָגַח
butter *n.* חֶמְאָה
butter *v.* מָרַח בְּחֶמְאָה; הֶחֱמִיא, הֶחֱנִיף
butter dish *n.* כְּלִי חֶמְאָה, מַחְמָאָה

butter knife *n.* סַכִּין לְחֶמְאָה
buttercup *n.* נוּרִית
butterfly *n.* פַּרְפַּר
buttermilk *n.* חוּבֶץ, חֲלֵב־חֶמְאָה
butterscotch *n.* סוּכָּרִית חֶמְאָה
buttocks *n. pl.* אֲחוֹרַיִים, 'יַשְׁבָן', תַּחַת
button *n.* כַּפְתּוֹר; נִיצָן;
(בחשמל) לְחִיץ
button *v.* כִּפְתֵּר, רָכַס
buttonhole *n.* לוּלָאָה;
פֶּרַח (בדש המעיל)
buttonhole *v.* תָּפַר לוּלָאוֹת;
אָחַז בְּדַשׁ הַבֶּגֶד
buttress *n.* מִתְמָךְ; מִסְעָד
buttress *v.* סָעַד בְּמִתְמָךְ, תָּמַךְ
buxom *adj.* מְלֵאַת חָזֶה וְנָאוָה
buy *v.* קָנָה, רָכַשׁ
buy *n.* קְנִיָּיה
buyer *n.* קוֹנֶה, לָקוֹחַ
buzz *n.* זִמְזוּם; הֲמוּלָּה
buzz *v.* זִמְזֵם; הָמָה
buzz-bomb *n.* פְּצָצָה מְזַמְזֶמֶת
buzz-saw *n.* מַסּוֹר מְעוּגָּל
buzzard *n.* אַיָּה, בַּז
buzzer *n.* זַמְזַם
by *prep., adv.* עַל־יַד;
דֶּרֶךְ, בְּאֶמְצָעוּת; לְיַד; בְּ;
עַל־יְדֵי; מֵאֵת; עַל; בְּסָמוּךְ; בַּצַּד
by and by *adv.* עוֹד מְעַט
by and large *adv.* בְּדֶרֶךְ כְּלָל
bye-bye *interj.* הֱיֵה שָׁלוֹם!
by election *n.* בְּחִירוֹת מִשְׁנֶה
by far הַיּוֹתֵר, הֲכִי
bygone *adj.* שֶׁעָבַר
by-law *n.* חוֹק עִירוֹנִי, חוֹק עֵזֶר
by-pass *n.* כְּבִישׁ עוֹקֵף
by-pass *v.* עָקַף; הֶעֱקִיף
by-product *n.* מוּצָר־לְוַואי;
תּוֹצָאַת לְוַואי
bystander *n.* עוֹמֵד מִן הַצַּד
by the way דֶּרֶךְ אַגַּב
byway *n.* דֶּרֶךְ צְדָדִית
byword *n.* מֵימְרָה, מָשָׁל

C

cab *n.* מוֹנִית; תָּא הַנֶּהָג
cab driver *n.* נֶהַג מוֹנִית
cab stand *n.* תַּחֲנַת מוֹנִיּוֹת
cabal *n.* מְזִימָה; חֲבוּרַת זוֹמְמִים
cabana *n.* תָּא, סוּכָּה
cabaret *n.* קַבָּרֶט, קָפֶה בִּידּוּר
cabbage *n.* כְּרוּב
cabbala *n.* קַבָּלָה; פּוּלְחָן בִּנְסְתָּר
cabby *n.* נֶהַג מוֹנִית
cabin *n.* בִּיתָן, תָּא
cabinet *n.* מֶמְשָׁלָה; קַבִּינֶט; אָרוֹן
cabinetmaking *n.* נַגָּרוּת רָהִיטִים
cable *n.* כֶּבֶל; חֶבֶל עָבֶה; מִבְרָק
cable *v.* חִיזֵּק בְּכֶבֶל; הִבְרִיק, טִלְגְרֵף
cablecar *n.* רַכֶּבֶל
cablegram *n.* מִבְרָק
caboose *n* קְרוֹן מְאַסֵּף
cabriolet *n.* כִּרְכָּרָה (לִשְׁנַיִים)
cacao *n.* קָקָאוֹ
cache *n.* מַחֲבוֹא, סְלִיק, מַטְמוֹן
cache *v.* הִטְמִין
cachet *n.* תְּכוּנָה רְאוּיָה לְצִיּוּן; חוֹתֶמֶת קִישׁוּט (לְצִיּוּן אֵירוּעַ)
cackle *n.* קִרְקוּר; קִשְׁקוּשׁ
cackle *v.* קִרְקֵר; קִשְׁקֵשׁ
cacophony *n.* תַּצְרוּם, קָקוֹפוֹנְיָה
cactus *n.* צַבָּר, קַקְטוּס
cad *n.* נִבְזֶה, מְנוּוָּל
cadaver *n.* גְּוִויָּה, פֶּגֶר
cadaverous *adj.* פִּגְרִי
caddie *n.* נוֹשֵׂא־כֵּלִים (בְּגוֹלְף)
cadence *n.* קֶצֶב; יְרִידַת הַקּוֹל; תַּנַח
cadet *n.* צוֹעֵר; חֲנִיךְ בֵּית־סֵפֶר צְבָאִי, פֶּרַח קְצוּנָה
cadge *v.* הֵצִיק (כְּדֵי לְקַבֵּל כֶּסֶף אוֹ אוֹכֶל)
cadmium *n.* קַדְמִיּוּם (יסוד כימי, מתכת רכה. שימושה רב בכורים אטומיים)
cadre *n.* סֶגֶל, קָדֶר
Caesar *n.* קֵיסָר; שַׁלִּיט
caesura *n.* (בתורת השירה ובמוסיקה) מִפְסָק
café *n.* בֵּית־קָפֶה
café society *n.* הַחוּג הַנּוֹצֵץ, 'הַחֶבְרָה הַגְּבוֹהָה'
cafeteria *n.* קָפֶטֶרְיָה, מִסְעֶדֶת שֵׁירוּת עַצְמִי
caftan *n.* קַפְטָן (גלימה רחבה לגברים במזרח. במערב – גלימת נשים)
caffeine *n.* קָפֶאִין, קוֹפֶאִין (חומר בסיסי רעלי)
cage *n.* כְּלוּב, סוּגַר
cage *v.* כָּלָא בִּכְלוּב, סִיגֵּר
cageling *n.* צִיפּוֹר בִּכְלוּב
cagey, cagy *adj.* זָהִיר, מְסוּגָּר
cahoots *n.* שׁוּתָּפוּת, יָד אַחַת
cajole *v.* פִּיתָּה, הִדִּיחַ, שִׁידֵּל
cajolery *n.* פִּיתּוּי, הֲדָחָה, שִׁידּוּל
cake *n.* עוּגָה, רְקִיק
cake *v.* גִּיבֵּשׁ; הִתְגַּבֵּשׁ
cake decorator *n.* מַזְרֵק צַנְתּוּר (לקישוט העוגה)
cake mixer *n.* מַקְצֵפָה (לקישוט העוגה)
calamitous *adj.* הֲרֵה אָסוֹן
calamity *n.* אָסוֹן, צָרָה גְדוֹלָה
calcify *v.* גָּרַם הִסְתַּיְּידוּת, הִקְשָׁה; הִסְתַּיֵּיד, הִתְקַשָּׁה

calcium *n.* סִידָן (יסוד כִּימִי)
calculate *v.* חִישֵּׁב, תִּכְנֵן; חָשַׁב
calculating *adj.* מְחַשְׁבָּן; מְחַשֵּׁב, עָרוּם
calculator *n.* מַחְשְׁבוֹן (מַחשֵׁב קטן)
calculus *n.* דֶּרֶךְ חִישּׁוּב; חֶשְׁבּוֹן
caldron *n. see* **cauldron**
calendar *n.* לוּחַ שָׁנָה
calf *n.* עֵגֶל; גּוּר; סוֹבֶךְ הָרֶגֶל
calfskin *n.* עוֹר עֵגֶל
caliber *n.* קוֹטֶר; מִידַּת כּוֹשֶׁר
calibrate *v.* סִימֵּן מִידוֹת, כִּייֵּל
caliberation *n.* כִּיּוּל
calico *n.* אֲרִיג כּוּתְנָה
caliph *n.* כָּלִיף
caliphate *n.* כָּלִיפוּת
calisthenics *n. pl.* הִתְעַמְּלוּת יוֹפִי וּבְרִיאוּת
call *n.* קְרִיאָה, צְעָקָה; הַזְמָנָה; בִּיקּוּר; שִׂיחַת טֶלֶפוֹן
call *v.* קָרָא, הִשְׁמִיעַ קוֹל; כִּינָּה; טִלְפֵּן; בִּיקֵּר
call-box *n.* תָּא טֶלֶפוֹן צִיבּוּרִי
call-boy *n.* נַעַר מְשָׁרֵת
call-girl *n.* נַעֲרַת טֶלֶפוֹן
call-number *n.* מִסְפַּר טֶלֶפוֹן
caller *n.* קוֹרֵא; מְבַקֵּר
calligraphy *n.* קַלִּיגְרַפְיָה, כְּתִיבָה תַּמָּה
calling *n.* קְרִיאָה; מִשְׁלַח יָד, מִקְצוֹעַ
calling card *n.* כַּרְטִיס בִּיקּוּר
calliope *n.* קַלִּיאוֹפֶּה (עוּגַב קִיטוֹר)
callous *adj.* קָשׁוּחַ, נוּקְשֶׁה
callow *adj.* חֲסַר נִיסָּיוֹן, לֹא מְבוּגָּר
callus *n.* קָלוּס, חוֹמֶר גַּרְמִי
calm *n.* רְגִיעָה, שֶׁקֶט, נִינוֹחוּת
calm *adj.* רָגוּעַ, שָׁקֵט, נִינוֹחַ
calm down *v.* נִרְגַּע
calmness *n.* שַׁלְוָה, שֶׁקֶט
calorie *n.* קָלוֹרְיָה, חוּמִית
calumny *n.* עֲלִילַת שֶׁקֶר, דִּיבָּה
calvary *n.* מְקוֹם צְלִיבַת יֵשׁוּ, יִיסּוּרִים
calypso *n.* קָלִיפְּסוֹ (סגנון מנגינות)
camaraderie *n.* רוּחַ אַחֲוָה וִידִידוּת
camel *n.* גָּמָל
camellia *n.* קָמֶלְיָה (שִׂיחַ בעל פרחים גדולים ויפים, דמוי ורד)
cameo *n.* קָמֵיעַ
camera *n.* מַצְלֵמָה
cameraman *n.* צַלָּם
camouflage *n., v.* הַסְוָואָה; הִסְוָוה
camp *n.* מַחֲנֶה, מַאֲהָל
camp *v.* הֵקִים מַחֲנֶה
campaign *n., v.* מַעֲרָכָה, מַסָּע; נֶאֱבַק, עָרַךְ מַסָּע
campfire *n.* מְדוּרָה
camphor *n.* כּוֹפֶר
campus *n.* קִרְיַת אוּנִיבֶרְסִיטָה
can *aux., v.* יָכוֹל, הָיָה רַשַּׁאי; שִׁימֵּר (בפחית)
can *n.* פַּח, פַּחִית, קוּפְסַת שִׁימּוּרִים
can-opener *n.* פּוֹתְחַן קוּפְסָאוֹת
canal *n.* תְּעָלָה
canary *n.* בַּזְבּוּז קַנָּרִי; יַיִן קַנָּרִי
canasta *n.* קָנַסְטָה (משחק קלפים)
cancan *n.* קַנְקָן (מחול שאופיינית לו הגבהת הרגליים)
cancel *v.* בִּיטֵּל
cancellation *n.* בִּיטּוּל
cancer *n.* סַרְטָן
cancerous *adj.* סַרְטָנִי, מְסוּרְטָן
candelabrum (pl.-bra) *n.* מְנוֹרָה

candid *adj.* גְּלוּי לֵב
candidacy *n.* מוּעֲמָדוּת
candidate *n.* מוּעֲמָד
candied *adj.* מְסוּכָּר
candle *n.* נֵר
candle holder *n.* פָּמוֹט
candor *n.* כֵּנוּת, גִילוּי לֵב
candy *n.* מַמְתָּק, סוּכָּרִייָה
cane *n.* קָנֶה, מַקֵל הֲלִיכָה; קְנֵה סוּכָּר
canine *adj.* כַּלְבִּי, לְמִשְׁפַּחַת הַכְּלָבִים
canister *n.* קוּפְסָה קְטַנָּה, קוּפְסִית
canker *n.* אִיכָּל (פצעים בשפתיים ובחלל הפה)
canned goods *n.pl.* שִׁימּוּרִים
cannery *n.* בֵּית תַּעֲשִׂיַּית שִׁימּוּרִים
cannibal *n.* אוֹכֵל אָדָם, קַנִּיבָּל
cannon *n.* תּוֹתָח
cannonade *n.* הַרְעָשַׁת תּוֹתָחִים, הַפְגָּזָה
cannon fodder *n.* בְּשַׂר תּוֹתָחִים
canny *adj.* חַד עַיִן, עַרְמוּמִי, זָהִיר, חַשְׁדָנִי
canoe *n.* בּוּצִית, סִירָה קַלָּה
canon *n.* קָנוֹן (חוקת כנסייה; רשימת כתבים מוסמכת; תואר לאיש כמורה)
canonical *adj.* קָנוֹנִי; מוּסְמָךְ
canonize *v.* כָּלַל בִּרְשִׁימַת הַקָּנוֹן
canopy *n.* סוֹכֵךְ בַּד, כִּילָּה, חוּפָּה
cant *n.* הַכְרָזָה צְבוּעָה, הִתְחַסְּדוּת; לַהַג, לָשׁוֹן מְיוּחֶדֶת (של גנבים וכד׳)
cant *n.* תְּנוּעַת פִּתְאוֹם; לִכְסוּן; לוֹכְסָן
cantaloup(e) *n.* מֵלוֹן מָתוֹק
cantankerous *adj.* רַגְזָן, נִרְגָּן
cantata *n.* קַנְטָטָה (יצירה מוסיקלית דתית)
canteen *n.* קַנְטִינָה, מִסְעָדָה
canter *n.* דְּהִירָה קַלָּה
canticles *n.* שִׁיר הַשִּׁירִים
cantle *n.* מִסְעָד אֲחוֹרֵי הָאוּכָּף
canto *n.* קַנְטוֹ (קטע משיר ארוך)
canton *n.* מָחוֹז (בייחוד בשווייץ)
cantonment *n.* מַחֲנֵה צָבָא (ארעי)
cantor *n.* חַזָּן
canvas *n.* אַבַּרְזִין, צַדְרָה, אֲרִיג מִפְרָשִׂים
canvass *v.* חִיזֵּר אַחֲרֵי קוֹלוֹת, נִיהֵל תַּעֲמוּלָה
canyon *n.* עָרוּץ עָמוֹק, קַנְיוֹן
cap *n.* כּוּמְתָּה, כּוֹבַע
cap *v.* כִּיסָּה בְּכוֹבָעִית; סָגַר בְּמִכְסֶה
capability *n.* יְכוֹלֶת, כּוֹשֶׁר
capable *adj.* כִּשְׁרוֹנִי, מְסוּגָּל
capacious *adj.* מְרוּוָּח, רְחַב יָדַיִים
capacity *n.* קִיבּוֹלֶת, קִיבּוּל, תְּכוּלָה; יְכוֹלֶת
cape *n.* שִׁכְמָה; כֵּף, רֹאשׁ יַבָּשָׁה
caper *n.* צְלָף קוֹצָנִי; קְפִיצָה עַלִּיזָה
caper *v.* דִּילֵג, חוֹלֵל
capillary *n.* נִימַת דָּם
capital *n.* עִיר בִּירָה; הוֹן
capitalism *n.* רְכוּשָׁנוּת, קַפִּיטָלִיזְם
capitalize *v.* כָּתַב בְּאוֹתִיּוֹת רֵישִׁיּוֹת; הִיוֵּן, הָפַךְ לְהוֹן
capital letter *n.* אוֹת רֵישִׁית, אוֹת גְּדוֹלָה
Capitol *n.* הַקַּפִּיטוֹל (בניין הקונגרס האמריקני)
capitulate *v.* נִכְנַע

capon *n.* תַּרְנְגוֹל מְסוֹרָס
caprice *n.* הֲפַכְפְּכָנוּת, קַפְּרִיסָה, גַּחַם
capricious *adj.* נָתוּן לַהֲפַכְפְּכָנוּת
capricorn *n.* מַזַּל גְּדִי
capsize *v.* הָפַךְ; הִתְהַפֵּךְ (סירה)
capstan *n.* כַּנָּן (מנוף באונייה)
capstone *n.* אֶבֶן הָרֹאשָׁה, גּוּלַּת הַכּוֹתֶרֶת
capsule *n.* כְּמוּסָה
captain *n.* סֶרֶן; רַב־חוֹבֵל, קַבַּרְנִיט; רֹאשׁ קְבוּצָה
captain *v.* פִּיקֵּד, נִיהֵל
captaincy *n.* מַנְהִיגוּת; קַבַּרְנִיטוּת
caption *n.* כּוֹתֶרֶת
captious *adj.* נוֹטֶה לְבִיקּוֹרְתִּיּוּת קַטְנוּנִית; נוֹטֶה לְהָבִיךְ
captivate *v.* שָׁבָה לֵב, הִקְסִים
captive *n., adj* אָסִיר, שָׁבוּי
captivity *n.* מַאֲסָר; שְׁבִי
captor *n.* שׁוֹבֶה, לוֹכֵד
capture *n.* תְּפִיסָה, כִּיבּוּשׁ
capture *v.* שָׁבָה, לָכַד
cappuccino *n.* קַפּוּצִ'ינוֹ (קפה אספרסו מעורב בחלב)
car *n.* מְכוֹנִית; קָרוֹן
car-rental-service *n.* שֵׁירוּת לְהַשְׂכָּרַת רֶכֶב
carafe *n.* לָגִין, צְלוֹחִית
caramel *n.* סוּכָּרִיָּה, שֶׁזֶף סוּכָּר
carat *n.* קָרָט (יחידת משקל של אבנים או מתכות יקרות)
caravan *n.* שַׁיָּירָה; קְרוֹן־דִּירָה
caravanserai *n.* חָן, מְלוֹן־אוֹרְחִים
caraway *n.* כְּרַוְיָה (צמח תבלין)
carbide *n.* קַרְבִּיד
carbine *n.* קַרְבִּין (רובה קצר קנה)
carbohydrate *n.* פַּחְמֵימָה
carbolic acid *n.* חוּמְצָה קַרְבּוֹלִית
carbonate *n.* פַּחְמָה, מֶלַח חוּמְצָה פַּחְמָנִית
carbon dioxide *n.* דוּ־תַּחְמוֹצֶת הַפַּחְמָן
carbon monoxide *n.* תַּחְמוֹצֶת הַפַּחְמָן
carbonize *v.* פִּיחֵם, הִתְפַּחֵם
carbuncle *n.* גַּחֲלִית (דלקת בעור); אֶבֶן טוֹבָה
carburetor *n.* קַרְבּוּרָטוֹר, מְאַדֶּה
carcass *n.* נְבֵלָה, פֶּגֶר
card *n.* כַּרְטִיס; קְלָף
card-case *n.* קוּפְסַת כַּרְטִיסֵי בִּיקּוּר
card catalogue *n.* כַּרְטֶסֶת, כַּרְטִיסִיָּה
card index *n.* כַּרְטֶסֶת
card-sharp *n.* רַמַּאי קְלָפִים
cardboard *n.* קַרְטוֹן
cardiac *adj.* שֶׁל הַלֵּב
cardigan *n.* אֲפוּדָּה
cardinal *n.* חַשְׁמָן
cardinal *adj.* עִיקָּרִי, יְסוֹדִי
cardinal number *n.* מִסְפָּר יְסוֹדִי, מִסְפָּר מוֹנֶה
care *n.* דְּאָגָה; תְּשׂוּמֶת־לֵב, זְהִירוּת
care *v.* דָּאַג, טִיפֵּל; חִיבֵּב
careen *v.* הִטָּה עַל צִדּוֹ; נָטָה עַל צִדּוֹ
career *n.* מַהֲלַךְ חַיִּים, קַרְיֵירָה
career *v.* נָע בִּמְהִירוּת
carefree *adj.* חֲסַר דְּאָגָה
careful *adj.* זָהִיר
careless *adj.* רַשְׁלָנִי; מְרוּשָּׁל
carelessness *n.* חוֹסֶר תְּשׂוּמֶת־לֵב
caress *n.* לְטִיפָה
caress *v.* לִיטֵּף
caretaker *n.* מְטַפֵּל, מְמוּנֶּה

careworn *adj.* עָיֵף מִדְּאָגָה
carfare *n.* דְּמֵי נְסִיעָה בְּאוֹטוֹבּוּס (וכד')
cargo *n.* מִטְעָן (של ספינה)
cargo boat *n.* אוֹנִיַּית סַחַר
caricature *n.,v.* אִטְלוּלִית, קָרִיקָטוּרָה; אִטְלֵל, עָשָׂה קָרִיקָטוּרָה מִן
caries *n.pl.* עַשֶּׁשֶׁת (רקב שיניים או עצמות)
carillon *n.* מַעֲרֶכֶת פַּעֲמוֹנִים
carillon *v.* נִיגֵּן בְּפַעֲמוֹנִים
carload *n.* מִטְעַן מַשָּׂאִית
carmine *adj.* (שצבעו) שָׁנִי, כַּרְמִין
carnage *n.* הֶרֶג רַב, טֶבַח
carnal *adj.* חוּשָׁנִי, שֶׁל תַּאֲווֹת הַגּוּף
carnation *n.* (פרח) צִיפּוֹרֶן
carnival *n.* עַדְלָיָדַע, קַרְנָוַול
carnivorous *adj.* אוֹכֵל בָּשָׂר
carob *n.* חָרוּב
carol *n.* זֶמֶר; מִזְמוֹר חַג־הַמּוֹלָד
carol *v.* שָׁר בְּעַלִּיזוּת
carom *n.* פְּגִיעָה כְּפוּלָה
carousal *n.* הִילּוּלָה
carouse *v.* הִתְהוֹלֵל
carp *n.* קַרְפְּיוֹן (דג)
carp *v.* מָצָא מוּם
carpenter *n.* נַגַּר בִּנְיָין
carpentry *n.* נַגָּרוּת בִּנְיָין
carpet *n.* שָׁטִיחַ
carpet *v.* כִּיסָּה בִּשְׁטִיחִים
carpet sweeper *n.* שׁוֹאֵב אָבָק, שַׁאֲבָק
carriage *n.* מֶרְכָּבָה, עֲגָלָה; קָרוֹן, דְּמֵי הוֹבָלָה
carrier *n.* סַבָּל; מוֹבִיל; שָׁלִיחַ; חֶבְרָה לְהוֹבָלָה; נַשָּׂא, נוֹשֵׂא (חיידקי מחלה); נוֹשֵׂאת מְטוֹסִים
carrion *n., adj.* פֶּגֶר, נְבֵלָה
carrot *n.* גֶּזֶר
carrousel, carousel *n.* סְחַרְחֵרָה
carry *n.* טְוָח; נְשִׂיאָה, הוֹבָלָה
carry *v.* נָשָׂא, הוֹבִיל; הִצְלִיחַ בּ
carry on *v.* הִמְשִׁיךְ
carsick *adj.* חוֹלֵה נְסִיעָה בִּמְכוֹנִית
cart *n.* עֲגָלָה
cart *v.* הֶעֱבִיר בַּעֲגָלָה
cart-horse *n.* סוּס עֲגָלָה
carte blanche *n.* מִסְמָךְ חָתוּם; יָד חוֹפְשִׁית
cartel *n.* קַרְטֶל (איגוד יצרנים וחברות מסחר לשם שמירת מונופול על תוצרתם)
cartilage *n.* חַסְחוּס, סְחוּס
carton *n.* קוּפְסַת קַרְטוֹן
cartoon *n.* אִטְלוּלִית, קָרִיקָטוּרָה; צִיּוּר הִיתּוּלִי
cartoon *v.* אִטְלֵל, קִרְקֵט, צִייֵּר קָרִיקָטוּרָה
cartridge *n.* כַּדּוּר, תַּרְמִיל
carve *v.* חָרַת, חָקַק; גִּלֵּף, פִּיסֵּל
cascade *n.* אֶשֶׁד, מַפַּל מַיִם (קטן)
cascade *v.* נִיגַּר; גָּלַשׁ כְּמַפַּל מַיִם
case *n.* קוּפְסָה, תֵּיבָה; מִקְרֶה, פָּרָשָׁה; מִשְׁפָּט; יַחֲסָה (בתחביר)
case study *n.* נִיתּוּחַ אֵירוּעַ
case *v.* שָׂם בְּתֵיבָה
casement *n.* אֲגַף חַלּוֹן
cash *n.* מְזוּמָּנִים, כֶּסֶף מְזוּמָּן
cash *v.* הֶחֱלִיף בִּמְזוּמָּנִים
cash box *n.* קוּפָּה
cash register *n.* קוּפָּה רוֹשֶׁמֶת
cashew nut *n.* אֱגוֹז אֲנַקַרְדְּיוֹן
cashier *n.* גִּזְבָּר, קוּפַּאי

cashier *v.* פִּיטֵר, סִילֵק (מתפקיד פיקודי בצבא)
cashier's check *n.* שֵׁק בַּנְקָאִי
cashmere *n.* קַשְׁמִיר (צמר רך משובח)
casing *n.* קוּפְסָה, כִּיסּוּי; חוֹמֶר אֲרִיזָה
casino *n.* קָזִינוֹ (קייטנה או בית כפרי איטלקי; אולם שעשועים והימורים)
cask *n.* חָבִית
casket *n.* תֵּיבָה (קטנה); אֲרוֹן מֵתִים
casserole *n.* אִלְפָּס, קְדֵירָה; תַּבְשִׁיל מוּכָן
cassock *n.* גְלִימַת כְּמָרִים
cast *v.* זָרַק, הִפִּיל; לִיהֵק
cast iron *n.* בַּרְזֶל יָצוּק
cast-off *n., adj.* בְּגָדִים זְנוּחִים; זָנוּחַ (בגדים)
cast *n.* זְרִיקָה, הַשְׁלָכָה; דָּבָר מוּשְׁלָךְ; סִידּוּר, לִיהוּק; צֶוֶות
castanets *n. pl.* עַרְמוֹנִיּוֹת (זוג לוחיות שנהב קטנות שמקישים לקצב מנגינה)
castaway *n.* שָׂרִיד (של אונייה); מְנוּדֶּה
caste *n.* כַּת, קַסְטָה
caster *n.* זוֹרֵק; גַלְגַלִּית
castigate *v.* יִיסֵּר, הוֹכִיחַ
casting-vote *n.* קוֹל מַכְרִיעַ
castle *n.* טִירָה; מִבְצָר; צְרִיחַ
castle *v.* שָׂם בְּטִירָה; הִצְרִיחַ (בשחמט)
castling *n.* הַצְרָחָה (בשחמט)
castor oil *n.* שֶׁמֶן קִיק
castrate *v.* סֵירֵס; קִיצֵּץ
casual *n., adj.* אַרְעִי, מִקְרִי; לֹא פוֹרְמָלִי
casualty *n.* מִקְרֵה אָסוֹן, תְּאוּנָה; נִפְגָּע
casuistry *n.* פִּלְפּוּל, פַּלְפְּלָנוּת

cat *n.* חָתוּל; מְרוּשַׁעַת
cataclysm *n.* מַהְפֵּכַת סְדָרִים בְּרֵאשִׁית; מַבּוּל
catacomb *n.* מְעָרַת־קְבָרִים, קָטָקוֹמְבָּה
catalogue *v.* קִטְלֵג, כִּרְטֵס
catalogue *n.* קָטָלוֹג
catalyze *v.* זֵירֵז (תגובה כימית), קִטְלֵז
catalyzer *n.* זָרָז, מְקַטְלֵז
catapult *n.* מִקְלַעַת
catapult *v.* זָרַק בְּלִיסְטְרָה בְּמַרְגֵּמָה; זָרַק בְּמִקְלַעַת
cataract *n.* מַפַּל־מַיִם, אֶשֶׁד
catarrh *n.* נַזֶּלֶת
catastrophe *n.* שׁוֹאָה, אָסוֹן
catcall *n.* יִלְלַת חָתוּל
catcall *v.* יִלֵּל כְּחָתוּל
catch *v.* תָּפַס, לָכַד; רִימָּה
catch *n.* תְּפִיסָה, עוֹצֶר; צַיִד
catch question *n.* שְׁאֵלַת מִלְכּוֹד
catcher *n.* תּוֹפֵס
catching *adj.* מִידַּבֵּק; מְצוֹדֵד, מוֹשֵׁךְ
catchup, ketchup *n.* רוֹטֶב עַגְבָנִיּוֹת מְתוּבָּל, קֶטְשׁוֹפּ
catchword *n.* אִמְרַת־כָּנָף
catchy *adj.* נִתְפָּס בְּנָקֵל, מוֹשֵׁךְ
catechism *n.* מִקְרָאָה דָתִית (נוצרית)
category *n.* סוּג, קָטֵגוֹרְיָה
cater *v.* הִסְעִיד, סִיפֵּק מָזוֹן; סִיפֵּק שֵׁירוּת
caterer *n.* מַסְעִיד, מַסְעִידָן, סַפַּק־מָזוֹן
catering *n.* הַסְעָדָה
caterpillar *n.* זַחַל
catfish *n.* שְׂפַמְנוּן
catgut *n.* חוּטִים עֲשׂוּיִים מִמֵּעַיִים

cathartic *adj.* מְטַהֵר, מְנַקֶּה אֶת הַמֵּעַיִים
cathedral *n., adj.* קָתֶדְרָלָה (כנסייה ראשית); שֶׁל קָתֶדְרָה
catheter *n.* צַנְתָּר
catheterize *v.* צִנְתֵּר
cathode *n.* קָתוֹדָה
catholic *adj.* עוֹלָמִי, אוּנִיבֶרְסָלִי; רְחַב אוֹפָקִים
Catholic *n., adj.* קָתוֹלִי
catnap *n.* נִמְנוּם קַל
catnip *n.* נֶפֶּית הַחֲתוּלִים (צמח שבושמו מושך חתולים)
cat-o'-nine-tails *n.* מַגְלֵב שֶׁבַע הָרְצוּעוֹת
catsup see catchup
cattle *n. pl.* בָּקָר
catty *adj.* חֲתוּלִי; מְרוּשָׁע
catwalk *n.* מַעֲבָר צַר
caucus *n.* קָאוּקוּס (מיעוט במפלגה המבקש לכפות את דעתו)
cauldron *n.* קַלַּחַת
cauliflower *n.* כְּרוּבִית
causative *adj.* גּוֹרֵם, מְסַבֵּב
cause *n.* סִיבָּה, גּוֹרֵם; מַטָּרָה
cause *v.* גָּרַם, סִיבֵּב
causeway *n.* מְסִילָּה, שְׁבִיל מוּגְבָּה (בייחוד על פני מים בביצה)
caustic *adj.* צוֹרֵב, חוֹרֵךְ, מְאַכֵּל (לגבי חומר כימי)
caustic *n.* חוֹמֶר צוֹרֵב
cauterize *v.* צָרַב בְּבַרְזֶל לוֹהֵט
caution *n.* זְהִירוּת; אַזְהָרָה; טִיפּוּס מוּזָר
caution *v.* הִזְהִיר, הִתְרָה בּ
cautious *adj.* זָהִיר, נִזְהָר
cavalcade *n.* מִצְעַד פָּרָשִׁים (או מרכבות)
cavalier *n.* פָּרָשׁ; אַבִּיר, מְלַוּוֶה גְבֶרֶת
cavalier *adj.* שַׁחְצָנִי; מְזַלְזֵל
cavalry *n.* חֵיל פָּרָשִׁים, פָּרָשִׁים
cavalry-man *n.* פָּרָשׁ
cave *n.* מְעָרָה
cave *v.* כָּרָה, חָצַב; שָׁקַע
cave-in *n.* הִתְמוֹטְטוּת
cave-man *n.* שׁוֹכֵן מְעָרוֹת
caveat *n.* אַזְהָרָה, דְּרִישַׁת בַּעַל דִּין לְעַכֵּב דִּיּוּן
cavern *n.* מְעָרָה, מְחִילָּה
caviar, caviare *n.* קַוויָאר, בֵּיצֵי דָּגִים
cavil *v.* הִתְגּוֹלֵל עַל, הֵטִיל דוֹפִי
cavity *n.* חָלָל, חוֹר, נֶקֶב
cavort *v.* כִּרְכֵּר, קִיפֵּץ
caw *n.* צְרִיחַת עוֹרֵב
caw *v.* קִרְקֵר, צָרַח (עוף)
cease *v.* חָדַל, פָּסַק, הִפְסִיק
cease *n.* הֶפְסֵק
cease-fire *n.* הַפְסָקַת אֵשׁ, הֲפוּגָה
ceaseless *adj.* לֹא פּוֹסֵק, לֹא חָדֵל
cedar *n.* אֶרֶז
cede *v.* וִיתֵּר עַל (זכויות וכד')
ceiling *n.* תִּקְרָה, גְּבוּל עֶלְיוֹן
celebrant *n.* חוֹגֵג בְּטֶקֶס
celebrate *v.* חָגַג; שִׁיבֵּחַ
celebrated *adj.* מְפוּרְסָם
celebration *n.* חֲגִיגָה; טֶקֶס
celebrity *n.* אִישִׁיּוּת מְפוּרְסֶמֶת
celerity *n.* חִיפָּזוֹן, מְהִירוּת
celery *n.* כַּרְפַּס רֵיחָנִי, סֶלֶרִי
celestial *adj., n.* שְׁמֵימִי, אֱלוֹהִי
celibacy *n.* רַוְוקוּת, פְּרִישׁוּת מִנִּישּׂוּאִים
celibate *n., adj.* רַוָּוק, רַוְוקִי
cell *n.* תָּא, חֶדֶר קָטָן

cellar *n.* מַרְתֵּף
cell house *n.* בֵּית־כֶּלֶא
cellist *n.* צֶ'לָן
cello *n.* צֶ'לוֹ
cellophane *n.* צֶלוֹפָן (נייר אריזה דק, אטים למים)
celluloid *n.* צֶלוּלוֹאִיד (חומר קרני מתאית, משמש לסרטי קולנוע וכד')
cellulose *n.* תָּאִית, צֶלוּלוֹזָה
cement *n.* צֶמֶנְט, מֶלֶט
cement *v.* צִמְנֵט, דִּיבֵּק
cemetery *n.* בֵּית־עָלְמִין
censer *n.* מַחְתָּה
censor *n.* צֶנְזוֹר
censor *v.* צִנְזֵר
censure *n.* בִּיקּוֹרֶת חֲמוּרָה
censure *v.* בִּיקֵּר קָשׁוֹת
census *n.* מִפְקַד אוּכְלוֹסִים
cent *n.* סֶנְט, מֵאִית
centaur *n.* קֶנְטָאוּר (בעל חיים אגדי)
centenary *n.* יוֹבֵל מֵאָה שָׁנִים
centennial *n., adj.* יוֹבֵל הַמֵּאָה; שֶׁל יוֹבֵל מֵאָה
center *v.* רִיכֵּז; הָיָה בַּמֶּרְכָּז
center, centre *n.* מֶרְכָּז, אֶמְצַע
center-piece *n.* קִישׁוּט מֶרְכַּז שׁוּלְחָן
centigrade *adj.* שֶׁל מַעֲלוֹת צֶלְזְיוּס
centimeter *n.* סֶנְטִימֶטֶר
centipede *n.* נַדָּל
central *adj.* מֶרְכָּזִי
centralize *v.* מִרְכֵּז; הִתְמַרְכֵּז
centrifugal *adj.* צֶנְטְרִיפוּגָלִי (שואף להתרחק מן המרכז), סִרְכּוּזִי
centrifugate, centrifuge *v.* סִרְכֵּז
centripetal *adj.* צֶנְטְרִיפֶּטָלִי (שואף אל המרכז)
century *n.* מֵאָה שָׁנָה; מֵאָה
ceramic *adj.* שֶׁל כְּלֵי חֶרֶס
ceramics *n.pl.* קֶרָמִיקָה
cereals *n.pl.* דָּגָן; גַּרְגְּרֵי דָּגָן
cerebellum *n.* הַמּוֹחַ הַקָּטָן
cerebral *adj.* שֶׁל הַמּוֹחַ
ceremonious *adj.* טִקְסִי
ceremony *n.* טֶקֶס
certain *adj.* וַדָּאִי, בָּטוּחַ; מְסוּיָּם
certainly *adv., interj.* בְּווַדַּאי, וַדַּאי!
certainty *n.* וַדָּאוּת, דָּבָר בָּטוּחַ
certificate *n.* תְּעוּדָה, אִישּׁוּר בִּכְתָב
certified public accountant *n.* רוֹאֵה חֶשְׁבּוֹן מוּסְמָךְ
certify *v.* אִישֵּׁר בִּכְתָב
cessation *n.* הַפְסָקָה
cesspool *n.* בּוֹר־שְׁפָכִים
chafe *n.* שִׁפְשׁוּף; דַּלֶּקֶת
chafe *v.* חִימֵּם בְּשִׁפְשׁוּף; הִכְאִיב בְּחִיכּוּךְ; הָיָה חֲסַר סַבְלָנוּת
chaff *n.* מוֹץ; לִגְלוּג בְּרוּחַ טוֹבָה
chaff *v.* לִגְלֵג בְּרוּחַ טוֹבָה
chafing-dish *n.* קַעֲרַת חִימּוּם (לתבשיל, על אש בוערת)
chagrin *n.* אַכְזָבָה, עָגְמַת נֶפֶשׁ
chagrin *v.* צִיעֵר, הִשְׁפִּיל
chain *n.* שַׁרְשֶׁרֶת, שַׁלְשֶׁלֶת, אֲזִיקִים
chain *v.* קָשַׁר בְּשַׁלְשֶׁלֶת, אָסַר בַּאֲזִיקִים
chain gang *n.* קְבוּצַת אֲסִירִים קְשׁוּרָה בְּשַׁרְשֶׁרֶת
chain reaction *n.* תְּגוּבַת שַׁרְשֶׁרֶת
chain smoker *n.* מְעַשֵּׁן בְּשַׁרְשֶׁרֶת
chain store *n.* חֲנוּת שַׁרְשֶׁרֶת
chair *n.* כִּיסֵּא, רָאשׁוּת
chair *v.* הוֹשִׁיב עַל כִּיסֵּא
chair lift *n.* רַכֶּבֶל

chairman *n.* יוֹשֵב־רֹאש
chairmanship *n.* רָאשוּת, כְּהוּנַת יוֹשֵב רֹאש
chalet *n.* בֵּית עֵץ כַּפְרִי
chalice *n.* גָבִיעַ (בּייחוּד בּכנסייה הנוֹצרית)
chalk *n.* גִיר, חֲתִיכַת גִיר
chalk *v.* כָּתַב בְּגִיר
challenge *n.* אֶתְגָר, קְרִיאָה לְהִתְמוֹדְדוּת
challenge *v.* קָרָא לְהִתְמוֹדְדוּת; אִתְגֵר; עִרְעֵר
chamber *n.* חֶדֶר, לִשְכָּה
chamber concert *n.* קוֹנְצֶרְט קָמֶרִי (בּאוּלם קטן)
chamberlain *n.* מְמוּנֶּה עַל נְכָסִים
chambermaid *n.* חַדְרָנִית, עוֹבֶדֶת נִיקָּיוֹן
chamber pot *n.* סִיר לַיְלָה
chameleon *n.* זִיקִית
chamois *n.* יָעֵל
champ *v.* נָשַך (בּחוֹסר סבלנוּת)
champ *n.* נְשִיכָה; לְעִיסָה; אַלּוּף
champagne *n.* יֵין שַמְפַּנְיָה
champion *n., adj.* אַלּוּף; מְנַצֵּחַ; דוֹגֵל, תּוֹמֵך, מֵגֵן עַל
champion *v.* דָגַל, תָּמַך בּ
championess *n.* תּוֹמֶכֶת, דוֹגֶלֶת; מְנַצַּחַת, אַלּוּפָה
championship *n.* אַלִּיפוּת
chance *n.* מִקְרֶה, מַזָּל; אֶפְשָרוּת, סִיכּוּי
chance *adj.* מִקְרִי, אַקְרָאִי
chance *v.* אֵירַע בְּמִקְרֶה; נִתְקַל
chancellery *n.* בֵּית הַנָּגִיד
chancellor *n.* נָגִיד, קַנְצְלֶר
chancery *n.* בֵּית מִשְפָּט גָבוֹהַ
chandelier *n.* נִבְרֶשֶת
change *n.* שִינּוּי; כֶּסֶף קָטָן; עוֹדֶף; הַחְלָפָה
change of life בְּלוֹת, חִדְלוֹן הַוֶּסֶת
change *v.* שִינָּה; הֶחֱלִיף; פָּרַט; הִשְתַּנָּה
change color הֶחֱוִיר; הִסְמִיק
change one's mind שִינָּה אֶת דַעְתּוֹ
changeable *adj.* עָשוּי לְהִשְתַּנּוֹת, לֹא יַצִּיב
channel *n.* עָרוּץ, אָפִיק; תְּעָלָה; צִינּוֹר
channel *v.* הֶעֱבִיר בִּתְעָלָה; הִכְוִוין, נִיקֵּז
chant *n.* מִזְמוֹר, זֶמֶר (חדגוֹני), נִיגּוּן
chant *v.* זִימֵּר (חדגוֹנית)
chanter *n.* זַמָּר; זַמָּר רָאשִי
chaos *n.* תּוֹהוּ וָבוֹהוּ, אַנְדְרַלָמוּסְיָה
chaotic *adj.* שֶל תּוֹהוּ וָבוֹהוּ, שֶל אִי סְדָרִים
chap *n.* סֶדֶק, בְּקִיעָה; בָּחוּר
chap *v.* בִּיקֵּעַ, סִידֵּק (בּשפשוּף); נִבְקַע; נִסְדַּק (בּשפשוּף)
chaparral *n.* סְבַך שִיחִים, שִיחִיָּה
chapel *n.* בֵּית תְּפִילָּה קָטָן (של נוֹצרים)
chaperon *n.* מְלַוָּוה (בּעיקר של צעירה)
chaplain *n.* כּוֹמֶר צְבָאִי, רַב צְבָאִי
chaplet *n.* זֵר פְּרָחִים, עֲטָרָה
chapter *v.* חִילֵּק לִפְרָקִים
chapter *n.* פֶּרֶק, פָּרָשָה; סְנִיף
char *v.* פִּיחֵם, חָרַך; נֶחְרַך
character *n.* אוֹפִי, טִיב, תְּכוּנָה; אוֹת (בּא"ב)

characteristic *n.* תְּכוּנָה אוֹפְיָנִית, אִפְיוּן
characteristic *adj.* אוֹפְיָנִי
characterize *v.* אִפְיֵן
charade *n.* נַחֲשׁוּ (משחק שבו צריך לנחש מלה או מימרה על פי תנועות וסיפורים של המשחקים)
charcoal *n.* פַּחַם עֵץ; פֶּחָם לְצִיּוּר
charcoal burner *n.* תַּנּוּר פֶּחָמִים
charge *v.* קָבַע מְחִיר; חִיֵּב; הֶאֱשִׁים; הִסְתָּעֵר, הִטְעִין; מִינָּה
charge *n.* הַאֲשָׁמָה; מְחִיר; אִישׁוּם הֶיטֵל, חִיּוּב; הִסְתָּעֲרוּת; מִטְעָן; תַּפְקִיד
charge account *n.* חֶשְׁבּוֹן הַקָּפָה
chargé d'affaires *n.* מְמוּנֶּה עַל הַשַּׂגְרִירוּת
charge sheet *n.* כְּתַב אִישׁוּם
chariot *n.* רֶכֶב בַּרְזֶל (למלחמה, בימי קדם); מֶרְכָּבָה
charioteer *n.* נוֹהֵג בְּמֶרְכָּבָה, רַכָּב
charitable *adj.* נַדְבָנִי; שֶׁל צְדָקָה
charity *n.* צְדָקָה; נְדִיבוּת
charity performance *n.* הַצָּגַת צְדָקָה
charlatan *n.* נוֹכֵל, שַׁרְלָטָן
charlatanism *n.* נְכָלִים, שַׁרְלָטָנִיּוּת
charlotte *n.* שַׁרְלוֹט (עוגה ממולאה פירות ומקוצפת)
charm *n.* חֵן, קֶסֶם; קָמֵיעַ
charm *v.* הִקְסִים, קָסַם, כִּישֵּׁף
charming *adj.* נֶחְמָד, מַקְסִים
charnel *adj. n.* שֶׁל מֵתִים; חֲדַר מֵתִים
chart *n.* סִרְטוּט, מַפָּה, תַּרְשִׁים
chart *v.* סִרְטֵט
charter *n.* תְּעוּדַת רִישּׁוּם חֶבְרָה
charter *v.* הִשְׂכִּיר; שָׂכַר
charter flight *n.* טִיסַת שֶׂכֶר
charter member *n.* חָבֵר מְיַיסֵּד
charwoman *n.* עוֹזֶרֶת בַּיִת
chartered accountant *n.* חֶשְׁבּוֹנַאי מוּסְמָךְ
chary *adj.* זָהִיר בּ, נוֹהֵג זְהִירוּת
chase *n.* מָצוֹד, רְדִיפָה; צַיִד
chase *v.* רָדַף אַחֲרֵי
chase away *v.* גֵּירֵשׁ, הִבְרִיחַ
chasm *n.* בְּקִיעַ; חָלָל, נִקְרָא, תְּהוֹם
chassis *n.* מֶרְכָּב (של כלי רכב), תּוֹשֶׁבֶת
chaste *adj.* פָּרוּשׁ, צָנוּעַ, צְנוּעָתָנִי
chasten *v.* הוֹכִיחַ, יִיסֵּר, טִיהֵר
chastise *v.* יִיסֵּר, הִלְקָה
chastity *n.* צְנִיעוּת מִינִית, פְּרִישׁוּת
chat *n.* שִׂיחָה קַלָּה, פִּטְפּוּט
chat *v.* שׂוֹחַח שִׂיחָה קַלָּה, פִּטְפֵּט
chateau *n.* טִירָה, בַּיִת כַּפְרִי גָּדוֹל
chattels *n.pl.* מִיטַּלְטְלִים
chatter *v.* פִּטְפֵּט; קִשְׁקֵשׁ
chatterbox *n.* פַּטְפְּטָן
chauffeur *n.* נַהָג שָׂכִיר
chauffeur *v.* הִסִּיעַ; עָבַד כְּנַהָג
chauvinist *adj.* שׁוֹבֶנִיסְט, לְאוּמָנִי קַנַּאי; קַנַּאי לַמִּין הַגַּבְרִי
cheap *adj., adv.* פְּחוּת עֵרֶךְ, זוֹל; בְּזוֹל
cheapen *v.* הוֹזִיל, הוֹרִיד מְחִיר, הוֹרִיד הָעֵרֶךְ
cheapness *n.* זוֹלוּת
cheat *n.* רַמַּאי
cheat *v.* רִימָּה, הוֹנָה, הֶעֱרִים עַל
check *n.* עֲצִירָה; בִּידּוּק, פִּיקּוּחַ; שֶׁק; חֶשְׁבּוֹן; שַׁח (בשחמט)
check *v.* עָצַר, רִיסֵּן; וִידֵּא, בִּידֵּק; שָׁאַל שַׁח (בשחמט)
checker *n.* פַּקָּח, מַשְׁגִּיחַ

checker *v.* עָשָׂה מִשְׁבְּצוֹת, נִימֵּר
checkerboard *n.* לוּחַ שַׁחְמָט וְדַמְקָה
checkers *n. pl.* דַּמְקָה (משחק על לוח שחמט)
checking *n.* בִּידּוּק
checkmate *n.* שַׁח מָט: מַפָּלָה גְמוּרָה
checkmate *v.* נָתַן מָט, מִטְמֵט
checkout *n.* שְׁלַב הַיְצִיאָה (ממלון)
checkpoint *n.* מַחְסוֹם בִּיקּוֹרֶת
checkroom *n.* מֶלְתָּחָה
checkup *n.* בְּדִיקָה, בִּידּוּק, בִּיקּוֹרֶת
cheek *n.* לֶחִי; חוּצְפָּה
cheek *v.* הִתְחַצֵּף
cheekbone *n.* עֶצֶם הַלֶּחִי
cheeky *adj.* חוּצְפָּנִי, חָצוּף
cheep *v.* צִיֵּיץ
cheer *n.* תְּרוּעָה; עִידּוּד
cheer *v.* שִׂימֵּחַ, הֵרִיעַ ל, עוֹדֵד
cheerful *adj.* עַלִּיז; מְשַׂמֵּחַ
cheerio *interj.* הֱיֵה שָׁלוֹם!
cheerless *adj.* לֹא שָׂמֵחַ, לֹא עַלִּיז
cheer up *v.* רוֹמֵם רוּחַ, עוֹדֵד; הִתְעוֹדֵד
cheese *n.* גְּבִינָה
cheesecake *n.* עוּגַת גְּבִינָה; תַּצְלוּם נַעֲרָה חֲמוּדָה
cheesecloth *n.* אֲרִיג רֶשֶׁת
cheetah *n.* חָתוּל נְמֵרִי (בדרום אסיה ובאפריקה)
chef *n.* טַבָּח רָאשִׁי, אַשַּׁף הַמִּטְבָּח
chef d'oeuvre *n.* יְצִירַת מוֹפֵת (בספרות, באמנות, במוסיקה)
chemical *adj., n.* כִּימִי; חוֹמֶר כִּימִי
chemist *n.* כִּימַאי; רוֹקֵחַ (בבריטניה)
chemistry *n.* כִּימְיָה
cheque *n., see* **check**
chequer *n., see* **checker**

cherish *v.* חִיבֵּב, הֶעֱרִיץ; טִיפֵּחַ, עוֹדֵד
cheroot *n.* סִיגָרִיָּה (שחיתוכי קצותיה רבועים)
cherry *n.* דּוּבְדְּבָן
cherub *n.* כְּרוּב (מלאך), פַּרְצוּף מַלְאָךְ (תמים ויפה)
chess *n.* שַׁח, שַׁחְמָט
chest *n.* תֵּיבָה; קוּפָּה; חָזֶה
chest of drawers *n.* שִׁידָּה
chestnut *n.* עַרְמוֹן (עץ, צבע); בְּדִיחָה נְדוֹשָׁה
chevalier *n.* אַבִּיר (חבר מסדר כבוד); מְנוּמָס (כלפי נשים)
chew *n.* לְעִיסָה
chew *v.* לָעַס; הִרְהֵר
chew over שָׁקַל הֵיטֵב, הִרְהֵר
chew the cud הֶעֱלָה גֵרָה
chewing gum *n.* גּוּמִי לְעִיסָה
chic *adj., n.* מְהוּדָּר (בסגנונו); (סגנון) מוּבְחָר, מִצְטַיֵּין; שִׁיק
chicanery *n.* גְּנֵיבַת־דַּעַת, הַעֲרָמָה
chick *n.* אֶפְרוֹחַ, גּוֹזָל
chicken *n., adj.* פַּרְגִּית; מוּג־לֵב
chicken coop *n.* לוּל
chicken-pox *n.* אֲבַעְבּוּעוֹת־רוּחַ
chickenfeed *n.* סְכוּם אַפְסִי, כַּמּוּת אַפְסִית
chickenhearted *adj.* רַךְ־לֵב
chick-pea *n.* חִמְצָה, חוּמוּס
chicory *n.* עוֹלֶשׁ תַּרְבּוּתִי
chide *v.* גָּעַר בּ, נָזַף בּ
chief *n.* רֹאשׁ, מְנַהֵל; רֹאשׁ שֵׁבֶט
chief *adj.* רָאשִׁי, עִיקָּרִי
chief executive *n.* נְשִׂיא הַמְּדִינָה
chief justice *n.* נְשִׂיא בֵּית הַמִּשְׁפָּט הָעֶלְיוֹן, שׁוֹפֵט רָאשִׁי

chief of staff *n.* רֹאשׁ הַמַּטֶּה הַכְּלָלִי, הָרַמַטְכָּ"ל
chiefly *adv.* בְּעִיקָר
chieftain *n.* רֹאשׁ שֵׁבֶט, רֹאשׁ קְבוּצָה
chiffon *n.* אֲרִיג מֶשִׁי אוֹ זְהוֹרִית
chiffonier, chiffonnier *n.* שִׁידָּה
chilblain *n.* אֲבַעְבּוּעוֹת־חוֹרֶף
child *n.* יֶלֶד, תִּינוֹק; נַעַר, נַעֲרָה
childbirth *n.* לֵידָה, חֶבְלֵי לֵידָה
childhood *n.* תְּקוּפַת הַיַּלְדוּת
childish *adj.* יַלְדוּתִי; תִּינוֹקִי
childishness *n.* יַלְדוּתִיּוּת; תִּינוֹקִיּוּת
childlike *adj.* יַלְדוּתִי, תָּמִים כְּיֶלֶד
children *n. pl. of* **child** בָּנִים, יְלָדִים
Children of Israel בְּנֵי יִשְׂרָאֵל
child welfare *n.* סַעַד הַיֶּלֶד, רַוְוחַת הַיֶּלֶד
chile, chili, chilli *n.* פִּלְפֵּל אָדוֹם (מְיוּבָּשׁ)
chill *n.* קוֹר, קְרִירוּת, הִתְקָרְרוּת
chill *adj.* קָרִיר, צוֹנֵן
chill *v.* הֵצֵן, צִינֵּן; קֵירֵר
chilled *adj.* קָפוּא
chilly *adj.* קָרִיר, צוֹנֵן
chime *n.* צִלְצוּל פַּעֲמוֹנִים
chime *v.* צִלְצֵל
chimera *n.* רַעְיוֹן רוּחַ, הֲזָיָה, דִּמְיוֹן שָׁוְא
chimney *n.* אֲרוּבָּה, מַעֲשֵׁנָה
chimney flue *n.* מִפְלַשׁ אֲוִויר בָּאֲרוּבָּה
chimney-sweep *n.* מְנַקֵּה אֲרוּבּוֹת
chimpanzee *n.* שִׁימְפַּנְזֶה (קוֹף דמוי אדם)
chin *n.* סַנְטֵר
China *n.* סִין
china *n., adj.* כְּלֵי חַרְסִינָה; עֲשׂוּי חַרְסִינָה

china closet *n.* מַדַּף דִּבְרֵי חַרְסִינָה
Chinaman *n.* סִינִי
chinaware *n.* כְּלֵי חַרְסִינָה
chinchilla *n.* צִ'נְצִ'ילָה (מכרסם דרום אמריקני), פַּרְוַות צִ'נְצִ'ילָה, בַּד צֶמֶר כָּבֵד
Chinese *n., adj.* סִינִי; סִינִית (שפה)
chink *n.* סֶדֶק, בְּקִיעַ
chink *v.* קִשְׁקֵשׁ (במטבעות וכד')
chink *n.* צִלְצוּל מַתַּכְתִּי
chintz *n.* אָרִיג (מעוטר בצבעים)
chip *n.* שְׁבָב; קֵיסָם, פֶּלַח (תפוח אדמה); אֲסִימוֹן (למשחק)
chip *v.* שִׁיבֵּב; קִיצֵץ, נִיתֵּץ
chipmunk *n.* סְנָאִי (צפון אמריקני קטן)
chipper *v.* צִפְצֵף; פִּטְפֵּט
chipper *n.* מַשְׁבֵּב; סַתָּת
chips *n.pl.* טוּגָנִים, צִ'יפְּס
chiropodist *n.* כִּירוֹפּוֹדִיסְט (מומחה בריפוי מחלות רגליים)
chiropractor *n.* כִּירוֹפְּרַקְטוֹר (מרפא בעיסוי חוט השדרה)
chirp *v.* צִיֵּיץ
chirp *n.* צִיּוּץ
chirrup *n.* צִיּוּץ חוֹזֵר
chisel *n.* מַפְסֶלֶת
chisel *v.* סִיתֵּת, שִׁיבֵּב
chiseled *adj.* מְפוּסָל, מְסוּתָּת
chit *n.* פֶּתֶק, פִּתְקָה
chitchat *n.* שִׂיחָה קַלָּה
chivalric, chivalrous *adj.* אַבִּירִי, נִימוּסִי
chivalry *n.* אַבִּירוּת, אֲדִיבוּת, נִימוּס
chive *n.* שׁוּם הַבְּצָלִית
chloride *n.* כְּלוֹרִיד (הרכב של כלור)
chlorine *n.* כְּלוֹר (יסוד כימי לחיטוי)

chloroform *n.* כְּלוֹרוֹפוֹרְם (נוזל חריף המשמש להרדמה)
chloroform *v.* הִשְׁתַּמֵּשׁ בִּכְלוֹרוֹפוֹרְם
chlorophyll *n.* כְּלוֹרוֹפִיל, יָרֶק
chock-full *adj.* מָלֵא וְגָדוּשׁ
chocolate *n.* שׁוֹקוֹלָד
chocolate vermicelli מִתְגֵי שׁוֹקוֹלָד
choice *n.* בְּחִירָה, בְּרֵירָה, נִבְחָר, מוּבְחָר
choice *adj.* מְשׁוּבָּח, מְיוּחָד בְּמִינוֹ
choir *n.* מַקְהֵלָה
choirboy *n.* נַעַר מַקְהֵלָה
choir loft *n.* יְצִיעַ הַמַּקְהֵלָה
choirmaster *n.* מְנַצֵּחַ מַקְהֵלָה
choke *v.* חָנַק, הֶחֱנִיק; הִשְׁנִיק, הִפְעִיל מַשְׁנֵק; עָצַר, מָנַע; נֶחְנַק
choke *n.* מַשְׁנֵק (בּמכונית); חֲנִיקָה
cholera *n.* חוֹלִירָע
choleric *adj.* זוֹרֵק מָרָה, רוֹגְזָנִי
cholesterol *n.* כּוֹלֶסְטֶרוֹל (יסוד שומני המצוי בּמרה, בּדם וּבמוח)
choose *v.* בָּחַר, הֶעְדִיף; הֶחְלִיט
chop *n.* קִיצוּץ; טְחִינָה; צַלְעִית (צלע בּהמה עם בּשרהּ)
chop *v.* קִיצֵּץ, טָחַן; חָטַב
chopper *n.* מְקַצֵּץ; מַטְחֵנָה; קוֹפִיץ; מַסּוֹק
chopping board *n.* דַּף קִיצּוּץ
choppy *adj.* רוֹגֵשׁ (לגבּי ים)
chopstick *n.* מַזְלֵג סִינִי (זוּג קיסמים)
choral *adj., n.* מַקְהֵלָתִי; כּוֹרָל
chorale *n.* כּוֹרָל (פּרק לזמרה בּציבּוּר בּכנסייה)
chord *n.* מֵיתָר; אַקּוֹרְד, תַּצְלִיל
chord *v.* הֵפִיק תַּצְלִיל
chore *n.* עֲבוֹדָה שִׁגְרָתִית, עֲבוֹדַת בַּיִת
choreography *n.* כּוֹרֵיאוֹגְרַפְיָה, אָמָנוּת יְצִירַת הַבַּאלֶט
chorus *n.* מַקְהֵלָה; חָרוּז חוֹזֵר
chorus *v.* שָׁר אוֹ דִּקְלֵם בְּמַקְהֵלָה
chorus girl *n.* זַמֶּרֶת־רַקְדָנִית (בּלהקה)
chow *n.* מָזוֹן; כֶּלֶב סִינִי; סִינִי (כּינוּי גנאי)
chowder *n.* מְרַק דָּגִים
chrestomathy *n.* כְּרֶסְטוֹמַתְיָה, מִקְרָאָה
Christ *n.* יֵשׁוּ הַנּוֹצְרִי
christen *v.* הִטְבִּיל
Christendom *n.* הָעוֹלָם הַנּוֹצְרִי
christening *n.* טֶקֶס הַטְבִּילָה
Chrisian *adj. n.* נוֹצְרִי
Christianity *n.* נַצְרוּת
Christianize *v* נִיצֵּר, עָשָׂה לְנוֹצְרִי
Christian name *n.* שֵׁם פְּרָטִי
Christmas *n.* חַג־הַמּוֹלָד הַנּוֹצְרִי
chromium, chrome *n.* כְּרוֹם (יסוד מתכתי מבהיק)
chromosome *n.* כְּרוֹמוֹזוֹם (אחד הגוּפיפים הקטנים בּתא החי הקובע את תכוּנות התורשה)
chronic *adj.* כְּרוֹנִי, מַתְמִיד, מְמוּשָּׁךְ
chronicle *n.* סִיפּוּר, שַׁלְשֶׁלֶת מְאוֹרָעוֹת
chronicle *v.* רָשַׁם בְּסֵפֶר זִיכְרוֹנוֹת
chronicler *n.* רוֹשֵׁם בְּסֵפֶר זִיכְרוֹנוֹת
chronology *n.* סֵדֶר זְמַנִּים, כְּרוֹנוֹלוֹגְיָה
chrysanthemum *n.* חַרְצִית
chubby *adj.* עֲגַלְגַּל, שְׁמַנְמַן
chuck *n.* טְפִיחָה קַלָּה; טִלְטוּל, זְרִיקָה; יָתֵד, מַלְחָצַיִים
chuck *v.* טָפַח; הִשְׁלִיךְ, גֵּירֵשׁ; קִרְקֵר

chuck it! עֲזוֹב!
chuck up נָטַשׁ (משרה מתוך מיאוּס)
chuckle *n.* צְחוֹק מְאוּפָּק
chuckle *v.* צָחַק צְחוֹק מְאוּפָּק
chug *n.* טִרְטוּר (של מנוֹע וכד׳)
chug *v.* טִרְטֵר; נָע בְּטִרְטוּר
chum *n.* חָבֵר, חָבֵר לְחֶדֶר
chum *v.* הִתְחַבֵּר, הִתְיַידֵּד
chummy *adj.* חֲבֵרִי, חַבְרוּתִי
chump *n.* שׁוֹטֶה, חֲסַר דֵּעָה, בּוּל עֵץ
chunk *n.* פְּרוּסָה, חֲתִיכָה, נֶתַח
church *n.* כְּנֵסִיָּה; הַדָּת הַנּוֹצְרִית
churchgoer *n.* מִתְפַּלֵּל קָבוּעַ
churchman *n.* כּוֹמֶר; אָדוּק בְּנַצְרוּת
Church of England *n.* הַכְּנֵסִיָּה הָאַנְגְלִיקָנִית
churchwarden *n.* נְצִיג שֶׁל הַכְּנֵסִיָּה הַמְּקוֹמִית
churchyard *n.* בֵּית־עָלְמִין כְּנֵסִיָּתִי
churl *n.* גַּס רוּחַ, בּוּר
churlish *adj.* בּוּר, גַּס, לא מְחוּנָּךְ
churn *n.* מַחְבֵּצָה (לעשיית חֶמְאָה)
churn *v.* חִיבֵּץ; בָּחַשׁ
chute *n.* תְּעָלָה; מַחֲלֵק; אֶשֶׁד
chutney *n.* תַּבְלִין הוֹדִי
cicada *n.* צְרָצַר
cider *n.* מִיץ תַּפּוּחִים
C.I.F., c.i.f. abbr. cost, insurance and freight סִיף (עלוּת, בִּיטּוּח והוֹבָלָה)
cigar *n.* סִיגָר, סִיגָרָה
cigarette *n.* סִיגַרְיָּה
cigarette lighter *n.* מַצִּית
cinch *n.* דָּבָר בָּטוּחַ; חֲבֶק, רְצוּעַת אוּכָּף
cinch *v.* תָּפַס בְּבִטְחָה
cinder *n.* אוּד, גַּחֶלֶת, אֵפֶר
cinder bank *n.* תְּלוּלִית אֵפֶר
cinder track *n.* מַסְלוּל אֵפֶר (למרוֹץ)
Cinderella *n.* סִינְדֶּרֶלָּה, לִכְלוּכִית (סמל לאדם שזכה להכרה ולכבוד לאחר שנים של זלזוּל)
cinema *n.* קוֹלְנוֹעַ, רְאִינוֹעַ
cinematograph *n.* מְטוֹל קוֹלְנוֹעַ
cinnabar *n., adj.* צִינַּבָּר (מינרל)
cinnamon *n., adj.* קִינָּמוֹן
cipher *n.* אֶפֶס; סִפְרָה; צוֹפֶן
cipher *v.* הִשְׁתַּמֵּשׁ בְּסְפָרוֹת; חִשְׁבֵּן; כָּתַב בְּצוֹפֶן, צִיפֵּן
cipher key *n.* מַפְתֵּחַ צוֹפֶן
circa בְּעֵרֶךְ (לגבּי תאריכים)
circle *n.* עִיגּוּל; מַעְגָּל; חוּג
circle *v.* הִקִּיף; סָבַב
circuit *n.* סִיבּוּב; סִיּוּר בְּסִיבּוּב; (בחשמל) מַעְגָּל
circuit breaker *n.* (בחשמל) מֶתֶג
circuitous *adj.* עוֹקֵף, עָקִיף, הוֹלֵךְ סְחוֹר סְחוֹר
circular *adj.* עִיגּוּלִי, מְעוּגָּל
circular *n.* מִכְתָּב חוֹזֵר, חוֹזֵר
circularize *v.* שָׁלַח חוֹזֵר
circulate *v.* חִילֵּק, הֵפִיץ; נָע בְּמַחֲזוֹר
circumcise *v.* מָל
circumciser *n.* מוֹהֵל
circumcision *n.* מִילָה, בְּרִית מִילָה
circumference *n.* הֶיקֵּף; קַו מַקִּיף
circumflex *n., adj.* סְגוֹלְתָּא, תָּג
circumflex *v.* שָׂם סְגוֹלְתָּא; תִּייֵּג
circumlocution *n.* מֶלֶל רַב, דִּיבּוּר בַּעֲקִיפִין
circumnavigate *v.* הִפְלִיג אוֹ טָס סָבִיב

circumnavigation *n.* הַפְלָגָה או טִיסָה סָבִיב
circumscribe *v.* הִקִּיף בְּעִיגּוּל; הִגְבִּיל
circumspect *adj.* זָהִיר, פְּקוּחַ עַיִן
circumstance *n.* תְּנַאי; מַצָּב עִנְייָנִים, מִקְרֶה; (בריבוי) נְסִיבּוֹת
circumstantial *adj.* נְסִיבָּתִי
circumstantiate *v.* בִּיסֵּס עַל יְסוֹד נְסִיבּוֹת וּרְאָיוֹת מְפוֹרָטוֹת
circumvent *v.* עָקַף בְּעוֹרְמָה
circus *n.* קִירְקָס; כִּיכָּר
cistern *n.* בּוֹר, מִקְוֵה מַיִם, מְכָל
citadel *n.* מְצוּדָה, מִבְצָר
citation *n.* צִיטוּט; מוּבָאָה; צִיּוּן לְשֶׁבַח
cite *v.* צִיטֵּט; צִיֵּין לְשֶׁבַח
citizen *n.* אֶזְרָח, מְאוּזְרָח
citizenry *n.* צִיבּוּר הָאֶזְרָחִים
citizenship *n.* אֶזְרָחוּת, נְתִינוּת
citron *n.* (עֵץ) אֶתְרוֹג
citrus *n.* פְּרִי הָדָר
city *n.* עִיר, כְּרַךְ
city council *n.* מוֹעֶצֶת הָעִיר
city editor *n.* עוֹרֵךְ חֲדָשׁוֹת מְקוֹמִיּוֹת
city father *n.* אַב־עִיר (אזרח כבוד)
city hall *n.* בֵּית הָעִירִיָּה
city room *n.* חֲדַר חֲדָשׁוֹת (בעיתון)
city-state *n.* מְדִינָה־עִיר (כגון אתונה, ספרטה, קרתגו)
civic *adj.* עִירוֹנִי; אֶזְרָחִי
civics *n. pl.* אֶזְרָחוּת
civil *adj.* אֶזְרָחִי; מְנוּמָּס
civil engineering הַנְדָּסָה אֶזְרָחִית
civil law מִשְׁפָּט אֶזְרָחִי
civil life חַיִּים אֶזְרָחִיִּים
civil marriage נִישּׂוּאִים אֶזְרָחִיִּים
civil rights זְכוּיּוֹת הָאֶזְרָח
civil servant *n.* עוֹבֵד מְדִינָה
civil war מִלְחֶמֶת אֶזְרָחִים
civilian *n., adj.* אֶזְרָח, אֶזְרָחִי
civility *n.* נִימּוּס, אֲדִיבוּת
civilization *n.* תַּרְבּוּת, צִיווִילִיזַצְיָה
civilize *v.* תִּרְבֵּת, הֶעֱלָה אֶת רָמַת הַתַּרְבּוּת
civvies *n. pl.* לְבוּשׁ אֶזְרָחִי
clad *adj.* לָבוּשׁ; מְצוּפֶּה
claim *v.* תָּבַע; טָעַן
claim *n.* תְּבִיעָה; שֶׁטַח או סְכוּם נִתְבָּע
claim check *n.* תְּעוּדַת שִׁחְרוּר (של פיקדון וכד')
claimant *n.* תּוֹבֵעַ
clairvoyance *n.* רְאִיָּה מֵעֵבֶר לַחוּשִׁים (תכונה שמייחסים למדיומים ספיריטואליסטים)
clairvoyant *n.* בַּעַל רְאִיָּה (כנ"ל)
clam *v.* אָסַף צְדָפוֹת
clam *n.* צְדָפָה; שַׁתְקָן; מַלְחֶצֶת
clamor *n.* צְעָקָה; הֲמוּלָה
clamor *v.* צָעַק; תָּבַע בְּקוֹל
clamorous *adj.* רַעֲשָׁנִי, תּוֹבְעָנִי
clamp *n.* מַלְחֶצֶת; מֶלְחָצַיִם
clamp *v.* הִידֵּק בְּמַלְחֶצֶת
clan *n.* חֲמוּלָה, שֵׁבֶט, כַּת
clandestine *adj.* סוֹדִי, חֲשָׁאִי
clang *n., v.* הַקָּשָׁה, צִלְצוּל; הִקִּישׁ
clank *n.* רַעַשׁ שַׁרְשְׁרוֹת
clank *v.* הִשְׁמִיעַ רַעַשׁ שַׁרְשְׁרוֹת
clannish *adj.* שִׁבְטִי, מִשְׁפַּחְתִּי, נֶאֱמָן לְשִׁבְטוֹ
clap *v.* טָפַח; מָחָא כַּפַּיִים
clap *n.* טְפִיחָה; מְחִיאַת כַּפַּיִים

clapper *n.* עִנְבָּל, מוט צִלְצוּל; רַעֲשָׁן (לציפורים)
claptrap *n.* מְלִיצוֹת רֵיקוֹת
claque *n.* מוֹחֲאֵי כַּפַּיִם שְׂכוּרִים
claret *n., adj.* קְלָרֶט, (יין) אָדוֹם
clarify *v.* הִבְהִיר; הִתְבָּרֵר
clarinet *n.* קְלַרְנִית (כלי נשיפה)
clarion *n., adj.* קְלַרְיוֹן; (קול) בָּרוּר וְגָבוֹהַּ
clarity *n.* בְּהִירוּת
clash *v.* הִתְנַגֵּשׁ בְּרַעַשׁ
clash *n.* הִתְנַגְּשׁוּת
clasp *v.* הִידֵּק בְּאַבְזֵם; חִיבֵּק
clasp *n.* הֶדֶק; אַבְזֵם; לְחִיצָה
class *n.* מַעֲמָד; סוּג; כִּיתָּה; שִׁיעוּר, דַּרְגָּה
class *v.* סִיוּוג
class consciousness *n.* תּוֹדָעָה מַעֲמָדִית
class struggle *n.* מִלְחֶמֶת מַעֲמָדוֹת
classer, classeur *n.* עוֹקְדָן
classic *n.* יְצִירָה קְלַסִּית; סופר קְלַסִּי
classic, classical *adj.* קְלַסִּי; מוֹפְתִי
classical scholar *n.* מְלוּמָּד, קְלָסִיקוֹן
classicist *n.* קְלָסִיקוֹן
classified *adj.* מְסוּוָג
classify *v.* סִיוּוג
classmate *n.* בֶּן־כִּיתָּה
classroom *n.* כִּיתָּה
classy *adj.* מִמַּדְרֵגָה גְבוֹהָה, מְעוּלֶּה
clatter *n.* רַעַשׁ
clatter *v.* הִשְׁמִיעַ רַעַשׁ
clause *n.* פְּסוּקִית, מִשְׁפָּט טָפֵל; סְעִיף
claustrophobia *n.* פַּחַד־סָגוּר (פחד חולני ממקומות סגורים או מוגבלים בהיקפם), קְלוֹסְטְרוֹפוֹבְּיָה
clavichord *n.* מֵיתַרְיוֹן (כלי נגינה עתיק)
clavier *n.* מִקְלֶדֶת; קְלָווִיר, פַּרְטִיטוּרָה, תְּווֵי יְצִירָה
claw *n.* טוֹפֶר (ציפורן בעל חיים)
claw *v.* תָּפַס בְּצִיפּוֹרְנָיו
clay *n., adj.* חוֹמֶר, אֲדָמָה, בּוֹץ; שֶׁל חוֹמֶר
clean *adj.* נָקִי, טָהוֹר
clean *adv.* בְּצוּרָה נְקִיָּה
clean *v.* נִיקָּה; הִתְנַקָּה
cleaner *n.* מְנַקֶּה (אדם או מכשיר)
cleaning *n.* נִיקּוּי, טִיהוּר
cleaning fluid *n.* נוֹזֵל נִיקּוּי
cleaning woman *n.* מְנַקָּה
cleanliness *n.* נִיקָּיוֹן, נְקִיּוּת
cleanly *adj. adv.* נְקִי גוּף; בְּצוּרָה נְקִיָּה
cleanse *v.* נִיקָּה, טִיהֵר
clean-shaven *adj.* מְגוּלָּח לְמִשְׁעִי
clean-up *n.* נִיקּוּי, טִיהוּר; רֶווַח הָגוּן
clear *adj.* בָּהִיר; בָּרוּר, צָלוּל; חַף מִפֶּשַׁע
clear *adv.* לְגַמְרֵי
clear *v.* הִבְהִיר; טִיהֵר; זִיכָּה; פָּדָה; הִתְבַּהֵר
clearance *n.* רֶווַח בֵּינַיִים; סִילּוּק חֶשְׁבּוֹן
clearance sale *n.* מְכִירַת חִיסּוּל
clearing *n.* הַבְהָרָה; נִיקּוּי; חֶלְקָה מְנוּקָּה; קִיזּוּז, סִילּוּק חֶשְׁבּוֹנוֹת
clearing house *n.* לִשְׁכַּת סִילּוּקִים (בבאנק, להחלפת שקים ולאיזון)
clearly *adv.* בִּבְהִירוּת, בָּרוּר
clear-sighted *adj.* בְּהִיר רְאִיָּה; מַבְחִין
cleat *n.* יָתֵד, מַאֲחָז, חֲבָק

cleat *v.* חִיזֵּק בְּיָתֵד
cleavage *n.* בִּיקּוּעַ, פִּילּוּג; הִתְבַּקְּעוּת
cleave *v.* פִּיצֵּל, בִּיקַּע; דָּבַק
cleaver *n.* מַקְצֵץ, קוֹפִיץ, חַלָּף, סַכִּין קַצָּבִים
clef *n.* מַפְתֵּחַ (בּמוּסיקה)
cleft *n.* סֶדֶק, שֶׁסַע
cleft palate *n.* חֵךְ שָׁסוּעַ
clemency *n.* רַחֲמִים; נוֹחוּת (של מזג אוויר)
clement *adj.* רַחְמָנִי, נוֹחַ, נָעִים
clench *v., n.* סָגַר בְּכוֹחַ, אָחַז בְּחוֹזְקָה; אֲחִיזָה חֲזָקָה
clergy *n.* כְּמוּרָה
clergyman *n.* כּוֹמֶר, כּוֹהֵן דָּת
cleric *n., adj.* כּוֹמֶר; שֶׁל הַכְּמוּרָה
clerical *adj.* לַבְלָרִי; שֶׁל הַכְּמוּרָה, אוֹפְיָינִי לְדָתִיּוּת קִיצוֹנִית
clerical error *n.* שְׁגִיאַת כַּתְבָנִית, שְׁגִיאַת לַבְלָר
clerical work *n.* עֲבוֹדָה מִשְׂרָדִית
clerk *n.* פָּקִיד, לַבְלָר
clerk *v.* שִׁימֵּשׁ לַבְלָר
clever *adj.* פִּיקֵּחַ, שָׁנוּן, מְחוּכָּם
cleverness *n.* פִּיקְחוּת, שְׁנִינוּת
clew *n. see* **clue**
cliche *n.* בִּיטּוּי נָדוֹשׁ; גְלוּפָה, קְלִישָׁה
click *v.* הִקִּישׁ; הִסְתַּדֵּר יָפֶה; הִתְאַהֵב
click *n.* נֶקֶשׁ, תִּקְתּוּק, קְלִיק
client *n.* לָקוֹחַ; מַרְשֶׁה (של עו"ד)
clientele *n.* צִיבּוּר הַלָּקוֹחוֹת
cliff *n.* צוּק, מָצוּק
climate *n.* אַקְלִים, אֲוִירָה
climax *n.* שִׂיא; מַשְׁבֵּר (בּדרמה)
climax *v.* הֵבִיא לְשִׂיא; הִגִּיעַ לְשִׂיא
climb *n.* טִיפּוּס, עֲלִיָּיה, נְסִיקָה
climb *v.* טִיפֵּס, עָלָה, נָסַק
climber *n.* מְטַפְּסַיִים (של קוונים), מְטַפֵּס
clinch *n.* קְבִיעַת מַסְמֵר; תְּפִיסָה חֲזָקָה
clinch *v.* קָבַע מַסְמֵר; קָבַע בְּהֶחְלֵטִיּוּת
cling *v.* דָּבַק, נֶאֱחַז בְּחוֹזְקָה
clinic *n.* מִרְפָּאָה
clinical *adj.* שֶׁל מִרְפָּאָה; קְלִינִי, שֶׁל חֲדַר חוֹלִים
clinician *n.* קְלִינִיקָן (מומחה בשיטות קליניות)
clink *v.* הִקִּישׁ, צִלְצֵל
clink *n.* קוֹל נְקִישָׁה; בֵּית־סוֹהַר
clinker *n.* גוּשׁ אֵפֶר פֶּחָם; לְבֵנָה, גוּשׁ לְבֵנִים
clip *n.* גְּזִיזָה, גְּזִירָה; צֶמֶר גָּזוּז; מִגְזָזַיִים; אֶטֶב; מַאֲחֵז (בּעניבה); מַכְבֵּנָה (בּשׂער אישה)
clip *v.* גָּזַז, חָתַךְ; קִיצֵּץ, קִיצֵּר
clipper *n.* גּוֹזֵז; מִגְזָזַיִים, קוֹטֵם; כְּלִי־רֶכֶב מָהִיר
clipping *n.* גְּזִיר, קֶטַע עִיתּוֹנוּת; קְטִימָה
clique *n.* כַּת מִתְבַּדֶּלֶת, קְלִיקָה
clique *v.* יִיסֵּד כַּת מִתְבַּדֶּלֶת
cliquish *adj.* כִּיתָּתִי, בַּדְלָנִי
cloak *n.* גְּלִימָה; מַסְוֶוה
cloak *v.* כִּיסָּה בִּגְלִימָה; הִסְוָוה
cloak-and-dagger *adj.* שֶׁל תְּכָכִים וְרִיגּוּל
cloak-room *n.* מֶלְתָּחָה, חֲדַר בְּגָדִים
clock *n.* שָׁעוֹן (קיר, שולחן)
clock *v.* קָבַע זְמַן לְפִי שָׁעוֹן
clockmaker *n.* עוֹשֶׂה שְׁעוֹנִים; שֶׁעָן
clockwise *adv.* בְּכִיווּן הַשָּׁעוֹן
clod *n.* רֶגֶב; גּוֹלֶם, טִיפֵּשׁ
clodhopper *n.* גַּס, מְגוּשָּׁם, בּוּר
clog *n.* קַבְקַב, נַעַל עֵץ, מִכְשׁוֹל

clog *v.* עָצַר, עִיכֵּב; נֶעֱצַר
cloister *n.* מִנְזָר
cloister *v.* הוֹשִׁיב בְּמִנְזָר
cloistral *adj.* מִנְזָרִי; חַי בְּמִנְזָר
close *v.* סָגַר; סִיֵּים; נִסְגַּר, הִסְתַּיֵּים, הִתְקָרֵב ל
close *n.* סְגִירָה; סִיּוּם; מָקוֹם סָגוּר; חָצֵר
close *adj.* קָרוֹב; סָגוּר, מֵעִיק
close *adv.* קָרוֹב, בְּסָמוּךְ
close-fisted *adj.* קַמְצָן
close-fitting *adj.* הָדוּק, מְהוּדָּק
close-lipped *adj.* שַׁתְקָנִי
close-up *n.* תַּצְלוּם מִקָּרוֹב, תַּקְרִיב
closely *adv.* בִּצְפִיפוּת, מִקָּרוֹב; בִּתְשׂוּמֶת־לֵב
closet *n.* אֲרוֹן בְּגָדִים; חֶדֶר מְיוּחָד קָטָן
closet *v.* הִסְתַּגֵּר לְשׂוֹחֵחַ בְּאַרְבַּע עֵינַיִים
closing *n.* סְגִירָה, נְעִילָה
closing prices *n. pl.* מְחִירֵי נְעִילָה (בבורסה וכד')
closure *n.* סְגִירָה, סִיּוּם, נְעִילָה (של ויכוח וכד')
clot *n.* גּוּשׁ; קְרִישׁ דָּם; שׁוֹטֶה, טִיפֵּשׁ
clot *v.* עָשָׂה לְגוּשׁ; נִקְרַשׁ; הִקְרִישׁ
cloth *n.* אָרִיג; בַּד, מַפַּת שׁוּלְחָן; מַטְלִית
clothe *v.* הִלְבִּישׁ, כִּיסָּה
clothes *n. pl.* בְּגָדִים, תִּלְבּוֹשֶׁת
clothes hanger *n.* קוֹלָב
clothes-peg, pin *n.* הֶדֶק־כְּבִיסָה, אֶטֶב
clothier *n.* מוֹכֵר אֲרִיגִים, מוֹכֵר בְּגָדִים
clothing *n.* הַלְבָּשָׁה
cloud *n.* עָנָן, עֲנָנָה
cloud *v.* כִּיסָּה בְּעָנָן, הֵעִיב
cloud-capped *adj.* (הר) שֶׁרֹאשׁוֹ בָּעֲנָנִים
cloudburst *n.* שֶׁבֶר עָנָן
cloudless *adj.* בָּהִיר, לְלֹא עָנָן
cloudy *adj.* מְעוּנָּן; עָכוּר, מְעוּרְפָּל
clout *n.* מַכַּת אֶגְרוֹף, מַכָּה חֲזָקָה (בבייסבול); הַשְׁפָּעָה; אֲרִיג טְלַאי
clove *n.* צִיפּוֹרֶן (צמח תבלין)
clover *n.* תִּלְתָּן
clover leaf *n.* צוֹמֶת מֶחְלָף (כשהכבישים מצטלבים בשני מפלסים)
clown *n.* מוּקְיוֹן; לֵיצָן
clown *v.* הִתְנַהֵג כְּמוּקְיוֹן
clownish *adj.* מוּקְיוֹנִי
cloy *v.* הֶאֱכִיל עַד לְזָרָא; הִתְפַּטֵּם
club *n.* אַלָּה; מוֹעֲדוֹן
club *v.* הִכָּה בְּאַלָּה; הִתְאַגֵּד בְּמוֹעֲדוֹן
clubhouse *n.* מוֹעֲדוֹן
clubman *n.* חֲבֵר מוֹעֲדוֹן
cluck *v.* קִרְקֵר
cluck *n.* קִרְקוּר
clue *n.* מַפְתֵּחַ לְפִתְרוֹן
clump *n.* גּוּשׁ (עצים); קוֹל צְעָדִים כְּבֵדִים
clump *v.* פָּסַע בִּכְבֵדוּת
clumsy *adj.* מְגוּשָּׁם, מְסוּרְבָּל
cluster *n.* אֶשְׁכּוֹל; מִקְבָּץ, צְרוֹר
cluster *v.* קִיבֵּץ; הִתְקַבֵּץ, הִתְקַהֵל
clutch *v.* אָחַז בְּחוֹזְקָה
clutch *n.* (ברכב) מַצְמֵד; אֲחִיזָה, צְרוֹר בֵּיצִים (בהטלה אחת), צְרוֹר אֶפְרוֹחִים (בדגירה אחת)
clutter *v.* עָרַם בְּעִרְבּוּבְיָה
clutter *n.* אִי סֵדֶר, עִרְבּוּבְיָה
c/o - care of אֵצֶל
coach *n.* מְאַמֵּן, מוֹרֶה פְּרָטִי; אוֹטוֹבּוּס טִיוּלִים; קְרוֹן נוֹסְעִים
coach *v.* הִדְרִיךְ, אִימֵּן, הֵכִין

coagulate *v.* הִקְפִּיא, הִקְרִישׁ; קָרַשׁ; קָפָא
coal *n.* פֶּחָם
coal *v.* סִיפֵּק פֶּחָמִים
coal mine *n.* מִכְרֵה פֶּחָם
coal oil *n.* נֵפְט
coal scuttle *n.* כְּלִי־קִיבּוּל לְפֶחָם
coal tar *n.* עִטְרַן פֶּחָם
coal yard *n.* תַּחֲנַת פֶּחָם
coalesce *v.* הִתְמַזֵּג, הִתְאַחֵד
coalition *n.* קוֹאָלִיצְיָה, שׁוּתָּפוּת; הִתְמַזְּגוּת
coarse *adj.* גַּס, מְחוּסְפָּס
coast *n.* חוֹף הַיָּם
coast *v.* שִׁייֵט לְאוֹרֶךְ הַחוֹף; נָסַע בִּירִידָה לְלֹא הַתְנָעָה
coast guard *n.* מִשְׁמַר הַחוֹף
coast guard cutter *n.* סְפִינַת מִשְׁמַר הַחוֹף
coastal *adj.* חוֹפִי, סָמוּךְ לַחוֹף
coaster *n.* סְפִינַת חוֹף
coastline *n.* קַו הַחוֹף
coat *n.* מְעִיל; מַעֲטֶה, צִיפּוּי
coat *v.* כִּיסָּה בִּמְעִיל; צִיפָּה, עָטַף
coat of arms *n.* שֶׁלֶט גִּיבּוֹרִים; סֵמֶל (על דגל)
coat-tail *n.* אֲחוֹרֵי הַמִּקְטוֹרֶן
coated *adj.* (נייר) מַבְהִיק; מְצוּפֶּה
coating *n.* שִׁכְבַת צִיפּוּי
coax *v.* פִּיתָּה, שִׁידֵּל
cob *n.* אֶשְׁבּוֹל תִּירָס; סוּס (קצר רגליים); בַּרְבּוּר (זכר)
cobalt *n.* קוֹבַּלְט (יסוד מתכתי המשמש בסגסוגות מגנטיות)
cobbler *n.* סַנְדְּלָר
cobblestone *n.* חַלּוּק־אֶבֶן
cobra *n.* פֶּתֶן (נחש ארסי הודי), קוֹבְּרָה
cobweb *n.* קוּרֵי־עַכָּבִישׁ, קוּרִים
cocaine *n.* קוֹקָאִין (יסוד בסיסי נרקוטי המשמש ברפואה להרדמה)
cock *n.* תַּרְנְגוֹל; בֶּרֶז; נוֹקֵר (ברובה); אֵיבַר הַזָּכָר, זַיִן
cock of the walk *n.* תַּרְנְגוֹל מִתְרַבְרֵב בִּשְׁתַלְטָנוּתוֹ
cock *v.* דָּרַךְ (כלי ירייה); זָקַף; הִזְדַּקֵּף
cock-a-doodle-doo *n.* קוּקוּרִיקוּ (קריאת התרנגול)
cock-and-bull story *n.* סִיפּוּר הֲבַאי
cockade *n.* שׁוֹשֶׁנֶת (שעונדים בכובע כסמל)
cocked hat *n.* מִגְבַּעַת מוּפְשֶׁלֶת אוֹגֶן, כּוֹבַע שָׁלוֹשׁ פִּינּוֹת
cocker spaniel *n.* סְפַּנְיֵיל (כלב ציד קטן שאוזניו מושפלות)
cockeyed *n.* פּוֹזֵל; מְעוּקָּם, מְבוּלְבָּל
cockney *n.* קוֹקְנִי (להג של מזרח לונדון)
cockpit *n.* תָּא הַטַּיָּיס; מָקוֹם לִקְרַב תַּרְנְגוֹלִים
cockroach *n.* תִּיקָן, מַקָּק
cockscomb *n.* כַּרְבּוֹלֶת תַּרְנְגוֹל
cocksure *adj.* בָּטוּחַ בְּעַצְמוֹ (כתרנגול)
cocktail *n.* קוֹקְטֵייל, מִמְסָךְ (משקה חריף מעורב)
cocktail party *n.* מְסִיבַּת קוֹקְטֵייל
cocktail shaker *n.* מַמְזֵג קוֹקְטֵיל
cocky *adj.* חָצוּף, יָהִיר
cocoa *n., adj.* קָקָאוֹ
cocoa butter *n.* חֶמְאַת קָקָאוֹ
coconut, cocoanut *n.* אֱגוֹז הוֹדוּ, אֱגוֹז קוֹקוֹס

coconut palm *n.* דֶּקֶל הַקּוֹקוֹס
cocoon *n.* קוֹלֶלֶת, פְּקַעַת, מְעַרְבּוֹלֶת
cod *n.* בַּקָּלָה (דג ים למאכל)
coda *n.* (במוסיקה), יֶסֶף, קוֹדָה (קטע בסוף פרק המוסיף עניין)
coddle *v.* פִּינֵּק
code *n.* צוֹפֶן; סֵפֶר חוּקִים, קוֹד, מִיקוּד
code *v.* רָשַׁם בְּצוֹפֶן, קוֹדֵד, מִיקֵּד
code number *n.* מִיקוּד
code word *n.* מִלַּת צוֹפֶן
codeine *n.* קוֹדֶאִין (בסיס לבן גבישי מופק מאופיום ומשמש ברפואה)
codex *n. (pl.* **codices)** כְּתַב־יָד עַתִּיק
codger *n.* כִּילַי; זָקֵן תִּימְהוֹנִי
codicil *n.* הַשְׁלָמָה לְצַוָּואָה
codify *v.* עָרַךְ חוּקִים בְּסֵפֶר
co-ed *n.* סְטוּדֶנְטִית, תַּלְמִידָה (בבי"ס מעורב)
coeducation *n.* חִינּוּךְ מְעוּרָב
coefficient *n., adj.* מְקַדֵּם, מְסַיֵּיעַ
coequal *adj.* שָׁוֶה (בערכו, ביכולתו) לְאַחֵר
coerce *v.* כָּפָה
coercion *n.* כְּפִייָה
coeval *adj.* שֶׁל אוֹתָהּ תְּקוּפָה
coexist *v.* הִתְקַיֵּים יַחַד
coexistence *n.* דוּ־קִיּוּם
coffee *n.* קָפֶה
coffee beans *n. pl.* גַּרְגְּרֵי קָפֶה
coffe grinder *n.* מַטְחֵנַת קָפֶה
coffee mill *n.* מַטְחֵנַת קָפֶה
coffee plantation *n.* מַטַּע קָפֶה
coffeepot *n.* קוּמְקוּם קָפֶה
coffer *n.* תֵּיבָה (לתכשיטים)
coffers *n. pl.* אוֹצָר, קֶרֶן
coffin *n.* אֲרוֹן מֵתִים, סְפִינָה רְעוּעָה
cog *n.* שֵׁן בְּגַלְגַּל
cogency *n.* כּוֹחַ שִׁכְנוּעַ
cogent *adj.* מְשַׁכְנֵעַ
cogitate *v.* חָשַׁב, הִרְהֵר בְּדָבָר
cognac *n.* יֵי"ש, קוֹנְיָאק
cognate *adj., n.* קָרוֹב, מֵאוֹתוֹ מוֹצָא
cognition *n.* הַכָּרָה, תְּפִיסָה, מוּשָּׂג
cognitive *adj.* הַכָּרָתִי, שֶׁל תְּפִיסָה
cognizance *n.* יְדִיעָה
cognizant *adj.* יוֹדֵעַ; נוֹתֵן אֶת דַּעְתּוֹ
cogwheel *n.* גַּלְגַּל מְשׁוּנָּן
cohabit *v.* חָיוּ יַחַד (כמו איש ואישה)
cohabitation *n.* מְגוּרֵי יַחַד
coheir *n.* שׁוּתָּף לִירוּשָּׁה
cohere *v.* הִתְדַּבֵּק, הִתְלַכֵּד
coherence *n.* לְכִידוּת
coherent *adj.* הֶגְיוֹנִי, עָקִיב
cohesion *n.* לִיכּוּד, הִתְלַכְּדוּת, קִישּׁוּרִיּוּת
coiffeur *n.* סַפָּר
coiffure *n.* תִּסְרוֹקֶת
coil *n.* פְּקַעַת, סְלִיל; נַחְשׁוֹן, פִּיתּוּל; תַּלְתַּל שֵׂעָר
coil *v.* כָּרַךְ; נָע בְּצוּרָה חֶלְזוֹנִית
coil spring *n.* קְפִיץ בּוֹרְגִי
coin *n.* מַטְבֵּעַ
coin *v.* טָבַע (מטבעות); חִידֵּשׁ מִלִּים
coincide *v.* נִזְדַּמֵּן יַחַד; הִתְאִים בְּדִיּוּק
coincidence *n.* צֵירוּף מִקְרִים, זֶהוּת אֵירוּעִים
coition *n.* הִזְדַּוְּוגוּת, מִשְׁגָּל
coitus *n.* הִזְדַּוְּוגוּת, מִשְׁגָּל
coke *n.* קוֹקְס (חומר הפקה), שְׁאֵרִיּוֹת פַּחַם אֶבֶן; קוֹקָה קוֹלָה; (בעגה) קוֹקָאִין
coke *v.* הָפַךְ לְקוֹקְס
col *n.* אוּכָּף (ברכס הרים)

colander *n.* מְשַׁמֶּרֶת (קערה מנוקבת)

cold *adj.* קַר, צוֹנֵן

cold *n.* קוֹר, הִצְטַנְּנוּת, נַזֶּלֶת

cold-blooded *adj.* אַכְזָרִי, בְּדַם קַר

cold comfort *n.* נֶחָמָה פּוּרְתָּא

cold cuts *n. pl.* בָּשָׂר קַר

cold feet *n.pl.* (בעגה) פַּחַד (לגמור פעולה), מוֹרֶךְ לֵב

cold-hearted *adj.* חֲסַר לֵב, אָדִישׁ, חֲסַר רֶגֶשׁ

cold shoulder *n.* אֲדִישׁוּת גְּלוּיָה

cold shoulder *v.* הִתְיַיחֵס בִּקְרִירוּת

cold snap *n.* קוֹר פִּתְאוֹמִי

cold storage *n.* אִחְסוּן בְּקֵירוּר

cold war *n.* מִלְחָמָה קָרָה

coldness *n.* קוֹר, קְרִירוּת

coleslaw *n.* סָלָט כְּרוּב קָצוּץ

colic *n.* כְּאֵב בֶּטֶן, עֲוִוית מֵעַיִים

coliseum, colosseum *n.* קוֹלוֹזֵיאוּם, אַמְפִיתֵיאַטְרוֹן, אִיצְטַדְיוֹן

collaborate *v.* שִׁיתֵּף פְּעוּלָּה

collaborationist *n.* מְשַׁתֵּף פְּעוּלָּה (עם אויב)

collaborator *n.* מְשַׁתֵּף פְּעוּלָּה

collage *n.* קוֹלָז' (טכניקה של ציור על ידי הדבקת חומרים שונים, כגון גזירי עיתונות, תצלומים וכדומה)

collapse *n.* הִתְמוֹטְטוּת

collapse *v.* הִתְקַפֵּל, הִתְמוֹטֵט

collapsible *adj.* מִתְקַפֵּל (כיסא, שולחן), נִיתָּן לְמוֹטְטוֹ

collar *n.* צַוָּוארוֹן, עֲנָק

collar *v.* שָׂם צַוָּוארוֹן; תָּפַס בְּצַוָּואר

collarbone *n.* עֶצֶם הַבְּרִיחַ

collate *v.* לִיקֵּט וְעָרַךְ; הִשְׁוָה (טקסטים)

collateral *adj., n.* צְדָדִי; מַקְבִּיל; מְסַיֵּיעַ; עֲרֵבוּת

collation *n.* עֲרִיכַת כִּתְבֵי יָד (בהשוואתם); אֲרוּחָה קַלָּה

colleague *n.* עָמִית, חָבֵר בַּעֲבוֹדָה

collect *v.* אָסַף, קִיבֵּץ; גָּבָה; הִתְאַסֵּף

collect *adv.* בְּתַשְׁלוּם הַנִּמְעָן, בְּגוּבַיְינָא

collection *n.* אִיסּוּף; אוֹסֶף

collective *adj., n.* קוֹלֶקְטִיווִי, קִיבּוּצִי, מְשׁוּתָּף; גּוּף קִיבּוּצִי, מִפְעָל שִׁיתּוּפִי

collector *n.* גּוֹבֶה; אַסְפָן, מְאַסֵּף (מכשיר)

college *n.* מִכְלָלָה

collide *v.* הִתְנַגֵּשׁ

collie, colly *n.* כֶּלֶב רוֹעֶה

collision *n.* הִתְנַגְּשׁוּת רֶכֶב

collocation *n.* (בבלשנות) צֵירוּף כָּבוּל

colloid *adj., n.* דַּבְקָנִי, קוֹלוֹאִיד (חומר שבהתערבבו במים נעשה דבקי וסמיך)

colloquial *adj.* דִּיבּוּרִי, שֶׁל שִׂיחַת הַבְּרִיּוֹת

colloquialism *n.* בִּיטּוּי (מלשון הדיבור)

colloquium *n.* רַב שִׂיחַ מַדָּעִי

colloquy *n.* שִׂיחָה

collude *v.* הִתְקַשֵּׁר לִדְבַר עֲבֵירָה

collusion *n.* קְנוּנְיָה לְהוֹנָאָה

colon *n.* הַמְּעִי הַגַּס; נְקוּדָתַיִים

colonel *n.* קוֹלוֹנֶל, אַלּוּף מִשְׁנֶה

colonelcy, colonelship *n.* אַלּוּפוּת מִשְׁנֶה

colonial *adj., n.* קוֹלוֹנְיָאלִי; תּוֹשָׁב מוֹשָׁבָה

colonize *v.* הֵקִים מוֹשָׁבָה; יִישֵּׁב

colonnade *n.* שְׂדֵרַת עַמּוּדִים

colony *n.* מוֹשָׁבָה, קוֹלוֹנְיָה

colophon *n.* קולופון (1. כְּתוֹבת שהייתה נהוגה בספרים עתיקים בסוף ספר, המציינת פרטים על הספר והוצאתו; 2. סמל מו"ל המוטבע בשער ספר)

color *n.* צֶבַע; סוֹמֶק פָּנִים

color *v.* נָתַן צֶבַע, גִיוֵּן; הִסְמִיק

color bar *n.* הַפְלָיָה מִטַּעֲמֵי צֶבַע עוֹר

color bearer *n.* נוֹשֵׂא דֶגֶל

color blind *adj.* עִיוֵּר לִצְבָעִים

color television *n.* טֶלֶוִויזְיָה צִבְעוֹנִית

coloratura *n.* קֶטַע זִמְרָה מְסוּלְסָל

colored *adj.* צָבוּעַ; צִבְעוֹנִי, לא לָבָן, כּוּשִׁי; מְסוּלָּף

colorful *adj.* סַסְגּוֹנִי, צִיוּרִי, חַי

coloring *n.* צְבִיעָה; חוֹמֶר צֶבַע

colorless *adj.* חֲסַר צֶבַע

colossal *adj.* עֲנָקִי

colossus *n.* אַנְדַּרְטָה עֲנָקִית

colt *n.* סְיָיח; אֶקְדָּח

column *n.* טוּר, עַמּוּד, עַמּוּדָה

coma *n.* תַּרְדֶּמֶת, קוֹמָה

comb *v.* סָרַק

comb *n.* מַסְרֵק; כַּרְבּוֹלֶת

combat *v.* נִלְחַם בּ, נֶאֱבַק

combat *n., adj.* קְרָב; קְרָבִי

combatant *n.* לוֹחֵם בְּנֶשֶׁק

combination *n.* צֵירוּף, הִתְחַבְּרוּת, הִתְרַכְּבוּת, הַרְכָּבָה

combine *v.* צֵירֵף, הִרְכִּיב, אִיחֵד; הִתְחַבֵּר, הִתְרַכֵּב

combine *n.* צֵירוּף; אִיגּוּד; (קוֹמבַּיין) קְצַרְדָּשׁ (בחקלאות)

combined *adj.* בְּתִרְכּוֹבֶת

combustible *adj., n.* דָּלִיק, בָּעִיר; חוֹמֶר דָּלִיק

combustion *n.* דְּלִיקָה, בְּעִירָה

come *v.* בָּא, הִגִּיעַ; אֵירַע, הִתְקַיֵּים

come between *v.* הִפְרִיד בֵּין, חָצַץ

come true *v.* הִתְקַיֵּים, הִתְאַמֵּת

comeback *n.* חֲזָרָה לְמַעֲמָד קוֹדֵם, תְּשׁוּבָה נִיצַּחַת

comedian *n.* שַׂחְקָן בְּקוֹמֶדְיָה, קוֹמִיקָן

comedienne *n.* שַׂחְקָנִית בְּקוֹמֶדְיָה, קוֹמִיקָנִית

comedown *n.* נְפִילָה מֵאִיגְּרָא רָמָה

comedy *n.* מַחֲזֶה הִיתּוּלִי, מַהֲתַלָּה, קוֹמֶדְיָה

comely *adj.* נָעִים, חִינָּנִי

comet *n.* כּוֹכַב־שָׁבִיט

comfort *v.* נִיחֵם

comfort *n.* נֶחָמָה

comfort station *n.* בֵּית כִּסֵּא צִיבּוּרִי, שֵׁירוּתִים

comfortable *adj.* נוֹחַ, לא סוֹבֵל כְּאֵבִים

comic, comical *adj.* מְבַדֵּחַ, קוֹמִי

comic *n.* בַּדְחָן, מַצְחִיקָן

comic strip *n.* סִיפּוּר בְּצִיּוּרִים מְבַדְּחִים

coming *n.* הִתְקָרְבוּת, הוֹפָעָה

comma *n.* פְּסִיק

command *v.* צִיוָּה, פָּקַד; חָלַשׁ עַל, שָׁלַט בּ

command *n.* פְּקוּדָה, צַו; פִּיקּוּד

command car *n.* רֶכֶב פִּיקּוּד

commandant *n.* קְצִין-מְפַקֵּד; קוֹמַנְדַנְט

commandeer *v.* הִשְׁתַּלֵּט, גִּיֵּיס בְּכוֹחַ, הִפְקִיעַ

commander *n.* מְפַקֵּד

commandment *n.* מִצְוָה, דִּיבֵּר

commando *n.* קוֹמַנְדוֹ, יְחִידַת מַחַץ

comme il faut הוֹגֵן, לְפִי הַמְקוּבָּל
commemorate *v.* הֶעֱלָה בַּזִּיכָּרוֹן,
כִּיבֵּד זֵכֶר, הִנְצִיחַ
commence *v.* הִתְחִיל, הֵחֵל
commencement *n.* הַתְחָלָה
commend *v.* שִׁיבֵּחַ, הִמְלִיץ
commendable *adj.* רָאוּי לְשֶׁבַח
commendation *n.* צִיּוּן לְשֶׁבַח
commensurate *adj.* בְּאוֹתָהּ מִידָּה,
שְׁוֵה עֵרֶךְ, יַחֲסִי, בְּהֶתְאֵם
comment *n.* הֶעָרָה
comment *v.* הֵעִיר
commentary *n.* פֵּירוּשׁ, בֵּיאוּר;
תֵּיאוּר חַי
commentator *n.* מְפָרֵשׁ, פַּרְשָׁן
commerce *n.* מִסְחָר, סַחַר
commercial *n.* (בְּרַדיו וּבטלוויזיה)
תּוֹכְנִית מִסְחָרִית, פִּרְסוֹמֶת
commercial *adj.* מִסְחָרִי
commingle *v.* עִרְבֵּב, מִיזֵּג; הִתְעַרְבֵּב
comminute *v.* שָׁחַק, דִּיקֵּק
commiserate *v.* הִבִּיעַ צַעַר,
הִשְׁתַּתֵּף בְּצַעַר
commiseration *n.* הַבָּעַת צַעַר
commissar *n.* קוֹמִיסָר, מְנַהֵל מַחְלָקָה
מֶמְשַׁלְתִּית (בִּבְרִית־הַמּוֹעָצוֹת)
commissary *n.* (בִּצבא) מַחְסַן
מָזוֹן וְצִיּוּד, שֶׁקֶם; מְמַלֵּא מָקוֹם, סְגָן
commission *n.* עַמְלָה, קוֹמִיסְיוֹן;
בִּיצּוּעַ (פשע וכד'); וַעֲדָה, מִשְׁלַחַת;
יִיפּוּי כּוֹחַ, הַטָּלַת תַּפְקִיד
commission *v.* הִטִּיל תַּפְקִיד
commissioned officer *n.* קָצִין
(מִסגן־משנה וּמעלה)
commissioner *n.* חֲבֵר וַעֲדָה; מְמוּנֶּה
לְתַפְקִיד; נְצִיב
commit *v.* עָשָׂה, בִּיצֵּעַ; מָסַר; חִייֵּב
commitment *n.* מַטָּלָה, הִתְחַייְּבוּת
committal *n.* הֲטָלַת תַּפְקִיד,
שְׁלִיחָה (לְכֶּלא, וכד')
committee *n.* וַעֲדָה, וַעַד
commode *n.* שִׁידָּה; אֲרוֹנִית
commodious *adj.* מְרוּוָּח
commodity *n.* חֵפֶץ מוֹעִיל, מִצְרָךְ
common *adj.* מְשׁוּתָּף, הֲדָדִי; רָגִיל;
שִׁגְרָתִי; הֲמוֹנִי
common *n.* קַרְקַע צִיבּוּרִית,
אַדְמַת הֶפְקֵר
common carrier *n.* רֶכֶב צִיבּוּרִי פָּשׁוּט
common law *n.* הַמִּשְׁפָּט הַמְקוּבָּל
(חוק המדינה המבוסס על
נוהג ותקדים)
common law marriage *n.* נִישּׂוּאִים
בְּהֶסְכֵּם (ללא טקס דתי אוֹ אזרחי)
common room *n.* חֲדַר מוֹרִים,
חֲדַר סֶגֶל
common sense *n.* שֵׂכֶל יָשָׁר,
שִׁיפּוּט סָבִיר
common-sense *adj.* שֶׁל שֵׂכֶל יָשָׁר
common stock *n.* מְנָיָה רְגִילָה
commoner *n.* פְּשׁוּט עַם
commonplace *n., adj.* רָגִיל, מָצוּי,
לֹא מְיוּחָד; אִמְרָה נְדוֹשָׁה;
מַשֶּׁהוּ שִׁגְרָתִי
commonwealth *n.* חֶבֶר עַמִּים, קְהִילִיָּה
commotion *n.* מְהוּמָה, הִתְרַגְּשׁוּת;
הִתְקוֹמְמוּת
commune *n.* קְהִילָּה, קוֹמוּנָה, קִיבּוּץ
commune *v.* שׂוֹחַח שִׂיחָה אִינְטִימִית
communicant *n., adj.* חֲבֵר הַכְּנֵסִיָּה;
מִתְקַשֵּׁר, מְתוּקְשָׁר
communicate *v.* מָסַר, הוֹדִיעַ; הִתְקַשֵּׁר

communicating *adj.* מְקַשֵׁר
communicative *adj.* נָכוֹן לְהִידָּבֵר; שֶׁל תִּקְשׁוֹרֶת
communion *n.* הִידָּבְרוּת; שִׁיתּוּף
communiqué *n.* תַּמְסִיר, הוֹדָעָה לַצִּיבּוּר
communism *n.* קוֹמוּנִיזְם
communist *n., adj.* קוֹמוּנִיסְט; קוֹמוּנִיסְטִי
community *n.* קְהִילָּה; עֵדָה; שׁוּתָּפוּת
communize *v.* עָשָׂה לִרְכוּשׁ הַכְּלָל
commutability *n.* אֶפְשָׁרוּת הַהֲמָרָה אוֹ הַתַּחְלוּף
commutable *adj.* נִיתָּן לַהֲמָרָה אוֹ לְתַחְלוּף
commutation ticket *n.* כַּרְטִיס בַּהֲנָחָה (לנסיעות) לְיוֹמֵם
commute *v.* נָסַע כְּיוֹמֵם
commuter *n.* יוֹמֵם (נוסע בקביעות לעבודה בעיר וחוזר למקומו בפרבר או מחוץ לעיר)
compact *n.* בְּרִית, חוֹזֶה; קוּפְסַת תַּמְרוּקִים
compact *adj.* מְהוּדָּק, דָּחוּס, צָמוּם, תַּמְצִיתִי (סגנון)
companion *n.* חָבֵר; מְלַוֶּוה; מַדְרִיךְ
companion *n.* חוּפַּת הַיְּרִידָה (באונייה)
companionable *adj.* חֲבֵרִי
companionship *n.* חֲבֵרוּת, יְדִידוּת
company *n.* חֲבוּרָה; חֶבְרָה, אֲגוּדָה; אוֹרְחִים
company *adj.* שֶׁל חֶבְרָה
comparable *adj.* שֶׁנִּיתָּן לְהַשְׁווֹתוֹ, שֶׁרָאוּי לְהַשְׁווֹתוֹ
comparative *adj., n.* מַשְׁוֶוה, הַשְׁוָואָתִי, יַחֲסִי; דַּרְגַּת הַיּוֹתֵר

compare *v.* דִּימָּה, הִשְׁוָוה עִם; הִשְׁתַּוָּוה
compare *n.* הַשְׁוָואָה
comparison *n.* הַשְׁוָואָה, דִּימּוּי
compartment *n.* תָּא; חֵלֶק נִפְרָד
compass *adj.* עִיגּוּלִי
compass *n.* מַצְפֵּן; הֶיקֵּף, תְּחוּם; מְחוּגָה
compassion *n.* רַחֲמִים, חֶמְלָה
compassionate *adj.* רַחֲמָנִי, אוֹהֵד
compatible *adj.* עוֹלֶה בְּקָנֶה אֶחָד עִם, מַתְאִים ל
compel *v.* הִכְרִיחַ, אִילֵּץ
compendious *adj.* תַּמְצִיתִי, מְקוּצָּר
compendium *n.* סִיכּוּם מְמַצֶּה
compensate *v.* פִּיצָּה
compensation *n.* פִּיצּוּי, פִּיצּוּיִים
compensatory *adj.* מְפַצֶּה
compete *v.* הִתְחָרָה
competence, competency *n.* כְּשִׁירוּת, כּוֹשֶׁר; הַכְנָסָה מַסְפֶּקֶת
competent *adj.* הוֹלֵם; מוּסְמָךְ; מוּכְשָׁר, כָּשִׁיר
competition *n.* הִתְחָרוּת, תַּחֲרוּת
competitive *adj.* תַּחֲרוּתִי
competitive examination *n.* בְּחִינַת הִתְחָרוּת
competitive price *n.* מְחִיר הִתְחָרוּת
competitor *n.* מִתְחָרֶה, מִתְמוֹדֵד
compilation *n.* לִיקּוּט, אוֹסֶף, לֶקֶט
compile *v.* לִיקֵּט, צֵירֵף
complacence, complacency *n.* שַׁאֲנַנּוּת; שְׂבִיעוּת רָצוֹן מֵעַצְמוֹ
complacent *adj.* שְׂבַע־רָצוֹן מֵעַצְמוֹ
complain *v.* הִתְאוֹנֵן
complaint *n.* תְּלוּנָה; מַחֲלָה
complaisance *n.* נְעִימוּת, אֲדִיבוּת
complaisant *adj.* נָעִים, אָדִיב

complement *n.* הַשְׁלָמָה; כַּמּוּת מְלֵאָה
complement *v.* הִשְׁלִים
complete *v.* הִשְׁלִים; סִיֵּים
complete *adj.* שָׁלֵם; מוּשְׁלָם
completion *n.* הַשְׁלָמָה; סִיּוּם
complex *n., adj.* תַּצְמִיד, הֶרְכֵּב מְסוּבָּךְ; תַּסְבִּיךְ; מוּרְכָּב
complexion *n.* צֶבַע הָעוֹר; מַרְאֶה
complexity *n.* סִיבּוּךְ, מוּרְכָּבוּת
compliance *n.* הֵיעָנוּת לְבַקָּשָׁה
complicate *v.* סִיבֵּךְ
complicated *adj.* מְסוּבָּךְ; מוּרְכָּב
complicity *n.* שׁוּתָּפוּת לִדְבַר עֲבֵירָה; קְנוּנְיָה
compliment *n.* מַחְמָאָה
compliment *v.* הֶחְמִיא, חָלַק מַחְמָאָה
complimentary *adj.* מַחְמִיא
complimentary copy *n.* עוֹתֶק חִינָּם
complimentary ticket *n.* כַּרְטִיס חִינָּם
comply *v.* נַעֲנָה לְבַקָּשָׁה, צִיֵּית, הִסְכִּים
component *n.* מַרְכִּיב, רְכִיב
component *adj.* מְהַוֶּוה חֵלֶק בּ
comport *v.* הִתְנַהֵג; תָּאַם, הִתְאִים
compose *v.* הִרְכִּיב; הָיָה מוּרְכָּב מ
composed *adj.* רָגוּעַ, שָׁלֵו
composer *n.* מְחַבֵּר, מַלְחִין, קוֹמְפּוֹזִיטוֹר
composite *n.* דָּבָר מוּרְכָּב, הֶרְכֵּב
composite *adj.* מוּרְכָּב; מִמִּשְׁפַּחַת הַמּוּרְכָּבִים
composition *n.* הַרְכָּבָה; הֶרְכֵּב; (בְּמוּסִיקָה) הַלְחָנָה; חִיבּוּר (סִפְרוּתִי)
compositor *n.* סַדָּר (בְּדְפוּס)
composure *n.* שַׁלְוָה, רוֹגַע
compote *n.* לִפְתָּן, לִפְתַּן פֵּירוֹת
compound *n.* תִּרְכּוֹבֶת; מִלָּה מוּרְכֶּבֶת; מָקוֹם גָּדוּר
compound *v.* עֵירֵב; חִיבֵּר, הִרְכִּיב; הִתְפַּשֵּׁר
compound *adj.* מוּרְכָּב, מְחוּבָּר
compound interest *n.* רִיבִּית דְּרִיבִּית
compound sentence *n.* מִשְׁפָּט מְחוּבָּר, מִשְׁפָּט מְאוּחֶה
comprehend *v.* הֵבִין, תָּפַס
comprehensible *adj.* תָּפִיס, נִיתָּן לַהֲבָנָה
comprehension *n.* הֲבָנָה, תְּפִיסָה
comprehensive *adj.* יְסוֹדִי, מַקִּיף, כּוֹלֵל
compress *v.* דָּחַס, הִידֵּק יַחַד, רִיכֵּז
compress *n.* אֶגֶד, תַּחְבּוֹשֶׁת, רְטִיָּה
compression *n.* דְּחִיסָה; דְּחִיסוּת, רִיכּוּז
comprise *v.* כָּלַל, הֵכִיל
compromise *n.* פְּשָׁרָה, וִיתּוּר הֲדָדִי
compromise *v.* הִתְפַּשֵּׁר; יִישֵּׁב בִּפְשָׁרָה; סִיכֵּן, הֶחְשִׁיד
compromising evidence *n.* עֵדוּת מַחְשִׁידָה
comptroller *n.* מְפַקֵּחַ, מְבַקֵּר חֶבְרָה
compulsion *n.* כְּפִיָּה, אִילּוּץ
compulsory *adj.* שֶׁל חוֹבָה
compulsory education *n.* לִימּוּד חוֹבָה, חִינּוּךְ חוֹבָה
compunction *n.* נְקִיפַת מַצְפּוּן, חֲרָטָה
compute *v.* חִשְׁבֵּן, חִישֵּׁב
computer *n.* מַחְשֵׁב
computerize *v.* מִחְשֵׁב, צִיֵּיד בְּמַחְשְׁבִים

comrade *n.* חָבֵר
con *n.* טַעַם נֶגֶד
con *v.* לָמַד, שִׁינֵּן; הוֹנָה
concave *adj.* קָעוּר, שְׁקַעֲרוּרִי
conceal *v.* הִסְתִּיר
concealment *n.* הַסְתָּרָה
concede *v.* הוֹדָה בְּצִדְקַת טַעֲנָה; וִיתֵּר
conceit *n.* יוּהֲרָה, הִתְרַבְרְבוּת
conceited *adj.* יָהִיר, גַאַוותָן
conceivable *adj.* סָבִיר, עוֹלֶה עַל הַדַּעַת
conceive *v.* הָרָה רַעְיוֹן; תֵּיאֵר לְעַצְמוֹ, הֶעֱלָה עַל דַּעְתּוֹ; הָרְתָה
concentrate *v.* רִיכֵּז; הִתְרַכֵּז
concentrate *n.* רִיכּוּז; תַּרְכִּיז
concentric *adj.* קוֹנְצֶנְטְרִי, מְשׁוּתַּף מֶרְכָּז
concept *n.* מוּשָּׂג
conception *n.* תְּפִיסָה; הִתְעַבְּרוּת; מוּשָּׂג; הֲרִיַּית רַעְיוֹן
conceptualization *n.* הַמְשָׂגָה
conceptualize *v.* הִמְשִׂיג
concern *v.* נָגַע ל, הָיָה קָשׁוּר ל; עִנְיֵין; הִדְאִיג
concern *n.* עִנְיָין; מִפְעָל, עֵסֶק (מסחרי); דְּאָגָה
concerned *adj.* מְעוּנְיָין; מוּדְאָג
concerning *prep.* בְּנוֹגֵעַ ל
concert *v.* תִּכְנֵן יַחַד עִם
concert *n.* קוֹנְצֶרְט; פְּעוּלָּה מְשׁוּתֶּפֶת
concert master *n.* מְנַצֵּחַ מִשְׁנֶה
concertina *n.* מַפּוּחִית יָד (כלי נגינה)
concerto *n.* קוֹנְצֶ'רְטוֹ
concession *n.* וִיתּוּר; זִיכָּיוֹן; הֲנָחָה
conch *n.* קוֹנְכִית
concierge *n.* שׁוֹעֵר (בית)
conciliate *v.* הִשְׁלִים בֵּין, פִּיֵּיס, הִרְגִּיעַ
conciliatory *adj.* פַּייְסָנִי
concise *adj.* תַּמְצִיתִי, מְמַצֶּה
conclave *n.* יְשִׁיבָה חֲשָׁאִית (כגון לשם בחירת אפיפיור)
conclude *v.* גָּמַר, סִיֵּים; הִסִּיק; הִסְתַּיֵּים
conclusion *n.* סִיּוּם; מַסְקָנָה
conclusive *adj.* מַכְרִיעַ, מְשַׁכְנֵעַ
concoct *v.* בִּישֵּׁל; בָּדָה, הִמְצִיא (סיפור, תירוץ וכד')
concomitant *adj., n.* מְלַוֶּוה, שֶׁל לְוַואי; מִתְאָרֵעַ בּוֹ זְמַנִּית תּוֹצָאַת לְוַואי
concord *n.* הֶתְאֵם, הֶסְכֵּם; תְּמִימוּת־דֵּעִים; שָׁלוֹם; מִזּוּג צְלִילִים
concordance *n.* הַתְאָמָה, הַרְמוֹנְיָה; קוֹנְקוֹרְדַנְצְיָה (מילון לספר מסוים, כגון התנ"ך, המביא את כל המלים שבספר, על הסעפויותיהן, ומציין את מקומן המדויק)
concourse *n.* הָמוֹן, הִתְקַהֲלוּת; רְחָבָה (בתחנת־רכבת, בשדה תעופה וכד')
concrete *adj.* מוּחָשׁ, מוּחָשִׁי; מַמָּשִׁי; יָצוּק
concrete *n.* בֶּטוֹן
concrete block *n.* בְּלוֹק בֶּטוֹן
concrete mixer *n.* מְעַרְבֵּל בֶּטוֹן
concubine *n.* פִּילֶגֶשׁ
concur *v.* הִסְכִּים, הִצְטָרֵף; קָרָה בּוֹזְמַנִּית
concurrence *n.* הַסְכָּמָה, הִתְרַחֲשׁוּת בּוֹ זְמַנִּית
concussion *n.* הֶדֶף, זַעֲזוּעַ חָזָק; זַעֲזוּעַ מוֹחַ
condemn *v.* גִּינָּה; דָּן, הִרְשִׁיעַ; פָּסַל
condemnation *n.* גִּינּוּי; הַרְשָׁעָה

condense *v.* עִיבָּה, דָחַס, צִמְצֵם; הִצְטַמְצֵם
condensed milk *n.* חָלָב מְרוּכָּז (משומר)
condenser *n.* מְעַבֶּה, קַבָּל
condescend *v.* מָחַל עַל כְּבוֹדוֹ; הוֹאִיל
condescending *adj.* נָדִיב בְּמוּפְגָן, מוֹחֵל עַל כְּבוֹדוֹ, מוֹאִיל
condescension *n.* נְדִיבוּת בְּמוּפְגָן, מְחִילָה עַל כְּבוֹדוֹ כְּלַפֵּי נְחוּתִים
condiment *n.* תַּבְלִין
condition *n.* תְּנַאי; מַצָּב, מַעֲמָד
condition *v.* הִתְנָה; הֵבִיא לְמַצָּב תַּקִּין; מִיזֵּג (אוויר)
conditional *adj.* מוּתְנֶה, עַל תְּנַאי
condole *v.* נִיחֵם, הִבִּיעַ תַּנְחוּמִים
condolence *n.* נִיחוּם; תַּנְחוּמִים
condom *n.* כּוֹבָעוֹן, מַעֲטוֹף
condone *v.* כִּיפֵּר, מָחַל
conduce *v.* הֵבִיא לִידֵי, גָּרַם, סִייֵּעַ
conducive *adj.* מֵבִיא לִידֵי, מְסַייֵּעַ
conduct *v.* נִיהֵל, הִדְרִיךְ; נִיצַּח עַל (תזמורת); הוֹלִיךְ (חום, חשמל, קול וכד׳)
conduct *n.* הִתְנַהֲגוּת; נִיהוּל
conductor *n.* מְנַצֵּחַ; מוֹלִיךְ; כַּרְטִיסָן
conduit *n.* תְּעָלַת מַיִם, מַעֲבִיר מַיִם
cone *n.* חָרוּט; אִצְטְרוּבָּל
confectionery *n.* קוֹנְדִיטָאוּת; דִּבְרֵי מְתִיקָה; מִגְדָּנִיָּה
confederacy *n.* בְּרִית, אִיחוּד, קוֹנְפֵדֶרַצְיָה
confederate *v.* הִתְאַחֵד, הִתְחַבֵּר לִמְזִמָּה
confederate *n., adj.* בַּעַל בְּרִית; שׁוּתָּף לִדְבַר־עֲבֵירָה

confer *v.* הֶעֱנִיק; הֶחֱלִיף דֵּעוֹת
conference *n.* וְעִידָה; הִתְייַעֲצוּת; יְשִׁיבָה
confess *v.* הוֹדָה; הִתְוַודָּה (לפני כומר)
confession *n.* הוֹדָאָה; וִידּוּי, הִתְוַודּוּת (לפני כומר)
confessional *n.* תָּא הַווִידּוּי
confession of faith *n.* הַכְרָזַת ׳אֲנִי מַאֲמִין׳
confessor *n.* מִתְוַודֶּה; כּוֹמֶר מְווַדֶּה
confetti *n.* פְּתִיתֵי נְיָיר צִבְעוֹנִיִּים (שמפזרים על חוגגים)
confidant(e) *n.* אִישׁ (אֵשֶׁת) סוֹד
confide *v.* בָּטַח בּ; גִּילָּה (סוד)
confidence *n.* אֵמוּן; בִּיטָּחוֹן עַצְמִי
confident *adj.* בָּטוּחַ; בּוֹטֵחַ בְּעַצְמוֹ
confidential *adj.* סוֹדִי
configuration *n.* צֵירוּף תַּבְנִיתִי; שִׁילּוּב, (בּמת׳) תְּצוּרָה; (באסטרונומיה) מַעֲרָךְ יַחֲסִי שֶׁל כּוֹכָבִים
confine *v.* הִגְבִּיל; כָּלָא, חָבַשׁ; רִיתֵּק
confine *n.* מַחְבּוֹשׁ
confinement *n.* חֲבִישָׁה; לֵידָה
confirm *v.* אִישֵּׁר; חִיזֵּק; הִכְנִיס בִּבְרִית הַכְּנֵסִיָּה
confirmed *adj.* מְאוּשָּׁר; מוּשְׁבָּע
confiscate *v.* הֶחֱרִים; עִיקֵּל
confiscate *adj.* מוּחְרָם; מְעוּקָּל
conflagration *n.* דְּלֵיקָה, שְׂרֵיפָה גְּדוֹלָה
conflate *v.* צֵירֵף (למשל בטקסטים) לְאֶחָד
conflation *n.* צֵירוּף (כנ״ל) לְאֶחָד
conflict *v.* הִתְנַגֵּשׁ; הִסְתַּכְסֵךְ
conflict *n.* הִתְנַגְּשׁוּת; סְתִירָה; רִיב
conflicting *adj.* סוֹתֵר

confluence *n.* זְרִימַת יַחַד (שֶׁל שְׁנֵי נהרות או כבישים)
conform *v.* פָּעַל בְּהֶתְאֵם; הִסְתַּגֵּל ל; צִיֵּית ל
conformity *n.* תּוֹאֲמוּת; הַתְאָמָה, תֵּיאוּם
confound *v.* הֵבִיךְ, בִּלְבֵּל; הִכְשִׁיל, סִיכֵּל
confounded *adj.* מְקוּלָל, שָׂנוּא
confrere *n.* חָבֵר לְמִקְצוֹעַ, עָמִית
confront *v.* עִימֵּת; עָמַד מוּל
confrontation *n.* עִימּוּת
confuse *v.* בִּלְבֵּל; הֵבִיךְ
confusion *n.* עִרְבּוּבְיָה, בִּלְבּוּל; מְבוּכָה
confute *v.* הִפְרִיךְ, הֵזֵם
congeal *v.* הִקְרִישׁ, הִקְפִּיא; הִתְקָרֵשׁ, קָפָא
congenial *adj.* נָעִים; אָהוּד
congenital *adj.* מוּלָד, שֶׁמִּלֵּידָה (לגבי מום, מחלה)
congest *v.* דָּחַס, גִּידֵּשׁ; הִתְגַּדֵּשׁ
congestion *n.* דְּחִיסוּת, צְפִיפוּת; גּוֹדֶשׁ (דם)
conglomerate *n.* תַּלְכִּיד (סלע מוּרכּב מהצטברוּת צרוֹרוֹת או חלוּקי אבנים), תַּעֲרוֹבֶת, עֵרֶב־רַב
congratulate *v.* בֵּירַךְ, אִיחֵל
congratulation *n.* בְּרָכָה, אִיחוּלִים
congregate *v.* הִקְהִיל; הִתְאַסֵּף, הִתְקַהֵל
congregation *n.* קְהַל מִתְפַּלְּלִים; קְהִילָּה שֶׁל בֵּית כְּנֶסֶת
congress *n.* וְעִידָה, כִּינּוּס
congressman *n.* חֲבֵר הַקּוֹנְגְּרֶס הָאֲמֶרִיקָנִי
congruence *n.* הַתְאָמָה, חֲפִיפָה
congruent *adj.* מַתְאִים, חוֹפֵף
conic, conical *adj.* חֲרוּטִי

conifer *n.* עֵץ יָרוֹק עַד (כּגוֹן אוֹרן)
conjecture *n.* הַשְׁעָרָה, אוּמְדָן
conjecture *v.* שִׁיעֵר, אָמַד, נִיחֵשׁ
conjugal *adj.* שֶׁל חַיֵּי נִישּׂוּאִין
conjugate *v.* הִטָּה פּוֹעַל, נִיטָּה
conjugate *adj., n.* מְצוֹרָף; זוּגִי, בְּזוּגוֹת
conjugation *n.* הַטָּיַית פְּעָלִים; נְטִיּוֹת פּוֹעַל
conjunction *n.* צֵירוּף, חִיבּוּר; מִלַּת חִיבּוּר
conjuration *n.* הַעֲלָאָה בְּאוֹב, כִּישּׁוּף
conjure *v.* הֶעֱלָה בְּאוֹב, כִּישֵּׁף
conjure *v.* הִפְצִיר, הִתְחַנֵּן, הִשְׁבִּיעַ
conk *v.* הִכָּה; צָנַח פִּתְאוֹם, נִרְדַּם, הִתְעַלֵּף
connect *v.* צֵירַף, חִיבֵּר; הִצְטָרֵף, הִתְחַבֵּר
connecting rod *n.* טַלְטַל
connection, connexion *n.* חִיבּוּר; יַחַס; קֶשֶׁר; קְרוֹב־מִשְׁפָּחָה
connector *n.* מַחְבֵּר (צינוֹרוֹת)
conniption (fit) *n.* מִתְקָף הִיסְטֵרִי
connive *v.* הֶעְלִים עַיִן; סִיֵּיעַ לִדְבַר־עֲבֵירָה
connoisseur *n.* אֲנִין טַעַם, מֵבִין
connotation *n.* מַשְׁמָעוּת נִלְוֵית, מַשְׁמָע לְוַאי
conquer *v.* כָּבַשׁ, נִיצַּח
conqueror *n.* כּוֹבֵשׁ, מְנַצֵּחַ
conquest *n.* נִיצָּחוֹן, כִּיבּוּשׁ; שֶׁטַח כָּבוּשׁ
conscience *n.* מַצְפּוּן
conscientious *adj.* נֶאֱמָן לְמַצְפּוּנוֹ
conscientious objector *n.* סָרְבָן־מִלְחָמָה (מטעמי מצפּוּן)
conscious *adj.* חָשׁ, מַכִּיר בּ, מַרְגִּישׁ; מוּחָשׁ; בְּמוּדָע
consciousness *n.* הַכָּרָה; מוּדָעוּת
conscript *v.* גִּיֵּיס לְשֵׁירוּת חוֹבָה

conscript *adj., n.* מְגוּיָס בְּשֵירוּת חוֹבָה
conscription *n.* גִיוּס חוֹבָה
consercrate *v.* הִקְדִיש, הִכְרִיז כְּקָדוֹש
consecrate *adj.* מְקוּדָש, קָדוֹש
consecutive *adj.* רָצוּף, זֶה אַחַר זֶה
consensus *n.* תְמִימוּת דֵעִים, הַסְכָּמָה כְּלָלִית
consent *v.* הִסְכִּים, נָאוֹת
consent *n.* הַסְכָּמָה; רְשוּת
consequence *n.* תוֹצָאָה; חֲשִיבוּת
consequential *adj.* מִשְתַמֵעַ; מַחְשִיב אֶת עַצְמוֹ; עָקִיב
consequently *adv.* לָכֵן, עַל כֵּן
conservation *n.* שִימוּר; שְמוּרַת טֶבַע
conservatism *n.* שַמְרָנוּת
conservative *n., adj.* מְשַמֵר; שַמְרָנִי, מָסוֹרְתִּי
conservatory *n.* חֲמָמָה; קוֹנְסֶרְוָטוֹרְיוֹן, בֵּית־סֵפֶר לְמוּסִיקָה
consider *v.* הִתְחַשֵב בּ, חָשַב ל
considerable *adj.* נִיכָּר, רְצִינִי, לֹא מְבוּטָל
considerate *adj.* מִתְחַשֵב בַּזוּלַת
consideration *n.* שִיקוּל; תְמוּרָה
considering *prep* בְּהִתְחַשֵב בּ
consign *v.* שִיגֵר, שָלַח; הִפְקִיד בְּיָד
consignee *n.* מְקַבֵּל הַמִשְלוֹחַ
consignment *n.* שִיגוּר מִשְלוֹחַ
consist *v.* הָיָה מוּרְכָּב, הִיוָוה
consistency, consistence *n.* לְכִידוּת; מִידַת הַצְפִיפוּת; סוֹמֶך, מוּצָקוּת; עֲקִיבוּת
consistent *adj.* עָקִיב, עִקְבִי
consistory *n.* קוֹנְסִיסְטוֹרְיָה (מועצת חשמנים בכיתות נוצריות שונות)
consolation *n.* הַבָּעַת תַנְחוּמִים, נִיחוּם
console *v.* נִיחֵם
console *n.* זִיז; שוּלְחַן עוּגָב
consommé *n.* מְרַק בָּשָׂר
consonant *adj.* מִתְמַזֵג, תוֹאֵם
consonant *n.* עִיצוּר
consort *n.* בֶּן־זוּג
consort *v.* הִתְחַבֵּר עִם; הִתְאִים
consortium *n.* קוֹנְסוֹרְצִיוּם (שותפות חברות לשם ביצוע עסקה מסחרית גדולה)
conspectus *n.* קוֹנְסְפֶּקְט (חוזר סוקר וממצה בעניין מסוים)
conspicuous *adj.* בּוֹלֵט לָעַיִן
conspiracy *n.* מְזִימָה חֲשָאִית, קְנוּנְיָה
conspire *v.* קָשַר קֶשֶר
constable *n.* שוֹטֵר
constancy *n.* הַתְמָדָה; נֶאֱמָנוּת; יַצִּיבוּת
constant *adj.* קָבוּעַ, תְמִידִי; נֶאֱמָן
constant *n.* גוֹרֵם קָבוּעַ
constellation *n.* קְבוּצַת כּוֹכָבִים; מַצַּב כּוֹכָבִים (בזמן לידה); צֵירוּף תְנָאִים, מַצַּב עִנְיָנִים
consternation *n.* תַדְהֵמָה, מְבוּכָה, אַכְזָבָה
constipate *v.* גָרַם לַעֲצִירוּת
constipation *n.* עֲצִירוּת
constituency *n.* אֵזוֹר בְּחִירוֹת
constituent *n., adj.* מַרְכִּיב; בּוֹחֵר
constitute *v.* הִיוָוה; מִינָּה; הִסְמִיך
constitution *n.* הַרְכָּבָה; מִינּוּי; הֶרְכֵּב; אוֹפִי; חוּקָּה
constrain *v.* אִילֵץ; אָסַר בִּכְבָלִים
constraint *n.* אִילוּץ, הֶכְרֵחַ, אוֹנֶס; הַבְלָגָה מְבִיכָה
constrict *v.* הִידֵק, כִּיוֵוץ; הִגְבִּיל

construct *n.* מִבְנֶה, הֶרְכֵּב, סְמִיכוּת (בדקדוק)
construct *v.* הִרְכִּיב, בָּנָה
construct state *n.* (בדקדוק עברי) סְמִיכוּת
construction *n.* בְּנִיָּה; הַרְכָּבָה; מִבְנֶה, בִּנְיָן; פֵּירוּשׁ
constructive *adj.* קוֹנֶה, יוֹצֵר, מוֹעִיל, קוֹנְסְטְרוּקְטִיוִי
construe *v.* פֵּירֵשׁ; נִיתֵּחַ (משפט)
consul *n.* קוֹנְסוּל
consular *adj.* קוֹנְסוּלָרִי
consulate *n.* קוֹנְסוּלִיָה
consult *v.* נוֹעַץ; בִּיקֵשׁ עֵצָה, הִתְיָיעֵץ עִם
consultant *n.* יוֹעֵץ
consultation *n.* הִתְיָיעֲצוּת
consume *v.* כִּילָה; אָכַל
consumer *n.* צַרְכָן
consumer goods *n. pl.* מִצְרָכִים יְסוֹדִיִּים
consummate *v.* הִשְׁלִים
consummate *adj.* מוּשְׁלָם, מְשׁוּכְלָל
consumption *n.* צְרִיכָה; שַׁחֶפֶת
consumptive *adj., n.* חוֹלֵה שַׁחֶפֶת
contact *v.* קִישֵּׁר עִם; הִתְקַשֵּׁר
contact *n.* מַגָּע, קֶשֶׁר
contact lenses *n. pl.* עַדְשׁוֹת מַגָּע
contagion *n.* הִידַּבְּקוּת מַחֲלָה
contagious *adj.* מִידַּבֵּק
contain *v.* הֵכִיל, כָּלַל; הִתְאַפֵּק, הִבְלִיג
container *n.* כְּלִי-קִיבּוּל, מְכָל
containerize *v.* הִטְעִין בִּמְכוּלוֹת
containment *n.* מְדִינִיּוּת שֶׁל עִיכּוּב
contaminate *v.* זִיהֵם, טִימֵּא
contamination *n.* זִיהוּם, טִימּוּא

contemplate *v.* הִתְבּוֹנֵן, הִרְהֵר בַּדָּבָר; הָגָה
contemplation *n.* הִרְהוּר, הִתְבּוֹנְנוּת;
contemporaneous *adj.* שֶׁבְּאוֹתָהּ תְּקוּפָה
contemporary *adj., n.* שֶׁל אוֹתָהּ תְּקוּפָה; בֶּן־גִּיל
contempt *n.* בּוּז, זִלְזוּל
contemptible *adj.* בָּזוּי, נִבְזֶה
contemptuous *adj.* בָּז, מִתְעַב
contend *v.* הִתְחָרָה; טָעַן
contender *n.* יָרִיב; טוֹעֵן
content *adj., n.* שְׂבַע־רָצוֹן, מְרוּצֶה; שְׂבִיעוּת־רָצוֹן
content *v.* הִשְׂבִּיעַ רָצוֹן
content *n.* תְּכוּלָה, קִיבּוֹלֶת, תּוֹכֶן
contented *adj.* מְרוּצֶה
contentedness *n.* שְׂבִיעוּת־רָצוֹן
contention *n.* מַאֲבָק, רִיב; טַעֲנָה
contentious *adj.* חַרְחֲרָנִי; שָׁנוּי בְּמַחֲלוֹקֶת
contentment *n.* שְׂבִיעוּת-רָצוֹן; קוֹרַת־רוּחַ
contest *v.* נֶאֱבַק עַל; הִתְחָרָה עִם
contest *n.* מַאֲבָק; הִתְחָרוּת
contestant *n.* מִתְחָרֶה, מִתְמוֹדֵד
context *n.* הֶקְשֵׁר, קוֹנְטֶקְסְט
contiguity *n.* קִרְבָה, נְגִיעָה (זה בזה)
contiguous *adj.* נוֹגֵעַ; סָמוּךְ
continence, continency *n.* כִּיבּוּשׁ הַיֵּצֶר, פְּרִישׁוּת
continent *adj.* כּוֹבֵשׁ אֶת יִצְרוֹ, צָנוּעַ
continent *n.* יַבֶּשֶׁת
continental *adj.* יַבַּשְׁתִּי; שֶׁל אֵירוֹפָּה
contingency *n.* אַקְרָאִיּוּת, עִנְיָין תָּלוּי וְעוֹמֵד; אֵירוּעַ אֶפְשָׁרִי; מוּתְנוּת

contingent *adj.* תָּלוּי, מוּתְנֶה, מִקְרִי
continual *adj.* רָצוּף, לֹא פּוֹסֵק
continue *v.* הִמְשִׁיךְ, נִמְשַׁךְ, הוֹסִיף ל
continuity *n.* הֶמְשֵׁכִיּוּת; רְצִיפוּת
continuous *adj.* רָצוּף; נִמְשָׁךְ
continuum *n.* רְצִיפוּת, רֶצֶף
contortion *n.* עִיוּוּת, עִיקּוּם
contour *n.* מִתְאָר, קַו גּוֹבַהּ
contra *prep., n.* נֶגֶד; נִימּוּק שֶׁכְּנֶגֶד
contraband *n., adj.* סְחוֹרָה
מוּבְרַחַת; מוּבְרָח
contrabass *n., adj.* קוֹנְטְרַבַּס
(נמוך מבּאס)
contraceptive *adj., n.* (אֶמְצָעִי) מוֹנֵעַ
הֵירָיוֹן
contract *n.* הֶסְכֵּם; חוֹזֶה
contract *v.* כִּיוּוֵץ, צִמְצֵם;
נִדְבַּק בּ (מחלה); קָבַע בְּהֶסְכֵּם;
הִתְכַּוּוֵץ; הִצְטַמְצֵם; הִתְחַיֵּיב
contraction *n.* כִּיוּוּץ, הִתְכַּוּוְצוּת,
הִצְטַמְצְמוּת
contractor *n.* קַבְּלָן; מַשֶּׁהוּ (כּגון
שריר) כָּוּוִיץ
contradict *v.* נָגַד, סָתַר; הִכְחִישׁ
contradiction *n.* סְתִירָה; הַכְחָשָׁה
contradictory *adj.* כָּרוּךְ בִּסְתִירָה,
סוֹתֵר
contralto *n.* קוֹנְטְרַלְטוֹ
(הקול הנמוך של האישה)
contraption *n.* אַמְצָאָה מֶכָנִית
contrary *adj.* מִתְנַגֵּד, עַקְשָׁן
contrary *adv.* בְּנִיגּוּד, בְּכִיוּוּן הָפוּךְ
contrary *n.* הֶפֶךְ, הִיפּוּךְ
contrast *v.* עִימֵּת, הִנְגִּיד
contrast *n.* נִיגּוּד
contravene *v.* הֵפֵר

contribute *v.* תָּרַם; הִשְׁתַּתֵּף
contribution *n.* תְּרוּמָה
contributor *n.* תּוֹרֵם; מִשְׁתַּתֵּף
contrite *adj.* מָלֵא חֲרָטָה; מַכֶּה עַל חֵטְא
contrition *n.* מוּסַר כְּלָיוֹת, חֲרָטָה
contrivance *n.* אַמְצָאָה; תַּחְבּוּלָה
contrive *v.* הִמְצִיא, תִּחְבֵּל; עָלָה בְּיָדוֹ
control *n.* פִּיקּוּחַ, שְׁלִיטָה; בַּקָּרָה
control *v.* שָׁלַט; פִּיקֵּחַ; וִיסֵּת
control panel *n.* לוּחַ בַּקָּרָה
control-stick *n.* (במטוס) מְנוֹף הַנִּיוּוּט
controversial *adj.* שָׁנוּי בְּמַחְלוֹקֶת;
אוֹהֵב פּוּלְמוּס
controversy *n.* מַחְלוֹקֶת, פּוּלְמוּס
controvert *v.* סָתַר, הִכְחִישׁ
contumacious *adj.* עַקְשָׁן, מִתְמָרֵד
contumacy *n.* עַקְשָׁנוּת, מַרְדָנוּת
contumely *n.* הַשְׁפָּלָה, גִּידּוּפִים,
עֶלְבּוֹן צוֹרֵב
contusion *n.* חַבּוּרָה
conundrum *n.* חִידָה
convalesce *v.* הֶחְלִים, הִבְרִיא
convalescence *n.* הַחְלָמָה, הַבְרָאָה
convalescent *adj., n.* מַבְרִיא, מַחְלִים
convalescent home *n.* בֵּית־הַבְרָאָה
convection *n.* הוֹלָכַת חוֹם
(בתנועת נוזלים או אוויר)
convene *v.* כִּינֵּס; הִתְכַּנֵּס
convenience *n.* נוֹחוּת; נוֹחִיּוּת,
בֵּית־כִּיסֵּא
convenient *adj.* נוֹחַ
convent *n.* מִנְזָר (לנזירות)
convention *n.* וְעִידָה, כִּינּוּס;
אֲמָנָה, הֶסְכֵּם; מוּסְכָּמָה
conventional *adj.* קוֹנְוֶנְצְיוֹנָלִי,
מְקוּבָּל, מוּסְכָּם

conventionality *n.* שִׁגְרָה, מוּסְכָּמוּת
converge *v.* הִתְלַכֵּד, נִפְגַּשׁ, הִשִּׁיק
conversant *adj.* מַכִּיר, יוֹדֵעַ
conversation *n.* שִׂיחָה
conversational *adj.* שֶׁל שִׂיחָה; אוֹהֵב שִׂיחָה
converse *v.* שׂוֹחַח, הֶחֱלִיף דְּבָרִים
converse *n.* חִילּוּפֵי דֵעוֹת (רשמים וכד׳); נִיגּוּד
converse *n., adj.* מְנוּגָּד
conversion *n.* הֲפִיכָה, הֲמָרָה; הֲמָרַת דָּת
convert *v.* שִׁינָּה, הֶחֱלִיף, הֵמִיר; גָּרַם לַהֲמָרַת דָּת; הֵמִיר דָּת
convert *n.* מוּמָר, גֵּר
convertible *adj., n.* הָפִיךְ, נִיתָּן לַהֲמָרָה; (מכונית) בַּעֲלַת גַּג מִתְקַפֵּל
convex *adj.* קָמוּר
convey *v.* הֶעֱבִיר; שָׁלַח; הוֹדִיעַ, מָסַר
conveyance *n.* הַעֲבָרָה; כְּלִי־רֶכֶב (להסעה); (במשפט) הַעֲבָרַת רְכוּשׁ; תְּעוּדַת הַעֲבָרַת רְכוּשׁ
conveyor *n.* מַסּוֹעַ (מִתקן בבית חרושת להעברת חומר גלם או מוצרים)
convict *v.* הִרְשִׁיעַ
convict *n.* אָסִיר שָׁפוּט (שהורשע)
conviction *n.* הַרְשָׁעָה; שִׁכְנוּעַ; אֱמוּנָה
convince *v.* שִׁכְנֵעַ
convincing *adj.* מְשַׁכְנֵעַ
convivial *adj.* עַלִּיז, אוֹהֵב חַיִּים
convocation *n.* זִימּוּן, כִּינּוּס; עֲצֶרֶת
convoke *v.* זִימֵּן, כִּינֵּס
convoy *v.* לִיוָּה בַּהֲגָנָה מְזוּיֶּנֶת
convoy *n.* שַׁיָּירָה מְלוּוָּה
convulse *v.* זִעְזַע
coo *v.* הָגָה כְּיוֹנָה
coo *n.* הֲגִיָּיה (כיונה)

cook *v.* בִּישֵּׁל; הִתְבַּשֵּׁל; סֵירֵס (חשבונות)
cook *n.* טַבָּח
cooking kettle *n.* יוֹרָה (סיר גדול מידות)
cooky, cookie *n.* רְקִיק, עוּגִית
cool *adj.* קָרִיר, צוֹנֵן; רָגוּעַ, שָׁקוּל
cool *v.* קֵירֵר, צִינֵּן; הִשְׁקִיט; הִצְטַנֵּן
cool *n.* קְרִירוּת, צִינָּה
cool-headed *adj.* קַר־מֶזֶג
cooler *n.* מְקָרֵר; בֵּית־סוֹהַר
coolie, cooly *n.* (בהודו, סין וכד׳) פּוֹעֵל פָּשׁוּט, קוּלִי
coolness *n.* קְרִירוּת; קוֹר־רוּחַ
coon *n.* דְּבִיבוֹן (טורף קטן למשפחת הדובים)
co-op *n.* צַרְכָנִיָּה, חֲנוּת שִׁיתּוּפִית
coop *n.* לוּל; מִכְלָאָה
coop *v.* שָׂם בְּלוּל; כָּלָא (אדם)
cooper *n.* חַבְתָּן; מְתַקֵּן חָבִיּוֹת
cooper *v.* עָשָׂה אוֹ תִּיקֵּן חָבִיּוֹת
cooperate *v.* שִׁיתֵּף פְּעוּלָּה
cooperation *n.* שִׁיתּוּף־פְּעוּלָּה
cooperative *adj., n.* שֶׁל שִׁיתּוּף־פְּעוּלָּה; קוֹאוֹפֶּרָטִיבִי; קוֹאוֹפֶּרָטִיב
cooperative society *n.* אֲגוּדָּה שִׁיתּוּפִית
cooperative store *n.* מַרְכּוֹל, צַרְכָנִיָּה
coopt *v.* צֵירֵף (חבר לוועדה), מִינָּה בִּמְהִירוּת; תָּפַס (לפני אחרים)
coordinate *adj.* שָׁוֵוה חֲשִׁיבוּת
coordinate *n.* שָׁוֵוה דַּרְגָּה, קוֹאוֹרְדִינָטָה
coordinate *v.* תֵּיאֵם, הִתְאִים; אִיחָה
coordinated *adj.* מְאוּחֶה, מוּתְאָם
coordination *n.* תֵּיאוּם, אִיחוּי; הִצְטַמְּדוּת

cop *n.* פְּקַעַת חוּטִים, סְלִיל; קְצִין מִשְׁטָרָה
cop *v.* תָּפַס
copartner *n.* שׁוּתָּף, חָבֵר
cope *n.* גְּלִימַת כְּמָרִים
cope *v.* הִתְמוֹדֵד עִם, הִתְגַּבֵּר
copestone *n.* אֶבֶן רֹאשָׁה (שבבניין)
copier *n.* מַעְתִּיק, מְכוֹנַת שִׁכְפּוּל
copilot *n.* טַיַּס מִשְׁנֶה
coping *n.* נִדְבָּךְ עֶלְיוֹן (של קיר)
copious *adj.* מְרוּבֶּה, שׁוֹפֵעַ
copper *n.* נְחוֹשֶׁת; דוּד (לבישול); מַטְבֵּעַ נְחוֹשֶׁת, צֶבַע נְחוֹשֶׁת; שׁוֹטֵר
copper *adj.* שֶׁל נְחוֹשֶׁת
copperhead *n.* נְחוּשׁ הָרֹאשׁ (נחש ארסי)
coppersmith *n.* חָרַשׁ-נְחוֹשֶׁת
copse *n.* סְבַךְ, שִׂיחִים סְבוּכִים
copula *n.* (בדקדוק) אוֹגֵד (מלה המקשרת במשפט בין נושא לנשוא שאינו פועל)
copulate *v.* הִזְדַּוֵּג
copy *n.* הֶעְתֵּק; טוֹפֶס; עוֹתֶק
copy *v.* הֶעְתִּיק; חִיקָּה
copybook *n.* מַחְבֶּרֶת
copycat *n.* חַקְיָן, קוֹף
copyist *n.* מַעְתִּיק
copyright *n.* זְכוּת הַיּוֹצֵר
copyright *v.* הִבְטִיחַ זְכוּת הַמְחַבֵּר עַל
copywriter *n.* כּוֹתֵב מוֹדָעוֹת
coquetry *n.* גַּנְדְּרָנוּת, הִתְחַנְחֲנוּת
coquette, coquet *n.* מִתְחַנְחֶנֶת, גַּנְדְּרָנִית, קוֹקֶטִית
coquette, coquet *v.* הִתְגַּנְדֵּר; עָסַק בַּאֲהַבְהָבִים
coquettish *adj.* תְּחַנְחָנִי, אֲהַבְהָבָנִי, גַּנְדְּרָנִי

coral *n., adj.* אַלְמוֹג; אַלְמוֹגִי
cord *n.* חֶבֶל; (בחשמל) פְּתִיל; מֵיתָר
cord *v.* קָשַׁר בְּחֶבֶל
cordial *adj.* לְבָבִי, יְדִידוּתִי
cordial *n.* מַשְׁקֶה מְחַזֵּק
cordiality *n.* חֲמִימוּת, לְבָבִיּוּת
cordon *n., v.* שַׁרְשֶׁרֶת (שוטרים וכד'); הִקִּיף בְּשַׁרְשֶׁרֶת
corduroy *n., adj.* (אריג) קוֹרְדּוּרוֹי
core *n.* לֵב הַפְּרִי; לֵב, תָּוֶךְ
core *v.* הוֹצִיא לִבָּה מ
corespondent *n.* מְעוֹרָב שְׁלִישִׁי (נתבע[ת] במשפט כשותף[ת] לניאוף)
cork *n.* שַׁעַם; פְּקָק
cork *v.* פָּקַק; הִשְׁחִיר (בשעם חרוך)
corking *adj.* 'עָצוּם', מְצוּיָּן!
corkscrew *n., adj.* מַחְלֵץ (פקקים) בּוֹרְגִי
corkscrew *v.* הִסְתּוֹבֵב כְּבוֹרֶג (ספיראלית)
corn *n.* תְּבוּאָה, דָּגָן; תִּירָס (בארה"ב)
corncob *n.* אֶשְׁבּוֹל תִּירָס
cornea *n.* קַרְנִית הָעַיִן
corner *n.* קֶרֶן, פִּינָּה, זָוִית
corner *v.* לָחַץ אֶל הַפִּינָּה, לָחַץ אֶל הַקִּיר; יָצַר מוֹנוֹפּוֹל
corner cupboard *n.* אֲרוֹן פִּינָּה
cornerstone *n.* אֶבֶן-פִּינָּה, יְסוֹד
cornet *n.* קוֹרְנִית (כלי נשיפה)
corn exchange *n.* בּוּרְסַת הַדְּגָנִים
cornflour *n.* עֲמִילַן הַתִּירָס, קֶמַח תִּירָס, תִּירָס טָחוּן
cornflower *n.* דְּגָנִיָּה (פרח)
cornhusk *n.* מוֹץ תִּירָס
cornice *n.* כַּרְכּוֹב
corn-meal *n.* קֶמַח דָּגָן; קֶמַח תִּירָס

corn on the cob *n.* תִּירָס בְּקָלַח
cornstalk *n.* קֶלַח תִּירָס
cornstarch *n.* עֲמִילַן הַתִּירָס, קֶמַח תִּירָס, תִּירָס טָחוּן
cornucopia *n.* קֶרֶן הַשֶּׁפַע, שֶׁפַע
corny *adj.* דְּגָנִי; מְעוּשֶּׂה, עָלוּב, מְיוּשָּׁן, רַגְשָׁנִי
corolla *n.* כּוֹתֶרֶת (של פרח)
corollary *n.* מַסְקָנָה; תּוֹצָאָה
corona *n.* הִילָּה (מסביב לשמש או לירח בשעת ליקוי)
coronary *n.* שֶׁל כֶּתֶר, דְּמוּי כֶּתֶר; שֶׁל הַלֵּב, שֶׁל וְרִידִים
coronation *n.* טֶקֶס הַכְתָּרָה
coroner *n.* חוֹקֵר מִקְרֵי מָוֶת
coroner's inquest *n.* חֲקִירַת מִקְרֵה מָוֶת
coronet *n.* כֶּתֶר קָטָן, כִּתְרוֹן
corporal *n.* רַב־טוּרַאי, רַב טוּרָאִית
corporal *adj.* גּוּפָנִי
corporal punishment *n.* עוֹנֶשׁ גּוּפָנִי, מַכּוֹת, מַלְקוֹת
corporation *n.* תַּאֲגִיד, קוֹרְפּוֹרַצְיָה
corporeal *adj.* גּוּפָנִי, גַּשְׁמִי
corps *n. pl.* חַיִל, יְחִידָה (של שתי דיוויזיות או יותר); סֶגֶל, צֶוֶות
corps de ballet *n.* לַהֲקַת בַּלֶּט
corpse *n.* גּוּפָה, גְּווִיָּה
corpulent *adj.* שָׁמֵן, בַּעַל בָּשָׂר
corpus *n.* קוֹרְפּוּס (אוסף כתבי־יד על נוֹשֵׂא מסוים); גּוּף, גְּווִיָּה
corpuscle *n.* גּוּפִיף, כַּדּוּרִית דָּם
corral *n.* מִכְלָאָה
corral *v.* כָּלָא בְּמִכְלָאָה
correct *v.* תִּיקֵּן; עָנַשׁ, יִיסֵּר
correct *adj.* נָכוֹן; הוֹלֵם

correction *n.* תִּיקּוּן; עוֹנֶשׁ
corrective *adj., n.* מְתַקֵּן; מַצָּב הַטָּעוּן תִּיקּוּן
correctness *n.* נְכוֹנוּת; הֲלִימוּת
correlate *v.* קִישֵּׁר עִם; תָּאַם
correlate *adj.* קָשׁוּר עִם
correlation *n.* מִתְאָם, קוֹרֶלַצְיָה, הֲדָדִיּוּת, יַחַס גּוֹמְלִין
correlative *adj., n.* תּוֹאֵם; מִלַּת (או בּיטוי) הֲדָדִיּוּת
correspond *v.* הִתְאִים, תָּאַם; הָיָה דּוֹמֶה; הִקְבִּיל
correspondence *n.* הַתְאָמָה, דִּמְיוֹן; הִתְכַּתְּבוּת
correspondence school *n.* בֵּית־סֵפֶר לְשִׁיעוּרִים בִּכְתָב
correspondent *adj.* מַקְבִּיל
correspondent *n.* מִתְכַּתֵּב; כַּתָּב
corresponding *adj.* מַקְבִּיל
corridor *n.* פְּרוֹזְדוֹר, מִסְדְּרוֹן
corroborate *v.* אִישֵּׁר, חִיזֵּק
corrode *v.* שׁוּתַּךְ, נֶאֱכַל, הֶחְלִיד; שִׁיתֵּךְ, אִיכֵּל
corrodible *adj.* שָׁתִיךְ
corrosion *n.* שִׁיתּוּךְ, אִיכּוּל, בְּלִיָּיה, הַחְלָדָה
corrosive *adj., n.* מְשַׁתֵּךְ
corrosiveness *n.* נְטִיָּיה לְשִׁיתּוּךְ, הַחְלָדָה; סְחִיפָה
corrugated *adj.* גַּלִּי; מְכוּפָף בְּצוּרָה גַּלִּית
corrupt *v.* הִשְׁחִית, נַעֲשָׂה מוּשְׁחָת
corrupt *adj.* מוּשְׁחָת; מְשׁוּבָּשׁ
corruption *n.* שְׁחִיתוּת
corsage *n.* צְרוֹר פְּרָחִים (לאישה); חֲזִיַּית הַשִּׂמְלָה

corsair *n.* (אוֹנִיַּת) שׁוֹדֵד־יָם
corset *n.* מָחוֹךְ
cortege *n.* פָּמַלְיָה, בְּנֵי לְוָויָה
cortex *n.* קְלִיפַּת הַגֶּזַע; קְרוּם הַמּוֹחַ
cortisone *n.* קוֹרְטִיזוֹן (תרופה לדלקת מִפרקים ועוד)
corvee *n.* מַס עוֹבֵד; עֲבוֹדַת פֶּרֶךְ
cosh *v.* הִכָּה בְּאַלָּה
cosignatory *n.* מִצְטָרֵף לַחֲתִימָה
cosmetic *adj.* תַּמְרוּקִי, קוֹסְמֶטִי
cosmetic *n.* תַּמְרוּקִים, קוֹסְמֶטִיקָה
cosmic *adj.* יְקוּמִי, קוֹסְמִי
cosmonaut *n.* מַרְקִיעָן, חֲלָלַאי, אַסְטְרוֹנָאוּט
cosmopolitan *adj., n.* הַשַּׁיָּךְ לְכָל חֶלְקֵי הָעוֹלָם
cosmos *n.* הַיְקוּם, הַקּוֹסְמוֹס
cosset *v.* פִּינֵּק
cost *n.* עֲלוּת, מְחִיר, הוֹצָאָה
cost *v.* (לגבי מחיר) עָלָה
cost accounting *n.* חֶשְׁבּוֹנָאוּת עֲלוּת, תַּמְחִיר
cost, insurance and freight *n.* סִי"ף, עֲלוּת, בִּיטּוּחַ וְהוֹבָלָה
cost of living *n.* יוֹקֶר הַמִּחְיָה
costly *adj.* יָקָר; מְפוֹאָר
costume *n.* תִּלְבּוֹשֶׁת, חֲלִיפַת נָשִׁים
costume ball *n.* נֶשֶׁף תַּחְפּוֹשׂוֹת
costume jewellery *n.* תַּכְשִׁיטִים מְלָאכוּתִיִּים
cosy *see* **cozy**
cot *n.* מִיטָּה קְטַנָּה, מִיטּוֹנֶת
cote *n.* מִסְתּוֹר (לצאן או לציפורים)
coterie *n.* חוּג; כַּת
cotillion *n.* קוֹטִילְיוֹן (מחול עליז; מנגינת המחול)
cottage *n.* בַּיִת כַּפְרִי, בֵּית קַיִץ
cottage cheese *n.* גְּבִינַת קוֹטֶג'
cotton *n., adj.* כּוּתְנָה
cotton-gin *n.* מַנְפֵּטָה (מכונה להפרדת סיבי כותנה)
cotton wool *n.* צֶמֶר גֶּפֶן
cottony *adj.* רַךְ, דְּמוּי צֶמֶר־גֶּפֶן
couch *v.* נִיסֵּחַ; הִשְׁתַּטֵּחַ
couch *n.* סַפָּה
couchette *n.* מִיטָּה (בּרכּבת)
cougar *n.* קוּגָר, נָמֵר
cough *n.* שִׁיעוּל
cough *v.* הִשְׁתַּעֵל
cough drop *n.* סוּכָּרִיָּה נֶגֶד שִׁיעוּל
cough syrup *n.* תְּמִיסָּה נֶגֶד שִׁיעוּל
could *see* **can**
council *n.* מוֹעָצָה
councilman *n.* חֲבֵר מוֹעָצָה
councilor, councillor *n.* חֲבֵר מוֹעָצָה
counsel *n.* עֵצָה; הִתְיַיעֲצוּת, דֵּעָה
counsel *v.* יִיעֵץ, יָעַץ
counselor, counsellor *n.* יוֹעֵץ
count *n.* אָצִיל, רוֹזֵן
count *v.* סָפַר, מָנָה; לָקַח בְּחֶשְׁבּוֹן; נֶחְשַׁב
countdown *n.* סְפִירָה לְאָחוֹר (כגון 10, 9, 8, 7, 6 וכו')
countenance *n.* פָּנִים; הַבָּעַת פָּנִים, אֲרֶשֶׁת תְּמִיכָה
countenance *v.* עוֹדֵד, אָהַד
counter *n.* דוּכָן, דֶּלְפֵּק
counter *adj., adv.* נֶגֶד; בְּדֶרֶךְ הֲפוּכָה
counter *v.* הִתְנַגֵּד ל; סָתַר; הֵשִׁיב
counteract *v.* פָּעַל נֶגֶד, סִיכֵּל
counterattack *n.* הַתְקָפַת נֶגֶד
counterattack *v.* בִּיצַּע הַתְקָפַת נֶגֶד
counter-balance *n.* מִשְׁקָל שֶׁכְּנֶגֶד

counterbalance *v.* פָּעַל נֶגֶד בְּכוֹחַ שָׁוֶה
counterclockwise *adv.* נֶגֶד מַהֲלַךְ הַשָּׁעוֹן
counterespionage *n.* רִיגּוּל נֶגְדִּי
counterfeit *v.* זִייֵּף; הֶעֱמִיד פָּנִים
counterfeit *n., adj.* מַעֲשֵׂה זִיּוּף; מְזוּיָּף
counterfeit money *n.* כֶּסֶף מְזוּיָּף
counterfeiter *n.* זַיְּיפָן
countermand *v.* בִּיטֵּל (פקודה)
countermand *n.* פְּקוּדָה מְבַטֶּלֶת
countermarch *n.* צְעִידָה חֲזָרָה
countermarch *v.* חָזַר עַל עֲקֵבָיו
counteroffensive *n.* מִתְקֶפֶת־נֶגֶד
counterpane *n.* כְּסוּת לְמִיטָּה
counterpart *n.* כְּפִיל, הֶעְתֵּק, כְּפָל; חֵלֶק מַקְבִּיל
counterplot *n.* תַּחְבּוּלַת־נֶגֶד
counterplot *v.* תִּחְבֵּל נֶגֶד
counterpoint *n.* (במוסיקה) קוֹנְטְרַפּוּנְקְט (מערכת קולות המתפתחים עצמאית זה לעומת זה, כגון קנון ופוגה); סוֹתֵר אֲבָל מַקְבִּיל; הִיפּוּךְ
counter-reformation *n.* רֵפוֹרְמַצְיָה נֶגֶד (רפורמציה שקדמה לה)
counterrevolution *n.* מַהְפֵּכָה נֶגְדִּית
countersign *v.* חָתַם חֲתִימָה מְאַשֶּׁרֶת
countersign *n.* סִיסְמָה סוֹדִית
counter-spy *n.* מְרַגֵּל נֶגְדִּי
counterstroke *n.* מַכָּה נֶגְדִּית
counterweight *n.* מִשְׁקָל שֶׁכְּנֶגֶד
countess *n.* אֲצִילָה, רוֹזֶנֶת
countless *adj.* לְאֵין סְפוֹר
countrified, countryfied *adj.* כַּפְרִי
country *n.* מְדִינָה; אֶרֶץ; מוֹלֶדֶת; אֵזוֹר כַּפְרִי
country *adj.* כַּפְרִי; שֶׁל אֶרֶץ
country club *n.* מוֹעֲדוֹן מִחוּץ לָעִיר
country cousin *n.* קָרוֹב בֶּן כְּפָר; תָּמִים, פָּשׁוּט
country estate *n.* אֲחוּזָּה כַּפְרִית
country folk *n.* בְּנֵי כְּפָר, כַּפְרִיִּים
country gentleman *n.* בַּעַל אֲחוּזָּה
countryman *n.* בֶּן אֶרֶץ; בֶּן כְּפָר
country people *n. pl.* בְּנֵי כְּפָר, כַּפְרִיִּים
countryside *n.* נוֹף; אֵזוֹר כַּפְרִי
countrywide *adj.* כָּל אַרְצִי, שֶׁבְּרַחֲבֵי הָאָרֶץ
county *n., adj.* שֶׁל מָחוֹז
county seat *n.* בִּירַת מָחוֹז
coup *n.* צַעַד מוּצְלָח; הֲפִיכָה
coup de grace *n.* מַכַּת חֶסֶד
coup detat *n.* הֲפִיכָה מְדִינִית (פתאומית, בלתי חוקית, מבוצעת בכוח), מַהְפָּךְ
coupé *n.* עֲגָלָה (שני מושבים בפנים ואחד בחוץ); מְכוֹנִית (שתי דלתות)
couple *n.* זוּג
couple *v.* הִצְמִיד; זִיוֵּג; חִיבֵּר; הִזְדַּוֵּג
coupler *n.* מַצְמִיד, מַצְמֵד (מכשיר)
couplet *n.* (בשיר) צֶמֶד חֲרוּזִים
coupon *n.* תְּלוּשׁ
courage *n.* אוֹמֶץ־לֵב, גְּבוּרָה
courageous *adj.* אַמִּיץ־לֵב
courier *n.* רָץ, שָׁלִיחַ
course *n.* מַסְלוּל, דֶּרֶךְ; מִגְרָשׁ מֵרוֹץ; מֶשֶׁךְ, מְרוּצָה; מַהֲלָךְ (מאורעות, מחלה וכו'); קוּרְס לִימוּדִים; מָנָה (בארוחה); כִּיווּן; נָתִיב

course *v.* זָרַם, נָע מַהֵר
court *n.* חָצֵר; מִגְרָשׁ (לטניס וכד'); פַּמַּלְיַת הַמֶּלֶךְ; בֵּית־מִשְׁפָּט
court *v.* הֶחֱנִיף ל; חִיזֵּר אַחֲרֵי
court jester *n.* לֵיצַן הֶחָצֵר
court-martial *n., v.* בֵּית דִּין צְבָאִי; שָׁפַט בְּבֵית דִּין צְבָאִי
court-plaster *n.* אִיסְפְּלָנִית (מסוג מיוחד)
courteous *adj.* אָדִיב, מְנוּמָּס, נִימוּסִי
courtesan, courtezan *n.* זוֹנָה (לעשירים), זוֹנַת חָצֵר
courtesy *n.* אֲדִיבוּת, נִימוּס
courthouse *n.* בִּנְיַן בֵּית־מִשְׁפָּט
courtier *n.* אָצִיל בַּחֲצַר הַמֶּלֶךְ
courtly *adj.* נִימוּסִי, אָדִיב
courtroom *n.* אוּלַם־הַמִּשְׁפָּט
courtship *n.* חִיזּוּר
courtyard *n.* חָצֵר
couscous *n.* כַּסְכּוּסִים, 'כּוּסְכּוּס'
cousin *n.* דּוֹדָן, בֶּן־דּוֹד
cove *n.* מִפְרָץ קָטָן; בַּרְנָשׁ
cove *v.* קִישֵּׁת, קִיעֵר
covenant *n.* אֲמָנָה, בְּרִית
covenant *v.* כָּרַת בְּרִית; הִתְחַיֵּיב
cover *v.* כִּיסָּה; (בצבא) חִיפָּה; הֵכִיל, כָּלַל
cover *n.* מִכְסֶה; כִּיסּוּי; עֲטִיָּה; מַחְסֶה
cover charge *n.* תַּשְׁלוּם הַשְׁלָמָה (שמוסיפים במועדון לילה בעד שעשועים ושירותים)
cover girl *n.* נַעֲרַת הָעֲטִיפָה (על גבי שבועונים וכד')
cover-up *n.* הַסְוָוָאָה
coverage *n.* סִיקּוּר, כִּיסּוּי
coveralls *n. pl.* סַרְבָּל
covered wagon *n.* עֲגָלָה מְכוּסָּה (של חלוצי אמריקה לנסיעה בערבה)
covering *n.* כִּיסּוּי, עֲטִיפָה
coverlet *n.* כִּיסּוּי מִיטָּה
covert *adj.* נִסְתָּר, סוֹדִי, חֲשָׁאִי
covert *n.* מַחְסֶה, מַחֲבוֹא; סְבַךְ יַעַר
covet *v.* חָמַד
covetous *adj.* חַמְדָנִי, חוֹשֵׁק
covetousness *n.* תְּשׁוּקָה, חֵשֶׁק
covey *n.* לַהֲקַת צִיפּוֹרִים (מדגירה אחת); קְבוּצָה
cow *n.* פָּרָה
cow *v.* הִפְחִיד
coward *adj., n.* מוּג־לֵב, פַּחְדָן, פַּחְדָנִי
cowardice *n.* פַּחְדָנוּת, מוֹרֶךְ־לֵב
cowardly *adj., adv.* בְּפַחְדָנוּת; מוּג־לֵב, פַּחְדָנִי
cowbell *n.* פַּעֲמוֹן שֶׁל פָּרָה (שקשור לצווארה)
cowboy *n.* קָאוּבּוֹי, בּוֹקֵר
cower *v.* הִתְרַפֵּס מִפַּחַד
cowherd *n.* בּוֹקֵר
cowhide *n.* עוֹר בָּקָר; שׁוֹט עוֹר
cowhide *v.* הִצְלִיף בְּשׁוֹט
cowl *n.* בַּרְדָס, כְּסוּת רֹאשׁ
cowlick *n.* קְווּצַת שֵׂעָר (שאינה מתיישרת)
coxcomb *n.* כַּרְבּוֹלֶת תַּרְנְגוֹל, רַבְרְבָן, רֵיקָא
coy *adj.* בַּיְישָׁנִי, צָנוּעַ
coyote *n.* זְאֵב עֲרָבוֹת (במערב ארה"ב)
cozy, cosy *adj.* נוֹחַ, נָעִים
crab *n.* סַרְטָן
crab *v.* הִתְאוֹנֵן
crab apple *n.* תַּפּוּחַ־בַּר
crabbed *adj.* נוּקְשֶׁה; חָמוּץ; רַגְזָן
crack *n.* קוֹל־פִּיצּוּחַ; הַצְלָפַת־שׁוֹט; בְּקִיעַ, סֶדֶק; רֶגַע; (המונית) בְּרִיחָה

crack *v.* הִשְׁמִיעַ קוֹל־נֶפֶץ; פִּיצֵּחַ; הִצְלִיף; סִידֵּק; פָּרַץ (קוּפָּה); סִיפֵּר (בְּדִיחָה); נִסְדַּק; נִשְׁבַּר

crack *adj.* מְצֻטַּיֵּן, (המונית) מִמַּדְרֵגָה רִאשׁוֹנָה

crack-up *n.* הִתְנַגְּשׁוּת, הִתְמוֹטְטוּת

cracked *adj.* סָדוּק, מְבוּקָּע; פָּגוּם; (המונית) מְטוֹרָף

cracker *n.* מַצִּיָּיה, פַּכְסָם; זִיקּוּק־אֵשׁ

crackpot *n.* (המונית) תִּימְהוֹנִי, מְטוֹרָף

cradle *n.* עֶרֶשׂ, עֲרִיסָה

cradle *v.* הִשְׁכִּיב בַּעֲרִיסָה; שִׁימֵּשׁ מַחֲסֶה

craft *n.* מְלָאכָה, אוּמָּנוּת; עוֹרְמָה, עַרְמוּמִיּוּת; סְפִינָה

craftiness *n.* עוֹרְמָה, עַרְמוּמִיּוּת

craftsman *n.* אוּמָּן; בַּעַל־מִקְצוֹעַ

craftsmanship *n.* אוּמָּנוּת, מִקְצוֹעִיּוּת

crafty *adj.* עָרוּם, נוֹכֵל

crag *n.* צוּק

cram *v.* דָּחַס; פִּיטֵּם; לָמַד בְּקֶצֶב מְזוֹרָז

cram *n.* פִּיטּוּם; זְלִילָה; לִימּוּד בְּחִיפָּזוֹן

cramp *n.* הִתְכַּוְּוצוּת שְׁרִירִים; מַלְחֶצֶת

cramp *v.* הִידֵּק בְּמַלְחֶצֶת; הִגְבִּיל, עָצַר

crane *n.* עָגוּר; עֲגוּרָן, מָנוֹף

crane *v.* הֵנִיף בַּעֲגוּרָן; זָקַף צַוָּאר

cranium *n.* גּוּלְגּוֹלֶת

crank *v.* חִיזֵּק בְּאַרְכּוּבָּה

crank *n.* אַרְכּוּבָּה; (דיבורית) נִרְגָּן; אָדָם מְשׁוּנֶּה

crankcase *n.* בֵּית־הָאַרְכּוּבָּה

crankshaft *n.* גַּל הָאַרְכּוּבָּה

cranky *adj.* נִרְגָּן; מְשׁוּנֶּה, תִּימְהוֹנִי; רוֹפֵף, לֹא יַצִּיב

cranny *n.* נְקִיק

crap *n.* שְׁטוּיּוֹת

crape *n.* מַלְמָלָה, קְרֶפּ; סֶרֶט אֵבֶל

craps *n. pl.* מִשְׂחַק קוּבִיּוֹת

crash *v.* נִיפֵּץ; עָבַר בְּרַעַשׁ וּבְכוֹחַ; (מָטוֹס וכד') הִתְרַסֵּק; הִתְנַפֵּץ

crash *n.* הִתְנַפְּצוּת, הִתְרַסְּקוּת; הִתְמוֹטְטוּת, מַפּוֹלֶת; קוֹל רַעַם

crash-dive *n.* צְלִילַת חֵירוּם

crash helmet *n.* קַסְדָּה, קַסְדַּת מָגֵן

crash program *n.* תּוֹכְנִית אִינְטֶנְסִיבִית

crass *adj.* גַּס

crassly *adv.* בְּטִיפְּשׁוּת מוּחְלֶטֶת, בְּבַעֲרוּת גַּסָּה

crate *n.* תֵּיבַת אֲרִיזָה

crate *v.* אָרַז בְּתֵיבָה

crater *n.* לוֹעַ (הר געש), מַכְתֵּשׁ

cravat *n.* עֲנִיבָה

crave *v.* הִשְׁתּוֹקֵק אֶל; הִתְחַנֵּן לִפְנֵי

craven *adj., n.* פַּחְדָנִי; מוּג־לֵב

craving *n.* תְּשׁוּקָה

craw *n.* זֶפֶק

crawl *v.* זָחַל; רָחַשׁ

crawl *n.* זְחִילָה; שְׂחִיַּית חֲתִירָה

crayon *n., adj.* עִיפָּרוֹן; שֶׁל צִיּוּר בְּצִבְעֵי עִיפָּרוֹן

craze *v.* שִׁיגֵּעַ

craze *n.* שִׁיגָּעוֹן; אוֹפְנָה חוֹלֶפֶת

crazy *adj.* רוֹפֵף, לֹא יַצִּיב; מְטוֹרָף; (דיבורית) 'מִשְׁתַּגֵּעַ' אַחֲרֵי

crazy bone *n.* (דיבורית) עֶצֶם הַמַּרְפֵּק

creak *n.* חֲרִיקָה

creak *v.* חָרַק

creaky *adj.* חוֹרֵק, חוֹרְקָנִי

cream *n.* שַׁמֶּנֶת, קֶצֶפֶת; מֵיטָב; מִשְׁחָה

cream *v.* עָשָׂה שַׁמֶּנֶת; לָקַח אֶת הַחֵלֶק הַטּוֹב בְּיוֹתֵר

cream cheese *n.* גְּבִינָה לְבָנָה שְׁמֵנָה

cream puff *n.* תּוּפִין שַׁמֶּנֶת
creamery *n.* מַחְלָבָה
creamy *adj.* מָלֵא שַׁמֶּנֶת; דּוֹמֶה לְשַׁמֶּנֶת
crease *n.* קֶמֶט
crease *v.* קִימֵּט; הִתְקַמֵּט
create *v.* בָּרָא, יָצַר
creation *n.* בְּרִיאָה, יְצִירָה
Creation *n.* בְּרִיאַת הָעוֹלָם
creative *adj.* יוֹצֵר, יוֹצְרָנִי
creator *n.* בּוֹרֵא, יוֹצֵר
creature *n.* יְצִיר; יְצוּר; חַיָּה
creche *n.* (בבריטניה) מָעוֹן יוֹמִי לְתִינוֹקוֹת
credence *n.* אֵמוּן
credentials *n. pl.* כְּתַב הָאֲמָנָה
credible *adj.* אָמִין
credit *n.* אֵמוּן; כָּבוֹד; אַשְׁרַאי, הֲקָפָה; שֶׁבַח; זְכוּת (בחשבונות)
credit *v.* הֶאֱמִין בּ, בָּטַח בּ; זָקַף לִזְכוּת; נָתַן כָּבוֹד; (בהנהלת־חשבונות) זִיכָּה
credit card *n.* כַּרְטִיס אַשְׁרַאי
creditable *adj.* רָאוּי לְשֶׁבַח
creditor *n.* נוֹשֶׁה; זַכַּאי (לתשלום)
credo *n.* אֱמוּנָה, אֲנִי מַאֲמִין
credulous *adj.* נוֹחַ לְהַאֲמִין
creed *n.* עִיקְּרֵי אֱמוּנָה
creek *n.* פֶּלֶג, מִפְרָץ קָטָן
creep *v.* זָחַל; טִיפֵּס (לגבי צמח)
creeper *n.* זוֹחֵל, רוֹמֵשׂ; (צמח) מְטַפֵּס
creeping *adj.* זוֹחֵל; (צמח) מְטַפֵּס
cremate *v.* שָׂרַף מֵת
cremation *n.* שְׂרֵיפַת מֵת
crematory *n.* בֵּית מִשְׂרְפוֹת מֵתִים, קְרֶמָטוֹרְיוּם
creme de menthe *n.* לִיקֶר מִנְתָּה

crepe *n.* קְרֶפּ (חומר עשוי מקאוצ׳וק משמש לסוליות)
crescent *adj.* בְּצוּרַת חֶרְמֵשׁ,הוֹלֵךְ וְגָדֵל
crescent *n.* חֶרְמֵשׁ; חֲצִי סַהַר
cress *n.* צֶמַח חַרְדָּלִי
crest *n.* כַּרְבּוֹלֶת, רַעְמָה, צִיצִית רֹאשׁ; שֶׁלֶט אַבִּירִים, סֵמֶל; שִׂיא
crestfallen *adj.* מְדוּכָּא, שָׁבוּר
cretonne *n.* קְרֶטוֹן, אֲרִיג כּוּתְנָה מְצוּיָּר
crevasse *n.* נְקִיק, בְּקִיעַ עָמוֹק
crevice *n.* סֶדֶק
crew *n.* צֶוֶות (במטוס, באוניה)
crew cut *n.* תִּסְפּוֹרֶת חֲלָקָה וּקְצָרָה
crib *n.* עֲרִיסָה; הַעְתָּקָה לֹא־חוּקִית
crib *v.* הֶעְתִּיק לְלֹא רְשׁוּת
cribbage *n.* קְרִיבֶּז׳ (משחק קלפים)
crick *n.* כִּיוּוּץ (שרירים בעורף או בגב)
cricket *n.* (משחק) קְרִיקֶט; (דיבורית) מִשְׂחָק הָגוּן; צְרָצַר
crier *n.* צוֹעֵק; כָּרוֹז
crime *n.* פֶּשַׁע, עֲבֵירָה
criminal *n., adj.* עֲבַרְיָן, פּוֹשֵׁעַ פְּלִילִי
criminal claim *n.* תְּבִיעָה פְּלִילִית
criminal code *n.* מַעֲרֶכֶת הַחוֹק הַפְּלִילִי
criminal law *n.* חוֹק פְּלִילִי, דִּינֵי עוֹנָשִׁים
criminal negligence *n.* הַזְנָחָה פּוֹשַׁעַת
crimp *v.* קִימֵּט; קִיפֵּל
crimp *n.* קִימּוּט, גִּיהוּץ קְפָלִים; סִלְסוּל (שֵׂעָר)
crimson *n., adj.* אַרְגָּמָן
crimson *v.* הִתְאַדֵּם, הִסְמִיק
cringe *v.* הִתְכַּוֵּוץ מִפַּחַד, הִתְרַפֵּס; הִתְרַפְּסוּת

crinkle *n.* קֶמֶט, סִלְסוּל דַק (בְּשֵׂעָר)

cripple *n.* נָכֶה, מוּגְבָּל (בִּתְנוּעָה)

cripple *v.* עָשָׂה לְבַעַל מוּם; גָּרַם נֶזֶק

crisis *n. (pl.* **crises)** מַשְׁבֵּר

crisp *adj.* פָּרִיךְ; אֵיתָן וְרַעֲנָן; מוּחְלָט, קוֹלֵעַ

crisps *n. pl.* טוּגָנִים, צִ'יפְּס

criss-cross בְּצוּרַת תַּשְׁבֵּץ, שְׁתִי וָעֵרֶב

criterion *n. (pl.* **criteria)** אֶבֶן בּוֹחַן; קְנֵה מִידָּה, קְרִיטֶרְיוֹן

critic *n.* מְבַקֵּר

critical *adj.* בִּיקּוֹרְתִּי; מַשְׁבְּרִי; חָמוּר, קָרִיטִי

criticism *n.* בִּיקּוֹרֶת

criticize *v.* בִּיקֵּר, מָתַח בִּיקּוֹרֶת

critique *n.* מַאֲמַר בִּיקּוֹרֶת

croak *v.* קִרְקֵר; (המונית) מֵת

croak *n.* קִרְקוּר

crochet *n.* רְקִימַת אוּנְקָל

crochet *v.* רָקַם בְּאוּנְקָל

crochet needle *n.* אוּנְקַל צְנִירָה

crocheting *n.* צְנִירָה

crock *n.* כַּד, כְּלִי־חֶרֶס; שֶׁבֶר כְּלִי

crockery, crockeryware *n.* כְּלֵי־חֶרֶס

crocodile *n.* תַּנִּין

crocodile tears *n. pl.* דִּמְעוֹת־תַּנִּין

crocus *n.* כַּרְכּוֹם

croissant *n.* סַהֲרוֹן (לחמנית בצורת חצי טבעת)

crone *n.* זְקֵנָה בָּלָה

crony *n.* חָבֵר מְקוֹרָב

crook *n.* מַקֵּל רוֹעִים; מַטֵּה בִּישׁוֹפִים; עִיקּוּל; כִּיפּוּף; נוֹכֵל, רַמַּאי

crook *v.* כּוֹפֵף, עִיקֵּם; הִתְעַקֵּם

crooked *adj.* עָקוֹם, לֹא הָגוּן, נוֹכֵל

crooked back *n.* גִּיבֵּן (או גיבנת)

croon *v.* זִימֵּר בְּקוֹל רַךְ וְנִרְגָּשׁ

crooner *n.* מְזַמֵּר בְּקוֹל רַךְ וְנִרְגָּשׁ

crop *n.* יְבוּל, תְּנוּבָה; שׁוֹט, זֶפֶק

crop *v.* חָתַךְ, קָטַם, קִיצֵּץ, קָצַר; (לגבי חיות) לִיחֵךְ

crop dusting *n.* רִיסּוּס בִּמְטוֹסִים

crop up *v.* הוֹפִיעַ פִּתְאוֹם, צָץ

croquet *n.* קְרוֹקֶט

croquette *n.* כּוּפְתָּה, כַּדּוּר

crosier, crozier *n.* מַטֵּה בִּישׁוֹף

cross *n.* צְלָב; יִיסּוּרִים; (בחקלאות) הַכְלָאָה; תַּעֲרוֹבֶת

cross *v.* חָצָה; הִצְטַלֵּב; הִכְשִׁיל

cross *adj.* חוֹצֶה; מִצְטַלֵּב; מְנוּגָּד; רוֹגֵז; מוּכְלָא

cross-country *adj., adv.* דֶּרֶךְ הַשָּׂדוֹת

cross-examination *n.* חֲקִירַת נֶגֶד

cross-examine *v.* חָקַר חֲקִירַת נֶגֶד

cross-eyed *adj.* פּוֹזֵל

cross-reference *n.* הַפְנָיָה (למקום אחר בספר)

cross-road(s) *n.* צוֹמֶת דְּרָכִים

cross-section *n.* חֲתָךְ לָרוֹחַב

cross-street רְחוֹב חוֹצֶה

crossbones *n.pl.* תִּצְלוֹבֶת עֲצָמוֹת (כסמל למוות)

crossbreed *n.* בֶּן־כִּלְאַיִים (חי או צמח)

crossbreed *v.* הִכְלִיא (כנ"ל)

crosscurrent *n.* זֶרֶם נֶגְדִּי

crossed cheque *n.* שֶׁק מְסוּרְטָט (למוטב)

crossing *n.* חֲצִיָּה; צוֹמֶת; תִּצְלוֹבֶת; מַעֲבַר חֲצָיָה; הַכְלָאָה

crossing gate *n.* מַחְסוֹם רַכֶּבֶת

crossing point *n.* נְקוּדַת חֲצִיָּה

crosspatch *n.* רַגְזָן
crosspiece *n.* קוֹרַת רוֹחַב, יָצוּל
crossword puzzle *n.* חִידַת תַּשְׁבֵּץ
crotch *n.* מִסְעָף, הִתְפַּלְּגוּת; מִפְשָׂעָה
crotchety *adj.* בַּעַל קַפְּרִיסוֹת, גַּחְמָן
crouch *v.* שָׁחָה; הִתְכּוֹפֵף, כָּרַע
crouch *n.* כְּרִיעָה, הִתְכּוֹפְפוּת, שְׁחִיָּה
croup *n.* (ברפואה) אַסְכָּרָה (מחלה חריפה באזור הלוע)
croupier *n.* קוּפַּאי (במשחקי הימורים)
crouton *n.* פַּת צְנִים
crow *n.* עוֹרֵב; קִרְקוּר (תרנגול)
crow *v.* קִרְקֵר; הִתְרַבְרֵב
crowbar *n.* דֶּקֶר מַזְלְגִי (להזזת דברים כבדים)
crowd *n.* הָמוֹן, קָהָל; חֲבוּרָה
crowd *v.* הִתְקַהֵל; נִדְחַק, מִילֵּא בִּצְפִיפוּת
crowded *adj.* צָפוּף, דָּחוּס
crown *n.* כֶּתֶר; כּוֹתֶרֶת (בשן); גּוּלַּת הַכּוֹתֶרֶת; קְרָאוּן (מטבע)
crown *v.* הִכְתִּיר; הִמְלִיךְ; עִיטֵּר רֹאשׁ; (המונית) הִכָּה בְּרֹאשׁוֹ שֶׁל
crown prince *n.* יוֹרֵשׁ עֶצֶר
crow's nest *n.* מִצְפֶּה (בתורן אונייה)
crucial *adj.* מַכְרִיעַ
crucible *n.* כּוּר הִיתּוּךְ, מַצְרֵף; מִבְחָן קָשֶׁה
crucifix *n.* דְּמוּת הַצָּלוּב (ישו)
crucifixion *n.* צְלִיבָה
crucify *v.* צָלַב, עִינָּה
crude *adj.* גּוֹלְמִי; לֹא מְשׁוּכְלָל, גַּס
crudity *n.* גּוֹלְמִיּוּת; חוֹסֶר שִׁכְלוּל; גַּסּוּת
cruel *adj.* אַכְזָרִי
cruelty *n.* אַכְזְרִיּוּת
cruet *n.* בַּקְבּוּק קָטָן, צְלוֹחִית (לשמן וכד', לְשׁוּלְחָן)

cruise *v.* שִׁייֵּט (להנאה מנמל לנמל)
cruise *n.* שִׁיּוּט; טִיסָה
cruiser *n.* מְשַׁיֵּט, מְסַיֵּר; (בחיל־הים) סַיֶּירֶת, אֳנִיַּת קְרָב
cruising radius *n.* טְוָח שִׁיּוּט
cruller *n.* רְקִיק סוּפְגָנִית
crumb *n.* פֵּירוּר, קוּרְטוֹב
crumb *v.* הוֹסִיף פֵּירוּרֵי לֶחֶם; פּוֹרֵר
crumb cake *n.* פַּרְפּוֹרֶת (עוגה שזרויים עליה פירורי בצק)
crumble *v.* פּוֹרֵר; הִתְפּוֹרֵר
crummy *adj.* מְלוּכְלָךְ; שָׁפָל
crumpet *n.* עוּגָה (עגולה ושטוחה)
crumple *v.* קִימֵּט; הִתְקַמֵּט; הִתְמוֹטֵט
crunch *v.* כָּתַשׁ בְּשִׁינָּיו בְּרַעַשׁ; מָעַךְ בְּרַעַשׁ
crunch *n.* כְּתִישָׁה; קוֹל כְּתִישָׁה
crunchy *adj.* נִמְעָךְ בְּרַעַשׁ
crusade *n.* מַסַּע צְלָב
crusader *n.* צַלְבָן; לוֹחֵם
crush *v.* מָעַךְ; רִיסֵּק, גָּרַס
crush *n.* מְעִיכָה; הִתְרַסְּקוּת; דּוֹחַק; (המונית) תְּשׁוּקָה
crush hat *n.* כּוֹבַע מִתְקַפֵּל
crust *n.* קְרוּם; גֶּלֶד
crust *v.* הִקְרִים; קָרַם; הִגְלִיד
crustacean *adj., n.* מִבַּעֲלֵי הַקְּרוּמִים (כגון סרטן)
crusty *adj.* בַּעַל קְלִיפָּה; נוּקְשֶׁה
crutch *n.* קַב; מִשְׁעֶנֶת
crutches *n.pl.* קַבַּיִים
crux *n.* עִיקָּר
cry *n.* קְרִיאָה, צְעָקָה; בְּכִי, יְלָלָה; סִיסְמָה
cry *v.* קָרָא, צָעַק, בָּכָה יִילֵּל
crybaby *n.* בַּכְיָין
crypt *n.* כּוּךְ

cryptic *adj.* חֲשָׁאִי, מִסְתּוֹרִי, לֹא מוּבָן
cryptogram *n.* כְּתַב סְתָרִים
crystal *n.* גְּבִישׁ; בְּדוֹלַח
crystal ball *n.* כַּדּוּר בְּדוֹלַח
crystalline *adj.* גְּבִישִׁי
crystallize *v.* יָצַר גְּבִישִׁים; נַעֲשָׂה גָּבִישׁ; הִתְגַּבֵּשׁ
cub *n.* גּוּר
cub reporter *n.* כַּתָּב טִירוֹן
cubby-hole *n.* כּוּךְ, חָלָל סָגוּר
cube *n.* קוּבִּיָּה; חֶזְקָה שְׁלִישִׁית
cube *v.* הֶעֱלָה לְחֶזְקָה שְׁלִישִׁית
cubic,cubical *adj.* מְעוּקָּב
cubicle *n.* חֲדַר שֵׁינָה קָטָן; תָּא (מופרד בתוך חדר)
cubism *n.* קוּבִּיזְם (זרם באמנות הציור והפיסול שעיקרו תיאור העצמים בטבע כגופים הנדסיים פשוטים)
cubit *n.* אַמָּה (מידת אורך, 43-56 ס"מ)
cuckold *n.* בַּעַל קַרְנַיִים
cuckold *v.* הִצְמִיחַ קַרְנַיִים
cuckoo *n.* קוּקִיָּה
cuckoo *adj.* (דיבורית) מְשׁוּגָּע, אֱוִיל
cuckoo-clock *n.* שְׁעוֹן קוּקִיָּה
cucumber *n.* מְלָפְפוֹן
cud *n.* גֵּרָה (שמעלים כמה בע"ח ללעיסה חוזרת)
cuddle *v.* חִיבֵּק; הִתְחַבֵּק; הִתְרַפֵּק
cuddle *n.* חִיבּוּק שֶׁל חִיבָּה
cudgel *n.* אַלָּה
cudgel *v.* חָבַט בְּאַלָּה
cue *n.* סִימָנִית; אוֹת, רֶמֶז; מַטֶּה (ביליארד)
cuff *n.* שַׁרְווּלִית, חֶפֶת
cuff *v.* סָטַר, הָלַם

cuff-link *n.* כַּפְתּוֹר חֶפֶת, רֶכֶס שַׁרְווּלִית
cuisine *n.* מִטְבָּח; שִׁיטַת בִּישּׁוּל
cul-de-sac *n.* מָבוֹי סָתוּם, דֶּרֶךְ לְלֹא מוֹצָא
culinary *adj.* שֶׁל בִּישּׁוּל, מִטְבָּחִי
cull *v.* בֵּירֵר, לִיקֵּט
culminate *v.* הִגִּיעַ לְשִׂיא; הִסְתַּיֵּים
culpable *adj.* נִפְשָׁע; אָשֵׁם; פְּלִילִי
culprit *n.* נֶאֱשָׁם; עֲבַרְיָין
cult *n.* פּוּלְחָן
cultivate *v.* עִיבֵּד (אדמה); תִּרְבֵּת, גִּידֵּל
cultivated *adj.* תַּרְבּוּתִי, מְתוּרְבָּת; מְטוּפָּח
cultivation *n.* עִיבּוּד; תִּרְבּוּת, גִּידּוּל, טִיפּוּחַ
culture *n., v.* גִּידּוּל; תַּרְבּוּת; עִיבֵּד, גִּידֵּל (כנ"ל)
cultured *adj.* תַּרְבּוּתִי, מְתוּרְבָּת
culvert *n.* תְּעָלָה, מוֹבִיל מַיִם
cumbersome,cumbrous *adj.* מְגוּשָּׁם
cumin *n.* כַּמּוֹן (צמח תבלין)
cumulative *adj.* מִצְטַבֵּר
cuneiform *n.* כְּתַב הַיִּתֵדוֹת (הכתב העתיק של האשורים והבבלים)
cunning *adj.* עָרוּם, עַרְמוּמִי
cunning *n.* עַרְמוּמִיּוּת, עָרְמָה
cup *n.* סֵפֶל; גָּבִיעַ
cup *v.* הִקִּיז דָּם
cupboard *n.* אֲרוֹן כֵּלִים, מִזְנוֹן
cupid *n.* (במיתולוגיה הרומית) קוּפִּיד, אֵל הָאַהֲבָה
cupidity *n.* תַּאֲוָה, חַמְדָנוּת
cupola *n.* כִּיפָּה (על גג)
cur *n.* כֶּלֶב עָזוּב; פַּחְדָן
curate *n.* כּוֹמֶר, עוֹזֵר לְכוֹמֶר
curative *adj., n.* מְרַפֵּא, רִיפּוּיִי; תְּרוּפָה

curator *n.* מְנַהֵל מוּזֵיאוֹן

curb *v.* רִיסֵּן, רָתַם (סוּס)

curb *n.* רֶסֶן; רִיסּוּן; שְׂפַת הַמִּדְרָכָה

curbstone *n.* אֶבֶן מִדְרָכָה

curd *n.* זִבְדָּה (אוֹ נוֹזֵל קָרוּשׁ דוֹמֶה)

curd *v.* הִקְרִישׁ; נִקְרַשׁ

curdle *v.* הִקְרִישׁ; נִקְרַשׁ, הִתְגַּבֵּן

cure *n.* רִיפּוּי; תְּרוּפָה

cure *v.* רִיפֵּא; עִישֵּׁן, שִׁימֵּר, כָּבַשׁ (בָּשָׂר)

cure-all *n.* תְּרוּפָה לַכּוֹל

curfew *n.* עוֹצֶר, שְׁעַת הָעוֹצֶר

curio *n.* חֵפֶץ נָדִיר

curiosity *n.* סַקְרָנוּת

curious *adj.* סַקְרָן, מְסַקְרֵן; מוּזָר

curl *n.* תַּלְתַּל, סִלְסוּל

curl *v.* (לְגַבֵּי שֵׂעָר) סִלְסֵל,
תִּלְתֵּל; הִסְתַּלְסֵל; הִתְעַקֵּל

curlicue *n.* אוֹת מְסוּלְסֶלֶת

curling *n.* תִּלְתּוּל, הִסְתַּלְסְלוּת שֵׂעָר

curly *adj.* מְתוּלְתָּל

curly cabbage *n.* כְּרוּב מְסוּלְסָל

curmudgeon *n.* קַמְצָן, כִּילַי

currency *n.* כֶּסֶף בְּמַחֲזוֹר, עוֹבֵר
לַסּוֹחֵר, מַטְבֵּעַ; מַהֲלָכִים

current *n.* זֶרֶם, מַהֲלָךְ

current *adj.* נוֹכְחִי; שׁוֹטֵף; נָפוֹץ

current account *n.* חֶשְׁבּוֹן עוֹבֵר וָשָׁב

current events *n. pl.* עִנְיְינֵי הַיּוֹם

curriculum *n.* תּוֹכְנִית לִימּוּדִים

curriculum vitae *n.* תּוֹלְדוֹת חַיִּים
(שֶׁמִּתְבַּקֵּשׁ לְצָרֵף לְמִכְתָּבוֹ מִי
שֶׁמַּצִּיעַ עַצְמוֹ לְמִשְׂרָה)

curry *n.* קָארִי (תַּבְלִין הוֹדִי
חָרִיף; מַאֲכָל עִם תַּבְלִין זֶה)

curry *v.* הֵכִין נָזִיד מְתוּבָּל בְּקָרִי;
סֵרֵק, קִרְצֵף (סוּס)

curse *n.* קְלָלָה

curse *v.* קִילֵּל, חֵירֵף

cursed *adj.* מְקוּלָּל; אָרוּר

cursive *adj., n.* רָהוּט; כְּתָב רָהוּט

cursory *adj.* נֶחְפָּז, שִׁטְחִי, מְרַפְרֵף

curt *adj.* קָצָר, מְקוּצָּר; מְקַצֵּר בְּדִיבּוּר

curtail *v.* קִיצֵּר, קִיצֵּץ

curtain *n.* וִילוֹן; מָסָךְ

curtain-call *n.* הוֹפָעַת שַׂחְקָנִים
(לְאַחַר תְּשׁוּאוֹת הַקָּהָל בְּסוֹף הַהַצָּגָה)

curtsy,curtsey *n.* קִידַּת חֵן (שֶׁל אִשָּׁה)

curve *n.* (בְּמָתֵמָטִיקָה) עֲקוּמָּה;
פִּיתּוּל (בִּכְבִישׁ); חַמּוּק

curve *v.* עִיקֵּם, עִיקֵּל; הִתְעַקֵּם, הִתְפַּתֵּל

curved *adj.* עָקוֹם, מְעוּקָּם

cushion *n.* כַּר, כָּרִית

cushion *v.* צִיֵּיד בְּכָרִים; רִיכֵּךְ, רִיפֵּד

cushy *adj.* (לְגַבֵּי מִשְׂרָה) קַל וּבָטוּחַ

cuspidor *n.* רְקָקִית, מַרְקֵקָה

cuss *n.* קְלָלָה

cuss *v.* קִילֵּל, בִּיקֵּר קָשֶׁה

custard *n.* רַפְרֶפֶת, חֲבִיצָה

custodian *n.* אֶפִּיטְרוֹפּוֹס, מַשְׁגִּיחַ

custody *n.* הַשְׁגָּחָה, פִּיקּוּחַ; מַעֲצָר

custom *n.* מִנְהָג; נוֹהַג

custom built *adj.* מוּכָן לְפִי הַזְמָנָה

custom house *n.* בֵּית מֶכֶס

custom tailor *v.* הִתְאִים לְפִי מִידָּה

custom work *n.* עֲבוֹדָה בְּהַזְמָנָה

customary *adj.* נָהוּג, מְקוּבָּל

customer *n.* קוֹנֶה, לָקוֹחַ

customs *n. pl.* מֶכֶס

customs clearance *n.* שִׁחְרוּר מִמֶּכֶס

cut *n.* חִיתּוּךְ; מַכָּה (בְּסַכִּין וכד');
חָתָךְ; נֵתַח; גִּזְרָה (שֶׁל לְבוּשׁ); קִיצּוּר,
הַשְׁמָטָה; הוֹרָדָה (בְּמְחִיר וכד')

cut *v.* חָתַךְ, כָּרַת; פָּרַס (לחם); סִיפֵּר (שֵׂער); קָצַץ (ציפורניים); קִיצֵּר, צִמְצֵם (דיבור וכד'); הִפְחִית, קִיצֵּץ בּ (מחירים וכד')

cut *adj.* חָתוּךְ, גָזוּר, קָצוּץ; (לגבי מחיר) מוּפְחָת

cut-and-dried *adj.* קָבוּעַ וּמְסוּדָּר מֵרֹאשׁ

cut glass *n.* פִּיתּוּחֵי זְכוּכִית

cutaway coat *n.* מְעִיל־זָנָב (מחודד כלפי אחור)

cutback *n.* חֲזָרָה לְאָחוֹר, יְרִידָה

cute *adj.* חָמוּד, פִּיקֵּחַ

cuticle *n.* קְרוּם חִיצוֹנִי; עוֹר קַרְנִי (בתחתית הציפורן)

cutlass *n.* חֶרֶב יַמָּאִים (בעבר)

cutler *n.* סַכִּינַאי, מוֹכֵר סַכִּינִים

cutlery *n.* סַכּוּ"ם (סכינים,כפות ומזלגות)

cutlet *n.* קְצִיצָה

cutout *n.* חֵלֶק מְנוּתָּק; מַפְסֵק אוֹטוֹמָטִי

cut-rate *n., adj.* (מחיר) מוּזָל

cutter *n.* (באפייה) מְקֵד; חוֹתֵךְ, גַּזָּר; חוֹתֶכֶת (ספינה), סִירַת פִּיקּוּחַ

cutthroat *n.* רוֹצֵחַ

cutthroat *adj.* רוֹצְחָנִי

cutting *adj.* חוֹתֵךְ; פּוֹגֵעַ

cutting *n.* גְּזִיר, חִיתּוּךְ, קִיצּוּץ; קֶטַע עִיתּוֹנוּת

cutting board *n.* דַּף קִיצּוּץ

cutting edge *n.* הַצַּד הַחַד

cuttlefish *n.* דְיוֹנוּן, דַג הַדְיוֹ, תְּמָנוּן

cyanide *n.* צִיאָנִיד (רעל חריף)

cybernetics *n.* קִיבֶּרְנֶטִיקָה (תורת הַבַּקָּרָה של הַתנועה והתקשורת של בני־אדם והחלפתם בפעולות מכניות המבוצעות בּמכונות מסוג הַמַּחשֵׁב)

cycle *n.* מַחֲזוֹר; תְּקוּפָה; אוֹפַנַּיִים

cycle *v.* נָסַע בְּאוֹפַנַּיִים

cyclic, cyclical *adj.* מַחֲזוֹרִי; מַעְגָלִי

cyclist *n.* רוֹכֵב אוֹפַנַּיִים

cyclone *n.* צִיקְלוֹן (סופת רוחות וגשמים)

cyclotron *n.* צִיקְלוֹטְרוֹן (מכשיר שמאיץ את תנועותיהם של החלקיקים הגרעיניים ליצירת אנרגיות גבוהות)

cylinder *n.* גָּלִיל, צִילִינְדֶר; תּוֹף (בּאקדח)

cylinder block *n.* חֲטִיבַת צִילִינְדֶרִים

cylindrical *adj.* גְּלִילִי, צִילִינְדְרִי

cymbal *n.* כַּף מְצִלְתַּיִם

cynic *n.* צִינִיקָן, לַגְלְגָן

cynical,cynic *adj.* צִינִי, לַגְלְגָנִי

cynicism *n.* צִינִיּוּת, לַגְלְגָנוּת

cynosure *n.* מֶרְכַּז הַהִתְעַנְיְינוּת

cypress *n.* תְּאַשּׁוּר

cyst *n.* גִידוּל, שַׁלְחוּף; כִּיס

czar,tsar *n.* קֵיסָר, הַצָּר הָרוּסִי

czarina *n.* אֵשֶׁת הַצָּר

D

dab *v.* טָפַח קַלּוֹת, נָגַע
dab *n.* טְפִיחָה; לְחִיצָה קַלָּה; מוּמְחֶה
dabble *v.* שִׁכְשֵׁךְ בְּמַיִם; הִתְעַסֵּק (כחובבן)
dacron *n.* דַקְרוֹן (מין בד סינטטי לא קמיט)
dachshund *n.* תַּחְשׁוֹן (כלב קצר רגליים)
dactyl *n.* מַרִים (בתורת השירה. הברה ארוכה ושתיים קצרות)
dad *n.* אַבָּא
daddy *n.* אַבָּא
daffodil *n.* נַרְקִיס עָטוּר
daffy, daft *adj.* שׁוֹטֶה; מְטוֹרָף
dagger *n.* פִּגְיוֹן; (בדפוס) סִימָן
dahlia *n.* דָלִיָּה (פרח)
daily *n.* עִיתּוֹן יוֹמִי; עוֹבֶדֶת יוֹמִית
daily *adj.* יוֹמִי
daily *adv.* בְּכָל יוֹם
dainty *n.* מַעֲדָן
dainty *adj.* עָדִין
dairy *n.* מַחְלָבָה; מִסְעָדָה לְדִבְרֵי חָלָב
dais *n.* בִּימָה, דוּכָן
daisy *n.* חַרְצִית; חִינָּנִית
dally *v.* הִשְׁתַּעֲשֵׁעַ; בִּזְבֵּז זְמַן
dam *n.* סֶכֶר
dam *v.* סָכַר, עָצַר
dam *n.* אֵם (של הולכי על ארבע)
damage *n.* הֶיזֵּק, תַּשְׁלוּמֵי נֶזֶק
damage *v.* הִזִּיק
damageable *adj.* עָלוּל לְהִינָּזֵק, נָזִיק
damascene *adj.* בְּקִישּׁוּט דַמַּשְׂקָאִי (מסולסל)
dame *n.* גְּבֶרֶת; אִישָּׁה
damn *v.* קִילֵּל; גִּינָּה; דָן לְחוֹבָה
damn! *interj.* לַעֲזָאזֵל!
damnation *n.* הַרְשָׁעָה, אֲבַדּוֹן
damned *n., adj., adv.* מְקוּלָּל; נִתְעָב; לְגַמְרֵי
damp *n.* לַחוּת, רְטִיבוּת
damp *v.* לְחְלֵחַ; רִיפָּה, דִיכֵּא
dampen *v.* הִרְטִיב; עִמְעֵם
damper *n.* מְדַכֵּא, מַשְׁבִּית שִׂמְחָה; מַרְטִיב; עַמְעֶמֶת (הָתקן בפסנתר)
damsel *n.* עַלְמָה צְעִירָה
dance *v.* רָקַד; הִרְקִיד
dance *n.* מָחוֹל, רִיקּוּד; נֶשֶׁף רִיקּוּדִים
dancer *n.* רוֹקֵד; רַקְדָן
dancing *n.* רִיקּוּד
dandelion *n.* שֵׁן הָאֲרִי (פרח)
dandruff *n.* קַשְׂקַשֵּׂי רֹאשׁ
dandy *n.* טַרְזָן, יוּהֲרָן
dandy *adj.* גַּנְדְּרָנִי; מְצוּיָּן
danger *n.* סַכָּנָה
dangerous *adj.* מְסוּכָּן; מְסַכֵּן
dangle *v.* הָיָה תָּלוּי וּמִתְנַדְנֵד
dank *adj.* לַח, לֹא נָעִים, טָחוּב
dapper *adj.* הָדוּר
dapple *adj.* מְנוּמָּר, מְנוּקָּד
dapple *v.* נִימֵּר; נִיקֵּד
dare *v.* הֵעֵז; הִסְתַּכֵּן
dare *n.* הֶעָזָה; אֶתְגָּר
daredevil *adj., n.* נוֹעָז
daring *n., adj.* הַרְפַּתְקָנוּת, אוֹמֶץ־לֵב, תְּעוּזָה; נוֹעָז
dark *adj.* חָשׁוּךְ, אָפֵל
dark *n.* חוֹשֶׁךְ, דִמְדוּמִים
darken *v.* הֶחְשִׁיךְ, הִכְהָה; נִכְהָה, הוּכְהָה
darkly *adv.* בְּצוּרָה מִסְתּוֹרִית

darkness *n.* אֲפֵלָה, חוֹשֶׁךְ
darling *n., adj.* חָבִיב, אָהוּב, יָקָר
darn *n.* תִּיקּוּן בְּבֶגֶד, אִיחוּי
darn *interj.* לַעֲזָאזֵל
darn *v.* תִּיקֵּן
darning *n.* רִישׁוּת; תִּיקּוּן
darning needle *n.* מַחַט תִּיקּוּן
dart *n.* כִּידוֹן, חֵץ קָטָן
dart *v.* זִינֵּק
darts *n. pl.* מִשְׂחַק קְלִיעָה
dash *v.* הִשְׁלִיךְ בְּכוֹחַ, הִתִּיז; הִתְנוֹעֵעַ בִּמְהִירוּת; הִתְנַפֵּץ
dash *n.* זִינּוּק, גִיחָה; טִיפָּה; מֶרֶץ, כּוֹחַ
dash *interj.* לַעֲזָאזֵל!
dashboard *n.* לוּחַ הַמַּחְווָנִים (בְּרֶכֶב)
dashing *adj.* בַּעַל מֶרֶץ; רַאַווְתָנִי
dastard *n.* מוּג לֵב, שָׁפָל
dastardly *adj.* פַּחְדָנִי־שָׁפָל
data *n. pl.* נְתוּנִים
data processing *n.* עִיבּוּד נְתוּנִים
date *n.* תּוֹמֶר (עץ); תָּמָר (פרי); תַּאֲרִיךְ; פְּגִישָׁה, רֵאָיוֹן
date *v.* צִיֵּין תַּאֲרִיךְ; תִּאֲרֵךְ; קָבַע (נִקְבַּע) תַּאֲרִיךְ
date line *n.* שׁוּרַת תּו"ם (תאריך ומקום) (בחותמת דואר); קַו הַתַּאֲרִיךְ (קו אורך דמיוני באוקיינוס השקט, בערך 180° שממזרחו, בהסכם בין־לאומי, התאריך בלוח השנה הוא יום קודם למערבו)
date palm *n.* דֶּקֶל
dative *adj., n.* (שֶׁל) יַחֲסַת אֶל, דָאטִיב
datum *n.* נָתוּן
daub *v.* צִיפָּה, מָרַח; לִכְלֵךְ
daud *n.* חוֹמֶר צִיפּוּי; צִיפּוּי; צִיּוּר גַּס
daughter *n.* בַּת
daughter-in-law *n.* כַּלָּה, אֵשֶׁת הַבֵּן
daunt *v.* הֵטִיל מוֹרָא, רִיפָּה
dauntless *adj.* עָשׂוּי לִבְלִי חַת
dauphin *n.* דוֹפֵּין, נָסִיךְ (תואר יורש העצר הצרפתי)
davenport *n.* סַפָּה־מִיטָּה; שׁוּלְחַן כְּתִיבָה (קטן)
davit *n.* מָנוֹף (לסירות הצלה)
dawdle *v.* הִתְבַּטֵּל, בִּיטֵּל זְמַן
dawn *n.* שַׁחַר, רֵאשִׁית
dawn *v.* עָלָה הַשַּׁחַר; הִתְבַּהֵר
day *n.* יוֹם, יְמָמָה, זְמַן
day-bed *n.* מִיטָּה־סַפָּה
day laborer *n.* פּוֹעֵל יוֹמִי
day nursery *n.* מְעוֹן יוֹם (לְפָעוֹטוֹת)
Day of Atonement *n.* יוֹם הַכִּיפּוּרִים
day off *n.* יוֹם חוּפְשָׁה
day of reckoning *n.* יוֹם הַדִּין
daybreak *n.* עֲלוֹת הַשַּׁחַר
daydream *n.* חֲלוֹם בְּהָקִיץ
daydream *v.* חָלַם בְּהָקִיץ, הָזָה
daylight *n.* אוֹר הַיּוֹם
daytime *n.* שְׁעוֹת הַיּוֹם
daze *v.* הֵמַם; בִּלְבֵּל
daze *n.* הֶלֶם, הִימּוּם; דִמְדוּם
dazzle *v.* סִנְווֵר; הִסְתַּנְווֵר
dazzle *n.* אוֹר מְסַנְווֵר, סִנְווּר
dazzling *adj.* מְסַנְווֵר
D.D.T. דִידִיטִי (חומר קוטל חרקים)
deacon *n.* כּוֹמֶר זוּטָר, פְּקִיד כְּנֵסִיָּה
deaconess *n.* כּוֹמֶרֶת
dead *adj., adv.* מֵת, דוֹמֵם (מנוֹע וכד'); לְגַמְרֵי
dead *n.* מֵת, חָלָל
dead beat *adj.* בַּטְלָן מִשְׁתַּמֵּט; עָיֵיף עַד מָוֶות

dead bolt *n.* מַנְעוּל מֵת (ללא קפיץ)
dead drunk *n.* שִׁיכּוֹר כְּלוֹט
dead end *n.* מָבוֹי סָתוּם
dead of night *n.* אִישׁוֹן לַיְלָה
dead ringer *adj.* דוֹמֶה מְאוֹד
Dead Sea *n.* יָם הַמָּוֶות, יָם הַמֶּלַח
dead set *adj.* אֵיתָן בְּדַעְתּוֹ
deaden *v.* הִקְהָה
deadline *n.* מוֹעֵד אַחֲרוֹן
deadlock *n., v.* קִיפָּאוֹן (במו"מ וכד'); הֵבִיא או בָּא לִידֵי קִיפָּאוֹן
deadly *adj.* הוֹרֵג; הָרֵה אָסוֹן; כְּמֵת; קִיצוֹנִי
deadly *adv.* עַד מָוֶות; לַחֲלוּטִין
deadpan *adj.* חֲסַר הַבָּעָה
deaf *adj.* חֵירֵשׁ
deaf-and-dumb *n., adj.* (שֶׁל) חֵירֵשׁ־אִילֵּם
deaf-mute *n., adj.* חֵירֵשׁ־אִילֵּם
deafen *v.* הֶחֱרִישׁ אוֹזְנַיִים
deafening *adj.* מַחֲרִישׁ אוֹזְנַיִים
deafness *n.* חֵירְשׁוּת
deal *v.* עָסַק; טִיפֵּל; נָהַג; סָחַר
deal *n.* עֵסֶק, עִסְקָה; הֶסְכֵּם; הֶסְדֵּר; טִיפּוּל; כַּמּוּת (גְדוֹלָה)
deal *adj.* עָשׂוּי עֵץ אוֹרֶן
dealer *n.* סוֹחֵר; מְחַלֵּק קְלָפִים
dean *n.* דִּיקַן־פָקוּלְטָה; דִּיקַן־הַסְטוּדֶנְטִים; רֹאשׁ כְּנֵסִיָּיה; זְקַן הַחֲבוּרָה
deanship *n.* דִּיקָנוּת
dear *n.* (אדם) יָקָר; יַקִּיר
dear *adj.* יָקָר
dear *adv.* בְּיוֹקֶר
dear *interj.* אֵלִי! (קריאת צער או תימהון)
dearie *n.* חֲבִיבִי, יַקִּירִי

dearth *n.* מַחְסוֹר
death *n.* מָוֶות
death blow *n.* מַכַּת מָוֶות
death certificate *n.* תְּעוּדַת פְּטִירָה
death house *n.* תָּא הַנִּידּוֹנִים לְמָוֶות
death penalty *n.* עוֹנֶשׁ מָוֶות
death rate *n.* שִׁיעוּר הַתְּמוּתָה
death-rattle *n.* גְּנִיחַת גְּסִיסָה
death warrant *n.* פְּקוּדַּת הֲמָתָה (לפושע)
deathless *adj.* נִצְחִי
deathly *adj., adv.* כַּמָּוֶות
deathwatch *n.* שׁוֹמֵר גוֹסֵס
debacle *n.* הִתְבַּקְּעוּת קֶרַח (על נהר); מַפָּלָה, תְּבוּסַת בֶּהָלָה
debar *v.* מָנַע כְּנִיסָה; שָׁלַל זְכוּיוֹת
debark *v.* הוֹרִיד מֵאוֹנִיָּיה; יָרַד מֵאוֹנִיָּיה
debarkation *n.* הוֹרָדָה מֵאוֹנִיָּיה; יְרִידָה מֵאוֹנִיָּיה
debase *v.* הִפְחִית בְּעֶרְכּוֹ, הִשְׁפִּיל; זִיֵּיף (כסף)
debatable *adj.* נִיתָּן לְוִיכּוּחַ
debate *n.* וִיכּוּחַ; דִּיּוּן
debate *v.* דָּן; הִתְוַוכֵּחַ
debauchery *n.* הוֹלֵלוּת, זִימָּה
debenture *n.* אִיגֶּרֶת חוֹב
debilitate *v.* הֶחֱלִישׁ, הִתִּישׁ
debility *n.* חוּלְשָׁה
debit *n., adj.* (זְקִיפָה) לְחוֹבָה
debit *v.* חִיֵּיב חֶשְׁבּוֹן
debonair *adj.* חָבִיב, אָדִיב, נְעִים הֲלִיכוֹת
debris *n.* הֲרִיסוֹת, עִיֵּי חֳרָבוֹת
debt *n.* חוֹב
debtor *n.* חַיָּיב, בַּעַל חוֹב
debunk *v.* עָשָׂה לִצְחוֹק, חָשַׂף אֶת הַשֶּׁקֶר

debut, début *n.* הופָעַת בְּכוֹרָה
debutante, débutante *n.* מַתְחִילָה, מוֹפִיעָה לָרִאשׁוֹנָה
decade *n.* עָשׂוֹר
decadence, decadency *n.* הִתְנַוְונוּת
decadent *adj.* מִתְנַוֵּון
Decalogue *n.* עֲשֶׂרֶת הַדִּיבְּרוֹת
decanter *n.* בַּקְבּוּק, כְּלִי זְכוּכִית (ליין)
decapitate *v.* הִתִּיז רֹאשׁ, עָרַף
decathlon *n.* תַּחֲרוּת אַתְלֶטִיקָה (בּ־10 ענפים)
decay *v.* הִתְנַוֵּון; רָקַב
decay *n.* הִתְנַוְונוּת; רִיקָּבוֹן
decease *v., n.* מֵת; מָוֶות
deceased *adj., n.* נִפְטָר, מֵת
deceit *n.* רַמָּאוּת, גְּנֵיבַת דַּעַת
deceitful *adj.* שַׁקְרָן, מְרַמֶּה
deceive *v.* גָּנַב דַּעַת, רִימָּה; אִכְזֵב
decelerate *v.* הֵאֵט (בּרֶכֶב)
December *n.* דֶּצֶמְבֶּר
decency *n.* הֲגִינוּת; צְנִיעוּת
decent *adj.* הוֹגֵן, הָגוּן; צָנוּעַ
decentralize *v.* בִּיזֵּר (סמכויות)
deception *n.* רַמָּאוּת; אֲחִיזַת עֵינַיִים
deceptive *adj.* מַטְעֶה, עָלוּל לְהַטְעוֹת
decibel *n.* דֶצִיבֶּל (יחידה למדידת עוצמת קול)
decide *v.* הֶחְלִיט, הִכְרִיעַ
decimal *adj., n.* עֶשְׂרוֹנִי; שֶׁבֶר עֶשְׂרוֹנִי.
decimal point *n.* נְקוּדַּת הַשֶּׁבֶר הָעֶשְׂרוֹנִי
decimate *v.* חִיסֵּל חֵלֶק גָּדוֹל; חִיסֵּל עֲשִׂירִית
decipher *v.* פִּעְנַחַ (צופן)
decision *n.* הַחְלָטָה, הַכְרָעָה
decisive *adj.* מַכְרִיעַ, נָחוּשׁ בְּדַעְתּוֹ

deck *v.* צִיפָּה, קִישֵּׁט; סִיפֵּן
deck *n.* סִיפּוּן; צְרוֹר קְלָפִים
deck-chair *n.* כִּיסֵּא נוֹחַ
deck-hand *n.* מַלַּח־סִיפּוּנַאי
declaim *v.* דִּקְלֵם; טָעַן כְּנֶגֶד
declaration *n.* הַכְרָזָה, הַצְהָרָה
declarative *adj.* הַצְהָרָתִי
declare *v.* הִצְהִיר
declassify *v.* הִתִּיר אִיסּוּר פִּרְסוּם
declension *n.* נְטִיָּיה (והטיה) שֶׁל שְׁמוֹת עֶצֶם; מִדְרוֹן
declination *n.* נְטִיָּיה מַטָּה; סְטִיָּיה (של מחט במצפן וכד'); סֵירוּב, מֵיאוּן
decline *v.* דָּחָה (בנימוס); הִטָּה; יָרַד בְּמִדְרוֹן; נֶחְלַשׁ
decline *n.* מוֹרָד, מִדְרוֹן; הִיחָלְשׁוּת, יְרִידָה
declivity *n.* מִדְרוֹן, מוֹרָד
decode *n.* פִּעְנוּחַ (צופן)
decode *v.* פִּעְנַחַ (צופן)
décolleté *adj.* (לגבּי אישה) עֲמוּקַת מַחְשׂוֹף
decompose *v.* פֵּירֵק; רָקַב, נִרְקַב
decomposition *n.* פֵּירוּק; הִתְפָּרְקוּת; הֵירָקְבוּת
decompression *n.* רִיפּוּי לַחַץ
decontamination *n.* טִיהוּר (מגאזים רעילים או מרדיואַקטיוויות)
decor *n.* תִּפְאוּרָה, קִישּׁוּט וְסִידּוּר רָהִיטִים
decorate *v.* קִשֵּׁט; עִיטֵּר (באות הצטיינות)
decoration *n.* קִישּׁוּט; עִיטּוּר
decorator *n.* מְקַשֵּׁט, דֵּקוֹרָטוֹר, צַבָּע (לבית)

decorous *adj.* הולֵם, יָאֶה,
הוגֵן (בהתנהגות, באופִי וכד')
decorum *n.* הֲגִינוּת, הֲלִימוּת
decoy *v.* פִּיתָּה; נִפְתָּה
decoy *n.* פִּיתָּיון
decrease *v.* הִפְחִית, הוריד; יָרַד, פָּחַת
decrease *n.* הַפְחָתָה, צִמְצוּם
decree *n.* פְּקוּדָּה, גְזֵירָה
decree *v.* פָּקַד, גָזַר
decrepit *adj.* תָּשׁוּשׁ
decrescendo *n.* (במוסיקה) הולֵךְ וְרָפֶה
decry *v.* פָּסַל, זִלְזֵל בּ
dedicate *v.* הִקְדִּישׁ; חָנַךְ
dedication *n.* הַקְדָּשָׁה; הִתְמַסְּרוּת
deduce *v.* הִסִּיק
deduct *v.* הִפְחִית; נִיכָּה
deduction *n.* הַפְחָתָה; נִיכּוּי;
הַקָּשָׁה מִן הַכְּלָל אֶל הַפְּרָט
deed *n.* מַעֲשֶׂה; מִסְמָךְ
deem *v.* חָשַׁב ל, סָבַר
deep *adj.* עָמוֹק; רְצִינִי, שָׁקוּעַ בּ
deep *n.* אוֹקְיָנוֹס, יָם, עוֹמֶק
deep *adv.* עַד לָעוֹמֶק, בָּעוֹמֶק
deep rooted *adj.* מְשׁוֹרָשׁ עָמוֹק
deepen *v.* הֶעֱמִיק
deer *n. sing., pl.* צְבִי, צְבָיִים
deface *v.* הִשְׁחִית פָּנִים, מָחַק
de facto *adv.* לְמַעֲשֶׂה, דֶה פַקְטוֹ
defamation *n.* הַשְׁמָצָה, הוֹצָאַת דִּיבָּה
defame *v.* הִשְׁמִיץ, הוֹצִיא דִּיבָּה
default *n.* הֵיעָדְרוּת, מַחְסוֹר;
מֶחְדָּל, הִשְׁתַּמְּטוּת מֵחוֹבָה
default *v.* הִשְׁתַּמֵּט מֵחוֹבָה
defeat *v.* הֵבִיס, הִכְשִׁיל, הִפִּיל
defeat *n.* תְּבוּסָה; הֲפָרָה; הַפָּלָה
defeatism *n.* תְּבוּסָנוּת, תְּבוּסְתָּנוּת
defeatist *n.* תְּבוּסָן
defecate *v.* הֶחֱרִיא, עָשָׂה צְרָכָיו
defect *n.* מוּם, פְּגָם, מִגְרַעַת
defection *n.* עֲרִיקָה; הִשְׁתַּמְּטוּת
מִמִּילּוּי חוֹבָה
defective *adj.* לָקוּי, פָּגוּם; מְפַגֵּר
defend *v.* הֵגֵן, לִימֵּד זְכוּת, טָעַן ל
defendant *n.* נִתְבָּע, נֶאֱשָׁם, מִתְגוֹנֵן
defender *n.* מֵגֵן; מְלַמֵּד זְכוּת
defense *n.* הֲגָנָה, הִתְגוֹנְנוּת;
(במשפט) סָנֵיגוֹרְיָה
defensive *adj., n.* מֵגֵן; (שֶׁל) הִתְגוֹנְנוּת
defer *v.* הִשְׁהָה, דָּחָה; נִכְנַע (מתוך כבוד)
deference *n.* כְּנִיעָה, וִיתּוּר (מתוך כבוד)
deferential *adj.* מְכַבֵּד, נִכְנָע (כנ"ל)
deferment *n.* דְּחִיָּה (בזמן)
defiance *n.* הִתְקוֹמְמוּת, הַמְרָיָה, הִתְרָסָה
defiant *adj.* מַתְרִיס, מִתְקוֹמֵם
deficiency *n.* חוֹסֶר, מַחְסוֹר, גֵּירָעוֹן
deficient *adj.* חָסֵר, לָקוּי
deficit *n.* גֵּירָעוֹן
defile *v.* טִימֵּא, לִכְלֵךְ; צָעַד בְּשׁוּרַת עוֹרֶף
defile *n.* מַעֲבָר צַר (בהרים)
define *v.* הִגְדִּיר, תֵּיאֵר; תָּחַם
definite *adj.* מוּחְלָט, מוּגְדָּר; מְסוּיָּם
definite article *n.* הֵ"א הַיְדִיעָה
definition *n.* הַגְדָּרָה
definitive *adj.* מַכְרִיעַ; מְסַכֵּם, סוֹפִי
deflate *v.* הוֹצִיא אֶת הָאֲוִויר;
הוֹרִיד (ממצב של אינפלאציה)
deflation *n.* הוֹצָאַת אֲוִיר; דֶּפְלַצְיָה
(הֶפֶךְ מן אינפלציה)
deflect *v.* הִטָּה; נָטָה הַצִּידָּה
deflower *v.* הֵסִיר פְּרָחִים; בִּיתֵּק בְּתוּלִים
deforest *v.* בֵּירֵא יַעַר
deform *v.* עִיוּוֵת צוּרָה, כִּיעֵר

deformed *adj.* מְעוּוָּת; מוּשְׁחַת מַרְאֶה
deformity *n.* עִיוּוּת צוּרָה
defraud *v.* הוֹנָה, גָּזַל בְּמִרְמָה
defray *v.* שִׁילֵם הוֹצָאוֹת
defrost *v.* הֵסִיר הַקֶּרַח, הִפְשִׁיר
deft *adj.* מְיוּמָּן, זָרִיז
defunct *adj.* מֵת, חָדֵל
defy *v.* הִתְרִיס, הִתְנַגֵּד בְּעַזּוּת
degeneracy *n.* נִיוּוּן, שְׁחִיתוּת
degenerate *v.* הִתְנַוֵּון
degenerate *adj., n.* מְנוּוָּן; מְפַגֵּר
degrade *v.* הוֹרִיד בְּמַעֲלָה; הִשְׁפִּיל
degrading *adj.* מַשְׁפִּיל, מְבַזֶּה
degree *n.* דַּרְגָּה; מַעֲלָה; תּוֹאַר
dehumidifier *n.* מִתְקָן מוֹנֵעַ לַחוּת
dehydrate *v.* יִיבֵּשׁ, הִצְמִיק, הֵסִיר אֶת הַמַּיִם
de-ice *v.* הִפְשִׁיר (קרח)
deify *v.* הֶאֱלִיהַּ
deign *v.* מָחַל עַל כְּבוֹדוֹ; הוֹאִיל
deism *n.* דֶּאִיזְם (אמונה בקיום אלוהים אבל לא בהתגלותו, או בפולחן דתי)
deity *n.* אֱלוֹהוּת
dejected *adj.* מְדוּכָּא, מְדוּכְדָּךְ
dejection *n.* דִּיכָּאוֹן, דִּכְדּוּךְ
de jure *adv.* דֶּה יוּרֶה, לַהֲלָכָה
delay *v.* עִיכֵּב, הִשְׁהָה; הִשְׁתַּהָה
delay *n.* עִיכּוּב; הִשְׁתַּהוּת
delectable *adj.* נֶחְמָד, מְעַנֵּג
delegate *n.* צִיר, בָּא־כּוֹחַ
delegate *v.* מִינָּה, יִיפָּה כּוֹחַ
delete *v.* מָחַק, בִּיטֵּל
deletion *n.* הַשְׁמָטָה, מְחִיקָה
deliberate *v.* שָׁקַל בְּדַעְתּוֹ; נוֹעַץ
deliberate *adj.* מְכוּוָּן; לְלֹא חִיפָּזוֹן
deliberation *n.* שִׁיקּוּל, דִּיּוּן, חֲשִׁיבָה
delicacy *n.* עֲדִינוּת; רְגִישׁוּת; מַעֲדָן
delicate *adj.* עָדִין, רַךְ, רָגִישׁ, אִיסְטְנִיס
delicatessen *n. pl.* מַעֲדַנִּים
delicious *adj.* עָרֵב בְּיוֹתֵר
delight *n.* עוֹנֶג, תַּעֲנוּג
delight *v.* עִינֵּג; הִתְעַנֵּג
delimit *v.* תָּחַם, קָבַע גְּבוּל
delightful *adj.* מְהַנֶּה, מְעַנֵּג
delineate *v.* תֵּיאֵר (בציור או במלים)
delinquency *n.* עֲבַרְיָינוּת; רַשְׁלָנוּת
delinquent *n., adj.* עֲבַרְיָין; מִתְרַשֵּׁל
delirious *adj.* מְטוֹרָף (בהשפעת חום)
delirium *n.* טֵירָפוֹן
deliver *v.* מָסַר; הִצִּיל; שִׁחְרֵר; יִילֵּד; הִסְגִּיר; נָאַם
delivery *n.* מְסִירָה, חֲלוּקָה; לֵידָה; אוֹפֶן דִּיבּוּר
delivery room *n.* חֲדַר לֵידָה
dell *n.* עֵמֶק, גַּיְא
delouse *v.* טִיהֵר מִכִּינִּים
delphinium *n.* דָּרְבָנִית (צמח)
delta *n.* דֶּלְתָּא, ד' יְווָנִית; מִישׁוֹר סַחַף בִּשְׁפַךְ נָהָר גָּדוֹל בְּצוּרַת מְשׁוּלָּשׁ
delude *v.* הִשְׁלָה, תִּעְתֵּעַ
deluge *n.* מַבּוּל, שִׁיטָּפוֹן
deluge *v.* שָׁטַף, הֵצִיף
delusion *n.* הַשְׁלָיָה, אַשְׁלָיָה; תַּעְתּוּעַ
de luxe *adj.* מֵיטָב מְעוּלֶּה, מְפוֹאָר
delve *v.* חָקַר, חָדַר; חָפַר
demagnetize *v.* בִּיטֵּל מִגְנוּט
demagog(ue) *n.* דֶּמָגוֹג (מנהיג משפיע ומלהיב את ההמון בכוח דבריו המכוּונים לרוב לרגשות, ליצרים ולדעות קדומות של ההמון)
demagogic(al) *adj.* דֶּמָגוֹגִי

demand *v.* תָּבַע, דָּרַשׁ; הִצְרִיךְ
demand *n.* תְּבִיעָה; צוֹרֶךְ
demarcate *v.* סִימֵּן גְבוּלוֹת
demean *v.* הִשְׁפִּיל אֶת עַצְמוֹ
demeanor *n.* הִתְנַהֲגוּת, הוֹפָעָה
demented *adj.* מְטוֹרָף
demerit *n.* מִגְרַעַת, פְּגָם, חִיסָּרוֹן
demigod *n.* חֲצִי אֵל
demilitarize *v.* פֵּירַז
demise *v.* הֶעֱבִיר בַּעֲלוּת אוֹ מַלְכוּת
demise *n.* מָוֶת, פְּטִירָה; הַעֲבָרַת מְקַרְקְעִין אוֹ שִׁלְטוֹן
demitasse *n.* סִפְלוֹן לְקָפֶה
demobilize *v.* שִׁחְרֵר (משירות צבאי); פֵּירֵק צָבָא
democracy *n.* דֵמוֹקְרַטְיָה
democratic *adj.* דֵמוֹקְרָטִי
demography *n.* דֶמוֹגְרַפְיָה (הרכב האוכלוסייה ותנועתה)
demolish *v.* הָרַס
demolition *n.* הֲרִיסָה
demon, daemon *n.* רוּחַ רָעָה, שֵׁד מַשְׁחִית
demoniacal *adj.* שְׂטָנִי, שֵׁדִי
demonstrate *v.* הוֹכִיחַ; הִפְגִין
demonstration *n.* הוֹכָחָה; הַדְגָמָה; הַפְגָּנָה
demonstrative *adj.* מַפְגִּין; מַסְבִּיר, מַדְגִים
demonstrator *n.* מַצִּיג, מַדְגִים; מַפְגִּין
demoralize *v.* הִשְׁחִית; רִיפָּה רוּחַ
demote *n.* הוֹרִיד בְּדַרְגָּה
demotion *n.* הוֹרָדָה בְּדַרְגָּה
demur *v., n.* עִרְעֵר, הִבִּיעַ הִתְנַגְּדוּת; עִרְעוּר, הַבָּעַת הִתְנַגְּדוּת
demure *adj.* מִצְטַנֵּעַ
demurrage *n.* עִיכּוּב (אונייה); דְּמֵי עִיכּוּב
den *n.* גּוֹב, מְאוּרָה; חֶדֶר קָטָן
denaturalize *v.* שָׁלַל אֶזְרָחוּת
denial *n.* הַכְחָשָׁה, כְּפִירָה, הִתְכַּחֲשׁוּת; סֵירוּב
denigrate *v.* הִשְׁמִיץ, הוֹצִיא דִּיבָּה
denim *n.* אֲרִיג כּוּתְנָה גַס; סַרְבָּל
denizen *n.* תּוֹשַׁב הַמָּקוֹם; דַּיָּיר
denomination *n.* סוּג כַּת דָּתִית; עֵרֶךְ נָקוּב (במטבע), עָרִיךְ
denote *v.* הוֹרָה עַל; צִיֵּין; סִימֵּל
denouement *n.* הַתָּרַת תִּסְבּוֹכֶת, הַבְהָרָה סוֹפִית
denounce *v.* הוֹקִיעַ, הֶאֱשִׁים; בִּיטֵּל חוֹזֶה אוֹ בְּרִית
dense *adj.* דָּחוּס, מְעוּבֶּה, אָטוּם; מְטוּמְטָם
density *n.* דְּחִיסוּת
dent *n.* שֶׁקַע, גּוּמָּה
dent *v.* גָּרַם לְשֶׁקַע
dental *adj., n.* שִׁינִּי, שֶׁל שֵׁן; עִיצּוּר שִׁינִּי
dental floss *n.* חוּט שִׁינַּיִים (לניקוי)
dentifrice *n.* תַּכְשִׁיר לְנִיקּוּי שִׁינַּיִים
dentist *n.* רוֹפֵא שִׁינַּיִים
dentistry *n.* רִיפּוּי שִׁינַּיִים
denture *n.* מַעֲרֶכֶת שִׁינַּיִים תּוֹתָבוֹת
denunciation *n.* הוֹקָעָה; הוֹדָעַת בִּיטּוּל חוֹזֶה
deny *v.* הִכְחִישׁ; הִתְכַּחֵשׁ ל; סֵירֵב; שָׁלַל
deodorant *n., adj.* מַפִּיג רֵיחַ, מְאַלְרֵחַ
deoxidize *v.* הֵסִיר חַמְצָן
depart *v.* עָזַב, עָקַר; פָּנָה
department *n.* מַחְלָקָה; מָחוֹז מִנְהָלִי; מִשְׂרָד מֶמְשַׁלְתִּי
department store *n.* כּוֹל בּוֹ, מַרְכּוֹל

departure *n.* עֲזִיבָה, עֲקִירָה; פְּנִייָה
depend *v.* סָמַךְ; הָיָה תָּלוּי
dependable *adj.* שֶׁאֶפְשָׁר לִסְמוֹךְ עָלָיו, מְהֵימָן
dependence *n.* הִישָּׁעֲנוּת; תְּלוּת
dependency *n.* תְּלוּת; מְדִינַת חָסוּת
dependent *adj., n.* תָּלוּי; מוּתְנֶה
depict *v.* צִיֵּיר, תֵּיאֵר בְּמִלִּים
deplete *v.* מִיעֵט, חִיסֵּר; רוֹקֵן
deplorable *adj.* רָאוּי לִגְנַאי; מְצַעֵר
deplore *v.* הִצְטַעֵר עַל, בִּיכָּה
deploy *v.* (לגבּי צבא) פֵּירֵס; הִתְפָּרֵס
deployment *n.* (כּנ"ל) פֵּירוּס; הִתְפָּרְסוּת
depopulate *v.* חִיסֵּל אוּכְלוּסִיָּה
deport *v.* הִגְלָה, גֵּירֵשׁ (מארץ)
deportation *n.* הַגְלָיָה
deportee *n.* גּוֹלֶה, מְגוֹרָשׁ
deportment *n.* דֶּרֶךְ הִתְנַהֲגוּת
depose *v.* הִדִּיחַ (ממעמד); הֵעִיד בִּשְׁבוּעָה
deposit *v.* שָׂם (אסימון), הִנִּיחַ; נָתַן דְּמֵי קְדִימָה; הִפְקִיד
deposit *n.* דְּמֵי קְדִימָה; פִּיקָּדוֹן; מִשְׁקָע; מִרְבָּץ
deposition *n.* מָזֶג, מַצַּב רוּחַ; נְטִיָּה; סִידּוּר, תֵּיאוּם
depositor *n.* מַפְקִיד
depot *n.* תַּחֲנַת רַכֶּבֶת; מַחְסַן צִיוּד
deprave *v.* הִשְׁחִית, קִלְקֵל
depraved *adj.* מוּשְׁחָת
depravity *n.* שְׁחִיתוּת, מַעֲשֶׂה מוּשְׁחָת
deprecate *v.* טָעַן נֶגֶד; שָׁלַל
deprecation *n.* גִּינּוּי, הִתְנַגְּדוּת
depreciate *v.* מִיעֵט בְּעֵרֶךְ
depreciation *n.* פְּחָת, בְּלַאי; יְרִידַת עֵרֶךְ
depredation *n.* שׁוֹד, בִּיזָּה
depress *v.* דִּיכֵּא רוּחַ; הֶחֱלִישׁ
depression *n.* דִּכְדּוּךְ, דִּיכָּאוֹן; שֶׁקַע (בּארוֹמֶטרי); שֵׁפֶל (כּלכּלי)
deprive *v.* שָׁלַל מִן; קִיפַּח, מָנַע
depth *n.* עוֹמֶק, עֲמְקוּת
deputy *n.* נָצִיג, שָׁלִיחַ; מְמַלֵּא מָקוֹם, סְגָן
derail *v.* הוֹרִיד, יָרַד מֵהַפַּסִּים
derange *v.* בִּלְבֵּל; עִרְבֵּב; שִׁיגֵּעַ
derby *n.* מִגְבַּעַת לֶבֶד; תַּחֲרוּת סְפּוֹרְט מְיוּחֶדֶת (שנתית, וכן תחרות כּדורגל בּין קבוצות מקומיות)
derelict *adj., n.* עָזוּב, מוּפְקָר; סְפִינָה עֲזוּבָה
deride *v.* לָעַג, לִגְלֵג
derision *n.* לִגְלוּג; נָשׂוּא לְלַעַג
derisive *adj.* מְלַגְלֵג
derivation *n.* נִגְזֶרֶת (של מלה); מָקוֹר, מוֹצָא
derive *v.* הִשִּׂיג; הֵפִיק; נִגְזַר מִן
dermatology *n.* דֶּרְמָטוֹלוֹגְיָה (חֵקר מחלות עור וריפּוּין)
derogatory *adj.* מְזַלְזֵל, שֶׁל גְּנַאי, שֶׁיֵּשׁ בּוֹ טַעַם לִפְגָם
derrick *n.* מַדְלֶה, עָגוּרָן; מִגְדַּל קִידּוּחַ
dervish *n.* דֶּרְוִישׁ (נזיר מוסלימי)
desalination *n.* הַמְתָּקָה, הַתְפָּלָה
desalt, desalinate *v.* הִמְתִּיק, הִתְפִּיל
descend *v.* יָרַד; יָצָא
descendant *n.* צֶאֱצָא
descendent *adj.* יוֹרֵד; מִשְׁתַּלְשֵׁל
descent *n.* יְרִידָה; מוֹרָד; מוֹצָא
describe *v.* תֵּיאֵר; סִרְטֵט
description *n.* תֵּיאוּר; סוּג, מִין
descriptive *adj.* מְתָאֵר, תֵּיאוּרִי
descry *v.* גִּילָּה, הִבְחִין בּ

desecrate *v.* חִילֵּל
desegregation *n.* בִּיטּוּל הַפְרָדָה
desert *v.* זָנַח; עָרַק
desert *n., adj.* מִדְבָּר; מִדְבָּרִי
desert *n.* גְמוּל, הָרָאוּי; עֵרֶךְ
deserter *n.* עָרִיק
desertion *n.* עֲרִיקָה; זְנִיחָה
deserve *v.* הָיָה רָאוּי ל
deservedly *adv.* בְּצֶדֶק, כָּרָאוּי
desiccate *v.* יִיבֵּשׁ, הוֹצִיא לַחוּת (גם בהשאלה); הִתְיַיבֵּשׁ
desideratum *n.* דָּבָר נָחוּץ, צוֹרֶךְ חָשׁוּב
design *v.* תִּכְנֵן; רָשַׁם, סִרְטֵט
design *n.* תַּרְשִׁים, תּוֹכְנִית; כַּוָּונָה
designate *adj.* הַמְיוּעָד (לתפקיד אבל עדיין לא התחיל בו)
designate *v.* צִיֵּין, יִיעֵד; קָרָא בְּשֵׁם; מִינָּה
designing *adj.* עַרְמוּמִי, חוֹרֵשׁ מְזִימוֹת
designing *n.* תִּכְנוּן, סִרְטוּט, הֲכָנַת דְּגָמִים
desirable *adj.* נִכְסָף, רָצוּי
desire *v.* הִשְׁתּוֹקֵק ל, רָצָה בּ
desire *n.* תְּשׁוּקָה; בַּקָּשָׁה; מְבוּקָּשׁ
desirous *adj.* מִשְׁתּוֹקֵק
desist *v.* חָדַל
desk *n.* שׁוּלְחַן־כְּתִיבָה, דּוּכָן, מַחְלָקָה (במשרד)
desk clerk *n.* פְּקִיד קַבָּלָה
desk set *n.* מַעֲרֶכֶת כְּלֵי כְּתִיבָה
desolate *adj.* שׁוֹמֵם; מְדוּכְדָּךְ
desolate *v.* הֵשַׁם, הֶחֱרִיב; אִמְלֵל
desolation *n.* עֲזוּבָה, שְׁמָמָה; יָגוֹן
despair *v.* הִתְיָיאֵשׁ
despair *n.* יֵיאוּשׁ
despairing *adj.* מִתְיָיאֵשׁ
despatch *n., v. see* **dispatch**
desperado *n.* פּוֹשֵׁעַ מְסוּכָּן
desperate *adj.* מְיוּאָשׁ; נוֹאָשׁ; שֶׁאֵינוֹ נִרְתָּע
despicable *adj.* מְגוּנֶּה, שָׁפָל
despise *v.* בָּז
despite *n.* בּוּז
despite *prep* לַמְרוֹת, חֵרֶף
despoil *v.* בָּזַז, גָּזַל
despondence, despondency *n.* דִּיכָּאוֹן, דִּכְדּוּךְ
despondent *adj.* מְדוּכָּא, מְדוּכְדָּךְ
despot *n.* רוֹדָן, עָרִיץ
despotic *adj.* רוֹדָנִי
despotism *n.* רוֹדָנוּת
dessert *n.* פַּרְפֶּרֶת, לִפְתָּן
destination *n.* יַעַד; תַּכְלִית
destine *v.* יָעַד
destined *adj.* מְיוּעָד
destiny *n.* גּוֹרָל; יִיעוּד
destitute *adj.* חֲסַר כּוֹל, חֲסַר־
destitution *n.* חוֹסֶר כּוֹל, עוֹנִי
destroy *v.* הָרַס; הִשְׁמִיד
destroyer *n.* מַשְׁמִיד; מַשְׁחֶתֶת (אונייה)
destruction *n.* הֲרִיסָה, הַשְׁמָדָה
destructive *adj.* הַרְסָנִי
desultory *adj.* מְחוּסַר סֵדֶר, חֲסַר תִּכְנוּן
detach *v.* נִיתֵּק, הִפְרִיד, תָּלַשׁ
detachable *adj.* נִיתָּן לְהִינָּתֵק, נִיתָּן לְהִיפָּרֵד
detached *adj.* נִפְרָד, מְנוּתָּק; לֹא מְשׁוּחָד, אוֹבְּיֶיקְטִיבִי
detachment *n.* נִיתּוּק; הִינָּתְקוּת; הִסְתַּכְּלוּת מִגָּבוֹהַּ
detail *v.* תֵּיאֵר בִּפְרוֹטְרוֹט; (בצבא) הִקְצָה חוּלְיָה, הִטִּיל

detail *n.* פְּרָט; פֵּירוּט; מִקְצָה (בצבא)
detain *v.* עִיכֵּב; עָצַר
detect *v.* גִילָּה, בִּילֵּשׁ
detection *n.* גִילּוּי; חֲשִׂיפָה, בִּילּוּשׁ
detective *n., adj.* בַּלָּשׁ; בַּלָּשִׁי
detective story *n.* סִיפּוּר בַּלָּשִׁי
detector *n.* חוֹשֵׂף, מְגַלֶּה
detention *n.* מַעְצָר, מַאֲסָר; עִיכּוּב
deter *v.* הִרְתִּיעַ, רִיפָּה אֶת יְדֵי
detergent *adj., n.* מְנַקֶּה; חוֹמֶר מְנַקֶּה
deteriorate *v.* קִלְקֵל; הִתְקַלְקֵל
determine *v.* קָבַע; הִכְרִיעַ, הֶחְלִיט; כִּיוּוֵן
determined *adj.* נָחוּשׁ בְּדַעְתּוֹ
deterrent *adj., n.* מַרְתִּיעַ; גוֹרֵם מַרְתִּיעַ
detest *v.* תִּיעֵב
dethrone *v.* הִדִּיחַ מִמְּלוּכָה
detonate *v.* פּוֹצֵץ; הִתְפּוֹצֵץ
detour *n.* עֲקִיפָה; מַעֲקָף
detour *v.* עָקַף
detract *v.* חִיסֵּר, הִפְחִית
detriment *n.* נֶזֶק, רָעָה
detrimental *adj., n.* מַזִּיק, גוֹרֵם הֶפְסֵד
Deuteronomy *n.* מִשְׁנֵה תּוֹרָה, סֵפֶר דְּבָרִים
devaluation *n.* פִּיחוּת (מטבע)
devastate *v.* הָרַס, הֵשַׁם
devastation *n.* הֶרֶס, שְׁמָמָה, חוּרְבָּן
develop *v.* פִּיתֵּחַ; גִילָּה; הִתְפַּתֵּחַ; נִתְגַלָּה
development *n.* פִּיתּוּחַ; הִתְפַּתְּחוּת
deviate *v.* הִטָּה; סָטָה
deviation *n.* הַטָּיָה; סְטִיָּה
deviationist *n.* דוֹגֵל בִּסְטִיָּה
device *n.* אַמְצָאָה, מַכְשִׁיר, מִתְקָן; תַּחְבּוּלָה

devil *n.* שָׂטָן; שֵׁד; רָשָׁע
devil *v.* תִּיבֵּל (חריף); הִטְרִיד, הֵצִיק
devilish *adj., adv.* שֵׁדִי, שְׂטָנִי; מְאוֹד, בְּיוֹתֵר
devious *adj.* עֲקַלְקַל, פְּתַלְתּוֹל
devise *v.* תִּכְנֵן, הִמְצִיא
devoid *adj.* מְשׁוּלָּל, חָסֵר
devolution *n.* הֲסָבָה; תְּסִיבָּה (מכוח הדין)
devolve *v.* הֵסֵב
devote *v.* הִקְדִּישׁ, יִיחֵד
devoted *adj.* מָסוּר, אָדוּק
devotee *n.* חוֹבֵב נִלְהָב; קַנַּאי
devotion *n.* מְסִירוּת; חֲסִידוּת
devour *v.* בָּלַע, אָכַל; טָרַף
devout *adj.* אָדוּק, דָּתִי מָסוּר; אֲמִיתִּי, כֵּן
dew *n.* טַל
dew *v.* הִטְלִיל
dewdrop *n.* אֶגֶל טַל
dewy *adj.* טָלוּל
dexterity *n.* זְרִיזוּת, מְיוּמָּנוּת, יוּמְנָה
diabetes *n.* סוּכֶּרֶת
diabetic *adj., n.* שֶׁל סוּכֶּרֶת; חוֹלֵה סוּכֶּרֶת
diabolic(al) *adj.* שְׂטָנִי, שֵׁדִי
diacritical *adj.* דִּיאַקְרִיטִי, נִיקּוּדִי; מַבְחִין
diadem *n.* כֶּתֶר, עֲטֶרֶת; זֵר (פרחים)
di(a)eresis *n.* (בכתיב) הַבְדָּלַת שְׁתֵּי תְּנוּעוֹת סְמוּכוֹת
diagnose *v.* אִבְחֵן
diagnosis *n.* אִבְחוּן
diagonal *adj., n.* אֲלַכְסוֹנִי; אֲלַכְסוֹן
diagram *n.* תַּרְשִׁים, דִּיאַגְרַמָּה
diagram *v.* סִרְטֵט תַּרְשִׁים

dial *n.* חוּגָה
dial *v.* חִייֵג
dial telephone *n.* טֶלֶפוֹן חִיּוּג
dial tone *n.* צְלִיל חִיּוּג
dialect *n.* לַהַג, דִּיאָלֶקְט
dialogue *n.* דּוּ־שִׂיחַ, דִּיאָלוֹג
diameter *n.* קוֹטֶר
diametrical *adj.* קוֹטְרִי; בְּדִיּוּק כְּנֶגֶד
diamond *n.* יַהֲלוֹם; מְעוּיָּן
diamond *adj.* יַהֲלוֹמִי; מְשׁוּבָּץ יַהֲלוֹמִים
diaper *n.* חִיתּוּל
diaphragm *n.* סַרְעֶפֶת
diarrh(o)ea *n.* שִׁלְשׁוּל
diary *n.* יוֹמָן, לוּחַ יוֹמָן
Diaspora *n.* הַפְּזוּרָה, הַתְּפוּצָה, הַגּוֹלָה
diastole *n.* הִתְפַּשְּׁטוּת הַלֵּב
diathermy *n.* רִיפּוּי בְּחוֹם אוֹ בְּגַלִּים
diatribe *n.* בִּיקּוֹרֶת חֲרִיפָה
dice *n.* קוּבִּיּוֹת מִשְׂחָק
dice *v.* חָתַךְ לְקוּבִּיּוֹת
dichotomy *n.* חֲלוּקָה לִשְׁנַיִים
dicker *v.* הִתְמַקֵּחַ
dictaphone *n.* כְּתַב־קוֹל, דִּיקְטָפוֹן
dictate *v.* הִכְתִּיב, צִיוָּה, אִילֵּץ
dictate *n.* תַּכְתִּיב
dictation *n.* הַכְתָּבָה; תַּכְתִּיב
dictator *n.* דִּיקְטָטוֹר, רוֹדָן; מַכְתִּיב
dictatorship *n.* רוֹדָנוּת, דִּיקְטָטוּרָה
diction *n.* הֲגִיָּיה, חִיתּוּךְ דִּבּוּר
dictionary *n.* מִילּוֹן
dictum *n.* מֵימְרָה; הַכְרָזָה
didacatic *adj.* לִימּוּדִי, דִּידַקְטִי
die *v.* מֵת; דָּעַךְ
die *v.* טָבַע
die *n.* מַטְבַּעַת
diehard *n., adj.* לוֹחֵם עַקְשָׁנִי

diesel oil *n.* שֶׁמֶן דִּיזֶל
diet *v.* שָׁמַר דִּיאֵטָה
diet *n.* אוֹכֶל רָגִיל; דִּיאֵטָה, תַּפְרִיט מְיוּחָד
dietitian, dietician *n.* דִּיאֶטָן, דִּיאֶטָנִית
differ *v.* הָיָה שׁוֹנֶה; חָלַק עַל
difference *n.* שׁוֹנִי, הֶבְדֵּל, הֶפְרֵשׁ; אִי־הַסְכָּמָה
different *adj.* שׁוֹנֶה, נִבְדָּל
differentiate *v.* הִבְחִין, הִבְדִּיל
difficult *adj.* קָשֶׁה
difficulty *n.* קוֹשִׁי
diffidence *n.* אִי בִּיטָּחוֹן עַצְמִי, בַּיְישָׁנוּת, צְנִיעוּת
diffident *adj.* לֹא בּוֹטֵחַ בְּעַצְמוֹ, עָנָיו
diffuse *v.* הֵפִיץ; פִּיזֵּר; נָפוֹץ
diffuse *adj.* רַב־מֶלֶל; מְפוּזָּר; נָפוֹץ
dig *v.* חָפַר; חָתַר; חִיטֵּט; הִתְחַפֵּר; הִתְגּוֹרֵר
dig *n.* חֲפִירָה; דְּחִיפָה; עֲקִיצָה, הֶעָרָה עוֹקְצָנִית
digest *v.* עִיכֵּל; הִתְעַכֵּל
digest *n.* לֶקֶט, תַּקְצִיר
digestible *adj.* נֶעְכָּל, מִתְעַכֵּל
digestion *n.* עִיכּוּל, הִתְעַכְּלוּת
digestive *adj.* מִתְעַכֵּל, מְסַייֵּעַ לְעִיכּוּל
digit *n.* אֶצְבַּע; סִפְרָה
digital *adj.* סִפְרָתִי (מציין בספרות)
digital watch *n.* שְׁעוֹן סִפְרָתִי
dignified *adj.* אֲצִילִי, אוֹמֵר כָּבוֹד
dignify *v.* כִּיבֵּד, רוֹמֵם
dignitary *n., adj.* מְכוּבָּד, נִכְבָּד
dignity *n.* כָּבוֹד; עֵרֶךְ עַצְמִי
digress *v.* סָטָה, נָטָה
digression *n.* סְטִיָּיה, נְטִיָּיה
dike *n.* סֶכֶר, דָּיֵיק; תְּעָלָה

dike *v.* בָּנָה דָּיֵיק; נִיקֵז
dilapidated *adj.* רָעוּעַ, חָרֵב
dilate *v.* הִרְחִיב; הִתְרַחֵב
dilatory *adj.* אִיטִי, מְעַכֵּב; רַשְׁלָנִי
dilemma *n.* בְּעָיָה, דִּילֶמָּה
dilettante *n.* חוֹבְבָן, אָדָם שִׁטְחִי
diligence *n.* שְׁקִידָה, חָרִיצוּת
diligent *adj.* חָרוּץ, שַׁקְדָנִי
dill *n.* שֶׁבֶת (צמח ריחני)
dillydally *v.* בִּזְבֵּז זְמַנּוֹ
dilute *v.* דִּילֵּל, הִקְלִישׁ
dilute *adj.* מָהוּל, דָּלִיל
dilution *n.* דִּילּוּל, דְּלִילוּת; הַקְלָשָׁה; מְהִילָה
dim *adj.* עָמוּם
dim *v.* עָמַם, הֵעֵם; הוּעַם
dime *n.* דַּיים (עשרה סנטים)
dimension *n.* מֵמַד
diminish *v.* הִפְחִית, הִקְטִין
diminuendo *n.* (במוסיקה) הוֹלֵךְ וְרָפֶה
diminutive *adj., n.* זְעֵיר־אַנְפִּין; מוּזְעָר, קָטָן; צוּרַת הַקְטָנָה
dimly *adv.* בִּמְעוּמְעָם, בִּמְעוּרְפָּל
dimmer *n.* מְעַמְעֵם; עַמָּם
dimple *n.* גּוּמַּת־חֵן
dimple *v.* סִימֵּן גּוּמָּה
dimwit *n.* שׁוֹטֶה, קְשֵׁה תְּפִיסָה
dim-witted *adj.* טִיפְּשִׁי, מְטוּמְטָם
din *n.* הֲמוּלָּה, שָׁאוֹן
din *v.* הֵקִים רַעַשׁ
dine *v.* סָעַד, אָכַל, כִּיבֵּד בַּאֲרוּחָה
diner *n.* סוֹעֵד; קְרוֹן מִסְעָדָה
dingdong *n.* צִלְצוּל חוֹזֵר; שִׁגְרָה
dingdong *adj., adv.* שֶׁל מַהֲלוּמוֹת
dingy, dinghy *n.* סִירָה קְטַנָּה, סִירַת מְשׁוֹטִים
dingy *adj., n.* כֵּיהֶה; מְלוּכְלָךְ
dining-car *n.* קְרוֹן מִסְעָדָה
dining-room *n.* חֲדַר־אוֹכֶל
dinky *adj.* קָטָן וְנֶחְמָד (מכשיר, צעצוע)
dinner *n.* אֲרוּחָה עִיקָּרִית; אֲרוּחָה חֲגִיגִית
dinner-jacket *n.* חֲלִיפַת־עֶרֶב
dinner-set *n.* מַעֲרֶכֶת כְּלֵי אוֹכֶל
dinosaur *n.* דִּינוֹזָאוּרוּס (זוחל עתיק ענקי שנכחד)
diocese *n.* מְחוֹז הַבִּישׁוֹף
diode *n.* דִּיוֹדָה (התקן אלקטרוני להגבלת זרם חשמל או להכוונתו)
dioxide *n.* דוּ־תַּחְמוֹצֶת
dip *v.* טָבַל, הִשְׁרָה; הוֹרִיד; שָׁקַע, נִטְבַּל
dip *n.* טְבִילָה, צְלִילָה; חִישׂוּי; הוֹרָדָה; שֶׁקַע
dip stick *n.* סַרְגֵּל טוֹבֵל (למדידת כמות שמן וכו')
diphtheria *n.* קָרֶמֶת
diphthong *n.* דוּ־תְּנוּעָה, דִּיפְתּוֹנְג
diphthongize *v.* שִׁינָּה (או השתנה) לְדוּ־תְּנוּעָה
diploma *n.* תְּעוּדַת הַסְמָכָה, דִּיפְּלוֹמָה
diplomacy *n.* דִּיפְּלוֹמַטְיָה, חָכְמַת הַמְּדִינַאי
diplomat *n.* דִּיפְּלוֹמָט
diplomatic *adj.* דִּיפְּלוֹמָטִי
diplomatic pouch *n.* דוֹאַר דִּיפְּלוֹמָטִי
dipper *n.* טוֹבֵל; מַטְבִּיל; מַצֶּקֶת; כַּפִּית שְׁאִיבָה
dire *adj.* נוֹרָא, מַבְעִית
direct *adj., adv.* יָשִׁיר, יָשָׁר; יְשִׁירוּת
direct *v.* כִּיוֵּן, הִדְרִיךְ; הוֹרָה; בִּיֵּים (מחזה)
direct current *n.* זֶרֶם יָשָׁר

direct discourse *n.* דִּיבּוּר יָשִׁיר
direct hit *n.* פְּגִיעָה יְשִׁירָה
direct object *n.* מוּשָׂא יָשִׁיר
direct speech *n.* דִּיבּוּר יָשִׁיר
direction *n.* כִּיווּן; נִיהוּל; הַדְרָכָה; הַנְחָיָה; בִּיּוּם (מחזה וכד')
directly *adv.* הַיישֵׁר, בְּמֵישָׁרִים, מִיָּד, מִיָּד עִם
director *n.* מְנַהֵל; חָבֵר הַנְהָלָה; בַּמַּאי
directorship *n.* הַנְהָלָה, מִשְׂרַת מְנַהֵל
directory *n., adj.* מַדְרִיךְ
direful *adj.* אָיוֹם, נוֹרָא
dirge *n.* קִינָה
dirigible *adj., n.* שֶׁאֶפְשָׁר לְנַהֲגוֹ, נָהִיג; סְפִינַת אֲוִויר
dirt *n.* לִכְלוּךְ; עָפָר; שִׁיקּוּץ
dirt-cheap *adj., adv.* בְּזִיל הַזּוֹל
dirt road *n.* דֶּרֶךְ עָפָר
dirty *adj.* מְלוּכְלָךְ, מְזוֹהָם
dirty *v.* לִכְלֵךְ; הִתְלַכְלֵךְ
dirty linen *n.* כְּבִיסָה מְלוּכְלֶכֶת
dirty trick *n.* תַּחְבּוּלָה שְׁפָלָה
disable *v.* הֵטִיל מוּם בּ, שָׁלַל כּוֹשֶׁר
disabuse *v.* שִׁחְרֵר מֵאַשְׁלָיָה
disadvantage *n.* חוֹסֶר יִתְרוֹן; פְּגָם
disadvantageous *adj.* לֹא נוֹחַ; גּוֹרֵם הֶפְסֵד
disaffected *adj.* מְמוּרְמָר, לֹא נֶאֱמָן, עוֹיֵן
disagree *v* לֹא הִסְכִּים, חָלַק עַל; לֹא תָּאַם.
disagreeable *adj.* לֹא נָעִים
disagreement *n.* אִי הַסְכָּמָה, חִילּוּקֵי־דֵעוֹת; אִי־הַתְאָמָה
disappear *v.* נֶעְלַם
disappearance *n.* הֵיעָלְמוּת
disappoint *v.* אִכְזֵב
disappointment *n.* הִתְאַכְזְבוּת; אַכְזָבָה
disapproval *n.* הִתְנַגְּדוּת, אִי־שְׂבִיעוּת־רָצוֹן
disapprove *v.* לֹא שָׂבַע רָצוֹן; גִּינָּה, הִתְנַגֵּד
disarm *v.* פֵּירֵק נֶשֶׁק; הִתְפָּרֵק מִנִּשְׁקוֹ
disarmament *n.* פֵּירוּק נֶשֶׁק
disarming *adj.* מְפַיֵּס, מֵפִיג (כעס וכד')
disarray *v.* גָּרַם אִי סֵדֶר, פָּרַע סֵדֶר
disaster *n.* אָסוֹן, שׁוֹאָה
disastrous *adj.* הֲרֵה אָסוֹן, נוֹרָא
disavow *v.* נִיעֵר חוֹצְנוֹ, הִתְכַּחֵשׁ
disband *v.* פֵּירֵק; הִתְפָּרֵק
disbar *v.* שָׁלַל מַעֲמָד (של עורך דין)
disbelief *n.* כְּפִירָה, חוֹסֶר אֱמוּנָה
disbelieve *v.* כָּפַר בּ, לֹא הֶאֱמִין
disburse *v.* הוֹצִיא כֶּסֶף
disbursement *n.* הוֹצָאַת כֶּסֶף
disc, disk *n.* דִּסְקָה; דִּיסְקוּס; חוּלְיָה; תַּקְלִיט
discard *v.* זָנַח
discard *n.* זְנִיחָה; זָנוּחַ
discern *v.* רָאָה; הִבְחִין
discerning *adj.* מַבְחִין; מַבְדִּיל
discharge *v.* פָּרַק (מטען); שִׁחְרֵר; יָרָה; פִּיטֵּר; הִשְׁתַּחְרֵר; בִּיצַּע; הִתְפָּרֵק
discharge *n.* פְּרִיקַת מִטְעָן; שִׁחְרוּר; יְרִיָּיה; נְזִילָה; הִשְׁתַּחְרְרוּת; בִּיטּוּל
disciple *n.* תַּלְמִיד, חָסִיד
disciplinarian *n.* דּוֹגֵל בְּמִשְׁמַעַת
discipline *n.* מִשְׁמַעַת; שִׁיטָה, מִקְצוֹעַ מַדָּעִי וְשִׁיטָתִי

discipline *v.* מִשְׁמַע; עָנַשׁ
disclaim *v.* הִתְכַּחֵשׁ ל
disclose *v.* גִּילָּה, פִּרְסֵם
disclosure *n.* גִּילּוּי, פִּרְסוּם
discolor *v.* שִׁינָּה אוֹ קִלְקֵל צֶבַע
discomfiture *n.* מְבוּכָה, תְּבוּסָה
discomfort *v.* הִטְרִיד
discomfort *n.* אִי־נוֹחוּת, טִרְדָּה
disconcert *v.* הֵבִיךְ, הֵבִיא בִּמְבוּכָה
disconnect *v.* נִיתֵּק
disconsolate *adj.* עָגוּם, מְמָאֵן לְהִינָּחֵם
discontent *v.* צִיעֵר, לֹא הִשְׂבִּיעַ רָצוֹן
discontent *n.* אִי־שְׂבִיעוּת־רָצוֹן
discontented *adj.* לֹא מְרוּצֶּה
discontinue *v.* הִפְסִיק; פָּסַק, חָדַל
discord *n.* חִיכּוּךְ, מְרִיבָה; דִּיסוֹנַנְס
discordance *n.* אִי־הַתְאָמָה
discotheque *n.* דִּיסְקוֹטֶק (מועדון לבילוי חברתי במוסיקה ובריקודים)
discount *v.* נִיכָּה (שטר); הִמְעִיט בְּעֵרֶךְ
discount *n.* נִיכָּיוֹן; הֲנָחָה כַּסְפִּית
discourage *v.* רִיפָּה יָדַיִים; הֵנִיא, הִרְתִּיעַ
discouragement *n.* רִיפּוּי יָדַיִים; הַרְתָּעָה
discourse *n.* שִׂיחָה; הַרְצָאָה
discourse *v.* דִּיבֵּר בַּאֲרִיכוּת, שׂוֹחַח; הִרְצָה
discourteous *adj.* לֹא אָדִיב
discourtesy *n.* חוֹסֶר נִימוּס
discover *v.* גִּילָּה, מָצָא
discovery *n.* גִּילּוּי; תַּגְלִית
discredit *n.* פְּגִיעָה בַּשֵּׁם הַטּוֹב, חוֹסֶר אֵמוּן, אָבְדַן אֵמוּן
discredit *v.* פָּגַע בְּשֵׁם טוֹב; הָרַס אֵמוּן
discreditable *adj.* מֵבִישׁ
discreet *adj.* זָהִיר, מְחוּשָּׁב, דִּיסְקְרֶטִי
discrepancy *n.* סְתִירָה
discrete *adj.* נִפְרָד, נִבְדָּל
discretion *n.* כּוֹחַ שִׁיפּוּט; שִׁיקּוּל־דַּעַת
discriminate *v.* הִפְלָה; הִבְחִין
discrimination *n.* הַפְלָיָה; הַבְחָנָה
discriminatory *adj.* מַפְלֶה, מַבְחִין
discursive *adj.* סוֹטֶה מֵעִנְיָין לְעִנְיָין
discus *n.* דִּיסְקוּס (טבלת מתכת עגולה שספורטאים מתאמנים בהטלתה למרחק)
discuss *v.* הִתְווַכֵּחַ, דָּן
discussion *n.* וִיכּוּחַ, דִּיּוּן
disdain *v.* בָּז
disdain *n.* שְׁאָט־נֶפֶשׁ, בּוּז
disdainful *adj.* מְבַזֶּה, מְזַלְזֵל
disease *n.* מַחֲלָה, חוֹלִי
diseased *adj.* נָגוּעַ בְּמַחֲלָה
disembark *v.* הוֹרִיד מֵאוֹנִיָּה; יָרַד מֵאוֹנִיָּה
disembarkation *n.* הוֹרָדָה מֵאוֹנִיָּה; יְרִידָה מֵאוֹנִיָּה
disembodied *adj.* מְנוּתָּק מִגּוּף
disembowel *v.* הוֹצִיא אֶת הַקְּרָבַיִים
disenchant *v.* שִׁחְרֵר מֵאַשְׁלָיָה
disenchantment *n.* הִתְפַּכְּחוּת
disengage *v.* שִׁחְרֵר, הִתִּיר, נִיתֵּק
disengagement *n.* שִׁחְרוּר; הִינָּתְקוּת; בִּיטּוּל אֵירוּסִים
disentangle *v.* הִתִּיר סְבַךְ; חִילֵּץ
disentanglement *n.* הַתָּרַת סְבַךְ; הֵיחָלְצוּת
disestablish *v.* בִּיטֵּל הַכָּרָה (של מדינה)
disfavor *n.* אִי־אַהֲדָה, עַיִן רָעָה

disfavor *v.* לא אָהַד, הִבִּיט בְּעַיִן רָעָה
disfigure *v.* הִשְׁחִית צוּרָה, כִּיעֵר
disfranchise *v.* שָׁלַל זְכוּיוֹת אֶזְרָח
disgorge *v.* הֵקִיא; הֶחֱזִיר גָּזֵל
disgrace *n.* קָלוֹן, אִי־כָּבוֹד, חֶרְפָּה
disgrace *v.* הֵסִיר חִנּוֹ מִן; בִּיֵּשׁ
disgraceful *adj.* מֵבִישׁ, מַחְפִּיר
disgruntled *adj.* מְמוּרְמָר, מְאוּכְזָב
disguise *v.* הִסְוָוה, הִסְתִּיר
disguise *n.* תַּחְפּוֹשֶׂת, הַסְוָואָה
disgust *v.* מַגְעִיל, מְעוֹרֵר גּוֹעַל־נֶפֶשׁ
disgust *n.* סְלִידָה, גּוֹעַל־נֶפֶשׁ
disgusting *adj.* גּוֹעֲלִי
dish *n.* צַלַּחַת, קְעָרִית; תַּבְשִׁיל
dish *v.* חִילֵּק אוֹכֶל בְּצַלָּחוֹת
dishcloth *n.* מַטְלִית כֵּלִים
dishearten *v.* דִּיכָּא, רִיפָּה יָדַיִים
dishevel *v.* פָּרַע (שֵׂעָר), סָתַר
dishonest *adj.* לֹא יָשָׁר, נוֹכֵל
dishonesty *n.* אִי־הֲגִינוּת, גְּנֵיבַת הַדַּעַת
dishonor *v.* שָׁלַל כָּבוֹד מִן, לֹא כִּיבֵּד; מֵיאֵן לְשַׁלֵּם
dishonor *n.* שְׁלִילַת כָּבוֹד; קָלוֹן, בּוּשָׁה
dishonorable *adj.* מֵבִישׁ, שָׁפָל
dish rack *n.* סוֹרֵג צַלָּחוֹת
dishrag *n.* מַטְלִית לְכֵלִים
dishwasher *n.* מְדִיחַ כֵּלִים, מֵדִיחַ
dishwater *n.* מֵי כֵּלִים
disillusion *v.* נִיפֵּץ אַשְׁלָיָה
disillusionment *n.* הִתְפַּכְּחוּת
disinclination *n.* אִי־נְטִיָּיה; סֵירוּב
disincline *v.* הִטָּה לֵב מִן; לֹא נָטָה
disinfect *v.* חִיטֵּא
disinfectant *adj., n.* מְחַטֵּא
disingenuous *adj.* לֹא כֵּן, מְעוּשֶּׂה
disinherit *v.* שָׁלַל יְרוּשָּׁה
disintegrate *v.* פּוֹרֵר; הִתְפּוֹרֵר
disintegration *n.* הִתְפָּרְדוּת; הִתְפּוֹרְרוּת
disinter *v.* הוֹצִיא מִקִּבְרוֹ
disinterested *adj.* שֶׁאֵין לוֹ טוֹבַת־הֲנָאָה; אָדִישׁ
disinterestedness *n.* אֲדִישׁוּת, אִי־הִתְעַנְייְנוּת
disjointed *adj.* קָטוּעַ, לֹא לָכִיד
disjunctive *adj.* מַפְרִיד; מַבְחִין
disk *n.* דִּסְקָה; תַּקְלִיט
disk-jockey *n.* מַגִּישׁ תּוֹכְנִיּוֹת תַּקְלִיטִים (קלות), תַּקְלִיטָן
diskette *n.* (במחשב) תַּקְלִיטוֹן, דִּיסְקֶט
dislike *v.* לֹא חִיבֵּב, סָלַד
dislike *n.* אִי־חִיבָּה, סְלִידָה
dislocate *v.* הֵזִיז; עָקַר; שִׁיבֵּשׁ
dislodge *v.* סִילֵּק מִמְּקוֹמוֹ, גֵּירֵשׁ
disloyal *adj.* לֹא נֶאֱמָן, בּוֹגֵד
disloyalty *n.* אִי־נֶאֱמָנוּת, בְּגִידָה
dismal *adj.* מַעֲצִיב, מְדַכֵּא
dismantle *v.* פֵּירֵק; הָרַס
dismay *v.* רִיפָּה יָדַיִים, יֵיאֵשׁ
dismay *n.* רִפְיוֹן יָדַיִים, יֵיאוּשׁ
dismember *v.* קָטַע אֵיבָר; פֵּירֵק לַחֲתִיכוֹת
dismiss *v.* פִּיזֵּר, שִׁחְרֵר; פִּיטֵּר, בִּיטֵּל
dismissal *n.* פִּיזּוּר; שִׁילּוּחַ; פִּיטּוּרִים
dismount *v.* הוֹרִיד; יָרַד
disobedience *n.* אִי־צִיּוּת; הֲפָרַת מִשְׁמַעַת
disobedient *adj.* מֵפֵר מִשְׁמַעַת
disobey *v.* לֹא צִיֵּית
disorder *n.* אִי־סְדָרִים, עִרְבּוּבְיָה

disorder *v.* שִׁיבֵּשׁ סֵדֶר; בִּלְבֵּל

disorderly *adj.* לֹא מְסוּדָּר; מִתְפָּרֵעַ

disorderly *adv.* בְּאִי־סֵדֶר

disorderly house *n.* בֵּית־זוֹנוֹת

disorganize *v.* שִׁיבֵּשׁ סֵדֶר

disown *v.* הִתְכַּחֵשׁ ל

disparage *v.* זִלְזֵל בְּעֵרֶךְ

disparagement *n.* זִלְזוּל בְּעֵרֶךְ

disparate *adj.* נִבְדָּל, לֹא דוֹמֶה

disparity *n.* הֶבְדֵּל, שׁוֹנוּת

dispassionate *adj.* לֹא נִרְגָּשׁ, קַר־רוּחַ, מְיוּשָּׁב

dispatch, despatch *v.* שָׁלַח; הֵמִית

dispatch, despatch *n.* שְׁלִיחָה; הֲמָתָה; בִּיצוּעַ יָעִיל

dispel *v.* פִּיזֵּר (חששות)

dispensary *n.* בֵּית־מִרְקַחַת

dispense *v.* חִילֵּק; הֵכִין תְּרוּפוֹת; וִיתֵּר

dispensation *n.* וִיתּוּר, שִׁחְרוּר מֵחוֹבָה

disperse *v.* פִּיזֵּר; הִתְפַּזֵּר

Dispersion *n.* הַתְּפוּצוֹת, הַפְּזוּרָה

displace *v.* עָקַר מִמְּקוֹמוֹ; תָּפַס מְקוֹמוֹ שֶׁל

displaced person *n.* עָקוּר

display *v.* הֶרְאָה, הִצִּיג לְרַאֲווָה

display *n.* תְּצוּגָה; חִישּׂוּף

display window *n.* חַלּוֹן רַאֲווָה

displease *v.* הִרְגִּיז; לֹא נָעַם

displeasing *adj.* לֹא מוֹצֵא חֵן

displeasure *n.* אִי־שְׂבִיעוּת־רָצוֹן

disport *v.* הִתְבַּדֵּר, הִשְׁתַּעֲשֵׁעַ

disposable *adj.* שֶׁאֶפְשָׁר לְהִיפָּטֵר מִמֶּנּוּ; חַד פַּעֲמִי (לגבי חיתולים וכד')

disposal *n.* הִשְׁתַּחְרְרוּת מִמַּשֶּׁהוּ; סִידּוּר בְּמָקוֹם; רְשׁוּת

dispose *v.* סִידֵּר; מִיקֵּם; נָטָה; קָבַע

disposition *n.* מֶזֶג, מַצַּב־רוּחַ; נְטִייָה; מַעֲרָךְ, סִידּוּר

dispossess *v.* נִישֵּׁל מִנְּכָסָיו

disproof *n.* הַפְרָכָה, הֲזָמָה

disproportion *n.* חוֹסֶר יַחַס, דִיסְפְּרוֹפּוֹרְצְיָה, אִי תֵּיאוּם

disproportionate *adj.* לֹא בְּיַחַס נָכוֹן

disprove *v.* סָתַר, הִפְרִיךְ

dispute *v.* הִתְווַכַּח, עִרְעֵר

dispute *n.* פּוּלְמוֹס, וִיכּוּחַ, מַחְלוֹקֶת

disqualify *v.* פָּסַל; שָׁלַל זְכוּיוֹת

disquiet *v.* הִדְאִיג

disquiet *n.* אִי־שֶׁקֶט; דְּאָגָה

disregard *v.* הִתְעַלֵּם מִן

disregard *n.* הִתְעַלְּמוּת

disrepair *n.* מַצָּב הַטָּעוּן תִּיקּוּן

disreputable *adj.* יָדוּעַ לִגְנַאי, לֹא מְכוּבָּד

disrepute *n.* הַבְאָשַׁת שֵׁם טוֹב

disrespect *n.* חוֹסֶר כָּבוֹד

disrespectful *adj.* חָצוּף

disrobe *v.* פָּשַׁט; הִתְפַּשֵּׁט

disrupt *v.* שִׁיבֵּר, נִיתֵּץ

dissatisfaction *n.* אִי־שְׂבִיעוּת־רָצוֹן

dissatisfied *adj.* לֹא מְרוּצֶּה

dissatisfy *v.* לֹא הִשְׂבִּיעַ רָצוֹן

dissect *v.* נִיתַּח, בִּיתֵּר

dissemble *v.* הֶעֱמִיד פָּנִים

disseminate *v.* הֵפִיץ, זָרַע

dissension *n.* חִילּוּקֵי דֵעוֹת

dissent *v.* חָלַק עַל

dissent *n.* אִי־הַסְכָּמָה

dissenter *n.* מִסְתַּיֵּיג, פּוֹרֵשׁ

dissertation *n.* עֲבוֹדַת מֶחְקָר (לתואר אקדמי גבוה)

disservice *n.* שֵׁירוּת דוב, שֵׁירוּת רָע
dissever *v.* נִיתֵּק, חִילֵּק; נִיתַּק
dissidence *n.* אִי־הַסְכָּמָה; פְּרִישָׁה
dissident *adj., n.* חולֵק; פּורֵשׁ
dissimilar *adj.* לֹא דומֶה
dissimilate *v.* שִׁינָּה; הִשְׁתַּנָּה
dissimulate *v.* הֶעֱמִיד פָּנִים
dissipate *v.* פִּיזֵּר; הִתְפַּזֵּר; הִתְפָּרֵק
dissipated *adj.* מִתְהולֵל; שֶׁבְּהִתְעַנְגוּת
dissipation *n.* פִּיזּוּר, הִתְפָּרְדוּת; הוללוּת
dissociate *v.* הִתְנַעֵר; נִיתֵּק; נִיתַּק
dissolute *adj.* מִתְהולֵל, מוּפְקָר
dissolution *n.* חִיסּוּל; פֵּירוּק; הַפְרָדָה או הִיפָּרְדוּת; הֲמָסָה, הִתְמוסְסוּת
dissolve *v.* הֵמַס, מוסֵס; הִתִּיר (קשר), פִּיזֵּר, פֵּירֵק; הִתְפָּרֵק
dissonance *n.* אִי־הַתְאָמָה (של קולות), צְרִיר
dissuade *v.* הֵנִיא
distance *n.* מֶרְחָק, רוחַק
distant *adj.* רָחוק, מְרוּחָק; צונֵן
distaste *n.* סְלִידָה, בְּחִילָה; מְאִיסָה
distasteful *adj.* חֲסַר־טַעַם; לֹא נָעִים
distemper *n.* סִיּוּד בִּצְבָעִים; מַחֲלַת כְּלָבִים, מַחֲלָה; מַצַּב רוּחַ רָע
distend *v.* הִתְנַפֵּחַ, הִתְרַחֵב
distension *n.* נִיפּוּחַ, הַרְחָבָה
distil, distill *v.* זִיקֵּק; טִפְטֵף; זוּקַּק
distillation *n.* זִיקּוּק; נוזֵל מְזוּקָּק
distillery *n.* מִזְקָקָה; יֶקֶב יַיִן שָׂרָף
distinct *adj.* מוּבְהָק; נִבְדָּל
distinction *n.* צִיּוּן; הַבְחָנָה, הֶבְדֵּל; יִיחוּד; הִצְטַיְּינוּת
distinctive *adj.* אופְיָינִי, בָּרוּר
distinguish *v.* הִבְחִין, הִבְדִּיל; אִפְיֵין
distinguished *adj.* דָּגוּל, מְצֻטָּיָן
distort *v.* עִיוּוֵת, סֵירֵס
distortion *n.* סֵירוּס, עִיוּוּת
distraction *n.* הַסָּחַת תְּשׂוּמֶת־הַלֵּב; בִּידּוּר; אִי־רִיכּוּז
distraught *adj.* מְטוֹרָף; מְפוּזָּר
distress *v.* הִכְאִיב; צִיעֵר
distress *n.* יִיסּוּרִים, מְצוּקָה
distressing *adj.* מְדַכֵּא, מְצַעֵר
distribute *v.* הֵפִיץ; חִילֵּק
distribution *n.* הֲפָצָה; חֲלוּקָה
distributor *n.* מְחַלֵּק; מֵפִיץ; מַפְלֵג (בְּמנוע רֶכֶב)
district *n.* מָחוז, אֵזוֹר
district *v.* חִילֵּק לִמְחוזות
district attorney *n.* פְּרַקְלִיט הַמָּחוז
distrust *n.* אִי־אֵמוּן, חֲשָׁד
distrust *v.* רָחַשׁ אִי־אֵמוּן ל
distrustful *adj.* חַשְׁדָן
disturb *v.* הִפְרִיעַ; פָּרַע סֵדֶר
disturbance *n.* הַפְרָעָה; אִי־סֵדֶר
disuse *n.* יְצִיאָה מִכְּלַל שִׁימּוּשׁ
disuse *v.* הִפְסִיק שִׁימּוּשׁ
ditch *n.* חֲפִירָה; תְּעָלַת־נִיקּוּז
ditch *v.* חָפַר תְּעָלָה; נָטַשׁ בְּעֵת צָרָה
dither *n.* הִתְרַגְּשׁוּת; בִּלְבּוּל
ditto(do.) *n., adv.* כנ"ל, אותו דָּבָר
ditto *v.* שִׁכְפֵּל
ditty *n.* זֶמֶר קָצָר, פִּזְמונִית
diva *n.* זַמֶּרֶת אופֵּרָה מְהוּלֶּלֶת
divagate *v.* סָטָה
divan *n.* סַפָּה
dive *v.* צָלַל
dive *n.* צְלִילָה
dive bomber *n.* מַפְצִיץ צְלִילָה
diver *n.* צולֵל, אֲמוּדַאי

diverge *v.* הִסְתָּעֵף, הִתְפַּלֵּג; סָטָה
divers *adj.* אֲחָרִים שׁוֹנִים
diverse *adj.* מִמִּינִים שׁוֹנִים; שׁוֹנִים
diversification *n.* גִּיוּוּן
diversified *adj.* מְגוּוָּן, רַב־צוּרוֹת
diversion *n.* נְטִיָּה מִמַּסְלוּל; סְטִיָּה; בִּידּוּר
diversity *n.* שׁוֹנִי, שׁוֹנוּת; גִּיוּוּן
divert *v.* הִטָּה; הֵסִיחַ; בִּידֵּר, שִׁעֲשַׁע
diverting *adj.* מַטֶּה; מֵסִיחַ; מְבַדֵּר
divest *v.* הִפְשִׁיט; שָׁלַל מִן
divide *v.* חִילֵּק; הִפְרִיד; הִתְחַלֵּק
divide *n.* פָּרָשַׁת מַיִם
dividend *n.* מְחוּלָּק; דִּיוִוידֶנְדָה (חלק מן הרווחים)
dividers *n. pl.* מְחוּגָה
divination *n.* נִיבּוּי; הַגָּדַת עֲתִידוֹת
divine *v.* נִיבֵּא, נִיחֵשׁ
divine *adj., n.* אֱלוֹהִי; כּוֹהֵן דָּת, תֵּיאוֹלוֹג מְלוּמָּד
diving *n.* צְלִילָה
diving bell *n.* פַּעֲמוֹן צוֹלְלִים
diving board *n.* מַקְפֵּצַת צוֹלְלִים
diving suit *n.* מַדֵּי צוֹלֵל
divining-rod *n.* מַטֵּה־קֶסֶם (הַמְאַתֵּר, כביכול, מקור מים או נפט)
divinity *n.* אֱלוֹהוּת; תֵּיאוֹלוֹגְיָה
divisible *adj.* מִתְחַלֵּק, שֶׁנִּיתָּן לְחַלְּקוֹ
division *n.* חֲלוּקָה; הִתְחַלְּקוּת; (בחשבון) חִילּוּק; (בצבא) אוּגְדָּה
divisor *n.* מְחַלֵּק (בחשבון)
divorce *n.* גֵּירוּשִׁים, גֵּט, הַפְרָדָה, נִיתּוּק קֶשֶׁר
divorce *v.* גֵּירֵשׁ, הִתְגָּרֵשׁ; נִיתֵּק
divorcee *n.* גְּרוּשָׁה
divulge *v.* גִּילָּה סוֹד, פִּרְסֵם

dizziness *n.* סִחְרוּר, סְחַרְחוֹרֶת
dizzy *adj.* סְחַרְחַר, מְבוּלְבָּל
dizzy *v.* סִחְרֵר, בִּלְבֵּל
do *v.* עָשָׂה, פָּעַל; 'סִידֵּר', רִימָּה
do away with *v.* בִּיטֵּל; הֵמִית
do time *v.* רִיצָּה פֶּשַׁע בִּישִׁיבָה בְּבֵית סוֹהַר
do without *v.* הִסְתַּפֵּק בִּלְעֲדֵי
docile *adj.* צַיְיתָן, מְקַבֵּל מָרוּת
dock *v.* הֵבִיא לָרְצִיף; זִינֵּב; נִיכָּה (ממשכורת וכד')
dock *n.* רְצִיף; תָּא הַנֶּאֱשָׁם; זָנָב
dock hand *n.* פּוֹעֵל נָמֵל
dockage *n.* דְּמֵי עֲגִינָה
docket *n.* תַּקְצִיר שֶׁל מִסְמָךְ; (במשפט) קִיצּוּר מַהֲלַךְ הַמִּשְׁפָּט
dockyard *n.* מִסְפָּנָה
doctor *n.* דּוֹקְטוֹר (בעל תואר דוקטור), ד"ר; רוֹפֵא מוּסְמָךְ
doctor *v.* נָתַן טִיפּוּל רְפוּאִי; (בדיבור) זִייֵּף
doctorate *n.* תּוֹאַר דּוֹקְטוֹר; עֲבוֹדַת דּוֹקְטוֹר
doctrinaire *n.* דּוֹקְטְרִינֶר (אדם השקוע בספר ובהלכה ומתעלם מחיי המעשה ודרישותיהם); פַּסְקָנִי (לפי הלכה מסוימת)
doctrine *n.* מִשְׁנָה, דּוֹקְטְרִינָה (תורה דוגמאטית שלא אושרה בהוכחות)
document *n.* מִסְמָךְ
document *v.* תִּיעֵד
documentary *adj.* מִסְמָכִי, תִּיעוּדִי
documentary *n.* סֶרֶט תִּיעוּדִי
documentation *n.* תִּיעוּד
dodder *v.* רָעַד (מזקנה ומתשישות)

dodge *v.* נִרְתַּע הַצִּדָּה; הִתְחַמֵּק
dodge *n.* הִתְחַמְּקוּת; טַכְסִיס
dodo *n.* יוֹנָה בַּרְוָזִית (הוכחדה)
doe *n.* צְבִיָּה, אַיָּלָה
doer *n.* אָדָם עוֹשֶׂה
doeskin *n.* עוֹר אַיָּלוֹת
doff *v.* פָּשַׁט; הֵסִיר (כּוֹבע)
dog *n.* כֶּלֶב
dog *v.* עָקַב; רָדַף
dog days *n. pl.* יְמֵי־מַזַּל־כֶּלֶב (תקופה חמה ביותר, בין אמצע יולי לספטמבר)
dog in the manger *n.* כֶּלֶב בָּאֵבוּס (שמונע שור מלאכול קש משום שהוא אינו אוכל אותו)
dogged *adj.* מִתְעַקֵּשׁ, עַקְשָׁן
doggerel *n., adj.* חַרְזָנוּת בַּדְחָנִית; בַּדְחָנִי
doggy *adj.* שֶׁל כְּלָבִים
dogma *n.* דוֹגְמָה (הנחה מקובלת ומוסכמת שאין להרהר אחריה)
dogmatic *adj.* דוֹגְמָטִי
do-gooder *n.* טוֹב וּמֵיטִיב (כינוי לגלגני לתומך נאיווי ברפורמות הומאניטריות)
dog-star *n.* אַבְרֵק, סִירְיוּס
dog-tired *adj.* עָיֵף כְּכֶלֶב
doily *n.* מַפִּית לְצַלַּחַת
doing *adj.* עוֹשֶׂה; מִתְרַחֵשׁ
doing *n.* מַעֲשֶׂה
doldrums *n. pl.* תְּקוּפַת דִּכְדּוּךְ וְאִי פְּעִילוּת
doubter *n.* סַפְקָן
doubtful *adj.* מְפוּקְפָּק; לֹא וַדָּאִי; דּוּ־מַשְׁמָעִי
doubtless *adj., adv.* וַדָּאִי; וַדַּאי

douche *n.* מִקְלַחַת
dough *n.* בָּצֵק, עִיסָּה; כֶּסֶף
doughboy *n.* חַיָּל רָגִיל
doughnut *n.* סוּפְגָּנִית, לְבִיבָה
doughty *adj.* חָזָק, אַמִּיץ
doughy *adj.* בְּצֵקִי, רַךְ
dour *adj.* קוֹדֵר, זוֹעֵף
douse *v.* הִטְבִּיל; כִּיבָּה; נִטְבַּל
dove *n.* יוֹנָה
dovecot(e) *n.* שׁוֹבָךְ
dovetail *n.* זְנַבְיוֹן (חיבור דומה לזנב יונה)
dovetail *v.* חִיבֵּר בִּזְנַבְיוֹנִים
dowager *n.* אַלְמָנָה יוֹרֶשֶׁת (תואר מבעלה)
dowdy *adj.* מְרוּשָּׁל לְבוּשׁ
dowel *n.* פִּין (באבזרי מכונה)
dower *n.* יְרוּשַּׁת אַלְמָנָה (מבעלה המת); נְדוּנְיָה
down *prep., adv.* לְמַטָּה, מַטָּה; בִּנְקוּדָּה נְמוּכָה יוֹתֵר; דָּרוֹמָה; מְזֻמָּנִים קְדוּמִים; בִּמְזוּמָּן
down *adj.* יוֹרֵד; מוּפְנֶה מַטָּה; מְדוּכָּא
down *n.* יְרִידָה; מַעֲטֶה נוֹצוֹת; פְּלוּמָה, שֵׂעָר רַךְ
down *v.* הִפִּיל; הִכְנִיעַ; גָּמַע
downcast *adj.* מוּפְנֶה מַטָּה; מְדוּכָּא
downcast *n.* הֲפִיכָה, הֶרֶס; מַבָּט מַשְׁפִּיל
downfall *n.* גֶּשֶׁם שׁוֹטֵף; מַפָּלָה
downgrade *n.* מִדְרוֹן
downgrade *v.* הוֹרִיד בְּדַרְגָּה; הִמְעִיט בְּעֵרֶךְ
downhearted *adj.* מְדוּכָּא, עָצוּב
downhill *adj., adv.* יוֹרֵד, מִדְרוֹנִי
downstairs *adj., adv., n.* בְּקוֹמָה תַּחְתּוֹנָה; לְמַטָּה בַּמַּדְרֵגוֹת

downstream *adv.* בְּכִיווּן הַזֶּרֶם

downstroke *n.* לוֹכְסָן

downtown *adj., adv.* בְּמֶרְכַּז הָעִיר; אֶל מֶרְכַּז הָעִיר, הָעִירָה

downtrend *n.* מְגַמַּת יְרִידָה

downtrodden *adj.* נָתוּן לְדִיכּוּי

downward, downwards *adj., adv.* כְּלַפֵּי מַטָּה; בִּירִידָה

downy *adj.* מְכוּסֶה פְּלוּמָה, רַךְ כִּפְלוּמָה

dowry *n.* נְדוּנְיָה

doxology *n.* מִזְמוֹר תְּהִילָּה לה'

doyen *n.* זְקַן הַחֲבוּרָה (כגון של סגל דיפלומאטי)

doze *v.* נִמְנֵם

doze *n.* תְּנוּמָה קְצָרָה

dozen *n.* תְּרֵיסָר, 12

dozens of עֲשָׂרוֹת

dozy *adj.* מְיוּשָּׁן, מְנוּמְנָם

drab *n.* מְרוּשָּׁל; זוֹנָה

drab *adj.* אָפוֹר, מְשַׁעֲמֵם

drachma *n.* דְּרַכְמָה (מטבע יווני קדום, וכן יחידת משקל)

draft *n.* גִּיּוּס; טְיוּטָה; מְשִׁיכָה (של כסף)

draft *v.* סִרְטֵט, טִייֵּט; גִּייֵּס

draft *adj.* מַתְאִים לְהוֹבָלַת מַשָּׂא כָּבֵד

draft age *n.* גִּיל גִּיּוּס

draft beer *n.* בִּירָה מֵחָבִית

draft call *n.* צַו גִּיּוּס

draft dodger *n.* מִשְׁתַּמֵּט

draftee *n.* מְחוּיָּל, מְגוּיָּס

draftsman *n.* סַרְטָט; מְנַסֵּחַ מִסְמָכִים

drafty, draughty *adj.* פָּתוּחַ לָרוּחַ

drag *v.* סָחַב; גָּרַר; נִגְרַר

drag *n.* רֶשֶׁת לִמְשִׁייַּת טְבוּעִים; מַשְׂדֵּדָה, מִגְרָרָה; מִכְשׁוֹל

dragnet *n.* מִכְמוֹרֶת, רֶשֶׁת

dragon *n.* דְּרָקוֹן (חַיַּת אימים אגדית); מְכַשֵּׁפָה

drain *v.* נִיקֵּז; רוֹקֵן; הִתְרוֹקֵן

drain *n.* נֶקֶז, בִּיב; בִּיּוּב

drain-pipe *n.* בִּיב; צִינּוֹר נִיקּוּז

drain plug *n.* מְגוּפַת הֲרָקָה

drainage *n.* נִיקּוּז; בִּיּוּב; מֵי בִּיּוּב

drainboard *n.* דַּף יִיבּוּשׁ

drake *n.* בַּרְוָז

dram *n.* דְּרָם (יחידת משקל קטנה), קוֹרְטוֹב מַשְׁקֶה

drama *n.* מַחֲזֶה, דְּרָמָה

dramatic *adj.* דְּרָמָטִי, מְרַתֵּק, מַפְתִּיעַ

dramatis personae *n. pl.* הַנְּפָשׁוֹת (במחזה או בסיפור)

dramatist *n.* מַחֲזַאי

dramatize *v.* הִמְחִיז; בִּיטֵּא בְּצוּרָה מֶלוֹדְרָמָטִית

drape *n.* אֲרִיגִים, וִילוֹנוֹת

drape *v.* כִּיסָּה בִּירִיעוֹת וכד'

drapery *n.* אֲרִיגִים, כִּסּוּי; וִילוֹנוֹת

drastic *adj.* נִמְרָץ, חָזָק

draught *see* **draft**

draughts *n. pl.* מִשְׂחַק הַדַּמְקָה

draw *v.* מָשַׁךְ; סִרְטֵט; שָׁלַף (חרב וכד'); הִקִּיז (דם); שָׁאַב; נִיסַּח; יָצָא בְּתֵיקוּ

draw *n.* מְשִׁיכָה; שְׁאִיבָה; שְׁלִיפָה; תֵּיקוּ; פִּיתָּיוֹן

drawback *n.* מִכְשׁוֹל; חִיסָּרוֹן; תַּשְׁלוּם מוּחְזָר

drawbridge *n.* גֶּשֶׁר נִפְתָּח (או מוּזָז)

drawee *n.* נִמְשָׁךְ (שמושכים ממנו כסף בשֶׁק)

drawer *n.* מוֹשֵׁךְ, גוֹרֵר; מְסַרְטֵט; מוֹשֵׁךְ שֶׁק

drawer *n.* מְגֵירָה

drawing *n.* סִרְטוּט
drawing-board *n.* לוּחַ סִרְטוּט
drawing card *n.* מוֹקֵד הִתְעַנְיְינוּת, לָהִיט
drawing pin *n.* נַעַץ
drawing-room *n.* חֲדַר־אוֹרְחִים
drawl *v.* דִּיבֵּר לְאַט
drawl *n.* דִּיבּוּר אִיטִי
drawn *adj.* נִמְשָׁךְ, נִסְחָב; (חרב) שְׁלוּפָה; תֵּיקוּ; מָתוּחַ
dray *n.* קְרוֹנִית (נמוכה ללא דפנות)
dray *v.* הוֹבִיל בִּקְרוֹנִית
drayage *n.* הוֹבָלָה בִּקְרוֹנִית
dread *v.* פָּחַד, נִתְקַף אֵימָה
dread *n.* אֵימָה
dread *adj.* נוֹרָא
dreadful *adj.* מַחֲרִיד, אָיוֹם
dream *n.* חֲלוֹם, הֲזָיָה
dream *v.* חָלַם, הָזָה
dreamer *n.* חוֹלְמָן, בַּעַל חֲלוֹמוֹת
dreamland *n.* עוֹלַם הַדִּמְיוֹן
dreamy *adj.* חוֹלֵם, חוֹלֵם בְּהָקִיץ
dreary *adj.* מְדַכֵּא, מַעֲצִיב; מְשַׁעֲמֵם
dredge *n.* דַּחְפּוֹר, מַחְפֵּר
dredge *v.* גָּרַף בְּמַחְפֵּר; זָרָה (קמח או סוכר)
dredger *n.* דַּחְפּוֹר; דַּחְפּוֹרַאי, נַהַג דַּחְפּוֹר
dredging *n.* חֲפִירָה בְּמַחְפֵּר צָף
dregs *n. pl.* שְׁמָרִים; פְּסוֹלֶת
drench *v.* הִרְטִיב, הִסְפִּיג
dress *v.* יִישֵּׁר (שורה); הִתְיַישֵּׁר; הִלְבִּישׁ; לָבַשׁ
dress *n.* תִּלְבּוֹשֶׁת, לְבוּשׁ, שִׂמְלָה
dress-coat *n.* מִקְטוֹרֶן לַחֲלִיפַת עֶרֶב
dress goods *n.* הַלְבָּשָׁה

dress rehearsal *n.* חֲזָרָה בְּתִלְבּוֹשֶׁת
dress shirt *n.* חוּלְצַת עֶרֶב
dress suit *n.* תִּלְבּוֹשֶׁת עֶרֶב (של גבר)
dress tie *n.* עֲנִיבַת עֶרֶב
dresser *n.* אֲרוֹן מִטְבָּח; לוֹבֵשׁ
dressing *n.* לְבִישָׁה
dressing-down *n.* נְזִיפָה
dressing-gown *n.* חָלוּק
dressing-room *n.* חֲדַר־הַלְבָּשָׁה
dressing station *n.* תַּחֲנַת־חוֹבְשִׁים
dressing-table *n.* שׁוּלְחַן תִּסְפּוֹרֶת, שׁוּלְחַן אִיפּוּר
dressmaker *n.* תּוֹפֶרֶת, חַיָּיט לְגְבָרוֹת
dressmaking *n.* חַיָּיטוּת לִגְבָרוֹת
dressy *adj.* מִתְגַּנְדֵּר
dribble *v.* נָזַל; הִזִּיל; כִּדְרֵר
dribble *n.* טִפְטוּף; טִיפָּה; כִּדְרוּר
driblet, dribblet *n.* קוּרְטוֹב
dried *adj.* מְיוּבָּשׁ, מְצוּמָּק
drier *n.* מְיַיבֵּשׁ, מַכְשִׁיר יִיבּוּשׁ
drift *n.* הִיסָּחֲפוּת, טְרִידָה
drift *v.* נִסְחַף; נֶעֱרַם; סָחַף
drift-ice *n.* גּוּשֵׁי־קֶרַח נִסְחָפִים
driftwood *n.* קוֹרוֹת־עֵץ נִסְחָפוֹת
drill *n.* מַקְדֵּחַ; תִּרְגּוּל־סֵדֶר; אִימּוּנִים; מַזְרֵעָה
drill *v.* קָדַח; תִּרְגֵּל; הִתְאַמֵּן; זָרַע בְּמַזְרֵעָה
drill press *n.* מַקְדֵּחָה
drillmaster *n.* מַדְרִיךְ לְהִתְעַמְּלוּת
drink *v.* שָׁתָה
drink *n.* שְׁתִיָּיה; מַשְׁקֶה
drinkable *adj., n.* רָאוּי לִשְׁתִיָּיה, מַשְׁקֶה
drinker *n.* שׁוֹתֶה; שַׁתְיָין
drinking *n., adj.* שְׁתִיָּיה; שַׁתְיָינִי

drinking-fountain *n.* כִּיּוֹר לִשְׁתִיָּה

drinking-song *n.* שִׁיר־יַיִן

drinking trough *n.* שׁוֹקֶת

drip *v.* טִפְטֵף

drip *n.* טִפְטוּף

drip-dry *adj.* כַּבֵּס וּלְבַשׁ

drivable, driveable *adj.* שֶׁאֶפְשָׁר לִנְהוֹג בּוֹ, נָהִיג

drive *v.* נָהַג, הוֹבִיל; שִׁילֵּחַ; הִמְרִיץ; הֵעִיף (כדור) בְּמֶרֶץ

drive *n.* נְהִיגָה; נְסִיעָה בְּרֶכֶב; מִבְצָע, מַסָּע; דַּחַף

drive-in movie theater *n.* קוֹלְנוֹעַ רֶכֶב

drive-in restaurant *n.* מִסְעֶדֶת רֶכֶב

drive shaft *n.* גַּל הֶינֵּעַ

drive wheel *n.* גַּלְגַּל מֵנִיעַ

drivel *v.* פִּטְפֵּט כְּיֶלֶד

drivel *n.* הֲבָלִים

driver *n.* נַהָג, עֶגְלוֹן

driver's license *n.* רִשְׁיוֹן נְהִיגָה

driveway *n.* כְּבִישׁ פְּרָטִי (כניסה)

driving school *n.* בֵּית־סֵפֶר לִנְהִיגָה

drizzle *v.* טִפְטֵף גֶּשֶׁם דַּק; זִילֵּחַ

drizzle *n.* גֶּשֶׁם דַּק

droll *n.* בַּדְחָן

droll *adj.* מַצְחִיק, מְבַדֵּחַ

drome *n.* (קיצור) שְׂדֵה תְּעוּפָה

dromedary *n.* גְּמַל מֵרוֹץ, גָּמָל עַרְבִי (חַד דבשת)

drone *v.* הָמָה, זִמְזֵם

drone *n.* זְכַר־דְבוֹרַת־הַדְּבַשׁ; הוֹלֵךְ בָּטֵל; צְלִיל נָמוּךְ מוֹנוֹטוֹנִי

drool *v.* הִזִּיל רוֹק מִפִּיו (כסימן תשוקה); הִשְׁתַּטָּה

droop *v.* הִשְׁתּוֹפֵף; שָׁקַע, יָרַד, שָׁחַח

droop *n.* שְׁפִיפָה, רִפְיוֹן

drop *v.* נָטַף; הִפִּיל לָאָרֶץ; הִנְמִיךְ (קול); נָטַשׁ; נָפַל; יָרַד (מחיר)

drop *n.* טִיפָּה; מִדְרוֹן; קוּרְטוֹב; סוּכָּרִיָּה; נְפִילָה

drop it! הַפְסֵק! שְׁכַח אֶת זֶה!

drop table *n.* שׁוּלְחַן כְּנָפַיִים

droplight *n.* מְנוֹרָה תְּלוּיָה

dropout *n.* נוֹשֵׁר (מבית־ספר וכד')

dropper *n.* מְטַפְטֵף; טַפְטֶפֶת

dropsy *n.* מַיֶּימֶת, הִידְרוֹקָן (מחלה)

droshky *n.* עֲגָלָה, מֶרְכָּבָה

dross *n.* סַגְסוֹגֶת, סִיגִים

drought *n.* בַּצּוֹרֶת, יוֹבֶשׁ

drove *v.* הוֹבִיל עֵדֶר לַשּׁוּק

drove *n.* עֵדֶר; הָמוֹן

drover *n.* נוֹהֵג צֹאן לַשּׁוּק

drown *v.* הִטְבִּיעַ; טָבַע

drowse *v.* נִמְנֵם

drowse *n.* נִמְנוּם, נִים וְלֹא נִים

drowsy *adj.* מְנַמְנֵם; עַצְלָנִי

drub *v.* הִצְלִיף, הִרְבִּיץ; הֵבִיס

drub *n.* חֲבָטָה, הַלְקָאָה

drubbing *n.* תְּבוּסָה; מַלְקוֹת

drudge *v.* עָבַד בְּפֶרֶךְ

drug *n.* סַם; תְּרוּפָה

drug *v.* רָקַח, עֵירֵב בְּסַם; הֵמֵם

drug addict *n.* מָכוּר לְסַמִּים, נַרְקוֹמָן

drug addiction *n.* הִתְמַכְּרוּת לְסַמִּים

drug habit *n.* הִתְמַכְּרוּת לְסַם

drug traffic *n.* מִסְחָר בְּסַמִּים

druggist *n.* רוֹקֵחַ, סוֹחֵר בִּרְפוּאוֹת

drugstore *n.* כּוֹלְבּוֹ (לתרופות, למצרכים קטנים ולארוחות קלות)

druid, Druid *n.* דְּרוּאִידִי (כּוֹהֵן דת או קוֹסֵם של כת דתית עתיקה)

drum *n.* תּוֹף, קוֹל הַתּוֹף; מְתוֹפֵף
drum *v.* תּוֹפֵף; הֶחְדִיר (רעיון) בְּכוֹחַ
drum corps *n. pl.* לַהֲקַת מְתוֹפְפִים
drum-major *n.* מַשַּׂק מְתוֹפְפִים
drumbeat *n.* תִּיפּוּף
drumfire *n.* אֵשׁ תּוֹתָחִים שׁוֹטֶפֶת
drumhead *n.* עוֹר הַתּוֹף
drummer *n.* מְתוֹפֵף; סוֹכֵן נוֹסֵעַ
drumstick *n.* מַקֵּל מְתוֹפֵף, כֶּרַע עוֹף (מבושל)
drunk *n.* שִׁיכּוֹר; מִשְׁתֶּה
drunk *adj.* שָׁתוּי, שִׁיכּוֹר
drunk as a lord שִׁיכּוֹר כְּלוֹט
drunkard *n.* שִׁיכּוֹר
drunken *adj.* שִׁיכּוֹר, שֶׁל שִׁיכְרוּת
drunken driving *n.* נְהִיגָה בְּשְׁעַת שִׁיכְרוּת
drunkenness *n.* שִׁיכְרוּת
dry *adj.* יָבֵשׁ; צָמֵא; מְשַׁעֲמֵם; לֹא מָתוֹק
dry *v.* יִיבֵּשׁ, נִיגֵּב; הִתְיַיבֵּשׁ
dry battery *n.* סוֹלְלָה יְבֵשָׁה
dry cell *n.* תָּא יָבֵשׁ
dry-clean *v.* נִיקָּה נִיקּוּי יָבֵשׁ (בחומרים כימיים)
dry-cleaning *n.* נִיקּוּי יָבֵשׁ
dry dock, dry-dock *n.* מִבְדּוֹק יָבֵשׁ (שאפשר להוציא ממנו את המים בתיקון אונייה)
dry-eyed *adj.* לֹא בּוֹכֶה
dry farming *n.* עִיבּוּד אֲדָמוֹת צְחִיחוֹת
dry goods *n.* אֲרִיגִים, בַּדִּים
dry ice *n.* קֶרַח יָבֵשׁ
dry law *n.* חוֹק הַיּוֹבֶשׁ
dry measure *n.* מִידַּת הַיָּבֵשׁ
dry nurse *n.* אוֹמֶנֶת
dry wash *n.* כְּבִיסָה לֹא מְגוֹהֶצֶת

dryer *n.* מַכְשִׁיר מְיַבֵּשׁ (שֵׂעָר, בגדים)
dryness *n.* יוֹבֶשׁ, אֲדִישׁוּת
dual *adj.* שֶׁל שְׁנַיִים; כָּפוּל
duality *n.* כְּפִילוּת
dub *v.* נָתַן שֵׁם אַחֵר; הִצְמִיד סֶרֶט־קוֹל שֶׁל שָׂפָה אַחֶרֶת
dubbin, dubbing *n.* שֶׁמֶן סִיכָה (לעור)
dubbing *n.* הַצְמָדַת כְּתוּבִיּוֹת (לשידור או לסֶרֶט); הוֹסָפַת סֶרֶט־קוֹל (כנ״ל), דִּיבּוּב
dubious *adj.* מְפוּקְפָּק; מְפַקְפֵּק, מְסוּפָּק
ducal *adj.* דּוּכָּס, שֶׁל דּוּכָּסוּת
ducat *n.* דּוּקָט (מטבע אירופי לשעבר באיטליה ובארצות השפלה); מַטְבֵּעַ
duchess *n.* דּוּכָּסִית
duchy *n.* דּוּכָּסוּת
duck *n.* בַּרְוָז, בַּרְוָזָה
duct *n.* תְּעָלָה; צִינּוֹר (בגוף האדם)
ductile *adj.* רָקִיעַ, מָתִיחַ, גָּמִישׁ
ductless *adj.* (בלוטה) לְלֹא צִינּוֹרוֹת הַפְרָשָׁה
ductless gland *n.* בַּלּוּטַת הַתְּרִיס
dud *n.* לֹא מוּצְלָח, פְּגָז נֵפֶל
duds *n. pl.* מַלְבּוּשִׁים בְּלוּאִים; חֲפָצִים אִישִׁיִּים
dude *n.* גַּנְדְּרָן, אִיסְטְנִיס, יָהִיר
due *adj.* שֶׁפִּרְעוֹנוֹ חָל; רָאוּי; דַּיּוֹ; בִּגְלַל
due *n.* (תשלום) הַמַּגִּיעַ; מַס
due *adv.* בְּדִיּוּק
duel *n.* דּוּ־קְרָב
duel *v.* נִלְחַם בְּדוּ־קְרָב
dues *n. pl.* מַס; דְּמֵי־חָבֵר
duet *n.* דּוּאִית, זֶמֶר שְׁנַיִים
dug-out *n.* שׁוּחָה; סִירָה (מעץ נבוב)
duke *n.* דּוּכָּס

dukedom *n.* דוּכָּסוּת
dulcet *adj.* נָעִים, מָתוֹק
dulcimer *n.* דוּלְצִ'ימֶר (כלי פריטה דמוי טראפז)
dull *v.* הִקְהָה; עִימֵּם; קָהָה
dull *adj.* קֵיהֶה; קְשֵׁה תְּפִיסָה; מְשַׁעֲמֵם; עָמוּם
dullard *adj., n.* מְטוּמְטָם, שׁוֹטֶה
dully *adv.* בְּצוּרָה מְשַׁעֲמֶמֶת; בְּטִמְטוּם
duly *adv.* בַּזְּמַן; כָּרָאוּי
dumb *adj., n.* אִילֵּם; טִיפְּשִׁי
dumb creature *n.* חַיָּה, בְּהֵמָה
dumb show *n.* פַּנְטוֹמִימָה (מִשחק בלי מלים)
dumb-waiter *n.* מַעֲלִית אוֹכֶל; שׁוּלְחָן עָרוּךְ
dumbbell *n.* מִשְׁקוֹלֶת הֲרָמָה
dumbfound, dumfound *v.* הִכָּה בְּתַדְהֵמָה, הִפְתִּיעַ
dummy *n.* דֶּמֶה; גּוֹלֶם; אִימּוּם; טִיפֵּשׁ
dump *n.* שְׁפוֹכֶת; מִזְבָּלָה, מִצְבּוֹר (צבאי)
dump *v.* זָרַק, הִשְׁלִיךְ, הֵצִיף (שוק בסחורות זולות)
dumping *n.* הֲצָפַת הַשּׁוּק
dumpling *n.* נְטִיפָה; כּוּפְתָּה
dumpy *adj.* גּוּץ וְשָׁמֵן
dun *adj.* חוּם־אָפוֹר כֵּיהֶה
dun *n.* נוֹשֶׁה; תְּבִיעַת תַּשְׁלוּם חוֹב
dun *v.* נָשָׁה, תָּבַע סִילּוּק חוֹב
dunce *n.* שׁוֹטֶה, מְטוּמְטָם
dunderhead *n.* נִבְעַר מִדַּעַת
dune *n.* חוֹלָה, דְּיוּנָה
dung *n.* זֶבֶל בְּהֵמוֹת, פֶּרֶשׁ
dung *v.* זִיבֵּל
dungarees *n. pl.* סַרְבָּל
dungeon *n.* תָּא מַאֲסָר (תת־קרקעי)

dunghill *n.* תֵּל זֶבֶל, מַדְמֵנָה
dunk *v.* טָבַל (דבר מאכל במשקה)
duo- *pref.* שְׁנַיִם, שְׁתַּיִם
duo *n.* זוּג בַּדְרָנִים
duodenum *n.* הַתְּרֵיסַרְיֵין (מעי)
dupe *n.* פֶּתִי, שׁוֹטֶה
dupe *v.* הוֹנָה, תִּעְתֵּעַ
duplex house *n.* בֵּית דוּ־מִשְׁפַּחְתִּי
duplicate *adj.* זֵיהֶה, מַקְבִּיל; כָּפוּל
duplicate *v.* עָשָׂה הֶעְתֵּק; שִׁכְפֵּל
duplicate *n.* הֶעְתֵּק; כֶּפֶל
duplicity *n.* צְבִיעוּת, דוּ־פַּרְצוּפִיּוּת
durable *adj.* יַצִּיב; לֹא בָּלֶה; עָמִיד
durable goods *n. pl.* סְחוֹרוֹת יַצִּיבוֹת
duration *n.* קִיּוּם, מֶשֶׁךְ זְמַן
duress *n.* אִילּוּץ, כְּפִיָּה, לַחַץ
during *prep.* בְּמֶשֶׁךְ, בְּשָׁעָה
dusk *n.* בֵּין־הַשְּׁמָשׁוֹת, דִּמְדּוּמִים
dusky *adj.* שְׁחַמְחַם, כֵּיהֶה
dust *n.* אָבָק; עָפָר
dust *v.* נִיקָּה מֵאָבָק; אִיבֵּק, גִּיפֵּר
dust jacket *n.* עֲטִיפַת סֵפֶר
dust storm *n.* סוּפַת חוֹל, סוּפַת אָבָק
dustbowl *n.* אֵזוֹר סוּפוֹת אָבָק
dustcloth *n.* מַטְלִית
duster *n.* מְנַקֶּה, מַטְלִית
dustpan *n.* יָעֶה
dusty *adj.* מְאוּבָּק; מְעוּרְפָּל
Dutch *adj., n.* הוֹלַנְדִּי; הוֹלַנְדִּית (שפה)
Dutch treat *n.* נוֹהַג הוֹלַנְדִּי (כל אחד משלם בעד עצמו); כִּיבּוּד כָּל אֶחָד לְעַצְמוֹ
dutiable *adj.* חַיָּיב בְּמֶכֶס
dutiful *adj.* מְמַלֵּא חוֹבָתוֹ; צַיְיתָנִי
duty *n.* חוֹבָה; תַּפְקִיד; מֶכֶס; מַס
duty-free *adj., adv.* פָּטוּר מִמֶּכֶס

D.V. -Deo Volente אִם יִרְצֶה הַשֵּׁם
dwarf *n., adj.* גַּמָּד; גַּמָּדִי
dwarf *v.* גִּימֵּד, מִיעֵט; קָטַן
dwarfish *adj.* גַּמָּדִי, נַנָּסִי
dwell *v.* דָּר, גָּר; הֶאֱרִיךְ בְּדִיּוּן (בנושא)
dwelling *n.* בַּיִת, דִּירָה
dwelling-house *n.* בֵּית דִּירָה
dwindle *v.* הִתְמַעֵט, הִצְטַמְצֵם
dye *n.* חוֹמֶר צֶבַע, צֶבַע
dye *v.* צָבַע (בגד וכד'), מָשַׁח
dyeing *n.* צְבִיעָה
dyer *n.* צוֹבֵעַ
dyestuff *n.* חוֹמֶר צֶבַע
dying *adj.* מֵת, גוֹסֵס
dynamic *adj.* פָּעִיל, דִּינָמִי, נִמְרָץ
dynamite *n.* דִּינָמִיט (חומר נפץ)
dynamite *v.* פּוֹצֵץ בְּדִינָמִיט
dynamo *n.* דִּינָמוֹ (מכונה ההופכת אנרגיה מכנית לזרם חשמל)
dynast *n.* מוֹלֵךְ, מוֹשֵׁל (בשלשלת מושלים)
dynasty *n.* שׁוֹשֶׁלֶת מוֹשְׁלִים (או מלכים)
dysentery *n.* בּוֹרְדָם, דִּיזֶנְטֶרְיָה
dyspepsia *n.* קִלְקוּל קֵיבָה, הַפְרָעוֹת בְּעִיכּוּל

E

each *adj., pron.* כָּל אֶחָד, לְכָל אֶחָד
eager *adj.* תָּאֵב, מִשְׁתּוֹקֵק, לָהוּט
eagerness *n.* תְּשׁוּקָה, לְהִיטוּת
eagle *n.* נֶשֶׁר
ear *n.* אוֹזֶן; יָדִית (של כלי); שִׁיבּוֹלֶת
ear-muffs *n. pl.* כִּיסּוּיֵי אוֹזְנַיִים
earache *n.* כְּאֵב אוֹזֶן
eardrum *n.* תּוֹף הָאוֹזֶן
earflap *n.* דַּשׁ אוֹזֶן (המחובר לכובע)
earl *n.* רוֹזֵן
earldom *n.* רוֹזְנוּת
early *adj., adv.* מוּקְדָם; קָדוּם; לִפְנֵי הַזְּמַן
early bird *n.* מַשְׁכִּים קוּם
early-ripening *adj.* (פרי או ירק) בַּכִּיר
early riser *n.* מַשְׁכִּים קוּם
earmark *n.* סִימַן הֵיכֵּר (על אוזן בהמה וכד')
earmark *v.* יִיחֵד, יִיעֵד; הִפְרִישׁ
earn *v.* הִשְׂתַּכֵּר; הִרְוִויחַ; הָיָה רָאוּי
earnest *adj.* רְצִינִי
earnest *n.* רְצִינוּת; עֵירָבוֹן, דְּמֵי קְדִימָה
earnings *n. pl.* שָׂכָר, רֶווַח
earphone *n.* אוֹזְנִית
earpiece *n.* אֲפַרְכֶּסֶת (הטלפון)
earring *n.* עָגִיל
earshot *n.* טְוַוח שְׁמִיעָה
earsplitting *adj.* מַחֲרִישׁ אוֹזְנַיִים
earth *n.* כַּדּוּר הָאָרֶץ, הַיְּקוּם; קַרְקַע
earth *v.* כִּיסָּה בַּאֲדָמָה
earthen *adj.* קָרוּץ מֵעָפָר
earthenware *n.* חֶרֶס, כְּלֵי חוֹמֶר
earthly *adj.* אַרְצִי; מַעֲשִׂי
earthquake *n.* רְעִידַת־אֲדָמָה
earthwork *n.* חֲפִירוֹת בִּיצּוּר
earthy *adj.* חוֹמְרָנִי, גַּשְׁמִי, פָּשׁוּט
earwax *n.* הַפְרָשַׁת אוֹזֶן
ease *n.* מַרְגּוֹעַ; נִינוֹחוּת
ease *v.* הֵקַל, הִרְגִּיעַ, רִיכֵּךְ
easel *n.* חֲצוּבָה; כַּנָּה
easement *n.* הֲקָלָה; (במשפט) זִיקַת הֲנָאָה
easily *adv.* בְּקַלּוּת, קַלּוֹת, עַל נְקַלָּה
easily soluble *adj.* מִתְמוֹסֵס קַל
easiness *n.* קַלּוּת; חוֹפְשִׁיּוּת בְּהִתְנַהֲגוּת
east *n.* מִזְרָח
east *adj., adv.* כְּלַפֵּי מִזְרָח; מִמִּזְרָח
Easter *n., adj.* הַפַּסְחָא
Easter egg *n.* בֵּיצֵי הַפַּסְחָא
easterly *adj., adv.* כְּלַפֵּי מִזְרָח; מִמִּזְרָח
Easter Monday יוֹם ב' לְאַחַר הַפַּסְחָא
eastern *adj.* מִזְרָחִי; כְּלַפֵּי מִזְרָח
Eastertide *n.* תְּקוּפַת הַפַּסְחָא
eastward(s) *adj., adv.* מִזְרָחָה; מִזְרָחִי
easy *adj., adv.* קַל; נוֹחַ, רָגוּעַ; חוֹפְשִׁי; בְּקַלּוּת; בְּנִינוֹחוּת
easy-chair *n.* כּוּרְסָה, כִּיסֵּא־נוֹחַ
easy mark *n.* קוֹרְבָּן נוֹחַ
easy money *n.* רֶווַח קַל
easy payments *n. pl.* תַּשְׁלוּמִים נוֹחִים
easygoing *adj.* נוֹחַ לַבְּרִיּוֹת
eat *v.* אָכַל
eat humble pie הִתְרַפֵּס
eat one's heart out אָכַל אֶת עַצְמוֹ

eatable *adj.* אָכִיל, בַּר־אֲכִילָה
eaves *n. pl.* מַזְחִילָה, כַּרְכּוֹב
eavesdropping *n.* הַאֲזָנַת סֵתֶר
ebb *n.* שֵׁפֶל (מים)
ebb *v.* נָסוֹג, שָׁפַל
ebb and flow *n.* גֵיאוּת וָשֵׁפֶל
ebb-tide *n.* שֵׁפֶל הַמַּיִם
ebony *n., adj.* הוֹבְנָה (עץ)
ebullient *adj.* נִלְהָב, תּוֹסֵס
eccentric *adj.* יוֹצֵא דוֹפֶן, מוּזָר
eccentric *n.* אָדָם תִּימְהוֹנִי, מוּזָר
eccentricity *n.* תִּימְהוֹנִיּוּת
Ecclesiastes *n.* (ספר) קוֹהֶלֶת
ecclesiastic *adj., n.* כְּנֵסִיָּתִי, דָּתִי; כּוֹמֶר, כּוֹהֵן דָּת
echelon *n.* דֶּרֶג פִּיקּוּד, תַּדְרִיג
echo *n.* הֵד, בַּת־קוֹל
echo *v.* עָנָה בְּהֵד; הִדְהֵד
éclair *n.* אֶצְבָּעִית (עוגייה)
eclectic *adj., n.* מְלוּקָּט, נִבְחָר; בַּרְרָנִי
eclipse *n.* לִיקּוּי (חמה, לבנה וכד')
eclipse *v.* הִסְתִּיר; הֶאֱפִיל
ecology *n.* אֵקוֹלוֹגְיָה (חקר החי והצומח בזיקה לסביבתם)
economic *adj.* כַּלְכָּלִי
economical *adj.* חֶסְכוֹנִי, חַסְכָנִי
economics *n.* כַּלְכָּלָה
economist *n.* כַּלְכְּלָן; חַסְכָן
economize *v.* נִיהֵל בְּחִיסָּכוֹן
economy *n.* חַסְכָנוּת
ecstasy *n.* הִתְלַהֲבוּת עִילָּאִית, אֶקְסְטָזָה
ecstatic *adj.* אֶקְסְטָטִי
ecumenic(al) *adj.* עוֹלָמִי, אֶקוּמֵנִי, שֶׁל הַכְּנֵסִיָּיה הָעוֹלָמִית כּוּלָּהּ
eczema *n.* גָּרָב, אֶקְזֵמָה (מחלת עור)

eddy *n.* שִׁיבּוֹלֶת, מְעַרְבּוֹלֶת
eddy *v.* הִתְעַרְבֵּל
Eden *n.* עֵדֶן
edge *n.* קָצֶה, שָׂפָה; חוֹד
edge *v.* חִידֵּד; תָּחַם; נָע לְאַט
edge away הִתְרַחֵק לְאַט וּבִזְהִירוּת
edge one's way through פִּילֵּס דֶּרֶךְ בּ
edgeways, edgewise *adv.* כְּשֶׁהַחוֹד לְפָנִים
edging *n.* חִידּוּד; שָׂפָה
edgy *adj.* מְחוּדָּד; עַצְבָּנִי
edible *adj., n.* אָכִיל, בַּר־אֲכִילָה
edict *n.* צַו, גְּזֵירָה
edification *n.* הַשְׁבָּחָה (רוחנית או מוסרית)
edifice *n.* בִּנְיָין פְּאֵר
edify *v.* הִבְהִיר, הֵאִיר, חִינֵּךְ
edifying *adj.* מְאַלֵּף
edit *v.* עָרַךְ
edition *n.* הוֹצָאָה; מַהֲדוּרָה
editor *n.* עוֹרֵךְ; מַכְשִׁיר לִדְפוּס
editor in chief *n.* עוֹרֵךְ רָאשִׁי
editorial *adj., n.* שֶׁל הָעוֹרֵךְ; מַאֲמָר רָאשִׁי
editorial staff *n.* צֶוֶות הַמַּעֲרֶכֶת
educate *v.* חִינֵּךְ; אִימֵּן
education *n.* חִינּוּךְ, הַשְׂכָּלָה
educational *adj.* חִינּוּכִי, שֶׁל חִינּוּךְ
educational institution *n.* מוֹסַד חִינּוּךְ
educator *n.* מְחַנֵּךְ, אִישׁ חִינּוּךְ
eel *n.* צְלוֹפָח
eerie *adj.* מַפְחִיד, מוּזָר, מַטִּיל אֵימָה
efface *v.* מָחָה, מָחַק; הִצְנִיעַ
effect *n.* תּוֹצָא, הַשְׁפָּעָה, רוֹשֶׁם; חֲפָצִים

effect *v.* מִימֵשׁ, בִּיצֵעַ, גָּרַם
effects *n. pl.* נִכְסֵי מִיטַּלְטְלִין
effective *adj., n.* יָעִיל, אֶפֶקְטִיווִי; בַּר תּוֹצָא; מֻרְשִׁים
effectual *adj.* מַתְאִים לְתַכְלִיתוֹ
effectuate *v.* בִּיצֵעַ
effeminacy *n.* נָשִׁיּוּת
effeminate *adj.* נָשִׁיִּי
effervesce *v.* תָּסַס
effervescence *n.* תְּסִיסָה; הִתְקַצְּפוּת
effervescent *adj.* תָּסִיס; תּוֹסֵס
effete *adj.* חָלוּשׁ, תָּשׁוּשׁ
efficacious *adj.* יָעִיל, תַּכְלִיתִי
efficacy *n.* יְעִילוּת
efficiency *n.* יְעִילוּת; נְצִילוּת
efficient *adj.* יָעִיל; מוּמְחֶה
effigy *n.* דְּמוּת, תַּבְלִיט
effort *n.* מַאֲמָץ
effrontery *n.* חוּצְפָּה
effusion *n.* תִּשְׁפּוֹכֶת
effusive *adj.* מִשְׁתַּפֵּךְ
e.g.- exempli gratia כְּגוֹן, לְמָשָׁל
egg *n.* בֵּיצָה
egg *v.* הֵסִית, הֵאִיץ בּ
egg-beater *n.* מַקְצֵף בֵּיצִים
egg cup *n.* גְּבִיעַ בֵּיצָה
egg drops *n.* נְטִיפִים (של בצק במרק)
egg-head *n.* אִינְטֶלֶקְטוּאָל (בנימת בוז)
eggnog *n.* חֶלְמוֹנָה
eggplant *n.* חָצִיל
eggshell *n.* קְלִיפַּת בֵּיצָה
ego *n.* הָאֲנִי, הָאֶגוֹ
egocentric *adj.* אָנוֹכִיִּי, אֶגוֹצֶנְטְרִי
egoism *n.* אָנוֹכִיּוּת
egoist *n.* אָנוֹכִיִּי

egotism *n.* אָנוֹכִיּוּת, רַבְרְבָנוּת
egotist *adj.* מִתְיַיהֵר, רַבְרְבָנִי
egregious *adj.* מַחְפִּיר
egress *n.* יְצִיאָה
Egypt *n.* מִצְרַיִם
Egyptian *n., adj.* מִצְרִי; מִצְרִית
eh!? *interj.* אֶהּ? (קריאה להבעת תמיהה או לשאלה מעין 'נכון?')
eider *n.* בַּרְוָז (שחור־לבן, בעל פלומה משובחת)
eiderdown *n.* פְּלוּמַת הַבַּרְוָז
eight *n., adj.* שְׁמִינִיָּה, שְׁמִינִי, שְׁמוֹנֶה, שְׁמוֹנָה
eight hundred *adj.* הַשְּׁמוֹנֶה מֵאוֹת
eighteen *n.* שְׁמוֹנָה־עָשָׂר, שְׁמוֹנֶה־עֶשְׂרֵה
eighteenth *adj.* הַשְּׁמוֹנָה־עָשָׂר
eighth *adj., n.* הַשְּׁמִינִי; שְׁמִינִית
eightieth *adj.* הַשְּׁמוֹנִים
eighty *n., adj.* שְׁמוֹנִים; שֶׁל שְׁמוֹנִים
either *pron., adj.* אֶחָד מִן הַשְּׁנַיִם
either *adv.* אוֹ, אַף, גַּם
either *conj.* אוֹ
ejaculate *v.* פָּרַץ בִּקְרִיאָה; הִתִּיז פִּתְאוֹם; הִפְלִיט זֶרַע
eject *v.* גֵּירֵשׁ, הִפְלִיט, הוֹצִיא
ejection *n.* גֵּירוּשׁ (בכוח); פְּלִיטָה
ejection seat *n.* כִּסֵּא חִירוּם (במטוס)
ejector *n.* מַדַּחַ, מַפְלֵט
eke *v.* חָסַךְ בְּעָמָל, הִשְׁלִים בְּקוֹשִׁי
elaborate *v.* הִשְׁלִים, שִׁכְלֵל; שִׁפְרֵט
elaborate *adj.* מְשׁוּפְרָט, מְשׁוּכְלָל
elan *n.* לַהַט, הִתְלַהֲבוּת, כִּשְׁרוֹן, הָדָר
elapse *v.* עָבַר, חָלַף
elastic *adj.* אֲלַסְטִי, גָּמִישׁ, מָתִיחַ
elastic *n.* סֶרֶט מָתִיחַ
elasticity *n.* גְּמִישׁוּת, אֲלַסְטִיּוּת

elated *adj.* שָׂמֵחַ, מְרוֹמָם

elation *n.* הִתְרוֹמְמוּת רוּחַ

elbow *n.* מַרְפֵּק; כִּיפּוּף

elbow *v.* דָחַף, פִּילֵּס (במרפקו)

elbow grease *n.* צִחְצוּחַ חָזָק, עֲבוֹדָה קָשָׁה

elbow rest *n.* מִסְעַד זְרוֹעַ

elbowroom *n.* מָקוֹם מְרוּוָּח (לתנועה ולפעולה)

elder *adj.* בָּכִיר, קָשִׁישׁ מִן

elder *n.* מְבוּגָּר, וָתִיק; סַמְבּוּק (עץ נוי)

elder statesman *n.* מְדִינַאי מְנוּסֶּה

elderly *adj.* קָשִׁישׁ, מְבוּגָּר

eldest *adj.* הַבָּכִיר בְּיוֹתֵר

elect *v.* בָּחַר

elect *adj.* נִבְחַר

election *n.* בְּחִירָה, בְּחִירוֹת

electioneer *v.* נִיהֵל תַּעֲמוּלַת בְּחִירוֹת

elective *adj.* עַל סְמַךְ בְּחִירוֹת; עוֹמֵד לִבְחִירָה; נִיתָּן לִבְחִירָה

elective *n.* מִקְצוֹעַ בְּחִירָה

electorate *n.* גוּף הַבּוֹחֲרִים

electric, electrical *adj.* חַשְׁמַלִּי; מְחַשְׁמֵל

electric fan *n.* מְאַוְורֵר חַשְׁמַלִּי

electrician *n.* חַשְׁמַלַּאי

electricity *n.* חַשְׁמַל; תּוֹרַת הַחַשְׁמַל

electric percolator *n.* חַלְחוּל חַשְׁמַלִּי

electric shaver *n.* מַגְלֵחַ חַשְׁמַלִּי

electric tape *n.* סֶרֶט בִּידּוּד

electrify *v.* חִשְׁמֵל

electrocute *v.* הֵמִית בְּחַשְׁמַל

electrode *n.* אֲלֶקְטְרוֹדָה

electrolysis *n.* הַפְרָדָה חַשְׁמַלִּית

electrolyte *n.* אֲלֶקְטְרוֹלִיט

electromagnet *n.* אֲלֶקְטְרוֹמַגְנֵט

electromagnetic *adj.* אֲלֶקְטְרוֹמַגְנֵטִי

electromotive *adj.* מְיַיצֵּר חַשְׁמַל

electron *n.* אֲלֶקְטְרוֹן

electronic *adj.* אֲלֶקְטְרוֹנִי

electroplate *v.* צִיפָּה בְּמַתֶּכֶת עַל־יְדֵי אֲלֶקְטְרוֹלִיזָה

electroplate *n.* צִיפּוּי (כנ"ל)

electrostatic *adj.* אֲלֶקְטְרוֹסְטָטִי

electrotype *n.* גְלוּפָה חַשְׁמַלִּית

electrotype *v.* הֵכִין גְלוּפָה חַשְׁמַלִּית

elegance, elegancy *n.* הִידּוּר; הָדָר

elegant *adj.* אֲלֶגַנְטִי, מְהוּדָּר, נָאֶה

elegiac *n.* שִׁיר אֶלֶגִי, שִׁיר קִינָה

elegiac *adj.* אֶלֶגִי; עָצוּב

elegy *n.* שִׁיר קִינָה

element *n.* יְסוֹד (כימי); רְכִיב; עִיקָּר רִאשׁוֹנִי

elementary *adj.* יְסוֹדִי, בְּסִיסִי, רִאשׁוֹנִי

elementary school *n.* בֵּית־סֵפֶר יְסוֹדִי

elephant *n.* פִּיל

elevate *v.* הֵרִים; הֶעֱלָה בְּדַרְגָּה

elevated *adj.* מוּעֲלֶה; מְרוֹמָם

elevated *n.* רַכֶּבֶת עִילִּית

elevation *n.* רָמָה; הַגְבָּהָה

elevator *n.* מַעֲלִית

elevatory *adj.* מֵרִים

eleven *n.* אַחַת־עֶשְׂרֵה, אַחַד־עָשָׂר

eleventh *adj.* הָאַחַד־עָשָׂר

elf *n.* שֵׁד גַּמָּד

elicit *v.* גִּילָּה, הוֹצִיא, דּוֹבֵב

elide *v.* הִבְלִיעַ; הִתְעַלֵּם מִן

eligible *adj., n.* רָאוּי, כָּשֵׁר לְהִיבָּחֵר

eliminate *v.* הֵסִיר, בִּיטֵּל, צִמְצֵם

elision *n.* הַבְלָעָה

élite, elite *n.* עִילִּית

elixir *n.* סַם פֶּלֶא, מַרְפֵּא פֶּלֶא
elk *n.* אַיָּיל
ell *n.* אַמָּה (144 ס"מ, 45 אינטש)
ellipse *n.* אֶלִיפְּסָה
ellipsis *n.* הַשְׁמָט (של מלה או מלים)
elm *n.* בּוּקִיצָה (עץ)
elocution *n.* תּוֹרַת הַדִּיבּוּר, אָמָנוּת הַנְּאוּם
elongate *v.* הֶאֱרִיךְ; הִתְאָרֵךְ
elope *v.* בָּרַח עִם אֲהוּבָתוֹ
elopement *n.* בְּרִיחָה (כנ"ל)
eloquence *n.* אָמָנוּת הַדִּיבּוּר
eloquent *adj.* אָמַן הַדִּיבּוּר
else *adv.* אַחֵר; וָלֹא
elsewhere *adv.* בְּמָקוֹם אַחֵר
eluant *n.* (חומר) מַשְׁטִיף
eluate *adj.* (חומר) מוּשְׁטָף
elucidate *v.* הִבְהִיר, הִסְבִּיר
elude *v.* הִתְחַמֵּק
elusive *adj.* חוֹמְקָנִי
emaciate *v.* הִרְזָה
emanate *v.* יָצָא, נָבַע
emancipate *v.* שִׁחְרֵר, הִקְנָה שִׁוְויוֹן זְכוּיוֹת
emasculate *v.* סֵירֵס; הֶחֱלִישׁ
embalm *v.* חָנַט
embankment *n.* סוֹלְלָה
embargo *n.* הֶסְגֵר; חֵרֶם מִסְחָרִי
embargo *v.* הֵטִיל חֵרֶם
embark *v.* הֶעֱלָה עַל אוֹנִיָּה; הִתְחִיל
embarkation *n.* עֲלִיָּה עַל אוֹנִיָּה
embarrass *v.* הֵבִיךְ; סִיבֵּךְ
embarrassing *adj.* מֵבִיךְ
embarrassment *n.* מְבוּכָה, קְשָׁיִים
embassy *n.* שַׁגְרִירוּת
embattled *adj.* עָרוּךְ לִקְרָב
embed *v.* שִׁיבֵּץ, שִׁיקַּע, שִׁעְבֵּד
embellish *v.* יִיפָּה
embellishment *n.* קִישּׁוּט
ember *n.* אוּד, גַּחֶלֶת לוֹחֶשֶׁת
embezzle *v.* מָעַל (בכספים)
embezzlement *n.* מְעִילָה
embitter *v.* מֵירַר, מִרְמֵר
emblazon *v.* חָרַת, קִישֵּׁט; הִילֵּל
emblem *n.* סֵמֶל
emblematic, emblematical *adj.* סִמְלִי
embodiment *n.* הִתְגַּשְּׁמוּת; הַמְחָשָׁה; גִּילּוּם
embody *v.* גִּילֵּם; הִמְחִישׁ; הִכְלִיל
embolden *v.* חִיזֵּק לֵב, עוֹדֵד
emboss *v.* הִבְלִיט, קִישֵּׁט בְּתַבְלִיטִים
embrace *v.* חִיבֵּק; אִימֵּץ (רעיון)
embrace *n.* חִיבּוּק, הִתְחַבְּקוּת
embrasure *n.* אֶשְׁנָב, אֶשְׁנַב יְרִי
embroider *v.* רָקַם; קִישֵּׁט
embroidery *n.* רְקִימָה; רִקְמָה, קִישּׁוּט
embroil *v.* סִכְסֵךְ; בִּלְבֵּל
embroilment *n.* סִכְסוּךְ; בִּלְבּוּל
embryo *n.* עוּבָּר; בֵּיצִית מוּפְרָה, גַּרְעִין
embryo *adj.* בְּאִבּוֹ
embryology *n.* תּוֹרַת הִתְפַּתְּחוּת הָעוּבָּר
emend *v.* תִּיקֵּן
emendation *n.* תִּיקּוּן
emerald *n., adj.* בָּרֶקֶת; יָרוֹק מַבְהִיק
emerge *v.* צָף וְעָלָה; נִתְגַּלָּה
emergence *n.* הִתְגַּלּוּת
emergency *n., adj.* מַצַּב חֵירוּם
emergency landing *n.* נְחִיתַת חֵירוּם
emergency landing field *n.* מִנְחַת חֵירוּם
emeritus *adj.* אֶמֶרִיטוּס (תואר לוואי לפרופ' שפרש מעבודתו)

emersion *n.* הִתְגַּלּוּת (על פני המים)
emery *n.* שָׁמִיר, אֶבֶן לִישׁוּשׁ
emetic *adj., n.* (חוֹמֶר) גּוֹרֵם לַהֲקָאָה
emigrant *adj., n.* מְהַגֵּר
emigrate *v.* הִיגֵּר
emigré *n.* מְהַגֵּר
eminence *n.* רוּם מַעֲלָה
eminent *adj.* רַם מַעֲלָה
emissary *n.* שָׁלִיחַ
emission *n.* הוֹצָאָה; הַנְפָּקָה; פְּלִיטָה
emit *v.* הוֹצִיא; פָּלַט
emolument *n.* תַּשְׁלוּם מַשְׂכּוֹרֶת (או פיצויים)
emotion *n.* רִיגּוּשׁ
emotional *adj.* רַגְשָׁנִי
empathy *n.* אֶמְפַּתְיָה, אַהֲדָה, חִיבָּה (הזדהות נפשית עם אדם אחר)
emperor *n.* קֵיסָר
emphasis *n.* הַדְגָּשָׁה
emphasize *v.* הִדְגִּישׁ
emphatic *adj.* תַּקִּיף; בּוֹלֵט, נֶחֱצִי
emphysema *n.* נַפַּחַת, נַפַּחַת הָרֵיאוֹת
empire *n.* קֵיסָרוּת
empiric(al) *adj.* נִיסְיוֹנִי
empiricism *n.* אֶמְפִּירִיצִיזְם (שיטה פילוסופית המבוססת על ניסיון בלבד)
emplacement *n.* מוּצַב תּוֹתָחִים
employ *v.* הֶעֱבִיד, הֶעֱסִיק, הִשְׁתַּמֵּשׁ
employ *n.* שֵׁירוּת, עִיסּוּק
employable *adj.* שֶׁאֶפְשָׁר לְהַעֲסִיקוֹ (לתת לו עבודה)
employee *n.* עוֹבֵד, מוּעֲסָק
employer *n.* מַעֲבִיד, מַעֲסִיק
employment *n.* הַעֲסָקָה; תַּעֲסוּקָה
empower *v.* יִיפָּה כּוֹחַ
empress *n.* קֵיסָרִית, אֵשֶׁת קֵיסָר

emptiness *n.* רֵיקָנוּת
empty *adj.* רֵיק
empty *v.* הֵרִיק; הִתְרוֹקֵן
empty-handed *adj., adv.* בְּיָדַיִים רֵיקוֹת
empty-headed *adj.* רֵיקָא, שׁוֹטֶה
emulate *v.* הִשְׁתַּדֵּל לְהִשְׁתַּווֹת
emulator *n.* מְחַקֶּה
emulous *adj.* מִתְחָרֶה
emulsified *adj.* מְתוּחְלָב
emulsify *v.* תִּחְלֵב
emulsion *n.* תַּחְלִיב (מזיגת נוזלים שונים שאינם מתערבים לגמרי זה בזה); תִּחְלוּב
enable *v.* אִפְשֵׁר
enact *v.* הִפְעִיל חוֹק, חָקַק
enactment *n.* חֲקִיקָה, הַפְעָלַת חוֹק; חוֹק
enamel *n.* אֲמַיִיל; כְּלִי אֲמַיִיל
enamel *v.* אִימֵּל, צִיפָּה בַּאֲמַיִיל
enamelware *n.* כְּלֵי אֲמַיִיל
enamor *v.* הִלְהִיט בְּאַהֲבָה
encamp *v.* הוֹשִׁיב בְּמַחֲנֶה
encampment *n.* מַאֲהָל
encase *v.* נִרְתֵּק, סָגַר בְּקוּפְסָה
enchant *v.* כִּישֵּׁף; הִקְסִים
enchanting *adj.* מַקְסִים; כִּישׁוּפִי
enchantment *n.* קֶסֶם; כִּישּׁוּף
enchantress *n.* קוֹסֶמֶת
enchase *v.* שִׁיבֵּץ אַבְנֵי־חֵן
encircle *v.* כִּיתֵּר, הִקִּיף
enclave *n.* מוּבְלַעַת
enclitic *adj., n.* (בדקדוק) דְּבוּקַת טַעַם (תיבה הדבוקה לחברתה ביחידת טעם אחת)
enclose, inclose *v.* סָגַר עַל; גָּדַר

enclosure, inclosure *n.* הֲקָמַת גָּדֵר; מִגְרָשׁ גָּדוּר
encode *v.* קוֹדֵד
encomium *n.* שֶׁבַח, הַלֵּל
encompass *v.* כִּיתֵּר; כָּלַל
encore *interj., n.* הַדְרָן
encore *v.* קָרָא הַדְרָן
encounter *v.* נִתְקַל בּ, פָּגַשׁ
encounter *n.* הִיתָּקְלוּת, מִפְגָּשׁ
encourage *v.* עוֹדֵד
encouragement *n.* עִידוּד
encroach *v.* הִסִּיג גְּבוּל
encumber *v.* הִכְבִּיד, הֶעֱמִיס
encumbrance *n.* הַכְבָּדָה, מַעֲמָסָה
encyclic(al) *adj.* כְּלָלִי, לַכּוֹל
encyclic(al) *n.* חוֹזֵר הָאַפִּיפְיוֹר (לכמורה)
encyclopedia *n.* אֶנְצִיקְלוֹפֶּדְיָה
encyclopedic *adj.* אֶנְצִיקְלוֹפֶּדִי
end *n.* קָצֶה, סוֹף, סִיּוּם, תַּכְלִית
end on כְּשֶׁהַקָּצֶה קָדִימָה
end to end כְּשֶׁהַקְּצָווֹת נוֹגְעִים זֶה בָּזֶה
end *v.* גָּמַר; הִסְתַּיֵּם
end in smoke נִגְמַר לְלֹא תוֹצָאָה מַמָּשִׁית
end up נִסְתַּיֵּם
end up with סִיֵּם בּ
endanger *v.* סִיכֵּן
endear *v.* חִיבֵּב עַל
endeavor *v.* הִתְאַמֵּץ
endeavor *n.* מַאֲמָץ
endemic *adj., n.* (לגבי מחלה) מְיוּחָד לְעַם אוֹ לְאֵזוֹר
ending *n.* סִיּוּם, סוֹף
endless *adj.* אֵין־סוֹפִי, אֵינְסוֹפִי
endmost *adj.* הָרָחוֹק בְּיוֹתֵר, שֶׁבַּסּוֹף
endorse, indorse *v.* אִישֵּׁר; הֵסֵב (שֵׁק), חָתַם (חתימת אישור או קבלה)
endorsee *n.* מוּסָב
endorsement *n.* הֲסָבָה, אִישּׁוּר; חֲתִימָה
endorser *n.* מְאַשֵּׁר; מְקַיֵּם
endothermic *adj.* קוֹלֵט חוֹם
endow *v.* הֶעֱנִיק
endowment *n.* הַעֲנָקָה, מַתָּנָה
endurance *n.* כּוֹחַ סֵבֶל; סְבוֹלֶת
endure *v.* סָבַל; נָשָׂא; נִמְשַׁךְ
enduring *adj.* מַתְמִיד; עָמִיד
enema *n.* חוֹקָן
enemy *n., adj.* אוֹיֵב, שׂוֹנֵא, עוֹיֵן
energetic *adj.* נִמְרָץ
energy *n.* מֶרֶץ, אֵנֶרְגְיָה
enervate *v.* הוֹצִיא עָצָב; הִתִּישׁ
enfeeble *v.* הֶחֱלִישׁ
enfilade *v., n.* אִנְפְּלֵד (התקיף באש אנפילאדית); אֶנְפִילָדָה (אֵשׁ להשמדת מטרה בקו ניצב על כיוון האש)
enfold, infold *v.* עָטַף; חִיבֵּק
enforce *v.* כָּפָה, אָכַף; חִיזֵּק
enforcement *n.* אֲכִיפָה, כְּפִיָּה
enfranchise *v.* אִזְרֵחַ, נָתַן זְכוּת הַצְבָּעָה
engage *v.* הֶעֱסִיק; עָסַק; צוֹדֵד; שִׁילֵּב; הִשְׁתַּלֵּב; שָׂכַר
engage gear נִכְנַס (הִכְנִיס) לְהִילּוּךְ
engaged *adj.* עָסוּק; קָשׁוּר בְּהִתְחַיְּבוּת; מְאוֹרָס
engagement *n.* הִתְחַיְּבוּת; הַעֲסָקָה; אֵירוּסִין; פְּגִישָׁה; קְרָב
engagement ring *n.* טַבַּעַת אֵירוּסִין
engaging *adj.* מוֹשֵׁךְ, מְצוֹדֵד
engender *v.* הוֹלִיד, גָּרַם
engine *n.* מָנוֹעַ; קַטָּר

engine driver *n.* נַהַג קַטָּר
engineer *n.* מְהַנְדֵס, נַהַג קַטָּר
engineer *v.* הִנְדֵס, תִּכְנֵן; תִּחְבֵּל
engineering *n.* הַנְדָסָה, מְהַנְדְסוּת, תִּכְנוּן
England *n.* אַנְגְלִייָה (הארץ)
English *adj.* אַנְגְלִי; אַנְגְלִית (שפה)
Englishman *n.* אַנְגְלִי
English-speaking *adj.* דוֹבֵר אַנְגְלִית
Englishwoman *n.* (אישה) אַנְגְלִייָה
engrained *adj. see* **ingrained**
engraft, ingraft *v.* הִשְׁתִּיל, הִרְכִּיב
engrave *v.* חָרַת, גִּילֵף, חָקַק
engraving *n.* חֲרִיתָה, גִּילוּף
engross *v.* בָּלַע, הֶעֱסִיק רֹאשׁוֹ וְרוּבּוֹ
engrossing *adj.* מְרַתֵּק
engulf, ingulf *v.* בָּלַע: הִקִּיף מִכָּל עֵבֶר
enhance *v.* הִגְדִּיל, הֶאְדִּיר, הִגְבִּיר
enhancement *n.* הַגְדָּלָה; הַאְדָּרָה
enigma *n.* חִידָה, תַּעֲלוּמָה
enigmatic(al) *adj.* חִידָתִי, סָתוּם
enjoin *v.* הוֹרָה, חִייֵּב, צִיוָּה
enjoy *v.* נֶהֱנָה; נִשְׂכַּר
enjoyable *adj.* מְהַנֶּה, נָעִים
enjoyment *n.* הֲנָאָה, שַׁעֲשׁוּעַ
enkindle *v.* לִיבָּה
enlarge *v.* הִגְדִּיל, הִרְחִיב (את הדיבור וכד׳)
enlargement *n.* הַגְדָּלָה; הַרְחָבָה
enlighten *v.* הֵאִיר, הִבְהִיר
enlightenment *n.* הַבְהָרָה; הַשְׂכָּלָה
enlist *v.* חִייֵּל, גִּייֵּס; הִתְגַּייֵּס
enliven *v.* הֶחֱיָה, הִמְרִיץ
en masse *adv.* כִּקְבוּצָה, כְּגוּף, כּוּלָּם יַחַד
enmesh, inmesh *v.* לָכַד כִּבְרֶשֶׁת
enmity *n.* שִׂנְאָה
ennoble *v.* רוֹמֵם, כִּיבֵּד
ennui *n.* עֲייֵפוּת נַפְשִׁית
enormity *n.* מִפְלַצְתִּיּוּת; מַעֲשֶׂה תּוֹעֵבָה
enormous *adj.* עֲנָקִי, רַב מְמַדִּים
enough *adj., n., adv., interj.* דַּיּוֹ, מַסְפִּיק; לְמַדַּיי; דַּיי!
enounce *v.* הִכְרִיז, הוֹדִיעַ
en passant *adv.* דֶּרֶךְ אַגַּב; (בשחמט) אֲגַב הילוכו
enquire *v. see* **inquire**
enrage *v.* הִרְגִּיז, עוֹרֵר זַעַם
enrapture *v.* גָּרַם עוֹנֶג, שִׁלְהֵב בְּשִׂמְחָה
enrich *v.* הֶעֱשִׁיר; הִשְׁבִּיחַ
enriched bread *n.* לֶחֶם מְשׁוּפָּר
enroll, enrol *v.* הִכְנִיס לִרְשִׁימָה; נִרְשַׁם
en route *n.* בַּדֶּרֶךְ
ensconce *v.* שָׂם בְּמָקוֹם בָּטוּחַ
ensconce oneself הִתְמַקֵּם, נֶחְבָּא
ensemble *n.* מִכְלוֹל; צָוֶות; בִּיצּוּעַ מְאוּחָד
enshrine *v.* נָהַג בִּקְדוּשָּׁה
ensign *n.* דֶּגֶל; תָּג
enslave *v.* שִׁעְבֵּד
enslavement *n.* שִׁעְבּוּד
ensnare, insnare *v.* לָכַד בְּרֶשֶׁת
ensue *v.* בָּא מִיָּד אַחֲרֵי
ensuing *adj.* הַבָּא אַחֲרֵי
ensure *v.* הִבְטִיחַ
entail *v.* גָּרַר, הֵבִיא לִידֵי, הִצְרִיךְ
entail *n.* הוֹרָשַׁת קַרְקַע; יְרוּשַּׁת תְּכוּנוֹת
entangle *v.* לָכַד בִּסְבַךְ
entanglement *n.* סִיבּוּךְ, הִסְתַּבְּכוּת
entente *n.* הֲבָנָה, הַסְכָּמָה
Entente Cordiale *n.* הַסְכָּמָה יְדִידוּתִית (בין שתי מדינות)

enter *v.* נִכְנַס; הִשְׁתַּתֵּף; רָשַׁם (בספר חשבונות וכו')
enter oneself for רָשַׁם אֶת שְׁמוֹ ל
enter into נִכְנַס (לפרטים), הִתְחִיל בּ
enteric *adj.* שֶׁל הַמֵּעַיִים
enteric fever *n.* טִיפוּס הַמֵּעַיִים
enterprise *n.* מִפְעָל, מִבְצָע; יוֹזְמָה
enterprising *adj.* מֵעֵז, נוֹעָז
entertain *v.* שִׁעֲשַׁע; אֵירַח
entertainer *n.* בַּדְרָן
entertaining *adj.* מְשַׁעֲשֵׁעַ
entertainment *n.* בִּידּוּר
enthral(l), inthral(l) *v.* צוֹדֵד
enthuse *v.* הִלְהִיב; נִלְהַב
enthusiasm *n.* הִתְלַהֲבוּת
enthusiast *n.* (תומך) מִתְלַהֵב
entice *v.* פִּיתָּה, הֵסִית
enticement *n.* פִּיתּוּי; הִתְפַּתּוּת
entire *adj.* כּוֹלֵל, שָׁלֵם
entirely *adv.* לְגַמְרֵי; בִּשְׁלֵמוּת
entirety *n.* שְׁלֵמוּת
entitle, intitle *v.* קָבַע שֵׁם; זִיכָּה
entity *n.* יֵשׁוּת
entomb, intomb *v.* קָבַר
entombment *n.* קְבִירָה
entomology *n.* תּוֹרַת הַחֲרָקִים, אֶנְטוֹמוֹלוֹגְיָה
entourage *n.* פָּמַלְיָה
entrails *n. pl.* קְרָבַיִים; מֵעַיִים, פְּנִים
entrain *v.* הִטְעִין בָּרַכֶּבֶת; נָסַע בָּרַכֶּבֶת
entrance *n.* כְּנִיסָה, פֶּתַח
entrance fee *n.* דְּמֵי כְּנִיסָה
entrance *v.* הִקְסִים; הִפְנֵט
entrance examination *n.* בְּחִינַת כְּנִיסָה (למוסד חינוכי)
entrancing *adj.* מַקְסִים, מַדְלִיק
entrant *n.* נִכְנָס; מִתְחָרֶה
entrap *v.* לָכַד בְּרֶשֶׁת, הִפִּיל בְּפַח
entreat *v.* הִפְצִיר, הִתְחַנֵּן
entreaty *n.* בַּקָּשָׁה, תְּחִינָּה
entrée *n.* זְכוּת כְּנִיסָה; מָנָה עִיקָּרִית
entrench, intrench *v.* חָפַר; הִתְחַפֵּר, הִתְבַּצֵּר
entrepot *n.* מַחְסָן, מַחְסַן עֲרוּבָּה
entrepreneur *n.* קַבְּלָן, מְבַצֵּעַ עֲבוֹדוֹת
entrust *v.* הִפְקִיד בְּיַד, סָמַךְ עַל
entry *n.* כְּנִיסָה; פְּרִיט בִּרְשִׁימָה
entwine, intwine *v.* שָׁזַר; הִשְׁתַּזֵּר
enumerate *v.* מָנָה, סָפַר
enunciate *v.* בִּיטֵּא; הִכְרִיז, הִצְהִיר
envelop *v.* עָטַף; שִׁימֵּשׁ מַעֲטֶה
envelope *n.* מַעֲטָפָה; עֲטִיפָה
enviable *adj.* מְעוֹרֵר קִנְאָה
envious *adj.* מָלֵא קִנְאָה
environ *v.* כִּיתֵּר, הִקִּיף
environment *n.* סְבִיבָה
environs *n. pl.* פַּרְבָּרִים
envisage *v.* חָזָה, דִּימָּה
envoi, envoy *n.* סֵיפָא (של שיר או סיפור)
envoy *n.* שָׁלִיחַ, נָצִיג, צִיר
envy *n.* קִנְאָה
envy *v.* קִינֵּא, הִתְקַנֵּא
enzyme *n.* תַּסָּס, מַתְסִיס, אֶנְזִים
eon *n.* עִידָּן אָרוֹךְ, (בגיאולוגיה) תְּקוּפָה אֲרוּכָּה בְּיוֹתֵר
epaulet, epaulette *n.* כּוֹתֶפֶת
epée *n.* סַיִף
epenthesis *n.* (בבלשנות) שִׁרְבּוּב הֶגֶה (לתוך מלה ללא הצדקה אטימולוגית)
epergne *n.* אֲגַרְטֵל

ephemeral *adj.* חוֹלֵף, קִיקְיוֹנִי
ephod *n.* אֵפוֹד
epic *n.* שִׁיר אֶפִּי, שִׁיר עֲלִילָה
epic, epical *adj.* אֶפִּי, שֶׁל גְבוּרָה
epicure *n.* אֶפִּיקוּר, בַּרְרָן
epicurean, Epicurean *adj.* חוֹבֵב תַּעֲנוּגוֹת, נֶהֱנְתָן
epidemic *n.* אֶפִּידֶמְיָה, מַגֵּפָה
epidemically *adv.* בְּצוּרַת מַגֵּפָה
epidemiology *n.* תּוֹרַת הַמַּחֲלוֹת הַמַּגַּפְתִיּוֹת
epidermis *n.* עִילִית הָעוֹר
epigram *n.* מִכְתָּם
epigraphy *n.* אֶפִּיגְרַפְיָה, מַדַּע פִּעְנוּחַ כְּתוּבוֹת עַתִּיקוֹת
epilepsy *n.* אֶפִּילֶפְּסְיָה, כִּפְיוֹן
epileptic *n., adj.* אֶפִּילֶפְּטִי; כִּפְיוֹנִי
epilogue *n.* אֶפִּילוֹג, סִיּוּם
epiphany *n.* הִתְגַּלּוּת (אלקית וכד׳)
episcopal *adj.* אֶפִּיסְקוֹפָּלִי (לפי ההשקפה שהסמכות הכנסייתית העליונה נתונה בידי הבישופים)
episode *n.* מְאוֹרָע, אֶפִּיזוֹדָה
epistemology *n.* אֶפִּיסְטֶמוֹלוֹגְיָה (ענף בפילוסופיה החוקר את מקורה וטיבה של הידיעה האנושית)
epistle *n.* אִיגֶּרֶת, מִכְתַּב שָׁלִיחַ (נוצרי)
epitaph *n.* חֲקִיקָה (על מצבה)
epithalamium *n.* שִׁיר חֲתוּנָּה
epithet *n.* תּוֹאַר, שֵׁם לְוַואי
epitome *n.* תַּמְצִית, עִיקָּר
epitomize *v.* תִּמְצֵת, מִיצָּה
epoch *n.* תְּקוּפָה, עִידָּן
epoch-making *adj.* פּוֹתֵחַ תְּקוּפָה
epochal *adj.* תְּקוּפָתִי
equable *adj.* אָחִיד; לֹא מִשְׁתַּנֶּה; שָׁלֵו
equal *adj., n.* שָׁוֶה; אָחִיד
equal *v.* שָׁוָה, הָיָה שָׁוֶה, הִשְׁתַּוָּה
equality *n.* שִׁוְיוֹן
equalize *v.* הִשְׁוָה, (באלקטרוניקה) שִׁוְיֵין
equally *adv.* בְּמִידָּה שָׁוָה
equanimity *n.* יִישׁוּב־דַּעַת, קוֹר רוּחַ
equate *v.* הִבִּיעַ שִׁוְיוֹן, נִיסַּח בְּמִשְׁוָואָה, נָהַג כִּבְשָׁוֶה
equation *n.* הַשְׁוָואָה; מִשְׁוָואָה
equator *n.* קַו הַמַּשְׁוֶוה
equestrian *adj.* פָּרָשִׁי
equestrian *n.* פָּרָשׁ, רוֹכֵב
equestrian statue *n.* אַנְדַּרְטָה שֶׁל (אדם) רָכוּב עַל סוּס
equidistant *adj.* מְרוּחָק בְּמִידָּה שָׁוָה
equilateral *adj., n.* שְׁוֵה צְלָעוֹת; מְצוּלָּע מְשׁוּכְלָל
equilibrium *n.* שִׁיוּוּי־מִשְׁקָל, אִיזּוּן
equinox *n.* שִׁוְיוֹן הַיּוֹם וְהַלַּיְלָה (ב־21 במארס וב־23 בספטמבר)
equip *v.* צִיֵּיד; סִיפֵּק
equipment *n.* צִיּוּד, אַבְזְרֵי צִיּוּד
equipoise *n.* שִׁיוּוּי־מִשְׁקָל, אִיזּוּן
equitable *adj.* צוֹדֵק, הוֹגֵן; בַּר תּוֹקֶף
equity *n.* הֲגִינוּת, נֶאֱמָנוּת לְצֶדֶק
equivalent *adj.* שָׁקוּל כְּנֶגֶד, שָׁוֶה
equivocal *adj.* תַּרְתֵּי מַשְׁמַע, דו־מַשְׁמָעִי
equivocate *v.* הִבִּיעַ בְּצוּרָה דו־מַשְׁמָעִית
equivocation *n.* תַּרְתֵּי מַשְׁמַע, דו־מַשְׁמָעִיּוּת
era *n.* תְּקוּפָה; סְפִירָה
eradicate *v.* מָחַק, עָקַר, שֵׁירֵשׁ
eradicative *adj.* עוֹקֵר, מַשְׁמִיד
erase *v.* מָחָה, מָחַק
eraser *n.* מַחַק, מוֹחֵק

erasion *n.* מְחִיקָה
erasure *n.* מְחִיקָה
ere *conj., prep.* לִפְנֵי, קוֹדֶם שֶׁ
erect *v.* הֵקִים, בָּנָה
erect *adj., adv.* זָקוּף; בִּזְקִיפוּת
erection *n.* הִזָּדַקְּפוּת; זִקְפָּה; בְּנִיָּיה
ergative *adj.* (בדקדוק) גוֹרֵם
ermine *n.* סַמּוּר
erode *v.* אִיכֵּל; נִסְחַף; סָחַף
erosion *n.* הִסְתַּחֲפוּת
erotic *adj.* אֵרוֹטִי, מְגָרֶה, שֶׁל עֲגָבִים
err *v.* טָעָה; שָׁגָה
errand *n.* שְׁלִיחוּת
errand-boy *n.* נַעַר שְׁלִיחוּיוֹת
erratic *adj.* לֹא־יַצִּיב; סוֹטֶה
erratum *n.* טָעוּת־דְפוּס
erroneous *adj.* מוּטְעֶה
error *n.* שְׁגִיאָה, טָעוּת
ersatz *n.* תַּחְלִיף
erstwhile *adv.* לְשֶׁעָבַר, לְפָנִים
erudite *adj.* מְלוּמָּד, בָּקִי
erudition *n.* לַמְדָנוּת, בְּקִיאוּת
erupt *v.* פָּרַץ בְּכוֹחַ, הִתְפָּרֵץ
eruption *n.* הִתְפָּרְצוּת, הִתְגָּעֲשׁוּת
escalate *v.* הֶחְמִיר, הִסְלִים
escalation *n.* הַחְמָרָה, הַסְלָמָה
escalator *n.* מַדְרֵגוֹת נָעוֹת, דַּרְגְּנוֹעַ
escallop, scallop *n.* צִדְפָּה
escapade *n.* הַרְפַּתְקָה נוֹעֶזֶת; בְּרִיחָה
escape *n.* בְּרִיחָה; הִימָּלְטוּת, הֵיחָלְצוּת
escape *v.* בָּרַח; נֶחֱלַץ
escapee *n.* בּוֹרֵחַ; נִמְלָט
escarpment *n.* כֵּף, מַתְלוּל, מִדְרוֹן פְּנִימִי
eschatology *n.* אֶסְקָטוֹלוֹגְיָה, חֲזוֹן אַחֲרִית הַיָּמִים

eschew *v.* נִמְנַע, הִתְחַמֵּק
escort *n.* מִשְׁמָר; מְלַוֶּוה
escort *v.* לִיוָּוה
escutcheon *n.* מָגֵן (נושא סמל המשפחה)
esophagus, oesophagus *n.* וֶשֶׁט
esoteric *adj.* אֵזוֹטֶרִי, מְכוּוָּן לְקָהָל מְצוּמְצָם, שֶׁל הַמְעַטִּים, שֶׁל הַנִּבְחָרִים; סוֹדִי
especial *adj.* מְיוּחָד, יוֹצֵא מִן הַכְּלָל
espionage *n.* רִיגּוּל, בִּיּוּן
esplanade *n.* טַיֶּילֶת, רְחָבָה
espousal *n.* אִימּוּץ (רעיון); נִישּׂוּאִין
espouse *v.* אִימֵּץ (רעיון); דָּגַל בּ; הִתְחַתֵּן
esprit de corps *n.* רוּחַ צֶוֶות
espy *v.* רָאָה (מרחוק), מַבָּטוֹ נִתְקַל
esquire (Esq.) *n.* הָאָדוֹן, מַר
ess *n.* אֶס (האות s)
essay *n.* מַסָּה; נִיסָּיוֹן
essay *v.* נִיסָּה
essayist *n.* מַסַּאי, כּוֹתֵב מַסּוֹת
essence *n.* עִיקָּר; תַּמְצִית
Essene *n.* אִיסִּי (שייך לכת נזירים בימי בית שני)
essential *adj.* חִיּוּנִי; עִיקָּרִי
essential *n.* יְסוֹד, נְקוּדָּה עִיקָּרִית
essentially *adv.* בִּיסוֹדוֹ
establish *v.* יִיסֵּד, כּוֹנֵן; הוֹכִיחַ, בִּיסֵּס
establishment *n.* יִיסּוּד; מוֹסָד; קְצוּנָּה (כיחידה צבאית), מִמְסָד; מְקוֹם עֵסֶק
estate *n.* מַעֲמָד; נְכָסִים; אֲחוּזָּה
esteem *v.* הֶעֱרִיךְ
esteem *n.* הַעֲרָכָה
ester *n.* אֶסְטֵר (תרכובת כימית שבה מחליפים את המימן שבחומצה ביסוד פחמימני)

esterify *v.* אִסְטֵר
esthetic *adj.* אֶסְתֶּטִי
estimable *adj.* רָאוּי לְהַעֲרָכָה
estimate *v.* אָמַד, הֶעֱרִיךְ
estimate *n.* אוּמְדָן, הַעֲרָכָה
estimation *n.* הַעֲרָכָה, דֵּעָה
estrangement *n.* הִתְרַחֲקוּת, פֵּירוּד
estuary *n.* שֶׁפֶךְ נָהָר
etc., et cetera, וְכוּלֵי,
etcetera *phr. n.* וְכַדּוֹמֶה, וְכוּ'
etch *v.* חָרַט, גִּילֵּף
etcher *n.* חָרָט, גַּלָּף, גַּלְפָן
etching *n.* חֲרִיטָה, גִּילּוּף
eternal *adj.* נִצְחִי
eternity *n.* נֵצַח, אַלְמָוֶות
ether *n.* אֶתֶר (בכימיה: נוזל חסר צבע נדיף ודליק; בפיסיקה: לפי השקפה מיושנת, חומר הממלא את חלל העולם)
ethereal, etherial *adj.* שְׁמֵימִי; מְעוּדָּן
ethic, ethical *adj.* מוּסָרִי, אֶתִי
ethically *adv.* מִבְּחִינָה מוּסָרִית
ethnic, ethnical *adj.* אֶתְנִי (מיוחד לאוכלוסייה)
ethnography *n.* אֶתְנוֹגְרַפְיָה (מדע החוקר את הקבוצות המובהקות של האנושות למקורן, ללשונותיהן ולמוסדותיהן)
ethnology *n.* אֶתְנוֹלוֹגְיָה (מדע התיאור והסיווג של תרבויות הגזעים באנושות)
ethos *n.* תְּכוּנָה, מִידָּה, אֶתוֹס
etiquette *n.* גִּינּוּנֵי חֶבְרָה, אֶתִּיקֶטָה
et seq. - et sequentie וְהַבָּאִים לְהַלָּן
étude *n.* (במוסיקה) תַּרְגִּיל, אֶטְיוּד

etymology *n.* אֶטִימוֹלוֹגְיָה, גִּיזָּרוֹן (חקר תולדות המלים וגלגוליהן)
etymon *n.* אֶטִימוֹן, מָקוֹר
eucalyptus *n.* אֵיקָלִיפְּטוּס
Eucharist *n.* סְעוּדַת יֵשׁוּ, לֶחֶם הַסְּעוּדָה
eugenic *adj.* מַשְׁבִּיחַ גֶּזַע
eulogistic *adj.* מָלֵא תִּשְׁבָּחוֹת
eulogize *v.* הִילֵּל, שִׁיבַּח
eulogy *n.* שֶׁבַח, הַלֵּל
eunuch *n.* סָרִיס
euphemism *n.* לָשׁוֹן נְקִיָּה, בִּיטּוּי מְעוּדָּן
euphonic *adj.* נְעִים צְלִיל
euphony *n.* נוֹעַם הַקּוֹל, מִצְלוֹל
euphoria *n.* הַרְגָּשָׁה טוֹבָה
euphuism *n.* מְלִיצָה, סִגְנוֹן מְסוּלְסָל
eureka *interj.* אֶבְרֶקָה! מָצָאתִי! (קריאת שמחה עם גילוי תגלית)
European *adj., n.* אֵירוֹפִּי
euthanasia *n.* הֲמָתַת חֶסֶד (של חולה אנוש)
evacuate *v.* רוֹקֵן; פִּינָּה
evacuation *n.* פִּינּוּי; הֲרָקָה
evade *v.* הִתְחַמֵּק, הִשְׁתַּמֵּט
evaluate *v.* הֶעֱרִיךְ, קָבַע הַעֲרָכָה
evanescent *adj.* נָמוֹג, הוֹלֵךְ וְנֶעֱלָם
evangel *n.* מַטִּיף לְנַצְרוּת
evangelical *adj., n.* אֵוַונְגֶּלִי (נאמן לברית החדשה)
evaporate *v.* אִידָּה; הִתְנַדֵּף; נָגוֹז
evaporator *n.* מְאַדֶּה
evaporize *v.* אִידָּה
evasion *n.* הִתְחַמְּקוּת, הִשְׁתַּמְּטוּת
evasive *adj.* שְׁתַמְטָנִי, מִתְחַמֵּק
Eve *n.* חַוָּה, אִישָּׁה
eve *n.* עֶרֶב (של חג וכד')

even *adj.* שָׁוֶה; מִישׁוֹרִי; סָדִיר; מְאוּזָּן; אָחִיד
even *v.* הִשְׁוָה, יִישֵּׁר
even *adv.* בְּמִידָּה שָׁוָה; אֲפִילוּ
evening *n.* עֶרֶב, בִּפְרוֹס
event *n.* מְאוֹרָע; מִקְרֶה, אֵירוּעַ
eventful *adj.* רַב־אֵירוּעִים
eventual *adj.* הַבָּא בְּעִקְבוֹתָיו
eventuality *n.* תּוֹצָאָה אֶפְשָׁרִית
eventually *adv.* בְּסוֹפוֹ שֶׁל דָּבָר
ever *adv.* תָּמִיד; אֵי־פַּעַם
evergreen *n., adj.* יְרוֹק־עַד
everlasting *adj., n.* נִצְחִי; נֵצַח
evermore *adv.* תָּמִיד, לָנֶצַח
every *adj.* כָּל־, כָּל־אֶחָד; בְּכָל
every other *adv.* לְסֵירוּגִין
everybody *pron.* כָּל־אֶחָד, הַכּוֹל
everyday *adj.* יוֹם־יוֹמִי; רָגִיל
everyone *n.* כָּל אֶחָד, כָּל אָדָם
everything *n.* הַכּוֹל, כָּל דָּבָר
everywhere *adv.* בְּכָל מָקוֹם
evict *v.* גֵּירֵשׁ (דייר)
eviction *n.* גֵּירוּשׁ (דייר)
evidence *n.* עֵדוּת, רְאָיָה
evidence *v.* הִבְהִיר; חִיזֵּק בְּעֵדוּת
evident *adj.* בָּרוּר
evil *adj.* רָע, מְרוּשָּׁע
evil *n.* רָע, רִשְׁעוּת; פֶּגַע
evil eyed *adj.* רַע עַיִן
evil minded *adj.* בַּעַל רָצוֹן לְהָרַע
Evil One *n.* הַשָּׂטָן
evildoer *n.* עוֹשֵׂה רָע
evildoing *n.* רֶשַׁע, חֵטְא
evince *v.* הִבְהִיר, הוֹכִיחַ; גִּילָּה, הִפְגִּין
eviscerate *v.* הוֹצִיא אֶת הַמֵּעַיִים, הוֹצִיא חֵלֶק חִיוּנִי

evoke *v.* הֶעֱלָה, עוֹרֵר
evolution *n.* הִתְפַּתְּחוּת הַדְרָגָתִית
evolve *v.* פִּיתַּח בְּהַדְרָגָה; הִתְפַּתַּח
ewe *n.* כִּבְשָׂה
ewer *n.* קַנְקַן, כַּד
ex *n.* אֶקְס (האות x); לְשֶׁעָבַר
ex officio מִכּוֹחַ הַתַּפְקִיד, בְּתוֹקֶף הַתַּפְקִיד
ex post facto בְּדִיעֲבַד, לְאַחַר מַעֲשֶׂה
ex-serviceman *n.* חַיָּיל לְשֶׁעָבַר
exacerbate *v.* הֶחְמִיר, הֶחְרִיף (כאב וכד'); הִכְעִיס
exact *adj.* מְדוּיָּק, מְדַיֵּיק
exact *v.* תָּבַע; נָשָׁה, דָּרַשׁ
exacting *adj.* מַחְמִיר בִּדְרִישׁוֹתָיו
exaction *n.* נְשִׁיָּה, נְגִישָׂה, עוֹשֶׁק
exactly *adv.* בְּדִיּוּק
exactness *n.* דִּיּוּק; דַּיְיקָנוּת
exaggerate *v.* הִגְזִים, הִפְרִיז
exaggerated *adj.* מוּגְזָם, מוּפְרָז
exalt *v.* הֶעֱלָה, רוֹמֵם
exam *n.* בְּחִינָה
examination *n.* בְּחִינָה, בְּדִיקָה
examine *v.* בָּחַן, בָּדַק
example *n.* דּוּגְמָה, מָשָׁל
exasperate *v.* הִכְעִיס, הֶחְרִיף
excavate *v.* חָפַר; חָשַׂף עַתִּיקוֹת
exceed *v.* עָלָה עַל, עָבַר עַל
exceedingly *adv.* מְאוֹד, בְּיוֹתֵר
excel *v.* הִצְטַיֵּין
excellence *n.* הִצְטַיְּינוּת
Excellency *n.* הוֹד מַעֲלָה
except *v.* הוֹצִיא מִכְּלָל
except *prep., conj.* חוּץ מִן, פְּרָט ל
exception *n.* הוֹצָאָה מִן הַכְּלָל; יוֹצֵא מִן הַכְּלָל; הִתְנַגְּדוּת

exceptional *adj.* יוֹצֵא מִן הַכְּלָל, מְיוּחָד

excerpt *v.* בָּחַר קֶטַע, צִיטֵּט קֶטַע

excerpt *n.* קֶטַע, מוּבָאָה

excess *n.* עוֹדֶף, גוֹדֶשׁ; בִּזְבּוּז

excessively *adv.* בְּהַפְרָזָה

exchange *n.* הַחְלָפָה, חִילּוּפִים; תְּמוּרָה; בּוּרְסָה

exchange *v.* הֶחְלִיף

exchequer *n.* אוֹצָר, אוֹצַר הַמְּדִינָה

excisable *adj.* שֶׁאֶפְשָׁר לְהַטִּיל עָלָיו בְּלוֹ

excise *n.* בְּלוֹ

excise *v.* מָחַק; קִיטֵּעַ

excise tax *n.* בְּלוֹ

excitable *adj.* נוֹחַ לְהִתְרַגֵּשׁ

excite *v.* שִׁלְהֵב; עוֹרֵר

excitement *n.* שִׁלְהוּב; הִתְרַגְּשׁוּת

exciting *adj.* מַלְהִיב; מְרַגֵּשׁ

exclaim *v.* קָרָא, צָעַק

exclamation *n.* קְרִיאָה; מִלַּת קְרִיאָה

exclamation mark *n.* סִימַן קְרִיאָה (!)

exclude *v.* גֵּירֵשׁ; הוֹצִיא; מָנַע כְּנִיסָה

exclusion *n.* מְנִיעַת כְּנִיסָה; גֵּירוּשׁ

exclusive *adj.* בִּלְעָדִי, יִיחוּדִי

excommunicate *v.* הֶחֱרִים, נִידָּה

excommunication *n.* נִידּוּי, הַחְרָמָה

excoriate *v.* הִפְשִׁיט עוֹר; גִּינָּה

excrement *n.* צוֹאָה

excrescence *n.* גִּידּוּל לֹא רָגִיל; גִּידּוּל (בצמח או בחי) מְכוֹעָר

excrete *v.* הִפְרִישׁ (מגוף אורגני)

excruciating *adj.* מַכְאִיב, מְיַיסֵּר

exculpate *v.* נִיקָּה מֵאַשְׁמָה

excursion *n.* טִיּוּל

excursionist *n.* מִשְׁתַּתֵּף בְּטִיּוּל

excursus *n.* נִסְפָּח (בספר)

excusable *adj.* בַּר־סְלִיחָה, נִסְלָח

excuse *v.* סָלַח; הִצְדִּיק

excuse *n.* תֵּירוּץ

execrable *adj.* גָּרוּעַ בְּיוֹתֵר, אָיוֹם

execration *n.* חֵירוּף וְגִידּוּף; תִּיעוּב

execute *v.* בִּיצֵּעַ

execution *n.* בִּיצּוּעַ, הוֹצָאָה לְפוֹעַל; הוֹצָאָה לְהוֹרֵג

executioner *n.* תַּלְיָין

executive *adj.* שֶׁל הוֹצָאָה לְפוֹעַל; מְנַהֵל

executive *n.* מְנַהֵל, הַנְהָלָה

executor *n.* מְבַצֵּעַ; אַפִּיטְרוֹפּוֹס

executrix *n.* אַפִּיטְרוֹפְּסִית

exegesis *n.* פֵּירוּשׁ, בֵּיאוּר (של המקרא)

exemplar *n.* דּוּגְמָה; עוֹתֶק (של ספר וכד')

exemplary *adj.* מוֹפְתִי, מְשַׁמֵּשׁ דּוּגְמָה

exemplify *v.* הִדְגִּים; שִׁימֵּשׁ דּוּגְמָה

exempt *v.* פָּטַר מִן, שִׁחְרֵר מִן

exempt *adj.* פָּטוּר מִן

exemption *n.* פְּטוֹר, שִׁחְרוּר

exercise *n.* תַּרְגִּיל; אִימּוּן, תִּרְגּוּל; הַפְעָלָה, שִׁימּוּשׁ; טְקָסִים

exercise *v.* עִימֵּל, אִימֵּן, תִּרְגֵּל; הִפְעִיל, הֶעֱסִיק, הִתְעַמֵּל

exert *v.* הִפְעִיל

exert oneself *v.* הִתְאַמֵּץ

exertion *n.* מַאֲמָץ; הַפְעָלָה

exhalation *n.* נְשִׁיפָה, נְדִיפָה, פְּלִיטָה

exhale *v.* נָשַׁף, הִדִּיף, פָּלַט

exhaust *v.* רוֹקֵן; מִיצָּה; כִּילָּה

exhaust *n.* פְּלִיטָה; מַפְלֵט

exhaust pipe *n.* מַפְלֵט, צִינּוֹר פְּלִיטָה (ברכב)

exhaustion *n.* רִיקּוּן; מִיצּוּי;
כְּלוֹת הַכּוֹחוֹת
exhaustive *adj.* מְמַצֶּה, יְסוֹדִי
exhibit *v.* הֶרְאָה, חָשַׂף; הִצִּיג
exhibit *n.* מוּצָג (במשפט)
exhibition *n.* תַּעֲרוּכָה, הַצָּגָה
exhibitor *n.* מַצִּיג (בתערוכה)
exhilarating *adj.* מְשַׂמֵּחַ, מַרְנִין
exhort *v.* טָעַן, יָעַץ, הִפְצִיר
exhume *v.* הוֹצִיא מִקֶּבֶר;
חָשַׂף (עניין עלום)
exigency *n.* דְּחִיפוּת, צוֹרֶךְ דָּחוּף
exigent *adj.* דָּחוּף, דּוֹחֵק, לוֹחֵץ
exile *n.* גָּלוּת, גּוֹלֶה; הַגְלָיָה
exile *v.* הִגְלָה
exist *v.* הִתְקַיֵּים; נִמְצָא, חַי
existence *n.* קִיּוּם; הִימָּצְאוּת; הֲוָיָה
existing *adj.* קַיָּים, מָצוּי
exit *n.* יְצִיאָה (מאולם ציבורי וכד')
exit *v.* יָצָא
exodus *n.* יְצִיאָה הֲמוֹנִית
Exodus *n.* יְצִיאַת מִצְרַיִם; סֵפֶר שְׁמוֹת
ex officio *see* **ex**
exonerate *v.* נִיקָּה מֵאַשְׁמָה, זִיכָּה
exorbitant *adj.* מוּפְרָז, מוּפְקָע
exorcise *v.* גֵּירֵשׁ (רוּחַ, דיבוק)
exothermic *adj.* פּוֹלֵט חוֹם
exotic *adj., n.* לֹא מְקוֹמִי, זָר;
אֶקְזוֹטִי (מושך בזרותו)
expand *v.* הִגְדִּיל, הִתְרַחֵב; הִתְפַּשֵּׁט
expanse *n.* מֶרְחָב, מִשְׁטָח
expansion *n.* הִתְפַּשְּׁטוּת,
הִתְרַחֲבוּת; פִּיתּוּחַ
expansive *adj.* נִיתָּן לְהַרְחָבָה;
נִרְחָב; (לגבי אדם) גְּלוּי־לֵב
expatiate *v.* הִרְחִיב אֶת הַדִּיבּוּר
expatriate *v.* גֵּירֵשׁ מִמּוֹלַדְתּוֹ, הִגְלָה
expatriate *n.* מְגוֹרָשׁ; גּוֹלֶה (מרצון)
expect *v.* צִיפָּה; חִיכָּה; סָבַר, הִנִּיחַ
expectancy *n.* צִיפִּיָּה; תּוֹחֶלֶת
expectation *n.* סִיכּוּי; צִיפִּיָּה
expected *adj.* צָפוּי
expectorate *v.* יָרַק; כִּיֵּיחַ
expediency *n.* כְּדָאִיּוּת, תּוֹעַלְתִּיּוּת
expedient *adj.* מוֹעִיל, רָצוּי,
מְסַיֵּיעַ לְהַשָּׂגַת מַטָּרָה
expedient *n.* אֶמְצָעִי, אֶמְצָעִי עֵזֶר
expedite *v.* הֵחִישׁ, זֵירֵז
expedition *n.* מַסָּע; מִשְׁלַחַת
expeditious *adj.* מְבוּצָּע כַּהֲלָכָה
expel *v.* גֵּירֵשׁ, הוֹצִיא
expend *v.* הוֹצִיא (כסף, זמן וכד')
expendable *adj.* מִתְכַּלֶּה; שֶׁאֶפְשָׁר
לְהוֹצִיאוֹ; שֶׁאֶפְשָׁר לְהַקְרִיבוֹ
expenditure *n.* הוֹצָאָה, הוֹצָאוֹת
expense *n.* הוֹצָאָה, תַּשְׁלוּם
expensive *adj.* יָקָר
experience *n.* נִיסָּיוֹן; חֲוָויָה
experience *v.* הִתְנַסָּה; חָוָה
experienced *adj.* בַּעַל נִיסָּיוֹן, מְנוּסֶּה
experiment *n.* נִיסּוּי, נִיסָּיוֹן
experiment *v.* עָשָׂה נִיסָּיוֹן
expert *n., adj.* בָּקִי, מוּמְחֶה; מוּמְחִי
expiate *v.* כִּיפֵּר, רִיצָּה
expiation *n.* כַּפָּרָה
expire *v.* פָּג, פָּקַע; דָּעַךְ; מֵת
expiring date *n.* תַּאֲרִיךְ פִּיגָה
explain *v.* בֵּיאֵר, הִסְבִּיר, פֵּירֵשׁ
explanation *n.* הֶסְבֵּר, פֵּירוּשׁ
explanatory *adj.* מַסְבִּיר, מְבָאֵר
expletive *n.* קְלָלָה גַּסָּה; הַשְׁלֵם
(מלה או ביטוי בשיר לצורך קצב)

explicate *v.* הִסְבִּיר וְנִיתֵּחַ
explicit *adj.* בָּרוּר, מְפוֹרָשׁ
explode *v.* פּוֹצֵץ; הִתְפּוֹצֵץ
exploit *v.* נִיצֵּל
exploit *n.* מַעֲשֶׂה רַב הַרְפַּתְקָה
exploitation *n.* נִיצּוּל
exploration *n.* סִיוּר; חֲקִירָה
explore *v.* סִייֵּר שֶׁטַח; חָקַר
explorer *n.* חוֹקֵר; נוֹסֵעַ
explosion *n.* פִּיצוּץ; הִתְפּוֹצְצוּת
explosive *adj.* עָלוּל לְהִתְפּוֹצֵץ
explosive *n.* חוֹמֶר נֶפֶץ; הֶגֶה פּוֹצֵץ
exponent *n.* מַסְבִּיר; (במת') מַעֲרִיךְ (חֶזקה)
export *v.* יִיצֵּא
export *n., adj.* יִיצּוּא; יְצוּא; שֶׁל יְצוּא
expose *v.* חָשַׂף; גִּילָּה בְּרַבִּים
expose *n.* הַרְצָאַת דְּבָרִים; הוֹקָעָה
exposition *n.* תְּצוּגָה; הַבְהָרָה
ex post facto *see* **ex**
expostulate *v.* טָעַן נֶגֶד
exposure *n.* חֲשִׂיפָה; הַצָּגָה בְּפוּמְבֵּי; הוֹקָעָה
expound *v.* הִבְהִיר
express *v.* בִּיטֵּא, הִבִּיעַ
express *adj.* בָּרוּר, בָּהִיר; מְיוּחָד; מָהִיר
express *adv.* בְּרֶכֶב יָשִׁיר אוֹ מָהִיר; בִּמְיוּחָד; (מכתב) דָחוּף, בִּמְסִירָה מְיוּחֶדֶת
express *n.* אוֹטוֹבּוּס מָהִיר אוֹ רַכֶּבֶת מְהִירָה
express company *n.* חֶבְרָה לְהוֹבָלָה מְהִירָה
express terms *n. pl.* תְּנָאִים מְפוֹרָשִׁים
express train *n.* רַכֶּבֶת מְהִירָה
expression *n.* הַבָּעָה; בִּיטּוּי; מַבָּע
expressive *adj.* מַבִּיעַ; מָלֵא הַבָּעָה
expressly *adv.* בִּמְפוֹרָשׁ, בְּפֵירוּשׁ
expressway *n.* כְּבִישׁ יָשִׁיר
expropriate *v.* הִפְקִיעַ (נֶכֶס)
expulsion *n.* גֵּירוּשׁ, הוֹצָאָה בְּכוֹחַ
expunge *v.* מָחָה, מָחַק
expurgate *v.* טִיהֵר (ספר)
exquisite *adj.* מְיוּחָד, נִפְלָא, מַרְנִין; מְעוּלֶּה; דַּק טַעַם
exquisite *n.* טַרְזָן, גַּנְדְּרָן, יוּמְרָן
extant *adj.* קַיָּם, שֶׁנִּשְׁתַּמֵּר
extemporaneous *adj.* מְאוּלְתָּר, לְלֹא הֲכָנָה
extempore *adj., adv.* מְאוּלְתָּר; בְּאִלְתּוּר
extemporize *v.* אִלְתֵּר
extend *v.* פָּשַׁט; הוֹשִׁיט; הִרְחִיב; הֶאֱרִיךְ; הִתְפַּשֵּׁט; הִשְׂתָּרֵעַ
extended *adj.* שָׁלוּחַ; מוּשָׁט; מוֹאֳרָךְ; מָתוּחַ
extension *n.* הַרְחָבָה, הַאֲרָכָה; שְׁלוּחָה
extensive *adj.* רָחָב, גָּדוֹל מְמַדִּים; מַקִּיף
extent *n.* מִידַּת הִתְפַּשְּׁטוּת; שִׁיעוּר
extenuate *v.* רִיכֵּךְ; הֵקֵל
exterior *adj., n.* חִיצוֹנִי; צַד חִיצוֹנִי
exterminate *v.* הִשְׁמִיד
external *adj.* חִיצוֹנִי
externals *n. pl.* מַרְאֶה חִיצוֹנִי
extinct *adj.* כָּבוּי (הר געש); מוּכְחָד
extinguish *v.* כִּיבָּה; כִּילָּה
extinguisher *n.* מַטְפֶּה
extirpate *v.* עָקַר, הִשְׁמִיד
extol *v.* שִׁיבֵּחַ
extort *v.* הִשִּׂיג בִּסְחִיטָה אוֹ בְּעִינּוּיִים

extortion *n.* סְחִיטָה בְּעִינּוּיִים; הַפְקָעַת שְׁעָרִים
extra *adj.* נוֹסָף, מְיוּחָד
extra *adv.* יוֹתֵר מִן הָרָגִיל
extra *n.* תּוֹסֶפֶת מְיוּחֶדֶת
extra-fare *n.* תּוֹסֶפֶת דְּמֵי נְסִיעָה
extra-flat *adj.* שָׁטוּחַ מְאוֹד
extract *v.* עָקַר; הוֹצִיא; מִיצָּה
extract *n.* דָּבָר מוּצָא; קֶטַע; מוּבָאָה; תַּמְצִית
extraction *n.* הוֹצָאָה, עֲקִירָה; מוֹצָא
extracurricular *adj.* שֶׁמִּחוּץ לְתוֹכְנִית הַלִּימּוּדִים הָרְגִילָה
extradite *v.* הִסְגִּיר
extradition *n.* הַסְגָּרָה
extramural *adj.* מִחוּץ לְכוֹתְלֵי (האוניברסיטה וכד')
extraneous *adj.* חִיצוֹנִי, זָר
extraordinary *adj.* נָדִיר, יוֹצֵא מִגֶּדֶר הָרָגִיל
extrapolate *v.* (במת') חִיֵּיץ; אָמַד (לפי נתונים)
extravagance *n.* בִּזְבּוּז, הַפְרָזָה
extravagant *adj.* בַּזְבְּזָנִי; יוֹצֵא דּוֹפֶן; מוּפְרָז; מַפְרִיז; מוּזָר
extravaganza *n.* הַצָּגָה (או יצירה או אירוע) רַאַוְותָנִית, אֶקְסְרָוָגַנְצָה
extreme *adj.* קִיצוֹנִי, מַקְצִין
extreme *n.* קִיצוֹנִיּוּת, מִידָּה קִיצוֹנִית
extreme unction *n.* (אצל הקתולים) טֶקֶס לְהוֹלֵךְ לָמוּת
extremely *adv.* מְאוֹד מְאוֹד, בְּהַקְצָנָה
extremism *n.* נְטִיָּיה לְהַקְצָנָה
extremity *n.* עוֹנִי קִיצוֹנִי; הַחֵלֶק הַקִּיצוֹנִי, קִיצוֹנִיּוּת (בפעולה וכד'); קְצֵה אֵיבָר; קָצֶה

extricate *v.* שִׁחְרֵר, חִילֵּץ
extrinsic *adj.* חִיצוֹנִי, לֹא חִיוּנִי
extrovert *n.* מְחוּצָּן, מוּחְצָן
extrude *v.* דָּחַף הַחוּצָה; בָּלַט
exuberant *adj.* תּוֹסֵס; שׁוֹפֵעַ
exude *v.* נָדַף (ריח וכד'), נָטַף, בִּעְבֵּעַ
exult *v.* צָהַל, עָלַץ
exultant *adj.* שָׂמֵחַ, עוֹלֵץ (כמנצח)
eye *n.* עַיִן; מַבָּט; קוּף הַמַּחַט
eye *v.* הִתְבּוֹנֵן
eye of the morning *n.* הַשֶּׁמֶשׁ
eye-opener *n.* פּוֹקֵחַ עֵינַיִים, הַפְתָּעָה גְדוֹלָה
eye-shade *n.* סַף עַיִן, מִצְחִית
eye-shadow *n.* אִיפּוּר עַיִן
eye-socket *n.* אֲרוּבַּת הָעַיִן
eyeball *n.* גַּלְגַּל הָעַיִן
eyebrow *n.* גַּבַּת הָעַיִן
eyeful *n.* מַרְאֶה נֶהְדָּר; 'חֲתִיכָה', 'חָתִיךְ'
eyeglass *n.* זְכוּכִית הָעַיִן; מִשְׁקָף
eyeglasses *n. pl.* מִשְׁקָפַיִים
eyelash *n.* רִיסֵי עַפְעַף הָעַיִן
eyelet *n.* סֶדֶק, חָרִיר; לוּלָאָה
eyelid *n.* עַפְעַף
eyepiece *n.* עֵינִית, זְכוּכִית הָעַיִן (במשקפת וכד')
eyeshot *n.* טְוַוח רְאִיָּיה
eyesight *n.* רְאִיָּיה
eyesore *n.* מַרְאֶה מְכוֹעָר
eyestrain *n.* מַאֲמָץ יָתֵר שֶׁל הָעֵינַיִים
eyetooth *n.* נִיב (שֵׁן בצורת חרוט בלסת העליונה)
eyewash *n.* תַּרְחִיץ לְעֵינַיִים; אֲחִיזַת עֵינַיִים
eyewitness *n.* עֵד רְאִיָּיה

F

fable *n.* מָשָׁל; סִיפּוּר, בְּדָיָה
fabric *n.* אָרִיג; רִקְמָה, מִבְנֶה
fabricate *v.* פִּבְרֵק, זִייֵף
fabulous *adj.* דִמְיוֹנִי, אַגָּדִי
facade *n.* חֲזִית (של בניין): מַרְאֶה חִיצוֹנִי
face *n.* פָּנִים; מַרְאֶה חִיצוֹנִי; חוּצְפָּה; יוּקְרָה
face *v.* עָמַד מוּל, רָאָה; צִיפָּה (חומר בחומר אַחֵר)
face card *n.* (בקלפים) תְּמוּנָה
face lifting *n.* שִׁיפּוּר פָּנִים (בניתוח)
face value *n.* עֵרֶךְ נָקוּב; מַשְׁמָעוּת לִכְאוֹרָה
facet *n.* אַסְפֶּקְט, בְּחִינָה; צַד, פֵּאָה, פַּן
facetious *adj.* לֵיצָנִי, הִיתּוּלִי
facial *adj., n.* שֶׁל פָּנִים: טִיפּוּל פָּנִים
facile *adj.* קַל לְבִיצוּעַ; חָלָק; שִׁטְחִי
facilitate *v.* אִפְשֵׁר, הֵקֵל, סִייֵעַ
facilities *n. pl.* מִתְקָנִים; אֶמְצָעִים
facility *n.* קַלּוּת, יוּמְנָה; אַפְשָׁרוּת, (ברבים) מִתְקָנִים נוֹחִים
facing *n.* צִיפּוּי, כִּיסּוּי
facsimile *n.* פַקְסִימִילְיָה, צִילוּמִית, הֶעְתֵּק מְדוּיָּק
fact *n.* עוּבְדָה
faction *n.* סִיעָה, כַּת
factionalism *n.* פַּלְגָנוּת, סִיעָתִיּוּת
factor *n.* גוֹרֵם
factorize *v.* פֵּירֵק לְגוֹרְמִים
factory *n.* בֵּית חֲרוֹשֶׁת
factual *adj.* עוּבְדָתִי, אֲמִיתִּי
facultative *adj.* מַרְשֶׁה, מְאַפְשֵׁר
faculty *n.* כּוֹשֶׁר, יְכוֹלֶת טִבְעִית; סֶגֶל הַמּוֹרִים; (באוניברסיטה) מַחְלָקָה, פָּקוּלְטָה

fad *n.* אוֹפְנָה חוֹלֶפֶת
fade *v.* דָעַךְ, דָהָה, נָמוֹג
fade-out *n.* הֵיעָלְמוּת הַדְרָגָתִית
fag *v.* עָמַל קָשֶׁה; הִתְעַייֵף
fag *n.* עֲבוֹדָה מְפָרֶכֶת
faggot *n.* אֲגוּדַּת זְמוֹרוֹת, עֲרֵמָה
fahrenheit *n.* פָרֶנְהַייט, תַּרְמוֹמֶטֶר פָרֶנְהַייט
fail *v.* נִכְשַׁל; הָיָה לְקוּי; אִכְזֵב
fail *n.* כִּישָּׁלוֹן, פִּיגּוּר
failure *n.* כִּישָּׁלוֹן; כּוֹשֵׁל, לֹא יוּצְלַח
faint *adj.* עָמוּם, חַלָּשׁ; עָייֵף; מִתְעַלֵּף
faint *n.* הִתְעַלְּפוּת
faint *v.* הִתְעַלֵּף
fainthearted *adj.* מוּג־לֵב
fair *adj.* הוֹגֵן; צוֹדֵק; טוֹב לְמַדַּיי; בָּהִיר
fair *adv.* בַּהֲגִינוּת, בְּצוּרָה הוֹגֶנֶת
fair *n.* יְרִיד
fairground *n.* מִגְרְשֵׁי יְרִיד
fairly *adv.* בַּהֲגִינוּת, כָּרָאוּי
fair-minded *adj.* צוֹדֵק, הוֹגֵן
fairness *n.* הֲגִינוּת; בְּהִירוּת
fairy *n.* פֵיָה
fairy story (tale) *n.* מַעֲשִׂיָּה; בְּדָיָה
fairyland *n.* עוֹלַם הַפֵיוֹת
fait accompli *n.* עוּבְדָה מוּגְמֶרֶת
faith *n.* אֱמוּנָה, דָת; אֵמוּן
faithful *adj.* מָסוּר, נֶאֱמָן
faithless *adj.* חֲסַר אֱמוּנָה; בּוֹגֵד
fake *v.* זִייֵף, הוֹנָה
fake *n.* מְזַייֵף, נוֹכֵל; מַעֲשֵׂה זִיוּף, נוֹכְלוּת
faker *n., adj.* (שֶׁל) זִיוּף, הוֹנָאָה
falcon *n.* נֵץ, בַּז, עוֹף דוֹרֵס
falconer *n.* בַּזְיָיר

falconry *n.* בַּזְיָירוּת
fall *v.* נָפַל; פָּחַת; חָל; נִפְתָּה
fall *n.* נְפִילָה, יְרִידָה; מַפּוֹלֶת; סְתָיו; שַׁלֶּכֶת; מַפַּל־מַיִם
fall asleep *v.* נִרְדַּם
fall guy *n.* קָרְבָּן, שָׂעִיר לַעֲזָאזֵל
fall in love *v.* הִתְאַהֵב
fall out *n.* נְשׁוֹרֶת, נְפוֹלֶת (אטומית)
fall out shelter *n.* מִקְלָט אֲטוֹמִי
fall under *v.* נִכְלַל בּ
fallacious *adj.* מַטְעֶה; מוּטְעֶה
fallacy *n.* סְבָרָה מוּטְעֵית
fallible *adj.* מוּטְעֶה, מַטְעֶה, עָלוּל לְהַטְעוֹת
fallow *v.* חָרַשׁ וְלֹא זָרַע
fallow *n.* שָׂדֶה חָרוּשׁ (ולא זרוּע)
fallow *adj.* חָרוּשׁ וּמוּבָר; צְהַבְהַב
false *adj., adv.* מוּטְעֶה; כּוֹזֵב; מְזוּיָּף
falsehood *n.* שֶׁקֶר, רַמָּאוּת
falsetto *n.* פַּלְסֶט, סַלְפִית (קול מסַלֵּף)
falsify *v.* זִייֵּף, סִילֵּף
falsity *n.* שֶׁקֶר, זִיּוּף
falter *v.* הִיסֵּס; דִּיבֵּר בְּהַסְסָנוּת
fame *n.* פִּרְסוּם, שֵׁם טוֹב
famed *adj.* מְפוּרְסָם, נוֹדָע
familiar *adj.* יָדוּעַ, רוֹוֵחַ, מוּכָּר
familiarity *n.* הֶיכֵּרוּת; בְּקִיאוּת; אִי־רִשְׁמִיּוּת
familiarize *v.* פִּרְסֵם, וִידֵּעַ, עָשָׂה מוּכָּר
family *n.* מִשְׁפָּחָה
famine *n.* רָעָב
famish *v.* הִרְעִיב; רָעֵב
famished *adj.* גּוֹוֵעַ מֵרָעָב
famous *adj.* מְפוּרְסָם, נוֹדָע
fan *n.* מְנִיפָה; מְאַוְורֵר; חוֹבֵב; מַעֲרִיץ
fan *v.* נוֹפֵף בִּמְנִיפָה; הֵשִׁיב רוּחַ

fanatic(al) *adj.* קַנַּאי, פָּנָטִי
fanatic *n.* אָדָם קַנַּאי
fanaticism *n.* קַנָּאוּת, פָּנָטִיּוּת
fancied *adj.* דִּמְיוֹנִי; אָהוּד
fancier *n.* מְחַבֵּב; שׁוֹגֶה בְּדִמְיוֹנוֹת
fanciful *adj.* דִּמְיוֹנִי, מוּזָר
fancy *n.* דִּמְיוֹן; אַשְׁלָיָה; קַפְּרִיזָה, גַּחַם, גַּחֲמָה
fancy *adj.* קִישּׁוּטִי; דִּמְיוֹנִי
fancy *v.* תֵּיאֵר לְעַצְמוֹ; חִיבֵּב
fancy! תָּאֵר לְעַצְמְךָ!, תָּאֲרִי לְעַצְמֵךְ!
fancy that!
fancy-ball *n.* נֶשֶׁף מַסֵּכוֹת
fancy-dress *n.* תַּחְפּוֹשֶׂת
fancy-free *adj.* חוֹפְשִׁי מֵהַשְׁפָּעָה
fancy goods *n. pl.* מַתָּנוֹת קְטַנּוֹת סִסְגּוֹנִיּוֹת
fancy jewelry *n.* תַּכְשִׁיטִים מְדוּמִּים
fancy skating *n.* הַחְלָקַת רַאֲוָוה
fancywork *n.* רִקְמָה
fanfare *n.* תְּרוּעַת חֲצוֹצְרוֹת (בטקס); הוֹפָעַת רַאֲוָוה
fang *n.* שֵׁן אֶרֶס
fanlight *n.* אֶשְׁנָב (מעל דלת או חלון)
fantastic *adj.* נִפְלָא, נֶהְדָּר, פַנְטַסְטִי
fantasy *n.* דִּמְיוֹן, הֲזָיָה
fantasy *v.* דִּימָּה, הָזָה, פִּנְטֵס
far *adj., adv.* רָחוֹק; בְּמִידָּה רַבָּה
Far East *n.* הַמִּזְרָח הָרָחוֹק
far fetched *adj.* רָחוֹק, קָשׁוּר בְּצוּרָה רוֹפֶפֶת
far flung *adj.* מִתְפַּשֵּׁט, מִשְׂתָּרֵעַ
far-off *adj.* מְרוּחָק
far-reaching *adj.* מַרְחִיק לֶכֶת
faraway *adj.* רָחוֹק; חוֹלְמָנִי
farcical *adj.* מַצְחִיק; מְגוּחָךְ

fare *v.* נֶהֱנָה; הָיָה בְּמַצָּב; נָסַע; אֵירַע
fare *n.* דְּמֵי־נְסִיעָה; נוֹסֵעַ
farewell *adj., n., interj.* שֶׁל פְּרִידָה; בִּרְכַּת פְּרִידָה; צֵאתְכֶם לְשָׁלוֹם
farina *n.* תַּבְשִׁיל דַּיְיסָה מְעוּרֶבֶת
farm *n.* מֶשֶׁק, חַוָּה
farm *v.* חָכַר, הֶחְכִּיר (לעיבּוּד)
farmer *n.* אִיכָּר, חַוַּאי
farmhouse *n.* בֵּית־מֶשֶׁק
farming *n., adj.* אִיכָּרוּת, חַקְלָאוּת
farmyard *n.* חֲצַר מֶשֶׁק
farsighted *adj.* רוֹאֶה לְמֶרְחוֹק
farther *adj., adv.* יוֹתֵר רָחוֹק, הָלְאָה
farthest *adj.* הָרָחוֹק בְּיוֹתֵר
farthest *adv.* לַמֶּרְחָק הַגָּדוֹל בְּיוֹתֵר
farthing *n.* רֶבַע פֶּנִי; פְּרוּטָה
fascinate *v.* הִקְסִים, רִיתֵּק
fascinating *adv.* בְּצוּרָה מְרַתֶּקֶת
fascism *n.* פָשִׁיזְם (לאוּמנוּת קיצוֹנית ורוֹדנית)
fascist *n.* פָשִׁיסְט (דוֹגל בּפאשיזם)
fashion *n.* אוֹפְנָה; אוֹפֶן, דֶּרֶךְ; נוֹהַג מְקוּבָּל
fashion *v.* עִיצֵב, קָבַע צוּרָה; הִתְאִים
fashion designing *n.* תִּכְנוּן אוֹפְנָה
fashion-plate *n.* דוּגְמַת אוֹפְנָה
fashion show *n.* תְּצוּגַת אוֹפְנָה
fashionable *adj.* אוֹפְנָתִי, מְקוּבָּל עַל הַחֶבְרָה הַגְּבוֹהָה
fast *adj.* מָהִיר; יַצִּיב; הוֹלְלָנִי; הָדוּק
fast *adv.* בִּמְהוּדָּק; חָזָק; מַהֵר
fast *v.* צָם
fast *n.* צוֹם
fast day *n.* יוֹם צוֹם, תַּעֲנִית
fasten *v.* חִיזֵּק, הִידֵּק; כִּפְתֵּר
fastener *n.* רוֹכְסָן; חָבֶק; (לחלון), רַתּוֹק
fastidious *adj.* אִיסְטְנִיסִי, בַּרְרָנִי
fat *adj.* שָׁמֵן
fat *n.* שׁוּמָּן; שׁוֹמֶן
fatal *adj.* גּוֹרָלִי, פָטָלִי; גּוֹרֵם מָוֶת
fatalism *n.* פָטָלִיּוּת, פָטָלִיזְם
fatalist *n.* פָטָלִיסְט (המאמין שאין מנוס מהגורל)
fatality *n.* מִקְרֵה מָוֶת
fate *n.* גּוֹרָל; מָוֶת
fated *adj.* נִגְזָר עַל־פִּי הַגּוֹרָל
fateful *adj.* גּוֹרָלִי, מַכְרִיעַ
fathead *n.* טִיפֵּשׁ, מְטוּמְטָם
father *n.* אָב; כּוֹמֶר
father-in-law *n.* חוֹתֵן, חָם
father *v.* הוֹלִיד; הִמְצִיא; יָזַם
fatherhood *n.* אַבְהוּת
fatherland *n.* אֶרֶץ מוֹלֶדֶת
fatherless *adj.* יָתוֹם מֵאָבִיו
fatherly *adj., adv.* כְּאָב; אַבְהִי, אַבָּהִי
fathom *n.* פָתוֹם (יחידת אורך 1.83 מ׳, למדידת עומק מים)
fathom *v.* חָדַר לְעוֹמֶק; הֵבִין
fathomless *adj.* עָמוֹק עַד אֵין חֵקֶר
fatigue *v.* עִייֵּף; הִתְעַייֵּף
fatigue *n.* עֲייֵפוּת; עֲבוֹדָה שְׁחוֹרָה (בּצבא)
fatten *v.* הִשְׁמִין; פִּיטֵּם
fatty *adj., n.* שָׁמֵן, מֵכִיל שׁוּמָּן
fatuous *adj.* טִיפְּשִׁי, נָבוּב
faucet *n.* בֶּרֶז
fault *n.* פְּגָם; שְׁגִיאָה; עָווֶל
faultfinder *n.* מְחַפֵּשׂ פְּגָמִים
faultless *adj.* לְלֹא פְּגָם, מוּשְׁלָם
faulty *adj.* פָּגוּם; מְקוּלְקָל, לֹא תַּקִּין
faun *n.* אָדָם־תַּיִשׁ (בּמיתולוגיה הרוֹמית)
fauna *n.* עוֹלַם הַחַי

faux pas *n.* מִשְׁגֶּה (חברתי) מֵבִיךְ
favor, favour *n.* טוֹבָה, חֶסֶד; מַשּׂוֹא־פָּנִים
favor, favour *v.* נָטָה חֶסֶד ל
favorable *adj.* מְעוֹדֵד; נוֹחַ; נוֹטֶה לְהַסְכִּים
favorable answer *n.* תְּשׁוּבָה חִיּוּבִית
favorite *n., adj.* מוּעֲדָף
favoritism *n.* מַשּׂוֹא־פָּנִים, הַפְלָיָה לְטוֹבָה
fawn *n.* עוֹפֶר
fawn *adj.* חוּם־צָהוֹב בָּהִיר
fawn *v.* הִתְרַפֵּס, הֶחֱנִיף
faze *v.* הִפְרִיעַ, הִדְאִיג
fear *n.* פַּחַד, חֲשָׁשׁ
fear *v.* פָּחַד, חָשַׁשׁ
fearful *adj.* נוֹרָא, אָיוֹם; חוֹשֵׁשׁ
fearless *adj.* אַמִּיץ־לֵב, לְלֹא חַת
fearsome *adj.* מַפְחִיד, אָיוֹם (במראהו)
feasible *adj.* בַּר־בִּיצוּעַ, מַעֲשִׂי
feast *n.* חַג; סְעוּדָה; עוֹנֶג
feast *v.* נֶהֱנָה מִסְּעוּדָה; הִתְעַנֵּג
feat *n.* מַעֲשֶׂה מַרְשִׁים
feather *n.* נוֹצָה
feather *v.* קִישֵּׁט בְּנוֹצוֹת
featherbedding *n.* לַחַץ עַל מַעֲבִיד (מצד ארגון העובדים לתוספת עובדים מיותרת)
featherbrain *n.* קַל־דַּעַת, שׁוֹטֶה
feature *n.* דְּיוֹקָן; חֵלֶק פָּנִים; מְאַפְיֵין; רְשִׁימָה מֶרְכָּזִית בְּעִיתּוֹן
feature writer *n.* כּוֹתֵב רְשִׁימוֹת מֶרְכָּזִיּוֹת
February *n.* פֶּבְּרוּאָר
feces, faeces *n. pl.* צוֹאָה
feckless *adj.* חֲסַר אוֹפִי, בַּטְלָן, לֹא יוּצְלָח
fecund *adj.* (חי או צומח) מִתְרַבֶּה, פּוֹרֶה (גם מבחינה אינטלקטואלית)
federal *adj.* שֶׁל בְּרִית מְדִינוֹת; פֶדֶרָלִי
federate *v.* אִיחֵד עַל בָּסִיס פֶדֶרָלִי; הִתְאַחֵד (כנ"ל)
federation *n.* הִתְאַחֲדוּת מְדִינוֹת, פֶדֶרַצְיָה
fed up *adj.* שֶׁנִּמְאַס עָלָיו
fee *v.* שִׁילֵּם; שָׂכַר
fee *n.* תַּשְׁלוּם; שְׂכַר טִרְחָה
feeble *adj.* חַלָּשׁ, תָּשׁוּשׁ
feeble-minded *adj.* רְפֵה שֵׂכֶל
feed *v.* הֶאֱכִיל, הֵזִין; שִׁימֵּשׁ מָזוֹן; נִיזּוֹן; סִיפֵּק
feed *n.* מָזוֹן; אֲבִיסָה
feedback *n.* מָשׁוֹב, 'הֶיזּוּן חוֹזֵר'
feel *v.* הִרְגִּישׁ, חָשׁ
feel *n.* הַרְגָּשָׁה, תְּחוּשָׁה; חוּשׁ הַמִּישּׁוּשׁ
feeler *n.* מַרְגִּישׁ; הֶעָרַת גִּישּׁוּשׁ; מַשּׁשָׁן
feeling *adj.* רָגִישׁ
feeling *n.* הַרְגָּשָׁה, רֶגֶשׁ
feign *v.* הִמְצִיא בַּדִּמְיוֹן; הֶעֱמִיד פָּנִים
feint *n.* הַטְעָיָה, טַכְסִיס הַטְעָיָה
feint *v.* הִטְעָה; הֶעֱמִיד פָּנִים
felicitate *v.* בֵּירֵךְ, אִיחֵל
felicitous *adj.* הוֹלֵם, קוֹלֵעַ
felicity *n.* שִׂמְחָה, עֲלִיצוּת
feline *adj.* חֲתוּלִי, מִמִּשְׁפַּחַת הַחֲתוּלִים
fell *pt. of* **fall**
fell *v.* הִפִּיל; כָּרַת
fellah *n.* פַּלָּח, פֶלָּח
fellow *n.* בֶּן־אָדָם; בָּחוּר; בַּרְנָשׁ
fellow being *n.* יְצוּר אֱנוֹשׁ
fellow-citizen *n.* בֶּן־אֶרֶץ
fellow-countryman *n.* בֶּן אוֹתָהּ אֶרֶץ
fellow man *n.* בֶּן־אָדָם, הַזּוּלַת

fellow member *n.* חָבֵר אֲגוּדָּה
fellowship *n.* חֲבֵרוּת; אַחֲוָה; חֲבֵרוּת בַּאֲגוּדָּה; מַעֲנָק מֶחְקָר; קֶרֶן מַעֲנָקִים
felon *n.* פּוֹשֵׁעַ, מְבַצֵּעַ פֶּשַׁע; מוּרְסָה
felony *n.* פֶּשַׁע
felt *n.* לֶבֶד
female *n.* נְקֵבָה
female *adj.* נְקֵבִי, נָשִׁי
feminine *adj.* נָשִׁי
feminine gender *n.* (בדקדוק) מִין נְקֵבָה
feminism *n.* פֶמִינִיזְם (השקפה או תנועה בעד שוויון זכויות הנשים); נָשִׁיּוּת
femur *n.* קוּלִית, עֶצֶם הַיָּרֵךְ
fen *n.* גֵּיא מַיִם, בִּיצָּה
fence *v.* גָּדַר; סִיֵּף (בסיוף)
fence *n.* גָּדֵר; סִיּוּף
fencing *n.* סִיּוּף; גִּידּוּר; וִיכּוּחַ טַכְסִיסִי
fend *v.* הִתְגּוֹנֵן
fender *n.* הוֹדֵף; פָּגוֹשׁ, כָּנָף (ברכב)
fennel *n.* שׁוּמָר
ferment *n.* תָּסִיס; תְּסִיסָה, שְׁמָרִים, שְׂאוֹר
ferment *v.* הִתְסִיס; תָּסַס
fern *n.* שָׁרָךְ
ferocious *adj.* פִּרְאִי, אַכְזָרִי
ferocity *n.* פִּרְאוּת, אַכְזָרִיּוּת
ferret *n.* סַמּוּר
ferret *v.* צָד בְּעֶזְרַת סַמּוּר, גֵּירֵשׁ; חָשַׂף
ferris wheel *n.* אוֹפַן נַדְנֵדוֹת (בגן שעשועים)
ferry *n.* מַעְבּוֹרֶת
ferry *v.* הֶעֱבִיר בְּמַעְבּוֹרֶת
ferry boat *n.* סִירַת מַעְבּוֹרֶת
fertile *adj.* פּוֹרֶה
fertilize *v.* הִפְרָה; דִּישֵּׁן
fervent *adj.* נִלְהָב; נִרְגָּשׁ
fervently *adv.* בְּלַהַט
fervid *adj.* מְשׁוּלְהָב
fervor *n.* לַהַט, חוֹם חָזָק
festal *adj.* חֲגִיגִי, שֶׁל חַג
fester *v.* גָּרַם מוּגְלָה; הִרְקִיב
fester *n.* כִּיב, פֶּצַע מוּגְלָתִי
festival *n.* חַג, חֲגִיגָה, פֶסְטִיבָל, תְּחִיגָּה
festive *adj.* חֲגִיגִי
festivity *n.* טֶקֶס חֲגִיגִי; עַלִּיזוּת; חֲגִיגִיּוּת
festoon *n.* מִקְלַעַת פְּרָחִים
festoon *v.* קִישֵּׁט בְּזֵרִים
fetch *v.* הֵבִיא, הָלַךְ וְהֵבִיא
fetching *adj.* מַקְסִים, מְצוֹדֵד
fete *v.* עָרַךְ מְסִיבָּה לִכְבוֹד
fete *n.* חַג, חֲגִיגָה
fetid, foetid *adj.* מַבְאִישׁ
fetish *n.* עֶצֶם נַעֲרָץ, פֵטִישׁ
fetter *n.* סַד, אֲזִיקִים
fetter *v.* כָּבַל בַּאֲזִיקִים; הִגְבִּיל
fetus, foetus *n.* עוּבָּר
feud *v.* נָטַר אֵיבָה
feud *n.* אֵיבָה מַתְמִידָה
feudal *adj.* פֵיאוֹדָלִי
feudalism *n.* פֵיאוֹדָלִיּוּת (משטר מדיני כלכלי ששרר באירופה בימי הביניים עד המהפכה הצרפתית)
feuilleton *n.* פֶלִיטוֹן, יַרְכְּתוֹן
fever *n.* חוֹם, קַדַּחַת; קַדַּחְתָּנוּת
feverish *adj.* קַדַּחְתָּנִי
few *adj., pron., n.* אֲחָדִים; מְעַטִּים
fez *n.* פֶז (תרבוש)
fiance *n.* אָרוּס
fiancee *n.* אֲרוּסָה
fiasco *n.* כִּישָּׁלוֹן מַחְפִּיר, פְיַאסְקוֹ
fiat *n.* פְּקוּדָה, צַו
fib *n.* שֶׁקֶר יַלְדוּתִי

fib *v.* שִׁיקֵּר (כנ"ל)
fibber *n.* שַׁקְרָן
fiber, fibre *n.* סִיב, לִיף, חוט; מִבְנֶה סִיבִי
fibrous *adj.* סִיבִי; לִיפִי
fickle *adj.* לֹא יַצִּיב, הֲפַכְפַּךְ
fiction *n.* סִיפּוֹרֶת; בְּדַאי, בִּדְיוֹן
fictional *adj.* שֶׁל סִיפּוֹרֶת, דִמְיוֹנִי
fictionalize *v.* בָּדָה, כָּתַב בְּדַאי
fictitious *adj.* מְזוּיָּף, בָּדוּי; סִיפּוּרִי
fiddle *n.* כִּינּוֹר; לְזַבֵּז שׁוּלְחָן
fiddle *v.* נִיגֵּן בְּכִינּוֹר; הִתְבַּטֵּל; רִימָּה
fiddler *n.* מְנַגֵּן בְּכִינּוֹר; עוֹסֵק בַּהֲבָלִים
fiddling, fiddly *adj.* פָּעוּט, חֲסַר עֵרֶךְ
fidelity *n.* נֶאֱמָנוּת
fidget *v.* עִצְבֵּן; נָע בְּעַצְבָּנוּת
fidgety *adj.* עַצְבָּנִי
fiduciary *n., adj.* אֶפִּיטְרוֹפּוֹס; נֶאֱמָן, שֶׁל נֶאֱמָנוּת
fie *interj.* פוּי (הבעת גועל)
fief *n.* אֲחוּזָה פֵּיאוֹדָלִית
field *n.* שָׂדֶה; מִגְרָשׁ (ספורט); תְּחוּם (פעולה וכד')
field *v.* עָצַר (כדור) וְהִשְׁלִיךְ
fielder *n.* (במשחק) מְשַׂחֵק בַּשָּׂדֶה
fieldglasses *n. pl.* מִשְׁקֶפֶת שָׂדֶה
field hockey *n.* הוֹקִי שָׂדֶה
field-marshal *n.* פֵילְד מַרְשָׁל
field-piece *n.* תּוֹתַח שָׂדֶה
fiend *n.* שָׂטָן, שֵׁד; פֶּגַע רָע; שָׁטוּף, מִתְמַכֵּר (לסמים, לתחביב וכד')
fiendish *adj.* שְׂטָנִי
fierce *adj.* פִּרְאִי; סוֹעֵר; חָזָק
fierceness *n.* פִּרְאוּת
fiery *adj.* שֶׁל אֵשׁ, בּוֹעֵר; לוֹהֵט
fiesta *n.* חַג דָּתִי, יוֹם קָדוֹשׁ

fife *n.* חָלִיל
fife *v.* חִילֵּל
fifteen *adj., n.* חֲמִישָּׁה־עָשָׂר חֲמֵשׁ־עֶשְׂרֵה
fifteenth *adj., n.* הַחֲמִישָּׁה־עָשָׂר; הַחֵלֶק הַחֲמִישָּׁה־עָשָׂר
fifth *adj., n.* חֲמִישִׁי, חֲמִישִׁית
fifth column *n.* גַּיִס חֲמִישִׁי
fifth-columnist *n.* אִישׁ הַגַּיִס הַחֲמִישִׁי
fiftieth *adj., n.* הַחֲמִישִּׁים; חֵלֶק הַחֲמִישִּׁים
fifty *adj., n.* חֲמִישִּׁים
fifty-fifty *adj., adv.* חֵלֶק כְּחֵלֶק, שָׁוֶה בְּשָׁוֶה
fig *n.* תְּאֵנָה; דָּבָר שֶׁל מַה־בְּכָךְ
fight *n.* קְרָב, מַאֲבָק
fight *v.* נִלְחַם בּ, נֶאֱבַק
fighter *n.* לוֹחֵם; מְטוֹס־קְרָב
fig-leaf *n.* עֲלֵה תְּאֵנָה
figment *n.* פְּרִי דִמְיוֹן, סִיפּוּר בַּדִּים
figurative *adj.* צִיּוּרִי, מֶטָפוֹרִי
figure *n.* סִפְרָה, מִסְפָּר; צוּרָה, גִּזְרָה
figure *v.* חִשְׁבֵּן; הִבִּיעַ בְּמִסְפָּרִים; קִישֵּׁט
figure-head *n.* צֶלֶם בְּחַרְטוֹם סְפִינָה; מַנְהִיג לְרַאֲוָה (נטול סמכויות של ממש)
figure of speech *n.* בִּיטּוּי צִיּוּרִי
figure-skating *n.* הַחְלָקָה בְּצוּרוֹת
figurine *n.* פִּסְלוֹן, פִּסְלִית
filament *n.* חוּט דַּקִּיק
filbert *n.* אִלְסָר, אֱגוֹז טוּרְקִי
filch *v.* גָּנַב (דבר פעוט), 'סָחַב'
file *n.* שׁוֹפִין, פְּצִירָה; תִּיק; כַּרְטֶסֶת
file *v.* תִּייֵּק; צָעַד בְּטוּר; פָּצַר, שָׁף
file case *n.* תִּיקִיּוֹן

filet *n.* רֶשֶׁת
filial *adj.* שֶׁל בֵּן (או בת)
filiation *n.* הֱיוֹת בֵּן; אַבְהוּת
filibuster *n.* פִילִיבּוּסְטֶר (עיכוב קבלת חוק על ידי נאומים ואמצעי השהיה אחרים)
filigree, fillagree *n.* רִקְמַת פְּאֵר
filing *n.* תִּיּוּק
filing-cabinet *n.* תִּיקְיוֹן
fill *v.* מִילֵּא, סָתַם (שן); הִתְמַלֵּא
fill *n.* כַּמּוּת מַסְפֶּקֶת
filler *n.* מְמַלֵּא; מִילּוּי
fillet *n.* סֶרֶט; פִילֶה (בשר או דג ללא עצמות)
fillet *v.* קָשַׁר בְּסֶרֶט
filling *adj.* מְמַלֵּא, מַשְׂבִּיעַ
filling *n.* מִילּוּי; סְתִימָה
filling-station *n.* תַּחֲנַת־דֶלֶק
fillip *n.* מַכָּה בְּאֶצְבַּע צְרֵדָה; תַּמְרִיץ
filly *n.* סְייָחָה
film *n.* קְרוּם, סֶרֶט
film *v.* קָרַם; נִקְרַם; הִסְרִיט
film-star *n.* כּוֹכַב קוֹלְנוֹעַ
film strip *n.* סִרְטוֹן
filmy *adj.* קְרוּמִי, מְצוֹעָף
filter *n.* מַסְנֵן
filter *v.* סִינֵּן; הִסְתַּנֵּן
filtering *n.* סִינּוּן
filter paper *n.* נְייַר סִינּוּן
filth *n.* לִכְלוּךְ, זוּהֲמָה; טוּמְאָה
filthy *adj.* מְטוּנָּף, מְתוֹעָב
filtrate *n.* תַּסְנִין
filtrate *v.* סִינֵּן
fin *n.* סְנַפִּיר; סוֹף
fin de siècle *n.* סוֹף הַמֵּאָה (ה־19, שינוי ערכים)
final *adj., n.* סוֹפִי, אַחֲרוֹן
finale *n.* סִיּוּם; פִינָלֶה
finalist *n.* מְסַיֵּים
finally *adv.* לְבַסּוֹף; בְּצוּרָה סוֹפִית
finance *n.* מִימּוּן; כְּסָפִים, פִינַנְסִים
finance *v.* מִימֵּן; הִשְׁקִיעַ כְּסָפִים
financial *adj.* כַּסְפִּי
financier *n.* עָשִׁיר; בַּעַל הוֹן
financing *n.* מִימּוּן
finch *n.* פְּרוּשׁ מָצוּי
find *v.* מָצָא, גִּילָּה
find *n.* מְצִיאָה; תַּגְלִית
finder *n.* מוֹצֵא; מְאַתֵּר
finding *n.* מְצִיאָה; תַּגְלִית; מִמְצָא
fine *n.* קְנָס
fine *v.* קָנַס
fine *adj., adv.* מְשׁוּבָּח, מוּבְחָר; חַד; עָדִין; נָאֶה
fine arts *n. pl.* אֳמָנוּיוֹת דַּקּוֹת
fine print *n.* אוֹתִיּוֹת קְטַנּוֹת
fine-toothed comb *n.* מַסְרֵק דַּק
fineness *n.* הִידּוּר; דַּקּוּת; עֲדִינוּת
finery *n.* קִישּׁוּט; כּוּר מַצְרֵף
finespun *adj.* דַּק, עָדִין
finesse *n.* עֲדִינוּת הַבִּיצּוּעַ; דַּקּוּת
finger *n.* אֶצְבַּע
finger-bowl *n.* נַטְלָה (לנטילת ידיים)
finger tip *n.* קְצֵה־הָאֶצְבַּע
finger *v.* נָגַע בְּאֶצְבְּעוֹתָיו; 'סָחַב'
fingerboard *n.* (בכינור) שְׁחִיף הָאֶצְבָּעוֹת; (בפסנתר) מִקְלֶדֶת
fingering *n.* מִשְׁמוּשׁ; 'סְחִיבָה'; נִיגּוּן בְּאֶצְבָּעוֹת
fingernail *n.* צִיפּוֹרֶן
fingerprint *n., v.* טְבִיעַת אֶצְבָּעוֹת; הֶחְתִּים טְבִיעַת אֶצְבָּעוֹת

finial *n.* עִיטוּר־שִׂיא (בראש מגדל וכד')

finicky *adj.* מְפוּנָּק, אִיסְטְנִיס; מְפוֹרָט

finis *n.* (בסוף סֵפֶר) סוֹף, תַּם וְנִשְׁלַם

finish *v.* גָּמַר, סִיֵּים; הִסְתַּיֵּים

finish *n.* גִימּוּר; אַשְׁפָּרָה

finishing school *n.* בֵּית־סֵפֶר מַשְׁלִים

finishing touch *n.* גִימּוּר

finite *adj.* מוּגְדָּר, מְפוֹרָשׁ; מוּגְבָּל; סוֹפִי

finite verb *n.* פּוֹעַל מְפוֹרָשׁ

fiord *n.* פְיוֹרְד, עָרוּץ יָם

fir *n.* אַשׁוּחַ

fire *n.* אֵשׁ; דְלֵיקָה; יְרִיָּיה

fire *v.* הִצִּית, יָרָה; פִּיטֵּר; הִשְׁתַּלְהֵב

fire-alarm *n.* אַזְעָקַת שְׂרֵיפָה

firearms *n. pl.* כְּלֵי־יְרִיָּיה; נֶשֶׁק קַל

firebox *n.* תָּא־הָאֵשׁ (בקַטָּר)

firebrand *n.* לַפִּיד הַצָּתָה; מֵסִית

firebreak *n.* חוֹסֵם אֵשׁ (אדמה חרושה)

firebrick *n.* לְבֵנָה שְׂרוּפָה

fire-brigade *n.* כַּבָּאִים, מְכַבֵּי־אֵשׁ

firebug *n.* מַצִּית (בְּמֵזִיד)

fire company *n.* פְּלוּגַּת כַּבָּאִים

firecracker *n.* גְלִיל נְיָיר מִתְפּוֹצֵץ (להפחדה)

firedamp *n.* גַּאז הַמִּכְרוֹת (המתפוצץ)

firedog *n.* כַּן עֲצֵי הַסָּקָה

fire drill *n.* תִּרְגּוּל כַּבָּאוּת

fire engine *n.* מְכוֹנִית כַּבָּאִים, כַּבָּאִית

fire ecape *n.* מוֹצָא חֵירוּם (מבית); סוּלַּם כַּבָּאִים

fire-extinguisher *n.* מַטְפָּה (לכיבוי אש)

firefly *n.* גַּחֲלִילִית

fire hose *n.* זַרְנוּק כִּיבּוּי

fire hydrant *n.* זַרְנוּק כִּיבּוּי

fire insurance *n.* בִּיטּוּחַ אֵשׁ

fire irons *n.pl.* כְּלֵי אָח

fireman *n.* כַּבַּאי; מַסִּיק

fireplace *n.* אָח

fireplug *n.* זַרְנוּק כִּיבּוּי

firepower *n.* עוֹצְמַת אֵשׁ

fireproof *adj.* חֲסִין אֵשׁ

fireproof *v.* חִיסֵּן מִפְּנֵי אֵשׁ

fire sale *n.* מְכִירָה עֵקֶב שְׂרֵיפָה

fire screen *n.* חַיִץ בִּפְנֵי אֵשׁ

fire ship *n.* סְפִינַת אֵשׁ

fire shovel *n.* אֵת כִּיבּוּי

fireside *n.* לְיַד הָאָח; חַיֵּי בַּיִת וּמִשְׁפָּחָה

firetrap *n.* מַלְכּוֹדֶת אֵשׁ (מבנה שקשה להיחלץ ממנו בשעת דלֵיקָה)

firewarden *n.* כַּבַּאי

firewood *n.* עֲצֵי הַסָּקָה

fireworks *n. pl.* זִיקּוּקֵי אֵשׁ; הַבְרָקוֹת לָשׁוֹן

firing *n.* יְרִי, יְרִיָּיה; דֶּלֶק

firing line *n.* חֲזִית (בקרב)

firing order *n.* סֵדֶר הַצָּתָה (במנוע)

firm *adj., adv.* מוּצָק, חָזָק; יַצִּיב, אֵיתָן

firm *n.* פִירְמָה, בֵּית מִסְחָר

firm name *n.* שֵׁם פִירְמָה, מוּתָג

firmament *n.* רָקִיעַ

firmness *n.* תַּקִּיפוּת, מוּצָקוּת; יַצִּיבוּת, אֵיתָנוּת

first *adj., adv., n.* רִאשׁוֹן; תְּחִילָּה;

first-aid *n.* עֶזְרָה רִאשׁוֹנָה

first-aid kit *n.* תַּרְמִיל עֶזְרָה רִאשׁוֹנָה

first-aid station *n.* תַּחֲנַת עֶזְרָה רִאשׁוֹנָה

first-born *adj., n.* בְּכוֹר

first-class *adj.,adv.* מַדְרֵגָה רִאשׁוֹנָה

first cousin *n.* דּוֹדָן יָשִׁיר, דּוֹדָן רִאשׁוֹן
first finger *n.* הָאֶצְבַּע הַמַּרְאָה, אֶצְבַּע
first fruits *n. pl.* בִּיכּוּרִים; תּוּצָאוֹת רִאשׁוֹנוֹת
first lieutenant *n.* סֶגֶן
first name *n.* שֵׁם פְּרָטִי
first-nighter *n.* מְבַקֵּר בְּהַצָּגוֹת־בְּכוֹרָה
first officer *n.* קָצִין רִאשׁוֹן (בצי)
first-rate *adj., adv.* מִמַּדְרֵגָה רִאשׁוֹנָה
firstly *adv.* רֵאשִׁית
fiscal *adj., n.* שֶׁל אוֹצַר הַמְּדִינָה, פִיסְקָלִי
fiscal year *n.* שְׁנַת הַכְּסָפִים
fish *n.* דָּג, דָּגָה
fish bowl *n.* אַקְווֹרְיוֹן
fish line *n.* חוּט הַחַכָּה
fish story *n.* סִיפּוּר בַּדִּים
fish *v.* דָּג
fishbone *n.* עֶצֶם דָּג, אִדְרָה
fisher *n.* דַּיָּג
fisherman *n.* דַּיָּג; סִירַת דַּיִג
fishery *n.* דַּיִג; מְקוֹם דַּיִג
fishhook *n.* חַכָּה
fishing *n.* דַּיִג; מִדְגֶּה
fishing reel *n.* סְלִיל חַכָּה
fishing tackle *n.* צִיּוּד דַּיִג
fishpond *n.* בְּרֵיכַת דָּגִים
fishwife *n.* מוֹכֶרֶת דָּגִים; מְנַבֶּלֶת פִּיהָ
fishworm *n.* תּוֹלַעַת פִּתָיוֹן
fishy *adj.* חָשׁוּד, מְפוּקְפָּק
fission *n.* הִסְתַּדְּקוּת
fissionable *adj.* סָדִיק, נִיתָּן לְסִידּוּק
fissure *n.* סֶדֶק, בְּקִיעַ
fist *n.* אֶגְרוֹף
fist *v.* הִכָּה בְּאֶגְרוֹף
fist fight *n.* הִתְכַּתְּשׁוּת
fistula *n.* נָצוּר (ניקוז בתעלה לא טבעית של נוזל מוגלתי מפנים הגוף החוצה או לאיבר פנימי אחר)
fit *adj.* מַתְאִים, הוֹלֵם, רָאוּי, בָּרִיא
fit *v.* הִתְאִים, הָלַם; הִתְקִין
fit *n.* הַתְאָמָה; הַתְקָפַת מַחֲלָה; (דיבורית) הִתְפָּרְצוּת
fitful *adj.* מוֹפִיעַ לִמְקוּטָּעִים; לְלֹא תְּדִירוּת
fitness *n.* הַתְאָמָה; כּוֹשֶׁר גּוּפָנִי
fitter *n.* מַתְאִים, קוֹבֵעַ; מַסְגֵּר
fitting *adj., n.* הוֹלֵם; הַתְאָמָה; מַתְאִים
five *adj., n.* שֶׁל חָמֵשׁ; חָמֵשׁ, חֲמִשָּׁה; חֲמִישִׁיָּה
fix *v.* סִידֵּר; כִּיוֵּן, תִּיקֵּן; קָבַע; נִקְבַּע
fix *n.* מְבוּכָה; זְרִיקַת סַם (לגוף)
fixation *n.* קִיבּוּעַ; רַעְיוֹן קָבוּעַ, 'שִׁיגָּעוֹן'
fixed *adj.* מְחוּזָּק; קָבוּעַ; מְכוּוָּן; מְסוּדָּר
fixing *n.* קְבִיעָה; יִיצּוּב; תִּיקּוּן
fixings *n. pl.* מִתְקָנִים, צִיּוּד
fixture *n.* קְבִיעָה; יִיצּוּב; חֵפֶץ קָבוּעַ
fizz, fiz *n.* אִוְשָׁה, קוֹל תְּסִיסָה
fizz *v.* אִיוֵּשׁ, הִשְׁמִיעַ קוֹל תְּסִיסָה
fizzle *v.* הִשְׁמִיעַ קוֹל תְּסִיסָה
fizzle *n.* אִוְשָׁה; כִּישָּׁלוֹן, אַכְזָבָה
fizzy *adj.* מְאוּוָּשׁ, תּוֹסֵס (משקה)
fjord *n. see* **fiord**
flabbergast *v.* הִדְהִים
flabby *adj.* מְדוּלְדָּל; חַלָּשׁ, רַכְרוּכִי
flaccid *adj.* רָפוּי, רַךְ, חַלָּשׁ
flag *n.* דֶּגֶל; כּוֹתֶרֶת
flag *v.* קִישֵּׁט בְּדֶגֶל; אוֹתֵת; נֶחְלַשׁ
flag captain *n.* מְפַקֵּד אוֹנִיַּית דֶּגֶל
flag day *n.* יוֹם סֶרֶט
flag-stone *n.* אֶבֶן רִיצּוּף
flagellate *v.* הִלְקָה, הִצְלִיף

flagman *n.* דַקְלָן
flagon *n.* בַּקְבּוּק גָדוֹל, קַנְקַן
flagrant *adj.* שַׁעֲרוּרִייָתִי, מַחְפִּיר
flagship *n.* אוֹנִייַת־דֶגֶל
flail *n.* מַחְבֵּט (לדוש בו)
flair *n.* כִּשְׁרוֹן, חוּשׁ
flak *n.* אֵשׁ נֶגֶד מְטוֹסִים
flake *n.* פְּתִית; פֵּירוּר
flake *v.* פּוֹרֵר; הִתְפּוֹרֵר
flaky *adj.* פָּרִיךְ; פְּתִיתִי
flamboyant *adj.* סַסְגוֹנִי, רַאַוְותָנִי
flame *n.* שַׁלְהֶבֶת, אֵשׁ; אֲהוּבָה
flame *v.* שִׁלְהֵב; הִשְׁתַּלְהֵב
flame-thrower *n.* לַהֲבִיוֹר
flaming *adj.* בּוֹעֵר; לוֹהֵט
flamingo *n.* שְׁקִיטָן
flammable *adj.* דָלִיק
flan *n.* עוּגַת פֵּירוֹת
flange *n.* אוֹגֶן
flange *v.* שָׂם אוֹגֶן
flank *n.* צַד, כֶּסֶל; אֲגַף
flank *v.* אִיגֵּף, הִתְקִיף בָּאֲגַף
flannel *n.* פְלָנֶל
flap *n.* דַשׁ; מַטְלִית; בֶּהָלָה
flap *v.* הִתְנַפְנֵף; נִפְנֵף, פִּרְפֵּר
flapjack *n.* חֲבִיתִית
flapper *n.* חֵלֶק מִתְנַפְנֵף; סְנַפִּיר
flare *v.* בָּעַר, הִבְזִיק; הִתְלַהֵט
flare *n.* הֶבְהֵק, לֶהָבָה; לַפִּיד
flare-up *n.* הִתְלַקְחוּת; הִתְפָּרְצוּת
flash *n.* הֶבְזֵק, נִצְנוּץ; מַבְזֵק (במצלמה)
flash *v.* הִבְזִיק, נִצְנֵץ
flash *adj.* שַׁחְצָנִי, רַאַוְותָנִי
flash-back *n.* הַבְזָקָה לֶעָבָר
flash-bulb *n.* נוּרַת הַבְזָקָה
flash flood *n.* שִׁיטָפוֹן, מַבּוּל
flashing *n.* הַבְרָקָה, נִצְנוּץ, רִישׁוּף
flashlight *n.* פַּנַס־כִּיס
flashy *adj.* זוֹהֵר, מַבְרִיק (כלפי חוץ)
flask *n.* קַנְקַן, צְלוֹחִית
flat *adj.* שָׁטוּחַ, מִישׁוֹרִי; מְפוֹרָשׁ
flat *adv.* בְּמַצָּב שָׁטוּחַ; אוֹפְקִית; בְּפֵירוּשׁ
flat *n.* דִירָה
flatboat *n.* סִירָה שְׁטוּחָה, חֲמָקָה
flatcar *n.* קְרוֹן־רַכֶּבֶת שָׁטוּחַ
flatfooted *adj.* בַּעַל רֶגֶל שְׁטוּחָה
flathead *n.* שְׁטוּחַ רֹאשׁ
flatiron *n.* מַגְהֵץ כָּבֵד
flatly *adv.* בְּגָלוּי וּבְפַסְקָנוּת
flatten *v.* שִׁיטֵּחַ, פִּיחֵס, יִישֵּׁר; שׁוּטַּח
flatter *v.* הֶחְנִיף, הֶחְמִיא
flatterer *n.* חַנְפָן
flattering *adj.* מַחֲנִיף, מַחְמִיא
flattery *n.* חֲנוּפָּה
flat-top *n.* נוֹשֵׂאת מְטוֹסִים; (בתספורת גבר) בְּלוֹרִית שְׁטוּחָה
flatulence, flatulency *n.* הַפְלָטַת גַאזִים, סִגְנוֹן מְנוּפָּח
flatware *n.* צַלָּחוֹת שְׁטוּחוֹת; סַכּוּ"ם
flaunt *v.* הִתְפָּאֵר, נִפְנֵף
flautist *n.* חֲלִילָן
flavor *n.* בְּסוֹמֶת, טַעַם מְיוּחָד
flavor *v.* בִּיסֵּם; תִּיבֵּל
flaw *n.* לִיקּוּי, חִיסָּרוֹן; סֶדֶק
flawless *adj.* לְלֹא רְבָב
flax *n.* פִּשְׁתָּה
flaxen *adj.* עָשׂוּי פִּשְׁתָּה; דְמוּי פִּשְׁתָּה
flaxseed *n.* זַרְעֵי פִּשְׁתָּה
flay *v.* פָּשַׁט עוֹר; בִּיקֵּר קָשֶׁה

flea *n.* פַּרְעוֹשׁ
flea bite *n.* עֲקִיצַת פַּרְעוֹשׁ, דָּבָר שֶׁל מַה בְּכָךְ
fleck *n.* רְבָב, כֶּתֶם קָטָן
fleck *v.* סִימֵּן בִּכְתָמִים זְעִירִים
fledgling, fledgeling *n.* גּוֹזָל הַמַּתְחִיל לִפְרוֹחַ; מַתְחִיל, טִירוֹן
flee *v.* בָּרַח, נָס
fleece *n.* צֶמֶר (של בע"ח), צֶמֶר גִּיזָּה
fleece *v.* פָּשַׁט מוֹר, עָשַׁק
fleecy *adj.* צַמְרִירִי; רַךְ וְלָבָן
fleet *adj.* מָהִיר, קַל תְּנוּעָה
fleet *n.* צִי
flesh *n.* בָּשָׂר
flesh and blood *n.* בָּשָׂר וָדָם; עַצְמוֹ וּבְשָׂרוֹ
fleshiness *n.* חוּשָׁנִיּוּת
fleshless *adj.* דַּל בָּשָׂר
fleshly *adj.* חוּשָׁנִי, שֶׁל הַגּוּף
fleshpots *n.pl.* סִיר הַבָּשָׂר; נֶהֱנְתָנוּת
flesh wound *n.* פֶּצַע שִׁטְחִי
fleshy *adj.* שָׁמֵן, בְּשָׂרִי
flex *v.* כִּיוּוֵץ, כּוֹפֵף; הִתְכּוֹפֵף
flex *n.* חוּט חַשְׁמַל
flexible *adj.* כָּפִיף; גָּמִישׁ; מִתְפַּשֵּׁר
flibbertigibbet *n.* (אדם) פַּטְפְּטָן וְשׁוֹטֶה
flick *n.* מַכָּה קַלָּה
flick *v.* הִכָּה קַלּוֹת; הֵסִיר בִּנְגִיעָה
flicker *v.* הִבְהֵב, נִצְנֵץ
flicker *n.* הִבְהוּב, נִיצוֹץ; נִצְנוּץ
flier, flyer *n.* טַיָּס, עָף, טָס
flight *n.* תְּעוּפָה, טִיסָה; בְּרִיחָה
flight-deck *n.* סִיפּוּן נוֹשֵׂאת מְטוֹסִים
flighty *adj.* גַּחְמָנִי, קַפְרִיזִי; הֲפַכְפַּךְ
flimflam *n.* שְׁטוּיוֹת; הוֹנָאָה
flimflam *v.* רִימָּה, הוֹנָה
flimsy *adj.* דַּק, חֲסַר מִשְׁקָל (גם בהשאלה)
flinch *v.* נִרְתַּע
flinch *n.* הֵירָתְעוּת
fling *v.* זָרַק, הֵטִיל
fling *n.* זְרִיקָה, הַשְׁלָכָה
flint *n.* צוֹר, חַלָּמִישׁ
flint *adj.* קָשֶׁה
flintlock *n.* בְּרִיחַ צוֹר (ברובה מיושן)
flinty *adj.* מֵכִיל צוֹר; קְשֵׁה לֵב
flip *n.* מַכָּה קַלָּה (בקצה האצבע)
flip *v.* הֵזִיז בְּהַקָּשַׁת אֶצְבַּע
flippancy *n.* לֵיצָנוּת, קַלּוּת רֹאשׁ
flipper *n.* אֵיבַר שְׂחִיָּה (לא אצל דג)
flirt *v.* עָגַב, 'פְלִירְטֵט'
flirt *n.* עוֹסֵק(ת) בִּפְלִירְט
flit *v.* עָקַר מִמְּקוֹמוֹ; עָף, הִסְתַּלֵּק
flit *n.* שִׁינּוּי דִירָה; עֲקִירָה
flitter *v.* רִיחֵף, נִפְנֵף
float *v.* הֵצִיף; צָף; רִיחֵף; נוֹסַד
float *n.* מָצוֹף, צָף; רַפְסוֹדָה; אוֹרוֹת בָּמָה
floating *adj.* צָף; עַצְמָאִי
floating capital *n.* הוֹן בְּמַחֲזוֹר
floating votes *n.pl.* קוֹלוֹת (של מצביעים) צָפִים (לא בטוחים)
flock *n.* עֵדֶר, לַהֲקַת צִיפּוֹרִים, הָמוֹן
flock *v.* הִתְקַהֵל; נָהַר
floe *n.* גּוּשׁ קֶרַח צָף
flog *v.* הִצְלִיף; הִלְקָה
flood *v.* הֵצִיף
floodgate *n.* סֶכֶר
floodlight *v.* הֵצִיף בְּאוֹר
floodlight *n.* הֲצָפַת אוֹר
flood tide *n.* גֵּאוּת (הים)
floor *n.* רִצְפָּה; קוֹמָה
floor *v.* הֵטִיל אַרְצָה; רִיצֵּף

floor show *n.* הוֹפָעַת בִּידּוּר (ללא בימה)
floorwalker *n.* מַדְרִיךְ־מְפַקֵּחַ
flop *v.* נָפַל אַרְצָה; נִכְשַׁל
flop *n.* כִּישָּׁלוֹן
flora *n.* צִמְחִיָּיה, עוֹלַם הַצּוֹמֵחַ
floral *adj.* שֶׁל פְּרָחִים
florescence *n.* פְּרִיחָה, עוֹנַת הַפְּרִיחָה
florid *adj.* אֲדַמְדַּם; מְגוּנְדָּר (בחוסר טעם)
florist *n.* מְגַדֵּל פְּרָחִים; סוֹחֵר פְּרָחִים
floss *n.* חוּטֵי מֶשִׁי, סִיב מְשִׁיִי
flossy *adj.* עָשׂוּי חוּטֵי מֶשִׁי (זול)
flotilla *n.* שַׁיֶּיטֶת; צִי קָטָן
flotsam *n.* שִׁבְרֵי אוֹנִיָּה צָפִים
flotsam and jetsam *n.pl.* שְׂרִידֵי סְפִינָה טְרוּפָה; שִׁירַיִים, טְרוּפֶת
flounce *n.* שָׂפָה, חֵפֶת
flounce *v.* עִיטֵּר בְּשָׂפָה, עִיטֵּר בְּחֵפֶת
flounder *n.* דַּג הַסַּנְדָּל
flounder *v.* נָע בִּכְבֵדוּת, הִתְלַבֵּט
flour *n.* קֶמַח
flour sifter *n.* נָפָה (לקמח)
flourish *v.* נוֹפֵף; פָּרַח; שִׂגְשֵׂג
flourish *n.* נִפְנוּף; קִישּׁוּטֵי סִגְנוֹן
flourishing *adj.* פּוֹרֵחַ, מְשַׂגְשֵׂג
flourmill *n.* טַחֲנַת־קֶמַח
floury *adj.* קִמְחִי; מְקוּמָּח
flout *v.* הִתְיַיחֵס בְּבוּז, הִמְרָה אֶת פִּי
flow *v.* זָרַם, שָׁפַע
flow *n.* זֶרֶם, זוֹב, שְׁפִיעָה
flower *n.* פֶּרַח; מִבְחָר
flower *v.* פָּרַח; הִפְרִיחַ
flowerbed *n.* עֲרוּגַת פְּרָחִים
flowergirl *n.* מוֹכֶרֶת פְּרָחִים
flowerpiece *n.* תְּמוּנַת־פְּרָחִים
flowerpot *n.* עֲצִיץ פְּרָחִים
flowery *adj.* מְכוּסֶּה בִּפְרָחִים; (לגבי לשון) נִמְלֶצֶת, פִּרְחוֹנִית
flu *n.* שַׁפַעַת
fluctuate *v.* הִתְנוֹעֵעַ, נָע
flue *n.* מַעֲבָר חַם (של עשן או פליטת כבשן)
fluency *n.* שֶׁטֶף, רְהִיטוּת
fluent *adj.* שׁוֹטֵף, רָהוּט
fluently *adv.* בִּרְהִיטוּת, בְּשֶׁטֶף
fluff *n.* מוֹךְ, פְּלוּמָה
fluff *v.* מִילֵּא כָּרִים
fluffy *adj.* מוֹכִי, פְּלוּמָתִי
fluid *n., adj.* נוֹזֵל; נוֹזְלִי; מִשְׁתַּנֶּה
fluidity *n.* נְזִילוּת, זוֹרְמִיּוּת
fluke *n.* כַּף הָעוֹגֶן; מִקְרֶה, מַזָּל
fluke *v.* הִצְלִיחַ בְּמַזָּל
flume *n.* תְּעָלַת מַיִם
flummery *n.* רַפְרֶפֶת; מַחְמָאָה רֵיקָה
flummox *v.* הֵמַם, בִּלְבֵּל, הֵבִיךְ
flunk *v.* נִכְשַׁל (בבחינה); הִכְשִׁיל
flunky, flunkey *n.* מְשָׁרֵת, מִתְרַפֵּס
fluorescence *n.* פְלוּאוֹרָנוּת, הַנְהָרָה
fluorescent *adj.* פְלוּאוֹרָנִי, מַנְהִיר
fluoride, fluorid *n.* פְלוּאוֹרִיד
fluorine *n.* פְלוּאוֹר
fluorite *n.* פְלוּאוֹרִיט
fluoroscope *n.* מִשְׁקֶפֶת פְלוּאוֹרָנִית
flurry *v.* בִּלְבֵּל; עִצְבֵּן
flurry *n.* הִתְפָּרְצוּת; שָׁאוֹן
flush *v.* הִסְמִיק; גָּרַם לְהַסְמָקָה; שָׁטַף
flush *n.* הַסְמָקָה; מַשְׁטֵף (בבית כיסא)
flush *adj.* שָׁוֶוה, שָׁטוּחַ, מִישׁוֹרִי
flush tank *n.* מְכַל הַמַּשְׁטֵף
flush toilet *n.* מַשְׁטֵף
flushing *n.* שְׁטִיפָה; אַדְמִימוּת

fluster *v.* בִּלְבֵּל; עִצְבֵּן
fluster *n.* מְבוּכָה; עַצְבָּנוּת
flute *n.* חָלִיל; חָרִיץ
flute *v.* חִילֵּל; עָשָׂה חֲרִיצִים
flutist *n.* חֲלִילָן
flutter *v.* רִפְרֵף; נָבוֹךְ
flutter *n.* מְבוּכָה; נִפְנוּף כְּנָפַיִים; רַעַד
flux *n.* זְרִימָה; גֵיאוּת
flux *v.* שָׁטַף; רִיתֵּךְ
fly *v.* הֵעִיף; הֵטִיס; עָף, טָס
fly *n.* זְבוּב; דָשׁ, 'חֲנוּת' (במכנסיים)
fly *adj.* פִּיקֵּחַ, עַרְמוּמִי; עֵרָנִי
fly ball *n.* כַּדּוּר מְעוֹפֵף (בבייסבול)
fly-by-night *n.* מִתְחַמֵּק־לַיְלָה
fly in the ointment אַלְיָה וְקוֹץ בָּהּ
fly net *n.* רֶשֶׁת זְבוּבִים
fly swatter *n.* מַחְבֵּט זְבוּבִים
flyer, flier *n.* עָף, טָס; טַיָּיס
flying *n., adj.* תְּעוּפָה, טַיִס; עָף
flying buttress *n.* מִתְמָךְ קַשְׁתִּי
flying colors *n.pl.* הִצְטַיְּינוּת
flying field *n.* שְׂדֵה־תְּעוּפָה
flying saucer *n.* צַלַּחַת מְעוֹפֶפֶת
flyleaf *n.* נְיָיר חָלָק, עַמּוּד רֵיק
flypaper *n.* נְיָיר דָבִיק (ללכוד זבובים)
flyspeck *n.* רְבַב זְבוּב
flywheel *n.* גַּלְגַּל תְּנוּפָה
foal *n.* סְיָיח; עַיִר
foal *v.* הִמְלִיטָה (סייח)
foam *n.* קֶצֶף
foam *v.* הֶעֱלָה קֶצֶף
foam rubber *n.* גוּמְאֲוִויר (לריפוד)
foamy *adj.* מַקְצִיף; דְמוּי קֶצֶף
fob *n.* כִּיס קָטָן (או שרשרת לשָׁעוֹן)
fob *v.* שָׂם בְּכִיס; רִימָּה, הֶעֱרִים
focal *adj.* מוֹקְדִי, מֶרְכָּזִי
focus *n.* מוֹקֵד, מֶרְכָּז
focus *v.* מִיקֵּד, רִיכֵּז; הִתְרַכֵּז
fodder *n.* מִסְפּוֹא
foe *n.* אוֹיֵב, שׂוֹנֵא
foetus, fetus *n.* עוּבָּר
fog *n.* עֲרָפֶל, מְבוּכָה
fog *v.* עִרְפֵּל; הִתְעַרְפֵּל
fogbound *adj.* מְרוּתָּק בְּשֶׁל עֲרָפֶל
foggy *adj.* עַרְפִילִי, מְטוּשְׁטָשׁ
foghorn *n.* צוֹפַר עֲרָפֶל
fogy, fogey *n.* זָקֵן מְיוּשָּׁן בְּדֵעוֹתָיו
foible *n.* חוּלְשָׁה, נְקוּדָּה חַלָּשָׁה
foil *v.* סִיכֵּל; רִיקֵּעַ
foil *n.* רִיקּוּעַ מַתֶּכֶת
foist *v.* הֵטִיל שֶׁלֹּא בְּצֶדֶק
fold *v.* קִיפֵּל, קִימֵּט; הִתְקַפֵּל
fold *n.* קֶפֶל; קִיפּוּל; שֶׁקַע
folder *n.* עוֹטְפָן, תִּיק
folderol *n.* דִיבּוּר רֵיק
foliage *n.* עַלְוָוה; קִישּׁוּט עָלִים
folio *n.* תַּבְנִית פוֹלְיוֹ (20×33 ס"מ)
folio *v.* מִסְפֵּר דַפֵּי סֵפֶר
folk *n.* עַם, שֵׁבֶט, הַבְּרִיּוֹת
folk etymology *n.* גִּיזָּרוֹן עֲמָמִי
folk-music *n.* מוּסִיקָה עֲמָמִית
folk-song *n.* שִׁיר־עַם
folk tale *n.* סִיפּוּר עַם
folklore *n.* יֶדַע־עַם, פוֹלְקְלוֹר
folksy *adj.* עֲמָמִי
folkways *n.pl.* מָסוֹרֶת עֲמָמִית
follicle *n.* (בבוטאניקה) שַׂקִּיק
follow *v.* בָּא אַחֲרֵי; עָקַב אַחֲרֵי, הָלַךְ אַחֲרֵי
follow-up *adj., n.* מַמְרִיץ; מַעֲקָב
follower *n.* חָסִיד, עוֹקֵב; מְחַזֵּר
following *adj.* הַבָּא; שֶׁלְּהַלָּן

following *n.* הַבָּאִים; קָהַל מַעֲרִיצִים
folly *n.* טִיפְּשׁוּת, רַעְיוֹן־רוּחַ; שַׁעֲשׁוּעַ
foment *v.* טִיפַּח; הֵסִית, לִיבָּה, חִרְחֵר
fond *adj.* מְחַבֵּב, אוֹהֵב
fondle *v.* לִיטֵף, גִיפֵּף
fondness *n.* חִיבָּה, הִתְחַבְּבוּת
font *n.* כִּיוֹר לִטְבִילָה (בכנסייה)
food *n.* אוֹכֶל, מָזוֹן
food chopper *n.* מַקְצֵף
food grinder *n.* מַטְחֵנָה
food pyramid *n.* סִיר מַעֲלוֹת
food store *n.* חֲנוּת־מַכּוֹלֶת
foodstuff *n.* מִצְרַךְ מָזוֹן
fool *n.* טִיפֵּשׁ; בַּדְחָן
fool *v.* שִׁיטָּה בּ; חָמַד לָצוֹן
foolery *n.* טִיפְּשׁוּת
foolhardy *adj.* פַּחֲז, נִמְהָר
fooling *n.* הִשְׁתַּטּוּת, 'מְתִיחָה'
foolish *adj.* שְׁטוּתִי; מַצְחִיק
foolproof *adj.* בָּטוּחַ, לֹא מְסוּכָּן
foolscap, fool's cap *n.* גּוֹדֶל מָלֵא (פוליו); כּוֹבַע לֵיצָן
fool's errand *n.* שְׁלִיחוּת סְרָק
foot *n.* רֶגֶל; כַּף רֶגֶל; תַּחְתִּית; מַרְגְּלוֹת (הר)
foot *v.* רָקַד; הֵנִיעַ רַגְלוֹ לְקֶצֶב; סִילֵּק (חשבון)
football *n.* כַּדּוּרֶגֶל, כַּדּוּר־רֶגֶל
footboard *n.* הֲדוֹם, כֶּבֶשׁ
footbridge *n.* גֶּשֶׁר לְהוֹלְכֵי־רֶגֶל
footfall *n.* קוֹל צְעָדָה
foothill *n.* רַגְלֵי הַר
foothold *n.* מִתְמַךְ רֶגֶל
footing *n.* דְּרִיסַת־רֶגֶל, אֲחִיזָה
footlights *n.pl.* אוֹרוֹת הַבָּמָה, מִקְצוֹעַ הַשַּׂחְקָן
footloose *adj.* מְהַלֵּךְ חוֹפְשִׁי
footman *n.* מְשָׁרֵת בְּמַדִּים
footnote *n.* הֶעָרָה (בתחתית העמוד)
footpath *n.* שְׁבִיל לְהוֹלְכֵי רֶגֶל
footprint *n.* עִקְבָה, טְבִיעַת רֶגֶל
footrace *n.* תַּחֲרוּת רִיצָה, מֵרוֹץ
footrest *n.* מִשְׁעֶנֶת לָרַגְלַיִים
footsoldier *n.* חַיָּל רַגְלִי
footsore *adj.* שֶׁרַגְלָיו כּוֹאֲבוֹת
footstep *n.* צַעַד, פְּסִיעָה; עִקְבָה
footstool *n.* הֲדוֹם
footwear *n.* דִּבְרֵי הַנְעָלָה
footwork *n.* הָרַגְלַיִים (באגרוף), אוֹפֶן תִּמְרוּן
footworn *adj.* עָיֵיף בְּרַגְלָיו
fop *n.* גַּנְדְּרָן
for *prep., conj.* ל, כְּדֵי ל; לְטוֹבַת; תְּמוּרַת; בְּמֶשֶׁךְ; בּ
forage *n.* מִסְפּוֹא
forage *v.* בִּיקֵּשׁ אַסְפָּקָה; לָקַח צֵידָה
forasmuch as *conj.* הוֹאִיל וְ, לְאוֹר הָעוּבְדָה שֶׁ
foray *n.* פְּשִׁיטָה
foray *v.* פָּשַׁט עַל, בָּזַז
forbear *v.* וִיתֵּר, נִמְנַע, הִתְאַפֵּק
forbear *n.* אָב קַדְמוֹן
forbearance *n.* הַבְלָגָה, הִתְאַפְּקוּת; וִיתּוּר
forbid *v.* אָסַר
forbidden *adj.* אָסוּר
force *n.* כּוֹחַ, עוֹצְמָה
force *v.* הִכְרִיחַ, כָּפָה
forced *adj.* כָּפוּי, מְאוּלָּץ
forced landing *n.* נְחִיתַת אוֹנֶס
forceful *adj.* רַב־עוֹצְמָה, תַּקִּיף
forceps *n.* מִצְבָּטַיִים

forcible *adj.* רַב־עוֹצְמָה, תַּקִּיף, מְשַׁכְנֵעַ
ford *n.* מַעְבּוֹרֶת (של נהר)
ford *v.* עָבַר בְּמַעְבּוֹרֶת
fore *n.* חֵלֶק קִדְמִי
fore *adj., adv.* רִאשׁוֹן, לְפָנִים; קִדְמִי
fore, *interj.* (בגולף) הִיזָּהֲרוּ!
fore-and-aft *adj., adv.* מֵחַרְטוֹם הַסְּפִינָה עַד יַרְכָתֶיהָ
forearm *n.* אַמַּת־הַיָּד (בין המרפק לשורש כף היד)
forearm *v.* חִימֵּשׁ מֵרֹאשׁ
forebode *v.* חָשׁ מֵרֹאשׁ, חָשַׁשׁ מֵרֹאשׁ; בִּישֵּׂר רָע
foreboding *n.* הַרְגָּשָׁה מְבַשֶּׂרֶת רָע
forecast *n.* תַּחֲזִית; חִיזּוּי
forecastle, fo'c's'le *n.* סִיפּוּן קִדְמִי
foreclose *v.* חִילֵּט, עִיקֵּל; מָנַע
foredoomed *adj.* נֶחֱרַץ מֵרֹאשׁ
forefather *n.* אָב קַדְמוֹן
forefinger *n.* אֶצְבַּע, הָאֶצְבַּע הַמַּרְאָה
forefront *n.* הַחֵלֶק הַקִּדְמִי
forego *v.* וִיתֵּר עַל; הִקְדִּים, קָדַם
foregoing *adj.* שֶׁלְּעֵיל, הַנַּ"ל
foregone *adj.* יָדוּעַ מֵרֹאשׁ
foreground *n.* מַרְאֶה קָרוֹב (בתמונה), קַדְמָה
forehanded *adj.* (בטניס) שֶׁל הַכָּאָה כַּפִּית; זָהִיר; בַּעַל חִיסָּכוֹן מַסְפִּיק
forehead *n.* מֵצַח
foreign *adj.* מֵאֶרֶץ זָרָה, זָר, נוֹכְרִי
foreign affairs *n.pl.* עִנְיְינֵי חוּץ
foreign born *adj., n.* יְלִיד חוּץ לָאָרֶץ
foreign exchange *n.* מַטְבֵּעַ חוּץ
foreign minister *n.* שַׂר הַחוּץ
foreign trade *n.* סַחַר חוּץ
foreigner *n.* זָר, יְלִיד אֶרֶץ זָרָה
foreleg *n.* רֶגֶל קִדְמִית (של בע"ח)
forelock *n.* תַּלְתַּל עַל מֵצַח
foreman *n.* מְנַהֵל עֲבוֹדָה; רֹאשׁ חֶבֶר הַמּוּשְׁבָּעִים
foremost *adj.* רָאשִׁי, רִאשׁוֹן, חָשׁוּב בְּיוֹתֵר
forenoon *n.* שָׁעוֹת שֶׁלִּפְנֵי הַצָּהֳרַיִים
forensic *adj.* מִשְׁפָּטִי, שֶׁל בֵּית הַמִּשְׁפָּט
forepart *n.* חֵלֶק קִדְמִי (או קודם)
forepaw *n.* רֶגֶל קִדְמִית (של בע"ח)
forequarter *n.* (בחיתוך בשר) חֵלֶק קִדְמִי
forerunner *n.* מְבַשֵּׂר (סימן או אדם); קוֹדֵם
foresee *v.* צָפָה מֵרֹאשׁ
foreseeable *adj.* צָפוּי מֵרֹאשׁ
foreshadow *v.* הָיָה סִימָן לַבָּאוֹת
foreshorten *v.* צִמְצֵם, קִיצֵּר קַוִּים
foresight *n.* רְאִיַּת הַנּוֹלָד
foresighted *adj.* רוֹאֶה אֶת הַנּוֹלָד
foreskin *n.* עָרְלָה, עוּרְלָה
forest *n.* יַעַר
forest *v.* יִיעֵר
forest ranger *n.* שׁוֹמֵר יַעַר
forestall *v.* הִקְדִּים; מָנַע
forestry *n.* יַעֲרָנוּת; יִיעוּר
foretaste *n.* טְעִימָה קוֹדֶמֶת, הִתְנַסּוּת קוֹדֶמֶת
foretell *v.* הִגִּיד מֵרֹאשׁ, נִיבֵּא
forethought *n.* מַחְשָׁבָה מֵרֹאשׁ
forever *adv.* לְעוֹלָם, לָנֶצַח
forewarn *v.* הִזְהִיר, הִתְרָה
foreword *n.* הַקְדָּמָה, מָבוֹא
foreyard *n.* סְמוֹךְ הַתּוֹרֶן הַקִּדְמִי
forfeit *n.* עוֹנֶשׁ, קְנָס; אִיבּוּד

forfeit *v.* הִפְסִיד, אִיבֵּד
forfeit *adj.* מוּפְסָד
forfeiture *n.* הֶפְסֵד, אִיבּוּד; קְנָס
forgather *v.* הִתְאַסֵּף, הִתְכַּנֵּס
forge *n.* כּוּר, מַפָּחָה
forge *v.* זִייֵּף; חִישֵׁל; יָצַר, עִיצֵּב
forgery *n.* (מַעֲשֵׂה) זִיּוּף
forget *v.* שָׁכַח
forgetful *adj.* שַׁכְחָן
forgetfulness *n.* שִׁכְחָה, שַׁכְחָנוּת
forget-me-not *n.* (פרח) זִכְרִינִי זְכְרִייָּה
forgivable *adj.* נִסְלָח, סָלִיחַ
forgive *v.* סָלַח, מָחַל
forgiveness *n.* סְלִיחָה, סַלְחָנוּת
forgiving *adj.* סַלְחָנִי
forgo, forego *v.* וִיתֵּר, נִמְנַע; הִקְדִּים
fork *n.* מַזְלֵג; קִילְשׁוֹן; הִסְתַּעֲפוּת (דרכים)
fork *v.* הֶעֱלָה בְּמַזְלֵג; הִסְתָּעֵף
forked *adj.* מְמוּזְלָג, דְּמוּי מַזְלֵג
forlorn *adj.* עָזוּב, מוּזְנָח; מְיוֹאָשׁ
form *n.* צוּרָה, תַּבְנִית, טוֹפֶס
form *v.* עִיצֵּב; לָבַשׁ צוּרָה
formal *adj.* רִשְׁמִי, פוֹרְמָלִי
formal attire *n.* לְבוּשׁ רִשְׁמִי
formal call *n.* בִּיקּוּר נִימוּסִים
formality *n.* רִשְׁמִיּוּת, פוֹרְמָלִיּוּת, גִינּוּנֵי נִימוּס
formalize *v.* נָהַג בְּפוֹרְמָלִיּוּת; עִיצֵּב
format *n.* תַּבְנִית (של ספר)
formation *n.* עִצּוּב; יְצִירָה; הִתְהַוּוּת; מִבְנֶה; חֲטִיבָה
formative *adj.* מְעַצֵּב, יוֹצֵר, הִתְפַּתְּחוּתִי
former *adj.* קוֹדֵם; לְשֶׁעָבַר
formerly *adv.* קוֹדֶם, לְפָנִים

formidable *adj.* נוֹרָא, מַחֲרִיד; אַדִּיר
formless *adj.* חֲסַר צוּרָה, הִיּוּלִי
formula *n.* נוּסְחָה
formulate *v.* נִיסֵּחַ
fornicate *v.* בָּעַל, נָאַף, זָנָה; זִייֵּן
fornication *n.* נִיאוּף, בְּעִילָה (פעולת הזדווגות בין איש ואישה שאינם נשואים זה לזה)
forsake *v.* נָטַשׁ, עָזַב; וִיתֵּר עַל
forswear *v.* הֵזֵם, כָּפַר בִּשְׁבוּעָה
fort *n.* מִבְצָר, מְצוּדָה
forte *n.* כּוֹחַ, נְקוּדָה חֲזָקָה
forte *adv.* (במוסיקה) בְּקוֹל רָם וְחָזָק
forth *adv., prep.* לְפָנִים; הָלְאָה
forthcoming *adj.* הַבָּא
forthright *adj., adv.* יָשָׁר; הֶחְלֵטִי
forthwith *adv.* מִיָּד
fortieth *adj., n.* הָאַרְבָּעִים
fortification *n.* בִּיצּוּר; מִבְצָר
fortify *v.* בִּיצֵּר, חִיזֵּק
fortissimo *adv.* בְּחוֹזְקָה, פוֹרְטִיסִימוֹ
fortitude *n.* גְּבוּרָה, עוֹז־רוּחַ
fortnight *n.* שְׁבוּעַיִים, 14 יוֹם
fortress *n.* מְצוּדָה, מִבְצָר
fortuitous *adj.* מִקְרִי, שֶׁבְּמִקְרֶה
fortunate *adj.* בַּר־מַזָּל
fortune *n.* מַזָּל; הוֹן
fortune-hunter *n.* צַיַּד עוֹשֶׁר
fortune-teller *n.* מַגִּיד עֲתִידוֹת
forty *adj., n.* אַרְבָּעִים
forum *n.* פוֹרוּם, מִפְגָּשׁ (לדיון)
forward *v.* הֶעֱבִיר הָלְאָה
forward *adj.* מִתְפַּתֵּחַ, מִתְקַדֵּם
forward(s) *adv.* לְפָנִים, קָדִימָה
forward *n.* חָלוּץ (בכדורגל וכד׳)
fossil *n.* מְאוּבָּן

foster *v.* סִיֵּעַ, קִידֵּם; אִימֵּץ
foster brother *n.* אָח מְאוּמָּץ
foster child *n.* יֶלֶד מְאוּמָּץ
foster father *n.* אוֹמֵן, אָב מְאַמֵּץ
foster home *n.* מִשְׁפָּחָה אוֹמֶנֶת
foul *adj.* מְגוּנֶּה; מָאוּס; מְזוֹהָם
foul *n.* עֲבֵירָה עַל כְּלָלֵי הַמִּשְׂחָק
foul *v.* לִכְלֵךְ; הֵפֵר; הִסְתַּבֵּךְ, הִתְנַגֵּשׁ
foulmouthed *adj.* מְנַבֵּל פֶּה, גַּס
found *v.* בִּיסֵּס, יִיסֵּד
foundation *n.* קֶרֶן יְסוֹד; מוֹסָד
foundry *n.* בֵּית יְצִיקָה
foundryman *n.* עוֹבֵד מַתֶּכֶת
fount *n.* מַעְיָן; מַעֲרֶכֶת אוֹתִיּוֹת דְּפוּס
fountain *n.* מַעְיָן; מִזְרָקָה; מָקוֹר
fountain-pen *n.* עֵט נוֹבֵעַ
fountainhead *n.* מָקוֹר (של נחל)
four *n.* אַרְבָּעָה, אַרְבַּע
four-flush *v.* רִימָּה, הֶעֱמִיד פָּנִים
four-leaf clover *n.* תִּלְתָּן־אַרְבַּעַת־הֶעָלִים
four-letter word *n.* מִלַּת־אַרְבַּע־הָאוֹתִיּוֹת (מלת הבעילה באנגלית (fuck
four-o'clock *n.* שָׁעָה אַרְבַּע
four-way *adj.* שֶׁל אַרְבָּעָה כִּיווּנִים
fourscore *n.* שְׁמוֹנִים
foursome *n.* תַּחֲרוּת אַרְבָּעָה (שני זוגות)
fourteen *adj., n.* אַרְבָּעָה־עָשָׂר, אַרְבַּע־עֶשְׂרֵה
fourteenth *adj., n.* הָאַרְבָּעָה־עָשָׂר; הַחֵלֶק הָאַרְבָּעָה־עָשָׂר 1/14
fourth *adj.* רְבִיעִי(ת); רֶבַע, 1/4
fourth estate *n.* הַמַּעֲצָמָה הָרְבִיעִית (העיתונות)
fowl *n.* עוֹף, בְּשַׂר עוֹף
fowl *v.* צָד עוֹף
fox *n.* שׁוּעָל
fox *v.* הֶעֱרִים עַל
fox-terrier *n.* שַׁפְלָן (כלב נמוך)
foxhole *n.* שׁוּחָה
foxhound *n.* כֶּלֶב־צַיִד (לשועלים)
foxtrot *n.* פוֹקְסְטְרוֹט (ריקוד)
foxy *adj.* עַרְמוּמִי, דוֹמֶה לְשׁוּעָל
foyer *n.* אוּלַם כְּנִיסָה
fracas *n.* מְהוּמָה, קְטָטָה
fraction *n.* שַׁבְרִיר; חֲלַקִיק; שֶׁבֶר במתמט'
fractional *adj.* חֶלְקִי, שֶׁל שֶׁבֶר; פָּעוּט
fractious *adj.* רוֹגְזָנִי, זָעֵף
fracture *n.* שֶׁבֶר, שְׁבִירָה
fracture *v.* שָׁבַר; סָבַל מִשְׁבָּר; נִשְׁבַּר
fragile *adj.* שָׁבִיר, שַׁבְרִירִי
fragment *n.* חֵלֶק; רְסִיס
fragmentary *adj.* מְקוּטָּע
fragrance *n.* בּוֹשֶׂם, נִיחוֹחַ
fragrant *adj.* רֵיחָנִי, נָעִים
frail *adj.* חָלוּשׁ, רָפֶה, שָׁבִיר, חוֹלָנִי
frail *n.* סַל נְצָרִים
frame *n.* מִסְגֶּרֶת; מִבְנֶה; שֶׁלֶד, גּוּף
frame *v.* הִרְכִּיב, מִסְגֵּר; הִתְאִים; נִיסֵּחַ; (דיבורית) בִּיֵּים; הִתְפַּתֵּחַ
frame of mind *n.* הֲלַךְ רוּחַ, מַצַּב־רוּחַ
frame-up *n.* עֲלִילַת שָׁוְא, אַשְׁמָה מְבוּיֶּמֶת
framework *n.* מִבְנֶה; שֶׁלֶד; מִסְגֶּרֶת
franc *n.* פְּרַנְק (יחידת מטבע)
France *n.* צָרְפַת
franchise *n.* זְכוּת הַצְבָּעָה (בבחירות); זִיכָּיוֹן
franchising *n.* שִׁיטַת הַזַּכְיָינוּת (לעסקים כגון שרשרת חנויות או מסעדות)

frank *adj.* גְלוּי־לֵב, כֵּן
frank *n.* חוֹתֶמֶת רִשְׁמִית (הפוטרת מבול)
frankfurter *n.* נַקְנִיקִיָּה (חריפה)
frankincense *n.* לְבוֹנָה
frankness *n.* גִילוּי־לֵב, כֵּנוּת
frantic *adj.* מִשְׁתּוֹלֵל, יוֹצֵא מִדַּעְתּוֹ; נוֹאָשׁ
frappe *n., adj.* מִקְפָּא פֵּירוֹת (כמתאבן); חָלָב מוּקְצָף (עם גלידה)
fraternal *adj.* אַחֲוָתִי; שֶׁל מִסְדָר
fraternity *n.* אֲגוּדַּת סְטוּדֶנְטִים; אֲגוּדַּת אַחֲוָה
fraternize *v.* הִתְיַידֵּד
fraud *n.* מִרְמָה; זִיּוּף; רַמַּאי
fraudulent *adj.* שֶׁהוּשַּׂג בְּמִרְמָה
fraught *adj.* כָּרוּךְ (בסכנה וכד')
fray *n.* תִּגְרָה, הִתְכַּתְּשׁוּת
fray *v.* שִׁיחֵק; הִשְׁתַּחֵק (בגד וכד')
frazzle *n.* בְּלִיָּיה, אֲפִיסַת כּוֹחוֹת
freak *adj., n.* (דבר או אדם) חָרִיג
freak *v.* נִיקֵּד, נִימֵּר
freakish *adj.* מְשׁוּנֶּה
freckle *n.* נֶמֶשׁ
freckle *v.* כִּיסָּא אוֹ הִתְכַּסָּה בִּנְמָשִׁים
free *adj.* מְשׁוּחְרָר, חוֹפְשִׁי; עַצְמָאִי; פָּנוּי; בְּלִי כֶּסֶף
free *adv.* חוֹפְשִׁית; חִינָּם
free *v.* שִׁחְרֵר; גָּאַל
free-born *adj.* בֶּן־חוֹרִין; כָּרָאוּי לְבֶן־חוֹרִין
free enterprise *n.* יוֹזְמָה חוֹפְשִׁית
free fight *n.* הִתְכַּתְּשׁוּת כְּלָלִית
free-for-all *n., adj.* תַּחֲרוּת לַכּוֹל
free hand *n.* יָד חוֹפְשִׁית
free of charge *adj.* חִינָּם
free-on-board (f.o.b.) חוֹפְשִׁי (מדמי הובלה) עַל הָאוֹנִיָּה, פו"ב
free ride *n.* הַסָּעַת חִינָּם
free-spoken *adj.* שֶׁבְּגִילּוּי־לֵב
free trade *n.* סַחַר חוֹפְשִׁי
free trader *n.* דּוֹגֵל בְּסַחַר חוֹפְשִׁי
free-will *adj.* שֶׁבְּרָצוֹן חוֹפְשִׁי
freebooter *n.* שׁוֹדֵד־יָם
freedom *n.* חוֹפֶשׁ, חֵירוּת; עַצְמָאוּת
freedom of speech *n.* חוֹפֶשׁ הַדִּיבּוּר
freedom of the press *n.* חוֹפֶשׁ הָעִיתּוֹנוּת
freedom of the seas *n.* חוֹפֶשׁ הַשַּׁיִט
freedom of worship *n.* חוֹפֶשׁ הַפּוּלְחָן
freehold *n.* זְכוּת חֲכִירָה לִצְמִיתוּת
freelance *n.* (סופר) עִיתּוֹנַאי חוֹפְשִׁי; חַיָּיל שָׂכִיר
freelance *v.* עָבַד כְּעִיתּוֹנַאי חוֹפְשִׁי
freeman *n.* בֶּן־חוֹרִין; אֶזְרָח
freestone *n.* אֶבֶן־חוֹל (רכה); פְּרִי (בעל גרעין לא צמוד לציפה)
freethinker *n.* חוֹפְשִׁי בְּדֵעוֹתָיו
freeway *n.* כְּבִישׁ לְלֹא אַגְרָה, כְּבִישׁ מָהִיר (ללא צמתים ורמזורים)
freewill *n.* בְּחִירָה חוֹפְשִׁית
freeze *v.* נִקְפָּא, הִגְלִיד; קָפָא
freeze *n.* הִיקָּפְאוּת, קִיפָּאוֹן
freezer *n.* מַקְפִּיא; תָּא־הַקְפָּאָה
freight *n.* מִטְעָן, מַשָּׂא; הוֹבָלָה
freight *v.* הִטְעִין, טָעַן סְחוֹרָה; שָׁלַח (מטען)
freight car *n.* קְרוֹן־מִטְעָן
freight train *n.* רַכֶּבֶת מַשָּׂא
freighter *n.* חוֹכֵר אוֹנִיַּית־מַשָּׂא
French *adj., n.* צָרְפָתִי; צָרְפָתִית (השפה)
French-doors *n.pl.* דֶּלֶת דּוּ־אֲגַפִּית
French-dressing *n.* רוֹטֶב צָרְפָתִי

French fried potatoes *n.pl.* טוּגָנִים, צִ׳יפְּס
French horn *n.* קֶרֶן צָרְפָתִית
French window *n.* חַלּוֹן־דֶּלֶת
frenetic *adj.* יוֹצֵא מִכֵּלָיו, מִשְׁתַּגֵּעַ
frenzied *adj.* מִשְׁתּוֹלֵל
frenzy *n.* הִשְׁתּוֹלְלוּת, טֵירוּף
frequency, frequence *n.* תְּדִירוּת, תְּכִיפוּת, שְׁכִיחוּת
frequency modulation *n.* אִפְנוּן תֶּדֶר
frequent *adj.* תָּכוּף, תָּדִיר
frequent *v.* בִּיקֵּר תְּכוּפוֹת
fequently *adv.* לְעִתִּים קְרוֹבוֹת
fresco *v.* צִיֵּיר פְרֶסְקוֹ (בעוד הטיח לַח)
fresco *n.* פְרֶסְקוֹ (ציורים על קירות)
fresh *adj.* חָדָשׁ; רַעֲנָן; טָרִי; חוּצְפָּנִי
fresh water *n.* מַיִם חַיִּים
freshen *v.* הֶחֱיָה, רִעֲנֵן; חִיזֵּק הִתְרַעֲנֵן; הִתְחַזֵּק
freshet *n.* שֶׁפֶךְ נָהָר
freshman *n.* טִירוֹן (שנה ראשונה באוניברסיטה)
freshness *n.* טְרִיּוּת, רַעֲנַנּוּת
fret *v.* כִּרְסֵם, אִיכֵּל; הִדְאִיג; דָּאַג; נֶאֱכַל
fret *n.* עַצְבָּנוּת, רוֹגֶז, כַּעַס; הֵיאָכְלוּת
fretful *adj.* רַגְזָן, עַצְבָּנִי
friar *n.* נָזִיר (במנזר דתי)
friary *n.* מִנְזָר
fricassee *n.* פְּרִקַּסֶּת (בשר או עוף מבושל)
friction *n.* שִׁפְשׁוּף; חִיכּוּךְ
Friday *n.* יוֹם הַשִּׁשִּׁי
fried *adj.* מְטוּגָּן
fried egg *n.* בֵּיצִיָּיה, בֵּיצַת ׳עַיִן׳
friend *n.* יָדִיד, חָבֵר, יְדִידָה, חֲבֵרָה
friendly *adj., adv.* חֲבֵרִי, יְדִידוּתִי; בְּצוּרָה יְדִידוּתִית
friendship *n.* יְדִידוּת
frieze *n.* אַפְרִיז, צְפִית (קישוט על קיר)
frigate *n.* פְרִיגָטָה (אוניית קרב)
fright *n.* פַּחַד גָּדוֹל, חֲרָדָה
frighten *v.* הִפְחִיד
frightful *adj.* מַפְחִיד; אָיוֹם, נוֹרָא
frightfulness *n.* אֵימָה
frigid *adj.* קַר, קָרִיר (ביחסו), צוֹנֵן (במגע מיני)
frigidity *n.* קוֹר; יַחַס צוֹנֵן (במגע מיני)
frill *n.* פִּיף, צִיצָה; קְווּצַּת שֵׂעָר
frill *v.* קִישֵּׁט; חִיבֵּר צִיצָה
fringe *n.* צִיצִית; פֵּאָה, שָׂפָה
fringe *v.* קִישֵּׁט, עִיטֵּר
fringe benefits *n.pl.* הֲטָבוֹת (בנוסף לשכר)
frippery *n.* עֲדָיִים חַסְרֵי טַעַם
frisk *v.* דִּילֵּג, פִּיזֵּז; (המונית) חִיפֵּשׂ נֶשֶׁק (בגוף מישהו)
frisk *n.* דִּילּוּג, רִיקּוּד
frisky *adj.* מְקַפֵּץ בְּשִׂמְחָה וּבְעַלִּיזוּת
fritter *v.* בִּזְבֵּז
fritter *n.* טִגְנִית
frivolous *adj.* לֹא רְצִינִי, קַל־רֹאשׁ
friz(z) *v.* סִלְסֵל שֵׂעָר
friz(z) *n.* סִלְסוּל
frizzle *v.* הִשְׁמִיעַ אִוְשַׁת טִיגּוּן; פּוֹרֵר בְּטִיגּוּן
frizzle *n.* תַּלְתַּל
frizzly, frizzy *adj.* מְסוּלְסָל בְּסִלְסוּלִים קְטַנִּים
fro *adv.* מִן, חֲזָרָה
frock *n.* שִׂמְלָה; גְּלִימָה
frog *n.* צְפַרְדֵּעַ

frogman *n.* צולל, איש־צְפַרְדֵעַ
frolic *n.* מְשׁוּבָה
frolic *v.* התהולל, השתובב
from *prep.* מִן, מֵאֵת
front *n.* פָּנִים; חֲזִית; חָזוּת
front *adj.* קִדְמִי; חֲזִיתִי
front *v.* התמודד, עָמַד מול; הֵעֵז פָּנִים
frontage *n.* אוֹרֶךְ הַחֲזִית
front drive *n.* הֲנָעָה קִדְמִית
frontier *n.* גְבוּל, סְפָר
front line *n.* קַו־הַחֲזִית
front-page *adj.* (ידיעה) בַּעֲלַת חֲשִׁיבוּת
frost *v.* כִּיסָּה בִּכְפוֹר
frost *n.* קָרָה, כְּפוֹר; כִּישָׁלוֹן
frostbitten *adj.* נִפְגַע קוֹר
frosting *n.* צִיפּוּי (לעוגה), צִיפּוּי דְמוּי כְּפוֹר
frosty *adj.* קַר מְאוֹד, כְּפוֹרִי
froth *n.* קֶצֶף, קוֹפִי (קֶצֶף בתבשיל)
froth *v.* הִקְצִיף, הִרְגִיז
frothy *adj.* מַעֲלֶה קֶצֶף; נָבוּב (לגבי דיבור)
froward *adj.* מַמְרֶה, סַרְבָן
frown *n.* מַבָּט כּוֹעֵס
frown *v.* כָּעַס, הֶעֱיב פָּנִים
frozen foods *n.pl.* מָזוֹן מוּקְפָּא
fructify *v.* עָשָׂה פְּרִי; הִפְרָה
frugal *adj.* חַסְכָנִי; זוֹל
fruit *n.* פְּרִי, תּוֹצָאָה
fruit-fly *n.* זְבוּב הַפֵּירוֹת
fruit juice *n.* מִיץ פֵּירוֹת
fruit of the vine *n.* פְּרִי הַגֶּפֶן
fruit salad *n.* סָלָט פֵּירוֹת
fruit stand *n.* דוּכַן פֵּירוֹת
fruitful *adj.* נוֹשֵׂא פֵּירוֹת; פּוֹרֶה
fruition *n.* הַגְשָׁמָה; תּוֹצָאוֹת; הֲנָאָה
fruitless *adj.* שֶׁל סְרָק, לֹא מֵנִיב, עָקָר
frumpish *adj.* מְרוּשֶׁלֶת (בלבושה)
frustrate *v.* תִּסְכֵּל; סִיכֵּל, מָנַע, שָׂם לְאַל
fry *v.* טִיגֵן; הִיטַּגֵן
fry *n.* תַּבְשִׁיל מְטוּגָן
fryingpan *n.* מַחֲבַת
fuddle *v.* בִּלְבֵּל; טִמְטֵם
fuddy-duddy *n.* קַשְׁקְשָׁן, תֶּרַח זָקֵן
fudge *n.* סוּכָּרִיָּה; שְׁטוּיוֹת
fuel *n.* דֶלֶק; חוֹמֶר מְלַבֶּה
fuel *v.* סִיפֵּק דֶלֶק; תִּדְלֵק, לָקַח דֶלֶק
fuel oil *n.* נֵפְט, סוֹלֶר
fugitive *adj., n.* פָּלִיט, בּוֹרֵחַ, נִמְלָט; חוֹלֵף, בֶּן־יוֹמוֹ
fugue *n.* פוּגָה (צורת שירה רב־קוֹלית)
fulcrum *n.* נְקוּדַת מִשְׁעָן (לְמָנוֹף)
fulfil *v.* הִגְשִׁים; בִּיצֵּעַ; מִילֵּא, קִייֵּם
fulfilment *n.* הַגְשָׁמָה, בִּיצוּעַ; קִיּוּם
full *adj.* מָלֵא, גָדוּשׁ, שָׂבֵעַ
full *adv.* מְאוֹד; יָשָׁר, הַיְישֵׁר
fullblooded *adj.* עַז רֶגֶשׁ, חוּשָׁנִי; טְהוֹר גֶזַע
full-blown *adj.* שֶׁבִּמְלוֹא הִתְפַּתְּחוּתוֹ
full-bodied *adj.* חָסוֹן; מְגוּשָּׁם; בִּמְלוֹא הַחֲרִיפוּת
full-dress *adj.* בִּלְבוּשׁ טִקְסִי
faced *adj.* עֲגוֹל פָּנִים; מִסְתַּכֵּל הַיְישֵׁר
full-fledged *adj.* בָּשֵׁל (לעוף); מְפוּתָּח, מוּשְׁלָם
full-grown *adj.* מְפוּתָּח, מְבוּגָּר
full house *n.* אוּלָם מָלֵא
full-length *adj.* (סיפור או סרט) שָׁלֵם, לֹא מְקוּצָּר

full-length mirror *n.* רְאִי בְּקוֹמַת אָדָם
fullness *n.* שֶׁפַע, גּוֹדֶשׁ; שְׁלֵמוּת
full-scale *adj.* בִּמְלוֹא הַהֶיקֵּף, שָׁלֵם
full-sized *adv.* בְּגוֹדֶל טִבְעִי
fullspeed *adv.* בִּמְהִירוּת מְרַבִּית
full stop *n.* נְקוּדָה
fully *adv.* בִּשְׁלֵמוּת, בִּמְלוֹאוֹ
fulsome *adj.* מוּגְזָם וּמַחְנִיף
fumble *v.* גִּישֵּׁשׁ בִּכְבֵדוּת, נִכְשַׁל
fume *n.* עָשָׁן; אֵד (חריף)
fume *v.* הֶעֱלָה עָשָׁן אוֹ אֵד; הִתְרַתֵּחַ
fumigate *v.* חִיטֵּא
fumigation *n.* חִיטּוּי
fun *n.* שַׁעֲשׁוּעַ, 'כֵּיף', בִּידּוּחַ; הֲנָאָה, צְחוֹק
function *n.* תַּפְקִיד, פְּעוּלָּה טִבְעִית
function *v.* תִּפְקֵד; בִּיצֵּעַ עֲבוֹדָה, פָּעַל
functional *adj.* תִּפְקוּדִי; שִׁימּוּשִׁי
functionary *n.* פָּקִיד, נוֹשֵׂא מִשְׂרָה
fund *n.* קֶרֶן, הוֹן, אוֹצָר; מְלַאי
fund *v.* הִקְצִיב לְתַשְׁלוּם חוֹב; הִשְׁקִיעַ
fundamental *n.* יְסוֹד, עִיקָּר
fundamental *adj.* יְסוֹדִי, בְּסִיסִי
funeral *n.* הַלְוָויָה
funeral director*n.* מְנַהֵל טֶקֶס הַהַלְוָויָה
funeral oration *n.* הֶסְפֵּד
funereal *adj.* שֶׁל הַלְוָויָה, קוֹדֵר
fungous *adj.* פִּטְרִיָּיתִי
fungus *n.* פִּטְרִיָּה; גִּידּוּל פִּטְרִיָּיתִי
funicular *adj., n.* שֶׁל חֶבֶל, שֶׁל כֶּבֶל; רַכֶּבֶל
funk *v.* פָּחַד; נִפְחַד
funk *n.* מוֹרֶךְ־לֵב, פַּחַד, פַּחְדָן
funnel *n.* מַשְׁפֵּךְ
funnel *v.* שָׁפַךְ בְּמַשְׁפֵּךְ, רִיכֵּז
funnies *n.pl.* צִיּוּרֵי שַׁעֲשׁוּעִים

funny *adj.* מַצְחִיק, מְגוּחָךְ; מוּזָר, מְשׁוּנֶּה
funny bone *n.* עֶצֶם הַמַּרְפֵּק
funny business *n.* עִנְיָין מוּזָר, עֵסֶק מְפוּקְפָּק
fur *n.* פַּרְוָה
furbish *v.* מֵירֵק, צִחְצֵחַ
furious *adj.* זוֹעֵם, קוֹצֵף, רוֹתֵחַ
furl *v.* קִיפֵּל; הִתְקַפֵּל, נִגְלַל
furlong *n.* (מידת אורך) פֶּרְלוֹנג (200 מ')
furlough *n.* חוּפְשָׁה (בצבא, בשירות דיפלומאטי)
furnace *n.* כִּבְשָׁן, כּוּר
furnish *v.* צִיֵּיד, סִיפֵּק ל; רִיהֵט
furnishing *n.* סִידּוּרִים; רִיהוּט
furniture *n.* רָהִיטִים
furrier *n.* פַּרְוָן
furrow *n.* תֶּלֶם; קֶמֶט
furrow *v.* חָרַשׁ; קִימֵּט
further *adj., adv.* הָלְאָה, יוֹתֵר רָחוֹק; נוֹסָף עַל כָּךְ, וְעוֹד
further *v.* קִידֵּם, עוֹדֵד
furtherance *n.* עִידּוּד, קִידּוּם
furthermore *adv.* יָתֵר עַל כֵּן
furthest *adj., adv.* הָרָחוֹק בְּיוֹתֵר, הַרְחֵק בְּיוֹתֵר
furtive *adj.* חוּמְקָנִי, מִתְגַּנֵּב
fury *n.* זַעַם; הִשְׁתּוֹלְלוּת כַּעַס
fuse *n.* נָתִיךְ; מַרְעוֹם; פְּתִיל (בפצצה)
fuse *v.* הִתִּיךְ; מִיזֵּג; נִיתַּךְ; מִתְמַזֵּג
fuse box *n.* תֵּיבַת חַשְׁמַל
fuselage *n.* גּוּף הַמָּטוֹס
fusible *adj.* נָתִיךְ, נִיתָּן לְהַתָּכָה (בחום)
fusilade, fusillade *v.* הִתְקִיף בִּמְטַר יְרִיּוֹת

fusilade, fusillade *n.* הַמְטָרַת יְרִיּוֹת
fusion *n.* הַתָּכָה, הִיתּוּךְ; מְזִיגָה
fusion bomb *n.* פְּצָצַת אָטוֹם (בּייחוּד מימן)
fusion point *n.* נְקוּדַת הַהַתָּכָה; נְקוּדַת הַהֲמָסָה
fuss *v.* הִתְרַגֵּשׁ, עָשָׂה עֵסֶק רַב; הִטְרִיד
fuss *n.* הִתְרוֹצְצוּת, רַעַשׁ, הֲמוּלָּה
fussy *adj.* בַּרְרָן (בּדברים פעוּטים)
fusty *adj.* מְעוּפָּשׁ, מַסְרִיחַ
futile *adj.* עָקָר, חֲסַר תּוֹעֶלֶת, לֹא יוּצְלַח
futility *n.* עֲקָרוּת, חוֹסֶר עֵרֶךְ
future *adj.* עֲתִידִי, הַבָּא
future *n.* עָתִיד
futurist *n.* פוּטוּרִיסְט (דוגל בתפיסה פוטוריסטית באמנות)
fuze *see* **fuse**
fuzz *n.* מוֹךְ, צֶמֶר רַךְ
fuzzily *adv.* בִּמְעוּרְפָּל, בִּמְטוּשְׁטָשׁ
fuzzy *adj.* מְסוּלְסָל, מְכוּסֶּה מוֹךְ; מְעוּרְפָּל

G

gab *n.* פִּטְפּוּט
gab *v.* פִּטְפֵּט
gabardine *n.* אֲרִיג גַּבַּרְדִּין
gabble *n.* פִּטְפּוּט; גִּעְגּוּעַ
gable *n.* גַּמְלוֹן
gable-end *n.* פְּנֵי הַגַּמְלוֹן
gad *v.* שׁוֹטֵט
gad *n.* שׁוֹטְטוּת
gad *interj.* אֱלוֹהִים אַדִּירִים
gadabout *n.* נַוָּד; הוֹלֵךְ רָכִיל
gadfly *n.* זְבוּב הַבְּהֵמוֹת
gadget *n.* מַכְשִׁיר, הֶתְקֵן
gaff *n.* חַכָּה; צִלְצָל
gaff *v.* דָּקַר בְּצִלְצָל
gaffe *n.* פְּלִיטַת פֶּה; דִּיבּוּר (אוֹ מעשה) פָּגוּם
gag *n.* מַחְסוֹם פֶּה; בְּדִיחָה
gag *v.* סָתַם פֶּה; (בניתוח) פָּתַח פֶּה
gaga *adj., adv.* טִיפְּשִׁי, מְטוּמְטָם; בְּטִיפְּשׁוּת
gage, gauge *n.* חוֹגָן, מַד; מִידָּה
gage *v.* הֶעֱרִיךְ, שִׁיעֵר
gaiety *n.* עַלִּיזוּת, שִׂמְחָה
gaily *adv.* בְּעַלִּיזוּת
gain *n.* רֶוַח, הֶישֵּׂג
gain *v.* הִרְוִויחַ; זָכָה; הִשִּׂיג
gainful *adj.* רְווֹחִי
gainsay *v.* דִּיבֵּר נֶגֶד, סָתַר
gait *n.* דֶּרֶךְ הִילּוּךְ
gaiter *n.* מוֹק, מַגָּף
gal *n.* (דיבּוּרית) נַעֲרָה
gala *n., adj.* גָּלָה, חֲגִיגָה מְפוֹאֶרֶת
galaxy *n.* גָּלַקְסְיָה (מערכת מִילִיארדֵי כּוֹכבים, שאינם נִראים בנפרד, כגון 'שביל החלב'); הוֹפָעַת תִּפְאָרָה (של בּני אדם מוכשרים, יפיפיות וכד')
gale *n.* סוּפָה
gale of laughter *n.* גַּל צְחוֹק
gall *n.* מָרָה; מְרִירוּת; חוּצְפָּה
gall *v.* הִכְעִיס; חִיכֵּךְ
gallant *adj., n.* אַבִּירִי; הָדוּר
gallantry *n.* אַבִּירוּת, נִימוּס; אוֹמֶץ־לֵב
gall-bladder *n.* מָרָה, כִּיס־הַמָּרָה
galleon *n.* סְפִינַת־מִסְחָר
gallery *n.* מַעֲבָר מְקוֹרֶה; מִסְדְּרוֹן; יָצִיעַ
galley *n.* מִטְבַּח אוֹנִיָּה
galley-proof *n.* יְרִיעַת הַגָּהָה
gallicism *n.* גַּלִּיצִיזְם (מלה אוֹ נִיב שאוּלים מצרפתית)
galling *adj.* מְמָרֵר; מַרְגִּיז
gallivant *v.* שׁוֹטֵט
gallnut *n.* עָפָץ
gallon *n.* גַּלּוֹן (4.5 ל' בבריטניה, 3.8 בארה"ב)
gallop *n.* דְּהִירָה
gallop *v.* דָּהַר; הִדְהִיר
gallows *n.pl.* גַּרְדּוֹם
gallows-bird *n.* אָדָם רָאוּי לִתְלִיָּה
gallstone *n.* אַבְנִית בַּמָּרָה
galore *adv.* לְמַכְבִּיר
galosh *n.* עַרְדָּל
galvanize *v.* גִּלְוֵון; זִעְזֵעַ
galvanized iron *n.* בַּרְזֶל מְגוּלְוָון

gambit *n.* גַמְבִּיט (בשחמט), תִּמְרוּן פְּתִיחָה (הקרבת רגלי להשגת יתרון)
gamble *v.* הִימֵּר; גִמְבֵּל שִׂיחֵק בְּמִשְׂחֲקֵי מַזָּל
gamble *n.* הִימּוּר, גִמְבּוּל; סִפְסוּר
gambler *n.* מְהַמֵּר; סַפְסָר
gambol *v.* נִיתֵּר, דִילֵּג
gambol *n.* דִילּוּג, נִיתּוּר
gambrel *n.* קַרְסוֹל־סוּס, אוּנְקָל
gambrel roof *n.* גַג דְמוּי פַּרְסָה
game *n.* מִשְׂחָק; תַּחֲרוּת; צַיִד
game *v.* שִׂיחֵק מִשְׂחֲקֵי־מַזָּל
game *adj.* אַמִּיץ; מוּכָן לִקְרָב
game-bag *n.* יַלְקוּט צַיָּידִים
game-bird *n.* עוֹף צַיִד
gamecock *n.* תַּרְנְגוֹל־קְרָב
gamekeeper *n.* מְפַקֵּחַ צַיִד
game of chance *n.* מִשְׂחַק מַזָּל
gamut *n.* סוּלַּם הַקּוֹלוֹת; מִכְלוֹל
gamy *adj.* חֲרִיף־טַעַם
gander *n.* אֲוָוז
gang *n.* חֲבוּרָה
gang *v.* הִתְקִיף בַּחֲבוּרָה
gangling *adj.* מוֹאֳרָךְ וְרוֹפֵף
ganglion *n.* חַרְצוֹב, 'מֶרְכַּז עֲצַבִּים'
gangplank *n.* כֶּבֶשׁ אוֹנִיָּיה
gangrene *n.* נֶמֶק, גַנְגְרֶנָה
gangrene *v.* גָרַם לָמַק; נַעֲשָׂה מַק
gangster *n.* אִישׁ כְּנוּפְיָה, גַנְגְסְטֶר
gangway *n.* מַעֲבָר; מִסְדְרוֹן
gaol *n.* כֶּלֶא, מַאֲסָר
gap *n.* פַּעַר, פִּרְצָה
gape *v.* פָּעַר פִּיו; נִבְקַע
gape *n.* פְּעִירַת פֶּה; מַבָּט בְּפֶה פָּעוּר
gapes *n.* פַּהֶקֶת, הַתְקָפַת פִּיהוּק

garage *n.* מוּסָךְ
garage *v.* הִכְנִיס לְמוּסָךְ
garb *n.* לְבוּשׁ, תִּלְבּוֹשֶׁת
garb *v.* הִלְבִּישׁ
garbage *n.* זֶבֶל, אַשְׁפָּה
garbage can *n.* פַּח אַשְׁפָּה
garbage disposal *n.* סִילּוּק אַשְׁפָּה
garble *v.* סֵירֵס, סִילֵּף
garden *n.* גִינָּה, גַן
garden *v.* גִינֵּן, עִיבֵּד גַן
gardener *n.* גַנָּן
gardening *n.* גִינּוּן
garden-party *n.* מְסִיבַּת־גַן
gargantuan *adj.* עֲנָקִי, עָצוּם
gargle *n.* מְגַרְגֵר, שׁוֹטֵף
gargle *v.* גִרְגֵר
gargoyle *n.* זַרְבּוּבִית מְשׁוּנָּה
garish *adj.* רַאַוְותָנִי (בצורה זולה)
garland *n.* זֵר, כֶּתֶר; קִישּׁוּט
garland *v.* עִיטֵּר בְּזֵר
garlic *n.* שׁוּם
garment *n.* מַלְבּוּשׁ
garner *n.* מַחְסָן, אוֹסֶם
garner *v.* צָבַר
garnet *n.* אֶבֶן טוֹבָה
garnish *v.* עִיטֵּר
garnish *n.* קִישּׁוּט; עִיטּוּר סִפְרוּתִי; (בבישול) תּוֹסֶפֶת קִישּׁוּט
garniture *n.* קִישּׁוּט
garret *n.* עֲלִיַּית־גַג
garrison *n.* חֵיל מַצָּב
garrotte *v.* הֵמִית בְּחֶנֶק
garrotte *n.* מִיתַת חֶנֶק
garrulous *adj.* פַּטְפְּטָנִי
garter *n.* בִּירִית
garth *n.* חָצֵר, גִינָּה

gas *n.* גַּאז
gas *v.* הֵגִיז, סִיפֵּק גַּאז; הִרְעִיל בְּגַאז
gas-burner *n.* מַבְעֵר גַּאז
gas producer *n.* כּוּר גַּאז
gas-range *n.* כִּירַיִים שֶׁל גַּאז
gas-station *n.* תַּחֲנַת דֶּלֶק
gas-stove *n.* כִּירַיִים שֶׁל גַּאז
gas-tank *n.* מְכַל בֶּנְזִין
gasbag *n.* מְכַל גַּאז; פַּטְפְּטָן
gaseous *adj.* גַּאזִי
gash *n.* חֲתָך, פֶּצַע
gash *v.* חָתַך, פָּצַע
gasholder *n.* מְכַל גַּאז
gasify *v.* יָצַר גַּאז
gas-jet *n.* סִילוֹן גַּאז
gasket *n.* אֶטֶם
gaslight *n.* אוֹר גַּאז
gasoline, gasolene *n.* גָּאזוֹלִין, בֶּנְזִין
gasoline pump *n.* מַשְׁאֵבַת בֶּנְזִין
gasp *v.* הִתְאַמֵּץ לִנְשׁוֹם; דִּיבֵּר בְּכוֹבֶד נְשִׁימָה
gasp *n.* נְשִׁימָה בִּכְבֵדוּת
gastric *adj.* קֵיבָתִי
gastronomy *n.* גַּסְטְרוֹנוֹמְיָה (חכמת האכילה הטובה)
gasworks *n.pl.* מִפְעַל גַּאז
gate *n.* שַׁעַר, פֶּתַח
gatecrash *v.* בִּיקֵּר (באירוע) לְלֹא הַזְמָנָה
gatecrasher *n.* אוֹרֵחַ לֹא קָרוּא
gatekeeper *n.* שׁוֹמֵר סַף
gatepost *n.* עַמּוּד הַשַּׁעַר
gateway *n.* פֶּתַח שַׁעַר, כְּנִיסָה
gather *v.* אָסַף, כִּינֵּס; נֶאֱסַף, נִקְבַּץ; הִסִּיק; הֵבִין
gathering *n.* אִיסּוּף, אֲגִירָה; כֶּנֶס
gauche *adj.* מְגוּשָּׁם, לֹא יוּצְלָח

gaudy *adj.* מַבְרִיק, רַאַוְותָנִי
gauge, gage *n.* מַד; אַמַּת־מִידָּה
gauge, gage *v.* הֶעֱרִיך, שִׁיעֵר; קָבַע מִידּוֹת
gauge glass *n.* זְכוּכִית מַדִּיד
gaunt *adj.* כָּחוּשׁ; זוֹעֵף
gauntlet *n.* כְּפָפַת שִׁריוֹן
gauze *n.* גָּאזָה, מַלְמָלָה
gavel *n.* פַּטִּישׁ (של יו"ר)
gavotte *n.* גָבוֹט (מחול צרפתי)
gawk *n.* לֹא־יוּצְלַח
gawk *v.* נָהַג כְּשׁוֹטֶה
gawky *adj., n.* לֹא־יוּצְלָח, מְגוּשָּׁם
gay *adj., n.* 'עַלִּיז'; הוֹמוֹסֶקְסוּאָל
gaze *v.* הִבִּיט, הִסְתַּכֵּל
gaze *n.* מַבָּט, הִסְתַּכְּלוּת
gazelle *n.* צְבִי
gazette *n., v.* עִיתּוֹן רִשְׁמִי; פִּרְסֵם בְּעִיתּוֹן רִשְׁמִי
gazetteer *n.* לֶקְסִיקוֹן גֵּיאוֹגְרָפִי
gear *n.* תִּשְׁלוֹבֶת גַּלְגַּלֵּי שִׁינַּיִים; הִילּוּך; רִתְמָה
gear *v.* הִצְמִיד לְהִילּוּך; הִשְׁתַּלֵּב
gearbox, gearcase *n.* תֵּיבַת הִילּוּכִים
gearshift *n.* הַחְלָפַת הַהִילּוּך
gearshift lever *n.* יָדִית הִילּוּכִים
gee, gee-gee, gee-hup *interj.* גִ'י (זירוז לסוסים)
gee *interj.* גִ'י (הבעת השתוממות)
Gehenna *n.* גֵּיהִינּוֹם, שְׁאוֹל
gel *n.* קָרִישׁ, מִקְפָּא
gel *v.* הִקְרִישׁ
gelatine *n.* מִקְפָּא
gem *n.* אֶבֶן טוֹבָה
gem *v.* קִישֵּׁט
Gemini *n.pl.* מַזַּל תְּאוֹמִים

gender *n.* (בדקדוק) מִין
gene *n.* גֵן (יחידת תורשה)
genealogy *n.* תּוֹלָדוֹת, סֵדֶר יִיחוּסִין
general *adj.* כְּלָלִי; כּוֹלֵל
general *n.* גֶּנֶרָל, רַב־אַלּוּף
general delivery *n.* מְסִירַת דְבָרֵי דוֹאַר כְּלָלִית, דִיוּוּר
general practitioner *n.* רוֹפֵא כְּלָלִי
general staff *n.* מַטֶּה כְּלָלִי
generalissimo *n.* גֶּנֶרָלִיסִימוֹ, מְפַקֵּד עֶלְיוֹן
generality *n.* הַכְלָלָה; כְּלָל
generalize *v.* הִכְלִיל, כָּלַל
generally *adv.* בְּדֶרֶךְ כְּלָל
generalship *n.* כּוֹשֶׁר מַצְבִּיאוּת
generate *v.* הוֹלִיד, יָצַר
generating station *n.* תַּחֲנַת כּוֹחַ
generation *n.* דוֹר; רְבִיָּה; יְצִירָה
generator *n.* מְחוֹלֵל (קיטור, זרם חשמלי), גֶּנֶרָטוֹר
generic *adj.* שֶׁל מִין; שֶׁל גֶּזַע
generous *adj.* רְחַב לֵב, נָדִיב
genesis *n.* מָקוֹר; בְּרִיאָה
Genesis *n.* בְּרֵאשִׁית (הַסֵּפֶר)
genetics *n.pl.* גֶּנֶטִיקָה (חקר התורשה)
genial *adj.* יְדִידוּתִי, מַסְבִּיר פָּנִים
genie *n.* ג'ינִי, רוּחַ
genital *adj.* שֶׁל אֵיבְרֵי הַמִּין
genitals *n.pl.* אֵיבְרֵי הַמִּין
genitive *n., adj.* יַחַס הַקִּנְיָין; יַחַס הַסְּמִיכוּת; סוֹפִית הַסְּמִיכוּת
genius *n.* גָּאוֹן; גְּאוֹנִיּוּת
genocidal *adj.* שֶׁל רֶצַח־עַם
genocide *n.* רֶצַח־עַם
genre *n.* רוּחַ, תְּכוּנָה; סוּג; סִגְנוֹן, זַ'נֶר
genteel *adj.* מְנוּמָּס, אָדִיב, הָדוּר

gentile *n., adj.* לֹא־יְהוּדִי, גּוֹי
gentility *n.* נִימוּס, אֲדִיבוּת; יִיחוּס
gentle *adj.* אָצִיל, עָדִין; מָתוּן
gentle sex *n.* הַמִּין הֶעָדִין (הנשים)
gentlefolk *n.* בְּנֵי־תַּרְבּוּת, בְּנֵי־טוֹבִים
gentleman *n.* ג'נְטֶלְמֶן, בֶּן־טוֹבִים
gentleman-in-waiting *n.* אִישׁ חָצֵר
gentleman of leisure *n.* מִי שֶׁשְּׁעָתוֹ פְּנוּיָה, מִשְׁתָּעֶה
gentlemanly *adj., adv.* בְּנִימוּס, בַּאֲדִיבוּת
gentry *n.* רָמֵי מַעֲלָה
genuflect *v.* הֶחֱוָה קִידָּה
genuine *adj.* אֲמִיתִּי; כֵּן; אָמִין
genus *n.* סוּג, מִין
geographer *n.* גֵּיאוֹגְרָף
geographic, geographical *adj.* גֵּיאוֹגְרָפִי
geography *n.* גֵּיאוֹגְרַפְיָה
geology *n.* גֵּיאוֹלוֹגְיָה (חקר האדמה)
geometric, geometrical *adj.* הַנְדָּסִי, גֵּיאוֹמֶטְרִי
geometrical progression *n.* טוּר הַנְדָּסִי
geometry *n.* הַנְדָּסָה
geophysics *n.pl.* גֵּיאוֹפִיסִיקָה (הפיסיקה של האדמה)
geopolitics *n.pl.* גֵּיאוֹפּוֹלִיטִיקָה (מדיניות כפי שהיא מושפעת מגורמים גיאוגרפיים)
geriatrician *n.* חוֹקֵר מַחֲלוֹת הַזִּקְנָה
geriatrics *n.pl.* חֵקֶר מַחֲלוֹת הַזִּקְנָה
germ *n.* חַיְדַּק; זֶרַע
germ *v.* נָבַט
germ carrier *n.* נוֹשֵׂא חַיְדַּקִים, נַשָּׂא
germ cell *n.* תָּא זֶרַע

germ plasm *n.* פְּלַסְמַת זֶרַע
germ theory *n.* תֵּיאוֹרְיַת הַחַיְידַּקִים
germ warfare *n.* מִלְחֶמֶת חַיְידַּקִים
germane *adj.* קָרוֹב; נוֹגֵעַ; הוֹלֵם
German measles *n.pl.* אַדֶּמֶת
germicidal *adj.* קוֹטֵל חַיְידַּקִים
germicide *n.* קוֹטֵל חַיְידַּקִים
germinate *v.* נָבַט, הֵנֵץ
gerontology *n.* מַדַּע הַזִּקְנָה, גֵרוֹנְטוֹלוֹגְיָה
gerund *n.* (בדקדוק) שֵׁם פְּעוּלָּה
gerundive *adj., n.* (דְמוּי) שֵׁם פְּעוּלָּה
gestalt *n.* גֶשְׁטַלְט, תַּבְנִית
gestation *n.* תְּקוּפַת עִיבּוּר
gestatory *adj.* עִיבּוּרִי
gesticulate *v.* הֶחֱוָה
gesticulation *n.* הַחְוָיָה
gesture *n.* תְּנוּעַת הַבָּעָה; מֶחְוָה
gesture *v.* עָשָׂה תְּנוּעוֹת
get *v.* הִשִּׂיג; לָקַח; קָנָה; נַעֲשָׂה
get-together *n.* הִתְכַּנְּסוּת
get-up *n.* צוּרָה, תִּלְבּוֹשֶׁת, הוֹפָעָה
getaway *n.* בְּרִיחָה
gewgaw *n.* צַעֲצוּעַ זוֹל
geyser *n.* גֵייזֶר, מִזְרָקָה חַמָּה
ghastly *adj.* נוֹרָא, מַבְעִית
gherkin *n.* מְלָפְפוֹן קָטָן
ghetto *n.* גֶטוֹ
ghost *n.* רוּחַ (שֶׁל מֵת)
ghost writer *n.* סוֹפֵר שָׂכִיר
ghost *v.* כָּתַב בִּשְׁבִיל אַחֵר
ghostly *adj.* שֶׁל רוּחַ הַמֵּת
ghoul *n.* רוּחַ רָעָה, שֵׁד
ghoulish *adj.* שֵׁדִי, מְתוֹעָב
GI, G.I. *n., adj.* ג'י אַיי, חַיָּיל (בצבא ארה"ב)

giant *n.* עֲנָק
giant *adj.* עֲנָקִי
giantess *n.* עֲנָקָה
gibberish *n.* פִּטְפּוּט, מִלְמוּל
gibbet *n.* גַרְדּוֹם
gibbon *n.* גִיבּוֹן (קוף קטן ארך זרועות)
gibe, jibe *v., n.* לִגְלֵג; לִגְלוּג
giblets *n.pl.* טְפֵלִים, טְפֵלֵי עוֹף
giddiness *n.* קַלּוּת־דַּעַת; סִחְרוּר
giddy *adj.* קַל־דַּעַת
giddy *v.* סִחְרֵר; הִסְתַּחְרֵר
gift *n.* מַתָּנָה; כִּשְׁרוֹן
gift horse *n.* סוּס בְּמַתָּנָה (מתנה שאין בודקים)
gift of gab *n.* כִּשְׁרוֹן דִּיבּוּר
gift, shop *n.* חֲנוּת מַתָּנוֹת
gifted *adj.* מְחוֹנָן
gig *n.* כִּרְכָּרָה; דוּגִית
gigantic *adj.* עֲנָקִי
giggle *v.* גִיחֵךְ
giggle *n.* גִיחוּךְ
gigolo *n.* ג'יגוֹלוֹ (בן זוג שכיר לריקוד; מלווה אישה בשכר)
gild *v.* הִזְהִיב, צִיפָּה זָהָב
gilding *n.* הַזְהָבָה
gill *n.* זִים, אֲגִיד; גִיל (מידת נוזל)
gill *v.* צָד, דָג
gilt *n., adj.* צִיפּוּי זָהָב; מְצוּפֶּה זָהָב
gilt-edged *adj.* מוּזְהַב קְצָווֹת
gilt head *n.* זְהוֹב הָרֹאשׁ (דג)
gimlet *n., v.* מַקְדֵּחַ קָטָן; קָדַח חוֹר
gimmick *n.* אַחְזוּז, לַהֲטוּט
gin *n.* ג'ין (יי"ש); מַלְכּוֹדֶת; מַנְפֵּטָה
gin *v.* הִפְרִיד כּוּתְנָה בְּמַנְפֵּטָה
gin fizz *n.* ג'ין תּוֹסֵס
ginger *n.* זַנְגְּבִיל

ginger *v.* תִּיבֵּל בְּזַנְגְבִיל; עוֹרֵר

ginger-ale *n.* מַשְׁקֵה זַנְגְבִיל

gingerly *adj., adv.* זָהִיר; בִּזְהִירוּת

gingham *n.* אָרִיג מְפוּסְפָּס

gingivitis *n.* דַּלֶּקֶת הַחֲנִיכַיִים

gipsy *n. see* **gypsy**

giraffe *n.* ג'ירָפָה, גָמָל נְמֵרִי

gird *v.* חָגַר; הִקִּיף; הִתְכּוֹנֵן; לָעַג

girder *n.* מְטִיל חוֹגֵר; קוֹרָה

girdle *n.* חֲגוֹרָה, אַבְנֵט

girdle *v.* סָגַר עַל

girl *n.* יַלְדָּה, נַעֲרָה

girl friend *n.* 'בַּחוּרָה' קְבוּעָה

girl scout *n.* צוֹפָה

girlhood *n.* נַעֲרוּת (של נערה); בַּחוּרוּת

girlish *adj.* שֶׁל נַעֲרָה

girth *n.* הֶיקֵּף; חֲגוֹרָה

gist *n.* תַּמְצִית, עִיקָּר

give *v.* נָתַן, סִיפֵּק, הֶעֱנִיק; נִכְנַע

give *n.* כְּנִיעָה לְלַחַץ; גְמִישׁוּת

give-and-take *n.* שִׁיטַת תֵּן וְקַח

give away *v.* נָתַן חִינָּם, חִילֵּק; גִילָּה סוֹד

given *adj.* מוֹעֲנָק; נָתוּן, מְסוּיָּם

given name *n.* שֵׁם פְּרָטִי

giver *n.* נַדְבָן, תּוֹרֵם

gizzard *n.* זֶפֶק

glacial *adj.* קַרְחוֹנִי, קַר מְאוֹד

glacier *n.* קַרְחוֹן

glad *adj.* שָׂמֵחַ, עַלִּיז; מְשַׂמֵּחַ

glad rags *n.pl.* (בדיבּוּר) הַחֲלִיפָה הֲכִי טוֹבָה

gladden *v.* שִׂימֵּחַ

glade *n.* קָרַחַת־יַעַר

gladiator *n.* גְלַדְיָטוֹר, לוּדָר, מִתְגוֹשֵׁשׁ

gladiola *n.* סֵיפָן, גְלַדְיוֹלָה (פרח נוֹי)

gladly *adv.* בְּשִׂמְחָה, בְּרָצוֹן

gladness *n.* שִׂמְחָה, אוֹשֶׁר

glair *n.* חֶלְבּוֹן בֵּיצָה

glamorous *adj.* מַקְסִים בְּיוֹפְיוֹ, זוֹהֵר

glamour, glamor *n.* קֶסֶם; זוֹהַר

glamour girl, glamor girl *n.* נַעֲרַת זוֹהַר

glance *v.* הֵעִיף עַיִן

glance *n.* מַבָּט חָטוּף, הֲצָצָה

gland *n.* בַּלּוּטָה

glare *n.* אוֹר מְסַנְוֵר; מַבָּט זוֹעֵם

glare *v.* הֵאִיר בְּאוֹר מְסַנְוֵר; הִבִּיט בְּזַעַם

glaring *adj.* מְסַנְוֵר, בּוֹלֵט

glass *n.* זְכוּכִית; כּוֹס; רְאִי; (בּריבּוּי) מִשְׁקָפַיִים

glass *adj.* עָשׂוּי זְכוּכִית; מְזוּגָג

glass *v.* זִיגֵג, סִיפֵּק זְכוּכִיּוֹת

glass-blower *n.* מְנַפֵּחַ זְכוּכִית

glass-house *n.* חֲמָמָה; (בּדיבּוּר) כֶּלֶא צְבָאִי

glassful *n.* מְלוֹא הַכּוֹס

glassware *n.* כְּלֵי־זְכוּכִית

glassworks *n.* בֵּית־חֲרוֹשֶׁת לִזְכוּכִית

glassy *adj.* זְכוּכִיתִי, זְגוּגִי

glaucoma *n.* גְלוֹקוֹמָה, בַּרְקִית (מחלת עַיִן)

glaze *v.* זִיגֵג

glaze *n.* זִיגוּג, כְּלֵי חֶרֶס מְזוּגָּגִים

glazier *n.* זַגָּג

gleam *n.* קֶרֶן אוֹר; אוֹר קָלוּשׁ; זִיק (תקווה וכד')

gleam *v.* נִצְנֵץ

glean *v.* לִיקֵּט; נִלְקַט

glee *n.* שִׂמְחָה; שִׁיר מַקְהֵלָה

glee club *n.* מוֹעֲדוֹן לְמַקְהֵלָה

glen *n.* עָרוּץ, גַּיְא צַר (בּסקוטלנד)

glib *adj.* חָלָק; נִמְהָר וְשִׁטְחִי (בדיבור)
glide *n.* הַחְלָקָה; דְאִיָּה, גְלִישָׁה
glide *v.* הֶחֱלִיק, גָּלַשׁ; חָלַף
glider *n.* דָאוֹן, גִלְשׁוֹן
glimmer *v.* נִצְנֵץ
glimmer, glimmering *n.* נִצְנוּץ, הִבְהוּב, זִיק
glimpse *v.* רָאָה לְרֶגַע
glimpse *n.* מְעוּף עַיִן, רְאִיָּה חֲטוּפָה
glint *v.* נִצְנֵץ
glint *n.* נִצְנוּץ, מִבְזָק
glisten *v.* הִבְהִיק, הִתְנוֹצֵץ, זָהַר
glisten *n.* הֶבְהֵק
glitter, glister *v.* הִבְהִיק, זָהַר
glitter *n.* בָּרָק, זוֹהַר
gloaming *n.* דִמְדוּמִים, בֵּין־הַשְּׁמָשׁוֹת
gloat *v.* זָן אֶת עֵינָיו
globe *n.* (תַּבְנִית) כַּדּוּר־הָאָרֶץ
globetrotter *n.* מְשׁוֹטֵט בָּעוֹלָם
globule *n.* טִיפָּה, נֵטֶף
glockenspiel *n.* פַּעֲמוֹנִיָּה (מערכת פעמונים)
gloom *v.* הֶחְשִׁיךְ, הֶעֱצִיב
gloom *n.* אֲפְלוּלִית, עֶצֶב
gloomy *adj.* עָצוּב, קוֹדֵר
glorify *v.* פֵּיאֵר, הֶעֱרִיץ
glorious *adj.* מְפוֹאָר, נֶהְדָר
glory *n.* הוֹד, תְּהִלָּה, פְּאֵר, הָדָר
glory *v.* הִתְהַלֵּל, הִתְפָּאֵר
gloss *n.* בָּרָק, צַחְצוּחַ; בֵּיאוּר, הֶעָרָה (בכתב־יד)
gloss *v.* שִׁיוָּה בָּרָק; פֵּירֵשׁ; טִשְׁטֵשׁ, חִיפָּה
glossary *n.* רְשִׁימַת מִלִּים, מִילּוֹן
glossy *adj.* מַבְרִיק, מְמוֹרָט, חָלָק
glottal *adj.* מְבוּטָּא בְּבֵית־הַקּוֹל

glove *n.* כְּסָיָה, כְּפָפָה
glow *n.* לַהַט, חוֹם, זוֹהַר אָדוֹם
glow *v.* לָהַט; הִתְאַדֵּם, זָהַר
glow-worm *n.* גַחֲלִילִית
glower *v.* הִבִּיט בְּזַעַם
glowing *adj.* לוֹהֵט, זוֹהֵר
glucose *n.* גְלוּקוֹזָה, סוּכַּר עֲנָבִים ($C_6H_{12}O_6$)
glue *n.* דֶּבֶק (נוזלי)
glue *v.* הִדְבִּיק, הִצְמִיד
gluey *adj.* דִּבְקִי, דָבִיק
glum *adj.* עָגוּם, עֲכוּר נֶפֶשׁ
glut *n.* גוֹדֶשׁ, עוֹדֶף; זְלִילָה
glut *v.* הִשְׂבִּיעַ; הֵצִיף; הֶחְנִיק
glutton *n.* זוֹלְלָן, רַעַבְתָן
gluttonous *adj.* זוֹלְלָנִי, רָעֵב ל
gluttony *n.* זְלִילָה
glycerine *n.* גְלִיצֵרִין, מִתְקִית (כוהל המשמש ברפואה)
G-man *n.* סוֹכֵן הַבּוֹלֶשֶׁת (האמריקנית)
gnarled *adj.* מְסוּקָס, מְחוּסְפָּס, מְפוּתָּל
gnash *v.* חָרַק שִׁינַּיִם; נָשַׁךְ
gnat *n.* יַתּוּשׁ
gnaw *v.* כִּרְסֵם; כָּסַס
gnome *n.* שֵׁדוֹן
gnu *n.* גְנוּ (סוג ראם)
go *v.* הָלַךְ, נָסַע; עָזַב, עָבַר
go *n.* הֲלִיכָה; מֶרֶץ; נִיסָּיוֹן, הַצְלָחָה
go-ahead *adj.* בַּעַל יוֹזְמָה, מִתְקַדֵּם
go-between *n.* מְתַוֵּךְ
go-by *n.* הִתְעַלְּמוּת
go-cart *n.* אוֹפַנִּית יְלָדִים
go-getter *n.* יוֹזְמָן נִמְרָץ
goad *n.* דָּרְבָן; גֵירוּי
goad *v.* הִכָּה בְּמַלְמָד; גֵּירָה
goal *n.* מַטָּרָה; (בכדורגל) שַׁעַר

goalkeeper *n.* שוֹעֵר (בכדורגל)
goat *n.* תַּיִשׁ, עֵז
goatee *n.* זְקַן תַּיִשׁ (של אדם)
goatherd *n.* רוֹעֵה עִזִּים
goatskin *n.* עוֹר תַּיִשׁ
gob *n.* רוֹק; יוֹרֵד יָם, מַלָּח
gob *v.* יָרַק
gobble *v.* אָכַל בְּכָל פֶּה; חָטַף
gobbledegook *n.* לָשׁוֹן מְעוּרְפֶּלֶת
goblet *n.* גָּבִיעַ
goblin *n.* שֵׁדוֹן
god *n.* אֵל; אֱלִיל
God *n.* אֱלֹהִים, הָאֵל
godchild *n.* יֶלֶד סַנְדְּקָאוּת (בטקס טבילה נוצרי)
goddaughter *n.* בַּת סַנְדְּקָאוּת (בטקס טבילה נוצרי)
goddess *n.* אֵלָה
godfather *n.* סַנְדָּק (בטקס טבילה נוצרי)
godfather *v.* שִׁימֵּשׁ כְּסַנְדָּק
God-fearing *adj.* יְרֵא אֱלֹהִים
God-forsaken *adj.* שְׁכוּחַ אֵל
Godhead *n.* אֱלוֹהוּת
godless *adj.* כּוֹפֵר
godly *adj.* אֱלוֹהִי; יְרֵא אֱלֹהִים
godmother *n.* סַנְדָּקִית (בטקס טבילה נוצרי)
godsend *n.* מַתַּת אֱלֹהַּ
godson *n.* בֵּן סַנְדְּקָאוּת (בטקס טבילה נוצרי)
Godspeed *n.* אִיחוּלֵי דֶּרֶךְ צְלֵחָה
goggle *v.* גִּלְגֵּל בְּעֵינָיו
goggle-eyed *adj.* תָּמֵהַּ
goggles *n.pl.* מִשְׁקְפֵי מָגֵן
going *n., adj.* הֲלִיכָה; הִתְקַדְּמוּת; מַצְלִיחָן
going concern *n.* מִפְעָל מְשַׂגְשֵׂג
goings on *n.pl.* תַּעֲלוּלִים, מַעֲלָלִים
goiter, goitre *n.* זַפֶּקֶת (מחלה)
gold *n., adj.* זָהָב; מוּזְהָב
gold-brick *n.* נֶתֶךְ זָהָב; חֵפֶץ מְזוּיָּף
gold-leaf *n.* עֲלֵה זָהָב
gold-mine *n.* מִכְרֵה זָהָב
gold-plate *n.* כְּלֵי זָהָב
gold-plate *v.* רִיקַּע בְּזָהָב
gold standard *n.* בְּסִיס הַזָּהָב (שלפיו יחידת המטבע היסודית שווה בערכה, וניתנת להחלפה, בכמות ספציפית של זהב)
golden *adj.* שֶׁל זָהָב; זָהוֹב
Golden Age *n.* תּוֹר הַזָּהָב
golden calf *n.* עֵגֶל הַזָּהָב
Golden Fleece *n.* גִּיזַּת הַזָּהָב (באגדה היוונית)
golden mean *n.* שְׁבִיל הַזָּהָב (מידה בינונית בין שתי קיצוניות)
golden rule *n.* כְּלַל הַזָּהָב (מה ששנוי עליך לא תעשה לחברך)
goldfield *n.* מִכְרֵה זָהָב
goldfinch *n.* חוֹחִית
goldfish *n.* דַּג זָהָב, זְהַבְנוּן
goldilocks, goldylocks *n.* זְהוּבַּת שֵׂעָר; נוּרִית
goldsmith *n.* צוֹרֵף זָהָב
golf *n.* גּוֹלְף (משחק חוץ באלות ובכדורים נוקשים)
golf *n.* שִׂיחֵק בְּגוֹלְף
golf-club *n.* אַלַּת גּוֹלְף; מוֹעֲדוֹן גּוֹלְף
golf-links *n.pl.* מִגְרַשׁ גּוֹלְף
Golgotha *n.* גּוּלְגוֹלְתָּא, שְׁאוֹל (על פי גולגותא, שלפי המסורת הנוצרית המקום שבו צלבו את יֵשׁוּ)

golly *interj.* גולִי! (קריאת תמיהה)
gondola *n.* גונדולָה, סִירַת מַעֲבָר
gone *adj.* אָבוּד, בָּטֵל; נִכְשָׁל
gong *n.* גונג, מְצִילָּה
gonorrhea, gonorrhoea *n.* זִיבָה, גונורֵיאָה (מחלת מין)
goo *n.* חומֶר דָבִיק
good *adj.* טוב, טוב לֵב, מַשְׂבִּיעַ רָצוֹן
good *n.* תוֹעֶלֶת, יִתְרוֹן; הִצְטַיְּנוּת, דָּבָר רָצוּי
good afternoon *interj.* שְׁעַת מִנְחָה טוֹבָה!
goodby, goodbye *interj., n.* הֱיוּ שָׁלוֹם!
good day *interj.* הֱיֵה שָׁלוֹם, בָּרוּךְ יוֹמְךָ
good evening *interj.* עֶרֶב טוב
good fellow *n.* בָּחוּר טוב
good-for-nothing *adj.* לא־יוּצְלַח
good graces *n.pl.* מְצִיאַת חֵן, חֶסֶד
good-hearted *adj.* טוב־לֵב
good-humored *adj.* טוב־מֶזֶג
good-looking *adj.* יְפֵה־תוֹאַר
good looks *n.pl.* יְפִי מַרְאֶה
goodly *adj.* טוב, יָפֶה; רַב
good morning *interj.* בּוֹקֶר טוב!
good-natured *n.* טוב־מֶזֶג
good night *interj.* לַיְלָה טוב
goodness *n.* טוּב; טוּב; נְדִיבוּת
good sense *n.* שֵׂכֶל
good-sized *adj.* גָדוֹל לְמַדַּיי
good speed *n.* בְּהַצְלָחָה!
good-tempered *adj.* טוב מֶזֶג
good time *n.* הֲנָאָה, בִּילּוּי נָעִים
good turn *n.* טוֹבָה, חֶסֶד
goods *n.pl.* סְחוֹרָה, סְחוֹרוֹת, מִטְעָן, טוּבִים
goodwill *n.* רָצוֹן טוב, יְדִידוּת
goody *n.* מַמְתָּק, דָבָר טוב
goody-goody *n.* מִתְחַסֵּד, 'וְצִדְקָתְךָ'
gooey *adj.* דָבִיק
goof *n.* טִיפֵּשׁ
goof *v.* הֶחֱטִיא
goofy *adj.* טִיפְּשִׁי, אִידְיוֹטִי
goon *n.* טִיפֵּשׁ, אִידְיוֹט; אִימְתָן
goose *n.* אַוָּז, אֲוָוזָה, טִיפֵּשׁ
goose flesh *n.* סִמְרוּר בָּעוֹר
goose pimples *n.pl.* חֲטָטֵי סִמְרוּר
gooseberry *n.* דוּמְדְמָנִית
goosestep *n.* צְעִידַת אֲוָוז
gopher *n.* סְנָאִית הָעֲרָבָה
gopher *n.* עֵץ גוֹפֶר
Gordian knot *n.* קֶשֶׁר גוֹרְדִי (מסובך)
gore *n.* דָם (שפוך וקרוש)
gore *v.* נָגַח
gorge *n.* עָרוּץ; גַיא; גָרוֹן
gorge *v.* זָלַל, בָּלַע
gorgeous *adj.* נֶהְדָר, נִפְלָא
gorilla *n.* גוֹרִילָה (קוף גדול ביותר)
gory *adj.* מְכוּסֶּה בְּדָם
gosh! *interj.* אֱלֹהִים אַדִּירִים!
gospel *n.* בְּשׂוֹרַת הַנַּצְרוּת, מֶסֶר דָתִי
gospel truth *n.* אֱמֶת לַאֲמִיתָּהּ (לגבי נוצרי)
gossamer *n., adj.* קוּרֵי עַכָּבִישׁ; דַק
gossip *n.* רְכִילוּת, פִּטְפּוּט
gossip *v.* דִיבֵּר רְכִילוּת
gossip columnist *n.* בַּעַל טוּר רְכִילוּת
gossipy *adj.* רְכִילוּתִי
gouge *n.* מַפְסֶלֶת; חָרִיץ; מִרְמָה
gouge *v.* פִּיסֵּל; רִימָּה

goulash *n.* גולָש הונְגָרִי (בשר מבושל ומתובל)
gourd *n.* דְלַעַת; נֹאד
gourmand *n.* אַכְלָן, מַרְבֶּה לִזְלול
gourmet *n.* מֵיטִיב לְהַבְחִין בְּמַאֲכָלִים
gout *n.* צִינִית (מחלת רגליים, מֵעין שיגרון)
gouty *adj., n.* חולֵה צִינִית
govern *v.* מָשַל; נִיהֵל, הִנְחָה
governess *n.* אומֶנֶת
government *n.* מֶמְשָלָה
government in exile *n.* מֶמְשָלָה גולָה
governmental *adj.* מֶמְשַלְתִּי
governor *n.* מושֵל; שַלִיט, נָגִיד; וַסָּת (במכונה)
gown *n.* שִׂמְלָה; גְלִימָה (של שופטים)
gown *v.* הִלְבִּיש (שמלה או גלימה)
grab *v.* חָטַף; תָּפַס, אָחַז ב
grab *n.* חֲטִיפָה; תְּפִיסָה, אֲחִיזָה
grace *n.* חֵן; חֶסֶד; בִּרְכַּת־הַמָּזון
grace *v.* הוסִיף חֵן; הוסִיף כָּבוד
grace-note *n.* (במוסיקה) תַּו־עִיטור
graceful *adj.* חִינָּנִי, נָאֶה, קַל
gracious *adj.* גומֵל חֶסֶד, אָדִיב
gradation *n.* שִינּוּי בְּהַדְרָגָה; הַדְרָגָה
grade *n.* מַעֲלָה, מַדְרֵגָה; אֵיכוּת; כִּיתָּה (של בי"ס); שִיפּוּעַ
grade crossing *n.* צומֶת חַד מִפְלָסִי
grade-school *n.* בֵּית־סֵפֶר יְסודִי
grade *v.* סִיוּוֵג; קָבַע צִיוּנִים
gradient *adj.* הַדְרָגָתִי; מְשוּפָּע
gradient *n.* שִיפּוּעַ
gradual *adj.* הַדְרָגָתִי, מוּדְרָג
gradually *adv.* בְּהַדְרָגָה
graduate *n., adj.* בּוגֵר אוּנִיבֶרְסִיטָה; שֶל בּוגֵר
graduate *v.* סִיֵים אוּנִיבֶרְסִיטָה; (במכונות) שִינֵּת
graduate school *n.* אוּנִיבֶרְסִיטָה לְתוֹאַר שֵנִי
graduate student *n.* סְטוּדֶנְט לְתוֹאַר שֵנִי
graduate work *n.* עֲבודָה לְתוֹאַר שֵנִי
graduation *n.* סִיוּם; טֶקֶס סִיוּם; סִימָנֵי דֵירוּג
graft *n.* (ברפואה וכד') הַרְכָּבָה, הַשְתָּלָה; רֶכֶב; שוחַד
graft *v.* הִשְתִּיל, הִרְכִּיב; הוּרְכַּב
graham cracker *n.* פַּתִּית (מחיטה שלֵמה)
graham flour *n.* קֶמַח חִיטָּה שְלֵמָה
grain *n.* גַרְעִין; תְּבוּאָה; קורטוב; כִּיווּן הַסִּיבִים (בעץ)
grain *v.* פּורֵר לְגַרְעִינִים; צָבַע כְּמִרְקַם הָעֵץ
grain elevator *n.* מַמְגוּרָה, אָסָם
grain field *n.* שְׂדֵה בָּר
gram, gramme *n.* גְרַם; גַרְעִין; חִמְצָה (חומוס)
grammar *n.* דִקְדוּק
grammar school *n.* (בבריטניה) בֵּית־סֵפֶר תִּיכון עִיוּנִי; (בארה"ב) חֲטִיבַת בֵּינַיִים
grammarian *n.* מְדַקְדֵק
grammatical *adj.* דִקְדוּקִי
gramophone *n.* מָקול, פָּטֵיפון
granary *n.* אָסָם; גורֶן
grand *adj.* נֶהְדָר; מְכוּבָּד; חָשוּב בְּיוֹתֵר
grand-aunt *n.* דודָה־סַבְתָּא
grandchild *n.* נֶכֶד, נֶכְדָה
granddaughter *n.* נֶכְדָה
grand-duchess *n.* הַדוּכָּסִית הַגְדולָה

grand-duke *n.* הַדּוּכָּס הַגָּדוֹל
grandee *n.* אָצִיל סְפָרַדִּי
grandeur *n.* גְדוּלָּה; אֲצִילוּת
grandfather *n.* סָב, סַבָּא
grandiose *adj.* נֶהְדָר
grandiosely *adv.* בְּהָדָר
grand jury *n.* חֶבֶר מוּשְׁבָּעִים
grandma *n.* סַבְתָּא
grandmother *n.* זְקֵנָה, סַבְתָּא
grandnephew *n.* בֶּן אַחְיָין
grandniece *n.* בַּת אַחְיָינִית
grand opera *n.* אוֹפֶּרָה גְדוֹלָה (דראמה שבה שרים את כל הטֶקסט)
grandpa *n.* סַבָּא
grandparent *n.* הוֹרֶה הוֹרִים
grand piano *n.* פְּסַנְתֵּר כָּנָף
grand slam *n.* נִיצָּחוֹן כַּבִּיר (בתחרויות ספורט)
grandson *n.* נֶכֶד
grand-stand *n.* יָצִיעַ (באיצטדיון)
grand-total *n.* סַך־הַכּוֹל הַכְּלָלִי
grand-uncle *n.* דוֹד־הָאָב אוֹ הָאֵם
grange *n.* חַוָּוה; אָסָם
granite *n.* גְרָנִיט, שַׁחַם; קַשְׁיוּת
granny *n.* סַבְתָּא; מַרְגִיזָן
grant *v.* נָתַן, הֶעֱנִיק; נַעֲנָה (לבקשה)
grant *n.* מַעֲנָק
grantee *n.* מְקַבֵּל מַעֲנָק, נֶהֱנֶה מִמַּעֲנָק
grant-in-aid *n.* סִיּוּעַ מַעֲנָק
grantor *n.* נוֹתֵן הַמַּעֲנָק
granular *adj.* גַרְגִירִי, גַרְעִינִי
granulate *v.* פּוֹרֵר; הִתְפּוֹרֵר
granule *n.* גַרְגִיר
grape *n.* עֵנָב; אָדוֹם־כֵּיהֶה
grape arbor *n.* סוּכַּת גֶּפֶן
grapefruit *n.* אֶשְׁכּוֹלִית
grape juice *n.* מִיץ עֲנָבִים
grape-vine *n.* גֶּפֶן (נושאת ענבים)
graph *n.* עָקוּם, גְרָף
graphic *adj.* צִיּוּרִי, גְרָפִי; מוּדְגָם בַּעֲקוּמִים
graphology *n.* גְרָפוֹלוֹגְיָה (מדע כתב היד וזיקתו לאופי הכותב)
graphite *n.* גְרָפִיט (צורה גבישית של פחמן המשמשת בתעשיית עפרונות)
grapple *v.* אָחַז, תָּפַס; נֶאֱבַק, הִתְגּוֹשֵׁשׁ
grapple *n.* אַנְקוֹל; אֲחִיזָה
grasp *v.* אָחַז, תָּפַס; הֵבִין
grasp *n.* אֲחִיזָה; הֲבָנָה, יְכוֹלֶת תְּפִיסָה
grasping *adj.* חַמְדָן, קַמְצָן, אוֹהֵב בֶּצַע
grass *n.* עֵשֶׂב, דֶּשֶׁא, מִרְעֶה
grass court *n.* מִגְרַשׁ דֶּשֶׁא
grass roots *adj.* שׁוֹרְשִׁי, מִתּוֹך הָעָם
grass seed *n.* זֶרַע הַדֶּשֶׁא
grass widow *n.* 'אַלְמְנַת קַשׁ' (מי שבעלה לעתים קרובות מחוץ לבית; וכן גרושה)
grasshopper *n.* חָגָב
grassy *adj.* מְכוּסֶּה דֶּשֶׁא
grate *n.* סְבָכָה; אָח
grate *v.* רִיסֵּק; שִׁפְשֵׁף; צָרַם
grateful *adj.* אֲסִיר־תּוֹדָה
grater *n.* פּוּמְפִּיָּה; מָשׁוֹף
gratify *v.* הִשְׂבִּיעַ רָצוֹן; הִינָּה
gratin, au gratin *adj.* (לגבי תבשיל) מְצוּפֶּה פֵּירוּרֵי לֶחֶם
grating *n.* סוֹרֵג, סְבָכָה
gratis *adv.* חִינָּם
gratitude *n.* הַכָּרַת־טוֹבָה
gratuitous *adj.* נִיתָּן חִינָּם; לְלֹא סִיבָּה

gratuity *n.* תֶּשֶׁר, מַתָּת
grave *adj.* רְצִינִי; חָמוּר, כָּבֵד
grave *n.* קֶבֶר
grave digger *n.* קַבְּרָן
grave stone *n.* מַצֵּבָה (על קבר)
grave yard *n.* בֵּית קְבָרוֹת
gravel *n.* חָצָץ; אַבְנִית
gravely *adv.* בִּרְצִינוּת, בְּכוֹבֶד רֹאשׁ
graven image *n.* פֶּסֶל, אֱלִיל
gravitate *v.* נִמְשַׁךְ; נָע מִכּוֹחַ־הַמְּשִׁיכָה
gravitation *n.* כּוֹחַ־הַכּוֹבֶד, כְּבִידָה
gravity *n.* כּוֹחַ־הַמְּשִׁיכָה; רְצִינוּת, חוּמְרָה
gravure *n.* פִּיתּוּחַ, גִילוּף; הֶדְפֵּס פִּיתּוּחַ
gravy *n.* רוֹטֶב בָּשָׂר
gray, grey *adj., n.* אָפוֹר; עָגוּם
gray beard *n.* זָקֵן
gray-eyed *adj.* אֲפוֹר־עֵינַיִים
gray-haired *adj.* כְּסוּף שֵׂעָר
gray-headed *adj.* כְּסוּף־רֹאשׁ
gray matter *n.* (דיבורית) שֵׂכֶל, חוֹמֶר אָפוֹר
grayhound *n.* כֶּלֶב־צַיִד (רזה ומהיר)
grayish *adj.* אֲפַרְפַּר
graze *v.* רָעָה; הוֹצִיא לַמִּרְעֶה; הִתְחַכֵּךְ
grease *n.* שׁוּמָּן; שֶׁמֶן־סִיכָה
grease *v.* מָשַׁח, סָךְ
grease-gun *n.* מַזְרֵק לִמְשִׁיחַת־סִיכָה
grease-paint *n.* מִשְׁחַת־צֶבַע (לאיפור שחקנים)
greasy *adj.* מְשׁוּמָּן, מְלוּכְלָךְ
great *adj.* גָּדוֹל; רַב; נַעֲלֶה
great aunt *n.* דוֹדַת הָאָב (או הָאֵם)
great grandchild *n.* נִין, בֵּן שִׁילֵּשׁ
great granddaughter *n.* נִינָה, בַּת שִׁילֵּשָׁה
great grandfather *n.* אָב שִׁילֵּשׁ
great grandmother *n.* אֵם שִׁילֵּשָׁה
great grandparent *n.* הוֹרֶה שִׁילֵּשׁ
great nephew *n.* בֵּן הָאַחְיָין
great niece *n.* בַּת הָאַחְיָין
great uncle *n.* דוֹד־סָב
greatly *adv.* בְּמִידָה רַבָּה, מְאוֹד, הַרְבֵּה
Grecian *adj., n.* יְוָנִי
Greece *n.* יָוָן
greed *n.* חֶמְדָּה; גַּרְגְּרָנוּת
greedy *adj.* תַּאַוְתָן; זוֹלֵל
Greek *adj., n.* יְוָנִי; (שפה) יְוָנִית
green *adj.* יָרוֹק; לֹא בָּשֵׁל; טִירוֹן
green *n.* צֶבַע יָרוֹק; מִדְשָׁאָה
green *v.* הוֹרִיק; כּוּסָּה דֶשֶׁא
green corn *n.* תִּירָס מָתוֹק
green-eyed *adj.* קַנָּאִי
green-room *n.* חֲדַר מְנוּחָה (לשחקנים בתיאטרון)
green thumb *n.* יוֹדֵעַ גִינּוּן
green vegetables *n.pl.* יְרָקוֹת
greenback *n.* יָרוֹק (דולאר)
greenery *n.* יֶרֶק; חֲמָמָה
greengrocer *n.* יַרְקָן
greengrocery *n.* חֲנוּת יְרָקוֹת
greenhorn *n.* יָרוֹק, טִירוֹן
greenhouse *n.* חֲמָמָה; מִשְׁתָּלָה
greenish *adj.* יְרַקְרַק
greens *n.pl.* יְרָקוֹת
greet *v.* בֵּירֵךְ, דָּרַשׁ בִּשְׁלוֹם
greeting *n.* בְּרָכָה, דָ"שׁ
greeting card *n.* כַּרְטִיס בְּרָכָה
gregarious *adj.* עֶדְרִי; חַבְרוּתִי
grenade *n.* רִימּוֹן (פצצה)
grenadier *n.* חַיָּיל גְּבַהּ קוֹמָה

grenadine *n.* גְּרֶנָדִין (אריג דק מְמֶשִׁי, זהורית או צמר)
grid *n.* סוֹרֵג, רֶשֶׁת; מַצְלֶה, אַסְכָּלָה
griddle *n.* מַחְתָּה
griddlecake *n.* חֲרָרָה, רָקִיק
gridiron *n.* אַסְכָּלָה, מַצְלֶה
grief *n.* יָגוֹן, צַעַר
grievance *n.* תְּלוּנָה, טְרוּנְיָה
grieve *v.* הִתְאַבֵּל; צִיעֵר, הִכְאִיב
grievous *adj.* גּוֹרֵם צָרוֹת; מֵעִיק
griffin, griffon *n.* גְּרִיפִין (יצור אגדי, (נֶשֶׁר־אַרְיֵה)
grill *v.* צָלָה; הֵצִיק
grill *n.* גְּרִיל, אַסְכָּלָה, מַצְלֶה; צָלִי
grille *n.* סְבָכָה, סוֹרֵג
grim *adj.* זוֹעֵם; מַחֲרִיד; פִּרְאִי
grimace *n.* עִיווּי פָּנִים
grimace *v.* עִיוָּה פָּנָיו
grime *n.* לִכְלוּךְ
grime *v.* לִכְלֵךְ
grimy *adj.* מְלוּכְלָךְ
grin *n.* חִיּוּךְ
grin *v.* חִיֵּךְ
grind *v.* טָחַן, שָׁחַק; הִשְׁחִיז; הִתְמִיד (בלימוד)
grind *n.* טְחִינָה; הַתְמָדָה; עֲבוֹדָה קָשָׁה
grinder *n.* טוֹחֵן; מַשְׁחֵזָה; שֵׁן טוֹחֶנֶת
grindstone *n.* אֶבֶן מַשְׁחֶזֶת
gringo *n.* (בין־דרום־אמריקנים) זָר
grip *n.* אֹחֶז, תֶּפֶס; תְּפִיסָה; יָדִית
grip *v.* תָּפַס, אָחַז; צוֹדֵד
gripe *n.* תְּלוּנָה
gripe *v.* הִתְלוֹנֵן
grippe, grip *n.* שַׁפַּעַת
gripping *adj.* מְצוֹדֵד, מְרַתֵּק
grisly *adj.* מַבְעִית

grist *n.* בַּר, דָּגָן
gristle *n.* חַסְחוּס, סְחוּס
gristly *adj.* חַסְחוּסִי, סְחוּסִי
gristmill *n.* טַחֲנַת קֶמַח
grit *n.* גַּרְגְּרֵי אָבָק; גַּרְגְּרִים קָשִׁים
grit *v.* טָחַן; חָרַק (שיניים)
gritty *adj.* חוֹלִי, אֲבָקִי
grizzled, grizzly *adj.* אַפְרוּרִי; אֲפוֹר שֵׂעָר
groan *n.* אֲנָחָה, אֲנָקָה
groan *v.* נֶאֱנַח; נֶאֱנַק; גָּנַח
groats *n.pl.* גְּרִיסִים, שִׁיבּוֹלֶת שׁוּעָל
grocer *n.* חֶנְוָנִי מַכּוֹלֶת
grocery *n.* חֲנוּת מַכּוֹלֶת; מִצְרְכֵי מַכּוֹלֶת
grog *n.* מֶזֶג, תַּמְזִיג
groggy *adj.* כּוֹשֵׁל; שָׁתוּי
groin *n.* מִפְשָׂעָה; אֲשָׁכִים
groom *n.* חָתָן; סַיָּס
groom *v.* טִיפֵּל, נִיקָּה, הִידֵּר
groomsman *n.* שׁוֹשְׁבִין הֶחָתָן
groove *n.* חָרִיץ
groove *v.* עָשָׂה חָרִיץ
grope *v.* מִישֵּׁשׁ, גִּישֵּׁשׁ, חִיפֵּשׂ
gross *n.* תְּרֵיסַר תְּרֵיסָרִים (144)
gross *adj.* גָּדוֹל; מְגוּשָּׁם; בְּרוּטוֹ
gross national product *n.* הַמּוּצָר הַלְּאוּמִּי הַכּוֹלֵל
gross profit *n.* רֶווַח גּוֹלְמִי
gross weight *n.* מִשְׁקָל בְּרוּטוֹ
grossly *adv.* בְּצוּרָה גַּסָּה
grossness *n.* גַּסּוּת, הֲמוֹנִיּוּת, מְגוּדָּלוּת
grotesque *n., adj.* דְּמוּת מוּזָרָה; מְשׁוּנָּה; גְּרוֹטֶסְקִי
grotto *n.* מְעָרָה (בייחוד מלאכותית)
grouch *v.* הָיָה מְמוּרְמָר, רָטַן

grouch *n.* רִישׁוּן, הִתְמַרְמְרוּת
grouchy *adj.* נוֹחַ לִכְעוֹס, מְקַטֵּר
ground *n.* אֲדָמָה, קַרְקַע; תַּחְתִּית; בָּסִיס, סִיבָּה; אַרְקָה (בחשמל)
ground *adj.* קַרְקָעִי; מְקוּרְקָע
ground *v.* בִּיסֵּס; הֶאֱרִיק (בחשמל); קִרְקֵע (טייס, מטוס)
ground connection *n.* תַּיִל מַאֲרִיק
ground crew *n.* צְוֶות קַרְקַע
ground floor *n.* קוֹמַת קַרְקַע
ground glass *n.* זְכוּכִית דֵּיהָה
ground lead *n.* תַּיִל מַאֲרִיק
ground swell *n.* סַעֲרַת רַעַשׁ (בים)
ground troops *n.pl.* חֵיל יַבָּשָׁה
ground wire *n.* תַּיִל מַאֲרִיק
grounder *n.* כַּדּוּר מִתְגַּלְגֵּל
groundless *adj.* חֲסַר יְסוֹד
groundplan *n.* תָּכְנִית בִּנְיָן
groundwork *n.* יְסוֹד, מַסָּד
group *n.* קְבוּצָה, לַהֲקָה; אוֹסֶף
group *v.* קִיבֵּץ, אִיגֵּד; הִתְקַבֵּץ; סִיוּוֵג, הִקְבִּיץ
grouping *n.* הַקְבָּצָה, סִיווּג לִקְבוּצוֹת
grouse *n.* תַּרְנְגוֹל־בָּר; רַטְנָן
grouse *v.* רָטַן; הִתְלוֹנֵן
grove *n.* חוּרְשָׁה; שְׂדֵרָה
grovel *v.* זָחַל, הִתְרַפֵּס
grow *v.* גִּידֵּל; הִצְמִיחַ; גָּדַל; צָמַח
growing child *n.* יֶלֶד גָּדֵל
growl *v.* נָהַם, רָטַן; הִתְלוֹנֵן
grown-up *adj., n.* מְבוּגָּר
growth *n.* גִּידּוּל, צְמִיחָה
grub *n.* חִיפּוּשִׁית, רֶמֶשׂ; מָזוֹן
grub *v.* חָפַר; שֵׁירֵשׁ; עָמַל
grubby *adj.* שׁוֹרֵץ רְמָשִׂים; מְלוּכְלָךְ
grudge *v.* קִינֵּא בְּ; נָתַן שֶׁלֹּא בְּרָצוֹן

grudge *n.* טִינָה, אֵיבָה
grudgingly *adv.* בְּלִי חֶמְדָּה; בְּעַיִן צָרָה
gruel *n.* דַּיְיסָה (דלילה)
gruel *v.* נִיצֵּל; הִתְעַמֵּר בְּ
gruesome *adj.* אָיוֹם, מַבְעִית, מַחְרִיד; נִתְעָב
gruff *adj.* זוֹעֵף; גַּס; חֲסַר סַבְלָנוּת
grumble *v.* הִתְלוֹנֵן; רָטַן
grumble *n.* נְהִימָה, רִישׁוּן
grumpy *adj.* נוֹחַ לִכְעוֹס, זוֹעֵף
grunt *n.* נְחִירָה, נַחֲרָה
grunt *v.* נָחַר, נָאַק
G-string *n.* (במוסיקה) מֵיתַר־סוֹל; כִּיסּוּי מוֹתְנַיִים (של חשפנית)
guarantee *n.* עַרְבוּת, אַחְרָיוּת
guarantee *v.* עָרַב לְ; הִבְטִיחַ
guarantor *n.* עָרֵב
guaranty *n.* אַחְרָיוּת; עַרְבוּת; מַשְׁכּוֹן
guard *v.* שָׁמַר; הִשְׁגִּיחַ עַל
guard *n.* מִשְׁמָר; שׁוֹמֵר
guard-rail *n.* מַעֲקֶה
guardhouse *n.* בֵּית־מִשְׁמָר
guardian *n., adj.* שׁוֹמֵר; אֶפִּיטְרוֹפּוֹס
guardianship *n.* אֶפִּיטְרוֹפּוֹסוּת, פִּיקּוּחַ
guardroom *n.* חֲדַר הַמִּשְׁמָר
guardsman *n.* זָקִיף, שׁוֹמֵר
guava *n.* גוּאָוָה (פרי טרופי)
gubernatorial *adj.* שֶׁל הַמּוֹשֵׁל
guerrilla, guerilla *n.* לוֹחֵם־גֵּרִילָה; מִלְחָמָה זְעִירָה
guerrilla warfare *n.* לוֹחֲמַת גֵּרִילָה
guess *v.* שִׁיעֵר, נִיחֵשׁ
guess *n.* הַשְׁעָרָה, נִיחוּשׁ
guesswork *n.* הַשְׁעָרָה, נִיחוּשׁ
guest *n.* אוֹרֵחַ

guest book *n.* סֵפֶר הָאוֹרְחִים
guest house *n.* בֵּית הַאֲרָחָה, מְלוֹן אוֹרְחִים
guffaw *n.* תְּרוּעַת צְחוֹק
guffaw *v.* צָחַק צְחוֹק גַּס
guidance *n.* הַדְרָכָה, הַנְחָיָה
guide *n.* מַדְרִיךְ; מַנְחֶה; סֵפֶר הַדְרָכָה
guide *v.* הִנְחָה, הִדְרִיךְ
guide dog *n.* כֶּלֶב לְוַואי
guideboard *n.* לוּחַ הוֹרָאוֹת
guidebook *n.* מַדְרִיךְ
guided missile *n.* טִיל מוּנְחֶה
guideline *n.* קַו מַנְחֶה
guidepost *n.* תַּמְרוּר דְּרָכִים
guild *n.* גִּילְדָה, אֲגוּדָה מִקְצוֹעִית
guilder *n.* זָהוּב, גִּילְדֶר (יחידת מטבע בהולנד)
guildhall *n.* בִּנְיַן הָעִירִיָּה
guile *n.* עוֹרְמָה, תַּחְבּוּלָה
guileful *adj.* מָלֵא עוֹרְמָה
guileless *adj.* תָּמִים, יָשָׁר
guillotine *n.,v.* גִּילְיוֹטִינָה; עָרַף רֹאשׁ
guilt *n.* אַשְׁמָה
guiltless *adj.* חַף מִפֶּשַׁע
guilty *adj.* אָשֵׁם, חַיָּב
guinea *n.* גִּינִי (מטבע, 21 שילינג אנגליים)
guinea-fowl, guinea-hen *n.* פְּנִינִיָּה (תרנגול בית)
guinea-pig *n.* חֲזִיר־יָם
guise *n.* צוּרָה, מַרְאֶה; מַסְוֶה
guitar *n.* גִּיטָרָה
guitarist *n.* גִּיטָרָן
gulch *n.* גַּיְא, עָרוּץ
gulf *n.* מִפְרָץ, לְשׁוֹן־יָם; פַּעַר
gulf *v.* בָּלַע כִּתְהוֹם
gull *n.* שַׁחַף (עוף ים)
gull *v.* רִימָּה; פִּיתָּה
gullet *n.* וֶשֶׁט, בֵּית הַבְּלִיעָה
gullible *adj.* פֶּתִי, שֶׁקַּל לְרַמּוֹתוֹ
gully *n.* עָרוּץ; תְּעָלָה
gulp *v.* בָּלַע בְּחִיפָּזוֹן
gulp *n.* בְּלִיעָה; לְגִימָה גְדוֹלָה
gum *n.* גוּמִי; חֲנִיכַיִים
gum *v.* הִדְבִּיק
gumdrop *n.* מַמְתָּק קָשֶׁה וְשָׁקוּף
gummy *adj.* דָּבִיק, מָרוּחַ בְּדֶבֶק
gumption *n.* תּוּשִׁיָּה, יוֹזְמָה, שֵׂכֶל יָשָׁר
gun *n.* רוֹבֶה; אֶקְדָּח; תּוֹתָח
gun *v.* יָרָה; רָדַף (כדי להרוג)
gun-carriage *n.* תּוֹשֶׁבֶת־תּוֹתָח
gunboat *n.* סְפִינַת־תּוֹתָחִים (בנהרות)
gunfire *n.* אֵשׁ תּוֹתָחִים
gunman *n.* (פּוֹשֵׁעַ) חָמוּשׁ, אוֹחֵז בְּנֶשֶׁק
gunner *n.* תּוֹתְחָן; (באונייה) קְצִין תּוֹתְחָן
gunnery *n.* תּוֹתְחָנוּת
gunny *n.* בַּד שַׂקִּים
gunpowder *n.* אֲבַק־שְׂרֵיפָה
gunrunner *n.* מַבְרִיחַ נֶשֶׁק
gunshot *n.* טְוָוח יְרִי
gunsmith *n.* נַשָּׁק, חָרַשׁ כְּלֵי נֶשֶׁק
guppy *n.* גּוּפִּי (דג אקווריון צבעוני)
gurgle *v.* בִּעְבֵּעַ, בִּקְבֵּק
gurgle *n.* בִּעְבּוּעַ, בִּקְבּוּק
guru *n.* גּוּרוּ (בהודו: מורה דת או מנהיג פולחן דתי)
gush *n.* שֶׁטֶף, זֶרֶם
gush *v.* הִשְׁתַּפֵּךְ; דִּיבֵּר בְּשֶׁטֶף
gusher *n.* בְּאֵר נֵפְט
gushing *adj.* פּוֹרֵץ
gushy *adj.* מִשְׁתַּפֵּךְ; מִתְרַגֵּשׁ
gust *n.* פֶּרֶץ רוּחַ, מַשָּׁב

gustation *n.* טְעִימָה; חוּשׁ הַטַּעַם
gusto *n.* הֲנָאָה, תַּעֲנוּג, חֵשֶׁק רַב
gusty *adj.* סוֹעֵר
gut *n.* מְעַיִים, קְרָבַיִים; עוֹר הַמְּעַיִים; תְּעָלַת מַיִם
gut *v.* הֵסִיר מְעַיִים; שָׁדַד; הָרַס
guts *n.pl.* מְעַיִים; אוֹמֶץ־לֵב, 'דָּם'
gutter *n.* מַזְחִילָה (בגג), מַרְזֵב
gutter *v.* נָמֵס טִיפּוֹת־טִיפּוֹת; תִּיעֵל
gutter-press *n.* עִיתּוֹנוּת זוֹלָה
gutter snipe *n.* יֶלֶד רְחוֹב מוּזְנָח
guttural *adj.* גְּרוֹנִי, שֶׁל הַגָּרוֹן; צָרוּד; חִיכִּי
guttural *n.* הֶגֶה גְּרוֹנִי
guy *n.* בָּחוּר, בַּרְנָשׁ; אָדָם מוּזָר
guy *v.* הִיתֵּל בּ
guy rope *n.* חֶבֶל־חִיזּוּק
guzzle *v.* זָלַל, סָבָא
guzzle *n.* סְבִיאָה, זְלִילָה
gym *n.* אוּלַם הִתְעַמְּלוּת
gymnasium *n.* גִּימְנַסְיָה; אוּלַם הִתְעַמְּלוּת
gymnast *n.* מְאוּמָּן בְּהִתְעַמְּלוּת
gynecologist *n.* גִּינֵקוֹלוֹג (רופא למחלות נשים)
gyp *n.* רַמָּאוּת
gyp *v.* רִימָּה, הוֹנָה
gypsum *n.* גֶּבֶס
gypsy, gipsy *n.* צוֹעֲנִי; לְשׁוֹן הַצּוֹעֲנִים
gyrate *v., adj.* סָבַב; מִתְפַּתֵּל
gyroscope *n.* גִּירוֹסְקוֹפּ (מכשיר לייצוב אוניות ומטוסים)

H

ha! *interj.* הָא! (קריאה להבעת שמחה)
habeas corpus *n.* הַבֵּאַס קוֹרְפּוּס, צו הֲבָאָה (צו בית משפט להביא אדם לפני השופט)
haberdasher *n.* מוֹכֵר בִּגְדֵי גְבָרִים; מוֹכֵר סִדְקִית
haberdashery *n.* חֲנוּת סִדְקִית; חֲנוּת בִּגְדֵי גְבָרִים
habit *n.* מִנְהָג, הֶרְגֵל; תִּלְבּוֹשֶׁת
habitat *n.* מָעוֹן טִבְעִי (של בע"ח או צמח); מִשְׁכָּן
habitation *n.* מִשְׁכָּן; הִשְׁתַּכְּנוּת
habit forming *adj.* הוֹפֵךְ לְהֶרְגֵל; (לגבי סם) גּוֹרֵם הִתְמַכְּרוּת
habitual *adj.* נָהוּג; קָבוּעַ
habitué *n.* מְבַקֵּר קָבוּעַ
hacienda *n.* אֲחוּזָּה; מֶשֶׁק כַּפְרִי
hack *v.* בִּיקֵּעַ; הִכָּה בְּיָרֵךְ; שִׁיבֵּב
hack *n.* חָרִיץ, בְּקִיעַ; מַהֲלוּמָה
hack man *n.* עֶגְלוֹן; נַהַג מוֹנִית
hackney *n.* סוּס רְכִיבָה
hackney *adj.* שָׂכוּר, עוֹמֵד לִשְׂכִירָה
hackneyed *adj.* נָדוֹשׁ
hacksaw, hack saw *n.* מַסּוֹר מַתֶּכֶת
hackwork *n.* עֲבוֹדַת כְּתִיבָה (הנעשית כלאחר יד)
haddock *n.* חֲמוֹר־יָם (דג)
Hades *n.* שְׁאוֹל (מקום רוחות המתים)
haft *n.* יָדִית
haft *v.* עָשָׂה יָדִית
hag *n.* זְקֵנָה בָּלָה
hah! *interj.* הָהּ! (קריאה להבעת שמחה)
haggada, aggada *n.* הַגָּדָה (של פסח, וגם דברים בספרות התלמודית שאינם הלכה)
haggard *adj., n.* רָזֶה, כָּחוּשׁ, שָׁחוּף
haggle *n.* הִתְמַקְּחוּת
haggle *v.* הִתְמַקֵּחַ
hagiography *n.* הַגְיוֹגְרַפְיָה (ספרי כתובים בתנ"ך)
hagiology *n.* הַגְיוֹלוֹגְיָה (ספרות הקדושים בנצרות)
hail *n.* בָּרָד; קְרִיאַת שָׁלוֹם
hail *v.* קָרָא ל; בֵּירֵךְ לְשָׁלוֹם
hail *interj.* הֵידָד!
hailstone *n.* אֶבֶן־בָּרָד
hailstorm *n.* סוּפַת בָּרָד
hair *n.* שַׂעֲרָה; שֵׂעָר
hairbreadth *n., adj.* חוּט הַשַּׂעֲרָה
hairbrush *n.* מִשְׂעֶרֶת, מִבְרֶשֶׁת
haircut *n.* תִּסְפּוֹרֶת
hair-do *n.* תִּסְרוֹקֶת
hairdresser *n.* סַפָּר, סַפַּר נָשִׁים
hair dye *n.* צֶבַע שֵׂעָר
hairless *adj.* חֲסַר שֵׂעָר
hairnet *n.* רֶשֶׁת שֵׂעָר
hairpin *n.* סִיכַּת רֹאשׁ, מַכְבֵּנָה
hair-raising *adj.* מְסַמֵּר שֵׂעָר
hair-shirt *n.* כְּתוֹנֶת שֵׂעָר
hair-style *n.* תִּסְרוֹקֶת
hairsplitting *adj., n.* קַפְדָנִי, נוּקְדָנִי; פִּלְפּוּל
hairspring *n.* קְפִיץ נִימִי
hairy *adj.* שָׂעִיר; שֶׁל שֵׂעָר
hake *n.* בַּקָּלָה (דג מאכל)

halcyon days *n. pl.* יְמֵי שֶׁקֶט, יְמֵי שַׁלְוָוה
hale *adj.* בָּרִיא, חָזָק
hale *v.* מָשַׁךְ, גָּרַר
half *n., adj., adv.* חֲצִי, מַחֲצִית
half-and-half *adj., adv.* חֵלֶק כְּחֵלֶק
half back *n.* רָץ (בכדורגל)
half-baked *adj.* לֹא בָּשֵׁל, אָפוּי לְמֶחֱצָה
half-binding *n.* כְּרִיכַת חֲצִי־עוֹר
half-blood *n.* קִרְבָה חוֹרֶגֶת (של שניים בני הוֹרֶה אחד)
half-boot *n.* נַעַל חֲצָאִית
half-bound *adj.* כָּרוּךְ חֲצִי־עוֹר
half-breed *adj.* בֶּן־תַּעֲרוֹבֶת; בֶּן כִּלְאַיִם (בע"ח או צמח)
half-brother *n.* אָח חוֹרֵג
half-cocked *adj.* חֲסַר הֲבָנָה מַסְפֶּקֶת
half-hearted *adj.* בְּלֹא חֶמְדָּה
half-hose *n.* גַּרְבַּיִם קְצָרִים
half-hour *adj., adv.* הַנִּמְשָׁךְ חֲצִי שָׁעָה; בְּכָל חֲצִי שָׁעָה
half-length *adj.* בַּחֲצִי הָאוֹרֶךְ
half-mast *adj., n.* (דֶּגֶל) (לַ)חֲצִי הַתֹּרֶן.
half-mourning *n.* הֲקָלַת הָאֵבֶל
half pint *n.* חֲצִי פַּיְינְט; (דיבורית) נַנָּס
half-sister *n.* אָחוֹת חוֹרֶגֶת
half-staff *n.* חֲצִי הַתֹּרֶן
half-timbered *adj.* בָּנוּי חֲצִי עֵץ
half-time *n.* הַמַּחֲצִית (במשחקי ספורט), חֲצִי מִשְׂרָה, חֲצִי יוֹם עֲבוֹדָה
half-title *n.* שֵׁם מְקוּצָּר (של ספר, לפני השער), חֲצִי כּוֹתָר
half-tone *n.* גְּלוּפַת־רֶשֶׁת
half-track *n., adj.* חֲצִי זַחַל (בשריון)
half-witted *adj.* מְטוּמְטָם
halibut *n.* דַּג־הַפּוּטִית (שטוח)
halitosis *n.* בּוֹאֶשֶׁת הַנְּשִׁימָה
hall *n.* אוּלָם; פְּרוֹזְדוֹר
hallelujah, halleluiah *interj., n.* הַלְלוּיָהּ; מִזְמוֹר
hallmark *n.* סִימָן לְטִיב מְעוּלֶּה
hallo(a) *interj.* הָלוֹ!
hallow *v.* קִידֵּשׁ, עָשָׂה קָדוֹשׁ
hallowed *adj.* מְקוּדָּשׁ
Halloween, Hallowe'en *n.* 'לֵיל כָּל הַקְּדוֹשִׁים' (חג נוצרי)
hallucination *n.* הָלוּצִינַצְיָה, מַחֲזֶה שָׁוְא, הֲזָיָה
hallucinogenic *adj.* (סם או חומר) גּוֹרֵם לַהֲזָיוֹת
hallway *n.* מִסְדְּרוֹן
halo *n.* הִילָּה
halogen *n.* הָלוֹגֵן (יסוד כימי בצורת מלח)
halt *adj., n.* צוֹלֵעַ; פָּגוּם; חֲנִיָּה; עֲצִירָה.
halt *interj.* עֲצוֹר! עִצְרוּ!
halt *v.* עָצַר; נֶעֱצַר; פָּסַק מ
halter *n.* אַפְסָר; חֶבֶל תְּלִיָּיה
halve *v.* חָצָה (לִשְׁנַיִם), צִמְצֵם לַחֲצִי
halves *pl.of* **half** חֲצָאִים
ham *n.* יֶרֶךְ חֲזִיר (מיובש או מעושן); שַׂחְקָן רָע; בְּשַׂר הָעַרְקָב
hamburger *n.* כְּרִיךְ בָּשָׂר קְצִיצַת בָּשָׂר
Hamitic *adj.* חָמִי, שֶׁל חָם (לגבי מספר לשונות אפרואסייתיות)
hamlet *n.* כְּפָר קָטָן
hammer *n.* פַּטִּישׁ, פַּטִּישׁ עֵץ
hammer *v.* הָלַם בְּכוֹחַ; חִישֵּׁל; עָמַל
hammock *n.* עַרְסָל

hamper *n.* סַל־אֲרִיזָה
hamper *v.* עִיכֵּב; הִפְרִיעַ
hamster *n.* אוֹגֵר (סוג עכבר)
hamstring *n., v.* גִּיד (שמאחורי הברך); חָתַךְ אֶת גִּיד הַבֶּרֶךְ
hand *n.* יָד; צַד; מָחוֹג; פּוֹעֵל; עֶזְרָה
hand *v.* מָסַר
hand baggage *n.* זְווּד יָד
hand-control *n.* בֶּלֶם יָד
hand-grenade *n.* רִימּוֹן יָד מִתְפּוֹצֵץ
hand-me-down *n.* בֶּגֶד מְשׁוּמָּשׁ
hand-organ *n.* עוּגַב יָד, תֵּיבַת נְגִינָה
hand-picked *adj.* נִבְחָר (למשימה)
hand-to-hand *adj.* בִּקְרַב מַגָּע
hand-to-mouth *adj.* מֵהַיָּד אֶל הַפֶּה
handbag *n.* תִּיק
handbill *n.* עָלוֹן פִּרְסוּם
handbook *n.* סֵפֶר־עֵזֶר
handbreadth *n.* מִידַּת רוֹחַב יָד
handcart *n.* מְרִיצָה
handcuff *v.* אָסַר בַּאֲזִיקִּים
handcuffs *n. pl.* אֲזִיקִּים
handful *n.* קוֹמֶץ, מְלוֹא חוֹפֶן
handicap *v.* הִקְשָׁה, הִכְבִּיד
handicap *n.* מִקְדָּם; מִכְשׁוֹל
handicraft *n.* אוּמָּנוּת; עֲבוֹדַת יָדַיִים
handiwork *n.* מְלֶאכֶת יָד
handkerchief *n.* מִמְחָטָה
handle *n.* יָדִית
handle *v.* טִיפֵּל, הִשְׁתַּמֵּשׁ בַּיָּד; סִידֵּר
handle-bar *n.* הֶגֶה (באופניים)
handler *n.* עוֹסֵק, מְטַפֵּל
handmade *adj.* עֲבוֹדַת־יָד
handmade *adj.* נַעֲשָׂה בַּיָּד (לא במכונה)
handout *n.* נְדָבָה (אוכל או כסף)
handrail *n.* מַעֲקֶה
handsaw *n.* מַסּוֹר יָד
handset *n.* שְׁפוֹפֶרֶת טֶלֶפוֹן
handshake *n.* לְחִיצַת יָד
handsome *adj.* יָפֶה, נָאֶה
handspring *n.* הִיפּוּךְ (אקרובטי)
handwork *n.* עֲבוֹדַת יָדַיִים
handwriting *n.* כְּתָב, כְּתִיבָה
handy *adj., adv.* נוֹחַ; זָמִין; שִׁימּוּשִׁי
handy-man *n.* יָדוֹ בַּכּוֹל, אוּמָּן לְכָל מְלָאכָה
hang *n.* תְּלִיָּיה, אוֹפֶן הַתְּלִיָּיה
hang *v.* תָּלָה; הָיָה תָּלוּי
hangar *n.* מוּסַךְ מְטוֹסִים
hanger *n.* קוֹלָב; (אדם) תּוֹלֶה
hanger-on *n.* גָּרוּר, תָּלוּי, נִלְוֶוה
hanging *n.* תְּלִיָּיה; הַשְׁהָיָה
hangman *n.* תַּלְיָין
hangnail *n.* דִּלְדּוּל צִיפּוֹרֶן (פיסת עור רפה ליד הציפורן)
hangout *n.* (דיבורית) מְקוֹם מְגוּרִים
hangover *n.* שְׁאֵרִית, יְרוּשָּׁה; דַּכְדֶּכֶת, כְּאֵב רֹאשׁ
hank *n.* סְלִיל (חוטים)
hanker *v.* הִשְׁתּוֹקֵק ל
hanky *n.* מִמְחָטָה
hanky-panky, hankey-pankey *n.* עוֹרְמָה, תְּכָכִים
hansom (cab) *n.* כִּרְכָּרָה (של 2 גלגלים)
haphazard *adj., adv.* מִקְרִי, אַקְרָאִי; בְּאַקְרַאי
hapless *adj.* רַע־מַזָּל, מִסְכֵּן
haply *adv.* אוּלַי
happen *v.* אֵירַע, קָרָה
happening *n.* מִקְרֶה, מְאוֹרָע; חָוָויוֹן, אֵירָעוֹן

happily *adv.* בְּשִׂמְחָה, בְּאוֹשֶׁר
happiness *n.* אוֹשֶׁר, שִׂמְחָה
happy *adj.* מְאוּשָּׁר, שָׂמֵחַ, בַּר מַזָּל
happy-go-lucky *adj.* חֲסַר־דְּאָגָה
Happy New Year *interj.* שָׁנָה טוֹבָה!
hara-kiri *n.* חָרָקִירִי (התאבדות מסורתית יפאנית)
harangue *n.* נְאוּם אָרוֹךְ וְצַעֲקָנִי
harangue *v.* נָאַם (כנ"ל)
harass *v.* הִטְרִיד, הֵצִיק
harbinger *n.* מְבַשֵּׂר
harbinger *v.* בִּישֵּׂר, שִׁימֵּשׁ כָּרוֹז
harbor *n.* חוֹף, מַחְסֶה, נָמֵל
harbor *v.* עָגַן (בנמל), נָתַן מַחְסֶה, נָטַר (אֵיבה)
hard *adj., adv* קָשֶׁה, נוּקְשֶׁה; בְּכָל הַכּוֹחַ.
hard-bitten *adj.* נוּקְשֶׁה; עַקְשָׁן
hard-boiled *adj.* (ביצה) קָשָׁה
hard cash *n.* מְזוּמָּנִים
hard-earned *adj.* שֶׁהוּשַּׂג בְּעָמָל
hard-fought *adj.* שֶׁהוּשַּׂג בְּמִלְחָמָה קָשָׁה
hard-hearted *adj.* קְשׁוּחַ, חֲסַר רֶגֶשׁ
hard-luck *n.* מַזָּל רָע (שלא מגיע)
hard-pressed *adj.* לָחוּץ
hard to please *adj.* קָשֶׁה לְרַצּוֹת
hard-up *adj.* נִזְקָק לְכֶסֶף, בִּמְצוּקָה כַּסְפִּית
hard-won *adj.* שֶׁהוּשַּׂג בְּעָמָל
harden *v.* הִקְשָׁה; חִישֵּׁן; הִתְקַשָּׁה; קָשַׁח
hardening *n.* הַקְשָׁחָה
hardheaded *adj.* חֲזַק אוֹפִי, מַעֲשִׂי
hardihood *n.* עַזּוּת
hardiness *n.* נוּקְשׁוּת, כּוֹחַ עֲמִידָה
hardly *adv.* כִּמְעַט שֶׁלֹּא; בְּקוֹשִׁי
hardness *n.* קְשִׁיוּת, נוּקְשׁוּת
hardpan *n.* נָזָז (שכבת קרקע אטומה למים)
hardship *n.* מְצוּקָה, סֵבֶל
hardtack *n.* מַרְקוֹעַ (קָשֶׁה של ימאים)
hardware *n.* כְּלֵי־מַתֶּכֶת
hardwood *n.* עֵץ קָשֶׁה
hardy *adj.* אֵיתָן, חָסוֹן; עָמִיד
hare *n.* אַרְנֶבֶת, אַרְנָב
harebrained *adj.* פָּזִיז, נִמְהָר
harelip *n.* שָׂפָה שְׁסוּעָה, שְׂפַת אַרְנֶבֶת
harem *n.* הַרְמוֹן
haricot *n.* שְׁעוּעִית הַגִּינָּה
hark *v.* הֶאֱזִין, הִקְשִׁיב
harken *v.* הֶאֱזִין
harlequin *n.* בַּדְחָן, מוּקְיוֹן
harlot *n.* יַצְאָנִית, זוֹנָה
harm *n.* נֶזֶק, חַבָּלָה; רָעָה
harm *v.* הִזִּיק; הֵרַע ל
harmful *adj.* מַזִּיק; גּוֹרֵם נֶזֶק
harmless *adj.* לֹא יָכוֹל לְהַזִּיק
harmonic *n., adj.* (צליל) הַרְמוֹנִי
harmonica *n.* מַפּוּחִית־פֶּה
harmonious *adj.* נָעִים, עָרֵב, הַרְמוֹנִי
harmonize *v.* הִתְאִים, הִרְמֵן; הִתְמַזֵּג בְּצוּרָה נָאָה
harmony *n.* הַתְאָמָה, הַרְמוֹנְיָה
harness *n., v.* רִתְמָה; רָתַם
harp *n.* נֵבֶל
harpist *n.* פּוֹרֵט בְּנֵבֶל, נִבְלַאי
harpoon *n., v.* צִלְצָל; הֵטִיל צִלְצָל
harpsichord *n.* צֶ'מְבָּלוֹ
harpy *n.* חַמְסָן, טוֹרֵף; אִשָּׁה קְשׁוּחָה
harrow *n.* מַשְׂדֵּדָה

harrow *v.* שִׂידֵּד; הֵצִיק, הֶחְרִיד
harrowing *adj.* מַחֲרִיד, מְזַעְזֵעַ
harry *v.* פָּשַׁט (לשם בִּיזָה), הֵצִיק, עִינָּה
harsh *adj.* אַכְזָרִי; גַס; צוֹרֵם
hart *n.* אַיָּל
harum-scarum *adj., n., adv.* פָּזִיז וְנִמְהָר, פּוֹחֵז; בְּפִרְאוּת
harvest *n.* יְבוּל, קָצִיר, אָסִיף
harvest *v.* קָצַר, בָּצַר, קָטַף
harvester *n.* קוֹצֵר, בּוֹצֵר, קוֹטֵף
harvest home *n.* חַג סִיּוּם הָאָסִיף
has-been *n.* מִי אוֹ מַה שֶׁהָיָה
hash *v.* רִיסֵּק, קִיצֵּץ
hash *n.* תַּבְשִׁיל מְרוּסָּק; בְּלִיל; חֲשִׁישׁ
hashish, hasheesh *n.* חֲשִׁישׁ
hassle *n.* וִיכּוּחַ, רִיב
hassock *n.* כָּרִית (לברכּיים)
haste *n., v.* חִיפָּזוֹן, בְּהִילוּת; מִיהֵר, נֶחְפַּז
hasten *v.* הֵחִישׁ, זֵירֵז; מִיהֵר
hasty *adj.* חָטוּף, מָהִיר, מְזוֹרָז, נֶחְפָּז
hat *n.* כּוֹבַע, מִגְבַּעַת
hat-check girl *n.* עוֹבֶדֶת מֶלְתָּחָה
hatband *n.* סֶרֶט סְבִיב כּוֹבַע
hatch *v.* הִדְגִּיר; דָּגַר; הֵגִיחַ מִקְּלִיפָּתוֹ; זָמַם
hatch *n.* דְּגִירָה; בְּקִיעָה מִקְּלִיפָּה
hatchet *n.* גַּרְזֶן (קצר ידית)
hatchway *n.* כַּוָּוה (בּסיפּון אונייה)
hate *n.* שִׂנְאָה
hate *v.* שָׂנֵא; (בּדיבּוּר) הִצְטַעֵר מְאוֹד
hateful *adj.* שָׂנוּי, שָׂנוּא
hatpin *n.* סִיכַּת כּוֹבַע (לנשים להצמדת הַשֵּׂעָר)
hatrack *n.* קוֹלָב לְכוֹבָעִים
hatred *n.* שִׂנְאָה
hatter *n.* כּוֹבְעָן
haughtiness *n.* גַּאֲוָה, יוֹהֲרָה
haughty *adj.* יָהִיר, רַבְרְבָן
haul *v.* מָשַׁךְ, גָּרַר, הוֹבִיל
haul *n.* מְשִׁיכָה, סְחִיבָה; שָׁלָל
haunch *n.* מוֹתֶן, מוֹתְנַיִים
haunt *n.* מָקוֹם שֶׁמַּרְבִּים לְבַקֵּר; מְאוּרָה
haunt *v.* הוֹפִיעַ כְּרוּחַ; הֵצִיק; בִּיקֵּר תְּכוּפוֹת
haunted house *n.* בֵּית רוּחוֹת
haute couture *n.* גְּדוֹלֵי אוֹפְנָאֵי הַנָּשִׁים; הָאוֹפְנָה שֶׁלָּהֶם
hauteur *n.* יוֹהֲרָה, שַׁחְצָנוּת
have *v.* הָיָה ל (פּוֹעל קניין), (בּהווה) יֵשׁ לְ; הָיָה בְּ, הֵכִיל; הִשִּׂיג; נֶאֱלַץ
have *n.* בַּעַל רְכוּשׁ, עָשִׁיר
have-not *n.* עָנִי
haven *n.* נָמֵל, חוֹף מִבְטָחִים; מִקְלָט
haversack *n.* תַּרְמִיל
havoc *n.* הֶרֶס, חוּרְבָּן
haw *n.* עוּזְרָד; הוֹאוּ (הבּעת ספק)
haw *v.* מִלְמֵל ׳הוֹאוּ׳
haw-haw *n.,interj.* הוֹ־הוֹ! (צחוק רם)
hawk *n.* נֵץ (גם בּפּוליטיקה)
hawk-eyed *adj.* חַד עַיִן
hawk *v.* דָּרַס כְּנֵץ
hawker *n.* רוֹכֵל
hawk's-bill *n.* מַקּוֹר נֵץ
hawse *n.* בֵּית־הָעוֹגֶן
hawthorn *n.* עוּזְרָר (שׂיח בּר)
hay *n.* חָצִיר, שַׁחַת; מִסְפּוֹא
hay-fever *n.* קַדַּחַת הַשַּׁחַת (נַזֶּלֶת קשה)
hayfield *n.* שְׂדֵה שַׁחַת
hayfork *n.* קִלְשׁוֹן
hayloft *n.* מַתְבֵּן

haymaker *n.* קוֹצֵר חָצִיר
haymow *n.* מַתְבֵּן; גּוֹרֶן חָצִיר
hayrack *n.* אֵבוּס
hayrick *n.* עֲרֵימַת חָצִיר גְדוֹלָה
haystack *n.* עֲרֵימַת־שַׁחַת
haywire *n., adj.* תַּיִל (לקשירת חציר); תַּיִל שַׁחַת; מְקוּלְקָל (מכונה); מְבוּלְבָּל (אדם)
hazard *n.* סַכָּנָה, סִיכּוּן; מַזָּל
hazard *v.* סִיכֵּן; הִסְתַּכֵּן
hazardous *adj.* מְסוּכָּן; תָּלוּי בְּמַזָּל
haze *n.* אוֹבֶךְ; מְבוּכָה, עִרְפּוּל שִׂכְלִי
haze *v.* נַעֲשָׂה מְבוּלְבָּל, נִיטַשְׁטֵשׁ; הֶעֱמִיס עֲבוֹדָה; שִׁיטָּה בּ
hazel *n.* אִלְסָר (עץ)
hazel *adj.* חוּם־אֲדַמְדַּם
hazelnut *n.* אִלְסָר (אגוז קטן עגלגל)
hazy *adj.* אָבִיךְ, מְעוּרְפָּל
H-bomb *n.* פִּצְצַת מֵימָן
he *n.* הוּא
he-goat *n.* תַּיִשׁ
he-man *n.* גְּבַרְתָּן
head *n.* רֹאשׁ, קוֹדְקוֹד; שֵׂכֶל
head *adj.* רָאשִׁי
head *v.* עָמַד בְּרֹאשׁ
head-hunter *n.* צַיַּיד־רָאשִׁים (בשבט ילידים)
head office *n.* מִשְׂרָד רָאשִׁי
head-on *adj.* חֲזִיתִי, פָּנִים אֶל פָּנִים
head over heels כּוּלוֹ, מִכַּף רַגְלוֹ עַד קוֹדְקוֹדוֹ
headache *n.* כְּאֵב רֹאשׁ, דְּאָגָה
headband *n.* סֶרֶט, שְׁבִיס
headboard *n.* לוּחַ מְרַאֲשׁוֹת
headdress *n.* כִּיסּוּי הָרֹאשׁ, קִישׁוּט רֹאשׁ
header *n.* מַכַּת רֹאשׁ (בכדור)
headfirst *adv.* כְּשֶׁרֹאשׁוֹ לְפָנִים

headgear *n.* כּוֹבַע, כִּיסּוּי רֹאשׁ
heading *n.* נוֹשֵׂא, כּוֹתֶרֶת
headland *n.* כֵּף, שֵׁן סֶלַע
headless *adj.* נְטוּל רֹאשׁ, טִיפֵּשׁ; לְלֹא מַנְהִיג
headlight *n.* פַּנָּס גָּדוֹל (ברכב)
headline *n.* כּוֹתֶרֶת
headliner *n.* עוֹרֵךְ לַיְלָה, קוֹבֵעַ כּוֹתָרוֹת
headlong *adv.* קָדִימָה, בָּרֹאשׁ; בִּפְזִיזוּת
headman *n.* מַנְהִיג, מוּכְתָּר
headmaster *n.* מְנַהֵל בֵּית סֵפֶר
headmost *adj.* הַקִּדְמִי בְּיוֹתֵר
headphone *n.* אוֹזְנִית
headpiece *n.* קַסְדָּה; שֵׂכֶל
headquarters *n. pl.* מִפְקָדָה
headrest *n.* מִסְעַד רֹאשׁ
headset *n.* אוֹזְנִיּוֹת
headship *n.* רָאשׁוּת, הַנְהָלָה
headstone *n.* מַצֵּבָה (בְּרֹאשׁ קֶבֶר)
headstrong *adj.* עַקְשָׁנִי, קְשֵׁה עוֹרֶף
headwaiter *n.* מֶלְצַר רָאשִׁי
headwaters *n. pl.* מְקוֹרוֹת הַנָּהָר
headway *n.* הִתְקַדְּמוּת
headwind *n.* רוּחַ נֶגְדִּית
headwork *n.* עֲבוֹדַת שֵׂכֶל
heady *adj.* נֶחְפָּז; מְשַׁכֵּר
heal *v.* רִיפֵּא; נִרְפָּא
healer *n.* מְרַפֵּא
health *n.* בְּרִיאוּת, שְׁלֵמוּת הַגּוּף וְהַנֶּפֶשׁ
healthful *adj.* מַבְרִיא; בָּרִיא לַגּוּף
healthy *adj.* בָּרִיא; מַבְרִיא
heap *n.* עֲרֵימָה; הָמוֹן, הַרְבֵּה
heap *v.* עָרַם; נֶעֱרַם; נָתַן בְּשֶׁפַע
hear *v.* שָׁמַע
hearer *n.* שׁוֹמֵעַ, מַאֲזִין

hearing *n.* שְׁמִיעָה, שֵׁמַע
hearing-aid *n.* מַכְשִׁיר שְׁמִיעָה
hearken *v.* הִקְשִׁיב
hearsay *n.* שְׁמוּעָה, רְכִילוּת
hearse *n.* רֶכֶב אֲרוֹן הַמֵּת
heart *n.* לֵב; מֶרְכָּז
heart attack *n.* הֶתְקֵף לֵב
heart disease *n.* מַחֲלַת לֵב
heart-rending *adj.* קוֹרֵעַ לֵב
heart-to-heart *adj.* גָּלוּי, כֵּן
heart trouble *n.* מַחֲלַת לֵב
heartache *n.* כְּאֵב לֵב
heartbeat *n.* מֵנִיעַ חִיּוּנִי (במפעל); דְּפִיקַת לֵב
heartbreak *n.* שִׁבְרוֹן לֵב, צַעַר גָּדוֹל
heartbroken *adj.* שְׁבוּר־לֵב
heartburn *n.* צָרֶבֶת
hearten *v.* חִיזֵּק, עוֹדֵד, שִׂימַּח
heartfailure *n.* אִי סְפִיקַת הַלֵּב
heartfelt *adj.* יוֹצֵא מִן הַלֵּב, כֵּן
hearth *n.* אָח; כּוּר
hearthstone *n.* אֶבֶן הָאָח; בַּיִת
heartily *adv.* בְּכֵנוּת, בִּלְבָבִיּוּת
heartless *adj.* חֲסַר רַחֲמָנוּת, אַכְזָרִי
heartsick *adj.* מְדוּכְדָּךְ
heartstrings *n. pl.* רְגָשׁוֹת עֲמוּקִים
hearty *adj.* לְבָבִי, חָבִיב; בָּרִיא, חָזָק
heat *n.* חוֹם, לַהַט, רְתִחָה
heat *v.* חִימֵּם, שִׁלְהֵב; הִתְחַמֵּם, הִשְׁתַּלְהֵב
heat lightning *n.* בָּרְקֵי עֶרֶב (באופק)
heat-wave *n.* גַּל חוֹם
heated *adj.* מְחוּמָּם, מְשׁוּלְהָב
heater *n.* מַכְשִׁיר חִימּוּם (תנור, דוד)
heath *n.* שְׂדֵה בּוּר, עֲרָבָה
heathen *n., adj.* עוֹבֵד אֱלִילִים; חֲסַר תַּרְבּוּת; נִבְעָר

heather *n.* אַבְרָשׁ (שיח ירוק עד)
heating *n.* חִימּוּם; הִתְחַמְּמוּת
heatstroke *n.* מַכַּת־שֶׁמֶשׁ
heave *v.* הֵרִים, הֵנִיף
heave *n.* הֲרָמָה, הֲנָפָה; נְסִיקָה
heaven *n.* שָׁמַיִם, רָקִיעַ; אוֹשֶׁר עִילָּאִי
heavenly *adj.* שְׁמֵימִי
heavenly body *n.* גֶּרֶם שְׁמֵימִי
heavy *adj., adv.* כָּבֵד, אִיטִי; רְצִינִי וְיָבֵשׁ
heavyduty *adj.* נָתוּן לְמֶכֶס גָּבוֹהַּ
heavyset *adj.* רְחַב כְּתֵפַיִם
heavyweight *n., adj.* (מתאגרף) מִשְׁקָל כָּבֵד
Hebraic *adj.* עִבְרִי
Hebraism *n.* בִּיטּוּי עִבְרִי, צוּרָה עִבְרִית (בשפה לועזית)
Hebraist *n.* מְלוּמָּד עִבְרִי (בשפה ובתרבות עברית)
Hebrew *adj., n.* עִבְרִי; עִבְרִית (השפה)
hecatomb *n.* (ביוון) קָרְבָּן גָּדוֹל לָאֵלִים
heckle *n.* מַסְרֵק פִּשְׁתָּן
heckle *v.* שִׁיסַּע בִּקְרִיאַת בֵּינַיִים
hectare *n.* הֶקְטָר (מידת שטח, כ־10 דונמים)
hectic *adj.* קַדַּחְתָּנִי, מָלֵא הִתְרַגְּשׁוּת
hedge *n.* גָּדֵר, גֶּדֶר חַיָּה, מְסוּכָה
hedge *v.* גָּדַר; הִתְגּוֹנֵן נֶגֶד הֶפְסֵדִים; הִתְחַמֵּק; גָּזַם מְסוּכָה
hedgehog *n.* קִיפּוֹד
hedgehop *v.* הִנְמִיךְ טוּס
hedgehopping *n.* טִיסָה נְמוּכָה
hedgerow *n.* מְסוּכָה
hedonism *n.* הֶדוֹנִיזְם, נֶהֱנְתָנוּת (השקפה הדוגלת בהנאה מהחיים)
hedonist *n.* הֶדוֹנִיסְט, נֶהֱנְתָן

heed *n.* תְּשׂוּמַת־לֵב; זְהִירוּת
heed *v.* נָתַן דַּעְתּוֹ ל
heedless *adj.* לֹא אַחְרָאִי, לֹא זָהִיר
heehaw *n.,v.* נְעִירַת חֲמוֹר, נָעַר
heel *n.* עָקֵב; (המונית) נָבָל
heel *v.* עָקַב; עָשָׂה עֲקֵבִים
hefty *adj.* כָּבֵד; בַּעַל מִשְׁקָל
hegemony *n.* מַנְהִיגוּת
hegira, hejira *n.* הֶגִ'רָה (בריחתו של מוחמד ממכה למדינה ב־622)
heifer *n.* עֶגְלָה (שטרם המליטה)
height *n.* גּוֹבַהּ, רוּם
heighten *v.* הִגְבִּיהַּ; הִגְדִּיל; גָּבַהּ; גָּדַל
heinous *adj.* בָּזוּי, מְתוֹעָב
heir *n.* יוֹרֵשׁ
heir apparent *n.* יוֹרֵשׁ מוּחְלָט
heirdom *n.* יְרוּשָׁה
heiress *n.* יוֹרֶשֶׁת
heirloom *n.* נֶכֶס מוּנְחָל
helicopter *n.* מַסּוֹק, הֶלִיקוֹפְּטֶר
heliocentric *adj.* שֶׁהַשֶּׁמֶשׁ בְּמֶרְכָּזוֹ
heliotrope *n.* (צמח) פּוֹנֶה לַשֶּׁמֶשׁ
heliport *n.* שְׂדֵה תְעוּפָה לְמַסּוֹקִים
helium *n.* הֶלְיוּם (גז קל, לא בוער)
helix *n.* צוּרָה חֶלְזוֹנִית, סְפִּירָל
hell *n.* גֵּיהִינּוֹם, שְׁאוֹל
hell-bent *adj.* הֶחְלִיט וִיהִי מָה
hellcat *n.* מְרוּשַׁעַת, מַלְאַת חֵמָה
Hellene *n.* יְוָנִי (קדום או של ימינו)
Hellenic *adj., n.* יְוָנִי; הֶלֵּנִית; יְוָנִית
hellfire, hell-fire *n.* אֵשׁ גֵּיהִינּוֹם
hellish *adj.* נוֹרָא; מְרוּשָׁע
hello, hullo *interj.* הַלּוֹ!
helm *n., v.* הָגֶה (בכלי־שיט); נָהַג; נִיהֵל
helmet *n.* קַסְדָּה
helmsman *n.* תּוֹפֵס הַהֶגֶה, הַגַּאי

help *v.* עָזַר, סִייֵּעַ, הוֹעִיל
help *n.* עֶזְרָה, סִיּוּעַ; עוֹזֵר
help! *interj.* הַצִּילוּ!
helper *n.* עוֹזֵר
helpful *adj.* מְסַייֵּעַ, עוֹזֵר, מוֹעִיל
helping *n.* מָנָה (בארוחה)
helpless *adj.* חֲסַר יֶשַׁע
helpmate, helpmeet *n.* חָבֵר עוֹזֵר, עֵזֶר כְּנֶגֶד, בֶּן־זוּג, בַּת־זוּג
helter-skelter *adj., adv.* בְּחִיפָּזוֹן, בְּאַנְדְּרַלְמוּסְיָה, בְּפִרְאוּת, בְּבֶהָלוּת
hem *n.* שָׂפָה, אִמְרָה, מְלָל
hem *v.* תָּפַר אִמְרָה אוֹ שָׂפָה; סָגַר עַל
hem *v.* הִמְהֵם, הִבִּיעַ סָפֵק אוֹ לַעַג, הִיסֵּס
hemisphere *n.* חֲצִי־כַּדּוּר
hemistich *n.* חֲצִי־שׁוּרָה (בשיר)
hemline *n.* קַו הַשָּׂפָה (של חצאית, מעיל וכד')
hemlock *n.* רוֹשׁ (צמח רעל); רַעַל
hemoglobin *n.* הֶמוֹגְלוֹבִּין (חומר חלבוני בגופיפי הדם האדומים)
hemophilia *n.* דַּמֶּמֶת (אי קרישת הדם)
hemorrhage *n.* דִּימוּם, שְׁתִיתַת דָּם
hemorrhoid *n.* טְחוֹרִים
hemp *n.* (סִיבֵי) קַנַּבּוֹס
hemstitch *n.* תֶּפֶר שָׂפָה (לקישוט)
hemstitch *v.* תָּפַר אִמְרָה
hen *n.* תַּרְנְגוֹלֶת
hence *adj.* מִכָּאן שֶׁ, לְפִיכָךְ; מֵעַתָּה וָאֵילָךְ
henceforth, henceforward *adv.* מֵעַתָּה וְאֵילָךְ
henchman *n.* נֶאֱמָן, חָסִיד
hencoop *n.* לוּל (קטן)
henhouse *n.* לוּל (גדול)
henna *n., adj.* (שֶׁל) חִינָּה
henna *v.* צָבַע בְּחִינָּה

henpeck *v.* רָדְתָה (בבעלה)
henpecked *adj.* שֶׁאִישְׁתּוֹ מוֹשֶׁלֶת בּוֹ
hep *adj.* (המונית) בַּעַל
אִינְפוֹרְמַצְיָה טוֹבָה
hepatitis *n.* דַּלֶּקֶת הַכָּבֵד
heptagon *n.* מְשׁוּבָּע (מצולע בעל 7 צלעות)
her *pron.* אוֹתָהּ; שֶׁלָּהּ; לָהּ
herald *n.* מְבַשֵּׂר; שָׁלִיחַ
herald *v.* בִּישֵּׂר, הִכְרִיז
heraldic *adj.* שֶׁל שִׁלְטֵי גִיבּוֹרִים
heraldry *n.* חֵקֶר שִׁלְטֵי הַגִּיבּוֹרִים; חֲגִיגִיּוּת מְפוֹאֶרֶת
herb *n.* עֵשֶׂב, יָרָק
herb doctor *n.* מְרַפֵּא בַּעֲשָׂבִים
herbaceous *adj.* עִשְׂבִּי; דְּמוּי עָלֶה
herbivorous *adj.* אוֹכֵל עֵשֶׂב
herbage *n.* עֵשֶׂב; מִרְעֶה
herbal *adj.* עִשְׂבִּי, שֶׁל עִשְׂבֵי מַרְפֵּא
herbalist *n.* עוֹסֵק בְּצִמְחֵי מַרְפֵּא
herbarium *n.* עִשְׂבִּיָּיה
herculean *adj.* הֶרְקוּלְיָאנִי, גְּבַרְתָּנִי, חָזָק; קָשֶׁה
herd *n.* עֵדֶר
herd *v.* קִיבֵּץ; הִתְקַבֵּץ; הָיָה לְעֵדֶר
herdsman *n.* רוֹעֶה
here *adv., n.* כָּאן; הֵנָּה
hereabout(s) *adv.* בְּעֵרֶךְ כָּאן, בִּסְבִיבָה זוֹ
hereafter *adv., n.* מִכָּאן וָאֵילָךְ, בֶּעָתִיד; הָעוֹלָם הַבָּא
hereby *adv.* בָּזֶה
hereditary *adj.* תּוֹרַשְׁתִּי
heredity *n.* יְרוּשָּׁה, תּוֹרָשָׁה
herein *adv.* כָּאן; הֵנָּה; לְפִיכָךְ
hereof *adv.* שֶׁל זֶה, בִּזִיקָה לְכָךְ
hereon *adv.* לְפִיכָךְ
heresy *n.* אֶפִּיקוֹרְסוּת
heretic *n.* כּוֹפֵר, אֶפִּיקוֹרוֹס
heretical *adj.* שֶׁל כְּפִירָה, אֶפִּיקוֹרְסִי
heretofore *adv.* לִפְנֵי־כֵן, לְפָנִים
hereupon *adv.* לְפִיכָךְ, עֵקֶב זֹאת
herewith *adv.* בָּזֶה
heritage *n.* יְרוּשָּׁה; מוֹרֶשֶׁת
hermaphrodite *n.* אַנְדְּרוֹגִינוֹס, הֶרְמַפְרוֹדִיט
hermetic(al) *adj.* הֶרְמֵטִי, מְהוּדָּק
hermit *n.* מִתְבּוֹדֵד, פָּרוּשׁ, נָזִיר
hermitage *n.* מִנְזָר, מְגוּרֵי פָּרוּשׁ
hernia *n.* שֶׁבֶר, בֶּקַע
hero *n.* גִּיבּוֹר
heroic *adj.* שֶׁל גִּיבּוֹרִים, נוֹעָז, הֵירוֹאִי
heroin *n.* הֵרוֹאִין (סם המופק ממורפיום)
heroine *n.* גִּיבּוֹרָה
heroism *n.* גְּבוּרָה, אוֹמֶץ עִילָּאִי
herring *n.* מְלִיחַ, דָּג מָלוּחַ
herringbone *n., adj.* (בקישוט) דֶּגֶם אִדְרָה; דְּמוּי אִדְרָה
hers *pron.* שֶׁלָּהּ
herself *pron.* הִיא עַצְמָהּ; אֶת עַצְמָהּ; בְּעַצְמָהּ; לְבַדָּהּ
hesitancy *n.* הִיסּוּס, פִּקְפּוּק
hesitant *adj.* מְהַסֵּס, הַסְסָנִי
hesitate *v.* הִיסֵּס, פִּקְפֵּק
hesitation *n.* הִיסּוּס, פִּקְפּוּק
heterodox *adj., n.* סוֹטֶה מֵהַדֵּעָה הַמְקוּבֶּלֶת; סוֹטֶה בֶּאֱמוּנָתוֹ
heterogeneity *n.* מוּרְכָּבוּת מְגוּוֶּנֶת, הֶטֶרוֹגֶנִיּוּת
heterogeneous *adj.* רַב־סוּגִי, לֹא אָחִיד
heterosexual *adj., n.* הַנִּמְשָׁךְ לַמִּין הָאַחֵר (שלא כהומוסקסואל)

heuristic *n.* מְסַייֵעַ (לתלמיד למצוא את הפתרון בעצמו), הֶאוּרִיסְטִי
hew *v.* חָטַב; גָּדַע, קִיצֵץ
hex *n.* מְכַשֵּׁפָה; כִּישּׁוּף
hex *v.* כִּישֵּׁף
hexagon *n.* מְשׁוּשֶׁה מְשׁוּכְלָל
hexameter *n.* מִשְׁקָל מְשׁוּשֶּׁה, הֶקְסָמֶטֶר
hey *interj.* הֵיי! (קריאה להבעת שמחה או תימהון)
heyday *n.* תְּקוּפַת הַשִּׂיא, שְׁלַב הָעוֹצְמָה
hiatus *n.* פִּרְצָה; פֶּתַח; הֶפְסֵק
hibernate *v.* חָרַף; הִסְתַּגֵּר
hiccup, hiccough *n., v.* שִׁיהוּק; שִׁיהֵק
hick *n., adj.* בּוּר, כַּפְרִי; בּוּרוּתִי
hidden *adj.* חָבוּי, נִסְתָּר
hide *n.* מַחֲבוֹא, מִסְתּוֹר, עוֹר חַיָּה, שֶׁלַח; (המונית) עוֹר אָדָם
hide *v.* הֶחְבִּיא; נֶחְבָּא
hide-and-seek *n.* מִשְׂחַק הַמַּחֲבוֹאִים
hide away *n.* מְקוֹם סֵתֶר, מַחֲבוֹא
hidebound *adj.* צַר־אוֹפֶק, נוּקְשֶׁה
hideous *adj.* מִפְלַצְתִּי, מְתוֹעָב
hideout *n.* מִקְלָט; מַחֲבוֹא
hiding *n.* הַסְתָּרָה; מַחֲבוֹא
hie *v.* מִיהֵר; הִזְדָּרֵז
hierarchy *n.* הִירַרְכְיָה; מִדְרָג
hieroglyphic *adj., n.* שֶׁל כְּתַב הַחַרְטוּמִּים, סָתוּם וְחָתוּם
hi-fi *adj.* רַב נֶאֱמָנוּת (לגבי צליל)
hi-fi fan *n.* חוֹבֵב מוּסִיקָה רַבַּת נֶאֱמָנוּת
higgledy-piggledy *adv., adj., n.* בְּבִלְבּוּל; מְבוּלְבָּל; בִּלְבּוּלֶת
high *adj.* גָּבוֹהַּ, נִישָּׂא; נִשְׂגָּב; עַז
high *n.* רָמָה גְבוֹהָה; הִילוּךְ גָּבוֹהַּ
high *adv.* גָּבוֹהַּ, לְמַעְלָה, בְּגוֹבַהּ
high blood pressure *n.* יֶתֶר לַחַץ דָּם
high command *n.* פִּיקּוּד עֶלְיוֹן, מִפְקָדָה עֶלְיוֹנָה
high frequency *n.* (בחשמל) תֶּדֶר גָּבוֹהַּ
high gear *n.* הִילּוּךְ גָּבוֹהַּ
high grade *adj.* גְּבַהּ אֵיכוּת
high-handed *adj.* קָשֶׁה
high-hat *n., v.* מִגְבַּעַת גְּבוֹהָה; הִתְייַחֵס בְּזִלְזוּל
high-hatted *adj.* מִתְייַהֵר
high horse *n.* יַחַס יָהִיר
high life *n.* חַיֵּי הַחוּג הַנּוֹצֵץ
high noon *n.* צָהֳרֵי יוֹם
high-pitched *adj.* (קול) גָּבוֹהַּ
high-powered *adj.* רַב־עוֹצְמָה; (אדם) רַב הַשְׁפָּעָה
high-priced *adj.* יָקָר
high priest *n.* כּוֹהֵן גָּדוֹל
high road *n.* דֶּרֶךְ הַמֶּלֶךְ; כְּבִישׁ רָאשִׁי
high school *n.* בֵּית־סֵפֶר־תִּיכוֹן
high sea *n.* יָם גּוֹעֵשׁ
high society *n.* הַחֶבְרָה הַגְּבוֹהָה
high-spirited *adj.* בְּמַצַּב רוּחַ מְרוֹמָם
high-strung *adj.* מְעוּצְבָּן, מָתוּחַ
high tide *n.* גֵּאוּת הַיָּם
high time *n.* הַזְּמַן הַבָּשֵׁל; (המונית) בִּילּוּי מְשַׁעֲשֵׁעַ
highball *n.* מֶזֶג, תַּמְזִיג
highborn *adj.* אָצִיל מִלֵּידָה
highboy *n.* שִׁידָּה, אֲרוֹן מְגֵרוֹת
highbrow *n., adj.* מַשְׂכִּיל; מַשְׂכִּילִי
higher education *n.* חִינּוּךְ גָּבוֹהַּ
higher-up *n.* בָּכִיר יוֹתֵר
highfalutin(g) *adj.* מִתְרַבְרֵב, מְנוּפָּח
highland *n., adj.* רָמָה, אֶרֶץ הֲרָרִית
highlight *n.* הָעִנְייָן הָעִיקָּרִי; הַכּוֹתֶרֶת

highlight *v.* הִבְלִיט
highly *adv.* בְּמִידָּה רַבָּה, מְאוֹד
highminded *adj.* בַּעַל מוּסָר נַעֲלֶה, אֲצִיל־רוּחַ
highness *n.* רָמָה, גוֹבַהּ; הוֹד מַעֲלָה
highwater *n.* גֵּאוּת (בַּיָּם)
highway *n.* כְּבִישׁ רָאשִׁי, דֶּרֶךְ הַמֶּלֶךְ
highwayman *n.* לִסְטִים, שׁוֹדֵד דְּרָכִים
hijack *v.* חָטַף (מָטוֹס); גָּנַב מִגַּנָּב
hijacker *n.* חוֹטֵף מָטוֹס
hike *v.* צָעַד, הָלַךְ בָּרֶגֶל; הֶעֱלָה
hike *n.* צְעִידָה, הֲלִיכָה
hiker *n.* מְטַיֵּל
hilarious *adj.* עַלִּיז, צוֹהֵל
hill *n.* גִּבְעָה, עֲלִיָּה, תֵּל; עֲרֵמָה
hill *v.* תִּילֵּל, עָרַם
hillock *n.* גִּבְעָה קְטַנָּה
hillside *n.* מוֹרַד הַגִּבְעָה
hilly *adj.* הֲרָרִי, רַב־גְּבָעוֹת
hilt *n.* נִיצָּב (של חרב או פגיון)
him *pron.* לוֹ; אוֹתוֹ
himself *pron.* לְבַדּוֹ, בְּעַצְמוֹ; אֶת עַצְמוֹ, לְעַצְמוֹ
hind *n.* אַיָּלָה
hind *adj.* אֲחוֹרִי
hind legs *n.* רַגְלַיִים אֲחוֹרִיּוֹת (של בעל חיים)
hind quarters *n.pl.* אֲחוֹרַיִים (כנ"ל)
hinder *v.* הִפְרִיעַ, עִיכֵּב, מָנַע
hindmost *adj.* אַחֲרוֹן
hindrance *n.* מְנִיעָה, עִיכּוּב
hindsight *n.* חָכְמָה לְאַחַר מַעֲשֶׂה
Hindu *n., adj.* הוֹדִי (בייחוד מצפון הודו); מַאֲמִין בְּהִינְדוּאִיזְם
Hinduism *n.* הִינְדוּאִיזְם (דת, מוסר, פילוסופיה ותרבות הרווחים בהודו)
hinge *n.* צִיר (דלת וכד׳)
hinge *v.* קָבַע צִיר; הָיָה תָּלוּי בּ
hint *v.* רָמַז
hint *n.* רֶמֶז
hinterland *n.* פְּנִים־הָאָרֶץ, עוֹרֶף
hip *n.* יָרֵךְ
hip *interj.* הֵידָד!
hip bath *n.* אַמְבַּט קָטָן (ליושב בלבד)
hip-bone *n.* עֶצֶם הַיָּרֵךְ
hipped *adj.* מְשׁוּגָּע לְדָבָר אֶחָד; עָצוּב, מְדוּכָּא
hippo *n.* סוּס־הַיְאוֹר
hippodrome *n.* אִיצְטַדְיוֹן לְמֵרוֹצֵי סוּסִים
hippopotamus *n.* סוּס־הַיְאוֹר
hire *v.* שָׂכַר, חָכַר; הִשְׂכִּיר
hire *n.* דְּמֵי שְׂכִירוּת, שְׂכִירָה; הַשְׂכָּרָה
hireling *n., adj.* שָׂכִיר (לפעולה לא הגונה)
his *pron., adj.* שֶׁלּוֹ
Hispanic *adj.* סְפָרַדִּי
hiss *n.* שְׁרִיקַת בּוּז; קוֹל לְחִישָׁה (או תסיסה)
hiss *v.* שָׁרַק
histology *n.* חֵקֶר מִבְנֵה הָרְקָמוֹת (של החי והצומח)
historian *n.* הִיסְטוֹרְיוֹן
historic *adj.* הִיסְטוֹרִי
history *n.* הִיסְטוֹרְיָה, תּוֹלָדוֹת
histrionic(al) *adj.* שֶׁל שַׂחְקָנִים, מְעוּשֶּׂה, תֵּיאַטְרָלִי
hit *v.* פָּגַע, הִכָּה
hit *n.* פִּיגּוּעַ, מַהֲלוּמָה; קְלִיעָה; לְהִיט
hit-and-run *adj.* שֶׁל ׳פְּגַע וּבְרַח׳
hit-or-miss *adj.* חֲסַר תִּכְנוּן; מִקְרִי
hit parade *n.* מִצְעַד פִּזְמוֹנִים
hit record *n.* תַּקְלִיט־לְהִיט

hitch *v.* קָשַׁר, עָנַד; הֵרִים
hitch *n.* מִכְשׁוֹל, מַעְצוֹר; צְלִיעָה
hitchhike *v.* טִייֵל בְּ'הַסָּעוֹת' (טרמפ)
hitchhiker *n.* 'טְרֶמְפִּיסְט'
hitching post *n.* עַמּוּד לִקְשִׁירַת סוּס
hither *adj., adv.* הֵנָּה; בְּצַד זֶה
hitherto *adv.* עַד כֹּה
hive *n.* כַּוֶּרֶת
hive *v.* הִכְנִיס לְכַוֶּרֶת
hives *n. pl.* דַּלֶּקֶת הָעוֹר, חָרֶלֶת
ho! *interj.* הו (קריאת התפעלות או תימהון)
hoard *n.* אוֹצָר, מַאֲגָר, מַטְמוֹן
hoard *v.* אָגַר, צָבַר (מלאי)
hoarding *n.* אֲגִירָה, הַטְמָנָה
hoarfrost *n.* לוֹבֶן כְּפוֹר
hoarse *adj.* צָרוּד
hoarseness *n.* צְרִידוּת
hoary *adj.* כְּסוּף שֵׂעָר; סָב
hoax *n.* תַּעֲלוּל, מְתִיחָה, אֲחִיזַת עֵינַיִים
hoax *v.* מָתַח, סִידֵּר
hobble *v.* דִּידָה; צָלַע; קָשַׁר (סוּס בּרגליו)
hobble *n.* צְלִיעָה; כְּבִילָה
hobby *n.* תַּחְבִּיב
hobbyhorse *n.* סוּס־עֵץ (מתנדנד)
hobgoblin *n.* שֵׁדוֹן, מַזִּיק
hobnail *n.* מַסְמֵר קָצָר (רחב ראש)
hobo *n.* נַוָּד, פּוֹעֵל נוֹדֵד
hock *n.* מַשְׁכּוֹן
hock *v.* (המונית) נָתַן בַּעֲבוֹט, מִשְׁכֵּן
hock *n.* קֶפֶץ, קַרְסוֹל; יֵין הוֹק
hockey *n.* הוֹקִי (משחק)
hockshop *n.* בֵּית־עֲבוֹט
hocus-pocus *n.* לַחַשׁ־נַחַשׁ; לַהֲטוּט
hocus-pocus *v.* הֶעֱרִים, לִהְטֵט
hod *n.* לוּחַ־בַּנָּאִים; דְּלִי לְפֶחָמִים
hodgpodge *see* **hotchpotch**
hoe *n.* מַעְדֵּר
hoe *v.* עָדַר
hog *n.* חֲזִיר
hoggish *adj.* אָנוֹכִיִּי, תַּאַוְתָנִי; זוֹלֵל
hogshead *n.* חָבִית לְשֵׁכָר
hogwash *n.* שְׁיָרִים (למאכל חזירים); הֶבֶל
hoist *v.* הֵרִים, נוֹפֵף
hoist *n.* נִפְנוּף, הֲרָמָה; מָנוֹף
hoity-toity *adj., interj.* יָהִיר; שְׁטוּיוֹת, דִּבְרֵי הֶבֶל
hokum *n.* שְׁטוּיוֹת; בְּדִיחוֹת זוֹלוֹת
hold *v.* הֶחְזִיק, תָּפַס בּ, סָבַר, הִנִּיחַ
hold *n.* הַחְזָקָה, אֲחִיזָה; הַשְׁפָּעָה
holder *n.* מַחֲזִיק (אדם או עֶצֶם)
holding *n.* רְכוּשׁ מוּחְזָק, נְכָסִים
holding company *n.* חֶבְרַת־אֵם
holding out *n.* הִתְחַזּוּת
holdup *n.* שׁוֹד דְּרָכִים
hole *n.* חוֹר, נֶקֶב; מַצָּב קָשֶׁה
hole *v.* חָרַר, נִיקֵּב, קָדַח
holiday *n.* חַג; פַּגְרָה, חוּפְשָׁה
holiness *n.* קְדוּשָּׁה, קוֹדֶשׁ
hollo(a)! *interj.* הולו! (קריאה להסבת תשומת לב)
hollow *adj.* חָלוּל, נָבוּב, רֵיק; שָׁקוּעַ, קָעוּר
hollow *n.* חוֹר, חָלָל, שְׁקַעֲרוּרִית
hollow *v.* רוֹקֵן; נַעֲשָׂה חָלוּל
holocaust *n.* שׁוֹאָה, הַשְׁמָדָה
holograph *n.* הולוֹגְרָף (מסמך כתוב כולו בידי מחברו)
holster *n.* נַרְתִּיק עוֹר (לאקדח)
holy *adj., n.* מְקוּדָּשׁ, קָדוֹשׁ; צַדִּיק, חָסִיד

Holy Ghost *n.* רוּחַ הַקּוֹדֶשׁ (בּ׳שילוש הקדוש׳)
Holy Land *n.* אֶרֶץ־הַקּוֹדֶשׁ
Holy See *n.* הַכֵּס הַקָּדוֹשׁ (של האפיפיור)
homage *n.* דִּבְרֵי שֶׁבַח, הַבָּעַת הַעֲרָצָה
home *n.* בַּיִת, דִּירָה, מִשְׁפָּחָה; מוֹסָד
home *v.* חָזַר הַבַּיְתָה, הִתְבַּיֵּית
home *adv.* הַבַּיְתָה, לַבַּיִת; לַיַּעַד
home-bred *adj.* חֲנִיךְ בַּיִת, יְלִיד
home-brew *n.* שֵׁכָר בַּיִת
home-coming *n.* שִׁיבָה הַבַּיְתָה
home country *n.* מוֹלֶדֶת
home delivery *n.* מִשְׁלוֹחַ לַבַּיִת
home front *n.* חֲזִית פְּנִימִית
home-loving *adj.* שֶׁאוֹהֵב חַיֵּי מִשְׁפָּחָה
home office *n.* מִשְׂרַד הַפְּנִים (בבריטניה)
home port *n.* נְמַל הַבַּיִת
home rule *n.* שִׁלְטוֹן עַצְמִי
home run *n.* (בבייסבול) רִיצָה לַגְּמָר
home stretch *n.* יְשׁוּרַת הַגְּמָר (בְּמֵרוֹץ)
home town *n.* עִיר מוֹלֶדֶת
homeland *n.* אֶרֶץ־מוֹלֶדֶת
homeless *adj.* חֲסַר בַּיִת
homely *adj.* פָּשׁוּט, רָגִיל, לֹא יוּמְרָנִי; גַּס
homemade *adj.* תּוֹצֶרֶת בַּיִת
homeopath *n.* מְרַפֵּא בְּהוֹמֵיאוֹפַּתְיָה
homeopathy *n.* הוֹמֵיאוֹפַּתְיָה (שיטת ריפוי)
homesick *adj.* מִתְגַּעְגֵּעַ לַבַּיִת
homespun *n., adj.* אָרִיג טָווּי בַּבַּיִת; בֵּיתִי, פָּשׁוּט
homestead *n.* בֵּית אָב, אֲחוּזַּת בַּיִת
homeward(s) *adv.* הַבַּיְתָה
homework *n.* שִׁיעוּרֵי בַּיִת
homey *adj.* בֵּיתִי, מִשְׁפַּחְתִּי, פָּשׁוּט
homicidal *adj.* שֶׁל רֶצַח אָדָם
homicide *n.* רֶצַח אָדָם; רוֹצֵחַ
homiletics *n. pl.* דַּרְשָׁנוּת; הַטָּפַת מוּסָר
homily *n.* דְּרָשָׁה, הַטָּפַת מוּסָר
homing *adj.* חוֹזֵר הַבַּיְתָה; מוּנְחֶה (טיל וכד׳)
homing pigeon *n.* יוֹנַת דּוֹאַר
hominy *n.* תִּירָס טָחוּן (מבושל)
homogeneity *n.* הוֹמוֹגֵנִיּוּת (אחידות הֶהְרכֵּב)
homogeneous *adj.* הוֹמוֹגֵנִי, שְׁוֵה חֲלָקִים, מִמִּין אֶחָד, מֵעוֹר אֶחָד
homogenize *v.* הֶאֱחִיד, עָשָׂה לְהוֹמוֹגֵנִי, הִמְגֵּן
homogenized milk *n.* חָלָב מְהוּמְגָּן
homograph *n.* הוֹמוֹגְרָף (מלה זיהה בכתיבה לאחרת, אבל יש לה מוצא, משמע, ולפעמים גם מִבטא אחֵר)
homologous *adj.* שְׁוֵה מוֹצָא; שְׁוֵה מַצָּב, שְׁוֵה מִבְנֶה
homonym *n.* הוֹמוֹנִים (כפל משמע במלה אחת)
homonymous *adj.* הוֹמוֹנִימִי
homophone *n.* הוֹמוֹפוֹן (מלה הזיהה באופן הגייתה לאחרת אבל יש לה כתיב, מוצא ומשמע אחֵר)
homosexual *adj., n.* הוֹמוֹסֶקְסוּאָלִי
homosexuality *n.* הוֹמוֹסֶקְסוּאָלִיּוּת, מִשְׁכַּב זָכוּר
hone *n.* אֶבֶן מַשְׁחֶזֶת
hone *v.* הִשְׁחִיז

honest *adj.* כֵּן, יָשָׁר, הָגוּן
honesty *n.* כֵּנוּת, יוֹשֶׁר, הֲגִינוּת
honey *n.* דְּבַשׁ; מוֹתֶק
honey-eater *n.* יוֹנֵק-הַדְּבַשׁ, צוּפִית (צִיפּוֹר)
honeybee *n.* דְבוֹרַת הַדְּבַשׁ (רגילה)
honeycomb *n., adj.* חַלַּת־דְבַשׁ
honeyed *adj.* מְמוּתָּק
honeymoon *n.* יֶרַח־דְבַשׁ
honeymoon *v.* בִּילּוּי יֶרַח־דְבַשׁ
honk *n.* צְוִויחַת אֲוַוז־הַבָּר; צְפִירַת מְכוֹנִית (מסוג יָשָׁן)
honk *v.* צָווַח; צָפַר
honky-tonk *n.* דִיסְקוֹטֶק אוֹ בֵּית־מַרְזֵחַ זוֹל
honor *n.* כָּבוֹד, פְּאֵר, שֵׁם טוֹב
honor system *n.* מִשְׁמַעַת כָּבוֹד (הנהגת משמעת במוסד חינוך על פי הבטחת כבוד של החניכים)
honorarium *n.* מַעֲנַק כָּבוֹד; שְׂכַר סוֹפְרִים
honorary *adj.* (תואר) לְשֵׁם כָּבוֹד
honorific *adj.* מַבִּיעַ כָּבוֹד
hood *n.* בַּרְדָס; חִיפַּת הַמָּנוֹעַ
hood *v.* חָבַשׁ בַּרְדָס; כִּיסָּה
hoodlum *n.* בִּרְיוֹן, פּוֹחֵחַ
hoodoo *n.* מֵבִיא מַזָּל רַע
hoodwink *v.* רִימָּה, אָחַז עֵינַיִים
hooey *n., interj.* שְׁטוּיוֹת
hoof *n.* פַּרְסָה, טֶלֶף
hoof *v.* הָלַךְ; רָקַד
hoof beat *n.* שַׁעֲטַת פְּרָסוֹת
hook *n.* וָו, אוּנְקָל; חַכָּה, קֶרֶס
hook *v.* צָד, הֶעֱלָה בְּחַכָּתוֹ; עִיקֵּם
hook-up *n.* רֶשֶׁת תַּחֲנוֹת שִׁידּוּר; מִתְלָה, צֵירוּף; חִיבּוּר
hookah *n.* נַרְגִּילָה
hooked *adj.* מְאוּנְקָל; תָּפוּס, לָכוּד
hooknosed *adj.* כְּפוּף חוֹטֶם
hookworm *n.* תּוֹלַעַת חַכָּה
hooky *adj.* רַב־וָוִים; מְאוּנְקָל
hooligan *n.* חוּלִיגָן, בִּרְיוֹן
hoop *n.* טַבַּעַת, חִישּׁוּק
hoop *v.* חִישֵּׁק, הִידֵּק בְּחִישּׁוּק
hoot *n.* קְרִיאַת גְּנַאי; יְלָלָה; צְפִירָה
hoot *v.* צָפַר; קָרָא קְרִיאַת גְּנַאי; יִילֵּל
hoot owl *n.* יַנְשׁוּף
hooter *n.* צוֹפָר (בְּרֶכֶב)
hoover *n.* שׁוֹאֵב אָבָק
hop *n.* נִיתּוּר, קְפִיצָה; רִיקּוּד; טִיסָה קְצָרָה
hop *v.* קָפַץ (על רגל אחת), נִיתֵּר
hop *n.* כְּשׁוּת (צמח המשמש בתעשיית שֵׁכָר)
hope *n.* תִּקְוָוה
hope *v.* קִיוָּה
hopeful *adj., n.* מְקַוֶּה; נוֹתֵן תִּקְוָוה
hopeless *adj.* נוֹאָשׁ; מְיוֹאָשׁ, חֲסַר תִּקְוָוה
hopper *n.* מְדַלֵּג, מְקַפֵּץ; חֶרֶק מְנַתֵּר
hopscotch *n.* אָרֶץ (משחק)
horde *n.* עֶרֶב־רַב, הָמוֹן
horizon *n.* אוֹפֶק
horizontal *adj., n.* אוֹפְקִי; שָׁכוּב
hormone *n.* הוֹרְמוֹן
horn *n.* קֶרֶן; שׁוֹפָר
horn *v.* נָגַח
hornet *n.* צִרְעָה
hornet's nest *n.* קֵן צְרָעוֹת
hornpipe *n.* חֲלִיל־הַקֶּרֶן
horny *adj.* קַרְנִי, נוּקְשֶׁה
horology *n.* הַתְקָנַת שְׁעוֹנִים

horoscope *n.* הורוֹסקוֹפּ, מַעֲרָךְ כּוֹכָבִים (בְּמוֹעֵד מסוים)
horrible *adj.* נוֹרָא, מַחְרִיד
horrid *adj.* מַחְרִיד; מְעוֹרֵר בְּחִילָה
horrify *v.* הִפְחִיד, הִבְעִית
horror *n.* פַּחַד, פַּלָּצוּת; כִּיעוּר
horror-struck *adj.* מוּכֵּה אֵימָה
hors d'oeuvre *n.* מְתַאֲבֵן
horse *n.* סוּס
horse *v.* רָתַם סוּס; נָשָׂא עַל גַּבּוֹ
horse breaker *n.* מְאַלֵּף סוּסִים
horse doctor *n.* רוֹפֵא בְּהֵמוֹת
horse opera *n.* מַעֲרָבוֹן
horse-power *n.* כּוֹחַ סוּס
horse-sense *n.* שֵׂכֶל יָשָׁר, מַעֲשִׂי
horse trade *n.* חִילּוּפֵי סוּסִים; מַשָּׂא וּמַתָּן עַרְמוּמִי
horseback *n., adv.* (עַל) גַּב הַסּוּס
horselaugh *n.* צְחוֹק פָּרוּעַ
horseman *n.* רוֹכֵב, פָּרָשׁ
horsemanship *n.* אָמָנוּת הָרְכִיבָה
horseplay *n.* הִתְפַּרְחָחוּת, מִשְׂחָק פָּרוּעַ
horserace *n.* מֵרוֹץ סוּסִים
horseradish *n.* חֲזֶרֶת
horseshoe *n.* פַּרְסַת סוּס
horsewhip *n.* שׁוֹט, מַגְלֵב
horsy *adj.* סוּסִי; שָׁטוּף בִּסְפּוֹרְט הַסּוּסִים; מְגוּשָּׁם
hortative, hortatory *adj.* מַמְרִיץ, מְעוֹדֵד; מַזְהִיר
horticultural *adj.* גַּנָּנִי, שֶׁל גַּנָּנוּת
hosanna *n.* הוֹשַׁע־נָא
hose *n.* גֶּרֶב; זַרְנוּק
hose *v.* רָחַץ בְּזַרְנוּק, הִשְׁקָה בְּזַרְנוּק
hosier *n.* מְיַיצֵּר גַּרְבַּיִים; סוֹחֵר גַּרְבַּיִים
hosiery *n.* גַּרְבַּיִים, תִּגְרוֹבֶת

hospice *n.* בֵּית הָאֲרָחָה, אַכְסַנְיָה
hospitable *adj.* מְאָרֵחַ טוֹב
hospital *n.* בֵּית־חוֹלִים
hospitality *n.* אֵירוּחַ
hospitalize *v.* אִשְׁפֵּז
host *n.* מְאָרֵחַ
hostage *n.* בֶּן־עֲרוּבָּה
hostel *n.* אַכְסַנְיָה; מְעוֹן סְטוּדֶנְטִים
hostelry *n.* פּוּנְדָּק
hostess *n.* מְאָרַחַת; אַכְסְנָאִית
hostile *adj.* אוֹיֵב, עוֹיֵן
hostility *n.* אֵיבָה, עוֹיְנוּת
hostler *n.* סַיָּס, אוּרְוָן
hot *adj., adv.* חַם, לוֹהֵט; עַז; חָרִיף; בְּחוֹם
hot air *n.* הֲבָלִים, לַהַג; רַבְרְבָנוּת
hot cake *n.* עוּגָה חַמָּה; מִצְרָךְ נֶחְטָף
hot dog *n.* נַקְנִיקִית חַמָּה
hot-plate *n.* צַלַּחַת בִּישּׁוּל, פִּנְכָּה
hot springs *n. pl.* מַעְיָינוֹת חַמִּים
hot-tempered *adj.* חַם־מֶזֶג, חָמוּם
hot water *n.* מַיִם חַמִּים; מְצוּקָה
hot water bottle *n.* בַּקְבּוּק חַם
hotbed *n.* יָצוּעַ חַם; חֲמָמָה
hotblooded *adj.* חָמוּם, חֲמוּם־מֶזֶג
hotchpotch *n.* נָזִיד מְעוֹרָב, עִרְבּוּבְיָה, בִּלְבּוּלֶת
hotel *n.* מָלוֹן
hotelkeeper *n.* מְלוֹנַאי
hotfoot *v.* הָלַךְ מַהֵר
hothead *n.* חֲמוּם־מוֹחַ
hotheaded *adj.* חֲמוּם־מוֹחַ
hothouse *n.* חֲמָמָה
hound *n.* כֶּלֶב צַיִד; מְנוּוָּל
hound *v.* רָדַף; הֵצִיק ל
hour *n.* שָׁעָה

hour-hand *n.* מְחוֹג הַשָּׁעוֹת (בשעון)
hourglass *n.* שְׁעוֹן־חוֹל
hourly *adj., adv.* שָׁעָה־שָׁעָה, מִדֵּי שָׁעָה
house *n.* בַּיִת, דִּירָה; שׁוֹשֶׁלֶת; בֵּית מִסְחָר
house *v.* שִׁיכֵּן, אִכְסֵן; הִשְׁתַּכֵּן
house arrest *n.* מַעְצַר בַּיִת
house furnishings *n. pl.* חֲפָצֵי בַּיִת
house hunt *n.* חִיפּוּשׂ בַּיִת
houseboat *n.* סִירָה־בַּיִת
housebreaker *n.* פּוֹרֵץ; מְנַתֵּץ בָּתִּים יְשָׁנִים
housebroken *adj.* (לגבי בע"ח) מְבוּיָּת, מְאוּלָּף
houseful *n.* (בתיאטרון וכד') הָאוּלָם מָלֵא
house furnishings *n. pl.* חֲפָצֵי בַּיִת
household *n., adj.* דַּיָּירֵי בַּיִת; מִשְׁפָּחָה; (שֶׁל) מֶשֶׁק הַבַּיִת
householder *n.* בַּעַל־בַּיִת
housekeeper *n.* מְנַהֶלֶת מֶשֶׁק־הַבַּיִת; עֲקֶרֶת בַּיִת
housewarming *n.* מְסִיבַּת חֲנוּכַּת בַּיִת
housewife *n.* עֲקֶרֶת בַּיִת
housework *n.* עֲבוֹדַת בַּיִת
housing *n.* שִׁיכּוּן
housing estate *n.* שִׁיכּוּן
housing shortage *n.* מַחְסוֹר בְּדִירוֹת
hovel *n.* בִּקְתָּה, בַּיִת דַּל, צְרִיף
hover *v.* רִיחֵף
hovercraft *n.* רַחֶפֶת, סְפִינַת רַחַף
how *adv.* אֵיךְ, כֵּיצַד
howdah *n.* אַפִּרְיוֹן (על גבי פיל)
however *adv.* בְּכָל אוֹפֶן, אֵיךְ שֶׁלֹּא, כַּמָּה שֶׁלֹּא; בְּכָל זֹאת

howitzer *n.* הוֹבִיצֶר (תותח בעל זווית גבוהה וטווח קצר)
howl *v.* יִילֵּל; יִיבֵּב
howler *n.* מְיַילֵּל; הַקּוֹף הַצּוֹחֵק; טָעוּת מְגוּחֶכֶת
howsoever *conj.* בְּכָל אוֹפֶן שֶׁהוּא
hub *n.* טַבּוּר (של גלגל); מֶרְכָּז (העניינים)
hubbub *n.* הֲמוּלָה, מְהוּמָה
hubcap *n.* 'צַלַּחַת', מְגוּפַת טַבּוּר הַגַּלְגַּל
hubris *n.* יְהִירוּת שַׁחְצָנִית
hucklebone *n.* עֶצֶם הַיָּרֵךְ
huckster *n.* רוֹכֵל סִדְקִית; תַּגְרָן
huddle *v.* הִצְטוֹפֵף, הִתְקַהֵל; נֶחְפַּז לַעֲשׂוֹת
huddle *n.* קָהָל צָפוּף
hue *n.* צֶבַע, גָּוֶן
huff *n.* רוֹגֶז, הִתְפָּרְצוּת זַעַם
hug *v.* חִיבֵּק חָזָק, גִּיפֵּף; דָּבַק בּ
hug *n.* חִיבּוּק חָזָק, גִּיפּוּף
huge *adj.* עֲנָקִי, עָצוּם
hulk *n.* גּוּף אוֹנִיָּה (שיצאה מכלל שימוש)
hulking *adj.* מְגוּשָּׁם, מְסוּרְבָּל
hull *n.* קְלִיפָּה (של שעועית וכד'), מִכְסֶה; גּוּף אוֹנִיָּה
hull *v.* הֵסִיר מִכְסֶה; קִילֵּף
hullabaloo *n.* מְהוּמָה, הֲמוּלָה
hullo! *interj.* הַלּוֹ! (קריאה בטלפון ובדיבור להסבת תשומת לב)
hum *n.* זִמְזוּם, הֶמְיָה
hum *v.* זִמְזֵם; הִמְהֵם
human *adj., n.* אֱנוֹשִׁי, אָדָם
human being (creature) *n.* יְצוּר, בֶּן־אָדָם
humane *adj.* אֱנוֹשִׁי, רַחְמָנִי
humanist *n., adj.* הוּמָנִיסְט; הוּמָנִיסְטִי

humanitarian *n., adj.* הוּמָנִיטָרִי, אוֹהֵב אָדָם
humanity *n.* הָאֱנוֹשׁוּת; אֱנוֹשִׁיּוּת; (בּרִיבּוּי) מַדְּעֵי־הָרוּחַ
humankind *n.* הַמִּין הָאֱנוֹשִׁי
humble *adj.* עָנָיו, צָנוּעַ; עָלוּב; עָנִי
humble *v.* הִכְנִיעַ, הִשְׁפִּיל
humbug *n., v.* הוֹנָאָה, זִיּוּף; נוֹכֵל; הוֹנָה
humdinger *n.* מְיוּחָד בְּמִינוֹ, דוּגְמָה
humdrum *adj.* שִׁגְרָתִי וּמְשַׁעֲמֵם
humid *adj.* לַח, רָטוֹב
humidify *v.* לִחְלֵחַ, הִרְטִיב
humidity *n.* לַחוּת, רְטִיבוּת
humiliate *v.* הִשְׁפִּיל, הֵמִיט חֶרְפָּה
humility *n.* עֲנָוָוה; כְּנִיעָה
humming *adj.* מְזַמְזֵם; תּוֹסֵס
humor *n.* מַצַּב־רוּחַ; בְּדִיחוּת; הִיתּוּל, הוּמוֹר
humor *v.* הִתְמַסֵּר ל; הִסְתַּגֵּל ל
humorist *n.* כּוֹתֵב דִּבְרֵי בְּדִיחוּת, בַּדְחָן
humoristic *adj.* בַּדְחָנִי, הוּמוֹרִיסְטִי
humorous *adj.* מְבַדֵּחַ, הִיתּוּלִי
hump *n.* גַּבְנוּן, חֲטוֹטֶרֶת; תֵּל
humpback *n.* גִּיבֵּן; גַּבְנוּן
humph!, hmph! *interj.* הֲבָלִים! שְׁטוּיוֹת!
humus *n.* רַקְבּוּבִית; חוּמוּס, חִמְצָה
hunch *n.* חֲטוֹטֶרֶת; דַּבֶּשֶׁת; חֲשָׁד
hunch *v.* הִתְגַּבֵּן; הֵגִיחַ
hunchback *n.* גִּיבֵּן; גַּבְנוּן
hundred *n.* מֵאָה, שְׁטָר שֶׁל מֵאָה (דוֹלָר וכד׳)
hundredth *adj., n.* מֵאִי; מֵאִית
hunger *n.* רָעָב; תְּשׁוּקָה
hunger *v.* רָעַב; הִשְׁתּוֹקֵק, הִתְאַוָּוה
hunger-march *n.* צַעֲדַת רָעָב
hunger-strike *n.* שְׁבִיתַת רָעָב
hungry *adj.* רָעֵב; תָּאֵב
hunk *n.* נֵתַח
hunky dory *adj.* הוֹלֵם, מַשְׂבִּיעַ רָצוֹן
hunt *v.* צָד; בִּיקֵשׁ; חִיפֵּשׂ
hunt *n.* צַיִד; חִיפּוּשׂ
hunter *n.* צַיָּיד; רוֹדֵף
hunting *n.* צַיִד
hurdle *n.* מִכְשׁוֹל גָּדֵר, מְסוּכָה
hurdle *v.* קָפַץ וְעָבַר; הִתְגַּבֵּר עַל
hurdler *n.* מְדַלֵּג עַל מִכְשׁוֹלִים
hurdle race *n.* מֵרוֹץ מְסוּכוֹת
hurdy-gurdy *n.* תֵּיבַת נְגִינָה
hurl *v.* הִשְׁלִיךְ; זָרַק
hurl *n.* הַשְׁלָכָה, הֲטָלָה
hurly-burly *n.* שָׁאוֹן, רַעַשׁ, תְּסִיסָה
hurrah, hurray *interj., n., v.* הֵידָד! קָרָא הֵידָד
hurricane *n.* סוּפַת צִיקְלוֹן
hurried *adj.* מְמַהֵר; פָּזִיז
hurry *v.* זֵירֵז; מִיהֵר
hurry *n.* חִיפָּזוֹן, מְהִירוּת
hurt *v.* פָּגַע, פָּצַע; כָּאַב
hurt *n.* פְּגִיעָה; פְּצִיעָה
hurtle *v.* הֵטִיל, זָרַק, הִשְׁלִיךְ; מִיהֵר בְּבֶהָלָה
husband *n.* בַּעַל, בֶּן זוּג
husband *v.* נָהַג בְּחִסָּכוֹן, חָסַךְ
husbandman *n.* חַקְלַאי, אִיכָּר
husbandry *n.* חַקְלָאוּת; נִיהוּל מֶשֶׁק חַסְכָנִי
hush *interj.* הַס! שֶׁקֶט!
hush *adj., n.* שָׁקֵט; שֶׁקֶט
hush *v.* הִשְׁתִּיק; שָׁתַק
hushaby *interj.* נוּמָה, נוּמָה!

hush-hush *adj.* סוֹדִי, חֲשָׁאִי
hush money *n.* שׁוֹחַד הַשְׁתָּקָה
husk *n., v.* קְלִיפָּה; קִילֵּף
husky *adj.* רַב קְלִיפּוֹת; גְּבַרְתָּנִי; צָרוּד
husky *n.* גְּבַרְתָּן
hussar *n.* הוּסָר, חַיָּיל (בחיל הפרשים)
hussy, huzzy *n.* אִישָּׁה אוֹ נַעֲרָה גַּסָּה
hustings *n. pl.* הֲכָנוֹת (לבחירות)
hustle *v.* דָּחַף, דָּחַק; נִדְחַף
hustle *n.* הֲמוּלָּה; מֶרֶץ
hustler *n.* פָּעִיל, עוֹבֵד בְּמֶרֶץ
hut *n.* סוּכָּה, צְרִיף
hutch *n.* כְּלוּב (לשפנים)
hyacinth *n.* יַקִינְתּוֹן (פרח, אבן־חן)
hyaena, hyena *n.* צָבוֹעַ
hybrid *n.* בֶּן־כִּלְאַיִים, בֶּן תַּעֲרוֹבֶת
hybridization *n.* הַכְלָאָה
hydra *n.* הִידְרָה; נְחַשׁ הַמַּיִם
hydrant *n.* זַרְנוּק (לכיבוי אש)
hydrate *n.* הִידְרָט, מֵימָה
hydrate *v.* הוֹסִיף מַיִם
hydraulic *adj.* הִידְרוֹלִי (ממונע בכוח מים)
hydraulics *n. pl.* הִידְרוֹלִיקָה (הנעה בכוח מים)
hydrocarbon *n.* פַּחְמֵימָן
hydrochloric *n.* מֵימָן כְּלוֹרִי
hydroelectric *adj.* הִידְרוֹאֶלֶקְטְרִי
hydrofluoric *adj.* הִידְרוֹפְלוּאוֹרִי
hydrofoil *n.* סְפִינַת רַחַף, רַחֶפֶת
hydrogen *n.* מֵימָן
hydrogen peroxide *n.* מֵי חַמְצָן
hydrogen sulfide *n.* מֵימָן גּוֹפְרָתִי
hydrometer *n.* הִידְרוֹמֶטֶר, מַד־מַיִם
hydrophobia *n.* כַּלֶּבֶת; בַּעַת־מַיִם
hydroplane *n.* מְטוֹס־יָם
hydroxide *n.* מֵימָה, הִידְרוֹקְסִיד
hyena, hyaena *n.* צָבוֹעַ
hygiene *n.* הִיגְיֵינָה, שְׁמִירַת הַבְּרִיאוּת
hygienic *adj.* הִיגְיֵינִי
hymen *n.* קְרוּם הַבְּתוּלִים
hymn *n.* מִזְמוֹר, שִׁיר הַלֵּל (בכנסייה)
hymnal *n., adj.* (שֶׁל) סֵפֶר שִׁירֵי כְּנֵסִיָּיה
hyperacidity *n.* יֶתֶר־חוּמְצִיּוּת
hyperbola *n.* הִיפֶּרְבּוֹלָה (חתך חרוט)
hyperbole *n.* גּוּזְמָה
hyperbolic *adj.* הִיפֶּרְבּוֹלִי; מוּגְזָם
hypercritical *adj.* מַגְזִים בְּבִיקוֹרְתִּיּוּתוֹ
hypersensitive *adj.* רָגִישׁ בְּיוֹתֵר
hypertension *n.* לַחַץ יֶתֶר, לַחַץ דָּם גָּבוֹהַּ
hyphen *n.* מַקָּף
hyphenate *v.* מִיקֵּף, חִיבֵּר בְּמַקָּף
hypnosis *n.* הִפְּנוּט, הִיפְּנוֹזָה
hypnotic *adj., n.* מְהַפְּנֵט; מְהוּפְּנָט
hypnotism *n.* הִפְּנוּט
hypnotize *v.* הִפְּנֵט
hypochondria *n.* חוֹלָנִיּוּת מְדוּמָּה
hypocrisy *n.* צְבִיעוּת
hypocrite *n.* אָדָם צָבוּעַ
hypocritical *adj.* צָבוּעַ
hypodermic *adj.* תַּת־עוֹרִי
hypotenuse *n.* יֶתֶר (במשולש ישר־זווית)
hypothesis *n.* הַשְׁעָרָה, הִיפּוֹתֵיזָה
hypothetic(al) *adj.* הַשְׁעָרָתִי
hyssop *n.* אֵזוֹב
hysteria *n.* הִיסְטֶרְיָה (מצב נפשי מעורער; התפרצויות רגשיות)
hysteric(al) *adj.* הִיסְטֵרִי
hysterics *n. pl.* הֶתְקֵף הִיסְטֶרְיָה

I

I *pron.* אֲנִי, אָנֹכִי

iambic *adj., n.* יַאמְבִּי, יוֹרֵד; שִׁיר בְּמִקְצָב יוֹרֵד

ibex *n.* יָעֵל

ibis *n.* אִיבִּיס (עוף ביצות דורס)

ice *n.* קֶרַח

ice *v.* צִיפָּה בְּקֶרַח; הִקְפִּיא; זִיגֵג (עוגה וכד')

ice age *n.* עִידַן הַקֶּרַח

ice-bag *n.* כָּרִית קֶרַח

iceberg *n.* קַרְחוֹן; אָדָם קַר מֶזֶג

icebound *adj.* לָכוּד בַּקֶּרַח

icebox *n.* אֲרוֹן־קֶרַח, מְקָרֵר

icebreaker *n.* (ספינה) בּוֹקַעַת קֶרַח

ice cream *n.* גְּלִידָה

ice cube *n.* קוּבִּיַּית קֶרַח

ice field *n.* שְׂדֵה קֶרַח (באזורי הקוטב)

ice-pack *n.* שְׂדֵה גְלִידֵי קֶרַח צָף; רְטִיַּית קֶרַח (לרפואה)

ichthyology *n.* חֵקֶר הַדָּגִים

icicle *n.* נְטִיף קֶרַח

icing *n.* זִיגּוּג (על עוגה); קֶרַח קָפוּא (על מטוס)

icon, ikon *n.* אִיקוֹנִין, פֶּסֶל

iconoclasm *n.* שְׁבִירַת אֱלִילִים; נִיפּוּץ מוּסְכָּמוֹת

iconoclast *n.* שׁוֹבֵר אֱלִילִים; מְנַפֵּץ מוּסְכָּמוֹת

icy *adj.* מְצוּפֶּה קֶרַח; קַר כְּקֶרַח

idea *n.* רַעְיוֹן, דֵּעָה; מוּשָּׂג

ideal *n.* אִידֵיאָל, שְׁאִיפָה; מוֹפֵת

ideal *adj.* מוּשְׁלָם, מוֹפְתִי, אִידֵיאָלִי

idealist *n.* טְהוֹר שְׁאִיפָה, אִידֵיאָלִיסְט

idealize *v.* עָשָׂה אִידֵיאָלִי, הִצִּיג בְּצוּרָה אִידֵיאָלִית

idem ר' שָׁם, אֶצְלוֹ

identical *adj.* זֵהֶה, דוֹמֶה, שָׁוֶה

identification *n.* זִיהוּי, הִזְדַּהוּת

identification tag *n.* תָּג זִיהוּי

identify *v.* זִיהָה

identikit *n.* קְלַסְתְּרוֹן

identity *n.* זֶהוּת

identity card *n.* תְּעוּדַת זֶהוּת

ideology *n.* אִידֵיאוֹלוֹגְיָה, הַשְׁקָפַת עוֹלָם

idiocy *n.* אִידְיוֹטִיּוּת, שְׁטוּת גְּמוּרָה

idiolect *n.* בִּיטּוּי יִיחוּדִי (לדוברו)

idiom *n.* נִיב, אִידְיוֹם, מַטְבֵּעַ לָשׁוֹן

idiomatic *adj.* נִיבִי, אִידְיוֹמָטִי, מְיוּחָד לַלָּשׁוֹן

idiosyncrasy *n.* יִיחוּד, קַו אוֹפְיָנִי

idiot *n.* אִידְיוֹט, שׁוֹטֶה גָמוּר

idiotic *adj.* אִידְיוֹטִי

idle *adj.* בַּטְלָנִי, בָּטֵל; עַצְלָנִי

idle *v.* בִּיטֵּל זְמַנּוֹ; הִתְעַצֵּל

idleness *n.* בַּטָּלָה, בִּיטּוּל זְמַן

idler *n.* עַצְלָן, בַּטְלָן

idol *n.* אֱלִיל; גִּיבּוֹר נַעֲרָץ

idolatry *n.* עֲבוֹדַת אֱלִילִים; הַעֲרָצָה עִיוֶּורֶת

idolize *v.* אִילֵּהַ

idyll *n.* אִידִילְיָה (תיאור פיוטי של חיים שלווים)

idyllic *adj.* שָׁלֵו; אִידִילִי

i.e. הַיְינוּ, כְּלוֹמַר

if *conj.* אִם, אִילוּ

if *n.* תְּנַאי, הַשְׁעָרָה

igloo *n.* אִיגְלוּ (בית שלג אסקימואי)

ignite *v.* הִצִּית; שִׁלְהֵב; הִשְׁתַּלְהֵב

ignition *n.* הַצָּתָה

ignition switch *n.* מֶתֶג הַצָּתָה
ignoble *adj.* שָׁפָל; נְחוּת דַּרְגָּה
ignominious *adj.* מַשְׁפִּיל; שָׁפָל
ignominy *n.* בּוּשָׁה וְחֶרְפָּה; הִתְנַהֲגוּת מְבִישָׁה
ignoramus *n.* בּוּר
ignorance *n.* בּוּרוּת, אִי־יְדִיעָה
ignorant *adj.* בּוּר, אֵינוֹ יוֹדֵעַ
ignore *v.* הִתְעַלֵּם מִן, לֹא שָׂם לֵב
ikon, icon *n.* אִיקוֹנִין, פֶּסֶל
ilk *pron., n.* כָּמוֹהוּ; סוּג
ill *adj., adv.* חוֹלֶה, רַע; בְּאוֹפֶן גָּרוּעַ
ill-advised *adj.* שֶׁלֹּא בִּתְבוּנָה
ill-bred *adj.* לֹא מְנוּמָּס
ill-considered *adj.* לֹא שָׁקוּל, מוּטְעֶה
ill fame *n.* שֵׁם רָע
ill-fated *adj.* מֵבִיא מַזָּל רַע; שֶׁמַּזָּלוֹ רַע
ill-gotten *adj.* שֶׁנִּרְכַּשׁ בְּעַוְלָה
ill health *n.* בְּרִיאוּת לְקוּיָה
ill-humored *adj.* בְּמַצָּב רוּחַ רָע
ill-spent *adj.* מְבוּזְבָּז, שֶׁהוּצָא לָרִיק
ill-starred *adj.* לְלֹא מַזָּל
ill-tempered *adj.* זוֹעֵם, רַע מֶזֶג
ill-timed *adj.* לֹא בִּזְמַנּוֹ
ill-treat *v.* הִתְאַכְזֵר
ill-will *n.* אֵיבָה, טִינָה
illegal *adj.* לֹא חוּקִי
illegible *adj.* לֹא קָרִיא
illegitimate *adj., n.* לֹא לֵגִיטִימִי, לֹא מוּתָּר, לֹא חוּקִי
illicit *adj.* לֹא חוּקִי
illiteracy *n.* בַּעֲרוּת, אַנְאַלְפַבֵּיתִיּוּת, אִי יְדִיעַת קְרוֹא וּכְתוֹב
illiterate *adj., n.* בַּעַר, אַנְאַלְפַבֵּיתִי
ill-mannered *adj.* לֹא מְנוּמָּס
illness *n.* מַחֲלָה
illogical *adj.* לֹא הֶגְיוֹנִי
illuminate *v.* הֵאִיר; הִבְהִיר; קִישֵּׁט
illuminating gas *n.* גָּאז לְמָאוֹר
illumination *n.* תְּאוּרָה, אוֹר; הַבְהָרָה
illusion *n.* הֲזָיָה; אַשְׁלָיָה, אִילוּזְיָה
illusive *adj.* מַשְׁלֶה, מַטְעֶה
illusory *adj.* מַשְׁלֶה, מַטְעֶה
illustrate *v.* אִייֵּר, עִיטֵּר; הִדְגִּים
illustration *n.* אִיּוּר, הַדְגָּמָה, הַבְהָרָה
illustrious *adj.* מְהוּלָּל, מְפוּרְסָם
image *n.* דִּימּוּי, דְּמוּת; דְּיוֹקָן
imagery *n.* דְּמוּיוֹת, פְּסָלִים; דִּמְיוֹנִיּוּת
imaginary *adj.* דִּמְיוֹנִי, מְדוּמֶּה
imagination *n.* דִּמְיוֹן; כּוֹחַ הַדִּמְיוֹן
imagine *v.* דִּימָּה, דִּמְיֵין
imbalance *n.* חוֹסֶר אִיזּוּן, אִי שִׁיוּוּי מִשְׁקָל
imbecile *adj., n.* מְטוּמְטָם; אִימְבֵּצִילִי
imbecility *n.* טִמְטוּם, אִימְבֵּצִילִיּוּת
imbed *v.* שִׁיקֵּעַ, שִׁיבֵּץ; מִסְגֵּר הֵיטֵב
imbibe *v.* שָׁתָה; סָפַג; שָׁאַף
imbroglio *n.* תִּסְבּוֹכֶת; מַצָּב מְסוּבָּךְ
imbue *v.* מִילֵּא (רגשות); הִלְהִיב; הִשְׁרָה, הִרְטִיב
imitate *v.* חִיקָּה
imitation *n.* חִיקּוּי
immaculate *adj.* לְלֹא רְבָב, טָהוֹר
immanent *adj.* אִימָּנֶנְטִי, טָבוּעַ בְּתוֹכוֹ, מַהוּתִי
immaterial *adj.* לֹא חָשׁוּב; לֹא גַּשְׁמִי
immature *adj.* לֹא בָּשֵׁל, לֹא מְבוּגָּר
immeasurable *adj.* לֹא מָדִיד, עָצוּם
immediacy *n.* דְּחִיפוּת, תְּכִיפוּת
immediate *adj.* מִיָּדִי, דָּחוּף
immediately *adv.* מִיָּד, תֵּיכֶף
immemorial *adj.* קָדוּם, מֵאָז וּמִתָּמִיד

immense *adj.* עָצוּם, עֲנָקִי
immerge *v.* טָבַל, שָׁקַע
immerse *v.* שָׂרָה, טָבַל; הִשְׁקִיעַ
immersion *n.* טְבִילָה, הַטְבָּלָה, שְׂרִיָּיה
immigrant *n., adj.* מְהַגֵּר, עוֹלֶה (לישראל)
immigrate *v.* הִיגֵּר, עָלָה (לישראל)
immigration *n.* הֲגִירָה, עֲלִיָּיה (לישראל)
imminent *adj.* קָרוֹב, מְמַשְׁמֵשׁ וּבָא
immobile *adj.* לֹא זָע, חֲסַר תְּנוּעָה
immobilize *v.* הִדְמִים, שִׁיתֵּק
immoderate *adj.* לֹא מָתוּן, מַפְרִיז
immodest *adj.* לֹא צָנוּעַ, לֹא הָגוּן
immoral *adj.* בִּלְתִּי־מוּסָרִי, פָּרוּץ
immortal *adj., n.* אַלְמוֹתִי, בֶּן־אַלְמָוֶות; נִצְחִי
immortalize *v.* הִנְצִיחַ, הֶעֱנִיק חַיֵּי נֶצַח
immune *adj.* מְחוּסָּן, חָסִין
immunize *v.* חִיסֵּן
immutable *adj.* לֹא נִיתָּן לְשִׁינּוּי
imp *n.* שֵׁדוֹן
impact *n.* הִתְנַגְּשׁוּת גוּפִים; הַשְׁפָּעָה חֲזָקָה
impair *v.* קִלְקֵל, פָּגַם
impale *v.* דָּקַר, דִּיקֵּר, תָּקַע
impalpable *adj.* לֹא מָשִׁישׁ, קָשֶׁה לִתְפִיסָה
impanel *v.* צֵירֵף לַצֶּוֶות
impart *v.* מָסַר, הֶעֱנִיק, הִקְנָה
impartial *adj.* לֹא נוֹשֵׂא פָּנִים, לֹא מְשׁוּחָד
impassable *adj.* לֹא עָבִיר
impasse *n.* מָבוֹי סָתוּם; קִיפָּאוֹן
impassibility *n.* קֵהוּת לִכְאֵב
impassible *adj.* לֹא רָגִישׁ לִכְאֵב
impassibly *adv.* בַּאֲדִישׁוּת
impassion *v.* הִלְהִיב; שִׁלְהֵב יֵצֶר
impassioned *adj.* מְשׁוּלְהָב; תַּאַוְותָנִי
impassive *adj.* חֲסַר רֶגֶשׁ, קֵיהֶה
impatience *n.* קוֹצֶר רוּחַ
impatient *adj.* מְהִיר חֵמָה, קְצַר רוּחַ
impeach *v.* הֶאֱשִׁים בְּפֶשַׁע, גִּינָּה, הֵטִיל דוֹפִי
impeachment *n.* הַאֲשָׁמָה פּוּמְבִּית, הַדָּחָה
impeccable *adj.* טָהוֹר, לְלֹא רְבָב
impecunious *adj.* חֲסַר כֶּסֶף
impedance *n.* עַכָּבָה
impede *v.* עִיכֵּב; הִכְשִׁיל
impediment *v.* מִכְשׁוֹל, מַעְצוֹר, פְּגַם בְּדִיבּוּר
impel *v.* הִמְרִיץ, דָּחַף, אִילֵּץ
impending *adj.* עוֹמֵד לְהִתְרַחֵשׁ
impenetrable *adj.* לֹא חָדִיר
impenitent *adj., n.* לֹא מִתְחָרֵט
imperative *n.* צִיוּוּי
imperative *adj.* חָשׁוּב, הֶכְרֵחִי; נִיתָּן בְּתוֹקֶף שֶׁל צִיוּוּי
imperceptible *adj.* לֹא מוּחָשׁ, לֹא מוּרְגָּשׁ
imperfect *adj., n.* לֹא מוּשְׁלָם; עָבָר לֹא נִשְׁלָם, עָתִיד
imperfection *n.* אִי־שְׁלֵמוּת, לְקוּת
imperial *adj.* שֶׁל אִימְפֶּרְיָה; מְפוֹאָר, מְהוּדָּר
imperial *n.* זְקַנְקַן מְחוּדָּד
imperialist *n.* דּוֹגֵל בְּאִימְפֶּרְיָלִיזְם
imperil *v.* סִיכֵּן, הֶעֱמִיד בְּסַכָּנָה
imperious *adj.* מוֹשֵׁל, מְצַוֶּוה; דָּחוּף
imperishable *adj.* לֹא נִשְׁמָד, נִצְחִי
impermeable *adj.* אָטִים, לֹא חָדִיר

impersonal *adj.* לְלֹא פְּנִיָּיה אִישִׁית; שֶׁנּוֹשְׂאוֹ סְתָמִי (משפט בדקדוק)
impersonate *v.* גִּילֵּם; הִתְחַזָּה ל
impertinence *n.* חוּצְפָּה, עַזּוּת־פָּנִים
impertinent *adj.* עַז־פָּנִים, חָצוּף
impetuous *adj.* קְצַר־רוּחַ, נִמְהָר
imperturbable *adj.* קַר רוּחַ, לֹא מִתְרַגֵּשׁ
impervious *adj.* לֹא חָדִיר, לֹא נִיתָּן לְהַשְׁפָּעָה
impetus *n.* דַּחַף, מֵנִיעַ
impiety *n.* חִילּוּל קוֹדֶשׁ
impinge *v.* פָּגַע בּ; הִסִּיג גְּבוּל
impious *adj.* מְחַלֵּל קוֹדֶשׁ, כּוֹפֵר
impish *adj.* שׁוֹבָבִי
implacable *adj.* לֹא סוֹלְחָנִי, לֹא נִיתָּן לְפִיּוּס
implant *v.* הֶחְדִּיר, הִנְחִיל; נָטַע
implausible *adj.* לֹא סָבִיר, קָשֶׁה לְהַאֲמִין לוֹ
implement *v.* הִגְשִׁים, בִּיצֵּעַ
implement *n.* מַכְשִׁיר; אֶמְצָעִי
implicate *v.* גָּרַר, סִיבֵּךְ
implication *n.* מַשְׁמָעוּת, הַשְׁלָכָה
implicit *adj.* לְלֹא הִסְתַּיְּיגוּת; מוּבְהָק; מִשְׁתַּמֵּעַ, מְרוּמָּז
implied *adj.* מִתְחַיֵּיב מ; מְרוּמָּז
implore *v.* הִפְצִיר; הִתְחַנֵּן
imply *v.* רָמַז; הִשְׁתַּמֵּעַ
impolite *adj.* לֹא מְנוּמָּס, לֹא אָדִיב
imponderable *adj.* לֹא נִיתָּן לְשִׁיקּוּל אוֹ לְהַעֲרָכָה מְדוּיֶּקֶת
import *v.* יִיבֵּא; רָמַז; הִבִּיעַ; נָגַע ל
import *n.* יְבוּא, יִיבּוּא; מַשְׁמָעוּת, כַּוָּונָה
importance *n.* חֲשִׁיבוּת
important *adj.* חָשׁוּב, נִכְבָּד
importation *n.* יִיבּוּא, יְבוּא
importer *n.* יְבוּאָן, מְיַיבֵּא
importunate *adj.* דָּחוּף, נָחוּץ; מַפְצִיר, מֵצִיק
importune *v.* הֵצִיק, הִפְצִיר
impose *v.* כָּפָה, הֵטִיל; נִיצֵּל, רִימָּה
imposing *adj.* רַב־רוֹשֶׁם, מְפוֹאָר
imposition *n.* חִיּוּב, הֵיטֵל; דְּרִישָׁה נִפְרֶזֶת
impossible *adj.* אִי־אֶפְשָׁרִי; בִּלְתִּי נִסְבָּל
impost *n.* מַס, הֵיטֵל
impostor *n.* רַמַּאי, נוֹכֵל
imposture *n.* נְכָלִים, הוֹנָאָה
impotence, impotency *n.* חוֹסֶר אוֹנִים, חוֹסֶר כּוֹחַ גַּבְרָא
impotent *adj.* חֲסַר כּוֹחַ־גַּבְרָא
impound *v.* כָּלָא בְּמִכְלָאָה; סָכַר
impoverish *v.* רוֹשֵׁשׁ, מִסְכֵּן, דִּלְדֵּל
impracticable *adj.* לֹא מַעֲשִׂי; לֹא שִׁימּוּשִׁי
impractical *adj.* לֹא מַעֲשִׂי
imprecate *v.* קִילֵּל, חֵירֵף, גִּידֵּף
imprecation *n.* קְלָלָה, חֵירוּף
impregnable *adj.* לֹא נִיתָּן לְכִיבּוּשׁ
impregnate *v.* רִיוָּוה; הִפְרָה
impresario, impressario *n.* אֲמַרְגָּן
impress *v.* הִרְשִׁים; טָבַע, חָתַם
impression *n.* רוֹשֶׁם; הַשְׁפָּעָה; מוּשָּׂג
impressionable *adj.* נוֹחַ לְהִתְרַשֵּׁם, רָגִישׁ
impressive *adj.* מַרְשִׁים
imprint *v.* הִדְפִּיס; הֶחְתִּים
imprint *n.* טְבִיעָה, סִימָן, עָקֵב
imprison *v.* אָסַר, כָּלָא
imprisonment *n.* מַאֲסָר, כְּלִיאָה

improbable *adj.* שֶׁלֹּא יִתָּכֵן; לֹא מִתְקַבֵּל עַל הַדַּעַת, לֹא סָבִיר
impromptu *adv.* בְּאִלְתּוּר, כִּלְאַחַר יָד
impromptu *adj., n.* מְאוּלְתָּר; יְצִירָה מוּסִיקָלִית מְאוּלְתֶּרֶת
improper *adj.* לֹא מַתְאִים; לֹא נָכוֹן, לֹא הוֹגֵן; גַּס
improve *v.* שִׁיפֵּר, הִשְׁבִּיחַ; הִשְׁתַּפֵּר
improvement *n.* שִׁיפּוּר, הַשְׁבָּחָה, שִׁכְלוּל
improvident *adj.* אֵינוֹ דוֹאֵג לַמָּחָר; מְבַזְבֵּז
improvise *v.* אִלְתֵּר
imprudent *adj.* לֹא זָהִיר, פָּזִיז
impudence *n.* חוּצְפָּה
impudent *adj.* חָצוּף, חוּצְפָּן
impugn *v.* הֵטִיל סָפֵק בּ, סָתַר
impulse *n.* פֶּרֶץ, דַּחַף, אִימְפּוּלְס
impulsive *adj.* שֶׁבְּדַחַף; פַּרְצָנִי, פּוּרְצָנִי, אִימְפּוּלְסִיבִי
impunity *n.* זַכָּאוּת, שִׁחְרוּר מֵעוֹנֶשׁ
impure *adj.* לֹא טָהוֹר; טָמֵא
impurity, impureness *n.* אִי־טָהֳרָה
impute *v.* זָקַף עַל, יִיחֵס (אשמה), טָפַל
in *prep.,adv.,n.,adj.* בּ, בְּתוֹךְ, פְּנִימָה; בְּמֶשֶׁךְ; דָּבָר פְּנִימִי; (המוֹנִית) בָּאוֹפְנָה, מְקוּבָּל בַּחֶבְרָה
in abeyance תָּלוּי וְעוֹמֵד
in camera בִּדְלָתַיִם סְגוּרוֹת
in effect תָּקֵף
in force בְּתוֹקֶף, תָּקֵף
in ipso facto בְּעֶצֶם הָעוּבְדָה
in lieu (of) בִּמְקוֹם
inability *n.* אִי־יְכוֹלֶת
inaccessible *adj.* לֹא נָשִׂיג, לֹא נָגִישׁ, לֹא בְּהֶישֵּׂג יָד; אָטוּם (להשפעה)

inaccuracy *n.* אִי־דִּיּוּק
inaccurate *adj.* לֹא מְדוּיָּק, לֹא מְדַייֵּק
inaction *n.* חוֹסֶר פְּעוּלָּה, חִיבּוּק יָדַיִים
inactive *adj.* לֹא פּוֹעֵל, לֹא פָּעִיל
inactivity *n.* אִי־פְּעוּלָּה, אֶפֶס מַעֲשֶׂה
inadequate *adj.* לֹא כָּשִׁיר; לֹא מַסְפִּיק
inadmissible *adj.* לֹא קָבִיל (כראָיה)
inadvertent *adj.* בְּהֶיסַּח הַדַּעַת
inadvisable *adj.* לֹא רָצוּי, לֹא כְּדָאִי
inane *adj., n.* נָבוּב, טִיפְּשִׁי; רֵיקוּת
inanimate *adj.* לֹא חַי, דּוֹמֵם, מְשַׁעֲמֵם
inappreciable *adj.* לֹא נִיכָּר, אַפְסִי
inappropriate *adj.* לֹא מַתְאִים, לֹא הוֹלֵם
inaptitude *n.* חוֹסֶר כִּשְׁרוֹן (בידיים), חוֹסֶר הַתְאָמָה; חוֹסֶר שַׁיָּיכוּת לָעִנְיָין
inarticulate *adj.* עִילֵּג; לֹא בָּרוּר, מְגַמְגֵּם
inartistic *adj.* לֹא אֳמָנוּתִי/אָמָּנוּתִי
inasmuch (as) *conj.* הוֹאִיל וְ, כֵּיוָן שֶׁ
inattentive *adj.* לֹא מַקְשִׁיב; זוֹנֵחַ
inaugural *adj.,n.* שֶׁל פְּתִיחָה חֲגִיגִית; נְאוּם פְּתִיחָה
inaugurate *v.* פָּתַח רִשְׁמִית, חָנַךְ; הִכְנִיס לְתַפְקִיד בְּטֶקֶס
inauguration *n.* חֲנוּכָּה, פְּתִיחָה רִשְׁמִית
inauspicious *adj.* לֹא חִיּוּבִי, לֹא מוּצְלָח
inborn *adj.* מוּלָד, שֶׁמִּלֵּידָה
inbreeding *n.* זִיווּג (בע"ח או בני אדם מאותו סוג)
incandescent *adj.* זוֹהֵר, לוֹהֵט
incantation *n.* לַחַשׁ, כִּישׁוּף, קֶסֶם

incapable *adj.* חֲסַר יְכוֹלֶת; לֹא מְסוּגָּל
incapacitate *v.* הֶחֱלִישׁ; שָׁלַל כּוֹשֶׁר, פָּסַל
incapacity *n.* אִי־יְכוֹלֶת, אִי־כְּשִׁירוּת
incarcerate *v.* אָסַר, כָּלָא
incarnate *v., adj.* גִּישֵּׁם; גִּילֵּם
incarnation *n.* הַעֲלָאַת בָּשָׂר, הִתְגַּשְּׁמוּת
incase, encase *v.* סָגַר, נִרְתֵּק
incendiarism *n.* הַצָּתָה זְדוֹנִית
incendiary *adj.,n.* מַצִּית; מֵסִית
incense *v.* הִקְטִיר; הִרְגִּיז
incense *n.* קְטוֹרֶת
incentive *adj., n.* מְעוֹרֵר, מְגָרֶה; תַּמְרִיץ, מֵנִיעַ
inception *n.* הַתְחָלָה, רֵאשִׁית
incertitude *n.* אִי־בִּיטָּחוֹן, אִי וַדָּאוּת
incessant *adj.* לֹא פּוֹסֵק
incest *n.* גִּילּוּי־עֲרָיוֹת
incestuous *adj.* שֶׁבְּגִילּוּי־עֲרָיוֹת
inch *n.* אִינְץ' (2.54 ס"מ); קוֹרֶט
inch *v.* הֵנִיעַ לְאִטּוֹ; נָע לְאִטּוֹ
inchoate *adj.* בְּאִבּוֹ, עֲדַיִין לֹא מְפוּתָּח דַּיּוֹ
incidence *n.* הִיקָּרוּת, הֵיאָרְעוּת; תְּחוּלָה
incident *adj.* עָשׂוּי לָחוּל; קָשׁוּר ל
incident *n.* מִקְרֶה, תַּקְרִית
incidental *adj.* מִקְרִי, צְדָדִי, תַּקְרִיתִי
incidentally *adv.* בְּמִקְרֶה, אַגַּב
incinerate *v.* שָׂרַף לְאֵפֶר
incineration *n.* שְׂרֵפָה לְאֵפֶר
incinerator *n.* מִשְׂרֶפֶת
incipient *adj.* מַתְחִיל, מְבַצְבֵּץ
incision *n.* חָתָךְ; חִיתּוּךְ
incisive *adj.* חַד, חוֹדֵר
incite *v.* הֵסִית, שִׁיסָּה

inclemency *n.* אִי־רַחֲמָנוּת, אַכְזָרִיּוּת
inclement *adj.* לֹא רַחֲמָנִי, אַכְזָרִי
inclement weather מֶזֶג אֲוִויר אַכְזָרִי
inclination *n.* נְטִיָּה, פְּנִיָּה; מוֹרָד
incline *n.,v.* שִׁיפּוּעַ; הִטָּה; נָטָה
inclose, enclose *v.* סָגַר עַל, גָּדַר, צֵירֵף (בְּמִכְתָּב)
inclosure, enclosure *n.* מִגְרָשׁ גָּדוּר; גָּדֵר
include *v.* הֵכִיל, כָּלַל
including *adv.* כּוֹלֵל, לְרַבּוֹת
inclusive *adj.* כּוֹלֵל הַכּוֹל, וְעַד בִּכְלָל
incognito *adj., adv.* בְּעֵילוּם־שֵׁם, בְּהַסְתָּרַת זֶהוּת; עֲלוּם־שֵׁם
incoherent *adj.* מְבוּלְבָּל, חֲסַר קֶשֶׁר הֶגְיוֹנִי
incombustible *adj.* לֹא דָּלִיק, לֹא נִשְׂרָף
income *n.* הַכְנָסָה
income-tax *n.* מַס הַכְנָסָה
incoming *adj., n.* נִכְנָס (דּוֹאַר וכד')
incommunicado *adj.* (אָסִיר) מְנוּתָּק (מִקֶּשֶׁר)
incomparable *adj.* שֶׁאֵין דּוֹמֶה לוֹ
incompatible *adj. n.* מְנוּגָּד, לֹא מַתְאִים, אֵינָם עוֹלִים בְּקָנֶה אֶחָד
incompetent *adj.* לֹא מוּכְשָׁר, לֹא יָכוֹל
incomplete *adj.* לֹא שָׁלֵם, חָסֵר
incomprehensible *adj.,n.* לֹא מוּבָן
inconceivable *adj.* שֶׁאֵין לְהַעֲלוֹתוֹ עַל הַדַּעַת
inconclusive *adj.* לֹא מַסְקָנִי, לֹא מְשַׁכְנֵעַ
incongruous *adj.* לֹא תּוֹאֵם, לֹא הוֹלֵם
inconsequential *adj.* לְלֹא תּוֹצָאוֹת; לֹא עָקִיב; לֹא נוֹבֵעַ מִמַּה שֶּׁקָּדַם

inconsiderable *adj.* קַל עֵרֶךְ, שֶׁאֵין לְהַחְשִׁיבוֹ
inconsiderate *adj.* לֹא מִתְחַשֵּׁב בַּזּוּלַת
inconsistency *n.* סְטִיָּה מִן הַקַּו, חוֹסֶר עִקְבִיּוּת
inconsistent *adj.* לֹא מַתְאִים; לֹא עִקְבִי, סוֹטֶה מֵהַקַּו שֶׁקָּבַע
inconsolable *adj.* שֶׁאֵין לוֹ נֶחָמָה, שֶׁאֵינוֹ מִתְנַחֵם
inconspicuous *adj.* לֹא בּוֹלֵט, לֹא נִרְאֶה לָעַיִן
inconstant *adj.* לֹא יַצִּיב, הֲפַכְפַּךְ
incontinent *adj.* לֹא מַבְלִיג, לֹא מִתְאַפֵּק
inconvenience *n.,v.* אִי־נוֹחוּת; גָּרַם אִי־נוֹחוּת
inconvenient *adj.* לֹא נוֹחַ
inconvertible *adj.* לֹא נִיתָּן לְהַחְלָפָה, לֹא חָלִיף
incorporate *v.* אִיחֵד, הִכְלִיל, כָּלַל; הָפַךְ לְחֶבְרָה מִסְחָרִית
incorporate *adj.* מְאוּגָּד, מְאוּחָד
incorporation *n.* הָאֶגֶד, אִיחוּד; הֲקָמַת חֶבְרָה מִסְחָרִית
incorporeal *adj.* לֹא גַּשְׁמִי, לֹא מוּחָשִׁי
incorrect *adj.* לֹא נָכוֹן, מוּטְעֶה, שָׁגוּי
incorrigible *adj.* שֶׁאֵין לוֹ תַּקָּנָה
increase *v.* הִגְדִּיל; הִרְבָּה; גָּדַל
increase *n.* גִּידּוּל, רִיבּוּי, תּוֹסֶפֶת
increasingly *adv.* בְּמִידָּה גְּדֵלָה וְהוֹלֶכֶת
incredible *adj.* שֶׁלֹּא יְיאֻמַן
incredulous *adj.* שֶׁאֵינוֹ מוּכָן לְהַאֲמִין, סַפְקָנִי
increment *n.* גְּדִילָה; הַגְדָּלָה, תּוֹסֶפֶת
incriminate *v.* הִפְלִיל
incrimination *n.* הַפְלָלָה
incrust *v.* כִּיסָּה בְּקְרוּם קָשֶׁה
incubate *v.* דָּגְרָה; הִדְגִּיר
incubator *n.* מַדְגֵּרָה, אִינְקוּבָּטוֹר
inculcate *v.* הֶחְדִּיר (מוּשָׂגִים)
incumbency *n.* חוֹבָה; מִשְׂרַת כּוֹמֶר
incumbent *adj., n.* מוּטָל עַל; נוֹשֵׂא מִשְׂרָה (כּוֹמֶר)
incunabula *n.pl.* אִינְקוּנַבּוּלָה, דְּפוּס עֶרֶס (כִּינּוּי לספר שנדפס בתקופה ראשונה של אמצאת הדפוס, סוף המאה ה־15)
incur *v.* נָטַל עָלָיו, הֵבִיא עַל עַצְמוֹ
incurable *adj.,n.* חֲשׂוּךְ מַרְפֵּא
incursion *n.* פְּלִישָׁה, פְּשִׁיטָה
indebted *adj.* חַיָּיב (כסף או תודה)
indecency *n.* אִי־הֲגִינוּת, פְּרִיצוּת
indecent *adj.* מְגוּנֶּה, לֹא הָגוּן, גַּס
indecisive *adj.* הַסְסָנִי
indeclinable *adj.,n.* לֹא נִיטֶּה
indecorous *adj.* חֲסַר טַעַם טוֹב, חֲסַר הֲגִינוּת
indeed *adv.,interj.* בֶּאֱמֶת, אָמְנָם
indefatigable *adj.* לֹא מִתְעַיֵּיף
indefensible *adj.* שֶׁאִי־אֶפְשָׁר לְהַצְדִּיקוֹ
indefinable *adj.* לֹא נִיתָּן לְהַגְדָּרָה
indefinite *adj.* סָתוּם; סְתָמִי
indelible *adj.* לֹא מָחִיק, לֹא נִמְחָק
indelicate *adj.* לֹא עָדִין, לֹא צָנוּעַ
indemnification *n.* תַּשְׁלוּם פִּיצּוּיִים
indemnify *v.* פִּיצָּה, שִׁיפָּה
indemnity *n.* תַּשְׁלוּם נֶזֶק, פִּיצּוּי
indent *v.* שִׁינֵּן; הֵזִיחַ, הִפְנִים (שורה)
indent *n.* שִׁינּוּן; פְּרִיצָה; הַזְמָנָה (של סחורה)

indentation *n.* שִׁינּוּן; הַפְנָמָה, הֲזָחָה
indenture *n.* הֶסְכֵּם בִּכְתָב (בעיקר להעסקת שוליה)
indenture *v.* קָשַׁר בְּחוֹזֶה
independence *n.* אִי־תְּלוּת, עַצְמָאוּת
independency *n.* אִי־תְּלוּת, עַצְמָאוּת
independent *adj., n.* לֹא תָּלוּי, עַצְמָאִי
indescribable *adj.* שֶׁאֵין לְתָאֲרוֹ
indestructible *adj.* שֶׁאֵין לְהָרְסוֹ
indeterminate *adj.* לֹא בָּרוּר; לֹא קָבוּעַ
index *n.* מַפְתֵּחַ (לספר), מַדָּד (יוקר המחיה)
index *v.* עָרַךְ מַפְתֵּחַ, מִפְתֵּחַ
index finger *n.* הָאֶצְבַּע הַמַּרְאָה
India *n.* הוֹדוּ
India ink *n.* דְּיוֹת, 'טוּשׁ'
Indian *adj.* הוֹדִי; אִינְדִיאָנִי (באמריקה)
Indian club *n.* אַלַּת הִתְעַמְּלוּת
Indian corn *n.* תִּירָס
Indian file *n.* טוּר עוֹרְפִּי
Indian Ocean *n.* הָאוֹקְיָנוֹס הַהוֹדִי
indicate *v.* הֶרְאָה, הִצְבִּיעַ; סִימֵּן
indication *n.* סִימָן, סֶמֶל
indicative *adj.* מַצְבִּיעַ עַל, מֵעִיד עַל, מְצַיֵּן
indicative mood *n.* דֶּרֶךְ הַחִיוּוּי
indicator *n.* מַרְאֶה, מְכַוֵּן; מָחוֹג, מַחְוָן (ברכב)
indices *n.pl. of* **index**
indict *v.* הֶאֱשִׁים
indictment *n.* הַאֲשָׁמָה; כְּתַב אִישׁוּם
indifferent *adj.* אָדִישׁ, רַשְׁלָנִי
indigenous *adj.* יָלִיד, יְלִידִי
indigent *adj.* עָנִי, חֲסַר כּוֹל

indigestible *adj.* שֶׁקָּשֶׁה לְעִכְּלוֹ
indignant *adj.* מְמוּרְמָר, זוֹעֵם
indignation *n.* הִתְמַרְמְרוּת
indignity *n.* פְּגִיעָה בְּכָבוֹד, בִּיזָיוֹן
indigo *n.* אִינְדִיגוֹ (כחול כיהה)
indirect *adj.* עָקִיף, לֹא יָשִׁיר
indiscernible *adj.* לֹא נִיכָּר, סָמוּי
indiscreet *adj.* לֹא זָהִיר; פַּטְפְּטָנִי
indiscriminate *adj.* לֹא מַבְחִין
indispensable *adj.* שֶׁאֵין לְוַותֵּר עָלָיו
indisposed *adj.* לֹא בְּקַו הַבְּרִיאוּת
indisputable *adj.* שֶׁאֵינוֹ נִיתָּן לְוִיכּוּחַ, שֶׁאֵין לְעַרְעֵר עָלָיו
indissoluble *adj.* לֹא מָסִיס
indistinct *adj.* לֹא בָּרוּר, מְעוּרְפָּל
indite *v.* חִיבֵּר (נאום וכד') וְכָתַב
individual *adj.* יְחִידָנִי, אִינְדִיוִידוּאָלִי
individuality *n.* יִיחוּד, אוֹפִי מְיוּחָד
indivisible *adj.* לֹא נִיתָּן לַחֲלוּקָּה
Indo-Chinese *adj.,n.* הוֹדוּ־סִינִי
indoctrinate *v.* הִלְעִיט אֶת הַמּוֹחַ, לִימֵּד
indolent *adj.* עַצְלָנִי, בַּטְלָנִי
indoor *adj.* פְּנִימִי, בֵּיתִי
indoors *adv.* בַּבַּיִת
indorse, endorse *v.* אִישֵּׁר; הֵסֵב (שטר)
indorsee, endorsee *n.* מוּסָב
indorsement, endorsement *n.* הֲסָבָה
indorser, endorser *n.* מֵסֵב
indubitable *adj.* לֹא מוּטָל בְּסָפֵק
induce *v.* הִשְׁפִּיעַ עַל, פִּיתָּה, הִשִּׂיא
inducement *n.* פִּיתּוּי, הַשָּׁאָה
induct (into) *v.* גִּייֵּס, חִיֵּיל
induction *n.* הַשְׁרָאָה, אִינְדוּקְצְיָה
indulge *v.* הִתְמַכֵּר; פִּינֵּק
indulgence *n.* הִתְפַּנְּקוּת, הִתְמַכְּרוּת; פִּיּוּס; סוֹבְלָנוּת; תַּעֲנוּג

indulgent *adj.* נוֹחַ, סוֹבְלָנִי
industrial *adj.* תַּעֲשִׂיָּתִי
industrialist *n.* תַּעֲשִׂיָּן
industrialize *v.* תִּיעֵשׁ
industrious *adj.* חָרוּץ
industry *n.* תַּעֲשִׂיָּה; חָרִיצוּת
inebriation *n.* שִׁכְרוּת
inedible *n.* לֹא אָכִיל, לֹא רָאוּי לַאֲכִילָה
ineffable *adj.* שֶׁלֹּא יְבוּטָּא בְּמִלִּים, עִילָּאִי
ineffective *adj.* לֹא מוֹעִיל, לֹא יָעִיל
ineffectual *adj.* לֹא מוּצְלָח, לֹא יָעִיל
inefficacious *adj.* לֹא מוֹעִיל
inefficacy *n.* אִי־יְעִילוּת
inefficient *adj.* לֹא יָעִיל
ineligible *adj.,n.* לֹא רָאוּי לִבְחִירָה; פָּסוּל
ineluctable *adj.* שֶׁאֵין מָנוֹס מִמֶּנּוּ
inept *adj.* לֹא מַתְאִים; שְׁטוּתִי
inequality *n.* אִי־שִׁוְיוֹן, חֲלוּקָּה בִּלְתִּי שָׁוָה
inequity *n.* אִי־צֶדֶק
ineradicable *adj.* לֹא נִיתָּן לִמְחִיקָה, שֶׁאֵין לְעָקְרוֹ
inertia *n.* אִי פְּעוּלָּה, כְּבֵדוּת, אִיטִיּוּת; הֶתְמֵד (בפיסיקה)
inescapable *adj.* שֶׁאֵין לְהִימָּנַע מִמֶּנּוּ
inestimable *adj.* לֹא יְשׁוֹעָר, לֹא יְסוּלָּא בַּפָּז
inevitable *adj.* בִּלְתִּי־נִמְנָע
inexact *adj.* לֹא מְדוּיָּק
inexcusable *adj.* שֶׁלֹּא יְיסֻלַּח
inexhaustible *adj.* לֹא נִדְלֶה, לֹא נִלְאֶה
inexorable *adj.* שֶׁאֵין לְרַכְּכוֹ; שֶׁאֵין לְשַׁנּוֹתוֹ
inexpedient *adj.* לֹא כְּדָאִי, לֹא מוֹעִיל
inexpensive *adj.* לֹא יָקָר, זוֹל
inexperience *n.* חוֹסֶר נִיסָּיוֹן
inexplicable *adj.* שֶׁאֵין לְהַסְבִּירוֹ
inexpressible *adj.* שֶׁאִי אֶפְשָׁר לְבַטְּאוֹ
infallible *adj., n.* שֶׁאֵינוֹ שׁוֹגֶה; בָּדוּק (תרופה וכד׳)
infamous *adj.* יָדוּעַ לְשִׁמְצָה
infamy *n.* שִׁמְצָה, קָלוֹן
infancy *n.* יַלְדוּת, יַנְקוּת
infant *n.* עוֹלָל, תִּינוֹק
infantile *adj.* יַלְדוּתִי, תִּינוֹקִי
infantile paralysis *n.* שִׁיתּוּק יְלָדִים
infantry *n.* חֵיל־רַגְלִים
infantryman *n.* חַיָּיל רַגְלִי
infatuated *adj.* מוּקְסָם, מְאוֹהָב עַד לְשִׁיגָּעוֹן
infect *v.* אִילֵּחַ, זִיהֵם, הִדְבִּיק בְּמַחֲלָה
infection *n.* הַדְבָּקָה, אִילּוּחַ, זִיהוּם
infectious *adj.* מִידַּבֵּק
infelicity *n.* עַצְבוּת, הַחְמָצָה (בזמן)
infer *v.* הִסִּיק; הִקִּישׁ, לָמַד מ
inferior *adj., n.* נָחוּת, נוֹפֵל בְּעֶרְכּוֹ; נְחוּת דַּרְגָּה
inferiority *n.* נְחִיתוּת
inferiority complex *n.* תַּסְבִּיךְ נְחִיתוּת
infernal *adj.* שְׂטָנִי, אַכְזָרִי
inferno *n.* גֵּיהִינּוֹם, מְעַרְבּוֹלֶת אֵשׁ
infest *v.* שָׁרַץ בּ
infidel *adj., n.* כּוֹפֵר
infidelity *n.* אִי־נֶאֱמָנוּת, בְּגִידָה
infield *n.* (בבייסבול) שֶׁטַח הַמִּשְׂחָק
infighting *n.* קְרָב מַגָּע; הִתְגּוֹשְׁשׁוּת
infiltrate *v.* סִינֵּן; הִסְתַּנֵּן
infinite *adj.,n.* אֵין־סוֹפִי; אֵין־סוֹף

infinitesimal *adj.* קְטַנְטַן, זְעַרְעַר
infinitive *adj.,n.* שֶׁל מָקוֹר; מָקוֹר
infinity *n.* אֵין־סוֹף, נֶצַח
infirm *adj.* חָלוּשׁ, חוֹלֶה
infirmary *n.* בֵּית־חוֹלִים, מִרְפָּאָה
infirmity *n.* חוּלְשָׁה; מֵחוּשׁ; הִיסּוּס
infix *v.* קָבַע, תָּקַע, קִיבֵּעַ
infix *n.* מִצְעִית, תּוֹכִית
inflame *v.* הִדְלִיק; הֵסִית; הִשְׁתַּלְהֵב
inflammable *adj.* דָּלִיק
inflammation *n.* דַּלֶּקֶת; הִתְלַקְּחוּת
inflate *v.* נִיפַּח; הִתְנַפֵּחַ
inflation *n.* נִיפּוּחַ; אִינְפְלַצְיָה, נַפַּחַת
inflect *v.* כָּפַף, הִטָּה
inflection *n.* הַטָּיָה, כְּפִיפָה
inflexible *adj.* לֹא גָמִישׁ, נוּקְשֶׁה
inflict *v.* גָּרַם (אבידות וכד'); הִטִּיל (עונש וכד')
inflow *n.* זְרִימָה פְּנִימָה
influence *n.* הַשְׁפָּעָה, 'פְּרוֹטֶקְצְיָה'
influence *v.* הִשְׁפִּיעַ עַל
influent *adj., n.* זוֹרֵם אֶל; יוּבַל
influential *adj.* בַּעַל הַשְׁפָּעָה
influenza *n.* שַׁפַּעַת
influx *n.* זֶרֶם, זְרִימָה (פנימה)
inform *v.* הוֹדִיעַ, מָסַר; הִלְשִׁין
informal *adj.* לֹא רִשְׁמִי, לֹא פוֹרְמָלִי
informant *n.,adj.* מוֹסֵר יְדִיעוֹת
information *n.* מֵידָע, אִינְפוֹרְמַצְיָה
informational *adj.* שֶׁל אִינְפוֹרְמַצְיָה
informed sources *n.pl.* מְקוֹרוֹת יוֹדְעֵי דָבָר
infra *prep.* לְמַטָּה, מִתַּחַת, תַּת
infra-red *adj.* תַּת־אָדוֹם, אִינְפְרָה־אָדוֹם
infraction *n.* שְׁבִירָה; הֲפָרָה (של הסכם, של חוק וכד')
infrequent *adj.* לֹא תָּדִיר, נָדִיר
infringe *v.* עָבַר, הֵפֵר
infringement *n.* עֲבֵירָה, הֲפָרָה
infuriate *v.* הִרְגִיז, הִרְתִּיחַ
infuse *v.* מִילֵּא, יָצַק אֶל, עֵירָה
infusion *n.* מִילּוּי, יְצִיקָה; עֵירוּי
ingenious *adj.* חָכָם, מְחוּכָּם, עָשׂוּי בְּחָכְמָה
ingenuity *n.* שְׁנִינוּת, תַּחְבּוּלָה
ingenuous *adj.* כֵּן, יָשָׁר; תָּמִים
ingenuousness *n.* כֵּנוּת, יוֹשֶׁר
ingest *v.* הִכְנִיס מָזוֹן לַקֵּיבָה
inglorious *adj.* לֹא מְכוּבָּד, מֵבִישׁ
ingot *n.* מְטִיל
ingraft *v.* הִרְכִּיב; נָטַע
ingrained, engrained *adj.* מוּשְׁרָשׁ (לגבי דֵעָה, תכונה וכד')
ingrate *adj.,n.* כְּפוּי־טוֹבָה
ingratiate *v.* הִתְחַבֵּב
ingratiating *adj.* מִתְחַנֵּף
ingratitude *n.* כְּפִיַּית טוֹבָה
ingredient *n.* מַרְכִּיב, רְכִיב
ingress *n.* רְשׁוּת כְּנִיסָה
inhabit *v.* הִשְׁתַּכֵּן בּ, חַי בּ
inhabitant *n.* תּוֹשָׁב
inhale *v.* שָׁאַף (לתוכו)
inherent *adj.* טָבוּעַ בּוֹ, טִבְעִי, מַהוּתִי
inherit *v.* יָרַשׁ
inheritance *n.* יְרוּשָּׁה
inhibit *v.* עִיכֵּב, מָנַע, עָצַר בְּעַד
inhibition *n.* עַכָּבָה, מַעְצוֹר נַפְשִׁי
inhospitable *adj.* לֹא מַסְבִּיר פָּנִים
inhuman *adj.* לֹא אֱנוֹשִׁי, אַכְזָרִי
inhumane *adj.* לֹא אֱנוֹשִׁי, לֹא רַחְמָנִי
inhumanity *n.* חוֹסֶר רֶגֶשׁ אֱנוֹשִׁי
inimical *adj.* עוֹיֵן, מַזִּיק

inimitable *adj.* לֹא נִיתָּן לְחִיקּוּי
iniquity *n.* עָוֶל, אִי צֶדֶק, רֶשַׁע
initial *adj.,n.* רִאשׁוֹנִי, רָאשִׁי; אוֹת רִאשׁוֹנָה (שֶׁל שֵׁם)
initial *v.* חָתַם בְּרָאשֵׁי־תֵּיבוֹת
initiate *v.* הִתְחִיל בְּ, יָזַם
initiation *n.* כְּנִיסָה חֲגִיגִית (לַאֲגוּדָה וכו')
initiative *n.* יוֹזְמָה
initiator *n.* יוֹזֵם
inject *v.* הִזְרִיק; זָרַק (הערה וכד')
injection *n.* זְרִיקָה; הֶעָרַת בֵּינַיִים
injudicious *adj.* לֹא נָבוֹן, לֹא שָׁקוּל
injunction *n.* צַו, צַו מוֹנֵעַ
injure *v.* פָּצַע, הִזִּיק, פָּגַע
injurious *adj.* מַזִּיק, פּוֹגֵעַ
injury *n.* פֶּצַע; הֶיזֵּק, נֶזֶק
injustice *n.* אִי־צֶדֶק, עָוֶל
ink *n.,v.* דְּיוֹ; סִימֵּן בִּדְיוֹ; כִּיסָּה בִּדְיוֹ
inkling *n.* רֶמֶז, שֶׁמֶץ דָּבָר
inkstand *n.* דְּיוֹתָה
inkwell *n.* קֶסֶת דְּיוֹ
inlaid *adj.* מְשׁוּבָּץ, חָרוּת
inland *n.,adj.,adv.* (שֶׁל) פְּנִים הָאָרֶץ
in-law *n.* קָרוֹב (על ידי נישואים)
inlay *v.,n.* שִׁיבֵּץ; שִׁיבּוּץ
inlet *n.* מִפְרָץ קָטָן; פֶּתַח כְּנִיסָה
inmate *n.* גָּר, שׁוֹכֵן (במוסד סגור כבית סוהר או בית חולים)
inn *n.* פּוּנְדָק, אַכְסַנְיָה
innards *n.pl.* (בדיבור) קְרָבַיִים
innate *adj.* מוּטְבָּע, טָבוּעַ; פְּנִימִי
inner *adj.* פְּנִימִי, תּוֹכִי
inner tube *n.* אַבּוּב 'פְּנִימִי'
inning *n.* מַחְזוֹר (בבייסבול, בקריקט); תּוֹר
innkeeper *n.* פּוּנְדְקִי
innocence *n.* חַפּוּת מִפֶּשַׁע, תּוֹם
innocent *adj.,n.* חַף מִפֶּשַׁע, תָּמִים
innocuous *adj.* לֹא מַזִּיק; לֹא חָשׁוּב, לֹא בּוֹלֵט
innovate *v.* חִידֵּשׁ, הִמְצִיא
innovation *n.* חִידּוּשׁ, הַמְצָאָה
innuendo *n.* רֶמֶז לִגְנַאי
innumerable *adj.* שֶׁלֹּא יִיסָּפֵר מֵרוֹב
inoculate *v.* חִיסֵּן בְּהַרְכָּבַת נַסְיוּב
inoculation *n.* (חִיסּוּן בְּ) הַרְכָּבַת נַסְיוּב
inoffensive *adj.* לֹא מַזִּיק
inopportune *adj.* לֹא בְּעִתּוֹ, בִּזְמַן לֹא נוֹחַ
inordinate *adj.* מוּפְרָז, לֹא מְרוּסָּן
inorganic *adj.* אִי־אוֹרְגָנִי
input *n.* מַה שֶּׁמּוּכְנָס, כּוֹחַ; קֶלֶט (במכונה)
inquest *n.* תַּחְקִיר, חֲקִירַת סִיבַּת מָוֶת
inquire, enquire *v.* שָׁאַל, חָקַר
inquirer *n.* חוֹקֵר, שׁוֹאֵל
inquiry, enquiry *n.* חֲקִירָה וּדְרִישָׁה
inquisition *n.* חֲקִירָה קַפְּדָנִית
inquisitive *adj.* סַקְרָנִי
inroad *n.* הַסָּגַת גְּבוּל, פְּשִׁיטָה
insane *adj.* לֹא שָׁפוּי, חוֹלֵה רוּחַ
insanely *adv.* בְּשִׁיגָּעוֹן, כִּמְשׁוּגָּע
insanity *n.* טֵירוּף, אִי־שְׁפִיּוּת
insatiable *adj.* שֶׁאֵינוֹ יוֹדֵעַ שׂוֹבַע
inscribe *v.* רָשַׁם; חָקַק
inscription *n.* כְּתוֹבֶת; חֲקִיקָה, חֲרוֹתֶת
inscrutable *adj.* שֶׁאֵין לַהֲבִינוֹ, מִסְתּוֹרִי
insect *n.* חָרָק
insecticide *n.* קוֹטֵל חֲרָקִים (תכשיר)
insecure *adj.* חֲסַר בִּיטָּחוֹן עַצְמִי

inseminate *v.* הִזְרִיעַ זֶרַע
insemination *n.* הַזְרָעַת זֶרַע
inseparable *adj.* שֶׁאֵין לְהַפְרִידָם
insert *v.,n.* הִכְנִיס, שִׁרְבֵּב (מלה לטקסט); הַבְלָעָה; מִלָּה אוֹ קֶטַע מוּבְלָע
insertion *n.* קְבִיעָה; הַכְנָסָה; דָּבָר שֶׁשּׁוּרְבַּב
inset *n.* הַבְלָעָה; מִילּוּאָה
inset *v.* שָׂם בּ
inside *adj.,n.,adv.,prep.* פְּנִימִי; פְּנִים; פְּנִימָה; בְּתוֹךְ, בּ
inside information *n.* מֵידָע פְּנִימִי
insider *n.* יוֹדֵעַ דָּבָר, אִישׁ פְּנִימִי
insidious *adj.* מְחַבֵּל בַּסֵּתֶר, מַפִּיל בְּרֶשֶׁת
insight *n.* בּוֹנְנוּת
insignia *n.pl.* סִימָנֵי־דַּרְגָּה (או מעמד)
insignificant *adj.* חֲסַר עֵרֶךְ; לֹא נִיכָּר
insincere *adj.* לֹא כֵּן, לֹא יָשָׁר
insinuate *v.* רָמַז (בצורה פוגענית); הִגְנִיב
insipid *adj.* תָּפֵל (אדם), חֲסַר חִיּוּת
insist *v.* עָמַד עַל, דָּרַשׁ בְּתוֹקֶף
insofar *adv.* עַד כַּמָּה שֶׁ
insolence *n.* חוּצְפָּה, עַזּוּת פָּנִים
insoluble *adj.* לֹא מָסִיס; לֹא פָּתִיר
insolvency *n.* פְּשִׁיטַת־רֶגֶל
insomnia *n.* חוֹסֶר שֵׁנָה, נְדוּדֵי שֵׁנָה
insomuch *adv.* בְּמִידָּה; כָּךְ שׁ
insouciance *n.* קוֹר רוּחַ, שַׁאֲנָנוּת
inspect *v.* בָּדַק, בָּחַן, פִּיקֵּחַ
inspection *n.* פִּיקּוּחַ, בְּדִיקָה
inspiration *n.* הַשְׁרָאָה; הִתְלַהֲבוּת
inspire *v.* עוֹרֵר רוּחַ; הִשְׁרָה
inspiring *adj.* מַלְהִיב
instability *n.* אִי־יַצִּיבוּת
install *v.* הִתְקִין, קָבַע; הִכְנִיס לְמִשְׂרָה
installment *n.* תַּשְׁלוּם חֶלְקִי; הֶמְשֵׁךְ
installment buying *n.* רְכִישָׁה בְּתַשְׁלוּמִים
installment plan *n.* תָּכְנִית רְכִישָׁה בְּתַשְׁלוּמִים
instance *n.* דּוּגְמָה; מִקְרֶה; דֶּרֶג, שָׁלָב (בהליך משפטי)
instance *v.* הִדְגִּים
instancy *n.* דְּחִיפוּת
instant *adj.* מִיָּדִי
instant *n.* רֶגַע, הֶרֶף עַיִן
instantaneous *adj.* מִיָּדִי
instantly *adv.* מִיָּד, בֵּין רֶגַע
instead *adv.* בִּמְקוֹם
instep *n.* גַּב כַּף הָרֶגֶל
instigate *v.* הִסִּית, גֵּירָה
instill *v.* הֶחְדִּיר (לאט לאט); טִפְטֵף
instinct *n.* יֵצֶר, אִינְסְטִינְקְט
instinctive *adj.* יִצְרִי, אִינְסְטִינְקְטִיבִי
institute *v.* יִיסֵּד, הֵקִים
institute *n.* מָכוֹן
institution *n.* מוֹסָד
instruct *v.* הִדְרִיךְ, לִימֵּד, תִּדְרֵךְ
instruction *n.* לִימּוּד; תִּדְרוּךְ
instructive *adj.* מְאַלֵּף
instructor *n.* מַדְרִיךְ
instrument *n.* מַכְשִׁיר; אֶמְצָעִי
instrumental *adj.* מוֹעִיל, מְסַיֵּיעַ, מְשַׁמֵּשׁ
instrumentalist *n.* נַגָּן
instrumentality *n.* אֶמְצָעוּת; עֶזְרָה
insubordinate *n.* מְסָרֵב לְקַבֵּל מָרוּת, מַרְדָן, מַמְרֶה

insufferable *adj.* בִּלְתִּי נִסְבָּל
insufficient *adj.* לֹא מַסְפִּיק
insular *adj.* אִיִּי; שׁוֹכֵן אִי; צַר אוֹפֶק
insulate *v.* בִּידֵּד, בּוֹדֵד
insulation *n.* בִּידּוּד
insulator *n.* מַבְדֵּד, חוֹמֶר מְבוֹדֵד
insulin *n.* אִינְסוּלִין (תרכיב לחולי סוכרת)
insult *v.* הֶעֱלִיב, פָּגַע בּ
insult *n.* עֶלְבּוֹן, פְּגִיעָה
insurance *n.* בִּיטּוּחַ
insurance policy *n.* תְּעוּדַת בִּיטּוּחַ
insure *v.* בִּיטַּח
insurer *n.* מְבַטֵּחַ
insurgent *n.* מִתְקוֹמֵם
insurmountable *adj.* שֶׁאִי אֶפְשָׁר לְהִתְגַּבֵּר עָלָיו
insurrection *n.* הִתְקוֹמְמוּת, מְרִידָה
insusceptible *adj.* לֹא רָגִישׁ, לֹא מִתְרַשֵּׁם בְּנָקֵל
intact *adj.* שָׁלֵם, שֶׁלֹּא נָגְעוּ בּוֹ
intake *n.* כְּנִיסָה, כַּמּוּת שֶׁנִּכְנֶסֶת; קְלִיטָה.
intangible *adj.* לֹא מָשִׁישׁ; לֹא מוּחָשׁ
integer *n.* מִסְפָּר שָׁלֵם, יֵשׁוּת שְׁלֵמָה, יְחִידָה שְׁלֵמָה
integral *adj.* לֹא נִפְרָד; שָׁלֵם, שֶׁל מִסְפָּרִים שְׁלֵמִים; חָשׁוּב; אִינְטֶגְרָלִי
integration *n.* הִתְכַּלְּלוּת, מִיזּוּג
integrity *n.* כְּלִילוּת, שְׁלֵמוּת, יוֹשֶׁר מִידּוֹת
intellect *n.* שֵׂכֶל, בִּינָה
intellectual *adj.,n.* (שֶׁל) אִישׁ־רוּחַ
intellectuality *n.* כּוֹשֶׁר בִּינָה
intelligence *n.* בִּינָה, הֲבָנָה; מוֹדִיעִין
intelligence bureau *n.* אֲגַף מוֹדִיעִין
intelligence quotient (I.Q.) *n.* מְנַת מִשְׂכָּל
intelligent *adj.* נָבוֹן, אִינְטֶלִיגֶנְטִי
intelligentsia *n.* אִינְטֶלִיגֶנְצְיָה, אַנְשֵׁי־הָרוּחַ
intelligible *adj.* מוּבָן, נִתְפָּס
intemperance *n.* אִי־מְתִינוּת, חוֹסֶר רִיסּוּן עַצְמִי (בייחוד בשתיית משקאות אלכוהוליים)
intemperate *adj.* לֹא מָתוּן, מַפְרִיז
intend *v.* נָטָה, הִתְכַּוֵּן, יָעַד
intendance *n.* הַשְׁגָּחָה, הַחְזָקָה
intendant *n.* מַשְׁגִּיחַ
intended *adj.,n.* מְכוּוָּן, מְיוֹעָד
intense *adj.* חָזָק, עַז, מְאוּמָּץ
intensity *n.* עָצְמָה, חוֹזֶק
intensive *adj.* חָזָק, נִמְרָץ
intent *adj.* דָּרוּךְ; מְכוּוָּן
intent *n.* הִתְכַּוְּונוּת; מַטָּרָה
intention *n.* כַּוָּונָה
intentional *adj.* שֶׁבְּמֵזִיד, מְכוּוָּן
inter *v.* קָבַר, טָמַן
inter alia בֵּין הַשְּׁאָר
interact *v.* פָּעֲלוּ הֲדָדִית
interaction *n.* פְּעוּלַּת גּוֹמְלִין
inter-American *adj.* בֵּין־אֲמֶרִיקָנִי
intercalate *v.* הִבְלִיעַ, שָׂם בֵּין, הִכְנִיס לְלוּחַ הַשָּׁנָה
intercede *v.* הִשְׁתַּדֵּל בְּעַד
intercept *v.* תָּפַס בַּדֶּרֶךְ, יֵירֵט
interceptor *n.* עוֹצֵר, מְעַכֵּב; מְטוֹס יֵירוּט
interchange *v.* הֶחֱלִיף; הִתְחַלֵּף
interchange *n.* חֲלִיפִין
intercollegiate *adj.* בֵּין־אוּנִיבֶרְסִיטָאִי
intercom *n.* תִּקְשׁוֹרֶת פְּנִימִית

intercontinental *adj.* בֵּין־יַבַּשְׁתִּי
intercourse *n.* מַגָּע; מַגָּע וּמַשָּׂא; מַגָּע מִינִי; מִשְׁגָּל, בְּעִילָה
intercross *v.* חָצוּ זֶה אֶת זֶה; הִצְלִיב, הִכְלִיא
interdenominational *adj.* שֶׁבֵּין כִּיתּוֹת דָּתִיּוֹת
interdependence *n.* תְּלוּת הֲדָדִית
interdict *v.* אָסַר מָנַע
interdict *n.* אִיסּוּר, מְנִיעָה, מֶנַע
interest *v.* עִנְיֵין
interest *n.* זִיקָה בְּעִנְיָין, אִינְטֶרֶס; תּוֹעֶלֶת; רִיבִּית, פֵּירוֹת
interested *adj.* מִתְעַנְיֵין, מְעוּנְיָן
interesting *adj.* מְעַנְיֵין
interfere *v.* הִתְעָרֵב, פָּגַע, הִפְרִיעַ
interference *n.* הִתְעָרְבוּת; הַפְרָעָה
interim *n., adj.* תְּקוּפַת בֵּינַיִים; זְמַנִּי
interior *adj., n.* פְּנִימִי; פְּנִים
interject *v.* הִשְׁמִיעַ קְרִיאַת בֵּינַיִים
interjection *n.* זְרִיקָה אֶל תּוֹךְ; קְרִיאָה
interlace *v.* שָׁזַר; שִׁילֵּב; הִשְׁתַּלֵּב
interlard *v.* תִּיבֵּל, שִׁרְבֵּב; שִׁילֵּב
interline *v.* הוֹסִיף בֵּין הַשִּׁיטִין
interlining *n.* בִּטְנָה פְּנִימִית
interlink *v.* רִיתֵּק
interlock *v.* שִׁילֵּב; תָּאַם
interlocutor *n.* בֶּן־שִׂיחַ
interlocutory *adj.* זְמַנִּי, שֶׁל בֵּינַיִים
interlocutory costs *n.pl.* הוֹצָאוֹת בֵּינַיִים
interlocutory order *n.* צַו בֵּינַיִים
interlope *v.* נִדְחַק, הִתְעָרֵב
interloper *n.* דּוֹחֵק אֶת עַצְמוֹ
interlude *n.* נְגִינַת־בֵּינַיִים; מְאוֹרַע־בֵּינַיִים; הַפְסָקָה (בֵּין מערכות)
intermarriage *n.* נִישּׂוּאֵי תַּעֲרוֹבֶת
intermediary *adj., n.* בֵּינַיְימִי; אֶמְצָעִי; מְתַוֵּוךְ
interment *n.* קְבוּרָה
intermezzo *n.* אִינְטֶרְמֶצוֹ, נְגִינַת בֵּינַיִים
interminable *adj.* נִמְשָׁךְ לְאֵין סוֹף
intermingle *v.* עֵירֵב; הִתְעָרֵב
intermittent *adj.* בָּא בְּסֵירוּגִין
intermix *v.* בָּלַל; הִתְבּוֹלֵל
intern *v.* כָּלָא בְּהֶסְגֵּר
intern(e) *n.* רוֹפֵא פְּנִימוֹנִי (שגר בביה"ח)
internal *adj.* פְּנִימִי, תּוֹכִי
internal affairs *n.pl.* עִנְיְינֵי פְּנִים
internal commerce *n.* סַחַר פְּנִים
internal revenue *n.* מִסֵּי הַמְּדִינָה
international *adj.* בֵּין־לְאוּמִּי
internationalize *v.* בִּנְאֵם
internecine *adj.* גּוֹרֵם לְהֶרֶס הֲדָדִי
internee *n.* כָּלוּא, עָצִיר, נָתוּן בְּמַחֲנֵה הֶסְגֵּר
internist *n.* רוֹפֵא פְּנִימִי
internment *n.* כְּלִיאָה
internship *n.* תְּקוּפַת הִתְמַחוּת
interpellate *v.* הִגִּישׁ שְׁאִילְתָּא
interpenetrate *v.* חָדַר לְכָל סֶדֶק; חָדְרוּ זֶה לְתוֹךְ זֶה
interplay *n.* פְּעִילוּת הֲדָדִית
interpolate *v.* שִׁינָּה טֶקְסְט; שִׁרְבֵּב
interpose *v.* שָׂם, עָמַד בֵּין
interpret *v.* פֵּירֵשׁ, הִסְבִּיר; תִּרְגֵּם; הֵבִין
interpreter *n.* מְתוּרְגְּמָן; מְפָרֵשׁ
interregnum *n.* תְּקוּפַת בֵּינַיִים (של שלטון)
interrelated *adj.* שֶׁבְּיַחֲסֵי גּוֹמְלִין

interrogate *v.* חָקַר וְדָרַשׁ, תִּשְׁאֵל, תִּחְקֵר
interrogation *n.* תִּחְקוּר, תִּשְׁאוּל
interrogation point (mark) *n.* סִימַן שְׁאֵלָה (?)
interrogative *adj.* חוֹקֵר וְדוֹרֵשׁ
interrupt *v.* הִפְסִיק; הִפְרִיעַ; שִׁיסֵּעַ
intersection *n.* חֲצִיָּה; חִיתּוּךְ
intersperse *v.* פִּיזֵּר, זָרָה; שִׁיבֵּץ
interstice *n.* חָרִיץ, סֶדֶק, נְקִיק
intertwine *v.* שָׁזַר; הִשְׁתַּזֵּר
interval *n.* הַפְסָקָה, הֲפוּגָה
intervene *v.* הִפְרִיעַ, הִתְעָרֵב
intervening *adj.* בֵּינַיִים; מַפְרִיד
intervention *n.* הִתְעָרְבוּת; חֲצִיצָה
interview *n.* רֵיאָיוֹן
interview *v.* רֵאֲיֵין
interweave *v.* סָרַג, אָרַג, שָׁזַר
intestate *adj., n.* לְלֹא צַוָּואָה (נפטר, עיזבון)
intestine *n.* מֵעַיִים, מְעִי
intimacy *n.* מַגָּע הָדוּק; סוֹדִיּוּת; יַחֲסֵי מִין
intimate *adj.,n.* קָרוֹב, הָדוּק, אִינְטִימִי, אִישִׁי; יָדִיד קָרוֹב
intimate *v.* רָמַז; הוֹדִיעַ
intimation *n.* רֶמֶז; הוֹדָעָה
intimidate *v.* אִיֵּים, הִפְחִיד; אִילֵּץ
into *prep.* אֶל, אֶל תּוֹךְ, לְתוֹךְ, ל
intolerable *adj.* בִּלְתִּי נִסְבָּל; קָשֶׁה מִנְּשׂוֹא
intolerant *adj.* לֹא סוֹבְלָנִי
intombment *n.* קְבוּרָה
intonation *n.* הַנְגָּנָה, אִינְטוֹנַצְיָה
intone *v.* קָרָא לְפִי הַטְּעָמִים; דִקְלֵם בְּמַנְגִּינָה, דִּיבֵּר בְּנִיגּוּן

intoxicant *n.* מְשַׁכֵּר
intoxicate *v.* שִׁיכֵּר
intoxication *n.* שִׁכְרוּת; שִׁיכּוּר
intractable *adj.* לֹא מְקַבֵּל מָרוּת, סוֹרֵר, עַקְשָׁן, לֹא גָמִישׁ
intransigent *n.,adj.* לֹא מִתְפַּשֵּׁר, נוּקְשֶׁה מְאוֹד
intransitive *n.,adj.* (פּוֹעַל) עוֹמֵד
intravenous *adj.* מוּזְרָק לַוְּרִיד
intrench *v.* הִתְחַפֵּר, הִתְבַּצֵּר
intrepid *adj.* לְלֹא חַת, אַמִּיץ
intrepidity *n.* אִי־מוֹרָא, אוֹמֶץ
intricate *adj.* מְסוּבָּךְ וּמוּרְכָּב
intrigue *v.* זָמַם, סִכְסֵךְ; סִקְרֵן
intrigue *n.* תַּחְבּוּלָה; מְזִימָּה; תְּכָכִים
intrinsic(al) *adj.* פְּנִימִי, עַצְמִי; סְגוּלִי
intrinsically *adv.* בִּיסוֹדוֹ, בְּעֶצֶם מַהוּתוֹ
introduce *v.* הִצִּיג; הֵבִיא, הִכְנִיס, הִנְהִיג; הִקְדִּים (דברי הֶסבר)
introduction *n.* הַקְדָּמָה; הַכְנָסָה; הַנְהָגָה; הַצָּגָה
introductory, introductive *adj.* מַצִּיג, מַקְדִּים
introspect *v.* הִתְבּוֹנֵן בְּתוֹךְ עַצְמוֹ
introvert *n.* מוּפְנָם, מְפוּנָּם
intrude *v.* פָּרַץ, נִדְחַק, הִדְחִיק
intruder *n.* נִדְחָק; לֹא קָרוּא; פּוֹלֵשׁ
intrusive *adj.* מַפְרִיעַ, נִדְחָק
intrust *v.* הִפְקִיד; הִטִּיל עַל
intuition *n.* טְבִיעַת־עַיִן, אִינְטוּאִיצְיָה, יְדִיעָה בִּלְתִּי אֶמְצָעִית
inundate *v.* שָׁטַף, הֵצִיף
inundation *n.* שִׁיטָּפוֹן, הֲצָפָה
inure *v.* הִרְגִּיל בּ; חִישֵּׁל
invade *v.* פָּלַשׁ; פָּגַע (בזכות)

invader *n.* פּוֹלֵשׁ
invalid *adj.* חֲסַר תּוֹקֶף, לֹא תּוֹפֵס
invalid *n.,adj.* חוֹלֶה, נָכֶה, בַּעַל מוּם
invalidate *v.* פָּסַל, שָׁלַל תּוֹקֶף
invalidity *n.* חוֹסֶר תּוֹקֶף
invaluable *adj.* רַב־עֵרֶךְ
invariable *adj.* לֹא מִשְׁתַּנֶּה; תְּמִידִי
invariably *adv.* בְּאוֹפֶן קָבוּעַ, תָּמִיד
invasion *n.* פְּלִישָׁה; פְּגִיעָה (בזכות)
invective *n.* גִידּוּף, דִבְרֵי נְאָצָה
inveigh *v.* הִתְקִיף בַּחֲרִיפוּת
inveigle *v.* פִּיתָּה
invent *v.* הִמְצִיא; חִידֵּשׁ
invention *n.* הַמְצָאָה, אַמְצָאָה
inventive *adj.* מַמְצִיאָנִי, בַּעַל כּוֹחַ הַמְצָאָה
inventiveness *n.* מַמְצִיאָנוּת, כִּשְׁרוֹן הַמְצָאָה
inventor *n.* מַמְצִיאָן
inventory *n.,v.* מְלַאי, מְצַאי, רְשִׁימַת פְּרִיטִים
inverse *adj.,n.* הָפוּךְ, הוֹפְכִי; הֵפֶךְ
inversion *n.* הֲפִיכָה; סֵירוּס
invert *v.* הָפַךְ
invert *adj.,n.* הָפוּךְ
invertebrate *adj.,n.* חֲסַר חוּלְיוֹת
inverted commas *n.pl.* מֵירְכָאוֹת (")
invest *v.* הִשְׁקִיעַ; הֶעֱנִיק
investigate *v.* חָקַר, תִּחְקֵר, תִּשְׁאֵל
investigation *n.* חֲקִירָה, תִּשְׁאוּל
investment *n.* הַשְׁקָעָה; מָצוֹר; טֶקֶס הַסְמָכָה
investor *n.* מַשְׁקִיעַ הוֹן
inveterate *adj.* רָגִיל, מוּשְׁבָּע
invidious *adj.* פּוֹגֵעַ
invigilate *v.* הִשְׁגִּיחַ (על כתיבת בחינה)
invigorate *v.* הִגְבִּיר, הִמְרִיץ
invigoration *n.* חִיזּוּק, הַמְרָצָה
invincible *adj.* לֹא מְנוּצָּח
inviolate *adj.* שֶׁלֹּא חוּלַל, שֶׁנִּשְׁמַר
invisible *adj.* בִּלְתִּי נִרְאֶה
invitation *n.* הַזְמָנָה (לטקס וכד')
invite *v.* הִזְמִין, קָרָא; פִּיתָּה
inviting *adj.* מַזְמִין; מְפַתֶּה
invocation *n.* תְּפִילַּת בַּקָּשָׁה
invoice *n.* תְּעוּדַת מִשְׁלוֹחַ, חֶשְׁבּוֹנִית
invoice *v.* הֵכִין חֶשְׁבּוֹנִית
invoke *v.* קָרָא בִּתְפִילָּה; פָּנָה
involuntary *adj.* שֶׁלֹּא מֵרָצוֹן, בְּלִי מֵשִׂים
involution *n.* מְעוֹרָבוּת; סִיבּוּךְ, הִסְתַּבְּכוּת; (במת') הַעֲלָאָה בְּחֶזְקָה
involve *v.* גָּרַר, עֵירֵב, סִיבֵּךְ; הֶעֱסִיק
involvement *n.* מְעוֹרָבוּת; הִסְתַּבְּכוּת
invulnerable *adj.* לֹא פָּגִיעַ
inward *adj.,n.,adv.* פְּנִימִי; פְּנִים; פְּנִימָה
iodide *n.* יוֹדִיד (תרכובת של יוד)
iodine *n.* יוֹד
ion *n.* יוֹן (אטום נושא מטען חשמלי)
ionize *v.* יוֹנֵן; הִתְיוֹנֵן
iota *n.* יוֹטָה (י' יוונית)
IOU,I.O.U. *n.* שְׁטַר־חוֹב (ר"ת אני חייב לך)
ipso facto אִיפְּסוֹ פַקְטוֹ (מכוח עובדה זו)
irascible *adj.* נוֹחַ לִכְעוֹס, רַתְחָן
irate *adj.* כּוֹעֵס, כַּעֲסָנִי
ire *n.* כַּעַס
iris *n.* קֶשֶׁתִּית (העין); אִירוּס (פרח)
irk *v.* הִרְגִּיז
irksome *adj.* מַרְגִּיז, מַטְרִיד, מְייַגֵּעַ
iron *n.* בַּרְזֶל; מַגְהֵץ

iron *adj.* בַּרְזִילִי; שֶׁל בַּרְזֶל
iron *v.* גִּיהֵץ
ironbound *adj.* עוֹטֵה בַּרְזֶל, מְשׁוּרְיָין
ironclad *n.* סְפִינַת שִׁרְיוֹן
ironclad *adj.* מְצוּפֶּה בַּרְזֶל
iron curtain *n.* מָסַךְ הַבַּרְזֶל
ironic, ironical *adj.* מְלַגְלֵג, אִירוֹנִי, מְעוֹרֵר צְחוֹק מַר
ironing *n.* גִּיהוּץ
ironing board *n.* לוּחַ גִּיהוּץ
ironware *n.* כְּלֵי בַּרְזֶל וּמַתֶּכֶת
iron will *n.* רְצוֹן בַּרְזֶל (חזק)
ironwork *n.* עֲבוֹדַת בַּרְזֶל
irony *n.* אִירוֹנְיָה, לִגְלוּג, צְחוֹק מַר
irradiate *v.* הֵאִיר; חָשַׂף לְהַקְרָנָה
irrational *adj.,n.* לֹא הֶגְיוֹנִי
irreconcilable *adj.* שֶׁאִי אֶפְשָׁר לְפַיְּסוֹ (לפייסם); שֶׁאֵין לְהַעֲלוֹתָם בְּקָנֶה אֶחָד
irrecoverable *adj.* שֶׁאֵין לְקַבְּלוֹ חֲזָרָה
irredeemable *adj.* שֶׁאֵין לְהַחֲזִירוֹ
irrefutable *adj.* שֶׁאֵין לְהַפְרִיכוֹ
irregular *adj.,n.* לֹא סָדִיר; חָרִיג
irregularity *n.* אִי תַּקִּינוּת, סְטִיָּיה
irrelevance, irrelevancy *n.* אִי־שַׁיָּיכוּת לָעִנְיָן, אִי נֶחְשָׁבוּת
irrelevant *adj.* לֹא שַׁיָּיךְ לָעִנְיָן
irreligious *adj.* לֹא דָּתִי
irremediable *adj.* לְלֹא תַּקָּנָה
irremovable *adj.* שֶׁאִי אֶפְשָׁר לְסַלְּקוֹ
irreparable *adj.* שֶׁאִי אֶפְשָׁר לְתַקְּנוֹ
irreplaceable *adj.* שֶׁאֵין לוֹ תַּחֲלִיף
irrepressible *adj.* שֶׁלֹּא נִיתָּן לְרַסְּנוֹ (לדכאו)
irreproachable *adj.* שֶׁלְּלֹא דּוֹפִי, מוֹפְתִי
irresistible *adj.* שֶׁאֵין לַעֲמוֹד בְּפָנָיו
irrespective *adj.* בְּלִי שִׂים לֵב, בְּלִי לְהִתְחַשֵּׁב
irresponsibility *n.* חוֹסֶר אַחְרָיוּת, פְּטוֹר מֵאַחְרָיוּת
irresponsible *adj.* לֹא אַחְרָאִי
irretrievable *adj.* שֶׁאֵין לַהֲשִׁיבוֹ (אבידה)
irreverent *adj.* חֲסַר רֶגֶשׁ כָּבוֹד, לוֹעֵג לַמְקוּדָּשׁ
irrevocable *adj.* שֶׁאֵין לוֹ חֲזָרָה; שֶׁאֵין לְשַׁנּוֹתוֹ, סוֹפִי
irrigate *v.* הִשְׁקָה, שָׁטַף
irrigation *n.* הַשְׁקָיָה
irritable *adj.* נוֹחַ לִכְעוֹס, עַצְבָּנִי
irritant *adj.,n.* (חומר) מְגָרֶה; מַרְגִּיז
irritate *v.* הִרְגִּיז, הִכְעִיס, עִצְבֵּן
irruption *n.* פְּלִישָׁה; הִתְפָּרְצוּת
island *n.* אִי
islander *n.* יוֹשֵׁב אִי
isle *n.* אִי
islet *n.* אִי קָטָן
isolate *v.* בּוֹדֵד; הִבְדִּיל, נִיתֵּק
isolation *n.* בִּידּוּד; הַבְדָּלָה; הֶסְגֵּר
isolationist *n.* דּוֹגֵל בְּבַדְלָנוּת
isosceles *adj.* שְׁוֵה־שׁוֹקַיִים (משולש)
isotope *n.* אִיזוֹטוֹפּ (יסוד כִּימִי זיהה לאחר בתכונות כימיות אך שונה ממנו במשקלו האטומי)
Israel *n.* יִשְׂרָאֵל, עַם יִשְׂרָאֵל; מְדִינַת יִשְׂרָאֵל
Israeli *adj.,n.* יִשְׂרְאֵלִי
Israelite *n.* יְהוּדִי, יִשְׂרְאֵלִי
issuance *n.* הַנְפָּקָה
issue *n.* עִנְיָין, פָּרָשָׁה; הוֹצָאָה, נִיפּוּק; בְּעָיָה; גִּילָּיוֹן; צֶאֱצָאִים

issue *v.* הִנְפִּיק; הוֹצִיא; יָצָא
isthmus *n.* מֵצַר יַבָּשָׁה
it *pron.* הוּא; לוֹ; אוֹתוֹ, זֶה
italic *n.,adj.* (שֶׁל) אוֹת כְּתָב
italicize *v.* הִדְפִּיס בְּאוֹתִיּוֹת כְּתָב
itch *n.* גֵּירוּי; עִקְצוּץ
itch *v.* חָשׁ גֵּירוּי; גֵּירָה; הִשְׁתּוֹקֵק
itchy *adj.* מְגָרֶה, מְגָרֵד; חָשׁ בְּגֵירוּי
item *n.* פְּרִיט; יְדִיעָה (בעיתון)
itemize *v.* רָשַׁם פְּרָטִים, פֵּירֵט
iterate *v.* אָמַר שׁוּב וָשׁוּב
itinerant *adj.,n.* עוֹרֵךְ סִיבּוּב; נוֹדֵד
itinerary *n.* מַסְלוּל סִיוּר, תּוֹכְנִית נְסִיעָה (או טיול וכד')
its *pron.,adj.* שֶׁלּוֹ, שֶׁלָּהּ
itself *pron.* (שֶׁל) עַצְמוֹ, עַצְמָהּ
ivied *adj.* מְכוּסֶּה קִיסוֹס
ivory *n.* שֶׁנְהָב, שֵׁן פִּיל
ivy *n.* קִיסוֹס

J

jab *v.* תָּקַע, נָעַץ
jabber *n., v.* פִּטְפּוּט; פִּטְפֵּט
jack *n.* בָּחוּר (כולשהו); מַלָּח; מַגְבֵּהַ
jack *v.* הֵרִים, הִגְבִּיהַּ
jackal *n.* תַּן
jackanapes *n.* יָהִיר, גַּאַוְתָן; שׁוֹבָב
jackass *n.* שׁוֹטֶה, 'חֲמוֹר'
jacket *n.* מִקְטוֹרֶן; עֲטִיפָה (של ספר)
jackknife *n.* אוֹלָר גָּדוֹל
jack-of-all-trades *n.* 'מוּמְחֶה' לַכּוֹל, יָדוֹ בַּכּוֹל
jack-o'-lantern *n.* אוֹר מַתְעֶה (בביצות)
jackpot *n.* קוּפָּה (במשחק קלפים); פְּרָס רִאשׁוֹן
jack-rabbit *n.* אַרְנָב גָּדוֹל
jackscrew *n.* מַגְבֵּהַ בּוֹרְגִי
jackstone *n.* אֶבֶן מִשְׂחָק
jack-tar *n.* (דיבורית) מַלָּח
jade *n.* סוּס בָּלֶה; פְּרוּצָה
jade *v.* עִייֵף, הִלְאָה
jaded *adj.* עָייֵף, תָּשׁוּשׁ
jag *n.* שֶׁן־סֶלַע
jag *v.* שִׁינֵּן
jagged *adj.* מְשׁוּנָּן
jaguar *n.* יָגוּאָר (טורף ממשפחת החתולים)
jail *n.* מַאֲסָר, כֶּלֶא
jail *v.* אָסַר, כָּלָא
jailbird *n.* אָסִיר, פּוֹשֵׁעַ
jail delivery *n.* בְּרִיחָה מִכֶּלֶא
jailor *n.* סוֹהֵר
jalopy *n.* מְכוֹנִית מְיוּשֶּׁנֶת
jam *n.* רִיבָּה; דְּחִיסָה; צָרָה; פְּקָק (תנועה)
jam *v.* דָּחַק; נִדְחַק; מִילֵּא (אולם וכד')
jam-packed *adj.* מָלֵא וְדָחוּס
jam-session *n.* (בעגה) קוֹנְצֶרְט גַ'ז
jamb *n.* מְזוּזָה (של דלת או חלון)
jamboree *n.* ג'מְבּוֹרִי, כִּינּוּס צוֹפִים
jamming *n.* בִּילּוּל; הַצְרָמָה
jangle *v.* צָרַם; הִתְוַוכֵּחַ בְּקוֹל צוֹרֵם
jangle *n.* רַעַשׁ צוֹרֵם
janitor *n.* שׁוֹעֵר; שַׁמָּשׁ
January *n.* (חוֹדֶשׁ) יָנוּאָר
japan *n.* לַכָּה יַפָּנִית
Japanese *n., adj.* יַפָּנִי; יַפָּנִית (שפה)
jar *n.* צִנְצֶנֶת; חֲרִיקָה, תַּצְרוּם
jar *v.* חָרַק, עִצְבֵּן
jardinière *n.* עֲצִיץ
jargon *n.* לְשׁוֹן מְקוּלְקֶלֶת, זַ'רְגוֹן; נִיב מִקְצוֹעִי
jasper *n.* יָשְׁפֵה (אבן טובה)
jaundice *n.* צַהֶבֶת; קִנְאָה מְרִירָה
jaundiced *adj.* חוֹלֵה צַהֶבֶת; אֲכוּל קִנְאָה
jaunt *n.* טִיּוּל קָצָר
jaunt *v.* טִייֵּל טִיּוּל קָצָר
jaunty *adj.* עַלִּיז וּבָטוּחַ בְּעַצְמוֹ
javelin *n.* רוֹמַח, כִּידוֹן
jaw *n.* לֶסֶת; דַּבְּרָנוּת
jaw *v.* דִּיבֵּר, פִּטְפֵּט, הִטִּיף מוּסָר
jaw-breaker *n.* מִלָּה קָשָׁה לְבִיטּוּי
jay *n.* (עוֹף) עוֹרְבָנִי; פַּטְפְּטָן
jay-walk *v.* חָצָה כְּבִישׁ בְּאוֹפֶן מְסוּכָּן
jazz *n.* גַ'אז (צורת מוסיקה)
jazz *v.* נִיגֵּן גַ'אז
jealous *adj.* קַנַּאי
jealousy *n.* קִנְאָה

jeans *n. pl.* ג׳ינס, מִכְנְסֵי־עֲבוֹדָה, סַרְבָּל
jeep *n.* ג׳יפ (סוג מכונית צבאית)
jeer *v.* לִגְלֵג
jejune *adj.* (לגבי ספרות) תָּפֵל
jell *v.* נִקְרַש, גִיבֵּש צוּרָה
jell *n.* קְרִיש, מִקְפָּא
jelly *n.* קְרִיש, מִקְפָּא
jelly *v.* הִקְרִיש; קָרַש
jellyfish *n.* מֶדוּזָה
jeopardize *v.* סִיכֵּן
jeopardy *n.* סִיכּוּן, סַכָּנָה
jeremiad *n.* קִינָה, סִיפּוּר קוֹדֵר
Jericho *n.* יְרִיחוֹ
jerk *v.* מָשַך פִּתְאוֹם
jerk *n.* תְּנוּעַת פִּתְאוֹם; (המונית) שוֹטֶה, בּוּר
jerkin *n.* מְעִיל קָצָר, זִיג
jerky *adj.* עַצְבָּנִי
jersey *n.* אֲפוּדַּת צֶמֶר, פַּקְרֵס
Jerusalem *n.* יְרוּשָלַיִם
jest *n.* הֲלָצָה, בְּדִיחָה
jest *v.* הִתְלוֹצֵץ
jester *n.* לֵיצָן, בַּדְחָן
Jesuit *n.* יֵשוּעִי
Jesus Christ *n.* יֵשוּ הַנּוֹצְרִי
jet *n.* קִילּוּחַ, סִילוֹן
jet *v.* קִילֵּחַ; קָלַח
jet age *n.* תְקוּפַת הַסִּילוֹן
jet black *adj.* שָחוֹר כְּזֶפֶת
jet-fighter *n.* מְטוֹס קְרָב סִילוֹנִי
jet-liner *n.* מְטוֹס מִסְחָרִי סִילוֹנִי
jet propulsion *n.* הֲנָעָה סִילוֹנִית
jetsam *n.* מִטְעָן שֶהוּשְלַך לַיָּם
jettison *n.* הַשְלָכָה מֵאוֹנִיָּה
jetty *n.* מֵזַח; רְצִיף נָמֵל
Jew *n.* יְהוּדִי
jewel *n.* אֶבֶן טוֹבָה
jewel *v.* שִיבֵּץ, קִישֵּט
jeweler, jeweller *n.* צוֹרֵף
jewelry, jewellery *n.* תַּכְשִיטִים
Jewess *n.* יְהוּדִיָּה
Jewish *adj.* יְהוּדִי
Jewry *n.* יַהֲדוּת
Jezebel *n.* אִיזֶבֶל, מִרְשַעַת
jib *n.* מִפְרָש חָלוּץ
jib *v.* סֵירֵב לְהִתְקַדֵּם, עָמַד פִּתְאוֹם
jibe, gibe *v.* לָעַג, לִגְלֵג; (דיבורית) הִסְכִּים עִם
jiffy *n.* הֶרֶף עַיִן
jig *n.* ג׳יג (ריקוד מהיר ועליז)
jig *v.* רָקַד ג׳יג, כִּרְכֵּר
jiggle *v.* נִעְנֵעַ, הִתְנַעְנֵעַ הֵנָּה וָהֵנָּה
jig-saw *n.* מַסּוֹרִית וְקַשְתִּית
jig-saw-puzzle *n.* (חידת) תַּצְרֵף
jihad *n.* מִלְחֶמֶת־מִצְוָוה, ג׳יהָאד
jilt *v.* נָטְשָה אָהוּב, נָטַש אֲהוּבָה
jingle *n.* צִלְצוּל; חָרוּז פִּרְסוֹמֶת, פִּזְמוֹנֶת
jingo *n.* לְאוּמָנִי קִיצוֹנִי
jingoism *n.* לְאוּמָנוּת יְהִירָה, ג׳ינְגוֹאִיזְם
jinn, jinnee *n.* שֵד, שֵדִים
jinx *n.* סִימָן רַע
jitters *n. pl.* עַצְבָּנוּת יְתֵרָה
jittery *adj.* מְעוּצְבָּן
job *n.* מִשְרָה, עֲבוֹדָה; מְשִימָה; תַּפְקִיד
job analysis *n.* נִיתּוּחַ בִּיצוּעִים
job lot *n.* תַּעֲרוֹבֶת (של סחורות)
job-work *n.* הַזְמָנוֹת קְטַנּוֹת שֶל דְּפוּס
jobber *n.* מְבַצֵּעַ עֲבוֹדוֹת
jobholder *n.* מַחֲזִיק בְּמִשְרָה
jobless *adj.* מוּבְטָל, מְחוּסַּר עֲבוֹדָה
jockey *n.* סַיָּיס, רוֹכֵב בְּמֵרוֹצֵי סוּסִים

jockey *v.* תִּמְרֵן, טִכְסֵס
jockstrap *n.* מִכְנָסִית (של אתלטים)
jocose *adj.* בַּדְחָנִי
jocular *adj.* מְבַדֵּחַ, עַלִּיז
jocund *adj.* עַלִּיז, שָׂמֵחַ
jog *v.* דָּחַף, הֵסִיט, הֵנִיעַ
jog *n.* דְּחִיפָה קַלָּה
jog trot *n.* רִיצָה אִטִּית
John Bull *n.* הָעָם הָאַנְגְלִי, אַנְגְּלִי (כינוי)
John the Baptist *n.* יוֹחָנָן הַמַּטְבִּיל
johnnycake *n.* עוּגַת תִּירָס
Johnny-jump-up *n.* אַמְנוֹן וְתָמָר
Johnny-on-the-spot *adj., n.* הַמּוּכָן תָּמִיד
join *v.* צֵירֵף, אִיחֵד; הִצְטָרֵף
join *n.* מְקוֹם חִיבּוּר; תֶּפֶר
joiner *n.* נַגָּר; (דיבורית) מִצְטָרֵף
joint *n.* חִיבּוּר, מַחְבָּר
joint *adj.* מְאוּגָּד, מְשׁוּתָּף
joint account *n.* חֶשְׁבּוֹן מְשׁוּתָּף
joint owner *n.* שׁוּתָּף בִּבְעָלוּת
joint session *n.* יְשִׁיבָה מְשׁוּתֶּפֶת
jointly *n. pl.* בִּמְשׁוּתָּף, בְּיַחַד
joist *n., v.* קוֹרָה (התומכת ברצפה)
joke *n.* בְּדִיחָה, הֲלָצָה
joke *v.* הִתְבַּדֵּחַ, הִתְלוֹצֵץ
joker *n.* בַּדְחָן, לֵיצָן; ג'וֹקֶר (בקלפים)
jolly *adj., adv.* עַלִּיז; מְשַׂמֵּחַ; (המונית) מְאוֹד
jolly *v.* קִנְטֵר; הִתְלוֹצֵץ
jolt *v.* הָדַף; הִתְנַדְנֵד
jolt *n.* הֲדִיפָה, טִלְטוּל
Jona(h) *n.* יוֹנָה; מְבַשֵּׂר רָע
jongleur *n.* זַמָּר נוֹדֵד
josh *v.* הִתְבַּדֵּחַ עַל חֶשְׁבּוֹן

jostle *n.* הִתְחַכְּכוּת, הִיתָּקְלוּת
jostle *v.* נִדְחַף, נִתְקַל
jot *n.* (האות) יו"ד; נְקוּדָּה
jot (down) *v.* רָשַׁם (בקיצור)
jounce *v.* טִלְטֵל; נִיטַלְטֵל
journal *n.* כְּתַב־עֵת, עִיתּוֹן; יוֹמָן
journalese *n.* לְשׁוֹן הָעִיתּוֹנָאִים
journalism *n.* עִיתּוֹנָאוּת
journalist *n.* עִיתּוֹנַאי
journey *n., v.* מַסָּע; נָסַע
journeyman *n.* אוּמָּן שָׂכִיר
joust *n.* דּוּ־קְרָב (מעל גבי סוסים)
jovial *adj.* עַלִּיז, שָׂמֵחַ
joviality *n.* עַלִּיצוּת, עַלִּיזוּת
jowl *n.* לֶסֶת
joy *n.* שִׂמְחָה, חֶדְוָוה
joy-ride *n.* נְסִיעַת הֲנָאָה (ברכב גנוב)
joyful *adj.* עַלִּיז, שָׂמֵחַ
joyless *adj.* עָגוּם, עָצוּב
joyous *adj.* שָׂמֵחַ, עַלִּיז
jubilant *adj.* צוֹהֵל, שָׂמֵחַ
jubilation *n.* צָהֳלָה, שִׂמְחָה
jubilee *n.* חֲגִיגַת יוֹבֵל
Judaism *n.* יַהֲדוּת
judge *n.* שׁוֹפֵט; פּוֹסֵק
judge *v.* שָׁפַט; פָּסַק
judge-advocate *n.* פְּרַקְלִיט
judgment, judgement *n.* פְּסַק־דִּין, שְׁפִיטָה; שִׁיקּוּל דַּעַת
judgment-day *n.* יוֹם־הַדִּין
judgment seat *n.* כֵּס הַמִּשְׁפָּט
judicature *n.* בָּתֵּי כֵּס הַמִּשְׁפָּט; חֶבֶר שׁוֹפְטִים
judicial *adj.* מִשְׁפָּטִי, לְפִי הַדִּין; בִּיקּוֹרְתִּי
judiciary *n., adj.* (שֶׁל) הָרָשׁוּת הַשּׁוֹפֶטֶת

judicious *adj.* שָׁקוּל, מְיוּשָׁב
judo *n.* ג'וּדוֹ (היאבקות יפאנית)
jug *n.* כַּד; (המונית) בֵּית־סוֹהַר
juggle *v* לְהַטֵּט, אָחַז עֵינַיִים
juggle *n.* לַהֲטוּט, אֲחִיזַת־עֵינַיִים
juggler *n.* לַהֲטוּטָן
jugular *adj., n.* צַוָּארִי; וְרִיד הַצַּוָּאר
juice *n.* מִיץ, עָסִיס; דֶּלֶק, חַשְׁמַל
juicy *adj.* עֲסִיסִי; מְעַנְיֵין, מְגָרֶה
jujitsu *n.* ג'יאוּ ג'יטְסוּ (שיטת התגוננות יַפָּנִית ללא נשק)
jujube *n.* שֵׁיזָף; מַמְתָּק (בטעם שיזף)
jukebox *n.* מָקוֹל אוֹטוֹמָטִי (מוּפְעל במטבע)
julep *n.* מַשְׁקֶה מָתוֹק
julienne *n.* מְרַק יְרָקוֹת מְרוּסָּקִים
July *n.* יוּלִי
jumble *n.* עִרְבּוּבְיָה, בְּלִיל
jumble *v.* עִרְבֵּב; הִתְעַרְבֵּב
jumbo *n.* עֲנָקִי (אדם או חפץ)
jump *n.* קְפִיצָה; תְּנוּעָה פִּתְאוֹמִית
jump *v.* הִקְפִּיץ; פָּסַח; קָפַץ
jumper *n.* קַפְצָן; אֲפוּדָה
jumping jack *n.* (אדם) קַפְצָן
jumping-off place *n.* מָקוֹם נִידָּח
jump seat *n.* כִּיסֵּא קְפִיצִי, כִּיסֵּא מִתְקַפֵּל
jumpy *adj.* עַצְבָּנִי
junction *n.* חִיבּוּר, אִיחוּד; צוֹמֶת (דרכים)
juncture *n.* חִיבּוּר, מַחְבָּר; מוֹעֵד
June *n.* יוּנִי
jungle *n.* ג'וּנְגְל, יַעַר סָבוּךְ
junior *adj., n.* זוּטָר, צָעִיר
junk *n.* מִפְרָשִׂית סִינִית; גְּרוּטָאוֹת; סַם (בייחוד הרואין)
junk *v.* הִשְׁלִיךְ, הִפְקִיר
junk dealer *n.* סוֹחֵר גְּרוּטָאוֹת
junket *n.* חֲבִיצַת חָלָב; טִיוּל צִיבּוּרִי
junket *v.* הִשְׁתַּתֵּף בְּטִיוּל בַּזְבְּזָנִי
junkman *n.* סוֹחֵר גְּרוּטָאוֹת
junkshop *n.* מַחְסַן יַמָּאִים
junkyard *n.* מִגְרַשׁ גְּרוּטָאוֹת
juridical *adj.* מִשְׁפָּטִי
jurisdiction *n.* סַמְכוּת חוּקִית, שִׁיפּוּט
jurisprudence *n.* תּוֹרַת הַמִּשְׁפָּטִים
jurist *n.* מִשְׁפְּטָן
juror *n.* מוּשְׁבָּע, שׁוֹפֵט מוּשְׁבָּע
jury *n.* חֶבֶר מוּשְׁבָּעִים
jurybox *n.* תָּא חֶבֶר מוּשְׁבָּעִים
juryman *n.* מוּשְׁבָּע
just *adj., adv.* צוֹדֵק, הוֹגֵן; בְּדִיּוּק, כְּרֶגַע; פָּשׁוּט
just now *adv.* בְּרֶגַע זֶה
justice *n.* צֶדֶק, יוֹשֶׁר; שׁוֹפֵט
justifiable *adj.* שֶׁנִּיתָּן לְהַצְדִּיקוֹ
justify *v.* הִצְדִּיק, צִידֵּק
justly *adv.* בְּצֶדֶק; בְּדִיּוּק
jut *v.* בָּלַט כְּלַפֵּי חוּץ
jute *n.* יוּטָה (סיבי שקים, חבלים וכד')
juvenile *adj., n.* שֶׁל נוֹעַר; צָעִיר, צְעִירָה
juvenile delinquency *n.* עֲבַרְיָינוּת נוֹעַר
juvenile lead *n.* תַּפְקִיד שֶׁל צָעִיר (בתיאטרון)
juvenilia *n. pl.* יְצִירוֹת נְעוּרִים (שֶׁל אָמָן)
juxtapose *v.* שָׂם זֶה לְיַד זֶה

K

Kabbala, Kabala *n.* קַבָּלָה
kale, kail *n.* קוֹלְרַבִּי, כְּרוּב הַקָּלֶה, חֲמִיצַת כְּרוּב
kaleidoscope *n.* קָלֵידוֹסקוֹפּ
kangaroo *n.* קֶנגוּרוּ (חַיַּת כִּיס)
karate *n.* קָרָטֶה (שיטת לחימה יפאנית)
karyosone *n.* גַּרְעִין הַתָּא
kasher, kosher *adj.* כָּשֵׁר
katydid *n.* קָטִידִיד (מין חגב)
kayak *n.* קַיָּיק (סירת אסקימואים קלה)
keel *v.* הָפַךְ סְפִינָה; הָפַךְ, הִטָּה
keel *n.* שִׁדְרִית (חלק תחתון וחד של סירה)
keen *adj.* חָרִיף, חַד; נִלְהָב, לָהוּט
keen *n.,v.* קִינָה; קוֹנֵן
keep (kept) *v.* קִייֵּם, שָׁמַר, הֶחֱזִיק; נִשְׁמַר; פִּרְנֵס; הִמְשִׁיךְ; עָשָׂה שׁוּב
keep *n.* מִחְיָה, פַּרְנָסָה; מִבְצָר
keeper *n.* שׁוֹמֵר (בגן חיות, בבית חולים)
keeping *n.* שְׁמִירָה; גִּידּוּל; הַתְאָמָה
keepsake *n.* מַזְכֶּרֶת
keg *n.* חֲבִיוֹנָה, חָבִית קְטַנָּה
ken *n.* הֶיקֵּף (הידיעה או ההשגה)
kennel *n.* מְלוּנָה
kepi *n.* כּוֹבַע־מִצְחָה
kept woman *n.* פִּילֶגֶשׁ
kerb *n.* שְׂפַת הַמִּדְרָכָה
kerbstone *n.* אֶבֶן שָׂפָה
kerchief *n.* מִטְפַּחַת רֹאשׁ; מִמְחָטָה
kernel *n.* גַּרְעִין; זֶרַע; עִיקָּר
kerosene *n.* נֵפְט
ketchup *n.* רוֹטֶב עַגְבָנִיּוֹת מְתוּבָּל, קֶטשׁוֹפּ
kettle *n.* קוּמְקוּם
kettledrum *n.* (במוסיקה) תּוּנְפָּן (כלי נגינה)
key *n.* מַפְתֵּחַ; פִּתְרוֹן; קָלִיד, מַקָּשׁ
key *v.* חִיבֵּר, הִידֵּק; כּוֹנֵן, כִּיוֵּן
key man *n.* אִישׁ מַפְתֵּחַ
key money *n.* דְּמֵי מַפְתֵּחַ
key position *n.* עֶמְדַּת מַפְתֵּחַ
key word *n.* מִלַּת מַפְתֵּחַ
keyboard *n.* מִקְלֶדֶת
keyhole *n.* חוֹר הַמַּפְתֵּחַ
keynote *n.* צְלִיל מוֹבִיל
keynote speech *n.* נְאוּם מְכוּוָּן
keystone *n.* יְסוֹד, אֶבֶן רֹאשָׁה, עִיקָּרוֹן
khaki *n.* חָקִי
khan *n.* חָן, כָּן (תואר לשליט סיני בימי הביניים)
khedive *n.* כֵּדִיב (משנה למלך המצרי בשלטון העותמני)
kibbutz *n.* קִיבּוּץ
kibitz *v.* הִסְתַּכֵּל מִן הַצַּד (במשחק)
kibitzer *n.* מִסְתַּכֵּל מִן הַצַּד (במשחק)
kiblah *n.* הַפְּנִייָּה לְמֶכָּה, קִיבְּלָה
kibosh *n.* עֲצִירָה, מְנִיעָה
kick *v.* בָּעַט
kick *n.* בְּעִיטָה; (ברובה) רֶתַע; (דיבורית) סִיפּוּק, הֲנָאָה
kick-starter *n.* מַתְנֵעַ רֶגֶל (לאופנוע)
kickback *n.* תְּשׁוּבָה כַּהֲלָכָה; נִיכּוּי
kickoff *n.* הַתְחָלָה
kid *n.,adj.* גְּדִי; יֶלֶד
kid *v.* הִיתֵּל בּ, שִׁיטָּה בּ; מָתַח
kidder *n.* מְשַׁטֶּה, מְהַתֵּל

kid-glove *adj.* רַךְ, עָדִין
kidnap *v.* חָטַף (ילד, אדם)
kidnap(p)er *n.* חוֹטֵף (אדם)
kidney *n.* כִּלְיָה; מֶזֶג, טֶבַע, טִיפּוּס
kidney-bean *n.* שְׁעוּעִית
kill *v.* הָרַג, הֵמִית, שָׁחַט; הִכְשִׁיל
kill time *v.* הֶעֱבִיר זְמַן
kill *n.* הֲרִיגָה, טְבִיחָה; טֶרֶף, צַיִד
kill-joy *n.* מֵפֵר שִׂמְחָה
killer *n.* הוֹרֵג, רוֹצֵחַ
killer whale *n.* לִוְיָתָן מְרַצֵּחַ
killing *adj.* מוֹשֵׁךְ אֶת הָעַיִן; מְעַיֵּף; מַצְחִיק, 'הוֹרֵג'
kiln *n.* כִּבְשָׁן (לשריפת סיד או לבנים)
kilo *n.* קִילוֹ
kilocycle *n.* קִילוֹהֶרְץ (יחידת תדירות תנודות גלי ראדיו)
kilogram(me) *n.* קִילוֹגְרַם
kilometer *n.* קִילוֹמֶטֶר
kilometric *adj.* קִילוֹמֶטְרִי
kilowatt *n.* קִילוֹוָט, אֶלֶף וָט
kilt *n.* חֲצָאִית (סקוטית)
kilter *n.* מַצָּב תָּקִין
kimono *n.* קִימוֹנוֹ (חלוק בית יפאני)
kin *n.* קָרוֹב, בֶּן־מִשְׁפָּחָה, שְׁאֵר בָּשָׂר
kind *adj.* טוֹב, מֵיטִיב; אָדִיב
kind *n.* סוּג, מִין
kindergarten *n.* גַּן־יְלָדִים
kindergartner *n.* לוֹמֵד בַּגַּן
kindhearted *adj.* טוֹב־לֵב
kindle *v.* שִׁלְהֵב, הִצִּית; הִתְלַקַּח
kindling *n.* חוֹמֶר הַסָּקָה
kindling wood *n.* עֵץ הַסָּקָה
kindly *adj.* נְעִים מֶזֶג
kindly *adv.* בַּאֲדִיבוּת, בְּטוּבְךָ

kindness *n.* חֶסֶד, טוּב־לֵב
kindred *n.,adj.* מִשְׁפָּחָה, קְרוֹבִים; קָרוֹב, מְקוֹרָב
kine *n.* (קדמאית) בָּקָר, פָּרוֹת
kinetic *adj.* שֶׁל תְּנוּעָה
king *n.* מֶלֶךְ; אֵיל־הוֹן
king post *n.* עַמּוּד הַתָּוֶךְ (בגג)
king-size *adj.* גָּדוֹל מֵהָרָגִיל
kingdom *n.* מַלְכוּת, מְלוּכָה; מַמְלָכָה
kingfisher *n.* שַׁלְדָּג גַּמָּדִי (עוף)
kingly *adj.,adv.* מַלְכוּתִי, כְּמֶלֶךְ
kingpin *n.* רֹאשׁ הַמְדַבְּרִים; אָדָם חִיּוּנִי
king's (queen's) English *n.* אַנְגְּלִית מְשׁוּבַּחַת
king's evil *n.* חֲזִירִית (מין שחֶפת)
kingship *n.* מַלְכוּת
king's ransom *n.* הוֹן עָתֵק
kink *n.* עִיקּוּל, קִרְזוּל
kink *v.* קִרְזֵל; עִיקֵּל; קוּרְזַל
kinky *adj.* מְפוּתָּל; גַּחֲמוֹנִי
kinsfolk *n.pl.* קְרוֹבֵי־מִשְׁפָּחָה
kinship *n.* קִרְבָה, קִרְבַת־מִשְׁפָּחָה
kinsman *n.* קְרוֹב־מִשְׁפָּחָה, שְׁאֵר בָּשָׂר
kinswoman *n.* קְרוֹבַת־מִשְׁפָּחָה
kiosk *n.* קִיוֹסְק; תָּא טֶלֶפוֹן
kipper *n.* דָּג מְעוּשָּׁן
kipper *v.* עִישֵּׁן דָּג
kismet *n.* הַגּוֹרָל, רְצוֹן אֱלוֹהַּ
kiss *n.* נְשִׁיקָה
kiss *v.* נִישֵּׁק; הִתְנַשֵּׁק
kit *n.* צִיּוּד; תַּרְמִיל, זְווָד
kitbag *n.* מִזְווָד, תַּרְמִיל (של חייל)
kitchen *n.* מִטְבָּח
kitchenette *n.* מִטְבָּח קָטָן, פִּינַּת בִּישּׁוּל
kitchen garden *n.* גִּינַּת יְרָקוֹת

kitchen police *n.pl.* (בצבא) תּוֹרָנֵי מִטְבָּח, תּוֹרָנוּת מִטְבָּח
kitchenware *n.* כְּלֵי־מִטְבָּח
kite *n.* דַּיָּה, בַּז; עֲפִיפוֹן
kith and kin *n.pl.* יְדִידִים וּקְרוֹבִים
kitten *n.* חֲתַלְתּוּל
kittenish *adj.* חֲתוּלִי; מִתְחַנְחֵן
kitty *n.* חֲתַלְתּוּל
kiwi *n.* קִיוִוי (עוֹף רָץ, לא עָף)
kleptomaniac *n.* קְלֶפְּטוֹמָן (־מָנִית)
knack *n.* כִּשְׁרוֹן, יוּמְנָה
knapsack *n.* תַּרְמִיל־גַּב
knave *n.* נָבָל, נוֹכֵל
knavery *n.* נְבָלִים
knead *v.* לָשׁ
knee *n.* בֶּרֶךְ
knee-breeches *n.* מִכְנָסַיִם (המגיעים עד הברכיים)
knee-deep *adj.* עָמוֹק עַד הַבִּרְכַּיִם (לגבי שלג)
knee-high *adj.* גָּבוֹהַּ עַד הַבִּרְכַּיִם
kneecap *n.* פִּיקַת־הַבֶּרֶךְ
kneel *v.* כָּרַע בֶּרֶךְ
kneepad *n.* רְפִידַת בֶּרֶךְ, מָגֵן בֶּרֶךְ
knell *n.* צִלְצוּל פַּעֲמוֹנִים (סימן אבל)
knell *v.* צִלְצֵל בְּפַעֲמוֹנִים (כנ"ל); בִּישֵּׂר רַע
Knesset *n.* הַכְּנֶסֶת
knickers *n.pl.* תַּחְתּוֹנִים (של נשים ושל ילדים)
knicknack, nicknack *n.* תַּכְשִׁיט זוֹל
knife *n.* סַכִּין
knife *v.* דָּקַר בְּסַכִּין
knife sharpener *n.* מְחַדֵּד סַכִּינִים

knight *n.* אַבִּיר; פָּרָשׁ; אָצִיל (בריטי)
knight *v.* הֶעֱנִיק תּוֹאַר אָצִיל
knight-errant *n.* אַבִּיר נוֹדֵד; הַרְפַּתְקָן
knight-errantry *n.* הַרְפַּתְקָנוּת
knighthood *n.* אַבִּירוּת; מַעֲמַד הָאַבִּיר אוֹ הָאָצִיל
knightly *adj.* אַבִּירִי
knit *v.* סָרַג; חִיבֵּר, אִיחֵד, אִיחָה
knitting *n.* סְרִיגָה
knitting-needle *n.* מַחַט־סְרִיגָה
knitwear *n.* סְרִיגִים, לְבוּשׁ סָרוּג
knob *n.* בְּלִיטָה, חַבּוּרָה, יָדִית עֲגוּלָה
knock *v.* דָּפַק, הִכָּה, הָלַם, הִקִּישׁ
knock-kneed *adj.* עִיקֵּל, בַּעַל רַגְלֵי ×
knocker *n.* מַקּוֹשׁ שַׁעַר; (דיבורית) מוֹתֵחַ בִּיקּוֹרֶת
knockout *n.* מִיגּוּר, 'נוֹק־אָאוּט'
knockout drops *n.pl.* מַשְׁקֶה מְהַמֵּם
knoll *n.* גִּבְעָה, תְּלוּלִית
knot *n.* קֶשֶׁר; סִיקּוּס (בעץ); קֶשֶׁר יַמִּי
knot *v.* חִיבֵּר בְּקֶשֶׁר, קָשַׁר
knotty *adj.* קָשֶׁה וְסָבוּךְ
know *v.* יָדַע; הִכִּיר
know *n.* יְדִיעָה
knowable *adj.* עָשׂוּי לְהִיוָּדַע
knowhow *n.* יֶדַע
knowingly *adv.* בִּידִיעָה, בְּפִיקְחוּת, בַּחֲרִיפוּת
knowledge *n.* מֵידָע, יְדִיעָה, יֶדַע
knowledgeable *adj.* בַּעַל יְדִיעוֹת, יוֹדֵעַ הַרְבֵּה
know-nothing *n.* בּוּר
knuckle *n.* מִפְרַק אֶצְבַּע, מִפְרַק הַבֶּרֶךְ אוֹ הַקַּרְסוֹל (בבע"ח)

knurl *n.* חֲרִיץ, שֶׁנֶת, בְּלִיטָה

knurled *adj.* מְחוֹרָץ, מְשוּנָּת

kohlrabi *n.* קוֹלְרַבִּי, כְּרוּב הַקֶּלַח

kolkhoz *n.* קולחוז (מֶשֶׁק משותף ברוסיה)

kopeck *n.* קוֹפֵּיקָה (מטבע קטן רוסי)

kosher *adj.,n.* כָּשֵׁר; אֲמִיתִּי

kosher *v.* הִכְשִׁיר

kowtow *n., v.* הִשְׁתַּחְוָוָיָה (בסין); הִשְׁתַּחֲוָוה

krone *n.* קְרוֹנֶה (מטבע סקנדינאווי)

kudos *n.* תְּהִילָּה וְכָבוֹד, פִּרְסוּם

L

lab *n.* מַעְבָּדָה

label *n.* תָּוִית, תָּו

label *v.* הִדְבִּיק תָּוִית; סִיוּוֵג

labial *adj., n.* שֶׁל הַשְּׂפָתַיִים; הֶגֶה שְׂפָתִי (כגון בּמ"פ)

labor *n.* עֲבוֹדָה, עָמָל; חֶבְלֵי־לֵידָה

labor union *n.* אִרְגּוּן עוֹבְדִים

labor *v.* עָמַל; הִתְאַמֵּץ

laboratory *n.* מַעְבָּדָה

labored *adj.* אִיטִי וְכָבֵד; מְעוּשֶּׂה

laborer *n.* פּוֹעֵל, עוֹבֵד

laborious *adj.* עוֹבֵד קָשֶׁה; מְייַגֵּעַ

labyrinth *n.* מָבוֹךְ, לַבִּירִינְת

lace *n.* שְׂרוֹךְ; מַעֲשֵׂה רִקְמָה

lace trimming *n.* עִיטּוּרֵי תַּחְרִים

lace work *n.* תַּחְרִים

lace *v.* קָשַׁר בִּשְׂרוֹךְ; קִישֵּׁט בְּרִקְמָה

lacerate *v.* קָרַע, חָתַךְ; פָּגַע בִּרְגָשׁוֹת

lachrymose *adj.* דּוֹמֵעַ

lacing *n.* רְקִימָה; שְׂרוֹךְ

lack *n.* חוֹסֶר

lack *v.* חָסַר, הָיָה חָסֵר

lackadaisical *adj.* אָדִישׁ

lackey *n.* עֶבֶד, מְשָׁרֵת, צַייְתָן

lacking *prep., adj.* בְּלִי; חָסֵר

lackluster *n., adj.* לְלֹא אוֹר, לְלֹא חַיִּים; עָמוּם

laconic, laconical *adj.* לָקוֹנִי, מוּבָּע בְּמִלִּים מוּעָטוֹת

lacquer *n., v.* לַכָּה; לִיכָּה, צִיפָּה בְּלַכָּה

lactate *n.* הִפְרִישׁ חָלָב; הֵינִיקָה

lacuna *n.* חָלָל; קֶטַע חָסֵר (בּכתיבה)

lacy *adj.* שֶׁל תַּחְרִים

lad *n.* בָּחוּר

ladder *n.* סוּלָּם; 'רַכֶּבֶת' (בּגרב)

ladder *v.* נִקְרַע כְּ'רַכֶּבֶת'

ladder-truck *n.* מַשָּׂאִית כַּבָּאִים

laden *adj.* טָעוּן, עָמוּס

ladies' room *n.* (נוחיות) לִגְבָרוֹת

ladle *n.* מַצֶּקֶת

ladle *v.* יָצַק בְּמַצֶּקֶת

lady *n.* גְּבֶרֶת

ladybird *n.* פָּרַת מֹשֶׁה רַבֵּנוּ (רֶמֶשׂ)

ladyfinger *n.* אֶצְבָּעִית (עוגה)

lady-in-waiting *n.* נַעֲרַת הַמַּלְכָּה

ladykiller *n.* מַדְלִיקָן, מַצְלִיחָן (בּנשים)

ladylike *adj.* כִּגְבֶרֶת, כְּלֵידִי

ladylove *n.* אֲהוּבָה

ladyship *n.* מַעֲלַת הַגְּבֶרֶת, מַעֲמַד לֵיידִי

lady's-maid *n.* מְשַׁמֶּשֶׁת שֶׁל גְּבֶרֶת

lady's man *n.* גֶּבֶר כָּרוּךְ אַחַר נָשִׁים

lag *v., n.* פִּיגֵּר; פִּיגּוּר

lager beer *n.* בִּירָה יְשָׁנָה

laggard *n. adj.* מִתְמַהְמֵהַּ, פַּגְרָן

lagoon *n.* לָגוּן, אֲגַם רָדוּד

lair *n.* מִרְבָּץ, מְאוּרָה

laissez-faire (בּכלכלה) 'הַנַּח לִפְעוֹל', עִידּוּד יוֹזְמָה חוֹפְשִׁית

laity *n.* לֹא אַנְשֵׁי דָּת; הֶדְיוֹטוֹת

lake *n.* אֲגַם

lamb *n.* טָלֶה, שֶׂה, כֶּבֶשׂ

lambaste *v.* הִיכָּה חָזָק

lambkin *n.* טָלֶה רַךְ

lambskin *n.* עוֹר כֶּבֶשׂ
lame *adj.* חִיגֵּר, נְכֵה רַגְלַיִים
lame *v.* שִׁיתֵּק, הֵטִיל מוּם
lamé *n.* נִיר, לָמֶה (אריג שזור חוטי מתכת)
lament *v.* קוֹנֵן
lament *n.* קִינָה, נְהִי
lamentable *adj.* מְצַעֵר; מַעֲצִיב
lamentation *n.* קִינָה, בְּכִי מַר, מִסְפֵּד
laminate *v.* הִפְרִיד לְרִיקּוּעִים דַּקִּים
lamp *n.* מְנוֹרָה, עֲשָׁשִׁית, פָּנָס
lampblack *n., v.* פִּיחַ הַמְּנוֹרָה; פִּייֵּחַ
lampoon *n., v.* (חִיבֵּר) סָטִירָה חֲרִיפָה, (שָׂם לְ) לַעַג וָקֶלֶס
lamppost *n.* עַמּוּד פְּנַס־רְחוֹב
lampshade *n.* סוֹכֵךְ
lance *n.* רוֹמַח
lance *v.* פָּתַח (פצע) בְּאִזְמֵל
lancet *n.* אִזְמֵל נִיתּוּחִים
land *n.* יַבָּשָׁה, אֶרֶץ, אֲדָמָה, קַרְקַע
land breeze *n.* רוּחַ קַלָּה (מהיבשה)
land *v.* עָלָה לַיַּבָּשָׁה; נָחַת; הִגִּיעַ, נִקְלַע
landau *n.* כִּרְכָּרָה (4 גלגלים וגג זחיח)
landed *adj.* שֶׁל מְקַרְקְעִים, בַּעַל־אֲחוּזוֹת
landfall *n.* רְאִיַּית חוֹף
land grant *n.* הַקְצָאַת קַרְקַע
landholder *n.* בַּעַל קַרְקַע; חוֹכֵר
landing *n.* עֲלִיָּיה לַיַּבָּשָׁה; נְחִיתָה; רְצִיף
landing craft *n.* נַחֲתָת
landlady *n.* בַּעֲלַת־בַּיִת (משכירה)
landless *adj.* חֲסַר קַרְקַע, חֲסַר מוֹלֶדֶת
landlocked *adj.* מְנוּתָּק מִן הַיָּם
landlord *n.* בַּעַל־בַּיִת, בַּעַל אַכְסַנְיָה
landlubber *n.* אוֹהֵב יַבָּשָׁה, שׂוֹנֵא יָם; בּוּר בְּהִלְכוֹת יָם
landmark *n.* צִיּוּן דֶּרֶךְ, תַּמְרוּר
land office *n.* מִשְׂרַד רִישׁוּם קַרְקָעוֹת, טַבּוּ
landowner *n.* בַּעַל קַרְקָעוֹת
landscape *n.* נוֹף, תְּמוּנַת נוֹף
landscapist *n.* צַייַּר נוֹף
landslide *n.* מַפּוֹלֶת אֲדָמָה; מַהְפָּךְ (בבחירות)
landward *adv., adj.* מוּפְנֶה לַחוֹף; כְּלַפֵּי הַחוֹף
lane *n.* סִמְטָה, שְׁבִיל צַר; נָתִיב
langsyne, lang syne *adv.* לְזֵכֶר הֶעָבָר
language *n.* לָשׁוֹן, שָׂפָה
languid *adj.* חֲסַר מֶרֶץ, נִרְפֶּה, אָדִישׁ
languish *v.* נֶחֱלַשׁ; רָפָה; נָמַק בְּגַעְגּוּעִים
languor *n.* חוּלְשָׁה גוּפָנִית, רִפְיוֹן
languorous *adj.* חַלָּשׁ, רָפֶה
lank *adj.* גָּבוֹהַּ וְכָחוּשׁ
lanky *adj.* גָּבוֹהַּ וְכָחוּשׁ
lanolin *n.* לָנוֹלִין (שומן צמר כבשים)
lantern *n.* פָּנָס, תָּא הָאוֹר (במגדלור)
lanyard *n.* חֶבֶל קָצָר, שְׂרוֹךְ כָּתֵף
lap *n.* חֵיק
lap *v.* קִיפֵּל, עָטַף; לִיקֵּק; חָפַף
lapboard *n.* לוּחַ חֵיק (המשמש במקום שולחן)
lap-dog *n.* כְּלַבְלַב
lapel *n.* דַּשׁ הַבֶּגֶד

lapidary *n., adj.* עוֹסֵק בַּאֲבָנִים טוֹבוֹת, סוֹחֵר בַּאֲבָנִים טוֹבוֹת; שֶׁל אֲבָנִים טוֹבוֹת
lapis lazuli *n.* אֶבֶן תְּכֵלֶת טוֹבָה
lapse *n.* שְׁגִיאָה קַלָּה; סְטִיָּה; פֶּרֶק (זמן)
lapse *v.* שָׁגָה, כָּשַׁל; פָּג, פָּקַע
larceny *n.* גְּנֵיבָה
larch *n.* אַרְזִית (עץ מחט)
lard *n.* שׁוּמַן חֲזִיר
lard *v.* שִׁימֵּן בְּשׁוּמַן חֲזִיר
larder *n.* מְזָווֶה
large *adj.* גָּדוֹל, נָדִיב, רְחַב לֵב
large intestine *n.* הַמְּעִי הַגַּס
largely *adv.* בְּמִידָּה רַבָּה, בִּנְדִיבוּת
largeness *n.* גּוֹדֶל; רוֹחַב־לֵב
large-scale *adj.* בְּקְנֵה מִידָּה גָּדוֹל
lariat *n.* פְּלָצוּר
lark *n.* עֶפְרוֹנִי (עוֹף)
lark *v.* הִשְׁתּוֹבֵב, הִשְׁתַּעֲשֵׁעַ
larkspur *n.* (צמח) דָּרְבָּנִית
larva *n.* זַחַל
laryng(e)al *adj.* גְּרוֹנִי
laryngitis *n.* דַּלֶּקֶת הַגָּרוֹן
laryngoscope *n.* רְאִי־גָּרוֹן
larynx *n.* גָּרוֹן
lascivious *adj.* תַּאַוְותָנִי
lasciviousness *n.* תַּאַוְותָנוּת
lash *n.* מַלְקוֹת; שׁוֹט; עַפְעַף
lash *v.* הִלְקָה, הִצְלִיף; חִיזֵּק, רִיתֵּק; הִידֵּק בְּחֶבֶל
lashing *n.* הַלְקָאָה; הַתְקָפַת דְּבָרִים
lass *n.* נַעֲרָה, בַּחוּרָה
lassitude *n.* רִפְיוֹן, חוּלְשָׁה; אֲדִישׁוּת
lasso *n., v.* פְּלָצוּר; תָּפַס בִּפְלָצוּר

last *adj., adv.* אַחֲרוֹן; לָאַחֲרוֹנָה
last *v.* נִמְשַׁךְ, אָרַךְ; נִשְׁאַר קַיָּם
last *n.* אִימּוּם (לנעל)
lasting *adj.* מְמוּשָׁךְ, נִמְשָׁךְ; עָמִיד
lastly *adv.* לְבַסּוֹף, לָאַחֲרוֹנָה
last name *n.* שֵׁם מִשְׁפָּחָה
last night *n.* אֶמֶשׁ
latch *n.* בְּרִיחַ, תֶּפֶס הַמַּנְעוּל
latch *v.* סָגַר בִּבְרִיחַ
latchkey *n.* מַפְתֵּחַ
late *adj., adv.* מְאוּחָר; קוֹדֵם; מְאַחֵר; מָנוֹחַ; בִּמְאוּחָר
latecomer *n.* מְאַחֵר לָבוֹא
lately *adv.* לָאַחֲרוֹנָה
latent *adj.* כָּמוּס, נִסְתָּר, עֲדַיִין
lateral *adj.* שֶׁל צַד, צְדִי, כְּלַפֵּי הַצַּד
lath *n.* פְּסִיס עֵץ, בְּדִיד
lathe *n.* מַחֲרֵטָה
lathe *v.* פָּעַל בְּמַחֲרֵטָה
lather *n.* קֶצֶף (סבון, זיעה)
lather *v.* הֶעֱלָה קֶצֶף; הִקְצִיף
latitude *n.* רוֹחַב; קַו־רוֹחַב
latrine *n.* בֵּית־כִּיסֵּא, מַחְרָאָה
latter *adj.* מְאוּחָר יוֹתֵר, שֵׁנִי, שֶׁל הַסּוֹף
lattice *n., v.* סְבָכָה, סוֹרְגִים; רִישֵּׁת
latticework *n.* מַעֲשֵׂה סְבָכָה
laudable *adj.* רָאוּי לְשֶׁבַח וּלְתְהִילָּה
laudanum *n.* סַם מַרְגִּיעַ, מִשְׁרַת אוֹפְּיוּם
laudatory *adj.* שֶׁל שֶׁבַח, מְשַׁבֵּחַ
laugh *v., n.* צָחַק, לִגְלֵג; צְחוֹק
laughable *adj.* מְבַדֵּחַ, מַצְחִיק
laughing *adj., n.* צוֹהֵל, צוֹחֵק; צְחוֹק
laughing-gas *n.* גַּאז הַצְּחוֹק (HNO2, המשמש ברפואת שיניים)

laughingstock *n.* מַטָּרָה לִצְחוֹק וּלְלַעַג
laughter *n.* צְחוֹק
launch *v.* שִׁילֵּחַ; הִשִּׁיק (ספינה); הִתְחִיל
launch *n.* סִירַת מָנוֹעַ
launching *n.* הַשָּׁקָה; שִׁילּוּחַ (טיל)
launder *v.* כִּיבֵּס וְגִיהֵץ
launderer *n.* כּוֹבֵס
launderette *n.* מִכְבָּסָה אוֹטוֹמָטִית
laundress *n.* כּוֹבֶסֶת
laundry *n.* מִכְבָּסָה; כְּבִיסָה
laureate *adj.* עֲטוּר עֲלֵי דַפְנָה
laurel *n., v.* דַּפְנָה; כָּבוֹד וּתְהִילָּה; עָנַד דַּפְנָה
lava *n.* לַבָּה, לָבָה (מהר געש)
lavatory *n.* בֵּית כִּיסֵּא, שֵׁירוּתִים
lavender *n.* אֵזוֹבְיוֹן, שֶׁמֶן בּוֹשְׂמִי
lavender water *n.* מֵי בּוֹשֶׂם
lavish *adj.* פַּזְרָנִי, נִיתָּן בְּשֶׁפַע
lavish *v.* פִּיזֵּר, נָתַן בְּשֶׁפַע
law *n.* חוֹק, מִשְׁפָּט; כְּלָל
law-abiding *adj.* שׁוֹמֵר חוֹק
law-breaker *n.* עֲבַרְיָין
law court *n.* בֵּית־מִשְׁפָּט
lawful *adj.* חוּקִי
lawless *adj.* מוּפְקָר, פּוֹרֵעַ חוֹק
lawmaker *n.* מְחוֹקֵק
lawn *n.* מִדְשָׁאָה, מִשְׁטַח דֶּשֶׁא
lawn mower *n.* מַכְסֵחַת דֶּשֶׁא
law office *n.* מִשְׂרַד עוֹרֵךְ־דִּין
law student *n.* סְטוּדֶנְט לְמִשְׁפָּטִים
lawsuit *n.* תְּבִיעָה מִשְׁפָּטִית
lawyer *n.* מִשְׁפְּטָן, עוֹרֵךְ־דִּין
lax *adj.* רוֹפֵף, מְרוּשָּׁל
laxative *adj., n.* מְשַׁלְשֵׁל

lay *adj.* חִילוֹנִי; לֹא מִקְצוֹעִי
lay *v.* **(laid)** הִנִּיחַ, שָׂם; הִשְׁכִּיב
layer *n.* שִׁכְבָה, נִדְבָּךְ
layette *n.* צָרְכֵי תִּינוֹק (לעריסה)
lay figure *n.* (אדם) גּוֹלֶם, בּוּבָּה
layman *n.* חִילוֹנִי; הֶדְיוֹט; לֹא מִקְצוֹעִי
layoff *n.* פִּיטוּרִים זְמַנִּיִּים, הַשְׁעָיָה
lay of the land *n.* מַרְאֵה הַשֶּׁטַח
layout *n.* תַּסְדִּיר, סִידּוּר (של ספר); תָּכְנִית (של יישוב)
lay-over *n.* דְּחִיָּיה
laziness *n.* עַצְלוּת
lazy *adj.* עָצֵל
lazybones *n.* עַצְלָן
lea *n.* כַּר דֶּשֶׁא
lead *v.* הִנְחָה, נָהַג, הוֹבִיל; הָלַךְ בָּרֹאשׁ
lead *n.* קְדִימָה; הֶקְדֵּם; הַנְהָגָה
lead *n.* עוֹפֶרֶת, גְּרָפִיט
leaden *adj.* יְצוּק עוֹפֶרֶת, כָּבֵד
leader *n.* מַנְהִיג, רֹאשׁ; מַאֲמָר רָאשִׁי
leadership *n.* מַנְהִיגוּת
leading *adj.* עִיקָּרִי, רָאשִׁי
leading article *n.* מַאֲמָר רָאשִׁי
leading question *n.* שְׁאֵלָה מַנְחָה
leading-strings *n. pl.* מוֹשְׁכוֹת תִּינוֹק
lead pencil *n.* עִיפָּרוֹן
leaf *n.* עָלֶה; דַּף
leaf *v.* דִּפְדֵּף, עִלְעֵל; לִבְלֵב
leafless *adj.* חֲסַר עָלִים
leaflet *n.* עַלְעָל; עָלוֹן, כְּרוּז
leafy *adj.* דְּמוּי עָלֶה
league *n.* לִיגָה, חֶבֶר
League of Nations *n.* חֶבֶר הַלְּאוּמִּים
leak *n.* דֶּלֶף, דְּלִיפָה
leak *v.* דָּלַף, נָזַל; הִתְגַּלָּה
leakage *n.* נְזִילָה, דְּלִיפָה

leaky *adj.* דָּלִיף, דּוֹלֵף
lean *v.* נִשְׁעַן; הִטָּה, הִשְׁעִין
lean *adj.* כָּחוּשׁ; רָזֶה
leaning *n.* נְטִיָּה שִׂכְלִית
lean-to *n.* צְרִיף מְשׁוּפָּע גַּג
leap *v.* דִּילֵּג, קָפַץ מֵעַל
leap *n.* קְפִיצָה, זִינּוּק
leapfrog *n.* מִפְשָׂק, קְפִיצַת חֲמוֹר
leap year *n.* שָׁנָה מְעוּבֶּרֶת
learn *v.* לָמַד; נוֹכַח, שָׁמַע
learn by heart *v.* לָמַד עַל־פֶּה
learned *adj.* מְלוּמָּד, לַמְדָנִי
learned journal *n.* כְּתַב־עֵת מַדָּעִי
learned society *n.* חֶבְרָה מַדָּעִית
learner *n.* לוֹמֵד, מִתְלַמֵּד
learning *n.* לְמִידָה, לִימּוּד; יְדִיעָה
lease *n., v.* חֲכִירָה, הֶחְכִּיר; חָכַר
leasehold *n.* מוּחְכָּר, קַרְקַע מוּחְכֶּרֶת
leaseholder *n.* חוֹכֵר, חַכְרָן
leash *n.* רְצוּעָה
leash *v.* אָסַר בִּרְצוּעָה
least *adj., n., adv.* הַפָּחוּת בְּיוֹתֵר; מִזְעָרִי, פָּחוּת מִכּוֹל
leather *n.* עוֹר (מעובד)
leatherneck *n.* נֶחָת (בחיל הנחתים)
leathery *adj.* דְּמוּי עוֹר
leave *n.* רְשׁוּת; חוּפְשָׁה, פְּרִידָה
leave of absence *n.* חוּפְשָׁה (ללא תשלום)
leave *v.* הִשְׁאִיר, עָזַב; נִפְרַד
leaven *v.* הֶחְמִיץ, תָּסַס; הִשְׁפִּיעַ
leaven *n.* שְׂאוֹר; תְּסִיסָה; חָמֵץ
leavetaking *n.* פְּרִידָה
leavings *n. pl.* שִׁירַיִים, שְׁיָרִים
lecher *n.* שְׁטוּף זִימָּה, זַנַּאי
lechery *n.* זִימָּה, מַעֲשֵׂה זִימָּה

lectern *n.* עַמּוּד קְרִיאָה, קָתֶדְרָה
lecture *n.* הַרְצָאָה; הַטָּפָה
lecture *v.* הִרְצָה; הִטִּיף מוּסָר
lecturer *n.* מַרְצֶה; מַטִּיף
ledge *n.* כַּרְכּוֹב; זִיז; רֶכֶס סְלָעִים
ledger *n.* סֵפֶר חֶשְׁבּוֹנוֹת, פִּנְקָס
lee *n.* חָסִי, סֵתֶר רוּחַ
leech *n.* עֲלוּקָה; טַפִּיל
leek *n.* כְּרֵשָׁה (סוג של בצל)
leer *n.* מַבָּט עַרְמוּמִי, מַבָּט נוֹכֵל
leer *v.* הִבִּיט בְּמַלוּכְסָן, הִבִּיט מַבָּט נוֹכֵל
leery *adj.* חוֹשְׁדָנִי, נִזְהָר
lees *n. pl.* שְׁמָרִים (של יין)
leeward *adj., n., adv.* עִם הָרוּחַ; חָסוּי
leeway *n.* סְטִיָּה, סְחִיפָה, מֶטְרַד רוּחַ
left *adj., adv.* עָזוּב; שְׂמָאלִי; שְׂמֹאלָה
left *n.* (צד) שְׂמֹאל
left-hand drive *n.* נְהִיגָה בְּצַד שְׂמֹאל (כמו באנגליה)
left-handed *adj., adv.* אִיטֵר(ת) יַד יְמִינוֹ(נָהּ), שְׂמָאלִי(ת)
leftish *adj.* שְׂמָאלָנִי
leftist *n.* שְׂמָאלִי, שְׂמָאלָן
leftover *n.* שִׁירַיִים
leftwing *n.* אֲגַף שְׂמָאלִי
left-winger *n.* אִישׁ הַשְּׂמֹאל (במדיניות)
leg *n.* רֶגֶל; יָרֵךְ; קֶטַע נְסִיעָה (באוויר)
legacy *n.* יְרוּשָׁה, מוֹרָשָׁה
legal *adj.* חוּקִי; מִשְׁפָּטִי
legality *n.* חוּקִיּוּת
legalize *v.* אִישֵּׁר חוּקִית, עָשָׂה לְחוּקִי
legal tender *n.* הֵילָךְ חוּקִי, מַטְבֵּעַ חוּקִי

legatee *n.* יוֹרֵשׁ, מְקַבֵּל יְרוּשָּׁה
legation *n.* שְׁלִיחַת צִיר; מִשְׁלַחַת צִירוּת
legato *adv.* (בּמוּסיקה) חָלָק, לְלֹא הַפְסָקוֹת
legend *n.* אַגָּדָה, מִקְרָא (בּמפּוֹת), כְּתוֹבֶת (על מטבע)
legendary *adj., n.* אַגָּדִי; קוֹבֶץ אַגָּדוֹת
legerdemain *n.* לַהֲטוּטִים, אֲחִיזַת עֵינַיִים
leggings *n.* מוּקַיִים, חוּתָלוֹת
leggy *adj.* אֶרֶךְ רַגְלַיִים
legible *adj.* קָרִיא
legion *n.* לְגְיוֹן; חַיִל, יְחִידָה
legislate *v.* קָבַע חוק
legislation *n.* חֲקִיקָה, תְּחִיקָה
legislative *adj.* מְחוֹקֵק
legislator *n.* מְחוֹקֵק
legislature *n.* בֵּית־מְחוֹקְקִים
legitimacy *n.* כַּשְׁרוּת, חוּקִיּוּת, לֶגִיטִימִיּוּת
legitimate *adj.* חוּקִי, כָּשֵׁר, מוּתָּר
legitimate, legitimatize *v.* עָשָׂה לְחוּקִי, הִכְרִיז כְּחוּקִי
leisure *n.* פְּנַאי
leisure class *n.* מַעֲמַד הַנֶּהֱנָתָנִים
leisurely *adj., adv.* (מבוּצע) בִּמְתִינוּת
lemming *n.* לֶמִינְג (מכרסם קטן בּאזוּרי הקוטב)
lemon *n.* לִימוֹן; מִיץ לִימוֹן
lemonade *n.* לִימוֹנָדָה, מַשְׁקֵה לִימוֹן
lemon squeezer *n.* מַסְחֵט לִימוֹנִים
lemon verbena *n.* עֵץ הַלִּימוֹן
lemur *n.* לֶמוּר (מין קוף דמוּי שוּעל)
lend *v.* הִשְׁאִיל; הִלְוָה (כּסף)
lender *n.* מַלְוֶה
length *n.* אוֹרֶךְ, מֶשֶׁךְ זְמַן
lengthen *v.* הֶאֱרִיךְ; אָרַךְ
lengthwise *adv.* לָאוֹרֶךְ
lengthy *adj.* אָרוֹךְ (יוֹתר מדיי)
leniency *n.* מִידַּת הָרַחֲמִים; רַכּוּת, יָד רַכָּה
lenient *adj.* רַךְ, רַחְמָנִי, נוֹחַ
lens *n.* עֲדָשָׁה (בּמשקפיים)
Lent *n.* לֶנְט (40 הימים שלפני הפסחא הנוצרי, ימי צום ותשובה)
lentil *n.* עֲדָשָׁה (צמח)
lento *adv.* (בּמוּסיקה) אִיטִּי; לְאַט
leopard *n.* נָמֵר
leotard *n.* אֲפוּדַּת טוֹרְסוֹ (הדוּקה וּמכסה את הגוּף, להוציא ראש וגפיים)
leper *n.* מְצוֹרָע
leprosy *n.* צָרַעַת
leprous *adj.* מְצוֹרָע
lesbian *adj.* לֶסְבִּית (הנמשכת לבנות מינהּ, הומוסקסוּאלית)
lese majesty *n.* פְּגִיעָה בַּשִּׁלְטוֹן
lesion *n.* לִיקּוּי
less *adj., prep., n., adv.* פָּחוֹת; קָטָן יוֹתֵר; מְעַט
lessee *n.* חוֹכֵר, שׂוֹכֵר
lessen *v.* הִפְחִית; הִתְמַעֵט
lesser *adj.* פָּחוּת
lesson *n.* שִׁיעוּר, לֶקַח
lessor *n.* מַחְכִּיר, מַשְׂכִּיר
lest *conj.* שֶׁמָּא, פֶּן
let *n.* מִכְשׁוֹל, מַעְצוֹר
let *v.* הִרְשָׁה, אִפְשֵׁר; הִשְׂכִּיר
letdown *n.* יְרִידָה, הַרְפָּיָה, אַכְזָבָה; הַשְׁפָּלָה, נְחִיתָה

lethal *adj.* מֵמִית, קַטְלָנִי
lethargic,
lethargical *adj.* יָשֵׁן, מְיוּשָּׁן; אִיטִי
lethargy *n.* רַדֶּמֶת, רִפְיוֹן אֵיבָרִים
letter *n.* אוֹת, אוֹת־דְּפוּס; סִפְרוּת
letter carrier *n.* דַּוָּר
letter drop *n.* תֵּיבַת־מִכְתָּבִים
letter of credit *n.* מִכְתַּב אַשְׁרַאי
letter-perfect *adj.* בָּקִי הֵיטֵב (שחקן, תלמיד)
letter scales *n. pl.* מֹאזְנֵי דוֹאַר
letterhead *n.* כּוֹתֶרֶת (שם וכתובת, מודפסת); נְיַיר מִכְתָּבִים
lettering *n.* כְּתִיבַת אוֹתִיּוֹת
letterpress *n.* טֶקְסְט מוּדְפָּס (בספר מצויר)
lettuce *n.* חַסָּה
letup *n.* הֲפוּגָה, הַפְסָקָה
leukemia, leucemia *n.* חִיוּוֹר דָּם, סַרְטַן הַדָּם, לֵיקֶמְיָה
Levant *n.* הַמִּזְרָח; מִזְרַח הַיָּם הַתִּיכוֹן
Levantine *n., adj.* לֵוַנְטִינִי, מִזְרָחִי
levee *n.* סֶכֶר סוֹלְלָה; קַבָּלַת־פָּנִים (מלכותית)
level *n., adj.* מִשְׁטָח; גּוֹבַהּ, מִפְלָס
level *v.* יִישֵּׁר, שִׁיוָּה; אִיזֵּן
level-headed *adj.* מְיוּשָּׁב בְּדַעְתּוֹ
levelling rod *n.* מוֹט אִיזּוּן
lever *n.* מָנוֹף, מוֹט
lever *v.* הִשְׁתַּמֵּשׁ בְּמָנוֹף
leverage *n.* הֲנָפָה; מַעֲרֶכֶת מְנוֹפִים
leviathan *n., adj.* לִוְיָתָן; סְפִינָה עֲנָקִית; עֲנָקִי
levitation *n.* הִתְרוֹמְמוּת, רִיחוּף
levity *n.* חוֹסֶר רְצִינוּת, קַלּוּת דַּעַת
levy *v.* הֵטִיל מַס, גָּבָה מַס; גִּייֵס
levy *n.* מִיסּוּי; מַס
lewd *adj.* שֶׁל זִימָּה, תַּאַוְותָנִי
lewdness *n.* זִימָּה, גַּסּוּת
lexicographer *n.* מִילּוֹנַאי, לֶקְסִיקוֹגְרָף
lexicographic(al) *adj.* מִילּוֹנִי
lexicon *n.* מִילּוֹן, לֶקְסִיקוֹן
liability *n.* אַחְרָיוּת, עֵירָבוֹן
liable *adj.* עָלוּל, מְסוּגָּל; חַיָּיב
liaison *n.* קִישּׁוּר, קֶשֶׁר; אַהֲבָה לֹא חוּקִּית
liar *n.* שַׁקְרָן
lib *n.* שִׁחְרוּר, שִׁוְויוֹן זְכוּיוֹת, שִׁוְויוֹן הַמִּינִים
libation *n.* נִיסּוּךְ; יֵין נֶסֶךְ; מַשְׁקֶה מְשַׁכֵּר
libel *n., v.* דִּיבָּה, הַשְׁמָצָה, לְשׁוֹן הָרַע, הוֹצָאַת לַעַז; הִשְׁמִיץ, הוֹצִיא לַעַז
libelous *adj.* מְהַוֶּה הוֹצָאַת דִּיבָּה בִּכְתָב
liberal *adj., n.* נָדִיב, סוֹבְלָנִי, לִיבֵּרָלִי; רְחַב־אוֹפֶק
liberality *n.* נְדִיבוּת, סוֹבְלָנוּת
liberal minded *adj.* לִיבֵּרָלִי בְּגִישָׁתוֹ
liberate *v.* שִׁחְרֵר
liberation *n.* שִׁחְרוּר
liberator *n.* מְשַׁחְרֵר
libertine *n., adj.* מוּפְקָר, פָּרוּץ
liberty *n.* חוֹפֶשׁ, חֵירוּת
libidinous *adj.* תַּאַוְותָנִי, שְׁטוּף זִימָּה
libido *n.* תַּאֲוַות־מִין; אֲבִיּוֹנָה
librarian *n.* סַפְרָן
library *n.* סִפְרִייָּה
library school *n.* בֵּית סֵפֶר לְסַפְרָנוּת

library science *n.* מַדַּע הַסִּפְרָנוּת
libretto *n.* לִיבְּרִית (תמליל של אופירה או מחזה מוסיקלי)
licence, license *n.* רִשְׁיוֹן, הַרְשָׁאָה; תְּעוּדַת־סְמִיכוּת; פְּרִיצוּת
licence plate *n.* לוּחִית מִסְפָּר (ברכב)
licentious *adj.* מוּפְקָר; לֹא מוּסָרִי
lichen *n.* חֲזָזִית (צמח)
lick *v.* לִיקֵּק; לִיחֵךְ; לְחַלֵּחַ
lick *n.* לִיקּוּק, לִקְלוּק, לִיחוּךְ
licorice, liquorice *n.* שׁוּשׁ (צמח המשמש לרפואה ולממתקים)
lid *n.* מִכְסֶה, כִּיסּוּי; עַפְעַף
lido *n.* לִידוֹ (חוף רחצה מהודר)
lie *v.* שָׁכַב; שִׁיקֵּר
lie *n.* מַצַּב תְּנוּחָה; שֶׁקֶר, כָּזָב
lie detector *n.* מְכוֹנַת־אֱמֶת
lien *n.* זְכוּת עִיקּוּל, שִׁעְבּוּד (בגלל חוב)
lieu *n.* מָקוֹם (במקום – **in lieu**)
lieutenant *n.* לֶפְטֶנַנְט, סֶגֶן
lieutenant-colonel *n.* סְגַן־אַלּוּף
lieutenant-governor *n.* סְגַן מוֹשֵׁל
lieutenant junior grade *n.* סֶגֶן מִשְׁנֶה
life *n.* חַיִּים, נֶפֶשׁ, חִיּוּנִיּוּת
life annuity *n.* קִצְבָּה שְׁנָתִית לְכָל הַחַיִּים
lifebelt *n.* חֲגוֹרַת הַצָּלָה
life boat *n.* סִירַת הַצָּלָה
life-buoy *n.* מְצוֹף־הַצָּלָה
life float *n.* גַּלְגַּל הַצָּלָה
life guard *n.* שׁוֹמְרֵי רֹאשׁ; מַצִּיל
life jacket *n.* חֲגוֹרַת הַצָּלָה
life preserver *n.* חֲגוֹרַת הַצָּלָה
life sentence *n.* מַאֲסַר עוֹלָם
life size *n., adj.* (דמות) בְּגוֹדֶל טִבְעִי
lifeless *adj.* חֲסַר חַיִּים; מֵת
lifelike *adj.* דּוֹמֶה לַמְּצִיאוּת
lifeline *n.* חֶבֶל הַצָּלָה
lifer *n.* נִידּוֹן לְמַאֲסַר־עוֹלָם; (בבדיחות) קָצִין (או חייל) בִּצְבָא הַקֶּבַע
lifetime *n.* מֶשֶׁךְ הַחַיִּים
lifework *n.* עֲבוֹדַת חַיִּים
lift *v.* הֵרִים; רוֹמֵם; נָשָׂא; הִתְרוֹמֵם; הִתְפַּזֵּר (ערפל וכד')
lift *n.* הֲרָמָה, הֲנָפָה; הַסָּעָה; מַעֲלִית
ligament *n.* רְצוּעָה (כגון באזור הברך); מֵיתָר
ligature *n.* שֶׁנֶץ; קְשִׁירָה; קֶשֶׁר
light *n.* אוֹר; מָאוֹר; אֵשׁ
light *adj.* בָּהִיר; מוּאָר; קַל
light *v.* **(lit)** הִדְלִיק, הֵאִיר
light *adv.* קַל, בְּקַלּוּת
light bulb *n.* נוּרָה
light complexion *n.* עוֹר פָּנִים בָּהִיר
light-fingered *adj.* זָרִיז
light-footed *adj.* קַל רֶגֶל
light-hearted *adj.* עַלִּיז, שָׂמֵחַ
light-weight *adj.* קַל מִשְׁקָל
light-year *n.* שְׁנַת אוֹר
lighten *v.* הֵקֵל; הִפְחִית מִשְׁקָל; הִרְגִּישׁ הֲקָלָה; הֵאִיר
lighter *n.* דּוֹבְרָה, מַעְבּוֹרֶת; מַצִּית
lightheaded *adj.* שֶׁרֹאשׁוֹ סְחַרְחַר; קַל־רֹאשׁ, עַלִּיז
lighthouse *n.* מִגְדַּלּוֹר
lighting fixtures *n. pl.* אַבְזְרֵי תְּאוּרָה
lightly *adv.* בְּקַלּוּת מִשְׁקָל; בְּנַחַת, בְּעַלִּיזוּת

lightness *n.* אור, לובֶן; בְּהִירוּת
lightning *n.* בָּרָק
lightning rod *n.* כַּלִיא־רַעַם, כַּלִיא בָּרָק
lignite *n.* פֶּחָם חוּם (רך)
likable *adj.* חָבִיב, נָעִים
like *adj., adv., prep., conj.* דּוֹמֶה ל, כְּמוֹ; שָׁוֶה
like *n.* דָּבָר דּוֹמֶה; נְטִיָּה, חִיבָּה
like *v.* חִיבֵּב, רָצָה
likelihood *n.* הִיתָּכְנוּת, אֶפְשָׁרוּת
likely *adj., adv.* סָבִיר, מִתְקַבֵּל עַל הַדַּעַת
like-minded *adj.* תְּמִים־דֵּעִים
liken *v.* הִשְׁוָה, דִּימָּה
likeness *n.* דְּמוּת, תְּמוּנַת אָדָם; דִּמְיוֹן (בין שניים)
likewise *adv., conj.* וְכֵן, בְּאוֹתוֹ אוֹפֶן
liking *n.* נְטִיָּה, חִיבָּה
lilac *n., adj.* לִילָךְ
lilliputian *n., adj.* לִילִיפּוּטִי, גַּמָּד; גַּמָּדִי
lilt *n.* שִׁיר (בקצב עליז)
lily *n.* לִילְיוּם; שׁוֹשָׁן
limb *n.* גַּף, אֵיבָר, כָּנָף; עָנָף
limber *adj.* גָּמִישׁ
limber *v.* הִגְמִישׁ
limbo *n.* גֵּיהִינּוֹם; שִׁכְחָה
lime *n.* סִיד
lime *v.* סִייֵּד, הוֹסִיף סִיד; צָד עוֹפוֹת
limelight *n.* אֲלוּמַּת־אוֹר; מֶרְכַּז הִתְעַנְיְינוּת
limerick *n.* חַמְשִׁיר (מכתם, 5 שורות נחרזות)
limit *n.* גְּבוּל; קָצֶה
limit *v.* הִגְבִּיל, תָּחַם; צִמְצֵם
limited *adj.* מוּגְבָּל; בְּעֵירָבוֹן מוּגְבָּל
limitless *adj.* בִּלְתִּי מוּגְבָּל
limousine *n.* לִימוּסִין (מכונית גדולה ומפוארת)
limp *v., n.* צָלַע; צְלִיעָה
limp *adj.* רַךְ, רָפֶה
limpid *adj.* צָלוּל, בָּרוּר
linage *n.* מִסְפַּר הַשּׁוּרוֹת (בחומר מודפס), תַּשְׁלוּם בְּעַד כְּתִיבָה לְפִי מְחִיר הַשּׁוּרָה
linchpin *n.* קַטְרָב, פִּין אוֹפַן (המחבר את האופן לציר)
linden, linden tree *n.* טִילְיָה (עץ נוי נשיר)
line *n.* קַו, שׁוּרָה; סִרְטוּט; מֶסֶר; קֶמֶט
line *v.* סִידֵּר (בשורה); הָלַךְ לְאוֹרֶךְ הַקַּו; כִּיסָּה בִּקְמָטִים; בִּיטֵּן
lineage *n.* שַׁלְשֶׁלֶת יוּחֲסִין
lineament *n.* תַּו פָּנִים, קַו קְלַסְתֵּר
linear *adj.* קַוִּי
lineman *n.* קַוָּון
linen *n.* פִּשְׁתָּן; לְבָנִים
linen closet *n.* אֲרוֹן לְבָנִים
line of battle *n.* קַו הַחֲזִית
liner *n.* אוֹנִיַּית נוֹסְעִים
lineup *n.* שׁוּרָה, מִסְדָּר; מַעֲרָךְ
linger *v.* הִשְׁתַּהָה; הֶאֱרִיךְ בּ
lingerie *n.* לְבָנִים
lingering *adj.* מִשְׁתַּהֶה
lingo *n.* לָשׁוֹן (לא ברורה או זרה); לָשׁוֹן מְיוּחֶדֶת (כגון של מַחשב)
lingua franca *n.* שָׂפָה כְּלַל אֲזוֹרִית, שָׂפָה מְשׁוּתֶּפֶת (לדוברי שָׂפות שונות)

lingual *adj., n.* לְשׁוֹנִי; הֶגֶה לְשׁוֹנִי (כגון ט,ל,נ)
linguist *n.* בַּלְשָׁן, לְשׁוֹנַאי
linguistic *adj.* לְשׁוֹנִי; בַּלְשָׁנִי
liniment *n.* מְסִיכָה, מִשְׁחָה (נוזלית)
lining *n.* אֲרִיג בִּטְנָה; בִּטְנָה
link *n.* חוּלְיָה; קֶשֶׁר; חִיבּוּר, זִירָה
link *v.* קִישֵּׁר, חִיבֵּר, הִתְחַבֵּר
linnet *n.* (ציפור) חוחית, תַּפּוּחִית
linoleum *n.* שַׁעֲמָנִית, לִינוֹל
linotype *n.* מַסְדֶּרֶת לַיְינוֹטַייפּ (של שורות יצוקות)
linotype *v.* סִידֵּר בְּלַיְינוֹטַייפּ
linseed *n.* זֶרַע פִּשְׁתָּה
linseed oil *n.* שֶׁמֶן פִּשְׁתִּים
lint *n.* מִרְפָּד (לכיסוי פצע)
lintel *n.* מַשְׁקוֹף
lion *n.* אַרְיֵה, לָבִיא
lioness *n.* לְבִיאָה
lionhearted *adj.* אַמִּיץ־לֵב
lionize *v.* כִּיבֵּד (כאילו היה המכובד ארי שבחבורה)
lion's den *n.* מְאוּרַת אַרְיֵה
lion's share *n.* חֵלֶק הָאֲרִי
lip *n.* שָׂפָה, שְׂפָתַיִים; דִּיבּוּר; חוּצְפָּה
lip-read *v.* קָרָא בִּשְׂפָתַיִים (כְּחֵירֵשׁ)
lip-service *n.* מַס־שְׂפָתַיִים
lipstick *n.* שְׂפָתוֹן, אוֹדֶם (לשפתיים)
liquefy *v.* הָפַךְ לְנוֹזֵל
liqueur *n.* לִיקֶר (משקה חריף)
liquid *adj.* נוֹזֵל, נוֹזְלִי; בָּהִיר
liquid *n.* נוֹזֵל
liquidate *v.* שִׁילֵּם, חִיסֵּל; רָצַח; פֵּירֵק
liquidity *n.* נְזִילוּת

liquor *n.* מַשְׁקֶה חָרִיף (מזוקק)
liquorice *n.* שׁוּשׁ (צמח שמשורשיו חומר לרפואה ולממתקים)
lisp *v.* שִׂפְתֵּת (שיבש הגיים שורקים כגון ס')
lisp *n.* שִׂפְתּוּת
lissom(e) *adj.* גָּמִישׁ, קַל וְחִינָּנִי
list *n.* רְשִׁימָה; נְטִיָּיה לַצַּד (של אונייה)
list *v.* עָרַךְ רְשִׁימָה; נָטְתָה לַצַּד
listen *v.* הִקְשִׁיב, הֶאֱזִין
listener *n.* מַאֲזִין
listening-post *n.* מוּצָב הַאֲזָנָה
listless *adj.* אָדִישׁ, חֲסַר מֶרֶץ
litany *n.* לִיטַנְיָה (בכנסייה: מין תפילת תחנון של חזן וקהל לסירוגין)
liter, litre *n.* לִיטֶר
literacy *n.* יְדִיעַת קְרוֹא וּכְתוֹב
literal *adj.* כִּכְתָבוֹ, מִילּוּלִי, שֶׁפְּשׁוּטוֹ כְּמַשְׁמָעוֹ
literal translation *n.* תַּרְגּוּם מִילּוּלִי
literary *adj.* סִפְרוּתִי; בָּקִיא בְּסִפְרוּת
literate *adj.* יוֹדֵעַ קְרוֹא וּכְתוֹב
literature *n.* סִפְרוּת
lithe *adj.* גָּמִישׁ, קַל תְּנוּעָה
lithia *n.* תַּחְמוֹצֶת לִיתְיוּם
lithium *n.* לִיתְיוּם
lithograph *n., v.* (עָשָׂה) הֶדְפֵּס אֶבֶן
lithography *n.* לִיתוֹגְרַפְיָה (עשיית הדפס אבן)
litigant *n., adj.* מְעוֹרָב בִּתְבִיעָה מִשְׁפָּטִית, מִתְדַּיֵּין
litigate *v.* הִתְדַּיֵּין, הִגִּישׁ תְּבִיעָה
litigation *n.* הִתְדַּיְּינוּת, הַגָּשַׁת תְּבִיעָה

litmus *n.* לַקְמוּס
litre, liter *n.* לִיטֶר (יחידת נפח, דצימטר מעוקב)
litter *n.* אַפְרִיון; אַשְׁפָּה, לִכְלוּךְ; וְלָדוֹת שֶׁל הַמְלָטָה אַחַת
litter *v.* הֵכִין מַצָּע תֶּבֶן; פִּיזֵּר אַשְׁפָּה
litterateur *n.* אִישׁ־סֵפֶר
little *n.* כַּמּוּת קְטַנָּה, מְעַט
little *adj.* פָּעוּט, קָטָן; מְעַט, קְצָת
little *adv.* בְּמִידָּה מוּעֶטֶת
little by little *adv.* לְאַט לְאַט, טִיפִּין טִיפִּין, בְּהַדְרָגָה
little finger *n.* זֶרֶת
little-neck *n.* (צֶדֶף) קְצַר צַוָּאר
little owl *n.* יַנְשׁוּף קָטָן
Little Red Riding Hood *n.* כִּיפָּה אֲדוּמָּה
liturgic(al) *adj.* פּוּלְחָנִי, לִיטוּרְגִי (ר' להלן)
liturgy *n.* לִיטוּרְגְיָה (עבודת אלוהים, פולחן דתי, סִדְרֵי התפילה והעבודה בבית הכנסת)
livable *adj.* שֶׁאֶפְשָׁר לִחְיוֹת בּוֹ
live *v.* חַי; חָיָה, גָּר, הִתְקַיֵּים
live *adj.* חַי; מַמָּשִׁי; מָלֵא חַיִּים
livelihood *n.* מִחְיָה, פַּרְנָסָה
liveliness *n.* פְּעִילוּת, רַעֲנַנּוּת, עַלִּיזוּת
livelong *adj.* אָרוֹךְ, שָׁלֵם
lively *adj.* מָלֵא חַיִּים, פָּעִיל
liven *v.* 'חִימֵּם', עוֹרֵר; הִתְעוֹרֵר
liver *n.* כָּבֵד
livery *n.* בִּגְדֵי שְׂרָד, מַדֵּי מְשָׁרְתִים
livery *adj.* סוֹבֵל בַּכָּבֵד, שְׁחוֹר מָרָה
liveryman *n.* סַיָּיס, אוּרְוָון
livery-stable *n.* אוּרְוָה
livestock *n.* הַמֶּשֶׁק הַחַי
livid *adj.* חִיוֵּר מְזַעַם; כָּחוֹל־אָפוֹר
living *n., adj.* חַיִּים, פַּרְנָסָה; חַי, קַיָּים
living quarters *n. pl.* מְגוּרִים
living-room *n.* טְרַקְלִין, סָלוֹן
lizard *n.* לְטָאָה, חַרְדּוֹן
llama *n.* לָמָה (גמל חסר דבשת בדרום אמריקה)
lo *interj.* הִנֵּה! רְאוּ!
load *n.* מִטְעָן, עוֹמֶס; סֵבֶל
load *v.* הִטְעִין (גם נשק); טָעַן; הֶעֱמִיס; נִטְעַן
loaded *adj.* טָעוּן, עָמוּס; שָׁתוּי
loaf *n.* כִּיכַּר לֶחֶם
loaf *v.* הִתְבַּטֵּל, בִּיטֵּל זְמַן
loafer *n.* בַּטְלָן; נַעַל קַלָּה
loam *n.* טִיט, אֲדָמָה כְּבֵדָה
loan *n.* הַלְוָואָה; מִלְוֶוה
loan *v.* הִלְוָוה (כסף); הִשְׁאִיל
loan-shark *n.* נוֹשֶׁךְ נֶשֶׁךְ
loath, loth *adj.* חֲסַר רָצוֹן, מְמָאֵן (לעשות)
loathe *v.* בָּחַל, תִּיעֵב, סָלַד
loathing *n.* תִּיעוּב, סְלִידָה
loathsome *adj.* נִתְעָב
lob *v.* זָרַק לַגּוֹבַהּ, תִּילֵּל (בטניס)
lobby *n.* מִסְדְּרוֹן; שְׁדוּלָה
lobby *v.* הִשְׁתַּדֵּל בְּעַד, שִׁידֵּל
lobbying *n.* שְׁתַדְּלָנוּת, שִׁידּוּל
lobbyist *n.* שְׁתַדְּלָן, שְׁדוּלָן
lobe *n.* בְּדַל אוֹזֶן; אַלְיָה, אוּנָה
lobster *n.* סַרְטַן־יָם
lobster-pot *n.* מַלְכּוֹדֶת סַרְטָנִים
local *adj.* מְקוֹמִי
local *n.* תּוֹשַׁב הָאֵזוֹר; עוֹבֵד מְקוֹמִי; סְנִיף מְקוֹמִי (של איגוד מקצועי)

locale *n.* מָקוֹם, סְבִיבָה

locality *n.* מָקוֹם, סְבִיבָה

localize *v.* עָשָׂה לִמְקוֹמִי; הִגְבִּיל לְמָקוֹם

locate *v.* מִיקֵּם; אִיתֵּר; הִתְיַישֵּׁב

location *n.* מָקוֹם; מְקוֹם־מְגוּרִים; סְבִיבָה

loch *n.* מִפְרַץ יָם, אֲגַם

lock *n.* מַנְעוּל; בְּרִיחַ (גם בּרוֹבה); סֶכֶר; קְווּצַּת שֵׂעָר

lock *v.* נָעַל, חָסַם, עָצַר; נֶעֱצַר; חִיבֵּר; שִׁילֵּב; הִתְחַבֵּר; הִשְׁתַּלֵּב

lock-out *n.* הַשְׁבָּתָה

lock-step *n.* צְעִידָה אִיטִּית צְפוּפָה

locker *n.* תָּא (נִנְעָל), אֲרוֹנִית

locket *n.* עֲדִילְיוֹן, קוּפְסַת קִישּׁוּט

lockjaw *n.* צְבִיתַת הַלְּסָתוֹת, צַפֶּדֶת

locksmith *n.* מְתַקֵּן מַנְעוּלִים, מַסְגֵּר

lockstitch *n.* תֶּפֶר־קֶשֶׁר

lockup *n.* מְקוֹם מַעֲצָר; כֶּלֶא

locomotion *n.* כּוֹחַ תְּנוּעָה מִמָּקוֹם לְמָקוֹם, נְסִיעָה

locomotive *n., adj.* קַטָּר; מֵנִיעַ; מַרְבֶּה לִנְסוֹעַ

locus *n.* (*pl.* **loci**) מָקוֹם מְדוּיָּק

locus classicus מַרְאֵה מָקוֹם קְלָסִי (לנושא מסוים)

locust *n.* אַרְבֶּה

locution *n.* חִיתּוּךְ דִּיבּוּר, הַבָּעָה, סִגְנוֹן

lode, load *n.* עוֹרֶק (של מרבצים)

lodestar, loadstar *n.* כּוֹכַב נִיוּוּט, כּוֹכַב הַצָּפוֹן

lodge *v.* לָן, הִתְאַכְסֵן; הֵלִין, אֵירַח; הִפְקִיד (מסמך וכד'); תָּקַע, נִתְקַע

lodge *n.* אַכְסַנְיָה; צְרִיף

lodger *n.* דַּיָּיר; מִתְאַכְסֵן

lodging *n.* מְקוֹם־מְגוּרִים זְמַנִּי

loft *n.* עֲלִיַּית־גַּג

lofty *adj.* מְרוֹמָם; נִשְׂגָּב; רַבְרְבָנִי

log *n.* קוֹרַת עֵץ, בּוּל עֵץ

log *v.* כָּרַת עֵצִים; רָשַׁם בְּיוֹמַן אוֹנִיָּה

log cabin *n.* צְרִיף עֵץ

log driving *n.* הוֹבָלַת קוֹרוֹת עֵץ בַּנָּהָר

log jam *n.* פְּקָק בִּתְנוּעַת קוֹרוֹת עֵץ

logarithm *n.* לוֹגָרִיתְם

logbook *n.* יוֹמַן אוֹנִיָּה

logger *n.* חוֹטֵב עֵצִים

loggerhead *n.* בּוּל עֵץ, טִיפֵּשׁ

loggia *n.* אַכְסַדְרָה

logic *n.* הִיגָּיוֹן, תּוֹרַת הַהִיגָּיוֹן

logical *adj.* הֶגְיוֹנִי

logician *n.* מוּמְחֶה בְּתוֹרַת הַהִיגָּיוֹן

logistic *adj.* לוֹגִיסְטִי

logistics *n. pl.* לוֹגִיסְטִיקָה (חכמת הנעת צבא על ציודו)

loin *n.* מוֹתֶן, חֶלֶץ

loincloth *n.* חֲגוֹרַת חֲלָצַיִים

loiter *v.* הִשְׁתַּהָה, שׁוֹטֵט, בִּיטֵּל זְמַן

loiterer *n.* הוֹלֵךְ בָּטֵל

loll *v.* שָׁכַב, נִשְׁעַן בְּעַצְלָנוּת

lollipop, lollypop *n.* סוּכָּרִיַּית מַקֵּל

lolly *n.* סוּכָּרִיַּית מַקֵּל; (דיבורית) כֶּסֶף

lone *adj.* בּוֹדֵד; לֹא מְיוּשָּׁב, נִידָּח

loneliness *n.* בְּדִידוּת

lonely *adj.* בּוֹדֵד, גַּלְמוּד

lonesome *adj.* גַּלְמוּד

long *adj., adv.* אָרוֹךְ, מְמוּשָּׁךְ; מְזֻמָּן

long *v.* הִתְגַעְגֵעַ
long-boat *n.* הַסִּירָה הַגְּדוֹלָה (שבאונייה)
long distance call *n.* שִׂיחָה בֵּין־עִירוֹנִית
long-drawn-out *adj.* נִמְשָׁךְ יוֹתֵר מִדַּיי
long-lived *adj.* מַאֲרִיךְ יָמִים
long-playing record *n.* תַּקְלִיט אֲרִיךְ־נֶגֶן
long-range *adj.* לְטְוָוח אָרוֹךְ
long-standing *adj.* קַיָּים מִזְּמַן, מִשֶּׁכְּבָר
long-suffering *adj., n.* סַבְלָן; סַבְלָנוּת
long-term *adj.* לִזְמַן אָרוֹךְ
long-winded *adj.* מַאֲרִיכָן, מַרְבֶּה לְדַבֵּר
longevity *n.* אֲרִיכוּת יָמִים
longhair *n.* אִינְטֶלֶקְטוּאָל; מַשְׂכִּיל
longhand *n.* כְּתִיבָה רְגִילָה (לא בקצרנות או במכונה)
longing *n.* גַּעְגּוּעִים
longing *adj.* מִתְגַּעְגֵּעַ
longitude *n.* קַו־אוֹרֶךְ
look *v.* הִסְתַּכֵּל, הִבִּיט; נִרְאָה
look *n.* מַבָּט; מַרְאֶה
looker-on *n.* מִסְתַּכֵּל (מן הצד), צוֹפֶה
looking-glass *n.* רְאִי, מַרְאָה
lookout *n.* עֵרָנוּת; זָקִיף; צְפִיָּיה; מִצְפֶּה
loom *n.* נוֹל, מַאֲרֵגָה, מְכוֹנַת־אֲרִיגָה
loom *v.* הִזְדַּקֵּר, הוֹפִיעַ בִּמְעוּרְפָּל; אָרַג בְּנוֹל
loony *adj., n.* סַהֲרוּרִי, מְשׁוּגָּע

loop *n., v.* לוּלָאָה; עָשָׂה לוּלָאָה
loophole *n.* אֶשְׁנַב יְרִי; סֶדֶק בַּחוֹק
loose *adj.* רָפֶה; תָּלוּשׁ; לֹא קָשׁוּר, חוֹפְשִׁי; מוּפְקָר; לֹא מְדוּיָּק, רַשְׁלָנִי; לֹא אָרוּז; לֹא צָפוּף
loose *v.* נִיתֵּק, הִתִּיר
loose-leaf notebook *n.* דַּפְדֶּפֶת (שדפיה עשויים להיתלש)
loosen *v.* הִתִּיר, שִׁחְרֵר; נִיתַּר; רוֹפֵף
looseness *n.* רִפְיוֹן, הִתְרוֹפְפוּת
loose-tongued *adj.* פַּטְפְּטָנִי, מוּפְקָר
loot *n.* שָׁלָל
loot *v.* שָׁלַל
lop *v.* גָּזַם, זָמַר; כָּרַת
lope *v.* הָלַךְ בִּצְעָדִים אֲרוּכִּים
lopsided *adj.* נוֹטֶה לְצַד אֶחָד
loquacious *adj.* מַרְבֶּה דִּיבּוּר, דַּבְּרָן
lord *n.* אָדוֹן; אָצִיל; ה׳
lord *v.* נָהַג כְּלוֹרְד, הִתְנַשֵּׂא
lordly *adj.* גֵּא; נֶהְדָּר; מִתְנַשֵּׂא
lordship *n.* אֲצִילוּת, אַדְנוּת
lore *n.* יֶדַע עֲמָמִי
lorgnette *n.* מִשְׁקְפֵי אוֹפֵּירָה, מִשְׁקָפַיִים (ארוכי ידית)
lorry *n.* מַשָּׂאִית
lose *v.* אִיבֵּד; אָבַד לוֹ; הִפְסִיד; שָׁכַל
loser *n.* מַפְסִיד; מְאַבֵּד
loss *n.* אֲבֵידָה
loss of face *n.* אוֹבְדַן יוּקְרָה
lost *adj.* אָבוּד; אוֹבֵד; נִפְסָד
lost sheep *n.* (דיבורית) כִּבְשָׂה תּוֹעָה
lot *n.* חֵלֶק; כַּמּוּת; גּוֹרָל

lotion *n.* תְּמִיסָה; תַּרְחִיץ
lottery *n.* הַגְרָלָה
lotus *n.* לוטוס (שושן מים)
loud *adj.* צַעֲקָנִי, קוֹלָנִי
loud *adv.* בְּקוֹל רָם
loudmouthed *adj.* צַעֲקָנִי
loudspeaker *n.* רַמְקוֹל
lounge *v.* הֵסֵב; הִתְהַלֵּךְ בַּעֲצַלְתַּיִים
lounge *n.* (במלון) אוּלָם אוֹרְחִים, חֲדַר־אוֹרְחִים
louse *n.* *(pl.* **lice)** כִּינָּה, טַפִּיל; מְנוּוָל
lousy *adj.* מְכוּנָּם; נִתְעָב
lout *n.* גַס רוּחַ, מְגוּשָּׁם
lovable *adj.* חָבִיב
love *n.* אַהֲבָה; אָהוּב, אֲהוּבָה
love *v.* אָהַב, הָיָה מְאוֹהָב
love-affair *n.* פָּרָשַׁת אֲהָבִים
lovebird *n.* תּוּכִּי (קטן בכלוב)
love-child *n.* יֶלֶד אַהֲבָה (שהוריו לא נשואים)
loveless *adj.* חֲסַר אַהֲבָה
lovely *adj.* נֶחְמָד, נֶהְדָר
lovematch *n.* נִישׂוּאֵי אַהֲבָה
lover *n.* אוֹהֵב, מְחַזֵּר
love-seat *n.* מוֹשָׁב לִשְׁנַיִים
lovesick *adj.* חוֹלֵה אַהֲבָה
love-song *n.* שִׁיר אַהֲבָה
loving-kindness *n.* אַהֲבָה מִתּוֹךְ חֶסֶד
low *adj., adv.* נָמוּךְ; יָרוּד; חַלָּשׁ
low *n.* דָּבָר נָמוּךְ; שֵׁקַע; גְּעִיַּית פָּרָה
low *v.* גָּעָה
lowborn *adj.* לֹא בַּעַל יִיחוּס
low-brow *n., adj.* 'נְמוּךְ מֵצַח' (בעל ערכי תרבות והשכלה נְמוּכִים)
Low Countries *n. pl.* אַרְצוֹת הַשְּׁפֵלָה (בלגיה, לוקסמבורג והולנד)
low-down *adj.* נָמוּךְ, שָׁפָל
low-down *n.* עוּבְדוֹת אֲמִיתִּיּוֹת
lower *v.* הִנְמִיךְ; הִפְחִית; הוֹרִיד
lower *adj.* נָמוּךְ יוֹתֵר
lower, lour *v.* (לגבי שמיים, עננים) זָעַף, קָדַר
lower berth *n.* (באונייה) מִיטַּת מַדָּף תַּחְתּוֹנָה
lower middle class *n.* הַמַּעֲמָד הַבֵּינוֹנִי הַנָּמוּךְ
low frequncy *n.* תֶּדֶר נָמוּךְ
low gear *n.* הִילּוּךְ נָמוּךְ
lowland *n.* שְׁפֵלָה
lowly *adj.* פָּשׁוּט; נָמוּךְ; עָנָיו
low-minded *adj.* שָׁפָל, גַס
low neck *adj.* עֲמוּקַת מַחְשׂוֹף
low spirits *n.* דִּיכָּאוֹן, דִּכְדּוּךְ
low tide *n.* שֵׁפֶל (בים)
loyal *adj., n.* נֶאֱמָן
loyalist *n.* נֶאֱמָן (לממסד)
loyalty *n.* נֶאֱמָנוּת
lozenge *n.* תַּבְנִית מְעוּיָּן; כְּמוּסָה (תרופה מְצוּפָּה בשכבה מתוקה)
L.P. *abbr.* (תַּקְלִיט) אֲרִיךְ נֶגֶן **long playing (record)**
L.S.D. אֶל אֶס דִי (סם משכר הַגּוֹרֵם להזיות)
lubber *n.* גּוֹלֶם, שׁוֹטֶה מְגוּשָּׁם
lubricant *n.* חוֹמֶר סִיכָה
lubricate *v.* סָךְ (מכונה), שִׁימֵּן
lucent *adj.* מַבְהִיק, מַבְרִיק
lucerne, lucern *n.* אַסְפֶּסֶת
lucid *adj.* מֵאִיר; בָּהִיר; בָּרוּר
Lucifer *n.* לוּצִיפֶר (השטן), (הכוכב) נוֹגַהּ
luckily *adv.* לְמַרְבֵּה הַמַּזָּל

luckless *adj.* חֲסַר מַזָּל
lucky *adj.* שֶׁל מַזָּל
lucky hit *n.* מַכַּת מַזָּל
lucrative *adj.* מִשְׁתַּלֵּם, מַכְנִיס
lucre *n.* בֶּצַע כֶּסֶף
ludicrous *adj.* מְגוּחָךְ
lug *v.* מָשַׁךְ, סָחַב
lug *n.* יָדִית; אָבִיק; חָף
luggage *n.* מִטְעָן; מִזְוָודוֹת, מִזְוָוד
lugubrious *adj.* נוּגֶה, עָצוּב
lukewarm *adj.* פּוֹשֵׁר
lull *v.* הִרְגִּיעַ, יִישֵּׁן; נִרְגַּע
lull *n.* הֲפוּגָה
lullaby *n.* שִׁיר עֶרֶשׂ
lumbago *n.* מַתֶּנֶת (מחלת כאבי מותניים)
lumber *n.* גְּרוּטָאוֹת; עֵצִים
lumber *v.* הִתְנַהֵל בִּכְבֵדוּת
lumberjack *n.* כּוֹרֵת עֵצִים
lumber-yard *n.* מִגְרָשׁ לְמַחְסַן עֵצִים
luminary *n.* גֶּרֶם שָׁמַיִם; מָאוֹר
luminescent *adj.* נְהוֹרָנִי
luminous *adj.* מֵאִיר; מוּאָר
lummox *n.* גּוֹלֶם, שׁוֹטֶה
lump *n., adj.* גּוּשׁ; חַבּוּרָה
lump *v.* צָבַר; כָּלַל; הִצְטַבֵּר
lumpy *adj.* מָלֵא גּוּשִׁים
lunacy *n.* סַהֲרוּרִיּוּת
lunar *adj.* יַרְחִי
lunatic *adj., n.* לֹא שָׁפוּי, מְשׁוּגָּע
lunatic asylum *n.* בֵּית־חוֹלֵי־רוּחַ
lunatic fringe *n.* מִיעוּט פָּנָאטִי
lunch *n.* אֲרוּחַת־צָהֳרַיִים
lunch *v.* סָעַד בַּצָּהֳרַיִים
lunch basket *n.* תִּיק אוֹכֶל
lunch cloth *n.* מַפִּית אוֹכֶל
luncheon *n.* אֲרוּחַת צָהֳרַיִים
lunchroom *n.* מִסְעָדָה לַאֲרוּחוֹת קַלּוֹת
lung *n.* רֵיאָה
lunge *n., v.* תְּחִיבָה; גִּיחָה; תָּחַב; הָדַף
lurch *n.* רְתִיעָה הַצִּדָּה; מְבוּכָה
lurch *v.* הוּסַט לַצַּד
lure *n., v.* מִתְקַן פִּיתּוּי; פִּיתָּה
lurid *adj.* נוֹרָא בִּצְבָעָיו; אָיוֹם
lurk *v.* אָרַב; הִסְתַּתֵּר
luscious *adj.* טָעִים, עָרֵב; מְגָרֶה
lush *adj.* עֲסִיסִי; שׁוֹפֵעַ
lust *n., v.* תַּאֲוָה; עָגַב, הִתְאַוָּה
luster, lustre *n.* זוֹהַר
lustful *adj.* תַּאַוְתָנִי
lustrous *adj.* מַבְרִיק, מַזְהִיר
lusty *adj.* חָסוֹן; נִמְרָץ
lute *n.* קַתְרוֹס; מֶרֶק (לתיקון מקטרות)
luxuriance *n.* שֶׁפַע, עוֹשֶׁר
luxuriant *adj.* שׁוֹפֵעַ, מְשׁוּפָּע
luxurious *adj.* שֶׁל מוֹתָרוֹת
luxury *n.* מוֹתָרוֹת
lye, lie *n.* תְּמִיסַּת חִיטּוּי
lying *adj.* מְשַׁקֵּר; שׁוֹכֵב
lying-in *n., adj.* שְׁכִיבַת יוֹלֶדֶת
lymph *n.* לִימְפָה
lymphatic *adj.* לִימְפָתִי; נִרְפֶּה, אִיטִי
lynch *v.* עָשָׂה מִשְׁפַּט לִינְץ׳
lynching *n.* עֲשִׂיַּית לִינְץ׳
lynx *n.* חָתוּל פֶּרֶא
lynx-eyed *adj.* חַד־רְאִיָּה
lyre *n.* כִּינּוֹר דָּוִיד, נֵבֶל עַתִּיק
lyric *n.* לִירִיקָה; שִׁיר לִירִי
lyrical *adj.* לִירִי
lyricist *n.* מְשׁוֹרֵר לִירִי
lysol *n.* לִיזוֹל (נוזל חיטוי)

M

ma *n.* אִמָּא

ma'am *n.* גְּבֶרֶת

macabre *adj.* קוֹדֵר, מַחֲרִיד, מַבְעִית

macadam *adj.* עָשׂוּי שִׁכְבוֹת חָצָץ

macadamize *v.* רִיבֵּד בְּחָצָץ

macaroni *n.* אִטְרִיּוֹת; טַרְזָן (אנגלי במאה ה־18)

macaroon *n.* מַקְרוֹן (עוגה מתוקה מחלבון ביצה, קמח, ממרח שקדים וכו')

macaw *n.* מַקָאו (תוּכִּי)

mace *n.* אַלָּה, שַׁרְבִיט; מוּסְקָטִית רֵיחָנִית (תבלין)

machination *n.* תַּחְבּוּלָה, מְזִימָּה

machine *v.* יִיצֵּר בִּמְכוֹנָה

machine *n.* מְכוֹנָה

machine-gun *n.* מְכוֹנַת־יְרִיָּה, מַקְלֵעַ

machine-made *adj.* מְיוּצָּר בִּמְכוֹנָה

machine shop *n.* סַדְנָה לִמְכוֹנוֹת

machine tool *n.* מְכוֹנַת עִיבּוּד מַתָּכוֹת (כגון מַחֲרֵטָה)

machinery *n.* מַעֲרֶכֶת־מְכוֹנוֹת, מַנְגָּנוֹן

machinist *n.* מְכוֹנַאי

mackerel *n.* קוֹלְיָיס (דג מאכל)

mac(k)intosh *n.* מְעִיל־גֶּשֶׁם

macrocosm *n.* מַקְרוֹקוֹסְמוֹס, הָעוֹלָם הַגָּדוֹל, יֵשׁוּת גְּדוֹלָה

mad *adj.* מְטוֹרָף; מִשְׁתּוֹלֵל; רוֹגֵז

madam(e) *n.* גְּבֶרֶת; גְּבִרְתִּי

madcap *n.* עַרְנִי, פָּזִיז, (אדם) פּוֹרְצָנִי

madden *v.* שִׁיגֵּעַ; הִרְגִּיז

mademoiselle *n.* הָעַלְמָה (כִּינּוּי לאישה לא נשואה)

made-to-order *adj.* עָשׂוּי לְפִי מִידָּה, עָשׂוּי לְפִי הַזְמָנָה

madhouse *n.* בֵּית־חוֹלֵי־רוּחַ

madman *n.* מְטוֹרָף, מְשׁוּגָּע

madness *n.* טֵירוּף, שִׁיגָּעוֹן

Madonna *n.* מָדוֹנָה (הבתולה מרים, ציור או פסל שלה)

maelstrom *n.* מְעַרְבּוֹלֶת

maestro *n.* מָאֶסְטְרוֹ (מוסיקאי, מנצח או מורה מפורסם)

magazine *n.* כְּתַב־עֵת; מַחְסַן־תַּחְמוֹשֶׁת

magenta *n.,adj.* אָדוֹם (שבספקטרום)

maggot *n.* זַחַל זְבוּב, רִימָּה

Magi (*pl.of* **Magus**) הָאַמְגוּשִׁים (אנשי כהונה של כת הזורואסטרים של פרס ומדיי)

magic *n.* קֶסֶם, כִּישּׁוּף, לַהֲטוּטִים

magic *adj.* שֶׁל קֶסֶם

magician *n.* קוֹסֵם, מְכַשֵּׁף

magistrate *n.* שׁוֹפֵט שָׁלוֹם

magnanimous *adj.* גְּדוֹל־נֶפֶשׁ, רְחַב־לֵב

magnate *n.* אֵיל הוֹן, מַגְנָט

magnesia *n.* מַגְנֶזְיָה (תחמוצת מגנזיום לשימוש רפואי)

magnesium *n.* מַגְנִיּוֹן, מַגְנֶזְיוּם

magnet *n.* מַגְנֵט; (מַשהו או מִישהו) מוֹשֵׁךְ

magnetic *adj.* מַגְנֵטִי; מוֹשֵׁךְ

magnetism *n.* מַגְנֵטִיּוּת; קֶסֶם אִישִׁי

magnetize *v.* מִגְנֵט; מָשַׁךְ בְּקִסְמוֹ

magneto *n.* מַגְנֵטוֹ (היוצר ניצוץ במנוע)

magnificent *adj.* מָלֵא־הוד, מְפוֹאָר
magnify *v.* הִגְדִּיל; הִגְזִים, פֵּיאֵר
magnifying glass *n.* זְכוּכִית מַגְדֶּלֶת
magniloquence *n.* דִּיבּוּר גָּבוֹהַּ וּמְהוּקְצָע
magnitude *n.* גּוֹדֶל; גּוֹדֶל רַב
magnolia *n.* מַגְנוֹלְיָה (עֵץ נוֹי לבן פרחים)
magnum opus *n.* יְצִירָה גְּדוֹלָה (בספרות, בְּאָמָנוּת)
magpie *n.* עוֹרֵב הַנְּחָלִים; פַּטְפְּטָן
Magyar *adj.,n.* מַגְיָארִי; הוּנְגָרִית
maharaja(h) *n.* מַהָארָגָ'ה (תואר לנסיך הודי)
mahjong(g) *n.* מַהְיוֹנְג (משחק סיני בְּ־144 כלים)
mahlstick *n.* מַקֵּל צַיָּירִים
mahogany *n.* תּוֹלַעֲנָה, עֵץ הַמַּהֲגוֹן
maid *n.* עַלְמָה, לֹא נְשׂוּאָה; עוֹזֶרֶת
maiden *adj.* לֹא נְשׂוּאָה, שֶׁלִּפְנֵי הַנִּישּׂוּאִים
maidenhair *n.* שַׂעֲרוֹת שׁוּלַמִּית (צמח שרכני)
maidenhead *n.* בְּתוּלִיּוּת, בְּתוּלִים
maidenhood *n.* בְּתוּלִיּוּת
maiden lady *n.* רַוָּוקָה
maid-in-waiting *n.* שׁוֹשְׁבִינָה
maidservant *n.* מְשָׁרֶתֶת, עוֹזֶרֶת
mail *n.* דּוֹאַר, דִּבְרֵי דּוֹאַר
mail *v.* שָׁלַח בַּדּוֹאַר, דִּיוֵור
mail carrier *n.* דַּוָּור
mailing list *n.* רְשִׁימַת מִשְׁלוֹחַ, רְשִׁימַת נִמְעָנִים
mailing permit *n.* רִשְׁיוֹן לְהִתְחַמֵּת 'שׁוּלָּם'

mailman *n.* דַּוָּור
mail-order house *n.* חֶבְרַת אַסְפָּקָה בַּדּוֹאַר
maim *v.* גָּרַם נָכוּת
main *adj.* עִיקָּרִי, רָאשִׁי
main *n.* צִינּוֹר רָאשִׁי (למים); עִיקָּר; גְּבוּרָה
main deck *n.* סִיפּוּן רָאשִׁי
mainland *n.* יַבֶּשֶׁת, אֶרֶץ
main line *n.* קַו רָאשִׁי (בְּמסילת ברזל)
mainly *adv.* בְּעִיקָּר, קוֹדֶם כּוֹל
mainmast *n.* תּוֹרֶן רָאשִׁי
mainsail *n.* מִפְרָשׂ רָאשִׁי
mainspring *n.* קְפִיץ רָאשִׁי; מֵנִיעַ עִיקָּרִי
mainstay *n.* חֶבֶל תּוֹרֶן רָאשִׁי, מִשְׁעָן מֶרְכָּזִי; מְפַרְנֵס
maintain *v.* תָּמַךְ; קִיֵּים; טָעַן; תִּחְזֵק
maintenance *n.* תִּחְזוּק, אַחְזָקָה; הַמְשָׁכָה
maitre d'hotel *n.* מְנַהֵל הַמָּלוֹן
maize *n.* תִּירָס
majestic *adj.* מַלְכוּתִי, נֶהְדָּר
majesty *n.* רוֹמְמוּת; הָדָר, הוֹד
major *adj.* עִיקָּרִי; בָּכִיר; מָז'וֹרִי, רַבִּיב (בְּמוּסיקה); רוֹבָּנִי
major *n.* רַב־סֶרֶן; מִקְצוֹעַ רָאשִׁי
major *v.* לָמַד כְּמִקְצוֹעַ רָאשִׁי
major general *n.* אַלּוּף, מֵיג'וֹר גֵ'נֶרָל
majority *n.,adj.* (שֶׁל) רוֹב; בַּגְרוּת
make *n.* תּוֹצֶרֶת, מוּצָר
make *v.* **(made)** עָשָׂה, יָצַר; הִיוָוה
make-believe *n.,adj.* (שֶׁל) הַעֲמָדַת־פָּנִים
maker *n.* עוֹשֶׂה, יוֹצֵר; הַבּוֹרֵא

makeshift *adj.* (סידור) זְמַנִי, אֲרָעִי
make-up *n.* איפּור
make-up man *n.* מְאַפֵּר
malachite *n.* מָלָכִיט (מחצב נחושת ירוק)
maladjustment *n.* אי־הַתְאָמָה, אי הִסְתַּגְּלוּת
maladroit *adj.* לא זָרִיז, לא פִּיקֵחַ, חֲסַר טַקְט
malady *n.* מַחֲלָה, חוֹלִי
malaise *n.* הַרְגָּשַׁת חוֹלִי, מֵיחוּשׁ
malapropism *n.* שִׁיבּוּשׁ מְגוּחָךְ (של מלה)
malapropos *n.,adj.,adv.* (דבר) שֶׁלֹּא בִּמְקוֹמוֹ
malaria *n.* קַדַּחַת
malcontent *adj.,n.* לא מְרוּצֶה; מַר־נֶפֶשׁ
male *adj.,n.* (שֶׁל) זָכָר; (שֶׁל) גֶּבֶר
male nurse *n.* אָח (רחמן)
malediction *n.* קְלָלָה, מְאֵרָה
malefactor *n.* רָשָׁע, גּוֹמֵל רָע
malevolent *adj.* רוֹצֶה לְהַזִּיק, מְרוּשָׁע
malformed *adj.* מְעוּוַּת צוּרָה
malice *n.* רֶשַׁע, רָצוֹן לְהָרֵעַ
malicious *adj.* רוֹצֶה לְהָרֵעַ, זְדוֹנִי
malign *v.* הִלְעִיז עַל, הִשְׁמִיץ
malign *adj.* מַזִּיק, הַרְסָנִי
malignant *adj.* רָע; מַמְאִיר
malignity *n.* רוֹעַ
malinger *v.* הִתְחַלָּה
mall *n.* מִדְרְחוֹב
mallard *n.* בְּרֵכִיָּה (ברווז בר)
malleable *adj.* שֶׁאֶפְשָׁר לְעַצְּבוֹ
mallet *n.* מַקֶּבֶת; פַּטִּישׁ עֵץ

malnutrition *n.* תְּזוּנָה לְקוּיָה, תַּת־תְּזוּנָה
malodorous *adj.* מַדִּיף רֵיחַ רַע, מַסְרִיחַ
malt *n.* לֶתֶת; בִּירָה
malpractice *n.* הַזְנָחָה פּוֹשַׁעַת (של רופא), הִתְנַהֲגוּת נִפְסֶדֶת (של איש ציבור)
maltreat *v.* נָהַג בְּאַכְזְרִיּוּת כְּלַפֵּי
mamma, mama *n.* אִמָּא
mammal *n.* יוֹנֵק
mammalian *adj.* יוֹנְקִי
Mammon *n.* מָמוֹן, עוֹשֶׁר, חֶמְדָּה; אֵל הַמָּמוֹן (כ'ברית החדשה')
mammoth *n.,adj.* מַמּוּתָה (פיל ענקי שהוכחד)
man (*pl.* **men**) אָדָם, אִישׁ; גֶּבֶר
man *v.* סִיפֵּק אֲנָשִׁים, אִיֵּשׁ
manacle *n.,v.* כְּבָלִים; כָּבַל
manage *v.* נִיהֵל; עָלָה בְּיָדוֹ
manageable *adj.* שֶׁאֶפְשָׁר לְהִשְׁתַּלֵּט עָלָיו, בַּר שְׁלִיטָה
management *n.* הַנְהָלָה; נִיהוּל
manager *n.* מְנַהֵל
managerial *adj.* הַנְהָלָתִי, מְנַהַלְתִּי
mandarin *n.* מַנְדָּרִין (לפנים: פקיד סיני ממשלתי בכיר; פקיד ממשלה, בירוקראט); מַנְדָּרִינִית (לשון הדיבור בסין)
mandate *n.* צַו מִגָּבוֹהַּ, מַנְדָּט; מְמוּנּוּת
mandatory *adj.* מְצוּוֶּה עַל יְדֵי סַמְכוּת
mandolin(e) *n.* מַנְדוֹלִינָה (כלי מיתרים)
mane *n.* רַעְמָה, שֵׂעָר אָרוֹךְ (של גבר)

manful *adj.* גַּבְרִי, נָחוּשׁ הַחְלָטָה
manganese *n.* מַנְגָּן (יסוד כימי מתכתי)
manger *n.* אֵבוּס
mangle *v.* רִיסֵּק, שִׁיסֵּעַ, הָרַס
mangle *n.* מַעְגִּילַת כְּבִיסָה
mangy *adj.* נְגוּעַ שְׁחִין
manhandle *v.* טִיפֵּל בְּצוּרָה גַּסָּה, הֵזִיז בְּכוֹחַ
manhole *n.* שׁוּחַת בַּקָּרָה (שֶׁל בִּיּוּב, קווי טלפון)
manhood *n.* גַּבְרוּת; בַּגְרוּת; אוֹמֶץ
man-hour *n.* שְׁעַת עֲבוֹדָה (של אדם אחד)
manhunt *n.* צֵיד אָדָם
mania *n.* שֶׁגַע, שִׁיגָּעוֹן, מַנְיָה
maniac *n.,adj.* מוּכֵּה שִׁיגָּעוֹן, מְטוֹרָף
manicure *n.* מָנִיקוּרָה, טִיפּוּל צִיפּוֹרְנַיִים
manicure *v.* טִיפֵּל בְּצִיפּוֹרְנַיִים, מִנְקֵר
manicurist *n.* מָנִיקוּרִיסְטִית, מְמַנְקֶרֶת
manifest *adj.,n.* בָּרוּר; תַּצְהִיר, רְשִׁימַת מִטְעָן
manifest *v.* הֶרְאָה בָּרוּר; נִרְאָה
manifesto *n.* גִּילּוּי־דַּעַת, מִנְשָׁר
manifold *adj.,n.* רַב־פָּנִים; סַעֶפֶת, צִינּוֹר מְסוֹעָף
manifold *v.* שִׁכְפֵּל
manikin *n.* גַּמָּד; דּוּגְמָן
manipulate *v.* יִידֵּן, פָּעַל בְּיָדָיו; טִיפֵּל בְּתִחְכּוּם; עָשָׂה בְּעוֹרְמָה
manipulation *n.* יִידּוּן, טִיפּוּל, פְּעוּלָּה מְחוּכֶּמֶת, מַנִיפּוּלַצְיָה
mankind *n.* הָאֱנוֹשׁוּת
manliness *n.* גַּבְרִיּוּת
manly *adj.* גַּבְרִי, יָאֶה לְגֶבֶר
manned spaceship *n.* חֲלָלִית מְאוּיֶּשֶׁת
mannequin *n.* אִימּוּם; דּוּגְמָן, דּוּגְמָנִית
manner *n.* אוֹפֶן, צוּרָה; נוֹהַג; נִימּוּס; סוּג
mannerism *n.* צוּרַת דִּיבּוּר מְיוּחֶדֶת, סִגְנוֹן מְעוּשֶּׂה, מָנֵרִיזְם
mannish *adj.* גַּבְרִי; גַּבְרִית (אישה)
man of letters *n.* אִישׁ סְפָרוּת
man of means *n.* בַּעַל אֶמְצָעִים
man of the world *n.* אִישׁ הָעוֹלָם הַגָּדוֹל
man-of-war *n.* (לפנים) אוֹנִיַּית־מִלְחָמָה
manoeuvre *n.,v.* תִּמְרוּן; תִּמְרֵן
manor *n.* אֲחוּזָּה
manorhouse *n.* בֵּית בַּעַל אֲחוּזָּה
manpower *n.* כּוֹחַ אָדָם
mansard *n.* גַּג דּוּ־שִׁיפּוּעִי
manservant *n.* מְשָׁרֵת
mansion *n.* אַרְמוֹן, בַּיִת גָּדוֹל
manslaughter *n.* הֲרִיגַת אָדָם
mantel, mantelpiece *n.* אֶדֶן הָאָח
mantle *n.* מְעִיל, כְּסוּת
mantle *v.* כִּיסָּה; הִסְמִיק, הֶאְדִּים
manual *adj.* יָדָנִי, שֶׁל יָד
manual *n.* מַדְרִיךְ, סֵפֶר שִׁימּוּשִׁי
manual training *n.* אִימּוּן בִּמְלֶאכֶת־יָד
manufacture *v.* יִיצֵּר; הִמְצִיא
manufacture *n.* חֲרוֹשֶׁת, יִיצּוּר
manufacturer *n.* חֲרוֹשְׁתָּן, יַצְרָן
manumission *n.* שִׁחְרוּר (עֶבֶד)

manure *n.* זֶבֶל (אורגני)
manuscript *n.* כְּתַב־יָד
many *adj.* רַבִּים, הַרְבֵּה
manysided *adj.* רַב־צְדָדִי
map *n.,v.* מַפָּה; מִיפָּה
maple *n.* אֶדֶר (עץ לתעשיית רהיטים)
mar *v.* הִזִּיק, הִשְׁחִית, עִיוּוֵת
marathon *n.* מֵרוֹץ מָרָתוֹן; מְשִׂימָה קָשָׁה וּמְייַגַּעַת
maraud *v.* פָּשַׁט, שָׁדַד
marauder *n.* פּוֹשֵׁט, שׁוֹדֵד
marble *n.,adj.* שַׁיִשׁ; שַׁיִשִׁי
marbles *n.pl.* גּוּלוֹת (משחק)
March *n.* מַארְס (החודש)
march *n.* צְעִידָה, מִצְעָד, צְעָדָה; נְגִינַת־לֶכֶת; אֲזוֹרֵי גְּבוּל
march *v.* צָעַד, צָעַד בְּקֶצֶב; הִצְעִיד; גָּבַל
marchioness *n.* אֵשֶׁת מַרְקִיז, רוֹזֶנֶת
mare *n.* סוּסָה
margarine *n.* מַרְגָּרִינָה
margin *n.* שׁוּל, שׁוּלַיִים; קָצֶה
marginal *adj.* שׁוּלִי, גְּבוּלִי
marigold *n.* צִיפּוֹרְנֵי הֶחָתוּל
marihuana, marijuana *n.* קַנַּבּוֹס הוֹדִי, מָרִיכוּאָנָה
marine *adj.* יַמִּי, שֶׁל הַצִּי
marine *n.* צִי הַמְּדִינָה; נַחַת
mariner *n.* מַלָּח, יוֹרֵד יָם
marionette *n.* בּוּבַּת תֵּיאַטְרוֹן, מַרְיוֹנֶטָּה
marital *adj.* שֶׁל נִישׂוּאִים, שֶׁל חַיֵּי זוּג
marital status *n.* מַעֲמָד אֶזְרָחִי
maritime *adj.* יַמִּי; צִיִּי; חוֹפִי
marjoram *n.* אֵזוֹב
mark *n.* סִימָן; צִיּוּן; מַארְק (מטבע)
mark *v.* צִיֵּין, סִימֵּן; הִתְווָה
mark-down *n.* הֲנָחָה (במחיר)
market *n.* שׁוּק
market *v.* שִׁיוּוֵק
marketable *adj.* רָאוּי לְשִׁיוּוּק, שָׁוִויק
marketing *n.* שִׁיווּק
market-place *n.* שׁוּק, רַחֲבַת־שׁוּק
marksman *n.* קַלָּע (ברובה וכד')
marksmanship *n.* קַלָּעוּת
mark-up *n.* הַעֲלָאַת מְחִיר
marmalade *n.* מַרְמָלָדָה (ריבּה מעסיס פירות)
maroon *n.,adj.* זִיקּוּק אֵשׁ; אָדוֹם־חוּם כֵּיהֶה
maroon *v.* נָטַשׁ (בחוף או באי שומם)
marquee *n.* אוֹהֶל גָּדוֹל
marquis *n.* מַרְקִיז (אציל)
marquise *n.* מַרְקִיזָה
Marrano *n.* מָרָנוֹ, אָנוּס (יהודי מספרד שהתנצר למראית עין)
marriage *n.* נִישׂוּאִים, טֶקֶס כְּלוּלוֹת
marriageable *adj.* שֶׁהִגִּיעַ לְפִרְקוֹ
marriage portion *n.* נְדוּנְיָה
married *adj.* נָשׂוּי, נְשׂוּאָה
marrow *n.* לְשַׁד, מוֹחַ עֲצָמוֹת; קִישׁוּא
marry *v.* נָשָׂא אִישָּׁה, נִישְּׂאָה; הִשִּׂיא
Mars *n.* מַרְס, הַכּוֹכָב מַאְדִּים
marsh *n.* בִּיצָּה
marshal *n.* מַרְשָׁל, מַצְבִּיא גָּבוֹהַּ; קְצִין טֶקֶס; רֹאשׁ הַמִּשְׁטָרָה
marshal *v.* סִידֵּר, אִרְגֵּן; הִכְווִין (טקס)

marsh-mallow *n.* חוטמית (פרח בר), ממתק (מצופה שוקולד)
marshy *adj.* ביצתי
marsupial *n.* חיית כיס
mart *n.* שוק, מרכז מסחרי
martial *adj.* מלחמתי; צבאי
martially *adv.* כלוחם, במלחמתיות
martin *n.* סנונית
martini *n.* קוקטיל (ג'ין וורמות)
martyr *n.* מקדש השם, קדוש
martyr *v.* עשה לקדוש
marvel *n..v.* פלא; התפעל
marvelous *adj.* נפלא, נהדר
marzipan *n.* מרציפן (מאפה מתובל שקדים טחונים, סוכר, דבש...)
mascara *n.* פוך עיניים
mascot *n.* קמיע
masculine *adj.* גברי; ממין זכר
mash *n.* כתושת; בלילה, דייסה
mash *v.* כתש; ריסק; חלט (תה)
mask *n.* מסכה, הסוואה
mask *v.* כיסה במסכה, התחפש
masochist *n.* מזוכיסט (הנהנה מהתייסרות עצמו)
mason *n.* בנאי; בונה חופשי
masonry *n.* בניית אבן, בנייה
Masora *n.* מסורה
Masoretic *adj.* על־פי המסורת, מסורתי; מסורתי (על פי המסורה)
masque *n.* מסק (מחזה אליגורי ללא דיבור, היה נהוג לפנים בחוגי האצולה הבריטית)
masquerade *n..v.* נשף מסכות; העמדת־פנים; התחפש; העמיד פנים

Mass *n.* מיסה (תפילה קתולית)
mass *n..v.* גוש גדול, כמות גדולה, מאסה (כמות החומר שבגוף); צבר, קיבץ, ערם
massacre *n..v.* טבח; טבח
massage *n..v.* עיסוי; עיסה
masseur *n.* עסיין
masseuse *n.* עסיינית
massif *n.* שלשלת הרים
massive *adj.* מלא, מסיווי; כבד
mast *n.* תורן; פרי עצי יער
master *v.* השתלט על, משל; התמחה ב
master *n.* אדון; מוסמך; מורה; אמן
master-key *n.* כול פותח, מפתח גנבים
master-stroke *n.* פעולה גאונית, מעשה גאוני
masterful *adj.* אדנותי; נמרץ
masterly *adj. adv.* אמנותי; כראוי למומחה
mastermind *n.* מתכנן ראשי
Mater of Arts (Science) *n.* מוסמך למדעי־הרוח (הטבע)
masterpiece *n.* יצירת מופת
mastery *n.* מומחיות; שליטה
masthead *n.* ראש התורן
masticate *v.* לעס
mastif *n.* כלב שמירה (גדול)
masturbate *v.* אונן, עשה מעשה אונן
mat *n.* מרבד קטן, מחצלת
mat *v.* ריפד, קלע
matador *n.* מטדור (לוחם בפרים)
mat(t) *adj..n.* עמום, דיהה
mat(t) *v.* הכהה, הדהה

match *n.* גַּפְרוּר; יָרִיב שָׁוֵה עֵרֶךְ; תַּחֲרוּת; שִׁידּוּךְ
match *v.* הֶעֱמִיד כְּמִתְחָרָה; הִתְאִים; תֵּיאֵם; זִיוּוֵג
matchless *adj.* שֶׁאֵין כָּמוֹהוּ
matchmaker *n.* שַׁדְכָן
mate *n.* (בשחמט) מַט; חָבֵר, עָמִית; בֶּן־זוּג; קָצִין (באונייה)
mate *v.* זִיוּוֵג; הִתְחַבֵּר; הִתְחַתֵּן; (בשחמט) נָתַן מַט
material *adj.* גַּשְׁמִי, חוּמְרִי, מָטֶרְיָלִי
material *n.* חוֹמֶר; אָרִיג, בַּד
materialism *n.* חוּמְרָנוּת
materialize *v.* הִתְגַּשֵּׁם; קִיבֵּל צוּרָה מוּחָשִׁית
maternal *adj.* אִמָּהִי; מִצַּד הָאֵם
maternity *n.* אִמָּהוּת
matey *adj.* חַבְרוּתִי, יְדִידוּתִי
mathematical *adj.* מָתֵימָטִי
mathematician *n.* מָתֵימָטִיקָן
mathematics *n.* מָתֵימָטִיקָה
matinee, matinée הַצָּגַת בּוֹקֶר, הַצָּגָה יוֹמִית
mating season *n.* עוֹנַת הַהִזְדַּוְּגוּת
matins *n.* תְּפִילַּת שַׁחֲרִית (בכנסייה האנגליקנית)
matriarch *n.* מַטְרִיאַרְכִית (אם, ראש משפחה שתלטנית)
matricide *n.* הוֹרֵג אִמּוֹ; רֶצַח אֵם
matriculate *v.* עָמַד בִּבְחִינוֹת הַבַּגְרוּת; רָשַׁם (נרשם) לְבֵית־סֵפֶר גָּבוֹהַּ
matrimony *n.* נִישּׂוּאִים, חַיֵּי זוּג
matrix (*pl.* **matrices**) *n.* אִימָּה, מַטְרִיצָה (בדפוס)
matron *n.* אִישָּׁה נְשׂוּאָה; אֵם בַּיִת; מַטְרוֹנָה
matronly *adj.* כְּמַטְרוֹנָה
matted *adj.* סָבוּךְ (כגון לגבי שֵׂער)
matter *n.* חוֹמֶר; דָּבָר, עִנְיָן
matter *v.* הָיָה חָשׁוּב
matter-of-fact *adj.* מִבְּחִינַת הָעוּבְדוֹת, כִּפְשׁוּטוֹ, לְמַעֲשֶׂה
mattock *n.* מַעְדֵּר
mattress *n.* מִזְרָן, מַצָּע
mature *adj.* בָּשֵׁל, מְבוּגָּר
mature *v.* בָּשַׁל, בָּגַר
maturity *n.* בַּגְרוּת, בְּשֵׁלוּת; בַּגִירוּת
maudlin *adj.* בַּכְיָינִי
maul, mall *v.* חִיבֵּל; נָהַג בְּגַסּוּת
mausoleum *n.* מָאוּזוֹלֵאוּם (מקום קבורה מהודר; אנדרטה לאומית)
mauve *adj.* סָגוֹל־בָּהִיר
maw *n.* פֶּה, זֶפֶק; קֵיבָה
mawkish *adj.* גּוֹעֲלִי; רַגְשָׁנִי
maxi *n.* מַקְסִי (חצאית או שמלה ארוכה)
maxim *n.* מֵימְרָה, פִּתְגָּם
maximum *n.,adj.* הַמְּרוּבֶּה, מֵרַב; מְרַבִּי
may (might) *v.* מוּתָּר, אֶפְשָׁר, הַלְוַאי; אוּלַי
May Day *n.* אֶחָד בְּמַאי
maybe *adv.* אוּלַי, יִיתָּכֵן
mayhem *n.* (במשפט) הַטָּלַת מוּם זְדוֹנִית
mayonnaise *n.* מָיוֹנִית, מָיוֹנֵז
mayor *n.* רֹאשׁ עִיר
mayoress *n.* (אישה) רֹאשׁ עִיר

maze *n.* מָבוֹךְ; מְבוּכָה
mazurka *n.* מָזוּרְקָה (ריקוד)
me *pron.* אוֹתִי; לִי
mead *n.* יֵין דְּבַשׁ
meadow *n.* אָחוּ, כַּר דֶּשֶׁא
meadowland *n.* אַדְמַת־מִרְעֶה
meager, meagre *adj.* רָזֶה; דַּל; זָעוּם
meal *n.* אֲרוּחָה
mealtime *n.* שְׁעַת אֲרוּחָה
mean *v.* פֵּירוּשׁוֹ, הִתְכַּוֵּון; יָעַד
mean *n.* דֶּרֶךְ, אוֹפֶן; (בּרבים) אֶמְצָעִים; מְמוּצָּע
mean *adj.* תִּיכוֹן, בֵּינוֹנִי; שָׁפָל; קַמְצָן
meander *v.* הִתְפַּתֵּל
meaning *n.,adj.* מוּבָן, מַשְׁמָע, מַשְׁמָעוּת; בַּעַל מַשְׁמָעוּת
meaningful *adj.* מַשְׁמָעוּתִי, מָלֵא כַּוָּונוֹת
meaningless *adj.* חֲסַר מוּבָן
meanness *n.* שִׁפְלוּת; קַטְנוּנִיּוּת; קַמְצָנוּת
meantime *n.,adv.* בֵּינְתַיִים
meanwhile *n.,adv.* בֵּינְתַיִים
measles *n.* חַצֶּבֶת
measly *adj.* שֶׁיֵּשׁ לוֹ חַצֶּבֶת
measurable *adj.* נִיתָּן לִמְדִידָה, מָדִיד
measure *n.* גּוֹדֶל; מִידָּה; מְדִידָה; אַמַּת־מִידָּה
measure *v.* מָדַד; גּוֹדְלוֹ הָיָה
measurement *n.* מִידָּה; מְדִידָה
meat *n.* בָּשָׂר
meat ball *n.* כַּדּוּר בָּשָׂר, קְצִיצָה
meaty *adj.* בְּשָׂרִי; מָלֵא תּוֹכֶן
mechanic *n.* מְכוֹנַאי
mechanical *adj.* מֵכָנִי; שֶׁל מְכוֹנוֹת; מְלָאכוּתִי; אוֹטוֹמָטִי
mechanics *n.pl.* מְכוֹנָאוּת; מֵכָנִיקָה
mechanism *n.* מִבְנֶה מְכוֹנָה; מַנְגָּנוֹן
mechanize *v.* מִיכֵּן, אִטְמֵט
medal *n.* מֵדַלְיוֹן; עִיטּוּר
medallion *n.* תִּלְיוֹן, מֵדַלְיוֹן, עֲדִילְיוֹן
meddle *v.* הִתְעָרֵב; בָּחַשׁ
meddler *n.* מִתְעָרֵב; בּוֹחֵשׁ
meddlesome *adj.* מַרְבֶּה לְהִתְעָרֵב
media *n.pl.* אֶמְצָעִים, אֶמְצָעֵי הַתִּקְשׁוֹרֶת, מְתַוּוְכִים, תַּוָּוכִים
median *n.,adj.* אֶמְצָעִי, תִּיכוֹן; קַו חוֹצֶה
mediate *v.* תִּיוֵּוךְ, הִפְגִּישׁ
mediation *n.* תִּיוּוּךְ, הַפְגָּשָׁה
mediator *n.* מְתַוּוֵךְ
medical *adj.* רְפוּאִי; מְרַפֵּא
medical student *n.* סטוּדֶנְט לִרְפוּאָה
medicine *n.* רְפוּאָה; תְּרוּפָה
medicine cabinet *n.* תָּא תְּרוּפוֹת
medicine kit *n.* מַעֲרֶכֶת צִיּוּד רְפוּאִי
medicine man *n.* רוֹפֵא אֱלִיל, קוֹסֵם
medieval *adj.* שֶׁל יְמֵי הַבֵּינַיִים
medievalist *n.* מוּמְחֶה בִּימֵי־הַבֵּינַיִים
mediocre *adj.* בֵּינוֹנִי, פָּעוּט
mediocrity *n.* בֵּינוֹנִיּוּת, חוֹסֶר רָמָה
meditate *v.* הִרְהֵר, שָׁקַל, מִידֵּט
meditation *n.* הִרְהוּר, שִׁיקּוּל דַּעַת; רִיכּוּז מַחְשָׁבָה; מֶדִיטַצְיָה, מִידּוּט
Mediterranean *adj.,n.* יָם־תִּיכוֹנִי; הַיָּם הַתִּיכוֹן
medium *n.,adj.* אֶמְצָעוּת; אֶמְצָעִי; (בספיריטואליזם) מְתַוּוֵךְ, מֶדְיוּם
mediums, media *n.,pl.*
medley *n.,adj.* בְּלִיל, עִרְבּוּבְיָה; מְעוֹרָב

meek *adj.* שְׁפַל־רוּחַ, עָנָיו
meekness *n.* שִׁפְלוּת־רוּחַ, עֲנָוָה
meerschaum *n.* מִירְשָׁאוּם (מינרל לבן שמקשטים בו מקטרות)
meet *v.*(*pl.* **met**) פָּגַשׁ; קִיבֵּל פְּנֵי; סִיפֵּק; נִפְגַּשׁ
meet *adj.* מַתְאִים
meeting *n.* פְּגִישָׁה; אֲסֵיפָה
meeting of minds *n.* הִזְדַהוּת רוּחָנִית; תְּמִימוּת־דֵעִים
meeting-place *n.* מְקוֹם הִתְוַעֲדוּת
megacycle *n.* מֶגָאסַייקְל, מֶגַהֶרְץ (יחידת תדירות של גלי ראדיו)
megalith *n.* אֶבֶן גְדוֹלָה (במצבות פריהיסטריות)
megalomania *n.* מֶגָלוֹמַנְיָה, שִׁיגְעוֹן גַדְלוּת
megaphone *n.* רַמְקוֹל, מֶגָפוֹן
melancholia *n.* מָרָה שְׁחוֹרָה, דִיכָּאוֹן
melancholy *n.,adj.* מָרָה שְׁחוֹרָה, דִיכָּאוֹן; מְדוּכְדָךְ; מַעֲצִיב; מְדַכְדֵךְ
melange *n.* בְּלִיל, עִרְבּוּבְיָה
melee, melée *n.* הִתְכַּתְּשׁוּת, מְהוּמָה
mellifluous *adj.* עָרֵב, צַח (לגבי קול או מנגינה)
mellow *adj.* רַךְ וּמָתוֹק; בָּשֵׁל
mellow *v.* רִיכֵּךְ; הִתְרַכֵּךְ
melodious *adj.* לָחִין, מֶלוֹדִי, מִתְרוֹנֵן
melodramatic *adj.* בִּדְרָמָטִיוּת נִפְרֶזֶת, מֶלוֹדְרָמָטִי
melody *n.* נְעִימָה, מַנְגִינָה, לַחַן
melon *n.* מֶלוֹן, אֲבַטִּיחַ צָהוֹב
melt *v.* נָמַס, נִיתַּךְ; הֵמֵס, הִתִּיךְ
melt *n.* נְתוֹכֶת
melting-pot *n.* כּוּר הִיתּוּךְ
member *n.* חָבֵר (בארגון)
membership *n.* חֲבֵרוּת
membrane *n.* קְרוּמִית, מֶמְבְּרָנָה
memento *n.* מַזְכֶּרֶת
memo *see* **memorandum**
memoirs *n.pl.* זִיכְרוֹנוֹת
memorandum *n.* תִּזְכּוֹרֶת; זִיכְרוֹן דְבָרִים
memorial *adj.,n.* שֶׁל זִיכָּרוֹן; אַזְכָּרָה, מַצֶּבֶת־זִיכָּרוֹן
memorialize *v.* הִנְצִיחַ זִיכָּרוֹן; הִגִּישׁ תַּזְכִּיר
memorize *v.* לָמַד עַל פֶּה, שִׁינֵּן
memory *n.* זִיכָּרוֹן, זֵכֶר
menace *n.,v.* אִיוּם; סַכָּנָה; אִייֵּם
menage, menage *n.* (הנהלת) מֶשֶׁק־בַּיִת
menagerie *n.* כְּלוּב חַיּוֹת, גַן חַיּוֹת
mend *v.* תִּיקֵּן
mend *n.* תִּיקּוּן
mendacious *adj.* שִׁיקְרִי, כּוֹזֵב, לֹא נָכוֹן
mendicant *n.* פּוֹשֵׁט יָד
menfolk *n.pl.* גְבָרִים
menial *adj.* נִכְנָע, מִתְרַפֵּס; בָּזוּי
menial *n.* מְשָׁרֵת בַּיִת
meningitis *n.* דַלֶּקֶת קְרוּם הַמּוֹחַ
menopause *n.* הַפְסָקַת הַוֶּסֶת, בְּלוֹת
menses *n.pl.* וֶסֶת, מַחְזוֹר
men's room *n.* שֵׁירוּתִים לִגְבָרִים
menstruate *v.* הָיְתָה לָהּ וֶסֶת
mental *adj.* נַפְשִׁי, רוּחָנִי, שִׂכְלִי
mental illness *n.* מַחֲלַת־רוּחַ
mental retardation *n.* פִּיגּוּר שִׂכְלִי

menthol *n.* מֶנְתוֹל (כוהל ממנתה, או סינתטי, המשמש להקלת כאב או כתמרוק)
mention *n.,v.* אִזְכּוּר; הִזְכִּיר
mentor *n.* יוֹעֵץ וְעוֹזֵר (לבלתי מנוסה)
menu *n.* תַּפְרִיט
mercantile *adj.* מִסְחָרִי
mercenary *n.,adj.* שְׂכִיר חֶרֶב; בְּעַד כֶּסֶף
merchandise *n.* סְחוֹרוֹת טוּבִים
merchant *n.,adj.* סוֹחֵר; מִסְחָרִי
merchant vessel *n.* אוֹנִיַּת סוֹחֵר
merciful *adj.* רַחְמָנִי, רַחוּם
merciless *adj.* חֲסַר רַחֲמִים
mercury *n.* כַּסְפִּית
mercy *n.* רַחֲמִים; חֲנִינָה; חֶמְלָה
mere *adj.* סְתָם, וְתוּ לֹא
meretricious *adj.* זְנוּתִי; שַׁחְצָנִי וְזוֹל; מְזוּיָּף, לֹא כֵּן
merge *v.* הִבְלִיעַ; מִיזֵּג; הִתְמַזֵּג, הִתְאַחֵד
merger *n.* הִתְמַזְּגוּת, אִיחוּד; הֶבְלֵעַ
meridian *adj.,n.* שֶׁל צָהֳרַיִים; קַו־אוֹרֶךְ
meringue *n.* מִקְצֶפֶת (עוּגיית ביצה וסוכר)
merit *n.* הִצְטַיְּינוּת, עֵרֶךְ, מַעֲלָה
merit *v.* הָיָה רָאוּי ל, הָיָה מַגִּיעַ לוֹ
mermaid *n.* בְּתוּלַת־יָם (יצור אגדי: חציו אישה וחציו דג)
merriment *n.* שִׂמְחָה, עֲלִיצוּת
merry *adj.* שָׂמֵחַ, עַלִּיז
merry-go-round *n.* סְחַרְחֶרֶת
merrymaker *n.* עַלִּיז שֶׁבַּחֲבוּרָה

mesdames *n.pl.* (הַ)גְּבָרוֹת, גְּבִירוֹתַיי
mesh *n.* רֶשֶׁת, עַיִן, עֵינָה
mesh *v.* לָכַד בְּרֶשֶׁת; הִסְתַּבֵּךְ
mesmerize *v.* הִפְנֵט
mess *n.* אִי־סֵדֶר, בִּלְבּוּל, לִכְלוּךְ; אֲרוּחָה (בצוותא); חֲדַר אוֹכֶל
mess *v.* בִּלְבֵּל, עִרְבֵּב, לִכְלֵךְ
mess kit *n.* זְוַד אוֹכֶל
mess of pottage *n.* נְזִיד עֲדָשִׁים
mess-tin *n.* פִּינָךְ, מֶסְטִין
message *n.* הוֹדָעָה, מֶסֶר, שְׁלִיחוּת
messieurs *n.pl.* (הָ)אֲדוֹנִים, רַבּוֹתַיי
messenger *n.* שָׁלִיחַ
Messiah, Messias *n.* מָשִׁיחַ
Messrs. *abbr.* **messieurs** אֲדוֹנִים
messy *adj.* מְבוּלְבָּל, פָּרוּעַ
metabolism *n.* חִילּוּף הַחֳמָרִים בַּגּוּף
metal *n.,adj.* מַתֶּכֶת; עָשׂוּי מַתֶּכֶת
metallic *adj.* מַתַּכְתִּי
metallurgy *n.* מֵטַלּוּרְגְיָה, מַדַּע הַמַּתָּכוֹת
metal polish *n.* מִשְׁחַת נִיקּוּי מַתֶּכֶת
metalwork *n.* מְלֶאכֶת מַתֶּכֶת
metamorphosis *n.* שִׁינּוּי צוּרָה, גִּלְגּוּל, מֵטָמוֹרְפוֹזִיס
metaphor *n.* הַשְׁאָלָה, מֵטָפוֹרָה
metaphoric(al) *adj.* מוּשְׁאָל
metaphysical *adj.* מֵטָפִיסִי, סְפֶק־פִּיסִי (מיוסד על סברה מופשטת או שבהשערה)
mete *v.* הִקְצִיב, חִילֵּק בְּמִידָּה
meteor *n.* מֵטֵאוֹר, 'כּוֹכָב נוֹפֵל'
meteorology *n.* חַזָּאוּת, מֵטֵאוֹרוֹלוֹגְיָה
meter, metre *n.* מִקְצָב; מִשְׁקָל; מֶטֶר

meter *n.* מַד, מוֹנֶה, מוֹדֵד

metering *n.* מְדִידָה, מְנִיָּיה

methane *n.* מֵתָן (גַז הַבִּיצוֹת)

method *n.* שִׁיטָה, דֶרֶך, מֵתוֹדָה

methodic(al) *adj.* מֵתוֹדִי, שִׁיטָתִי

methodology *n.* מֵתוֹדוֹלוֹגְיָה (תורת הַשִׁיטות הַמדעיות לחקירה בענפי מַדָע שונים)

meticulous *adj.* קַפְּדָנִי, דַקְדְקָנִי

metier *n.* מִשְׁלַח־יָד, מִקְצוֹעַ

metric(al) *adj.* מֶטְרִי

metronome *n.* מַד־קֶצֶב (במוסיקה)

metropolis *n.* עִיר בִּירָה, מֶטְרוֹפּוֹלִין

metropolitan *adj.* מֶטְרוֹפּוֹלִינִי, שֶׁל כְּרַך

mettle *n.* אוֹפִי; טִיב; אוֹמֶץ־לֵב

mettlesome *adj.* מָלֵא אוֹמֶץ וּמֶרֶץ

mew *n.,v.* יְלָלַת חָתוּל; יִילֵל

mews *n.pl.* חָצֵר מוּקֶפֶת אוּרְווֹת

mezzanine *n.* קוֹמַת בֵּינַיִים

mezzo-soprano *n.* מֶצוֹ סוֹפְּרָן

mica *n.* נְצִיץ

microbe *n.* חַיידַק

microbiology *n.* מִיקְרוֹבִּיוֹלוֹגְיָה (מדע העוסק באורגניזמים זעירים בזיקתם ליצורים אחרים)

microcosm *n.* מִיקְרוֹקוֹסמוֹס (עולם קטן, עולם בזעיר אנפין)

microfilm *n.* סֶרֶט זִיעוּר, תַצְלוּם מוּקְטָן

microgroove *n.* תַקְלִיט אֲרִיך נֶגֶן

microphone *n.* מִיקְרוֹפוֹן (מכשיר קולט קולות ומשדרם בראדיו)

microscope *n.* מִיקְרוֹסְקוֹפּ

microscopic *adj.* מִיקְרוֹסְקוֹפִּי, זָעִיר

microwaves *n.pl.* (בחשמל) גַלֵי מִיקְרוֹ

mid *adj.* אֶמְצָעִי

midday *n.* צָהֳרַיִים

middle *adj.* אֶמְצָעִי; תִיכוֹנִי

middle *n.* אֶמְצַע, תָּוֶוך

middle age *n.* גִיל הָעֲמִידָה

Middle Ages *n.pl.* יְמֵי הַבֵּינַיִים

middle-class *n.,adj.* (שֶׁל) הַמַּעֲמָד הַבֵּינוֹנִי

Middle East *n.* הַמִּזְרָח הַתִּיכוֹן

middleman *n.* מְתַוֵּוך

middling *adj.,adv.* בֵּינוֹנִי; בְּמִידָה בֵּינוֹנִית, לְמַדַּיי

midget *n.* נַנָּס, גוּץ

midland *adj.,n.* (שֶׁל) פְּנִים־הָאָרֶץ

midnight *n.,adj.* (שֶׁבַּ)חֲצוֹת הַלַּיְלָה

midriff *n.* סַרְעֶפֶת, מְרוֹם הַבֶּטֶן

midshipman *n.* (בצי ארה"ב) פֶּרַח קְצוּנָּה; (בבריטניה) קָצִין זוּטָר

midst *n.* אֶמְצַע, תָּוֶוך, תּוֹך

midstream *n.* לֵב הַנָּהָר

midsummer *n.* אֶמְצַע הַקַּיִץ, עִיצוּמוֹ שֶׁל קַיִץ

midway *adj.,adv.,n.* (שֶׁ)בְּאֶמְצַע הַדֶּרֶך; אֶמְצַע הַדֶּרֶך

midwife *n.* מְיַילֶּדֶת

midwinter *n.,adj.* עִיצוּמוֹ שֶׁל חוֹרֶף

mien *n.* הַבָּעָה, הוֹפָעָה

miff *n.* רוֹגֶז, 'בְּרוֹגֶז'

miff *v.* הֶעֱלִיב; נֶעֱלַב

might *pt. of* **may**

might *n.* כּוֹחַ, עוֹצְמָה

mighty *n.,adj.,adv.* רַב־עוֹצְמָה, חָזָק

migrate *v.* הִיגֵּר, נָדַד

migratory *adj.* מְהַגֵּר, נוֹדֵד

mike *n.* (בדיבור) מִיקְרוֹפוֹן

milch *adj.* נוֹתֶנֶת חָלָב

mild *adj.* מֵקֵל, מָתוֹן; נָעִים
mildew *n.* טַחַב, יֵירָקוֹן
mile *n.* מִיל (1,600 מטר), מַייל
mileage *n.* מִסְפַּר הַמִּילִים (המיילים)
milepost *n.* אֶבֶן מִיל (מייל)
milestone *n.* צִיּוּן דֶּרֶךְ, תַּמְרוּר
milieu *n.* הֲוַוי, סְבִיבָה חֶבְרָתִית
militancy *n.* לוֹחְמָנוּת
militant *adj.* מִלְחַמְתִּי, לוֹחְמָנִי
militarism *n.* מִילִיטָרִיזְם, צְבָאִיּוּת
militarist *n.* דוֹגֵל בִּצְבָאִיּוּת
militarize *v.* עָשָׂה לִצְבָאִי, נָתַן צִבְיוֹן צְבָאִי
military *adj.,n.* צְבָאִי; צָבָא
militate *v.* פָּעַל; הִשְׁפִּיעַ
militia *n.* מִשְׁמַר עָם, מִילִיצְיָה
milk *n.* חָלָב
milk *v.* חָלַב; סָחַט; יָנַק; נָתְנָה חָלָב
milkcan *n.* כַּד חָלָב
milker *n.* חוֹלֵב; פָּרָה חוֹלֶבֶת
milking *n.* חֲלִיבָה
milkmaid *n.* נַעֲרָה חוֹלֶבֶת
milkman *n.* חַלְבָּן, חוֹלֵב
milk-shake *n.* מַשְׁקֵה חָלָב מוּקְצָף
milksop *n.* גֶּבֶר נָשִׁי, רַכְרוּכִי
milkweed *n.* צִמְחֵי בַּר (בעלי מיץ חלבי)
milky *adj.* חֲלָבִי, לְבַנְבַּן
Milky Way *n.* שְׁבִיל הֶחָלָב
mill *n.* טַחֲנָה; בֵּית חֲרוֹשֶׁת; מַטְחֵנָה
mill *v.* טָחַן
millenium *n.* אֶלֶף שָׁנָה
miller *n.* טוֹחֵן, בַּעַל טַחֲנָה
millet *n.* דּוֹחַן (צמח מזון ומספוא)
milliard *n.* מִילְיַארְד (אלף מיליון בבריטניה)
milligram *n.* מִילִיגְרַם, אַלְפִּית גְּרַם
millimeter, millimetre *n.* מִילִימֶטֶר
milliner *n.* כּוֹבָעָן (לנשים)
millinery *n.* כּוֹבְעָנִיָּה, כּוֹבָעִים וְאַבְזְרֵיהֶם
milling *n.* טְחִינָה; כִּרְסוּם
million *n.* מִילְיוֹן
million(n)aire *n.* מִילְיוֹנֶר
millionth *adj., n.* הַמִּילְיוֹנִי
millstone *n.* אֶבֶן רֵיחַיִם, מַעֲמָסָה
mime *n.* בַּדְחָן, מוּקְיוֹן
mime *v.* חִיקָּה; שִׂיחֵק בְּלִי מִלִּים
mimeograph *n.,v.* (מכונה) מְשַׁכְפֶּלֶת; שִׁכְפֵּל
mimesis *n.* מִימֶזִיס, חִיקּוּי
mimic *n.,v.* חִיקּוּי; חִיקָּה
mimicry *n.* חַקְייָנוּת
mimosa *n.* מִימוֹזָה, שִׁיטָה בַּיְשָׁנִית (למשפחת הקטניות)
minaret *n.* צְרִיחַ (מעל מסגד)
mince *v.* טָחַן (בשר); הִתְבַּטֵּא בְּאוֹפֶן מְעוּדָּן
mincemeat *n.* בָּשָׂר טָחוּן
mince-pie *n.* פַּשְׁטִיד בָּשָׂר
mind *n.* מוֹחַ; דֵּעָה; רָצוֹן
mind *v.* שָׁמַר עַל, דָּאַג לְ; הִשְׁגִּיחַ
mindful *adj.* שָׂם לֵב
mind-reader *n.* קוֹרֵא מַחְשָׁבוֹת
mine *pron* שֶׁלִּי
mine *n.* מִכְרֶה; מוֹקֵשׁ
mine *v.* כָּרָה; מִיקֵּשׁ
minefield *n.* שְׂדֵה מוֹקְשִׁים
miner *n.* כּוֹרֶה, מַנִּיחַ מוֹקְשִׁים, מְמַקֵּשׁ; חַבְּלָן
mineral *adj.,n.* מִינֵרָלִי, מַחְצָבִי; מַחְצָב, מִינֵרָל

mineralogy *n.* מִינֶרוֹלוֹגְיָה, תּוֹרַת הַמַּחְצָבִים
mine-sweeper *n.* (ספינה) שׁוֹלֶת מוֹקְשִׁים
mingle *v.* מִיזֵג, עֵירֵב; הִתְעָרְבֵב; הָיָה מְעוֹרָב
mini *n.* מִינִי, קָטָן; חֲצָאִית מִינִי
miniature *n.,adj.* זְעֵיר־אַנְפִּין, (בְּ)תַבְנִית מוּקְטֶנֶת
minimal *adj.* מִזְעָרִי, מִינִימָלִי
minimize *v.* הִפְחִית עֵרֶךְ; צִמְצֵם
minimum *n., adj.* מִינִימוּם; מִינִימָלִי, מִזְעָרִי
mining *n.* כְּרִייָה; מִיקּוּשׁ
minion *n.* מְשָׁרֵת חָבִיב
minister *n.* שַׂר; כּוֹהֵן דָּת; צִיר
minister *v.* שֵׁירֵת, טִיפֵּל בּ
ministerial *adj.* שֶׁל שַׂר; לְצַד הַמֶּמְשָׁלָה
ministry *n.* מִשְׂרָד (ממשלתי); כְּהוּנָּה
mink *n.* חוֹרְפָּן; פַּרְוַת חוֹרְפָּן
minnow *n.* דַּג נָהָר (קטן)
minor *adj.,n.* קָטָן; קַטִּין; זוּטָר; מִשְׁנִי
minority *n.* מִיעוּט; קַטִּינוּת
minstrel *n.* זַמָּר נוֹדֵד; שַׂחְקָן בַּדְּחָן
mint *n.* נַעֲנָה, מִנְתָּה; מִטְבָּעָה
mint *v.* טָבַע כֶּסֶף; טָבַע מִלִּים
minuet *n.* מִינוּאֶט (ריקוד ומנגינתו)
minus *prep,adj.* פָּחוֹת, מִינוּס; שֶׁל חִיסּוּר; שְׁלִילִי
minuscule *adj.* זָעִיר
minute *n.* דַּקָּה; רִישׁוּם דְּבָרִים
minute *adj.* קְטַנְטַן; מְדוּקְדָּק
minutes *n.pl.* פְּרוֹטוֹקוֹל; זִכְרוֹן דְּבָרִים
minutiae *n.pl.* פְּרָטֵי פְּרָטִים; פְּרָטִים פְּעוּטִים
minx *n.* נַעֲרָה חֲצוּפָה
miracle *n.* נֵס, פֶּלֶא
miraculous *adj.* מַפְלִיא; נִסִּי
mirage *n.* מַרְאֵה תַּעְתּוּעִים, מִירָאז'
mire *n.* אַדְמַת בִּיצָה, רֶפֶשׁ
mirror *n.v.* מַרְאָה, רְאִי; שִׁיקֵּף
mirth *n.* עַלִּיצוּת, שִׂמְחָה, צְחוֹק
miry *adj.* מְרוּפָּשׁ, בּוֹצִי
misadventure *n.* מִקְרֶה רַע
misanthropy *n.* שִׂנְאַת בְּנֵי אָדָם
misapprehension *n.* הֲבָנָה מוּטְעֵית
misappropriation *n.* שִׁימּוּשׁ לֹא נָכוֹן; מְעִילָה
misbehave *v.* הִתְנַהֵג שֶׁלֹּא כַּהֲלָכָה
misbehavior *n.* הִתְנַהֲגוּת רָעָה
miscalculation *n.* חֶשְׁבּוֹן מוּטְעֶה
miscarriage *n.* עִיוּוּת; הַפָּלָה (של עובר)
miscarriage of justice *n.* עִיוּוּת דִּין
miscarry *v.* הָלַךְ לְאִיבּוּד, נִכְשַׁל; הִפִּילָה
miscellaneous *adj.* מְעוּרָב; שׁוֹנִים
miscellany *n.* אוֹסֶף מְעוּרָב, קוֹבֶץ מְעוּרָב
mischief *n.* פְּגִיעָה, נֶזֶק; תַּעֲלוּל, מַעֲשֵׂה קוּנְדֵס
mischief-maker *n.* תַּכְכָן, סַכְסְכָן
mischievous *adj.* מַזִּיק; גּוֹרֵם רָעָה; שׁוֹבָב
misconception *n.* תְּפִיסָה לֹא נְכוֹנָה, מוּשָּׂג מוּטְעֶה
misconduct *n.* הִתְנַהֲגוּת פְּסוּלָה; נִיהוּל כּוֹשֵׁל
misconstrue *v.* פֵּירֵשׁ לֹא נָכוֹן, הֵבִין שֶׁלֹּא כַּהֲלָכָה
miscount *n.* טָעוּת בִּסְפִירָה

miscreant *n.* רָשָׁע, נָבָל
miscue *n.* הַחְטָאָה
misdeed *n.* חֵטְא, פֶּשַׁע
misdemeanor *n.* מַעֲשֶׂה לֹא חוּקִי, עֲבֵירָה (קלה)
misdirect *v.* הִנְחָה לֹא נָכוֹן, מִיעֵן לֹא נָכוֹן
misdoing *n.* מַעֲשֶׂה רַע
mise-en-scene *n.* סִידּוּר הַבִּימָה (למחזה); תַּפְאוּרָה; רֶקַע
miser *n.* כִּילַי, קַמְצָן
miserable *adj.* עָלוּב, אוּמְלָל, מִסְכֵּן
miserly *adj.* קַמְצָן, כִּילַי
misery *n.* מְצוּקָה, מַחְסוֹר, דִּכְדּוּךְ
misfeasance *n.* עֲשִׂיָּה מְעֻוֶּלֶת (בִּיצוּע בדרך לא חוקית)
misfire *n.* כִּישָּׁלוֹן
misfire *v.* נִכְשַׁל בִּירִיָּה, נִכְשַׁל בְּהַצָּתָה (של מנוע), נִכְשַׁל (בכוונתו להשיג תוצאות ממעשהו)
misfit *n.* אִי־הַתְאָמָה; (לבוש או אדם) לֹא מַתְאִים
misfortune *n.* מַזָּל רַע, צָרָה
misgiving *n.* חֲשָׁשׁ, חֲרָדָה
misgovern *v.* נִיהֵל נִיהוּל כּוֹשֵׁל
misguided *adj.* מוּטְעֶה, מוּלָךְ שׁוֹלָל
mishap *n.* תְּאוּנָה, תַּקָּלָה
misinform *v.* מָסַר מֵידָע מוּטְעֶה
misinterpret *v.* פֵּירֵשׁ שֶׁלֹּא כַּהֲלָכָה
misjudge *v.* טָעָה בְּשִׁיפּוּטוֹ
mislay *v.* הִנִּיחַ לֹא בַּמָּקוֹם
mislead *v.* הִטְעָה, הוֹלִיךְ שׁוֹלָל
misleading *adj.* מַטְעֶה
mismanagement *n.* טִיפּוּל גָּרוּעַ
misnomer *n.* כִּינּוּי בְּשֵׁם מוּטְעֶה, שֵׁם מוּטְעֶה (או לא מתאים)
misogynist *n.* שׂוֹנֵא נָשִׁים
misplace *v.* הִנִּיחַ בְּמָקוֹם לֹא נָכוֹן
misprint *n.* טָעוּת דְּפוּס
mispronounce *v.* טָעָה בַּהֲגִיָּיה
misquote *v.* צִיטֵּט לֹא נָכוֹן
misread *v.* קָרָא לֹא בְּדִיּוּק, פֵּירֵשׁ שֶׁלֹּא כַּהֲלָכָה
misrepresent *v.* תֵּיאֵר תֵּיאוּר מְסוּלָּף, יִיצֵּג בְּאוֹר לֹא נָכוֹן
Miss *n.* עַלְמָה, נַעֲרָה (לא נשואה)
miss *v.* הֶחֱטִיא; הֶחְמִיץ
miss *n.* הַחְטָאָה, כִּישָּׁלוֹן
missal *n.* סֵפֶר תְּפִילּוֹת
misshapen *adj.* מְעוּוַּת צוּרָה
missile *n.* דָּבָר נִזְרָק, טִיל
missing *adj.* נֶעְדָּר, חָסֵר
mission *n.* שְׁלִיחוּת; מִשְׁלַחַת; מִיסְיוֹן
missionary *n.,adj.* מִיסְיוֹנֶר; שָׁלִיחַ; מִיסְיוֹנִי
missis, missus *n.* (הָ)אִישָּׁה (נשואה); גְּבֶרֶת
missive *n.* אִיגֶּרֶת (רשמית)
misspell *v.* טָעָה בִּכְתִיב
misspent *adj.* בּוּזְבַּז
misstatement *n.* קְבִיעַת עוּבְדָה לֹא נְכוֹנָה
missy *n.* (דיבּוּרית) גְּבֶרֶת צְעִירָה, נַעֲרָה
mist *n.* אֵד, עֲרָפֶל, עִרְפּוּל
mistake *v.n.* טָעָה; טָעוּת, שְׁגִיאָה
mistaken *adj.* מוּטְעֶה
mistakenly *adv.* בְּטָעוּת
Mister *n.* (הָ)אָדוֹן, מַר
mistletoe *n.* הַדִּבְקוֹן הַלָּבָן (שִׂיח טפילי)
mistreat *v.* נָהַג שֶׁלֹּא כַּשּׁוּרָה

mistreatment *n.* הִתְעַלְּלוּת
mistress *n.* בַּעֲלַת־בַּיִת; פִּילֶגֶשׁ; מוֹרָה
mistrial *n.* מִשְׁפָּט מוּטְעֶה, מִשְׁפָּט פָּסוּל
mistrust *n.* אִי־אֵמוּן
mistrust *v.* חָשַׁד בּ, לֹא בָּטַח בּ
mistrustful *adj.* חַשְׁדָנִי, חֲסַר אֵמוּן
misty *adj.* מְעוּרְפָּל, סָתוּם
misunderstand *v.* הֵבִין לֹא נָכוֹן
misunderstanding *n.* אִי־הֲבָנָה
misuse *v.* הִשְׁתַּמֵּשׁ שִׁימּוּשׁ לֹא נָכוֹן
misuse *n.* שִׁימּוּשׁ לֹא נָכוֹן
mite *n.* תְּרוּמָה זְעִירָה; יְצוּר קְטַנְטַן
miter *n.* מִצְנֶפֶת (של בּישוף וכד׳); חִיבּוּר זָוִויתִי
mitigate *v.* הֵפִיג, שִׁיכֵּךְ, הוֹקֵל
mitt *n.* כְּפָפַת בֵּיסְבּוֹל; כְּפָפַת אִגְרוּף
mitten *n.* כְּסָיָה (ללא בתי אצבע אלא לבוהן)
mix *v.* עֵירַב, עִרְבֵּב, בָּלַל; נַעֲשָׂה מְעוּרָב, הִתְרוֹעֵעַ
mix *n.* תַּעֲרוֹבֶת, עִרְבּוּב; מְעוּרָבוּת
mix-up *n.* בִּלְבּוּל, תִּסְבּוֹכֶת
mixed *adj.* מְעוּרְבָּב, מְבוּלְבָּל
mixed feelings *n.pl.* רְגָשׁוֹת מְעוּרָבִים
mixer *n.* מְעַרְבֵּל, מִיקְסֶר; מְעוּרָב עִם הַבְּרִיּוֹת
mixture *n.* תַּעֲרוֹבֶת, מְזִיגָה
mnemonic *adj.* מְנֶמוֹטֶכְנִי (של סימנים המסייעים לזיכרון)
moan *v.* נֶאֱנַח, נֶאֱנַק, רָטַן
moan *n.* גְּנִיחָה, אֲנָחָה, אֲנָקָה
moat *n.* תְּעָלַת־מָגֵן, חֲפִיר

mob *n.* הָמוֹן פָּרוּעַ, אֲסַפְסוּף
mob *v.* (לגבי המון) הִתְקַהֵל; הִסְתָּעֵר; הִתְפָּרֵעַ
mobile *adj.* מִתְנַיֵּיעַ, נַיָּיד; מִשְׁתַּנֶּה תְּכוּפוֹת
mobility *n.* נַיָּידוּת; הִשְׁתַּנּוּת
mobilization *n.* גִּיּוּס, חִיּוּל
mobilize *v.* חִיֵּיל, גִּיֵּיס, הִתְגַּיֵּיס, חוּיַּל
mobster *n.* בִּרְיוֹן, חֲבֵר כְּנוּפְיָה
moccasin *n.* מוֹקַסִּין (עור רך)
mocha *n.* מוֹקָה (קפה משובח)
mock *v.* לִגְלֵג עַל, שִׂיטָה בּ; חִיקָּה
mock *n.* לַעַג; צְחוֹק
mock-up *n.* דֶּגֶם מְכוּנָה (בגודל טבעי)
mock *adj.* מְזוּיָּף, מְבוּיָּם
mockery *n.* לַעַג, חוּכָא וּטְלוּלָא
mockingbird *n.* צִיפּוֹר מְחַקָּה, חַקְיָין
mode *n.* אוֹפֶן, צוּרָה; אוֹפְנָה
model *n.* מוֹדֶל, דֶּגֶם; דּוּגְמָן, דּוּגְמָנִית
model *adj.* מְשַׁמֵּשׁ דּוּגְמָה, מוֹפְתִי
model *v.* עִיצֵּב לְפִי דֶּגֶם; צָר צוּרָה; שִׁימֵּשׁ כְּדוּגְמָן (או דוגמנית)
moderate *v.* מִיתֵּן, רִיכֵּךְ; הִתְרַכֵּךְ
moderate *adj.,n.* מָתוּן; מְמוּצָּע, מוּעָט (לגבי יכולת וכד׳)
moderation *n.* מְתִינוּת; הִתְאַפְּקוּת
moderator *n.* מְמַתֵּן, מְשַׁכֵּךְ; יוֹשֵׁב רֹאשׁ (בדיון או באסיפה)
modern *adj.* חָדִישׁ, חָדָשׁ, מוֹדֶרְנִי
modernity *n.* מוֹדֶרְנִיּוּת
modernize *v.* חִידֵּשׁ, עָשָׂה לְמוֹדֶרְנִי
modest *adj.* צָנוּעַ, עָנָיו; מְצוּמְצָם
modestly *adv.* בִּצְנִיעוּת, בַּעֲנָוָוה
modesty *n.* צְנִיעוּת; צִמְצוּם; עֲנָוָוה
modicum *n.* מִידָּה מְצוּמְצֶמֶת; מְעַט

modifier *n.* מְשַׁנֶּה, מְתָאֵם;
(בדקדוק) מַגְבִּיל, מְאַיֵּךְ, לְוָוַאי
modify *v.* שִׁינָּה, הִתְאִים; סִיגֵּל;
(בדקדוק) הִגְבִּיל, אִייֵּךְ
modish *adj.* אוֹפְנָתִי
modulate *v.* וִיסֵּת, תֵּיאֵם;
(במוסיקה) סִילֵּם; גִיוֵּן (קול)
modulation *n.* תֵּיאוּם; סִילּוּם; גִיוּון
mohair *n.* מוֹהֵיר (אריג עיזי
אנגורה)
Mohammedan *adj.,n.* מוּחַמַּדִי,
מוּסְלִימִי
Mohammedanism *n.* אִיסְלַם
moist *adj.* לַח, רָטוֹב
moisten *v.* הִרְטִיב, לְחְלֵחַ;
הִתְלַחְלֵחַ, נִרְטַב
moisture *n.* לַחוּת
molar *n.,adj.* (שֶׁל) שֵׁן טוֹחֶנֶת
molasses *n.* דִּבְשָׁה
(נוזל שנותר בזיקוק סוכר)
mold *n.* כִּיוּר, תַּבְנִית, דְּפוּס;
כַּרְכּוֹב; עוֹבֶשׁ
molder *v.* הִתְפּוֹרֵר, עָבֵשׁ
molding *n.* דְּפוּס; כַּרְכּוֹב
moldy *n.* עָבֵשׁ, נִרְקָב
mole *n.* שׁוּמָה (בליטה כיהה בעור);
חוֹלֶד, חֲפַרְפֶּרֶת; שׁוֹבֵר־גַּלִּים, מֵזַח
molecule *n.* מוֹלֵקוּלָה, פְּרוּדָּה
molest *v.* הֵצִיק ל
moll *n.* פִּילַגְשׁוֹ שֶׁל פּוֹשֵׁעַ, זוֹנָה
mollify *v.* הִרְגִּיעַ, רִיכֵּךְ
mollusk *n.* רַכִּיכָה
mollycoddle *n.* תְּפַנְקָן, מִתְפַּנֵּק
mollycoddle *v.* פִּינֵּק
moloch *n.* מוֹלֶךְ, (עניין) תּוֹבֵעַ
קוֹרְבָּנוֹת נוֹרָאִים

molt *v.* הִשִּׁיר
molten *adj.* מוּתָּךְ, מְעוּצָּב
moment *n.* רֶגַע; חֲשִׁיבוּת, עֵרֶךְ
momentary *adj.* רִגְעִי
momentous *adj.* רַב־חֲשִׁיבוּת
momentum *n.* תְּנוּפָה
monarch *n.* מוֹנַרְךְ, מֶלֶךְ
monarchist *n.* מוֹנַרְכִיסְט (תומך
בשיטת שלטון מלך)
monarchy *n.* שִׁלְטוֹן מֶלֶךְ, מְלוּכָנוּת
monastery *n.* מִנְזָר (לנזירים)
monastic *adj.* מִנְזָרִי
Monday *n.* יוֹם שֵׁנִי (לשבוע)
monetary *adj.* שֶׁל מַטְבֵּעַ הַמְּדִינָה;
כַּסְפִּי
money *n.* כֶּסֶף, מָמוֹן
money-order *n.* הַמְחָאַת־כֶּסֶף (בדואר)
moneybag *n.* תִּיק כֶּסֶף, מָמוֹן; עָשִׁיר
moneychanger *n.* שׁוּלְחָנִי, חַלְפָן
moneyed *adj.* עָשִׁיר, בַּעַל הוֹן
mongrel *adj.,n.* בֶּן־כִּלְאַיִם, בֶּן
תַּעֲרוֹבֶת
monitor *n.* תּוֹרָן (בכיתה), מַשְׁגִּיחַ;
קַשָּׁב (ברדיו); מַנְטֵר (במחשב וברפואה),
מִתְקַן מַעֲקָב וּבַקָּרָה
monitor *v.* פִּיקֵּחַ, הִשְׁגִּיחַ;
הֶאֱזִין (לשידור); נִיטֵּר, פָּעַל
פְּעוּלַּת מַנְטֵר (ר׳ לעיל)
monk *n.* נָזִיר
monkey *n.* קוֹף; יֶלֶד שׁוֹבָב
monkey bousiness *n.* עֲסָקִים לֹא
הוֹגְנִים
monkey-wrench *n.* מַפְתֵּחַ אַנְגְלִי
monocle *n.* מוֹנוֹקֶל, מִשְׁקָף
monogamy *n.* מוֹנוֹגַמְיָה
(נישואים עם אישה אחת בלבד)

monogram *n.* מוֹנוֹגְרָמָה (שילוב ראשי תיבות של שם או עסק בצורה מיוחדת)
monograph *n.* מוֹנוֹגְרַפְיָה (מחקר מדעי על נושא אחד)
monolithic *adj.* מֵאֶבֶן אַחַת; מוֹנוֹלִיתִי (אחיד, עשוי מקשה אחת)
monologue *n.* מוֹנוֹלוֹג, חַד שִׂיחַ (דיבור בגוף ראשון)
monomania *n.* שִׁגָּעוֹן לְדָבָר אֶחָד
monopolize *v.* הִשִּׂיג מוֹנוֹפּוֹל; הִשְׁתַּלֵּט עַל, מִנְפֵּל
monopoly *n.* מוֹנוֹפּוֹל (זכות יחיד), הִשְׁתַּלְּטוּת גְּמוּרָה, מִנְפּוּל
monorail *n.* רַכֶּבֶת חַד־פַּסִּית
monosyllable *n.* מִלָּה חַד־הֲבָרִית
monotheism *n.* מוֹנוֹתֵאִיזם (אמונה באל אחד)
monotheist *n.* מוֹנוֹתֵאִיסְט
monotonous *adj.* מוֹנוֹטוֹנִי, חַד־צְלִילִי; חַדְגוֹנִי
monotony *n.* חַדְגוֹנִיּוּת, מוֹנוֹטוֹנִיּוּת
monotype *n.* מַסְדֵּרַת דְפוּס מוֹנוֹטַיְפּ (שיוצקת כל אות בנפרד, שלא כליינוטייפ היוצקת את האותיות שורות שורות)
monovalent *adj.* חַד עֶרְכִּי
monoxide *n.* תַּחְמוֹצֶת חַד־חַמְצָנִית
monsignor *n.* מוֹנְסִינְיוֹר (תואר כבוד צרפתי לנסיכים או לכמרים רמי דרג)
monsoon *n.* מוֹנְסוּן (רוח עונתית באזור האוקיינוס ההודי)
monster *n.* מִפְלֶצֶת, חַיַּת אָדָם
monstrosity *n.* מִפְלַצְתִּיּוּת, זְוָועָה
monstrous *adj.* מִפְלַצְתִּי; אָיוֹם
montage *n.* מוֹנְטָז' (הרכבה אמנותית של קטעי תמונות)
month *n.* חוֹדֶשׁ, יֶרַח
monthly *adj., adv., n.* חוֹדְשִׁי; בְּכָל חוֹדֶשׁ; יַרְחוֹן
monument *n.* מַצֵּבָה, אַנְדַּרְטָה
moo *v., n.* גָּעָה כְּפָרָה, גְּעִיָּה
mood *n.* מַצַּב־רוּחַ, הֲלַךְ רוּחַ
moody *adj.* מְצוּבְרָח, נָתוּן לְמַצְּבֵי־רוּחַ
moon *n.* יָרֵחַ, לְבָנָה
moon *v.* שׁוֹטֵט, הִסְתַּכֵּל בַּאֲדִישׁוּת
moonlight *n.* אוֹר הַלְּבָנָה
moonlighting *n.* עֲבוֹדָה נוֹסֶפֶת (בלילה)
moonshine *n.* אוֹר הַלְּבָנָה; שְׁטוּיוֹת
moonshot *n.* שִׁיגּוּר (חללית) לַיָּרֵחַ
moor *n.* אַדְמַת בּוּר, עֲרָבָה
moor *v.* רָתַק (ספינה) קָשַׁר
moorland *n.* אַדְמַת־בּוּר, בָּתָה
moose *n.* אַיָּל (בשוודיה ובצפון אמריקה)
moot *adj.* שָׁנוּי בְּמַחְלוֹקֶת, מְפוּקְפָּק
moot *v.* הֶעֱלָה לְדִיּוּן
mop *n., v.* סְמַרְטוּט, מַטְלִית; נִיגֵּב
mope *v.* שָׁקַע בְּעַצְבוּת
moral *n.* מוּסָר, לֶקַח, עִיקָּרוֹן מוּסָרִי
moral *adj.* מוּסָרִי, שֶׁיֵּשׁ בּוֹ מוּסַר הַשְׂכֵּל
morale *n.* מַצָּב נַפְשִׁי, מוֹרָל
morality *n.* מוּסָרִיּוּת; מוּסָר
morass *n.* בִּיצָה, בּוֹץ
moratorium *n.* מוֹרָטוֹרְיוּם, תַּדְחִית

morbid *adj.* חולָנִי, נָגוּעַ בְּמַחֲלָה
mordant *adj.* צוֹרֵב, עוֹקֵץ
more *n.,adj.,adv.* תּוֹסֶפֶת; יוֹתֵר, עוֹד
moreover *adv.* וְעוֹד; יָתֵר עַל כֵּן
mores *n.pl.* מִנְהָגִים וּנְהָגִים (של חברה מסוימת)
morgue *n.* חֲדַר־מֵתִים; (בעיתון) גַּנְזַךְ
moribund *adj.* גּוֹסֵס, נוֹטֶה לָמוּת
morning *n.,adj.* בּוֹקֶר; בּוֹקְרִי
morning coat *n.* מִקְטוֹרֶן בּוֹקֶר
morning-glory *n.* לְפוּפִית (צמח)
morning sickness *n.* מַחֲלַת בּוֹקֶר (בחילה והקאות בבוקר, בייחוד בתחילת ההיריון)
morning star *n.* נוֹגַהּ; אַיֶּלֶת הַשַּׁחַר
moron *n.* מוֹרוֹן, קְהוּי שֵׂכֶל, מְפַגֵּר
morose *adj.* חָמוּץ, עָגוּם
morphine *n.* מוֹרְפִין, מוֹרְפְיוּם (לשיכוך כאבים)
morphology *n.* מוֹרְפוֹלוֹגְיָה, (בביולוגיה ובדקדוק) תּוֹרַת הַצּוּרוֹת וְהַמִּבְנֶה
morrow *n.* יוֹם הַמָּחֳרָת
morsel *n.* נְגִיסָה, פֵּירוּר
mortal *adj.,n.* שֶׁל מָוֶת; בֶּן־מָוֶת; שֶׁל הָעוֹלָם; בָּשָׂר וָדָם
mortality *n.* תְּמוּתָה
mortar *n.* מַכְתֵּשׁ; מְרוֹכָה; מַרְגֵּמָה; טִיחַ, מֶלֶט
mortarboard *n.* כַּן טִיחַ; כּוֹבַע אֲקָדֵמִי (רבוע)
mortgage *n.* מַשְׁכַּנְתָּה; שִׁעְבּוּד
mortgage *v.* מִשְׁכֵּן
mortician *n.* קַבְּלָן לִקְבוּרָה
mortify *v.* הִשְׁפִּיל, דִּיכֵּא; הִסְתַּגֵּף; נִרְקַב
mortise lock *n.* מַנְעוּל חָבוּי
mortuary *n.,adj.* בֵּית־מֵתִים; שֶׁל מָוֶת
Mosaic *adj.* שֶׁל תּוֹרַת מֹשֶׁה
mosaic *n.,adj.* פְּסֵיפָס; פְּסֵיפָסִי
Moses *n.* מֹשֶׁה רַבֵּנוּ
moshav *n.* מוֹשָׁב
moshava *n.* מוֹשָׁבָה
Moslem *adj.,n.* מוּסְלְמִי
mosque *n.* מִסְגָּד
mosquito *n.* יַתּוּשׁ
mosquito net *n.* כִּילָה, רֶשֶׁת
moss *n.* אֵזוֹב; קַרְקַע סְפוֹגִית
mossback *n.* מַחֲזִיק בְּנוֹשָׁנוּת
mossy *adj.* מְכוּסֶּה אֵזוֹב
most *adj.,adv.,n.* הַיּוֹתֵר, הֲכִי; בְּעִיקָּר; הָרוֹב
mostly *adv.* עַל־פִּי רוֹב; בְּעִיקָּר
mote *n.* חֲלַקִיק, גַּרְגִּיר אָבָק
motel *n.* מְלוֹן רֶכֶב (מלון לבעלי רכב), מוֹטֵל
moth *n.* עָשׁ
mothball *n.* כַּדּוּר נֶגֶד עָשׁ
moth-eaten *adj.* אֲכוּל עָשׁ; מְיוּשָּׁן
mother *n.* אֵם, אִמָּא
mother *v.* יָלְדָה; טִיפֵּל כְּאֵם
mother-in-law *n.* חָמוֹת, חוֹתֶנֶת
mother-of-pearl *n.* אֵם הַפְּנִינָה (חומר המשמש לכפתורים)
mother superior *n.* אֵם מִנְזָר (לנזירות)
mother wit *n.* שֵׂכֶל יָשָׁר, שֵׂכֶל טִבְעִי
motherhood *n.* אִימָּהוּת
motherland *n.* מוֹלֶדֶת
motherless *adj.* יָתוֹם מֵאִמּוֹ
motherly *adj.* אִימָּהִי

mothy *adj.* עָשִׁי; אָכוּל עָשׁ
motif *n.* (בִּיצירה אמנותית) מוֹטִיב; (בְּמוּסיקה) תֵּנַע, רַעְיוֹן מֵנִיעַ
motion *n.* תְּנוּעָה, נִיעָה; מַהֲלָךְ; הַצָּעָה (לדיון ולהצבעה)
motion *v.* הִנְחָה, כִּיוּוֵן
motionless *adj.* חֲסַר תְּנוּעָה
motivate *v.* הֵנִיעַ, גָּרַם
motive *n.,adj.* מֵנִיעַ, מְנִיעִי
motley *adj.,n.* מְעוֹרָב, סַסְגּוֹנִי; תַּעֲרוֹבֶת מְבוּלְבֶּלֶת
motor *n.* מָנוֹעַ, רֶכֶב מְמוּנָע
motor *adj.* שֶׁל תְּנוּעָה; מוֹטוֹרִי
motor scooter *n.* קַטְנוֹעַ
motor vehicle *n.* רֶכֶב מְנוֹעִי
motorboat *n.* סִירַת־מָנוֹעַ
motorbus *n.* אוֹטוֹבּוּס
motorcade *n.* שַׁיֶּרֶת מְכוֹנִיּוֹת
motorcar *n.* מְכוֹנִית, רֶכֶב
motorcycle *n.* אוֹפַנּוֹעַ
motorist *n.* נַהָג, נֶהָג
motorize *v.* צִייֵּד בְּמָנוֹעַ
mottle *v.* נִימֵּר
motto *n.* סִיסְמָה, מוֹטוֹ
moult *v.* (לגבי שערות) נָשַׁר, הִשִּׁיר (נוצות)
mound *n.* תֵּל, גִּבְעָה; עֲרֵימָה
mount *n.* כַּן; הַר; מֶרְכָּב (כּגון סוס)
mount *v.* עָלָה; הִצִּיב (משמר); קָבַע (תמונה)
mountain *n.* הַר
mountaineer *n.* מְטַפֵּס בֶּהָרִים
mountainous *adj.* הֲרָרִי
mountebank *n.,v.* רוֹפֵא נוֹכֵל; נוֹכֵל
mounting *n.* כַּנָּה; מִקְבָּע; רְכִיבָה
mourn *v.* הִתְאַבֵּל, קוֹנֵן
mourner *n.* אָבֵל, מְקוֹנֵן
mournful *adj.* עָצוּב, עָגוּם
mourning *n.,adj.* אֵבֶל; אֲבֵלוּת; שֶׁל אֲבֵלוּת
mouse *n.*(*pl.* **mice**) עַכְבָּר
mousetrap *n.* מַלְכּוֹדֶת עַכְבָּרִים
moustache, mustache *n.* שָׂפָם
mouth *n.* פֶּה; פֶּתַח; שֶׁפֶךְ (נהר)
mouthful *n.* מְלוֹא הַפֶּה
mouth-organ *n.* מַפּוּחִית־פֶּה
mouthpiece *n.* פּוּמִית; דוֹבֵר; בִּיטָּאוֹן
mouthwash *n.* תְּמִיסָּה לִשְׁטִיפַת פֶּה
movable *adj.* נַיָּיד, נִיתָּן לְזִיזָה
move *v.* הֵנִיעַ, הֵזִיעַ; עָבַר דִּירָה; נָע; נָגַע עַד לֵב; הִצִּיעַ (בּאסיפה וכד׳)
move *n.* תְּנוּעָה; צַעַד; תּוֹר (בּמשחק)
movement *n.* תְּנוּעָה, תְּנוּדָה; פֶּרֶק (בּמוּסיקה); פְּעוּלַּת מֵעַיִים
movie *n.* קוֹלְנוֹעַ, סְרָטִים
moviegoer *n.* מְבַקֵּר בְּקוֹלְנוֹעַ
moviehouse *n.* קוֹלְנוֹעַ
moving *adj.* נָע; נוֹגֵעַ עַד לֵב
moving picture *n.* סֶרֶט קוֹלְנוֹעַ
moving spirit *n.* רוּחַ חַיָּה
mow *v.* קָצַר, כָּסַח
mower *n.* מַכְסֵחָה (לקצירת עשב)
Ms. or Ms מִיז (תואר נימוס לגברת כשלא ידוע אם היא נשואה או לא, או כשמעמדה זה אינו רלוואנטי)
much *n.,adj.,adv.* הַרְבֵּה; רַב; מְאוֹד
mucilage *n.* רִיר חַלָּמוּת (דבק צמחים)
muck *n.* זֶבֶל מֶשֶׁק; לִכְלוּךְ, טִינּוֹפֶת

muckrake *v.* גִילָּה שְׁחִיתוּת
muckrake *n.* שְׁחִיתוּת; מַגְרֵפָה לְזֶבֶל
mucous *adj.* רִירִי
mucous membrane *n.* קְרוּמִית רִירִית
mucus *n.* רִיר, לֵחַ
mud *n.* בּוֹץ, רֶפֶשׁ
mud bath *n.* אַמְבַּט־בּוֹץ
muddle *v.* גָרַם עִרְבּוּבְיָה; בִּלְבֵּל
muddle *n.* עִרְבּוּבְיָה; בִּלְבּוּל
muddlehead *n.* מְבוּלְבָּל
muddy *adj.* בּוֹצִי; דָלוּחַ, עָכוּר
mudguard *n.* (במכונית) כָּנָף
mudslinger *n.* מַתִּיז רֶפֶשׁ, מַשְׁמִיץ
muezzin *n.* מוּאַזִּין (במסגד)
muff *n.* יְדוֹנִית; הַחְטָאָה (במשחק); לֹא יוּצְלַח
muff *v.* 'פִּסְפֵס', נִכְשַׁל
muffin *n.* לַחְמָנִית מְתוּקָה
muffle *v.* עָטַף, עָטָה; הִתְעַטֵּף
muffler *n.* סוּדַר צַוָּאר; עַמָּם (במכונית)
mufti *n.* לְבוּשׁ אֶזְרָחִי
mug *n.* סֵפֶל גָדוֹל; פַּרְצוּף (המונית); טִיפֵּשׁ
mug *v.* צִילֵּם; שָׁדַד
muggy *adj.* לַח וְחַם
mulatto *n.* מוּלָט (צאצא של לבן ושחור)
mulberry *n.* תּוּת
mulct *v.* עָנַשׁ בִּקְנָס; גָזַל בְּמִרְמָה
mule *n.* פִּרְדָּה, פֶּרֶד
muleteer *n.* נַהַג פְּרָדוֹת
mulish *adj.* פִּרְדִּי, עַקְשָׁנִי
mull *v.* הִרְהֵר (בדבר); הֵכִין תַּמְזִיג (יין)

multicolored *adj.* רַבְגוֹנִי
multifarious *adj.* רַבִּים וּמְגוּוָּנִים וְשׁוֹנִים
multilateral *adj.* רַב־צְדָדִי
multiple *adj.* כָּפוּל, מְכוּפָּל; רַב־פָּנִים
multiple *n.* כְּפוּלָה; מִכְפָּל
multiplicity *n.* רִיבּוּי, מִסְפָּר רַב
multiply *v.* הִכְפִּיל, הִתְרַבָּה
multitude *n.* הַרְבֵּה, הָמוֹן
mum *adj.* (דיבורית) אִילְּמִי
mum *n.* אִמָּא
mumble *v.* מִלְמֵל, לָעַס בְּקוֹשִׁי
mumble *n.* מִלְמוּל, לַחַשׁ
mumbo-jumbo *n.* פּוּלְחָן אֱוִילִי, גִיבּוּב מִלִּים
mummery *n.* הַצָּגָה רֵיקָה, טֶקֶס אֱוִילִי
mummification *n.* חֲנִיטָה
mummy *n.* מוּמְיָה, גוּף חָנוּט; אִמָּא
mumps *n.pl.* חַזֶּרֶת
munch *v.* לָעַס (בקול)
mundane *adj.* שֶׁל הָעוֹלָם, גַשְׁמִי
municipal *adj.* עִירוֹנִי
municipality *n.* עִירִיָּה
munificent *adj.* נָדִיב, רְחַב־לֵב
munition dump *n.* מִצְבּוֹר תַּחְמוֹשֶׁת
munitions *n.pl.* תַּחְמוֹשֶׁת
mural *adj.* כּוֹתְלִי; שֶׁבֵּין כְּתָלִים
mural *n.* צִיּוּר קִיר
murder *n.v.* רֶצַח; רָצַח
murderer *n.* רוֹצֵחַ
murderess *n.* רוֹצַחַת
murderous *adj.* רוֹצְחָנִי
murky *adj.* קוֹדֵר, אָפֵל, חָשׁוּךְ
murmur *n.* רִשְׁרוּשׁ, הֶמְיָה
murmur *v.* הָמָה, מִלְמֵל

muscle *n.* שְׁרִיר
muscular *adj.* שְׁרִירִי
muse *v.* הִרְהֵר
museum *n.* בֵּית־נְכוֹת, מוּזֵיאוֹן
mush *n.* כְּתוֹשֶׁת רַכָּה; דַּייְסָה
mushroom *n.,adj.* פִּטְרִייָה; פִּטְרִייָתִי
mushy *adj.* דְּמוּי דַּייְסָה; רַגְשָׁנִי
music *n.* מוּסִיקָה
musical *n.* מַחֲזֶמֶר, קוֹמֶדְיָה מוּסִיקָלִית
musical *adj.* מוּסִיקָלִי
music-box *n.* תֵּיבַת נְגִינָה
music-hall *n.* אוּלָם בִּידּוּר מוּסִיקָלִי
musician *n.* מוּסִיקַאי
musicologist *n.* מוּסִיקוֹלוֹג
music-stand *n.* כַּן תָּווִים
musk *n.* מוּשְׁק (אייל המושק; חומר חריף המשמש בבשמים)
musket *n.* מוּסְקֶט (רובה עתיק)
musketeer *n.* רוֹבַאי, מוּסְקֶטִיר
muslin *n.* מַלְמָלָה, מוּסְלִין
muss *n.* אִי־סֵדֶר
muss *v.* הָפַךְ סְדָרִים
mussy *adj.* לֹא מְסוּדָּר
must *n.* הֶכְרֵחַ, חוֹבָה; עוֹבֶשׁ
must *v.aux.* הָיָה צָרִיךְ
mustard *n.* חַרְדָּל
mustache *n.* שָׂפָם
mustang *n.* סוּס פֶּרֶא (בערבות אמריקה)
muster *n.* מִפְקַד צָבָא, מִסְדָּר
muster *v.* הִזְעִיק לְמִפְקָד, הִקְהִיל; נִקְבְּצוּ
musty *adj.* עָבֵשׁ, מְעוּפָּשׁ
mutable *adj.* עָשׂוּי לְהִשְׁתַּנּוֹת, מִשְׁתַּנֶּה
mutation *n.* הִשְׁתַּנּוּת; מוּטַצְיָה (שינוי מורש בגנים או בכרומוזומים המביא לידי היווצרות סוג חדש בחי או בצומח)
mutatis mutandis *adv.* הוֹאִיל וְנַעֲשׂוּ הַשִּׁינּוּיִים הַמַּתְאִימִים
mute *adj.* שׁוֹתֵק; אִילֵּם
mute *n.* אִילֵּם, עַמְעֶמֶת (בכלי נגינה)
mute *v.* הִשְׁקִיט, עִמְעֵם
mutilate *v.* הִשְׁחִית צוּרָה; עִיוֵּות
mutineer *n.* מִתְמָרֵד (בצבא וכד')
mutinous *adj.* מַרְדָּנִי
mutiny *n.* מֶרֶד, קֶשֶׁר
mutiny *v.* מָרַד, הִתְמָרֵד, הִתְקוֹמֵם
mutt *n.* כֶּלֶב; אִידְיוֹט
mutter *v.,n.* מִלְמֵל; רָטַן; מִלְמוּל, רִיטּוּן
mutton *n.* בְּשַׂר כֶּבֶשׂ
mutual *adj.* הֲדָדִי; שֶׁל גּוֹמְלִין, מְשׁוּתָּף
muzzle *n.* זְמָם, מַחְסוֹם; לוֹעַ (של כלי־ירייה)
muzzle *v.* חָסַם, הִשְׁתִּיק
my *pron.* שֶׁלִּי
myopia *n.* קוֹצֶר רְאִייָה
myriad *n.,adj.* אֵין סְפוֹר; רִיבּוֹא
myrrh *n.* מוֹר (בושם)
myrtle *n.* הֲדַס (שיח נוי)
myself *pron.* אֲנִי עַצְמִי; אוֹתִי; לְבַדִּי
mysterious *adj.* טָמִיר, אָפוּף מִסְתּוֹרִין
mystery *n.* תַּעֲלוּמָה, מִסְתּוֹרִין
mystic(al) *adj.* מִיסְטִי, נִסְתָּר, עָלוּם
mystic *n.* דָּבֵק בְּמִסְתּוֹרִין
mysticism *n.* תּוֹרַת הַנִּסְתָּר, מִיסְטִיקָה

mystification *n.* עִרְפּוּל, אֲפִיפָה בְּמִסְתּוֹרִין; הַטְעָיָה
mystify *v.* הִטְעָה; הֵבִיךְ
mystique *n.* הִילָּה מִיסְטִית; סוֹד מִקְצוֹעִי
myth *n.* מִיתוֹס, דְמוּת דִמְיוֹנִית
mythic *adj.* מִיתוֹסִי, בָּדוּי
mythological *adj.* מִיתוֹלוֹגִי, אַגָּדִי
mythology *n.* מִיתוֹלוֹגְיָה (חקר המיתוס)

N

nab *v.* תָּפַס (בעבירה)
nadir *n.* נָדִיר (נקודה במפת השמיים מול זֶנִית), נְקוּדַת הַשֵּׁפֶל (הנמוכה ביותר)
nag *n.* סוּס קָטָן
nag *v.* הֵצִיק (בנזיפות וכד'), 'נִדְנֵד', הִטְרִיד
naiad *n.* נִימְפַת־מַיִם
nail *n.* צִיפּוֹרֶן (באצבע); מַסְמֵר
nail *v.* חִיבֵּר בְּמַסְמֵר; רִיתֵּק
nail-file *n.* מְשׁוֹף לְצִיפּוֹרְנַיִים
nailset *n.* קוֹבֵעַ מַסְמֵר
naive *adj.* תָּמִים, נָאִיוִוי
naked *adj.* עָרוֹם, חָשׂוּף
namby-pamby *adj.* רַכְרוּכִי, מְפוּנָּק
name *n.* שֵׁם, כִּינּוּי
name *v.* כִּינָּה, קָרָא בְּשֵׁם
nameless *adj.* בֶּן בְּלִי שֵׁם; לְלֹא שֵׁם
namely *adv.* כְּלוֹמַר, הַיְינוּ
namesake *n.* בַּעַל אוֹתוֹ שֵׁם
nanny *n.* אוֹמֶנֶת, מְטַפֶּלֶת
nanny-goat *n.* עֵז
nap *n.* נִמְנוּם, שֵׁינָה קַלָּה
napalm *n.* נַפָּאלְם (דלק סוג פצצות מציתות)
nape *n.* מַפְרֶקֶת, עוֹרֶף (הצוואר)
naphtha *n.* נֵפְט, נַפְטָא
napkin *n.* מַפִּית שׁוּלְחָן; חִיתּוּל
nappy *n.* חִיתּוּל
narcissus *n.* נַרְקִיס
narcosis *n.* אִלְחוּשׁ, נַרְקוֹזָה
narcotic *adj., n.* נַרְקוֹטִי, מַרְדִּים; נַרְקוֹמָן
narrate *v.* סִיפֵּר
narration *n.* סִיפּוּר, הַגָּדָה
narrative *adj., n.* סִיפּוּרִי; סִיפּוּר
narrator *n.* מְסַפֵּר
narrow *n.* מַעֲבָר צַר; מֵצַר, מֵיצַר
narrow *adj.* צַר, דָּחוּק, מוּגְבָּל
narrow *v.* הֵצֵר, צִמְצֵם; הִצְטַמְצֵם
narrow-gauge *n.* (מסילת ברזל) צָרָה (מהרגילה)
narrow-minded *adj.* צַר־אוֹפֶק
nasal *adj.* אַפִּי, חוֹטְמִי
nascent *adj.* מִתְהַוֶּה, מַתְחִיל לְהִתְקַיֵּים
nasty *adj.* מְטוּנָּף, גַּס, לֹא נָעִים
natal *adj.* שֶׁל לֵידָה, מוּלָד
nation *n.* אוּמָּה, לְאוֹם
national *adj.* לְאוּמִּי
national *n.* אֶזְרָח (של מדינה מסוימת)
nationalism *n.* לְאוּמִּיּוּת, לְאוּמָנוּת
nationalist *n.* לְאוּמִּי, לְאוּמָנִי
nationality *n.* אֶזְרָחוּת, נְתִינוּת
nationalize *v.* הִלְאִים
native *adj.* טִבְעִי, טָבוּעַ מִלֵּידָה
native *n.* יָלִיד; תּוֹשָׁב מְקוֹמִי
native land *n.* מוֹלֶדֶת
nativity *n.* לֵידָה
N.A.T.O. *n.* נָאטוֹ (ארגון הברית הצפון־אטלנטית)
natty *adj.* מְסוּדָּר וְנָקִי; זָרִיז
natural *adj.* טִבְעִי, שֶׁמִּלֵּידָה
natural *n.* מְפַגֵּר מִלֵּידָה; מוּצְלָח
naturalism *n.* נָטוּרָלִיזְם (תפיסה השואפת לתיאור מדויק של המציאות)
naturalist *n.* חוֹקֵר צְמָחִים אוֹ בַּעֲלֵי חַיִּים; נָטוּרָלִיסְט

naturalization *n.* הִתְאַזְרְחוּת; אִזְרוּחַ
naturalization papers *n.pl.* תְּעוּדַת אֶזְרָח
naturalize *v.* אִזְרֵחַ; הִתְאַזְרֵחַ
naturally *adv.* טִבְעִית, בְּדֶרֶךְ הַטֶּבַע; כַּמּוּבָן
nature *n.* טֶבַע; אוֹפִי; סוּג, מִין
naught *n.* אֶפֶס, שׁוּם דָּבָר
naughty *adj.* שׁוֹבָב; סוֹרֵר, גַּס
nausea *n.* בְּחִילָה, זָרָא
nauseate *v.* הִנְעִיל; סָלַד מִן
nauseating *adj.* מַגְעִיל, מַסְלִיד
nauseous *adj.* מַגְעִיל, מַסְלִיד
nautical *adj.* יַמִּי, שֶׁל יַמָּאִים
naval *adj.* שֶׁל הַצִּי, שֶׁל חֵיל־הַיָּם
nave *n.* טַבּוּר הַגַּלְגַּל; תּוֹךְ הָאוּלָם (של כנסייה)
navel *n.* טַבּוּר
navel orange *n.* תַּפּוּז טַבּוּרִי (גדול)
navigability *n.* אֶפְשָׁרוּת הָעֲבִירָה
navigable *adj.* עָבִיר (לכלי שַׁיִט)
navigate *v.* נָהַג; נִיוֵּט
navigation *n.* נִיוּוּט (בים, באוויר)
navigator *n.* נַוָּט; מַנְחֶה (מִתקן להכוונת כלי טיס או טיל)
navy *n.* חֵיל־הַיָּם, צִי
navy blue *adj.* כָּחוֹל כֵּיהֶה
navy yard *n.* מִסְפֶּנֶת חֵיל־הַיָּם
Nazarene *n.* תּוֹשַׁב נָצְרַת; נוֹצְרִי
near *adj., adv., prep.* קָרוֹב, סָמוּךְ, עַל־יַד
nearby *adj.* סָמוּךְ
Near East *n.* הַמִּזְרָח הַקָּרוֹב
nearly *adv.* כִּמְעַט, בְּקֵירוּב
nearsighted *adj.* קְצַר־רְאִיָּה
nearsightedness *n.* קוֹצֶר־רְאִיָּה

neat *adj.* מְסוּדָּר וְנָקִי; עָשׂוּי יָפֶה; מְחוּטָּב; (משקה) לֹא מָהוּל, נָקִי
nebula *n.* (באסטרונומיה) עַרְפִילִית; עֲמוּמָה (בעין)
nebular *adj.* עַרְפִילִי
nebulous *adj.* מְעוּרְפָּל
necessary *adj., n.* דָּרוּשׁ, הֶכְרֵחִי; מִצְרָךְ חִיּוּנִי
necessitate *v.* הִצְרִיךְ
necessitous *adj.* נִצְרָךְ
necessity *n.* צוֹרֶךְ, הֶכְרֵחַ
neck *n.* צַוָּאר; גָּרוֹן
neck *v.* 'מִזְמֵז', 'הִתְמַזְמְזוּ'
neckband *n.* צַוָּאר (של בגד)
necklace *n.* עֲדִילְיוֹן, עֲנָק, מַחְרוֹזֶת
necktie *n.* עֲנִיבָה
necrology *n.* הֶסְפֵּד, נֶקְרוֹלוֹג; רְשִׁימַת מֵתִים
necromancy *n.* אוֹב
nectar *n.* מַשְׁקֵה הָאֵלִים; יַיִן מְשׁוּבָּח
nectarine *n.* נֶקְטָרִין (אפרסק ממין משובח)
née *adj.* לְבֵית (שם אישה לפני נישואיה)
need *n.* צוֹרֶךְ; עוֹנִי, מְצוּקָה
need *v.* הִצְטָרֵךְ, הָיָה זָקוּק ל
needful *adj.* דָּרוּשׁ, נָחוּץ
needle *n.* מַחַט; מַסְרֵגָה
needle *v.* תָּפַר בְּמַחַט; (המונית) עָקַץ, הִרְגִּיז
needle-point *n.* חוֹד מַחַט
needle woman *n.* תּוֹפֶרֶת
needless *adj.* מְיוּתָּר, שֶׁלֹּא לְצוֹרֶךְ
needless to say אֵין צוֹרֶךְ לוֹמַר
needs *adv.* בְּהֶכְרֵחַ

needy *adj.* נִצְרָךְ
ne'er-do-well *n., adj.* לֹא־יוּצְלַח
nefarious *adj.* נָבָל, מְרוּשָׁע
negation *n.* הַכְחָשָׁה, שְׁלִילָה, בִּיטּוּל
negative *adj.* שְׁלִילִי; נֶגָטִיווִי
negative *n.* שְׁלִילָה; תַּשְׁלִיל, נֶגָטִיב
neglect *n.* הַזְנָחָה; רַשְׁלָנוּת; עֲזוּבָה
neglect *v.* הִזְנִיחַ, הִתְרַשֵּׁל,
חָדַל לָתֵת דַּעְתּוֹ, זָנַח
neglectful *adj.* רַשְׁלָנִי, מַזְנִיחַ
negligée *n.* לְבוּשׁ חוֹפְשִׁי, חָלוּק
(של אישה)
negligence *n.* רַשְׁלָנוּת
negligent *adj.* רַשְׁלָנִי, מְרוּשָּׁל
negligible *adj.* לֹא חָשׁוּב, אַפְסִי
negotiable *n.* עָבִיר; סָחִיר
negotiate *v.* נָשָׂא וְנָתַן;
עָבַר (על מכשול וכד'), סִיחֵר (שטר)
negotiation *n.* מַשָּׂא־וּמַתָּן, סִיחוּר
Negro, negro *n., adj.* כּוּשִׁי, שְׁחוֹם
עוֹר
neigh *v., n.* צָהַל; צָהֳלָה
neighbor *n.* שָׁכֵן
neighborhood *n.* שְׁכֵנוּת; סְבִיבָה
neighboring *adj.* שָׁכֵן, סָמוּךְ
neighborly *adj.* כָּרָאוּי לְשָׁכֵן,
יְדִידוּתִי
neither *adj., pron.* אַף לֹא אֶחָד
(משניים); גַּם לֹא
nemesis *n.* פּוּרְעָנוּת, עוֹנֶשׁ צוֹדֵק
neologism *n.* חִידּוּשׁ לָשׁוֹן
מִלָּה חֲדָשָׁה, תַּחְדִּישׁ
neomycin *n.* נֵיאוֹמִיצִין (תרופה
אנטיביוטית)
neon *n.* נֵיאוֹן (גאז המשמש בנורות
חשמל)

neophyte *n.* טִירוֹן
nephew *n.* אַחְיָן, בֶּן־אָח, בֶּן־אָחוֹת
nepotism *n.* נֶפּוֹטִיזְם ('פְּרוֹטֶקְצְיָה'
לִקְרוֹבִים)
nerve *n.* עָצָב; קוֹר־רוּחַ; אוֹמֶץ;
עוֹרֶק (של עלה); (בריבוי) עַצְבָּנוּת
nerve-racking *adj.* מְעַצְבֵּן, מוֹרֵט
עֲצַבִּים
nervous *adj.* עַצְבָּנִי; עֲצַבִּי
nervousness *n.* עַצְבָּנוּת, חֲרָדָה
nervy *adj.* עַצְבָּנִי; מְעַצְבֵּן
nest *n., v.* קֵן; קִינֵּן
nest-egg *n.* סְכוּם שֶׁנֶּחְסַךְ (לשעת הדחק)
nestle *v.* שָׁכַב בְּנוֹחִיּוּת; הִצְטַנֵּף
net *n.* רֶשֶׁת; מִכְמוֹרֶת
net *v.* עָשָׂה רֶשֶׁת; לָכַד בְּרֶשֶׁת
net *adj., v.* נֶטוֹ, נָקִי; הִרְוִויחַ (רווח נקי)
netherworld *n.* עוֹלַם הַמֵּתִים, גֵּיהִינּוֹם
netting *n.* רִישׁוּת
nettle *n., v.* סִרְפָּד; עָקַץ
network *n.* מַעֲשֵׂה־רֶשֶׁת; הִסְתָּעֲפוּת
neuralgia *n.* נֵירַלְגְּיָה (מחלת עצבים)
neuritis *n.* דַּלֶּקֶת עֲצַבִּים
neurology *n.* נֵירוֹלוֹגְיָה (תורת
העצבים, מבניהם ומחלותיהם)
neurosis *n.* נֵירוֹזָה, נֶבְרוֹזָה (עצבנות
חולנית)
neurotic *adj., n.* נֵירוֹטִי, נֶבְרוֹטִי,
עַצְבָּנִי חוֹלָנִי
neuter *adj., n.* (מין) סְתָמִי; מְחוּסַּר מִין
neutral *adj., n.* נֵיטְרָלִי
neutralism *n.* מְדִינִיּוּת נֵיטְרָלִית
neutrality *n.* נֵיטְרָלִיּוּת
neutralize *v.* נִטְרֵל
neutron *n.* נֵיטְרוֹן (חלקיק בגרעין
האטום החסר מִטען חשמלי)

never *adv.* לְעוֹלָם לֹא, מֵעוֹלָם לֹא
nevermore *adv.* לֹא עוֹד לְעוֹלָם
nevertheless *adv.* בְּכָל זֹאת, אַף־עַל־פִּי־כֵן
new *adj.* חָדָשׁ, חָדִישׁ
new arrival *n.* מִקָּרוֹב בָּא
new moon *n.* מוֹלַד הַיָּרֵחַ
New Testament *n.* 'הַבְּרִית הַחֲדָשָׁה'
new world *adj.* שֶׁל הָעוֹלָם הֶחָדָשׁ
New Year's Day רֹאשׁ הַשָּׁנָה
newborn *adj.* בֶּן יוֹמוֹ, שֶׁזֶּה עַתָּה נוֹלַד
newcomer *n.* פָּנִים חֲדָשׁוֹת
newly *adv.* זֶה לֹא כְּבָר; בְּצוּרָה חֲדָשָׁה; לָאַחֲרוֹנָה
newlywed *adj.* שֶׁנִּשְּׂאוּ זֶה עַתָּה
news *n.* חֲדָשׁוֹת
news agency *n.* סוֹכְנוּת יְדִיעוֹת
news conference *n.* מְסִיבַּת עִיתּוֹנָאִים
news coverage *n.* סִיקּוּר חֲדָשׁוֹת
news reel יוֹמַן חֲדָשׁוֹת
news sheet דַּף חֲדָשׁוֹת
news stand דּוּכָן לִמְכִירַת עִיתּוֹנִים
newscast *n.* שִׁידּוּר חֲדָשׁוֹת
newscaster *n.* קַרְיַין חֲדָשׁוֹת
newspaper *n.* עִיתּוֹן
newspaperman *n.* עִיתּוֹנַאי
newsprint *n.* נְיַיר עִיתּוֹנִים
newsworthy *adj.* רָאוּי לְפִרְסוּם
newsy *adj.* חֲדָשׁוֹתִי, שׁוֹפֵעַ חֲדָשׁוֹת
next *adj., adv.* הַבָּא אַחֲרָיו, הַקָּרוֹב; שֶׁלְּאַחַר
next best *n.* שֶׁאַחֲרֵי הַטּוֹב בְּיוֹתֵר
next-door *adj.* שָׁכֵן, סָמוּךְ
next of kin *n.* הַקָּרוֹב בְּיוֹתֵר (בְּמשפחה)

niacin *n.* חוּמְצַת נִיקוֹטִין
nibble *v.* כִּרְסֵם, נָגַס
nibble *n.* כִּרְסוּם, נְגִיסָה
nice *adj.* נָאֶה; נֶחְמָד; עָדִין; בָּרְרָן; טָעִים; דַּק
nice looking *adj.* נִרְאֶה נֶחְמָד
nicely *adv.* הֵיטֵב, יָפֶה
nicety *n.* קַפְּדָנוּת; דַּקּוּת; עֲדִינוּת
niche *n.* גּוּמְחָה, מָקוֹם מַתְאִים
nick *n., v.* חֲתָךְ קָטָן, חָרִיץ; עָשָׂה חָרִיץ
nickel *n.* נִיקֶל (מתכת קשה)
nickel-plate *v., n.* צִיפָּה בְּנִיקֶל; צִיפּוּי בְּנִיקֶל
nick-nack, knick-knack *n.* תַּכְשִׁיט קָטָן (זול)
nickname *n.* כִּינּוּי חִיבָּה; שֵׁם לְוַואי
nicotine *n.* נִיקוֹטִין (חומר ארסי הנמצא בטבאק)
niece *n.* אַחְיָינִית, בַּת הָאָח אוֹ הָאָחוֹת
nifty *adj.* יָפֶה, הָדוּר
niggard *adj., n.* קַמְצָן, כִּילַי
nigger *n.* כּוּשִׁי (כינוי מעליב)
niggling *adj.* קַטְנוּנִי, שֶׁל מַה בְּכָךְ
nigh *adv.* קָרוֹב לְ, כִּמְעַט
night *n.* לַיְלָה
night-club *n.* מוֹעֲדוֹן לַיְלָה
night-letter *n.* מִבְרַק לַיְלָה
night-owl *n.* צִיפּוֹר לַיְלָה
night-time *n.* לַיְלָה (בֵּין שקיעת השמש לזריחתה)
night-watchman *n.* שׁוֹמֵר לַיְלָה
nightcap *n.* כִּיפַּת לַיְלָה; כּוֹסִית לִפְנֵי הַשֵּׁינָה
nightfall *n.* עֲרוֹב יוֹם
nightgown *n.* כְּתוֹנֶת לַיְלָה

nightingale *n.* זָמִיר
nightlong *adj.* שֶׁנִּמְשָׁךְ כָּל הַלַּיְלָה
nightly *adj.* לֵילִי
nightmare *n.* חֲלוֹם בַּלָּהוֹת, סִיּוּט
nightmarish *adj.* סִיּוּטִי
nightshirt *n.* כְּתֹנֶת לַיְלָה (לגבר)
nighty *n.* (בלשון הילדים) כְּתֹנֶת לַיְלָה
nihilism *n.* נִיהִילִיזְם (שלילת ערכי מוסר וחברה מקובלים)
nihilist *n.* נִיהִילִיסְט (שולל כנ"ל)
nil *n.* אֶפֶס (בייחוד בציון תוצאות מִשחק)
Nile *n.* נִילוּס, הַיְאוֹר
nimble *adj.* זָרִיז, מָהִיר, מְהִיר תְּפִיסָה
nimbus *n.* הִילָה
nincompoop *n.* מְטוּמְטָם, אִידְיוֹט
nine *adj., n.* תִּשְׁעָה, תֵּשַׁע
nine hundred *n.* תְּשַׁע מֵאוֹת
nineteen *adj., n.* תִּשְׁעָה־עָשָׂר; תְּשַׁע־עֶשְׂרֵה
nineteenth *adj., n.* הַתִּשְׁעָה־עָשָׂר, הַתְּשַׁע־עֶשְׂרֵה
ninetieth *adj.* הַתִּשְׁעִים
ninety *adj., n.* תִּשְׁעִים
ninny *n.* שׁוֹטֶה, פֶּתִי
ninth *adj., n.* הַתְּשִׁיעִי; תְּשִׁיעִית
nip *n.* צְבִיטָה, נְשִׁיכָה; לְגִימָה
nip *v.* צָבַט, נָשַׁךְ
nip along מַהֵר, הִזְדָּרֵז
nipple *n.* דַּד, פִּטְמָה
Nippon *n.* נִיפּוֹן, יַפָּן
nippy *adj., n.* זָרִיז; קַר; חָרִיף
nirvana *n.* נִירְוָואנָה (ביטול יֵשוּת היחיד תוך התמזגותו ברוח העליון)
nisi *adv.* (במשפט) עַל תְּנַאי
nit *n.* בֵּיצַת כִּינָּה, אִנְבָּה
nitrate *n.* חַנְקָה (תרכובת חומצת חנקן עם בסיס כולשהו)
nitric acid *n.* חוּמְצַת חַנְקָן
nitrogen *n.* חַנְקָן
nitroglycerin(e) *n.* נִיטרוֹגְלִיצֵרִין (חומר נפץ חזק)
nitwit *n.* חֲסַר שֵׂכֶל, מְטוּמְטָם
nix *n.* אֶפֶס, שׁוּם דָּבָר
no *adj., adv.* לֹא; לְלֹא
no doubt בְּלִי סָפֵק
no man's land *n.* שֶׁטַח הֶפְקֵר
no one אַף אֶחָד לֹא
no wonder אֵין פֶּלֶא
nobby *adj.* (המונית) טַרְזָנִי, מְהוּדָּר
nobility *n.* אֲצִילוּת
noble *adj.* יְפֵה־נֶפֶשׁ, אֲצִילִי
nobleman *n.* אָצִיל
noblesse oblige הָאֲצִילוּת מְחַיֶּבֶת (המעמד מחייב התנהגות נאותה)
nobody *n.* אַף לֹא אֶחָד; אָדָם לֹא חָשׁוּב, אֶפֶס
nocturnal *adj.* לֵילִי, שֶׁל לַיְלָה
nod *n.* נִיד רֹאשׁ (להסכמה)
nod *v.* הֵנִיעַ רֹאשׁוֹ; שָׁמַט רֹאשׁוֹ (מתוך נמנום)
node *n.* מִפְרָק (בצמח); בְּלִיטָה, גּוּלָה; קֶשֶׁר; (במתמ') צוֹמֶת (של עקומה)
Noel *n.* חַג הַמּוֹלָד (של הנוצרים)
nohow *adv.* (דיבורית) בְּשׁוּם אוֹפֶן לֹא
noise *n.* רַעַשׁ, שָׁאוֹן
noise *v.* פִּרְסֵם, הֵפִיץ
noiseless *adj.* שָׁקֵט לְגַמְרֵי

noisy *adj.* רוֹעֵשׁ, רַעֲשָׁנִי
nomad *n., adj.* נַוָּד, נוֹדֵד
nom de plume *n.* שֵׁם סִפְרוּתִי, 'שֵׁם בָּדוּי', שֵׁם עֵט
nomenclature *n.* מִינּוּחַ (שמשתמשים בו באמנות או במדע)
nominal *adj.* שֵׁמִי; (ערך וכד') נָקוּב
nominate *v.* הִצִּיעַ (כמועמד)
nomination *n.* הַצָּעַת מוּעֲמָד
nominative *adj., n.* נוֹשֵׂא, נוֹשְׂאִי
nominee *n.* מוּעֲמָד
non-belligerent *adj.* לֹא לוֹחֵם
nonchalance *n.* שִׁוְיוֹן־נֶפֶשׁ
nonchalant *adj.* קַר־רוּחַ, אָדִישׁ
noncombatant *adj., n.* לֹא לוֹחֵם
noncommissioned officer *n.* מַשַּׁ"ק (מפקד שאינו קצין)
noncommittal *adj.* לֹא־מְחַיֵּב
nonconformist *n.* לֹא מִסְתַּגֵּל; לֹא תּוֹאֲמָן
nondescript *adj.* שֶׁאֵינוֹ נִיתָּן לְתֵיאוּר
none *pron., adj., adv.* אַף לֹא אֶחָד; כְּלָל לֹא
nonentity *n.* (לגבי אדם) אֶפֶס; אִי־יֵשׁוּת
nonfiction *n.* לֹא סִיפּוֹרֶת, לֹא בִּדְיוֹנִי
nonfulfillment *n.* אִי־בִּיצּוּעַ, אִי־מִילּוּי
nonintervention *n.* אִי־הִתְעָרְבוּת
nonmetallic *adj.* אַל מַתַּכְתִּי
nonplus *v.* הֵבִיךְ, הִפְתִּיעַ
nonprofit *adj.* לֹא לְשֵׁם רְוָחִים, לֹא מִסְחָרִי
nonresident *n., adj.* (שֶׁל) לֹא תּוֹשָׁב
nonresidential *adj.* שֶׁלֹּא לִמְגוּרִים
nonscientific *adj.* לֹא מַדָּעִי
nonsectarian *adj.* אַל כִּיתָּתִי
nonsense *n.* שְׁטוּיוֹת
nonsensical *adj.* שְׁטוּתִי, טִיפְּשִׁי
non-skid *adj.* מְחוּסָּן נֶגֶד הַחְלָקָה
nonstop *adj., adv.* יָשִׁיר; לְלֹא הֶפְסֵק
noodle *n.* אִטְרִית, אִטְרִיָּה; פֶּתִי
nook *n.* פִּינָּה, מְקוֹם סֵתֶר
noon *n.* צָהֳרַיִם
no-one *n.* אַף לֹא אֶחָד
noontime, noontide *n.* שְׁעַת צָהֳרַיִים
noose *n.* לוּלָאָה; קֶשֶׁר
nor *conj.* לֹא, וְאַף לֹא
norm *n.* נוֹרְמָה, תֶּקֶן, מַתְכּוֹנֶת
normal *adj.* תַּקִּין, תִּקְנִי, נוֹרְמָלִי
normalization *n.* עֲשִׂיָּה לְנוֹרְמָלִי, הַחְזָרָה לְתִקְנוֹ, נִרְמוּל
normalize *v.* נִרְמֵל, עָשָׂה לְנוֹרְמָלִי
north *n., adj., adv.* צָפוֹן; צְפוֹנִי; צְפוֹנָה
northeaster *n.* רוּחַ צְפוֹנִית־מִזְרָחִית
northern *adj.* צְפוֹנִי
nose *n.* אַף, חוֹטֶם
nose *v.* רִחְרֵחַ; חִיטֵּט; תָּחַב אֶת חוֹטְמוֹ
nosebag *n.* שַׂק מִסְפּוֹא
nosebleed *n.* דֶּמֶם אַף
nosedive *n.* צְלִילָה תְּלוּלָה (של מטוס)
nosegay *n.* זֵר פְּרָחִים
nose-ring *n.* נֶזֶם
nostalgia *n.* גַּעְגּוּעִים לֶעָבָר; נוֹסְטַלְגְיָה
nostalgic *adj.* רְווּי גַּעְגּוּעִים; נוֹסְטַלְגִי
nostril *n.* נְחִיר
nosy, nosey *adj., n.* גְּדוֹל חוֹטֶם; סַקְרָנִי
not *adv.* אַיִן, אֵין; לֹא
nota bene נ"ב, שִׂים לֵב בִּמְיוּחָד (הערה בשולי מכתב)

notable *adj., n.* רָאוּי לְצִיּוּן; אִישִׁיּוּת דגוּלָה
notarize *v.* קִיֵּם, אִישֵׁר
notary *n.* נוֹטַרְיוֹן
notch *n., v.* חָרִיץ; עָשָׂה חָרִיץ
note *n.* פֶּתֶק, פִּתְקָה; הֶעָרָה; (במוסיקה) תָּו
note *v.* רָשַׁם; שָׂם לֵב
notebook *n.* פִּנְקָס, דַּפְדֶּפֶת
noted *adj.* מְפוּרְסָם, יָדוּעַ
noteworthy *adj.* רָאוּי לְצִיּוּן
nothing *n.* שׁוּם דָּבָר, לֹא כְּלוּם
notice *n.* מוֹדָעָה; הַתְרָאָה, הוֹדָעָה מֵרֹאשׁ; תְּשׂוּמֶת־לֵב
notice *v.* שָׂם לֵב, הִבְחִין
noticeable *adj.* בּוֹלֵט, נִיכָּר
notify *v.* הוֹדִיעַ
notion *n.* מוּשָּׂג, רַעְיוֹן; נְטִיָּה
notoriety *n.* הֱיוֹת יָדוּעַ לִגְנַאי
notorious *adj.* יָדוּעַ לִגְנַאי
notwithstanding *prep., adv., conj.* אַף־עַל־פִּי שֶׁ, לַמְרוֹת, עַל אַף
nougat *n.* מַמְתָּק קָשֶׁה (מאגוזים, סוכר...)
nought *n.* אֶפֶס (0)
noun *n.* שֵׁם עֶצֶם
nourish *v.* זָן; הֵזִין, הִשְׂבִּיעַ, טִיפַּח
nourishment *n.* הֲזָנָה, מָזוֹן
nouveau riche *adj.* עָשִׁיר חָדָשׁ
nova *n.* כּוֹכָב חָדָשׁ
novel *adj.* חָדָשׁ
novel *n.* רוֹמָן, סִיפּוּר
novelist *n.* מְסַפֵּר, מְחַבֵּר רוֹמָנִים
novelty *n.* חִידּוּשׁ; זָרוּת
novice *n.* טִירוֹן (לא בצבא)
noviciate, novitiate *n.* טִירוֹן (נזיר או כוהן דת); תְּקוּפַת טִירוֹנוּת (כנ"ל)
now *adv., conj., n.* עַתָּה, עַכְשָׁיו; הֲרֵי; כֵּיוָן שֶׁ
now and then *adv.* מִדֵּי פַּעַם
now then שְׁמַע/שִׁמְעִי אֵיפוֹא
nowadays *adv.* בְּיָמֵינוּ
noway, noways *adv.* כְּלָל לֹא
nowhere *adv.* בְּשׁוּם מָקוֹם לֹא
noxious *adj.* מַזִּיק
nozzle *n.* נְחִיר (של צינור), זַרְבּוּבִית
nth *adj.* שֶׁל n, בְּחֶזְקַת n
nuance *n.* גִּוְנוּן, גּוֹנִית; דַּקּוּת
nub *n.* גַּבְשׁוּשִׁית; עִיקָּר
nubile *adj.* (לגבי עלמה) שֶׁהִגִּיעָה לְפִרְקָהּ
nuclear *adj.* גַּרְעִינִי
nucleus *n. (pl.* **nuclei)** גַּרְעִין
nude *adj., n.* עָרוֹם; עֵירוֹם, גוּף עָרוֹם
nudge *n., v.* דְּחִיפָה קַלָּה (במרפק); דָּחַף קַלּוֹת
nugget *n.* גּוּשׁ זָהָב גּוֹלְמִי
nuisance *n.* מִטְרָד; טַרְדָן
null *adj.* בָּטֵל
nullify *v.* בִּיטֵּל תּוֹקֶף
nullity *n.* חוֹסֶר תּוֹקֶף, בִּיטּוּל
numb *adj.* חֲסַר תְּחוּשָׁה
numb *v.* גָּרַם לְאוֹבְדָן תְּחוּשָׁה
number *n.* מִסְפָּר; סִפְרָה; כַּמּוּת
number *v.* סָפַר; מִסְפֵּר; כָּלַל
numberless *adv.* לְאֵין־סְפוֹר
numeral *adj., n.* מִסְפָּרִי; סִפְרָה
numerical *adj.* מִסְפָּרִי
numerous *adj.* רַב, רַבִּים

numismatics *n.* נומִיסְמָטִיקָה (חֵקֶר הַמַּטְבְּעוֹת)
numskull *n.* טִיפֵּשׁ, שׁוֹטֶה
nun *n.* נְזִירָה
nuptial *adj.* שֶׁל נִישּׂוּאִים, שֶׁל כְּלוּלוֹת
nurse *n.* אָחוֹת רַחֲמָנִיָּה, אָחוֹת
nurse *v.* הֵינִיקָה; טִיפֵּל (בחולה)
nursery *n.* חֲדַר יְלָדִים; מִשְׁתָּלָה
nursery school *n.* גַּן־יְלָדִים, גַּנּוֹן
nursing *n.* מִקְצוֹעַ הָאָחוֹת; טִיפּוּל, סִיעוּד
nursing bottle *n.* בַּקְבּוּק לְתִינוֹק
nursing home *n.* בֵּית־חוֹלִים פְּרָטִי
nurture *v.* חִינֵּךְ, הֵזִין, טִיפֵּחַ
nut *n.* אֱגוֹז; אוֹם; אָדָם מוּזָר; בְּעָיָה קָשָׁה
nutcracker *n.* מַפְצֵחַ אֱגוֹזִים
nutmeg *n.* אֱגוֹז מוּסְקָט
nutrient *n.* (חומר) מֵזִין
nutriment *n.* אוֹכֶל מֵזִין
nutrition *n.* תְּזוּנָה; הֲזָנָה
nutritious *adj.* מֵזִין
nutshell *n.* קְלִיפַּת אֱגוֹז; תַּמְצִית
nutty *adj.* שֶׁטַּעֲמוֹ כָּאֱגוֹז; אֱגוֹזִי; (דיבורית) מְטוֹרָף
nuzzle *v.* חִיכֵּךְ אֶת הָאַף אוֹ הַחַרְטוֹם
nylon *n.* נַיילוֹן (חומר סינתטי המשמש בתעשיית הלבוש והטקסטיל)
nymph *n.* נִימְפָה, צְעִירָה יָפָה

O

O *interj.* הו!, הוי!, אוי!
oaf *n.* גולֶם, מְגוּשָׁם; פִּרְחָח
oak *n.* אַלוֹן
oaken *adj.* מֵעֵץ אַלוֹן
oar *n.* מָשׁוֹט
oarsman *n.* מְשׁוֹטַאי
oasis *n. (pl.* **oases***)* נְאַת מִדְבָּר, נְוֵה מִדְבָּר
oat *n.* גַּרְעִין שִׁיבּוֹלֶת־שׁוּעָל
oath *n.* שְׁבוּעָה; קְלָלָה
oatmeal *n.* קֶמַח שִׁיבּוֹלֶת־שׁוּעָל
ob(b)ligato *adj., n.* (בּמוּסיקה) חוֹבָה
obduracy *n.* עַקְשָׁנוּת, קְשִׁי עוֹרֶף
obdurate *adj.* עַקְשָׁן, קְשֵׁה עוֹרֶף
obedience *n.* צִיוּת, צַיְיתָנוּת
obedient *adj.* מְצַיֵּית, צַיְיתָן
obeisance *n.* קִידָּה, הִשְׁתַּחֲוָיָה
obelisk *n.* אוֹבֶּלִיסְק, מַצֶּבֶת מַחַט
obese *adj.* שָׁמֵן מְאוֹד
obesity *n.* שׁוֹמֶן הַגּוּף
obey *v.* צִיֵּית, שָׁמַע בְּקוֹל
obfuscate *v.* הֶאֱפִיל; בִּלְבֵּל
obituary *n.* הֶסְפֵּד, מַאֲמַר אַזְכָּרָה
object *v.* מָחָה, הִתְנַגֵּד, עִרְעֵר עַל
object *n.* עֶצֶם; נוֹשֵׂא; תַּכְלִית; (בּדקדוּק) מוּשָׂא
objection *n.* הִתְנַגְּדוּת; עִרְעוּר
objectionable *adj.* מְעוֹרֵר הִתְנַגְּדוּת
objective *adj.* אוֹבְּיֶיקְטִיבִי; לֹא מְשׁוּחָד
objective *n.* מַטָּרָה, יַעַד; עַצְמִית (מערכת עדשות בּמכשיר אופטי)
oblation *n.* קָרְבָּן, מִנְחָה
obligate *v.* חִיֵּיב, הִכְרִיחַ
obligation *n.* הִתְחַיְּבוּת, מְחוּיָּבוּת
oblige *v.* הִכְרִיחַ, חִיֵּיב
obliging *adj.* מֵיטִיב, גּוֹמֵל טוֹבָה
oblique *adj.* מְלוּכְסָן; לוֹכְסָן, 'קַו נָטוּי'
obliterate *v.* מָחָה; הִכְחִיד
oblivious *adj.* אֵינוֹ מוּדָע ל, אֵינוֹ שָׂם לֵב, לֹא זוֹכֵר
oblong *adj., n.* מַלְבֵּנִי; מַלְבֵּן
obnoxious *adj.* מַגְעִיל, נִתְעָב
oboe *n.* אַבּוּב (כּלי נשיפה)
oboist *n.* מְנַגֵּן בְּאַבּוּב
obscene *adj.* גַּס, שֶׁל זִימָּה
obscenity *n.* נִיבּוּל־פֶּה, גַּסוּת
obscure *adj.* אָפֵל; מְעוּרְפָּל; סָתוּם
obscure *v.* הִסְתִּיר; הֶאֱפִיל
obscurity *n.* אֲפֵלָה; אִי־בְּהִירוּת
obsequies *n.pl.* טֶקֶס קְבוּרָה
obsequious *adj.* מִתְרַפֵּס, מִתְחַנֵּף
observance *n.* קִיּוּם (מצוות אוֹ חוּקים)
observant *adj., n.* פְּקוּחַ עַיִן; שׁוֹמֵר מִצְווֹת
observation *n.* הִתְבּוֹנְנוּת, הַשְׁגָּחָה; הֶעָרָה
observatory *n.* מִצְפֶּה
observe *v.* הִתְבּוֹנֵן; צָפָה; קִיֵּים (חוֹק וכד')
observer *n.* מַשְׁקִיף, מִסְתַּכֵּל; מְקַיֵּים מִצְווֹת
obsess *v.* הִשְׁתַּלֵּט עַל, אָחַז כְּ'דִיבּוּק'
obsession *n.* 'דִיבּוּק', שִׁיגָּעוֹן לְדָבָר אֶחָד
obsolescence *n.* הִתְיַישְּׁנוּת, יְצִיאָה מִכְּלַל שִׁימּוּשׁ
obsolete *adj., n.* מְיוּשָּׁן, לֹא בְּשִׁימּוּשׁ

obstacle *n.* מִכְשׁוֹל, מְנִיעָה

obstetric(al) *adj.* שֶׁל מְיַלְּדוּת

obstetrics *n.pl.* מְיַלְּדוּת

obstinacy *n.* עַקְשָׁנוּת

obstinate *adj.* עַקְשָׁן

obstreperous *adj.* מִתְפָּרֵעַ קוֹלָנִי, מְסָרֵב לְקַבֵּל מָרוּת

obstruct *v.* הִפְרִיעַ, שָׂם מִכְשׁוֹל; חָסַם

obstruction *n.* מִכְשׁוֹל; הַפְרָעָה

obtain *v.* הִשִּׂיג, רָכַשׁ

obtrude *v.* כָּפָה, נִדְחַק, דָּחַף אֶת עַצְמוֹ

obtrusive *adj.* נִדְחָק, טוֹרְדָנִי

obtuse *adj.* קֵיהֶה (בצורה, ברגש, בתפיסה)

obtuse angle זָוִית קֵיהָה

obviate *v.* הֵסִיר (מכשול), מָנַע

obviously *adv.* כַּמּוּבָן, בָּרוּר לְגַמְרֵי

occasion *n.* הִזְדַּמְּנוּת, מְאוֹרָע

occasion *v.* הֵסֵב, גָּרַם

occasional *adj.* אַקְרָאִי; הִזְדַּמְּנוּתִי

occident *n.* אַרְצוֹת הַמַּעֲרָב

occlude *v.* (ברפואה) סָגַר, סָתַם

occlusion *n.* (כנ"ל) סְגִירָה, סְתִימָה

occult *adj.* מִסְתּוֹרִי, כָּמוּס; מִיסְטִי

occupancy *n.* הַחְזָקָה; דַּיָּרוּת

occupant *n.* דַּיָּר; מַחֲזִיק

occupation *n.* מִשְׁלַח יָד; כִּיבּוּשׁ

occupy *v.* תָּפַס (מקום, זמן); הֶעֱסִיק; כָּבַשׁ

occur *v.* קָרָה; עָלָה (על הדעת)

occurrence *n.* מִקְרֶה, מְאוֹרָע, הִתְרַחֲשׁוּת

ocean *n.* אוֹקְיָינוֹס

ochre *adj.* חוּם־צְהַבְהַב

o'clock *adv.* לְפִי הַשָּׁעוֹן

octagon *n.* מְתוּמָן (מצולע בן 8 צלעות)

octane *n.* אוֹקְטָן (אחד ממרכיבי הבנזין למנועים)

octave *n.* אוֹקְטָבָה

octavo *n.* אוֹקְטָבוֹ (שמינית גיליון)

octet *n.* שְׁמִינִיָּה (יצירה ל־8 מנגנים)

octopus *n.* תְּמָנוּן (בעל חיים יַמִּי טורף)

octoroon *n.* שְׁמִינִיּוֹן (בן תערובת, ששמינית דמו – של כושי)

ocular *adj.* שֶׁל עֵינַיִם, שֶׁל רְאִיָּה

oculist *n.* רוֹפֵא עֵינַיִים

odd *adj.* לֹא זוּגִי; שׁוֹנֶה; מוּזָר

add jobs *n.pl.* עֲבוֹדוֹת אַקְרָאִיּוֹת

odd lot *n.* שְׁאֵרִית; כַּמּוּת שׁוֹנָה מֵהָרְגִילָה (כגון כשמספר המעטפות בחבילה קטן מ־100)

oddity *n.* מוּזָרוּת; מוּזָר

odds *n.pl.* סִיכּוּיִים (בעד או נגד); תְּנָאֵי הִימּוּר

odds and ends *n.pl.* שְׁאֵרִיּוֹת

ode *n.* אוֹדָה (שיר תהילה)

odious *adj.* דּוֹחֶה, שָׂנוּא, מָאוּס

odium *n.* שִׂנְאָה; חֶרְפָּה וּבוּשָׁה

odor *n.* רֵיחַ

odorous *adj.* רֵיחָנִי

odorless *adj.* נְטוּל רֵיחַ

obyssey *n.* מַסָּע הַרְפַּתְקָנִי

of *prep.* שֶׁל, מִן, עַל, בּ

off *adv., prep.* מִחוּץ ל, בְּמֶרְחָק; רָחוֹק, הָלְאָה

off *adj.* מְרוּחָק יוֹתֵר

off and on *adv.* בְּהַפְסָקוֹת, לְסֵירוּגִין

off color *adj.* לֹא מַרְגִּישׁ בְּטוֹב

off duty *adj.* לֹא בְּתַפְקִיד, חוֹפְשִׁי

off-hand *adj.* מְאוּלְתָּר
off one's feed *adj.* חֲסַר חֵשֶׁק לֶאֱכוֹל
off one's head *adj.* (המונית) מְשׁוּגָּע
off-peak load *n.* עוֹמֶס לֹא מְרַבִּי
off the map *adv.* בְּמָקוֹם נִידָּח
off the point *adv.* לֹא לָעִנְיָן
off the record *adv.* לֹא לְפִרְסוּם
offal *n.* פְּסוֹלֶת (של בשר בע"ח)
offbeat *adj.* יוֹצֵא דוֹפֶן, לֹא מְקוּבָּל
offchance *n.* אֶפְשָׁרוּת רְחוֹקָה
offend *v.* פָּגַע בּ; הֶעֱלִיב
offender *n.* עוֹבֵר עֲבֵירָה, עֲבַרְיָין
offense *n.* פְּגִיעָה; חֵטְא, עֶלְבּוֹן
offensive *adj.* שֶׁל הַתְקָפָה, הֶתְקֵפִי; מַעֲלִיב, פּוֹגֵעַ
offensive *n.* מִתְקָפָה
offer *v.* הִצִּיעַ; הִגִּישׁ, הוֹשִׁיט
offer *n.* הַצָּעָה (כסף, עזרה)
offering *n.* הַצָּעָה; קוֹרְבָּן; מַתָּנָה
office *n.* מִשְׂרָד; מִשְׂרָה
office-boy *n.* נַעַר שָׁלִיחַ
office holder *n.* נוֹשֵׂא מִשְׂרָה
office supplies *n.pl.* צוֹרְכֵי מִשְׂרָד
officer *n.* קָצִין; שׁוֹטֵר
official *adj., n.* רִשְׁמִי; פָּקִיד
officiate *v.* כִּיהֵן, שִׁימֵּשׁ בְּתַפְקִיד
officious *adj.* מִתְעָרֵב (שלא לצורך)
offprint *n.* תַּדְפִּיס
offset *v.* אִיזֵּן, קִיזֵּז; הִדְפִּיס בְּאוֹפְסֶט
offset printing *n.* הַדְפָּסַת צִילּוּם, דְּפוּס אוֹר
offshoot *n.* נֵצֶר; חוֹטֶר
offshore *adj., adv.* מִן הַחוֹף וָהָלְאָה
offspring *n.* צֶאֱצָא, יְלָדִים
oft, often *adv.* לְעִתִּים קְרוֹבוֹת
ogle *v.* קָרַץ בְּעֵינַיִים ל
ogre *n.* מִפְלֶצֶת, עֲנָק רָשָׁע
oh *interj.* אוֹי, הוֹ (קריאת תימהון, פחד, שמחה)
ohm *n.* אוֹם (יחידת התנגדות חשמלית)
oho *interj.* אוֹהוֹ! (קריאת תמיהה או ניצחון)
oil *n.* שֶׁמֶן; נֵפְט
oil *v.* שִׁימֵּן
oil-cake *n.* כּוּסְפָּה (מספוא לבהמות)
oil-colors *n.pl.* צִבְעֵי שֶׁמֶן
oil-field *n.* שְׂדֵה נֵפְט
oil gauge *n.* מַד שֶׁמֶן
oil mill *n.* בֵּית בַּד (לעשיית שמן)
oil pan *n.* אַמְבַּט שֶׁמֶן (בתחתית המנוע)
oil tanker *n.* מְכָלִית נֵפְט
oil well *n.* בְּאֵר נֵפְט
oilcan *n.* קַנְקַן שֶׁמֶן, אָסוּךְ
oilcloth *n.* שַׁעֲוָונִית
oily *adj.* מְשׁוּמָּן; מָלֵא שֶׁמֶן; מַחֲנִיף
ointment *n.* מִשְׁחָה
O.K. *adj., n., v.* נָכוֹן; אִישּׁוּר; אִישֵּׁר
okra *n.* בַּמְיָה
old *adj.* יָשָׁן; זָקֵן; עַתִּיק; בֶּן (...שנים)
old age *n.* זִקְנָה
old and young מִגָּדוֹל וְעַד קָטָן
old boy *n.* בּוֹגֵר (בי"ס תיכון), תַּלְמִיד לְשֶׁעָבַר
old-fashioned *adj.* מְיוּשָּׁן; שַׁמְרָנִי
Old Glory *n.* דֶּגֶל ארה"ב
old hand *n.* עוֹבֵד מְנוּסֶּה, בַּעַל נִיסָּיוֹן
old maid *n.* בְּתוּלָה זְקֵנָה
old master *n.* צַיָּיר אוֹ צִיּוּר קְלָסִי
old salt *n.* מַלָּח וָתִיק
old timer *n.* וָתִיק
old wives' tale *n.* סִיפּוּר שֶׁל סַבְתָּא
old-world *adj.* שֶׁל הָעוֹלָם הָעַתִּיק

oleander *n.* הַרְדוּף
oligarchy *n.* אוֹלִיגַרְכְיָה (שלטון אצילים ומיוחסים)
olive *n.* זַיִת; צֶבַע הַזַּיִת
olive *adj.* שֶׁל זַיִת
olive grove *n.* כֶּרֶם זֵיתִים
olive oil *n.* שֶׁמֶן זַיִת
Olympiad *n.* אוֹלִימְפִּיָאדָה
Olympian *adj.* אוֹלִימְפִּי (של האלים כביכול), עַל אֱנוֹשִׁי
omega *n.* אוֹמֶגָה (שם האות האחרונה בא"ב היווני)
omelet, omelette *n.* חֲבִיתָה
omen *n.* אוֹת מְבַשֵּׂר
ominous *adj.* מְבַשֵּׂר רָע
omission *n.* הַשְׁמָטָה; אִי־בִּיצוּעַ, מֶחְדָּל
omit *v.* הִשְׁמִיט; דִילֵּג עַל
omnibus *n.* אוֹטוֹבּוּס
omnipotent *adj.* כּוֹל יָכוֹל
omniscient *adj.* יוֹדֵעַ הַכּוֹל
omnivorous *adj.* אוֹכֵל הַכּוֹל; קוֹרֵא הַכּוֹל
on *prep., adv.* עַל, עַל גַּבֵּי; בְּ, לְיַד בְּתְמִידוּת; לְפָנִים; קָדִימָה
once *adv.* פַּעַם, אִם פַּעַם
once *conj., n.* בְּרֶגַע שֶׁ, פַּעַם אַחַת
once and again פְּעָמִים אֲחָדוֹת
once and for all אַחַת לְתָמִיד
once in a while מִפַּעַם לְפַעַם
once or twice פְּעָמִים אֲחָדוֹת
onceover *n.* (דיבורית) מַבָּט בּוֹחֵן מָהִיר
oncoming *adj.* מִתְקָרֵב, מִמַּשְׁמֵשׁ וּבָא
one *adj.* אֶחָד, אַחַת; מִישֶׁהוּ
one and all כּוּלָּם כְּאֶחָד
one another זֶה... זֶה
one sided *adj.* חַד צְדָדִי
oneness *n.* הֱיוֹת אֶחָד, אִיחוּד, יִיחוּד
onerous *adj.* מַכְבִּיד; כָּבֵד
oneself *pron.* עַצְמוֹ
onion *n.* בָּצָל
onionskin *n.* נְיָיר שָׁקוּף דַּק
onlooker *n.* צוֹפֶה, מִסְתַּכֵּל מִן הַצַּד
only *conj., adv., adj.* רַק; אֶלָּא שֶׁ; בִּלְבַד, אַךְ, אוּלָם; יָחִיד; יְחִידִי
onomatopoeia *n.* אוֹנוֹמָטוֹפֵּיאָה (שימוש במלים שיש בהן משום חיקוי צלילים טבעיים)
onrush *n.* פְּרִיצָה קָדִימָה
onset *n.* הַתְקָפָה; הַתְחָלָה
onslaught *n.* הִסְתָּעֲרוּת
onto *prep.* אֶל
onus *n.* נֵטֶל, אַחְרָיוּת
onward *adv.* קָדִימָה
onyx *n.* אֲנָךְ, שׁוֹהַם
oodles *n.pl.* הָמוֹן
oomph *interj.* (המונית) הִתְרַגְּשׁוּת יֶתֶר; מְשִׁיכָה מִינִית
ooze *n.* טִפְטוּף, פִּכְפּוּךְ
ooze *v.* פִּיכָּה, נָטַף; דָּלַף
opacity *n.* אֲטִימוּת לָאוֹר
opal *n.* לֶשֶׁם
opaque *adj.* אָטוּם; עָמוּם
open *adj.* פָּתוּחַ; פָּנוּי
open *v.* פָּתַח; פָּתַח בְּ...; נִפְתַּח
open-air *adj.* בָּאֲוִויר הַפָּתוּחַ
open-eyed *adj.* מִשְׁתָּאֶה; פְּקוּחַ־עַיִן
open-handed *adj.* נְדִיב לֵב
open-hearted *adj.* כֵּן, גְּלוּי לֵב
open-minded *adj.* פָּתוּחַ, לְלֹא דֵּעָה קְדוּמָה
open secret *n.* סוֹד גָּלוּי

opening *n.* פֶּתַח; פְּתִיחָה; הַתְחָלָה; מִשְׂרָה פְּנוּיָה; הַצָּגַת־בְּכוֹרָה
opening night *n.* עֶרֶב בְּכוֹרָה
opening number *n.* פְּרִיט פּוֹתֵחַ
openness *n.* פְּתִיחוּת
opera *n.* אוֹפֵּרָה
opera-glasses *n.pl.* מִשְׁקֶפֶת אוֹפֵּרָה
operate *v.* פָּעַל; תִּפְעֵל; נִיתֵּחַ
operatic *adj.* שֶׁל אוֹפֵּרָה
operating-room *n.* חֲדַר־נִיתּוּחִים
operating-table *n.* שׁוּלְחַן־נִיתּוּחִים
operation *n.* פְּעוּלָּה; תִּפְעוּל; מִבְצָע; נִיתּוּחַ
operator *n.* פּוֹעֵל; מַפְעִיל (מכונה)
operetta *n.* אוֹפֵּרֶטָה
opiate *n., adj.* סַם מַרְגִּיעַ וּמַרְדִּים
opinion *n.* דֵּעָה, סְבָרָה; חֲוַות־דַּעַת
opinionated *adj.* עַקְשָׁנִי בְּדַעְתּוֹ
opium *n.* אוֹפְּיוּם (סַם נרקוטי)
opponent *n., adj.* יָרִיב, מִתְנַגֵּד
opportune *adj.* בְּעִתּוֹ, שֶׁמִּזְדַּמֵּן (ברגע הנכון)
opportunist *n.* מְנַצֵּל הִזְדַּמְנוּיוֹת, אוֹפּוֹרְטוּנִיסְט
opportunity *n.* הִזְדַּמְּנוּת, שְׁעַת כּוֹשֶׁר
oppose *v.* הִתְנַגֵּד; הִצִּיב נֶגֶד
opposite *adj., adv.* שֶׁמִּמּוּל; מְנוּגָּד; נֶגֶד, מוּל, לְעוּמַּת
opposition *n.* הִתְנַגְּדוּת; אוֹפּוֹזִיצְיָה
oppress *v.* הֵעִיק עַל; דִּיכֵּא
oppression *n.* נְגִישָׂה, לַחַץ
oppressive *adj.* מְדַכֵּא; מַכְבִּיד; מֵעִיק
opprobrious *adj.* חָרִיף, מְגַדֵּף
opprobrium *n.* בּוּשָׁה, קָלוֹן
opt *v.* בָּחַר
optic *adj.* שֶׁל הָעַיִן, שֶׁל הָרְאִיָּה

optical *adj.* שֶׁל חוּשׁ הָרְאִיָּה, אוֹפְּטִי
optician *n.* אוֹפְּטִיקַאי
optimism *n.* אוֹפְּטִימִיּוּת, רְאִיַּית הַצַּד הַטּוֹב
optimist *n.* אוֹפְּטִימִיסְט
optimum *n., adj.* הַטּוֹב בְּיוֹתֵר, הָרָצוּי בְּיוֹתֵר
option *n.* בְּרֵירָה, אוֹפְּצְיָה
optional *adj.* שֶׁל בְּחִירָה, שֶׁל רְשׁוּת
optometrist *n.* אוֹפְּטוֹמֶטְרִיסְט (מומחה לבדיקת עיניים לצורך משקפיים)
opulent *adj.* עָשִׁיר, שׁוֹפֵעַ
opus *n.* יְצִירָה מוּסִיקָלִית (המסומנת במספר)
or *conj.* אוֹ
oracle *n.* אוֹרַקְל; אוּרִים וְתוּמִּים, עָתִידָן
oracular *adj.* נְבוּאִי, שֶׁל מַגִּיד עֲתִידוֹת
oral *adj., n.* שֶׁבְּעַל־פֶּה; שֶׁל פֶּה; בְּחִינָה בְּעַל־פֶּה
orange *n., adj.* תַּפּוּחַ־זָהָב, תַּפּוּז; תָּפוּז
orangeade *n.* מִיץ תַּפּוּזִים בְּמַיִם
orange juice *n.* מִיץ תַּפּוּזִים
orang-outang *n.* אוֹרַנְג־אוּטַנְג
oration *n.* נְאוּם, נְאוּם חֲגִיגִי
orator *n.* נוֹאֵם, נוֹאֵם גָּדוֹל
oratorical *adj.* נְאוּמִי
oratorio *n.* אוֹרָטוֹרְיָה (יצירה מוסיקלית לקולות ולכלים, המיוסדת בדרך כלל על מסורת קדושה)
orb *n.* כַּדּוּר (שֶׁל גֶּרֶם שמיים), גַּלְגַּל הָעַיִן
orbit *n., v.* מַסְלוּל (שֶׁל כוכב); נָע בְּמַסְלוּל
orchard *n.* בּוּסְתָּן

orchestra *n.* תִּזְמוֹרֶת
orchestra stalls *n.pl.* שורות רִאשׁוֹנוֹת (באולם תיאטרון)
orchestrate *v.* תִּזְמֵר, עִיבֵּד לְתִזְמוֹרֶת
orchid *n.* סַחְלָב (פרח)
ordain *v.* (בנצרות) הִסְמִיךְ; צִיוָּוה
ordeal *n.* מִבְחָן, נִיסָּיוֹן קָשֶׁה; יִיסּוּרִים
order *n.* סֵדֶר; מִשְׁטָר; תַּקִּינוּת; מִסְדָר (דתי)
order *v.* פָּקַד; הִזְמִין; הִסְדִּיר
orderly *adj.* מְסוּדָּר; מְמוּשְׁמָע
orderly officer *n.* קְצִין תּוֹרָן
orderly *n.* מְשַׁמֵּשׁ, תּוֹרָן; אָח (בבית־חולים)
ordinal *adj., n.* שֶׁל מַעֲרֶכֶת; מִסְפָּר סוֹדֵר
ordinance *n.* תַּקָּנָה; חוֹק, צַו
ordinary *adj.* רָגִיל, מָצוּי, מְקוּבָּל
ordinary seaman מַלָּח פָּשׁוּט (בלי דרגה)
ordnance *n.* תּוֹתְחָנוּת; חִימּוּשׁ
ordure *n.* צוֹאָה, זֶבֶל
ore *n.* עַפְרָה
organ *n.* עוּגָב; אֵיבָר; בִּיטָּאוֹן
organ-grinder *n.* מַפְעִיל תֵּיבַת־נְגִינָה
organic *adj.* שֶׁל אֵיבְרֵי הַגּוּף; קָשׁוּר קֶשֶׁר אַמִּיץ, אוֹרְגָנִי
organism *n.* גּוּף חַי, מַנְגָּנוֹן
organist *n.* עוּגָבַאי
organization *n.* אִרְגּוּן, הִסְתַּדְּרוּת
organize *v.* אִרְגֵּן
orgasm *n.* אוֹרְגַזְם, רִוְיוֹן שִׂיא (בהתרגשות המינית)
orgy *n.* הוֹלְלוּת מִינִית, אוֹרְגְיָה
orient *n., adj.* מִזְרָח, אַרְצוֹת הַמִּזְרָח; מִזְרָחִי
oriental *adj., n.* מִזְרָחִי; בֶּן הַמִּזְרָח
orientation *n.* הִתְמַצְּאוּת
orifice *n.* פּוּמִית; פִּייָּה
origin *n.* מָקוֹר
original *adj.* מְקוֹרִי
original *n.* מָקוֹר רִאשׁוֹן; אָדָם מְקוֹרִי, יוֹצֵא דוֹפֶן
originate *v.* הִתְחִיל, נוֹלַד, צָמַח; הִמְצִיא, הִצְמִיחַ
ornament *n.* קִישּׁוּט; תַּכְשִׁיט
ornament *v.* קִישֵּׁט
ornate *adj.* מְהוּדָּר לְרַאֲוָוה; מְלִיצִי
ornithology *n.* חֵקֶר הַצִּיפּוֹרִים, צַפָּרוּת
orphan *n., adj.* יָתוֹם; מְיוּתָּם
orphan *v.* יִיתֵּם
orphanage *n.* בֵּית־יְתוֹמִים
orthodontist *n.* רוֹפֵא לְיִישׁוּר שִׁינַּיִים
orthodox *adj.* אָדוּק, אוֹרְתוֹדוֹקְסִי
orthography *n.* כְּתִיב נָכוֹן
orthop(a)edics *n.pl.* אוֹרְתוֹפֶּדְיָה (רפואת תיקון מומים באיברי התנועה)
oscillate *v.* הִתְנוֹדֵד; פִּקְפֵּק
oscillator *n.* (בחשמל) מַתְנֵד
osmosis *n.* אוֹסְמוֹזָה, פִּעְפּוּעַ
ossify *v.* הָפַךְ לְעֶצֶם; נַעֲשָׂה לְעֶצֶם
ossuary *n.* גְלוֹסְקָמָה (תיבה לעצמות המת)
ostensible *adj.* מוּצְהָר, רַאֲוותָנִי
ostentatious *adj.* רַאֲוותָנִי
ostracism *n.* נִידּוּי
ostrich *n.* יָעֵן, בַּת־יַעֲנָה
other *adj., pron., adv.* אַחֵר, שׁוֹנֶה; נוֹסָף; מִלְּבַד
otherwise *adv.* אַחֶרֶת, וְלֹא

otiose *adj.* מְיוּתָּר, חֲסַר תַּכְלִית
otter *n.* לוּטְרָה, כֶּלֶב הַנָּהָר
ouch *interj.* אוּף! (קריאת כאב)
ought *v. aux.* חַיָּיב; צָרִיךְ
ounce *n.* אוּנְקִיָּה; קוֹרֶט, שֶׁמֶץ
our *pron.* שֶׁלָּנוּ
ours *pron.* שֶׁלָּנוּ
ourselves *pron.* אָנוּ עַצְמֵנוּ; אוֹתָנוּ; לָנוּ
oust *v.* גֵּירֵשׁ; עָקַר מִמְּקוֹמוֹ
out *adv.* לַחוּץ, הַחוּצָה; מִחוּץ ל; חוּץ
out *n.* בְּלִיטָה; הֵיחָלְצוּת
out-and-out *adj.* לַחֲלוּטִין, גָּמוּר
outbid *v.* הִצִּיעַ מְחִיר גָּבוֹהַּ יוֹתֵר
outboard *adj.* (בימאות) לְיַד יַרְכְּתֵי הַסְּפִינָה
outbound *adj.* (לגבי אונייה) הַיּוֹצֵאת מִנְּמַל הַבַּיִת
outbreak *n.* הִתְפָּרְצוּת; מְהוּמוֹת
outburst *n.* הִתְפָּרְצוּת, פְּרוֹץ
outcast *n.* מְנוּדֶּה, גַּלְמוּד
outcome *n.* תּוֹצָאָה, תּוֹלָדָה
outcry *n.* זְעָקָה, מֶחָאָה
outdated *adj.* מְיוּשָּׁן
outdo *v.* עָלָה עַל, הֵיטִיב מִן
outdoor *adj.* שֶׁבַּחוּץ
outdoors *adv., n.* בַּחוּץ, מִחוּץ לַבַּיִת
outer *adj.* חִיצוֹנִי
outer space *n.* הֶחָלָל הַחִיצוֹן
outfield *n.* קְצוֹת הַמִּגְרָשׁ (בקריקט)
outfit *n.* מַעֲרֶכֶת כֵּלִים; תִּלְבּוֹשֶׁת; צִיּוּד
outfit *v.* צִיֵּיד, סִיפֵּק
outgoing *adj., n.* יוֹצֵא; חַבְרוּתִי
outgoings *n.* הוֹצָאוֹת
outgrow *v.* גָּדַל יוֹתֵר מִן; נִגְמַל מִן
outgrowth *n.* תּוֹצָאָה; יִיחוּר, גִּידּוּל

outing *n.* יְצִיאָה, טִיּוּל
outlandish *adj.* מוּזָר, תִּמְהוֹנִי
outlast *v.* חַי יוֹתֵר
outlaw *n.* שֶׁמִּחוּץ לַחוֹק
outlaw *v.* הוֹצִיא מִחוּץ לַחוֹק
outlay *n., v.* הוֹצָאוֹת; הוֹצִיא כֶּסֶף
outlet *n.* מוֹצָא, פּוּרְקָן
outline *n.* מִתְאָר, קַו חִיצוֹנִי; תַּמְצִית
outline *v.* תֵּיאֵר בְּצוּרָה כְּלָלִית
outlive *v.* הֶאֱרִיךְ יָמִים יוֹתֵר מִן
outlook *n.* הַשְׁקָפָה; סִיכּוּי
outlying *adj.* מְרוּחָק, נִידָּח
outmoded *adj.* שֶׁאֵינוֹ בָּאוֹפְנָה, מְיוּשָּׁן
outnumber *v.* עָלָה בְּמִסְפָּרוֹ עַל
out-of-date *adj.* יָשָׁן, מְיוּשָּׁן
out-of-doors *adj.* מִחוּץ לַבַּיִת
out-of-print *adj.* (ספר) שֶׁאָזַל
out-of-the-way *adj.* רָחוֹק, נִידָּח; לֹא יָדוּעַ
outpatient *n.* חוֹלֵה־חוּץ (שמקבל טיפול בביה"ח)
outpost *n.* מוּצַב־חוּץ, עֶמְדָּה מְרוּחֶקֶת
output *n.* תְּפוּקָה, הֶסְפֵּק
outrage *n.* נְבָלָה; שַׁעֲרוּרִייָּה
outrage *v.* פָּגַע קָשׁוֹת בּ
outrageous *adj.* מְזַעְזֵעַ, נִתְעָב
outrank *v.* עָלָה בְּדַרְגָּה עַל
outright *adj.* גָּמוּר, מוּחְלָט; בִּמָּקוֹם
outright *adv.* בִּשְׁלֵמוּת; בְּבַת אַחַת; גְּלוּיוֹת
outset *n.* הַתְחָלָה, פְּתִיחָה
outside *n., adj.* חוּץ; חִיצוֹנִיּוּת; חִיצוֹנִי
outside *adv., prep.* הַחוּצָה; מִחוּץ ל; חוּץ מִן
outsider *n.* הַנִּמְצָא בַּחוּץ; סוּס מְעוּט סִיכּוּיִים (לנצח)

outskirts *n.pl.* פַּרְבָּרִים, קְצוֹת הָעִיר
outspoken *adj.* מוּבָּע גְלוּיוֹת; מְדַבֵּר גְלוּיוֹת
outstanding *adj.* בּוֹלֵט; דָגוּל; (חוב) לֹא נִפְרַע, תָּלוּי וְעוֹמֵד
outward *adj., adv.* כְּלַפֵּי חוּץ
outweigh *v.* הִכְרִיעַ בְּמִשְׁקָל
outwit *v.* הָיָה פִּיקֵחַ יוֹתֵר
ouzo *n.* מַשְׁקֶה חָרִיף (מיוון)
ova *n.pl.* בֵּיצִיּוֹת הַנְּקֵבָה
oval *adj.* בֵּיצִי, סְגַלְגַּל
ovary *n.* שַׁחֲלָה
ovation *n.* תְּשׁוּאוֹת
oven *n.* תַּנּוּר, כִּבְשָׁן
over *adv., prep.* עַל, מֵעַל; בְּמֶשֶׁךְ; שׁוּב; נוֹסָף
over-all, overall *adj.* כּוֹלֵל הַכּוֹל
over again *adv.* שׁוּב, עוֹד פַּעַם
overall *n.* חֲלוּק בַּיִת
overalls *n.pl.* סַרְבָּל
overbearing *adj.* שְׁתַלְטָנִי, שַׁחְצָנִי
overboard *adv.* מִן הַסְּפִינָה לַמַּיִם
overcast *adj.* מְעוּנָּן; קוֹדֵר
overcharge *v.* הִפְקִיעַ מְחִיר
overcharge *n.* מְחִיר מוּפְקָע; הֶעֱמִיס יוֹתֵר מִדַּיי
overcoat *n.* מְעִיל עֶלְיוֹן
overcome *v.* גָּבַר, הִתְגַּבֵּר עַל
overdo *v.* הִפְרִיז, הִגְדִּישׁ אֶת הַסְּאָה
overdose *n.* מָנָה יְתֵרָה
overdraft *n.* מְשִׁיכַת־יֶתֶר
overdraw *v.* מָשַׁךְ מְשִׁיכַת־יֶתֶר (בבאנק)
overdue *adj.* שֶׁעָבַר זְמַנּוֹ
overeat *v.* זָלַל
overexertion *n.* מַאֲמַץ־יֶתֶר
overexposure *n.* חֲשִׂיפָה יְתֵרָה
overfeed *v.* הֵזִין יוֹתֵר מִדַּי, הִלְעִיט
overflow *v.* הִשְׁתַּפֵּךְ, שָׁטַף; עָלָה עַל גְּדוֹתָיו
overflow *n.* מִגְלָשׁ; קָהָל עוֹדֵף
overgrown *adj.* מְגוּדָּל מִדַּיי
overhang *v.* בָּלַט מֵעַל, אִייֵּם
overhang *n.* חֵלֶק בּוֹלֵט, זִיז
overhaul *n.* שִׁיפּוּץ
overhaul *v.* שִׁיפֵּץ, תִּיקֵּן; הִדְבִּיק, הִשִּׂיג
overhead *adv.* מֵעַל לָרֹאשׁ; לְמַעְלָה
overhead *adj.* עִילִּי; (הוצאה) כְּלָלִית
overhead expenses *n.pl.* הוֹצָאוֹת קְבוּעוֹת (לניהול עסק)
overhear *v.* שָׁמַע בְּאַקְרַאי
overheat *v.* חִימֵּם יוֹתֵר מִדַּי
overjoyed *adj.* שָׂמֵחַ בְּיוֹתֵר, צוֹהֵל
overland *adv., adj.* בְּדֶרֶךְ הַיַּבָּשָׁה
overlap *v.* חָפַף (בחלקו)
overload *v.* הֶעֱמִיס יֶתֶר עַל הַמִּידָּה
overlook *v.* הֶעֱלִים עַיִן; הִשְׁקִיף, הִשְׁגִּיחַ
overly *adv.* יוֹתֵר מִדַּיי
overnight *adv., adj.* בִּן־לַיְלָה; לְלַיְלָה אֶחָד
overnight bag *n.* זְוָד לִינָה
overpass *n.* צוֹמֶת עִילִּי
overpopulate *v.* מִילֵּא אֲנָשִׁים יֶתֶר עַל הַמִּידָּה
overpower *v.* הִכְנִיעַ; גָּבַר עַל
overpowering *adj.* מְהַמֵּם, מִשְׁתַּלֵּט
overproduction *n.* תְּפוּקַת־יֶתֶר
overrate *v.* הִפְרִיז בְּהַעֲרָכָה
overrun *v.* (*pt.* **overran**) כָּבַשׁ, פָּשַׁט כְּפוֹלֵשׁ; הִתְפַּשֵּׁט מַהֵר
overseas *adj., adv.* (שֶׁל) מֵעֵבֶר לַיָּם

overseer *n.* מַשְׁגִּיחַ
overshadow *v.* הֶאֱפִיל עַל
overshoe *n.* עַרְדָּל
oversight *n.* טָעוּת שֶׁבְּהֶעְלָמַת־עַיִן
oversleep *v.* הֶאֱרִיךְ לִישׁוֹן
overt *adj.* פָּתוּחַ, גָּלוּי לָעַיִן
overtake *v.* עָקַף; הִדְבִּיק; בָּא פִּתְאוֹם
overthrow *v.* הִפִּיל, מִיגֵּר
overtime *adv., n.* שָׁעוֹת נוֹסָפוֹת
overtrump *v.* (בקלפים) עָלָה
עַל, בִּקְלָף גָּבוֹהַּ יוֹתֵר
overture *n.* פְּתִיחָה, אוֹבֶרְטוּרָה
overweening *adj.* יָהִיר מִדַּיי
overweight *n., adj.* (בַּעַל) מִשְׁקָל עוֹדֵף
overwhelm *v.* הִכְרִיעַ תַּחְתָּיו; הֵמַם
overwork *n.* עֲבוֹדָה מֵעֵבֶר לַכּוֹחוֹת
overwork *v.* הֶעֱבִיד בְּפֶרֶךְ;
עָבַד יֶתֶר עַל הַמִּידָּה

ovum *n.* בֵּיצַת הַנְּקֵבָה
ow *interj.* אוי!
owe *v.* חָב, הָיָה חַיָּיב ל
owing *adj.* (חוב) מַגִּיעַ
owing to בִּגְלַל, מֵחֲמַת
owl *n.* יַנְשׁוּף
own *adj., n.* שֶׁל, שֶׁל עַצְמוֹ
own *v.* הָיָה בְּעָלִים שֶׁל; הוֹדָה
owner *n.* בַּעַל, בְּעָלִים
ownership *n.* בַּעֲלוּת
ox *n. (pl.* **oxen)** שׁוֹר
oxide *n.* תַּחְמוֹצֶת
oxidize *v.* חִמְצֵן; הִתְחַמְצֵן
oxygen *n.* חַמְצָן
oyster *n.* צִדְפַּת מַאֲכָל
ozone *n.* אוזון (צורת חמצן חריף־ריח
ומרענן); (בדיבור) אֲוויר צַח
וּמְרַעֲנֵן

P

pace *n.* פְּסִיעָה; קֶצֶב תְּנוּעָה

pace *v.* צָעַד, פָּסַע

pacemaker *n.* קוֹצֵב; קוֹצֵב לֵב

pacific *adj.* עוֹשֵׂה שָׁלוֹם; מְפַיֵּס; שָׁלֵו

Pacific Ocean *n.* הָאוֹקְיָינוֹס הַשָּׁקֵט

pacifier *n.* מַשְׁכִּין שָׁלוֹם; מַשְׁקִיט

pacifism *n.* אַהֲבַת שָׁלוֹם; פָּצִיפִיזְם

pacifist *n.* פָּצִיפִיסְט, רוֹדֵף שָׁלוֹם

pacify *v.* הִרְגִּיעַ; הִשְׁכִּין שָׁלוֹם

pack *n.* חֲבִילָה, חֲפִיסָה; חֲבוּרָה, לַהֲקָה

pack animal *n.* בֶּהֱמַת מַשָּׂא

pack saddle *n.* מִרְדַּעַת

pack, *v.* אָרַז, צָרַר; צוֹפֵף

package *n.* חֲבִילָה, צְרוֹר

package deal *n.* עִסְקַת חֲבִילָה

package *v.* צָרַר, עָשָׂה חֲבִילָה

packing box *n.* תֵּיבַת אֲרִיזָה

packing-house *n.* בֵּית־אֲרִיזָה

pact *n.* אֲמָנָה, בְּרִית

pad *n.* מַרְפֵּד, רֶפֶד; כָּרִית; פִּנְקָס

pad *v.* מִילֵּא לְרִיפּוּד; נִיפֵּחַ (נאום וכד')

padding *n.* חוֹמֶר רִיפּוּד; נִיפּוּחַ; תּוֹסָפוֹת מְיוּתָּרוֹת

paddle *n.* מָשׁוֹט; מַבְחֵשׁ

paddle wheel *n.* גַּלְגַּל הֲנָעָה (לאונייה), מְשׁוֹטָה

paddle *v.* חָתַר; שִׁכְשֵׁךְ

paddock *n.* מִכְלָאָה (לסוסים, לפני המרוץ)

paddy *n.* אוֹרֶז

padlock *n., v.* מַנְעוּל; נָעַל

padre *n.* כּוֹהֶן־דָּת צְבָאִי

p(a)ean *n.* שִׁיר עַלִּיז (של תהילה)

pagan *n., adj.* עוֹבֵד אֱלִילִים (עכו"ם)

paganism *n.* עֲבוֹדַת אֱלִילִים

page *n., v.* עַמּוּד (של דף); נַעַר מְשָׁרֵת; מִסְפֵּר דַּפִּים

pageant *n.* הַצָּגַת רַאֲוָה

pageantry *n.* מַחֲזוֹת מַרְהִיבֵי עַיִן

pager *n.* זִימּוּנִית, אִיתּוּרִית

pagination *n.* מִסְפּוּר הָעַמּוּדִים (בספר)

pagoda *n.* פָּגוֹדָה (מסגד נוסח הודו־סין או יפן)

pail *n.* דְּלִי

pain *n.* כְּאֵב, מֵחוֹשׁ; טִרְחָה

pain *v.* הִכְאִיב, צִיעֵר

painful *adj.* מַכְאִיב, כּוֹאֵב

painkiller *n.* (סַם) מַשְׁקִיט כְּאֵבִים

painless *adj.* לְלֹא כְּאֵב

painstaking *adj.* מְבוּצָּע בְּקַפְּדָנוּת

paint *v.* צִייֵּר; צָבַע

paint *n.* צֶבַע

painter *n.* צַיָּר; צַבָּע

painting *n.* צִיּוּר; צְבִיעָה

pair *n.* זוּג, צֶמֶד

pair *v.* זִיוּוֵג; נַעֲשׂוּ זוּג; הִזְדַּוְּגוּ (בע"ח)

pair off *v.* הִסְתַּדְּרוּ בְּזוּגוֹת

pajamas, pyjamas *n.* פִּיגָ'מָה, חֲלִיפַת שֵׁינָה

pal *n.* (דיבורית) חָבֵר

palace *n.* אַרְמוֹן

palaeography *n.* פָּלֵאוֹגְרַפְיָה (חקר כתבים עתיקים)

palanquin *n.* אַפִּרְיוֹן

palatable *adj.* טָעִים, נָעִים לַחֵךְ

palatal *adj.* חִכִּי
palate *n.* חֵך; חוּשׁ הַטַּעַם
palatial *adj.* כְּמוֹ אַרְמוֹן, גָּדוֹל וּמְפוֹאָר
pale *adj.* חִיוֵּר
pale *v.* הֶחֱוִיר
pale *n.* מוֹט, כְּלוֹנָס (לגדר); תְּחוּם, גְּבוּל
paleface *n.* לְבֶן־פָּנִים
palette *n.* לוּחַ צְבָעִים (של צייר)
palimpsest *n.* פָּלִימְפְּסֶסְט (כת״י עתיק על גבי כת״י קודם, שנמחק)
palindrome *n.* פָּלִינְדְרוֹם (מלה או משפט שאפשר לקראו באותו אופן גם ישר וגם הפוך: כגון בעב׳: היפהפיה)
palisade *n.* מְסוּכָה, גֶּדֶר יְתֵדוֹת
pall *v.* הִתְפַּטֵּם עַד לְזָרָא; נַעֲשָׂה חֲסַר טַעַם
pall *n.* אֲרִיג אֵבֶל; מִיטַּת מֵת
pallbearer *n.* נוֹשֵׂא מִיטַּת מֵת
palliate *v.* הֵקֵל, הִרְגִּיעַ
pallid *adj.* חִיוֵּר, חֲסַר צֶבַע
pallor *n.* חִיוָּרוֹן (של פנים)
palm *n.* דֶּקֶל, תָּמָר; כַּף הַיָּד
palm-oil *n.* שֶׁמֶן תְּמָרִים
palm *v.* שִׁיחֵד; הִסְתִּיר בְּכַף הַיָּד
palmist *n.* מְנַחֵשׁ עַל־פִּי כַּף הַיָּד
palmistry *n.* קְרִיאַת כַּף הַיָּד
palpable *adj.* מָשִׁישׁ; מַמָּשִׁי, מוּחָשׁ
palpitate *v.* פִּרְפֵּר, רָטַט
palsy *n.* שִׁיתּוּק; שִׁיתֵּק; הִדְהִים
paltry *adj.* חֲסַר עֵרֶך, נִקְלֶה
pamper *v.* פִּינֵּק
pamphlet *n.* פַּמְפְלֶט, עָלוֹן
pan *n.* מַחֲבַת, סִיר נָמוּך
pan *v.* בִּישֵּׁל בְּמַחֲבַת; שָׁטַף (עפרות זהב)
panacea *n.* פָּנַצֵיאָה, תְּרוּפָה לַכּוֹל
panache *n.* עִישּׁוּר נוֹצוֹת (בקסדה); רַאַוְתָנוּת, רַבְרְבָנוּת
pancake *n.* פַּנְקֵיק, חֲבִיתִית
pancreas *n.* לַבְלָב
panda *n.* פַּנְדָּה (בע״ח דומה לדוב)
pandemonium *n.* אַנְדְּרָלָמוּסְיָה, מְהוּמָה
pander *n.* רוֹעֵה זוֹנוֹת
pander *v.* סִרְסֵר לִדְבַר עֲבֵירָה; עוֹדֵד (דברים שליליים)
pane *n.* שִׁמְשָׁה, זְגוּגִית, לוּחַ זְכוּכִית
panegyric *n.* תִּשְׁבָּחוֹת, שֶׁבַח וְהַלֵּל
panel *n.* לוּחִית, סָפִין, שִׁיפּוּלֶת; צְוָות
panel *v.* מִילֵּא; קִישֵּׁט
panelist *n.* חֲבֵר צְוָות דִּיּוּן
pang *n.* כְּאֵב פִּתְאוֹמִי, מַכְאוֹב
panic *n.* תַּבְהֵלָה, פָּנִיקָה
panic *v.* תִּבְהֵל, עוֹרֵר בֶּהָלָה; אִיבֵּד עֶשְׁתּוֹנוֹת
panic-stricken *adj.* אָחוּז בֶּהָלָה
panoply *n.* שִׁרְיוֹן מָלֵא, חָגוּר מָלֵא
panorama *n.* מַרְאֵה נוֹף; תְּמוּנָה מַקִּיפָה
pansy *n.* (פרח) אַמְנוֹן וְתָמָר; (דיבורית) גֶּבֶר נָשִׁי, הוֹמוֹסֶקְסוּאָל
pant *v.* הִתְנַשֵּׁף
pant *n.* נְשִׁימָה כְּבֵדָה; (ברבים) מִכְנָסַיִים
pantheism *n.* פַּנְתֵּיאִיזְם (התפיסה שהאלוהות נמצאת בכול, שכל הכוחות בטבע אלוהיים; נכונות לעבוד את כל האלים או את רובם)

pantheon *n.* פַּנְתֵּיאוֹן (בִּניין קבריהם או שרידיהם של בני־אדם גדולים)
panther *n.* נָמֵר, פַּנְתֵּר
panties *n.pl.* תַּחְתּוֹנִים קְצָרִים (של נשים)
pantomime *n.* פַּנְטוֹמִימָה
pantry *n.* מְזָווֶה
pants *n.pl.* תַּחְתּוֹנִים; מִכְנָסַיִים
pantyhose *n.* בֶּגֶד צָמוּד (לרקדנים), גְמִישׁוֹנִים
pap *n.* פִּטְמָה
papa *n.* אַבָּא (בפי ילדים)
papacy *n.* אַפִּיפְיוֹרוּת; שִׁלְטוֹן הַכְּנֵסִיָּה הַקָּתוֹלִית
paper *n.* נְיָיר; תְּעוּדָה; חִיבּוּר; עִיתּוֹן
paper *adj.* עָשׂוּי נְיָיר
paper *v.* כִּיסָּה בִּנְיָיר
paper-back *n.* (ספר) בַּעַל כְּרִיכַת נְיָיר
paper-boy *n.* מְחַלֵּק עִיתּוֹנִים
paper-clip *n.* מְהַדֵּק, כְּלִיב
paper curreney *n.* מַטְבֵּעַ נְיָיר (ולא מתכת)
paper-cutter *n.* מַחְתֵּךְ נְיָיר
paper doll *n.* בּוּבַּת נְיָיר
paper-hanger *n.* טַפְּטַאי (מכסה קירות בטפטים)
paper-knife *n.* סַכִּין לִנְיָיר (מעץ וכו')
paper-mill *n.* בֵּית־חֲרוֹשֶׁת לִנְיָיר
paper profits *n.pl.* רְווָחִים שֶׁעַל הַנְּיָיר (היפותטיים)
paper tape *n.* סֶרֶט מְנוּקָּב
paper-work *n.* נַיֶּירֶת
pap(i)er-maché *n., adj.* נְיָיר מְעוּבָּד (לתעשיית קופסאות)

papoose *n.* תִּינוֹק (בפי האינדיאנים); תַּרְמִיל (לנשיאת תינוק)
paprika *n.* פַּפְּרִיקָה, פִּלְפֶּלֶת
papyrus *n.* פַּפִּירוּס גּוֹמֶא; כְּתַב יָד (ע"ג פפירוס)
par *n., adj.* שׁוּוִי; שָׁוֶוה
parable *n.* מָשָׁל
parabola *n.* פָּרַבּוֹלָה (צורה הנדסית)
parabolical *adj.* שֶׁל מְשָׁלִים
parachute *v., n.* הִצְנִיחַ; צָנַח; מַצְנֵחַ
parachutist *n.* צַנְחָן
parade *n.* מִצְעָד; תַּהֲלוּכָה, מִסְדָּר
parade *v.* הִצִּיג לְרַאֲוָוה; עָבַר בְּמִסְדָּר
paradigm *n.* פָּרָדִיגְמָה, דוּגְמַת הַטָּיָה (של שם, פועל)
paradise *n.* גַּן־עֵדֶן
paradox *n.* פָּרָדוֹקְס, מוּפְרָכוּת, הֶפְרֵךְ
paraffin *n.* פָּרָפִין; נֵפְט בְּעֵירָה
paragon *n.* מוֹפֵת, דוּגְמָה
paragraph *n.* סְעִיף, פִּסְקָה
paragraph *v.* חִילֵּק לִסְעִיפִים
parakeet *n.* תּוּכִּי־הַצַּוָּארוֹן
parallel *adj., n.* מַקְבִּיל; קַו מַקְבִּיל
parallelogram *n.* מַקְבִּילִית
paralysis *n.* שִׁיתּוּק
paralyze *v.* שִׁיתֵּק
paralytic *adj., n.* מְשׁוּתָּק
paramilitary *adj.* (לגבי יחידת כוח) לְפִי דוּגְמָה צְבָאִית, לְיַד הַצָּבָא הַסָּדִיר
paramount *adj., n.* רָאשִׁי; עֶלְיוֹן
paranoia *n.* שִׁיגָעוֹן גַּדְלוּת אוֹ נִרְדָּפוּת (מחלת רוח)
parapet *n.* מַעֲקֶה, מִסְעָד

paraphernalia *n.pl.* מַכְשִׁירִים; אַבְזָרִים
paraphrase *v., n.* מָסַר דְּבָרִים בְּאוֹפֶן חוֹפְשִׁי; תִּעְקֵף; פָּרָפְרָזָה, מְסִירַת דְּבָרִים חוֹפְשִׁית; תַּעֲקִיף
paraplegic *n., adj.* מְשׁוּתָּק (בְּגַפָּיו הַתַּחְתּוֹנוֹת); סוֹבֵל מִשִּׁיתּוּק (כנ"ל)
parasite *n.* טַפִּיל
parasitic(al) *adj.* טַפִּילִי
parasol *n.* שִׁמְשִׁיָּיה, סוֹכֵךְ
paratrooper *n.* צַנְחָן
paratroops *n.pl.* חֵיל צַנְחָנִים
parboil *v.* בִּישֵּׁל לְמֶחֱצָה
parcel *n.* חֲבִילָה, צְרוֹר
parcel *v.* חִילֵּק, עָטַף
parch *v.* יִיבֵּשׁ (יוֹתֵר מִדַּיי), הִצְמִיא
parchment *n.* גְּוִויל, קְלָף
pardon *n.* מְחִילָה, סְלִיחָה
pardon *v.* סָלַח, מָחַל
pardonable *adj.* סָלִיחַ, שֶׁאֶפְשָׁר לִסְלוֹחַ לוֹ, בַּר סְלִיחָה
pardon board *n.* וַעֲדַת חֲנִינָה
pare *v.* גָּזַר קְצָווֹת; קִילֵּף
parent *n.* הוֹרֶה
parentage *n.* הוֹרוּת
parenthesis *n.* סוֹגְרַיִים
parenthood *n.* הוֹרוּת
par excellence מוּבְהָק, בְּבִיצוּעַ מוּשְׁלָם, בְּהִצְטַיְּינוּת
pari passu כַּד בְּכַד וּבְקֶצֶב שָׁוֶה
pariah *n.* פַּרְיָה; מְנוּדֶּה
parish *n.* (בַּכְּנֵסִייה הַנּוֹצְרִית) קְהִילָּה
parishioner *n.* מִשְׁתַּיֵּיךְ לַקְּהִילָּה
parity *n.* שִׁוְויוֹן, מַצָּב שָׁוֶה
park *n.* גַּן צִיבּוּרִי
park *v.* חָנָה; הֶחֱנָה
parka *n.* מְעִיל אֲטִים מַיִם (לְסְקִי וּלְטִיפּוּס עַל הָרִים)
parking *n.* חֲנִייָּה
parking lot *n.* מִגְרַשׁ חֲנָיָה
parkland *n.* גַּן צִיבּוּרִי
parkway *n.* שְׂדֵרָה
parlance *n.* אוֹפֶן דִּיבּוּר
parley *v.* נָשָׂא וְנָתַן
parley *n.* דִּיּוּן, מַשָּׂא וּמַתָּן
parliament *n.* בֵּית־נִבְחָרִים, בֵּית מְחוֹקְקִים, (בְּיִשְׂרָאֵל) כְּנֶסֶת
parlor *n.* טְרַקְלִין, חֲדַר אוֹרְחִים
parochial *adj.* עֲדָתִי; קַרְתָּנִי; צַר אוֹפֶק
parody *n.* פָּרוֹדְיָה; (יְצִירָה שֶׁל חִיקּוּי מְלַגְלֵג)
parody *v.* חִיבֵּר פָּרוֹדְיָה; חִיקָּה (בְּצוּרָה לַגְלְגָנִית)
parole *n.* הַבְטָחָה, הֵן צֶדֶק
parole *v.* שִׁחְרֵר (עַל סְמַךְ הֵן צֶדֶק)
paroxysm *n.* הִתְפָּרְצוּת (שֶׁל כְּאֵב, כַּעַס, צְחוֹק)
parquet *n.* פַּרְקֶט (רִיצּוּף אֲרִיחֵי עֵץ)
parricide *n.* הוֹרֵג אָבִיו
parrot *n.* תּוּכִּי
parrot *v.* חִיקָּה כְּתוּכִּי
parry *v.* הָדַף; הִתְחַמֵּק (מִמַּכָּה וכד')
parse *v.* (בְּתַחְבִּיר) נִיתַּח מִשְׁפָּט
parsimonious *adj.* קַמְצָנִי, חַסְכָנִי (יוֹתֵר מִדַּיי)
parsley *n.* כַּרְפַּס־נְהָרוֹת, פֶּטְרוֹסְלִינוֹן
parsnip *n.* גֶּזֶר לָבָן
parson *n.* כּוֹמֶר, כּוֹהֵן דָּת
part *n.* חֵלֶק; תַּפְקִיד; צַד
part *v.* הִפְרִיד; נִפְרַד

part and parcel of חֵלֶק בִּלְתִּי נִפְרָד מִן
part song שִׁיר (לכמה קולות)
part-time *adj.* חֶלְקִי (עבודה וכד')
part-timer *n.* עוֹבֵד חֶלְקִית
partake *v.* נָטַל חֵלֶק, הִשְׁתַּתֵּף
partial *adj.* חֶלְקִי; נוֹשֵׂא פָּנִים, חַד־צְדָדִי
participate *v.* הִשְׁתַּתֵּף, נָטַל חֵלֶק
participle *n.* (בדקדוק) בֵּינוֹנִי
particle *n.* חֶלְקִיק, קורטוב
particular *n.* פְּרָט, פְּרִיט
particular *adj.* מְיוּחָד, מְסוּיָּם; מְדַקְדֵּק, מַקְפִּיד
partisan *adj.* חַד־צְדָדִי
partisan *n.* חַיָּל לֹא סָדִיר, פַּרְטִיזָן
partition *n.* מְחִיצָה; חֲלוּקָה
partition *v.* חִילֵּק; הֵקִים מְחִיצָה
partner *n.* שׁוּתָּף; בֶּן־זוּג
partner *v.* שִׁימֵּשׁ כְּשׁוּתָּף (כבן־זוג)
partnership *n.* שׁוּתָּפוּת
partridge *n.* חוּגְלָה (ציפור)
part-time *adj.* חֶלְקִי
parturition *n.* לֵידָה, הַמְלָטָה
party *n.* קְבוּצָה; מִפְלָגָה; מְסִיבָּה; צַד (בוויכוח וכד')
party line *n.* (בטלפון) קַו מְשׁוּתָּף; קַו הַמִּפְלָגָה
party wall קִיר מְשׁוּתָּף (בין דירות)
parvenu *n.* עָנִי שֶׁהֶעֱשִׁיר; אָדָם פָּשׁוּט שֶׁעָלָה לִגְדוּלָּה
pasha *n.* פֶּחָה, פָּשָׁה (תואר אצילות טורקי או מצרי)
pass *v.* עָבַר; חָלַף; אִישֵּׁר; מָסַר; עָמַד (בבחינה)
pass *n.* רְשׁוּת מַעֲבָר; תְּעוּדַת מַעֲבָר; 'מַסְפִּיק'

passable *adj.* עָבִיר; מֵנִיחַ אֶת הַדַּעַת
passage *n.* מַעֲבָר; קֶטַע; פְּרוֹזְדוֹר
passbook *n.* פִּנְקַס בַּנְק
passe *adj.* 'לְשֶׁעָבַר', 'מִי שֶׁהָיָה'
passenger *n.* נוֹסֵעַ, חָבֵר צֶוֶות לֹא יָעִיל
passerby *n.* עוֹבֵר אוֹרַח
passim *adv.* (לגבי ציטאטות ואִזכורים) בִּמְקוֹמוֹת רַבִּים (בספר וכד')
passing *adj.* עוֹבֵר, חוֹלֵף
passing *n.* מָוֶת, הִסְתַּלְּקוּת; עֲמִידָה (בבחינה)
passing out ceremony טֶקֶס סִיּוּם (של מחזור בית ספר וכד')
passion *n.* תְּשׁוּקָה; הִתְלַהֲבוּת, רֶגֶשׁ עַז
passionate *adj.* עַז רֶגֶשׁ, מִתְלַהֵב, רַגְשָׁנִי מְאוֹד
passive *adj.* סָבִיל, פַּסִּיבִי; חֲסַר יוֹזְמָה
passive *n.* (בדקדוק) בִּנְיַין סָבִיל
passkey *n.* פְּתַחְכּוֹל, מַפְתֵּחַ גַּנָּבִים
Passover *n.* פֶּסַח
passport *n.* דַּרְכּוֹן
password *n.* סִיסְמָה (מוסכמת)
past *adj., n.* שֶׁעָבַר; זְמַן עָבָר
past *prep., adv.* מֵעֵבֶר ל
past praying for *adj.* חֲשׂוּךְ מַרְפֵּא, אָבוּד, חֲסַר תַּקָּנָה
paste *n., v.* עִיסָּה; דֶּבֶק; הִדְבִּיק
pasteboard *n.* קַרְטוֹן (לכריכה)
pastel *n., adj.* פַּסְטֶל (עיפרון צבעוני רך); רַךְ, עָדִין (לגבי צבע)
pasteurize *v.* פִּסְטֵר
pastime *n.* בִּילּוּי, נוֹפֶשׁ
pastor *n.* רוֹעֶה (רוחני); כּוֹמֶר

pastoral *adj.* פַּסְטוֹרָלִי; שֶׁל רוֹעִים, שֶׁל חַיִּים בְּחֵיק הַטֶּבַע

pastoral(e) *n.* פַּסְטוֹרָלָה, (יצירה בעלת רקע כפרי)

pastry *n.* עוּגִיָּה, תּוּפִין, דִּבְרֵי מַאֲפֶה

pastry-cook *n.* אוֹפֵה עוּגוֹת

pasture *n.* מִרְעֶה

pasture *v.* רָעָה

pasty *adj.* דָּבִיק, בְּצֵקִי; לֹא בָּרִיא (במראהו)

pat *adj., adv.* מַתְאִים, בְּעִתּוֹ, הוֹלֵם

pat *n., v.* לְטִיפָה, טְפִיחָה; טָפַח בְּחִיבָּה

patch *n.* טְלַאי; אִיסְפְּלָנִית, רְטִיָּה

patch *v.* הִטְלִיא; שִׁימֵּשׁ טְלַאי

patch up *v.* הִטְלִיא, תִּיקֵּן אֵיכְשֶׁהוּ

pate *n.* (דיבורית) רֹאשׁ

paté *n.* מִמְרָח

patent *n.* פָּטֶנְט; הַרְשָׁאָה

patent *v.* קִיבֵּל פָּטֶנְט

paternal *adj.* אַבְהִי, שֶׁמִּצַּד הָאָב

paternity *n.* אַבְהוּת; מָקוֹר

path *n.* שְׁבִיל, דֶּרֶךְ, מַסְלוּל

pathetic *adj.* פָּתֵטִי, סְפוּג רֶגֶשׁ; מְעוֹרֵר רַחֲמִים

pathfinder *n.* מְגַלֶּה נְתִיבוֹת, גַּשָּׁשׁ

pathology *n.* פָּתוֹלוֹגְיָה (חקר תופעות חולניות בגוף)

pathos *n.* פָּתוֹס

pathway *n.* שְׁבִיל, נָתִיב

patience *n.* סַבְלָנוּת, אוֹרֶךְ רוּחַ, פַּסְיַאנְס (משחק קלפים ליחיד)

patient *adj.* סַבְלָנִי, אֶרֶךְ רוּחַ

patient *n.* חוֹלֶה, פַּצְיֶאנְט

patina *n.* בָּרָק יוֹשֶׁן (ע"ג כלי נחושת ועץ)

patio *n.* חָצֵר פְּנִימִית

patois *n.* דִּיאָלֶקְט, לַהַג מְקוֹמִי

patriarch *n.* אָב רִאשׁוֹן

patrician *adj., n.* פַּטְרִיצִי; אָצִיל

patricide *n.* רֶצַח אָב

patrimony *n.* יְרוּשָּׁה, נַחֲלַת אָבוֹת

patriot *n.* אוֹהֵב מוֹלַדְתּוֹ, פַּטְרִיוֹט

patriotic *adj.* שֶׁל אַהֲבַת־הַמּוֹלֶדֶת

patriotism *n.* אַהֲבַת־הַמּוֹלֶדֶת

patrol *v.* פִּטְרֵל, סִיֵּיר

patrol *n.* פַּטְרוֹל, סִיּוּר

patrol wagon *n.* מְכוֹנִית עֲצוּרִים

patrolman *n.* סַיָּיר; שׁוֹטֵר מַקּוֹפִי

patron *n.* פַּטְרוֹן, נוֹתֵן חָסוּת; לָקוֹחַ קָבוּעַ

patronize *v.* שִׁימֵּשׁ פַּטְרוֹן; הִתְיַיחֵס כְּאֶל בֶּן חָסוּת

patter *v.* נָקַשׁ נְקִישָׁה (כגשם)

patter *n.* עָגָה (של מעמד מסוים); פִּטְפּוּט (של קומיקאים)

pattern *n., v.* תַּבְנִית; דְּגָם; קָבַע תַּבְנִית

patty *n.* פַּשְׁטִידִית

paucity *n.* מִיעוּט (במספר או בכמות)

Paul *n.* פָּאוּל, שָׁאוּל הַתַּרְסִי

paunch *n.* כֶּרֶס, בֶּטֶן

pauper *n.* עָנִי; קַבְּצָן

pause *n., v.* הַפְסָקָה, הֲפוּגָה; הִפְסִיק

pave *v.* רִיצֵּף, סָלַל

pave the way for הִכְשִׁיר אֶת הַקַּרְקַע ל

pavement *n.* מִדְרָכָה; מַרְצֶפֶת, רִיצּוּף

pavilion *n.* בִּיתָן

paw *n.* רֶגֶל (של בע"ח)

paw *v.* תָּפַף בְּרַגְלוֹ; נָגַע בְּיָד גַּסָּה

pawn *v.* מִשְׁכֵּן

pawn *n.* (בשחמט) רַגְלִי; מַשְׁכּוֹן

pawn ticket *n.* קַבָּלַת מַשְׁכּוֹן

pawnbroker *n.* מַלְוֶה בַּעֲבוֹט

pawnshop *n.* בֵּית־עֲבוֹט
pay *v.* שִׁילֵּם; הָיָה כְּדַאי; נָתַן רֶוַוח
pay attention *v.* שִׂים לֵב
paid a visit to *v.* בִּיקֵּר
paid him a compliment חָלַק לוֹ מַחְמָאָה
paid off *v.* גָּמַר לִפְרוֹעַ
pay *n.* שָׂכָר, מַשְׂכּוֹרֶת
pay-load *n.* הַנּוֹסְעִים וְהַמִּטְעָן (בּמטוס), מִטְעָן מַכְנִיס
pay- off *n.* סִילּוּק חֶשְׁבּוֹן; חִישּׁוּב סוֹפִי, הֶסְדֵּר סוֹפִי
pay-out *n.* אֲחוּז הָרְוָחִים הַנִּיתָּן לְבַעֲלֵי מְנָיוֹת
pay-roll *n.* רְשִׁימַת עוֹבְדִים (עם ציוּן משׂכּורותיהם)
pay station *n.* תָּא טֶלֶפוֹן (בּתשלוּם)
pay-toilet *n.* בֵּית כִּיסֵּא בְּתַשְׁלוּם (על ידי שלשול מטבּע הפּותח דלת)
payable *adj.* שֶׁאֶפְשָׁר לְשַׁלְּמוֹ, שֶׁיֵּשׁ לְשַׁלְּמוֹ
payday *n.* יוֹם תַּשְׁלוּם הַמַּשְׂכּוֹרֶת
payee *n.* מְקַבֵּל הַתַּשְׁלוּם
payer *n.* מְשַׁלֵּם, שַׁלָּם
paymaster *n.* שַׁלָּם
payment *n.* שָׂכָר, תַּשְׁלוּם; גְּמוּל
pea *n.* אָפוּן, אֲפוּנָה
peace *n.* שָׁלוֹם; שַׁלְוָה, מְנוּחָה
peace of mind *n.* שַׁלְוַות־נֶפֶשׁ
peaceable *adj.* שָׁלֵו; אוֹהֵב שָׁלוֹם
peaceful *adj.* שׁוֹחֵר שָׁלוֹם; שָׁקֵט, שָׁלֵו
peacemaker *n.* מַשְׁכִּין שָׁלוֹם
peach *n.* אֲפַרְסֵק, נִפְלָא; 'חֲתִיכָה'
peachy *adj.* (המונית) מְפוֹאָר, עָצוּם
peacock *n.* טַוָּוס (זכר)
peak *v.* נֶחֱלַשׁ, רָזָה, נָמַק
peak *n.* פִּסְגָּה, שִׂיא; חוֹד בּוֹלֵט
peal *n.* צִלְצוּל פַּעֲמוֹנִים
peal *v.* צִלְצֵל; רָעַם
peal of laughter *n.* רַעֲמֵי צְחוֹק
peal of thunder *n.* קוֹל רַעַם חָזָק
peanut *n.* אֱגוֹז־אֲדָמָה, בּוֹטֶן, בּוֹטְנָה
peanuts *n.pl.* בּוֹטְנִים; (המונית) סְכוּם אַפְסִי
pear *n.* אַגָּס (העץ, הפּרי)
pearl *n.* מַרְגָּלִית, פְּנִינָה
pearl oyster *n.* צִדְפַּת הַפְּנִינִים
peasant *n.* אִיכָּר, עוֹבֵד אֲדָמָה
peashooter *n.* יוֹרֶה אֲפוּנָה (צעצוּע)
peat *n.* כָּבוּל, טוֹרְף
pebble *n.* אֶבֶן חָצָץ
pecan *n.* (אֱגוֹז) פֶּקָן
peck *v.* נִיקֵּר, הִקִּישׁ בְּמַקּוֹר; מַכַּת מַקּוֹר
peck *n.* פֶּק (מידת היבשׁ)
peculiar *adj.* מוּזָר; מְיוּחָד
pecuniary *adj.* כַּסְפִּי
pedagogue *n.* מְחַנֵּךְ, פֵּדָגוֹג
pedagogy *n.* תּוֹרַת הַהוֹרָאָה וְהַחִינּוּךְ
pedal *adj.* שֶׁל הָרֶגֶל, שֶׁל דַּוְושָׁה
pedal *n.* דַּוְושָׁה
pedant *n.* קַפְּדָן, נוֹקְדָן
pedantic *adj.* מַקְפִּיד בְּקַטַנּוֹת, מַחְמִיר
pedantry *n.* קַפְּדָנוּת נוּקְשָׁה
peddle *v.* עָסַק בְּרוֹכְלוּת, רָכַל
peddler, pedlar *n.* רוֹכֵל
pederasty *n.* מִשְׁכַּב זָכוּר (עם יֶלֶד)
pedestal *n.* כֵּן, בָּסִיס
pedestrian *n., adj.* הוֹלֵךְ רֶגֶל; שֶׁל הֲלִיכָה בָּרֶגֶל; חֲסַר מָעוֹף; לְלֹא הַשְׁרָאָה
pediatrics *n.pl.* פֶּדִיאַטְרִיקָה (תּורת ריפּוּי ילדים)

pedicure *n.* טִיפּוּל בְּכַפּוֹת הָרַגְלַיִים
pedigree *n.* שַׁלְשֶׁלֶת הַיִּיחוּס, יִיחוּס
pedlar *n.* **see peddler**
peek *n.* הֲצָצָה, מַבָּט חָטוּף
peek *v.* חָטַף מַבָּט, הֵצִיץ
peel *v.* קָלַף, קִילֵף; הִתְקַלֵּף
peel *n.* קְלִיפָּה
peeling knife *n.* מַקְלֵף
peeling machine *n.* מַקְלֵפָה
peep *v.* הֵצִיץ; צִפְצֵף, צִיֵּיץ
peep *n.* הֲצָצָה; צִפְצוּף, צִיּוּץ
peephole *n.* חוֹר הֲצָצָה
peer *v.* הִתְבּוֹנֵן מִקָּרוֹב
peer *n.* פִּיר (אציל); שָׁוֵוה
peerage *n.* הָאֲצוּלָה, מַעֲמַד חַבְרֵי בֵּית הַלּוֹרְדִים
peerless *adj.* שֶׁאֵין דּוֹמֶה לוֹ
peeve *v.* הִרְגִיז, הִכְעִיס
peevish *adj.* רָגִיז, נוֹחַ לִכְעוֹס
peg *n.* יָתֵד, מַסְמֵר, וָו, אֶטֶב
peg *v.* חִיזֵּק בִּיתֵדוֹת; תָּקַע
peg-top *n.* סְבִיבוֹן
pejorative *adj.* (מִלָּה) שֶׁל גְּנַאי, שֶׁל הַפְחָתָה
pekoe *n.* פֶּקוֹאֶה (מִין טֵה משוּבּח)
pelf *n.* מָמוֹן, בֶּצַע כֶּסֶף
pelikan *n.* שַׂקְנַאי (עוֹף)
pell-mell, pellmell *adv., adj.* בְּעִרְבּוּבְיָה, בְּאִי־סֵדֶר
pellet *n.* כַּדּוּרִית (של לחם, של נייר רטוב וכד'), גְּלוּלָה
pellucid *adj.* צָלוּל מְאוֹד
pelt *v.* סָקַל, רָגַם; נִיתַּךְ; מִיהֵר
pelt *n.* עוֹר פַּרְוָה; מְהִירוּת
pelvis *n.* אַגַּן הַיְּרֵכַיִים
pen *v.* הִכְנִיס לְדִיר; סָגַר; כָּתַב בְּעֵט
pen *n.* דִּיר, גְּדֵרָה; עֵט
pen-friend *n.* חָבֵר לְהִתְכַּתְּבוּת
pen-knife *n.* אוֹלַר כִּיס
pen-name *n.* שֵׁם סִפְרוּתִי
pen-nib *n.* צִיפּוֹרֶן לְעֵט
pen-pal *n.* חָבֵר לְהִתְכַּתְּבוּת
pen-point *n.* חוֹד הָעֵט
penal *adj.* שֶׁל עוֹנֶשׁ: עוֹנְשִׁי
penalize *v.* עָנַשׁ, הֶעֱנִישׁ
penalty *n.* עוֹנֶשׁ, קְנָס
penalty (kick) (בְּעִיטַת) עוֹנֶשׁ (בכדור רגל)
penance *n.* תְּשׁוּבָה, חֲרָטָה
pence *n.* (רבים של פֶּני) פֶּנִים
penchant *n.* חִיבָּה, נְטִיָּה
pencil *n.* עִיפָּרוֹן; מִכְחוֹל
pendant *n.* עֲדִילְיוֹן, תִּלְיוֹן, עֲדִי תָּלוּי
pendent *adj.* תָּלוּי וְעוֹמֵד
pending *adj., prep.* תָּלוּי, תָּלוּי וְעוֹמֵד
pendulum *n.* מְטוּטֶלֶת
penetrate *v.* חָדַר; הֶחְדִּיר
penguin *n.* פֶּנְגְוִוין (עוֹף)
penholder *n.* מַחֲזִיק־עֵט
penicillin *n.* פֵּנִיצִילִין (חומר אנטיביוטי)
peninsula *n.* חֲצִי־אִי
peninsular *adj.* שֶׁל חֲצִי אִי, דְּמוּי חֲצִי־אִי
penis *n.* אֵיבַר הַזָּכָר, פִּין, 'זַיִן'
penitence *n.* חֲרָטָה, חֲזָרָה בִּתְשׁוּבָה
penitent *adj., n.* חוֹזֵר בִּתְשׁוּבָה
penmanship *n.* אֳמָנוּת הַכְּתִיבָה, סִגְנוֹן כְּתִיבָה
pennant *n.* דֶּגֶל אִיתוּת (באוניה)

penniless *adj.* חֲסַר פְּרוּטָה, חֲסַר כּוֹל
pennon *n.* דִּגְלוֹן, דֶּגֶל אִיתוּת
penny *n.* פֶּנִי, (מטבע בבריטניה), סֶנְט (באה"ב)
pennyweight *n.* מִשְׁקַל פֶּנִי (1.55 גרם)
pension *n.* קִצְבָּה, פֶּנְסִיָּה; פֶּנְסְיוֹן
pension *v.* הֶעֱנִיק קִצְבָּה
pensioner *n.* מְקַבֵּל קִצְבָּה, קִצְבַּאי
pensive *adj.* שָׁקוּעַ בְּמַחֲשָׁבוֹת
pentagon *n.* מְחוּמָשׁ, מִשְׂרַד הַהֲגָנָה הָאֲמֶרִיקָנִי
pentameter *n.* פֶּנְטָמֶטֶר (שׁוּרָה־בַּת 5 מִקצבים)
Pentateuch *n.* חֲמִישָּׁה חוּמְשֵׁי תּוֹרָה, הַחוּמָּשׁ
Pentecost *n.* חַג הַשָּׁבוּעוֹת
penthouse *n.* דִּירַת־גַּג
pent up *adj.* סָגוּר, עָצוּר
penult *adj.* לִפְנֵי הָאַחֲרוֹן
penurious *adj.* עָנִי; קַמְצָנִי
penury *n.* חוֹסֶר כּוֹל, עוֹנִי
peon *n.* עוֹבֵד אֲדָמָה; שָׁלִיחַ, מְשָׁרֵת
peony *n.* אַדְמוֹן (פרח)
people *n.* עַם; בְּנֵי אָדָם
people *v.* אִכְלֵס, מִילֵּא בִּבְנֵי אָדָם
pep *n., v.* מֶרֶץ, זְרִיזוּת; הַמְרִיץ
pepper *n., v.* פִּלְפֵּל; הוֹסִיף פִּלְפֵּל
peppermint *n.* נַעֲנָה, מִנְתָּה
per *prep.* בְּאֶמְצָעוּת; לְכָל (אחד)
perambulator *n.* עֶגְלַת יְלָדִים
per capita *adj.* לַגּוּלְגּוֹלֶת
percent *n.* אָחוּז, %, אֲחוּזִים
perceive *v.* הֵבִין; הִבְחִין
percentage *n.* אֲחוּזִים לְמֵאָה
perception *n.* תְּפִיסָה; תְּחוּשָׁה
perch *n.* עָנָף, מוֹט (למנוחת עופות), מָקוֹם מוּגְבָּה; דַּקַּר מַיִם מְתוּקִים
perch *v.* יָשַׁב, הוֹשִׁיב עַל מַשֶּׁהוּ גָּבוֹהַּ
percolator *n.* חַלְחוּל (קומקום לקפה)
perdition *n.* כְּלָיָה, אוֹבְדָן, גֵּיהִינּוֹם
perennial *adj., n.* רַב־שְׁנָתִי, נִצְחִי
perfect *adj.* שָׁלֵם, מוּשְׁלָם; לְלֹא מוּם
perfect *n.* (בדקדוק) עָבָר גָּמוּר
perfect *v.* הֵבִיא לִידֵי שְׁלֵמוּת, שִׁכְלֵל
perfidy *n.* כַּחַשׁ, בְּגִידָה, הֲפָרַת אֵמוּן
perforate *v.* נִקְבֵּב
perforation *n.* נִקְבּוּב
perforce *adv.* בְּהֶכְרֵחַ
perform *v.* בִּיצַּע, הוֹצִיא לַפּוֹעַל; שִׂיחֵק (בתפקיד)
performance *n.* בִּיצּוּעַ; הַצָּגָה
performer *n.* שַׂחְקָן; מוֹצִיא לַפּוֹעַל
perfume *n., v.* בּוֹשֶׂם; בִּישֵּׂם
perfunctory *adj.* לָצֵאת יְדֵי חוֹבָה, כִּלְאַחַר יָד
perhaps *adv.* שֶׁמָּא, אוּלַי
peril *n.* סַכָּנָה
perilous *adj.* מְסוּכָּן
perimeter *n.* הֶיקֵּף (של צורה הנדסית); גְּבוּלוֹת חִיצוֹנִיִּים (של שטח)
period *n.* תְּקוּפָה; עוֹנַת הַוֶּסֶת, מַחְזוֹר; נְקוּדָּה
phalanx *n.* יְחִידָה צְבָאִית (ביוון העתיקה); גּוּשׁ מְאוּחָד (של בני אדם)
phallus *n.* פִּין, אֵיבַר מִין הַזָּכָר (סמל ההפריה)
phantasm(a) *n.* הֲזָיָה
phantom *n., adj.* רוּחַ, שֵׁד; דִּמְיוֹנִי
Pharisee *n.* פְּרוּשִׁי
pharmaceutic(al) *adj.* שֶׁל רוֹקְחוּת

pharmacist *n.* רוֹקֵחַ
pharmacy *n.* בֵּית־מִרְקַחַת
pharynx *n.* לוֹעַ
phase *n.* מַרְאֵה הַיָּרֵחַ אוֹ גֶּרֶם שָׁמַיִם; שָׁלָב
phase *v.* בִּיצֵּעַ בִּשְׁלַבִּים
pheasant *n.* (בְּשַׂר) פַּסְיוֹן (עוֹף)
phenomenal *adj.* בִּלְתִּי־רָגִיל; שֶׁל תּוֹפָעָה, מְיוּחָד
phenomenon *n.* תּוֹפָעָה; דָּבָר (אוֹ אָדָם) מְיוּחָד בְּמִינוֹ
phew *interj.* פִיוּ! (קריאת תמיהה עייפות, בחילה...)
phial *n.* בַּקְבּוּקוֹן
philanderer *n.* עַגְבָן, 'מִתְעַסֵּק' עִם בָּנוֹת
philanthropist *n.* נָדִיב, נַדְבָן, פִילַנְטְרוֹפ
philanthropy *n.* נַדְבָנוּת, פִילַנְטְרוֹפְּיָה
philately *n.* בּוּלָאוּת, אֲסִיפַת בּוּלִים
philharmonic *adj.* פִילְהַרְמוֹנִי (1. לאוהבי מוסיקה; 2. שייך לתזמורת סימפונית)
Philistine *n., adj.* פְּלִשְׁתִּי; חֲסַר תַּרְבּוּת
philologist *n.* לְשׁוֹנַאי, בַּלְשָׁן, פִילוֹלוֹג
philology *n.* בַּלְשָׁנוּת, פִילוֹלוֹגְיָה
philosopher *n.* פִילוֹסוֹף, הוֹגֶה דֵעוֹת
philosophic(al) *adj.* מְיוּשָּׁב וְשָׁקוּל; פִילוֹסוֹפִי
phlebitis *n.* דַּלֶּקֶת הַוְּרִידִים
phlegm *n.* רִיר, לֵחָה, קֵיהוּת, אֲדִישׁוּת
phlegmatic(al) *adj.* פְלֶגְמָטִי, קֵיהֵה רֶגֶשׁ, אָדִישׁ
phobia *n.* בַּעַת, פַּחַד, סְלִידָה
phoenix *n.* פֶנִיקְס, (עוֹף הַ)חוֹל
phone *n., v.* טֶלֶפוֹן; טִלְפֵּן
phone call *n.* צִלְצוּל טֶלֶפוֹן
phonetic *adj.* פוֹנֶטִי, שֶׁל הֲגִיָּיה
phonograph *n.* מָקוֹל, פָּטֵיפוֹן
phonology *n.* תּוֹרַת הַהֶגֶה
phon(e)y *adj.* מְזוּיָּף, לֹא כֵּן
phooey *interj.* פוּי (קריאת בוז, אי אמון, אכזבה)
phosphate *n.* זַרְחָה, פוֹסְפָט
phosphorescent *adj.* זַרְחוֹרִי
phosphorous *adj.* זַרְחָנִי
photo *n.* תַּצְלוּם, תְּמוּנָה
photo finish *n.* גְּמַר מְצוּלָּם (של מרוץ)
photocopy *n., v.* הֶעְתֵּק תַּצְלוּם; צִילֵּם (מסמך וכד'); הֶעְתִּיק
photoengraving *n.* פִּיתּוּחַ אוֹר
photogenic *adj.* צָלִים, נוֹחַ לְצִילּוּם, פוֹטוֹגֶנִי
photograph *n.* תַּצְלוּם, תְּמוּנָה
photograph *v.* צִילֵּם
photographer *n.* צַלָּם
photography *n.* צִילּוּם
photostat *n.* פוֹטוֹסְטָט, הַעְתָּקַת צִילּוּם
phrase *n.* צֵירוּף מִלִּים, נִיב; מְלִיצָה
phrase book *n.* לֶקְסִיקוֹן לְנִיבִים
phrase *v.* נִיסֵּחַ, הִבִּיעַ בְּמִלִּים
phrenology *n.* פְרֶנוֹלוֹגְיָה (קביעת אופיו וכשריו של אדם לפי מבנה גולגולתו)
phylacteries *n.pl.* תְּפִילִּין
physic *n.* תְּרוּפָה, סַם
physical *adj.* גּוּפָנִי, גַּשְׁמִי; פִיסִי
physician *n.* רוֹפֵא
physicist *n.* פִיסִיקַאי
physics *n.pl.* פִיסִיקָה

physiognomy *n.* פִּיסְיוֹנוֹמְיָה (קביעת אופי אדם לפי קלסתר פניו); פַּרְצוּף
physiologic(al) *adj.* פִּיסְיוֹלוֹגִי
physiology *n.* פִּיסְיוֹלוֹגְיָה
physique *n.* מִבְנֵה גוּף
pianissimo *adv.* (במוסיקה) מְאוֹד בְּשֶׁקֶט
piano *n.* פְּסַנְתֵּר
piastre *n.* פִּיאַסְטֶר (מטבע איטלקי), אֲגוֹרָה
piazza *n.* רְחָבָה, כִּיכָּר
picador *n.* פִּיקָדוֹר (דוֹקֵר הפר במלחמת פרים)
picaresque *adj.* פִּיקָרֶסְקִי, [סיפור] עַל נוֹכְלִים וְהַרְפַּתְקָנִים
picayune *n., adj.* פְּרוּטָה; חֲסַר עֵרֶךְ
piccalilli *n.* כְּבוּשִׁים בְּחַרְדָּל
piccaninny, pickaninny, *n.* תִּינוֹק (או ילד) כּוּשִׁי
piccolo *n.* חֲלִילוֹן
pick *v.* בָּחַר, בֵּירֵר; קָטַף; קָרַע
pick *n.* בְּרֵירָה; בָּחִיר; מַעְדֵר, מַכּוֹשׁ
pickax *n.* מַעְדֵר, מַכּוֹשׁ
picket *n.* כְּלוֹנָס, יָתֵד; מִשְׁמֶרֶת (שובתים וכד')
picket *v.* גָּדַר; הִשְׁתַּתֵּף בְּמִשְׁמֶרֶת שׁוֹבְתִים
pickle *v.* כָּבַשׁ (ירקות)
pickle *n.* מֵי כְּבוּשִׁים; כְּבוּשִׁים; מַצָּב בִּישׁ
pick-me-up *n.* 'מְחַיֵּיה נְפָשׁוֹת', מַשְׁקָה מְעוֹרֵר
pickpocket *n.* כַּיָּיס
pickup *n.* רֹאשׁ מָקוֹל (פאטיפון); מַכָּר מִקְרִי; מַשָּׂאִית קַלָּה
picnic *n.* פִּיקְנִיק (טיול ואכילה בחיק הטבע)
picnic *v.* הִשְׁתַּתֵּף בְּפִּיקְנִיק
pictorial *adj.* צִיּוּרִי
picture *n.* תְּמוּנָה; צִיּוּר; סֶרֶט; תַּצְלוּם
picture *v.* תֵּיאֵר; דִּימָּה
picture-gallery *n.* גַּלֶּרְיָה לְצִיּוּרִים
picture postcard *n.* גְּלוּיַת תְּמוּנָה
picture-show *n.* הַצָּגַת קוֹלְנוֹעַ
picture window *n.* חַלּוֹן נוֹף
picturesque *adj.* צִיּוּרִי, סַסְגּוֹנִי
pidling *adj.* שֶׁל מַה בְּכָךְ
pie *n.* פַּשְׁטִידָה
pie in the sky חֲלוֹם בְּאַסְפַּמְיָא
pie *v.* הִתְעַרְבֵּב; עִרְבֵּב (אותיות־דפוס)
piece *n.* חֲתִיכָה; פְּרוּסָה; פִּיסָּה; נַתַח
piece *v.* חִיבֵּר, אִיחָה
piecework *n.* עֲבוֹדָה בְּקַבְּלָנוּת
pied *adj.* מְנוּמָּר, מְגוּוָּן בִּצְבָעָיו
pier *n.* מֵזַח; רְצִיף
pierce *v.* חָדַר, נִיקֵּב, פִּילַּח
piercing *adj.* חוֹדֵר, מְפַלֵּחַ
piety *n.* אֲדִיקוּת, יִרְאַת שָׁמַיִם
piffle *n.* שְׁטוּיוֹת, הֲבָלִים
pig *n.* חֲזִיר
pigeon *n.* יוֹנָה
pigeon house *n.* שׁוֹבָךְ יוֹנִים
pigeonhole *n.* תָּא (לניירות, מסמכים)
pigeonhole *v.* שָׂם בְּתָא; סִידֵּר
piggish *adj.* חֲזִירִי
pigheaded *adj.* עַקְשָׁנִי, עַקְשָׁן
pig-iron *n.* בַּרְזֶל יְצִיקָה
pigment *n.* צִבְעָן, פִּיגְמֶנְט
pigpen *n.* דִּיר חֲזִירִים
pigsticking *n.* צֵיד חֲזִירֵי־בָּר

pigsty *n.* דִּיר חֲזִירִים
pigtail *n.* צַמָּה עוֹרְפִּית
pike *n.* רוֹמַח; דָג טוֹרֵף
piker *n.* (המונית) עָלוּב, קַטְנוּנִי
pilaf, pilau *n.* פִּילָף (אורז מבושל עם בשר)
pile *n.* עֲרֵימָה; כַּמּוּת גְדוֹלָה; בִּנְיָין גָבוֹהַּ
pile *v.* עָרַם, צָבַר; הִצְטַבֵּר
pilfer *v.* גָנַב, 'סָחַב'
pilgrim *n.* עוֹלֶה־רֶגֶל, צַלְיָין
pilgrimage *n.* עֲלִייָה לְרֶגֶל
pill *n.* גְלוּלָה; כַּדּוּר
pillage *n.* בִּיזָּה; שָׁלָל
pillage *v.* בָּזָז, שָׁדַד
pillar *n.* עַמּוּד, עַמּוּד תָּווֶךְ
pillory *n.* עַמּוּד קָלוֹן
pillory *v.* הֶעֱמִיד לְיַד עַמּוּד הַקָּלוֹן, בִּיזָּה
pillow *n.* כַּר
pillow *v.* הִנִּיחַ עַל כַּר; שִׁימֵּשׁ כַּר
pillowcase *n.* צִיפָּה
pilot *n.* נַוּוָט (באונייה); טַיָּיס
pilot *v.* נָהַג; שִׁימֵּשׁ כְּקַבַּרְנִיט; הוֹבִיל
pilot *adj.* נִיסְיוֹנִי
pilot plant *n.* מִתְקָן נִיסְיוֹנִי
pimento *n.* (עֵץ) פִּלְפֵּל
pimp *n., v.* סַרְסוּר לִזְנוּת; סִרְסֵר לִזְנוּת
pimple *n.* פִּצְעוֹן, חֲטָט
pimply *adj.* מְחוּטָּט, מְכוּסֶּה פִּצְעֵי בַּגְרוּת
pin *n.* פְּרִיפָה, סִיכָּה; יָתֵד
pin money *n.* קוּפָּה לְהוֹצָאוֹת אִישִׁיּוֹת (של אישה)
pin *v.* פָּרַף; חִיבֵּר בְּסִיכָּה
pin-up girl *n.* תְּמוּנַת בַּחוּרָה יָפָה
pinafore *n.* סִינַר יְלָדִים
pinball *n.* כַּדּוּר וִיתֵדוֹת (משחק)
pince-nez *n.* מִשְׁקְפֵי־אַף (שמרכיבים על האף)
pincers *n.pl.* מִצְבָּטַיִים
pincer movement *n.* (בתכסיסי מלחמה) תְּנוּעַת מֶלְקָחַיִים
pinch *v.* צָבַט; 'סָחַב'; לָחַץ; קִימֵּץ
pinch *n.* צְבִיטָה; לְחִיצָה; קוֹרֶט, קַמְצוּץ
pinchcock *n.* מַלְחֵץ
pincushion *n.* כָּרִית לְסִיכּוֹת
pine *n.* אוֹרֶן
pine cone *n.* אִיצְטְרוּבָּל
pine *v.* נָמַק; הִתְגַעְגֵעַ
pineapple *n.* אֲנָנָס
pinenut *n.* אֱגוֹז צְנוֹבָר (זרע האיצטרובל)
ping *n., v.* זִמְזוּם; זִמְזֵם
ping pong *n.* פִּינְג־פּוֹנְג, טֶנִיס שׁוּלְחָן
pinhead *n.* גוּלַּת סִיכָּה; טִיפֵּשׁ
pink *n.* צִיפּוֹרֶן; מַצָּב עִילָּאִי
pink *adj.* וָרוֹד
pinnacle *n.* פִּסְגַת צְרִיחַ
pinpoint *v.* אִיתֵּר בִּמְדוּיָּק
pinpoint *n.* חוֹד סִיכָּה
pinprick *n.* דְקִירַת סִיכָּה; עֲקִיצָה
pint *n.* פַּיינְט (0.568 ליטר; 1/8 גלון)
pinwheel *n.* גַלְגַל פִּין
pioneer *n.* חָלוּץ, יוֹזֵם
pioneer *v.* הָיָה חָלוּץ; סָלַל
pious *adj.* אָדוּק, צַדִּיק
pip *n.* פִּיפ, צְלִיל אוֹת הַשָּׁעָה (ברדיו), כּוֹכָב (דרגת קצין); נְקוּדָה (על דומינו וכד'); חַרְצָן
pipe *n.* צִינּוֹר; (במוסיקה) קָנֶה; מִקְטֶרֶת

pipe *v.* חִילֵל; צָפַר
pipe dream *n.* הֲזָיָה
pipe-line *n.* צִינּוֹר, קַו צִינּוֹרוֹת
pipe organ *n.* עוּגָב
pipe wrench *n.* מַפְתֵּחַ צִינּוֹרוֹת
piper *n.* חֲלִילָן
pippin *n.* (כל סוג של) תַּפּוּחַ
pipsqueak *n.* נִקְלֶה, 'אֶפֶס', דָּבָר בָּזוּי
piquant *adj.* מְגָרֶה, מְסַקְרֵן, פִּיקַנְטִי
pique *n.* רוֹגֶז, עֶלְבּוֹן
pique *v.* הִרְגִּיז, עוֹרֵר טִינָה
pirate *n.* שׁוֹדֵד־יָם, פִּירָט
pirate *v.* שָׁדַד; הִשְׁתַּמֵּשׁ בְּלֹא רְשׁוּת
pirouette *n.* פִּירוּאֶט (סיבוב מהיר על רגל אחת)
pis aller *n.* מוֹצָא אַחֲרוֹן; אֶמְצָעִי דָחוּק, צַעַד נוֹאָשׁ
piss *v., n.* הִשְׁתִּין; שֶׁתֶן
pistachio *n.* בּוֹטְנִים (פוסטוק חלבּי, פוסטוק שָׁאמי)
pistol *n.* אֶקְדָּח
piston *n.* בּוּכְנָה; (בּמוּסיקה) שַׁסְתּוֹם
piston-ring *n.* טַבַּעַת הַבּוּכְנָה
piston-rod *n.* מוֹט הַבּוּכְנָה
pit *n.* בּוֹר, אֲחוֹרֵי אוּלַם תֵּיאַטְרוֹן, גּוּמָה
pit *v.* עָשָׂה חוֹרִים, הֶעֱמִיד לִקְרָב
pitch *v.* נָטָה (אוהל); אָהַל; הֶעֱמִיד
pitch *n.* גּוֹבַהּ, רָמָה; גּוֹבַהּ הַצְּלִיל
pitcher *n.* כַּד; מַגִּישׁ (בּמשחקי כדור)
pitchfork *n.* קִלְשׁוֹן, מַזְלֵג
piteous *adj.* מְעוֹרֵר רַחֲמִים, מִסְכֵּן
pitfall *n.* מַלְכּוֹדֶת, פַּח
pith *n.* עִיקָּר, תַּמְצִית; כּוֹחַ; רִקְמָה (בקליפת תפוז); חוּט הַשִּׁדְרָה
pithy *adj.* תַּמְצִיתִי; נִמְרָץ
pitiful *adj.* מְעוֹרֵר רַחֲמִים; בָּזוּי
pitiless *adj.* חֲסַר רַחֲמִים
pittance *n.* תַּשְׁלוּם נִלְעָג, פְּרוּטוֹת
pitterpatter *n.* קוֹל תְּפִיפָה דַק
pity *n., v.* רַחְמָנוּת; רִיחֵם
pivot *n.* צִיר, יָד
pivot *v.* הִרְכִּיב; סַב עַל צִיר
pixy, pixie *n.* שֵׁדוֹן, פֵּיָה קְטַנָּה
pizza *n.* פִּיצָה (מאכל איטלקי)
placard *n.* כְּרָזָה, פְּלָקָט
placard *v.* הִדְבִּיק כְּרָזוֹת
placate *v.* הִרְגִּיעַ, פִּייֵס
place *n.* מָקוֹם
place *v.* שָׂם, הִנִּיחַ, הֶעֱמִיד, מִיקֵּם
placement *n.* הֲשָׂמָה, מִיקּוּם
placenta *n.* שִׁלְיָה
placid *adj.* שָׁלֵו, שָׁקֵט
plage *n.* חוֹף רַחֲצָה, פְּלַזָ'ה
plagiarism *n.* גְּנֵיבַת יְצִירַת הַזּוּלַת, פְּלַגְיָאט
plagiarize *v.* גָּנַב (יצירת הזולת)
plague *n.* מַגֵּפָה, דֶּבֶר; טַרְדָן
plague *v.* הִכָּה בְּדֶבֶר; הִטְרִיד
plaid *n.* אֲרִיג צֶמֶר מְשׁוּבָּץ
plain *adj.* פָּשׁוּט; בָּרוּר; גָּלוּי; רָגִיל
plain *n.* מִישׁוֹר, עֲרָבָה
plain-clothes *n.pl.* בְּגָדִים אֶזְרָחִיִּים
plaintiff *n.* תּוֹבֵעַ, מַאֲשִׁים, קוֹבֵל
plaintive *adj.* מַבִּיעַ תַּרְעוֹמֶת
plait *n.* צַמָּה, מַחְלָפָה
plan *n.* תּוֹכְנִית; תַּרְשִׁים
plan *v.* תִּכְנֵן, הֵכִין תּוֹכְנִית
plane *n.* (עץ) דּוֹלֶב; מִשְׁטָח מִישׁוֹרִי, מָטוֹס

plane *adj.* שָׁטוּחַ; מִישׁוֹרִי
plane *v.* הִקְצִיעַ
planet *n.* כּוֹכַב־לֶכֶת
planetarium *n.* פְּלָנֶטַרְיוּם (אולם וכו׳ מתקנים להדגמת תנועות גרמי שָׁמַיִם)
plane tree *n.* דּוֹלֶב
planing mill *n.* נַגָּרִייָה מֵכָנִית
plank *n.* קֶרֶשׁ; סְעִיף (במצע מדיני)
plant *n.* צֶמַח; נֶטַע, שְׁתִיל; בֵּית־חֲרוֹשֶׁת
plant *v.* זָרַע, נָטַע; שָׁתַל
plantation *n.* מַטָּע, אֲחוּזַת מַטָּעִים
planter *n.* בַּעַל מַטָּעִים
plaque *n.* לוּחַ (לקישוט, להנצחה)
plasma *n.* פְּלַסְמָה (1. החומר החי של התא, 2. החֵלק הנוזל נטול הצבע שבדם או בלימפה)
plaster *n.* אִיסְפְּלָנִית; טִיחַ
plaster *v.* טָח; כִּייֵר; הִדְבִּיק
plasterboard *n.* לוּחַ טִיחַ
plastic *adj., n.* פְּלַסְטִי, גָמִישׁ; חוֹמֶר פְּלַסְטִי
plate *n.* צַלַּחַת; כְּלֵי זָהָב אוֹ כֶּסֶף; לוּחַ מַתֶּכֶת; רִיקּוּעַ; פּרוֹטֶזָה (של שיניים)
plate *v.* צִיפָּה; רִיקֵּעַ
plate-glass *n.* זְכוּכִית מְעוּרְגֶּלֶת (לחלונות, למראות וכד׳)
plate-layer *n.* פּוֹעֵל מְסִילַּת־בַּרְזֶל
plateau *n.* רָמָה
platform *n.* בָּמָה, דּוּכָן; רְצִיף
platform car *n.* עֶגְלַת רְצִיף
platinum *n.* פְּלָטִינָה (מתכת נדירה)
platitude *n.* מֵימְרָה שְׁחוּקָה
platoon *n.* מַחְלָקָה
platter *n.* צַלַּחַת
platypus *n.* בַּרְוָזָן (יונק בעל מקור הדומה לשל הברווז)
plaudits *n.pl.* תְּשׁוּאוֹת, מְחִיאוֹת כַּפַּיִם
plausible *adj.* סָבִיר לִכְאוֹרָה, חֲלַקְלַק
plausibly *adv.* בְּאוֹפֶן סָבִיר
play *v.* שִׂיחֵק; נִיגֵּן
play *n.* מִשְׂחָק; שַׁעֲשׁוּעַ; מַחֲזֶה
playbill *n.* מוֹדַעַת הַצָּגָה
playful *adj.* אוֹהֵב שְׂחוֹק
playgoer *n.* מְבַקֵּר תֵּיאַטְרוֹן קָבוּעַ
playground *n.* מִגְרַשׁ מִשְׂחָקִים
playhouse *n.* תֵּיאַטְרוֹן
playing-cards *n.pl.* קַלְפֵי מִשְׂחָק
playing-field *n.* מִגְרַשׁ מִשְׂחָקִים
playoff *n.* מִשְׂחַק גְּמָר (גמַר סַל, גמר כדורגל וכד׳)
playpen *n.* לוּל
plaything *n.* צַעֲצוּעַ
playwright *n.* מַחֲזַאי, כּוֹתֵב מַחֲזוֹת
playwriting *n.* מַחֲזָאוּת
plaza *n.* רְחָבָה, כִּיכָּר
plea *n.* טַעֲנָה; כְּתַב־הֲגָנָה
plead *v.* (במשפט) טָעַן, סִנְגֵּר; הִפְצִיר
pleasant *adj.* נָעִים, נוֹחַ
pleasantry *n.* הִיתּוּל, הֲלָצָה
please *v.* מָצָא חֵן בְּעֵינֵי, הִנְעִים
please *interj.* בְּבַקָּשָׁה
pleasing *adj.* מַנְעִים, מְהַנֶּה
pleasure *n.* הֲנָאָה
pleat *n., v.* קִיפּוּל, קֶמֶט; עָשָׂה קְפָלִים
pleb, plebeian *n., adj.* פְּשׁוּט־עָם, פְּלֶבֵּאִי
plebiscite *n.* מִשְׁאַל עָם
pledge *n.* מַשְׁכּוֹן; עֵירָבוֹן; הִתְחַייְבוּת

pledge *v.* מִשְׁכֵּן; הִתְחַיֵּב
plenipotentiary *n.* מְיוּפֶּה כּוֹחַ, שַׁגְרִיר
plenitude *n.* שִׁפְעָה, גּוֹדֶשׁ
plentiful *adj.* שׁוֹפֵעַ, גָּדוּשׁ
plenty *n.* שֶׁפַע, רְווָחָה
plenty *adv.* דַּיי וְהוֹתֵר; מְאוֹד
plenum *n.* מְלִיאָה
plethora *n.* גּוֹדֶשׁ יֶתֶר, עוֹדֵף
pleurisy *n.* דַּלֶּקֶת הָאֶדֶר
pliable *adj.* כָּפִיף, גָּמִישׁ
pliers *n.pl.* מֶלְקָחַיִים, מֶלְקַחַת
plight *n.* מַצָּב רַע, מְצוּקָה
plight *v.* הִבְטִיחַ (נישואים)
P.L.O. הָאִרְגּוּן לְשִׁחְרוּר פַּלֶסְטִין (אָשָׁ"ף)
plod *v.* הָלַךְ בִּכְבֵדוּת
plop *n., v., adv.* פלופ, (קול אבן נופלת למים); הִשְׁמִיעַ פלופ, נָפַל בְּקוֹל פלופ
plot *n.* מְזִימָּה, קֶשֶׁר; עֲלִילָה; מִגְרָשׁ
plot *v.* קָשַׁר קֶשֶׁר, זָמַם; תִּכְנֵן
plow, plough *n., v.* מַחֲרֵשָׁה; חָרַשׁ
plowman *n.* חוֹרֵשׁ
plowshare *n.* לַהַב הַמַּחֲרֵשָׁה
ploy *n.* תַּחְבּוּלָה (להערים על הזולת)
pluck *v.* קָטַף, תָּלַשׁ, מָרַט (נוצות)
pluck *n.* אוֹמֶץ־לֵב; מְשִׁיכָה חַדָּה
plucky *adj.* אַמִּיץ־לֵב
plug *n.* (ברכב) מַצֵּת; פְּקָק; (בחשמל) תֶּקַע; תַּעֲמוּלָה מִסְחָרִית
plug *v.* סָתַם, פָּקַק; עָשָׂה פִּרְסוֹמֶת
plum *n.* שְׁזִיף; דָּבָר טוֹב, 'צִימּוּק'
plum cake עוּגַת שְׁזִיפִים
plumage *n.* נוֹצוֹת הָעוֹף
plumb *n.* אֲנָךְ
plumb *adj., adv.* זָקוּף, מְאוּנָּךְ; בִּמְאוּנָּךְ; מוּחְלָט, בְּדִיּוּק
plumb *v.* מָדַד בַּאֲנָךְ; בָּדַק
plumb-bob *n.* מִשְׁקוֹלֶת אֲנָךְ
plumb line *n.* חוּט אֲנָךְ
plumber *n.* שְׁרַבְרָב, אִינְסְטָלָטוֹר
plumbing *n.* שְׁרַבְרָבוּת
plumbing fixtures *n.pl.* צַנֶּרֶת (מים, ביוב); אִינְסְטָלַצְיָה
plume *n.* נוֹצָה; קִישּׁוּט נוֹצוֹת
plummet *n.* אֲנָךְ, מִשְׁקוֹלֶת הָאֲנָךְ
plummet *v.* צָנַח בִּמְאוּנָּךְ
plump *adj.* שְׁמַנְמַן
plump *v.* נָפַל, צָנַח (פתאום)
plump *adv.* בִּנְפִילָה פִּתְאוֹמִית
plum-pudding *n.* פַּשְׁטִידַת שְׁזִיפִים
plunder *v.* שָׁדַד, בָּזַז
plunder *n.* שׁוֹד, בִּיזָּה, שָׁלָל
plunge *v.* הִתְפָּרֵץ; צָלַל; קָפַץ (למים); הֵטִיל
plunge *n.* טְבִילָה, קְפִיצָה לַמַּיִם
plunger *n.* קוֹפֵץ, צוֹלֵל; מְהַמֵּר
plunk *v.* פָּרַט (על כלי); נָפַל בְּחוֹזְקָה; הֵטִיל
plural *adj., n.* שֶׁל רִיבּוּי; רַבִּים
pluralism *n.* פְּלוּרָלִיזְם, רַב גּוֹנִיּוּת (השקפות בענייני דת, לאום וכד')
plus *prep., n., adj.* וְעוֹד, בְּצֵירוּף; פְּלוּס; יִתְרוֹן
plush *n., adj.* קְטִיפָה
plutocracy *n.* פְּלוּטוֹקְרַטְיָה (שלטון העשירים)
plutonium *n.* פְּלוּטוֹנְיוּם (יסוד מתכתי רעיל, רדיואקטיווי)
ply *v.* עָבַד בְּמֶרֶץ; הִפְעִיל; סִיפֵּק בְּשֶׁפַע
ply *n.* שִׁכְבָה, עוֹבִי; מְגַמָּה
plywood *n.* לְבִיד

p.m. אחה"צ (מ־12 בצהריים עד 12 בלילה)
pneumatic *adj.* מְמוּלָּא אֲוויר, מוּפְעָל בְּלַחַץ אֲוויר
pneumonia *n.* דַלֶּקֶת רֵיאוֹת
pneumonic *adj.* שֶׁל דַלֶּקֶת הָרֵיאוֹת
poach *v.* חָלַט (בֵּיצה); הִסִּיג גְבוּל
poache'd egg *n.* בֵּיצָה מְאוּדָּה (שבושלה באֵדים)
poacher *n.* צָד בְּלִי רְשׁוּת; מַסִּיג גְבוּל
pock *n.* גוּמָה (בעוֹר), אֲבַעְבּוּעָה
pocket *n.* כִּיס
pocket *v.* הִכְנִיס לַכִּיס; הִרְווִיחַ
pocket-book *n.* פִּנְקַס כִּיס
pocket handkerchief *n.* מִמְחָטָה
pocket money *n.* דְמֵי־כִּיס
pocketknife *n.* אוֹלָר
pockmark *n.* צַלֶּקֶת
pod *n.* תַּרְמִיל (אפונה, שעועית)
podium *n.* דוּכָן (למנצח, לַמרצה וכד')
poem *n.* שִׁיר, פּוֹאֵימָה
poet *n.* מְשׁוֹרֵר, פַּייְטָן
poetess *n.* מְשׁוֹרֶרֶת, פַּייְטָנִית
poetic, poetical *adj.* שִׁירִי, פִּיוּטִי
poetry *n.* שִׁירָה, פִּיּוּט
pogrom *n.* פְּרָעוֹת, פּוֹגְרוֹם
poignancy *n.* חֲרִיפוּת; נְגִיעָה לַלֵּב
poignant *adj.* חָרִיף; מַכְאִיב, מְעוֹרֵר רְגָשׁוֹת
poinsettia *n.* פּוֹינְסֶטְיָה (צמח טרופי אדום עלים)
point *n.* נְקוּדָה; חוֹד; דָגֵשׁ; עִיקָר; טַעַם, כַּוָּונָה, תַּכְלִית; תְּכוּנָה
point *v.* שָׂם נְקוּדָה; חִידֵּד; הִצְבִּיעַ
point-blank *adj., adv.* מִטְּווָח קָצָר מְאוֹד, יָשָׁר לַפָּנִים, בְּגָלוּי
pointed *adj.* מְחוּדָּד; קוֹלֵעַ; עוֹקֵץ
pointer *n.* מַחֲוָון; מָחוֹג; (מין) כֶּלֶב צַיִד
poise *n.* אִיזּוּן, קוֹר רוּחַ
poise *v.* אִיזֵּן; שָׁמַר שִׁיוּוּי־מִשְׁקָל; הֶחֱזִיק
poison *n., v.* רַעַל, אֶרֶס; הִרְעִיל
poisonous *adj.* מַרְעִיל, אַרְסִי
poke *n.* תְּחִיבָה; דְחִיפָה קַלָּה
poke *v.* תָּחַב, תָּקַע
poke a hole *v.* לַעֲשׂוֹת חוֹר
poke about *v.* לְחַטֵּט
poke his nose *v.* לִתְחוֹב אֶת חוֹטְמוֹ
poke fun at *v.* לָשִׂים לְלַעַג
poker *n.* מַחְתָּה; פּוֹקֶר (משחק)
poky *adj.* קָטָן וְצַר; קַטְנוּנִי
polar bear *n.* דוֹב הַקּוֹטֶב
polarize *v.* קִיטֵּב
pole *n.* קוֹטֶב; מוֹט; עַמּוּד
pole-vault *n.* קְפִיצַת מוֹט
polecat *n.* נְמִיָּיה
polemic *n., adj.* פּוּלְמוּס; פּוּלְמוּסִי
polestar *n.* כּוֹכַב הַצָּפוֹן
police *n., v.* מִשְׁטָרָה; שִׁיטֵּר
police court *n.* בֵּית מִשְׁפָּט לַעֲבֵירוֹת קַלּוֹת
police office *n.* מַטֵּה הַמִּשְׁטָרָה
police station *n.* תַּחֲנַת מִשְׁטָרָה
policeman *n.* שׁוֹטֵר
policewoman *n.* שׁוֹטֶרֶת
policy *n.* מְדִינִיּוּת, קַו־פְּעוּלָּה; תְּעוּדַת בִּיטּוּחַ
polio *n.* (בדיבּוּר) שִׁיתּוּק יְלָדִים
poliomyelitis *n.* (מחלת) שִׁיתּוּק יְלָדִים
polish *v.* לִיטֵּשׁ; צִחְצַח, הִבְרִיק
polish *n.* צִחְצוּחַ; מִשְׁחַת צִחְצוּחַ

polisher *n.* מְצַחְצֵחַ, מְלַטֵּשׁ
polite *adj.* אָדִיב, מְנוּמָּס, נִימוּסִי
politeness *n.* אֲדִיבוּת, נִימוּס
politic *adj.* נָבוֹן וְזָהִיר, מְחוּכָּם
political *adj.* מְדִינִי, פּוֹלִיטִי
politician *n.* פּוֹלִיטִיקַאי
politics *n.pl.* מְדִינִיּוּת, פּוֹלִיטִיקָה
polka *n.* פּוֹלְקָה (ריקוד מהיר ועליז)
poll *n.* סְפִירַת קוֹלוֹת; הַצְבָּעָה
poll *v.* הִצְבִּיעַ, עָרַךְ הַצְבָּעָה; קִיבֵּל קוֹלוֹת
pollen *n.* אֲבָקָה (של פְּרָחִים)
pollinate *v.* אִיבֵּק (צמח)
polling booth *n.* קַלְפִּי
polling day *n.* יוֹם בְּחִירוֹת
polling station *n.* קַלְפִּי, תַּחֲנַת הַצְבָּעָה
poll-tax *n.* מַס גוּלְגוֹלֶת
pollute *v.* זִיהֵם, טִינֵּף
pollution *n.* זִיהוּם, טִינּוּף
polo *n.* פּוֹלוֹ (משחק כדור ברכיבה)
polonaise *n.* פּוֹלוֹנֵיז (ריקוד פולני איטי; המוסיקה שלו)
poltergeist *n.* שֵׁד (שובב ורעשני)
polygamist *n.* פּוֹלִיגָמִיסְט, רַב־נָשִׁים
polyglot *adj., n.* רַב־לְשׁוֹנִי; יוֹדֵעַ לְשׁוֹנוֹת
polygon *n.* מְצוּלָע; רַב־צְלָעוֹת
polyp *n.* פּוֹלִיפּ, 'שָׁקֵד' (בּאף)
polytheist *n.* מַאֲמִין בְּאֵלִים רַבִּים
pomade *n.* מִשְׁחַת בְּשָׂמִים (לְשֵׂער)
pomegranate *n.* (עץ) רִימּוֹן
pomelo *n.* פּוֹמֶלוֹ (מין אשכולית גדולה)
pommel *v.* הִכָּה בְּאֶגְרוֹף
pommel *n.* תְּפוּס הָאוּכָּף; גּוּלַּת נִיצַּב הַחֶרֶב
pomp *n.* פְּאֵר, זוֹהַר, טְקָסִיּוּת
pompon *n.* פּוֹמְפּוֹן (נוצות או סרטים לקישוט בגד או נעל)
pompous *adj.* מִתְגַּנְדֵּר; מְנוּפָּח
poncho *n.* פּוֹנְצ'וֹ (מעיל גשם של טיילים ורוכבי אופניים)
pond *n.* בְּרֵכָה
ponder *v.* שָׁקַל, הִרְהֵר
ponderous *adj.* כָּבֵד, מְגוּשָּׁם; מְשַׁעֲמֵם
pone *n.* לֶחֶם תִּירָס (של אינדיאנים)
pontiff *n.* אַפִּיפְיוֹר; כּוֹהֵן גָּדוֹל
pontoon *n.* גֶּשֶׁר־צָף (לסירות)
pony *n.* סוּס קָטָן
poodle *n.* פּוּדֶל (כלב מסולסל שֵׂעָר)
pooh *interj.* פּוּה! (הבעת בוז או חוסר סבלנות)
pool *n.* מִקְוֵה מַיִם; קוּפָּה מְשׁוּתֶּפֶת
pool *v.* הִפְקִידוּ בְּקֶרֶן מְשׁוּתֶּפֶת
poolroom *n.* אוּלָם בִּילְיַארד
poop *n.* בֵּית־אַחְרָה (סיפון מורם בירכתי הספינה)
poor *adj.* עָנִי, דַּל; מִסְכֵּן
poor-box *n.* קוּפַּת צְדָקָה
poorhouse *n.* בֵּית עֲנִיִּים
poorly *adv., adj.* בְּקוֹשִׁי; בְּקַמְצָנוּת; חוֹלָנִי
pop *v.* פָּקַע; יָרָה; יָצָא; נִכְנַס בְּחִיפָּזוֹן; הִכָּה
pop *n.* קוֹל יְרִיָּה; גָּזוֹז
pop *adj.* פּוֹפּוּלָרִי, עֲמָמִי
popcorn *n.* תִּירָס קָלוּי
pope *n.* אַפִּיפְיוֹר
popery *n.* אַפִּיפְיוֹרוּת (בפי מתנגדים)
popeyed *adj.* פְּעוּר עֵינַיִם
popgun *n.* רוֹבֶה פְּקָקִים

poplar *n.* (עץ) צַפְצָפָה
poppy *n.* פֶּרֶג
poppycock *n.* שְטוּיוֹת
populace *n.* הֲמוֹן הָעָם
popular *adj.* אָהוּד; עֲמָמִי, פּוֹפּוּלָרִי
popularize *v.* הָפַךְ לְפּוֹפּוּלָרִי; הֵפִיץ בָּעָם
population *n.* תוֹשָבִים, אוּכְלוּסִיָּה; אִכְלוּס
populous *adj.* רַב־אוּכְלוּסִים
porcelain *n.* חַרְסִינָה
porch *n.* מִרְפֶּסֶת
porcupine *n.* דָּרְבָּן
pore *n.* נַקְבּוּבִית
pore *v.* עִיֵּן הֵיטֵב
pork *n.* בְּשַׂר חֲזִיר
pornography *n.* פּוֹרְנוֹגְרַפְיָה, סִפְרוּת זִימָּה
porous *adj.* נַקְבּוּבִי, מְנוּקְבָּב
porpoise *n.* (מין) דוֹלְפִין
porridge *n.* דַּיְיסָה
port *n.* (עִיר) נָמֵל; שְׂמֹאל (האונייה); יֵין אוֹפּוֹרְטוֹ
portable *adj., n.* מִיטַּלְטֵל, נוֹחַ לְטִלְטוּל
portal *n.* שַׁעַר, דֶּלֶת
portend *v.* בִּישֵּׂר, הִזְהִיר
portent *n.* אוֹת מְבַשֵּׂר
portentous *adj.* מְבַשֵּׂר (רע)
porter *n.* סַבָּל; שׁוֹעֵר
portfolio *n.* תִּיק נְיָירוֹת, תִּיק שַׂר
porthole *n.* אֶשְׁנָב, חַלּוֹן בָּאוֹנִיָּה
portico *n.* שְׂדֵרַת עַמּוּדִים, סְטָיו
portion *n.* חֵלֶק; מָנָה
portly *adj.* בַּעַל כֶּרֶס, כַּרְסָן
portmanteau *n.* מִזְוָודָה גְּדוֹלָה

portrait *n.* פּוֹרְטְרֶט, דְּיוֹקָן
portray *v.* צִיֵּיר; תֵּיאֵר, שִׁיקֵּף
portrayal *n.* צִיּוּר; תֵּיאוּר, שִׁיקּוּף
pose *v.* הִצִּיג (בְּעיה וכד'); יָשַׁב בְּצוּרָה הָרְצוּיָה; הִתְיַימֵּר
pose *n.* פּוֹזָה; הַעֲמָדַת־פָּנִים
posh *adj.* מְפוֹאָר, מְצוּחְצָח
position *n.* מַצָּב, (בצבא) מוּצָּב; מַעֲמָד; עֶמְדָּה (בוויכוח)
position *v.* הֶעֱמִיד בַּמָּקוֹם
positive *adj.* חִיּוּבִי; פּוֹזִיטִיבִי; מוּחְלָט
positive *n.* פּוֹזִיטִיב (בצילום); חִיּוּב
posse *n.* (באה"ב) קְבוּצַת שׁוֹטְרִים
possess *v.* הֶחֱזִיק בּ; הָיָה לוֹ
possession *n.* בַּעֲלוּת, חֲזָקָה
possibility *n.* אֶפְשָׁרוּת, בְּרֵירָה, הִיתָּכְנוּת
possible *adj.* אֶפְשָׁרִי
possum *n.* פּוֹסוּם (חיות כיס קטנות שוכנות עצים)
post *n.* עַמּוּד; דּוֹאַר; (בצבא) עֶמְדָּה
post *v.* שָׁלַח בַּדּוֹאַר, דִּיוֵור; הִדְבִּיק (מודעה וכד')
postage *n.* דְּמֵי־דוֹאַר
postage meter *n.* מַחְתֵּמָה
postage stamp *n.* בּוּל דוֹאַר
postal *adj., n.* שֶׁל דּוֹאַר; גְּלוּיָה
postal order *n.* הַמְחָאַת דּוֹאַר
postcard *n.* גְּלוּיַת־דּוֹאַר
postdate *v.* קָבַע תַּאֲרִיךְ מְאוּחָר
poste restante *n.* (בדואר) מָדוֹר מִכְתָּבִים שְׁמוּרִים (לנמען)
poster *n.* כְּרָזָה, פְּלָקָט
posterior *n.* אֲחוֹרַיִים
posterity *n.* זֶרַע, צֶאֱצָאִים

posthaste *adv.* בִּמְהִירוּת רַבָּה
posthumous *adj.* שֶׁלְּאַחַר הַמָּוֶת
postman *n.* דַּוָּר
postmark *n.* חוֹתֶמֶת דּוֹאַר
postmark *v.* חָתַם (חותמת־דואר)
postmaster *n.* מְנַהֵל דּוֹאַר
post meridiem אַחֲרֵי הַצָּהֳרַיִים, אחה"צ
post-mortem *adj., n.* (בְּדִיקָה) שֶׁלְּאַחַר הַמָּוֶת
post-office *n.* בֵּית־דּוֹאַר
post-office box *n.* תָּא־דּוֹאַר
postpaid *adj.* דְּרָ"שׁ, דְּמֵי־דּוֹאַר שׁוּלְּמוּ
postpone *v.* דָּחָה, הִשְׁהָה
postscript *n.* הוֹסָפָה לַכָּתוּב, נ"ב
postulate *n., v.* הַנָּחַת יְסוֹד; קָבַע כְּעוּבְדָה, הִנִּיחַ כְּבָסִיס
posture *n.* מַעֲרַךְ הַגּוּף, תְּנוּחָה
postwar *adj.* שֶׁלְּאַחַר הַמִּלְחָמָה
posy *n.* זֵר פְּרָחִים (קטן)
pot *n.* קְדֵרָה, סִיר; כְּלִי־בַּיִת; (המונית) חֲשִׁישׁ
potash *n.* פַּחְמַת אַשְׁלְגָן, אַשְׁלָג
potassium *n.* אַשְׁלְגָן, קַלְיוּם
potato *n.* תַּפּוּחַ־אֲדָמָה, תַּפּוּד
potbellied *adj.* כַּרְסָנִי
potency *n.* עוֹצְמָה; כּוֹחַ־גַּבְרָא, יְעִילוּת
potent *adj.* חָזָק, יָעִיל, בַּעַל כּוֹחַ־גַּבְרָא
potentate *n.* שַׁלִּיט, מֶלֶךְ
potential *adj. n.* שֶׁבְּכוֹחַ, פּוֹטֶנְצְיָאלִי; פּוֹטֶנְצְיָאל; אֶפְשָׁרוּת גְּלוּמָה
pothole *n.* מַהֲמוֹרָה (בכביש), פִּיר (בסלע)
potion *n.* שִׁיקּוּי; תְּרוּפָה; רַעַל
pot-luck *n.* הָאוֹכֶל שֶׁבַּבַּיִת, מַה שֶּׁיֵּשׁ
potpourri *n.* תַּעֲרוֹבֶת (עלי ורד ותבלים, וכן של קטעי מוסיקה או ספרות)
potsherd *n.* חֶרֶס (שבר כלי בחפירות)
pottage *n.* נָזִיד, מְרָק סָמִיךְ
potshot *n.* יְרִיָּה לֹא מְדוּיֶּקֶת
potter *n.* קַדָּר, יוֹצֵר
potter *v.* עָבַד בַּעֲצַלְתַּיִים
potter's clay *n.* חוֹמֶר
pottery *n.* קַדָּרוּת; כְּלֵי־חֶרֶס
pouch *n.* כִּיס, שַׂקִּיק
poulterer *n.* סוֹחֵר עוֹפוֹת
poultice *n.* רְטִיָּה
poultry *n.* עוֹפוֹת מֶשֶׁק
pounce *v.* זִינֵּק, הִתְנַפֵּל
pound *n.* לִיטְרָה (משקל); לִירָה (כסף)
pound *v.* הָלַם, הִכָּה
pour *v.* שָׁפַךְ, מָזַג; נִיתַּךְ (גשם)
pout *v.* שִׁרְבֵּט (שפתיים); כָּעַס
poverty *n.* עוֹנִי, דַּלּוּת
powder *n.* אַבְקָה, פּוּדְרָה (קוסמטית)
powder *v.* אִיבֵּק; שָׁחַק; פִּידֵּר
powder-puff *n.* כָּרִית לְפּוּדְרָה
powder-room *n.* (חֲדַר) נוֹחִיּוּת (לנשים)
powdery *adj.* כְּמוֹ אַבְקָה
power *n.* כּוֹחַ, חוֹזֶק; יְכוֹלֶת; שִׁלְטוֹן; מַעֲצָמָה; סַמְכוּת; חֶזְקָה (מתימטיקה)
power *v.* סִיפֵּק כּוֹחַ
power-dive *n.* (במטוס) צְלִילָה בְּדַחַף הַמָּנוֹעַ
power mower *n.* מַכְסֵחַת מָנוֹעַ
power plant *n.* תַּחֲנַת כּוֹחַ
power of attorney *n.* יִיפּוּי כּוֹחַ

powerful *adj.* חָזָק, רַב־כּוֹחַ
powerhouse *n.* תַּחֲנַת־כּוֹחַ
powerless *adj.* אֵין־אוֹנִים
powwow *n.* שִׂיחַת אִינְדְיָאנִים (בהתבדחות)
pox *n.* (בדיבור) עַגֶּבֶת, סִיפִילִיס
practical *adj.* מַעֲשִׂי, תּוֹעַלְתִּי
practical joke *n.* תַּעֲלוּל מֵבִיךְ, 'סִידוּר'
practically *adv.* מִבְּחִינָה מַעֲשִׂית; כִּמְעַט, לְמַעֲשֶׂה
practice *n.* אִימּוּן, תִּרְגּוּל; הֶרְגֵל; פְּרַקְטִיקָה (של רופא וכד')
practice, practise *v.* תִּרְגֵּל; הִתְאַמֵּן; עָסַק בְּמִקְצוֹעַ
practitioner *n.* עוֹסֵק (במקצוע)
pragmatic *adj.* פְּרַגְמָטִי, מַעֲשִׂי (לאו דווקא אידיאולוגי)
prairie *n.* עֲרָבָה רְחָבָה, אֵזוֹר מִרְעֶה
praise *n., v.* שֶׁבַח, הַלֵּל; שִׁיבַּח, הִילֵּל
pram *n.* עֶגְלַת יְלָדִים
prance *v.* קִרְטֵעַ, קִיפֵּץ, פִּיזֵּז
prank *n.* מַעֲשֶׂה קוּנְדֵס, תַּעֲלוּל
prate *v.* פִּטְפֵּט, קִשְׁקֵשׁ
prattle *n.* פִּטְפּוּט, שְׁטוּיוֹת
prawn *n.* (מין) סַרְטָן קָטָן
pray *v.* הִתְפַּלֵּל, הִתְחַנֵּן, הִפְצִיר
prayer *n.* תְּפִילָּה, תְּחִינָּה
prayer-book *n.* סִידּוּר תְּפִילָּה
preach *v.* הִטִּיף; דָּרַשׁ דְּרָשָׁה
preacher *n.* דַּרְשָׁן, מַטִּיף
preamble *n.* הַקְדָּמָה, פֶּתַח דָּבָר
precarious *adj.* לֹא בָּטוּחַ, רוֹפֵף, לֹא מְבוּסָּס
precaution *n.* אֶמְצָעֵי־זְהִירוּת
precede *v.* קָדַם; הִקְדִּים
precedence *n.* זְכוּת קְדִימָה, עֲדִיפוּת
precedent *n.* תַּקְדִּים
precept *n.* הַנְחָיָה; מִצְוָה; כְּלָל
precinct *n.* תְּחוּם, סְבִיבָה; מִדְרְחוֹב
precious *adj.* יְקַר עֵרֶךְ, יָקָר מְאוֹד
precipice *n.* צוּק תָּלוּל; תְּהוֹם
precipitate *v.* הִפִּיל בְּעוֹצְמָה; הֵחִישׁ, זֵירֵז, הֵאִיץ
precipitate *adj.* נֶחְפָּז, נִמְהָר
precipitous *adj.* תָּלוּל בְּיוֹתֵר
precis *n.* תַּמְצִית דְּבָרִים, תַּקְצִיר
precise *adj.* מְדוּיָּק, מְדוּקְדָּק
precision *n.* דִּיוּק, דַּיְיקָנוּת
preclude *v.* הוֹצִיא מִכְּלַל אֶפְשָׁרוּת
precocious *adj.* מְפוּתָּח מֵעַל לְגִילוֹ
preconceive *v.* גִּיבֵּשׁ (דֵעָה) מֵרֹאשׁ, חִישֵּׁב מֵרֹאשׁ
preconception *n.* דֵּעָה שֶׁגּוּבְּשָׁה מֵרֹאשׁ; דֵּעָה קְדוּמָה
precursor *n.* מְבַשֵּׂר; קוֹדֵם
predatory *adj.* טוֹרֵף, חַמְסָנִי
predecessor *n.* קוֹדֵם, מִי שֶׁהָיָה קוֹדֵם
predicament *n.* מַצָּב מֵעִיק
predicate *n., v.* נָשׂוּא; צִיֵּין, קָבַע; הִצְרִיךְ
predict *v.* נִיבֵּא, חָזָה מֵרֹאשׁ
prediction *n.* נִיבּוּי; חִיזּוּי
predilection *n.* חִיבָּה מְיוּחֶדֶת, הַעֲדָפָה
predispose *v.* הִטָּה מֵרֹאשׁ; הִכְשִׁיר
predominant *adj.* שׁוֹלֵט; מַכְרִיעַ
predominate *v.* שָׁלַט, הָיָה הָרוֹב
preeminent *adj.* דָּגוּל, נַעֲלֶה
preempt *v.* קָנָה בִּזְכוּת קְדִימָה
preen *v.* נִיקָּה בְּמַקּוֹר; הִתְהַדֵּר
prefab *n.* בַּיִת טְרוֹמִי

prefabricate *v.* יִיצֵּר מֵרֹאשׁ
preface *n., v.* הַקְדָּמָה; הִקְדִּים
prefect *n.* (בּרומא העתיקה) מַצְבִּיא, מוֹשֵׁל; (בּצרפת) קְצִין מָחוֹז, רֹאשׁ מִשְׁטֶרֶת פָּארִיז; (בּבי"ס באנגלייה) תַּלְמִיד מַשְׁגִּיחַ (על המשמעת)
prefer *v.* הֶעְדִּיף, בִּיכֵּר
preferable *adj.* עָדִיף
preference *n.* הַעְדָּפָה
prefix *n.* תְּחִילִית, קִידּוֹמֶת
prefix *v.* שָׂם לִפְנֵי
pregnant *adj.* הָרָה; פּוֹרֶה
prejudice *n.* דֵּעָה קְדוּמָה, נֶזֶק
prejudice *v.* נָטַע דֵּעָה קְדוּמָה בְּלֵב (הזולת); פָּגַע (בּזכות וכד')
prejudicial *adj.* גּוֹרֵם דֵּעָה קְדוּמָה; מַזִּיק
prelate *n.* כּוֹמֶר בָּכִיר (מבּישוף ומעלה)
preliminary *adj., n.* מוּקְדָם, קוֹדֵם, מֵכִין; פְּעוּלָּה מְכִינָה
prelude *n.* פְּרֵלוּד, נְגִינַת פְּתִיחָה
premature *adj.* לֹא בָּשֵׁל, לִפְנֵי זְמַנּוֹ
premeditate *v.* תִּכְנֵן מֵרֹאשׁ
premier *adj., n.* רִאשׁוֹן; רֹאשׁ; רֹאשׁ מֶמְשָׁלָה
première *n.* הַצָּגַת־בְּכוֹרָה
premise, premiss *n.* הַנָּחַת יְסוֹד
premises *n.pl.* בַּיִת (על מבני העזר שלו), חֲצֵרִים
premium *n.* דְּמֵי־בִּיטּוּחַ, פְּרֶמְיָה; הֲטָבָה
premonition *n.* תְּחוּשָׁה (לא טובה) מוּקְדֶמֶת
preoccupation *n.* הִתְעַסְּקוּת בְּמַחְשָׁבָה אַחַת
preoccupy *v.* הֶעֱסִיק אֶת הַדַּעַת

prepaid *adj.* שֶׁשּׁוּלַּם מֵרֹאשׁ
preparation *n.* הֲכָנָה, הַכְשָׁרָה
preparatory *adj.* מֵכִין; מַכְשִׁיר
prepare *v.* הֵכִין; הִכְשִׁיר; הִתְכּוֹנֵן
preparedness *n.* נְכוֹנוּת, כּוֹנְנוּת
prepay *v.* שִׁילֵּם מֵרֹאשׁ
preponderant *adj.* מַכְרִיעַ, עוֹדֵף
preposition *n.* מִלַּת־יַחַס
prepossessing *adj.* מוֹשֵׁךְ, עוֹשֶׂה רוֹשֶׁם
preposterous *adj.* לֹא הֶגְיוֹנִי, מְגוּחָךְ
prerequisite *adj., n.* צוֹרֶךְ דָּרוּשׁ; מְהַוֶּה תְּנַאי מוּקְדָם
prerogative *n.* זְכוּת מְיוּחֶדֶת
presage *v.* הָיָה אוֹת ל, נִיבֵּא, בִּישֵּׂר
prescient *adj.* (בּספרות) רוֹאֶה אֶת הַנּוֹלָד
prescribe *v.* רָשַׁם מַתְכּוֹן; הִצִּיעַ תְּרוּפָה
prescription *n.* מִרְשָׁם, רֶצֶפְּט
presence *n.* נוֹכְחוּת; הוֹפָעָה אִישִׁית
present *adj., n.* נוֹכְחִי, נוֹכֵחַ; הוֹוֶה (זמן); מַתָּנָה
present *v.* הֶעֱנִיק, נָתַן; הִצִּיג, הֶרְאָה
presentable *adj.* רָאוּי לְהוֹפָעָה בְּצִיבּוּר
presentation *n.* הַצָּגָה; הַגָּשָׁה
presentiment *n.* הַרְגָּשָׁה מְנַבְּאָה רָעוֹת
presently *adv.* מִיָּד, כָּעֵת
preserve *v.* שִׁימֵּר; שָׁמַר עַל; הִנְצִיחַ
preserve *n.* רִיבָּה; שְׁמוּרָה; תְּחוּם פְּרָטִי
preside *v.* יָשַׁב רֹאשׁ
presidency *n.* נְשִׂיאוּת
president *n.* נָשִׂיא
presidium *n.* נְשִׂיאוּת; וַעֲדָה מַתְמֶדֶת

press *v.* לָחַץ, דָּחַק; גִּיהֵץ

press *n.* גִּיהוּץ; לַחַץ; מַגְהֵץ; עִיתּוֹנוּת; (בית) דְּפוּס; אֲרוֹן קִיר

press agent *n.* סוֹכֵן פִּרְסוֹמֶת בָּעִיתּוֹנוּת

press conference *n.* מְסִיבַּת עִיתּוֹנָאִים

press cutting *n.* גְּזִיר עִיתּוֹן

pressing *adj.* דָּחוּף; לוֹחֵץ; גִּיהוּץ

pressure *n.* לַחַץ

pressure cooker *n.* סִיר לַחַץ

pressure group *n.* קְבוּצַת לַחַץ

prestige *n.* יוּקְרָה, פְּרֶסְטִיז'ה

presto *interj.* מַהֵר! בְּקֶצֶב מָהִיר!

presumably *adv.* כְּפִי שֶׁמִּסְתַּבֵּר

presume *v.* הִנִּיחַ; הִרְשָׁה לְעַצְמוֹ

presumption *n.* הֲנָחָה, סְבָרָה; חוּצְפָּה

presumptuous *adj.* מַרְשֶׁה לְעַצְמוֹ, חָצוּף

presuppose *v.* הִנִּיחַ מֵרֹאשׁ

presupposition *n.* הֲנָחַת קֹדֶם

pretend *v.* הִתְיַימֵּר; הֶעֱמִיד פָּנִים

pretense *n.* הַעֲמָדַת־פָּנִים

pretentious *adj.* יוּמְרָנִי

pretest *n.* קֹדֶם בְּחִינָה, בְּחִינַת־קֹדֶם

preterit(e) *n., adj.* (שֶׁל) זְמַן עָבָר (בדקדוק)

pretext *n.* תֵּירוּץ, פִּתְחוֹן פֶּה

pretty *adj.* נֶחְמָד, יָפֶה

pretty *adv.* לְמַדַּיי

pretty nearly *adv.* כִּמְעַט

pretty-pretty *n.* יוֹפִי מְעוּשֶּׂה

pretty sure *adj.* בָּטוּחַ לְמַדַּיי

pretzel *n.* פְּרֶצֶל (כעך קטן מָלוּחַ)

prevail *v.* נִיצַּח; שָׂרַר, הָיָה רוֹוֵחַ

prevailing *adj.* שׂוֹרֵר, רוֹוֵחַ

prevalent *adj.* רוֹוֵחַ; נָפוֹץ

prevaricate *v.* הִתְחַמֵּק מֵאֱמֶת, שִׁיקֵּר

prevent *v.* מָנַע, הֵנִיא

preventable *adj.* מָנִיעַ, בַּר־מְנִיעָה

prevention *n.* מְנִיעָה

preventive *adj., n.* מוֹנֵעַ; אֶמְצָעִי מְנִיעָה

preview *n.* הַצָּגָה מוּקְדֶּמֶת

previous *adj., adv.* קוֹדֵם; נֶחְפָּז

previous to לִפְנֵי, קוֹדֶם

prey *n., v.* טֶרֶף; שָׁדַד; טָרַף; הֵעִיק

price *n.* מְחִיר, עֵרֶךְ

price *v.* קָבַע מְחִיר; הֶעֱרִיךְ מְחִיר

price-control *n.* פִּיקּוּחַ עַל מְחִירִים

price-cutting *n.* הוֹרָדַת מְחִירִים

price fixing *n.* קְבִיעַת מְחִירִים

price freezing *n.* הַקְפָּאַת מְחִירִים

price list *n.* מְחִירוֹן

priceless *adj.* יָקָר מְאוֹד, שֶׁאֵין עָרוֹךְ לוֹ

prick *n.* דְּקִירָה; (המונית) 'זַיִן'

prick *v.* דִּקְרֵר, דָּקַר

prickly *adj.* דּוֹקְרָנִי

prickly heat *n.* חֲרָרָה (מחלת עור)

prickly pear *n.* צַבָּר

pride *n.* גַּאֲוָה; יוּהֲרָה

pride *v.* הִתְפָּאֵר, הִתְגָּאָה

priest *n.* כּוֹהֵן; כּוֹמֶר

priesthood *n.* כְּהוּנָּה

prig *n.* מַפְרִיז בְּדַקְדְּקָנוּתוֹ (בענייני מוסר), מִתְחַסֵּד

prim *adj.* צְנוּעָתָנִי; יְפֵה נֶפֶשׁ

prima donna *n.* זַמֶּרֶת רָאשִׁית

prima facie *adj., adv.* בְּמַבָּט רִאשׁוֹן, לִכְאוֹרָה

primary *adj., n.* רִאשׁוֹנִי; עִיקָּרִי; יְסוֹדִי; בְּחִירַת (מועמדים) מוּקְדֶּמֶת

primary colors *n.pl.* צִבְעֵי יְסוֹד
primary school *n.* בֵּית־סֵפֶר יְסוֹדִי
primate *n.* אַרְכִיבִּישׁוֹף
prime *adj., n.* רָאשִׁי, רִאשׁוֹן בְּמַעֲלָה; מוּבְחָר
prime *v.* הִפְעִיל; הִתְנִיעַ; הֶאֱכִיל; סִיפֵּק (אבק־שריפה, ידיעות)
prim(a)eval *adj.* קַדְמוֹן, שֶׁל תְּקוּפַת בְּרֵאשִׁית
prime minister *n.* רֹאשׁ מֶמְשָׁלָה
primer *n.* אַלְפוֹן, סֵפֶר לְמַתְחִילִים
primitive *adj.* פְּרִימִיטִיבִי; קָדוּם; נֶחְשָׁל
primogeniture *n.* הֱיוֹת הַבְּכוֹר
primordial *adj.* רֵאשִׁיתִי, קַדְמוֹן, קַדְמָאִי
primp *v.* הִתְייַפָּה בְּקַפְּדָנוּת
primrose *n., adj.* רַקֶּפֶת; רַקַּפְתִּי
primrose path *n.* שְׁבִיל תַּעֲנוּגוֹת
prince *n.* נָסִיךְ
princess *n.* נְסִיכָה
principal *adj.* עִיקָּרִי, רָאשִׁי
principal *n.* מְנַהֵל, רֹאשׁ; קֶרֶן
principle *n.* עִיקָּרוֹן, עִיקָּר
print *n.* (אוֹתִיּוֹת) דְּפוּס, טְבִיעָה; הֶדְפֵּס
print *v.* הִדְפִּיס; טָבַע; כָּתַב בְּאוֹתִיּוֹת־דְּפוּס
printed matter *n.* דִּבְרֵי־דְּפוּס
printer *n.* מַדְפִּיס, בַּעַל דְּפוּס
printer's devil *n.* שׁוּלְיַית מַדְפִּיס
printing *n.* הַדְפָּסָה
prior *adj.* קוֹדֵם
prior to לִפְנֵי
prior *n.* רֹאשׁ מִסְדָּר דָּתִי; סְגַן רֹאשׁ מִנְזָר
priority *n.* זְכוּת־קְדִימָה; עֲדִיפוּת
prism *n.* מִנְסָרָה, פְּרִיסְמָה
prison *v.* בֵּית־סוֹהַר
prisoner *n.* אָסִיר
prissy *adj.* קַפְּדָן
pristine *adj.* קָדוּם; שֶׁנִּשְׁאַר טָהוֹר, בִּלְתִּי פָּגוּם
privacy *n.* פְּרָטִיּוּת
private *adj.* פְּרָטִי, אִישִׁי
private *n.* טוּרַאי
private first class *n.* טוּרַאי רִאשׁוֹן
private view *n.* הַצָּגָה פְּרָטִית
privation *n.* מַחְסוֹר, חוֹסֶר כּוֹל
privilege *n.* זְכוּת מְיוּחֶדֶת, פְּרִיווִילֶגְיָה
privy *adj., n.* פְּרָטִי; סוֹדִי; בֵּית־כִּסֵּא
prize *n., adj.* פְּרָס; מְעוּלֶּה
prize *v.* הֶעֱרִיךְ מְאוֹד
prize-fight *n.* קְרַב אִגְרוּף לְשֵׁם כֶּסֶף
pro *adv., n.* (נימוק, הַצְבָּעָה) בְּעַד
pro and con (נימוקים) בְּעַד וָנֶגֶד
probability *n.* הִסְתַּבְּרוּת, סִיכּוּי
probable *adj.* מִסְתַּבֵּר, קָרוֹב לְווַדַּאי
probation *n.* מִבְחָן, נִיסָּיוֹן, תְּקוּפַת מִבְחָן
probe *n.* בְּדִיקָה; חֲקִירָה
probe *v.* בָּחַן, בָּדַק
problem *n.* בְּעָיָה
procedure *n.* נוֹהַל, סְדָרִים
proceed *v.* הִמְשִׁיךְ, הִתְקַדֵּם
proceeding *n.* הָלִיךְ; מַהֲלַךְ הָעִנְיָנִים
proceeds *n.pl.* הַכְנָסוֹת, רְוָחִים
process *n.* תַּהֲלִיךְ
process *v.* עִיבֵּד, תִּהֲלֵךְ
processing (text) עִיבּוּד תַּמְלִילִים
procession *n.* תַּהֲלוּכָה
proclaim *v.* הִכְרִיז, הִצְהִיר
proclitic *adj., n.* (מִלָּה) נִגְרֶרֶת

proclivity *n.* נְטִיָּה (נפשית, טבעית)
procrastinate *v.* הִשְׁהָה מִיּוֹם לְיוֹם; הִיסֵּס
procreate *v.* הוֹלִיד, הִתְרַבָּה
proctor *n.* קְצִין מִשְׁמַעַת (באוניב' אוקספורד וקיימברידג')
procure *v.* הִשִּׂיג, רָכַשׁ; סִרְסֵר
prod *n.* דְּחִיפָה
prod *v.* דָּחַף; דִּרְבֵּן, זֵירֵז
prodigal *adj., n.* בַּזְבְּזָנִי; בַּזְבְּזָן
prodigious *adj.* מַפְלִיא; עָצוּם
prodigy *n.* פֶּלֶא, נֵס; עִילּוּי
produce *v.* בִּיֵּים, הִצִּיג; יָלַד; הֵפִיק, יִיצֵּר
produce *n.* יְבוּל; תּוֹצֶרֶת
product *n.* תּוֹצָר, מוּצָר; מַכְפֵּלָה
production *n.* תְּפוּקָה, יִיצּוּר; הֲפָקָה (מילולית), הַבָּעָה, יְצִירָה
profane *v.* טִימֵּא, חִילֵּל קוֹדֶשׁ
profane *adj.* חִילוֹנִי; טָמֵא; גַּס
profanity *n.* חִילּוּל הַקּוֹדֶשׁ; חֵירוּף
profess *v.* טָעַן, הִתְיַימֵּר
profession *n.* מִקְצוֹעַ; הַצְהָרָה
professional *adj.,n.* מִקְצוֹעִי, מִקְצוֹעָן
professor *n.* פְּרוֹפֶסוֹר
proffer *v.* הִצִּיעַ; הַצָּעָה
proficient *adj.* מְיוּמָּן, מוּמְחֶה
profile *n.* צְדוּדִית, פְּרוֹפִיל
profile *v.* הִתְקִין פְּרוֹפִיל
profit *n.* רֶוַוח, תּוֹעֶלֶת
profit taking *n.* מִימּוּשׁ רְוָחִים
profit *v.* הֵפִיק רֶוַוח אוֹ תּוֹעֶלֶת
profitable *adj.* מֵבִיא רֶוַוח, מַכְנִיס
profiteer *n., v.* מַפְקִיעָן; הִפְקִיעַ שְׁעָרִים
profligate *adj., n.* מוּפְקָר

pro forma invoice *n.* חֶשְׁבּוֹנִית פְּרוֹפוֹרְמָה
profound *adj.* עָמוֹק
profuse *adj.* פַּזְרָנִי, שׁוֹפֵעַ
progeny *n.* צֶאֱצָאִים
prognosis *n.* פְּרוֹגְנוֹזָה, תַּחֲזִית; אַבְחָנָה
prognostic *n., adj.* נִיבּוּיִי, תַּחֲזִיתִי
program(me) *n.* תּוֹכְנִית; תּוֹכְנִיָּה
progress *n.* הִתְקַדְּמוּת; קִדְמָה
progress *v.* הִתְקַדֵּם
progressive *adj., n.* פְּרוֹגְרֶסִיבִי; מִתְקַדֵּם
prohibit *v.* אָסַר
project *n.* מִבְצָע, תּוֹכְנִית, פְּרוֹיֶיקְט
project *v.* תִּכְנֵן; הֵטִיל; הִקְרִין; הִשְׁלִיךְ; בָּלַט
projectile *n., adj.* קָלִיעַ, טִיל
projection *n.* תִּכְנוּן; הֲטָלָה, הֵיטֵל; הַשְׁלָכָה; בְּלִיטָה
projector *n.* מָטוֹל, מַקְרֵן
proletarian *adj., n.* פְּרוֹלֵטָרִי (של מעמד הפועלים)
proletariat *n.* מַעֲמַד הַפּוֹעֲלִים
proliferate *v.* פָּרָה, הֵנִיב
prolific *adj.* פּוֹרֶה; שׁוֹפֵעַ, מֵנִיב
prolix *adj.* אָרוֹךְ וּמְשַׁעֲמֵם
prolog, prologue *n.* מָבוֹא, פְּרוֹלוֹג
prolong *v.* הֶאֱרִיךְ, חִידֵּשׁ (תוקף)
prom *n.* טַיֶּלֶת; קוֹנְצֶרְט טַיֶּלֶת
promenade *n.* טִיּוּל, טַיֶּלֶת
promenade *v.* טִייֵּל בְּטַיֶּלֶת; הוֹלִיךְ לְרַאֲוָוה
prominent *adj.* בּוֹלֵט; יָדוּעַ, דָּגוּל
promiscuous *adj.* נוֹהֵג(ת) בְּחוֹפֶשׁ מִינִי, לְלֹא הַבְחָנָה
promise *n., v.* הַבְטָחָה; הִבְטִיחַ

promising *adj.* מַבְטִיחַ
promissory *adj.* מִתְחַיֵּב, מְחַיֵּב
promontory *n.* כֵּף, צוּק־חוֹף
promote *v.* הֶעֱלָה בְּדַרְגָה; קִידֵּם
promotion *n.* עֲלִייָה בְּדַרְגָה; קִידּוּם
prompt *adj.* מָהִיר, מִיָּדִי
prompt *v.* זֵירֵז, הֵנִיעַ; סִייֵּעַ (לנואם); לָחַשׁ (לשחקן)
prompter *n.* לַחְשָׁן
promulgate *v.* פִּרְסֵם, הֵפִיץ
prone *adj.* שָׁכוּב עַל פָּנָיו; עָלוּל
prong *n.* שֵׁן (במזלג וכד')
pronominal *adj.* (בדקדוק) שֶׁל כִּינּוּי הַשֵּׁם
pronoun *n.* כִּינּוּי הַשֵּׁם
pronounce *v.* בִּיטֵּא; הִכְרִיז
pronouncement *n.* הַכְרָזָה, הַצְהָרָה
pronunciation *n.* מִבְטָא, הֲגִייָה
proof *n.* הוֹכָחָה, רְאָיָה; הַגָּהָה
proof *adj.* בָּדוּק; חָסִין
proofreader *n.* מַגִּיהַּ, קוֹרֵא הַגָּהוֹת
prop *n.* סָמוֹךְ, מִשְׁעָן
prop *v.* תָּמַךְ, סָעַד
propaganda *n.* תַּעֲמוּלָה, פִּרְסוֹמֶת
propagate *v.* הֵפִיץ, פִּרְסֵם; הִשִּׁיף ל, רִיבָּה
propel *v.* הֵנִיעַ, דָחַף
propeller *n.* מַדְחֵף
propensity *n.* נְטִייָה טִבְעִית
proper *adj.* אֲמִיתִּי; מַתְאִים; הָגוּן, כָּשֵׁר
proper noun *n.* שֵׁם (עצם) פְּרָטִי
property *n.* רְכוּשׁ, נְכָסִים; תְּכוּנָה
prophecy *n.* נְבוּאָה
prophesy *v.* נִיבָּא, נִיבֵּא
prophet *n.* נָבִיא
prophylactic *adj., n.* מוֹנֵעַ (מחלה)
propinquity *n.* קִרְבָה, דִּמְיוֹן (בין רעיונות וכד')
propitiate *v.* פִּייֵּס, רִיצָּה
propitious *adj.* נוֹחַ, מַתְאִים, מְסַייֵּעַ
propjet *n.* מַדְחֵף, סִילוֹן (טורבינה)
proportion *n.* יַחַס; פְּרוֹפּוֹרְצְיָה
proportionate *adj.* יַחֲסִי
proposal *n.* הַצָּעָה; הַצָּעַת נִישּׂוּאִים
propose *v.* הִצִּיעַ; הִצִּיעַ נִישּׂוּאִים
proposition *n.* הַצָּעָה; הַנָּחָה
propound *v.* הִצִּיעַ, הֶעֱלָה
proprietor *n.* בְּעָלִים, בַּעַל עֵסֶק (או נכס)
proprietress *n.* בַּעֲלַת נֶכֶס
propriety *n.* הִתְנַהֲגוּת נָאוֹתָה
prop *n., v.* מִסְעָד, סָמֶךְ, הֶחְזִיק, תָּמַךְ
propulsion *n.* דַחַף, הֲנָעָה
prosaic *adj.* פְּרוֹזָאִי, אָפוֹר
proscribe *v.* נִידָּה; גֵּירֵשׁ, הוֹקִיעַ
prose *n.* פְּרוֹזָה
prosecute *v.* תָּבַע לְדִין; עָסַק בְּ, הִתְמִיד בְּ
prosecutor *n.* תּוֹבֵעַ, קָטֵגוֹר
proselyte *n.* גֵּר, מוּמָר
prosody *n.* תּוֹרַת הַמִּשְׁקָל, פְּרוֹזוֹדְיָה
prospect *n.* סִיכּוּי; מַרְאֶה נוֹף נִרְחָב; לָקוֹחַ בְּכוֹחַ
prospect *v.* חִיפֵּשׂ (זהב וכד')
prosper *v.* שִׂגְשֵׂג; גָּרַם לְהַצְלָחָה
prosperity *n.* שֶׁפַע, שִׂגְשׂוּג
prosperous *adj.* מְשַׂגְשֵׂג
prostitute *v.* מָכַר (עַצְמוֹ; כִּשְׁרוֹנוֹ)
prostitute *n.* זוֹנָה
prostrate *adj.* שָׁטוּחַ; מוּכְנָע
prostrate *v.* הִפִּיל אַרְצָה; הִשְׁתַּטֵּחַ

prostration *n.* אֲפִיסַת כּוחות
protagonist *n.* מְצַדֵּד
protean *adj.* מִשְׁתַּנֶּה תְּכוּפוֹת, פּושֵׁט צוּרָה וְלובֵשׁ צוּרָה
protect *v.* הֵגֵן, שָׁמַר עַל
protection *n.* הֲגָנָה, שְׁמִירָה, חָסוּת
protégé(e) *n.* בֶּן־חָסוּת, (בַּת חָסוּת)
protein *n.* חֶלְבּוֹן, פְּרוֹטֵאִין
protest *v.* מָחָה; טָעַן בְּתוֹקֶף
protest *n.* מְחָאָה, מֶחָאָה
protocol *n.* פְּרוֹטוֹקוֹל דְּבָרִים; גִּינוּנֵי טֶקֶס
proton *n.* פְּרוֹטוֹן (חלקיק החומר הנושא מטען חשמלי חיובי)
protoplasm *n.* פְּרוֹטוֹפְּלַסְמָה (תרכובת כימית שהיא יסוד תא החי והצומח)
prototype *n.* אַבְטִיפּוּס
protozoon *n.* פרוטוזואון (בע"ח חד תאי)
protract *v.* הֶאֱרִיךְ
protrude *v.* בָּלַט, הִזְדַּקֵּר
proud *adj.* גֵּא, גַּאֶה; שַׁחְצָן
prove *v.* הוֹכִיחַ; הוּכַח
provenance *n.* מוֹצָא, מָקוֹר
proverb *n.* מָשָׁל, פִּתְגָּם
provide *v.* סִיפֵּק; קָבַע; דָּאַג ל
provided *conj.* בִּתְנַאי שֶׁ, בִּלְבַד שֶׁ
providence *n.* דְּאָגָה לֶעָתִיד; הַהַשְׁגָּחָה הָעֶלְיוֹנָה
providential *adj.* מֵאֵת הַהַשְׁגָּחָה הָעֶלְיוֹנָה
providing *conj.* אִם, בִּתְנַאי
province *n.* מָחוֹז; תְּחוּם
provincial *n., adj.* פְּרוֹבִינְצְיָאל; פְּרוֹבִינְצְיָאלִי; בֶּן כְּפָר, תָּמִים
provision *n.* סִיפּוּק צְרָכִים; אֶמְצָעִי; תְּנַאי; קְבִיעָה (בדין)
provisional *adj.* זְמַנִּי
proviso *n.* תְּנַאי
provocation *n.* הַקְנָטָה, קִנְטוּר
provocative *adj.* מַקְנִיט, מְקַנְטֵר; מְעוֹרֵר
provoke *v.* הִתְגָּרָה בְּ; גֵּירָה
provoking *adj.* מְקַנְטֵר; מְגָרֶה
prow *n.* חַרְטוֹם סְפִינָה
prowess *n.* אוֹמֶץ־לֵב, גְּבוּרָה
prowl *v.* שִׁיחֵר לְטֶרֶף
prowler *n.* מְשַׁחֵר לְטֶרֶף, מְשׁוֹטֵט (לכוונת זדון)
proximity *n.* קִרְבָה, סְמִיכוּת מָקוֹם
proxy *n.* שְׁלוּחַ, שָׁלוּחַ לְהַצְבָּעָה
prude *n.* מִצְטַנֵּעַ, מִתְחַסֵּד
prudence *n.* יִישׁוּב הַדַּעַת, זְהִירוּת נְבוֹנָה
prudent *adj.* זָהִיר וְנָבוֹן
prudery *n.* הִצְטַנְּעוּת יְתֵרָה
prudish *adj.* מִצְטַנֵּעַ (בהפרזה)
prune *n.* שְׁזִיף מְיוּבָּשׁ
prune *v.* גָּזַם, זָמַר, קִיצֵּץ
pry *v.* חִיטֵּט; הֵצִיץ (ללא רשות)
psalm *n.* מִזְמוֹר, מִזְמוֹר תְּהִילִּים
psalmody *n.* שִׁירַת מִזְמוֹרֵי תְּפִילָּה; הַלְחָנַת (או עיבוד) מִזְמוֹרֵי תְּהִילִּים; אוֹסֶף מִזְמוֹרִים
psalter *n.* סֵפֶר תְּהִילִּים (או מבחר ממנו)
pseudo *adj.* מְזוּיָף, מְדוּמֶּה
pseudonym *n.* שֵׁם בָּדוּי, פְּסֶבְדוֹנִים
pshaw *interj.* שׁוּ! (קריאה להבעת קוצר רוח, רוגז, אכזבה, אי אֵמוּן)

psyche *n.* נְשָׁמָה, רוּחַ, שֵׂכֶל
psychiatrist *n.* פְּסִיכִיאַטֶר (מומחה למחלות רוח)
psychiatry *n.* פְּסִיכִיאַטְרִיָּה
psychic *adj., n.* נַפְשִׁי, פְּסִיכִי
psychoanalysis *n.* פְּסִיכוֹאַנָלִיזָה (חישוף מקור הפרעות נפשיות)
psychoanalyze *v.* טִיפֵּל בְּאוֹרַח פְּסִיכוֹאַנָלִיטִי
psychological *adj.* פְּסִיכוֹלוֹגִי
psychologist *n.* פְּסִיכוֹלוֹג
psychology *n.* תּוֹרַת־הַנֶּפֶשׁ, פְּסִיכוֹלוֹגְיָה
psychopath *n.* פְּסִיכוֹפָּת, חוֹלֵה־נֶפֶשׁ
psychosis *n.* פְּסִיכוֹזָה, טֵירוּף
psychotic *adj.* סוֹבֵל מִפְּסִיכוֹזָה
ptomaine *n.* רְעָלִים (שבמזון מבאיש)
pub *n.* מִסְבָּאָה, בֵּית מַרְזֵחַ
puberty *n.* בַּגְרוּת מִינִית
public *adj.* פּוּמְבִּי, צִיבּוּרִי
public *n.* צִיבּוּר, קָהָל
public conveyance רֶכֶב צִיבּוּרִי
public enemy *n.* אוֹיֵב הָעָם
public holiday *n.* שַׁבָּתוֹן, חַג
public house *n.* מִסְבָּאָה
public opinion *n.* דַּעַת הַקָּהָל
public relations *n.pl.* יַחֲסֵי צִיבּוּר
public school *n.* (באנגליה) בי״ס (תיכון) פְּרָטִי; (באה״ב) בי״ס מַמְלַכְתִּי
public speaking *n.* נְאִימָה בְּצִיבּוּר
public spirit *n.* נְכוֹנוּת לְשָׁרֵת אֶת הַצִּיבּוּר
public toilet *n.* בֵּית כִּסֵּא צִיבּוּרִי, שֵׁירוּתִים
publication *n.* הוֹצָאָה לָאוֹר, פִּרְסוּם
publicity *n.* פִּרְסוֹמֶת, פִּרְסוּם
publicize *v.* פִּרְסֵם בָּרַבִּים
publish *v.* פִּרְסֵם; הוֹצִיא לָאוֹר
publisher *n.* מוֹצִיא לָאוֹר, מו״ל
publishing house *n.* הוֹצָאָה לָאוֹר
pucker *v.* קִימֵּט; הִתְקַמֵּט
pudding *n.* חֲבִיצָה (מַאֲכָל לְ) קִינּוּחַ סְעוּדָה
puddle *n.* שְׁלוּלִית; טִיט (חומר)
pudgy *adj.* גּוּץ וְשָׁמֵן
puerile *adj.* יַלְדוּתִי, טִיפְּשִׁי
puerility *n.* יַלְדוּתִיּוּת, טִיפְּשׁוּת
puff *n.* נְשִׁימָה; נְשִׁיפָה (של עשן); כָּרִית (לאבקת פנים); שֶׁבַח מוּגְזָם (בביקורת)
puff *v.* נָשַׁם; נָשַׁף; הִתְנַפַּח; נִיפַּח
pug *n.* (מין) כֶּלֶב (דומה לבולדוג)
pug-nose(d) (בַּעַל) חוֹטֶם קָצָר וּפָחוּס
pugilism *n.* אֶגְרוֹפָנוּת, אִגְרוּף
pugilist *n.* מִתְאַגְרֵף
pugnacious *adj.* שׁוֹאֵף קְרָבוֹת, תּוֹקְפָנִי
puissant *adj.* רַב כּוֹחַ, רַב הַשְׁפָּעָה
puke *n., v.* (המונית) קִיא; הֵקִיא
pulchritude *n.* יוֹפִי
pull *v.* מָשַׁךְ; מָתַח
pull *n.* מְשִׁיכָה; (המונית) הַשְׁפָּעָה, ׳פְּרוֹטֶקְצְיָה׳, ׳מְשִׁיכַת חוּטִים׳
pullet *n.* פַּרְגִּית
pulley *n.* גַּלְגֶּלֶת
pulmonary *adj.* שֶׁל הָרֵיאוֹת
pulp *n.* חֵלֶק בְּשָׂרִי; צִיפָּה (של פרי); כְּתוֹשֶׁת
pulp *v.* כָּתַשׁ; נִכְתַּשׁ
pulpit *n.* דּוּכָן; בִּימָה
pulsate *v.* הָלַם, פָּעַם
pulsation *n.* פְּעִימָה, רֶטֶט

pulse *n.* דוֹפֶק; פְּעִימָה; קִטְנִיּוֹת
pulse *v.* פָּעַם
pulverize *v.* שָׁחַק, כִּיתֵּת; הָרַס
pumice (stone) *n.* אֶבֶן סְפוֹג
pummel *v.* הִכָּה בְּאֶגְרוֹף
pump *n.* מַשְׁאֵבָה; נַעַל־סִירָה
pump *v.* שָׁאַב; נִיפֵּחַ; סָחַט (מידע)
pumpernickel *n.* פּוּמְפֶּרְנִיקֶל (לחם שיפון גס)
pumpkin *n.* דְּלַעַת
pump-priming *n.* סִבְסוּד
pun *n.* מִשְׂחַק מִלִּים
pun *v.* שִׂיחֵק בְּמִלִּים
punch *n.* מְכוֹנַת־נִיקּוּב, מְנַקֵּב; פּוּנְץ' (משקה); מַכַּת אֶגְרוֹף
punch *v.* הִכָּה בְּאֶגְרוֹף; נִיקֵּב
punch clock *n.* שְׁעוֹן רִישּׁוּם נוֹכְחוּת
punch-drunk *adj.* הָמוּם מִמַּכּוֹת
punctilious *adj.* דַּקְדְּקָנִי (בטקסיות)
punctual *adj.* דַּיְיקָן, דַּקְדְּקָן
punctuate *v.* פִּיסֵּק; שִׁיסַּע (נאום)
punctuation *n.* פִּיסּוּק; נִיקּוּד
punctuation mark *n.* סִימַן פִּיסּוּק
puncture *n.* נֶקֶר, תֶּקֶר, פַּנְ(ק)צֶ'ר
puncture *v.* נִיקֵּב; קָרָה לוֹ נֶקֶר
puncture-proof *adj.* חֲסִין נֶקֶר
pundit *n.* פַּנְדִּיט (חכם הודי); מְלוּמָּד (בלגלוג)
pungent *adj.* חָרִיף; צוֹרֵב
punish *v.* עָנַשׁ; הֶעֱנִישׁ
punishable *adj.* בַּר־עוֹנֶשׁ; גּוֹרֵר עוֹנֶשׁ
punishment *n.* עוֹנֶשׁ
punitive *adj.* לְתַכְלִית הָעֲנָשָׁה, מַעֲנִישׁ
punk *n.* עֵץ רָקוּב; שְׁטוּיוֹת
punster *n.* מְשַׂחֵק בְּמִלִּים
punt *v., n.* הֵנִיעַ (סירה); סִירָה (שטוחה)
puny *adj.* קָטָן וְחָלוּשׁ
pup *n.* כְּלַבְלַב
pupil *n.* אִישׁוֹן (עין); תַּלְמִיד
puppet *n.* בּוּבָּה
puppeteer *n.* בּוּבָּנַאי (מפעיל תיאטרון בובות)
puppet govermment *n.* מֶמְשֶׁלֶת בּוּבּוֹת
puppy love *n.* אַהֲבָה רִאשׁוֹנָה
purchase *v., n.* רָכַשׁ, קָנָה; קְנִיָּיה, רְכִישָׁה
purchasing power *n.* כּוֹחַ קְנִיָּיה
purdah *n.* פּוּרְדָה, הַפְרָדָה (של נשים מגברים, בייחוד בחברה מוסלימית)
pure *adj.* טָהוֹר
puree *n.* רֶסֶק, מְחִית
purgative *adj., n.* מְטַהֵר; סַם שִׁלְשׁוּל
purgatory *n.* שְׁאוֹל מְטַהֵר (מקום עינויים של כפרה, לפי אמונת הקתולים)
purge *v.* טִיהֵר; שִׁלְשֵׁל
purge *n.* טִיהוּר
purify *v.* טִיהֵר, זִיכֵּךְ
purism *n.* טַהֲרָנוּת (בעיקר בענייני לשון)
puritan *adj.* טַהֲרָנִי, מַחְמִיר (בענייני מוסר)
purity *n.* טוֹהַר
purl *n.* סְרִיגַת 'שְׂמֹאל'; הֶמְיַת פֶּלֶג
purloin *v.* גָּנַב (גניבה ספרותית)
purple *n., adj.* אַרְגָּמָן; אַרְגְּמָנִי
purport *v.* הִתְכַּוֵּון; הִתְייַמֵּר
purport *n.* כַּוָּונָה; הֶסְבֵּר
purpose *n.* תַּכְלִית, כַּוָּונָה

purposely *adv.* בְּכַוָּנָה
purr *n.* פּוּרר (המיַת הנאה של חתול)
purse *n.* אַרנָק; כֶּסֶף, פְּרָס כַּסְפִּי
purse *v.* כִּיוּוּץ; הִתְכַּוּוֵץ
purse proud *n.* מִתרַבְרֵב בְּהוֹנוֹ
purser *n.* גִזְבָּר, כַּלְכָּל (באונייה)
pursuance *n.* הַמְשָׁכָה, בִּיצוּעַ הַגְשָׁמָה
pursuant to בְּהֶתְאֵם ל
pursue *v.* רָדַף; הִתמִיד
pursuer *n.* רוֹדֵף, מַתמִיד
pursuit *n.* רְדִיפָה; מִשְׁלַח־יָד, עִיסוּק
purvey *v.* סִיפֵּק, צִייֵּד
purview *n.* הֵיקֵף פְּעוּלָה, תְּחוּם
pus *n.* מוּגלָה
push *v.* דָחַף; דָחַק; נִדְחַף
push *n.* דְחִיפָה; מַאֲמָץ; יוֹזְמָה
push-button *n.* לַחְיָץ
push-button control *n.* הַפְעָלָה בִּלְחִיצַת כַּפְתּוֹר
pushcart *n.* עֶגְלַת־יָד
pusher *n.* נִדְחָף (קדימה); סוֹחֵר סַמִּים
pushing *adj.* דוֹחֵף, תּוֹקְפָנִי
pusillanimous *adj.* פַּחְדָן
puss *n.* חָתוּל, חֲתוּלָה
pussy *n.* חֲתוּלָה
pustule *n.* אֲבַעְבּוּעָה מוּגלָתִית
put *v.* שָׂם, הִנִּיחַ, נָתַן
putative *adj.* נֶחְשָׁב; קַיָּים לְפִי הַמְשׁוֹעָר
put-out *adj.* מְרוּגָז, מְעוּצְבָּן
putrefy *v.* גָרַם לְרִיקָּבוֹן, רָקַב; נִרְקַב
putrid *adj.* רָקוּב, נִרְקָב
putsch *n.* נִיסיוֹן הֲפִיכָה
putter *n.* מַחְבֵּט גוֹלְף
putty *n.* מֶרֶק (טיט דביק לשמשות)
putty *v.* דִּיבֵּק, חִיזֵּק בְּמֶרֶק
puzzle *n.* פַּאזֶל, חִידָה; חִידַת תַּצְרֵף
puzzle *v.* הִתמִיהַּ; הִתלַבֵּט
puzzler *n.* מַתמִיהַּ; בְּעָיָה קָשָׁה
pygmy, pigmy *n.* נַנָּס
pyjamas, pajamas *n.* פִּיגָ'מָה, חֲלִיפַת שֵׁינָה
pylon *n.* עַמּוּד (לחשמל)
pyramid *n.* פִּירָמִידָה
pyre *n.* עֲרֵימַת עֵצִים לִמְדוּרָה
pyrex *n.* זְכוּכִית עֲמִידָה בְּאֵשׁ
pyrites *n.* אֶבֶן הָאֵשׁ, בַּרְזֶל גוֹפְרִיתִי
pyrotechnics *n.pl.* פִּירוֹטֶכְנִיקָה (עשיית זיקוקי אש)
python *n.* פִּיתוֹן, פֶּתֶן

Q

qua *conj.* בְּתוֹר, כְּ
quack *v., n.* גִּעְגַּע, קִרְקֵר; גִּעְגּוּעַ, קִרְקוּר
quack *n.* נוֹכֵל, רַמַּאי, מִתְחַזֶּה כְּרוֹפֵא
quackery *n.* נוֹכְלוּת, רַמָּאוּת
quad *n.* מְרוּבָּע
quadrangle *n.* חָצֵר מְרוּבַּעַת
quadrant *n.* רֶבַע עִיגּוּל
quadrilateral *adj., n.* מְרוּבָּעִי, בְּצוּרַת מְרוּבָּע; מְרוּבָּע
quadruped *adj., n.* מְהַלֵּךְ עַל אַרְבַּע
quadruple *v.* רִיבֵּעַ; כָּפַל בְּאַרְבַּע
quadruplet *n.* רְבִיעִיָּיה; אֶחָד מֵרְבִיעִיָּיה
quaff *v.* גָּמַע, לָגַם
quagmire *n.* אַדְמַת בִּיצָה, בּוֹץ
quail *v.* פָּחַד, נִרְתַּע
quail *n.* שְׂלָיו
quaint *adj.* מוּזָר, שׁוֹנֶה; יָשָׁן וּמְעַנְיֵין
quake *v.* רָעַד
quake *n.* רַעַד, רְעִידַת־אֲדָמָה
qualify *v.* הִסְמִיךְ; הִכְשִׁיר אֶת עַצְמוֹ; מִיתֵּן, רִיכֵּךְ; (בדקדוק) הִגְדִּיר, תֵּיאֵר
quality *n.* אֵיכוּת, טִיב, סְגוּלָּה
qualm *n.* הִיסּוּס; נְקִיפַת מַצְפּוּן
quandary *n.* מְבוּכָה, אִי וַדָּאוּת
quantity *n.* כַּמּוּת; גּוֹרֵם
quantum *n.* קְוַונְטוּם (כמות או מידה)
quarantine *n.* הֶסְגֵּר (לְמניעת התפשטות מחלות)
quarantine *v.* שָׂם בְּהֶסְגֵּר
quarrel *n.* רִיב, תִּגְרָה, קְטָטָה
quarrel *v.* רָב, הִתְקוֹטֵט
quarrelsome *adj.* מַרְבֶּה לְהִתְקוֹטֵט
quarry *n.* מַחְצָבָה; נִרְדָּף, חַיָּה נִיצוֹדָה
quarry *v.* חָצַב
quart *n.* רֶבַע גַּלּוֹן
quarter *n.* רֶבַע; רֶבַע דּוֹלָר; רוֹבַע
quarter *v.* חִילֵּק לְאַרְבָּעָה; אִכְסֵן
quarter-deck *n.* סִיפּוּן אֲחָרָה
quarterly *adj., adv., n.* שֶׁל רֶבַע שָׁנָה; רִבְעוֹן
quartermaster *n.* אַפְסְנַאי; קְצִין אַפְסְנָאוּת
quartet *n.* (בּמוּסיקה) רְבִיעִיָּיה
quarto *n.* קְוַורְטוֹ (תבנית גיליון נייר שצורתו יותר ריבּוּעית מפוליו)
quartz *n.* בְּדוֹלַח־הָרִים, קְוַורְצָה, צוּר מְגוּבָּשׁ
quash *v.* דִּיכֵּא; בִּיטֵּל
quasi *prefix* בְּמִידָּה מְסוּיֶּמֶת, לְמֶחֱצָה, מֵעֵין
quatrain *n.* בַּיִת, שִׁיר (בּן 4 שוּרוֹת)
quaver *v.* רָעַד
quaver *n.* רַעַד, סִלְסוּל קוֹל
quay *n.* רְצִיף, מֵזַח
queasy *adj.* גּוֹרֵם בְּחִילָה (אוכל); רָגִישׁ בְּיוֹתֵר (קיבה, מצפון); נוֹטֶה לְהָקִיא
queen *n.* מַלְכָּה
queen-dowager *n.* אַלְמְנַת הַמֶּלֶךְ הַקּוֹדֵם
queenly *adv., adj.* כְּמַלְכָּה, יָאֶה לְמַלְכָּה
queer *adj.* מוּזָר, מְשׁוּנֶּה; (המונית) הוֹמוֹסֶקְסוּאָלִי
queer *v.* קִלְקֵל; שִׁיבֵּשׁ

queer customer *n.* בַּרְנָשׁ מוּזָר
quell *v.* הִכְנִיעַ; הִשְׁקִיט, דִיכֵּא
quench *v.* כִּיבָּה; רִיוּוָה (צימאון)
querulous *adj.* גוֹרֵם בְּחִילָה (אוכל)
נִרְגָּז, מַרְבֶּה לְהִתְאוֹנֵן, 'מְקַטֵר'
query *n.* שְׁאֵלָה; סִימַן־שְׁאֵלָה
query *v.* שָׁאַל, הִקְשָׁה
quest *n.* חִיפּוּשׂ, בִּיקּוּשׁ
question *n.* שְׁאֵלָה
question *v.* שָׁאַל, חָקַר, תִּשְׁאֵל
question-mark *n.* סִימַן־שְׁאֵלָה
questionable *adj.* מְסוּפָּק
questionnaire *n.* שְׁאֵלוֹן
queue *n., v.* תּוֹר; עָמַד בַּתּוֹר
queue up עָמַד בַּתּוֹר
quibble *v.* הִתְפַּלְפֵּל (כדי להתחמק)
quick *adj.* מָהִיר, זָרִיז; מְהִיר תְּפִיסָה
quicken *v.* מִיהֵר, זֵירֵז; הִזְדָרֵז
quicklime *n.* סִיד חַי
quickly *adv.* מַהֵר, בִּמְהִירוּת
quicksand *n.* (שטח) חוֹל טוֹבְעָנִי
quicksilver *n.* כַּסְפִּית
quid *n.* גוּשׁ טַבָּק (לעיסה); לִירָה
quid pro quo *n.* תְּמוּרָה (לדבר שניתן)
quiescence *n.* בְּמַצַּב מְנוּחָה,
בְּאִי פְּעוּלָּה
quiescent *adj.* מַצַּב מְנוּחָה,
אִי פְּעִילוּת
quiet *adj., n.* שָׁקֵט; שֶׁקֶט; שַׁלְוָוה
quiet *v.* הִשְׁקִיט; הִרְגִּיעַ; שָׁקַט, נִרְגַּע
quill *n.* נוֹצָה, קוּלְמוֹס
quilt *n.* כֶּסֶת
quince *n.* חַבּוּשׁ (עץ ופרי)
quinine *n.* כִּינִין (נגד קדחת)
quinsy *n.* דַּלֶּקֶת הַשְּׁקֵדַיִים
quintessence *n.* מוֹפֵת, תַּמְצִית צְרוּפָה
quintet(te) *n.* קְוִוינְטֶט, חֲמִישִׁיָּה
(במוסיקה)
quintuplet *n.* חֲמִישִׁיָּה, אֶחָד
מֵחֲמִישִׁיָּה
quip *n.* חִידּוּד, דְּבַר שְׁנִינָה
quip *v.* הֵעִיר בִּשְׁנִינוּת
quire *n.* צְרוֹר (24 דפי כתיבה)
quirk *n.* גַּחְמָה מוּזָרָה
quisling *n.* בּוֹגֵד (משתף פעולה
עם כובש)
quit *v.* נָטַשׁ; עָזַב
quit *adj.* פָּטוּר, מְשׁוּחְרָר
quite *adv.* לְגַמְרֵי; לְמַדַּי, דַּי
quitter *n.* חֲסַר כּוֹחַ הַתְמָדָה
quiver *v.* רָעַד, רָטַט; הִרְטִיט
quiver *n.* רֶטֶט; אַשְׁפָּה (לחיצים)
quixotic *adj.* דוֹן־קִישׁוֹטִי
quiz *n.* מִבְחָן; חִידוֹן
quizzical *adj.* מוּזָר, מְשׁוּנֶּה; הִיתּוּלִי
quoit *n.* עִיגּוּל (מתכת או חבל למשחק)
quondam *adj.* לְשֶׁעָבַר
quorum *n.* מִנְיָין חוּקִי; קְווֹרוּם
quota *n.* מִכְסָה
quotable *adj.* רָאוּי לְצִיטּוּט,
נוֹחַ לְצַטְטוֹ
quotation *n.* מוּבָאָה, צִיטָטָה; הַצָּעַת
מְחִיר
quotation marks *n.pl.* מֵרְכָאוֹת
quote *v.* צִיטֵּט; נָקַב (מחיר)
quotidien *adj.* חוֹזֵר יוֹם יוֹם,
רָגִיל, יוֹמְיוֹמִי
quotient *n.* מָנָה (תוצאת פעולת חילוק)

R

rabbi *n.* רַבִּי, רַב
Rabbinate *n.* רַבָּנוּת
rabbinic(al) *adj.* רַבָּנִי
rabbit *n.* אַרְנָב, אַרְנֶבֶת, אַרְנָבוֹן
rabble *n.* אֲסַפְסוּף, עֵרֶב רַב
rabble rouser *n.* מֵסִית לְמְהוּמוֹת
rabid *adj.* נְגוּעַ כַּלֶּבֶת, מְטוֹרָף; קִיצוֹנִי, 'שָׂרוּף'
rabies *n.* כַּלֶּבֶת
raccoon *n.* רָקוּן (יונק טורף)
race *n.* מֵירוֹץ; גֶזַע
race *v.* הִתְחָרָה (בריצה); רָץ בִּמְהִירוּת
race riots *n.pl.* מְהוּמוֹת גִזְעָנִיּוֹת
race-track *n.* מַסְלוּל מֵירוֹץ
racehorse *n.* סוּס מֵירוֹץ
racial *adj.* גִזְעִי, גִזְעָנִי
rack *n.* כּוֹנָן; סוֹרֵג; יִיסּוּרִים
rack *v.* עִינָּה, יִיסֵּר
racket *n.* רַעַשׁ; מֶתַח, הִתְרוֹצְצוּת; מַחְבֵּט טֶנִיס, רַחַת
racketeer *n.* נוֹכֵל, סַחְטָן
raconteur *n.* מְסַפֵּר סִיפּוּרִים
racoon *n. see* **raccoon**
racy *adj.* חַי, חָרִיף, עֲסִיסִי
radar *n.* מַכָּ"ם, רָדָר
radiant *adj.* זוֹהֵר; קוֹרֵן, זוֹרֵחַ
radiate *v.* הִקְרִין, קָרַן (אור וכד')
radiate *adj.* קוֹרֵן; יוֹצֵא מִן הַמֶּרְכָּז
radiation *n.* קְרִינָה, הַקְרָנָה
radiator *n.* רַדְיָאטוֹר, מַקְרֵן; מַצְנֵן
radical *adj., n.* רָדִיקָלִי, קִיצוֹנִי, יְסוֹדִי
radio *n.* רַדְיוֹ, אַלְחוּט
radio *v.* שִׁידֵּר
radio announcer *n.* קַרְיַין רַדְיוֹ
radio broadcasting *n.* שִׁידּוּרֵי רַדְיוֹ
radio network *n.* רֶשֶׁת רַדְיוֹ
radio receiver *n.* מַקְלֵט רַדְיוֹ
radish *n.* צְנוֹן, צְנוֹנִית
radium *n.* רַדְיוּם (יסוד כימי מתכתי רדיואקטיווי)
radius *n.* רַדְיוּס, מָחוֹג
raffle *n., v.* פַּיִס, הַגְרָלָה; הִגְרִיל
raft *n.* רַפְסוֹדָה, דוֹבְרָה
rafter *n.* קוֹרָה (משופעת לרעפים)
rag *n.* סְמַרְטוּט, סְחָבָה
ragamuffin *n.* (יֶלֶד) לָבוּשׁ קְרָעִים
rage *n.* זַעַם, חֵימָה; בּוּלְמוּס
ragged *adj.* מְחוּסְפָּס; שָׁחוּק
ragout *n.* תַּרְבִּיךְ (בשר וירקות מאודים)
ragtag *adj.* בָּלוּי וְקָרוּעַ
ragtime *n.* סוּג מוּסִיקָה לְרִיקּוּד (חזקה ומהירה)
raid *n., v.* פְּשִׁיטָה; עָרַךְ פְּשִׁיטָה
rail *n.* מַעֲקֶה; פַּס מְסִילַּת־בַּרְזֶל
rail *v.* קִילֵּל, חֵירֵף
rail fence *n.* מַעֲקֶה פַּסֵּי־בַּרְזֶל
railhead *n.* סוֹף הַקַּו (של רכבת)
railing *n.* מַעֲקֶה בַּרְזֶל
railroad *n.* מְסִילַּת־בַּרְזֶל
railroad *v.* הֶעֱבִיר בִּמְסִילַּת־בַּרְזֶל; אִילֵּץ; הִכְרִיחַ
railway *n.* מְסִילַּת־בַּרְזֶל, רַכֶּבֶת
raiment *n.* לְבוּשׁ
rain *n.* גֶשֶׁם, מָטָר, מִמְטָר
rain *v.* יָרַד גֶשֶׁם; הִמְטִיר
rainbow *n.* קֶשֶׁת (בענן)

raincoat *n.* מְעִיל־גֶשֶׁם
rainfall *n.* כַּמּוּת גֶשֶׁם
raise *v.* הֵרִים, עוֹרֵר, הֶעֱלָה; גִידֵל
raise *n.* הַעֲלָאָה (בשכר)
raisin *n.* צִימּוּק
raison d'être *n.* סִיבַּת הַקִּיוּם, הַצְדָקַת הַקִּיוּם
raj *n.* שִׁלְטוֹן (הבריטים בהודו)
rajah *n.* (מהודית) רֹאשׁ, נָסִיךְ, מוֹשֵׁל
rake *n.* מַגְרֵפָה; שְׁטוּף זִימָּה
rake *v.* גָרַף; עָרַם
rake-off *n.* אֲחוּזִים (מעסק מפוקפק)
rakish *adj.* מִתְהַדֵּר, עַלִּיז; מוּשְׁחָת
rally *n.* כִּינּוּס, אֲסֵיפָה; הִתְאוֹשְׁשׁוּת
rally *v.* קִיבֵּץ; לִיכֵּד; הִתְלַכֵּד; הִתְאוֹשֵׁשׁ
ram *n.* אַיִל; אֵיל־בַּרְזֶל
ram *v.* דָחַף בְּחוֹזְקָה, נִיגֵחַ
ramble *v.* טִיֵּיל, שׁוֹטֵט, סָטָה מֵהַנּוֹשֵׂא (בשיחה)
ramble *n.* טִיּוּל (להנאה)
ramify *v.* סֵיעֵף; הִסְתָּעֵף
ramp *n.* מַעֲבָר מְשׁוּפָּע
rampage *n.* הִשְׁתּוֹלְלוּת
rampant *adj.* מִתְרוֹמֵם (על רגליו האחוריות); מִתְפַּשֵׁט (לכל עֵבר)
rampart *n.* סוֹלְלָה, דָיֵק, חוֹמָה
ramrod *n.* מַקֵּל בַּרְזֶל, חוֹטֶר
ramshackle *adj.* רָעוּעַ, מִתְמוֹטֵט
ranch *n.* חַוָּוה גְדוֹלָה (לבקר)
rancid *adj.* מְקוּלְקָל, לֹא טָרִי
rancor *n.* שִׂנְאָה, אֵיבָה
random *adj.* אַקְרָאִי, מִקְרִי
randy *adj.* תַּאַוְותָנִי, מִתְפָּרֵעַ
range *v.* עָרַךְ בְּשׁוּרָה; שׁוֹטֵט; הִשְׂתָּרַע; טִיוּוַחַ
range *n.* רֶכֶס; שׁוּרָה; טְוָוח; תְּחוּם; מִבְחָר
ranger *n.* מְשׁוֹטֵט; שׁוֹמֵר יַעַר; שׁוֹטֵר רוֹכֵב; חַיָּיל קוֹמַנְדוֹ
rank *n.* דַרְגָה, מַעֲמָד; שׁוּרָה
rank and file *n.pl.* אַנְשֵׁי הַשׁוּרָה (לא המנהיגים)
rank *v.* עָרַךְ בְּשׁוּרָה; הָיָה בְּדַרְגַת
rank *adj.* פּוֹרֶה (מדי); פָּרוּעַ; מַסְרִיחַ
rankle *v.* כָּאַב, הִטְרִיד
ransack *v.* חִיטֵּט; בָּזַז, שָׁדַד
ransom *n.* כּוֹפֶר, כּוֹפֶר נֶפֶשׁ
ransom *v.* שִׁחְרֵר תְּמוּרַת כּוֹפֶר; פָּדָה
rant *v.* הִתְרַבְרֵב, דִקְלֵם
rap *v.* הִכָּה קַלּוֹת, טָפַח
rap *n.* טְפִיחָה; קוֹל דְפִיקָה קַלָּה
rapacious *adj.* חַמְסָנִי; עוֹשֵׁק
rape *v., n.* אָנַס; אוֹנֶס
rapid *adj.* מָהִיר, תָּלוּל
rapid *n.* (בנהר) שִׁיפּוּעַ מַיִם
rapier *n.* סַיִף
rapport *n.* הִתְקָרְבוּת, קִרְבָה
rapprochement *n.* הִתְקָרְבוּת, חִידּוּשׁ הַיְדִידוּת
rapt *adj.* שָׁקוּעַ עָמוֹק; מְרוּתָּק
rapture *n.* אֶקְסְטָזָה, הִתְפַּעֲלוּת
rare *adj.* נָדִיר; קָלוּשׁ; דָלִיל
rarefy *v.* הִקְלִישׁ, דִילֵּל
rarely *adv.* לְעִיתִּים רְחוֹקוֹת
rarity *n.* נְדִירוּת, דָבָר יְקַר הַמְּצִיאוּת
rascal *n.* נוֹכֵל, נָבָל
rase, raze *v.* הָרַס, מָחָה (מעל פני האדמה)
rash *n.* פְּרִיחָה (בעור)
rash *adj.* פּוֹחֵז; פָּזִיז
rasp *v.* שִׁיֵּיף, פָּצַר; עִצְבֵּן; צָרַם (את האוזן)

rasp *n.* שׁוֹפִין, מָשׁוֹף; קִרְצוּף
raspberry *n.* פֶּטֶל
rat *n.* חוּלְדָּה, עַכְבְּרוֹשׁ, אָדָם שָׁפָל
rat *v.* לָכַד עַכְבָּרִים;
(המונית) עָרַק, בָּגַד
ratchet, ratch *n.* גַּלְגַּל שֶׁל מַחְגֵּר
מְשׁוּנָּן
rate *n.* שִׁיעוּר, קֶצֶב; אַרְנוֹנָה;
שַׁעַר (מטבע)
rate of exchange *n.* שַׁעַר הַחֲלִיפִין
rate *v.* הֶעֱרִיךְ
rather *adv.* מוּטָב שֶׁ;
בְּמִידַּת מַה; לְמַדַּיי
rather! *interj.* בְּהֶחְלֵט, וְעוֹד אֵיךְ!
ratify *v.* קִיֵּים, אִשְׁרֵר
ratio *n.* יַחַס
ratiocinate *v.* חִישֵּׁב לְפִי הִיגָּיוֹן
ration *n.* מָנָה קְצוּבָה
ration *v.* הִנְהִיג צֶנַע, חִילֵּק בְּקִיצּוּב
rational *adj.* שִׂכְלְתָנִי, רַצְיוֹנָלִי
rationalize *v.* הִתְרִיץ
rationalization *n.* הַתְרָצָה
rattan *adj.* דֶּקֶל הוֹדִי (דק גזע),
מַקֵּל דַּק
rattle *v.* נָקַשׁ; טִרְטֵר; דָּפַק
rattle *n.* נְקִישָׁה, טִרְטוּר;
קִשְׁקוּשׁ; רַעֲשָׁן
rattlesnake *n.* נְחַשׁ נְקִישָׁה (הנוקש
בזנבו)
raucous *adj.* צוֹרֵם, גַּס וְצָרוּד
ravage *n.* הֶרֶס, חוּרְבָּן
ravage *v.* הָרַס, הֶחֱרִיב
rave *v.* צָעַק בְּטֵירוּף; הִשְׁתּוֹלֵל
raven *n.* עוֹרֵב שָׁחוֹר
ravenous *adj.* רָעֵב מְאוֹד, זוֹלֵל
ravine *n.* גֵּיא הָרִים, קַנְיוֹן

ravioli *n.* כִּיסָנִים (נוסח איטלקי)
ravish *v.* שָׁבָה, הִקְסִים; אָנַס
ravishing *adj.* מַקְסִים; שׁוֹבֵה לֵב
raw *adj.* לֹא מְבוּשָּׁל; גּוֹלְמִי; גַּס;
טָרִי (פצע, מזון); פְּרִימִיטִיווִי
raw materials *n.pl.* חוֹמְרֵי גֶּלֶם
rawhide *n.* עוֹר לֹא מְעוּבָּד
ray *n.* קֶרֶן אוֹר; תְּרִיסָנִית (דג)
rayon *n.* זְהוֹרִית (משי סינתטי)
raze *v. see* **rase**
razor *n.* תַּעַר; מַגְלֵחַ
razor-blade *n.* סַכִּין־גִּילּוּחַ
reach *v.* הִגִּיעַ, הִשִּׂיג; הִשְׂתָּרַע
reach me downs *n.pl.* (המונית)
בְּגָדִים מוּכָנִים
reach *n.* הֶישֵּׂג־יָד; הַשָּׂגָה
react *v.* הִשְׁפִּיעַ; הֵגִיב, הֵשִׁיב
reaction *n.* הֲגָבָה, תְּגוּבָה; רֵיאַקְצְיָה
reactionary *n., adj.* רֵיאַקְצְיוֹנֶר,
נִלְחָם בִּקְדְמָה
reactor *n.* כּוּר (אטומי)
read *v.* קָרָא; הִקְרִיא; הָיָה כָּתוּב
read between the lines קָרָא
בֵּין הַשִּׁיטִּין
readable *adj.* קָרִיא
reader *n.* קוֹרֵא; בַּעַל קְרִיאָה (בבית־
כנסת); מַרְצֶה; מִקְרָאָה (ספר)
readily *adv.* בְּרָצוֹן, לְלֹא הִיסּוּס
reading *n.* גִּרְסָה; קָרְיָינוּת; הַקְרָאָה
reading comprehension *n.* הֲבָנַת הַנִּקְרָא
reading-desk *n.* שׁוּלְחַן־קְרִיאָה
reading-glasses *n.pl.* מִשְׁקְפֵי־קְרִיאָה
ready *adj.* מוּכָן
ready *v.* הֵכִין
ready-made suit *n.* חֲלִיפָה מוּכָנָה

ready money *n.* כֶּסֶף מְזוּמָן
real *adj.* מַמָּשִׁי, אֲמִיתִּי, רֵיאָלִי
real estate *n.* מְקַרְקְעִים
real life *n.* הַמְּצִיאוּת
realism *n.* מְצִיאוּתִיּוּת, רֵיאָלִיזְם
realist *n.* רֵיאָלִיסְט, אָדָם מְצִיאוּתִי
reality *n.* מְצִיאוּת, מַמָּשׁוּת
realization *n.* הֲבָנָה, תְּפִיסָה; הַגְשָׁמָה, מִימּוּשׁ; הֲמָרָה (של רכוש בכסף)
realize *v.* הִגְשִׁים; הִמְחִישׁ; מִימֵּשׁ; נוֹכַח
realm *n.* מַמְלָכָה; תְּחוּם
realtor *n.* סוֹכֵן מְקַרְקְעִים
realty *n.* מְקַרְקְעִים
ream *n.* חֲבִילַת נְיָיר (480 גיליונות)
reap *v.* קָצַר, אָסַף
reaper *n.* קוֹצֵר; מַקְצֵרָה
reaping hook *n.* מַגָּל
reappear *v.* שׁוּב הוֹפִיעַ
reapportionment *n.* חֲלוּקָּה מֵחָדָשׁ
rear *n., adj.* עוֹרֶף; אֲחוֹרַיִים; אֲחוֹרִי
rear *v.* גִּידֵּל; הֵרִים; הִתְרוֹמֵם
rear-admiral *n.* סְגַן־אַדְמִירָל
rear drive *n.* הֶינֵּעַ אֲחוֹרָנִי
rearmament *n.* חִימּוּשׁ מֵחָדָשׁ
reason *n.* כּוֹחַ מַחְשָׁבָה, שֵׂכֶל; סִיבָּה; הִיגָּיוֹן
reason *v.* חָשַׁב בְּהִיגָּיוֹן; שָׁקַל; נִימֵּק
reasonable *adj.* הֶגְיוֹנִי, סָבִיר
reassert *v.* חָזַר וְטָעַן
reassessment *n.* הַעֲרָכָה מֵחָדָשׁ
reassure *v.* הִרְגִּיעַ, חִיזֵּק בִּיטָּחוֹן
reawaken *v.* הִתְעוֹרֵר שׁוּב; הֵעִיר שׁוּב
rebate *n.* הֲנָחָה; הֲטָבָה
rebel *n., adj.* מוֹרֵד, מִתְמָרֵד
rebel *v.* מָרַד, הִתְקוֹמֵם, הִתְמָרֵד
rebellion *n.* מֶרֶד, מְרִידָה
rebellious *adj.* מַרְדָנִי, מִתְמָרֵד
rebirth *n.* תְּחִיָּה, הִתְחַדְּשׁוּת
rebound *n.* (בכדורסל) כַּדּוּר נִיתָּר, כַּדּוּר חוֹזֵר
rebound *v.* קָפַץ חֲזָרָה
rebuff *n.* הֲשָׁבַת פָּנִים רֵיקָם
rebuff *v.* הֵשִׁיב פָּנִים רֵיקָם (בצורה פוגענית)
rebuke *v.* יִיסֵּר, הוֹכִיחַ
rebuke *n.* תּוֹכֵחָה
rebus *n.* רֶבּוּס (חידת הרכבת מלים על פי ציורים)
rebut *v.* הִפְרִיךְ, סָתַר
rebuttal *n.* הַפְרָכָה, סְתִירָה
recalcitrant *adj.* מַמְרֶה, מְסָרֵב
recall *v.* קָרָא לַחֲזוֹר (לשגריר וכד'); בִּיטֵּל, זָכַר
recall *n.* זְכִירָה; בִּיטּוּל
recant *v.* חָזַר בּוֹ
recap *v.* גִּיפֵּר (צמיג וכד')
recapitulation *n.* סִיכּוּם בְּרָאשֵׁי פְּרָקִים, תִּמְצוּת
recast *v.* יָצַק שׁוּב; עִיצֵּב מֵחָדָשׁ
recast *n.* יְצִיקָה מֵחָדָשׁ; עִיצּוּב מְחוּדָּשׁ
recede *v.* נָסוֹג; נִרְתַּע; יָרַד (ערך)
receipt *n.* קַבָּלָה; מַתְכּוֹן
receipt *v.* אִישֵּׁר קַבָּלָה
receive *v.* קִיבֵּל; קִיבֵּל פְּנֵי
receiver *n.* מְקַבֵּל; נִמְעָן; אֲפַרְכֶּסֶת (טלפון); מַקְלֵט (רדיו)
receiving set *n.* מַקְלֵט רַדְיוֹ
recension *n.* עֲרִיכָה אוֹ הַהְדָּרָה שֶׁל טֶקְסְט
recent *adj.* זֶה מִקָּרוֹב, אַחֲרוֹן

recently *adv.* לָאַחֲרוֹנָה, בַּזְּמַן הָאַחֲרוֹן
receptacle *n.* כְּלִי־קִיבּוּל
reception *n.* קַבָּלָה; קַבָּלַת־פָּנִים, קְלִיטָה (רדיו)
receptionist *n.* פְּקִיד (פְּקִידַת) קַבָּלָה
receptive *adj.* נָכוֹן, מְהִיר־תְּפִיסָה, פָּתוּחַ
receptiveness *n.* כּוֹשֶׁר קְלִיטָה
recess *n.* הַפְסָקָה, פַּגְרָה; גּוּמְחָה
recess *v.* עָשָׂה גּוּמְחָה; הוּפְסְקָה (אסיפה וכד')
recession *n.* יְרִידָה זְמַנִּית, שֵׁפֶל כַּלְכָּלִי
recessive *adj.* נוֹטֶה לַחֲזוֹר אוֹ לָסֶגֶת
recherché *adj.* עָשׂוּי בְּהַקְפָּדָה (דברי אוכל), נִבְחַר בִּקְפִידָה יְתֵרָה; מְעוּשֶּׂה (מלים וכד')
recipe *n.* מַתְכּוֹן, מִרְשָׁם
reciprocal *adj.* הֲדָדִי; שֶׁל גּוֹמְלִין
reciprocity *n.* הֲדָדִיּוּת
recital *n.* (במוסיקה) רֵסִיטָל; דִּקְלוּם
recite *v.* דִּקְלֵם
reckless *adj.* פָּזִיז, לֹא זָהִיר
recklessly *adv.* בִּפְזִיזוּת
reckon *v.* חִשְׁבֵּן, חִישֵּׁב; סָבַר, הִנִּיחַ
reclaim *v.* הֶחֱזִיר לְמוּטָב; טִיֵּיב, שִׁיקֵּם
recline *v.* נִשְׁעַן לְאָחוֹר; הֵסֵב
recluse *n., adj.* פָּרוּשׁ, מִתְבּוֹדֵד
recognize *v.* הִכִּיר, זִיהָה
recoil *v., n.* נִרְתַּע, נָסוֹג; רְתִיעָה
recollect *v.* נִזְכַּר, זָכַר
recommend *v.* הִמְלִיץ
recompense *n.* גְּמוּל, פִּיצּוּי
reconcile *v.* הִשְׁלִים; יִישֵּׁב
recondite *adj.* חוֹרֵג מֵהַתְּחוּם הָרָגִיל, (לגבי נושאי ידיעה) קָשֶׁה לַחְדוֹר לְעוּמְקוֹ, יָדוּעַ מְעַט
reconnaissance *n.* סִיּוּר
reconnoiter, reconnoitre *v.* סִיֵּיר; סָקַר
reconsider *v.* חָזַר וְעִיֵּין
reconstruct *v.* שִׁחְזֵר; בָּנָה מֵחָדָשׁ
reconversion *n.* הַחְזָרָה לְקַדְמוּתוֹ
record *v.* רָשַׁם; הִקְלִיט
record *n.* רְשִׁימָה; פְּרוֹטוֹקוֹל; תַּקְלִיט; שִׂיא
record holder *n.* שִׂיאָן, בַּעַל שִׂיא
record player *n.* פָּטֵיפוֹן, מָקוֹל
recording *adj., n.* רוֹשֵׁם; הַקְלָטָה
records *n.pl.* רְשׁוּמוֹת, מִסְמָכִים
recount *v.* סִיפֵּר, דִּיוֵּחַ
re-count *n., v.* מִנְיָין נוֹסָף; מָנָה שׁוּב
recoup *v.* פִּיצָּה; קִיבֵּל חֲזָרָה
recourse *n.* פְּנִיָּיה; מִפְלָט
recover *v.* הִתְאוֹשֵׁשׁ; קִיבֵּל בַּחֲזָרָה; נִפְרַע
recovery *n.* הַחְלָמָה, הִתְאוֹשְׁשׁוּת; קַבָּלָה בַּחֲזָרָה
recreation *n.* בִּידּוּר, נוֹפֶשׁ
recrimination *n.* הַאֲשָׁמַת נֶגֶד
recruit *v.* גִּיֵּיס, חִיֵּיל
recruit *n.* טִירוֹן, מְגוּיָּס
rectangle *n.* מַלְבֵּן
rectify *v.* תִּיקֵּן (עיוות); זִיקֵּק
rector *n.* רֶקְטוֹר (ראש אוניברסיטה); כּוֹמֶר
rectilinear *adj.* שֶׁל קַו יָשָׁר, מוּקָּף קַוִּים יְשָׁרִים
rectitude *n.* יוֹשֶׁר, הִתְנַהֲגוּת יְשָׁרָה
rectum *n.* חַלְחוֹלֶת

recumbent *adj.* שָׁכוּב, שָׁעוּן
recuperate *v.* הֵשִׁיב לְאֵיתָנוֹ; הֶחְלִים
recur *v.* חָזַר; נִשְׁנָה
red *adj., n.* אָדוֹם; אוֹדֶם
redaction *n.* עֲרִיכָה לְדפוּס
redactor *n.* עוֹרֵךְ (לדפוּס)
red-blooded *adj.* נִמְרָץ; תַּאַווְתָן
red handed *adj.* בִּשְׁעַת בִּיצוּעַ הַפֶּשַׁע
red herring *n.* הַסָּחַת דַּעַת
red hot *adj.* אָדוֹם לוֹהֵט, טָרִי
red tape *n.* סַחֶבֶת, נַיֶּירֶת
redden *v.* הֶאְדִים, אִידֵּם; הִתְאַדֵּם
redeem *v.* גָּאַל; קִיֵּים (הבטחה); כִּיבֵּד
redeemer *n.* גּוֹאֵל, פּוֹדֶה, מוֹשִׁיעַ
redemption *n.* גְאוּלָּה, פְּדוּת
redeploy *v.* פָּרַס (צבא) מֵחָדָשׁ, אִרְגֵּן שׁוּב, הֵסֵב (כּוֹח עבודה)
rediscover *v.* גִּילָּה שׁוּב
redolent *adj.* מַדִּיף רֵיחַ חָרִיף
redoubt *n.* בִּיצּוּר
redound *v.* תָּרַם, הוֹסִיף
redress *v., n.* תִּיקֵן מְעוּוָּת; תִּיקּוּן מְעוּוָּת
redskin *n.* אִינְדִיָאנִי, אֲדוֹם־עוֹר
reduce *v.* הִקְטִין, צִמְצֵם; יָרַד בְּמִשְׁקָל
reducing exercises *n.pl.* תַּרְגִּילֵי הַרְזָיָה
redundant *adj.* מְיוּתָּר, עוֹדֵף
reduplicate *v.* שִׁכְפֵּל, חָזַר עַל
reed *n.* קָנֶה; סוּף; לְשׁוֹנִית (כּלי נשיפה)
re-edit *v.* עָרַךְ מֵחָדָשׁ, שִׁעֲרֵךְ
reef *n.* שׁוּנִית; חֵלֶק מִפְרָשׂ
reefer *n.* זִיג מַלָּחִים; סִיגָרִיַּית חֲשִׁישׁ
reek *v.* הִסְרִיחַ; הֶעֱלָה עָשָׁן
reel *n.* סְלִיל; סְחַרְחוֹרֶת
reel *v.* כָּרַךְ בִּסְלִיל; הִתְנוֹדֵד, הָיָה סְחַרְחַר
re-election *n.* בְּחִירָה מֵחָדָשׁ
re-enlist *v.* הִתְגַּיֵּיס שׁוּב; גִּיֵּיס שׁוּב
re-entry *n.* כְּנִיסָה מֵחָדָשׁ
re-examination *n.* בְּדִיקָה מֵחָדָשׁ
refectory *n.* חֲדַר אוֹכֶל (בּמנזר אוֹ בקולג')
refer *v.* יִיחֵס; הִפְנָה; הִתְיַיחֵס
referee *n.* שׁוֹפֵט, פּוֹסֵק
referee *v.* שָׁפַט
reference *n.* הַפְנָיָה; אִזְכּוּר; מַרְאֵה מָקוֹם; עִיּוּן; הַמְלָצָה
reference book *n.* סֵפֶר יַעַץ, סֵפֶר יָעַן
reference library *n.* סִפְרִיַּית עִיּוּן
referendum *n.* מִשְׁאָל־עַם
refill *v., n.* מִילֵּא שׁוּב; מִילּוּי
refine *v.* זִיקֵּק, עִידֵּן, לִיטֵּשׁ
refinement *n.* זִיקּוּק, עִידּוּן, לִיטּוּשׁ
refinery *n.* בֵּית־זִיקּוּק
refit *v.* תִּיקֵּן וְשִׁיפֵּץ; הִשְׁתַּפֵּץ
reflect *v.* הֶחֱזִיר (אוֹר); שִׁיקֵּף; הִשְׁתַּקֵּף; הִרְהֵר
reflection *n.* הַחֲזָרָה (של אוֹר); הִרְהוּר; הַטָּלַת דוֹפִי
reflex *n., adj.* רֶפְלֶקְס (תנוּעת תגוּבה לא רצוֹנית), הֶחְזֵר, בָּבוּאָה, הִשְׁתַּקְּפוּת
reflexive *adj., n.* (בדקדוּק) חוֹזֵר, רֶפְלֶקְסִיוִי (כּגוֹן צוּרוֹת התפעל: התרחץ, התלבּשׁ)
reforestation *n.* יִיעוּר מֵחָדָשׁ
reform *v.* תִּיקֵּן; הֶחְזִיר לְמוּטָב; חָזַר לְמוּטָב
reform *n.* תִּיקּוּן, רֵפוֹרְמָה

reformation *n.* תִּיקּוּן, שִׁינּוּי לְמוּטָב; רֵפוֹרְמַצְיָה (הכנסת רפורמה, שינוי ערכים בדת וכד׳)
reformatory *n.* מוֹסָד מְתַקֵּן (לעבריינים צעירים)
refraction *n.* הִשְׁתַּבְּרוּת (קרני אור)
refrain *v.* נִמְנַע; הִתְאַפֵּק
refrain *n.* פִּזְמוֹן חוֹזֵר
refresh *v.* רִעְנֵן; הֵשִׁיב נֶפֶשׁ
refreshment *n.* רִעְנוּן; תִּקְרוֹבֶת, כִּיבּוּד
refrigerator *n.* מְקָרֵר
refuel *v.* תִּדְלֵק
refuge *n.* מִקְלָט, מִפְלָט, מַחְסֶה
refugee *n.* פָּלִיט
refulgence *n.* זוֹהַר, נוֹגַהּ
refund *v.* הֶחְזִיר תַּשְׁלוּם
refund *n.* הַחְזָרַת תַּשְׁלוּם
refurbish *v.* צִחְצֵחַ מֵחָדָשׁ, שִׁיפֵּץ
refurnish *v.* רִיהֵט מֵחָדָשׁ
refusal *n.* דְּחִיָּה, סֵירוּב
refuse *v.* דָּחָה, סֵירֵב
refuse *n.* פְּסוֹלֶת, אַשְׁפָּה
refute *v.* הִפְרִיךְ, סָתַר
regain *v.* הִשִּׂיג שׁוּב, רָכַשׁ שׁוּב; הִגִּיעַ שׁוּב
regal *adj.* מַלְכוּתִי, שֶׁל מְלָכִים
regale *v.* אָכַל (שָׁתָה) בַּהֲנָאָה; הֵינָה, הִגִּישׁ בְּשֶׁפַע
regalia *n.* סִמְלֵי מַלְכוּת
regard *n.* מַבָּט; הַעֲרָכָה, הוֹקָרָה
regard *v.* הִתְיַיחֵס; הִתְבּוֹנֵן, רָאָה
regardless *adj.* בְּלִי שִׂים לֵב
regatta *n.* תַּחֲרוּת כְּלֵי שַׁיִט
regenerate *v.* חִידֵּשׁ, הֶחֱיָה; נִתְחַדֵּשׁ
regent *n.* עוֹצֵר; חֲבֵר מִנְהָלָה (באוניב׳)
regicide *n.* הוֹרֵג מֶלֶךְ; הֲרִיגַת מֶלֶךְ
regime *n.* מִשְׁטָר
regimen *n.* מִשְׁטַר בְּרִיאוּת (דיאטה וכו׳)
regiment *n.* גְּדוּד, חֲטִיבָה
regiment *v.* אִרְגֵּן בְּמִשְׁטָר מִשְׁמַעְתִּי
region *n.* אֵזוֹר, חֶבֶל, תְּחוּם
regional *adj.* אֲזוֹרִי
register *n.* פִּנְקַס רִישּׁוּם; מִרְשָׁם; מִשְׁלָב (במוסיקה, בבלשנות)
register *v.* רָשַׁם; שָׁלַח בְּדוֹאַר רָשׁוּם
registrar *n.* רַשָּׁם; מַזְכִּיר אַקָדֵמִי
regress *v.* נְסִיגָה, תְּנוּעָה לְאָחוֹר
regret *v.* הִצְטַעֵר, הִתְחָרֵט
regret *n.* צַעַר, חֲרָטָה, הִתְנַצְּלוּת
regrettable *adj.* מְצַעֵר
regular *adj.* סָדִיר; קָבוּעַ
regular *n.* חַיָּיל קֶבַע; אוֹרֵחַ קָבוּעַ
regulate *v.* כִּיוּוֵן (שעון); תֵּיאֵם; וִיסֵּת
regurgitate *v.* זָרַם שׁוּב; הִזְרִים שׁוּב; הֶעֱלָה שׁוּב לַפֶּה
rehabilitate *v.* שִׁיקֵּם; הֶחְזִיר אֶת שְׁמוֹ הַטּוֹב
rehash *v., n.* עִיבֵּד מֵחָדָשׁ (חומר ישן); עִיבּוּד מֵחָדָשׁ (כנ״ל)
rehearsal *n.* חֲזָרָה (להופעה)
rehearse *v.* חָזַר (כנ״ל); סִיפֵּר
reign *n., v.* מַלְכוּת; שִׁלְטוֹן; מָלַךְ
reimburse *v.* הֶחְזִיר הוֹצָאוֹת
rein *n.* מוֹשְׁכָה, מוֹשְׁכוֹת
rein *v.* עָצַר, בָּלַם; רִיסֵּן
reincarnation *n.* גִּלְגּוּל חָדָשׁ, שִׁיבָה לִתְחִיָּה
reindeer *n.* אַיָּל בֵּיתִי
reinforce *v.* תִּגְבֵּר, חִיזֵּק
reinforcement *n.* תִּגְבּוֹרֶת, חִיזּוּק

reinstate *v.* הֵשִׁיב עַל כַּנּוֹ
reiterate *v.* חָזַר עַל
reject *v.* דָּחָה, פָּסַל, סֵירֵב לְקַבֵּל
rejection *n.* דְּחִיָּה (כנ"ל)
rejoice *v.* שָׂמַח מְאוֹד
rejoinder *n.* תְּשׁוּבָה, מַעֲנֶה
rejuvenation *n.* חִידּוּשׁ נְעוּרִים
rekindle *v.* הִדְלִיק שׁוּב, הִלְהִיב מֵחָדָשׁ
relapse *v.* חָזַר לְסוּרוֹ, חָזַר שׁוּב
relapse *n.* הֲרָעַת מַצָּב
relate *v.* סִיפֵּר; יִיחֵס ל
related *adj.* קָשׁוּר ל; קָרוֹב
relation *n.* קֶשֶׁר; זִיקָה; קְרוֹב מִשְׁפָּחָה
relationship *n.* קֶשֶׁר; קִרְבָה מִשְׁפַּחְתִּית; זִיקָה
relative *adj.* יַחֲסִי; נוֹגֵעַ ל
relative *n.* קָרוֹב, שְׁאֵר בָּשָׂר
relax *v.* הִרְפָּה; הִתְפָּרֵקן, נִינוֹחַ
relaxation *n.* הַרְפָּיָה, נִינוֹחוּת
relaxing *adj.* מַרְפֶּה, מַרְגִּיעַ
relay *n.* הַעֲבָרָה; הַמְסָרָה; סוּסֵי הַחֲלָפָה
relay *v.* הִמְסִיר
relay race *n.* מֵירוֹץ שְׁלִיחִים
release *v.* שִׁחְרֵר; הִתִּיר
release *n.* שִׁחְרוּר; הֶיתֵּר
relegate *v.* הוֹרִיד (לדרגה או למעמד נמוכים יותר)
relent *v.* הִתְרַכֵּךְ, חָזַר בּוֹ (מכוונה רעה)
relentless *adj.* חֲסַר רַחֲמִים
relevant *adj.* נוֹגֵעַ לָעִנְיָן, רֶלֶוַונְטִי
reliable *adj.* מְהֵימָן
reliance *n.* אֵמוּן, בִּטְחָה
relic *n.* שָׂרִיד, מַזְכֶּרֶת; עַצְמוֹת הַמֵּת
relief *n.* הֲקָלָה, פּוּרְקָן; תַּבְלִיט
relieve *v.* הֵקֵל, סִייֵּעַ; הֶחֱלִיף
religion *n.* דָּת
religious *adj., n.* שֶׁל דָּת, דָּתִי
relinquish *v.* זָנַח, וִיתֵּר עַל
reliquary *n.* תֵּיבָה (לשרידי עצמות קדוש)
relish *n.* טַעַם נָעִים; תַּבְלִין; חֵשֶׁק
relish *v.* נָתַן טַעַם; הִתְעַנֵּג
relocate *v.* מִיקֵּם; הִתְמַקֵּם
reluctance *n.* אִי־רָצוֹן, אִי חֵשֶׁק
reluctant *adj.* לֹא נוֹטֶה; כָּפוּי
rely *v.* סָמַךְ, בָּטַח
remain *v.* נִשְׁאַר, נוֹתַר
remainder *n.* יֶתֶר, שְׁאֵרִית; יִתְרָה
remark *v.* הֵעִיר; שָׂם לֵב
remark *n.* הֶעָרָה; תְּשׂוּמֶת־לֵב
remarkable *adj.* רָאוּי לְצִיּוּן, מוּפְלָא
remarry *v.* הִתְחַתֵּן, הִתְחַתְּנָה שׁוּב
remedial *adj.* עָשׂוּי לְרַפֵּא, נִיתָּן לְתִיקּוּן
remedy *n.* מַרְפֵּא; תְּרוּפָה; תִּיקּוּן
remedy *v.* הֵבִיא תַּקָּנָה, תִּיקֵּן
remember *v.* נִזְכַּר, זָכַר, מָסַר דָּ"ש
remembrance *n.* זִיכָּרוֹן, הִיזָּכְרוּת
remind *v.* הִזְכִּיר
reminder *n.* תִּזְכּוֹרֶת
reminisce *v.* הֶעֱלָה זִיכְרוֹנוֹת
remiss *adj.* מִתְרַשֵּׁל, רַשְׁלָנִי
remission *n.* מְחִילָה (ע"י הקב"ה); שִׁחְרוּר, פְּטוֹר; הַרְפָּיָה
remit *v.* שָׁלַח; הֶעֱבִיר; מָחַל
remittance *n.* הַעֲבָרַת כֶּסֶף
remnant *n.* שְׁאֵרִית
remonstrate *v.* מָחָה, טָעַן נֶגֶד
remorse *n.* נְקִיפַת מַצְפּוּן
remorseful *adj.* מָלֵא חֲרָטָה
remote *adj.* מְרוּחָק, נִידָּח

removable *adj.* שֶׁאֶפְשָׁר לְסַלְּקוֹ
removal *n.* הֲסָרָה; סִילּוּק
remove *v.* הֵסִיר; סִילֵּק; עָבַר דִירָה, הֶעְתִּיק מְגוּרִים
remuneration *n.* שָׂכָר, תַּשְׁלוּם
renaissance, renascence *n.* תְּחִיָּה
rend *v.* קָרַע, בָּקַע
render *v.* מָסַר, הִגִּישׁ; בִּיצֵּעַ, הֵבִיא לִידֵי
rendezvous *n.* רֵיאָיוֹן, פְּגִישָׁה
rendition *n.* בִּיצּוּעַ; תַּרְגּוּם
renegade *n., adj.* מוּמָר; בּוֹגֵד (במפלגה וכד')
renege *v.* הִתְכַּחֵשׁ
renew *v.* חִידֵּשׁ, הִתְחִיל מֵחָדָשׁ
renewable *adj.* נִיתָּן לְחִידּוּשׁ
renewal *n.* חִידּוּשׁ
renounce *v.* וִיתֵּר, הִסְתַּלֵּק מִן
renovate *v.* חִידֵּשׁ, שִׁיפֵּץ
renown *n.* פִּרְסוּם, שֵׁם
renowned *adj.* מְפוּרְסָם
rent *adj.* קָרוּעַ
rent *n.* דְּמֵי שְׂכִירוּת; קֶרַע
rent *v.* שָׂכַר; הִשְׂכִּיר
rental *n.* דְּמֵי שְׂכִירוּת
renunciation *n.* הוֹדָעַת וִיתּוּר, הִסְתַּלְּקוּת
reopen *v.* פָּתַח שׁוּב
reorganize *v.* אִרְגֵּן מֵחָדָשׁ
repair *v.* תִּיקֵּן, שִׁיפֵּץ
repair *n.* תִּיקּוּן; מַצָּב תַּקִּין
reparation *n.* מַתַּן פִּיצּוּיִים
repartee *n.* תְּשׁוּבָה כַּהֲלָכָה
repast *n.* אֲרוּחָה, סְעוּדָה
repatriate *v.* הֶחֱזִיר לְמוֹלַדְתּוֹ
repatriate *n.* חוֹזֵר לְמוֹלַדְתּוֹ
repay *v.* גָּמַל, שִׁילֵּם בַּחֲזָרָה, הֶחְזִיר
repayment *n.* הֶחְזֵר תַּשְׁלוּם
repeal *v.* בִּיטֵּל; בִּיטּוּל (חוק)
repeat *v.* חָזַר עַל
repeat *n.* הֶדְרֵן
repeat performance *n.* הַצָּגָה חוֹזֶרֶת
repel *v.* הָדַף; דָּחָה, עוֹרֵר סְלִידָה
repent *v.* הִתְחָרֵט, חָזַר בִּתְשׁוּבָה
repentant *n.* מִתְחָרֵט, חוֹזֵר בִּתְשׁוּבָה
repercussion *n.* הֵד, תְּהוּדָה; (ברבים) הַשְׁלָכוֹת, תּוֹצָאוֹת
repertoire, repertory *n.* רֶפֶּרְטוּאָר (רשימת יצירות אֳמנותיות המיועדות לביצוע בעונה)
repetition *n.* חֲזָרָה, הִישָּׁנוּת
repine *v.* הִתְאוֹנֵן
replace *v.* הֶחְלִיף; שָׂם בַּחֲזָרָה
replacement *n.* הַחְלָפָה; הַחְזָרָה; מִילּוּי מָקוֹם; תַּחְלִיף
replenish *v.* מִילֵּא שׁוּב, חִידֵּשׁ מְלַאי
replete *adj.* גָּדוּשׁ, שׁוֹפֵעַ, שָׂבֵעַ
replica *n.* הֶעְתֵּק, רֶפְּלִיקָה (של ציור וכד')
reply *v., n.* עָנָה, הֵשִׁיב; תְּשׁוּבָה
reply paid דְּמֵי מִשְׁלוֹחַ הַתְּשׁוּבָה שׁוּלְּמוּ מֵרֹאשׁ
report *v.* דִּיוֵּחַ
report *n.* דִּין וְחֶשְׁבּוֹן, דו"חַ, יְדִיעָה
reportage *n.* כַּתָּבָה, רְשִׁימָה
reportedly *adv.* כְּפִי שֶׁנִּמְסַר
reporter *n.* כַּתָּב
repose *v.* נָח, שָׁכַב (לנוח); רָחַשׁ אֵמוּן
repose *n.* מְנוּחָה, מַרְגּוֹעַ
repository *n.* מַחְסָן, אוֹסֶף, מְלַאי
reprehend *v.* גָּעַר, גִּינָּה
reprehensible *adj.* רָאוּי לִנְזִיפָה, רָאוּי לְגִינּוּי

represent *v.* ייצֵג, סימֵל, תֵּיאֵר
representative *adj.* ייצוּגִי, רֶפְּרֶזֶנְטָטִיווִי
representative *n.* נָצִיג, בָּא־כּוֹחַ
repress *v.* דִּיכֵּא; הִדְחִיק (רגשות)
reprieve *v.* דָּחָה (הוצאה להורג); נָתַן אַרְכָּה
reprieve *n.* דְּחִיַּית הוֹצָאָה לַהוֹרֵג; אַרְכָּה
reprimand *n.* נְזִיפָה, גְּעָרָה
reprimand *v.* נָזַף, גָּעַר
reprint *v.* הִדְפִּיס שוּב
reprint *n.* הַדְפָּסָה חֲדָשָׁה
reprisal *n.* פְּעוּלַּת תַּגְמוּל
reproach *v.* נָזַף, הוֹכִיחַ
reproach *n.* נְזִיפָה, הוֹכָחָה
reprobate *v. n.* גִּינָּה בַּחֲרִיפוּת; סָלַד מִן; אָדָם מוּשְׁחָת
reproduce *v.* יָצַר שׁוּב; הֶעְתִּיק, שִׁעְתֵּק, שִׁחְזֵר; הוֹלִיד
reproduction *n.* יְצִירָה מֵחָדָשׁ; הֶעְתֵּק; שַׁעְתּוּק; שִׁחְזוּר
reproof *n.* נְזִיפָה, תּוֹכֵחָה
reprove *v.* נָזַף, גָּעַר
reptile *n., adj.* זוֹחֵל, רֶמֶשׂ
republic *n.* רֶפּוּבְּלִיקָה, קְהִילִיָּיה
republican *adj., n.* רֶפּוּבְּלִיקָנִי
repudiate *v.* הִכְחִישׁ; כָּפַר בּ
repugnant *adj.* דּוֹחֶה, מְעוֹרֵר סְלִידָה
repulse *v.* הָדַף, דָּחָה
repulse *n.* סֵירוּב (לא מנומס)
repulsive *adj.* מַגְעִיל, דּוֹחֶה
reputation *n.* שֵׁם טוֹב, כָּבוֹד
repute *v.* חָשַׁב ל, נֶחְשַׁב
repute *n.* מוֹנִיטִין, שֵׁם

reputedly *adv.* כְּפִי שֶׁחוֹשְׁבִים
request *v.* בִּיקֵּשׁ; בַּקָּשָׁה, מִשְׁאָלָה
requiem *n.* רֶקְוִויֶם (יצירה מוסיקלית לזכר נפטר)
require *v.* תָּבַע, דָּרַשׁ; הָיָה זָקוּק ל
requirement *n.* צוֹרֶךְ; דְּרִישָׁה
requisite *adj., n.* דָּרוּשׁ; צוֹרֶךְ
requital *n.* גְּמוּל, תַּגְמוּל
requite *v.* גָּמַל, שִׁילֵּם
rescind *v.* בִּיטֵּל (חוק, חוזה)
rescue *v., n.* חִילֵּץ, הִצִּיל; הַצָּלָה
research *n. v.* מֶחְקָר; חָקַר
resemblance *n.* דִּמְיוֹן (בין דברים)
resemble *v.* דָּמָה ל, הָיָה דּוֹמֶה ל
resent *v.* הִתְרָעֵם עַל, שָׁמַר טִינָה
resentment *n.* כַּעַס, טִינָה
reservation *n.* הַזְמָנַת מָקוֹם; הִסְתַּיְּיגוּת; מָקוֹם שָׁמוּר; שְׁמוּרָה
reserve *n.* רֶזֶרְוָה; שְׁמוּרָה; הִסְתַּיְּיגוּת; עֲתוּדָה (בצבא); יַחַס קָרִיר
reserve *v.* שָׁמַר; הִזְמִין
reservist *n.* חַיַּיל מִילּוּאִים, עֲתוּדַאי
reservoir *n.* מַאֲגָר, מְכָל
reside *v.* גָּר, נִמְצָא בּ
residence *n.* מְגוּרִים, בַּיִת
resident *adj., n.* תּוֹשָׁב, מְקוֹמִי
residue *n.* שְׁאֵרִית, שְׁיָרִים, מִשְׁקָע
resign *v.* הִתְפַּטֵּר; נִכְנַע
resignation *n.* הִתְפַּטְּרוּת; הַשְׁלָמָה
resilience *n.* כּוֹשֶׁר הִתְאוֹשְׁשׁוּת
resin *n.* שְׂרָף
resist *v.* הִתְנַגֵּד, עָמַד בִּפְנֵי
resistance *n.* הִתְנַגְּדוּת, עֲמִידוּת
resolute *adj.* הֶחְלֵטִי, מוּחְלָט; תַּקִּיף
resolution *n.* הַחְלָטָה; תַּקִּיפוּת

resolve *v.* הֶחְלִיט, פָּתַר, הִתִּיר
resolve *n.* הֶחְלֵטִיּוּת
resonance *n.* תְּהוּדָה
resorption *n.* סְפִיגָה מֵחָדָשׁ
resort *v.* נִזְקַק ל, הִשְׁתַּמֵּשׁ ב
resort *n.* מְקוֹם מַרְגּוֹעַ
resound *v.* הִדְהֵד
resource *n.* אֶמְצָעִי; תּוּשִׁיָּה; מַשְׁאָב
resourceful *adj.* בַּעַל תּוּשִׁיָּה
respect *n.* כָּבוֹד; בְּחִינָה, הֶיבֵּט; דְּרִישַׁת שָׁלוֹם
respect *v.* כִּיבֵּד; הֶעֱרִיךְ
respectability *n.* הֲגִינוּת
respectable *adj.* מְכוּבָּד, הָגוּן
respectful *adj.* בַּעַל יִרְאַת כָּבוֹד
respectfully *adv.* בְּדֶרֶךְ־אֶרֶץ
respecting *prep.* בְּעִנְיַין, בִּדְבַר־
respective *adj.* שֶׁל כָּל אֶחָד וְאֶחָד
respectively *adv.* לְפִי הַסֵּדֶר שֶׁבּוֹ הוּזְכְּרוּ
respire *v.* נָשַׁם, שָׁאַף
respite *n.* אַרְכָּה, הַרְוָוחָה
resplendent *adj.* זוֹהֵר, מַבְרִיק
respond *v.* הֵגִיב, עָנָה
response *n.* תְּשׁוּבָה, תְּגוּבָה
responsibility *n.* אַחְרָיוּת
responsible *adj.* אַחְרָאִי
rest *n.* מְנוּחָה, מִשְׁעָן; (בְּמוּסִיקָה) הֶפְסֵק; שְׁאֵרִית, הַשְּׁאָר, הַיֶּתֶר
rest *v.* נָח, נָפַשׁ; נָתַן מְנוּחָה
restaurant *n.* מִסְעָדָה
restful *adj.* מַרְגִּיעַ, שָׁקֵט, שָׁלֵו
restitution *n.* הַחְזָרָה; שִׁילּוּם
restive *adj.* מְסָרֵב, לֹא צַיְיתָן
restoration *n.* חֲזָרָה (לְאֵיתָנוֹ, לִמְקוֹמוֹ), שִׁחְזוּר, שִׁיקּוּם
restore *v.* הֶחֱזִיר, שִׁיקֵּם, שִׁחְזֵר
restrain *v.* עָצַר, בָּלַם
restraint *n.* רִיסּוּן, הַבְלָגָה, הִתְאַפְּקוּת
restrict *v.* הִגְבִּיל, צִמְצֵם
restroom *n.* שֵׁירוּתִים, בָּתֵּי כִּסֵּא
result *v.* נָבַע; הִסְתַּיֵּים
result *n.* תּוֹצָאָה, תּוֹלָדָה
resume *v.* הִמְשִׁיךְ ב, הִתְחִיל שׁוּב
résumé *n.* סִיכּוּם, תַּמְצִית
resurrect *v.* הֵקִים לִתְחִיָּה, הִנְהִיג מֵחָדָשׁ
resurrection *n.* הַחְיָיאָה, תְּחִיַּת הַמֵּתִים
resuscitate *v.* הֶחֱזִיר לִתְחִיָּה; אוֹשֵׁשׁ
retail *n., adj., adv.* קִמְעוֹנוּת; קִמְעוֹנִי; בְּקִמְעוֹנוּת
retail *v.* מָכַר (אוֹ נִמְכַּר) בְּקִמְעוֹנוּת; חָזַר עַל (סִיפּוּר)
retailer *n.* קִמְעוֹנַאי
retain *v.* הֶחֱזִיק בּ, שָׁמַר; הֶחְזִיק בְּשֵׁירוּתִים
retaliate *v.* גָּמַל, שִׁילֵּם מִידָּה כְּנֶגֶד מִידָּה
retaliation *n.* תַּגְמוּל
retard *v.* הֵאֵט, עִיכֵּב, הִפְרִיעַ
retch *v.* הִתְאַמֵּץ לְהָקִיא
retching *n.* רֶפְלֶקְס הֲקָאָה
retention *n.* שְׁמִירָה, עֲצִירָה, הַחְזָקָה
reticence *n.* שַׁתְקָנוּת
reticent *adj.* שַׁתְקָנִי
retina *n.* רִשְׁתִּית הָעַיִן
retinue *n.* פָּמַלְיָה
retire *v.* פָּרַשׁ, נָסוֹג, שָׁכַב לִישׁוֹן
retort *v.* הֵשִׁיב בְּכַעַס (אוֹ בִּשְׁנִינוּת)

retort *n.* תְּשׁוּבָה נִמְרֶצֶת; (בכימיה) אַבִּיק
retouch *v.* שִׁיפֵּר; (בצילום) דִּייֵת
retrace *v.* חָזַר (על עקבותיו)
retract *v.* חָזַר בּוֹ, הִתְכַּחֵשׁ
retread *v.* גִּיפֵּר שׁוּב (צמיג)
retreat *n.* נְסִיגָה; פְּרִישָׁה; מִפְלָט
retreat *v.* נָסוֹג
retrench *v.* קִיצֵּץ, קִימֵּץ
retribution *n.* תַּגְמוּל, גְּמוּל
retrieve *v.* הִשִּׂיג שׁוּב; הִצִּיל (כבוד וכד')
retriever *n.* (כלב) מַחֲזִיר
retro-retro אֲחוֹרָה, חֲזָרָה
retroactive *adj.* רֶטְרוֹאַקְטִיבִי, מִפְּרֵעִי
retrograde *adj.* מְכוּוָּן אֲחוֹרָה, מִידַּרְדֵּר
retrogressive *adj.* נַעֲשֶׂה יוֹתֵר גָּרוּעַ, מִידַּרְדֵּר
retrospect *n.* מַבָּט לְאָחוֹר
retrospective *adj.* סוֹקֵר לְאָחוֹר; רֶטְרוֹסְפֶּקְטִיבִי
return *v.* חָזַר; הֶחֱזִיר, עָנָה, הִכְנִיס (רווחים)
return *n.* חֲזָרָה; הַחְזָרָה, תְּמוּרָה, רֶוַח
return address *n.* כְּתוֹבֶת לִתְשׁוּבָה
return game *n.* מִשְׂחַק גּוֹמְלִין
return ticket *n.* כַּרְטִיס הָלוֹךְ וָשׁוֹב
return trip *n.* נְסִיעָה הָלוֹךְ וָשׁוֹב
reunification *n.* אִיחוּד מֵחָדָשׁ
reunion *n.* אִיחוּד מֵחָדָשׁ; כִּינּוּס, מִפְגָּשׁ (מחזור בי"ס וכד')
reunite *v.* אִיחֵד שׁוּב; הִתְאַחֵד שׁוּב
rev *n.* סִיבּוּב, סֶבֶב
rev *v.* הִגְבִּיר תְּאוּצָה שֶׁל (מנוע)
revaluation *n.* יִיסוּף (מטבע); הַעֲרָכָה מֵחָדָשׁ
revamp *v.* הִתְקִין פֶּנֶת מֵחָדָשׁ (לנעל); חִידֵּשׁ (לחן וכד')
reveal *v., n.* הֶרְאָה, גִּילָּה; גִּילּוּי
reveille *n.* תְּרוּעַת הַשְׁכָּמָה
revel *v.* הִתְהוֹלֵל, הִתְעַנֵּג
revelation *n.* גִּילּוּי; גִּילּוּי מַפְתִּיעַ
revelry *n.* הִתְהוֹלְלוּת
revenge *v., n.* נָקַם; גָּמַל; נְקָמָה
revengeful *adj.* נַקְמָנִי
revenue *n.* הַכְנָסָה, הַכְנָסָה מִמִּסִּים
reverberate *v.* הִדְהֵד (קול), הֶחֱזִיר (חום); שִׁיקֵּף (אור)
revere *v.* כִּיבֵּד, הֶעֱרִיץ
reverence *n.* יִרְאַת־כָּבוֹד
reverie *n.* חֲלוֹם בְּהָקִיץ
reversal *n.* הֲפִיכָה, מַהְפָּךְ
reverse *adj., n.* הָפוּךְ; הֵפֶךְ, הִיפּוּךְ; כִּישָּׁלוֹן
reverse *v.* הָפַךְ; נָהַג לְאָחוֹר
revert *v.* חָזַר (לקדמותו)
review *n.* סְקִירָה; בְּחִינָה מְחוּדֶּשֶׁת
review *v.* סָקַר, בָּחַן
revile *v.* חֵירֵף, גִּידֵּף
revise *v.* עָרַךְ וּבָדַק מֵחָדָשׁ
revision *n.* עֲרִיכָה וּבְדִיקָה מֵחָדָשׁ
revival *n.* תְּחִייָה, הַחְיָאָה
revive *v.* הֶחֱיָה, הֵשִׁיב נֶפֶשׁ; קָם לִתְחִייָה
revivify *v.* הֶחְיָה, הֵפִיחַ מֶרֶץ
revoke *v.* בִּיטֵּל (צו, רשות)
revolt *n.* מֶרֶד, הִתְקוֹמְמוּת; בְּחִילָה
revolt *v.* מָרַד, הִתְקוֹמֵם; עוֹרֵר בְּחִילָה
revolting *adj.* מְעוֹרֵר בְּחִילָה

revolution *n.* מַהְפֵּכָה; סִיבּוּב
revolutionary *adj. n.* מַהְפְּכָנִי; מַהְפְּכָן
revolve *v.* הִסְתּוֹבֵב; סוֹבֵב
revolver *n.* אֶקְדָּח (תופי)
revolving door *n.* דֶּלֶת סוֹבֶבֶת
revue *n.* רֶוויוּ (הצגה מגוונת בקטעי הומור וסאטירה)
revulsion *n.* שִׁינּוּי פִּתְאוֹמִי; תְּגוּבָה חֲרִיפָה
reward *v.* נָתַן פְּרָס; פִּיצָּה, גָּמַל
reward *n.* גְּמוּל; פְּרָס
rewarding *adj.* כְּדָאִי
rewrite *v.* שִׁכְתֵּב; עִיבֵּד
rhapsody *n.* הַבָּעָה נִרְגֶּשֶׁת; (במוסיקה) רַפְּסוֹדְיָה
rhetoric *n.* רֵטוֹרִיקָה (אֳמנות הנאום)
rhetorical *adj.* רֵטוֹרִי
rheumatic *adj., n.* שִׁיגְרוֹנִי, רוֹמָטִי
rheumatism *n.* שִׁיגָּרוֹן
rhinestone *n.* אֶבֶן גְּבִישִׁית; יַהֲלוֹם מְזוּיָּף
rhinoceros *n.* קַרְנַף
rhombus *n.* מְעוּיָּן
rhubarb *n.* רִיבָּס
rhyme *n.* חָרוּז, חֲרִיזָה
rhyme *v.* חָרַז, כָּתַב חֲרוּזִים
rhythm *n.* קֶצֶב, רִיתְמוּס
rhythmic(al) *adj.* קִצְבִּי, רִיתְמִי
rib *n.* צֵלָע
rib *v.* צִילֵּעַ, חִיזֵּק בִּצְלָעוֹת; (המונית) קִנְטֵר, הִיתֵּל
ribald *adj.* מְנַבֵּל פִּיו, מְבַיֵּישׁ, גַּס
ribbon *n.* סֶרֶט, פַּס צַר
rice *n.* אוֹרֶז

rich *adj.* עָשִׁיר; מְהוּדָּר
riches *n.pl.* עוֹשֶׁר, הוֹן
rickets *n.* רַכֶּכֶת (מחלת עצמות)
rickety *adj.* סוֹבֵל מֵרַכֶּכֶת; רוֹפֵף
rickshaw *n.* רִיקְשָׁה (עגלה דו אופנית, שאדם מוביל אותה)
rid *v.* שִׁחְרֵר; טִיהֵר; הֵסִיר
riddance *n.* הִיפָּטְרוּת, הִשְׁתַּחְרְרוּת
riddle *n.* חִידָה; מָשָׁל
riddle *v.* דִּיבֵּר בְּחִידוֹת; פָּתַר חִידוֹת; נִיקֵּב כִּכְבָרָה
ride *v.* רָכַב; נָסַע בְּרֶכֶב; הִרְכִּיב
ride *n.* טִיּוּל (בנסיעה או ברכיבה)
rider *n.* פָּרָשׁ; נִסְפָּח (לחוק וכד')
ridge *n.* רֶכֶס, קַו מוּגְבָּה
ridicule *n.* לַעַג, גִּיחוּךְ, צְחוֹק
ridicule *v.* לָעַג, עָשָׂה צְחוֹק
ridiculous *adj.* מְגוּחָךְ, נִלְעָג
riding *n.* רְכִיבָה
riding academy *n.* בֵּית־סֵפֶר לִרְכִיבָה
riding breeches *n.pl.* מִכְנְסֵי רְכִיבָה
riding-habit *n.* תִּלְבּוֹשֶׁת רְכִיבָה
riding master *n.* מוֹרֶה לִרְכִיבָה
rife *adj.* נָפוֹץ, מָצוּי
riffle *v.* עִרְבֵּב, טָרַף (קלפים); עִלְעֵל
riffraff *n.* אֲסַפְסוּף, עֵרֶב־רַב
rifle *n.* רוֹבֶה
rifle *v.* גָּנַב (ממגירה, מארון)
rift *n.* בְּקִיעַ; קֶרַע
rig *v.* צִייֵּד (אונייה); הִצְטַייֵּד; הִרְכִּיב חֲלָקִים
rig *n.* (באונייה) חִיבֵּל (מערך התרנים והחבלים)
right *adj.* צוֹדֵק, נָכוֹן; מַתְאִים, יְמָנִי
right angle *n.* זָווִית יְשָׁרָה

right hand drive *n.* הֶגֶה יְמָנִי
right-hand man *n.* יָד יָמִין, עוֹזֵר נֶאֱמָן
right minded *adj.* הָגוּן, בַּעַל הַדֵּעוֹת הַנְּכוֹנוֹת
right of way *n.* זְכוּת קְדִימָה
right *n.* (צַד) יָמִין; זְכוּת, צֶדֶק
right *adv.* יָשָׁר, יְשִׁירוּת; בְּצֶדֶק; כַּשּׁוּרָה
right *v.* יִישֵּׁר, תִּיקֵּן
righteous *adj.* צַדִּיק, עוֹשֶׂה צֶדֶק
rightful *adj.* חוּקִי, בַּעַל זְכוּת; הוֹגֵן, צוֹדֵק
rightist *n., adj.* יְמָנִי (בפוליטיקה)
rightly *adv.* בְּצֶדֶק, נָכוֹן
rigid *adj.* לֹא גָמִישׁ, נוּקְשֶׁה
rigmarole *n.* גִּיבּוּב מִלִּים אָרוֹךְ
rigorous *adj.* קַפְּדָנִי, חָמוּר, קָשֶׁה
rile *v.* הִרְגִּיז
rill *n.* פֶּלֶג (של מים זורמים)
rim *n.* קָצֶה, שָׂפָה; שׁוּל; חִישּׁוּק
rime *n.* כְּפוֹר; חָרוּז
rind *n.* קְרוּם, קְלִיפָּה
ring *v.* צִלְצֵל, נִשְׁמַע; הִקִּיף, כִּיתֵּר
ring *n.* צִלְצוּל; צְלִיל; טַבַּעַת; עִיגּוּל
ringing *adj.* מְצַלְצֵל, מְהַדְהֵד
ringleader *n.* מַנְהִיג (קושרים וכד׳)
ringmaster *n.* מְנַהֵל זִירָה
ringside *n.* שׁוּרָה רִאשׁוֹנָה
ringworm *n.* גַּזֶּזֶת
rink *n.* מִשְׁטַח קֶרַח לְהַחְלָקָה
rinse *n., v.* שְׁטִיפָה; שָׁטַף
riot *n.* פְּרָעוֹת; הִשְׁתּוֹלְלוּת, מְהוּמָה
riot *v.* פָּרַע; הִתְפָּרֵעַ
rioter *n.* מִתְפָּרֵעַ
rip *v.* קָרַע; נִיתֵּק; נִקְרַע
rip *n.* שִׁיבּוֹלֶת (בים, בנהר)
ripe *adj.* בָּשֵׁל, בּוֹגֵר
ripen *v.* בָּשַׁל; הִתְבַּגֵּר
ripple *v.* (לגבי ים) הֶעֱלָה אַדְווֹת; הִתְנוֹעֵעַ כְּאַדְווָה
ripple *n.* אַדְווָה; קוֹל עוֹלֶה וְיוֹרֵד
rise *v.* קָם, עָלָה; הִתְקוֹמֵם
rise *n.* עֲלִיָּה; שִׁיפּוּעַ; הַעֲלָאָה; זְרִיחָה
risk *n.* סִיכּוּן; סְכוּם מְבוּטָּח
risk *v.* סִיכֵּן, הִסְתַּכֵּן בּ
risky *adj.* כָּרוּךְ בְּסִיכּוּן, מְסוּכָּן; גַּס
risqué *adj.* נוֹעָז, גַּס (סיפור וכד׳)
rite *n.* טֶקֶס, פּוּלְחָן (דתי)
ritual *adj., n.* (שֶׁל) טֶקֶס דָּתִי
rival *n., v.* יָרִיב, מִתְחָרֶה; הִתְחָרָה בּ
rivalry *n.* הִתְחָרוּת, יְרִיבוּת
river *n.* נָהָר, זֶרֶם חָזָק
river-bed *n.* אֲפִיק נָהָר
riverside *n.* שְׂפַת נָהָר
rivet *n.* מַסְמֶרֶת
rivet *v.* רִיתֵּק, רִיכֵּז (תשומת לב וכד׳)
rivulet *n.* פֶּלֶג מַיִם
roach *n.* מַקָּק, תִּיקָן
road *n.* דֶּרֶךְ, כְּבִישׁ, רְחוֹב
roadbed *n.* תַּשְׁתִּית הַכְּבִישׁ
roadblock *n.* מַחְסוֹם דֶּרֶךְ
roadside *n., adj.* (בּ)צַד הַכְּבִישׁ
roadstead *n.* מַעֲגָן
roadway *n.* כְּבִישׁ, דֶּרֶךְ
roam *v.* שׁוֹטֵט, נָדַד
roam *n.* נְדִידָה; נוֹדֵד
roar *v., n.* שָׁאַג; שְׁאָגָה
roast *v.* צָלָה, קָלָה; נִצְלָה
roast *n., adj.* צָלִי; צָלוּי
roast beef *n.* צְלִי בָּקָר
rob *v.* שָׁדַד

robber *n.* שׁוֹדֵד, גַּזְלָן
robbery *n.* שׁוֹד, גֶּזֶל
robe *n.* גְּלִימָה; חָלוּק
robe *v.* הִלְבִּישׁ גְּלִימָה; הִתְלַבֵּשׁ
robin *n.* אֲדוֹם־הֶחָזֶה (עוֹף)
robot *n.* רוֹבּוֹט
robust *adj.* חָסוֹן, בָּרִיא
rock *n.* סֶלַע, צוּר, אֶבֶן גְּדוֹלָה
rock *v.* נִדְנֵד, טִלְטֵל; הִתְנַדְנֵד, הִיטַּלְטֵל
rock-bottom *n.* נְקוּדַת שֵׁפֶל; אֶבֶן תַּשְׁתִּית
rocker *n.* כַּסְנוֹעַ
rocket *n.* טִיל
rocket *v.* הִתְקִיף בְּטִילִים; (מחיר) הָאֱמִיר
rocket bomb *n.* טִיל, רָקֵטָה
rocket launcher *n.* מַזְנִיק טִילִים
rocking-chair *n.* כִּיסֵּא מִתְנַדְנֵד
rocking-horse *n.* סוּס מִתְנַדְנֵד
rock-salt *n.* מֶלַח גְּבִישִׁי
rocky *adj.* סַלְעִי; (המונית) רָעוּעַ
rococo *adj.* מְצוּעְצָע, מְקוּשָׁט בְּצוּרָה מוּפְרֶזֶת
rod *n.* מוֹט דַּק, מַקֵּל
rodent *n., adj.* מְכַרְסֵם
rodeo *n.* כִּינּוּס בָּקָר
roe *n.* אַיָּלָה; בֵּיצֵי דָּגִים
rogue *n.* נוֹכֵל, נָבָל, רַמַּאי
roguish *adj.* נוֹכְלִי; שׁוֹבָב
role *n.* תַּפְקִיד
roll *v.* הִתְגַּלְגֵּל, הִתְנַדְנֵד; סוֹבֵב; גִּלְגֵּל
roll *n.* גָּלִיל; לַחְמָנִית; רְשִׁימַת שֵׁמוֹת מְגִילָּה; קוֹל (רעם)
roller *n.* מַכְבֵּשׁ; גָּלִיל; מַעֲגִילָה

roller skate *n.* גַּלְגִּלִּית
roller-skate *v.* הֶחֱלִיק בְּגַלְגִּלִּיּוֹת
rolling-pin *n.* מַעֲגִילָה (לבצק)
rolling stone *n.* אֶבֶן מִתְגַּלְגֶּלֶת; (אדם) נוֹדֵד
roly-poly *adj.* שָׁמֵן, שְׁמַנְמַן
romance *n.* רוֹמָן; פָּרָשַׁת אֲהָבִים
romance *v.* סִיפֵּר (בהפעלת הדמיון)
romantic *adj.* דִּמְיוֹנִי; רוֹמַנְטִי, רִגְשִׁי
romanticism *n.* רוֹמַנְטִיצִיזְם (תנועת משכילים ואמנים בסוף המאה ה־19, שהדגישה את הרגש והדמיון ואת השחרור מתפיסות חברתיות מקובלות של האמנות)
romp *n.* מִשְׂחַק יְלָדִים נִמְרָץ
romp *v.* שִׂיחֵק בְּמֶרֶץ
rompers *n.pl.* בֶּגֶד מִשְׂחָק (לילד)
roof *n.* גַּג
roof *v.* קֵירָה, כִּיסָּה בְּגַג
roof of the mouth *n.* הַחֵיךְ
roofer *n.* מְתַקֵּן גַּגּוֹת
rook *v.* הוֹנָה, רִימָּה (בקלפים וכד׳)
rook *n.* עוֹרֵב; רַמַּאי
rookie *n.* טִירוֹן, ׳יָרוֹק׳
room *n.* חֶדֶר; מָקוֹם
room and board *n.* חֶדֶר וְאוֹכֶל, אֲשָׁ״ל
room mate חֲבֵר לְחֶדֶר
roomer *n.* דַּיָּיר בְּחֶדֶר (שכור)
roomy *adj.* מְרוּוָּח
roost *n.* מוֹט (למנוחת תרנגולים); לוּל
roost *v.* נָח עַל מוֹט; יָשַׁן; הֵלִין
rooster *n.* תַּרְנְגוֹל
root *n.* שׁוֹרֶשׁ; מָקוֹר; יְסוֹד, עִיקָּר
root *v.* הִשְׁרִישׁ; הִשְׁתָּרֵשׁ; הֵרִיעַ
rope *n.* חֶבֶל; מַחְרוֹזֶת

rope dancer/walker *n.* מְהַלֵּךְ עַל חֶבֶל
rope ladder *n.* סוּלַּם חֲבָלִים
rope *v.* קָשַׁר בְּחֶבֶל
rosary *n.* עֲרוּגַת שׁוֹשַׁנִּים; סִידּוּר תְּפִילּוֹת (קָתוֹלִי)
rose *n.* וֶרֶד, שׁוֹשַׁנָּה
rose *adj.* וָרוֹד
rosebud *n.* נִיצַּן וֶרֶד
rosemary *n.* רוֹזְמָרִין (שִׂיחַ נוֹי)
rosin *n.* נָטָף, שְׂרָף
roster *n.* רְשִׁימַת תּוֹרָנוּיוֹת
rostrum *n.* בָּמָה, דּוּכַן נוֹאֲמִים
rosy *adj.* וָרוֹד
rot *n.* רָקָב; הִידַּרְדְּרוּת
rot *v.* נִרְקַב; הִרְקִיב
rotary *adj.* סִיבּוּבִי, פּוֹעֵל בִּתְנוּעָה סִיבּוּבִית
rotate *v.* הִתְחַלֵּף; סוֹבֵב; סִידֵּר לְפִי מַחְזוֹרִיּוּת
rotation *n.* סִיבּוּב, הִתְחַלְּפוּת (בְּסֵדֶר מַחְזוֹרִי), רוֹטַצְיָה
rote *n.* זְכִירָה בְּעַל פֶּה (לְלֹא הֲבָנָה מְלֵאָה), שִׁגְרָה, רוּטִינָה
rotogravure *n.* הַדְפָּסַת שֶׁקַע
rotten *adj.* רָקוּב; קְלוֹקֵל
rotund *adj.* עָגוֹל; עֲגַלְגַּל
rouge *n.* אוֹדֶם
rough *adj.* מְחוּסְפָּס, גַּס; לֹא מְדוּיָּק
rough-cast *adj., n.* מְטוּיָּח גַּס; טִיוּטָה גוֹלְמִית
roughhouse *n.* תִּגְרַת יָדַיִם (רַעֲשָׁנִית)
roughly *adv.* בַּאֲלִימוּת, בְּגַסּוּת; בְּעֵרֶךְ
roughneck *n.* בִּרְיוֹן
roulette *n.* רוּלֶטָּה; (מִשְׂחַק הִימּוּרִים)
round *adj.* עָגוֹל; מַעְגָּלִי; שָׁלֵם
round-shouldered *adj.* כְּפוּף גֵּו
round-trip ticket *n.* כַּרְטִיס הָלוֹךְ וָשׁוֹב
round-up *n.* סִיכּוּם; מָצוֹד
round *n.* עִיגּוּל; הֶיקֵּף; סִיבּוּב; שָׁלָב
round *v.* עִיגֵּל; הִשְׁלִים
round *adv.* בְּעִיגּוּל; מִסָּבִיב
round *prep.* סָבִיב ל
roundabout *adj., n.* עָקִיף; קָרוּסֶלָה, סְחַרְחֵרָה; כִּיכָּר (בְּצוֹמֶת תְּנוּעָה)
roundhouse *n.* בֵּית־כֶּלֶא
rouse *v.* הֵעִיר; שִׁלְהֵב; הִתְעוֹרֵר
rout *n.* הִתְגּוֹדְדוּת; מְהוּמָה
rout *v.* הֵבִיס
route *n.* מַסְלוּל, נָתִיב, דֶּרֶךְ
route *v.* כִּיוּוּן מִשְׁלוֹחַ; קָבַע נְתִיב מִשְׁלוֹחַ
routine *n., adj.* שִׁגְרָה; שִׁגְרָתִי
rove *v.* שׁוֹטֵט, נָדַד
row *n.* שׁוּרָה
row *v.* חָתַר (בְּמְשׁוֹטִים)
row *n.* רַעַשׁ, מְרִיבָה, רִיב קוֹלָנִי
row *v.* רָב; נָזַף
rowboat *n.* סִירַת־מְשׁוֹטִים
rowdy *n., adj.* פִּרְחָח, מִתְפָּרֵעַ
rower *n.* חוֹתֵר (בִּמְשׁוֹטִים)
royal *adj.* מַלְכוּתִי
royalist *n., adj.* מְלוּכָנִי (תּוֹמֵךְ בְּשִׁלְטוֹן מְלוּכָה)
royalty *n.* מַלְכוּת; תַּמְלוּג (לְיוֹצֵר)
rub *v.* שִׁפְשֵׁף; הִשְׁתַּפְשֵׁף, הִתְחַכֵּךְ
rub along *v.* 'הִסְתַּדֵּר'
rub down *v.* נִיגֵּב הֵיטֵב; צִמְצֵם בְּשִׁפְשׁוּף

rub in *v.* מָרַח חָזָק לְתוֹךְ
rub off *v.* הֵסִיר בְּשִׁפְשׁוּף
rub *n.* שִׁפְשׁוּף, חִיכּוּךְ; קוֹשִׁי
rubber *n.* גוּמִי; מַחַק, מוֹחֵק
rubber band *n.* גוּמִיָּיה
rubber stamp *n.* חוֹתֶמֶת גוּמִי
rubber-stamp *v.* שָׂם חוֹתֶמֶת;
אִישֵּׁר אוטוֹמָטִית
rubbish *n.* אַשְׁפָּה, זֶבֶל; שְׁטוּיוֹת
rubble *n.* שִׁבְרֵי אֶבֶן, פְּסוֹלֶת בְּנִיָּיה
rubdown *n.* עִיסּוּי
rubric *n.* כּוֹתֶרֶת מְקוּשֶּׁטֶת; שֵׁם
ruby *n., adj.* אוֹדֶם (אבן); אָדוֹם לוֹהֵט
rucksack *n.* תַּרְמִיל גַּב
rudder *n.* הֶגֶה (אונייה, מטוס)
ruddy *adj.* אַדְמוֹנִי
rude *adj.* גַּס, חָצוּף
rudiment *n.* יְסוֹדוֹת רִאשׁוֹנִיִּים
rue *v.* הִתְחָרֵט, הִצְטָעֵר
rueful *adj.* מִתְחָרֵט, מִצְטָעֵר
ruffian *n.* בִּרְיוֹן אַכְזָר, אַלָּם
ruffle *v.* חִסְפֵּס, פָּרַע; קִימֵּט; הִרְגִּיז
ruffle *n.* חִסְפּוּס; קְמָטִים; בַּד מְקוּמָּט
rug *n.* כְּסוּת צֶמֶר, שָׁטִיחַ קָטָן
rugby *n.* רַגְבִּי (משחק כדורגל גם ביד)
rugged *adj.* מְבוּתָּר, סַלְעִי, מְפוֹרָץ
ruin *n.* חוּרְבָּן, הֶרֶס; עִיִּי מַפּוֹלֶת
ruin *v.* הָרַס, הֶחֱרִיב
rule *n.* כְּלָל, נוֹהַג; שִׁלְטוֹן; סַרְגֵּל
rule *v.* שָׁלַט, מָלַךְ; קָבַע
rule of law *n.* שִׁלְטוֹן הַחוֹק
ruler *n.* שַׁלִּיט; סַרְגֵּל
ruling *adj.* שׁוֹלֵט; רוֹוֵחַ
ruling *n.* פְּסָק, קְבִיעָה (של שופט)
rum *n., adj.* רוּם (משקה חריף)
rumba *n.* רוּמְבָּה (ריקוד קובני)

rumble *v.* רָעַם, רָעַשׁ
rumble *n.* רַעַם; הֶמְיָה
ruminant *n., adj.* מַעֲלֵה גֵירָה
ruminate *v.* הֶעֱלָה גֵירָה; הִרְהֵר
rummage *v.* חִיטֵּט, חִיפֵּשׂ בִּיסוֹדִיּוּת
rummage sale *n.* מְכִירַת שְׁיָרִים
rumor *n., v.* שְׁמוּעָה; הֵפִיץ שְׁמוּעָה
rump *n.* אֲחוֹרַיִים, עַכּוּז, תַּחַת
rump steak *n.* אוּמְצַת אֲחוֹרַיִים
rumple *v.* פָּרַע (שֵׂער); קִימֵּט
rumpus *n.* (דיבּוּרית) רַעַשׁ, מְהוּמָה
run *v.* בָּרַח, רָץ; נָטַף; נִמְשַׁךְ; נִיהֵל
run *n.* רִיצָה; מַהֲלָךְ; (בּגרב) קֶרַע
runaway *adj.* בּוֹרֵחַ; שֶׁהוּשַּׂג בְּקַלּוּת
run-down *adj.* יָרוּד
rung *n.* מוֹט חִיבּוּר, שָׁלָב (של סולם)
runner *n.* רָץ, שָׁלִיחַ; שָׁטִיחַ צַר
runner-up *n.* שֵׁנִי בְּתַחֲרוּת
running *adj.* רָץ; זוֹרֵם; רָצוּף
running head *n.* כּוֹתֶרֶת שׁוֹטֶפֶת
run-proof *adj.* חֲסִין קֶרַע
runt *n.* נַנָּס, מְגוּמָּד (בע"ח, צמח)
runway *n.* מַסְלוּל הַמְרָאָה
rupee *n.* רוּפִּי (מטבע הודי ופאקיסטָני)
rupture *n.* בְּקִיעָה, שֶׁבֶר; נִיתּוּק
rupture *v.* נִיתֵּק, קָרַע;
גָּרַם שֶׁבֶר; סָבַל מִשְׁבָּר
rural *adj.* כַּפְרִי
rush *v.* נֶחְפַּז; גָּח; זִינֵּק;
הִסְתָּעֵר; הֵאִיץ
rush *n.* חוּפְזָה; זִינּוּק, גִּיחָה
russet *adj.* חוּם־אֲדַמְדַּם אוֹ צְהַבְהַב
rust *n.* חֲלוּדָה
rust *v.* הֶחְלִיד, הֶעֱלָה חֲלוּדָה
rustic *adj.* כַּפְרִי; בֶּן־כְּפָר;
לֹא מְלוּטָּשׁ

rustle *v.* רִשְׁרֵשׁ; הִזְדָּרֵז
rustle *n.* רִשְׁרוּשׁ
rustling *adj.* מְרַשְׁרֵשׁ, מְאַוֵּשׁ
rusty *adj.* חָלוּד

rut *n.* תֶּלֶם; חָרִיץ; שִׁגְרָה; (בבע"ח) הִתְיַיחֲמוּת
ruthless *adj.* אַכְזָרִי, חֲסַר רַחֲמִים
rye *n.* שִׁיפוֹן; וִיסְקִי שִׁיפוֹן

S

Sabbath *n.* שַׁבָּת; יום א׳ (אצל הנוצרים)
sabbatical year *n.* שְׁנַת שַׁבָּתוֹן
sable *n., adj.* (פרוות) צוֹבֶל (יונק קטן מסיביר)
sabotage *n.* חַבָּלָה, סַבּוֹטָז׳
sabotage *v.* חִיבֵּל
saboteur *n.* מְחַבֵּל, מַשְׁחִית
sabra *n.* צַבָּר (יליד הָאָרֶץ)
sac *n.* שַׁלְחוּף (שקיק בתוך גוף)
saccharine(e) *n., adj.* סַכָּרִין; סַכָּרִינִי, מְתַקְתַּק
sacerdotal *adj.* כּוֹהֲנִי
sachet *n.* אַרְנָק קָטָן (מבושם)
sack *v.* בָּזַז; פִּיטֵּר
sack *n.* שַׂק; פִּיטוּרִין; בִּזָּיָה; סֶק (יין לבן)
sackcloth *n.* שַׂק; אָרִיג גַּס
sacrament *n.* טֶקֶס נוֹצְרִי; סְעוּדַת קוֹדֶשׁ
sacred *adj.* קָדוֹשׁ; מְקוּדָּשׁ
sacrifice *n.* זֶבַח; הַקְרָבָה
sacrifice *v.* הִקְרִיב, זָבַח
sacrilege *n.* חִילּוּל הַקּוֹדֶשׁ
sacrilegious *adj.* שֶׁל חִילּוּל הַקּוֹדֶשׁ
sacristan *n.* שַׁמַּשׁ כְּנֵסִיָּיה
sacrosanct *adj.* קָדוֹשׁ, מְקוּדָּשׁ
sad *adj.* עָצוּב, עָגוּם, מְצַעֵר; כֵּיהֶה
sadden *v.* הֶעֱצִיב, צִיעֵר
saddle *n.* אוּכָּף; מוֹשָׁב (באופניים)
saddle *v.* שָׂם אוּכָּף; הֶעֱמִיס
saddlebag *n.* אַמְתַּחַת
Sadducee *n.* צְדוֹקִי (מכת הצדוקים בימי בי״ש)
sadist *n.* סָדִיסְט, עַנַּאי
sadistic *adj.* סָדִיסְטִי, אַכְזָרִי
sadness *n.* עַצְבוּת, צַעַר
safe *adj.* בָּטוּחַ, שָׁלֵם
safe *n.* כַּסֶּפֶת; תֵּיבָה (לשמירת בשר)
safe-conduct *n.* תְּעוּדַת מַעֲבָר
safe-deposit *n.* חַדְרֵי־כַּסָּפוֹת
safeguard *n.* אֶמְצָעֵי בִּיטָּחוֹן; הֲגָנָה
safeguard *v.* שָׁמַר, אִבְטַח
safety *n.* בִּיטָּחוֹן; בְּטִיחוּת
safety-belt *n.* חֲגוֹרַת בְּטִיחוּת (במכונית)
safety match *n.* גַּפְרוּר
safety-pin *n.* סִיכַּת בְּטִיחוּת; נִצְרָה (ברימון)
safety rail *n.* מַעֲקֶה
safety razor *n.* מַגְלֵחַ
safety-valve *n.* שַׁסְתּוֹם בְּטִיחוּת
saffron *n.* זַעְפְּרָן צָהוֹב; צֶבַע צָהוֹב
sag *v.* הִתְקַעֵר, שָׁקַע; הָיָה שָׁמוּט
sag *n.* שְׁקִיעָה, הִתְקַעֲרוּת; יְרִידָה
sagacious *adj.* נָבוֹן, פִּיקֵּחַ
sage *adj., n.* חָכָם, נָבוֹן וּמְנוּסֶּה; מַרְוָה (צמח תבליני)
sahib *n.* אָדוֹן (כינוי הודי לגבר)
sail *n.* מִפְרָשׂ; סִירַת מִפְרָשׂ
sail *v.* שָׁט בִּכְלִי־שַׁיִט, הִפְלִיג; הֵשִׁיט
sailcloth *n.* אֲרִיג מִפְרָשִׂים
sailing *n.* שַׁיִט; הַפְלָגָה
sailing boat *n.* מִפְרָשִׂית
sailor *n.* מַלָּח, סַפָּן
saint *n.* קָדוֹשׁ; קָדוֹשׁ נוֹצְרִי
saintliness *n.* קְדוּשָּׁה, עֶלְיוֹנוּת
sake *n.* (לְ)מַעַן, (לְ)שֵׁם

salaam *n.* בִּרְכַּת שָׁלוֹם
salable *adj.* מָכִיר, רָאוּי לִמְכִירָה
salacious *adj.* מְגָרֶה (מינית), פּוֹרְנוֹגְרָפִי
salad *n.* סָלָט, יָרָק חַי (למאכל)
salad days *n.pl.* יְמֵי הַנְּעוּרִים
salami *n.* סָלָמִי, נַקְנִיק (איטלקי, מתובל)
salary *n.* מַשְׂכּוֹרֶת (חודשית)
sale *n.* מְכִירָה; מְכִירָה כְּלָלִית
saleslady *n.* זַבָּנִית
salesman *n.* זַבָּן, סוֹחֵר
sales manager *n.* מְנַהֵל מְכִירוֹת
salesmanship *n.* אוּמָּנוּת הַמְּכִירָה
sales tax *n.* מַס מְכִירוֹת
salient *adj.* בּוֹלֵט, מִזְדַּקֵּר
saline *adj.* מָלוּחַ
saliva *n.* רוֹק, רִיר
sallow *adj.* צְהַבְהַב, חִיוּוֵר
sally *n.* גִּיחָה, הִתְפָּרְצוּת; הֶעָרָה שְׁנוּנָה
sally *v.* הֵגִיחַ, הִתְפָּרֵץ
salmon *n.* (בשר) סַלְמוֹן
salon *n.* טְרַקְלִין, סָלוֹן
saloon *n.* מִסְבָּאָה; (באונייה) אוּלָם הַנּוֹסְעִים
salt *n.* מֶלַח; שְׁנִינוּת; מַלָּח וָתִיק
salt *adj.* מָלֵחַ, מָלוּחַ
salt *v.* הִמְלִיחַ, תִּיבֵּל בְּמֶלַח
saltcellar *n.* מִמְלָחָה
saltpetre, saltpeter *n.* מְלַחַת
salt shaker *n.* מִמְלָחָה, מַבְזֵק מֶלַח
salty *n.* מָלוּחַ
salubrious *adj.* (לגבי אקלים) בָּרִיא; מַבְרִיא
salutation *n.* הַבָּעַת בְּרָכָה
salute *v.* בֵּירַךְ לְשָׁלוֹם, הִצְדִּיעַ
salute *n.* הַצְדָּעָה; יְרִיּוֹת כָּבוֹד
salvage *n.* נְצוֹלֶת; רְכוּשׁ שֶׁנִּיצַּל; חִילּוּץ אוֹנִיָּה; נִיצּוּל פְּסוֹלֶת
salvage *v.* הִצִּיל; חִילֵּץ (אונייה); נִיצֵּל פְּסוֹלֶת
salvation *n.* גְּאוּלָּה, יְשׁוּעָה
salve *n.* מִשְׁחָה; מָזוֹר
salve *v.* הֵבִיא מַרְפֵּא
salver *n.* טַס, מַגָּשׁ
salvo *n.* מַטַּח יְרִי; מַטָּח
Samaritan *n., adj.* שׁוֹמְרוֹנִי; שׁוֹמְרוֹנִית; נָדִיב
same *adj., pron., adv.* זַהֶה, הוּא עַצְמוֹ; דּוֹמֶה; אָחִיד; הַנַּ"ל
samovar *n.* מֵחַם רוּסִי, סַמוֹבָר
sample *n.* דּוּגְמָה, מִדְגָּם
sample *v.* לָקַח דּוּגְמָה, בָּדַק חֵלֶק
sanatorium *n.* בֵּית הַבְרָאָה (לטיפול ממושך), סָנָטוֹרְיוּם
sanctify *v.* עָשָׂה לִמְקוּדָּשׁ, קִידֵּשׁ
sanctimonious *adj.* מַעֲמִיד פְּנֵי קָדוֹשׁ
sanction *n.* הַרְשָׁאָה; אִישּׁוּר; (בריבוי) עִיצוּמִים
sanction *v.* נָתַן תּוֹקֶף; אִישֵּׁר
sanctuary *n.* מָקוֹם קָדוֹשׁ, מִקְדָּשׁ; מִקְלָט
sanctum *n.* מָקוֹם קָדוֹשׁ; (בדיבור) חֲדַר פְּרָטִי (לעבודה וכד')
sand *n.* חוֹל, חוֹלָה
sand *v.* פִּיזֵּר חוֹל; נִיקָּה בְּחוֹל
sand dune *n.* חוֹלָה, דְּיוּנָה
sandal *n.* סַנְדָּל
sandalwood *n.* עֵץ הַסַּנְדָּל (עץ קשה וריחני)

sandbag *v.* בִּיצֵּר בְּשַׂקֵּי חוֹל
sand-bar *n.* שִׂרְטוֹן
sandbox *n.* אַרְגַּז חוֹל
sandglass *n.* שְׁעוֹן חוֹל
sandpaper *n.* נְיַיר־זְכוּכִית
sandpaper *v.* שִׁפְשֵׁף בִּנְיַיר־זְכוּכִית
sandwich *n., v.* כְּרִיךְ; הִדְחִיס
(בֵּין שְׁנֵי דְבָרִים שׁוֹנִים)
sandy *adj.* חוֹלִי; מִצֶּבַע הַחוֹל
sane *adj.* שָׁפוּי, מְפוּקָּח, מְיוּשָּׁב
sanguinary *adj.* רְווּי דָם, עָקוֹב מִדָּם;
צָמֵא לְדָם
sanguine *adj.* אֲדוֹם פָּנִים; בּוֹטֵחַ,
אוֹפְּטִימִי
sanitarium *n.* **see sanatorium**
sanitary *adj.* בְּרִיאוּתִי; תַּבְרוּאִי
sanitary napkin *n.* תַּחְבּוֹשֶׁת
הִיגְיֵינִית
sanitation *n.* תַּבְרוּאָה, סָנִיטַצְיָה
sanity *n.* שְׁפִיּוּת, שִׁיקּוּל דַּעַת
sap *n.* לַחְלוּחִית, חִיּוּת
sap *v.* מָצַץ; הִתִּישׁ
saphead *n.* שׁוֹטֶה, פֶּתִי
sapient *adj.* חָכָם, נָבוֹן
sapling *n.* שְׁתִיל; נֵצֶר רַךְ, בָּחוּר צָעִיר
sapphire *n.* סַפִּיר (אבן טובה)
Saracen *n.* סָרָצֵנִי, מוּסְלִימִי
(בימי הצלבנים)
sarcasm *n.* לַעַג מַר, סַרְקַסְטִיּוּת,
אַרְסִיּוּת
sarcastic *adj.* עוֹקְצָנִי, צוֹרֵב,
אַרְסִי
sarcophagus *n.* גְלוֹסְקָמָה (תיבת אבן
או עץ לשמירת עצמות
מתים בימי קדם)
sardine *n.* סַרְדִּין

sardonic *adj.* לַגְלְגָנִי, אַרְסִי
sari *n.* שִׂמְלָה הוֹדִית
sash *v.* מִסְגֵּר; עִיטֵּר בְּסֶרֶט
sash *n.* מִסְגֶּרֶת לְחַלּוֹן
sash window *n.* חַלּוֹן זָחִיחַ (אנכית)
sassy *adj.* (בדיבור) חָצוּף
satan *n.* הַשָּׂטָן
satchel *n.* יַלְקוּט
sateen *n.* סָטִין
satellite *n.* יָרֵחַ; לַוְויָן; גָרוּר; חָסִיד
satellite country *n.* (מְדִינָה) גְרוּרָה
satiate *adj.* שָׂבֵעַ
satiate *v.* הִשְׂבִּיעַ
satin *n., adj.* סָטִין; מְשִׁיִי
satiric(al) *adj.* סָטִירִי
satirist *n.* סָטִירִיקָן
satirize *v.* תֵּיאֵר בְּסָטִירִיּוּת
satisfaction *n.* שְׂבִיעוּת־רָצוֹן; סִיפּוּק
satisfactory *adj.* מְסַפֵּק;
מֵנִיחַ אֶת הַדַּעַת
satisfy *v.* סִיפֵּק; הִשְׂבִּיעַ רָצוֹן
saturate *v.* רִיוָּה, הִרְוָה
Saturday *n.* שַׁבָּת
Saturn *n.* שַׁבְּתַאי (כוכב הלכת)
saturnalia *n.pl.* חַג סָטוּרְנוּס;
הוֹלֵלוּת פְּרוּעָה
saturnine *adj.* קוֹדֵר
satyr *n.* סָטִיר (אל שחציו אדם
וחציו תיש); שְׁטוּף זִימָּה,
נוֹאֵף
sauce *n.* רוֹטֶב; תַּבְלִין;
(דיבורית) חוּצְפָּה
sauce *v.* תִּיבֵּל; הִתְחַצֵּף
saucepan *n.* סִיר לְבִישּׁוּל
saucer *n.* תַּחְתִּית, צַלַּחַת (לכוס, לספל)
saucy *adj.* חָצוּף; עַסִיסִי

sauerkraut *n.* כְּרוּב כָּבוּשׁ
sauna *n.* סָאוּנָה (מרחץ אדים נוסח פינלַנד)
saunter *n.* הֲלִיכָה אִטִּית וּשְׁקֵטָה
saunter *v.* טִיֵּל לַהֲנָאָתוֹ
sausage *n.* נַקְנִיק; נַקְנִיקִית
sauté *adj.* מְטוּגָן מַהֵר (בּמעט שמן)
savage *adj.* פִּרְאִי; זוֹעֵף; פֶּרֶא
savanna(h) *n.* עֲרָבוֹת אָמֶרִיקָה הַטְּרוֹפִּית
savant *n.* מְלוּמָּד, מַדְעָן
save *v.* הִצִּיל; חָסַךְ
save *prep., conj.* פְּרָט ל, חוּץ מִן
saving *adj.* מַצִּיל, גּוֹאֵל; חוֹסֵךְ
saving *adj., n., prep.* מַצִּיל, מְפַצֶּה, מְכַפֵּר; חִיסָּכוֹן
Savior, savior *n.* מוֹשִׁיעַ, גּוֹאֵל
savoir faire *n.* (מצרפתית) טַקְט חֶבְרָתִי, יְדִיעָה אֵיךְ לְהִתְנַהֵג
savor *n.* טַעַם; תַּבְלִין
savor *v.* הָיָה לוֹ טַעַם (רֵיחַ)
savory *n.* צַתְרָה (צמח ריחני); מַאֲכָל מָלוּחַ (או חריף)
savory *adj.* טָעִים, בָּשִׂים; מְתַאֲבֵן
savvy *n.* שֵׂכֶל
saw *n., v.* מַסּוֹר; פִּתְגָם; נִיסֵּר
sawbuck *n.* חֲמוֹר נְסִירָה (מִתקן מסייע)
sawdust *n.* נְסוֹרֶת
sawmill *n.* מַנְסֵרָה (מכונה)
saxophone *n.* סַקְסוֹפוֹן (כלי נשיפה)
say *v.* אָמַר, הִגִּיד
say *n.* זְכוּת דִּיבּוּר, דֵּעָה
saying *n.* אֲמִירָה; מֵימְרָה
scab *n.* גֶּלֶד (על פצע); גָּרֶדֶת; מֵפֵר שְׁבִיתָה

scabbard *n.* נְדָן
scabby *adj.* בַּעַל פְּצָעִים מַגְלִידִים
scabrous *adj.* מְחוּסְפָּס; גַּס
scaffold *n.* גַּרְדּוֹם; פִּיגוּם
scaffolding *n.* (חֳמָרִים ל)פִיגוּמִים
scald *v.* כִּיוָּה, הִלְהִיט
scale *n.* קַשְׂקֶשֶׂת; סוּלָּם; דֵּירוּג
scale *v.* טִיפֵּס; עָלָה בְּהַדְרָגָה; הִתְקַלֵּף
scaling ladder *n.* סוּלָּם (לְטִיפּוּס עַל) בִּיצוּרִים
scallop *n.* צִדְפָּה מְחוֹרֶצֶת
scallop *v.* קִישֵּׁט (שפת בגד) בְּסִלְסוּלִים
scalp *n.* קַרְקֶפֶת
scalp *v.* הֵסִיר קַרְקֶפֶת, פָּשַׁט עוֹר; רִימָּה; סִפְסֵר
scalpel *n.* אִזְמֵל מְנַתְּחִים
scaly *adj.* מְכוּסֶּה קַשְׂקַשִּׂים, מְחוּסְפָּס
scamp *n.* שׁוֹבָב, 'בַּנְדִּיט'
scamp *v.* עָשָׂה בְּחִיפָּזוֹן וּבְלִי עִנְיָין
scamper *v.* נָס מַהֵר
scamper *n.* בְּרִיחָה מְהִירָה
scan *v.* סָרַק (שטח); קָרָא בְּרִפְרוּף
scandal *n.* שַׁעֲרוּרִיָּה; לָשׁוֹן הָרָע
scandalize *v.* עוֹרֵר שַׁעֲרוּרִיָּה
scandalous *adj.* מְזַעְזֵעַ, שַׁעֲרוּרִיָּתִי
scansion *n.* זִיהוּי מִשְׁקָל (של שיר)
scant *adj.* מוּעָט, דַּל
scant *v.* קִימֵּץ, צִמְצֵם
scanty *adj.* מִזְעָרִי, זָעוּם, דַּל
scapegoat *n.* שָׂעִיר לַעֲזָאזֵל
scar *n.* צַלֶּקֶת
scar *v.* צִילֵּק; הִצְטַלֵּק
scarab *n.* חִיפּוּשִׁית פַּרְעֹה
scarce *adj.* נָדִיר; לֹא מַסְפִּיק
scarcely *adj.* בְּקוֹשִׁי

scare *v.* הִפְחִיד; פָּחַד
scare *n.* פַּחַד, בֶּהָלָה
scarecrow *n.* דַחְלִיל
scarf *n.* סוּדָר, עֲטִיפַת צַוָּאר
scarlet *n., adj.* אָדוֹם שָׁנִי
scarlet fever *n.* שָׁנִית, סְקַרְלָטִינָה
scary *adj.* מַבְהִיל; מַפְחִיד
scathing *adj.* חָרִיף, נוֹקֵב
scatter *v.* הֵפִיץ, פִּיזֵּר; הִתְפַּזֵּר
scatterbrained *adj.* מְפוּזָּר
scattered showers *n.pl.* מִמְטָרִים פְּזוּרִים
scenario *n.* תַּסְרִיט, תַּרְחִישׁ
scene *n.* סְצֶנָה; מְקוֹם הִתְרַחֲשׁוּת; מְאוֹרָע; תְּמוּנָה (במחזה)
scenery *n.* נוֹף; תַּפְאוּרָה
scent *v.* הֵרִיחַ; חָשַׁד
scent *n.* רֵיחַ; נִיחוֹחַ; בּוֹשֶׂם; חוּשׁ־רֵיחַ
scepter, sceptre *n.* שַׁרְבִיט
sceptic(al) *adj., n.* סַפְקָנִי; סַפְקָן
schedule *n.* לוּחַ־זְמַנִּים; מִפְרָט
schedule *v.* תִּכְנֵן
scheme *n.* תּוֹכְנִית; מַעֲרֶכֶת; קֶשֶׁר
scheme *v.* זָמַם; עִיבֵּד תּוֹכְנִית
schemer *n.* אִישׁ מְזִימּוֹת, תַּכְנָן
scheming *adj.* בַּעַל מְזִימּוֹת, תַּכְכָנִי
scherzo *n.* סְקֶרְצוֹ, מִיצוֹר מוּסִיקָלִי (פרק בסימפוניה)
schism *n.* פִּילּוּג, קֶרַע
schizophrenia *n.* שַׁסַּעַת (מחלת רוח)
schnap(p)s *n.* יֵין שָׂרָף, יי״ש הוֹלַנְדִי
schnorkel *n., v.* שְׁנוֹרְקֶל (מכשיר הנשמה לצוללת ולצוללים)
scholar *n.* מְלוּמָּד, תַּלְמִיד־חָכָם; תַּלְמִיד
scholarly *adj.* מְלוּמָּד, לַמְדָנִי, מַדָּעִי
scholarship *n.* יֶדַע, חָכְמָה; מַעֲנָק
school *n.* בֵּית־סֵפֶר; אַסְכּוֹלָה
school *v.* חִינֵּךְ, הִדְרִיךְ; מִשְׁמַעַ
school-board *n.* מוֹעֶצֶת חִינּוּךְ
schooling *n.* חִינּוּךְ בְּבֵית סֵפֶר
schooner *n.* מִפְרָשִׂית
sciatic *adj.* שֶׁל הַיָּרֵךְ; שֶׁל הַשֵּׁת
sciatica *n.* אִישְׁיָאס, נָשִׁית (דלקת עצב הַנָּשֶׁה)
science *n.* מַדָּע
scientific *adj.* מַדָּעִי
scientist *n.* מַדְּעָן
scimitar *n.* חֶרֶב (קצרה וקשוחה)
scintillate *v.* נָצַץ, הִבְהֵב; הִבְרִיק
scion *n.* חוֹטֶר; צֶאֱצָא
scissors *n.pl.* מִסְפָּרַיִים
sclerosis *n.* סְקְלֶרוֹזִיס, טָרֶשֶׁת, הִסְתַּיְּידוּת הָעוֹרְקִים
scoff *v.* לָעַג, לִגְלֵג
scold *n.* אִישָּׁה רַגְזָנִית
scold *v.* גָּעַר, נָזַף
scoop *n.* יָעֶה; מַצֶּקֶת; יְדִיעָה בִּלְעָדִית (בעיתון), סְקוּפּ
scoop *v.* דָּלָה, גָּרַף
scoot *v.* זִינֵּק וְרָץ, הִסְתַּלֵּק מַהֵר
scooter *n.* אוֹפַנִּית, גַּלְגַּלַּיִים; קַטְנוֹעַ
scope *n.* הֶיקֵּף, תְּחוּם; מֶרְחַב פְּעוּלָּה
scorch *v.* חָרַךְ, צָרַב; נֶחֱרַךְ, נִצְרַב
scorch *n.* כְּווִיָּה קַלָּה; 'טִיסָה' (ברכב)
scorching *adj.* לוֹהֵט, צוֹרֵב
score *n.* סָרֶטֶת; מַצַּב הַנְּקוּדוֹת (בתחרות)
score *v.* זָכָה בִּנְקוּדּוֹת; רָשַׁם נְקוּדּוֹת; (במוסיקה) תִּזְמֵר יְצִירָה; סָרַט
score a goal לְהַבְקִיעַ שַׁעַר

score a point לִזְכּוֹת בִּנְקוּדָּה
scoreboard *n.* לוּחַ נִיקּוּד
scorn *n.* בּוּז, לַעַג
scorn *v.* בָּז ל, דָּחָה בְּבוּז
scornful *adj.* מָלֵא בּוּז
scorpion *n.* עַקְרָב
Scotch *adj., n.* סְקוֹטִי; סְקוֹטִית; סְקוֹטשׁ (ויסקי)
scotch *v.* שָׂם קֵץ, סִיכֵּל
scoundrel *n.* נָבָל, נוֹכֵל, רָשָׁע
scour *v.* מֵירֵק, נִיקָּה, גָּרַף, סָרַק
scourge *n.* שׁוֹט, פּוּרְעָנוּת, אָסוֹן
scourge *v.* יִיסֵּר, הֵבִיא פּוּרְעָנוּת
scout *n.* גַּשָּׁשׁ, סַיָּיר; צוֹפֶה; סְפִינַת סִיּוּר, מָטוֹס סִיּוּר
scout *v.* עָסַק בְּסִיּוּר; גִּישֵּׁשׁ; חִיפֵּשׂ
scoutmaster *n.* מַדְרִיךְ צוֹפִים
scow *n.* סִירָה שְׁטוּחָה (להעברת חול, אבנים)
scowl *v.* הִזְעִים עַפְעַפַּיִים
scowl *n.* מַבָּט רוֹגֵז
scrabble *v., n.* גִּישֵּׁשׁ; טִיפֵּס בְּאוֹפֶן פָּרוּעַ; שַׁבֵּץ־נָא (משחק בניית מלים מאותיות)
scraggy *adj.* כָּחוּשׁ וְגַרְמִי
scram *interj.* הִסְתַּלְּקוּ!
scramble *v.* הִתְגַּבֵּר עַל דֶּרֶךְ (תלולה); חָתַר לְהַשִּׂיג
scramble *n.* טִיפּוּס בְּקוֹשִׁי; הִידָּחֲקוּת
scrambled egg *n.* בֵּיצָה טְרוּפָה
scrap *n.* חֲתִיכָה, פֵּירוּר, פִּיסָּה; גְּרוּטָה
scrap *v.* הִשְׁלִיךְ; נֶאֱבַק בְּאֶגְרוֹפָיו
scrapbook *n.* לֶקֶט גְּזִירֵי עִיתּוֹנוּת
scrape *v.* גָּרַד, שִׁיֵּיף
scrape *n.* גֵּירוּד, שִׁיּוּף; סָרֶטֶת; מַצָּב בִּישׁ
scrap-heap *n.* עֲרֵימַת גְּרוּטָאוֹת
scrap-iron *n.* גְּרוּטָאוֹת
scrap-paper *n.* נְיַיר טְיוּטָה
scratch *v.* סָרַט, גֵּירֵד; מָחַק; הִתְגָּרֵד
scratch *n.* גֵּירוּד, סְרִיטָה; סָרֶטֶת
scratch *adj.* מְאוּלְתָּר, אַקְרָאִי
scratch paper *n.* נְיַיר טְיוּטָה
scrawl *v.* 'קִשְׁקֵשׁ', שִׁרְבֵּט
scrawl *n.* 'קִשְׁקוּשׁ', שִׁרְבּוּט
scrawny *adj.* דַּק בָּשָׂר, כָּחוּשׁ
scream *v.* צָוַח, צָרַח, יִילֵּל
scream *n.* צְוָוחָה, צְרִיחָה, יְלָלָה
screech *v., n.* צָוַח; צְוָוחָה, חֲרִיקָה
screech-owl *n.* תִּנְשֶׁמֶת
screen *n.* מָסָךְ, חַיִץ; סוֹכֵךְ, מִרְקָע, אֲקְרָן
screen *v.* קָבַע חַיִץ, חָצַץ; הִקְרִין; הִסְרִיט
screenplay *n.* תַּסְרִיט
screw *n.* בּוֹרֶג, סְלִיל; סִיבּוּב בּוֹרְגִי שָׂכָר; כְּרוֹכֶת (טבאק או מלח); (סלנג) בְּעִילָה
screw *v.* בָּרַג, הִבְרִיג; כָּפָה; הִתְבָּרֵג; (סלנג) בָּעַל
screwball *n.* (בבייסבול) כַּדּוּר מִשְׁתַּטֶּה; אָדָם מוּזָר
screwdriver *n.* מַבְרֵג
screw-jack *n.* מַגְבֵּהַּ בּוֹרְגִי
screw propeller *n.* מַדְחֵף בּוֹרְגִי
screwy *adj.* לֹא שָׁפוּי, מוּזָר
scribble *v.* שִׁרְבֵּט
scribble *n.* כְּתַב חַרְטוּמִּים, שִׁרְבּוּט
scribe *n.* סוֹפֵר; מַעְתִּיק
scrimmage *n.* הִתְכַּתְּשׁוּת רַבָּתִי
scrimp *v.* קִימֵּץ, צִמְצֵם

scrip *n.* מִסְמָךְ, כְּתָב; אִיגֶּרֶת חוֹב
script *n.* כְּתָב, אוֹתִיּוֹת כְּתָב, כְּתַב־יָד
Scripture *n.* הַמִּקְרָא, כִּתְבֵי־הַקּוֹדֶשׁ
script-writer *n.* תַּסְרִיטַאי
scrofula *n.* חֲזִירִית (שחפת בלוטות הלימפה)
scroll *n.* מְגִילָּה
Scroll of the Law סֵפֶר הַתּוֹרָה
scrotum *n.* כִּיס הָאֲשָׁכִים
scrounge *v.* 'סָחַב', 'שְׁנוֹרֵר'
scrub *v.* רָחַץ וְשִׁפְשֵׁף, נִיקָּה
scrub *n.* רְחִיצָה וְשִׁפְשׁוּף, קִרְצוּף; שִׂיחִיָּה, סְבַךְ שִׂיחִים
scruff *n.* עוֹרֶף
scrumptious *adj.* (לגבי אוכל) טָעִים מְאוֹד, נִפְלָא
scruple *n.* הִיסּוּס, נְקִיפַת מַצְפּוּן
scruple *v.* סָבַל מִנְּקִיפוֹת מַצְפּוּן
scrupulous *adj.* בַּעַל מַצְפּוּן, מַקְפִּיד
scrutinize *v.* בָּדַק, בָּחַן מִקָּרוֹב
scrutiny *n.* בְּדִיקָה מְדוּקְדֶּקֶת
scuff *v.* גָּרַר רַגְלַיִים; דִּשְׁדֵּשׁ
scuffle *v.* הִתְקוֹטֵט, הִתְגּוֹשֵׁשׁ
scuffle *n.* תִּגְרָה
scull *n.* מָשׁוֹט; סִירַת מֵירוֹץ
scull *v.* חָתַר, הֵנִיעַ סִירָה בְּמָשׁוֹט
scullery *n.* קִיטוֹן הַמְּבַשְּׁלִים
scullion *n., adj.* מְשָׁרֵת מִטְבָּח
sculptor *n.* פַּסָּל
sculptress *n.* פַּסֶּלֶת
sculpture *n.* פִּיסּוּל; פַּסָּלוּת; פֶּסֶל
sculpture *v.* פִּיסֵּל, גִּילֵּף
scum *n.* זוּהֲמָה, חֶלְאָה
scum *v.* הֵסִיר זוּהֲמָה, קִיפָּה
scummy *adj.* מְכוּסֶּה קְרוּם
scurf *n.* קַשְׂקַשִּׂים
scurrilous *adj.* מְגַדֵּף, מְנָאֵץ
scurry *v.* אָץ־רָץ
scurvy *adj.* נִבְזִי, שָׁפָל
scurvy *n.* צַפְדִּינָה (מחלת דם)
scuttle *n.* דְּלִי לְפֶחָם (ליד האח); פִּתְחָה (בסיפון)
scuttle *v.* רָץ מַהֵר; נִיקֵּב (אונייה כדי לטַבּעה)
scythe *n.* חֶרְמֵשׁ
sea *n.* יָם
sea *adj.* שֶׁל הַיָּם, יַמִּי
seaboard *n.* חוֹף יָם, אֵזוֹר הַחוֹף
sea-dog *n.* כֶּלֶב־יָם; יַמַּאי וָתִיק
sea-legs *n.pl.* רַגְלֵי סַפָּן מְנוּסֶּה
sea-level *n.* (גובה) פְּנֵי הַיָּם
sea-shell *n.* קוֹנְכִית
seafarer *n.* יוֹרֵד־יָם
seagull *n.* שַׁחַף
seal *n.* חוֹתָם, חוֹתֶמֶת; כֶּלֶב־יָם
seal *v.* שָׂם חוֹתָם, אִישֵּׁר; אָטַם
seam *n.* תֶּפֶר; קֶמֶט
seaman *n.* אִישׁ יָם, יַמַּאי
seamless *adj.* חֲסַר תֶּפֶר
seamstress *n.* תּוֹפֶרֶת
seamy *adj.* לֹא נָעִים; מְצוּלָּק
seance *n.* מִפְגָּשׁ (ספיריטואליסטים), מוֹשָׁב
seaport *n.* נָמָל; עִיר נָמָל
sear *adj.* יָבֵשׁ, קָמֵל
sear *v.* חָרַךְ, צָרַב; הִקְשִׁיחַ
search *v.* חִיפֵּשׂ, בָּדַק; חָדַר
search *n.* חִיפּוּשׂ, בְּדִיקָה
searchlight *n.* זַרְקוֹר
seascape *n.* (תמונת) נוֹף יַמִּי
seashore *n.* חוֹף־יָם
seasickness *n.* מַחֲלַת־יָם

seaside *n.* חוף־הַיָּם
season *n.* עוֹנָה, זְמַן
season *v.* תִּיבֵּל; הִכְשִׁיר, חִישֵּׁל; רִיכֵּךְ
seasonal *adj.* עוֹנָתִי
seasoning *n.* תַּבְלִין; תִּיבּוּל
seat *n.* כִּיסֵּא, מוֹשָׁב; מְקוֹם יְשִׁיבָה; 'יַשְׁבָן'
seat *v.* הוֹשִׁיב, הֵכִיל מְקוֹמוֹת יְשִׁיבָה
seat belt *n.* חֲגוֹרַת בְּטִיחוּת (בּרכב, בּמטוס)
seat cover *n.* כִּיסּוּי מוֹשָׁב
seaway *n.* נָתִיב יַמִּי
seaweed *n.* אַצַּת־יָם
seaworthy *adj.* כָּשִׁיר לְהַפְלָגָה (בּיַם)
secede *v.* פָּרַשׁ (מארגון וכד')
secession *n.* פְּרִישָׁה (כנ"ל)
seclude *n.* הִדִּיר מִן, בּוֹדֵד
secluded *adj.* מוּפְרָשׁ, מְבוֹדָד
seclusion *n.* בִּידּוּד, הִתְבּוֹדְדוּת
second *adj.* שֵׁנִי, שְׁנִיָּיה
second *n.* שֵׁנִי, שְׁנִיָּיה; עוֹזֵר; הִילּוּךְ שֵׁנִי; סְחוֹרָה סוּג ב'
second *v.* תָּמַךְ בּ; הִשְׁאִיל (פקיד וכד')
secondary *adj.* שְׁנִיּי, מִשְׁנִי
secondary school *n.* בֵּית־סֵפֶר תִּיכוֹן
second-class *adj.* מִמַּדְרֵגָה שְׁנִיָּיה
second hand *n.* מְחוֹג הַשְּׁנִיּוֹת
secondhand *adj.* מְשׁוּמָּשׁ, יָד שְׁנִיָּיה
second lieutenant *n.* סֶגֶן מִשְׁנֶה
second-rate *adj., n.* מִמַּדְרֵגָה שְׁנִיָּיה; בֵּינוֹנִי
second sight *n.* רְאִיָּה נְבוּאִית
second wind *n.* אֵיתָנוּת חוֹזֶרֶת, עָצְמָה מְחוּדֶּשֶׁת
secrecy *n.* סוֹדִיּוּת, חֲשָׁאִיּוּת
secret *n., adj.* סוֹד, סוֹדִי, חֲשָׁאִי
secretary *n.* מַזְכִּיר; שַׂר
Secretary of State *n.* שַׂר, שַׂר הַחוּץ
secrete *v.* הִפְרִישׁ (נוזלים); הִסְתִּיר
secretive *adj.* עוֹטֶה סוֹדִיּוּת
sect *n.* כַּת, כִּיתָּה
sectarian *adj., n.* שֶׁל כַּת, כִּיתָּתִי; קַנַּאי; קַנַּאי
section *n.* קֶטַע, סְעִיף, חֵלֶק; מַחְלָקָה; אֵזוֹר
sector *n.* גִּזְרָה (במעגל), סֶקְטוֹר, מִגְזָר
secular *adj.* חִילּוֹנִי
secularism *n.* חִילּוֹנִיּוּת
secure *adj.* בָּטוּחַ, בּוֹטֵחַ; מוּגָן
secure *v.* הִשִּׂיג; אִבְטֵחַ, בִּיצֵּר, שָׁמַר
securely *adv.* בְּבִיטָּחוֹן; (סגירה וכד') הֵיטֵב
security *n.* בִּיטָּחוֹן, אַבְטָחָה; עֲרוּבָּה, מַשְׁכּוֹן; (בּריבּוּי) נִיְירוֹת־עֵרֶךְ
Security Council *n.* מוֹעֶצֶת הַבִּיטָּחוֹן
sedan *n.* סֶדָן (מכונית סגורה ל־4 נוסעים); אַפִּרְיוֹן
sedate *adj.* מְיוּשָּׁב בְּדַעְתּוֹ
sedative *adj., n.* מַרְגִּיעַ; סַם מַרְגִּיעַ
sedentary *adj.* שֶׁל יְשִׁיבָה
sediment *n.* מִשְׁקָע, סְחוֹפֶת
sedition *n.* דִּבְרֵי הֲסָתָה לְמֶרֶד
seditious *adj.* מֵסִית לְמֶרֶד
seduce *v.* פִּיתָּה, שִׁידֵּל (לדבר עבירה)
seducer *n.* מְפַתֶּה
seduction *n.* פִּיתּוּי; הִתְפַּתּוּת
seductive *adj.* מְפַתֶּה; מוֹשֵׁךְ
sedulous *adj.* שַׁקְדָנִי, מַתְמִיד

see *n.* בִּישׁוֹפוּת
see *v.* רָאָה, נוֹכַח, הֵבִין; לִיוָּה
See of Rome *n.* הָאַפִּיפְיוֹרוּת
seed *n.* זֶרַע, גַרְעִין, יְסוֹד
seed *v.* זָרַע, טָמַן זֶרַע; הוֹצִיא גַרְעִין
seedling *n.* שְׁתִיל
seedy *adj.* מָלֵא גַרְעִינִים; מוּזְנָח (בְּהוֹפָעָה), לֹא בָּרִיא
seeing *conj.* בְּהִתְחַשֵּׁב
seek *v.* חִיפֵּשׂ, בִּיקֵּשׁ
seem *v.* נִרְאָה, עָשָׂה רוֹשֶׁם
seemingly *adv.* לִכְאוֹרָה
seemly *adj.* הָגוּן, יָאֶה, הוֹלֵם וְצָנוּעַ
seep *v.* חִלְחֵל, הִסְתַּנֵּן
seepage *n.* חִלְחוּל, הִסְתַּנְּנוּת
seer *n.* חוֹזֶה, נָבִיא
seesaw *n.* נַדְנֵדָה
seesaw *v.* הִתְנַדְנֵד
seethe *v.* רָתַח, סָעַר
segment *n.* חֵלֶק, פֶּלַח, מִקְטָע
segregate *v.* הִפְרִיד, בּוֹדֵד
segregation *n.* הַפְרָדָה, בִּידּוּד
segregationist *n.* תּוֹמֵךְ בְּהַפְרָדָה גִזְעִית
seigneur *n.* אָצִיל פֵאוֹדָלִי
seine *n.* מִכְמוֹרֶת (נפרשת)
seismograph *n.* מַדְרַעַשׁ, סֵיסְמוֹגְרָף
seismology *n.* סֵיסְמוֹלוֹגְיָה (חקר רעידות האדמה)
seize *v.* תָּפַס, חָטַף, הֶחְרִים
seizure *n.* תְּפִיסָה, לְכִידָה; הַחְרָמָה
seldom *adv.* לְעִיתִּים רְחוֹקוֹת
select *v.* בָּחַר
select *adj.* נִבְחָר, מוּבְחָר
selectee *n.* מְגוּיָּס (לצבא)
selection *n.* בְּחִירָה; מִבְחָר, הִיבָּחֲרוּת
self *n., adj., pron.* עַצְמִיּוּת; עַצְמִי
self absorbed *adj.* שָׁקוּעַ בְּעַצְמוֹ
self-abuse *n.* בִּיזּוּי עַצְמִי; אוֹנָנוּת
self-addressed envelope *n.* מַעֲטָפַת תְּשׁוּבָה
self-assurance *n.* בִּיטָּחוֹן עַצְמִי
self-centered *adj.*, מְעוּנְיָין רַק בְּעַצְמוֹ, אָנוֹכִיִּי
self-conscious *adj.* רָגִישׁ לְעַצְמוֹ; בַּיְישָׁן, נָבוֹךְ בְּחֶבְרָה
self-contained *adj.* סָגוּר, מְסוּגָר; (דירה) שֶׁיֵּשׁ בָּהּ כֹּל הַדָּרוּשׁ
self-control *n.* שְׁלִיטָה עַצְמִית
self-defense *n.* הִתְגוֹנְנוּת, הֲגָנָה עַצְמִית
self-denial *n.* הִתְנַזְּרוּת, הִסְתַּגְּפוּת
self-determination *n.* הַגְדָּרָה עַצְמִית
self-educated *n.* לוֹמֵד מֵעַצְמוֹ, בַּעַל הַשְׂכָּלָה עַצְמִית
self-employed *adj.* (עוֹבֵד) עַצְמָאִי
self esteem *n.* הַעֲרָכָה עַצְמִית יְתֵרָה
self-evident *adj.* מוּבָן מֵאֵלָיו
self-explanatory *adj.* מוּבָן מֵאֵלָיו
self-government *n.* שִׁלְטוֹן עַצְמִי
self-important *adj.* חָשׁוּב בְּעֵינֵי עַצְמוֹ
self-indulgence *n.* הִתְמַכְּרוּת לַהֲנָאתוֹ
self-interest *n.* טוֹבַת עַצְמוֹ
self-love *n.* אַהֲבָה עַצְמִית
self-made-man *n.* אָדָם שֶׁהִצְלִיחַ בְּכוֹחוֹת עַצְמוֹ
self-portrait *n.* דְּיוֹקַן עַצְמוֹ
self-possessed *adj.* קַר רוּחַ וּבוֹטֵחַ בְּעַצְמוֹ
self-preservation *n.* שְׁמִירַת הַקִּיּוּם (העצמי)

self-reliant *adj.* בּוֹטֵחַ בְּעַצְמוֹ
self-respecting *adj.* מְכַבֵּד אֶת עַצְמוֹ
self-sacrifice *n.* הַקְרָבָה עַצְמִית
self-satisfied *adj.* שְׂבַע־רָצוֹן מֵעַצְמוֹ
self-seeking *n., adj.* רְדִיפַת טוֹבַת עַצְמוֹ; אָנוֹכִיִּי
self-service *n.* שֵׁירוּת עַצְמִי
self-starter *n.* מַתְנֵעַ (בּרכב)
self-sufficient *adj.* לֹא נִזְקָק לְעֶזְרַת אֲחֵרִים, בּוֹטֵחַ בְּעַצְמוֹ
self-support *n.* הַחְזָקָה עַצְמִית
self-taught *adj.* בַּעַל הַשְׂכָּלָה עַצְמִית
self-willed *adj.* עַקְשָׁן, תַּקִּיף בְּדַעְתּוֹ
selfish *adj.* אָנוֹכִיִּי
selfless *adj.* לֹא אָנוֹכִיִּי
selfsame *adj.* אוֹתוֹ עַצְמוֹ, זֵיהֶה
sell *v.* מָכַר; נִמְכַּר
sell *n.* רַמָּאוּת
seller *n.* מוֹכֵר, זַבָּן; דָּבָר נִמְכָּר
sell-out *n.* 'מְכִירָה', בְּגִידָה
seltzer *n.* מֵי סוֹדָה
semantic *adj.* סֵמַנְטִי, שֶׁל מַשְׁמַע הַמִּלָּה
semaphore *n.* סֵמָפוֹר (איתות בּדגלים)
semblance *n.* צוּרָה חִיצוֹנִית; מַרְאִית־עַיִן
semen *n.* זֶרַע (הזכר)
semester *n.* סֶמֶסְטֶר, זְמַן (לימודים)
semi- חֲצִי
semi-annual *adj.* חֲצִי שְׁנָתִי
semi-colon *n.* נְקוּדָה וּפְסִיק (;)
semiconscious *adj.* בְּהַכָּרָה לְמֶחֱצָה
semifinal *adj., n.* (שֶׁל) חֲצִי־גְמָר
semimonthly *n., adj., adv.* דּוּ־שְׁבוּעוֹן; דּוּ־שְׁבוּעוֹנִי; אַחַת לִשְׁבוּעַיִם

seminar *n.* סֶמִינַרְיוֹן (בּאוּניב')
seminary *n.* בֵּית מִדְרָשׁ (למורים וכד'), סֶמִינָר
Semite *n.* שֵׁמִי
Semitic *adj.* שֵׁמִי
Semitics *n.* שֵׁמִיּוּת (מדע ההיסטוריה, הלשונות והתרבּויות של העמים השמיים)
semiweekly *adj., n., adv.* חֲצִי־שְׁבוּעִי, פַּעֲמַיִם בַּשָּׁבוּעַ
semiyearly *adj., adv.* חֲצִי־שְׁנָתִי, פַּעֲמַיִם בְּשָׁנָה
semolina *n.* סוֹלֶת (לדייסה)
senate *n.* סֶנָט
senator *n.* סֶנָטוֹר (חבר הסנט)
send *v.* שָׁלַח, שִׁיגֵּר
sender *n.* שׁוֹלֵחַ, מְשַׁגֵּר
send-off *n.* פְּרֵידָה חֲגִיגִית, שִׁילּוּחַ (אוֹרֵחַ)
senescence *n.* הִזְדַּקְּנוּת
senile *adj.* שֶׁל זִקְנָה, סֵנִילִי, תָּשׁוּשׁ
senility *n.* תְּשִׁישׁוּת מִזִּקְנָה; סֵנִילִיּוּת
senior *adj., n.* בָּכִיר, וָתִיק יוֹתֵר
senior citizens *n.pl.* קְצָבָאִים, קְשִׁישִׁים, 'אֶזְרָחִים בְּכִירִים', בְּנֵי גִּיל הַזָּהָב
seniority *n.* וֶתֶק, בְּכִירוּת
sensation *n.* תְּחוּשָׁה; סֶנְסַצְיָה
sense *n.* חוּשׁ, רֶגֶשׁ, הַכָּרָה, שֵׂכֶל; מַשְׁמָע, מוּבָן
sense *v.* חָשׁ, הִרְגִּישׁ
senseless *adj.* חֲסַר טַעַם
sensibility *n.* כּוֹשֶׁר חִישָּׁה, רְגִישׁוּת
sensible *adj.* נָבוֹן, הֶגְיוֹנִי; חָשׁ
sensitive *adj.* רָגִישׁ
sensitize *v.* עָשָׂה (נייר צילום) לְרָגִישׁ

sensory *adj.* חוּשִׁי, שֶׁל חוּשִׁים
sensual *adj.* חוּשָׁנִי, תַּאַוְתָנִי
sensuous *adj.* חוּשִׁי, רָגִישׁ לְגֵירוּי חוּשִׁי
sentence *n.* מִשְׁפָּט (בתחביר); גְזַר־דִין
sentence *v.* דָן; חָרַץ דִין
sententious *adj.* קָצָר וּבָרוּר, תַּמְצִיתִי; בְּסִגְנוֹן פִּתְגָמִי; מוּסָרָנִי מְנוּפָּח
sentient *adj.* חָשׁ, מַרְגִישׁ, עֵר לְתְחוּשָׁה
sentiment *n.* רֶגֶשׁ, סֶנְטִימֶנְט
sentimentality *n.* רִגְשִׁיוּת, רַגְשָׁנוּת
sentinel *n.* זָקִיף
sentry *n.* זָקִיף
separate *v.* הִפְרִיד; נִפְרַד
separate *adj.* נִפְרָד, לְחוּד
September *n.* חוֹדֶשׁ סֶפְּטֶמְבֶּר
septet *n.* שַׁבְעִית (של מנגנים או זַמרים)
septic *adj., n.* אָלוּחַ, מְזוֹהָם
septuagenarian *n.* (אדם) בִּשְׁנוֹת הַשִּׁבְעִים, 79–70
Septuagint *n.* תַּרְגוּם הַשִּׁבְעִים
sepulcher, sepulchre *n.* קֶבֶר, קְבוּרָה
sequel *n.* הֶמְשֵׁךְ; תּוֹלָדָה
sequence *n.* הִשְׁתַּלְשְׁלוּת, רֶצֶף; סֵדֶר
sequester *v.* הִפְקִיעַ
sequin *n.* דִיסְקִית זְעִירָה (לקישוט)
seraglio *n.* הַרְמוֹן; אַרְמוֹן שׁוּלְטָן
seraph *n.* שָׂרָף, מַלְאָךְ
sere *adj.* יָבֵשׁ, קָמֵל
serenade *n.* סֶרֶנָדָה (שיר אוֹהֵב)
serendipity *n.* (על פי אגדה פרסית) יְכוֹלֶת לְגַלּוֹת אֶת הַהַשְׁגָּחָה הָעֶלְיוֹנָה בְּמִקְרֶה

serene *adj.* שָׁלֵו, רוֹגֵעַ
serenity *n.* שַׁלְוָה, רוֹגַע
serf *n.* אִיכָּר, צָמִית, עֶבֶד
serfdom *n.* שִׁעְבּוּד
serge *n.* אֲרִיג צֶמֶר חָזָק
sergeant *n.* סַמָּל
sergeant-at-arms *n.* קְצִין הַסֵּדֶר
sergeant-major *n.* רַב־סַמָּל
serial *adj., n.* סִידוּרִי; סִיפּוּר בְּהֶמְשֵׁכִים
series *n.* סִדְרָה
serious *adj.* רְצִינִי, חָמוּר, כָּבֵד
sermon *n.* דְרָשָׁה, הַטָּפָה
sermonize *v.* הִטִּיף, נָשָׂא דְרָשָׁה
serpent *n.* נָחָשׁ
serrated *adj.* מְשׁוּנָּן (לגבי עלה וכד׳)
serum *n.* נַסְיוּב, נוֹזֵל זַךְ (של דם, של חָלָב)
servant *n.* מְשָׁרֵת, מְשָׁרֶתֶת
serve *v.* שֵׁירֵת; עָבַד אֶת; כִּיהֵן 'שִׁימֵּשׁ', הִגִּישׁ (אוכל וכד׳)
serve *n.* (בטניס) חֲבָטַת פְּתִיחָה
service *n.* שֵׁירוּת, אַחְזָקָה; טוֹבָה; חֲבָטַת פְּתִיחָה (בטניס)
service *v.* נָתַן שֵׁירוּת
serviceable *adj.* שָׁמִישׁ, תַּכְלִיתִי
serviceman *n.* חַיָּיל; מְתַקֵּן
servile *adj.* מִתְרַפֵּס (כעבד)
servitude *n.* עַבְדוּת, שִׁעְבּוּד
sesame *n.* שׁוּמְשׁוּם, שׁוּמְשׁוּם
session *n.* מוֹשָׁב; יְשִׁיבָה
set *v.* שָׁקַע (שמש); הִנִּיחַ; קָבַע; הוֹשִׁיב; עָרַךְ (שולחן); סִידֵּר (בדפוס); כִּיוּוֵן (שעון וכד׳)
set *adj.* קָבוּעַ מֵרֹאשׁ, מְיוּעָד; מְכוּוָּן
set *n.* מַעֲרֶכֶת; סִדְרָה; קְבוּצָה; תַּפְאוּרָה (בתיאטרון)

setback *n.* עִיכּוּב, הַפְרָעָה

settee *n.* סַפָּה (קטנה)

setting *n.* קְבִיעָה, סִידּוּר; מִסְגֶּרֶת, רֶקַע

settle *n.* סַפְסָל נוֹחַ

settle *v.* סִידֵּר, הִסְדִּיר; הֶחְלִיט;
פָּרַע (חוב); בָּא לָגוּר; הוֹשִׁיב,
הִשְׁכִּין; יִישֵּׁב (סכסוך); הִתְיַישֵּׁב,
הִתְנַחֵל

settlement *n.* סִידּוּר; הֶסְדֵּר;
הֶסְכֵּם; פֵּירָעוֹן (חוב); הוֹרָשָׁה;
יִישּׁוּב, הִתְנַחֲלוּת

settler *n.* מִשְׁתַּקֵּעַ, מִתְנַחֵל

set-up *n.* מִבְנֶה, צוּרַת אִרְגּוּן

seven *adj., n.* (שֶׁל) שִׁבְעָה, שֶׁבַע

seventeen *adj., n.* שִׁבְעָה־עָשָׂר,
שְׁבַע־עֶשְׂרֵה

seventh *adj., n.* שְׁבִיעִי; שְׁבִיעִית

seventieth *adj., n.* הַשִּׁבְעִים;
הַחֵלֶק הַשִּׁבְעִים

seventy *adj., n.* שִׁבְעִים

sever *v.* נִיתֵּק; נִיתַּק

several *adj.* אֵי אֵלּוּ, אֲחָדִים

severance pay *n.* פִּיצּוּיֵי פִּיטּוּרִים

severe *adj.* חָמוּר, קָשֶׁה; פָּשׁוּט

sew *v.* תָּפַר, אִיחָה

sewage *n.* שׁוֹפָכִים, מֵי בִּיּוּב

sewer *n.* בִּיב, צִינּוֹר בִּיּוּב;
תּוֹפֵר, תּוֹפֶרֶת

sewerage *n.* בִּיּוּב, שׁוֹפָכִים

sewing *n.* תְּפִירָה

sewing machine *n.* מְכוֹנַת תְּפִירָה

sex *n.* מִין

sex appeal *n.* מְשִׁיכָה מִינִית

sextant *n.* סֶקְסְטַנְט (מכשיר מדידה
באסטרונומיה או בימאות)

sextet *n.* שִׁישִׁיָּה; שִׁיתִּית (במוסיקה)

sexton *n.* שַׁמָּשׁ כְּנֵסִיָּה

sexual *adj.* מִינִי, שֶׁל יַחֲסֵי מִין

sexy *adj.* מַדְלִיק, מְעוֹרֵר תְּשׁוּקָה מִינִית

shabby *adj.* מְרוּפָּט, בָּלוּי; נִבְזִי

shack *n.* בִּקְתָּה, צְרִיף

shackle *n.* אֲזִיק, כֶּבֶל

shad *n.* דָּג גָּדוֹל (למאכל)

shade *n.* צֵל; גּוֹוֶן; אָהִיל, מָגִינּוֹר

shade *v.* יָצַר צֵל, הֵצֵל עַל;
(בציור) קִוקֵו צְלָלִים, הִצְלִיל

shadow *n.* צֵל, כֶּתֶם

shadow cabinet *n.* מֶמְשֶׁלֶת צְלָלִים

shadow *v.* הֵצֵל; עָקַב אַחֲרֵי

shadowy *adj.* צִלְלִי; קָלוּשׁ; מְעוּרְפָּל

shady *adj.* מֵצֵל; מוּצָל; (דיבורית)
מְפוּקְפָּק

shaft *n.* מוֹט, כְּלוֹנָס; קַת; צִיר

shaggy *adj.* שָׂעִיר, מְדוּבְלָל

shake *v.* נִעְנַע, טִלְטֵל; זִעְזַע;
הִתְנַדְנֵד

shake *n.* נִעְנוּעַ, טִלְטוּל

shakedown *n.* מִיטַּת קַשׁ; (המונית)
סְחִיטָה בְּעִינּוּיִים

shake-up *n.* שִׁידּוּד מַעֲרָכוֹת,
הוֹצָאָה מִשַּׁלְוָוה

shaky *adj.* לֹא יַצִּיב, חַלָּשׁ, לֹא בָּטוּחַ

shale *n.* צִפְחָה (אבן רכה)

shall *v.* (פועל־עזר לציון העתיד
גוף ראשון)

shallot *n.* בְּצַלְצַל

shallow *adj.* רָדוּד, שִׁטְחִי

sham *n.* זִיוּף, הַעֲמָדַת־פָּנִים, הִתְחַזּוּת

sham *v.* הֶעֱמִיד פָּנִים, הִתְחַזָּה

shambles *n.* בֵּית־מִטְבָּחַיִם;
שְׂדֵה־הֶרֶג, הֲרִיסוֹת

shame *n.* בּוּשָׁה, חֶרְפָּה

shame *v.* בִּיֵּשׁ; הִשְׁפִּיל
shameful *adj.* מֵבִישׁ, מַחְפִּיר
shameless *adj.* חֲסַר בּוּשָׁה
shampoo *v.* חָפַף רֹאשׁ (בשמפו)
shampoo *n.* שַׁמְפּוּ, חֲפִיפַת רֹאשׁ
shamrock *n.* תִּלְתָּן
shank *n.* שׁוֹק, רֶגֶל
shanty *n.* בִּקְתָּה, צְרִיף רָעוּעַ
shape *n.* צוּרָה, דְּמוּת, תַּבְנִית
shape *v.* צָר (צורה), עִיצֵּב; גִּיבֵּשׁ; לָבַשׁ צוּרָה
shapeless *adj.* חֲסַר צוּרָה
shapely *adj.* יְפֵה צוּרָה, חָטוּב
share *n.* חֵלֶק, מְנָיָה
share *v.* חִילֵּק; נָטַל חֵלֶק
shareholder *n.* בַּעַל מְנָיָה
shark *n.* כָּרִישׁ; נוֹכֵל
sharp *adj.* חַד, חָרִיף, שָׁנוּן, מְמוּלָּח
sharp *adv.* בְּדִיּוּק נִמְרָץ; בְּעֵרָנוּת
sharpen *v.* חִידֵּד; הִתְחַדֵּד
sharper *n.* רַמַּאי
sharpshooter *n.* קַלָּע
shatter *v.* נִיפֵּץ; הִתְנַפֵּץ
shatterproof *adj.* חֲסִין הִתְנַפְּצוּת
shave *v.* גִּילֵּחַ; עָבַר קָרוֹב מְאוֹד; הִתְגַּלֵּחַ
shave *n.* גִּילּוּחַ, תִּגְלַחַת
shavings *n.pl.* נְסוֹרֶת, גְּרוֹדֶת
shawl *n.* סוּדָר
she *pron., n.* הִיא
sheaf *n.* אֲלוּמָּה, עוֹמֶר, צְרוֹר
shear *v.* גָּזַז, סִיפֵּר
shears *n.pl.* מִסְפָּרַיִים (גדולים)
sheath *n.* נָדָן, תִּיק
sheathe *v.* הִכְנִיס לַנָּדָן
shed *n.* צְרִיף; סְכָכָה; מַחְסָן
shed *v.* הִשִּׁיל, הִשִּׁיר, הִזִּיל (דמעות), שָׁפַךְ (דם); הֵפִיץ (אור)
sheen *n.* בָּרָק, זוֹהַר
sheep *n.* צֹאן; כֶּבֶשׂ
sheep-dog *n.* כֶּלֶב רוֹעִים
sheep-fold *n.* מִכְלָאָה לִכְבָשִׂים
sheepish *adj.* מְבוּיָּשׁ, נָבוֹךְ, נִפְחָד
sheepskin *n.* עוֹר כֶּבֶשׂ; קְלָף
sheer *v.* סָטָה, הִתְרַחֵק
sheer *adj.* מוּחְלָט; דַּק וְשָׁקוּף; תָּלוּל מְאוֹד
sheet *n.* סָדִין, לוּחַ, רִיקּוּעַ; גִּילָּיוֹן (נייר)
sheik(h) *n.* שֵׁיךְ (ערבי)
shekel *n.* שֶׁקֶל (המטבע הישראלי)
shelf *n.* מַדָּף
shell *n.* קְלִיפָּה קָשָׁה; קוֹנְכִית; פָּגָז
shell *v.* קִילֵּף, הוֹצִיא מֵהַקְּלִיפָּה; הִפְגִּיז
shellac(k) *n.* שֶׁלֶּק (לקה)
shellfire *n.* הַפְגָּזָה, אֵשׁ תּוֹתָחִים
shellfish *n.* חַיּוֹת יָם שִׁרְיוֹנִיּוֹת (אוֹ רַכִּיכוֹת)
shelter *n.* מַחְסֶה, מִקְלָט
shelter *v.* שִׁימֵּשׁ מַחְסֶה; חָסָה
shelve *v.* יָרַד בְּשִׁיפּוּעַ; גָּנַז; מִידֵּף
shepherd *n.* רוֹעֵה צֹאן
shepherd *v.* רָעָה; הוֹבִיל, הִנְהִיג
sherbet *n.* מִיץ מוּמְתָּק
sheriff *n.* שֶׁרִיף (נציג השלטון)
sherry *n.* שֶׁרִי (יין מדרום ספרד)
shibboleth *n.* שִׁיבּוֹלֶת (תופעה דיאלקטית בלשון, עפ"י שופטים יב 6); סִימַן הֶיכֵּר (מילולי, לקבוצה או לעם)
shield *n.* מָגֵן, שֶׁלֶט אַבִּירִים

shield *v.* הֵגֵן עַל, שָׁמַר
shift *v.* הֵזִיז, הֶעֱבִיר; זָז
shift *n.* הַעְתָּקָה, הֲזָזָה; מִשְׁמֶרֶת; חִילּוּף
shiftless *adj.* עַצְלָן, חֲסַר תּוּשִׁיָּה; לֹא יָעִיל
shifty *adj.* עַרְמוּמִי, לֹא יָשָׁר
shilling *n.* שִׁילִינְג
shilly-shally *v., n.* הִיסֵּס, פָּסַח עַל שְׁתֵּי הַסְּעִיפִּים; הִיסּוּס
shimmer *v.* נִצְנֵץ, הִבְהֵב
shimmer *n.* נִצְנוּץ, הִבְהוּב
shin *n.* שׁוֹק (החלק הקדמי)
shin *v.* טִיפֵּס
shinbone *n.* שׁוֹקָה (עצם השוק)
shine *v.* זָרַח; הִצְטַיֵּן
shine *n.* זוֹהַר, בָּרָק
shingle *n.* לוּחַ רִיעוּף (עשׂוּי עץ או אזבסט); תִּסְפּוֹרֶת קְצָרָה (מאחור)
shingle *v.* רִיעֵף; גָּזַז (שֵׂעָר)
shining *adj.* מַבְרִיק, זוֹרֵחַ
shiny *adj.* מַבְרִיק, נוֹצֵץ
ship *n.* אֳנִייָה, סְפִינָה; מָטוֹס
ship *v.* הִטְעִין בִּסְפִינָה; שִׁיגֵּר; הִפְלִיג
shipmate *n.* חָבֵר לָאוֹנִיָּה; מְשָׁרֵת בָּאוֹנִיָּה
shipment *n.* מִשְׁלוֹחַ בָּאוֹנִיָּה
shipper *n.* קַבְּלָן הוֹבָלָה (בּים)
shipping *n.* מִשְׁלוֹחַ; סַפָּנוּת; צִי
shipshape *adj., adv.* בְּסֵדֶר נָאֶה
shipside *n.* מֵזַח, רְצִיף נָמָל
shipwreck *n.* הִיטָּרְפוּת אוֹנִיָּה
shipwreck *v.* טִיבַּע סְפִינָה; נִטְרְפָה סְפִינָתוֹ
shipyard *n.* מִסְפָּנָה

shirk *v.* הִשְׁתַּמֵּט, הִתְחַמֵּק מִן
shirk, shirker *n.* מִשְׁתַּמֵּט
shirr *v.* סִידֵּר יְרִיעוֹת בַּד (בטוּרים מקבּילים); בִּישֵּׁל (בֵּיצה ללא קליפה)
shirred eggs *n.pl.* בֵּיצִים (בּלי קליפה) מְבוּשָּׁלוֹת (בּכלי בתוך סיר מים רותחים)
shirt *n.* חוּלְצָה, כּוּתוֹנֶת
shirtwaist *n.* חוּלְצַת נָשִׁים
shiver *v.* רָעַד, רִיטֵּט
shiver *n.* רַעַד, רֶטֶט, צְמַרְמוֹרֶת
shoal *n.* שִׂרְטוֹן; מַיִם רְדוּדִים
shock *n.* זַעֲזוּעַ, הֶלֶם
shock *v.* גָּרַם הֶלֶם, זִעְזַע, הִדְהִים
shocking *adj.* מְזַעְזֵעַ, נוֹרָא
shod *adj.* מְצוּיָּד בְּנַעֲלַיִים
shoddy *n., adj.* אָרִיג זוֹל; זוֹל
shoe *n.* נַעַל; פַּרְסָה
shoe *v.* הִנְעִיל; פִּרְזֵל
shoe-tree *n.* אִימּוּם נַעַל (שמכניסים לנעל כּדי לשמור על יציבוּתה)
shoeblack *n.* מְצַחְצֵחַ נַעֲלַיִים
shoehorn *n.* כַּף לְנַעֲלַיִים
shoelace *n.* שְׂרוֹךְ נַעַל
shoemaker *n.* סַנְדְּלָר
shoeshine *n.* צִחְצוּחַ נַעֲלַיִים
shoestring *n.* שְׂרוֹךְ נַעַל
shoo *interj.* שׁוּ! (קריאה להרחקת חתולים, ציפּורים וכד')
shoot *v.* יָרָה בּ; הִסְרִיט, הוֹצִיא עֲנָפִים חֲדָשִׁים
shoot *n.* יְרִי; צַיִד; תַּחֲרוּת קְלִיעָה; נֶטַע רַךְ, נֵצֶר
shooting match *n.* תַּחֲרוּת קְלִיעָה
shooting star *n.* מֶטֶאוֹר, כּוֹכָב נוֹפֵל

shop *n.* חֲנוּת; בֵּית־מְלָאכָה, בֵּית חֲרשֶׁת

shop *v.* עָרַךְ קְנִיּוֹת, קָנָה (בחנות)

shopgirl *n.* זַבָּנִית

shopkeeper *n.* חֶנְוָנִי

shoplifter *n.* גַּנָּב בַּחֲנוּיוֹת

shopper *n.* עוֹרֵךְ קְנִיּוֹת

shopping center *n.* מֶרְכַּז קְנִיּוֹת

shopping district *n.* אֵזוֹר חֲנוּיוֹת

shopwindow *n.* חַלּוֹן־רַאֲוָה

shopworn *adj.* (מוצג ראווה) בָּלוּי

shore *n.* חוֹף, גָּדָה

shore *v.* תָּמַךְ (במתמך)

shore leave *n.* חוּפְשַׁת חוֹף (של מַלָּח)

shore patrol *n.* מִשְׁמַר הַחוֹפִים

shorn *adj.* גָּזוּר, גָּזוּז

short *adj.* קָצָר; (אדם) נָמוּךְ; חָסֵר; פָּרִיךְ

short cut *n.* קִיצּוּר דֶּרֶךְ

short lived *adj.* קְצַר יָמִים

short ranged *adj.* קְצַר טְוָח

short stop *n.* (בבייסבול) מַגֵּן

short tempered *adj.* נוֹחַ לִכְעוֹס, מִתְרַתֵּחַ מַהֵר

short term *adj.* קְצַר מוֹעֵד

short *n.* קֶצֶר; סֶרֶט קָצָר, מַשֶּׁהוּ קָצָר

short *adv.* פִּתְאוֹם; בְּקִיצּוּר; בְּגַסּוּת

short *v.* גָּרַם אוֹ נִגְרַם קֶצֶר

shortage *n.* מַחְסוֹר

shortbread *n.* עוּגָה פְּרִיכָה

shortcake *n.* עוּגָה פְּרִיכָה

shortchange *v.* נָתַן עוֹדֵף פָּחוֹת מִן הַמַּגִּיעַ

shortcoming *n.* חִיסָּרוֹן, מִגְרַעַת

shorten *v.* קִיצֵּר; הִתְקַצֵּר

shortening *n.* קִיצּוּר; שׁוּמָּן (של חמאה)

shorthand *n., adj.* (של) קַצְרָנוּת

shorthand-typist *n.* קַצְרָנִית־כַּתְבָנִית

shortly *adv.* בְּקָרוֹב; בְּקִיצּוּר

shorts *n.pl.* מִכְנָסַיִים קְצָרִים

shortsighted *adj.* קְצַר־רְאִיָּיה

shot *n.* יְרִיָּיה; נִיסָּיוֹן; זְרִיקָה

shot gun *n.* רוֹבֶה־צַיִד

shot-put *n.* (תחרות) הֲדִיפַת־כַּדּוּר

should *v. aux.* צָרִיךְ, רָצוּי שֶׁ

shoulder *n.* כָּתֵף, שֶׁכֶם

shoulder-blade *n.* עֶצֶם הַשֶּׁכֶם

shoulder *v.* דָּחַף, הָדַף; נָשָׂא

shoulder arms! הַכְתֵּף (נֶ)שֶׁק!

shout *n.* צְעָקָה, צְוָוחָה, תְּרוּעָה

shout *v.* צָעַק, צָוַח, קָרָא

shove *v.* דָּחַף, הָדַף; נִדְחַק

shove *n.* דְּחִיפָה

shovel *n.* יָעֶה, אֵת

shovel *v.* הֵסִיר (אוֹ) הֶעֱבִיר בְּיָעֶה

show *v.* הֶרְאָה; הִצִּיג; נִרְאָה; הוֹפִיעַ

show bill *n.* מוֹדַעַת הוֹפָעָה

show a leg *v.* (ל)קוּם מִן הַמִּיטָּה

show-fight *v.* גִּלָּה הִתְנַגְּדוּת

show-girl *n.* נַעֲרַת לַהֲקָה

show off *n.* הַצָּגָה לְרַאֲוָוה

show off *v.* הִצִּיג לְרַאֲוָוה, הִבְלִיט

show oneself *v.* (ל)הֵרָאוֹת אֶת עַצְמוֹ

show (him) the door *v.* גָּרַשׁ אוֹתוֹ מִן הַבַּיִת

show up *v.* הוֹפִיעַ לְעֵינֵי כּוֹל

show *n.* גִּילּוּי, הוֹפָעָה; הַצָּגָה, רַאֲוָוה

showcase *n.* תֵּיבַת רַאֲוָוה

showdown *n.* גִּילּוּי הַקְּלָפִים

shower *n.* גֶּשֶׁם, מִמְטָר; מִקְלַחַת

shower *v.* הִמְטִיר; הִתְקַלֵּחַ

shower-bath *n.* מִקְלַחַת
showman *n.* מְנַהֵל הַצָּגוֹת
showpiece *n.* פְּאֵר הַתּוֹצֶרֶת
showplace *n.* אֲתַר רַאֲוָה
showroom *n.* חֲדַר תְּצוּגָה
showy *adj.* רַאַוְתָנִי
shrapnel *n.* פְּצִיץ, פָּגָז מִתְרַסֵּק
shred *n.* קֶרַע; רְסִיס
shred *v.* קָרַע לִגְזָרִים
shrew *n.* גַּדְפָּנִית, מִרְשַׁעַת
shrewd *adj.* פִּיקֵּחַ, חָרִיף
shriek *v.* צָוַח, צָרַח
shriek *n.* צְוָחָה, צְרִיחָה
shrill *adj.* צַרְחָנִי
shrimp *n.* סַרְטָן (קטן); אָדָם קָטָן
shrine *n.* אֲרוֹן־קוֹדֶשׁ; מִקְדָּשׁ
shrink *v.* הִתְכַּוֵּץ; כִּיוֵּץ
shrinkage *n.* הִתְכַּוְּצוּת; פְּחָת
shrivel *v.* כָּמַשׁ; הִכְמִישׁ
shroud *n.* סְדִין תַּכְרִיכִים
shroud *v.* כָּרַךְ בְּתַכְרִיכִים; כִּיסָּה
shrub *n.* שִׂיחַ
shrubbery *n.* שִׂיחִים
shrug *v.* מָשַׁךְ בִּכְתֵפָיו
shrug *n.* מְשִׁיכַת כְּתֵפַיִים
shuck *v., n.* הֵסִיר תַּרְמִיל (או קליפה); תַּרְמִיל; קְלִיפָּה (קשה)
shudder *v.* רָעַד, הִתְחַלְחֵל
shudder *n.* רַעַד, חַלְחָלָה
shuffle *v.* גָּרַר אֶת רַגְלָיו; הִשְׁתָּרֵךְ; טָרַף (קלפים), עִרְבֵּב
shuffle *n.* גְּרִירַת רַגְלַיִים; עִרְבּוּב, הַחְלָפַת תַּפְקִידִים; טְרִיפַת קְלָפִים
shuffeboard *n.* לוּחַ הַחְלָקָה
shun *v.* הִתְרַחֵק מִן
shunt *v.* הִטָּה לְמַסְלוּל צְדָדִי
shut *v.* סָגַר, הֵגִיף (תריס); עָצַם (עיניים); נִסְגַּר
shut up! *interj.* סְתוֹם (סִתְמִי) אֶת הַפֶּה
shutdown *n.* סְגִירָה, הַשְׁבָּתָה
shutter *n.* תְּרִיס; סֶגֶר (במצלמה)
shuttle *v.* נָע הָלוֹךְ וָשׁוֹב
shuttle bus *n.* אוֹטוֹבּוּס הָלוֹךְ וָשׁוֹב
shuttle service *n.* שֵׁירוּת הָלוֹךְ וָשׁוֹב
shuttle train *n.* רַכֶּבֶת הָלוֹךְ וָשׁוֹב
shy *adj.* בַּיְשָׁן
shy *v.* נִרְתַּע בְּבֶהָלָה; הִשְׁלִיךְ (אבן וכד')
shyster *n.* פְּרַקְלִיט נַכְלוּלִים
sibilant *adj., n.* (הֶגֶה) שׁוֹרֵק (כגון ס, ש, ז)
sibyl *n.* סִיבִּילָה, מַגֶּדֶת עֲתִידוֹת; מְכַשֵּׁפָה
sic *adv., adj.* כָּךְ
sick *adj.* חוֹלֶה; מַרְגִּישׁ בְּחִילָה, מַקִיא
sick leave *n.* חוּפְשַׁת מַחֲלָה
sickbed *n.* עֶרֶס דְּוַוי
sicken *v.* נֶחֱלָה; הֶחֱלָה; חָשׁ (או עורר) בְּחִילָה
sickening *adj.* מַגְעִיל, מַבְחִיל
sickle *n.* מַגָּל
sickly *adj.* חוֹלָנִי
sickness *n.* מַחֲלָה, חוֹלִי
side *n.* צַד, עֵבֶר, צֵלָע, דּוֹפֶן
side *adj.* צְדִי, צְדָדִי
side *v.* צִידֵּד בּ
side-arms *n.pl.* נֶשֶׁק צַד
side-dish *n.* תּוֹסֶפֶת (בסעודה)

side effect *n.* תּוֹצָאַת לְוַאי
side glance *n.* מַבָּט מֵהַצַּד אוֹ לַצַּד
side issue *n.* עִנְיָן צְדָדִי
side-line *n.* עִיסּוּק צְדָדִי; סְחוֹרָה מִשְׁנִית
side-show *n.* הַצָּגָה צְדָדִית; עִנְיָן צְדָדִי
side-view *n.* מַרְאֶה מִן הַצַּד
side-whiskers *n.* זְקַן לְחָיַיִם
sideboard *n.* מִזְנוֹן
sideburns *n.* זְקַן לְחָיַיִם
sidereal *adj.* שֶׁל, אוֹ שֶׁלְּפִי הַכּוֹכָבִים
sidesaddle *n.* אוּכַּף נָשִׁים
sidesplitting *adj.* מַצְחִיק עַד לְהִתְפַּקֵּעַ
sidetrack *n.* מַסְלוּל צְדָדִי, דֶּרֶךְ צְדָדִית
sidewalk *n.* מִדְרָכָה
sideward *adv., adj.* הַצִּדָּה, לַצַּד
sideway(s) *adv., adj.* מוּפְנֶה בְּמָלוּכְסָן הַצִּדָּה
siding *n.* מְסִילָה צְדָדִית
sidle *v.* הָלַךְ בְּצִידּוּד
siege *n.* מָצוֹר
siesta *n.* מְנוּחַת (אחרי ה) צָהֳרַיִים
sieve *n.* נָפָה, כְּבָרָה
sift *v.* סִינֵּן, נִיפָּה; בָּדַק
sigh *v.* נֶאֱנַח; הִבִּיעַ בַּאֲנָחוֹת
sigh *n.* אֲנָחָה
sight *n.* מַרְאֶה; רְאִיָּה; (בּרוּבה) כַּוֶּנֶת
sight *v.* כִּיווּן בְּכַוֶּונֶת; גִּילָּה (מרחוק)
sight draft *n.* מִמְשָׁךְ (של שֶׁק או שטר) בְּהַצָּגָה
sight read *n.* נִיגֵּן (זימר) בִּקְרִיאָה רִאשׁוֹנָה
sight reader *n.* מְנַגֵּן (מזמר) בִּקְרִיאָה רִאשׁוֹנָה
sightseeing *n.* תִּיּוּר, סִיּוּר
sightseer *n.* תַּיָּר, מְסַיֵּיר

sign *n.* סִימָן, סֶמֶל; שֶׁלֶט; מֶחְווָה
sign *v.* חָתַם; רָמַז
signal *n.* אוֹת, אִיתּוּת, תַּמְרוּר
signal *v.* נָתַן אוֹת, אוֹתֵת
signal *adj.* מוּבְהָק, בּוֹלֵט
Signal corps *n.* חֵיל־הַקֶּשֶׁר
signatory *n., adj.* חוֹתֵם; חָתוּם
signature *n.* חֲתִימָה
signboard *n.* שֶׁלֶט
signer *n.* חוֹתֵם
signet ring *n.* טַבַּעַת־חוֹתָם
significant *adj.* נִיכָּר, בּוֹלֵט, מַשְׁמָעוּתִי
signify *v.* צִיֵּין, הוֹדִיעַ; הָיָה בַּעַל מַשְׁמָעוּת
signpost *n.* שֶׁלֶט, תַּמְרוּר דְּרָכִים
signpost *v.* הִצִּיב צִיּוּנֵי־דֶּרֶךְ
silence *n., v.* דְּמָמָה, שְׁתִיקָה; הִשְׁתִּיק
silent *adj.* שׁוֹתֵק, דּוֹמֵם
silhouette *n.* צְלָלִית
silicon *n.* צוֹרָן (יסוד כימי אלמתכתי)
silk *n.* מֶשִׁי
silken *adj.* מִשְׁיִי; רַךְ כְּמֶשִׁי
silkworm *n.* תּוֹלַעַת מֶשִׁי
silky *adj.* מִשְׁיִי
sill *n.* אֶדֶן חַלּוֹן
silly *adj., n.* טִיפְּשִׁי, טִיפֵּשׁ
silo *n.* סִילוֹ, מִגְדַּל הַחְמָצָה
silt *n.* מִשְׁקַע סְחוֹפֶת
silver *n., adj.* כֶּסֶף; שֶׁל כֶּסֶף
silver *v.* צִיפָּה כֶּסֶף; הִכְסִיף
silver foil *n.* רִיקּוּעַ כֶּסֶף
silver lining *n.* קֶרֶן אוֹר
silver plate *n.* כְּלֵי כֶּסֶף
silver screen *n.* מָסַךְ הַקּוֹלְנוֹעַ
silver spoon *n.* כַּף כֶּסֶף (עושר בירושה)

silver-tongue *n.* (נואם) מַזְהִיר
silverware *n.* כְּלֵי־כֶּסֶף
simian *adj.* דומֶה לְקוף
similar *adj.* דומֶה
simile *n.* מָשָׁל, דִּימוּי
simmer *v.* הֶחֱזִיק בְּמַצַּב פִּעְפּוּעַ; רְתִיחָה שְׁקֵטָה
simper *n.* חִיּוּךְ טִיפְּשִׁי
simple *adj.* פָּשׁוּט, לֹא מְסוּבָּךְ, תָּמִים
simpleminded *adj.* תָּמִים; לָקוּי בְּשִׂכְלוֹ
simpleton *n.* פֶּתִי, שׁוֹטֶה
simulate *v.* הֶעֱמִיד פָּנִים; חִיקָּה, הִדְמָה
simulation *n.* הַדְמָיָה (משחק חינוכי של חיקוי דמויות היסטוריות, פוליטיות וכדומה)
simultaneous *adj.* בּוֹזְמַנִּי
simultaneously *adv.* בּוֹזְמַנִּית, סִימוּלְטָנִית
sin *n., v.* חֵטְא; חָטָא
since *adv., prep., conj.* מֵאָז, מִלִּפְנֵי; כֵּיוָן שֶׁ, הוֹאִיל וְ
sincere *adj.* כֵּן, אֲמִיתִּי
sincerity *n.* כֵּנוּת, יוֹשֶׁר
sine die בְּלִי לִקְבּוֹעַ תַּאֲרִיךְ לְהֶמְשֵׁךְ
sine qua non תְּנַאי הֶכְרֵחִי
sine *n.* סִינוּס (בטריגונומטרייה); גַּת (ברפואה)
sinecure *n.* סִינֶקוּרָה, מִשְׂרָה נוֹחָה וּמַכְנִיסָה
sinew *n.* גִּיד; שְׁרִירִיּוּת, כּוֹחַ
sinful *adj.* חוֹטֵא; שֶׁל חֵטְא
sing *v.* שָׁר, זִימֵּר
singe *v.* חָרַךְ, צָרַב; נֶחְרַךְ
singer *n.* זַמָּר, שָׁר

single *adj.* יָחִיד, בּוֹדֵד, לֹא נָשׂוּי
single *v.* בָּחַר, בֵּרֵר
single-breasted *adj.* (מעיל) שֶׁנִּרְכָּס לְפָנִים בְּשׁוּרַת כַּפְתּוֹרִים אַחַת
single file *n.* טוּר עוֹרְפִּי
single-handed *adj., adv.* בְּכוֹחוֹת עַצְמוֹ
single minded *adj.* דָּבֵק, מָסוּר לַמַּטָּרָה
single-track *adj.* חַד־מְסִילָּתִי
singsong *n.* שִׁירָה בְּצִיבּוּר (מאולתרת)
singsong *adj.* חַדְגּוֹנִי
singular *adj.* יָחִיד, לֹא רָגִיל
sinister *adj.* מְבַשֵּׂר רָעוֹת, מְאַיֵּם
sink *v.* שָׁקַע, צָלַל, טָבַע; טִיבֵּעַ
sink *n.* כִּיּוֹר (במטבח)
sinking-fund *n.* קֶרֶן הַשְׁקָעוֹת
sinner *n.* חוֹטֵא, עוֹבֵר עֲבֵירָה
sinuous *adj.* מִתְפַּתֵּל
sinus *n.* גַּת (ברפואה); (בטריגונ') סִינוּס
sip *v.* לָגַם
sip *n.* לְגִימָה (קטנה)
siphon *n.* גִּשְׁתָּה, סִיפוֹן
siphon *v.* שָׁאַב, זָרַם בְּגִשְׁתָּה
sir *n.* אָדוֹן, אֲדוֹנִי; סֶר
sire *n.* אָב; בֶּהֱמַת הַרְבָּעָה
sire *v.* הוֹלִיד
siren *n.* בְּתוּלַת־יָם; אִישָּׁה מְפַתָּה; צוֹפָר (לאזעקה)
sirloin *n.* נֵתַח בְּשַׂר מוֹתְנַיִים
sirocco *n.* סִירוֹקוֹ (רוח חמה ולחה באפריקה)
sissy *n.* (גבר) רַכְרוּכִי
sister *n.* אָחוֹת (גם בבית חולים)
sister-in-law *n.* גִּיסָה
(*pl.* **sisters-in-law**)

sisyphean *adj.* סִיזִיפִית, קָשָׁה
sysyphean labour *n.* עֲבוֹדָה סִיזִיפִית (קשה מאוד)
sit *v.* יָשַׁב; הָיָה מוּנָּח
sit-down strike *n.* שְׁבִיתַת שֶׁבֶת
site *n., v.* אֲתָר, מָקוֹם; מִיקֵּם
sitting *n.* יְשִׁיבָה
sitting duck *n.* מַטָּרָה קַלָּה
sitting-room *n.* חֲדַר אוֹרְחִים
situate *v.* מִיקֵּם, הִנִּיחַ
situation *n.* מַצָּב, מָקוֹם
six *adj., n.* שֵׁשׁ, שִׁישָּׁה
six hundred *n., adj.* שֵׁשׁ מֵאוֹת
sixteen *n.* שִׁישָּׁה־עָשָׂר, שֵׁשׁ־עֶשְׂרֵה
sixteenth *adj., n.* הַשִּׁישָּׁה־עָשָׂר, הַשֵּׁשׁ־עֶשְׂרֵה; הַחֵלֶק הַשִּׁישָּׁה־עָשָׂר 1/16
sixth *adj., n.* שִׁישִּׁי; שִׁישִּׁית
sixtieth *adj., n.* הַשִּׁישִּׁים; אֶחָד מִשִּׁישִּׁים
sixty *n.* שִׁישִּׁים
sizable, sizeable *adj.* נִיכָּר, גָּדוֹל
size *n.* מִידָּה, שִׁיעוּר, גּוֹדֶל
sizzle *v.* לָחַשׁ, רָחַשׁ
sizzle *n.* קוֹל רְחִישָׁה
skate *n.* גַּלְגִּלִּית; (בְּרַבִּים) מַחְלִיקַיִים; תְּרִיסָנִית (דג)
skate *v.* הֶחֱלִיק (בְּמחליקיים או בגלגליות)
skedaddle *v.* הִסְתַּלֵּק, בָּרַח
skein *n.* חֲבִילָה (של צמר), כְּרִיכָה (של חוטים)
skeleton *n., adj.* שֶׁלֶד; שִׁלְדִּי
skeleton key *n.* מַפְתֵּחַ גַּנָּבִים
sketch *n.* מִתְווֶה, סְקִיצָה; סִרְטוּט; תֵּיאוּר קָצָר
sketch *v.* עָרַךְ מִתְוֶוה, סִרְטֵט
sketchbook *n.* מַחְבֶּרֶת לְצִיּוּרִים
skew *adj.* נָטוּי לְצַד אֶחָד
skew-eyed פּוֹזֵל
skewer *n.* שַׁפּוּד
skewer *v.* שִׁיפֵּד
ski *n.* מִגְלָשׁ, סְקִי
ski *v.* הֶחֱלִיק
ski jacket *n.* חֲגוֹרַת סְקִי
ski-jump *n.* קְפִיצַת מִגְלָשַׁיִים
ski lift *n.* מֵנִיף סְקִי
ski-run *n.* מַסְלוּל סְקִי
skid *n.* הַחְלָקָה (בּרכב); מִגְלֵשׁ (של מטוס); סָמוֹךְ
skid *v.* הֶחֱלִיק (בּרכב)
skiff *n.* סִירָה קַלָּה
skiing *n.* גְּלִישָׁה
skill *n.* יוּמְנָה, מְיוּמָּנוּת
skilled *adj.* מְיוּמָּן
skillet *n.* אִלְפָּס
skil(l)ful *adj.* מְיוּמָּן, זָרִיז וּמְנוּסֶּה
skim *v.* קִיפָּה; רִפְרֵף מֵעַל
skim-milk *n.* חָלָב דַּל שׁוּמָּן
skimmer *n.* מְקַפָּה; שַׁחְפִית (עוף מים)
skimp *v.* נָתַן בְּקַמְצָנוּת
skimpy *adj.* קַמְצָנִי, זָעוּם
skin *n.* עוֹר; קְלִיפָּה (של פרי וכד')
skin *v.* פָּשַׁט עוֹר; רִימָּה
skin-deep *adj., adv.* שִׁטְחִי
skin-game *n.* מִשְׂחַק רַמָּאוּת, תַּרְמִית
skindiving *n.* צְלִילָה תַּת מֵימִית
skinflint *n.* קַמְצָן, כִּילַּיי
skinny *adj.* דַּק בָּשָׂר, כָּחוּשׁ
skip *v.* דִּילֵּג, פָּסַח עַל
skip *n.* דִּילּוּג, קְפִיצָה

skipper *n.* רַב־חוֹבֵל; מַנְהִיג
skirmish *n.* קְרָב קָצָר, הִתְכַּתְּשׁוּת
skirmish *v.* הִתְכַּתֵּשׁ, הִתְנַגֵּשׁ
skirt *n.* חֲצָאִית, שִׂמְלָנִית
skirt *v.* הִקִּיף אֶת הַשּׁוּלַיִים שֶׁל
skit *n.* חִיבּוּר הִיתּוּלִי
skittish *adj.* עַצְבָּנִי; קַפְּרִיזִי
skul(l)duggery *n.* תַּחְבּוּלָה שְׁפָלָה
skull *n.* גּוּלְגּוֹלֶת, קַרְקֶפֶת
skullcap *n.* כִּיפָּה
skunk *n.* בּוֹאֵשׁ, צַחֲנָן, נָאֱלָח
sky *n.* שָׁמַיִים
sky-blue *adj.* תָּכוֹל
sky-high *adv.* עַד הַשָּׁמַיִים
skylark *n.* זַרְעִית הַשָּׂדֶה (ציפור)
skylark *v.* הִשְׁתּוֹבֵב
skylight *n.* צוֹהַר (בגג)
skyline *n.* קַו־אוֹפֶק
skyrocket *n.* זִיקּוּק־אֵשׁ
skyrocket *v.* הִמְרִיא; הָאֱמִיר (מחיר)
skyscraper *n.* גּוֹרֵד שְׁחָקִים
skywriting *n.* כְּתִיבַת עָשָׁן (של פרסומת במטוס)
slab *n.* לוּחַ, טַבְלָה
slack *adj.* רָפוּי, מְרוּשָּׁל, אִיטִי
slack *v.* הִתְבַּטֵּל, הִתְרַשֵּׁל
slack *n.* לְבוּשׁ מְרוּשָּׁל; חֵלֶק רָפוּי (של חבל וכד')
slacker *n.* מִתְרַשֵּׁל
slag *n.* סִיגִים
slake *v.* הִרְוָוה (צמאו)
slalom *n.* תַּחֲרוּת סְקִי (במסלול מתפתל)
slam *v.* טָרַק (דלת); הֵטִיל בְּהַטָּחָה
slam *n.* טְרִיקָה
slam-bang *n.* טְרִיקָה חֲזָקָה
slander *n.* דִּיבָּה, הַשְׁמָצָה
slander *v.* הוֹצִיא דִיבָּה, הִשְׁמִיץ
slanderous *adj.* מוֹצִיא דִיבָּה, מַשְׁמִיץ
slang *n.* הֲמוֹנִית, סְלָנג, עָגָה
slang *v.* חֵירֵף, גִּידֵּף
slant *v.* הִתְלַכְסֵן, נָטָה; הִטָּה
slant *n.* שִׁיפּוּעַ, נְטִיָּה
slap *n., v.* סְטִירָה; סָטַר, טָפַח
slapdash *adj., adv.* פָּזִיז, נֶחְפָּז; בְּחִיפָּזוֹן
slapstick *n., adj.* (שֶׁל) קוֹמֶדְיָה גַּסָּה (שיש בה התפרעויות)
slash *v.* חָתַךְ, סָרַט; גִּינָּה
slash *n.* חֲתָךְ, פֶּצַע, סְרִיטָה
slat *n.* פָּסִיס (כמו בתריס)
slate *n.* צִפְחָה, רַעַף; רְשִׁימַת מוֹעֲמָדִים
slate *v.* בִּיקֵּר קָשׁוֹת; הִכְלִיל בִּרְשִׁימָה
slate roof *n.* גַּג רְעָפִים
slattern *n.* (אישה) מְרוּשֶּׁלֶת
slaughter *n.* שְׁחִיטָה, טֶבַח
slaughter *v.* שָׁחַט, טָבַח
slaughterhouse *n.* בֵּית־מִטְבָּחַיִים
slave *n.* עֶבֶד, שִׁפְחָה
slave-driver *n.* נוֹגֵשׂ
slave trade *n.* סַחַר עֲבָדִים
slavery *n.* עַבְדוּת
slaw *n.* סָלָט כְּרוּב חָתוּךְ
slay *v.* הָרַג, רָצַח
sleazy *adj.* מוּזְנָח, מְלוּכְלָךְ
sled *n.* מִזְחֶלֶת, עֲגָלַת שֶׁלֶג
sledge-hammer *n.* קוּרְנָס, פַּטִּישׁ כָּבֵד
sleek *adj.* חָלָק, מַבְרִיק
sleek *v.* הֶחֱלִיק, הִבְרִיק
sleep *n.* שֵׁינָה
sleep *v.* יָשַׁן; נִרְדַּם; הֵלִין
sleeper *n.* נַמְנְמָן; אֶדֶן (במסילת ברזל)

sleeping-bag *n.* שַׂק שֵׁינָה

sleeping car *n.* קְרוֹן שֵׁינָה

sleeping partner *n.* שׁוּתָּף לֹא פָּעִיל

sleeping pill *n.* גְּלוּלַת שֵׁינָה

sleepless *adj.* חֲסַר שֵׁינָה

sleepwalker *n.* סַהֲרוּרִי

sleepy *adj.* אֲחוּז שֵׁינָה, מְנוּמְנָם

sleepyhead *n.* קֵיהֶה, מְנוּמְנָם

sleet *n.* שֶׁלֶג וּבָרָד, חֲנָמַל

sleeve *n.* שַׁרְווּל

sleigh *n.* עֶגְלַת שֶׁלֶג

sleigh *v.* נָסַע בְּעֶגְלַת שֶׁלֶג

sleight *n.* מְיוּמָּנוּת, זְרִיזוּת יָדַיִים

sleight of hand *n.* לַהֲטוּט,
מַעֲשֵׂה לְהָטִים

slender *adj.* דַּק גֵּו, עָדִין

sleuth *n.* כֶּלֶב גִּישׁוּשׁ, בַּלָּשׁ

slew *n.* סִיבּוּב, פְּנִיָּיה

slice *n.* פְּרוּסָה, חֵלֶק, חֲתִיכָה

slice *v.* פָּרַס, חָתַךְ פְּרוּסָה

slick *v.* הֶחֱלִיק, לִיטֵּשׁ

slick *adj.* חָלָק, חֲלַקְלַק

slide *v.* הֶחֱלִיק, גָּלַשׁ

slide *n.* (מַסְלוּל) הַחְלָקָה; שְׁקוּפִית;
חֵלֶק זָחִיחַ (במכונה)

slide fastener *n.* רוֹכְסָן

slide rule *n.* סַרְגֵּל־חִישּׁוּב

slide valve *n.* שַׁסְתּוֹם הַחְלָקָה

sliding door *n.* דֶּלֶת זָזָה, דֶּלֶת זְחִיחָה

slight *adj.* קַל, שֶׁל מַה־בְּכָךְ; דַּק

slight *v., n.* פָּגַע, הֶעֱלִיב; עֶלְבּוֹן

slim *adj.* דַּק, צַר; רָזֶה

slim *v.* הִרְזָה; רָזָה

slime *n.* בּוֹץ

slimy *adj.* מְכוּסֶּה בּוֹץ; (אדם) שָׁפָל

sling *n.* זְרִיקָה; קֶלַע; לוּלָאָה; מִתְלָה

sling *v.* הִשְׁלִיךְ בְּקֶלַע

slingshot *n.* קֶלַע

slink *v.* הִתְגַּנֵּב

slip *v.* הֶחֱלִיק וּמָעַד; נִשְׁמַט

slip *n.* טָעוּת; מַעֲשֵׂה כֶּשֶׁל; הַחְלָקָה;
תְּקָלָה; תַּחְתּוֹנִית

slip of the pen *n.* פְּלִיטַת קוּלְמוֹס

slip-up *n.* מִשְׁגֶּה, טָעוּת

slipper *n.* נַעַל־בַּיִת

slippery *adj.* חֲלַקְלַק, חֲמַקְמַק

slipshod *adj.* מְרוּשָּׁל, כִּלְאַחַר יָד

slit *n.* סֶדֶק, חָתָךְ, קֶרַע

slit *v.* חָתַךְ לָאוֹרֶךְ, חָרַץ

slither *v.* נָע בְּהַחְלָקָה, הֶחֱלִיק

sliver *n.* קֵיסָם, שֶׁבֶב

slobber *v.* רָר; הֵרִיר (מתוך רגשנות)

slog *v.* הִכָּה בְּפִרְאוּת, הִתְמִיד בְּעַקְשָׁנוּת

slogan *n.* סִיסְמָה

sloop *n.* סְפִינָה חַד־תּוֹרְנִית

slop *v.* שָׁפַךְ, נָתַן לִגְלוֹשׁ; נִשְׁפַּךְ, גָּלַשׁ

slope *n.* שִׁיפּוּעַ, מִדְרוֹן

slope *v.* הִשְׁתַּפֵּעַ

sloppy *adj.* רָטוֹב וּמְלוּכְלָךְ

slosh *v.* הִכָּה; הִתְבּוֹסֵס (בבוץ)

slot *n.* חָרִיץ

slot machine *n.* אוֹטוֹמָט מְכִירָה

sloth *n.* עַצְלוּת

slouch *n.* תְּנוּחַת רִישּׁוּל, הֲלִיכַת רִישּׁוּל

slouch hat *n.* מִגְבַּעַת (ששפתה מורדת)

slough *n.* נְשׁוֹלֶת

slough *v.* נָשַׁל; הִשִּׁיל

slovenly *adj.* מְרוּשָּׁל, מוּזְנָח

slow *adj.* אִיטִּי

slow *v.* הֵאֵט

slow *adv.* לְאַט

slow-motion *adj.* (סרט) אַט־נוֹעִי

slowdown *n.* הָאָטָה
slug *n.* קְלִיעַ; אֲסִימוֹן מְזוּיָף; חִילָזוֹן
slug *v* הִכָּה בְּפִרְאוּת
sluggard *n.* עַצְלָן
sluggish *adj.* עַצְלָנִי, אִטִּי
sluice *n.* סֶכֶר, תְּעָלַת מַיִם
sluicegate *n.* סֶכֶר
slum *n.* שְׁכוּנַת־עוֹנִי
slum *v.* בִּיקֵּר בִּשְׁכוּנַת־עוֹנִי
slumber *v.* נָם, יָשַׁן
slumber *n.* תְּנוּמָה
slump *n.* שֵׁפֶל פִּתְאוֹמִי
slump *v.* יָרַד פִּתְאוֹם
slur *v.* הִבְלִיעַ (הברות); הֶעֱלִיב
slur *n.* פְּגָם, דוֹפִי
slush *n.* רֶפֶשׁ, שֶׁלֶג נָמֵס
slut *n.* אִישָּׁה מְרוּשֶּׁלֶת; חֲצוּפָה, פְּרוּצָה
sly *adj.* עַרְמוּמִי; שָׁנוּן; שׁוֹמֵר סוֹד
smack *n.* סְטִירָה מְצַלְצֶלֶת; טַעַם
smack *v.* סָטַר בְּקוֹל; הָיָה בּוֹ רֵיחַ שֶׁל
smack *adv.* יָשָׁר
small *n.* הַחֵלֶק הַדַּק
small of the back *n.* אֶמְצַע הַגַּב
small *adj.* קָטָן, פָּעוּט, זָעִיר
small arms *n.pl.* נֶשֶׁק קַל
small beer *n.* בִּירָה קַלָּה, אָדָם (דָּבָר) לֹא חָשׁוּב
small change *n.* כֶּסֶף קָטָן
small fry *n.* זַאֲטוּטִים; דְּגֵי רְקָק
small hours *n.pl.* הַשָּׁעוֹת הַקְּטַנּוֹת
small-minded *adj.* קַטְנוּנִי, צַר אוֹפֶק
smallpox *n.* אֲבַעְבּוּעוֹת (מחלה)
small-time *adj.* פָּעוּט, קַל־עֵרֶך
small-town *adj.* קַרְתָּנִי
smart *v.* צָרַב; סָבַל כְּאֵבִים
smart *n.* כְּאֵב חַד
smart *adj.* פִּיקֵּחַ, מְמוּלָּח; נוֹצֵץ, נִמְרָץ
smart aleck *n.* (אדם) שַׁחְצָן, יָהִיר
smart set *n.* חוּג נוֹצֵץ
smash *n.* נִיפּוּץ, הִתְנַפְּצוּת; הִתְמוֹטְטוּת
smash *v.* נִיפֵּץ, מָחַץ; הִתְנַפֵּץ; הִתְמוֹטֵט
smashing *adj.* 'עָצוּם', 'פַנְטַסְטִי'
smashup *n.* הִתְנַגְּשׁוּת חֲזָקָה
smattering *n.* יְדִיעָה קְלוּשָׁה
smear *v.* מָרַח, סָךְ; הִשְׁמִיץ; טִינֵּף
smear *n.* כֶּתֶם, הַשְׁמָצָה
smear campaign *n.* מַסַּע הַשְׁמָצוֹת
smell *v.* הֵפִיץ רֵיחַ; הֵרִיחַ
smell *n.* הֲרָחָה, רֵיחַ; רֵיחַ רַע
smelling-salts *n.pl.* מִלְחֵי הֲרָחָה (למתעלפים)
smelly *adj.* מַסְרִיחַ
smelt *v.* הִתִּיךְ
smile *v., n.* חִייֵּךְ; חִיּוּךְ
smiling *adj.* מְחַייֵּךְ, חַייְכָנִי
smirch *v.* לִכְלֵךְ, הִכְתִּים (שֵׁם)
smirk *v.* חִייֵּךְ בִּמְעוּשֶּׂה
smirk *n.* חִיּוּךְ מְעוּשֶּׂה
smite *v.* הִכָּה
smith *n.* נַפָּח, חָרָשׁ
smithereens *n.pl.* רְסִיסִים קְטַנִּים
smithy *n.* מַפָּחָה, נַפָּחִיָּה
smock *n.* חָלוּק, סַרְבָּל
smog *n.* עַרְפִּיחַ, סמוג
smoke *n.* עָשָׁן; עִישּׁוּן
smoke-screen *n.* מָסַךְ עָשָׁן
smoke *v.* הֶעֱלָה עָשָׁן; עִישֵּׁן
smoker *n.* מְעַשֵּׁן; קְרוֹן־עִישּׁוּן
smokestack *n.* אֲרוּבָּה (באוניה, בקטר)

smoking *n.* עִישּׁוּן
smoking car *n.* קְרוֹן־עִישּׁוּן
smoking jacket *n.* מִקְטוֹרֶן עֶרֶב (מהודר)
smoky *adj.* עָשֵׁן, אָפוּף עָשָׁן
smolder *v.* בְּעֵירָה אִיטִּית (חזקה)
smooth *adj.* חָלָק; נָעִים
smooth *v.* הֶחֱלִיק, יִישֵּׁר (הדורים)
smooth *n.* הַחְלָקָה, יִישּׁוּר
smooth-spoken *adj.* מְדַבֵּר חֲלָקוֹת
smother *v.* הֶחְנִיק, כִּיבָּה (וכיסה), דִּיכֵּא
smudge *n.* מְדוּרָה עֲשֵׁנָה (להרחקת חרקים); כֶּתֶם שָׁחוֹר
smudge, smutch *v.* טִשְׁטֵשׁ, מָרַח (כתב); הִיטַּשְׁטֵשׁ, נִמְרַח
smug *adj.* מְרוּצֶּה מֵעַצְמוֹ
smuggle *v.* הִבְרִיחַ, הִגְנִיב
smuggler *n.* מַבְרִיחָן, מַבְרִיחַ
smuggling *n.* הַבְרָחָה
smut *n.* חֲתִיכַת פִּיחַ; לִכְלוּךְ, נִיבּוּל פֶּה
smutty *adj.* שֶׁל נִיבּוּל־פֶּה; מְלוּכְלָךְ
snack *n.* אֲרוּחָה קַלָּה
snag *n.* תְּקָלָה, קוֹשִׁי, קוֹץ
snail *n.* חִילָּזוֹן, שַׁבְּלוּל
snake *n.* נָחָשׁ
snake in the grass *n.* אוֹיֵב נִסְתָּר
snap *n.* קוֹל חַד; מֶרֶץ, חִיּוּת; תַּצְלוּם
snap *adj.* שֶׁל פֶּתַע, שֶׁל חָתָף
snap *v.* פָּקַע; הִשְׁמִיעַ פִּצְפּוּץ; דִּיבֵּר בְּכַעַס; חָטַף לְפֶתַע בַּשִּׁינַּיִים; נִקְרַע, נִשְׁבַּר
shapdragon *n.* לוֹעַ הָאֲרִי (צמח)
snappish *adj.* נוֹחַ לִכְעוֹס, רַגְזָנִי; נַשְׁכָן
snappy *adj.* רַגְזָנִי; מָהִיר וְנִמְרָץ
snapshot *n.* תַּצְלוּם
snare *v.* לָכַד בְּמַלְכּוֹדֶת
snare *n.* מַלְכּוֹדֶת
snarl *v.* (לגבי כלב) נָהַם; רָטַן; סִיבֵּךְ; הִסְתַּבֵּךְ
snarl *n.* הִסְתַּבְּכוּת, פְּקַק תְּנוּעָה
snatch *v.* חָטַף, תָּפַס
snatch *n.* חֲטִיפָה
sneak *v.* הִתְגַּנֵּב; הִגְנִיב; הִלְשִׁין
sneak *n.* נוֹכֵל; מַלְשִׁין
sneaker *n.* נַעַל סְפּוֹרְט (שאינה רְעִישָׁה)
sneaky *adj.* שֶׁל נוֹכֵל, פַּחְדָנִי
sneer *v.* לִגְלֵג
sneeze *v., n.* הִתְעַטֵּשׁ; עִיטּוּשׁ
snicker *v.* צָהַל, צִחְקֵק
snide *adj.* (לגבי דיבור) עוֹקְצָנִי, מְלַגְלֵג
sniff *v.* רִחְרֵחַ
sniff *n.* רִחְרוּחַ; שְׁאִיפָה בָּאַף
sniffle *v.* שָׁאַף בִּנְחִירָיו
sniffle *n.* שְׁאִיפַת נְחִירַיִים; נַזֶּלֶת
snigger *v., n.* (צִחְקֵק) צִחְקוּק צִינִי, שֶׁל נִיבּוּל פֶּה
snip *v.* גָּזַר בְּמִסְפָּרַיִים
snipe *n.* חַרְטוֹמָן (עוף ביצות)
snipe *v.* צָלַף
sniper *n.* צַלָּף
snippet *n.* קֶטַע גָּזוּר, גְּזִיר
snitch *v.* (המונית) חָטַף, 'סָחַב'
snivel *v.* יִיבֵּב
snob *n.* סְנוֹבּ, מִתְנַשֵּׂא
snoop *v.* (המונית) חִיטֵּט בְּעִנְיָינִים לֹא לוֹ
snoop *n.* (המונית) חִיטּוּט (כנ"ל); חַטְטָן (כנ"ל)

snoopy *adj.* חַטְטָנִי, סַקְרָנִי
snoot *n.* (המונית) חוֹטֶם; מִתְנַשֵּׂא
snooty *adj.* יָהִיר, מִתְנַשֵּׂא
snooze *n.* תְּנוּמָה קַלָּה
snooze *v.* חָטַף תְּנוּמָה
snore *v., n.* נָחַר; נְחִירָה
snorkel *n., v.* שְׁנוֹרְקֶל (צינור נשימה לצוללת או לשחייה תת מימית)
snort *n.* חִרְחוּר, נַחֲרָה
snort *v.* חִרְחֵר, נָחַר
snot *n.* רִיר חוֹטֶם
snotty *adj.* זָב רִיר (כנ"ל); מִתְנַשֵּׂא
snout *n.* חַרְטוֹם
snow *n., v.* שֶׁלֶג; יָרַד שֶׁלֶג
snowball *n.* כַּדּוּר שֶׁלֶג
snowball *v.* הָלַךְ וְגָדַל (ככדור שלג מתגלגל)
snowblind *adj.* מְסוּנְוָר שֶׁלֶג
snowcapped *adj.* עָטוּר שֶׁלֶג
snowdrift *n.* הֵיעָרְמוּת שֶׁלֶג
snowfall *n.* יְרִידַת שֶׁלֶג
snowflake *n.* פְּתוֹת שֶׁלֶג
snowman *n.* אִישׁ (עשוי) שֶׁלֶג
snowplow *n.* (מכונה) מְפַנָּה שֶׁלֶג
snowshoe *n.* נַעַל שֶׁלֶג
snowstorm *n.* סוּפַת שֶׁלֶג
snowy *adj.* מְכוּסֶּה שֶׁלֶג, מוּשְׁלָג
snub *n.* הַשְׁפָּלָה, זִלְזוּל; חוֹטֶם סוֹלֵד
snub *v.* הִתְיַיחֵס בְּזִלְזוּל
snubby *adj.* (חוטם) סוֹלֵד; מַעֲלִיב
snuff *v.* רִחְרֵחַ
snuff *n.* טַבַּק הֲרָחָה, רִחְרוּחַ
snuffbox *n.* קוּפְסַת טַבַּק הֲרָחָה
snuffers *n.pl.* מַמְחֵט (מספריים למחיטת פתיל הנר)
snug *adj.* אָפוּף רוֹךְ וָחוֹם
snuggle *v.* הִתְכַּרְבֵּל; חִיבֵּק
so *adv., pron., conj., interj.* כָּךְ; עַד כְּדֵי כָּךְ; וּבְכֵן, עַל־כֵּן; כְּמוֹ־כֵן
so and so מִישֶׁהוּ; מְנוּוָּל
so called *adj.* הַמִּתְקָרֵא
so far עַד עַכְשָׁיו
so far as עַד כַּמָּה שֶׁ
so far, so good עַד כָּאן הַכּוֹל בְּסֵדֶר
so long as כָּל עוֹד; בִּתְנַאי שֶׁ
so to speak כִּבְיָכוֹל
so that כְּדֵי שֶׁ, כָּךְ שֶׁ
so what? אָז מָה?
soak *v.* סָפַג; שָׁרָה, הִשְׁרָה, הִסְפִּיג
soap *n.* סַבּוֹן
soap-flakes *n.pl.* שְׁבָבֵי סַבּוֹן
soap *v.* סִיבֵּן; הִסְתַּבֵּן
soapbox *n.* אַרְגַּז סַבּוֹן; בָּמַת רְחוֹב
soapbox orator *n.* נוֹאֵם רְחוֹב
soap dish *n.* סַבּוֹנִית
soapstone *n.* חוֹמֶר סַבּוֹן
soapsuds *n.pl.* קֶצֶף סַבּוֹן
soapy *adj.* מֵכִיל סַבּוֹן, שֶׁל סַבּוֹן
soar *v.* נָסַק, עָלָה לְגוֹבַהּ רַב
sob *v.* בָּכָה, הִתְיַיפַּח; הִתְיַיפְּחוּת
sob story *n.* סִיפּוּר סוֹחֵט דְמָעוֹת
sober *adj.* מְפוּכָּח
sober *v.* הִתְפַּכֵּחַ
sobriety *n.* רְצִינוּת, יִישׁוּב דַּעַת
sobriquet *n.* כִּינּוּי חִיבָּה; שֵׁם לְוַואי
soccer *n.* כַּדּוּרֶגֶל
sociable *adj., n.* חַבְרוּתִי
social *adj.* חֶבְרָתִי; סוֹצְיָאלִי
social climber *n.* שׁוֹאֵף לַעֲלוֹת בַּחֶבְרָה
socialism *n.* סוֹצְיָאלִיזם

socialite *n.* אִישׁ (אֵשֶׁת) הַחֶבְרָה הַגְּבוֹהָה
society *n.* חֶבְרָה
society editor *n.* עוֹרֵךְ הַמָּדוֹר לְחֶבְרָה
sociology *n.* סוֹצְיוֹלוֹגְיָה, תּוֹרַת הַחֶבְרָה
sock *n.* גֶּרֶב
sock *v.* (המונית) הִכָּה
socket *n.* (בחשמל) תּוֹשֶׁבֶת, שֶׁקַע; אֲרוּבַּת הָעַיִן
sod *n.* רֶגֶב־אֲדָמָה (עם עשב על שורשיו)
soda *n.* סוֹדָה
soda fountain *n.* דּוּכָן לְמֵי סוֹדָה
soda water *n.* מֵי־סוֹדָה
sodium *n.* נַתְרָן
sodomy *n.* מִשְׁגָּל לֹא טִבְעִי (הומוסקסואלי או אנאלי)
sofa *n.* סַפָּה
soft *adj.* רַךְ, עָדִין; מָתוּן
soft-boiled egg *n.* בֵּיצָה רַכָּה
soft coal *n.* פֶּחָם חֵמָר
soft-pedal *v.* עִימֵּם (בנגינה בפסנתר)
soft-soap *v.* סִיבֵּן בְּסַבּוֹן נוֹזֵל; הֶחְמִיא, הִתְחַנֵּף
soften *v.* רִיכֵּךְ; הִתְרַכֵּךְ
soggy *adj.* רָטוֹב, סְפוּג מַיִם
soil *n.* קַרְקַע, אֲדָמָה
soil *v.* לִכְלֵךְ; הִתְלַכְלֵךְ
soirée *n.* נֶשֶׁף, מְסִיבָּה
sojourn *v.* שָׁהָה, גָּר זְמַנִּית
sojourn *n.* שְׁהִיָּיה, יְשִׁיבָה זְמַנִּית
solace *n.* נֶחָמָה
solace *v.* נִיחֵם
solar *adj.* שִׁמְשִׁי, סוֹלָרִי
solar battery *n.* סוֹלְלַת שֶׁמֶשׁ
solar system *n.* מַעֲרֶכֶת הַשֶּׁמֶשׁ
solarium *n.* חֲדַר שֶׁמֶשׁ (למבריאים)
sold-out *adj.* (שֶׁ)אָזַל, (שֶׁ)נִמְכַּר
solder *n.* מַתֶּכֶת הַלְחָמָה; גּוֹרֵם מְאַחֶה
solder *v.* הִלְחִים
soldering iron *n.* מַלְחֵם
soldier *n.* חַיָּיל, אִישׁ צָבָא
soldier of fortune *n.* שְׂכִיר חֶרֶב
soldiery *n.* חַיָּילִים; צָבָא
sole *n.* סוּלְיָה; כַּף רֶגֶל
sole *adj.* יָחִיד, יְחִידִי בִּלְעָדִי
sole *v.* הִתְקִין סוּלְיָה
solecism *n.* שִׁיבּוּשׁ לָשׁוֹן חָמוּר; חוֹסֶר נִימוּס, חֲרִיגָה בְּהִתְנַהֲגוּת
solely *adv.* בִּלְבַד, אַךְ וְרַק
solemn *adj.* חֲגִיגִי, טִקְסִי; רְצִינִי
solicit *v.* בִּיקֵּשׁ; שִׁידֵּל
solicitor *n.* עוֹרֵךְ־דִּין
solicitous *adj.* מִתְחַשֵּׁב, דּוֹאֵג
solicitude *n.* דְּאָגָה, הִתְחַשְּׁבוּת
solid *n., adj.* (גוף) מוּצָק; יַצִּיב, סוֹלִידִי
solidity *n.* מוּצָקוּת; יַצִּיבוּת
soliloquy *n.* הִרְהוּר בְּקוֹל (של שחקן)
solitaire *n.* אֶבֶן טוֹבָה; מִשְׂחַק קְלָפִים (ליחיד)
solitary *adj.* בּוֹדֵד, גַּלְמוּד
solitude *n.* בְּדִידוּת, מָקוֹם מְבוֹדָד
solo *n.* סוֹלוֹ, שִׁירַת (נגינת) יָחִיד
soloist *n.* סוֹלָן
solstice *n.* (באסטרונ׳) הִיפּוּךְ (עונות)
soluble *adj.* מָסִיס; בַּר־פִּתְרוֹן
solution *n.* פִּתְרוֹן; תְּמִיסָּה
solve *v.* פָּתַר
solvent *adj.* יָכוֹל לִפְרוֹעַ (חובות); מֵמֵס; מָסִיס

somber, sombre *adj.* קוֹדֵר, אָפֵל
somberness, sombreness *n.* קַדְרוּת
sombrero *n.* סוֹמְבְּרֶרוֹ (מגבעת רחבת שוליים)
some *adj., pron., adv.* כַּמָּה, אֲחָדִים; אֵיזֶשֶׁהוּ; קְצָת; חֵלֶק; בְּעֵרֶךְ
somebody *pron., n.* מִישֶׁהוּ; אָדָם חָשׁוּב
somehow *adv.* אֵיכְשֶׁהוּ
someone *pron.* מִישֶׁהוּ
somersault *n.* ׳סַלְטָה׳, דוּ סֶבֶב
somersault *v.* עָשָׂה דוּ סֶבֶב (באוויר)
something *n., adv.* מַשֶּׁהוּ, דְּבַר־מָה
sometime *adj.* בִּזְמַן מִן הַזְּמַנִּים, לְשֶׁעָבַר
sometimes *adv.* לִפְעָמִים
someway *adv.* אֵיכְשֶׁהוּ
somewhat *adv., n.* קְצָת, מַשֶּׁהוּ
somewhere *adv., n.* אֵי־שָׁם
somnambulist *n.* סַהֲרוּרִי
somnolent *adj.* נוֹטֶה לְהֵירָדֵם; מַרְדִּים
son *n.* בֵּן
son-in-law *n.* חָתָן (בעל הבת)
sonata *n.* סוֹנָטָה (יצירה מוסיקלית לנגינה)
song *n.* שִׁיר, זֶמֶר
Song of Solomon, Song of Songs *n.* שִׁיר הַשִּׁירִים
songbird *n.* צִיפּוֹר־שִׁיר
sonic *adj.* קוֹלִי
sonic boom *n.* בּוּם עַל־קוֹלִי
sonnet *n.* סוֹנֶטָה, שִׁיר־זָהָב (שיר בן 14 שורות)
sonneteer *n.* מְחַבֵּר סוֹנֶטוֹת, חַרְזָן
sonny *n.* יֶלֶד (פנייה לצעיר)
sonority *n.* מְלֵאוּת, הֲדְהוּד (של צליל)
sonorous *adj.* (צליל) מָלֵא, מְהַדְהֵד
soon *adv.* בִּמְהֵרָה, בְּקָרוֹב
soot *n.* פִּיחַ
soothe *v.* הִרְגִּיעַ, רִיכֵּךְ, שִׁיכֵּךְ
soothsayer *n.* מַגִּיד עֲתִידוֹת
sooty *adj.* מְפוּיָּח
sop *v., n.* הִטְבִּיל (פת לחם וכד׳) בנוזל (חלב, מים); סָפַג; אוֹכֶל טָבוּל; שׁוֹחַד
sophist *n.* סוֹפִיסְט, פַּלְפְּלָן, מִתְחַכֵּם
sophisticated *adj.* מְתוּחְכָּם
sophistication *n.* תִּחְכּוּם
sophistry *n.* סוֹפִיסְטִיקָה, פִּלְפּוּל, הִתְחַכְּמוּת
sophomore *n.* (באה״ב) סְטוּדֶנְט (שנה ב׳)
soporific *adj.* (חומר) מַרְדִּים
sopping *adj.* סְפוּג מַיִם
soprano *adj., n.* סוֹפְּרָן; זַמֶּרֶת סוֹפְּרָן
sorcerer *n.* קוֹסֵם, אַשָּׁף
sorceress *n.* קוֹסֶמֶת
sorcery *n.* כִּישׁוּף
sordid *adj.* מְלוּכְלָךְ; שָׁפָל
sore *adj.* כּוֹאֵב; כָּאוּב; רָגוּז
sore *n.* פֶּצַע; עִנְיָין כָּאוּב
sorely *adv.* אֲנוּשׁוֹת
sorghum *n.* דּוּרָה
sorority *n.* אֲגוּדַּת נָשִׁים
sorrel *adj., n.* אֲדַמְדַּם־חוּם; חוּמְעָה
sorrow *n.* צַעַר, יָגוֹן
sorrow *v.* הִצְטַעֵר, הִתְיַיסֵּר
sorrowful *adj.* עָצוּב, עָגוּם
sorry *adj.* מִצְטַעֵר; מִתְחָרֵט; אוּמְלָל

sort *n.* סוּג, מִין, טִיפּוּס
sort *v.* סִיוּוּג, מִיֵּן
S.O.S. הַצִּילוּ! (קריאה לעזרה)
so-so *adj., adv.* לֹא מְצֻיָּן; נִסְבָּל; כָּכָה־כָּכָה
sot *n.* שִׁיכּוֹר מוּעָד
sotto voce *adv.* בַּחֲצִי קוֹל, בְּלַחַשׁ
sou *n.* סוּ (מטבע צרפתי קטן), פְּרוּטָה
soul *n.* נֶפֶשׁ, נְשָׁמָה
soulfulness *n.* נְשָׁמָה יְתֵרָה, רֶגֶשׁ עָמוֹק
sound *n.* קוֹל צְלִיל; טוֹן
sound *v.* נִשְׁמַע; עָשָׂה רוֹשֶׁם שֶׁל
sound *adj.* בָּרִיא, שָׁפוּי
soundly *adv.* בִּיעִילוּת, כַּהֲלָכָה
soundproof *adj.* חֲסִין־קוֹל
soup *n.* מָרָק
soup-kitchen *n.* מִטְבַּח צְדָקָה לִנְצְרָכִים, בֵּית־תַּמְחוּי
sour *adj.* חָמוּץ; בּוֹסֶר
sour *v.* הֶחְמִיץ
source *n.* מָקוֹר
souse *v.* שָׁרָה, הִרְטִיב; כָּבַשׁ
south *n.* דָּרוֹם, כְּלַפֵּי דָּרוֹם
south *adj., adv.* דְּרוֹמִי; דְּרוֹמִית
southern *adj.* דְּרוֹמִי
southerner *n.* דְּרוֹמִי, אִישׁ הַדָּרוֹם
southpaw *n.* (בדיבּוּר) אִיטֵּר, שְׂמָאלִי
southward(s) *adj., adv.* דְּרוֹמִי; דָּרוֹמָה
souvenir *n.* מַזְכֶּרֶת
sovereign *adj.* רִיבּוֹנִי, עֶלְיוֹן; יָעִיל
sovereign *n.* רִיבּוֹן; מֶלֶךְ; סוֹבְרִין (לירה זהב)
sovereignty *n.* רִיבּוֹנוּת
soviet *n., adj.* סוֹבְיֶיט; סוֹבְיֶיטִי
sovietize *v.* סִבְיֵיט

Soviet Russia *n.* רוּסְיָה הַסּוֹבְיֶיטִית, בְּרִית־הַמּוֹעָצוֹת
sow *n.* חֲזִירָה (נקבת החזיר)
sow *v.* זָרַע; הֵפִיץ
soy *n.* רוֹטֶב סוֹיָה
soya *n.* סוֹיָה (ממשפחת הקטניות)
soybean *n.* פּוֹל סוֹיָה
spa *n.* מַעְיָן מִינֶרָלִי, מְקוֹם מַרְפֵּא
space *n.* מֶרְחָב, חָלָל; רֶוַח
space *v.* רִיוּוַּח, קָבַע רְוָחִים
space craft *n.* חֲלָלִית
space flight *n.* טִיסָה לֶחָלָל
space key *n.* (במכונת כתיבה) מַקַּשׁ הָרְוָחִים, קְלִיד רֶוַח
space ship *n.* סְפִינַת־חָלָל, חֲלָלִית
space shuttle *n.* חֲלָלִית מַעְבּוֹרֶת (להעברת טייסי חלל בין האדמה לתחנה חללית)
spaceman *n.* מַרְקִיעָן, חֲלָלַאי
spacious *adj.* מְרוּוָּח
spade *n.* אֵת (לחפירה)
spadework *n.* עֲבוֹדַת הֲכָנָה קָשָׁה
spaghetti *n.* סְפָּגֶטִי (איטריות איטלקיות)
span *n.* אוֹרֶךְ, רוֹחַק; מֶשֶׁךְ
span *v.* נִמְתַּח, הִשְׂתָּרַע
spangle *n.* לוּחִית נוֹצֶצֶת
spangle *v.* כִּיסָּה בִּנְקוּדּוֹת כֶּסֶף
spaniel *n.* סְפַּנְיֵיל (כּלב ארוך שער ואוזניים)
spank *v.* הִצְלִיף בַּיַּשְׁבָן
spanking *adj.* יוֹצֵא מִן הַכְּלָל, מְצוּיָּן
spanner *n.* מַפְתֵּחַ (לברגים)
spar *n.* כְּלוֹנָס, תּוֹרֶן
spar *v.* עָשָׂה תְּנוּעוֹת אִגְרוּף
spare *v.* חָסַךְ, חָס עַל

spare *adj.* רָזֶה, כָּחוּשׁ; עוֹדֵף, חֲלִיפִי

spare *n.* חֵלֶק־חִילוּף, חֲלָף

spare parts *n.pl.* חֲלָפִים, חֶלְקֵי־חִילוּף

sparing *adj.* חַסְכָנִי, קַמְצָנִי

spark *n.* נִיצוֹץ; הַבְרָקָה

spark *v.* הִתִּיז נִיצוֹצוֹת

sparkle *v.* נִצְנֵץ, הִבְרִיק

sparkle *n.* נִצְנוּץ, בָּרָק

sparkling *adj.* נוֹצֵץ; תּוֹסֵס

sparrow *n.* דְּרוֹר (ציפור)

sparse *adj.* דָּלִיל וּמְפוּזָר

spartan *adj.* סְפַּרְטָנִי, מִסְתַּגֵּף, סַתְגְּפָן

spasm *n.* עֲווִית פִּתְאוֹם

spasmodic *adj.* עֲווִיתִי

spastic *adj., n.* עֲווִיתִי; סוֹבֵל מֵעֲווִיתוֹת

spat *n.* בֵּיצֵי צִדְפָּה; רִיב קַל; גְּמָשָׁה

spate *n.* זֶרֶם חָזָק, שִׁיטָּפוֹן

spatial *adj.* מֶרְחָבִי

spatter *v.* הִתִּיז; נִיתַּז

spatula *n.* מָרִית, כַּף רוֹפְאִים

spawn *v.* הֵטִיל בֵּיצִים; הִשְׁרִיץ; נוֹלְדוּ

spawn *n.* בֵּיצֵי דָגִים (או צפרדעים)

speak *v.* דִּיבֵּר

speakeasy *n.* (בּאה״ב) בֵּית־מִמְכָּר חֲשָׁאִי לְמַשְׁקָאוֹת מְשַׁכְּרִים

speaker *n.* נוֹאֵם, דּוֹבֵר; יוֹשֵׁב־רֹאשׁ בֵּית־נִבְחָרִים

speaking-tube *n.* צִינּוֹר דִּיבּוּר (מחדר לחדר או מבניין לבניין)

spear *n.* חֲנִית; שִׁפּוּד חַכָּה

spear *v.* שִׁיפֵּד, דָּקַר בַּחֲנִית

spearhead *n.* רֹאשׁ חֲנִית

spearmint *n.* נַעֲנָה

special *adj.* מְיוּחָד

specialist *n.* מוּמְחֶה

speciality, specialty *n.* יִיחוּד, תְּכוּנָה מְיוּחֶדֶת; תְּחוּם הִתְמַחוּת

specialize *v.* יִיחֵד; הִתְמַחָה

species *n.* מִין; זַן

specific *adj.* מוּגְדָר, מְסוּיָּם; יִיחוּדִי

specific *n.* תְּרוּפָה מְיוּחֶדֶת

specify *v.* צִיֵּין בִּמְפוֹרָשׁ, פֵּירֵט

specimen *n.* דּוּגְמָה, מִדְגָּם

specious *adj.* צוֹדֵק לִכְאוֹרָה, כּוֹזֵב

speck *n.* כֶּתֶם, רְבָב, נְקוּדָּה

speckle *n.* כֶּתֶם, רְבָב

speckle *v.* נִיקֵּד, נִימֵּר

spectacle *n.* מַחֲזֶה, מַרְאֶה מַרְהִיב עַיִן

spectacles *n.pl.* מִשְׁקָפַיִים

spectator *n.* צוֹפֶה (במשחק, במחזה)

spectre *n.* רוּחַ, שֵׁד מְבַשֵּׂר רָע

spectrum *n.* תַּחֲזִית, סְפֶּקְטְרוּם (של צבעי הקשת)

speculate *v.* נִיחֵשׁ, שִׁיעֵר; סִפְסֵר

speech *n.* כּוֹחַ הַדִּיבּוּר; דִּיבּוּר

speechless *adj.* חֲסַר מִלִּים, נְטוּל דִּיבּוּר

speed *n.* מְהִירוּת; (דיבורית) סַם מְשַׁכֵּר

speed limit *n.* מְהִירוּת מוּתֶּרֶת

speed *v.* נָע בִּמְהִירוּת, מִיהֵר; הֵאִיץ

speeding *n.* (נְהִיגָה) בִּמְהִירוּת מוּפְרֶזֶת

speedometer *n.* מַד־מְהִירוּת

speedy *adj.* מָהִיר, מִיָּדִי

spell *n.* כִּישׁוּף, קֶסֶם; פֶּרֶק זְמַן

spell *v.* כָּתַב, אִיֵּית

spellbinder *n.* נוֹאֵם מַקְסִים

spelling *n.* כְּתִיב; אִיּוּת

spend *v.* הוֹצִיא כֶּסֶף; בִּילָּה (זמן); כִּילָּה (כוח)
spender *n.* מְבַזְבֵּז כֶּסֶף
spending money *n.* דְמֵי־כִּיס
spendthrift *n., adj.* בַּזְבְּזָן, פַּזְרָן
sperm *n.* זֶרַע הַזָּכָר
spermatozoon *n.* תָּא זֶרַע הַזָּכָר
spew *v.* הֵקִיא
sphere *n.* כַּדּוּר, סְפֵירָה; תְּחוּם
spherical, spheric *adj.* כַּדּוּרִי
sphinx *n.* סְפִינְקְס (פסל מצרי קדום, בעל גוף אדם וראש אריה)
spice *n.,v.* פִּלְפֵּל, תַּבְלִין; תִּיבֵּל
spicebox *n.* קוּפְסַת־בְּשָׂמִים
spick and span *adj.* מְסוּדָר וּמְצוּחְצָח
spicy *adj.* מְתוּבָּל; מְגָרֶה; מְפוּלְפָּל
spider *n.* עַכָּבִישׁ
spider web *n.* קוּרֵי עַכָּבִישׁ
spigot *n.* מְגוּפָה; בֶּרֶז, שַׁסְתּוֹם
spike *n.* חוֹד; מַסְמֵר מְחוּדָּד
spike *v.* מִסְמֵר, חִיבֵּר בְּמַסְמְרִים; הוֹצִיא מִכְּלַל שִׁימּוּשׁ
spill *v.* שָׁפַךְ; נִשְׁפַּךְ; זָרַק; נִזְרַק
spill *n.* הִישָּׁפְכוּת; גְּלִישָׁה
spin *v.* טָוָה; סוֹבֵב; הִסְתּוֹבֵב
spin *n.* סִיבּוּב, סְחְרוּר (של מטוס)
spinach *n.* תֶּרֶד
spinal *adj.* שֶׁל הַשִּׁדְרָה
spinal column *n.* עַמּוּד־הַשִּׁדְרָה
spinal cord *n.* חוּט־הַשִּׁדְרָה
spindle *n.* פֶּלֶךְ, כִּישׁוֹר, צִיר (מסתובב)
spine *n.* שִׁדְרָה; קוֹץ; גַּב (של ספר)
spineless *adj.* חֲסַר חוּט־שִׁדְרָה, חֲסַר אוֹפִי
spinet *n.* צֶ'מְבָּלוֹ (קטן)
spinner *n.* מְכוֹנַת־טְוִויָּה, מַטְוִויָּה
spining-wheel *n.* גַּלְגַּל־טְוִויָּה
spinster *n.* רַוָּקָה (מבוגרת)
spiral *adj.* לוּלְיָינִי, סְלִילִי
spiral *n.* לוּלְיָין; חִילָּזוֹן
spiral *v.* נָע לוּלְיָינִית
spire *n.* צְרִיחַ מְחוּדָּד
spirit *n.* רוּחַ; נֶפֶשׁ; נְשָׁמָה; רוּחַ מֵת; (ברבים) יֵי״שׁ
spirit *v.* 'נִידֵּף', סִילֵּק בַּחֲשַׁאי
spirited *adj.* נִמְרָץ, אַמִּיץ
spirit-lamp *n.* מְנוֹרַת־סְפִּירְט
spirit level *n.* פֶּלֶס מַיִם
spiritless *adj.* רְפֵה־רוּחַ, מְדוּכְדָּךְ
spiritual *adj.* רוּחָנִי, נֶאֱצָל; דָּתִי
spiritual *n.* סְפִּירִיטוּאָל; שִׁיר־דָּת
spiritualism *n.* סְפִּירִיטוּאָלִיזְם (אמונה באפשרות קשר עם רוחות מתים)
spit *v.* יָרַק, הִתִּיז (מפיו)
spit *n.* שַׁפּוּד; לְשׁוֹן יַבָּשָׁה; יְרִיקָה, רוֹק
spite *n.* רָצוֹן רָע, טִינָה; הַכְעָסָה
spite *v.* קִנְטֵר, הִכְעִיס
spiteful *adj.* קַנְטְרָנִי, זְדוֹנִי
spitfire *n.* רַגְזָן, מְהִיר חֵמָה
spittle *n.* רוֹק
spittoon *n.* מִרְקָקָה
splash *v.* הִתִּיז (מים, בוץ); נִיתַּז
splash *n.* הַתָּזָה, נֶתֶז; כֶּתֶם
splashdown *n.* נְחִיתַת חֲלָלִית (בים)
splatter *v.* הִתִּיז; נִיתַּז
spleen *n.* טְחוֹל, מָרָה שְׁחוֹרָה
splendid *adj.* נֶהְדָּר, מְפוֹאָר; מְצוּיָּן
splendor *n.* הוֹד, הָדָר, פְּאֵר
splice *v.* חִיבֵּר חֲבָלִים, חִיבֵּר בְּקֶשֶׁר
splint *n.* גְּשִׁישׁ (לתמיכת איבר שבור)
splint *v.* קָשַׁר גְּשִׁישׁ

splinter *v.* פִּיצֵל (הִתְפַּצֵּל) לְקִיסְמִים; שִׁיבֵּר (שׁוּבַּר) לְרְסִיסִים
splinter *n.* שְׁבָב, רְסִיס
splinter group *n.* קְבוּצָה פּוֹרֶשֶׁת
split *v.* בִּיקַּע; חִילֵּק; נִבְקַע; נִתְפַּצֵּל
split hairs *v.* הִתְפַּלְפֵּל
split off *v.* הִתְפַּלֵּג, פָּרַשׁ
split on him *v.* הִלְשִׁין עָלָיו
split the difference *v.* בָּא לְעֵמֶק הַשָּׁוֶה
split *n.* בִּיקּוּעַ; פִּיצּוּל
split *adj.* מְפוּצָּל; בָּקוּעַ; שָׁסוּעַ
split personality *n.* אִישִׁיּוּת מְפוּצֶּלֶת
splitting *adj., n.* מְפַצֵּל, מְבַקֵּעַ; פּוֹלֵחַ
splosh *v.* הִתִּיז סָבִיב
splurge *n.* פְּעִילוּת רַאַוְותָנִית
splurge *v.* הֶרְאָה רַבְרְבָנוּת
splutter *v.* הִתִּיז מִפִּיו
splutter *n.* מִלְמוּל מָהִיר
spoil *n.* שָׁלָל
spoil *v.* קִלְקֵל; פִּינֵּק
spoilsman *n.* תּוֹמֵךְ בִּשְׁחִיתוּת צִיבּוּרִית
spoilsport *n.* מַשְׁבִּית שִׂמְחָה
spoils system *n.* שְׁחִיתוּת צִיבּוּרִית
spoke *n.* חִישּׁוּר; חָווּק
spokesman *n.* דּוֹבֵר (בְּשֵׁם אגודה, מוסד)
sponge *n.* סְפוֹג; טַפִּיל (חי על חשבון אחרים)
sponge *v.* קִינַּח בִּסְפוֹג; הִסְפִּיג
spongecake *n.* לוּבְנָן
sponger *n.* מְנַקֶּה בִּסְפוֹג; סַחְבָן, טַפִּיל
spongy *adj.* סְפוֹגִי, דְּמוּי סְפוֹג
sponsor *n.* מַעֲנִיק, תּוֹמֵךְ, נוֹתֵן חָסוּת
sponsor *v.* נָתַן חָסוּת
sponsorship *n.* חָסוּת, פַּטְרוֹנוּת
spontaneous *adj.* סְפּוֹנְטָנִי, מְאוּלְתָּר
spoof *n.* רַמָּאוּת, הוֹלָכַת שׁוֹלָל
spoof *v.* רִימָּה, הוֹלִיךְ שׁוֹלָל
spook *n.* רוּחַ שֶׁל מֵת
spooky *adj.* שֶׁל רוּחַ־מֵת
spool *n.* סְלִיל
spoon *n.* כַּף, כַּפִּית
spoon *v.* אָכַל בְּכַף; הִתְחַבֵּק וְהִתְנַשֵּׁק
spoonerism *n.* סְפּוּנֶרִיזְם, שִׁיבּוּשׁ בְּחִילּוּף הֲבָרוֹת (כגון כשאומרים **Let me sew you to your sheet** במקום **Let me show you to your seat**)
spoonful *n.* מְלוֹא (הַ)כַּף
spoor *n.* עִקְּבוֹת בַּעַל חַיִּים
sporadic *adj.* מִפַּעַם לְפַעַם, פֹּה וָשָׁם
spore *n.* נֶבֶג
sport *n.* סְפּוֹרְט; שַׁעֲשׁוּעִים; לָצוֹן
sport *v.* הִשְׁתַּעֲשֵׁעַ; הִצִּיג לְרַאֲוָוה
sportive *adj.* עַלִּיז, אוֹהֵב לְהִשְׁתַּעֲשֵׁעַ
sport-fan *n.* חוֹבֵב סְפּוֹרְט
sporting chance *n.* סִיכּוּי שָׁקוּל
sporting goods *n.pl.* צוֹרְכֵי סְפּוֹרְט
sportscaster *n.* פַּרְשַׁן סְפּוֹרְט
sportsman *n.* סְפּוֹרְטַאי
sports wear *n.* תִּלְבּוֹשֶׁת סְפּוֹרְט
sports writer *n.* כַּתָּב סְפּוֹרְט
sporty *adj.* הוֹגֵן, סְפּוֹרְטִיווִי
spot *n.* מָקוֹם; נְקוּדָה; כֶּתֶם
spot *v.* הִכְתִּים; נִכְתַּם; גִּילָּה, אִיתֵּר
spotless *adj.* נְקִי מִכֶּתֶם
spotlight *n.* אוֹר זַרְקוֹר, זַרְקוֹר
spot remover *n.* מֵסִיר כְּתָמִים

spot prices *n.pl.* מְחִירִים (בעד תשלום) בַּמָּקוֹם
spouse *n.* בֶּן־זוּג, בַּת זוּג
spout *v.* הִתִּיז; נִיתַּז; (בלגלוג) דִּקְלֵם
spout *n.* צִינּוֹר, זַרְבּוּבִית
sprain *v.* נָקַע אֵיבָר
sprain *n.* נֶקַע
sprawl *v.* שָׁכַב (ישב) בְּרִישּׁוּל
spray *v.* זִילֵּף, רִיסֵּס; הִזְדַּלֵּף
spray *n.* תַּרְסִיס; עָנָף פּוֹרֵחַ
spray-gun *n.* מַרְסֵס
sprayer *n.* מַרְסֵס, מַזְלֵף
spread *v.* פָּרַשׂ, שָׁטַח, מָרַח; הֵפִיץ
spread the table *v.* עָרַךְ אֶת הַשּׁוּלְחָן
spread *n.* הִתְפַּשְּׁטוּת; מִמְרָח; (דיבּוּרית) סְעוּדָּה
spree *n.* הִילּוּלָה
sprig *n.* זַלְזַל, עָנָף רַךְ; זַאֲטוּט
sprightly *adj.* מָלֵא חַיִּים, זָרִיז
spring *v.* קָפַץ; צָץ, נָבַע
spring *n.* קְפִיצָה, נִיתּוּר; קְפִיץ; מַעְיָן; אָבִיב
spring *adj.* אֲבִיבִי; קְפִיצִי
spring balance *n.* מֹאזְנֵי קְפִיץ
spring chicken *n.* פַּרְגִּית
spring fever *n.* בּוּלְמוּס אַהֲבָה
springboard *n.* מַקְפֵּצָה, קֶרֶשׁ־קְפִיצָה
springtime *n.* תּוֹר הָאָבִיב
sprinkle *v.* זִילֵּף; הִמְטִיר; הִזְדַּלֵּף
sprinkle *n.* זִילּוּף; נֶתֶז; גֶּשֶׁם קַל
sprinkling can *n.* מַזְלֵף
sprint *v.* רָץ מֶרְחָק קָצָר
sprint *n.* מֵרוֹץ קָצָר
sprite *n.* שֵׁדוֹן, פֵּיָה
sprout *v.* צָמַח, נָבַט; גִּידֵּל, הִצְמִיחַ
sprout *n.* נֶבֶט
spruce *adj.* מְסוּדָּר וְנָקִי (בהופעתו)
spruce *v.* שִׁיפֵּר אֶת לְבוּשׁוֹ
spry *adj.* זָרִיז, קַל תְּנוּעָה
spud *n.* אֵת קָצָר; (דיבּוּרית) תַּפּוּחַ אֲדָמָה
spume *v., n.* הֶעֱלָה קֶצֶף; קֶצֶף
spunk *n.* אוֹמֶץ
spur *n.* מַדְרְבָן, תַּמְרִיץ
spur *v.* דִּרְבֵּן, הִמְרִיץ
spurious *adj.* מְזוּיָּף, לֹא אֲמִיתִּי
spurn *v.* דָּחָה בְּבוּז
spurt *v.* פָּרַץ פִּתְאוֹם; הִתִּיז פִּתְאוֹם
spurt *n.* פֶּרֶץ
sputter *v.* הִתִּיז מִפִּיו
sputter *n.* פֶּרֶץ דְּבָרִים
spy *v.* רִיגֵּל; רָאָה, עָקַב
spy *n.* מְרַגֵּל
spyglass *n.* מִשְׁקֶפֶת (קטנה)
squabble *v.* רָב (על עניין פעוט)
squad *n.* קְבוּצָה, חוּלְיָה
squadron *n.* טַיֶּיסֶת; שַׁיֶּיטֶת
squalid *adj.* מְזוֹהָם; עָלוּב
squall *n.* צְוָוחָה; סוּפַת פִּתְאוֹם
squalor *n.* לִכְלוּךְ, עֲזוּבָה
squander *v.* בִּזְבֵּז
square *n.* רִיבּוּעַ, מִשְׁבֶּצֶת; רְחָבָה, כִּיכָּר; 'מְרוּבָּע' (אדם חסר מעוף או תחכּוּם)
square *v.* רִיבֵּעַ; יִישֵּׁר; (דיבּוּרית) פָּרַע (חשבון); (דיבּוּרית) שִׁיחֵד
square *adj.* רָבוּעַ; מַלְבֵּנִי; רִיבּוּעִי
square *adv.* בְּצוּרָה רְבוּעָה; יָשָׁר, הוֹגֵן
square deal *n.* עִסְקָה הוֹגֶנֶת
square meal *n.* אֲרוּחָה מַשְׂבִּיעָה

squash *v.* מִיעֵך, כָּתַת; נִדְחַק
squash *n.* הָמוֹן דָחוּס; דְלַעַת; סְקוּוֹשׁ (משחק); מִיץ (בסודה)
squashy *adj.* מְעוּך; מִתְמַעֵך בְּקַלוּת
squat *v.* יָשַׁב (הוֹשִׁיב) עַל עֲקֵבָיו
squat *adj.* גוּץ
squatter *n.* מִתְיַישֵׁב (או מתנחל) בִּלְתִּי חוּקִי
squaw *n.* אִישָׁה אִינְדִיאָנִית
squawk *v.* קִעְקַע, צָוַח
squawk *n.* קִעְקוּעַ, צְוָוחָה
squeak *v., n.* צִיֵיץ, חָרַק; צִיוּץ, חֲרִיקָה
squeal *v.* צָוַח, יִיבֵּב; הִלְשִׁין
squeal *n.* צְוָוחָה, יְבָבָה
squealer *n.* יַלְלָן, יַבְבָן; (המונית) מַלְשִׁין
squeamish *adj.* רָגִישׁ מִדַּי, אִיסְטְנִיס
squeeze *v.* סָחַט, לָחַץ; נִדְחַק
squeeze *n.* לְחִיצָה; סְחִיטָה
squelch *n.* קוֹל שִׁכְשׁוּךְ
squelch *v.* רָמַס, דָרַס; הִשְׁתִּיק
squib *n.* זִיקּוּק אֵשׁ (מתפוצץ); מַאֲמָר סָטִירִי
squid *n.* דְיוּנוּן, דַג דְיוֹ
squint *v.* פָּזַל; לִכְסֵן מַבָּט
squint *n.* פְּזִילָה
squint-eyed *adj.* פּוֹזֵל; זְדוֹנִי
squire *n.* בַּעַל אֲחוּזָה (גדול)
squire *v.* לִיוָוה (אישה)
squirm *v., n.* הִתְפַּתֵּל (באי נוחות); הִתְפַּתְּלוּת
squirrel *n.* סְנָאִי
squirt *v.* הִתִּיז; הוּתַּז
squirt *n.* סִילוֹן דַק
stab *v.* דָקַר
stab *n.* דְקִירָה; פְּעוּלַּת נִיסָּיוֹן
stable *adj.* יַצִּיב
stable *n.* אוּרְוָוה
stack *n.* גָדִישׁ, עֲרֵימָה
stack *v.* עָרַם לַעֲרֵימָה
stack the cards *v.* סִידֵּר אֶת הַקְּלָפִים (כדי לרמות)
stadium *n.* אִיצְטַדְיוֹן
staff *n.* סֶגֶל, מַטֶּה; חֶבֶר עוֹבְדִים
staff *v.* אִיֵּישׁ (עובדים)
stag *n.* צְבִי
stage *n.* בָּמָה, בִּימָה
stage *v.* בִּיֵּים
stage coach *n.* מֶרְכָּבָה בְּקַו קָבוּעַ
stage craft *n.* אֳמָנוּת הַבִּימּוּי אוֹ הַמִּשְׂחָק
stage fright *n.* אֵימַת הַצִּיבּוּר
stage manager *n.* בַּמַּאי, מְנַהֵל בָּמָה
stage struck *adj.* שׁוֹאֵף לִהְיוֹת שַׂחְקָן
stagger *v.* הִתְנוֹדֵד; הֶחֱרִיד; פִּיזֵּר (חופשות וכו')
stagger *n.* הִתְנוֹדְדוּת, הִתְנוֹעֲעוּת
staggering *adj.* מַדְהִים
stagily *adv.* בְּתֵיאַטְרָלִיּוּת
staging *n.* מַעֲרֶכֶת פִּיגּוּמִים וּקְרָשִׁים; בִּימּוּי
stagnant *adj.* קוֹפֵא (עַל שְׁמָרָיו)
stagnate *v.* עָמַד, קָפָא עַל שְׁמָרָיו
staid *adj.* שָׁקֵט, רְצִינִי
stain *v.* הִכְתִּים, צָבַע; נִכְתַּם
stain *n.* כֶּתֶם
stainless *adj.* לְלֹא כֶּתֶם, לְלֹא דוֹפִי; לֹא חָלִיד
stair *n.* מַדְרֵגָה (בבית)
staircase *n.* מַעֲרֶכֶת מַדְרֵגוֹת

stairwell *n.* חֲדַר־מַדְרֵגוֹת

stake *n.* מוֹט מְחוּדָּד, יָתֵד; עַמּוּד הַמּוֹקֵד; פְּרָס; סְכוּם הַימּוּרִים

stake *v.* חִיזֵּק; סִימֵּן בְּיתֵדוֹת; סִימֵּר

stalactite *n.* נְטִיף

stalagmite *n.* זְקִיף

stale *adj.* מְיוּשָּׁן; בָּאוּשׁ; נָדוֹשׁ

stalemate *n.* (בשחמט) פַּט, תֵּיקוּ; נְקוּדַּת־קִיפָּאוֹן

stalk *v.* צָעַד קוֹמְמִיּוּת; הִתְקָרֵב בַּלָּאט

stalk *n.* גִּבְעוֹל, קָנֶה

stall *v.* (מנוע) נִשְׁתַּתֵּק; דָּחָה בְּדִבְרֵי הִתְחַמְּקוּת

stall *n.* תָּא בְּאוּרְוָה; דוּכָן; מוֹשָׁב (בתיאטרון)

stallion *n.* סוּס־רְבִיעָה

stalwart *adj., n.* חָזָק, אֵיתָן; תּוֹמֵךְ נֶאֱמָן (במפלגה וכד')

stamen *n.* אַבְקָן

stamina *n.* כּוֹחַ־עֲמִידָה

stammer *v.* גִּמְגֵּם

stammer *n.* גִּמְגּוּם

stamp *v.* הִטְבִּיעַ (בחותם וכד'), צִיֵּין, אִפְיֵין; בִּיֵּל; כָּתַשׁ

stamp *n.* בּוּל, תָּוִית; מִטְבָּע; חוֹתָם

stampede *n.* מְנוּסַת־בֶּהָלָה

stampede *v.* נָס מְנוּסַת־בֶּהָלָה; גָּרַם לִמְנוּסַת־בֶּהָלָה

stance *n.* צוּרַת עֲמִידָה, עֶמְדָּה

stanch *v.* עָצַר (זרימת דם); נֶעְצַר

stanch *adj.* נֶאֱמָן וּמָסוּר

stand *v.* **(stood)** עָמַד; עָמַד זָקוּף; נִמְצָא; עָמַד בִּפְנֵי; הֶעֱמִיד

stand a chance *v.* הָיָה לוֹ סִיכּוּי

stand back זָז אֲחוֹרָה

stand by תָּמַךְ, הָיָה בְּמַצָּב הָכֵן

stand clear הִתְרַחֵק

stand off הִתְרַחֵק

stand out הִתְבַּלֵּט

stand to קִיֵּים

stand trial נִשְׁפַּט

stand up קָם

stand up to עָמַד בִּפְנֵי

stand *n.* עֲמִידָה; עֶמְדָּה; דוּכָן

stand in *n.* מַחְלִיף

standard *n.* דֶּגֶל; תֶּקֶן; רָמָה

standard *adj.* תִּקְנִי, סְטַנְדַּרְטִי

standardize *v.* תִּקְנֵן, קָבַע תֶּקֶן

standard of living *n.* רָמַת־חַיִּים

standard time *n.* הַשָּׁעוֹן הָרִשְׁמִי (של מדינה או אזור)

standing *n.* עֲמִידָה; עֶמְדָּה

standing *adj.* עוֹמֵד; קָבוּעַ, שֶׁל קֶבַע

standing army *n.* צְבָא־קֶבַע

standing room *n.* מְקוֹמוֹת עֲמִידָה

standoffish *adj.* שׁוֹמֵר מֶרְחָק, קָרִיר, מִתְנַשֵּׂא

standpoint *n.* נְקוּדַּת־מַבָּט, הֶיבֵּט

standstill *n.* חוֹסֶר תְּנוּעָה, קִיפָּאוֹן

stanza *n.* בַּיִת (בשיר)

staple *n.* סְחוֹרָה עִיקָּרִית; חוֹמֶר יְסוֹדִי; כְּלִיב (במכלב)

staple *adj.* עִיקָּרִי

staple *v.* חִיבֵּר בְּמַכְלֵב

stapler *n.* מַכְלֵב

star *n.* כּוֹכָב; מַזָּל

star *adj.* מִצְטַיֵּן, מַזְהִיר

star *v.* סִימֵּן בְּכוֹכָב; כִּיכֵּב, 'כִּיכֵּב' (בדיבור)

starboard *n., adj.* צַד יָמִין; יְמָנִי

starch *n., v.* עֲמִילָן; עִמְלֵן

stare *v.* נָעַץ מַבָּט

stare *n.* מַבָּט נָעוּץ
starfish *n.* כּוֹכַב־יָם (דג)
stargaze *v.* הִבִּיט בַּכּוֹכָבִים; שָׁקַע בַּהֲזָיוֹת
stark *adj.* מוּחְלָט; קָשֶׁה, קָשִׁיחַ; לְגַמְרֵי
stark naked *adj.* עָרוֹם לְגַמְרֵי
Star of David *n.* מָגֵן דָּוִיד
start *v.* הִתְחִיל; יִיסֵּד; הִפְעִיל; הִתְנִיעַ; זִינֵּק; יָצָא לַדֶּרֶךְ
start *n.* הַתְחָלָה; זִינּוּק; נְתִירָה
starter *n.* מַתְנֵעַ; מַזְנִיק (במרוץ)
starting *adj.* הַתְחָלָתִי; מַזְנִיק
starting point *n.* נְקוּדַּת זִינּוּק
startle *v.* הֶחֱרִיד, הִדְהִים
starvation *n.* רָעָב
starvation wages *n.pl.* מַשְׂכּוֹרֶת רָעָב
starve *v.* גָּוַע בְּרָעָב; הִרְעִיב
stash *v.* אָגַר, הֶחְבִּיא (כסף וכד')
state *n.* מַצָּב; מְדִינָה
state of mind *n.* מַצַּב רוּחַ
state *v.* אָמַר, הִצְהִיר
State Department *n.* מַחְלֶקֶת הַמְּדִינָה (משרד החוץ של אה"ב)
statecraft *n.* חָכְמָה מְדִינִית
statehood *n.* מַעֲמַד מְדִינָה
stately *adj.* מְפוֹאָר, מַרְשִׁים
statement *n.* הוֹדָעָה, הַצְהָרָה; גִּילּוּי־דַּעַת
stateroom *n.* אוּלַם־פְּאֵר; תָּא פְּרָטִי (ברכבת, באונייה)
statesman *n.* מְדִינַאי
static *adj.* סְטָטִי, נַיָּח
station *n.* תַּחֲנָה; מַעֲמָד; בָּסִיס צְבָאִי
station master *n.* מְנַהֵל תַּחֲנַת רַכֶּבֶת
station *v.* הִצִּיב; שִׁיבֵּץ
stationary *adj.* נַיָּח
stationer *n.* מוֹכֵר צוֹרְכֵי־כְּתִיבָה
stationery *n.* צוֹרְכֵי־כְּתִיבָה
statistician *n.* סְטָטִיסְטִיקָן
statistics *n.pl.* סְטָטִיסְטִיקָה
statue *n.* אַנְדַּרְטָה, פֶּסֶל
statuesque *adj.* חָטוּב כְּפֶסֶל
stature *n.* (שִׁיעוּר) קוֹמָה
status *n.* מַעֲמָד, שִׁיעוּר קוֹמָה
status quo הַמַּצָּב הַקַּיָּם, סְטָטוּס קְוו
status symbol *n.* סֵמֶל הַמַּעֲמָד
statute *n.* חוֹק
statutory *adj.* הַנִּקְבָּע בַּחוֹק
staunch *adj.* נֶאֱמָן וּמָסוּר
stave *v.* פָּרַץ פִּרְצָה; מָנַע, דָּחָה
stave *n.* לוּחִית עֵץ (לאורך דופן חבית); שָׁלָב (של סולם); בַּיִת (בשיר)
stay *n.* שְׁהִיָּה, עִיכּוּב; חֶבֶל תּוֹמֵךְ; (ברבים) מָחוֹךְ
stay *v.* שָׁהָה, נִשְׁאַר, עָצַר; הֵלִין
stay-at-home *n., adj.* יוֹשֵׁב בַּיִת
stead *n.* מָקוֹם
steadfast *adj.* יַצִּיב, אֵיתָן
steady *adj.* יַצִּיב; סָדִיר; קָבוּעַ
steady *v.* יִיצֵּב; הִתְיַיצֵּב; הִרְגִּיעַ
steak *n.* אוּמְצַת בָּשָׂר, סְטֵיק
steal *v.* גָּנַב; הִתְגַּנֵּב
stealth *n.* הִתְגַּנְּבוּת, חֲשָׁאִיּוּת
steam *n., adj.* אֵדֵי מַיִם; שֶׁל קִיטוֹר
steam *v.* (בבישול) אִידָּה; פָּלַט אֵדִים
steamboat *n.* סְפִינַת־קִיטוֹר
steamer *n.* אוֹנִיַּית קִיטוֹר
steam heat *n.* חִימּוּם קִיטוֹר
steam-roller *n.* מַכְבֵּשׁ כְּבִישִׁים

steamship *n.* אוֹנִיַּת קִיטוֹר
steed *n.* סוּס נִמְרָץ
steel *adj., n.* (שֶׁל) פְּלָדָה
steel *v.* הִקְשָׁה (לבו)
steel wool *n.* צֶמֶר־פְּלָדָה
steep *adj.* תָּלוּל; מוּגְזָם
steep *v.* הִשְׁרָה, הִסְפִּיג
steeple *n.* צְרִיחַ, מִגְדַּל כְּנֵסִיָּה
steeplechase *n.* מֵרוֹץ מִכְשׁוֹלִים
steeplejack *n.* מְטַפֵּס עַל צְרִיחִים (לתקן ארובּות)
steer *v.* נִיוּוֵט, נִיהֵג, כִּיוּוֵן
steer *n.* שׁוֹר צָעִיר (שמגַדלים לבשר)
steerage *n.* נִיווּט; הַמַּחְלָקָה הַזּוֹלָה (בּאונייה)
steersman *n.* הַגַּאי
stellar *adj.* כּוֹכָבִי, שֶׁל כּוֹכָבִים
stem *n.* גֶּזַע; גִּבְעוֹל; בִּנְיָן (בּדקדוק)
stem *v.* סָכַר; עָצַר; יָצָא (משורש), נָבַע
stench *n.* רֵיחַ רַע, סִרְחוֹן, צַחֲנָה
stencil *n.* שַׁעֲוָונִית, סְטֶנְסִיל
stencil *v.* שִׁכְפֵּל
stenographer *n.* קַצְרָן, קַצְרָנִית
stenography *n.* קַצְרָנוּת, סְטֶנוֹגְרַפְיָה
stentorian *adj.* (קוֹל) גָּבוֹהַּ וְחָזָק
step *n.* צַעַד; מַדְרֵגָה; שָׁלָב
step *v.* צָעַד, פָּסַע
stepbrother *n.* אָח חוֹרֵג
stepdaughter *n.* בַּת חוֹרֶגֶת
stepfather *n.* אָב חוֹרֵג
stepladder *n.* סוּלַּם מַדְרֵגוֹת (שלַבּים)
stepmother *n.* אֵם חוֹרֶגֶת
stepparent *n.* הוֹרֶה (אָב, אֵם) חוֹרֵג
stepsister *n.* אָחוֹת חוֹרֶגֶת
stepson *n.* בֵּן חוֹרֵג
steppe *n.* עֲרָבָה, מִדְבָּר
stereophonic *adj.* סְטֶרֵיאוֹפוֹנִי (מפיק קולות כפי שהם נשמעים במרחב)
stereotyped *adj.* עָשׂוּי מֵאִימָּהוֹת; שַׁבְּלוֹנִי, סְטֶרֵאוֹטִיפִּי
sterile *adj.* מְעוּקָּר, סְטֵרִילִי
sterilization *n.* עִיקּוּר, סֵירוּס
sterilize *v.* עִיקֵּר, סֵירֵס
sterling *n.* סְטֶרְלִינְג (המטבע הבּריטי)
sterling *adj.* שֶׁל סְטֶרְלִינְג; מְעוּלֶּה
stern *adj.* חָמוּר, קָשׁוּחַ, מַחְמִיר
stern *n.* יַרְכָתַיִים (בּספינה)
stethoscope *n.* מַסְכֵּת, סְטֶתוֹסְקוֹפּ
stevedore *n.* סַוָּור (בּנמל)
stew *v.* בִּישֵּׁל; הִתְבַּשֵּׁל
stew *n.* תַּבְשִׁיל, נָזִיד
steward *n.* מְנַהֵל מֶשֶׁק־בַּיִת; דַּיָּיל
stewardess *n.* דַּיֶּילֶת
stewed fruit *n.* לִפְתָּן־פֵּירוֹת
stick *n.* זְמוֹרָה, מַקֵּל, מַטֶּה
stick-up *n.* שׁוֹד
stick-in-the-mud *n.* (אדם) חֲסַר יוֹזְמָה, דִּמְיוֹן וְרוּחַ הִתְלַהֲבוּת
stick *v.* תָּקַע, נָעַץ, תָּחַב; הִדְבִּיק; נִתְקַע, נִדְבַּק
sticker *n.* דּוֹקֵר; דְּבֶקִית
sticking-plaster *n.* אִיסְפְּלָנִית דְּבִיקָה
stickpin *n.* סִיכַּת־נוֹי
sticky *adj.* דָּבִיק, צָמוּג
stiff *n.* (המונית) גְּווִיָּה
stiff *adj.* קָשִׁיחַ, נוּקְשֶׁה
stiff-necked *adj.* קְשֵׁה עוֹרֶף
stiff-shirt *n.* חוּלְצָה מְעוּמְלֶנֶת
stiffen *v.* הִקְשָׁה, הִקְשִׁיחַ
stifle *v.* הֶחֱנִיק

stigma *n.* אוֹת־קָלוֹן, כֶּתֶם; צַלֶּקֶת (בצמח)
stigmatize *v.* הִכְתִּים, הוֹקִיעַ
stiletto *n.* פִּגְיוֹן דַק
stileto heels *n.pl.* עֲקֵבַיִים דַקִּים וְחַדִּים
still *adj.* שָׁקֵט, דוֹמֵם, לְלֹא תְנוּעָה
still-life *adj., n.* דוֹמֵם
still *n.* תַּצְלוּם דוֹמֵם; מַזְקֵקָה (למשקאות חריפים)
still *adv.* עוֹד, עֲדַיִין, בְּכָל זֹאת
still *v.* הִשְׁקִיט, הִשְׁתִּיק
stillborn *adj.* מוּלָד מֵת
stilt *n.* קַב (לפסיעות גסות)
stilted *adj.* (לגבי סגנון, התנהגות) מְעוּשֶׂה, לֹא גָמִישׁ, לֹא טִבְעִי
stimulant *n.* (משקה) מַמְרִיץ, מְגָרֶה
stimulate *v.* הִמְרִיץ, גֵירָה
stimulus *n.(pl.* **stimuli)** תַּמְרִיץ, גֵירוּי
sting (stung) *v.* עָקַץ; הוֹנָה
sting *n.* עוֹקֶץ, עֲקִיצָה
stingy *adj.* קַמְצָן
stink *v.* הִסְרִיחַ; עוֹרֵר גוֹעַל
stink *n.* סִרְחוֹן; שַׁעֲרוּרִייָה
stint *v.* קִימֵּץ בּ
stint *n.* מִכְסָה, הַגְבָּלָה
stipend *n.* שָׂכָר קָבוּעַ; קִצְבָּה
stipulate *v.* הִתְנָה
stir *v.* הֵנִיעַ, עוֹרֵר, הִלְהִיב; נָע
stir *n.* רַעַשׁ, מְהוּמָה, הִתְרַגְּשׁוּת
stirring *adj.* מְעוֹרֵר, מַלְהִיב
stirrup *n.* מִשְׁוֶורֶת (טבעת לרגל רוכב)
stitch *n.* תַּךְ, תֶּפֶר; כְּאֵב
stitch *v.* תָּפַר; תִּיפֵּר (עור)
stock *n.* בְּסִיס גֶזַע עֵץ; מְלַאי; מְנָיוֹת
stock breeder *n.* מְגַדֵּל בְּהֵמוֹת
stock company *n.* חֶבְרַת מְנָיוֹת
stock exchange, stock market *n.* בּוּרְסָה
stock taking *n.* בְּדִיקָה וְרִישׁוּם הַמְּלַאי
stock *v.* צִיֵּיד; הִצְטַיֵּיד
stock *adj.* שִׁגְרָתִי, קָבוּעַ
stockade *n.* גֶּדֶר הֲגָנָה
stockbroker *n.* סוֹכֵן מְנָיוֹת (בבורסה)
stockholder *n.* בַּעַל־מְנָיוֹת
stocking *n.* גֶּרֶב (ארוך)
stockpile *n.* מְלַאי אָגוּר
stocky *adj.* גוּץ וְחָסוֹן
stockyard *n.* מִכְלָאַת בָּקָר
stodgy *adj.* (אוכל) כָּבֵד וַחֲסַר טַעַם; (סגנון) דָחוּס, כָּבֵד, מְשַׁעֲמֵם
stoic *n.* עָמִיד בִּפְנֵי סֵבֶל, סְטוֹאִי
stoke *v.* הוֹסִיף דֶלֶק
stoker *n.* מוֹסִיף דֶלֶק
stolid *adj.* כּוֹלַא רְגִישׁוּת וְהַבָּעָה
stomach *n.* קֵיבָה, בֶּטֶן; תֵּיאָבוֹן
stomach *v.* עִיכֵּל, בָּלַע, סָבַל
stone *n.* אֶבֶן; גַּלְעִין, חַרְצָן
stone *v.* רָגַם, סָקַל; גִּלְעֵן (פרי)
stone-broke *adj.* חֲסַר פְּרוּטָה
stone-cold *adj.* קַר כְּאֶבֶן
stone-deaf *adj.* חֵירֵשׁ גָמוּר
stone quarry *n.* מַחְצָבָה
stonemason *n.* סַתָּת
stony *adj.* אַבְנִי, סַלְעִי
stooge *n.* עוֹזֵר (בזוי) לְבַדְחָן
stool *n.* שְׁרַפְרַף; צוֹאָה
stoop *v.* הִתְכּוֹפֵף; הִרְכִּין

stoop *n.* כְּפִיפַת גֵו; מִרְפֶּסֶת

stoop shouldered *adj.* כְּפוּף־גֵו

stop *v.* סָתַם, פָּקַק; עָצַר, מָנַע; חָדַל, נֶעֱמַד; נִשְׁאַר

stop *n.* עֲצִירָה; תַּחֲנָה; סִימַן פִּיסוּק; הֶגֶה פּוֹצֵץ

stop-watch *n.* שְׁעוֹן־עֶצֶר

stopcock *n.* שַׁסְתּוֹם וִיסּוּת, בֶּרֶז מַפְסִיק

stopgap *n.* פְּקָק', מְמַלֵּא מָקוֹם (זמנית)

stopover *n.* שְׁהִיַּית־בֵּינַיִים (בתחנה)

stoppage *n.* עֲצִירָה; הַפְסָקָה; סְתִימָה

stopper *n.* עוֹצֵר; סָתָם, פְּקָק; שְׁעוֹן עֶצֶר

storage *n.* אַחְסָנָה; דְּמֵי אִחְסוּן; מַחְסָן

storage battery *n.* סוֹלְלַת מַצְבְּרִים

store *n.* חֲנוּת; מַחְסָן; מְלַאי; כּוֹל בּוֹ

store *v.* צִיֵּיד; אִחְסֵן; צָבַר

storehouse *n.* מַחְסָן גָּדוֹל

storekeeper *n.* מַחְסְנַאי; חֶנְוָונִי

stork *n.* חֲסִידָה

storm *n.* סְעָרָה

storm *v.* סָעַר, גָּעַשׁ; הִסְתָּעֵר

storm cloud *n.* עֲנַן סוּפָה

storm-troops *n.pl.* פְּלוּגוֹת־סַעַר

stormy *adj.* סוֹעֵר, נִזְעָם

story *n.* סִיפּוּר, עֲלִילָה

story *v.* סִיפֵּר

storyteller *n.* מְסַפֵּר; שַׁקְרָן

stout *adj.* אַמִּיץ, עַקְשָׁנִי; נֶאֱמָן; שְׁמַנְמַן

stout *n.* בִּירָה שְׁחוֹרָה

stove *n.* תַּנּוּר, כִּירָה

stovepipe *n.* אֲרוּבַּת תַּנּוּר

stow *v.* הִכְנִיס וְסִידֵּר בְּמַחְסָן; צוֹפֵף בִּיעִילוּת

stowaway *n.* נוֹסֵעַ סָמוּי

straddle *v.* עָמַד (אוֹ יָשַׁב) בְּפִיסּוּק־רַגְלַיִים

straddle *n.* עֲמִידָה (אוֹ יְשִׁיבָה) בְּפִיסּוּק־רַגְלַיִים

strafe *v.* עָרַךְ הַפְצָצָה כְּבֵדָה

straggle *v.* הִזְדַּנֵּב, פִּיגֵּר; הִתְפַּזֵּר

straight *adj.* יָשָׁר; הָגוּן, כֵּן

straight *adv.* יָשָׁר; בְּמֵישָׁרִין

straight face *n.* הַבָּעָה רְצִינִית

straight off *adv.* מִיָּד

straight razor *n.* תַּעַר גִּילּוּחַ

straighten *v.* יִישֵּׁר; הִתְיַישֵּׁר

straightforward *adj.* יָשָׁר, כֵּן; בָּרוּר

straight(a)way *adv.* תֵּיכֶף וּמִיָּד

strain *v.* מָתַח; אִימֵּץ (עיניים וכד'); הִתְאַמֵּץ; סִינֵּן

strain *n.* מֶתַח; נֶקַע; גֶּזַע (של בע"ח)

strained *adj.* מָתוּחַ; מְסוּנָּן

strainer *n.* מְסַנֶּנֶת

strait *n.* מֵצַר; מְצוּקָה

strait-jacket *n.* מְעִיל מְיוּחָד (לריסון משתוללים)

strait-laced *adj.* טַהֲרָנִי, פּוּרִיטָנִי

strand *n.* גְּדִיל; נִימָה; גָּדָה

strand *v.* הֶעֱלָה (אוֹ עָלָה) עַל שִׂרְטוֹן אוֹ עַל חוֹף

stranded *adj.* נֶעֱזָב, תָּקוּעַ

strange *adj.* זָר; מוּזָר

stranger *n.* זָר, נוֹכְרִי

strangle *v.* חִינֵּק

strangulate *v.* שִׁינֵּק, הֶחֱנִיק

strap *n.* רְצוּעָה

strap *v.* קָשַׁר (או הלקה) בִּרְצוּעָה

straphanger *n.* נוֹסֵעַ בַּעֲמִידָה

stratagem *n.* טַכְסִיס, תַּחְבּוּלָה

strategic, strategical *adj.* אַסְטְרָטֵגִי

strategist *n.* אַסְטְרָטֵג
strategy *n.* אַסְטְרָטֶגְיָה
stratify *v.* רִיבֵּד, עָרַךְ בִּשְׁכָבוֹת
stratosphere *n.* סְטְרָטוֹסְפֵירָה
stratum *n.* שִׁכְבָה
straw *n.* קַשׁ, תֶּבֶן
strawberry *n.* תּוּת־שָׂדֶה
straw man *n.* סוֹכֵן מְזוּיָּף; 'אִישׁ קַשׁ', כְּלִי־שָׁרֵת
stray *v.* תָּעָה, הִתְרוֹצֵץ
stray *n., adj.* תּוֹעֶה; חֲסַר בַּיִת
streak *n.* קַו, פַּס; קַו אוֹפִי
streak *v.* פִּסְפֵּס, סִימֵּן בְּפַסִּים
streak off *v.* הִסְתַּלֵּק בִּמְהִירוּת הַבָּזָק
stream *n.* זֶרֶם, נַחַל
stream *v.* זָרַם, זָלַג
streamer *n.* נֵס, דֶּגֶל; סֶרֶט קִישּׁוּט מִתְנוֹפֵף; כּוֹתֶרֶת (עמוד שלם)
streamlined *adj.* זָרִים, יָעִיל, מָהִיר
street *n.* רְחוֹב
street floor *n.* קוֹמַת־קַרְקַע
street sprinkler *n.* מַזְלֵף רְחוֹבוֹת
streetcar *n.* חַשְׁמַלִּית
streetwalker *n.* יַצְאָנִית, זוֹנַת רְחוֹב
strength *n.* כּוֹחַ; תֶּקֶן; חֲרִיפוּת
strengthen *v.* חִיזֵּק; הִתְחַזֵּק
strenuous *adj.* מְאוּמָּץ; נִמְרָץ
stress *n.* הַדְגָּשָׁה, הַטְעָמָה; לַחַץ
stress *v.* הִדְגִּישׁ, הִטְעִים
stretch *v.* מָתַח; הִתְמַשֵּׁךְ, נִמְתַּח
stretch *n.* מְתִיחָה; מֶשֶׁךְ זְמַן; שֶׁטַח רָצוּף
stretcher *n.* אֲלוּנְקָה; מִתְקַן מְתִיחָה
stretcher-bearer *n.* אֲלוּנְקַאי
strew *v.* פִּיזֵּר, כִּיסָּה
stricken *adj.* מוּכֶּה, נָגוּעַ
strict *adj.* חָמוּר, קַפְּדָנִי; מְדוּיָּק
stricture *n.* בִּיקּוֹרֶת חֲרִיפָה; (ברפואה) הִיצָּרוּת אֵיבָר
stride *v.* צָעַד (בצעדים גדולים)
stride *n.* צַעַד גָּדוֹל
strident *adj.* צוֹרְמָנִי, צַרְחָנִי
strife *n.* מְרִיבָה, סִכְסוּךְ
strike *v.* הִכָּה, הִתְקִיף; צִלְצֵל (שעון); נִתְקַל בּ; נִרְאָה כּ; שָׁבַת
strike a bargain עָשָׂה עֵסֶק
strike a match הִדְלִיק גַּפְרוּר
strike back הֶחֱזִיר מַכָּה כְּנֶגֶד מַכָּה
strike home קָלַע לַמַּטָּרָה
strike the flag *v.* נִכְנַע, הוֹרִיד אֶת הַדֶּגֶל
strike *n.* שְׁבִיתָה; גִּילּוּי; הַתְקָפָה
strike pay *n.* דְּמֵי שְׁבִיתָה
strikebreaker *n.* מֵפֵר שְׁבִיתָה
striker *n.* שׁוֹבֵת; מַכֶּה
striking *adj.* מַרְשִׁים
striking power *n.* כּוֹחַ מַחַץ
string *n.* חוּט, מֵיתָר; מַחֲרוֹזֶת; סִיב
string *v.* קָשַׁר; קָבַע מֵיתָר; הִידֵּק בְּחוּט
string bean *n.* שְׁעוּעִית מְטַפֶּסֶת
string quartet *n.* רְבִיעִיַּת כְּלֵי־מֵיתָר
stringed instruments *n.pl.* כְּלֵי־מֵיתָר
stringent *adj.* חָמוּר, קַפְּדָנִי; חָנוּק
strip *v.* הִפְשִׁיט, פָּשַׁט; חָשַׂף; הִתְפַּשֵּׁט
strip *n.* רְצוּעָה, סֶרֶט
stripe *n.* פַּס; סִימַן דַּרְגָּה
striptease *n.* הוֹפָעַת חַשְׂפָנוּת

strive *v.* חָתַר, נֶאֱבַק, הִשְׁתַּדֵּל
stroke *n.* מַכָּה; פְּעִימָה; שָׁבָץ; לְטִיפָה
stroke *v.* לִיטֵּף; חָתַר
stroll *v.* הָלַךְ בְּנַחַת, הִתְהַלֵּךְ
stroll *n.* טִיוּל בְּנַחַת
strong *adj.* חָזָק, עַז; יַצִּיב; חָרִיף
strong box *n.* כַּסֶּפֶת
strong drink *n.* מַשְׁקֶה חָרִיף
strong language *n.* חֲרָפוֹת וְגִידוּפִים
strong measures *n.* אֶמְצָעִים נִמְרָצִים
strong minded *adj.* תַּקִּיף בְּדַעְתּוֹ
strong willed *adj.* עַקְשָׁנִי
stronghold *n.* מִבְצָר
strontium *n.* סְטְרוֹנְצְיוּם (יסוד מתכתי)
strophe *n.* סְטְרוֹפָה (בית בשיר)
structure *n.* מִבְנֶה
struggle *v.* נֶאֱבַק; הִתְלַבֵּט
struggle *n.* מַאֲבָק; הִתְלַבְּטוּת
strum *v.* נִיגֵּן (ללא טעם)
strumpet *n.* זוֹנָה
strut *v.* צָעַד בְּשַׁחֲצָנוּת
strut *n.* תְּמוֹכָה
strychnin(e) *n.* סְטְרִיכְנִין (רעל חריף)
stub *n.* שְׁאֵרִית; גֶּדֶם
stubble *n.* שֶׁלֶף, שְׂעַר פָּנִים
stubborn *adj.* קְשֵׁה-עוֹרֶף, עַקְשָׁנִי
stucco *n.* טִיחַ מוּתָּז
stuck-up *adj.* מִתְנַשֵּׂא, יָהִיר
stud *n.* מַסְמֵר, זִיז; חַוַּת סוּסִים
stud-horse *n.* סוּס-רְבִיעָה
stud *v.* שִׁיבֵּץ; זָרַע
studbook *n.* סֵפֶר יִיחוּס (של סוסים)
student *n.* סְטוּדֶנְט; חוֹקֵר
studied *adj.* מְכוּוָּן, מְחוּשָּׁב
studio *n.* אוּלְפָּן; חֲדַר-עֲבוֹדָה
studious *adj.* חָרוּץ, שַׁקְדָן
study *n.* לִימּוּד, חֵקֶר; חֲדַר-עֲבוֹדָה
study *v.* לָמַד, חָקַר, עִיֵּין בּ
stuff *n.* חוֹמֶר; בַּד; דְּבָרִים
stuff *v.* דָּחַס, גָּדַשׁ; מִילֵּא, פִּיטֵּם
stuffing *n.* מִילּוּי, מְלִית
stuffy *adj.* מַחֲנִיק; מְעוּפָּשׁ; רִשְׁמִי מְנוּפָּח; רוֹגְזָנִי
stultify *v.* הֵתֵל, עָשָׂה לִמְגוּחָךְ, שָׂם לְאַל
stumble *v.* מָעַד, נִכְשַׁל
stumbling-block *n.* אֶבֶן-נֶגֶף; מִכְשׁוֹל
stump *n.* גֶּדֶם; זָנָב, בָּדָל
stump *v.* הָלַךְ בִּכְבֵדוּת; עָרַךְ מַסַּע נְאוּמִים
stump speaker *n.* נוֹאֵם רְחוֹב
stun *v.* הָמַם, זִעְזַע
stunning *adj.* יָפֶה לְהַפְלִיא, נֶהְדָּר, מַקְסִים
stunt *v.* עָצַר גִּידּוּל
stunt *n.* מַעֲשֵׂה רַאֲוָה; לַהֲטוּט פִּרְסוּמֶת
stunt flying *n.* טִיסַת לַהֲטוּטִים
stupefy *v.* הִדְהִים, טִמְטֵם, הִקְהָה
stupendous *adj.* עָצוּם, כַּבִּיר
stupid *adj.* אֱוִילִי, טִיפְּשִׁי; טִיפֵּשׁ
stupor *n.* הֶלֶם, טִמְטוּם-חוּשִׁים
sturdy *adj.* חָסוֹן; נִמְרָץ, בָּרִיא
sturgeon *n.* דַּג יָם (גדול)
stutter *v., n.* גִּמְגֵּם; גִּמְגּוּם
sty *n.* דִּיר חֲזִירִים
style *n.* סִגְנוֹן; אוֹפְנָה; חֶרֶט
style *v.* כִּינָּה; עִיצֵּב, סִגְנֵן
stylish *adj.* מְהוּדָּר, לְפִי הָאוֹפְנָה
stylus *n.* חֶרֶט; מַחַט (של יהלום)

stymie *v.* (בגולף) ׳אין מוֹצָא׳
styptic *n., adj.* עוֹצֵר דָם
suave *adj.* נְעִים־הֲלִיכוֹת, מְנוּמָּס
subaltern *adj., n.* קָצִין זוּטָר
subconscious *adj., n.* תַּת־מוּדָע
subconsciousness *n.* תַּת־מוּדָע
subcontract *v., n.* חוֹזֶה מִשְׁנֶה
subcutaneous *adj.* תַּת עוֹרִי
subdivide *v.* חִילֵּק (הִתְחַלֵּק) חֲלוּקַת־מִשְׁנֶה
subdue *v.* דִיכֵּא; רִיכֵּך; עִמְעֵם
subheading *n.* כּוֹתֶרֶת־מִשְׁנֶה
subject *n.* נוֹשֵׂא; נָתִין; מִקְצוֹעַ
subject matter *n.* תּוֹכֶן (ספר וכד׳)
subject *adj.* כָּפוּף; מוּתְנֶה
subject *v.* הִכְנִיעַ; חָשַׂף ל
subjection *n.* דִיכּוּי; חִישׂוּף
subjective *adj.* סוּבְּיֶיקְטִיווִי; שֶׁל הַנּוֹשֵׂא
subjugate *v.* שִׁעְבֵּד, הִכְנִיעַ
subjunctive *adj., n.* דֶרֶךְ הָאִיווּי
sublet *v.* הִשְׂכִּיר שְׂכִירוּת־מִשְׁנֶה
sublimate *v.* (בכימייה) זִיכֵּך; (בפסיכ׳) הָאֱצִיל, עִידֵּן
sublime *adj.* נִשְׂגָב, עִילָּאִי
submachine-gun *n.* תַּת־מַקְלֵעַ
submarine *adj., n.* תַּת־מֵימִי; צוֹלֶלֶת
submerge *v.* שִׁיקַּע, טִיבַּע; צָלַל
submission *n.* כְּנִיעָה; הַכְנָעָה; הַגָּשָׁה
submissive *adj.* צַייְתָן
submit *v.* נִכְנַע; הִגִּישׁ; טָעַן
subordinate *adj., n.* נָחוּת; כָּפוּף, מִשְׁנִי
subordinate *v.* שִׁעְבֵּד, הִכְפִּיף
suborn *v.* שִׁידֵּל לִדְבַר עֲבֵירָה (לשקר)
subpoena, subpena *n.* הַזְמָנָה לְבֵית־מִשְׁפָּט
sub rosa *adv.* בַּחֲשַׁאי
subscribe *v.* חָתַם; תָּמַךְ; תָּרַם; הָיָה מָנוּי
subscriber *n.* מָנוּי; חָתוּם
subsequent *adj.* עוֹקֵב, רָצוּף
subservient *adj.* מִתְרַפֵּס
subside *v.* שָׁקַע, שָׁכַךְ
subsidiary *n., adj.* חֶבְרַת בַּת; שֶׁל עֵזֶר
subsidize *v.* סִבְסֵד, תָּמַךְ
subsidy *n.* סוּבְּסִידְיָה, מַעֲנָק תְּמִיכָה
subsist *v.* הִתְקַיֵּם, חַי
subsistence *n.* קִיּוּם, מִחְיָה
subsonic *adj.* תַּתְקוֹלִי (שמתחת למהירות הקול)
substance *n.* חוֹמֶר; עִיקָּר; מַמָּשׁוּת
substandard *adj.* תַּת־תִּקְנִי
substantial *adj.* יְסוֹדִי; מַמָּשִׁי; נִיכָּר
substantiate *v.* בִּיסֵּס
substantive *adj.* עַצְמִי, מַמָּשִׁי; תּוֹכֶן
substantive *n.* שֵׁם־עֶצֶם
substation *n.* תַּחֲנַת־מִשְׁנֶה
substitute *n.* מַחֲלִיף; תַּחֲלִיף; מְמַלֵּא מָקוֹם
substitute *v.* שָׂם בִּמְקוֹם, הֶחֱלִיף
substitution *n.* הַחְלָפָה, מִילּוּי מָקוֹם
substratum *n.* שִׁכְבָה נְמוּכָה, תַּשְׁתִּית, יְסוֹד
subsume *v.* כָּלַל (דוגמה) בְּתוֹךְ סוּג
subterfuge *n.* תַּחְבּוּלָה, תֵּירוּץ (להתחמקות)
subterranean *adj.* תַּת־קַרְקָעִי; מַחְתַּרְתִּי

subtitle *n.* כּוֹתֶרֶת מִשְׁנֶה; כְּתוּבִית (בסרט, בטלוויזיה)
subtle *adj.* דַק בְּיוֹתֵר, מְחוּכָּם, בַּעַל חוּשׁ הַבְחָנָה
subtlety *n.* דַקוּת, הַבְחָנָה דַקָּה, שְׁנִינוּת
subtract *v.* חִיסֵּר
subtropical *adj.* סוּבְּטְרוֹפִּי (לגבּי אוויר, צמחייה, חי), שֶׁל (אוֹ סמוך ל) אֵזוֹר קַו הַמַּשְׁוֶה
suburb *n.* פַּרְבָּר, פַּרְווָר
subvention *n.* סַעַד כַּסְפִּי, מַעֲנָק
subversive *adj.* חַתְרָנִי
subvert *v.* עִרְעֵר; גָּרַם לְהַפָּלָה
subway *n.* רַכֶּבֶת תַּחְתִּית; מַעֲבָר תַּת־קַרְקָעִי
succeed *v.* בָּא בִּמְקוֹם; הִצְלִיחַ
success *n.* הַצְלָחָה
successful *adj.* מַצְלִיחַ, מוּצְלָח
succession *n.* רְצִיפוּת; סִדְרָה; יְרוּשָּׁה
succession duty *n.* מַס יְרוּשָּׁה
successive *adj.* רָצוּף, בָּא אַחֲרֵי
succinct *adj.* קָצָר וּבָרוּר, תַּמְצִיתִי
succor *n., v.* עֶזְרָה, תְּמִיכָה; עָזַר
succulent *adj.* עֲסִיסִי וְטָעִים
succumb *v.* נִכְנַע; נִפְתָּה; מֵת
such *adj., pron.* כָּזֶה; שֶׁכָּזֶה
suck *v.* מָצַץ, יָנַק
suck *n.* מְצִיצָה, יְנִיקָה
sucker *n.* יוֹנֵק; (המונית) פֶּתִי; סוּכָּרִיָּה
suckle *v.* הֵינִיקָה
suckling *n.* תִּינוֹק, עוֹלָל
suckling pig *n.* חֲזִירוֹן
suction *n.* יְנִיקָה; שְׁאִיבָה
sudden *adj., n.* פִּתְאוֹמִי; פִּתְאוֹמִיּוּת

suds *n.pl.* קֶצֶף סַבּוֹן
sue *v.* תָּבַע לְדִין; הִתְחַנֵּן
suède *n.* עוֹר מְמוֹרָט, זַ'מְס
suet *n.* חֵלֶב (של כליות בהמות)
suffer *v.* סָבַל; הִרְשָׁה
sufferable *adj.* נִסְבָּל, נִיתָּן לְסָבְלוֹ
sufferance *n.* חֶסֶד, רְשׁוּת
suffering *n.* סֵבֶל
suffice *v.* הָיָה דֵי, הִסְפִּיק
sufficient *adj.* מַסְפִּיק, דַּיּוֹ
suffix *n., v.* סוֹפִית, סִיוֹמֶת; (הוֹסִיף) סִיוֹמֶת
suffocate *v.* חָנַק; נֶחֱנַק
suffrage *n.* זְכוּת הַצְבָּעָה; הַסְכָּמָה
suffuse *v.* (לגבּי נוזל) הִתְפַּשֵּׁט לְאַט, כִּיסָּה
sugar *n., v.* סוּכָּר; הִמְתִּיק
sugar-beet *n.* סֶלֶק־סוּכָּר
sugar-bowl *n.* מִסְכֶּרֶת
sugar-cane *n.* קְנֵה־סוּכָּר
sugar the pill הִמְתִּיק אֶת הַגְּלוּלָה
suggest *v.* הֶעֱלָה עַל הַדַּעַת; הִצִּיעַ, רָמַז
suggestion *n.* הַצָּעָה, רֶמֶז
suggestive *adj.* מְרַמֵּז
suicide *n.* הִתְאַבְּדוּת
suit *n.* חֲלִיפָה; תְּבִיעָה
suit *v.* הִתְאִים, הָלַם
suitable *adj.* מַתְאִים, הוֹלֵם
suitcase *n.* מִזְווָדָה
suite *n.* פָּמַלְיָה; מָדוֹר (בּמלון); מַעֲרָכָה (של כלים וכד'); סְוִויטָה (יצירה מוסיקלית)
suiting *n.* אָרִיג לַחֲלִיפוֹת
suitor *n.* תּוֹבֵעַ לְמִשְׁפָּט; מְחַזֵּר

sulfa drugs *n.pl.* תְּרוּפוֹת סוּלְפָה (אנטיביוטיות)
sulfate, sulphate *n., adj.* גוֹפְרָה
sulfur, sulphur *n.* גוֹפְרִית
sulfuric *adj.* גוֹפְרָתִי
sulfurous *adj.* גוֹפְרִיתִי
sulk *v., n.* שָׁתַק וְזָעַם; שְׁתִיקַת רוֹגֶז
sulky *adj.* מְרוּגָז וְשׁוֹתֵק
sullen *adj.* קוֹדֵר וְעוֹיֵן
sully *v.* הִכְתִּים (שם טוב)
sultan *n.* שׁוּלְטָן (שליט מוסלימי)
sultry *adj.* חַם וּמַחֲנִיק, לוֹהֵט
sum *n.* סְכוּם; סַך־הַכּוֹל
sum *v.* סִיכֵּם
summarize *v.* תִּמְצֵת, סִיכֵּם
summary *adj.* מַקִּיף; מָהִיר, מְזוֹרָז
summary *n.* תַּקְצִיר, סִיכּוּם
summer *n.* קַיִץ
summer-house *n.* בִּיתַן קַיִץ
summer resort *n.* מְקוֹם קַיִט
summer-school *n.* סֶמִינָר קַיִץ, קוּרְסֵי קַיִץ
summer-time *n.,v.* שְׁעוֹן קַיִץ
summit *n.* פִּסְגָה
summit conference *n.* וְעִידַת פִּסְגָה
summon *v.* צִיוָּה לְהוֹפִיעַ
summons *n.* הַזְמָנָה (להופיע בבית־משפט)
summons *v.* שָׁלַח הַזְמָנָה (כנ"ל)
sumptuous *adj.* מְפוֹאָר, בַּזְבְּזָנִי
sun *n.* שֶׁמֶשׁ, חַמָּה
sun-bath *n.* אַמְבַּט־שֶׁמֶשׁ
sun-bathe *v.* הִשְׁתַּזֵּף בַּשֶּׁמֶשׁ
sun-beam *n.* קֶרֶן שֶׁמֶשׁ
sun-blind *n.* וִילוֹן נֶגֶד הַשֶּׁמֶשׁ
sun-dried *adj.* מְיוּבָּשׁ בַּשֶּׁמֶשׁ
sun-helmet *n.* כּוֹבַע שֶׁמֶשׁ
sun-lamp *n.* מְנוֹרָה כְּחוּלָּה (לשיזוף או לריפוי)
sun-parlour *n.* חֲדַר שֶׁמֶשׁ (בעל כותלי זכוכית)
sun-rays *n.* קַרְנַיִים עַל סְגוּלִיּוֹת (לריפוי)
sun-spot *n.* כֶּתֶם בַּשֶּׁמֶשׁ
sun-tan *n.* שִׁיזּוּף
sunbonnet *n.* כּוֹבַע שֶׁמֶשׁ
sunburn *n.* שִׁיזּוּף; הִשְׁתַּזְּפוּת
sunburn *v.* שִׁיזֵּף; הִשְׁתַּזֵּף
sundae *n.* גְּלִידַת פֵּירוֹת (עם אגוזים)
Sunday *n.* יוֹם א׳, יוֹם רִאשׁוֹן
sunder *v.* הִפְרִיד, נִיתֵּק
sundial *n.* שְׁעוֹן שֶׁמֶשׁ
sundown *n.* שְׁקִיעַת הַשֶּׁמֶשׁ
sundries *n.pl.* דְּבָרִים שׁוֹנִים, שׁוֹנוֹת
sundry *adj.* שׁוֹנִים
sunflower *n.* חַמָּנִית
sunglasses *n.pl.* מִשְׁקְפֵי־שֶׁמֶשׁ
sunken *adj.* שָׁקוּעַ, נָפוּל
sunlight *n.* אוֹר הַשֶּׁמֶשׁ
sunlit *adj.* מוּצָף שֶׁמֶשׁ
sunny *adj.* מוּצָף שֶׁמֶשׁ; עַלִּיז
sunrise *n.* זְרִיחַת הַשֶּׁמֶשׁ
sunset *n.* שְׁקִיעַת־הַחַמָּה
sunshade *n.* סוֹכֵךְ, שְׁמְשִׁיָּה
sunshine *n.* אוֹר שֶׁמֶשׁ
sunstroke *n.* מַכַּת שֶׁמֶשׁ
sup *v.* אָכַל אֲרוּחַת־עֶרֶב
superabundance *n.* שֶׁפַע רַב בְּיוֹתֵר
superannuated *adj.* שֶׁהוּעֲבַר לְקִצְבָּה; שֶׁהוּצָא מִשִּׁימוּשׁ כִּמְיוּשָּׁן
superb *adj.* עִילָּאִי

supercargo *n.* מְמוּנֶּה עַל הַמִּטְעָן
supercharge *v.* הִגְדִּישׁ (את כוח המנוע)
supercilious *adj.* מִתְנַשֵּׂא, בָּז (לסובביו)
superficial *adj.* שִׁטְחִי
superfluous *adj.* מְיוּתָּר
superimpose *v.* הוֹסִיף עַל גַּבֵּי
superintendent *n.* מְפַקֵּחַ, מַשְׁגִּיחַ; (במשטרה) רַב־פַּקָּד
superior *adj.* גָּבוֹהַּ יוֹתֵר; טוֹב יוֹתֵר; יָהִיר
superior *n.* מְשׁוּבָּח, גָּדוֹל יוֹתֵר
superiority *n.* עֶלְיוֹנוּת, עֲדִיפוּת
superlative *adj.* עִילָּאִי; (בדקדוק) בְּדַרְגַּת הַהַפְלָגָה (הֲכִי)
superlative *n.* הַפְרָזָה, הַפְלָגָה
superman *n.* אָדָם עֶלְיוֹן
supermarket *n.* מַרְכּוֹל, שׁוּפֶּרְסַל, כּוֹלבּוֹ
supernatural *adj.* עַל־טִבְעִי
supersede *v.* בָּא בִּמְקוֹם
supersonic *adj.* עַל קוֹלִי (במהירות גדולה ממהירות הקול)
superstitious *adj.* מַאֲמִין בָּאֱמוּנוֹת טְפֵלוֹת
superstructure *n.* מִבְנֶה עָל, מִבְנֶה עֶלְיוֹן
supervene *v.* קָרָה בְּמַפְתִּיעַ
supervise *v.* פִּיקֵּחַ, הִשְׁגִּיחַ
supervisor *n.* מְפַקֵּחַ, מַשְׁגִּיחַ
supine *adj.* שׁוֹכֵב פְּרַקְדָּן; עַצְלָנִי
supper *n.* אֲרוּחַת־עֶרֶב
supplant *v.* תָּפַס מְקוֹם, בָּא בִּמְקוֹם
supple *adj.* כָּפִיף, גָּמִישׁ (גם רוחנית)
supplement *n.* תּוֹסֶפֶת; (בעיתון) מוּסָף
supplement *v.* הִשְׁלִים, הוֹסִיף
suppliant,*n., adj.* (שֶׁל) מִתְחַנֵּן
supplicant
supplication *n.* תְּחִינָּה, בַּקָּשָׁה
supply *v.* סִיפֵּק, צִיֵּיד
supply *n.* הַסְפָּקָה; מְלַאי; הֶיצֵעַ
supply and demand *n.* הֶיצֵעַ וּבִיקּוּשׁ
support *v.* תָּמַךְ, סָמַךְ, פִּרְנֵס
support *n.* סִיּוּעַ, תְּמִיכָה; תּוֹמֵךְ; סְמוֹכָה
supporter *n.* תּוֹמֵךְ
suppose *v.* הִנִּיחַ, שִׁיעֵר, סָבַר
supposed *adj.* אָמוּר, חַיָּיב; כִּבְיָכוֹל, מְדוּמֶּה
supposition *n.* הַנָּחָה, סְבָרָה, הַשְׁעָרָה
suppository *n.* פְּתִילָה, נֵר (כּפי הטבעת)
suppress *v.* דִּיכֵּא, שָׂם קֵץ; הִסְתִּיר
suppression *n.* כִּיבּוּשׁ (רגשות), דִּיכּוּי; הַעֲלָמָה
suppurate *v.* נָזַל מוּגְלָה, הִתְמַגֵּל
supreme *adj.* עֶלְיוֹן; עִילָּאִי
surcharge *v.* דָּרַשׁ תַּשְׁלוּם נוֹסָף
surcharge *n.* מִטְעָן נוֹסָף; תַּשְׁלוּם נוֹסָף
sure *adj., adv.* בָּטוּחַ, וַדַּאי; בְּוַודַּאי
surety *n.* עָרֵב; עֲרוּבָּה
surf *n.* דָּכִי, גַּלִּים מִשְׁתַּבְּרִים
surface *v.* לִיטֵּשׁ, צִיפָּה; (צוללת) עָלָה (עַל פְּנֵי הַמַּיִם)
surface *n., adj.* שֶׁטַח, מִשְׁטָח; שִׁטְחִי
surface-mail *n.* דּוֹאַר רָגִיל (לא באוויר)
surface-vessel *n.* כְּלִי שַׁיִט עַל מֵימִי (לא צוללת)
surfboard *n.* גַּלְשָׁן
surfeit *n.* הַפְרָזָה, זְלִילָה, פִּיטּוּם

surfeit *v.* הֶאֱכִיל בְּהַפְרָזָה; פִּיטֵּם
surge *n.* תְּנוּעָה גַּלִּית, גַּל
surge *v.* נָע כְּגַל, הִתְנוֹדֵד
surgeon *n.* רוֹפֵא מְנַתֵּחַ, כִּירוּרג
surgery *n.* כִּירוּרְגְיָה
surgical *adj.* כִּירוּרְגִי, נִיתּוּחִי
surly *adj.* זָעֵף, גַּס
surmise *n.* הַשְׁעָרָה, סְבָרָה
surmise *v.* שִׁיעֵר
surmount *v.* הִתְגַּבֵּר עַל
surmountable *adj.* שֶׁנִּיתָּן לְהִתְגַּבֵּר עָלָיו
surname *n.* שֵׁם־מִשְׁפָּחָה
surpass *v.* עָלָה עַל (בטיבו, בכוחו)
surplice *n.* גְּלִימָה (טקסית)
surplus *n., adj.* עוֹדֶף; עוֹדֵף
surprise *v.* הִפְתִּיעַ
surprise *n.* הַפְתָּעָה; תְּמִיהָה
surprising *n.* מַפְתִּיעַ, פִּתְאוֹמִי
surrealism *n.* סוּרֵיאָלִיזְם, עַל מְצִיאוּתִיּוּת (זרם בספרות ובאמנות השואף לבטא בסמלים את העולם התת מודעי)
surrender *v.* הִסְגִּיר; נִכְנַע, וִיתֵּר
surrender *n.* כְּנִיעָה, וִיתּוּר
surreptitious *adj.* חֲשָׁאִי, בִּגְנֵיבָה
surrogate *n.* מְמַלֵּא מָקוֹם (של בישוף)
surround *v.* הִקִּיף; כִּיתֵּר
surrounding *n., adj.* סְבִיבָה; שֶׁמִּסָּבִיב
surtax *n.* מַס נוֹסָף
surveillance *n.* פִּיקּוּחַ
survey *v.* סָקַר, מָדַד, מִיפָּה
survey *n.* סֶקֶר, סְקִירָה; מִיפּוּי
surveyor *n.* מוֹדֵד, שַׁמַּאי

survival *n.* הִישָּׂרְדוּת
survive *v.* נִשְׂרַד, שָׂרַד, נִשְׁאַר בַּחַיִּים
survivor *n.* שָׂרִיד, נִיצּוֹל
susceptible *adj.* נוֹחַ לְהַשְׁפָּעָה, רָגִישׁ
suspect *v.* חָשַׁד
suspect *adj., n.* חָשׁוּד
suspend *v.* תָּלָה; דָּחָה; בִּיטֵּל זְמַנִּית; הִשְׁעָה
suspenders *n.pl.* כְּתֵפוֹת (למכנסיים); בִּירִיּוֹת (לגרביים)
suspense *n.* מָתַח, מְתִיחוּת; אִי־וַדָּאוּת
suspension bridge *n.* גֶּשֶׁר תָּלוּי
suspicion *n.* חֲשָׁד; קוּרְטוֹב
suspicious *adj.* חוֹשֵׁד, מְעוֹרֵר חֲשָׁד
sustain *v.* נָשָׂא, קִיֵּים; תָּמַךְ; אִימֵּת
sustenance *n.* אוֹכֶל (מזין), שְׁתִיָּיה (מזינה)
suture *n., v.* תְּפִירָה (של פצע); חוּט; תָּפַר
suzerain *n.* שַׁלִּיט (פיאודלי); שׁוֹלֵט (על מדינה אוטונומית)
svelte *adj.* תְּמִירָה וְנָאָה
swab *n.* מַטְלִית; סְפוֹג (בחבישה)
swaddling clothes *n.pl.* חִיתּוּלִים
swagger *v.* מְהַלֵּךְ מִתְרַבְרֵב
swagger *n.* הִילּוּךְ מִתְרַבְרֵב
swain *n.* כַּפְרִי צָעִיר; מְאַהֵב
swallow *n.* סְנוּנִית; בְּלִיעָה, לְגִימָה
swallow *v.* בָּלַע
swamp *n.* בִּיצָה
swamp *v.* הֵצִיף
swan *n.* בַּרְבּוּר
swan-dive *n.* צְלִילָה בְּיָדַיִים פְּרוּשׂוֹת
swan-song *n.* שִׁירַת הַבַּרְבּוּר (יצירה או הופעה אחרונה)

swank *n.* הִתְפָּאֲרוּת; רַבְרְבָן
swank *v.* הִתְפָּאֵר
swap *v.* הֶחֱלִיף; הִתְחַלֵּף
swap *n.* הַחְלָפָה, חִילּוּפִים
swarm *n.* נְחִיל (של דבורים), לַהֲקָה; הָמוֹן
swarm *v.* נָהֲרוּ; שָׁרְצוּ
swarthy *adj.* שְׁחַרְחַר, כֵּיהֶה עוֹר
swashbuckler *n.* רַבְרְבָן; מַטִּיל אֵימִים
swastika *n.* צְלַב־קֶרֶס
swat *v.* הִכָּה מַכָּה זְרִיזָה, הִצְלִיף
sway *v.* הִתְנַדְנֵד; הִיסֵּס; נִדְנֵד; הִטָּה; הִשְׁפִּיעַ עַל
sway *n.* נִעְנוּעַ; שְׁלִיטָה
swear *v.* נִשְׁבַּע; גִּידֵּף; הִשְׁבִּיעַ
sweat *v.* הִזִּיעַ
sweat *n.* זֵיעָה
sweater *n.* אֲפוּדָּה, מֵיזָע
sweaty *adj.* מַזִּיעַ; גּוֹרֵם הַזָּעָה
sweep *v.* נָע בִּתְנוּפָה; סָחַף בְּכוֹחַ; טִאְטֵא
sweep *n.* טִאטוּא; סְחִיפָה; טְוָח; תְּנוּפָה; מְנַקֵּה אֲרוּבּוֹת
sweeper *n.* (אדם) מְטַאְטֵא
sweeping *adj., n.* מַקִּיף, כּוֹלְלָנִי; טִאְטוּא
sweepstake(s) *n.* הִימּוּר מְאוּרְגָּן (על סוסים)
sweet *adj.* מָתוֹק; עָרֵב
sweet-pea *n.* אֲפוּנָה רֵיחָנִית
sweet-potato *n.* בָּטָטָה
sweet-scented *adj.* רֵיחָנִי
sweet-temper *n.* מֶזֶג נוֹחַ
sweet-toothed *adj.* אוֹהֵב מַמְתַּקִּים
sweet-water *n.* מַיִם מְתוּקִּים, מֵי שְׁתִיָּיה
sweet *n.* מַמְתָּק, סוּכָּרִיָּיה
sweetbread *n.* לַבְלָב (עגל, טלה)
sweeten *v.* הִמְתִּיק; מִיתֵּן
sweetheart *n.* אָהוּב, אֲהוּבָה
sweetmeat *n.* סוּכָּרִיָּיה, מַמְתָּק
swell *v.* הִתְגָּאָה, הִתְנַפֵּחַ; נִיפֵּחַ, הִגְבִּיר
swell *n.* תְּפִיחוּת; (דיבורית) אָדָם חָשׁוּב
swell *adj.* נָאֶה, מְהוּדָּר (דיבורית)
swelter *v.* נָמַק; 'נִצְלָה' (מחום)
swerve *v.* סָטָה פִּתְאוֹם; הִפְנָה, הֵסִיט (פתאום)
swerve *n.* סְטִיָּיה (פתאומית)
swift *adj., adv.* מָהִיר; מַהֵר
swig *v.* (המונית) לָגַם (מהבקבוק)
swig *n.* לְגִימָה גְּדוֹלָה (כנ"ל)
swill *v.* שָׁטַף (במים); שָׁתָה בְּגַסּוּת
swill *n.* שְׁטִיפָה; שְׁפוֹכֶת (לחזירים)
swim *v.* שָׂחָה; הָיָה שָׁטוּף
swim *n.* שְׂחִיָּיה; פְּעִילוּת הָעוֹנָה (בחיי החברה)
swim-suit *n.* בֶּגֶד־יָם
swimming-pool *n.* בְּרֵיכַת שְׂחִיָּיה
swindle *v.* הוֹנָה, רִימָּה
swindle *n.* הוֹנָאָה, רַמָּאוּת
swine *n.* חֲזִיר, 'נְבֵלָה'
swing *v.* הִתְנַעְנֵעַ, הִתְנַדְנֵד; נִעְנֵעַ נִדְנֵד; רָקַד סְוִינג; (המונית) נִתְלָה
swing *n.* נִעְנוּעַ; תְּנוּפָה, 'סְוִינְג'
swing door *n.* דֶּלֶת נָעָה (לצדדים)
swinish *adj.* חֲזִירִי, מַגְעִיל
swipe *n.* חֲבָטָה פִּרְאִית; נִיסָּיוֹן לַחְבּוֹט
swipe *v.* חָבַט, הִכָּה; (המונית) גָּנַב, 'סָחַב'
swirl *v.* הִתְעַרְבֵּל; עִרְבֵּל
swish *v.* נָע בְּרַעַשׁ שׁוֹרֵק
swish *n.* שְׁרִיקַת הַצְלָפָה

switch *n.* מָתֶג; שַׁרְבִיט; הַחְלָפָה; הַעְתָּקָה (רכבת)

switch *v.* מִיתֵּג; הֶחֱלִיף

switch-off *v.* כִּיבָּה, הִפְסִיק (זרם חשמל)

switch-on *v.* הִדְלִיק, פָּתַח (זרם חשמל)

switchback *n.* מַעֲלֶה מְסִילַּת עֲקַלָּתוֹן

switchboard *n.* (בטלפון) רַכֶּזֶת

switching engine *n.* קַטַּר עִיתּוּק

switchman *n.* עַתָּק (רכבות)

switchyard *n.* מִגְרַשׁ עִיתּוּק (לרכבות)

swivel *n.* סְבִיבוֹל

swivel *v.* הִסְתּוֹבֵב (או סוֹבֵב) עַל סְבִיבוֹל

swivel chair *n.* כִּיסֵּא מִסְתּוֹבֵב

swoon *v.* הִתְעַלֵּף; הִתְעַלְּפוּת

swoop *v.* עָט, הִתְנַפֵּל

swoop *n.* עִיטָה; חֲטִיפָה

sword *n.* חֶרֶב, סַיִף

swordfish *n.* דַּג־הַחֶרֶב

sword rattling *n.* נִפְנוּף חֲרָבוֹת

swordsman *n.* סַיָּיף

sybarite *n.* רוֹדֵף תַּעֲנוּגוֹת, נֶהֱנְתָן

sycamore *n.* שִׁקְמָה (העץ)

sycophant *adj.* חַנְפָן, מִתְחַנֵּף

syllabary *n.* רְשִׁימַת צוּרוֹת־הֲבָרוֹת (בכתב הברות)

syllable *n.* הֲבָרָה

syllabus *n.* תּוֹכְנִית לִימּוּדִים

syllogism *n.* סִילוֹגִיזם (תורת ההיקש)

sylph *n.* נַעֲרָה תְּמִירָה

sylvan *adj.* שֶׁל יְעָרוֹת, שֶׁבְּתוֹךְ יַעַר

symbol *n.* סֶמֶל; סִימָן (במתימטיקה)

symbolic(al) *adj.* סִמְלִי

symbolize *v.* סִימֵּל

symmetric(al) *adj.* סִימֶטְרִי

sympathetic *adj.* אוֹהֵד, מַבִּיעַ אַהֲדָה; מִשְׁתַּתֵּף בְּצַעַר

sympathize *v.* אָהַד; הִשְׁתַּתֵּף בְּצַעַר

sympathy *n.* אַהֲדָה; הִשְׁתַּתְּפוּת בְּצַעַר

symphonic *adj.* סִימְפוֹנִי

symphony *n.* סִימְפוֹנְיָה

symposium *n.* סִימְפּוֹזְיוֹן, רַב־שִׂיחַ

symptom *n.* סִימְפְּטוֹם, סִימָן הֶיכֵּר (למחלה), תַּסְמִין

synagogue *n.* בֵּית־כְּנֶסֶת

synchronize *v.* תֵּאֵם בַּזְּמַן; סִנְכְּרֵן

synchronous *adj.* סִנְכְּרוֹנִי, בּוֹ זְמַנִּי

syncopation *n.* הַעֲבָרַת טוֹן הַקֶּצֶב, סִינְקוֹפָּה

syncope *n.* (בדקדוק) הַשְׁמָטָה (של אות או הגה בתוך מִלה); (ברפואה) אִיבּוּד הַהַכָּרָה

syndicate *n.* סִינְדִיקָט; הִתְאַגְּדוּת

syndicate *v.* אִיגֵּד; הֵפִיץ דֶּרֶךְ אִיגּוּד

syndrome *n.* תִּסְמוֹנֶת

synod *n.* מוֹעֶצֶת הַכְּנֵסִיָּיה, סִינוֹד

synonym *n.* שֵׁם נִרְדָּף, מִלָּה נִרְדֶּפֶת

synonymous *adj.* סִינוֹנִימִי, נִרְדָּף ל

synopsis *n.* תַּמְצִית, תַּקְצִיר (של ספר וכד')

syntax *n.* תַּחְבִּיר

synthesis *n.* סִינְתֶּזָה, סִנְתּוּז

synthetic(al) *adj.* סִינְתֶּטִי; מְלָאכוּתִי

syphilis *n.* עַגֶּבֶת (מחלת מין)

syphon *n.* א. גִּשְׁתָּה; ב. סִיפוֹן (כינוי לבקבוק סגור של מי סודה היוצאים בלַחץ הגאז שבתוכו)

syringe *n.* מַזְרֵק

syringe *v.* הִזְרִיק

syrup, sirup *n.* סִירוּפ, שִׁירוּב
system *n.* שִׁיטָה; מַעֲרֶכֶת
systematic *adj.* שִׁיטָתִי; שֶׁל מִיּוּן
systematize *v.* הִנְהִיג שִׁיטָה; הָפַך לְשִׁיטָה
systole *n.* הִתְכַּוְּצוּת הַלֵּב

T

tab *n.* תָּג; תָּווִית
tabby *n.* מֶשִׁי גַּלִּי; חָתוּל מְנוּמָּר; בְּתוּלָה זְקֵנָה
tabernacle *n.* סוּכָּה; הַמִּשְׁכָּן (במדבר)
table *n.* שׁוּלְחָן; לוּחַ; טַבְלָה
table d'hote *n.* אֲרוּחָה אֲחִידָה
table linen *n.* מַפּוֹת וּמַפִּיּוֹת לַשּׁוּלְחָן
table manners *n.pl.* נִימּוּסֵי אֲכִילָה
table tennis *n.* טֶנִיס שׁוּלְחָן, פִּינְג פּוֹנְג
table *v.* עָרַךְ טַבְלָאוֹת; דָּחָה (דיון); הֵנִיחַ עַל הַשּׁוּלְחָן
tableau *n.* תְּמוּנָה חַיָּה (בהצגה אילמת)
tablecloth *n.* מַפַּת שׁוּלְחָן
tableland *n.* רָמָה
Tables of the Covenant *n.pl.* לוּחוֹת הַבְּרִית
tablespoon *n.* כַּף לְמָרָק
tablespoonful *n.* מְלוֹא הַכַּף
tablet *n.* לוּחַ; לוּחִית; טַבְלִית (תרופה), גְלוּלָה
tableware *n.* כְּלֵי־שׁוּלְחָן
tabloid *n.* עִיתּוֹן זוֹל
taboo, tabu *n., adj.* טָאבּוּ, אִיסּוּר; בְּחֶזְקַת אִיסּוּר
taboo, tabu *v.* אָסַר
tabulate *v.* עָרַךְ בְּטַבְלָאוֹת; לִיוּוּחַ; רִידֵּד
tacit *adj.* מוּבָן מֵאֵלָיו, מִשְׁתַּמֵּעַ
taciturn *adj.* שַׁתְקָנִי, מְמַעֵט בְּדִיבּוּר
tack *n.* נַעַץ; שִׁינּוּי כִּיווּן
tack *v.* הִידֵּק; אִיחָה; שִׁינָּה כִּיווּן

tackle *n.* חִיבֵּל (של אונייה); צִיּוּד; בְּלִימָה (בכדורגל)
tackle *v.* הִתְמוֹדֵד (עם בעיה); שָׁקַד לִגְבּוֹר; (בכדורגל) בָּלַם
tacky *adj.* דָּבִיק
tact *n.* טַקְט, טַעַם טוֹב, נִימּוּס
tactful *adj.* טַקְטִי
tactical *adj.* מִבְצָעִי, טַכְסִיסִי; טַקְטִי
tactician *n.* טַקְטִיקָן, טַכְסִיסָן
tactics *n.pl.* טַקְטִיקָה
tactile *adj.* מִישׁוּשִׁי, שֶׁל חוּשׁ הַמִּישׁוּשׁ
tactless *adj.* חֲסַר טַקְט
tadpole *n.* רֹאשָׁן
taffeta *n.* טָפֶטָה (אריג מבריק ונוקשה)
taffy *n.* מַמְתָּק (קשה ודביק)
tag *n.* קְצֵה שְׂרוֹךְ; תָּו, תָּווִית, תָּג
tag *v.* הִצְמִיד תָּג אֶל
tail *n.* זָנָב; כָּנָף (של בגד); מַעֲקָב
tail *v.* (דיבורית) עָקַב אַחֲרֵי; הִזְדַּנֵּב
tail-end *n.* קָצֶה, סִיּוּם
tail-light *n.* פַּנַּס אֲחוֹרִי
tailor *n.* חַיָּיט
tailor-made *adj.* עָשׂוּי בִּידֵי חַיָּיט, עָשׂוּי לְפִי מִידָּה
tailor *v.* תָּפַר לְפִי מִידָּה
tailoring *n.* חַיָּיטוּת
tailpiece *n.* תּוֹסֶפֶת קָצָה; עִיטּוּר
tailspin *n.* סְחְרוּר (של מטוס)
taint *v.* קִלְקֵל; טִימֵּא, זִיהֵם; הִתְקַלְקֵל
taint *n.* אֲבַק דּוֹפִי, כֶּתֶם
take *v.* **(took)** לָקַח, אָחַז; הִסְכִּים; חָשַׁב, הִסִּיק
take a bath *v.* הִתְרַחֵץ בָּאַמְבָּט

take after *v.* הָיָה דוֹמֶה ל
take aim *v.* כִּיווֵּן לַמַּטָּרָה
take a look *v.* הִסְתַּכֵּל
take a walk *v.* יָצָא לְטַייֵּל
take back *v.* חָזַר בּוֹ
take care *v.* נִזְהַר
take cover *v.* תָּפַס מַחֲסֶה
take for granted רָאָה כְּמוּבָן מֵאֵלָיו
take hold of *v.* אָחַז, תָּפַס
take into account *v.* הֵבִיא בְּחֶשְׁבּוֹן
take over *v.* נָטַל אַחְרָיוּת
take up arms *v.* אָחַז בְּנֶשֶׁק
take *n.* לְקִיחָה; פִּדְיוֹן (בחנות וכד׳)
take-off *n.* הַמְרָאָה; חִיקּוּי
talc, talcum powder *n.* אַבְקַת טַלְק
tale *n.* סִיפּוּר, מַעֲשִׂיָּה
talebearer *n.* הוֹלֵךְ רָכִיל
talent *n.* כִּשְׁרוֹן
talented *adj.* מְחוֹנָן, מוּכְשָׁר
talisman *n.* קָמֵיעַ
talk *v.* דִּיבֵּר, שׂוֹחַח
talk *n.* דִּיבּוּר, שִׂיחָה
talkative *adj.* מַרְבֶּה לְדַבֵּר, דַּבְּרָנִי
talker *n.* דַּבְּרָן
talkie *n.* סֶרֶט קוֹלְנוֹעַ
tall *adj.* גָּבוֹהַּ; (המונית) לֹא סָבִיר, מוּגְזָם
tallow *n.* חֵלֶב (לנרות)
tally *n.* מַקֵּל מְחוֹרָץ; חֶשְׁבּוֹן; תָּווִית זִיהוּי
tally *v.* חִישֵּׁב; הִתְאִים ל
tally-ho *interj.* הִנֵּה! (קריאת ציידי שועלים)
tally sheet *n.* תְּעוּדַת סִיכּוּם
Talmudic *adj.* תַּלְמוּדִי, מִשְׁנָתִי

Talmudist *n.* חוֹקֵר תַּלְמוּד, תַּלְמוּדַאי
talon *n.* טוֹפֶר (של עוף דורס); לְשׁוֹן הַמַּנְעוּל
tambourine *n.* טַנְבּוּרִית, תּוֹף מִרְיָם
tame *adj.* מְאוּלָּף, מְבוּיָּת; נִכְנָע
tame *v.* אִילֵּף, בִּיֵּית; רִיסֵּן
tamer *n.* מְאַלֵּף
tamp *v.* הִידֵּק בְּמַכּוֹת קַלּוֹת; סָתַם חוֹר
tampon *n.* סֶתֶם, טַמְפּוֹן
tan *n.* צֶבַע חוּם־צְהַבְהַב; שִׁיזּוּף
tan *adj.* שֶׁל עִיבּוּד עוֹרוֹת; שֶׁל שִׁיזּוּף
tan *v.* שִׁיזֵּף; הִשְׁתַּזֵּף
tandem *n., adv.* אוֹפַנַּיִים לִשְׁנַיִים
tang *n.* רֵיחַ (או טַעַם) חָרִיף; צִלְצוּל
tangent *adj., n.* מַשִּׁיקִי; מַשִּׁיק
tangerine *n.* מַנְדָּרִינָה
tangible *adj.* מָשִׁישׁ, מוּחָשׁ
tangle *v.* סִיבֵּךְ; הִתְבַּלְבֵּל
tangle *n.* סְבַךְ, פְּקַעַת
tango *n.* טַנְגוֹ (מנגינה וריקוד סלוני)
tank *n.* מְכָל, טַנְק
tanker *n.* מְכָלִית
tanner *n.* בּוּרְסִי, מְעַבֵּד עוֹרוֹת
tannery *n.* בֵּית־חֲרוֹשֶׁת לְעוֹרוֹת, בּוּרְסְקִי
tantalize *v.* עִינָּה (בהפחת תקוות שווא), טִנְטֵל
tantamount *adj.* כְּמוֹהוּ כּ
tantrum *n.* הִתְפָּרְצוּת, הִשְׁתּוֹלְלוּת חֵימָה
tap *v.* טָפַח, הִקִּישׁ קַלּוֹת
tap *n.* דְּפִיקָה, הַקָּשָׁה; בֶּרֶז
tap dance *n.* רִיקּוּד טֶפּ
tape *n.* סֶרֶט
tape-measure *n.* סֶרֶט מִידָּה

tape *v.* מָדַד בְּסֶרֶט; הִקְלִיט עַל סֶרֶט
taper *n.* נֵר דַק; הִתְחַדְּדוּת הַדְרָגָתִית
taper *v.* הִקְטִין בְּהַדְרָגָה; הָלַךְ וְדַק
taperecorder *n.* רְשַׁמְקוֹל
tapestry *n.* טַפִּיט
tapeworm *n.* תּוֹלַעַת־הַסֶּרֶט, שַׁרְשׁוּר
taproom *n.* מִסְבָּאָה, בָּאר
taproot *n.* שׁוֹרֶשׁ עִיקָרִי
tar *n.* זֶפֶת; (המונית) מַלָּח
tar *v.* זִיפֵּת
tardy *adj.* אִטִּי; מְאַחֵר
target *n.* מַטָּרָה, יַעַד
target date *n.* תַּאֲרִיךְ הַיַּעַד (להשלמת מִבצע או להתחלתו)
target population *n.* קְהַל הַיַּעַד (לספר מסוים, למחקר, למועדון וכד')
tariff *n.* מְחִירוֹן, תַּעֲרִיף, רְשִׁימַת מִסֵּי מֶכֶס
tarmac *n.* חוֹמֶר רִיצּוּף, מַסְלוּל הַמְרָאָה
tarnish *v.* הִכְהָה; לִכְלֵךְ; כָּהָה
tarpaulin *n.* אַבַּרְזִין, בְּרֶזֶנְט
tarragon *n.* טַרְגוֹן (צמח לתיבּוּל)
tarry *v.* הִתְמַהְמַהּ
tarry *adj.* מָשׁוּחַ בְּזֶפֶת, מָלֵא זֶפֶת
tart *adj.* חָרִיף; חָמוּץ; שָׁנוּן
tart *n.* טוֹרְט, עוּגַת־פֵּירוֹת; (דיבּוּרית) זוֹנָה
tartar *n.* אַבְנִית שִׁינַּיִים, אַבְנִית יַיִן (שהחמיץ)
task *n.* מְשִׂימָה, תַּפְקִיד
taskmaster *n.* נוֹגֵשׂ; מְנַהֵל־עֲבוֹדָה
tassel *n.* גְּדִיל, פִּיף
taste *v.* טָעַם; הָיָה לוֹ טַעַם שֶׁל
taste *n.* טַעַם; קוּרְטוֹב
tasteful *adj.* עָשׂוּי בְּטַעַם
tasteless *adj.* חֲסַר טַעַם, תָּפֵל
tasty *adj.* טָעִים, עָרֵב
tat *v.* קִישְׁטָה בְּתַחְרִים
tata *interj.* טָטָה! (בּרכת שלום לילד קטן)
tatter *n.* קֶרַע; סְחָבָה, בְּלוֹאִים
tattered *adj.* קָרוּעַ וּבָלוּי
tattle *v.* דִּיבֵּר רְכִילוּת; פִּטְפֵּט
tattletale *n.* רַכְלָן; רְכִילוּת
tattoo *v.* קִעְקַע, תָּפַף בְּאֶצְבָּעוֹת
tattoo *n.* כְּתוֹבֶת־קַעֲקַע; (בצבא) תְּרוּעַת כִּיבּוּי אורות
tatty *adj.* מְרוּפָּט וּמוּזְנָח
taunt *n.* לַעַג, הִתְגָּרוּת
taunt *v.* הִתְגָּרָה בְּלִגְלוּג
taut *adj.* מָתוּחַ
tautology *n.* טָאוּטוֹלוֹגְיָה (חזרה בּמלים אחרות על אותו דבר)
tavern *n.* פּוּנְדָק
tawdry *adj.* נוֹצֵץ אֲבָל זוֹל
tawny *n., adj.* צָהוֹב־חוּם
tax *v.* הִטִּיל מַס; הֶאֱשִׁים
tax *n.* מַס
taxable *adj.* חַיָּיב מַס, בַּר־מִיסּוּי
taxation *n.* מִיסּוּי, הַטָּלַת מַס
tax-collector *n.* גּוֹבֵה מִסִּים
tax cut *n.* קִיצּוּץ בְּמִסִּים
tax evader *n.* מִשְׁתַּמֵּט מִמִּסִּים
tax-exempt, tax-free *adj.* פָּטוּר מִמַּס
taxi *n.* מוֹנִית
taxi *v.* הִסִּיעַ (מטוס, על הקרקע)
taxicab *n.* מוֹנִית
taxidermist *n.* עוֹשֶׂה פּוּחְלָצִים
taxi-driver *n.* נַהַג מוֹנִית
taxi-plane *n.* מָטוֹס מוֹנִית
taxonomy *n.* סִיוּוּג, מִיּוּן (חי או צומח)

taxpayer *n.* מְשַׁלֵּם מִסִּים
tea *n.* תֵּה
teach *v.* הוֹרָה, הִנְחִיל, לִימֵּד
teacher *n.* מוֹרֶה
teacher's pet *n.* חֲבִיב הַמּוֹרֶה
teaching *n.* הוֹרָאָה, לִימּוּד
teaching aids *n.pl.* עֶזְרֵי הוֹרָאָה
teaching staff *n.* סֶגֶל הַמּוֹרִים
teak *n.* (עֵץ) טִיק
team *n.* צֶוֶות; קְבוּצָה (ספורט); צֶמֶד (סוסים וכד')
team *v.* צִימֵּד; הִתְחַבֵּר
teammate *n.* חָבֵר לִקְבוּצָה
teamster *n.* עֶגְלוֹן; נַהַג מַשָּׂאִית
teamwork *n.* עֲבוֹדַת צֶוֶות
teapot *n.* תֵּיוֹן
tear *v.* קָרַע; נִקְרַע; רָץ מַהֵר
tear *n.* קְרִיעָה, קֶרַע
tear *n.* דִּמְעָה
tear bomb *n.* פְּצָצַת גַּז מַדְמִיעַ
tearful *adj.* מַזִּיל דְּמָעוֹת, בּוֹכֶה
tearjerker *n.* (המונית) סוֹחֵט דְּמָעוֹת
tease *v.* הִקְנִיט, קִנְטֵר
teaspoon *n.* כַּפִּית
teaspoonful *n.* מְלוֹא הַכַּפִּית
teat *n.* דַּד, פִּטְמָה
technical *adj.* טֶכְנִי
technicality *n.* פְּרָט טֶכְנִי; טֶכְנִיּוּת
technician *n.* טֶכְנַאי
technics *n.pl.* טֶכְנִיקָה
technique *n.* טֶכְנִיקָה; תְּבוּנַת כַּפַּיִים
technocracy *n.* טֶכְנוֹקְרַטְיָה (שלטון המומחים בטכנולוגיה)
technograt *n.* טֶכְנוֹקְרָט (דוגל בטכנוקרטיה)
technology *n.* טֶכְנוֹלוֹגְיָה

teddy bear *n.* דוּבּוֹן
tedious *adj.* אָרוֹךְ וּמְשַׁעֲמֵם
tedium *n.* חַדְגוֹנִיּוּת מְשַׁעֲמֶמֶת
tee *n.* (בגולף) תְּלוּלִית
teem *v.* שָׁפַע; שָׁרַץ
teeming *adj.* שׁוֹרֵץ
teen-age *adj.* בְּגִיל הָעֶשְׂרֵה
teenager *n.* בֵּן (או בת) 'טִיפֵּשׁ־עֶשְׂרֵה'
teens *n.pl.* שְׁנוֹת הָעֶשְׂרֵה
teeny *adj.* קָטוֹן
teeter *v.* הִתְנַדְנֵד, הִתְנוֹעֵעַ
teethe *v.* צָמְחוּ (אצלו) שִׁינַּיִים
teething *n.* צְמִיחַת שִׁינַּיִים
teetotaler *n.* מִתְנַזֵּר (ממשקאות חריפים)
telecast *v.* שִׁידֵּר בְּטֶלֶוִויזְיָה
telegram *n.* מִבְרָק
telegraph *n.* מִבְרָקָה
telegraph *v.* טִלְגְּרֵף, שִׁיגֵּר מִבְרָק
telekinesis *n.* טֶלֶקִינֶזִיס (הזזת עצמים דוממים בלא נגיעה בהם אלא בכוח אנושי סמוי)
telemeter *n.* מַד־רוֹחַק, טֶלֶמֶטֶר
teleology *n.* טֶלֶאוֹלוֹגְיָה, תּוֹרַת הַתַּכְלִית (אסכולה הרואה בכל התרחשות תכליתיות מכוונת ומודרכת מראש)
telepathy *n.* טֶלֶפַּתְיָה, טִלְפּוּת (תִקשורת בין בני אדם רחוקים זה מזה בדרכי השפעה רִגשית, ללא הסתייעות בחושים)
telephone *n.* טֶלֶפוֹן
telephone *v.* טִלְפֵּן
telephone booth *n.* תָּא טֶלֶפוֹן
telephone call *n.* קְרִיאָה טֶלֶפוֹנִית
telephone operator *n.* טֶלֶפוֹנַאי(ת)

telephone receiver *n.* מַכְשִׁיר טֶלֶפוֹן
telephoto *adj.* לְצִילוּם מֵרָחוֹק (באמצעות עדשה מיוחדת)
teleprinter *n.* טֶלֶפְּרִינְטֶר, טַלְפָּר
telescope *n.* טֶלֶסְקוֹפּ
teletype *n.* טֶלֶפְּרִינְטֶר
teletype *v.* טִלְפֵּר
televise *v.* שִׁידֵּר בְּטֶלֶוִויזְיָה, טִלְוֵז; עִיבֵּד לְטֶלֶוִויזְיָה
television *n.* טֶלֶוִויזְיָה
television set *n.* מַקְלֵט טֶלֶוִויזְיָה
tell *v.* **(told)** סִיפֵּר, אָמַר; הִבְחִין
teller *n.* מְסַפֵּר; קוּפַּאי[ת] (בבנק)
telly *n.* (קיצור) טֶלֶוִויזְיָה
temerity *n.* הָעָזָה פְּזִיזָה, פְּזִיזוּת
temper *v.* מִיזֵּג, מִיתֵּן, רִיכֵּךְ
temper *n.* מֶזֶג, מַצַּב־רוּחַ; כַּעַס; דַּרְגַּת הַקַּשְׁיוּת אוֹ הַגְּמִישׁוּת
temperament *n.* מֶזֶג; טֶמְפֶּרָמֶנְט
temperamental *adj.* הֲפַכְפַּךְ; נִסְעָר
temperance *n.* הִתְאַפְּקוּת, הִינָּזְרוּת גְמוּרָה
temperate *adj.* מָתוּן; מְמוּזָּג
temperature *n.* טֶמְפֶּרָטוּרָה, מִידַּת הַחוֹם
tempest *n.* סְעָרָה, סוּפָה
tempestuous *adj.* סוֹעֵר
temple *n.* בֵּית־הַמִּקְדָּשׁ; בֵּית־כְּנֶסֶת; רַקָּה
tempo *n.* טֶמְפּוֹ, מִפְעָם, קֶצֶב
temporal *adj.* זְמַנִּי, חוֹלֵף; חִילוֹנִי
temporary *adj.* עֲרָאִי, אַרְעִי, זְמַנִּי
temporize *v.* הִתְחַמֵּק מִפְּעוּלָּה מִיָּדִית
tempt *v.* נִיסָּה, פִּיתָּה
temptation *n.* גֵרוּי הַיֵּצֶר; פִּיתּוּי
tempter *n.* מֵסִית, מְפַתֶּה
tempting *adj.* מְפַתֶּה
ten *adj., n.* עֶשֶׂר, עֲשָׂרָה; עֲשִׂירִיָּה
Ten Commandments *n.pl.* עֲשֶׂרֶת הַדִּיבְּרוֹת
tenable *adj.* עָמִיד, אוֹחֵז בְּחוֹזְקָה
tenacious *adj.* שֶׁאֶפְשָׁר לְהָגֵן עָלָיו
tenacity *n.* אֲחִיזָה עַקְשָׁנִית; סֵירוּב לְהַרְפּוֹת
tenant *n.* אָרִיס, דַּיָּר, שׂוֹכֵר
tend *v.* טִיפֵּל בּ; עִיבֵּד; נָטָה
tendency *n.* מְגַמָּה, נְטִיָּה
tendentious *adj.* מְגַמָּתִי
tender *adj.* רַד, עָדִין; רָגִישׁ
tender *v.* הִצִּיעַ, הִגִּישׁ
tender *n.* הַצָּעָה (במכרז); הַצָּעַת תַּשְׁלוּם; מַשָּׂאִית קַלָּה, טֶנְדֶר
tenderhearted *adj.* רַחְמָנִי
tenderloin *n.* בְּשַׂר אֲחוֹרַיִים
tenderness *n.* נוֹעַם, רוֹךְ
tendon *n.* גִּיד
tendril *n.* קְנוֹקֶנֶת (של מטפס)
tenebrous *adj.* אָפֵל
tenement *n.* בַּיִת מְשׁוּתָּף (ברובע עוני)
tenet *n.* עִיקָּרוֹן, עִיקָּר (דתי)
tennis *n.* טֶנִיס
tenor *n.* כִּיוּוּן כְּלָלִי, מְגַמָּה; טֶנוֹר
tense *n.* זְמַן הַפּוֹעַל (בדקדוק)
tense *adj.* דָּרוּךְ, מָתוּחַ
tensile *adj.* מָתִיחַ, שֶׁנִּיתָּן לְמָתְחוֹ
tension *n.* מֶתַח, מְתִיחוּת
tent *n.* אוֹהֶל
tentacle *n.* (בבע"ח) מַשּׁוֹשׁ
tentative *adj.* נִיסְיוֹנִי; אַרְעִי
tenterhooks *n.pl.* צִיפִּיָּה מְתוּחָה; 'עַל סִיכּוֹת'

tenth *adj., n.* עֲשִׂירִי; עֲשִׂירִית

tenuous *adj.* דַּק, רָפֶה, קָלוּשׁ

tenure *n.* חֲזָקָה; קְבִיעוּת (בְּמִשְׂרָה)

tepee *n.* אוֹהֶל אִינְדִיאָנִי (דְּמוּי חָרוּט)

tepid *adj.* פּוֹשֵׁר

terebinth *n.* אֵלָה (עֵץ)

term *n.* מוּנָּח; בִּיטּוּי; עוֹנַת לִימּוּדִים, סֶמֶסְטֶר, טְרִימֶסְטֶר; (בְּרַבִּים) תְּנָאִים

term *v.* כִּינָּה, קָרָא בְּשֵׁם

terminal *n.* תַּחֲנָה סוֹפִית, מָסוֹף

terminal *adj.* אַחֲרוֹן, סוֹפִי

terminate *v.* סִיֵּים; הִסְתַּיֵּים

termination *n.* גְּמָר, סִיּוּם, סוֹף

terminus *n.* סוֹף, קָצֶה; תַּחֲנָה סוֹפִית

termite *n.* טֶרְמִיט (חֶרֶק דְּמוּי נְמָלָה לְבָנָה)

terra *n.* הָאָרֶץ, הָאֲדָמָה

terra cotta *n.* שֶׁל חֶרֶס

terra firma *n.* אֲדָמָה קָשָׁה, יַבָּשָׁה

terra incognita אֶרֶץ לֹא יְדוּעָה, (בְּהַשְׁאָלָה) נוֹשֵׂא לֹא מוּכָּר

terrace *n.* מַדְרֵגָה (בָּהָר), טֶרַסָּה; גַּג שָׁטוּחַ

terrain *n.* פְּנֵי הַשֶּׁטַח

terrestrial *adj.* אַרְצִי, יַבַּשְׁתִּי

terrible *adj.* אָיוֹם, נוֹרָא

terrier *n.* שַׁפְלָן (כֶּלֶב צַיִד נָמוּךְ)

terrific *adj.* מַפִּיל אֵימָה, עָצוּם, נֶהְדָּר

terrify *v.* הִבְהִיל, הִבְעִית

territory *n.* חֶבֶל אֶרֶץ; תְּחוּם

terror *n.* אֵימָה, טֶרוֹר

terrorize *v.* הִפְחִיד בְּשִׁיטוֹת טֶרוֹר

terrycloth *n.* אֲרִיג מַגֶּבֶת

terse *adj.* קָצָר וְלָעִנְיָין; תַּמְצִיתִי (סִגְנוֹן)

tertiary *adj.* שְׁלִישִׁי, שְׁלִישׁוֹנִי

test *n.* מִבְחָן, נִיסָּיוֹן

test *v.* בָּחַן, בָּדַק

test pilot *n.* טַיָּיס לְנִיסּוּי מְטוֹסִים

test-tube *n.* מַבְחֵנָה

testament *n.* צַוָּאָה; בְּרִית

testate *n., adj.* (מִי) שֶׁהִשְׁאִיר צַוָּאָה

testicle *n.* אֶשֶׁךְ

testify *v.* הֵעִיד

testimonial *n.* תְּעוּדַת אוֹפִי; תְּעוּדַת הוֹקָרָה

testimony *n.* עֵדוּת

testy *adj.* קְצַר רוּחַ, רַגְזָנִי

tetanus *n.* צַפֶּדֶת (מַחֲלַת עֲצַבִּים מִידַּבֶּקֶת)

tête-à-tête *adj., n.* טַנְדוּ, זֶה מוּל זֶה, בְּאַרְבַּע עֵינַיִים

tether *n.* אַפְסָר; תְּחוּם

tether *v.* אִפְסֵר, קָשַׁר בְּאַפְסָר

tetralogy *n.* טֶטְרָלוֹגְיָה (סִדְרָה שֶׁל אַרְבַּע יְצִירוֹת)

text *n.* טֶקְסְט, נוֹסַח; תַּמְלִיל (שֶׁל שִׁיר)

textbook *n.* סֵפֶר לִימּוּד

textile *adj., n.* טֶקְסְטִיל, שֶׁל אֲרִיגָה

texture *n.* מִבְנֵה הַחֲלָקִים, מִרְקָם

than *conj.* מִן, מִ, מֵ, מֵאֲשֶׁר

thank *v.* הוֹדָה

thankful *adj.* אֲסִיר־תּוֹדָה

thankless *adj.* כְּפוּי טוֹבָה

thanks *n.pl.* תּוֹדָה

thanksgiving *n.* הוֹדָיָה, תְּפִילַּת הוֹדָיָה

Thanksgiving Day *n.* יוֹם הַהוֹדָיָה (חַג לְאוּמִּי בְּאַרְהַ"ב)

that *pron., adj.* אוֹתוֹ, אוֹתָהּ; הַהוּא, הַהִיא; כָּזֶה

that *conj.* שֶׁ, כְּדֵי שֶׁ; עַד שֶׁ; מִפְּנֵי שֶׁ

that *adv.* עַד כְּדֵי כָּךְ שֶׁ

thatch *n.* סְכָךְ קַשׁ; שֵׂעָר עָבֶה

thatch *v.* סִיכֵּךְ, כִּיסָּה בִּסְכָךְ

thaw *n.* הַפְשָׁרָה, 'שְׁבִירַת קֶרַח'

thaw *v.* הִפְשִׁיר

the *def. article, adj.* הַ (הָ, הֶ),

the *adv.* בְּמִידָּה שֶׁ, בָּהּ בְּמִדָּה

theater, theatre *n.* תֵּיאַטְרוֹן

theatrical *adj.* תֵּיאַטְרוֹנִי; תֵּיאַטְרָלִי

thee *pron.* לְךָ, לָךְ; אוֹתְךָ, אוֹתָךְ

theft *n.* גְּנֵיבָה

their *pron., adj.* שֶׁלָּהֶם, שֶׁלָּהֶן

theirs *pron.* שֶׁלָּהֶם, שֶׁלָּהֶן

theism *n.* תֵּיאִיזְם (אמונה באל יחיד)

theist *n.* תֵּיאִיסְט (מאמין כנ"ל)

them *pron.* אוֹתָם, אוֹתָן; לָהֶם, לָהֶן

theme *n.* נוֹשֵׂא; רַעְיוֹן עִיקָּרִי

theme song *n.* שִׁיר חוֹזֵר

themselves *pron.* בְּעַצְמָם, בְּעַצְמָן, אֶת עַצְמָם, אֶת עַצְמָן

then *adv., conj., adj., n.* אָז; אַחַר, אַחַר כָּךְ; אִם־כֵּן, לְפִיכָךְ

thence *adv.* מִשָּׁם; לְפִיכָךְ

thenceforth *adv.* מֵאָז וְאֵילָךְ

thenceforward *adv.* מֵאוֹתוֹ זְמַן וָהָלְאָה, מֵאָז וְאֵילָךְ

theocracy *n.* תֵּיאוֹקְרַטְיָה (שלטון הדת במדינה)

theology *n.* תֵּיאוֹלוֹגְיָה, תּוֹרַת־הָאֱמוּנָה

theophany *n.* הִתְגַּלּוּת הָאֵל

theorem *n.* תֵּיאוֹרֶמָה, הַנָּחָה

theory *n.* הֲלָכָה, תֵּיאוֹרְיָה, הַצַּד הָעִיּוּנִי

theosophy *n.* תֵּיאוֹסוֹפְיָה (פילוסופיה המתיימרת להכרת האל ע"י תפיסה רוחנית עילאית)

therapeutic(al) *adj.* רִיפּוּיִי, שֶׁל רִיפּוּי

therapy *n.* רִיפּוּי, תֶּרַפְּיָה

there *adv.* שָׁם, לְשָׁם; הִנֵּה

thereabout(s) *adv.* בְּסָמוּךְ ל; בְּעֶרֶךְ

thereafter *adv.* אַחַר כָּךְ

thereby *adv.* בָּזֶה, עַל יְדֵי כָּךְ

therefore *adv., conj.* לָכֵן, מִכָּאן שֶׁ, מִשּׁוּם כָּךְ

therein *adv.* בְּאוֹתוֹ מָקוֹם; בָּזֶה

thereof *adv.* מִזֶּה, מִמֶּנּוּ

thereupon *adv.* לְפִיכָךְ, עֵקֶב כָּךְ

thermal *adj.* תֶּרְמִי, שֶׁל חוֹם

thermodynamics *n.pl.* תֶּרְמוֹדִינָמִיקָה (ענף בפיסיקה העוסק במעבר אנרגיית החום לצורות אחרות של אנרגיה)

thermometer *n.* מַדְחוֹם

thermonuclear *adj.* תֶּרְמוֹגַרְעִינִי

thermos *n.* תֶּרְמוֹס, שַׁמַּרְחוֹם

thermostat *n.* תֶּרְמוֹסְטָט, וַסַּת חוֹם

thesaurus *n.* אוֹצַר מִלִּים (לפי מושגים ולא לפי א"ב)

these *pron., adj.* אֵלֶּה, אֵלּוּ, הַלָּלוּ

thesis *n.(pl.* **theses)** תֶּזָה, מֶחְקָר, טַעֲנָה

they *pron.* הֵם, הֵן

thick *adj.* עָבֶה; סָמִיךְ

thick *n.* מַעֲבֶה, עוֹבִי; מֶרְכַּז פְּעִילוּת

thicken *v.* עִיבָּה; הִתְעַבָּה

thicket *n.* סְבַךְ־יַעַר

thickheaded *adj.* כְּבַד תְּפִיסָה, מְטוּמְטָם

thickset *adj.* מוּצָק, גּוּץ; נָטוּעַ צָפוּף

thief *n.(pl.* **thieves)** גַּנָּב

thieve *v.* גָּנַב

thievery *n.* גְנֵיבָה, גַנָּבוּת
thigh *n.* יָרֵךְ
thighbone *n.* עֶצֶם הַיָּרֵךְ
thimble *n.* אֶצְבָּעוֹן
thin *adj.* דַק, רָזֶה, דָלִיל
thin *v.* דִילֵל; דָלַל; רָזָה
thine *pron., adj.* שֶׁלְךָ, שֶׁלָךְ
thing *n.* דָבָר; חֵפֶץ; עִנְיָן
think *v.* חָשַׁב, הִרְהֵר, סָבַר
thinker *n.* הוֹגֶה, חוֹשֵׁב
third *adj., n.* שְׁלִישִׁי; שְׁלִישׁ
third degree *n.* (חקירה) אַכְזָרִית
third party *n.* צַד שְׁלִישִׁי (בביטוח וכד')
third-rate *adj.* מִמַּדְרֵגָה שְׁלִישִׁית, יָרוּד, סוּג ג'
thirst *n.* צָמָא, צִימָּאוֹן
thirst *v.* צָמֵא, נִכְסַף, כָּמַהּ
thirsty *adj.* צָמֵא; מַצְמִיא
thirteen *adj., n.* שְׁלוֹשָׁה עָשָׂר, שְׁלוֹשׁ עֶשְׂרֵה
thirteenth *adj., n.* הַשְּׁלוֹשָׁה עָשָׂר, הַשְּׁלוֹשׁ עֶשְׂרֵה; הַחֵלֶק הַשְּׁלוֹשָׁה עָשָׂר
thirtieth *adj., n.* הַשְּׁלוֹשִׁים; הַחֵלֶק הַשְּׁלוֹשִׁים
thirty *adj., n.* שְׁלוֹשִׁים
this *pron., adj.* זֶה, הַזֶּה, זֹאת, הַזֹּאת, זוֹ
thistle *n.* דַּרְדַּר
thither *adv., adj.* לְשָׁם, שָׁמָּה
thong *n.* רְצוּעַת עוֹר צָרָה
thorax *n.* חָזֶה
thorn *n.* קוֹץ, דַּרְדַּר
thorny *adj.* דוֹקְרָנִי, קוֹצִי, סָבוּךְ
thorough *adj.* גָמוּר; יְסוֹדִי; מוּחְלָט
thoroughbred *adj., n.* טְהוֹר גֶזַע, גִזְעִי; תַּרְבּוּתִי
thoroughfare *n.* דֶּרֶךְ, מַעֲבָר
thoroughgoing *adj.* גָמוּר, מוּחְלָט
thoroughly *adv.* בְּאוֹפֶן יְסוֹדִי
those *adj., pron.* אוֹתָם, אוֹתָן, הָהֵם, הָהֵן
thou *pron.* (קדמאית) אַתָּה, אַתְּ
though *conj.* אִם־כִּי, אַף־עַל־פִּי שֶׁ
thought *n.* מַחְשָׁבָה, דֵּעָה
thoughtful *adj.* מְהַרְהֵר, שָׁקוּעַ בְּמַחְשָׁבָה; מִתְחַשֵּׁב
thoughtless *adj.* לֹא דוֹאֵג, לֹא חוֹשֵׁב, פָּזִיז
thousand *adj., n.* אֶלֶף
thousandth *adj.* אַלְפִּית; הָאֶלֶף
thraldom *n.* עַבְדוּת
thrall *n.* עֶבֶד, עַבְדוּת
thrash *v.* דָשׁ; הִלְקָה; הֵבִיס (בתחרות)
thread *n.* חוּט; תַּבְרִיג
thread *v.* הִשְׁחִיל; פִּילֵּס דַּרְכּוֹ
threadbare *adj.* בָּלוּי, מְרוּפָּט, מָהוּהַ
threat *n.* אִיוּם
threaten *v.* אִיֵּם, הִשְׁמִיעַ אִיוּם
three *adj., n.* שְׁלוֹשָׁה, שָׁלוֹשׁ
three-dimensional *adj.* תְּלַת מְמַדִּי
three hundred *adj., n.* שְׁלוֹשׁ מֵאוֹת
three-ply *adj.* תְּלַת־שִׁכְבָתִי
three R's *n.pl.* קְרִיאָה, כְּתִיבָה וְחֶשְׁבּוֹן
threescore *adj., n.* שֶׁל שִׁשִּׁים; שִׁשִּׁים
threnody *n.* קִינָה
thresh *v.* דָשׁ; חָבַט
threshing-machine *n.* מְכוֹנַת־דִּישָׁה
threshold *n.* מִפְתָּן, סַף

thrice *adv.* פִּי שְׁלוֹשָׁה; שָׁלוֹשׁ פְּעָמִים
thrift *n.* חַסְכָנוּת, קִימּוּץ
thrifty *adj.* חוֹסֵך, חַסְכוֹנִי
thrill *v.* חָשׁ רֶטֶט, הִתְרַגֵּשׁ
thrill *n.* הִתְרַגְּשׁוּת, רֶטֶט
thriller *n.* סִיפּוּר (אוֹ מַחֲזֶה) מֶתַח
thrilling *adj.* מוֹתֵחַ, מַרְטִיט, מְרַגֵּשׁ
thrive *v.* שִׂגְשֵׂג, הִצְלִיחַ
throat *n.* גָּרוֹן, גַּרְגֶּרֶת
throb *v.,n.* פָּעַם; פְּעִימָה
throes *n.pl.* כְּאֵבִים חַדִּים, צִירֵי לֵידָה, יִיסּוּרֵי גְּסִיסָה
thrombosis *n.* פַּקֶּקֶת, הִתְקָרְשׁוּת הַדָּם
throne *n.* כִּיסֵּא מַלְכוּת
throng *n.* הָמוֹן, עַם רַב
throng *v.* הִתְקַהֵל; מִילֵּא בַּהֲמוֹנִים
throttle *n.* מַשְׁנֵק (בּרכב)
throttle *v.* הֶחֱנִיק, שִׁינֵּק
through *prep., adv., adj.* דֶּרֶך; בִּגְלַל; לְאוֹרֶך; בְּאֶמְצָעוּת; יָשִׁיר
throughout *prep., adv.* כּוּלוֹ, מִכָּל הַבְּחִינוֹת, לְגַמְרֵי
throughway *n.* דֶּרֶך מְהִירָה
throw *v.* זָרַק, הִשְׁלִיך
throw *n.* זְרִיקָה, הַפָּלָה, הֲטָלָה, הַשְׁלָכָה
thrum *n.* דַּלָּה; נְגִינָה חַדְגוֹנִית
thrush *n.* קִיכְלִי מְזַמֵּר
thrust *v.* בִּיתֵּק; נָעַץ; תָּחַב
thrust *n.* דְּחִיפָה; דַּחַף; תְּחִיבָה
thruway *see* **throughway**
thud *n.* קוֹל חֲבָטָה עָמוּם
thud *v.* הִשְׁמִיעַ קוֹל עָמוּם
thug *n.* בִּרְיוֹן
thumb *n.* אֲגוּדָל, בּוֹהֶן
thumb *v.* דִּפְדֵּף, לִכְלֵך, בִּיקֵּשׁ (הַסָּעָה)
thumb-index *n.* מַפְתֵּחַ־בּוֹהֶן (שמתקינים בשוליים החיצוניים של ספר כדי להקל על העיון בו)
thumbprint *n.* טְבִיעַת אֲגוּדָל
thumbtack *n.* (באה"ב) נַעַץ
thump *n.* חֲבָטָה כְּבֵדָה, הַקָּשָׁה
thumping *adj.* (דיבּוּרית) עָצוּם מְאוֹד
thunder *n.* רַעַם, תּוֹכֵחָה קָשָׁה
thunder *v.* רָעַם, רָעַשׁ
thunderbolt *n.* בָּרָק וָרַעַם, מַהֲלוּמַת־בָּרָק
thunderclap *n.* נֶפֶץ־רַעַם, אָסוֹן
thunderous *adj.* רוֹעֵם, מַרְעִים
thunderstorm *n.* סוּפַת רְעָמִים
Thursday *n.* יוֹם חֲמִישִׁי
thus *adv.* כָּך, כָּכָה; לְפִיכָך, עַל־כֵּן
thwack *v.* הִכָּה
thwack *n.* חֲבָטָה
thwart *v.* סִיכֵּל, שָׂם לְאַל
thy *adj.* (קדמאית) שֶׁלְּךָ, שֶׁלָּך
thyme *n.* קוֹרָנִית (צמח ריחני)
thyroid gland *n.* בַּלּוּטַת הַתְּרִיס
thyself *n.* (קדמאית) אֶת עַצְמְךָ, אֶת עַצְמֵך
tiara *n.* נֵזֶר; כֶּתֶר
tibia *n.* שׁוֹקָה, עֶצֶם הַשּׁוֹק (העבה)
tic *n.* עֲווִית שְׁרִירֵי הַפָּנִים
tick *n.* טִקְטוּק (קולי), טִיק; (דיבּוּרית) רֶגַע
tick *v.* סִימֵּן; טִקְטֵק
ticker *n.* (שעון) מְטַקְטֵק; (המונית) לֵב
ticker tape *n.* סֶרֶט טֶלֶפְּרִינְטֶר
ticket *n.* כַּרְטִיס; רְשִׁימַת מוּעֲמָדִים; דּוּחַ תְּנוּעָה

ticket collector *n.* כַּרְטִיסָן
ticket scalper *n.* סַפְסַר כַּרְטִיסִים
ticket window *n.* אֶשְׁנַב כַּרְטִיסִים
ticking *n.* אֲרִיג כּוּתְנָה (חזק לכיסוי מצעים וכרים)
tickle *v.* דִגְדֵג; שִׁעְשֵׁעַ
tickle *n.* דִגְדוּג
ticklish *adj.* רָגִישׁ לְדִגְדוּג; עָדִין
tidal wave *n.* נַחְשׁוֹל גֵאוּת
tidbit *n.* חֲתִיכָה מוּבְחֶרֶת, רְכִילוּת שְׁמֵנָה
tiddly-winks *n.pl.* טִידְלִי וִינְקְס (משחק שבו מקפיצים אסימונים לתוך גביע)
tide *n.* גֵאוּת וָשֵׁפֶל; מְגַמָּה
tide *v.* חָתַר בְּעֶזְרַת הַגֵּאוּת
tidewater *n.* מֵי גֵאוּת וָשֵׁפֶל
tidings *n.pl.* בְּשׂוּרוֹת חֲדָשׁוֹת
tidy *adj.* מְסוּדָר, נָקִי; הָגוּן
tidy *v.* נִיקָּה, סִידֵּר
tidy *n.* סַל לְפְסוֹלֶת
tie *v.* קָשַׁר, חִיבֵּר
tie *n.* קֶשֶׁר; עֲנִיבָה; דָבָר כּוֹבֵל
tiepin *n.* סִיכַּת עֲנִיבָה
tier *n.* קוֹשֵׁר; שׁוּרָה
tiger *n.* נָמֵר, טִיגְרִיס
tight *adj., adv.* הָדוּק; צַר; (דיבּוּרית) קַמְצָן; (המונית) שִׁיכּוֹר; בְּחוֹזְקָה
tighten *v.* אִימֵּץ, הִידֵק; נֶהֱדַק
tightfisted *adj.* קַמְצָן
tightrope *n.* חֶבֶל מָתוּחַ
tights *n.pl.* בֶּגֶד צָמוּד (לחלק התחתון של הגוף)
tigress *n.* נְמֵרָה
tike, tyke *n.* כֶּלֶב עָלוּב; מְנוּוָל
tile *n.* מַרְצֶפֶת, רַעַף, אֲרִיחַ
tile *v.* רִיצֵּף, כִּיסָּה בִּרְעָפִים
tile roof *n.* גַג רְעָפִים
till *prep., conj.* עַד שֶׁ
till *v.* חָרַשׁ, עִיבֵּד
till *n.* מְגֵרַת הַכְּסָפִים (בּחנוּת)
tillage *n.* עִיבּוּד, חֲרִישָׁה; אֲדָמָה
tilt *n.* הִסְתַּעֲרוּת בְּרוֹמַח; הַטָיָה, שִׁיפּוּעַ
tilt *v.* הִטָּה, שִׁיפֵּעַ
timber *n.* קוֹרָה; עֲצֵי בִּנְיָין
timber *v.* כִּיסָּה בְּעֵצִים
timbre *n.* גוֹן הַצְּלִיל; צְלִיל אוֹפְיָנִי
timbrel *n.* טַנְבּוּרִית, תּוֹף מִרְיָם
time *n.* זְמַן; שָׁהוּת; תְּקוּפָה; קֶצֶב
time *v.* סִינְכְּרֵן, תִּזְמֵן
time bomb *n.* פְּצָצַת זְמַן
time clock *n.* שְׁעוֹן עֲבוֹדָה
time exposure *n.* יֶתֶר זְמַן (בּצילוּם, בּחשׂיפה לאור)
time signal *n.* צְלִיל זְמַן (בּטלוויזיה וכד׳)
time zone *n.* אֵזוֹר זְמַן (בּין שניים מ24 קווי אורך של כדור הארץ)
timecard *n.* כַּרְטִיס זְמַן (בּעבוֹדה)
timekeeper *n.* רוֹשֵׁם שְׁעוֹת הָעֲבוֹדָה; שׁוֹפֵט הַזְּמַן (בּמשחק); שָׁעוֹן
timely *adj., adv.* בִּזְמַן הַנָּכוֹן, בְּעִיתּוֹ
timepiece *n.* מַד זְמַן, שָׁעוֹן
timetable *n.* לוּחַ זְמַנִּים; מַעֲרֶכֶת שָׁעוֹת
timework *n.* שָׂכָר לְפִי הַזְּמַן
timeworn *adj.* בָּלֶה מִיוֹשֶׁן
timid *adj.* בַּיְישָׁנִי; חֲסַר עוֹז
timidity, timidness *n.* בַּיְישָׁנוּת; פַּקְפְּקָנוּת
timorous *adj.* פַּחְדָנִי, הַסְסָנִי

tin *n.* בְּדִיל; פַּח, פַּחִית
tin foil *n.* רִיקּוּעַ בְּדִיל, 'נְיַיר כֶּסֶף'
tin hat *n.* קוֹבַע פְּלָדָה
tincture *n.* מִשְׁרָה, תְּמִיסָּה; שֶׁמֶץ; גָּוֶון
tinder *n.* חוֹמֶר הַצָּתָה, חוֹמֶר דָּלִיק
tine *n.* שֵׁן (של קלשון וכד')
tinge *v.* גִּיוּוֵן, תִּיבֵּל
tinge *n.* גָּוֶון; שֶׁמֶץ
tingle *v.* חָשׁ דְּקִירָה
tingle *n.* הַרְגָּשַׁת דְּקִירָה
tinker *n.* פֶּחָח נוֹדֵד
tinker *v.* עָשָׂה עֲבוֹדַת סְרָק
tinkle *v.* צִלְצֵל צִלְצוּל דַּק
tinkle *n.* צִלְצוּל דַּק
tinsel *n.* קִישּׁוּט מַבְרִיק זוֹל
tint *n.* גָּוֶון
tint *v.* הוֹסִיף גָּוֶון
tinware *n.* כְּלֵי בְּדִיל, כְּלֵי פַּח
tiny *adj.* זָעִיר, קְטַנְטַן
tip *n.* חוֹד; תֶּשֶׁר; עֵצָה
tip *v.* נָגַע קַלּוֹת; הִטָּה; נָתַן תֶּשֶׁר; גִּילָּה סוֹד
tip-off *n.* אַזְהָרָה, רֶמֶז
tip-top *adj.* מְעוּלֶּה, סוּג א"א
tipple *n.* מַשְׁקֶה חָרִיף, מַשְׁקָה
tipple *v.* נָהַג לְהַרְבּוֹת לִשְׁתּוֹת
tipstaff *n.* שַׁמַּשׁ בֵּית־דִּין
tipsy *adj.* מְבוּסָּם
tiptoe *n.* רָאשֵׁי אֶצְבָּעוֹת
tirade *n.* נְאוּם הוֹקָעָה נִרְגָּשׁ
tire *v.* הִתְיַיגֵּעַ; עִייֵּף
tire *n.* צְמִיג
tire gauge *n.* מַד־לַחַץ צְמִיגִים
tire pressure *n.* לַחַץ צְמִיגִים
tire pump *n.* מַשְׁאֵב
tired *adj.* עָיֵף
tireless *adj.* שֶׁאֵינוֹ יוֹדֵעַ לֵיאוּת
tiresome *adj.* מַטְרִיד, מַלְאֶה, מְייַגֵּעַ
tissue *n.* רִקְמָה; מַלְמָלִית, מִמְחָטַת נְיָיר
tit for tat מִידָּה כְּנֶגֶד מִידָּה
titanic *adj.* עֲנָקִי
titanium *n.* טִיטַנְיוּם (יסוד מתכתי)
tithe *n.* מַעֲשֵׂר
tithe *v.* נָתַן מַעֲשֵׂר; גָּבָה מַעֲשֵׂר
titillate *v.* גֵּירָה (באופן מהנה)
title *n.* שֵׁם, כּוֹתֶר, כּוֹתֶרֶת; תּוֹאַר; זְכוּת
title *v.* כִּינָּה, קָרָא בְּשֵׁם
title deed *n.* שְׁטַר־קִנְיָין
title holder *n.* בַּעַל תּוֹאַר; בַּעַל זְכוּת
title page *n.* דַּף הַשַּׁעַר (של סֵפֶר)
title role *n.* תַּפְקִיד (במחזה) הַקָּשׁוּר בְּשֵׁם הַמַּחֲזֶה
titter *v.* צָחַק צְחוֹק עָצוּר
titter *n.* צְחוֹק אֱוִילִי עָצוּר
tittle *n.* סִימַן נִיקּוּד קָטָן, תָּג
titular *adj.* בְּשֵׁם בִּלְבַד; מִכּוֹחַ הַתּוֹאַר
T.N.T. *n.* טִי אֶן טִי (חומר נפץ רב עוצמה)
to *prep., adv.* אֶל, לְ, בְּ; עַד; עַד כְּדֵי; לְפִי
to do *n.* מְהוּמָה, הִתְרַגְּשׁוּת
toad *n.* קַרְפָּדָה; (אדם) גּוֹעֵל
toadstool *n.* פִּטְרִיַּית רַעַל
toast *n.* פַּת קְלוּיָה; שְׁתִיַּית לְחַיִּים
toast *v.* קָלָה; חִימֵּם; נִקְלָה; שָׁתָה לְחַיִּים
toaster *n.* מַקְלֶה
toastmaster *n.* מַנְחֶה בִּמְסִיבָּה
tobacco *n.* טַבָּק
toboggan *n.* מִזְחֶלֶת קֶרַח (או שלג)

toccata *n.* טוֹקָטָה (מיצור מוסיקלי המאופיין במהירות הנגינה)
tocsin *n.* (פַּעמון) אַזְעָקָה
today *adv., n.* הַיּוֹם, בְּיָמֵינוּ
toddle *v.* דִּידָה
toddy *n.* מַשְׁקֶה חָרִיף; עֲסִיס תְּמָרִים
toe *n.* אֶצְבַּע (של רגל), בּוֹהֶן
toe *v.* נָגַע בִּבְהוֹנוֹת הָרֶגֶל
toenail *n.* צִיפּוֹרֶן הַבּוֹהֶן
toffee *n.* טוֹפִי, מַמְתָּק לָעִיס
together *adv.* בְּיַחַד, יַחַד
toil *v.* טָרַח, עָמַל קָשׁוֹת
toil *n.* עָמָל, עֲבוֹדָה קָשָׁה
toilet *n.* בֵּית כִּסֵּא, שֵׁירוּתִים
toilet articles *n.pl.* כְּלֵי תִּשְׁפּוֹרֶת
toilet paper *n.* נְיַיר טוּאָלֶט
toilet powder *n.* אַבְקַת תִּשְׁפּוֹרֶת
toilet soap *n.* סַבּוֹן רַחְצָה
toilet water *n.* מֵי בּוֹשֶׂם
token *n.* אוֹת, סִימָן, סֶמֶל; אֲסִימוֹן
tolerance *n.* סוֹבְלָנוּת; סְבוֹלֶת
tolerate *v.* סָבַל, הִתִּיר, הִשְׁלִים עִם
toll *n.* צִלְצוּל פַּעֲמוֹן; מַס דְּרָכִים
tollbridge *n.* גֶּשֶׁר הַמַּס
tollgate *n.* שַׁעַר מֶכֶס (בכביש אַגרה)
tomahawk *n.* גַּרְזֶן אִינְדִּיָאנִים
tomato *n.* עַגְבָנִיָּה
tomb *n.* קֶבֶר וּמַצֵּבָה
tomboy *n.* נַעֲרָה־בִּרְיוֹן
tombstone *n.* מַצֵּבָה
tomcat *n.* חָתוּל (זכר)
tome *n.* כֶּרֶךְ עָבֶה, סֵפֶר גָּדוֹל
tomfoolery *n.* הִתְנַהֲגוּת (או בדיחה) טִיפְּשִׁית
tommy-gun *n.* תַּת־מַקְלֵעַ
tommy-rot *n.* שְׁטוּיוֹת
tomorrow *adv., n.* מָחָר, מָחֳרָת
tomtom *n.* תּוֹף יָד
ton *n.* טוֹנָה, טוֹן (יחידת מִשקל)
tone *n.* צְלִיל, נְעִימָה; אוֹרַח דִּיבּוּר
tone *v.* כִּיוּוֵן אֶת הַצְּלִיל; שִׁיוָּה גָוֶן
tone-deaf *adj.* חֵירֵשׁ לִצְלִילִים
tongs *n.pl.* מֶלְקָחַיִם, צְבָת
tongue *n.* לָשׁוֹן, שָׂפָה
tongue-tied *adj.* שֶׁאֵינוֹ יָכוֹל לְדַבֵּר, כְּאִילֵּם לֹא יִפְתַּח פִּיו
tongue-twister *n.* מִלָּה (או משפט) קָשֵׁה בִּיטּוּי
tonic *adj., n.* טוֹנִי; מְחַזֵּק; סַם חִיזּוּק
tonight *adv., n.* הַלַּיְלָה
tonnage *n.* טוֹנָז׳, תְּפוּסָה
tons *n.pl.* (דיבּוּרית) הַרְבֵּה
tonsil *n.* שָׁקֵד (בּגרוֹן)
tonsillitis *n.* דַּלֶּקֶת שְׁקֵדַיִים
too *adv.* אַף, גַּם; גַּם כֵּן; יוֹתֵר מִדַּיי
tool *n.* כְּלִי, מַכְשִׁיר
tool *v.* עִיבֵּד; קִישֵּׁט
tool-bag *n.* תִּיק מַכְשִׁירִים
toolmaker *n.* עוֹשֵׂה כֵּלִים
toot *v.* צָפַר, תָּקַע
toot *n.* צְפִירָה
tooth *n.(pl.* **teeth)** שֵׁן; בְּלִיטָה
toothache *n.* כְּאֵב שִׁינַּיִים
toothbrush *n.* מִבְרֶשֶׁת שִׁינַּיִים
toothless *adj.* חֲסַר שִׁינַּיִים
tooth-paste *n.* מִשְׁחַת־שִׁינַּיִים
toothpick *n.* קִיסָם שִׁינַּיִים
top *n.* פִּסְגָּה, צַמֶּרֶת; מִכְסֶה; סְבִיבוֹן
top *adj.* רָאשִׁי; עֶלְיוֹן, עִילִּי
top *v.* הִתְקִין רֹאשׁ ל, כִּיסָּה; גָּזַם

top-dressing *n.* זִיבּוּל עֶלְיוֹן (על פני האדמה, לא לעומק)
top-flight *adj.* מְצוּיָן, מִמַּדְרֵגָה רִאשׁוֹנָה, א"א
top-gallant *n.* תּוֹרֶן עַל עִילִּי
top-heavy *adj.* כָּבֵד מִלְּמַעְלָה, לֹא מְאוּזָּן
top-notch *adj.* מְצוּיָן, סוג א"א
topaz *n.* טוֹפָּז (אבן טובה בגוון ירקרק)
topcoat *n.* מְעִיל עֶלְיוֹן
toper *n.* שִׁיכּוֹר מוּעָד
topic *n.* נוֹשֵׂא
topmost *adj.* עֶלְיוֹן
topography *n.* טוֹפּוֹגְרַפְיָה
topple *v.* מָט לִיפּוֹל; הִפִּיל
top priority *n.* עֲדִיפוּת עֶלְיוֹנָה
topsoil *n.* שִׁכְבַת הָאֲדָמָה הָעֶלְיוֹנָה
topsyturvy *adv., adj.* בְּעִרְבּוּבְיָה גְמוּרָה; מְבוּלְבָּל, הָפוּךְ
torch *n.* לַפִּיד; פַּנַּס־כִּיס
torch song *n.* שִׁיר־אַהֲבָה רַגְשָׁנִי
torchbearer *n.* נוֹשֵׂא הַלַּפִּיד
toreador *n.* פָּרָשׁ לוֹחֵם פָּרִים
torment *n.* יִיסּוּרִים
torment *v.* יִיסֵּר, עִינָּה, הֵצִיק
tornado *n.* טוֹרְנָדוֹ, סְעָרָה
torpedo *n.* טוֹרְפֶּדוֹ
torpedo *v.* טִרְפֵּד
torpid *adj.* אִיטִּי וְאָדִישׁ; רָדוּם
torpor *n.* אִיטִיּוּת אֲדִישָׁה; תַּרְדֵּמָה, קֵהוּת
torrent *n.* זֶרֶם עַז, גֶּשֶׁם שׁוֹטֵף
torrid *adj.* חַם מְאוֹד; צָחִיחַ
torsion *n.* פִּיתּוּל (במכונות)
torso *n.* פֶּסֶל גוּף (נטול ראש וגפיים)
tort(e) *n.* עוּגַת תּוּפִּין
tortoise *n.* צָב
tortuous *adj.* מְפוּתָּל, עֲקַלְקַל; נָלוֹז
torture *n.* עִינּוּי
torture *v.* עִינָּה
toss *v.* זָרַק; טִלְטֵל; הִטַּלְטֵל
tot *n.* פָּעוֹט; טִיפַּת מַשְׁקֶה
total *adj., n.* גָּמוּר, מוּשְׁלָם; סַךְ־הַכּוֹל
total *v.* סִיכֵּם; הִסְתַּכֵּם בּ
totalitarianism *n.* (אֱמוּנָה) בְּ)מִשְׁטָר טוֹטָאלִיטָארִי (של מפלגת השלטון בלבד)
tote *v.* סָחַב, נָשָׂא (נשק)
totem *n.* טוֹטֶם (אליל השבט; עצם או בע"ח שמעריצים כאל שבטים פרימיטיוויים שונים)
totter *v.* חִידַּדָה; הִתְנוֹדֵד
touch *v.* נָגַע, מִישֵׁשׁ; נָגַע לַלֵּב
touch *n.* נְגִיעָה, מִישּׁוּשׁ; תִּיקּוּן קַל
touchdown *n.* נְחִיתַת מָטוֹס
touching *adj.* נוֹגֵעַ אֶל הַלֵּב
touchy *adj.* רָגִישׁ מְאוֹד; נוֹחַ לְהֵיעָלֵב
tough *adj., n.* קָשֶׁה, מְחוּסְפָּס
toughen *v.* הִקְשָׁה; הִתְקַשָּׁה
toupee *n.* פֵּאָה נָכְרִית קְטַנָּה
tour *n.* טִיּוּל, סִיבּוּב; תִּיּוּר
tour *v.* טִיֵּיל, עָרַךְ סִיבּוּב; סִיֵּיר
tour de force *n.* הַפְגָּנַת כּוֹחַ
tourist *n., adj.* תַּיָּיר; שֶׁל תַּיָּירוּת
tournament *n.* תַּחֲרוּת, סִיבּוּב תַּחֲרוּתִי
tourney *n.* סִיבּוּב שֶׁל תַּחֲרוּת פָּרָשִׁים
tourniquet *n.* חוֹסֵם עוֹרְקִים, חַסָּם
tousle *v.* סָתַר (שֵׂעָר), בִּלְבֵּל, הָפַךְ סְדָרִים
tout *v.* הִצִּיעַ לִמְכִירָה (בצורה טורדנית)

tow *n.* גְרִירָה; חֶבֶל גְרִירָה
tow *v.* גָרַר, מָשַׁךְ
toward(s) *prep.* לִקְרַאת, לְעֵבֶר; כְּלַפֵּי
towboat *n.* סִירַת גְרָר
towel *n., v.* מַגֶּבֶת; נִיגֵּב
tower *n.* מִגְדָל, מְצוּדָה
tower block *n.* בִּנְיָין רַב קוֹמוֹת
tower *v.* הִתְנַשֵּׂא; גָבַהּ מֵעַל
towering *adj.* גָבוֹהַּ מְאוֹד; מִתְרוֹמֵם
towing service *n.* שֵׁירוּת גְרִירָה
towline *n.* חֶבֶל גְרִירָה
town *n.* עִיר
town clerk *n.* מַזְכִּיר הָעִירִיָּיה
town council *n.* מוֹעֶצֶת הָעִירִיָּה
town hall *n.* בִּנְיַין הָעִירִיָּיה
town talk *n.* שִׂיחַת הָעִיר
town truck *n.* מַשָּׂאִית גְרִירָה
townsfolk *n.* תּוֹשָׁבֵי הָעִיר
township *n.* אֵזוֹר בָּעִיר, עֲיָירָה
townsman *n.* בֶּן־עִיר, תּוֹשַׁב הָעִיר
townspeople *n.pl.* אֶזְרָחֵי הָעִיר
towplane *n.* מָטוֹס גוֹרֵר
toxic *adj.* מַרְעִיל, אַרְסִי
toxin *n.* טוֹקְסִין, רַעֲלָן
toy *n.* צַעֲצוּעַ
toy *v.* הִשְׁתַּעֲשֵׁעַ
trace *n.* עֲקֵבוֹת, סִימָן; סִרְטוּט
trace *v.* עָקַב אַחֲרֵי; סִרְטֵט, גִילָּה
trachoma *n.* גַרְעֶנֶת (מחלת עיניים)
tracheotomy *n.* נִיתּוּחַ לִפְתִיחַת הַקָּנֶה
track *v.* יָצָא בְּעִקְבוֹת
track *n.* עֲקֵבוֹת, סִימָנִים, נָתִיב; מַסְלוּל (מרוץ); (ברבים) מְסִילַּת בַּרְזֶל
tracking *n.* עִיקּוּב
tract *n.* אֵזוֹר, מֶרְחָב; מַעֲרֶכֶת
tractate *n.* מַסֶּכֶת; סֵפֶר מֶחְקָר
tractile *adj.* מָתִיחַ
traction *n.* גְרִירָה, מְשִׁיכָה
tractor *n.* טְרַקְטוֹר (לגרירת מחרשות, מכונות חקלאיות וכד׳)
trade *n.* אוּמָּנוּת, מְלָאכָה; מִסְחָר; מִקְצוֹעַ
trade *v.* סָחַר; עָשָׂה עֵסֶק חֲלִיפִין
trade name *n.* שֵׁם מִסְחָרִי
trade school *n.* בֵּית סֵפֶר מִקְצוֹעִי
trade union *n.* אִיגּוּד מִקְצוֹעִי
trademark *n.* סֵמֶל מִסְחָרִי
trader *n.* סוֹחֵר
tradesman *n.* חֶנְוָונִי, סוֹחֵר
tradition *n.* מָסוֹרֶת
traditional *adj.* מָסוֹרְתִּי
traduce *v.* הוֹצִיא דִיבָּה, הִשְׁמִיץ
traffic *n.* תְּנוּעַת דְרָכִים; מִסְחָר
traffic *v.* סָחַר (סחר לא חוקי)
traffic jam *n.* פְּקַק תְּנוּעָה
traffic-light *n.* רַמְזוֹר
traffic sign *n.* תַּמְרוּר תְּנוּעָה
traffic ticket *n.* דוּחַ תְּנוּעָה
tragedy *n.* טְרָגֶדְיָה; אָסוֹן
tragic *adj.* טְרָגִי, מַעֲצִיב
trail *v.* גָרַר; הָלַךְ בְּעִקְבוֹת; נִגְרַר
trail *n.* שְׁבִיל; סִימָנִים, עֲקֵבוֹת
trailer *n.* גוֹרֵר; נִגְרָר
train *v.* אִימֵּן, הִכְשִׁיר, הִתְאַמֵּן
train *n.* רַכֶּבֶת; שַׁיָּירָה; שׁוֹבֶל
train bearer *n.* נוֹשֵׂא שׁוֹבֶל (שמלה)
trained nurse *n.* אָחוֹת מוּסְמֶכֶת
trainee *n.* חָנִיךְ, שׁוּלְיָא (בבית מלאכה), מִתְאַמֵּן

trainer *n.* מְאַמֵּן, מַדְרִיךְ
training *n.* אִימּוּן, הַכְשָׁרָה
traipse, trapse *v.* חֲפָצִים אִישִׁיִּים, מִזְווָדוֹת
trait *n.* תְּכוּנָה, קַו אוֹפִי; קוֹרטוֹב
traitor *n.* בּוֹגֵד
traitress *n.* בּוֹגֶדֶת
trajectory *n.* מַסְלוּל מָעוֹף (של פגז)
tramp *v.* פָּסַע בִּכְבֵדוּת; דָּרַךְ; שׁוֹטֵט
tramp *n.* צְעִידָה כְּבֵדָה; נַוָּד, פּוֹחֵחַ
trample *v.* דָּרַךְ, רָמַס
trampoline *n.* קַפֶּצֶת, מִזְרָן הִתְעַמְּלוּת (קפיצי)
trance *n.* חִירָגוֹן, טְרַנְס (מצב שניתק בו כוח הרצון, כמו בהיפנוזה)
tranquil *adj.* שָׁלֵו, רוֹגֵעַ, שָׁקֵט
tranquilize *v.* הִרְגִּיעַ; נִרְגַּע
tranquilizer *n.* סַם מַרְגִּיעַ
tranquillity *n.* שֶׁקֶט, שַׁלְוָה
transact *v.* בִּיצַּע; עָשָׂה עִסְקָה
transaction *n.* עִסְקָה, פְּעוּלָּה
transcend *v.* יָצָא אֶל מֵעֵבֶר
transcribe *v.* הֶעְתִּיק; תִּעְתֵּק
transcript *n.* הֶעְתֵּק; תַּעְתִּיק
transcription *n.* תַּעְתִּיק
transfer *v.* הֶעֱבִיר; עָבַר
transfer *n.* הַעֲבָרָה; מְסִירָה
transfix *v.* פִּילַּח; שִׁיתֵּק
transform *v.* שִׁינָּה צוּרָה; (בחשמל) שִׁינָּה מֶתַח וָזֶרֶם
transformer *n.* שַׁנַּאי, טְרַנְסְפוֹרְמָטוֹר
transfusion *n.* עֵירוּי (דם)
transgress *v.* עָבַר עַל, חָטָא
transgression *n.* עֲבֵירָה, חֵטְא
transient *adj., n.* בֶּן־חֲלוֹף; חוֹלֵף
transistor *n.* מַקְלֵט, טְרַנְזִיסְטוֹר
transit *n.* מַעֲבָר
transitive *adj., n.* פּוֹעַל יוֹצֵא
transitory *adj.* חוֹלֵף, בֶּן־חֲלוֹף
Transjordan *n.* עֵבֶר הַיַּרְדֵּן (מזרחה)
translate *v.* תִּרְגֵּם; תּוּרְגַּם
translation *n.* תַּרְגּוּם; תִּרְגּוּם
translator *n.* מְתַרְגֵּם, מְתוּרְגְּמָן
transliterate *v.* תִּעְתֵּק
translucent *adj.* (לא שקוף) מַעֲבִיר אוֹר
transmission *n.* הַעֲבָרָה; שִׁידּוּר
transmission gear *n.* מַעֲרֶכֶת הַהִילּוּכִים
transmit *v.* הֶעֱבִיר, מָסַר; שִׁידֵּר
transmitter *n.* מַשְׁדֵּר; מַעֲבִיר, מוֹסֵר
transmitting station *n.* תַּחֲנַת שִׁידּוּר
transmute *v.* שִׁינָּה, הָפַךְ; הֵמִיר
transparency *n.* שְׁקִיפוּת
transparent *adj.* שָׁקוּף; גְּלוּי־לֵב
transpire *v.* הִסְתַּנֵּן, הוּדְלַף; (דיבורית) הִתְרַחֵשׁ
transplant *v.* הִשְׁתִּיל; הוּשְׁתַּל
transport *v.* הוֹבִיל; הֶעֱבִיר
transport *n.* הוֹבָלָה; מְטוֹס תּוֹבָלָה; מִשְׁלוֹחַ; רֶגֶשׁ עַז
transportation *n.* הוֹבָלָה; כְּלִי־הוֹבָלָה
transpose *v.* הֶחְלִיף (מקום); (במוסיקה) הֶעֱבִיר לְסוּלָּם אַחֵר
transship *v.* הֶעֱבִיר (מכלי שיט למשנהו)
transshipment *n.* הַעֲבָרָה (כנ"ל)
trap *n.* מִלְכּוֹד, מַלְכּוֹדֶת, פַּח
trap *v.* מִלְכֵּד, טָמַן פַּח, לָכַד
trap-door *n.* דֶּלֶת סְתָרִים

trapeze *n.* טְרַפֵּז; מֶתַח נָע
trapezoid *n., adj.* טְרַפֵּז (מוט תלוי); טְרַפֵּזִי
trapper *n.* לוֹכֵד, צַיָּיד
trappings *n.pl.* קִישׁוּטִים, עִיטּוּרִים
trapse, traipse *n.* חֲפָצִים אִישִׁיִּים, מִזְווָדוֹת
trash *n.* זֶבֶל, שְׁטוּיוֹת
trash can *n.* פַּח אַשְׁפָּה
trauma *n.* טְרָאוּמָה (חבלה חמורה, גופנית או נפשית)
travail *n.* עָמָל; חֶבְלֵי לֵידָה
travel *v.* נָסַע, נָע
travel *n.* נְסִיעָה, מַסָּע
traveler *n.* נוֹסֵעַ, תַּיָּיר; סוֹכֵן נוֹסֵעַ
traveler's check הַמְחָאַת נוֹסְעִים
traveling expenses *n.pl.* הוֹצָאוֹת נְסִיעָה
traverse *v.* חָצָה, עָבַר מִצַּד לְצַד
travesty *n.* חִיקּוּי נִלְעָג; סִילּוּף מְכוּוָּן
trawl *n.* מִכְמוֹרֶת
tray *n.* טַס, מַגָּשׁ
treacherous *adj.* בּוֹגְדָנִי, כּוֹזֵב
treachery *n.* בְּגִידָה
treacle *n.* דִּבְשָׁה (נוזל מתוק כעין דבש, הנשאר בייצור סוכר מסלק או מקנה סוכר)
tread *v.* צָעַד; דָּרַךְ, רָמַס
tread *n.* דְּרִיכָה; פְּסִיעָה; רְמִיסָה
treadmill *n.* מַכְשִׁיר דִּיווּשׁ; שִׁגְרָה חַדְגוֹנִית מְייַגַּעַת
treason *n.* בֶּגֶד, בְּגִידָה
treasonable *adj.* שֶׁל בְּגִידָה
treasure *n.* אוֹצָר; מַטְמוֹן
treasure *v.* שָׁמַר כְּדָבָר יָקָר, הוֹקִיר
treasurer *n.* גִּזְבָּר, שַׂר אוֹצָר
treasury *n.* בֵּית־אוֹצָר; מִשְׂרַד הָאוֹצָר
treat *v.* הִתְנַהֵג עִם; הִתְייַחֵס אֶל; כִּיבֵּד (במשקה וכד')
treat *n.* כִּיבּוּד; תַּעֲנוּג, הֲנָאָה
treatise *n.* מַסָּה, חִיבּוּר מַדָּעִי
treatment *n.* הִתְנַהֲגוּת; טִיפּוּל; עִיבּוּד
treaty *n.* אֲמָנָה, בְּרִית, חוֹזֶה
treble *adj., n.* כָּפוּל שָׁלוֹשׁ, פִּי שְׁלוֹשָׁה; (במוסיקה לגבי קול) דִּיסְקַנְטִי
treble *v.* הִכְפִּיל בְּשָׁלוֹשׁ, הִשְׁלִישׁ
tree *n.* עֵץ, אִילָן
treeless *adj.* שׁוֹמֵם, מֵעֵצִים
trek *v., n.* (נָסַע) נְסִיעָה אֲרוּכָּה וְקָשָׁה
trellis *n.* סוֹרֶג, עֵץ
tremble *v.* רָעַד, רָטַט
tremendous *adj.* עָצוּם
tremolo *n.* רַעֲדוּד, צְלִיל רוֹטֵט
tremulous *adj.* רוֹעֵד; נִפְחָד, מְהַסֵּס
tremor *n.* רְעָדָה, רֶטֶט
trench *n.* חֲפִירָה
trenchant *adj.* נוֹקֵב, חָרִיף, נִמְרָץ
trend *v.* נָטָה ל
trend *n.* כִּיוּוּן, מְגַמָּה
trepidation *n.* חֲרָדָה, הִתְרַגְּשׁוּת (של ציפייה)
trespass *v.* הִסִּיג גְּבוּל; פָּלַשׁ, חָטָא
trespass *n.* הַסָּגַת גְּבוּל; חֵטְא
tress *n.* קְווּצַּת שֵׂעָר
trestle *n.* מִתְמָךְ, הֶתְקֵן רַגְלַיִים
trial *n.* מִבְחָן; נִיסָּיוֹן; מִשְׁפָּט
trial by jury *n.* מִשְׁפַּט מוּשְׁבָּעִים
triangle *n.* מְשׁוּלָּשׁ

tribe *n.* שֵׁבֶט; כַּת, מִשְׁפָּחָה

tribulation *n.* צָרָה, סֵבֶל, תְּלָאָה

tribunal *n.* בֵּית־דִין, חֶבֶר שׁוֹפְטִים

tribune *n.* בָּמָה, דוּכָן

tributary *n.* יוּבַל, פֶּלֶג; מְשַׁלֵּם מַס (בִּמדינת חסוּת)

tribute *n.* מַס; שִׁילּוּמֵי כְּנִיעָה; אות הוֹקָרָה

trice *n.* הֶרֶף־עַיִן, בִּין רֶגַע

trick *n.* אֲחִיזַת עֵינַיִם, לַהֲטוּט, תַּחְבּוּלָה

trick *v.* גָּנַב אֶת הַדַּעַת, הוֹנָה

trickery *n.* גְּנֵיבַת־דַעַת, הוֹנָאָה

trickle *v.* דָּלַף, טִפְטֵף

trickle *n.* זְרִימָה אִיטִּית

trickster *n.* גוֹנֵב דַעַת, מְאַחֵז עֵינַיִם

tricky *adj.* זָרִיז; מַטְעֶה

tricolor *adj.* בַּעַל שְׁלוֹשָׁה צְבָעִים (הדגל הצרפתי)

tricycle *n.* תְּלַת אוֹפַן

trident *n.* חֲנִית שְׁלוֹשֶׁת הַחוּדִים (של נֶפטוּן)

tried *adj.* בָּדוּק וּמְנוּסֶּה, נֶאֱמָן

trifle *n.* דָּבָר קַל־עֵרֶךְ; קְצָת

trifle *v.* הִשְׁתַּעֲשַׁע; הִתְבַּטֵּל

trifling *adj.* לֹא חָשׁוּב, פָּעוּט

trigger *n.* הֶדֶק

trigger *v.* הִפְעִיל, הֵחִישׁ

trigonometry *n.* טְרִיגוֹנוֹמֶטְרִייָה

trilateral *adj.* תְּלַת צְדָדִי, שֶׁל שְׁלוֹשָׁה צְדָדִים

trill *n.* טְרִיל, סִלְסוּל קוֹל

trillion *n., adj.* טְרִילְיוֹן

trilogy *n.* טְרִילוֹגְיָה (3 ספרים העוסקים בנוֹשׂא מאֶחָד)

trim *v.* גָּזַם; הֶחֱלִיק; שָׁף; תֵּיאֵם

trim *n.* מַצָּב תַּקִּין, סֵדֶר; כּוֹשֶׁר הַפְלָגָה

trim *adj.* נָאֶה, מְסוּדָּר

trimester *n.* טְרִימֶסְטֶר (תקוּפת 3 חודשים; בּמכללות מסוימות שליש שנה)

trimming *n.* גִּיזּוּם; קִישּׁוּט

trinity *n.* הַשִּׁילּוּשׁ הַקָּדוֹשׁ; שְׁלָשָׁה

trinket *n.* קִישּׁוּט פָּשׁוּט; דָּבָר פָּעוּט

trio *n.* שְׁלִישִׁיָּה, טְרִיו

trip *v.* מָעַד; הִמְעִיד, הִכְשִׁיל

trip *n.* טִיּוּל, נְסִיעָה; מְעִידָה; חֲוָיַת סַמִּים

tripartite *adj.* (הסכם) תְּלַת צְדָדִי

tripe *n.* מֵעַיִים; שְׁטוּיוֹת

triphthong *n.* תְּלַת־תְּנוּעָה

triple *adj., n.* פִּי שְׁלוֹשָׁה; בַּעַל שְׁלוֹשָׁה חֲלָקִים

triple *v.* הִגְדִּיל (אוֹ גָּדַל) פִּי שְׁלוֹשָׁה, שִׁילֵּשׁ

triplet *n.* שְׁלִישִׁיָּה

triplicate *adj., n.* פִּי שְׁלוֹשָׁה; אֶחָד מִשְּׁלוֹשָׁה; עוֹתֶק מְשׁוּלָּשׁ

tripod *n.* תְּלַת־רֶגֶל, חֲצוּבָה

triptych *n.* מִסְגֶּרֶת תְּלַת־לוּחִית (לשלוש תמוּנות); לוּחִית מְשׁוּלֶּשֶׁת

trisect *v.* חִילֵּק (קו, זווית) לִשְׁלוֹשָׁה

trite *adj.* נָדוֹשׁ

triumph *n.* נִיצָּחוֹן; הַצְלָחָה מַזְהִירָה

triumph *v.* נִיצַּח; הִצְלִיחַ

triumphant *adj.* מְנַצֵּחַ; חוֹגֵג נִיצָּחוֹן

triumvirate *n.* טְרִיאוּמְוִירָט, שְׁלִישִׁיַּת שַׁלִּיטִים

triune *adj.* שְׁלוֹשָׁה בְּאֶחָד, שִׁילּוּשׁ (קדוש אצל הנוֹצרים)

trivia *n.pl.* קְטַנּוֹת, פַּכִּים קְטַנִּים

trivial *adj.* שֶׁל מַה־בְּכָךְ, פָּעוּט

triviality *n.* עִנְיָן פָּעוּט
troika *n.* (ברוסיה) עֶגְלַת 3 סוּסִים
troll *v.* זִימֵר בְּעַלִּיזוּת; דִייֵג בְּחַכָּה
trolley *n.* עֶגְלַת יָד
trolley bus *n.* אוטוֹבּוּס חַשְׁמַלִּי
trolley car *n.* חַשְׁמַלִּית
trollop *n.* מְרוּשֶׁלֶת; זוֹנָה
trombone *n.* טְרוֹמְבּוֹן (כלי נשיפה)
troop *n.* גְדוּד, לַהֲקָה, פְּלוּגָּה
troopcarrier *n.* מָטוֹס נוֹשֵׂא גְיָיסוֹת
trooper *n.* חַיָּיל רוֹכֵב
trophy *n.* שָׁלָל; פְּרָס
tropic *n.* טְרוֹפִּיק, מַהְפָּך
tropical *adj.* טְרוֹפִּי, מַהְפָּכִי
trot *v.* צָעַד מַהֵר, רָץ מָתוּן
trot *n.* הֲלִיכָה מְהִירָה, דְהִירָה קַלָּה
troth *n.* נֶאֱמָנוּת
troubadour *n.* טְרוּבָּדוּר; זַמָּר נוֹדֵד
trouble *v.* הִדְאִיג; הִטְרִיד, הִטְרִיחַ; טָרַח
trouble *n.* דְאָגָה, צָרָה
troublemaker *n.* עוֹשֵׂה צָרוֹת
troubleshooting *n.* תִּיקּוּן קִלְקוּלִים, יִישׁוּב סִכְסוּכִים
troublesome *adj.* מֵצִיק, מַטְרִיד
trough *n.* שׁוֹקֶת; שָׁקַע
trounce *v.* הִכָּה קָשֶׁה, הֵבִיס; נָזַף קָשֶׁה
troupe *n.* לַהֲקָה
trousers *n.pl.* מִכְנָסַיִים
trousseau *n.* מַעֲרֶכֶת בְּגָדִים לַכַּלָּה
trout *n.* טְרוּטָה (דג נחלים)
trowel *n.* כַּף טַיָּיחִים (או גננים)
truant *n., adj.* (ילד) מִשְׁתַּמֵּט
truce *n.* הֲפוּגָה, הַפְסָקַת אֵשׁ
truek *n.* מַשָּׂאִית; קְרוֹן מַשָּׂא
truck *v.* הוֹבִיל בְּמַשָּׂאִית
truck driver *n.* נַהַג מַשָּׂאִית
truculent *adj.* תּוֹקְפָנִי, פִּרְאִי
trudge *v.* הָלַךְ בִּכְבֵדוּת
true *adj.* אֲמִיתִּי, כֵּן; נָכוֹן
true-blue *adj.* (אדם) נֶאֱמָן לַחֲלוּטִין
true copy *n.* הֶעְתֵּק נֶאֱמָן
truelove *n.* אָהוּב, אֲהוּבָה
truism *n.* אֱמֶת נְדוֹשָׁה
truly *adv.* בֶּאֱמֶת
trump *n.* קְלַף עֲדִיפוּת
trump *v.* שִׂיחֵק בִּקְלַף הַנִּיצָּחוֹן
trumpet *n.* חֲצוֹצְרָה
trumpet *v.* חִצְצֵר; הֵרִיעַ
truncate *v.* קִיצֵּר בִּקְטִיעָה, קָטַע
truncheon *n.* אַלָּה
trunk *n.* גֶּזַע, גוּף; מִזְוָודָה; חֶדֶק
truss *v.* קָשַׁר, אָגַד; תָּמַךְ
truss *n.* מִבְנֶה תּוֹמֵךְ; חֲגוֹרַת־שֶׁבֶר
trust *n.* אֵמוּן, אֱמוּנָה; פִּיקָּדוֹן
trust *v.* הֶאֱמִין בּ; סָמַךְ עַל
trust company *n.* חֶבְרַת נֶאֱמָנוּת
trustee *n.* נֶאֱמָן
trusteeship *n.* נֶאֱמָנוּת
trustful *adj.* מַאֲמִין, בּוֹטֵחַ
trustworthy *adj.* שֶׁאֶפְשָׁר לִסְמוֹךְ עָלָיו, מְהֵימָן
trusty *adj.* נֶאֱמָן, מְהֵימָן
truth *n.* אֱמֶת
truthful *adj.* שֶׁל אֱמֶת; דוֹבֵר אֱמֶת
try *v.* נִיסָּה; שָׁפַט; הוֹגִיעַ; הִשְׁתַּדֵּל
try *n.* נִיסָּיוֹן
trying *adj.* מַרְגִּיז, מֵצִיק
tryst *n.* פְּגִישַׁת אוֹהֲבִים; מִפְגָּשׁ
tub *n.* אַמְבָּט, גִיגִית
tuba *n.* טוּבָּה (כלי נשיפה גדול ממתכת)

tubby *adj.* שְׁמַנְמַן, עֲגַלְגַל
tube *n.* אַבּוּב, צִינּוֹר
tuber *n.* שׁוֹרֶשׁ מְעוּבֶּה, פְּקַעַת
tuberculosis *n.* שַׁחֶפֶת
tuck *v.* תָּחַב; כִּיסָּה; קִיפֵּל
tuck *n.* קֶפֶל; חִיפּוּת; (המונית) מַאֲכָל
Tuesday *n.* יוֹם שְׁלִישִׁי
tuft *n.* צִיץ, חֲתִימַת זָקָן
tug *v.* מָשַׁךְ בְּחוֹזְקָה, גָּרַר; יָגַע
tug *n.* גְּרִירָה, מְשִׁיכָה חֲזָקָה
tug of war *n.* תַּחֲרוּת מְשִׁיכַת חֶבֶל
tugboat *n.* סְפִינַת־גְּרָר
tuition *n.* הוֹרָאָה, לִימּוּד
tuition fees *n.pl.* שְׂכַר לִימּוּד
tulip *n.* צִבְעוֹנִי (פרח)
tumble *v.* כָּשַׁל, מָעַד; נָפַל; הִתְהַפֵּךְ
tumble *n.* נְפִילָה, הִתְגַּלְגְּלוּת
tumble-down *adj.* מָט לִנְפּוֹל, רָעוּעַ
tumbler *n.* כּוֹס; לוּלְיָין
tummy *n.* בֶּטֶן, קֵיבָה
tumor *n.* גִּידּוּל (בגוף)
tumult *n.* הֲמוּלָּה, מְהוּמָה
tuna *n.* טוּנָה (דג ים גדול)
tundra *n.* טוּנְדְרָה (ערבה באזור הָאַרקטי של רוסיה או של אמריקה)
tune *n.* לַחַן, מַנְגִּינָה
tune *v.* כִּוְונֵן; הִתְאִים
tungsten *n.* ווֹלְפְרָם (מתכת לבנה)
tunic *n.* מִקְטוֹרֶן; טוּנִיקָה, אִצְטָלָה
tuning fork *n.* מַצְלֵל, קוֹלָן, מַזְלֵג־קוֹל
tunnel *n.* מִנְהָרָה, נִקְבָּה
tunnel *v.* חָפַר מִנְהָרָה
tuppence *n.* שְׁנֵי פָּנִים, פְּרוּטָה
turban *n.* מִצְנֶפֶת, טוּרְבָּן
turbid *adj.* עָכוּר, דָּלוּחַ; (לגבי דמיון) פָּרוּעַ, מְבוּלְבָּל
turbine *n.* טוּרְבִּינָה
turbojet *n.* מָטוֹס סִילוֹן
turboprop *n.* מַדְחֵף סִילוֹן־טוּרְבִּינָה
turbulent *adj.* סוֹעֵר, פָּרוּעַ
turd *n.* גוּשׁ צוֹאָה
tureen *n.* מָגֵס, קְעָרָה לְמָרָק
turf *n.* שִׁכְבַת עֵשֶׂב, עִשְׂבָּה
turgid *adj.* נָפוּחַ, מְנוּפָּח; (לגבי דיבור) מְפוּצָץ
turkey *n.* בְּשַׂר תַּרְנְגוֹל הוֹדּוּ
turkey vulture *n.* הָעַיִט הָאֲמֵרִיקָנִי
turmoil *n.* אִי־שֶׁקֶט, אַנְדְּרָלָמוּסְיָה
turn *v.* סוֹבֵב; הִטָּה; שִׁינָּה; שׁוּנָּה, פָּנָה, סָבַב; הִסְתּוֹבֵב
turn *n.* סִיבּוּב; פְּנִיָּיה, תַּפְנִית; תּוֹר
turncoat *n.* בּוֹגֵד
turning point *n.* נְקוּדַת מִפְנֶה
turnip *n.* לֶפֶת (ירק)
turnkey *n.* סוֹהֵר
turn of mind *n.* נְטִיָּיה רוּחָנִית
turn-out *n.* הוֹפָעָה; תְּפוּקָה, צִיּוּד
turnover *n.* הֲפִיכָה; שִׁינּוּי; מַחְזוֹרִיּוּת
turnpike *n.* כְּבִישׁ אַגְרָה; מַחְסוֹם אַגְרָה
turnstile *n.* מַחְסוֹם מִסְתּוֹבֵב
turntable *n.* קֶטַע מְסִילָּה מִסְתּוֹבֵב; תַּקְלִיט (פטיפון)
turpentine *n.* טֶרְפֶּנְטִין, עִטְרָן
turpitude *n.* שְׁחִיתוּת, רִשְׁעוּת
turquoise *n.* טוּרְקִיז (כחול ירקרק)
turret *n.* צְרִיחַ
turtle *n.* צַב מַיִם
turtledove *n.* תּוֹר
tusk *n.* שֶׁנְהָב (של פיל)
tussle *v.* הִתְקוֹטֵט, נֶאֱבַק
tussle *n.* הִתְגּוֹשְׁשׁוּת, מַאֲבָק
tut! *interj.* בּוּז! (קריאת ביטול)

tutelage *n.* אֶפִּיטְרוֹפְּסוּת, חָסוּת
tutor *n.* מוֹרֶה פְּרָטִי
tutor *v.* הוֹרָה בְּאוֹפֶן פְּרָטִי
tuxedo *n.* תִּלְבּוֹשֶׁת עֶרֶב (לְגֶבֶר)
twaddle *n.* פִּטְפּוּט, שְׁטוּיוֹת
twain *n.* שְׁנַיִים, שְׁתַּיִים
twang *n.* אִנְפּוּף, צְלִיל חַד
twang *v.* הִשְׁמִיעַ צְלִיל חַד
tweak *v.* צָבַט וְסוֹבֵב
tweed *n.* טְוִויד (אריג צמר רך)
tweet *n., v.* צִיּוּץ; צִיֵּץ
tweezers *n.pl.* מַלְקֶט
twelfth *adj., n.* הַשְּׁנֵים־עָשָׂר; הַחֵלֶק הַשְּׁנֵים־עָשָׂר
twelve *adj., pron.* שְׁנֵים־עָשָׂר, שְׁתֵּים־עֶשְׂרֵה
twentieth *adj., n.* הָעֶשְׂרִים; אֶחָד מֵעֶשְׂרִים
twenty *adj., pron.* עֶשְׂרִים
twerp *n.* מְנוּוָּל, טִיפֵּשׁ; 'אֶפֶס'
twice *adv.* פַּעֲמַיִים; כִּפְלַיִים
twiddle *v.* הִתְבַּטֵּל, הִסְתּוֹבֵב
twig *n.* זְמוֹרָה, זֶרֶד
twilight *n.* דִּמְדּוּמִים, בֵּין־הַשְּׁמָשׁוֹת
twill *n.* אָרִיג (וּבוֹ קווים מלוכסנים)
twin *adj., n.* תְּאוֹמִי; תְּאוֹם
twine *n.* חוּט שָׁזוּר; פִּיתּוּל
twine *v.* שָׁזַר, פִּיתֵּל; הִשְׂתָּרֵג
twinge *n.* כְּאֵב חַד, דְּקִירָה
twinkle *v., n.* נִצְנֵץ; נִצְנוּץ, נִיצוּץ
twirl *v.* סוֹבֵב; הִסְתּוֹבֵב בִּמְהִירוּת
twirp *n.* מְנוּוָּל, טִיפֵּשׁ; 'אֶפֶס'
twist *v.* שָׁזַר; לִיפֵּף; עִיקֵּם; סִילֵּף; הִתְפַּתֵּל
twist *n.* פִּיתּוּל, עִיקּוּם, מַעֲקָל; סִילּוּף
twit *v.* הִקְנִיט, לִגְלֵג
twitch *v.* עִיוּוֵת, מָשַׁךְ פִּתְאוֹם; הִתְעַוּוֵת
twitch *n.* עֲווִית
twitter *n.* צִיּוּץ, צִפְצוּף
two *adj., pron.* שְׁנֵי, שְׁתֵּי; שְׁנַיִים, שְׁתַּיִים
two-faced *adj.* דּוּ־פַּרְצוּפִי, צָבוּעַ
two-timer *n.* רַמַּאי, בּוֹגֵד
twosome *n., adj.* זוּג; בִּשְׁנַיִים, לִשְׁנַיִים, בֵּין שְׁנַיִים
tycoon *n.* אֵיל הוֹן
tyke, tike *n.* כֶּלֶב עָלוּב, מְנוּוָּל
tympanum *n.* תּוֹף הָאוֹזֶן
type *n.* טִיפּוּס, דּוּגְמָה, סוּג; סֶדֶר אוֹתִיּוֹת
type *v.* כָּתַב בִּמְכוֹנָה, תִּקְתֵּק; סִימֵּל
type face *n.* צוּרַת אוֹת
typescript *n.* חוֹמֶר כָּתוּב בִּמְכוֹנָה
typesetter *n.* סַדָּר
typewrite *v.* כָּתַב (בִּמכונת־כתיבה)
typewriter *n.* מְכוֹנַת־כְּתִיבָה
typewriting *n.* כְּתִיבָה בִּמְכוֹנָה
typhoid fever *n.* טִיפוּס הַבֶּטֶן
typhoon *n.* טַיְפוּן, סוּפָה עַזָּה
typhus *n.* טִיפוּס הַבְּהָרוֹת
typical *adj.* טִיפּוּסִי
typify *v.* סִימֵּל, שִׁימֵּשׁ טִיפּוּס
typist *n.* כַּתְבָן, כַּתְבָנִית
typographical error *n.* טָעוּת דְּפוּס
typography *n.* מְלֶאכֶת הַדְּפוּס, טִיפּוֹגְרַפְיָה
tyrannic(al) *adj.* רוֹדָנִי, שֶׁל עָרִיץ
tyrannize *v.* רָדָה בּ, הִתְיַיחֵס כְּעָרִיץ
tyrannous *adj.* רוֹדָנִי, שֶׁל עָרִיץ
tyranny *n.* מִשְׁטַר רוֹדָנוּת, עָרִיצוּת
tyrant *n.* רוֹדָן, עָרִיץ
tyro *n.* טִירוֹן, חֲסַר נִיסָּיוֹן

U

ubiquitous *adj.* נִמְצָא בְּכָל מָקוֹם (בְּאוֹתוֹ זמן)

udder *n.* עֲטִין

ugh *interj.* אוּף! (קריאה להבּעת סלידה)

ugliness *n.* כֵּיעוּר

ugly *adj., n.* מְכוֹעָר, לֹא נָעִים

ukase *n.* פְּקוּדָה שְׁרִירוּתִית, צַו מִגָּבוֹהַּ

ukulele *n.* גִּיטָרָה הַאוָאִית (4 מיתרים)

ulcer *n.* כִּיב

ulcerate *v.* כִּיֵּיב; הִתְכַּיֵּיב

ulterior *adj.* כָּמוּס; שֶׁמֵּעֵבֶר לַצּוֹרֶךְ הַמִּיָּדִי

ultimate *adj.* סוֹפִי, אַחֲרוֹן; מְרַבִּי

ultimatum *n.* אוּלְטִימָטוּם, אַזְהָרָה

ultrasonic *adj.* אוּלְטְרָסוֹנִי (בּתנוּדוֹת קוֹל שמעֵבר לתנוּדוֹת הנקלטוֹת בּאוֹזן האדם)

ultraviolet *adj.* אוּלְטְרָה־סָגוֹל (מעֵבר לסָגוֹל בתחזית האוֹר)

ululate *v.* יִילֵּל, יִיבֵּב

umbilical cord *n.* חֶבֶל הַטַּבּוּר

umbrage *n.* עֶלְבּוֹן

umbrella *n.* מִטְרִייָּה; חָסוּת

umpire *n.* בּוֹרֵר, פּוֹסֵק, (בּספּוֹרט) שׁוֹפֵט

umpire *v.* שִׁימֵּשׁ כְּבוֹרֵר (אוֹ כְּשׁוֹפֵט)

umpteen *adj.* הַרְבֵּה מְאוֹד, לְאֵין סְפוֹר

U.N. הָאוּ"ם (ארגוּן האוּמוֹת המאוּחדוֹת)

unabashed *adj.* לֹא מְבוּיָּשׁ, לֹא נָבוֹךְ

unable *adj.* לֹא יָכוֹל

unabridged *adj.* לֹא מְקוּצָּר

unaccented *adj.* לֹא מוּטְעָם

unaccountable *adj.* לֹא אַחְרָאִי; שֶׁאֵין לְהַסְבִּירוֹ, שֶׁאֵין לְקַבְּלוֹ

unaccustomed *adj.* לֹא מוּרְגָּל, לֹא רָגִיל

unaffected **adj.** לֹא מְעוּשֶּׂה, כֵּן, טִבְעִי

unafraid *adj.* לֹא מְפַחֵד

unanimity *n.* תְּמִימוּת־דֵּעִים

unanimous *adj.* בְּדֵעָה אַחַת, פֶּה אֶחָד

unanswerable *adj.* שֶׁאֵין לִסְתּוֹר

unappreciative *adj.* שֶׁאֵינוֹ מַעֲרִיךְ

unapproachable *adj.* שֶׁקָּשֶׁה לָגֶשֶׁת אֵלָיו, לֹא נָגִישׁ

unarmed *adj.* לֹא חָמוּשׁ

unassuming *adj.* חֲסַר יוּמְרָה, לֹא יוּמְרָנִי

unattached *adj.* לֹא תָּלוּי, לֹא מִשְׁתַּיֵּיךְ; לֹא נָשׂוּי

unattractive *adj.* לֹא מוֹשֵׁךְ, לֹא מְצוֹדֵד

unavailing *adj.* לֹא־יִצְלַח, לֹא מוֹעִיל

unavoidable *adj.* בִּלְתִּי־נִמְנָע

unaware *adj., adv.* לֹא מוּדָע; בְּלֹא יוֹדְעִים

unbalanced *adj.* לֹא מְאוּזָּן; לֹא שָׁפוּי

unbar *v.* פָּתַח, הֵסִיר אֶת הַבְּרִיחַ

unbearable *adj.* בִּלְתִּי־נִסְבָּל

unbeatable *adj.* שֶׁאֵין לְנַצְּחוֹ

unbecoming *adj.* לֹא מַתְאִים, לֹא יָאֶה, לֹא הוֹלֵם

unbelievable *adj.* לֹא יֵיאָמֵן

unbending *adj.* לֹא נִכְפָּף; קָשִׁיחַ

unbiassed *adj.* לֹא מְשׁוּחָד

unbind *v.* הִתִּיר; שִׁחְרֵר
unborn *adj.* שֶׁעֲדַיִין לֹא נוֹלַד
unbosom *v.* גִילָּה, סִיפֵּר (דבר שהעיק עליו)
unbuckle *v.* רִיפָּה אֶת הָאַבְזֵם
unburden *v.* פָּרַק מֵעָלָיו, הֵסִיר מוּעָקָה
uncalled-for *adj.* מְיוּתָּר וְלֹא רָצוּי
uncanny *adj.* בְּאוֹפֶן מוּזָר, שֶׁלֹּא כְּדֶרֶךְ הַטֶּבַע
uncared-for *adj.* מוּזְנָח, לֹא מְטוּפָּח
unceasing *adj.* לֹא פּוֹסֵק
unceremonious *adj.* לְלֹא גִינּוּנִים; לֹא מְנוּמָּס
uncertain *adj.* לֹא וַדָּאִי, לֹא בָּטוּחַ
unchangeable *adj.* לֹא נִיתָּן לְשִׁינּוּי
uncharted *adj.* לֹא מְסוּמָּן בַּמַּפָּה
unchecked *adj.* לֹא מְבוּקָּר; בִּלְתִּי־מְרוּסָּן
uncivilized *adj.* פִּרְאִי, לֹא תַּרְבּוּתִי
unclaimed *adj.* שֶׁאֵין לוֹ דוֹרְשִׁים
unclasp *v.* רִיפָּה; הִשְׁתַּחְרֵר
unclassified *adj.* לֹא מְסוּוָּג; לֹא סוֹדִי; לֹא מוּגְבָּל
uncle *n.* דוֹד
unclean *adj.* לֹא נָקִי, טָמֵא
uncomfortable *adj.* לֹא נוֹחַ
uncommitted *adj.* שֶׁאֵין לְגַבָּיו מְחוּיָּבוּת, בִּלְתִּי תָּלוּי
uncommon *adj.* לֹא רָגִיל
uncompromising *adj.* לֹא פַּשְׁרָן, לֹא מְוַתֵּר
unconcerned *adj.* לֹא מְעוּנְיָין, אָדִישׁ
unconditional *adj.* לְלֹא תְּנָאִים
unconquerable *adj.* בִּלְתִּי נִכְבָּשׁ
unconquered *adj.* בִּלְתִּי־מְנוּצָּח
unconscionable *adj.* לֹא מוּסָרִי; לֹא סָבִיר
unconscious *adj., n.* לֹא מוּדָע
unconsciousness *n.* חוֹסֶר הַכָּרָה
unconstitutional *adj.* בְּנִיגּוּד לַחוּקָּה
uncontrollable *adj.* שֶׁאִי אֶפְשָׁר לְרַסְּנוֹ
unconventional *adj.* לֹא לְפִי נוֹהַג מְקוּבָּל
uncork *v.* חָלַץ פְּקָק
uncouth *adj.* גַּס, מְגוּשָּׁם
uncover *v.* הֵסִיר מִכְסֶה, חָשַׂף
unction *n.* מְשִׁיחָה בְּשֶׁמֶן; רְצִינוּת מְעוּשָּׂה
unctuous *adj.* מִתְרַפֵּס, מְעוּשֶּׂה
uncut *adj.* לֹא חָתוּךְ; (יהלום) לֹא מְלוּטָּשׁ
undamaged *adj.* לֹא פָּגוּם, לֹא נִיזָּק
undaunted *adj.* שֶׁלֹּא הוּפְחַד, עָשׂוּי לִבְלִי חַת
undecided *adj.* מְפַקְפֵּק; שֶׁלֹּא הוּחְלַט עַל כָּךְ
undefeated *adj.* שֶׁלֹּא הוּבַס
undeniable *adj.* שֶׁאֵין לְהַכְחִישׁוֹ, נַעֲלֶה מֵעַל כָּל סָפֵק
under *prep.* תַּחַת; מִתַּחַת לְ; פָּחוֹת מִן, לְמַטָּה מִן
under *adj., adv.* מִשְׁנִי, תַּחְתִּי, תַּת־
underbrush *n.* סְבַךְ, שִׂיחִים
undercarriage *n.* עֲגָלָה נוֹשֵׂאת (מטוס), תּוֹשֶׁבֶת
underclothes *n.pl.* בְּגָדִים תַּחְתּוֹנִים
undercover *adj.* חֲשָׁאִי, בִּגְנֵיבָה
underdeveloped *adj.* לֹא מְפוּתָּח דַּיּוֹ; מִתְפַּתֵּחַ
underdog *n.* מְנוּצָּח, מְקוּפָּח

underdone *adj.* לֹא מְבוּשָּׁל דַיּוֹ
underestimate *v.* הֵקֵל רֹאשׁ בְּ, מִיעֵט בְּעֶרְכּוֹ שֶׁל
undergarment *n.* לְבוּשׁ תַּחְתּוֹן
undergo *v.* נָשָׂא, סָבַל; הִתְנַסָּה
undergraduate *n.* סְטוּדֶנְט (לפני תואר ראשון)
underground *adj.* תַּת־קַרְקָעִי, מַחְתַּרְתִּי
underground *n.* מַחְתֶּרֶת; רַכֶּבֶת תַּחְתִּית
undergrowth *n.* שִׂיחִיָּה, עֵצִים נְמוּכִים
underhand *adj.* חֲשָׁאִי; בְּעוֹרְמָה
underline *v., n.* מָתַח קַו מִתַּחַת; הִדְגִּישׁ; קַו תַּחְתִּי
underling *n.* נְחוּת דַּרְגָּה
undermine *v.* חָתַר תַּחַת, עִרְעֵר יְסוֹדוֹת
underneath *adj., adv.* תַּחַת; מִתַּחַת ל
undernourished *adj.* סוֹבֵל מִתַּת־תְּזוּנָה
undernourishment *n.* תַּת־תְּזוּנָה
underpass *n.* מַעֲבָר תַּחְתִּי
underpay *v.* שִׁילֵּם פָּחוֹת מִדַּיי
underpin *v.* תָּמַךְ וְחִיזֵּק מִלְּמַטָּה
underprivileged *adj.* מְקוּפָּח (מבחינה חברתית וחינוכית)
underrate *v.* מִיעֵט בְּעֶרְכּוֹ שֶׁל
underscore *v.* מָתַח קַו מִתַּחַת, הִדְגִּישׁ
undersea *adj., adv.* מִתַּחַת לִפְנֵי הַיָּם
undersecretary *n.* עוֹזֵר לְמַזְכִּיר; תַּת־שַׂר
undersell *v.* מָכַר יוֹתֵר בְּזוֹל
undershirt *n.* גוּפִיָּיה
undersigned *adj.* הֶחָתוּם מַטָּה
underskirt *n.* תַּחְתּוֹנִית
understand *v.* הֵבִין
understandable *adj.* מוּבָן, שֶׁנִּיתָּן לַהֲבִינוֹ
understanding *n.* הֲבָנָה, בִּינָה; הֶסְכֵּם
understanding *adj.* מְגַלֶּה הֲבָנָה
understudy *n.* שַׂחְקָן חָלִיף, כָּפִיל
understudy *v.* הִתְאַמֵּן לְתַפְקִידוֹ שֶׁל שַׂחְקָן אַחֵר
undertake *v.* הִבְטִיחַ, נָטַל עַל עַצְמוֹ
undertaker *n.* קַבְּלָן; קַבְּלָן לְסִדְרֵי קְבוּרָה, קַבְּרָן
undertaking *n.* הִתְחַיְּיבוּת, מְשִׂימָה
undertone *n.* קוֹל נָמוּךְ
undertow *n.* זֶרֶם חוֹזֵר (של גל הנשבר בחוף)
underwear *n.* (בְּגָדִים) תַּחְתּוֹנִים
underworld *n.* הַשְּׁאוֹל; הָעוֹלָם הַתַּחְתּוֹן
underwriter *n.* מְבַטֵּחַ; מִתְחַיֵּיב לָשֵׂאת בְּהֶפְסֵדִים (אפשריים בביטוח)
undeserved *adj.* שֶׁאֵינוֹ רָאוּי לוֹ
undesirable *adj., n.* (אָדָם) בִּלְתִּי רָצוּי
undignified *adj.* לֹא מְכוּבָּד
undo *v.* פָּתַח, הִתִּיר; סִילֵּק, הֵסִיר
undoing *n.* בִּיטּוּל, הֶרֶס
undone *adj.* לֹא עָשׂוּי, לֹא גָּמוּר; לֹא סָגוּר, פָּתוּחַ
undoubtedly *adv.* בְּלִי סָפֵק
undress *adj., n.* לֹא לָבוּשׁ; לְבוּשׁ רָגִיל (לא רשמי)
undress *v.* הִפְשִׁיט, עִרְטֵל; הִתְפַּשֵּׁט
undrinkable *adj.* שֶׁאִי אֶפְשָׁר לִשְׁתּוֹתוֹ

undulate *v.* הִתְנוֹעֵעַ בְּצוּרָה גַּלִּית, עָלָה וְיָרַד (שטח, כביש)
unduly *adv.* יוֹתֵר מִדַּיי, שֶׁלֹּא כַּדִּין
undying *adj.* נִצְחִי, אַלְמוֹתִי
unearned *adj.* שֶׁלֹּא הָרְווַח בַּעֲבוֹדָה (או בשירות), שֶׁלֹּא מַגִּיעַ
unearth *v.* גִּילָּה, חָשַׂף
unearthly *adj.* עַל טִבְעִי; לֹא אֱנוֹשִׁי
uneasy *adj.* שֶׁלֹּא בְּנוֹחַ; מוּדְאָג
uneconomical *adj.* לֹא חֶסְכוֹנִי
uneducated *adj.* לֹא מְחוּנָּךְ, חֲסַר חִינּוּךְ
unemployed *adj., n.* מְחוּסַּר עֲבוֹדָה; מוּבְטָל
unemployment *n.* אַבְטָלָה
unending *adj.* לֹא־פּוֹסֵק
unequal *adj.* לֹא שָׁוֶה
unequalled *adj.* שֶׁאֵין דּוֹמֶה לוֹ
unequivocal *adj.* חַד מַשְׁמָעִי; לֹא מִשְׁתַּמֵּעַ לִשְׁתֵּי פָּנִים
unerring *adj.* לְלֹא שְׁגִיאָה, מְדוּיָּק
unessential *adj.* לֹא הֶכְרֵחִי
uneven *adj.* לֹא יָשָׁר, לֹא חָלָק; לֹא זוּגִי
unexpected *adj.* לֹא צָפוּי
unexplained *adj.* שֶׁלֹּא הוּסְבַּר
unexplored *adj.* שֶׁלֹּא נֶחְקַר; שֶׁלֹּא סִיְּירוּ בּוֹ
unexposed *adj.* שֶׁלֹּא נֶחְשַׂף
unfading *adj.* שֶׁאֵינוֹ דּוֹהֶה; שֶׁלֹּא פָּג
unfailing *adj.* לֹא אַכְזָב, נֶאֱמָן
unfair *adj.* לֹא הוֹגֵן
unfaithful *adj.* לֹא נֶאֱמָן
unfamiliar *adj.* לֹא יָדוּעַ; לֹא בָּקִי; זָר
unfasten *v.* הִתִּיר
unfathomable *adj.* שֶׁאֵין לָרֶדֶת לְעוּמְקוֹ
unfavorable *adj.* לֹא נוֹחַ; שְׁלִילִי
unfeeling *adj.* נְטוּל רֶגֶשׁ
unfetter *v.* נִיתֵּק כְּבָלִים
unfit *adj.* לֹא רָאוּי, פָּסוּל, לֹא כָּשִׁיר
unflagging *adj.* בִּלְתִּי נִלְאֶה
unfold *v.* גָּלַל, פָּרַס; נִגְלַל, נִפְרַס
unforeseeable *adj.* שֶׁאֵין לַחֲזוֹתוֹ מֵרֹאשׁ
unfortunate *adj., n.* בִּישׁ מַזָּל, אוּמְלָל
unfurl *v.* (לגבי דגל) פָּרַס; נִפְרַס
ungainly *adj.* מְסוּרְבָּל, לֹא מְצוּדָּד
ungodly *adj.* חוֹטֵא, רָשָׁע
ungracious *adj.* חֲסַר חֵן, לֹא מְנוּמָּס
ungrateful *adj.* כְּפוּי טוֹבָה
ungrudgingly *adv.* בְּעַיִן יָפָה
unguent *n.* מִשְׁחָה (לעור)
unhandy *adj.* לֹא נוֹחַ; לֹא מְאוּמָּן
unheard-of *adj.* חֲסַר תַּקְדִּים
unhinge *v.* עָקַר מִן הַצִּירִים; הִפְרִיד
unholy *adj.* חוֹטֵא, רָשָׁע
unhorse *v.* הִפִּיל מֵעַל גַּבֵּי סוּס
unicorn *n.* חַדְקֶרֶן (בע"ח אגדי)
unification *n.* אִיחוּד, הַאֲחָדָה
uniform *adj.* אָחִיד; שֶׁל מַדִּים
uniform *n.* מַדִּים
uniformity *n.* אֲחִידוּת
unify *v.* אִיחֵד; הֶאֱחִיד
unilateral *adj.* חַד־צְדָדִי, שֶׁל צַד אֶחָד
unimpeachable *adj.* מְהֵימָן בְּיוֹתֵר
uninhabited *adj.* לֹא מְיוּשָּׁב
uninhibited *adj.* לְלֹא מַעֲצוֹרִים
uninspired *adj.* בְּלִי הַשְׁרָאָה
unintelligible *adj.* לֹא מוּבָן
uninterested *adj.* שְׁוֵה־נֶפֶשׁ, אָדִישׁ

uninterrupted *adj.* בְּלִי הַפְסָקָה, רָצוּף
union *n.* אִיחוּד, אַחְדוּת, אִיגּוּד
Union of Socialist Soviet Republics *n.* בְּרִית הַמּוֹעָצוֹת
unionize *v.* אִרְגֵּן אִיגּוּד מִקְצוֹעִי
unique *adj.* מְיוּחָד, יָחִיד בְּמִינוֹ
unisex *adj.* (לגבּי בּגדים) שֶׁל שְׁנֵי הַמִּינִים
unison *n.* הַרְמוֹנְיָה שֶׁל קוֹלוֹת
unit *n.* יְחִידָה
Unitarian *n., adj.* אוּנִיטָרִי (נוצרי הדוחה את תורת השילוש)
unite *v.* אִיחֵד, לִיכֵּד; הִתְאַחֵד; הִזְדַּוּוֵג
united *adj.* מְאוּחָד, מְחוּבָּר
United Kingdom *n.* הַמַּמְלָכָה הַמְאוּחֶדֶת
United Nations *n.pl.* הָאוּמּוֹת הַמְאוּחָדוֹת (האו"ם)
United States of America *n.pl.* אַרְצוֹת־הַבְּרִית שֶׁל אַמֶרִיקָה
unity *n.* אַחְדוּת
univalency *n.* (בּכימייה) חַד עֶרְכִּיּוּת
universal *adj.* אוּנִיבֶרְסָלִי, כְּלַל עוֹלָמִי
universe *n.* הַיְקוּם, הַקּוֹסְמוֹס
university *n.* אוּנִיבֶרְסִיטָה, מִכְלָלָה
unjustified *adj.* לֹא מוּצְדָּק
unkempt *adj.* לֹא מְסוֹרָק, מְרוּשָּׁל
unkind *adj.* לֹא טוֹב לֵב
unknowingly *adv.* שֶׁלֹּא מִדַּעַת
unknown *adj., n.* לֹא נוֹדָע, לֹא יָדוּעַ
unlace *v.* הִתִּיר שְׂרוֹךְ
unlatch *v.* פָּתַח (מנעול)
unlawful *adj.* לֹא חוּקִי
unlearn *v.* נִגְמַל (מהֶרגל, מרעיון)
unleash *v.* הִתִּיר רְצוּעָה, שִׁחְרֵר
unleavened bread *n.* מַצָּה
unless *conj.* אֶלָּא אִם כֵּן, אִם לֹא
unlettered *adj.* בּוּר, לֹא מַשְׂכִּיל
unlike *adj., prep.* לֹא דּוֹמֶה; שׁוֹנֶה מִן
unlikely *adj.* לֹא סָבִיר, לֹא נִרְאֶה
unlimber *v.* הֵכִין לִפְעוּלָּה; הִתְכּוֹנֵן
unlined *adj.* לְלֹא בִּטְנָה; חֲסַר קַוִּים; (עור) לֹא מְקוּמָּט
unload *v.* פָּרַק; נִפְטַר מִן
unlock *v.* פָּתַח (מנעול)
unloose *v.* רִיפָּה, שִׁחְרֵר, הִרְפָּה
unmake *v.* עָשָׂה לְאַל
unmanageable *adj.* שֶׁלֹּא נִיתָּן לְהִשְׁתַּלֵּט עָלָיו
unmanly *adj.* לֹא גַּבְרִי
unmanned *adj.* לֹא מְאוּיָּשׁ
unmannerly *adj., adv.* חֲסַר נִימוּס
unmask *v.* הֵסִיר אֶת הַמַּסְוֶה
unmindful *adj.* לֹא זָהִיר
unmoved *adj.* לֹא מוּשְׁפָּע, אָדִישׁ
unnecessary *adj.* לֹא נָחוּץ
unnerve *v.* רִיפָּה אֶת יָדָיו
unnoticeable *adj.* לֹא נִיכָּר
unnoticed *adj.* שֶׁלֹּא הִבְחִינוּ בּוֹ
unobliging *adj.* לֹא מוּכָן לַעֲזוֹר
unobserved *adj.* שֶׁלֹּא הִבְחִינוּ בּוֹ
unobtrusive *adj.* לֹא נִיכָּר
unoccupied *adj.* לֹא כָּבוּשׁ; לֹא תָּפוּס
unofficial *adj.* לֹא רִשְׁמִי
unorthodox *adj.* לֹא דָּתִי קִיצוֹנִי; לֹא דָּבֵק בְּמוּסְכָּמוֹת
unpalatable *adj.* לֹא נָעִים, לֹא עָרֵב

unparalleled *adj.* שֶׁאֵין כָּמוֹהוּ
unpardonable *adj.* שֶׁלֹּא יִיסָּלֵחַ
unperceived *adj.* שֶׁלֹּא הִבְחִינוּ בּוֹ
unpopular *adj.* לֹא מְקוּבָּל, לֹא רוֹוֵחַ
unprecedented *adj.* חֲסַר תַּקְדִים
unpremeditated *adj.* שֶׁלֹּא בְּכַוָּונָה תְּחִילָּה
unprepossessing *adj.* לֹא מַרְשִׁים
unpresentable *adj.* לֹא רָאוּי לְהַגָּשָׁה; לֹא רָאוּי לְהוֹפָעָה
unpretentious *adj.* לֹא יוֹמְרָנִי
unprincipled *adj.* בִּלְתִּי מוּסָרִי, חֲסַר מַצְפּוּן
unproductive *adj.* לֹא פּוֹרֶה, לֹא יָעִיל
unprofitable *adj.* לֹא מַכְנִיס, לֹא רִווְחִי
unpronounceable *adj.* קָשֶׁה לְבִיטּוּי; לֹא רָאוּי לְצִיּוּן
unquenchable *adj.* שֶׁלֹּא יִיכָּבֶה; שֶׁאֵין לְדַכְּאוֹ
unquestionable *adj.* שֶׁאֵינוֹ מוּטָל בְּסָפֵק
unravel *v.* הִתִּיר, פָּתַר, הִבְהִיר
unreal *adj.* לֹא מַמָּשִׁי, דִּמְיוֹנִי
unreasonable *adj.* חֲסַר הִיגָּיוֹן; לֹא סָבִיר
unrecognizable *adj.* שֶׁאֵין לְהַכִּירוֹ
unreel *v.* גָּלַל, הִתִּיר
unrelenting *adj.* שֶׁאֵינוֹ יוֹדֵעַ רַחֲמִים; אֵיתָן בְּתַקִּיפוּתוֹ
unreliable *adj.* לֹא מְהֵימָן
unremitting *adj.* לֹא פּוֹסֵק, לֹא חָדֵל
unrequited *adj.* שֶׁאֵינוֹ מוּחְזָר, שֶׁאֵין לוֹ גְּמוּל
unresponsive *adj.* לֹא נַעֲנֶה, אָדִישׁ
unrighteous *adj.* לֹא צַדִּיק, רָשָׁע

unripe *adj.* פְּרִי בּוֹסֶר, לֹא בָּשֵׁל
unrivalled *adj.* לְלֹא מִתְחָרֶה
unroll *v.* גּוֹלֵל, גָּלַל, פָּרַס
unruffled *adj.* לֹא מִתְרַגֵּז; קַר־רוּחַ
unruly *adj.* פָּרוּעַ, פּוֹרֵק עוֹל
unsaddle *v.* הֵסִיר אוּכָּף, הִפִּיל מִסּוּס
unsavory *adj.* לֹא נָעִים, דּוֹחֶה
unscathed *adj.* לֹא נִפְגַּע, בָּרִיא וְשָׁלֵם
unscrew *v.* פָּתַח בּוֹרֶג, שִׁחְרֵר
unscrupulous *adj.* חֲסַר מַצְפּוּן
unseal *v.* הֵסִיר חוֹתֶמֶת, פָּתַח
unseasonable *adj.* שֶׁלֹּא בְּעִתּוֹ
unseemly *adj.* לֹא יָאֶה, לֹא הוֹלֵם
unseen *adj.* לֹא נִרְאֶה; (בבחינה) קֶטַע סָמוּי
unselfish *adj.* לֹא אָנוֹכִיִּי
unsettled *adj.* לֹא מְאוּכְלָס; לֹא יַצִּיב
unsex *v.* סֵירֵס, שָׁלַל תְּכוּנוֹת מִינִיּוֹת
unshaken *adj.* לֹא מְעוּרְעָר
unshapely *adj.* (לגבי גוף אישה) לֹא חָטוּב
unshaven *adj.* לֹא מְגוּלָּח
unsheathe *v.* שָׁלַף מִנְּדָנוֹ
unshod *adj.* לֹא נָעוּל; (לגבי סוס) לֹא מְפוּרְזָל
unsightly *adj.* לֹא נָעִים לִרְאוֹתוֹ, מְכוֹעָר
unskilled laborer *n.* פּוֹעֵל פָּשׁוּט (לא מקצועי)
unsociable *adj.* לֹא חֶבְרָתִי
unsolder *v.* הִפְרִיד, הֵמֵס
unsophisticated *adj.* לֹא מְתוּחְכָּם, תָּמִים
unsound *adj.* לֹא תַּקִּין; חוֹלֶה; לֹא מְבוּסָּס, רוֹפֵף
unsparingly *adv.* בְּיָד רְחָבָה

unspeakable *adj.* שֶׁאֵין לְהַעֲלוֹתוֹ עַל הַשְּׂפָתַיִם, שֶׁאֵין לְתָאֲרוֹ
unspotted *adj.* לְלֹא כֶּתֶם, לְלֹא דוֹפִי
unstable *adj.* לֹא יַצִּיב
unsteady *adj.* לֹא יַצִּיב; הֲפַכְפַּךְ
unstinted *adj.* רְחַב יָד, נָדִיב
unstitch *v.* פָּרַם, הִתִּיר תֶּפֶר
unstressed *adj.* לֹא מוּטְעָם
unstrung *adj.* רְפוּי מֵיתָרִים, מְעוּצְבָּן
unsurpassable *adj.* שֶׁאֵין לְמַעְלָה מִמֶּנּוּ
unswerving *adj.* יָשָׁר לַמַּטָּרָה, יַצִּיב, לֹא סוֹטֶה
unsympathetic *adj.* לֹא אוֹהֵד
unsystematic(al) *adj.* חֲסַר שִׁיטָתִיּוּת
untamed *adj.* לֹא מְאוּלָּף
untangle *v.* הוֹצִיא מִן הַסְּבַךְ
unteachable *adj.* שֶׁאִי אֶפְשָׁר לְלַמְּדוֹ, לֹא לָמִיד
untenable *adj.* לֹא נִיתָּן לַהֲגָנָה
unthinkable *adj.* שֶׁאֵין לְהַעֲלוֹתוֹ עַל הַדַּעַת
unthinking *adj.* שֶׁנַּעֲשָׂה בְּלִי מַחְשָׁבָה
untidy *adj.* לֹא נָקִי, לֹא מְסוּדָּר
untie *v.* הִתִּיר קֶשֶׁר
until *prep., conj.* עַד, עַד שֶׁ
untimely *adj.* בְּלֹא עֵת, שֶׁלֹּא בְּעִיתּוֹ
untiring *adj.* שֶׁאֵינוֹ יוֹדֵעַ לֵאוּת
untold *adj.* שֶׁלֹּא סוּפַּר; לְאֵין סְפוֹר, עָצוּם
untouchable *adj., n.* שֶׁאֵין לָגַעַת בּוֹ
untouched *adj.* שֶׁלֹּא נָגְעוּ בּוֹ
untoward *adj.* לֹא נָעִים, לֹא נוֹחַ
untried *adj.* שֶׁלֹּא נוּסָּה; שֶׁלֹּא נִידּוֹן בְּבֵית הַמִּשְׁפָּט
untrue *adj.* לֹא אֱמֶת; לֹא נֶאֱמָן, כּוֹזֵב
untruth *n.* אִי־אֱמֶת, שֶׁקֶר
untwist *v.* הִתִּיר, סָתַר
unused *adj.* לֹא מוּרְגָּל; בִּלְתִּי־מְשׁוּמָּשׁ
unusual *adj.* לֹא רָגִיל
unutterable *adj.* שֶׁאֵין לְבַטְּאוֹ בְּמִלִּים
unvanquished *adj.* בִּלְתִּי־מְנוּצָּח
unvarnished *adj.* לֹא מְצוּחְצָח; בְּלִי כְּחָל וּסְרָק, פָּשׁוּט
unveil *v.* הֵסִיר צָעִיף; הֵסִיר לוֹט
unwanted *adj.* לֹא רָצוּי
unwarranted *adj.* לֹא מוּצְדָּק; שֶׁאֵין לוֹ הַצְדָּקָה
unwary *adj.* לֹא זָהִיר, לֹא עֵרָנִי
unwavering *adj.* הֶחְלֵטִי, יַצִּיב
unwelcome *adj.* לֹא רָצוּי
unwell *adj.* לֹא בְּקַו הַבְּרִיאוּת
unwholesome *adj.* לֹא בָּרִיא, מַזִּיק
unwieldy *adj.* מְגוּשָּׁם, מְסוּרְבָּל
unwilling *adj.* מְמָאֵן, לֹא רוֹצֶה
unwind *v.* הִתִּיר, סָתַר; הִשְׁתַּחְרֵר
unwise *adj.* לֹא נָבוֹן
unwitting *adj.* בְּלִי כַּוָּונָה, בְּלֹא יוֹדְעִין
unwonted *adj.* לֹא נָהוּג
unworldly *adj.* לֹא גַּשְׁמִי, רוּחָנִי וְתָמִים
unworthy *adj.* לֹא רָאוּי
unwritten *adj.* שֶׁלֹּא הוּעֲלָה עַל הַכְּתָב
unyielding *adj.* לֹא מִתְפַּשֵּׁר, לֹא נִכְנָע
unyoke *v.* פָּרַק עוֹל
up *adv., prep., adj.* עַד; עַל; לְגַמְרֵי מַעְלָה; מַאֲמִיר; זָקוּף; בְּמַעֲלָה
up against עוֹמֵד בִּפְנֵי (קשיים)
up-and-coming *adj.* מַבְטִיחַ, בַּעַל סִיכּוּיִים

up and doing פָּעִיל
up-and-up *n.* מַעֲלָה מַעֲלָה, שִׁיפּוּר
up-to-date *adj.* מְעוּדְכָּן
upbraid *v.* נָזַף, גָּעַר
upbringing *n.* גִּידּוּל, חִינּוּךְ
upcountry *adj., adv., n.* אֶל פְּנִים הָאָרֶץ
update *v.* עִדְכֵּן
upgrade *v.* הֶעֱלָה לְדַרְגָּה גְבוֹהָה
upheaval *n.* מַהְפֵּכָה
uphill *adj.* עוֹלֶה; מְייַגֵּעַ
uphill *adv.* בְּמַעֲלֵה הָהָר
uphold *v.* הֶחֱזִיק, חִיזֵּק, עוֹדֵד
upholster *v.* רִיפֵּד
upholsterer *n.* רַפָּד
upkeep *n.* אַחְזָקָה
upland *n., adj.* רָמָה; רָמָתִי
uplift *v.* הֵרִים; רוֹמֵם
uplift *n.* הֲרָמָה; הַעֲלָאָה; הִתְעַלּוּת
upon *prep., adv.* עַל, עַל גַּבֵּי; אַחֲרֵי
upper *adj.* עֶלְיוֹן, עִילִּי
upper *n.* (בנעל) פֶּנֶת; מִטָּה עִילִית
upper berth *n.* מִיטָּה עִילִית
upper hand *n.* יָד עַל הָעֶלְיוֹנָה
upper middle class *n.* מַעֲמָד בֵּינוֹנִי עִילִּי
uppermost *adj., adv.* רֹאשׁ וְרִאשׁוֹן; בְּרֹאשׁ
uppish *adj.* מִתְנַשֵּׂא, שַׁחְצָן
upright *adj.* זָקוּף; יְשַׁר דֶּרֶךְ
upright *n.* עַמּוּד זָקוּף
uprising *n.* הִתְקוֹמְמוּת
uproar *n.* מְהוּמָה, הֲמוּלָּה
uproarious *adj.* רוֹעֵשׁ, הוֹמֶה
uproot *v.* עָקַר מִן הַשּׁוֹרֶשׁ, שֵׁירֵשׁ
upset *v.* הָפַךְ; הִתְהַפֵּךְ; הִדְאִיג
upset *n.* הֲפִיכָה; אַנְדְרוֹלוֹמוּסְיָה, זַעֲזוּעַ
upset *adj.* מְבוּלְבָּל; נִרְגָּז
upsetting *adj.* מְצַעֵר
upshot *n.* תּוֹצָאָה סוֹפִית
upside *n.* בְּצַד הָעֶלְיוֹן
upside-down *adj.* הָפוּךְ, מְהוּפָּךְ; תּוֹהוּ וָבוֹהוּ
upstage *adv., adj.* בְּיַרְכְּתֵי הַבִּימָה; יָהִיר
upstairs *adv., adj., n.* לְמַעְלָה; (שֶׁל) קוֹמָה עֶלְיוֹנָה
upstanding *adj.* זְקוּף-קוֹמָה; הָגוּן
upstart *n.* מִי שֶׁעָלָה לִגְדוּלָּה, כּוֹכָב חָדָשׁ
upstate *adj., n.* (שֶׁל) צְפוֹן הַמְּדִינָה
upstream *adv.* נֶגֶד הַזֶּרֶם, בְּמַעֲלֵה הַנָּהָר
upswing *n.* עֲלִיָּיה גְדוֹלָה
uptight *adj.* מָתוּחַ וְעַצְבָּנִי
uptown *adj., adv., n.* (שֶׁל) אֵזוֹר הַמְּגוּרִים (שבעיבּוּר העיר); אֶל הָאֵזוֹר (כנ"ל)
uptrend *n.* מְגַמַּת עֲלִיָּיה
upturned *adj.* מוּפְנֶה כְּלַפֵּי מַעְלָה
upward *adj., adv.* עוֹלֶה; אֶל עָל, לְמַעְלָה
uranium *n.* אוּרַנְיוּם (מתכת רדיואקטיווית)
urban *adj.* עִירוֹנִי
urbane *adj.* מְנוּמָּס, תַּרְבּוּתִי
urbanite *n.* עִירוֹנִי
urbanity *n.* תַּרְבּוּתִיּוּת, נִימוּסִים
urbanize *v.* עִייֵּר, שִׁיוָוה צוּרַת עִיר
urchin *n.* (ילד) מַזִּיק, שׁוֹבָב, פִּרְחָח
urethra *n.* שׁוֹפְכָה, תְּעָלַת הַשֶּׁתֶן

urge *v.* דָּחַק, תָּבַע בְּמַפְגִּיעַ
urge *n.* דַּחַף, יֵצֶר
urgency *n.* דְּחִיפוּת
urgent *adj.* דָּחוּף
urinal *n.* כְּלִי שֶׁתֶן; מִשְׁתָּנָה
urinate *v.* הִשְׁתִּין
urine *n.* שֶׁתֶן
urn *n.* אֲגַרְטָל, כַּד; קַנְקַן
us *pron.* אוֹתָנוּ; לָנוּ
usable *adj.* שָׁמִישׁ, בַּר שִׁימוּשׁ
usage *n.* נוֹהַג, שִׁימוּשׁ
use *v.* הִשְׁתַּמֵּשׁ בּ; נָהַג בּ, צָרַךְ
use *n.* הֶרְגֵל, שִׁימוּשׁ, נִיצּוּל, תּוֹעֶלֶת
used *adj.* מְשׁוּמָּשׁ, רָגִיל
useful *adj.* מוֹעִיל, שִׁימוּשִׁי
usefulness *n.* תּוֹעֶלֶת
useless *adj.* חֲסַר תּוֹעֶלֶת
user *n.* מִשְׁתַּמֵּשׁ
usher *n.* סַדְרָן, שַׁמָּשׁ (בְּבֵית־דִין)
usual *adj.* רָגִיל, שָׁכִיחַ
usually *adv.* בְּדֶרֶךְ כְּלָל
usufruct *n.* (במשפט) הֲנָאַת שִׁימּוּשׁ
usurp *v.* נָטַל בְּכוֹחַ, הִסִּיג גְּבוּל, עָשַׁק
usury *n.* רִיבִּית קְצוּצָה, נֶשֶׁךְ
utensil *n.* כְּלִי, כְּלִי שָׁרֵת, מַכְשִׁיר
uterus *n.* רֶחֶם
utilitarian *adj., n.* תּוֹעַלְתָּנִי; תּוֹעַלְתָּן
utility *n.* שִׁימּוּשִׁיּוּת, תּוֹעֶלֶת, דָּבָר מוֹעִיל; שֵׁירוּת
utilize *v.* הֵפִיק תּוֹעֶלֶת, נִיצֵּל
utmost *adj., n.* רַב בְּיוֹתֵר, מְרַבִּי; מְלוֹא
utopian *adj.* אוּטוֹפִּי, בַּעַל חֲלוֹמוֹת
utter *adj.* מוּחְלָט, גָּמוּר
utter *v.* בִּיטֵּא, הִבִּיעַ; הֵפִיץ
utterance *n.* הֲגִיָּיה, הַבָּעָה; דִּיבּוּר
utterly *adv.* לְגַמְרֵי, לַחֲלוּטִין
uvula *n.* (בַּחֵיךְ) עִנְבָּל, לְהָאָה
uxoricide *n.* הוֹרֵג אִשְׁתּוֹ
uxorious *adj.* כָּרוּךְ מְאוֹד אַחֲרֵי אִשְׁתּוֹ

V

vacancy *n.* רֵיקוּת; מָקוֹם פָּנוּי
vacant *adj.* רֵיק; פָּנוּי; נָבוּב
vacate *v.* פִּינָּה
vacation *n.* פִּינּוּי, פַּגְרָה; חוּפְשָׁה
vacation *v.* בִּילָּה חוּפְשָׁה
vacation with pay *n.* חוּפְשָׁה בְּתַשְׁלוּם
vaccination *n.* הַרְכָּבָה (נגד אבעבועות)
vaccine *n.* תַּרְכִּיב
vacillate *v.* הִיסֵּס
vacillating *adj.* מְהַסֵּס
vacuity *n.* רֵיקוּת, חוֹסֶר תּוֹכֶן
vacuous *adj.* נָבוּב, חֲסַר תּוֹכֶן
vacuum *v.* שָׁאַב אָבָק
vacuum *n.* רִיק, חָלָל רֵיק
vacuum-cleaner *n.* שׁוֹאֵב־אָבָק, שׁוֹאֲבָק
vacuum-tube *n.* שְׁפוֹפֶרֶת־רִיק
vade mecum *n.* חוֹבֶרֶת הַדְרָכָה (קטנה)
vagabond *adj., n.* נַוָּד; בֶּן־בְּלִי־בַּיִת
vagary *n.* גַּחְמָה, קַפְּרִיזָה
vagina *n.* פּוֹתָה
vagrancy *n.* נַוָּדוּת
vagrant *n., adj.* נָע־וָנָד, נוֹדֵד
vague *adj.* מְעוּרְפָּל, לֹא בָּרוּר
vain *adj.* הַבְלִי; רֵיקָנִי; שָׁוְא; רַבְרְבָנִי
vainglorious *adj.* רַבְרְבָן, מִתְפָּאֵר
valance *n.* וִילוֹנִית
vale *n.* עֵמֶק
valedictory *adj., n.* (נְאוּם) פְּרֵידָה
valence *n.* עֶרְכִּיּוּת (בכימייה)
valentine *n.* אָהוּב, אֲהוּבָה; מִכְתַּב אַהֲבָה
vale of tears *n.* עֵמֶק הַבָּכָא
valet *n.* נוֹשֵׂא־כֵּלִים; מְשָׁרֵת
valiant *adj.* נוֹעָז, אַמִּיץ־לֵב
valid *adj.* שָׁרִיר, תָּקֵף; תּוֹפֵס
validate *v.* בִּיסֵּס, הִקְנָה תּוֹקֶף
validity *n.* תְּקֵפוּת, תּוֹקֶף
valise *n.* מִזְוָדָה, זְוָד
valley *n.* עֵמֶק, בִּקְעָה
valor *n.* אוֹמֶץ־לֵב, גְּבוּרָה
valuable *adj., n.* רַב־עֵרֶךְ; דְּבַר־עֵרֶךְ
valuation *n.* הַעֲרָכָה, שׁוּמָה
value *n.* עֵרֶךְ, שׁוֹוִי
value *v.* הֶעֱרִיךְ, שָׂם
valve *n.* שַׁסְתּוֹם, מַסְתֵּם; שְׁפוֹפֶרֶת
vamo(o)se *interj.* הִסְתַּלֵּק! הִתְנַדֵּף!
vamp *n.* חַרְטוֹם הַנַּעַל; טְלַאי; (אישה) עַרְפָּדִית, מְרוּשַׁעַת
vamp *v.* הִטְלִיא, אִלְתֵּר; נִיצְּלָה (גבר)
vampire *n.* עַרְפָּד (רוּח מֵת מוֹצצת דם)
van *n.* מַשָּׂאִית סְגוּרָה, רֶכֶב מִשְׁלוֹחַ
vandal *n.* וַנְדָל, בַּרְבָּר, מַשְׁחִית
vandalism *n.* וַנְדָלִיּוּת
vane *n.* שַׁבְשֶׁבֶת (המראה כיווּן רוּח)
vanguard *n.* חֵיל חָלוּץ
vanilla *n.* שֶׁנֶף, וָנִיל
vanish *v.* נֶעְלַם, 'הִתְנַדֵּף'
vanity *n.* יְהִירוּת, הִתְפָּאֲרוּת־שָׁוְא
vanity case *n.* קוּפְסַת אִיפּוּר
vanquish *v.* הִכְנִיעַ, נִיצַּח, הֵבִיס
vantage ground *n.* עֶמְדַת יִתְרוֹן
vapid *adj.* לֹא מְעַנְיֵין, חֲסַר טַעַם
vapor *n.* אַד, הֶבֶל, קִיטוֹר

vaporize *v.* אִידָה; הִתְאַדָּה
vapor trail *n.* נְחַשׁ מְטוֹס סִילוֹן
variable *adj.* מִשְׁתַּנֶּה; שֶׁאֵינוֹ יַצִּיב
variance *n.* חִילּוּקֵי דֵעוֹת
variant *adj., n.* שׁוֹנֶה, מִשְׁתַּנֶּה; גִרְסָה שׁוֹנָה, נוֹסָח אַחֵר
variation *n.* שִׁינּוּי, שׁוֹנִי; גִיוּוּן צוּרָה
varicose veins *n.pl.* דַלְיוֹת הָרַגְלַיִים
varied *adj.* שׁוֹנֶה, מְגוּוָּן
variegated *adj.* מְגוּוָּן, שׁוֹנֶה
variety *n.* רַבְגוֹנִיּוּת, מִגְוָון
variety show *n.* הַצָּגַת בִּידּוּר מְגוּוֶּנֶת
variola *n.* אֲבַעְבּוּעוֹת
various *adj.* שׁוֹנִים
varnish *n.* מִשְׁחַת־בָּרָק, לַכָּה
varnish *v.* לִיכָּה; צִחְצַח
varsity *n.* אוּנִיבֶרְסִיטָה
vary *v.* שִׁינָּה, גִיוּוֵּן; הִשְׁתַּנָּה
vascular *adj.* שֶׁל כְּלֵי הַדָּם; (בצמח) שֶׁל צִינּוֹרִיּוֹת הַמּוֹהַל
vase *n.* וָזָה, אֲגַרְטָל
vaseline *n.* וָזֶלִין (משחת מַרְפֵּא)
vassal *n., adj.* צָמִית, וַסָּל; מְשׁוּעְבָּד, עֶבֶד נִרְצָע
vast *adj.* גָדוֹל, נִרְחָב
vastly *adv.* בְּמִידָּה רַבָּה, מְאוֹד מְאוֹד
vat *n.* מְכָל, אַמְבָּט
vaudeville *n.* ווֹדֶבִיל (תכנית בידור קלה וּמגוּוֶּנֶת)
vault *n.* כּוּךְ, מַרְתֵּף; כִּיפָּה; נִיתּוּר, קְפִיצָה
vault *v.* נִיתֵּר, קָפַץ
vaunt *v.* הִתְרַבְרֵב, הִתְפָּאֵר
veal *n.* בְּשַׂר עֵגֶל
veal chop *n.* כְּתִיתַת עֵגֶל

vector *n.* (במתמטיקה) וֶקְטוֹר (קטע ישר שאורכּוֹ וכיווּן תנועתוֹ מְשַׁקפים גודל של כּוֹח, מהירוּת וכד׳ – והכּיווּן שבּוֹ פּוֹעל גודל זה)
veer *v.* שִׁינָּה כִּיווּן, הִתְחַלֵּף
vegetable *n., adj.* יָרָק; צֶמַח; צִמְחִי; שֶׁל יְרָקוֹת
vegetarian *n., adj.* צִמְחוֹנִי; שֶׁל יְרָקוֹת
vegetation *n.* צִמְחִיָּיה
vehemence *n.* עוֹז, תַּקִּיפוּת, חֲרִיפוּת
vehement *adj.* עַז, תַּקִּיף, חָרִיף
vehicle *n.* רֶכֶב; אֶמְצָעִי (להבּעת רגש, מחשבה)
veil *n.* צָעִיף, מַעֲטֶה דַק
veil *v.* צִיעֵף, הִסְתִּיר
vein *n.* וְרִיד, גִיד; הֲלַךְ רוּחַ
vellum *n.* קְלָף (לכתיבה)
velocity *n.* מְהִירוּת
velvet *n., adj.* קְטִיפָה; רַךְ
velveteen *n.* בַּד כּוּתְנָה (דמוּי קטיפה)
velvety *adj.* קְטִיפָנִי, חָלָק וָרַךְ
venal *adj.* מוּשְׁחָת, מוּכָן לְקַבֵּל שׁוֹחַד
vend *v.* מָכַר
vendetta *n.* רְצִיחוֹת נַקְמָנִיּוֹת, מֵנִיעַ הַנַּקְמָנוּת
vendor, vender *n.* מוֹכֵר
veneer *n.* לְבִיד
veneer *v.* צִיפָּה בִּלְבִידִים
venerable *adj.* נִכְבָּד, רָאוּי לְהוֹקָרָה
venerate *v.* כִּיבֵּד, הֶעֱרִיץ
venereal *adj.* שֶׁל מַחֲלַת־מִין
vengeance *n.* נָקָם, נְקָמָה
vengeful *adj.* נוֹקֵם, שׁוֹאֵף נָקָם
venial *adj.* בַּר סְלִיחָה, סָלִיחַ; לֹא רְצִינִי כָּל כָּךְ

venison *n.* בְּשַׂר צְבִי
venom *n.* אֶרֶס, שִׂנְאָה אַרְסִית
venomous *adj.* אַרְסִי
vent *n.* פֶּתַח יְצִיאָה; פּוּרְקָן
vent *v.* הִתְקִין פֶּתַח; נָתַן (מָצָא) פּוּרְקָן
venthole *n.* נֶקֶב אִוְרוּר
ventilate *v.* אִוְרֵר; עוֹרֵר דִיוּן פּוּמְבֵּי
ventilator *n.* מְאַוְרֵר
ventricle *n.* חָלָל בַּגּוּף (בּמוח, בּלב)
ventriloquism *n.* דִיבּוּר מֵהַבֶּטֶן
venture *n.* מִפְעָל נוֹעָז, נִיסָּיוֹן מְסוּכָּן
venture *v.* הֵעֵז, הִסְתַּכֵּן
venue *n.* מְקוֹם הַשִּׁיפּוּט; מְקוֹם הִתְרַחֲשׁוּת (פּשע, אירוע)
veracious *adj.* דוֹבֵר אֱמֶת, שֶׁל אֱמֶת
veracity *n.* אֱמֶת, אֲמִיתּוּת
veranda(h) *n.* מִרְפֶּסֶת מְקוֹרָה
verb *n.* פּוֹעַל
verbalization *n.* הַמְלָלָה
verbally *adv.* בְּעַל פֶּה (לא בּכתב)
verbatim *adv.* מִלָּה בְּמִלָּה, כִּלְשׁוֹנוֹ
verbiage *n.* גִיבּוּב מִלִּים, מֶלֶל
verbose *adj.* מְגַבֵּב מִלִּים, רַב מֶלֶל
verdant *adj.* יָרוֹק; לֹא מְנוּסֶּה
verdict *n.* פְּסַק־דִין; קְבִיעָה
verdigris *n.* יְרוֹקֶת נְחוֹשֶׁת
verdure *n.* יַרְקוּת, דֶשֶׁא
verge *n.* קָצֶה, גְבוּל, שׁוּל
verge *v.* גָבַל עִם, הָיָה קָרוֹב ל
verification *n.* אִימּוּת, וִידּוּא
verify *v.* אִימֵּת, וִידֵּא
verily *adv.* בֶּאֱמֶת, אָכֵן
verisimilitude *n.* הִידַּמּוּת לֶאֱמֶת; דָבָר הַנִּרְאֶה כֶּאֱמֶת
veritable *adj.* אֲמִיתִּי, מוּחָשִׁי
verity *n.* אֱמֶת, דְבַר אֱמֶת
vermicelli *n.* אִטְרִיּוֹת דַקּוֹת
vermillion, vermilion *n.* שָׁשַׁר
vermin *n.pl. or sing.* רֶמֶשׂ, שֶׁרֶץ, בָּזוּי
vermouth *n.* וֶרְמוּת (יין לבן)
vernacular *adj., n.* מְקוֹמִי; שְׂפַת הַמָּקוֹם
vernal *adj.* אֲבִיבִי, שֶׁל הָאָבִיב
versatile *adj.* רַב־צְדָדִי, רַב שִׁימּוּשִׁי
verse *n.* חָרוּז, שִׁיר, בַּיִת; פָּסוּק
versed *adj.* בָּקִי, מְנוּסֶּה, מְיוּמָּן
versify *v.* חִיבֵּר שִׁיר, כָּתַב חֲרוּזִים
version *n.* גִירְסָה, נוֹסַח
verso *n.* עֵבֶר הַדַּף
versus *prep.* נֶגֶד, מוּל, נוֹכַח
vertebra *n.* חוּלְיָה (בּשדרה)
vertex *n.* פִּסְגָה, שִׂיא, קוֹדְקוֹד
vertical *adj.* מְאוּנָּך, אֲנָכִי
vertigo *n.* סְחַרְחוֹרֶת
verve *n.* תְּנוּפָה, חִיּוּת, לַהַט
very *adj.* עַצְמוֹ; (דבר) כְּמוֹ שֶׁהוּא בְּדִיּוּק; מַמָּשׁ
very *adv.* מְאוֹד
vesicle *n.* שַׁלְפּוּחִית (קטנה בּעור)
vesper *n.* תְּפִילַּת עֶרֶב (בּכנסייה)
vessel *n.* כְּלִי־קִיבּוּל; כְּלִי־שַׁיִט, סְפִינָה
vest *n.* גוּפִיָּה; חֲזִיָּה
vest *v.* הֶעֱנִיק, הִקְנָה
vestal *adj.* (נערה) צְנוּעָה וּטְהוֹרָה
vestibule *n., v.* מִסְדְרוֹן, חֲדַר כְּנִיסָה
vestige *n.* שָׂרִיד, זֵכֶר
vestment *n.* לְבוּשׁ, גְלִימָה
vestry *n.* חֲדַר הַלְבָּשָׁה (בּכנסייה)

vestryman *n.* חֲבֵר וַעַד מָחוֹז (כנסייתי)
vet *v.* בָּדַק בְּדִיקָה וֵטֶרִינָרִית
vetch *n.* בִּקְיָה (צמח מספוא)
veteran *adj., n.* וָתִיק; בַּעַל וֶתֶק
veterinary *adj., n.* (שֶׁל) רִיפּוּי בְּהֵמוֹת
veterinary medicine *n.* רִיפּוּי בְּהֵמוֹת
veto *n.* וֶטוֹ (סמכות הצבעת 'לאו' הניתנת ליחיד נגד דעת הרוב)
veto *v.* הִטִּיל וֶטוֹ
vex *v.* הִקְנִיט, הִרְגִּיז, עִצְבֵּן
via *prep.* דֶּרֶךְ, בְּאֶמְצָעוּת
viable *adj.* בַּר קִיּוּם, שֶׁיָּכוֹל לְהִתְקַיֵּים
viaduct *n.* גֶּשֶׁר קְשָׁתוֹת (מעל למים או לבקעה)
vial *n.* צְלוֹחִית, כּוֹס קְטַנָּה
viand *n.* דִּבְרֵי אוֹכֶל
vibrate *v.* נִעֲנַע, הִרְטִיט; נָע; רָטַט
vibration *n.* תְּנוּדָה, רֶטֶט
vibrato *n.* (במוסיקה) בְּהַרְעָדַת הַקּוֹל
vicar *n.* כּוֹהֵן עוֹזֵר לְבִישׁוֹף; מְמַלֵּא מָקוֹם
vicarage *n.* בֵּית כּוֹמֶר הָאֵזוֹר
vicarious *adj.* מְמַלֵּא מָקוֹם, חֲלִיפִי, מְבוּצָּע בִּשְׁבִיל אוֹ דֶּרֶךְ מִישֶׁהוּ אַחֵר
vice *n.* מִידָּה רָעָה, הֶרְגֵּל רָע
vice *prep.* בִּמְקוֹם; סְגַן
vice-admiral *n.* סְגַן־אַדְמִירָל
vice-president *n.* סְגַן־נָשִׂיא
vice versa *adv.* לְהֵפֶךְ
viceroy *n.* מִשְׁנֶה לְמֶלֶךְ
vicinity *n.* סְבִיבָה, קִרְבָה
vicious *adj.* מוּשְׁחָת, מְרוּשָּׁע
vicissitude *n.* שִׁינּוּי, מַהְפָּךְ, תְּמוּרָה
victim *n.* קוֹרְבָּן, טֶרֶף
victimize *v.* עָשָׂאוֹ קוֹרְבָּן, גָּרַם לוֹ סֵבֶל
victor *n.* מְנַצֵּחַ
victorious *adj.* עֲטוּר נִיצָּחוֹן
victory *n.* נִיצָּחוֹן
victual *v.* צִיֵּיד בְּמָזוֹן
victuals *n.pl.* מִצְרְכֵי מָזוֹן
vid. *abbr.* **vide (Latin)** רְאֵה/רְאִי, עַיֵּין/עַיְּינִי
video *adj.* שֶׁל טֶלֶוִויזְיָה, שֶׁל חוֹזִי
video tape *n.* סֶרֶט חוֹזִי
vie *v.* הִתְחָרָה
view *n.* מַרְאֶה, מַחֲזֶה; נוֹף; דֵּעָה
view *v.* רָאָה, צָפָה, בָּחַן
view-finder *n.* כַּוֶּונֶת (במצלמה)
viewer *n.* צוֹפֶה (בטלוויזיה)
viewpoint *n.* נְקוּדַּת מַבָּט
vigil *n.* פִּיקּוּחַ; עֵרוּת, שִׁימּוּרִים
vigilance *n.* עֵרָנוּת, כּוֹנְנוּת
vigilant *adj.* מַשְׁגִּיחַ, עֵר, דָּרוּךְ
vignette *n.* וִינְיֶיטָה, עִיטּוּר (צמח מטפס בשער ספר או בשולי הדפים)
vigor *n.* מֶרֶץ, כּוֹחַ
vigorous *adj.* נִמְרָץ, חָזָק, רַב־מֶרֶץ
vile *adj.* נִתְעָב, שָׁפָל, נִבְזֶה
vilify *v.* הִשְׁמִיץ, הִכְפִּישׁ
villa *n.* חֲווִילָה, וִילָּה
village *n.* כְּפָר, מוֹשָׁבָה
villager *n.* בֶּן כְּפָר, כַּפְרִי, כְּפָרִי
villain *n.* נָבָל, בֶּן בְּלִיַּעַל
villainous *adj.* נִתְעָב, רָע
villainy *n.* מַעֲשֵׂה נְבָלָה
villein *n.* אָרִיס (במשטר פיאודאלי)

vim *n.* כּוֹחַ, מֶרֶץ
vinaigrette *n.* צִנְצֶנֶת תְּבָלִים
vindicate *v.* הִצְדִּיק, הֵגֵן עַל
vindictive *adj.* נַקְמָן
vine *n.* גֶּפֶן
vinegar *n.* חוֹמֶץ
vinegary *adj.* חָמוּץ; שֶׁל חוֹמֶץ
vineyard *n.* כֶּרֶם
viniculture *n.* גִּידּוּל גְּפָנִים
vintage *n.* בָּצִיר; יֵין עוֹנַת הַבָּצִיר
vintager *n.* בּוֹצֵר
vintage wine *n.* יַיִן מְשׁוּבָּח
vintner *n.* יֵינָן
viola *n.* וִיוֹלָה, כּוֹנֶרֶת (דומה לכינור אך גדולה ממנו)
violate *v.* הֵפֵר; חִילֵּל; אָנַס
violence *n.* אַלִּימוּת, כּוֹחַ, חוֹזֶק
violent *adj.* אַלִּים, חָזָק
violet *n., adj.* סִיגָלִית, סֶגֶל (צמח נוי); סָגוֹל (צבע)
violin *n.* כִּינּוֹר
violinist *n.* כַּנָּר
violoncello *n.* בַּטְנוּנִית, וִיוֹלוֹנְצֶ'לּוֹ
viper *n.* צֶפַע; אָדָם רָע
virago *n.* מִרְשַׁעַת, רַגְזָנִית
virgin *n., adj.* בְּתוּלָה; שֶׁל בְּתוּלָה, בְּתוּלִי
virginity *n.* בְּתוּלִים
virility *n.* גַּבְרִיּוּת, כּוֹחַ גַּבְרָא
virology *n.* תּוֹרַת הַנְּגִיפִים
virtual *adj.* לְמַעֲשֶׂה, שֶׁבְּעֶצֶם
virtually *adv.* לְמַעֲשֶׂה, כִּמְעַט לְגַמְרֵי
virtue *n.* מִידָּה טוֹבָה; סְגוּלָּה; צְנִיעוּת
virtuosity *n.* אֻמָּנוּת (אָמָּנוּת) מְעוּלָּה, וִירְטוּאוֹזִיּוּת
virtuoso *n.* אֻמָּן (אָמָּן) בְּחֶסֶד עֶלְיוֹן
virtuous *adj.* מוּסָרִי, יָשָׁר, שֶׁל צַדִּיק
virulence *n.* אַרְסִיּוּת עַזָּה; חֲרִיפוּת אַרְסִית (של מלים)
virulent *adj.* חָרִיף, אַרְסִי; מִידַּבֵּק
virus *n.* נְגִיף, וִירוּס
vis-a-vis *adj., adv.* נוֹכַח, מוּל, פָּנִים אֶל פָּנִים
visa *n., v.* (נָתַן) אֲשָׁרָה
visage *n.* חָזוּת, מַרְאֵה פָּנִים
viscera *n.* קְרָבַיִים
viscosity, viscidity *n.* צְמִיגוּת (של נוזל)
viscount *n.* וִיקוֹנְט (תואר אצילות)
viscous, viscid *adj.* דָּבִיק, צָמִיג
vise, vice *n.* מֶלְחָצַיִים
visibility *n.* רְאוּת, רְאִיּוּת
visible *adj.* נִרְאֶה, גָּלוּי לָעֵינַיִים
visibly *adv.* גְּלוּיוֹת, בְּאוֹפֶן נִרְאֶה לָעַיִן
vision *n.* רְאִיָּה; חָזוֹן, מַרְאֶה
visionary *n., adj.* הוֹזֶה, חוֹלֵם; דִּמְיוֹנִי; בַּעַל דִּמְיוֹן
visit *v.* בִּיקֵּר, סָר אֶל
visit *n.* בִּיקּוּר
visitation *n.* בִּיקּוּר; עוֹנֶשׁ מִשָּׁמַיִים, פּוּרְעָנוּת
visiting card *n.* כַּרְטִיס בִּיקּוּר
visitor *n.* אוֹרֵחַ, מְבַקֵּר
visor *n.* מִצְחַת קַסְדָּה; מָגֵן (במכונית) מִסְנוֹוֵר
vista *n.* מַרְאֶה, נוֹף; סִדְרַת תְּמוּנוֹת
visual *adj.* חָזוּתִי, שֶׁל רְאִיָּה
visualize *v.* דִּמְיֵין, חָזָה בְּדִמְיוֹנוֹ
vital *adj.* חִיּוּנִי; הֶכְרֵחִי
vital statistics *n.pl.* סְטָטִיסְטִיקָה שֶׁל חַיֵּי הָאוּכְלוּסִיָּה

vitality *n.* חִיּוּת, חִיּוּנִיּוּת
vitalize *v.* מִילֵּא חִיּוּת, נָפַח חַיִּים
vitamin *n.* וִיטָמִין (חומר אורגני חיוני לגידול האדם המצוי במזון)
vitiate *v.* קִלְקֵל, זִיהֵם, פָּסַל
viticulture *n.* גִידּוּל גְפָנִים
vitreous *adj.* זְגוּגִי, כְּמוֹ זְגוּגִית
vitriolic *adj.* (דיבּוּר) חָרִיף
vituperate *v.* חֵירֵף, גִידֵּף, הִשְׁמִיץ
viva *interj., n.* יְחִי!
viva voce *adj.adv.,n.* (בְּחִינָה) בְּעַל פֶּה, בְּדִיבּוּר חַי
vivacious *adj.* עַלִּיז, מָלֵא חַיִּים
vivacity *n.* עַלִּיזוּת, חִיּוּת, עֵרָנוּת
vivid *adj.* חַי, חָזָק
vivify *v.* הֶחְיָה, הוֹסִיף חִיּוּת
vivisection *n.* נִיתּוּחַ בַּעֲלֵי חַיִּים
vixen *n.* מִרְשַׁעַת; שׁוּעָלָה
viz. *abbr.* (קיצור של viderlicet) כְּלוֹמַר, הַיְינוּ
vocabulary *n.* אוֹצַר מִלִּים
vocal *adj.* קוֹלִי, שֶׁל קוֹל
vocalist *n.* זַמָּר
vocation *n.* מִשְׁלַח־יָד, מִקְצוֹעַ
vocative *adj., n.* (שֶׁל) פְּנִייָּה
vociferate *v.* צָעַק, צָרַח
vociferous *adj.* צַעֲקָנִי, צַרְחָנִי
vodka *n.* ווֹדְקָה (יין שרף רוסי)
vogue *n.* אוֹפְנָה
voice *n.* קוֹל (אדם)
voice *v.* בִּיטֵּא, הִבִּיעַ, הִשְׁמִיעַ
voiceless *adj.* חֲסַר קוֹל, אִילֵּם
void *adj.* רֵיק, בָּטֵל; נְטוּל תּוֹקֶף
void marriage *n.* (בּמשפּט) נִישּׂוּאִים בְּטֵלִים מֵעִיקָּרָם
void *n.* חָלָל רֵיק
void *v.* בִּיטֵּל תּוֹקֶף; רוֹקֵן, הֵרִיק
volatile *adj.* נָדִיף; קַל־דַּעַת
volcanic *adj.* ווּלְקָנִי, שֶׁל הַר־גַּעַשׁ
volcano *n.* הַר גַּעַשׁ
volition *n.* רָצוֹן; בְּחִירָה
volley *n.* מַטַּח יְרִיּוֹת, צְרוֹר; (בּטניס) מַכַּת יְעָף (החזרת כדור בּאוויר)
volley *v.* יָרָה צְרוֹר; הִכָּה בִּיעָף
volleyball *n.* כַּדּוּר עָף
volt *n.* וולט (יחידת מידה של מתח חשמלי)
voltage *n.* ווֹלְטָג׳ (ערך המתח בּוולטים)
volte-face *n.* סִיבּוּב לְאָחוֹר; שִׁינּוּי מוּחְלָט
voltmeter *n.* מַד־מָתַח
voluble *adj.* קוֹלֵחַ בְּדִיבּוּרוֹ
volume *n.* כֶּרֶךְ; נֶפַח; עוֹצְמַת קוֹל
voluminous *adj.* גָּדוֹל, רָחָב, מָלֵא
voluntary *adj.* ווֹלוּנְטָרִי, הִתְנַדְּבוּתִי
voluntary *n.* סוֹלוֹ בְּעוּגָב (בּכנסייה)
volunteer *n.* מִתְנַדֵּב
volunteer *v.* הִתְנַדֵּב; הִצִּיעַ
voluptuary *n., adj.* מִתְמַכֵּר לְתַעֲנוּגוֹת חוּשָׁנִיִּים, נֶהֱנְתָן
voluptuous *adj.* חוּשָׁנִי, תַּאַוְתָנִי
vomit *n.* הֲקָאָה; קִיא
vomit *v.* הֵקִיא
voodoo *n.* כְּשָׁפִים (הנהוגים בּין כּושים בּאיי הודו המערבית וּבדרום אה"ב)
voracious *adj.* רַעַבְתָנִי, זוֹלְלָנִי
voracity *n.* זְלִילָה, רַעַבְתָנוּת
vortex *n.(pl.* **vortices)** מְעַרְבּוֹלֶת, קַלַּחַת (פּעילוּיוֹת)
votary, votarist *n.* נָזִיר; חָסִיד נִלְהָב

vote *n.* קוֹל, דֵעָה, הַצְבָּעָה
vote *v.* בָּחַר, הִצְבִּיעַ
vote down *v.* דָחָה בְּהַצְבָּעָה
vote getter *n.* מוֹשֵׁךְ קולות
vote through *v.* אִישֵׁר בְּהַצְבָּעָה
voter *n.* מַצְבִּיעַ, בּוֹחֵר
votive *adj.* מְקוּדָשׁ; שֶׁל קִיּוּם נֶדֶר
vouch *v.* עָרַב
voucher *n.* עָרֵב; תְּעוּדָה, שׁוֹבֵר
vouchsafe *v.* הֶעֱנִיק; הוֹאִיל לָתֵת
vow *n.* נֶדֶר, הַצְהָרָה חֲגִיגִית
vow *v.* נָדַר, הִבְטִיחַ
vowel *n.* תְּנוּעָה (כנגד עיצור)
vox populi *n.* קוֹל הֶהָמוֹן, דַעַת הַקָּהָל
voyage *n.* מַסָּע (באונייה), הַפְלָגָה
voyage *v.* הִפְלִיג (באונייה)
voyager *n.* נוֹסֵעַ (בים)
voyeur *n.* מְצִיצָן
vulcanize *n.* גִיפֵּר (גומי)
vulgar *adj.* גַס, הֲמוֹנִי; רוֹוֵחַ
vulgarity *n.* גַסּוּת, הֲמוֹנִיּוּת
Vulgate *n.* ווּלְגָטָה (התרגום הלטיני הראשון של כתבי הקודש. נעשה בידי הירונימוס)
vulnerable *adj.* פָּגִיעַ
vulpine *adj.* שׁוּעָלִי, עָרוּם כְּשׁוּעָל
vulture *n.* עַיִט; נֶשֶׁר
vulva *n.* רֶחֶם, פּוֹת, עֶרְווַת הָאִישָּׁה
vulvitis *n.* דַלֶּקֶת הָרֶחֶם

W

wad *v.* מִילֵא, רִיפֵּד
wad *n.* מוֹךְ; צְרוֹר (ניירות, חומר רך)
wadding *n.* מִילוּי; צֶמֶר גֶּפֶן, מוֹךְ
waddle *v.* הָלַךְ כְּבַרְווָז
waddle *n.* הִילּוּךְ הֲלִיכַת בַּרְווָז
wade *v.* הָלַךְ בְּקוֹשִי, עָבַר בִּכְבֵדוּת
wadi *n.* גַּיְא, עֵמֶק, וָאדִי
wafer *n.* אֲפִיפִית, מַרְקוֹעַ
waffle *n.* עוּגָה מְחוֹרֶצֶת
waffle *v.* בִּרְבֵּר (דיבר ללא משמעות של ממש)
waft *v.* הֵנִיף, נָשָׂא
wag *v.* נִעְנַע, כִּשְׁכֵּש (בזנבו)
wag *n.* נִעְנוּעַ, כִּשְׁכּוּש (בזנב); לֵיצָן
wage *v.* נִיהֵל (מלחמה)
wage *n.* שָׂכָר
wage-earner *n.* עוֹבֵד שָׂכִיר
wager *n.* הִימּוּר, הִתְעָרְבוּת
wager *v.* הִתְעָרֵב, הִימֵּר
waggish *adj.* לֵיצָנִי
waggle *v.* הֵנִיעַ; הִתְנוֹעֵעַ, כִּשְׁכֵּש
wagon *n.* עֲגָלָה, קָרוֹן, קְרוֹן־מִטְעָן
wagtail *n.* נַחֲלִיאֵלִי
waif *n.* (ילד או בע"ח) חֲסַר בַּיִת
wail *v.* בָּכָה, קוֹנֵן
wail *n.* בְּכִייָה, קִינָה; יְלָלָה
waist *n.* מוֹתְנַיִים; לְסוּטָה
waistband *n.* רְצוּעָה לַמּוֹתְנַיִים
waistcoat *n.* חֲזִייַת גֶּבֶר
waistline *n.* קַו הַמּוֹתְנַיִים
wait *v.* הִמְתִּין, חִיכָּה; הִגִּיש (אוכל)
wait *n.* צִיפִּייָה, הַמְתָּנָה
waiter *n.* מֶלְצַר
waiting list *n.* רְשִׁימַת תּוֹר
waiting-room *n.* חֲדַר־הַמְתָּנָה
waitress *n.* מֶלְצָרִית
waive *v.* וִיתֵּר עַל (זכות, תביעה)
wake *v.* הֵעִיר; הִתְעוֹרֵר
wake *n.* הַשְׁגָּחָה, מִשְׁמָר (למת); עִקְבָה, שׁוֹבֶל (של ספינה); עֲקֵבוֹת
wakeful *adj.* עֵר
waken *v.* הֵקִיץ, הִתְעוֹרֵר; הֵעִיר
walk *v.* הָלַךְ, הִתְהַלֵּךְ; הוֹלִיךְ
walk about *v.* הִתְהַלֵּךְ
walk in *v.* נִכְנַס
walk off *v.* הָלַךְ לוֹ
walk out *v.* שָׁבַת
walk the hospital *v.* הָיָה סְטוּדֶנְט לִרְפוּאָה
walk *n.* הֲלִיכָה בָּרֶגֶל, טִיּוּל קָצָר
walk-on *n.* תַּפְקִיד קָטָן (במחזה)
walk-out *n.* שְׁבִיתָה
walker *n.* הַלְכָן
walkie-talkie *n.* שַׁחְנוֹעַ, מַכְשִׁיר קֶשֶׁר
walking-papers *n.pl.* מִכְתַּב־פִּיטוּרִים
walking-stick *n.* מַקֵּל הֲלִיכָה
walkman *n.* שִׁמְעוֹן, 'ווֹקְמֶן'
walkover *n.* נִיצָּחוֹן קַל
wall *n.* קִיר, חוֹמָה, כּוֹתֶל
wallaby *n.* קֶנְגֶּרוּ (קטן)
wallet *n.* תִּיק, אַרְנָק
wallop *v.* 'הִרְבִּיץ', הִכָּה, נִיצַּח
wallop *n.* מַכָּה חֲזָקָה
wallow *v.* הִתְפַּלֵּשׁ, הִתְבּוֹסֵס
wallpaper *n.* טַפֵּיטֵי נְיָיר, נְיַיר־קִיר
walnut *n.* אֱגוֹזָה
waltz *n.* וַלְס
wan *adj.* עָיֵיף; חִיוֵּור

wand *n.* שַׁרְבִיט, מַטֶּה
wander *v.* נָדַד, שׁוֹטֵט
wanderer *n.* נוֹדֵד
wanderlust *n.* תַּאֲוַות נְסִיעוֹת
wane *v.* הִתְמַעֵט, נֶחֱלַשׁ
wane *n.* יְרִידָה, הִתְמַעֲטוּת
wangle *v.* הִשִּׂיג (בדרכים לא כשרות)
wangle *n.* תַּחְבּוּל, זִיוּף, הוֹנָאָה
want *v.* חָסַר, רָצָה
want *n.* הֶיעָדֵר; רָצוֹן; צוֹרֶךְ; עוֹנִי
wanton *adj., n.* פָּרוּעַ, מוּפְקָר
war *n.* מִלְחָמָה
warble *v.* סִלְסֵל בְּקוֹלוֹ
warble *n.* סִלְסוּל קוֹל
ward *v.* הִטָּה, דָּחָה, מָנַע
ward *n.* אֵזוֹר, רוֹבַע; מוּשְׁגָּח, בֶּן חָסוּת
warden *n.* מְמוּנֶּה, אֶפִּיטְרוֹפּוֹס; רַב־סוֹהֵר
warder *n.* שׁוֹמֵר שַׁעַר; (בבריטניה) סוֹהֵר
wardress *n.* סוֹהֶרֶת
wardrobe *n.* אֲרוֹן בְּגָדִים; מֶלְתָּחָה
wardroom *n.* (באוניית מלחמה) חֲדַר הַקְּצִינִים
ware *n.* מוּצָרִים, כֵּלִים
warehouse *n., v.* מַחְסָן (סחורות)
warehouseman *n.* מַחְסְנַאי, אַפְסְנַאי
warfare *n.* לוֹחְמָה, לְחִימָה
warhead *n.* רֹאשׁ חֵץ (של טיל, פגז וכד')
warily *adv.* בִּזְהִירוּת (מסכנה)
wariness *n.* זְהִירוּת (כנ"ל)
warlike *adj.* מִלְחַמְתִּי, אוֹהֵב מִלְחָמָה, מְאַיֵּם
warm *adj.* חָמִים, חַם; לְבָבִי
warm *v.* חִימֵּם; הִתְחַמֵּם
warm-blooded *adj.* (אדם, יונק) חַם־דָּם
warmhearted *adj.* חַם־לֵב, לְבָבִי
warmonger *n.* מְחַרְחֵר מִלְחָמָה
warmth *n.* חוֹם; חֲמִימוּת
warn *v.* הִזְהִיר, הִתְרָה
warning *n.* אַזְהָרָה, הַתְרָאָה
warp *v.* עִיקֵּל, עִיוֵּת
warplane *n.* מָטוֹס צְבָאִי
warrant *n.* צַו, יִיפּוּי כּוֹחַ, שְׁטָר, שׁוֹבֵר
warrant of arrest *n.* צַו מַאֲסָר
warrant of attachment *n.* צַו עִיקּוּל
warrant of extradiction *n.* צַו הַסְגָּרָה
warrant *v.* הִרְשָׁה; הִצְדִּיק; עָרַב, הִתְחַיֵּיב
warrantable *adj.* שֶׁנִּיתָּן לְהַצְדִּיקוֹ
warrant officer *n.* נַגָּד בָּכִיר
warrantee *n.* מְקַבֵּל עַרְבוּת, נֶעֱרָב
warranty *n.* סַמְכוּת, עַרְבוּת, תַּעֲרוּבָה
warren *n.* שְׁפַנִּיָּה; בַּיִת מְאוּכְלָס בְּיוֹתֵר
warrior *n.* לוֹחֵם, חַיָּיל
warship *n.* אוֹנִיַּית מִלְחָמָה
wart *n.* יַבֶּלֶת; גַּבְשׁוּשִׁית
wartime *n.* זְמַן מִלְחָמָה
wary *adj.* זָהִיר (מִסַּכָּנָה)
wash *v.* רָחַץ, שָׁטַף; נִשְׁטַף, נִגְרַף
wash *n.* רְחִיצָה, שְׁטִיפָה
washable *adj.* כָּבִיס
washbasin *n.* קַעֲרַת רַחְצָה
washbasket *n.* סַל כְּבִיסָה
washcloth *n.* סְמַרְטוּט רְחִיצָה
washday *n.* יוֹם כְּבִיסָה
washed-out *adj.* חֲסַר כּוֹחַ, דָּהוּי; עָיֵיף

washed-up *adj.* כּוֹשֵׁל; לֹא יוּצְלַח עוֹד; נִמְאַס עָלָיו
washer *n.* מְכַבֵּס; דִּיסְקִית
washerwoman *n.* כּוֹבֶסֶת
washing *n.* רְחִיצָה, כְּבִיסָה
washing-machine *n.* מְכוֹנַת כְּבִיסָה
washout *n.* קֶטַע (בכביש) שֶׁנִּשְׁטַף; כִּישָּׁלוֹן
washrag *n.* מַטְלִית רְחִיצָה
washroom *n.* חֲדַר כְּבִיסָה; שֵׁירוּתִים, בֵּית כִּסֵּא
washstand *n.* כִּיּוֹר
washtub *n.* גִּיגִית כְּבִיסָה
wasp *n.* צִרְעָה
waste *v.* בִּזְבֵּז, פִּיזֵּר; הִתְבַּזְבֵּז
waste *adj.* שָׁמֵם, לֹא מְנוּצָּל, שֶׁל פְּסוֹלֶת
waste *n.* בִּזְבּוּז; שְׁמָמָה; פְּסוֹלֶת
waste-basket *n.* סַל פְּסוֹלֶת (נייר)
waste paper *n.* נְיַיר פְּסוֹלֶת
wasteful *adj.* בַּזְבְּזָנִי, גּוֹרֵם בִּזְבּוּז
wastrel *n.* בַּזְבְּזָן, פַּזְרָן; לֹא יוּצְלַח
watch *n.* הַשְׁגָּחָה; מִשְׁמָר; שָׁעוֹן
watch *v.* צָפָה, הִתְבּוֹנֵן; חִיכָּה
watchdog *n.* כֶּלֶב שְׁמִירָה
watchful *adj.* עֵר, עַרְנִי
watchfulness *n.* עֵרָנוּת
watchmaker *n.* שָׁעָן
watchman *n.* שׁוֹמֵר
watchstrap *n.* רְצוּעַת שָׁעוֹן
watchtower *n.* מִגְדַּל תַּצְפִּית
watchword *n.* סִיסְמַת שְׁמִירָה
water *n.* מַיִם
water *v.* הִשְׁקָה, הִרְוָה; זָלַג
water bottle *n.* מֵימִיָּה, צַפַּחַת מַיִם
water-bird *n.* עוֹף מַיִם
water-carrier *n.* שׁוֹאֵב (מוֹבִיל) מַיִם
water-closet *n.* בֵּית כִּסֵּא
water-color *n.* צֶבַע מַיִם
water-front *n.* שֶׁטַח הַחוֹף
water-gap *n.* עָרוּץ, גַּיְא
water-heater *n.* מֵחַם, דוד חימום
water-ice *n.* שִׁלְגּוֹן (גלידת קרח)
water-jacket *n.* תַּרְמִיל מַיִם (במנוע מקורר במים)
water-main *n.* צִינּוֹר רָאשִׁי (במערכת מים)
water-melon *n.* אֲבַטִּיחַ
water-ski *n.* גַּלְשַׁן מַיִם (עם מנוע)
watercourse *n.* אֲפִיק מַיִם, נַחַל מַיִם
waterfall *n.* מַפַּל־מַיִם
watering-can *n.* מַזְלֵף גַּנָּנִים
watering-place *n.* מְקוֹם מֵי־מַרְפֵּא
waterline *n.* קַו־מַיִם (באונייה)
waterproof *adj., n.* עֲמִיד־מַיִם, חֲסִין־מַיִם; אַבַּרְזִין, מְעִיל־גֶּשֶׁם
watershed *n.* קַו פָּרָשַׁת הַמַּיִם
waterspout *n.* פֶּתַח צִינּוֹר; עַמּוּד מַיִם
watertight *adj.* אֲטִים מַיִם; לְלֹא כָּל סֶדֶק
waterway *n.* תְּעָלַת מַיִם (עבירה לכלי שַׁיִט)
watery *adj.* מֵימִי, דּוֹמֵעַ, לַח
watt *n.* וַט (יחידת הֶספק חשמלי)
wattle *n.* מִקְלַעַת זְרָדִים (לגדר)
wave *v.* נָע בְּגַלִּים; נוֹפֵף
wave *n.* גַּל, נַחְשׁוֹל; סִלְסוּל (שֵׂער)
waver *v.* הִתְנוֹדֵד, הִבְהֵב, הִיסֵּס
wavy *adj.* מְפוּתָּל, גַּלִּי, מְסוּלְסָל
wax *n.* שַׁעֲוָה, דּוֹנַג
wax *v.* דִּינֵּג, לִיטֵּשׁ בְּשַׁעֲוָה

wax-paper *n.* נְיַר־שַׁעֲוָה (אטום בלמים)
wax taper *n.* פְּתִילַת שַׁעֲוָה
way *n.* דֶּרֶךְ; אוֹפֶן, כִּיווּן, נוֹהַג; מֶרְחָק; צוּרָה; מַצָּב
way-station *n.* תַּחֲנָה בַּדֶּרֶךְ (בין תחנות ראשיות)
waybill *n.* רְשִׁימַת נוֹסְעִים (או מטען)
wayfarer *n.* הֵלֵךְ
waylay *v.* אָרַב, הִתְנַפֵּל
wayside *n., adj.* שׁוּל הַכְּבִישׁ
wayward *adj.* אָנוֹכִיִּי; גַּחְמָנִי; לֹא מְמוּשְׁמָע
W.C. *abbr.* בֵּית כִּסֵּא
water closet
we *pron.* אֲנַחְנוּ, אָנוּ
weak *adj.* חַלָּשׁ, רָפֶה; קָלוּשׁ
weak-minded *adj.* חֲלַשׁ בְּשִׂכְלוֹ, רְפֵה שֵׂכֶל
weaken *v.* הֶחֱלִישׁ; נֶחֱלַשׁ
weakling *n.* יְצוּר חָלוּשׁ
weadness *n.* חוּלְשָׁה, רִפְיוֹן
weal *n.* טוֹבָה, רְוָחָה; סִימַן מַכָּה (בעור)
wealth *n.* עוֹשֶׁר, שֶׁפַע
wealthy *adj.* עָשִׁיר
wean *v.* גָּמַל, נִגְמַל; הִפְסִיק (מנהג נפסד)
weapon *n.* כְּלִי־נֶשֶׁק, נֶשֶׁק
wear *v.* לָבַשׁ, נָעַל, חָבַשׁ (כובע); בָּלָה, נִשְׁחַק; הֶחֱזִיק מַעֲמָד
wear a smile *v.* לְחַיֵּךְ
wear *n.* לְבוּשׁ, מַלְבּוּשׁ; בְּלַאי; כּוֹחַ עֲמִידָה; בִּיגּוּד, הַנְעָלָה
wear and tear *n.* בְּלַאי וּפְחָת
weariness *n.* עֲיֵיפוּת, לֵאוּת
wearisome *adj.* אָרוֹךְ וּמְיַיגֵּעַ, מַלְאֶה
weary *adj.* עָיֵף; מַלְאֶה
weary *v.* עִייֵּף, הוֹגִיעַ
weasel *n.* סַמּוּר; עָרוּם, נוֹכֵל
weather *n.* מֶזֶג־אֲוִויר
weather *v.* יִיבֵּשׁ בָּאֲוִויר; הוּשְׁפַּע מֵהָאֲוִויר; הֶחֱזִיק מַעֲמָד; בָּלָה
weather-beaten *adj.* שְׁדוּף־רוּחוֹת
weather bureau *n.* שֵׁירוּת מֵטֵאוֹרוֹלוֹגִי
weather-cock *n.* שַׁבְשֶׁבֶת (בצורת תרנגול)
weather-glass *n.* בָּרוֹמֶטֶר
weather-report *n.* תַּחֲזִית מֶזֶג הָאֲוִויר
weather-vane *n.* שַׁבְשֶׁבֶת
weather-wise *adj.* מְנוּסֶּה בְּחִיזּוּי שִׁינּוּיֵי מֶזֶג הָאֲוִויר (או הדעות)
weatherman *n.* חַזַּאי (מזג האוויר)
weave *v.* אָרַג; שֵׁירֵךְ דְּרָכָיו; שָׁזַר; הִשְׁתַּזֵּר
weave *n.* מִרְקָם, מַאֲרָג
weaver *n.* אוֹרֵג
web *n.* רֶשֶׁת, קְרוּם שְׂחִיָּיה (בין אצבעות עופות מים); מַסֶּכֶת, אָרִיג
web-footed *adj.* (עוף) בַּעַל רַגְלֵי שְׂחִיָּיה
wed *v.* הִשִּׂיא; נָשָׂא, נִישְּׂאָה
wedding *n.* חֲתוּנָּה
wedding-cake *n.* עוּגַת כְּלוּלוֹת
wedding-day *n.* יוֹם כְּלוּלוֹת
wedge *v.* יִיתֵּד, בִּיקַּע בִּטְרִיז
wedge *n.* טְרִיז, יָתֵד, קוֹנוּס מְהַדֵּק
wedlock *n.* בְּרִית נִישּׂוּאִים
Wednesday *n.* יוֹם רְבִיעִי, יוֹם ד׳
wee *adj.* פָּעוּט, פָּעוּט, קָטָן

weed *n.* עֵשֶׂב רָע, עֵשֶׂב שׁוֹטֶה
weed *v.* עָקַר עֵשֶׂב רָע
week *n.* שָׁבוּעַ
weekday *n.* יום חול
weekend *n.* סוֹף־שָׁבוּעַ, סוֹפְשָׁבוּעַ
weekly *adj., adv.* שְׁבוּעִי; בְּכָל שָׁבוּעַ
weekly *n.* שְׁבוּעוֹן
weep *v.* בָּכָה, שָׁפַךְ דְמָעוֹת
weeper *n.* בּוֹכֶה, מְקוֹנֵן
weepy *adj.* בַּכְיָינִי
weevil *n.* חִדקוֹנִית (מין חיפושית)
weft *n.* (באריג) עֵרֶב
weigh *v.* שָׁקַל, הָיָה מִשְׁקָלוֹ
weight *n.* מִשְׁקָל; מִשְׁקוֹלֶת, כּוֹבֶד
weight *v.* הוֹסִיף מִשְׁקָל, הִכְבִּיד
weightless *adj.* חֲסַר מִשְׁקָל
weighty *adj.* כָּבֵד, כְּבַד מִשְׁקָל
weir *n.* סֶכֶר קָטָן, מַחְסוֹם דַּיִג
weird *adj.* מִסְתּוֹרִי; מַפְחִיד
welcome *adj.* רָצוּי, מִתְקַבֵּל בְּשִׂמְחָה
welcome! *interj.* בָּרוּךְ הַבָּא!
welcome *n.* קַבָּלַת פָּנִים
welcome *v.* קִידֵּם בִּבְרָכָה
weld *v.* רִיתֵּךְ, חִיבֵּר
weld *n.* מַעֲשֵׂה רִיתּוּךְ, חִיבּוּר מְרוּתָּךְ
welder *n.* רַתָּךְ
welfare *n.* טוֹבָה, רְוָוחָה
welfare state *n.* מְדִינַת סַעַד
welfare work *n.* עֲבוֹדָה סוֹצִיאָלִית
well *n.* בְּאֵר, מַבּוּעַ, מַעְייָן
well *v.* נָבַע, פָּרַץ
well *adv.* הֵיטֵב, יָפֶה, טוֹב, מְאוֹד
well *adj.* בָּרִיא; מַשְׂבִּיעַ רָצוֹן, תַּקִּין
well-appointed *adj.* מְצוּיָּד הֵיטֵב
well-attended *adj.* שֶׁמִּידַּת הַנּוֹכְחוּת בּוֹ מְנִיחָה אֶת הַדַּעַת
well-balanced *adj.* שָׁקוּל, מְיוּשָּׁב
well-behaved *adj.* מְנוּמָּס, מִתְנַהֵג כָּרָאוּי
well-being *n.* אוֹשֶׁר, טוֹבָה
well-bred *adj.* מְחוּנָּךְ יָפֶה
well chosen *adj.* נִבְחַר בְּקַפְּדָנוּת, קוֹלֵעַ
well-disposed *adj.* מוּכָן לַעֲזוֹב, מִתְכַּוֵּון לְטוֹב
well-done *adj.* עָשׂוּי כַּהֲלָכָה
well-formed *adj.* גָּזוּר יָפֶה
well-founded *adj.* מְבוּסָּס הֵיטֵב
well-groomed *adj.* לָבוּשׁ בִּקְפִידָה
well-informed *adj.* בַּעַל יְדִיעוֹת רְחָבוֹת, יוֹדֵעַ דָּבָר
well-intentioned *adj.* בַּעַל כַּוָּונוֹת טוֹבוֹת
well-kept *adj.* מְטוּפָּח, נִשְׁמָר הֵיטֵב
well-known *adj.* יָדוּעַ, מְפוּרְסָם
well-meaning *adj.* בַּעַל כַּוָּונוֹת טוֹבוֹת
well-nigh *adv.* כִּמְעַט
well-off *adj.* אָמִיד
well-preserved *adj.* נִשְׁמָר יָפֶה
well proportioned *adj.* (לגבי גוף, חדר) בַּעַל מִידּוֹת נָאוֹת
well-read *adj.* שֶׁקָּרָא הַרְבֵּה
well set *adj.* (גוף) מוּצָק
well-spent *adj.* (לגבי כסף) שֶׁהוּצָא בִּיעִילוּת
well-spoken *adj.* מְדַבֵּר יָפֶה וּבְנִימוּס, שֶׁנֶּאֱמַר יָפֶה
wellspring *n.* מָקוֹר לֹא אַכְזָב
well-thought-of *adj.* שֶׁהַדֵּעוֹת עָלָיו טוֹבוֹת, שֶׁמַּעֲרִיכִים אוֹתוֹ
well-timed *adj.* בְּעִיתּוּי טוֹב, בְּעִיתּוֹ

well-to-do *adj.* אָמִיד, בַּעַל אֶמְצָעִים
well-wisher *n.* אוֹהֵד, דוֹרֵשׁ טוֹבָתוֹ שֶׁל
well-worn *adj.* בָּלֶה, מְשׁוּמָּשׁ; נָדוֹשׁ
welsh *v.* רִימָּה, הִתְחַמֵּק מִתַּשְׁלוּם
welt *n.* (בנעל) רְצוּעַת חִיבּוּר; סִימָן מַלְקוֹת, חַבּוּרָה
welter *v.* הִתְבּוֹסֵס
welter *n.* עִרְבּוּבְיָה; מְבוּכָה וּמְהוּמָה
welterweight *n.* (באגרוף) מִשְׁקַל קַל־בֵּינוֹנִי
wen *n.* גִּידּוּל (לא ממאיר); עִיר שֶׁגָּדְלָה (בצורה מכוערת)
wench *n.* צְעִירָה, בַּחוּרָה; מְשָׁרֶתֶת
wend *v.* שָׂם פָּנָיו
wer(e)wolf *n.* אָדָם (שהפך) זְאֵב (באגדות)
west *n., adj., adv.* מַעֲרָב; מַעֲרָבִי; מַעֲרָבָה
westering *adj.* נוֹטֶה מַעֲרָבָה
western *adj., n.* מַעֲרָבִי; מַעֲרָבוֹן
westward *adj., adv.* מַעֲרָבָה
wet *adj.* לַח, רָטוֹב; גָּשׁוּם
wet *v.* הִרְטִיב; נִרְטַב
wet blanket *n.* (אדם) מְדַכֵּא שִׂמְחָה וְהִתְלַהֲבוּת
wet-nurse *n.* מֵינֶקֶת
whack *v.* הִצְלִיף חָזָק
whack *n.* מַכָּה מְצַלְצֶלֶת; (דיבורית) חֵלֶק
whale *n.* לִוְויָתָן
whale *v.* צָד לִוְויָתָנִים
wharf *n.* (בנמל) רָצִיף (לפריקת מטען)
what *pron., adj., adv., interj., conj.* מַה; מַהוּ?; מַה שֶׁ; אֵיזֶה, אֵיזוֹ, אֵילוּ
whatever *pron., adj.* אֵיזֶה; כּוֹלְשֶׁהוּ
whatnot *n.* כּוֹלְשֶׁהוּ, מַה שֶׁתִּרְצֶה, מַה לֹא
whatsoever *adj., pron.* אֵיזֶה, אֵיזוֹ; כָּל מַה, כּוֹלְשֶׁהוּ
wheat *n.* חִיטָּה
wheedle *v.* שִׁידֵּל, פִּיתָּה
wheel *n.* גַּלְגַּל, אוֹפַן; הֶגֶה
wheel *v.* שִׁינָּה כִּיווּן; הִסִּיעַ עַל גַּלְגַּלִּים
wheel-barrow *n.* מְרִיצָה
wheel-chair *n.* (לנכה) כִּיסֵּא גַּלְגַּלִּים
wheeler-dealer *n.* (דיבורית) בַּעַל קְשָׁרִים (בענייני מסחר או פוליטיקה)
wheel-horse *n.* (בעגלה) סוּס מְקוֹרָב (לעגלון); (בהשאלה) עוֹבֵד מָסוּר (במפלגה פוליטית)
wheelwright *n.* עוֹשֶׂה (ומתקן) גַּלְגַּלִּים
wheeze *v.* נָשַׁם בִּכְבֵדוּת וּבִשְׁרִיקָה
wheeze *n.* גְּנִיחָה, בְּדִיחָה יְשָׁנָה
whelp *n.* גּוּר חַיָּה; יֶלֶד לֹא מְרוּסָּן
whelp *v.* הִמְלִיטָה גּוּרִים
when *adv., conj., pron.* כְּשֶׁ; מָתַי?
whence *adv.* מִמָּקוֹם שֶׁ; מֵאַיִן?
whenever *adv., conj.* בְּכָל זְמַן שֶׁ
where *adv., conj., pron.* הֵיכָן? אֵיפֹה?; בְּמָקוֹם שֶׁ; לְאָן?
whereabouts *n.* סְבִיבָה, מְקוֹם הִימָּצְאוּת
whereabouts *conj., adv.* הֵיכָן, בְּמָקוֹם (בערך)
whereas *conj.* וְאִילוּ, בְּעוֹד שֶׁ
whereby *adv.* שֶׁבּוֹ, שֶׁבְּאֶמְצָעוּתוֹ
wherefore *conj.* לָמָּה, מַדּוּעַ?; לְפִיכָךְ
wherefrom *adv.* מֵהֵיכָן שֶׁ
wherein *adv.* שֶׁבּוֹ, שֶׁשָּׁם
whereof *adv.* מִמָּה, שֶׁמִּמֶּנּוּ

whereupon *adv.* עַל כָּךְ, וְאָז
wherever *adv., conj.* בְּכָל מָקוֹם שֶׁהוּא
wherewithal *n.* מִימוּן, אֶמְצָעִים (לְמַטָרה מיוחדת)
whet *v.* הִשְׁחִיז; גֵּירָה (תיאבון)
whether *conj.* אִם, בֵּין אִם
whetstone *n.* אֶבֶן מַשְׁחֶזֶת
whew *interj.* אוּף! (הבעת תדהמה, הרגשת רווחה, תמיהה)
whey *n.* מֵי חָלָב (בתעשיית גבינה)
which *pron., adj.* אֵיזֶה, לְאֵיזֶה; שֶׁ, מַה שֶּׁ
whichever *pron., adj.* אֵיזֶשֶׁהוּ; כּוֹלְשֶׁהוּ
whiff *n.* מַשָּׁב קַל
whiff *v.* נָשַׁב קַלּוֹת
while *n.* שָׁעָה קַלָּה, זְמַן־מַה
while *conj.* בְּעוֹד, בְּשָׁעָה שֶׁ
while *v.* הֶעֱבִיר זְמַנּוֹ
whim *n.* גַּחַם, גַּחְמָה, קַפְּרִיסָה
whimper *v., n.* יִיבֵּב; יְבָבָה חֲלוּשָׁה
whimsical *adj.* גַּחְמָנִי, קַפְּרִיסִי, מוּזָר
whine *v.* יִיבֵּב, יִילֵּל
whine *n.* יְבָבָה, תְּלוּנָּה
whinny *v.,n.* צָהַל; צָהֳלָה (של סוס)
whip *v.* הִצְלִיף, הִלְקָה
whip *n.* שׁוֹט, מַגְלֵב; (בבית־הנבחרים) מַצְלִיף
whipcord *n.* חֶבֶל לְשׁוֹט
whip hand *n.* יִתְרוֹן כּוֹחַ
whiplash *n.* צְלִיפַת שׁוֹט
whipped cream *n.* קַצֶּפֶת
whippersnapper *n.* שַׁחְצָן
whippet *n.* וִיפֶּט (כלב מֵרוֹץ)
whipping-boy *n.* שָׂעִיר לַעֲזָאזֵל
whir(r) *v.* נָע בְּזִמְזוּם
whir(r) *n.* רִיצָה בְּזִמְזוּם
whirl *v.* הִסְתּוֹבֵב; סוֹבֵב
whirl *n.* עִרְבּוּל; סִיבּוּב
whirligig *n.* סְבִיבוֹן; גַּלְגַּל חוֹזֵר
whirlpool *n.* מְעַרְבּוֹלֶת
whirlwind *n.* עַלְעוֹל, סוּפָה עַזָּה
whirly bird *n.* מַסּוֹק, הֶלִיקוֹפְּטֶר
whisk *v.* טִאטֵא בְּמִבְרֶשֶׁת קַלָּה
whisk *n.* מַטְאֲטֵא קַל
whiskers *n.pl.* שְׂעַר הַלְּחָיַיִם
whisk(e)y *n.* וִיסְקִי (משקה חריף)
whisper *v.* לָחַשׁ; הִתְלַחֵשׁ
whisper *n.* לְחִישָׁה, רִשְׁרוּשׁ
whist *n.* וִיסְט (משחק קלפים)
whistle *v.* שָׁרַק, צִפְצֵף
whistle *n.* שְׁרִיקָה, צִפְצוּף; מַשְׁרוֹקִית
whistle stop *n.* תַּחֲנָה קְצָרָה
whit *n.* שֶׁמֶץ
white *adj.* לָבָן, חִיוֵּור
white *n.* צֶבַע לָבָן, לוֹבֶן; חֶלְבּוֹן (ביצה)
white-collar *adj.* בַּעַל צַוָּארוֹן לָבָן (פקיד וכד')
white-haired *adj.* לְבַן שֵׂעָר
white heat *n.* שַׁלְהוּב, הִתְרַגְּשׁוּת חֲזָקָה
White House *n.* הַבַּיִת הַלָּבָן (הנשיאות באה"ב)
white lie *n.* שֶׁקֶר לָבָן (שכוונתו רצויה)
white slavery *n.* סַחַר זוֹנוֹת
white tie *n.* תִּלְבּוֹשֶׁת עֶרֶב
whitecap *n.* נַחְשׁוֹל, גַּל גָּדוֹל
whiten *v.* הִלְבִּין
whiteness *n.* לוֹבֶן, חִיוָּרוֹן
whitewash *n.* סִיד; חִיפּוּי (על פגמים)

whitewash *v.* סִיֵּד, טִיהֵר
whither *adv., pron.* לְאָן?, לְאֵיזוֹ מַטָּרָה
whitish *adj.* לְבַנְבַּן
whittle *v., n.* חָתַךְ חֲתִיכוֹת קְטַנּוֹת; צִמְצֵם
whiz *v.* זִמְזֵם, שָׁרַק
whiz *n.* שְׁרִיקָה
who *pron.* מִי; אֲשֶׁר, שֶׁ
whoa *interj.* עֲצוֹר! עֲמוֹד! דַיי!
whodunit *n.* 'מִי עָשָׂה זֹאת?', סִיפּוּר מִסְתּוֹרִי
whoever *pron.* (כָּל) מִי שֶׁ
whole *adj., n.* שָׁלֵם, כָּל־, כּוֹל; שְׁלֵמוּת
wholehearted *adj.* בְּכָל הַלֵּב
wholesale *n., adj., adv.* (שֶׁל) מְכִירָה סִיטוֹנִית; בְּסִיטוֹנוּת
wholesaler *n.* סִיטוֹנַאי
wholesome *adj.* מַבְרִיא, בָּרִיא
wholly *adv.* בִּשְׁלֵמוּת, לְגַמְרֵי, כָּלִיל
whom *pron.* אֶת מִי לְמִי; שֶׁ, שֶׁאוֹתוֹ
whomever *pron.* אֶת מִי שֶׁ
whoop *n.* צָהֳלָה; גְּנִיחָה, שִׁיעוּל
whoop *v.* צָהַל; הִשְׁתַּעֵל
whooping-cough *n.* שַׁעֶלֶת
whopper *n.* (דִּיבּוּרִית) מַשֶּׁהוּ עָצוּם; שֶׁקֶר גָּדוֹל
whopping *adj.* (דִּיבּוּרִית) עֲנָקִי
whore *n., v.* זוֹנָה; זָנָה
whoremonger *n.* זַנַּאי, שׁוֹכֵב עִם זוֹנוֹת
whorl *n.* (בצמח) דּוּר; חוּלְיָה (בְּקוֹנְכִית)
whortleberry *n.* אוּכְמָנִית
whose *pron.* שֶׁל מִי, שֶׁלּוֹ, שֶׁאֶת שֶׁלּוֹ

why *adv., n.* מַדּוּעַ, לָמָּה; הַסִּיבָּה
why *interj.* מַה! (קריאה)
wick *n.* פְּתִילָה
wicked *adj.* רָשָׁע, רָע, מְרוּשָׁע
wicker *n., adj.* שֶׁל נְצָרִים; קָלוּעַ
wicket *n.* פִּשְׁפָּשׁ, אֶשְׁנָב (שֶׁל קוּפַּאי); (בְּקְרִיקֶט) שַׁעַר, תּוֹר
wide *adj.* רָחָב; בְּרוֹחַב שֶׁל
wide *adv.* בְּמִידָּה רַבָּה, לְגַמְרֵי
wide-awake *adj.* עֵר לְגַמְרֵי
wide-open *adj.* פָּתוּחַ לִרְוָוחָה
widen *v.* הִרְחִיב; הִתְרַחֵב
widespread *adj.* נָפוֹץ מְאוֹד, רוֹוֵחַ
widow *n.* אַלְמָנָה
widow *v.* אִלְמֵן
widower *n.* אַלְמָן
widowhood *n.* אַלְמָנוּת (של אישה)
widow's mite *n.* תְּרוּמָה צְנוּעָה
widow's weeds *n.pl.* בִּגְדֵי אֲבֵלוּת שֶׁל אַלְמָנָה
width *n.* רוֹחַב
wield *v.* הֶחֱזִיק וְהִפְעִיל (נשק, כלי)
wife *n.(pl.* **wives)** אִישָּׁה (אשת־איש)
wifelike *adj.* כְּמוֹ אִישָּׁה טוֹבָה, יָאֶה לְאִישָּׁה (נשואה) טוֹבָה
wig *n.* פֵּאָה נוֹכְרִית, קַפֶּלֶט
wiggle *v.* הִתְנוֹדֵד; הֵנִיעַ, כִּשְׁכֵּשׁ
wiggle *n.* נִדְנוּד, הִתְנוֹעֲעוּת
wigwam *n.* וִיגְווֹאם (אוהל אינדיאני)
wild *adj., adv.* לֹא מְאוּלָּף, פִּרְאִי; פֶּרֶא; בַּר
wild *n.* שְׁמָמָה
wild-boar *n.* חֲזִיר בָּר
wild-cat *adj.* לֹא שָׁקוּל, לֹא מַעֲשִׂי
wild-cat-strike *n.* שְׁבִיתָה פִּרְאִית
wild-fire *n.* אֵשׁ מִתְפַּשֶּׁטֶת בִּמְהִירוּת

wild goose *adj.* אֲוָז בַּר
wild goose chase *n.* חִיפּוּשׂ חֲסַר טַעַם
wild oats *n.* חַטְאוֹת נְעוּרִים, טְעוּיוֹת נְעוּרִים
wilderness *n.* מִדְבָּר
wildlife *n.* חַיּוֹת בָּר
wile *n.* תַּחְבּוּלָה, טַכְסִיס עַרְמוּמִי
wilfulness *n.* כַּוָּונַת זָדוֹן; עַקְשָׁנוּת
will *n.* רָצוֹן; כּוֹחַ רָצוֹן
will *v.* רָצָה, חָפֵץ; הוֹרִישׁ, צִיוָּוה
will *v. aux.* (פּוֹעַל עֵזֶר להבעת זמן עתיד)
will power *n.* כּוֹחַ רָצוֹן
willing *adj.* מוּכָן, רוֹצֶה, מִשְׁתּוֹקֵק
willingly *adv.* בְּרָצוֹן
will-o'-the-wisp *n.* אוֹר תַּעְתּוּעִים (בּביצות), אַשְׁלָיָה
willow *n.* עֲרָבָה (עץ)
willowy *adj.* דְּמוּי עֲרָבָה; תָּמִיר, גָּמִישׁ
willy-nilly *adv.* בִּרְצוֹנוֹ אוֹ שֶׁלֹּא בִּרְצוֹנוֹ, בְּעַל כּוֹרְחוֹ
wilt *v.* נָבַל, קָמַל; נֶחֱלַשׁ; הִקְמִיל
wily *adj.* עַרְמוּמִי, מָלֵא תַּחְבּוּלוֹת
win *v.* **(won)** נִיצַּח; זָכָה בּ; שָׁבָה לֵב
win *n.* נִיצָּחוֹן; זְכִיָּה
wince *v.* עִיוּוֵת פָּנִים; נִרְתַּע
wince *n.* עֲווִית פָּנִים; רְתִיעָה
wind *v.* **(wound)** סִיבֵּב; לִיפֵּף; הִתְפַּתֵּל, נִכְרַךְ; כּוֹנֵן
wind *n.* רוּחַ; גַּזִּים; כּוֹחַ נְשִׁימָה; מֶלֶל רֵיק
wind *v.* גָּרַם קָשְׁיֵי נְשִׁימָה
wind instrument *n.* (בּנגינה) כְּלִי רוּחַ (כּגון חצוצרה, קלרינט)
wind sock *n.* שַׂק רוּחַ (בּשׂדה תעופה, להראות את כּיוון הרוּח)
wind up *n.* סִיּוּם, סִיכּוּם
windbag *n.* רוֹעֵה רוּחַ
windbreak(er) *n.* שׁוֹבֵר־רוּחַ
winded *adj.* קְצַר נְשִׁימָה
windfall *n.* נְשׁוֹרֶת רוּחַ; יְרוּשָּׁה לֹא צְפוּיָה
winding-sheet *n.* תַּכְרִיךְ
windmill *n.* טַחֲנַת־רוּחַ
window *n.* חַלּוֹן, אֶשְׁנָב
window-dressing *n.* קִישּׁוּט חַלּוֹנוֹת רַאֲוָה; הַצָּגָה לְרַאֲוָה
window frame *n.* מִסְגֶּרֶת חַלּוֹן
window screen *n.* רֶשֶׁת חַלּוֹן
window shade *n.* מָסַךְ חַלּוֹן
window-shop *v.* הִסְתַּכֵּל בְּחַלּוֹנוֹת־רַאֲוָה (לא לשם קנייה)
window shutter *n.* תְּרִיס
window sill *n.* אֶדֶן חַלּוֹן
windpipe *n.* קְנֵה הַנְּשִׁימָה
windshield *n.* שִׁמְשַׁת מָגֵן
windshield wiper *n.* מַגֵּב שְׁמָשׁוֹת
windward *n., adj., adv.* כִּיווּן הָרוּחַ; לְכִיווּן הָרוּחַ; גָּלוּי לָרוּחַ
windy *adj.* שֶׁל רוּחַ; חָשׂוּף לָרוּחַ
wine *n.* יַיִן
wine *v.* כִּיבֵּד בְּיַיִן; שָׁתָה יַיִן
wine cellar *n.* מַרְתֵּף לְיַיִן
winegrower *n.* כּוֹרֵם
winepress *n.* גַּת (לדריכת ענבים)
winery *n.* יֶקֶב
wineskin *n.* חֵמַת יַיִן
wing *n.* כָּנָף; אֲגַף (בּבניין, בּצבא)
wing *v.* נָתַן כְּנָפַיִם, הֵעִיף; יֵירַט; עָף, טָס

wing collar *n.* צַוְּארוֹן כְּנָפַיִים
wingspread *n.* מוּטַּת כְּנָפַיִים
wink *v.* קָרַץ בְּעֵינוֹ, מִצְמֵץ; הִבְהֵב
wink *n.* קְרִיצָה, מִצְמוּץ
winner *n.* מְנַצֵּחַ, זוֹכֶה (בפרס)
winning *adj.* שֶׁמְּנַצֵּחַ; מְלַבֵּב, שׁוֹבֵה לֵב
winnings *n.pl.* זְכִיּוֹת (בהימורים)
winnow *v.* זָרָה (תבואה); נִיפָּה
winsome *adj.* מוֹשֵׁךְ לֵב, מְצוֹדֵד
winter *n.* חוֹרֶף
winter *v.* חָרַף
wintry *adj.* חוֹרְפִּי, קַר
winy *adj.* יֵינִי; דְּמוּי יַיִן
wipe *v.* מָחָה, נִיגֵּב, נִיקָּה, קִינֵּחַ
wipe *n.* נִיגּוּב, מְחִיָּיה
wiper *n.* מְנַגֵּב, מוֹחֶה; מַגֵּב (שמשות)
wire *n.* חוּט חַשְׁמַל, תַּיִל; מִבְרָק
wire *v.* צִיֵּיד בְּתַיִל; טִלְגְּרֵף, הִבְרִיק
wire gauge *n.* מַד עוֹבִי תַּיִל
wire-haired *adj.* בַּעַל שְׂעָרוֹת סוֹמְרוֹת
wire-tap *v.* צוֹתֵת (לשיחות טלפון)
wirecutters *n.* מִגְזְרֵי תַּיִל
wireless *adj.*, *n.* אַלְחוּטִי; אַלְחוּט, רַדְיוֹ
wireless *v.* טִלְגְּרֵף; שִׁידֵּר
wirepulling *n.* מְשִׁיכָה בְּחוּטִים, 'פְּרוֹטֶקְצְיָה', נִיצּוּל קְשָׁרִים
wiring *n.* חוּטֵי חַשְׁמַל; הַתְקָנַת מַעֲרֶכֶת
wiry *adj.* תַּיְלִי; רָזֶה וּשְׁרִירִי
wisdom *n.* חָכְמָה, בִּינָה
wisdom tooth *n.* שֵׁן בִּינָה
wise *adj.*, *n.* חָכָם, נָבוֹן; אוֹפֶן, דֶּרֶךְ
wise guy *n.* (המונית) מִתְחַכֵּם
wiseacre *n.* חָכָם (בלגלוג)

wisecrack *n.* הֶעָרָה שְׁנוּנָה
wish *v.* רָצָה, שָׁאַף; אִיחֵל
wish *n.* רָצוֹן, חֵפֶץ; מִשְׁאָלָה
wishbone *n.* עֶצֶם הַבְּרִיחַ (בעופות)
wishful *adj.* רוֹצֶה, מַבִּיעַ מִשְׁאָלָה
wishful thinking *n.* רְאִיָּיה מֵהַרְהוּרֵי הַלֵּב
wishy-washy *adj.* דָּלִיל, חַלָּשׁ (תֵּה, מרק); חֲסַר 'חַיִּים', מֵימִי (אדם, דיבור)
wisp *n.* צְרוֹר דַּל (של קש), צִיצָה דַּלָּה (של שער); פַּס דַּק (של עשן, של ענן)
wispy *adj.* בִּצְרוֹרוֹת דַּלִּים; בְּפַסִּים דַּקִּים (של עשן, אש)
wistful *adj.* מְהוּרְהָר, עָגוּם
wit *n.* בִּינָה, שְׁנִינוּת
witch *n.* מְכַשֵּׁפָה
witch-doctor *n.* רוֹפֵא אֱלִיל
witch-hunt *n.* צַיִד מְכַשֵּׁפוֹת
with *prep.* עִם; בְּ, עַל־יְדֵי
withal *adv.*, *prep.* מִלְּבַד זֹאת; עִם זֹאת
withdraw *v.* נָסוֹג; הוֹצִיא; פָּרַשׁ; הֵסִיר
withdrawal *n.* נְסִיגָה; פְּרִישָׁה; הוֹצָאָה
wither *v.* קָמַל, כָּמַשׁ; הֵבִיךְ, הִשְׁתִּיק
withhold *v.* סֵירֵב, מָנַע, עָצַר, עִיכֵּב
withholding tax *n.* נִיכּוּי מַס בַּמָּקוֹר
within *adv.*, *n.*, *prep.* פְּנִימָה, לְתוֹךְ; הַפְּנִים; תּוֹךְ; בְּמֶשֶׁךְ
without *adv.*, *prep.* בְּלִי, בִּלְעֲדֵי
withstand *v.* עָמַד בִּפְנֵי
witless *adj.* טִיפְּשִׁי, חֲסַר הִגָּיוֹן
witness *n.* עֵד, עֵדָה; עֵדוּת
witness *v.* הָיָה עֵד, הֵעִיד
witness stand *n.* דּוּכַן עֵדִים

witticism *n.* הֶעָרָה שְׁנוּנָה
wittingly *adv.* בְּיוֹדְעִין, בְּכַוָּונָה
witty *adj.* שָׁנוּן, מְחוּדָּד
wive *v.* נָשָׂא אִשָּׁה
wizard *n.* קוֹסֵם, מְכַשֵּׁף
wizardry *n.* כִּישּׁוּף, כְּשָׁפִים
wizened *adj.* מְצוּמָּק
wo *interj.* עֲצוֹר! (לסוס)
wobble *v.* נָע מִצַּד אֶל צַד; הִתְנַדְנֵד, הִיסֵּס
wobble *n.* נִדְנוּד, נִעְנוּעַ
wobbly *adj.* מִתְנַדְנֵד, מְהַסֵּס
woe *n., interj.* אָסוֹן; אוֹי!
woe is me! אוֹי וַאֲבוֹי לִי
woebegone *adj.* מְדוּכְדָּךְ, עָצוּב
woeful *adj.* אוּמְלָל; עָצוּב; מְצָעֵר
wolf *n.* זְאֵב; רוֹדֵף נָשִׁים
wolf *v.* זָלַל, בָּלַע
wolfhound *n.* כֶּלֶב צַיִד (לציד זאבים)
wolfram *n.* ווֹלְפְרָם (מתכת קשה לְבָנָה, המשמשת לייצור חוטי חשמל בנורות)
woman *n.* אִישָּׁה
womanhood *n.* נָשִׁיּוּת; כְּלַל הַנָּשִׁים
womanize *v.* נָאַף, רָדַף נָשִׁים
womankind *n.* מִין הַנָּשִׁים
womanly *adj., adv.* נָשִׁי, יָאֶה לְאִישָּׁה
womb *n.* רֶחֶם
wombat *n.* ווֹמְבָּט (יונק אוסטרלי דמוי דוב קטן)
womenfolk *n.* נָשִׁים, נְשֵׁי הַמִּשְׁפָּחָה
wonder *n.* פֶּלֶא; תְּמִיהָה
wonder *v.* הִתְפַּלֵּא, תָּמַהּ, חָכַךְ בְּדַעְתּוֹ
wonderful *adj.* נִפְלָא, מַפְלִיא

wonderland *n.* אֶרֶץ הַפְּלָאוֹת
wonderment *n.* תִּימָּהוֹן, הִשְׁתּוֹמְמוּת
wont *adj., n.* הֶרְגֵּל, נוֹהַג
wonted *adj.* רָגִיל, נָהוּג, מְקוּבָּל
woo *v.* בִּיקֵּשׁ אַהֲבָה, חִיזֵּר
wood *n.* (חומר) עֵץ; יַעַר
wood-engraving *n.* גִּילּוּף בָּעֵץ
wood-wind *n.* כְּלִי נְשִׁיפָה מֵעֵץ
woodcarving *n.* גִּילּוּף בָּעֵץ
woodchuck *n.* מַרְמוּטָה (יונק מכרסם)
woodcock *n.* חַרְטוּמָן יְעָרוֹת (עוף)
woodcut *n.* הֶדְפֵּס חִיתּוּךְ עֵץ
woodcutter *n.* חוֹטֵב עֵצִים
wooded *adj.* מְיוֹעָר
wooden *adj.* עָשׂוּי עֵץ, עֵצִי; נוּקְשֶׁה, חֲסַר מַבָּע
woodenheaded *adj.* קֵיהֶה, מְטוּמְטָם
woodland *n.* שֶׁטַח מְיוֹעָר
woodman *n.* יַעֲרָן; חוֹטֵב עֵצִים
woodpecker *n.* נַקָּר (עוף)
woodpile *n.* עֲרֵימַת עֵצִים (להסקה)
woodshed *n.* מַחְסַן עֲצֵי הַסָּקָה
woodwork *n.* עֲבוֹדוֹת עֵץ, נַגָּרוּת
woodworker *n.* נַגָּר
woody *adj.* מְיוֹעָר, יַעֲרִי; עֵצִי
wooer *n.* מְחַזֵּר (אחרי אישה)
woof *n.* (באריג) עֵרֶב
wool *n.* צֶמֶר; שֵׂעָר עָבֶה מְתוּלְתָּל
wool(l)en *n., adj.* אֲרִיגֵי צֶמֶר; צַמְרִי, עָשׂוּי צֶמֶר
woolly *adj., n.* צַמְרִי; הַמַּכִּיל צֶמֶר; מְטוּשְׁטָשׁ, לֹא בָּהִיר
woozy *adj.* שָׁתוּי, שִׁיכּוֹר
word *n.* מִלָּה, דָּבָר, דִּיבּוּר; הוֹדָעָה
word *v.* הִבִּיעַ בְּמִלִּים, נִיסֵּחַ
word count *n.* סְפִירַת מִלִּים

word formation *n.* בְּנִיַּת מִלִּים

word of honor *n.* הֵן צֶדֶק

word order *n.* סֵדֶר מִלִּים

word play *n.* מִשְׂחַק מִלִּים

word splitting *n.* פִּלְפּוּל, דִּקְדְּקָנוּת מוּפְרֶזֶת בְּהַבְחָנָה בֵּין מַשְׁמָעִים

wording *n.* נִיסּוּחַ

wordy *adj.* רַב־מִלִּים (ללא צורך)

work *n.* עֲבוֹדָה, מְלָאכָה; (בּרבּים) כְּתָבִים; (בּרבּים) מִפְעָל

work force *n.* כּוֹחַ אָדָם

work of art *n.* מְלֶאכֶת אֳמָנוּת

work stoppage *n.* שְׁבִיתָה; הַשְׁבָּתָה

work *v.* עָבַד, פָּעַל; הִפְעִיל

workable *adj.* מַעֲשִׂי, בַּר בִּיצּוּעַ

workbench *n.* שׁוּלְחַן־מְלָאכָה

workbook *n.* יוֹמַן עֲבוֹדָה; (לתלמיד) מַחְבֶּרֶת לַעֲבוֹדָה עַצְמִית

workbox *n.* תֵּיבַת מַכְשִׁירִים

workday *n.* יוֹם עֲבוֹדָה, יוֹם חוֹל

worked-up *adj.* נִסְעָר, נִרְגָּז

worker *n.* פּוֹעֵל, עוֹבֵד

workhouse *n.* בֵּית־מַחְסֶה לַעֲנִיִּים

working class *n.* מַעֲמַד הַפּוֹעֲלִים

workman *n.* פּוֹעֵל, עוֹבֵד

workmanship *n.* אוּמָּנוּת, צוּרַת בִּיצּוּעַ, טִיב עֲבוֹדָה

workout *n.* אִימּוּן, מִבְחָן מוּקְדָּם

workroom *n.* חֲדַר עֲבוֹדָה

workshop *n.* בֵּית־מְלָאכָה, סַדְנָה (גם בּמובן קורס עיוני ומעשי)

world *n.* עוֹלָם; כַּדּוּר־הָאָרֶץ

world-wide *adj.* שֶׁבְּרַחֲבֵי הָעוֹלָם

worldly *adj.* חִילּוֹנִי; גַּשְׁמִי, חוֹמְרָנִי

worldly-wise *adj.* נָבוֹן בְּעִנְיָנִים

worm *n.* רִימָּה, תּוֹלַעַת; תַּבְרִיג, תִּבְרוֹגֶת

worm *v.* חָדַר, הִתְגַּנֵּב; זָחַל

worm-eaten *adj.* אֲכוּל רִימָּה מְיוּשָּׁן

wormwood *n.* לַעֲנָה; מְרִירוּת

wormy *adj.* מְתוּלָּע

worn *adj.* מְשׁוּמָּשׁ, מְיוּשָּׁן

worn-out *adj.* בָּלוּי, שֶׁיָּצָא מִכְּלַל שִׁימּוּשׁ; תָּשׁוּשׁ, 'סָחוּט'

worrisome *adj.* מַדְאִיג, מַטְרִיד

worry *v.* הִטְרִיד, הֵצִיק; דָּאַג

worry *n.* דְּאָגָה, גּוֹרֵם לִדְאָגָה

worse *adj., adv.* יוֹתֵר רָע

worsen *v.* הֵרַע; הוּרַע

worship *n.* פּוּלְחָן; הַאֲלָהָה

worship *v.* סָגַד, הֶאֱלִיל

worship(p)er *n.* סוֹגֵד; מִתְפַּלֵּל

worst *v.* גָּבַר עַל, נִיצַּח, הֵבִיס

worst *adj., adv.* הַדָּבָר הַגָּרוּעַ בְּיוֹתֵר; הָרָע בְּיוֹתֵר; בַּמַּצָּב הָרָע בְּיוֹתֵר

worsted *n.* אֲרִיג צֶמֶר

worth *n.* שׁוֹוִי, עֵרֶךְ

worth *adj.* רָאוּי; שָׁוֶה; כְּדַאי

worthless *adj.* חֲסַר עֵרֶךְ

worthwhile *adj.* כְּדַאי

worthy *adj., n.* בַּעַל חֲשִׁיבוּת; רָאוּי; אָדָם חָשׁוּב

would-be *adj.* מִתְיַימֵּר לִהְיוֹת, מִי שֶׁשּׁוֹאֵף לִהְיוֹת

wound *n.* פֶּצַע, פְּגִיעָה

wound *v.* פָּצַע; פָּגַע

wounded *adj., n.* פָּצוּעַ

wrack *n.* שִׁבְרֵי סְפִינָה טְרוּפָה

wraith *n.* רוּחַ מֵת

wrangle *v.* רָב, הִתְכַּתֵּשׁ, הִתְנַצֵּחַ
wrangle *n.* רִיב, הִתְנַצְּחוּת
wrap *v.* כָּרַךְ, עָטַף; הִתְכַּסָּה
wrap *n.* כִּיסּוּי עֶלְיוֹן, סוּדָר
wrapper *n.* אוֹרֵז; עֲטִיפָה; חֲלוּק בַּיִת
wrapping paper *n.* נְיַיר עֲטִיפָה
wrath *n.* זַעַם, כַּעַס
wrathful *adj.* זוֹעֵם
wreak *v.* הוֹצִיא לַפּוֹעַל (נקמה); נָתַן בִּיטּוּי (לרוגז)
wreath *n.* זֵר, עֲטָרָה; תִּימְרוֹת עָשָׁן אוֹ עֲרָפֶל
wreathe *v.* עִיטֵּר בְּזֵר; הִקִּיף, כִּיסָּה; (עשן) תִּימֵּר
wreck *v.* הֶחֱרִיב, הָרַס
wreck *n.* חוּרְבָּן; טְרוּפֶת; אוֹנִיָּה טְרוּפָה; שֶׁבֶר כְּלִי
wrecking car *n.* רֶכֶב מְפַנֵּה הֲרִיסוֹת
wren *n.* גִּדְרוֹן (ציפור שיר)
wrench *n.* עִיקּוּם בְּכוֹחַ, נְקִיעָה; מַפְתֵּחַ שְׁוֶודִי
wrench *v.* עִיקֵּם בְּכוֹחַ
wrest *v.* לָקַח בְּכוֹחַ; חָטַף
wrestle *v.* הִתְגּוֹשֵׁשׁ, הִתְאַבֵּק
wrestle *n.* מַאֲבָק
wrestling match *n.* תַּחֲרוּת הֵיאָבְקוּת
wretch *n.* אָדָם בָּזוּי, נִקְלֶה
wretched *adj.* עָלוּב, מִסְכֵּן, שָׁפָל
wriggle *v.* כִּשְׁכֵּשׁ; הִתְפַּתֵּל; הִתְחַמֵּק
wriggle *n.* נִעְנוּעַ; הִתְחַמְּקוּת
wriggly *adj.* נִפְתָּל, מִתְחַמֵּק
wring *v.* סָחַט, הוֹצִיא בְּאִיּוּמִים
wringer *n.* מִתְקַן סְחִיטָה
wrinkle *n.* קֶמֶט
wrinkle *v.* קִימֵּט; הִתְקַמֵּט
wrist *n.* פֶּרֶק כַּף הַיָּד
wrist-watch *n.* שְׁעוֹן יָד
writ *n.* כְּתָב; צַו
write *v.* כָּתַב; רָשַׁם; חִיבֵּר (ספר וכד')
write-up *n.* כַּתָּבָה מְשַׁבַּחַת
writer *n.* כּוֹתֵב; סוֹפֵר
writhe *v.* סָבַל סֵבֶל נַפְשִׁי, הִתְפַּתֵּל מִכְּאֵב
writing *n.* כְּתִיבָה; כְּתָב, כְּתַב יָד
writing-desk *n.* מִכְתָּבָה, שׁוּלְחַן־כְּתִיבָה
writing materials *n.pl.* צוֹרְכֵי כְּתִיבָה
writing-paper *n.* נְיַיר כְּתִיבָה
wrong *n.* עָוֶול, חֵטְא; אִי־צֶדֶק
wrong *adj., adv.* לֹא נָכוֹן; מוּטְעֶה; לֹא צוֹדֵק
wrong *v.* עָשָׂה עָוֶול ל
wrongdoer *n.* חוֹטֵא
wrong side *n.* צַד לֹא נָכוֹן
wroth *adj.* זוֹעֵם, מָלֵא תַּרְעוֹמֶת
wrought iron *n.* בַּרְזֶל חָשִׁיל
wrought-up *adj.* נִרְגָּשׁ, מָתוּחַ
wry *adj.* מְעוּוָּת

X

X, x *n., adj.* אֶקס (האות העשרים־ וארבע באלפבית); נֶעלָם, אִיקְס

xenon *n.* קְסֶנוֹן (גאז חסר צבע וריח המצוי באטמוספירה בכמויות מזעריות)

xenophobe *n.* שׂוֹנֵא זָרִים

xenophobia *n.* שִׂנְאַת זָרִים

X-ray *v.* צִילֵם בְּקַרְנֵי רֶנְטְגֶן

X-rays *n.* קַרְנֵי רֶנְטְגֶן, קַרְנֵי x

xylophone *n.* מַקוֹשִׁית, קְסִילוֹפוֹן

Xmas *n.* קְרִיסְטְמַס, חַג הַמּוֹלָד (הנוצרי)

Y

yacht *n., v.* סְפִינַת טִיּוּל, יַכְטָה
yacht club *n.* מוֹעֲדוֹן שַׁיִט
yachtsman *n.* בַּעַל יַכְטָה
yah *interj.* יָה (קריאת בוז ולעג)
yahoo *n.* אָדָם בַּהֲמִי (על פי מסעי גוליוור)
yak *n.* יַאק (סוג של שור)
yam *n.* בַּטָּטָה (אמריקנית)
yank *n.* מְשִׁיכַת־פִּתְאוֹם
yank *v.* שָׁלַף, מָשַׁךְ פִּתְאוֹם
yankee *n.* יַנְקִי (איש הצָפוֹן באה"ב במלחמת האזרחים; כינוי לאמריקני)
yap *v.* נָבַח
yap *n.* נְבִיחָה קְצָרָה וְחַדָּה
yard *n.* חָצֵר, מִגְרָשׁ; יַארְד (מידה: 91.40 ס"מ)
yardstick *n.* קְנֵה־מִידָּה
yarn *n., v.* מַטְווֶה; מַעֲשִׂיָּה, סִיפּוּר בַּדִּים
yaw *v., n.* סָטָה (מטוס, אונייה); הֵסֵב; הֲסָבָה
yawl *n.* סִירַת מִפְרָשִׂים (דו תורנית)
yawn *v., n.* פִּיהֵק; פִּיהוּק
ye *pron.* (קדמאי) אַתֶּם, אַתֶּן
yea, yeah *adv., n.* (המונית) כֵּן, נָכוֹן, בֶּאֱמֶת
year *n.* שָׁנָה
yearbook *n.* שְׁנָתוֹן (קובץ)
yearling *n., adj.* (בע"ח) בֶּן שְׁנָתוֹ
yearly *adj., adv.* שְׁנָתִי; מִדֵּי שָׁנָה
yearn *v.* עָרַג, הִתְגַּעְגֵּעַ, נִכְסַף
yearning *n.* גַּעְגּוּעִים
yeast *n.* שְׁמָרִים
yell *v.* צָעַק, צָרַח
yell *n.* צְעָקָה, צְרִיחָה
yellow *adj.* צָהוֹב
yellow *n.* צוֹהַב, צֶבַע צָהוֹב; חֶלְמוֹן (של ביצה); מוג לֵב, פַּחְדָן
yellow *v.* הִצְהִיב
yellow jacket *n.* צִרְעָה
yellow streak *n.* פַּחְדָנוּת
yellowish *adj.* צְהַבְהַב
yelp *v.* יִיבֵּב, הִשְׁמִיעַ נְבִיחָה
yelp *n.* יְבָבָה (מהתרגשות)
Yemen *n.* תֵּימָן
yen *n.* יֶן (מטבע יפאני)
yen *n.* תְּשׁוּקָה, כְּמִיהָה
yeoman *n.* סַמָּל יַמִּי; אִיכָּר
yeomanly *adj., adv.* נֶאֱמָן; בְּנֶאֱמָנוּת
yes *adv., n.* כֵּן, נָכוֹן
yesterday *n., adv.* אֶתְמוֹל
yet *adv., conj.* עֲדַיִין, אֲבָל; בְּכָל זאת
yew tree *n.* טַקְסוּס (עץ מַחַט)
Yiddish *n., adj.* אִידִישׁ; אִידִישָׁאִי
yield *v.* הֵנִיב, נָשָׂא פְּרִי; נִכְנַע
yield *n.* תְּנוּבָה, יְבוּל; תְּפוּקָה
yodelling *n.* יִידוּל, סִלְסוּל קוֹל
yoga *n.* יוֹגָה (שיטה הודית לחיזוק הגוף והרוח)
yogi *n.* הָעוֹסֵק בְּאִימּוּנֵי יוֹגָה
yog(h)(o)urt *n.* יוֹגוּרְט (סוג של חלב מוחמץ)
yoke *v.* שָׂם עוֹל; חִיבֵּר; הִתְחַבֵּר
yoke *n.* עוֹל; אֵסֶל
yokel *n.* בֶּן כְּפָר בּוּר
yolk *n.* חֶלְמוֹן
yon, yonder *adj., adv.* הַהוּא; הָהֵם; שָׁם

yore *n.* יְמֵי־קֶדֶם, הֶעָבָר
you *pron.* אַתָּה, אַתְּ, אַתֶּם, אַתֶּן
young *adj.* צָעִיר, רַךְ בַּשָּׁנִים
youngster *n.* צָעִיר, יֶלֶד
your *pron.* שֶׁלְּךָ, שֶׁלָּךְ, שֶׁלָּכֶם, שֶׁלָּכֶן
yours *pron.* שֶׁלְּךָ, שֶׁלָּךְ, שֶׁלָּכֶם, שֶׁלָּכֶן
yourself *pron.* לְבַדְּךָ, אֶת עַצְמְךָ וכו׳; בְּעַצְמְךָ וכו׳
youth *n.* נוֹעַר; נַעַר
youthful *adj.* צָעִיר, שֶׁל נְעוּרִים
yowl *v., n.* יִיבֵּב; יְבָבָה
Yule *n.* חַג הַמּוֹלָד (הנוצרי)
yuletide *n.* עוֹנַת חַג הַמּוֹלָד

הַמִּילּוֹן הֶחָדָשׁ

עִבְרִי-אַנְגְּלִי אַנְגְּלִי-עִבְרִי

הַמִילוֹן הֶחָדָשׁ

עִבְרִי-אַנְגְלִי אַנְגְלִי-עִבְרִי

עָרוּךְ בִּידֵי יִשְׂרָאֵל לַזַר

·K·U·P·E·R·A·R·D·

The New Dictionary
Hebrew - English   English - Hebrew
Published in Great Britain in 1999 by Kuperard
311 Ballards Lane
London NI2 8LY
Great Britain
Tel (0044) 0181 446 2440   Fax (0044) 0181 446 2441
E-mail kuperard@bravo.clara.net

©1999 KS-JM Books
Kuperard is an imprint of Bravo Ltd.

ISBN 1-87066-826-X

התוכן
(עברי–אנגלי)

הקדמה

מילון דו־לשוני חדש זה, המופיע בסוף המאה העשרים, על סַף שנת האַלפַּיים, כולל מלים ומושגים בשתי הלשונות שיש להם שימוש נרחב ביותר בדיבור היומיומי, בעיתונות ובכלי התקשורת בכלל, במערכת החינוך ובעולם המדע והטכנולוגיה. בתקופתנו רבים השינויים וההתפתחויות בכל שפה חיה, ובעיקר באנגלית שבמציאות של זמננו היא, למעשה, שפה בין־לאומית. אבל גם העברית, השפה העתיקה, שפת התנ"ך, עברה במאת השנים האחרונות התפתחויות רבות ושימושה מתרחב והולך הן במדינת ישראל והן בארצות רבות בעולם, שיש בהן קיבוצים יהודיים.

לסֵדר הערכים

ייחודי המילון הזה הם בעיקר בצד העברי: הכתיב הוא הכתיב המלֵא, שאת כלליו קבעה האקדמיה ללשון העברית על כל דברים שבכתב. עם זאת נראֶה בעינינו לנכון לנקד את המלים ניקוד מלא, כדי לאפשר למעיין וללומד לדייק בהגייתה של כל מלה ומלה. הפעלים הובאו כרגיל במילונים בצורת גוף שלישי בעבר. בבניין פָּעַל: כָּתַב, לָמַד, שָׁמַר... וכדומה. בבניין פיעל ופועל בתוספת י׳ או ו׳ של כתיב מלא אחרי האות הראשונה: סִידֵּר, לִימֵּד, בִּיטֵּל... סוּדַּר, שׁוּתַּק, בּוּטַּל... בבניין נִפעל באים הפעלים בנ׳ בתחילה: נִכְתַּב, נוֹתַר, נוֹאַשׁ... ובבניין הִפעיל, הוּפעַל או התפעל בה׳ בתחילה: הִשְׁלִיךְ, הִמְתִּין, הִשְׁמִיד... הוּשְׁלַךְ, הוּרְחַק, הוּשְׁמַד... הִתְלַהֵב, הִסְתַּדֵּר, הִזְדַּמֵּן, הִצְטַעֵר...

הקיצורים בחלק העברי־אנגלי

Abbreviations on the Hebrew Side

ז׳ — זָכָר (שם עצם ממין זכר) masculine noun

ז״ז — זָכָר זוּגִי (כּגוֹן קַבַּיִם) masculine noun, dual form

מ״ג — מִלַּת גוּף או כִּינּוּי גוּף pronoun

מ״ח — מִלַּת חִיבּוּר conjunction

מ״י — מִלַּת יַחַס preposition

מ״ק — מִלַּת קְרִיאָה interjection

נ׳ — נְקֵבָה (שם עצם ממין נקֵבה) feminine noun

נ״ז — נְקֵבָה זוּגִי (כּגוֹן יָדַיִם) feminine noun, dual form

פ׳ — פּוֹעל verb

ר׳ — רְאֵה/רְאִי/רְאוּ; רַבִּים see; plural

ש״מ — שֵׁם מִסְפָּר numeral

ת׳ — תּוֹאַר (בּצוּרת יחיד זכר) adjective (singular masculine form)

תה״פ —תּוֹאַר הַפּוֹעַל adverb

א

אָב ז' father; Av (July-Aug.)
אַב בֵּית דִּין ז' president of a court of justice
אָב חוֹרֵג ז' stepfather
אַב מָזוֹן ז' primary food substance
אַבָּא ז' daddy, father
אָבַד פ' be lost, perish
אֲבֵדָה, אֲבֵידָה נ' loss; lost property
אֲבַדּוֹן ז' destruction, ruin
אָבְדָן, אוֹבְדָן ז' destruction, ruin; loss
אָבָה פ' want, consent
אַבְהוּת נ' fatherhood, paternity
אַבָהִי ת' fatherly, paternal
אַבּוּב ז' oboe; tube
אַבּוּבָן ז' oboist
אֲבוֹי מ"ק alas, woe
אֵבוּס ז' feeding trough, crib
אֲבוּקָה נ' blazing torch
אַבְזֵם ז' buckle, clasp
אַבְזָר ז' accessory
אִבְחוּן ז' diagnosis
אִבְחֵן פ' diagnose
אַבְחָנָה נ' diagnosis
אִבְטַח פ' protect (from attack), provide security for
אַבְטָחָה נ' protection (from attack), security measures
אֲבַטִּיחַ ז' water-melon
אַבְטִיפּוּס ז' archetype, prototype
אַבְטָלָה נ' unemployment
אָבִיב ז' spring
אֲבִיב יָמָיו the springtime of one's life
אֲבִיבִי ת' springlike
אָבִיד ת' perishable
אֶבְיוֹן ז' pauper
אֲבִיוֹנָה נ' lust, libido
אָבִיךְ ת' hazy, misty,
אַבִּיר תו"ז knight; mighty, strong
אַבִּירוּת נ' valor
אֲבָל מ"ח but, yet
אָבֵל תו"ז mourner; grief-stricken
אֵבֶל ז' grief, mourning
אֲבֵלוּת נ' mourning (state of), mourning
אֶבֶן נ' stone, rock
אֶבֶן בּוֹחַן נ' touchstone, criterion
אֶבֶן גָּזִית נ' hewn stone, ashlar
אֶבֶן חֵן, אֶבֶן טוֹבָה נ' gem, precious stone
אַבְנֵט ז' girdle, sash
אָבְנַיִם, אוֹבְנַיִים ז"ז potter's-wheel; workbench; stool (for woman in labor)
אַבְנֵי מָרָה נ"ר gallstones
אֶבֶן יְסוֹד נ' foundation-stone
אֶבֶן יְקָרָה נ' jewel, gem
אַבְנִית נ' lime (in kettles etc.)
אֶבֶן מַשְׁחֶזֶת נ' grindstone, whetstone
אֶבֶן נֶגֶף נ' stumbling-bloc
אֶבֶן פִּינָּה נ' corner stone
אֶבֶן רֵיחַיִים נ' millstone
אֶבֶן שׁוֹאֶבֶת נ' lodestone, magnet
אֶבֶן שָׂפָה נ' curbstone, kerbstone
אֲבַעְבּוּעָה נ' blister, boil

אֲבַעְבּוּעוֹת נ״ר small-pox, pox
אֲבַעְבּוּעוֹת חוֹרֶף chilblains
אֲבַעְבּוּעוֹת רוּחַ chicken pox
אָבָץ ז׳ zinc
אָבָק ז׳ dust, powder
אֲבַק־שְׂרֵפָה ז׳ gunpowder
אַבְקָה נ׳ powder; pollen
אִבְקָה נ׳ loop, button-hole, eyelet
אַבְקָן ז׳ stamen (of flower)
אֵבֶר ז׳ ר׳ גם אֵיבָר wing (of a bird)
אַבְרֶזִין ז׳ tarpaulin
אַבְרֵךְ ז׳ young scholar
אַגַּב מ״י ותה״פ by way of, by the way
אַגַּב אוֹרְחָא תה״פ by the way, incidentally
אֶגֶד ז׳ bundle, bunch, sheaf; surgical bandage; Egged (bus company in Israel)
אַגָּדָה נ׳ legend, fable, tale, homily
אַגָּדַת עַם נ׳ popular legend
אַגָּדָתִי ת׳ legendary, fabulous
אֲגוּדָּה נ׳ association, union, society
אֲגוּדָּל ז׳ thumb
אֱגוֹז ז׳ nut, walnut (fruit or tree)
אֱגוֹז קָשֶׁה ז׳ a difficult character
אֲגוֹרָה נ׳ agora (one hundredth of an Israeli sheqel); ancient coin
אָגִיד ז׳ gill (of a fish)
אֲגִירָה נ׳ hoarding, storing
אֵגֶל ז׳ drop
אֲגַם ז׳ lake, pond
אַגְמוֹן ז׳ bulrush
אֲגַמִּיָּה נ׳ coot
אַגָּן ז׳ basin, bowl
אַגַּן הַיְרֵכַיִם ז׳ the peluis
אַגָּס ז׳ pear
אֲגַף ז׳ wing, department, branch, flank (military)
אָגַף פ׳ outflank (military)
אָגַר פ׳ hoard, store
אַגְרָה נ׳ toll, fee
אִגְרוּף ז׳ boxing
אֶגְרוֹף ז׳ fist
אֶגְרוֹפָן ז׳ boxer; brass knuckles
אֲגַרְטַל ז׳ vase
אִגְרֵף פ׳ box, fight
אֵד ז׳ vapor, mist, steam
אַדְוָה נ׳ ripple, wavelet
אָדוֹם ת׳ red
אָדוֹן ז׳ Sir, Mr., gentleman; master; possessor
אֲדוֹנִי! Sir!
אֲדוֹנָי, אֲדֹנָי ז׳ ר׳ גם הַשֵּׁם Lord God, the Lord
אָדוּק ת׳ orthodox (in religion), devout, devoted, pious
אָדִיב ת׳ courteous, polite
אֲדִיבוּת נ׳ courtesy, politeness
אֲדִיקוּת נ׳ orthodoxy, piety, devoutness, devotion
אַדִּיר ת׳ mighty, powerful; terrific (colloquial)
אָדִישׁ ז׳ apathetic, indifferent
אֲדִישׁוּת נ׳ indifference, apathy
אָדַם פ׳ be red, become red
אָדָם ז׳ man, person, human being
אֲדַמְדַּם ת׳ reddish, pale-red
אֲדַמְדֶּמֶת נ׳ German measles

אֲדָמָה נ׳	earth, soil, land; ground
אַדְמַת הַקוֹדֶשׁ נ׳	the Holy Land
אַדְמוּמִי נ׳	reddish, ruddy
אַדְמוּמִית נ׳	reddishnes
אַדְמוֹנִי ת׳	ruddy, red-haired
אַדֶּמֶת נ׳	(colloquial) measles
אֶדֶן ז׳	base, sill
אֶדֶן הַחַלּוֹן ז׳	window sill
אַדְנוּת נ׳	mastery, power
אֶדֶר ז׳	stuffed animal
אֲדָר ז׳	Adar (Feb.-March)
אַדְּרַבָּה תה״פ	on the contrary! certainly
אִדְרָה נ׳	fish-bone
אַדְרִיכָל ז׳	architect
אַדְרִיכָלוּת נ׳	architecture
אַדֶּרֶת נ׳	overcoat, cloak, mantle
אָהַב פ׳	love, adore; like
אַהֲבָה נ׳	love, affection, liking
אַהֲבַת בֶּצַע נ׳	avarice, love of money
אַהֲבַת הַבְּרִיּוֹת נ׳	love of mankind
אַהֲבַת נֶפֶשׁ נ׳	deep love
אֲהַבְהָבִים ז״ר	flirtation, philandering
אָהַד פ׳	sympathize with, support
אֲהַדָדֵי תה״פ	mutually
אַהֲדָה נ׳	sympathy, liking; support
אֲהָהּ מ״ק	alas, woe
אָהוּב ת׳	beloved, sweetheart
אָהוּד ת׳	(well-)liked,popular
אָהִיל ז׳	lampshade
אָהַל פ׳	pitch a tent, camp
אוֹ מ״ח	or
אוֹב ז׳	necromancy

אוֹבֵד ת׳	lost, forlorn
אוֹבֵד עֵצוֹת ז׳	perplexed, at a loss
אוּבְטַח פ׳	be protected, be secured
אוֹבֶךְ ז׳	dust-filled air
אוֹגֵד ז׳	copula (grammar)
אוּגְדָּה נ׳	division (mil.)
אוֹגְדָן ז׳	folder (for loose papers)
אוֹגֶן ז׳	brim (of a hat); rim
אוֹגֵר ז׳	collector, hoarder; hamster
אוּד ז׳	firebrand
אוֹדוֹת מ״י	about, concerning
אוֹדֶם ז׳	redness, ruby; rouge, lipstick
אוֹהֵב ז׳-הֶבֶת נ׳	lover
אוֹהֵד ז׳	sympathizer, supporter
אוֹהֶל ז׳	tent
אַוָּז ז׳	goose, gander
אֱוִיל ז׳	fool, dolt
אֱוִילִי ת׳	silly, stupid
אֲוִיר ז׳	air
אֲוִירָאוּת נ׳	aviation
אֲוִירָה נ׳	atmosphere
אֲוִירוֹן ז׳	airplane
אֲוִירִי ת׳	airy, ethereal
אֲוִירִיּוּת נ׳	airiness
אָוֶן ז׳	wickedness, evil, iniquity
אַוְרָר ז׳	breather vent (in engine)
אִוְרוּר ז׳	ventilation, airing
אִוְרֵר פ׳	ventilate, air
אַוְרָר ז׳	ventilator
אִוְשָׁה נ׳	rustle, murmur
אוּזְכַּר פ׳	be mentioned, be referred to

אוּזְלַת יָד, אָזְלַת יָד נ' — helplessness
אוֹזֶן נ' (נ"ז אוֹזְנַיִים) — ear; handle
אוֹזֶן הָמָן נ' — ear-shaped Purim cake
אוֹזְנִית, אוֹזְנִיָּה נ' — earphone, headphone
אוֹחַ ז' — eagle-owl
אוּחַד פ' — be united, be unified
אוּחָה פ' — be joined together, be patched
אוֹטֶם ז' — stoppage, closure, obstruction
אוֹטֶם שְׁרִיר הַלֵּב ז' — myocardial infarction
אוֹי! מ"ק — oh! alas! woe!
אוֹי וַאֲבוֹי מ"ק — alas! alack!
אוֹיֵב ז' — enemy, foe, adversary
אוֹיָה! מ"ק — alas! woe!
אוֹכֶל ז' — food, nourishment
אוּכַּל פ' — be burnt; be consumed
אוּכְלוּסִיָּה נ' — population
אוּכְלוֹסִים ז"ר — population
אוּכְלַס פ' — be populated
אוּכְמָנִית נ' — blackberry
אוּכְסַן פ' — be lodged
אוּכָּף ז' — saddle
אוּלַי, אוּלַיי תה"פ — maybe, perhaps
אוּלָם מ"ח — however, but, yet
אוּלָם ז' — hall, auditorium
אוּלַף פ' — be trained, be tamed
אוּלְפָּן ז' — studio; ulpan (center for intensive study of Hebrew
אוּלְפַּן עֲבוֹדָה ז' — ulpan in Kibbutz
אוּלְפָּנִית נ' — short-ulpan
אוּלַץ פ' — be compelled, be forced
אוֹלָר ז' — pen-knife, pocket-knife, jack-knife
אוּלְתַּר פ' — be improvised
(הָ)אוּ"ם ז' — the U.N.
אוֹם נ' — nut (for bolt)
אוּמְדָן ז' — estimate, assessment
אוּמָּה נ' — nation, people
(הָ)אוּמּוֹת (הַ)מְאוּחָדוֹת נ"ר — United Nations
אוּמְלָל ת' — wretched, miserable, unhappy, pitiful
אוּמַּן פ' — be trained, be taught
אוֹמֵן ז' — trainer, foster-father
אוּמָּן ז' — craftsman, artisan
אוֹמְנָה נ' — pillar, pier
אוּמָּנוּת נ' — craftsmanship, craft
אוֹמֶנֶת נ' — mursemaid, governess
אוּמַּץ פ' — be adopted
אוֹמֶץ ז' — courage, bravery
אוֹמֶץ לֵב ז' — bravery
אוֹמֶץ רוּחַ ז' — moral courage
אוּמְצָה נ' — (beef) steak
אוֹמֶר ז' — speech, utterance
אוֹן ז' — force, strength
אוֹנָאָה נ' — deceit, deception, fraud
אוֹנָה נ' — lobe
אוֹנִיָּה נ' — ship
אוֹנִיַּת קִיטוֹר נ' — steamship
אוֹנֵן פ' — masturbate
אוֹנָן ז' — onanist
אוֹנָנוּת נ' — onanism, masturbation
אוֹנֵס ז' — rapist, raper
אוֹנֶס ז' — rape; compulsion
אוּנְקִיָּה נ' — ounce
אוּנְקָל ז' — hook

אוֹסֶם ז׳	bounty, rich harvest
אוֹסֶף ז׳	collection
אוֹפֶה ז׳, אוֹפָה נ׳	baker
אוֹפִי ז׳	character
אוֹפְיָנִי ת׳	characteristic
אוּפַּל פ׳	be blacked out
אוֹפֶל ז׳	darkness, gloom
אוֹפַן ז׳	wheel
אוֹפֶן ז׳	manner, way, method
אוֹפְנָה, אָפְנָה נ׳	fashion, mode
אוֹפַנּוֹעַ ז׳	motorcycle
אוֹפַנּוֹעָן ז׳	motorcyclist
אוֹפַנַּיִים ז״ז	bicycle, bike
אוֹפְנָתִי פ׳	fashionable, stylish
אוֹפֶק ז׳	horizon
אוֹפְקִי פ׳	horizontal
אוּפְשַׁר פ׳	be enabled
אוֹצֵר ז׳	curator
אוֹצָר ז׳	treasure, treasury
אוֹצָר בָּלוּם ז׳	polymath, treasury
אוֹצַר מִלִּים ז׳	vocabulary
אוֹצְרוֹת קוֹרַח ז״ר	immense wealth
אוֹקְיָינוֹס ז׳	ocean
אוֹר ז׳	light, brightness
אוֹר ל... חה״פ	the night before
אוּר ז׳	flame, fire
אוֹרֵג ז׳	weaver
אוּרְגַּן פ׳	be organized
אוֹרָה נ׳	light
אוּרְוָוה נ׳	stable
אוֹרֵז ז׳ ־רֶזֶת נ׳	packer
אוֹרֶז ז׳	rice
אוֹרֵחַ ז׳ ־רַחַת נ׳	guest, visitor
אוֹרַח ז׳ ר׳ אוֹרָחוֹת	way, manner
אוֹרְחָה נ׳	caravan
אוֹרַיְיתָא נ׳	the Law, the Tora
אוּרִים וְתוּמִּים ז״ר	oracle
אוֹרֶךְ ז׳	length; duration
אוֹרֶךְ אַפַּיִים ז׳	patience
אוֹרֶךְ יָמִים ז׳	longevity
אוֹרֶךְ רוּחַ ז׳	forbearance
אוֹרְלוֹגִין ז׳	clock
אוֹרֶן ז׳	pine, pine-wood
אוֹרַס פ׳	become engaged, become betrothed
אוֹרְקוֹלִי ת׳	audio-visual
אוּשְׁפַּז פ׳	be hospitalized
אוּשְׁפִּיז ז׳	guest, visitor
אוּשַּׁר פ׳	be confirmed, be approved
אוֹשֶׁר ז׳	happiness, bliss
אוּשְׁרַר פ׳	be ratified
אוֹשֵׁשׁ פ׳	encourage, strengthen
אוֹת ז׳	sign, mark, signal
אוֹת אַזְעָקָה ז׳	alarm
אוֹת אַרְגָּעָה ז׳	all clear
אוֹת הִצְטַיְּינוּת ז׳	mark of distinction
אוֹת קַיִן	the mark of Cain
אוֹת נ׳	letter (of the alphabet)
אוֹתִיּוֹת שֶׁל קִידּוּשׁ לְבָנָה נ״ר	very large letters
אוּתַּר פ׳	be located, be sited; be localized
אוֹתֵת פ׳	signal
אוּתַּת פ׳	be signalled
אָז תה״פ	then, at that time; so
אָז מָה?	so what?
אַזְהָרָה נ׳	warning, caution
אֵזוֹב ז׳	hyssop
אֵזוֹר ז׳	zone, region, district

אֲזוֹרִי ת׳ regional, district
אֲזַי תה״פ then (arch).
אֲזִיקִים ז״ר handcuffs, fetters, shackles
אִזְכּוּר ז׳ mentioning, reference
אִזְכֵּר פ׳ cite, refer
אַזְכָּרָה נ׳ memorial service
אָזְלַת יָד ר׳ אוֹזְלַת יָד
אִזְמֵל ז׳ scalpel; chisel
אִזְמֵל הַנִּיתּוּחַ ז׳ surgeon's knife
אִזְמָרַגְד, אִיזְמָרַגְד ז׳ emerald
אַזְעָקָה נ׳ alarm, siren
אַזְעָקַת שָׁוְא נ׳ false alarm
אָזַר פ׳ gird
אָזַר כּוֹחַ פ׳ gather strength
אֶזְרָח ז׳, ־חִית נ׳ citizen, civilian
אִזְרֵחַ פ׳ naturalize, grant citizenship to
אֶזְרָחוּת נ׳ citizenship
אֶזְרְחוּת כָּבוֹד נ׳ freedom of the city
אֶזְרָחִי ת׳ civic, civil
אָח ז׳ brother; male nurse
אָח ז׳ fireplace, hearth
אָחָא ז׳ brother! my brother!
אֶחָד ש״מ one *(masculine)*
אַחְדוּת נ׳ unity, solidarity, oneness
אָחוּ ז׳ meadow
אַחֲוָה נ׳ brotherhood, fraternity
אָחוּז ת׳ seized, caught
אָחוּז ז׳ percent,%
אֲחוּזָּה נ׳ estate, landed property
אָחוֹר ז׳ back, rear; backside, behind
אֲחוֹרָה תה״פ backward, in reverse
אֲחוֹרִי ת׳ rear, back
אֲחוֹרַיִים ז״ר buttocks
אֲחוֹרַנִּית תה״פ backwards
אָחוֹת נ׳ sister; nurse
אָחוֹת רַחְמָנִיָּה נ׳ nurse (in hospital)
אָחַז פ׳ hold, grasp, grip, seize
אֶחָז ז׳ handle
אִחְזוּז ז׳ gimmick
אַחְזָקָה נ׳ maintenance, upkeep
אָחִיד ת׳ uniform, homogeneous
אֲחִידוּת נ׳ uniformity
אֲחִיזָה נ׳ holding, grasping, gripping, seizing
אַחְיָין ז׳ nephew
אַחְיָינִית נ׳ niece
אַחְלָמָה ז׳ amethyst
אַחָ״ם (אִישִׁיוּת חֲשׁוּבָה מְאוֹד) V.I.P.
אִחְסוּן ז׳ storage
אִחְסֵן פ׳ store
אַחְסָנָה נ׳ storage
אַחַר תה״פ after, behind
אַחַר כָּךְ תה״פ afterwards, later
אַחַר הַצָּהֳרַיִים in the afternoon
אַחֵר מ״ג, ת׳ other, another, different
אַחְרַאי ז׳ responsible person
אַחְרָאִי ת׳ responsible, liable
אַחֲרוֹן ת׳ last, final, latter
אַחֲרֵי תה״פ after, behind
אַחֲרֵי־כֵן תה״פ after that
אַחְרָיוּת נ׳ responsibility, liability guarantee
אַחֲרִית נ׳ end; remnant
אַחֶרֶת תה״פ otherwise, or else
אַחַת נ׳ one *(feminine)*; once

אַט־אַט תה״פ	slowly, slow
אֶטֶב ז׳	clothes-peg, clothes-pin; paper-clip
אָטָד ז׳	thorn-bush, bramble
אָטוּם ת׳	sealed; closed, shut; opaque
אָטִים ת׳	impermeable, impervious
אֲטִים־אֲוִויר ת׳	airtight
אֲטִים־מַיִם ת׳	waterproof, wateı ight
אֲטִימָה נ׳	sealing, closing, stoppage
אֲטִימוּת נ׳	impermeability, opacity
אִטְלוּלָא, אִטְלוּלָה, אִיטְלוּלָא נ׳	jest, joke
אִטְלוּלִית נ׳	cartoon; caricature
אִטְלִיז, אִיטְלִיז ז׳	butcher's shop
אָטַם פ׳	shut close; seal; stop, obstruct
אֶטֶם ז׳	seal, packing; gasket
אִטְמוּט ז׳	automation
אִטְמֵט פ׳	outomate
אִטְרִית נ׳	noodle
אִי ז׳	island, isle
אִי תה״פ	not
אִי מ״ק	woe!
אֵי תה״פ	where
אֵי פַּעַם תה״פ	sometime, ever
אֵי שָׁם תה״פ	somewhere
אִי־אֶפְשָׁר	impossible
אִי־בְּהִירוּת נ׳	unclearness, lack of clarity
אִי־הֲבָנָה נ׳	misunderstanding
אִי־הֲפִיכוּת נ׳	irreversibility
אִי־וַדָּאוּת נ׳	uncertainty
אִי־יַצִּיבוּת נ׳	instability
אִי־סֵדֶר ז׳	disorder, lack of order
אִי־פְּעִילוּת נ׳	inactivity
אִיבֵּד פ׳	lose, forfeit
אֵיבָה נ׳	animosity, hatred
אִיבּוּד ז׳	losing, loss
אִיבּוּד לָדַעַת ז׳	suicide
אִיבּוּךְ ז׳	billowing (as of smoke)
אִיבּוּכִי ת׳	billowy
אִיבּוּץ ז׳	galvanization, zinc-plating
אִיבּוּק ז׳	dusting, powdering
אִיבֵּךְ פ׳	billow (smoke etc.)
אִיבֵּן פ׳	petrify, turn to stone
אִיבֵּץ פ׳	galvanize, zinc-plate
אִיבֵּק פ׳	powder; cover with dust
אֵיבָר ז׳	limb, organ
אִיגֵּד פ׳	bind, tie, federate
אִיגּוּד ז׳	union, association
אִיגּוּף ז׳	outflanking
אִיגֵּף פ׳	outflank
אִיגָּרָא ז׳	roof
אִיגֶּרֶת נ׳	letter, epistle
אֵיד ז׳	calamity
אִידָּה פ׳	vaporize, turn into steam
אִידּוּי ז׳	evaporation, vaporization
אִידְיוֹט ז׳	idiot, fool
אִידִית, אִידִישׁ נ׳	Yiddish
אִידָךְ מ״ג	the other
אַיֵּה תה״פ	where?
אִיוָּה פ׳	desire, crave
אִיוּוּי ז׳	craving, longing
אִיוֶּלֶת נ׳	stupidity
אִיוּם ז׳	threat, menace
אָיוֹם ת׳	dreadful, terrible
אִיוּן ז׳	negation
אִיוּר ז׳	illustration

אִיוּשׁ ז׳	manning, staffing
אִיוּת ז׳	spelling
אֵיזֶה מ״ג	what?, which?, some-one, anyone; who is?, which is?
אֵיזֶהוּ מ״ג	who is?, which is?
אֵיזוֹ מ״ג	what?, which? *(fem);* someone, anyone
אֵיזוֹהִי מ״ג	who is?, which is? *(fem).*
אִיזּוּן ז׳	balancing, balance
אִיזּוּן הַכּוֹחוֹת ז׳	balance of power
אִיזֵּן פ׳	balance, weigh
אֵיזֶשֶׁהוּ מ״ג	whichever, whatever, some
אִיחֵד פ׳	unite, join, unify
אִיחָה פ׳	join, patch
אִיחוּד ז׳	union, unification, unity
אִיחוּי ז׳	joining, stitching; patching up
אִיחוּל ז׳	wish, greeting
אִיחוּר ז׳	delay, lateness
אִיחֵל פ׳	wish
אֵיחֵר פ׳	be late, be slow, arrive late
אִיטּוּם ז׳	sealing
אִיטִּי ת׳	slow
אִיטִּיּוּת נ׳	slowness
אִיטְלִיז ר׳ אִטְלִיז	
אִיטֵּם פ׳	seal, shut, make waterproof
אִיטֵּר ת׳	left-handed
אִיטְּרוּת נ׳	left-handedness
אֱיָל ז׳	power, might
אַיָּל ז׳	deer, stag
אַיָּלָה נ׳	doe, hind
אַיֶּלֶת הַשַּׁחַר נ׳	morning star
אִיֵּם פ׳	threaten, menace
אִיֵּר פ׳	illustrate
אִיָּר ז׳	Iyar (April-May)
אִיֵּשׁ פ׳	man
אִיֵּת פ׳	spell (letter by letter)
אֵיךְ תה״פ	how?
אֵיכָה תה״פ	how? (arch.)
אִיכּוּל ז׳	consumption; combustion; burning; corroding, corrosion
אִיכּוּן ז׳	pin-pointing
אֵיכוּת נ׳	quality
אֵיכוּתִי ת׳	qualitative
אֵיכָכָה תה״פ	how? (arch.)
אִיכֵּל פ׳	consume; burn; corrode
אִיכֵּן פ׳	pin-point, locate
אִיכְפַּת, אִכְפַּת	concern, matter to
אִיכְפַּתִיּוּת נ׳	concern, a feeling of responsibility
אִיכָּר ז׳ אִיכָּרָה נ׳	farmer, peasant
אֵיכְשֶׁהוּ תה״פ	somehow or other
אַיִל ז׳	ram
אִילוּ מ״ת	if
אֵילוּ מ״ג	which (pl); some
אִילוּלֵי מ״ת	if not; but for, were it not for
אִילּוּחַ ז׳	infection
אִילּוּף ז׳	training, taming
אִילּוּץ ז׳	compulsion, coercion
אִילּוּצִים ז״ר	compelling factors
אֵילֵי נֵפְט ז״ר	oil tycoons
אֵילָךְ תה״פ	thereafter, onwards, afterwards
אִילְכָךְ מ״ח	therefore, accordingly
אִילֵּם תו״ז	dumb, silent, mute

if not	אִילְמְלָא מ״ח
if	אִילְמְלֵי מ״ח
tree	אִילָן ז׳
train, tame	אִילֵף פ׳
compel, force, oblige	אִילֵץ פ׳
mummy, mother	אִימָא נ׳
dread, terror	אֵימָה נ׳
stage fright	אֵימַת הַצִּיבּוּר נ׳
mothers, matriarchs; matrix (in printing)	אִימָהוֹת נ״ר
motherhood, maternity	אִימָהוּת, אִמָּהוּת, נ׳
motherly, maternal	אִימָהִי, אִמָּהִי ת׳
tailor's dummy, last, block	אִימוּם ז׳
training, practice	אִימוּן ז׳
adoption; straining	אִימוּץ ז׳
verification	אִימוּת ז׳
enamel-plate	אִימֵל פ׳
train, practise	אִימֵן פ׳
adopt (child); strengthen, strain	אִימֵץ פ׳
verify, prove true	אִימֵת פ׳
whenever, when	אֵימָתַי תה״פ
frightening person, ruffian	אֵימְתָן ז׳
frightening or threatening appearance	אֵימְתָנוּת נ׳
not; there is no; nothing	אֵין, אֵין תה״פ
helpless	אֵין אוֹנִים
never mind	אֵין דָּבָר
bring about, cause	אִינָה פ׳
make vertical	אִינֵךְ פ׳
infinity	אֵינְסוֹף, אֵין־סוֹף ז׳
infinite	אֵינְסוֹפִי, אֵין־סוֹפִי ת׳

storage	אִיסוּם ז׳
collecting, collection, gathering	אִיסוּף ז׳
prohibition, ban	אִיסוּר ז׳
fastidious	אִיסְטְנִיס ת׳
store	אִיסֵם פ׳
gather, collect	אִיסֵף פ׳
where?	אֵיפֹה? תה״פ
ancient measure	אֵיפָה נ׳
discrimination	אֵיפָה וְאֵיפָה
	אֵיפוֹא ר׳ אֲפוֹא
black-out	אִיפּוּל ז׳
make-up	אִיפּוּר ז׳
black-out, dim	אִיפֵּל פ׳
synchronize; nullify	אִיפֵּס פ׳
make-up	אִיפֵּר פ׳
haste	אִיצָה נ׳
robe, toga	אִיצְטְלָה נ׳
portrait, picture; icon	אִיקוֹנִין ז׳
hospitality	אֵירוּחַ ז׳
iris	אִירוּס ז׳
engagement, betrothal	אֵירוּסִים, אֵירוּשִׁים ז״ר
event, incident, occurrence	אֵירוּעַ ז׳
entertain (as guest), host	אֵירַח פ׳
betroth, become engaged to	אֵירַס פ׳
happen, occur	אֵירַע פ׳
man, male, husband	אִישׁ ז׳
great scholar	אִישׁ אֶשְׁכּוֹלוֹת ז׳
one another, each other	אִישׁ אֶת רֵעֵהוּ
scoundrel	אִישׁ בְּלִייַּעַל ז׳
murderer	אִישׁ דָּמִים ז׳

אִישׁ חַיִל ז'	hero
אִישׁ צָבָא ז'	soldier
אִישׁ צִיבּוּר ז'	public figure
אִישׁ צְפַרְדֵּעַ ז'	frogman
אִשָּׁה נ'	woman, wife; female
אֵשֶׁת אִישׁ נ'	married woman
אֵשֶׁת חַיִל נ'	capable woman, industrious woman
אִישֶּׁה ז'	offering made by fire
אֵי־שָׁם תה"פ	somewhere
אִישׁוּם ז'	accusation, indictment
אִישׁוֹן ז'	pupil (of the eye)
אִישׁוּר ז'	confirmation, endorsement, approval
אִישׁוּת נ'	marriage relationship
אִישִׁי ת'	personal, individual
אִישִׁיּוּת נ'	personality
אִישִׁים ז"ר	important people
אִישִׁית תה"פ	personally, in person
אִישֵּׁר פ'	confirm, approve
אִיתּוּר ז'	locating
אִיתּוּרִית נ'	beeper, buzzer
אִיתּוּת ז'	signalling
אֵיתָן פ'	firm, strong, steadfast
אֵיתָנוּת נ'	firmness, stability
אִיתֵּר פ'	locate, site; localize
אַךְ מ"ח	but; only; yet
אָכוּם ת'	swarthy, dark brown
אַכְזָב ת'	deceptive, illusory
אִכְזֵב פ'	disappoint, let down, disillusion
אַכְזָבָה נ'	disappointment, let down, disillusionment
אַכְזָר, אַכְזָרִי ת'	cruel, brutal, harsh
אַכְזְרִיּוּת נ'	cruelty, brutality, harshness
אָכִיל ת'	edible
אֲכִילָה נ'	eating, consumption
אֲכִיפָה נ'	enforcement, constraint
אָכַל פ'	eat; consume, use up; devour
אִכְלוּס ז'	populating, population
אַכְלָן ז'	glutton, gourmand
אִכְלֵס פ'	populate
אַכְמוּמִית נ'	black-head, comedo
אָכֵן תה"פ	truly, imdeed, for all that
אַכְסַדְרָה נ'	vestibule, porch
אִכְסוּן ז'	accommodation, lodging
אִכְסֵן פ'	accommodate, put up
אַכְסְנַאי ז'	guest, lodger
אַכְסַנְיָה נ'	hostel, inn
אָכַף פ'	enforce, compel, press
אַל תה"פ	not, don't
אַל תִּגַּע!	don't touch!
אַל יֵיאוּשׁ!	don't despair!
אַל נָא!	please don't!
אֵל ז'	God, god; ability
אֵל רַחוּם וְחַנּוּן	merciful and gracious God
(יֵשׁ לְ) אֵל יָדוֹ	be able, be capable, have the power
אֶל מ"י	to, towards, into; at, by
אֶל נָכוֹן	for certain, certainly
אֶלָּא תה"פ	but, only
אֶלָּא־אִם־כֵּן	unless
אֶלָּא מָה	what else!
אֶלְגָּבִישׁ ז'	crystal; hailstone; meteorite
אֵלָה נ'	pistachio-tree

אֵלָה נ' — goddess
אַלָּה נ' — club; baton
אָלָה נ' — curse, imprecation
אֵלֶּה, אֵלּוּ מ"ג — these
אֱלוֹהַּ ז' — God, god, deity
אֱלוֹהוּת נ' — divinity, godhead
אֱלוֹהִי ת' — divine, godly, godlike
אֱלוֹהִים ז' — God
אָלוּחַ ת' — infected, septic
אֱלוּל ז' — Ellul (Aug-Sept)
אֲלוּמָּה נ' — sheaf, bundle
אֲלוּמִינְיוּם ז' — aluminium, aluminum
אַלּוֹן ז' — oak
אֲלוּנְטִית נ' — towel
אֲלוּנְקָה נ' — stretcher
אַלּוּף ז' — Major-General; champion
אֶלַח ז' — infection, sepsis
אַלְחוּט ז' — wireless
אַלְחוּטַאי, אַלְחוּטָן ז' — radio operator
אִלְחוּשׁ ז' — anaesthetization
אִלְחֵשׁ פ' — anaesthetize
אֱלֵי מ"י — to (arch.)
אַלִּיבָּא תה"פ — according to
אַלְיָה נ' — fat tail of sheep
אַלְיָה וְקוֹץ בָּהּ — a mixed blessing, a fly in the ointment
אֱלִיל ז' — idol, false god
אֱלִילָה נ' — idol (female), goddess
אֱלִילוּת נ' — idolatry, idol-worship, paganism
אֱלִילִי ת' — pagan
אַלִּים ת' — violent; strong
אַלִּימוּת נ' — violence; power
אַלִּיפוּת נ' — championship
אֲלַכְסוֹן ז' — slant, slope; diagonal
אַלְלַי! מ"ק — woe! alas!

אֵלֶם ז' — dumbness, muteness; silence
אַלְמוּג, אַלְגּוּם ז' — coral; sandalwood
אַלְמָוֶת ז' — immortality
אַלְמוֹן ז' — widowhood
אַלְמוֹנִי ת' — unknown, anonymous, nameless
אַלְמוֹנִיּוּת נ' — anonymity
אַלְמוֹתִי ת' — everlasting, immortal
אַלְמָן ז' — widower
אַלְמָנָה נ' — widow
אַלְמְנוּת נ' — widowhood
אַלְמַתֶּכֶת נ' — non-metallic element
אִלְסָר, אִילְסָר ז' — hazel (nut or tree)
אֶלֶף ז' — a thousand
אָלֶפְבֵּיתִי ת' — alphabetic(al)
אַלְפוֹן ז' — primer (in reading instruction)
אַלְפִּית נ' — a thousandth part
אִלְפָּס, אִילְפָּס ז' — saucepan, pan, pot
אִלְרֵחַ פ' — deodorize
אִלְתּוּר ז' — improvisation, extemporisation
אִלְתִּית נ' — salmon
אַלְתַּר, לְאַלְתַּר תה"פ — on the spot, at once, immediately
אִלְתֵּר פ' — improvise, extemporise
אֵם נ' — mother, matriarch
אֵם בַּיִת נ' — matron
אֵם הַדֶּרֶךְ נ' — crossroads
אֵם חוֹרֶגֶת נ' — stepmother
אִם מ"ח — if, whether; in case; or
אִם כִּי מ"ח — although
אַמְבַּט ז' — bath, bathroom
אַמְבָּר ז' — granary
אָמַד פ' — estimate, assess

אָמָה נ׳ (ר׳ אֲמָהוֹת) maid, maidservant,

אַמָּה נ׳ cubit, forearm; middle finger

אֲמוֹדַאי ז׳, אֲמוֹדָאִית נ׳ diver

אֵמוּן ז׳ faith, confidence, trust; loyalty

אֱמוּנָה נ׳ belief, religion

אֱמוּנָה תְּפֵלָה (טְפֵלָה) נ׳ superstition

אַמּוֹנְיָה נ׳ ammonia

אָמוֹץ ת׳ bay, chestnut (color)

אָמוֹרָא ז׳ Amora, Talmudic sage

אֱמוֹרִי ז׳ Amorite

אָמִיד תו״ז well-to-do, prosperous

אֲמִידָה נ׳ estimate, assessment

אָמִין ת׳ credible; authentic

אַמִּיץ ת׳ courageous, bold, brave

אָמִיר ז׳ upper branch, treetop

אֲמִירָה נ׳ utterance, saying

אֲמִיתָּה נ׳ truth; axiom

אֲמִיתּוּת נ׳ truth, veracity truthfulness; authenticity, genuineness

אֲמִיתִּי ת׳ true; genuine, authentic

אִמְלֵל פ׳ make miserable

אִמֵּן פ׳ foster; nurture

אָמֵן תה״פ amen, so be it

אָמָן ז׳, ־נִית נ׳ artist

אֲמָנָה נ׳ treaty, pact

אַמְנוּן ז׳ St. Peter's fish

אַמְנוּן וְתָמָר ז׳ pansy

אֳמָנוּת, אָמָּנוּת נ׳ art, artistry

אֳמָנוּתִי ת׳ artistic

אָמְנָם תה״פ actually, in truth,

אָמַץ פ׳ be strong, be brave, be bold

אַמְצָאָה נ׳ invention

(בְּ)אֶמְצָעוּת by means of

אֶמְצָעִי ת׳ middle, center

אֶמְצָעִי ז׳ means, medium

אֶמְצָעֵי מְנִיעָה ז״ר preventive measures; contraceptives

אֶמְצָעִיּוּת נ׳ centrality

אָמַר פ׳ say; relate, tell; intend, mean

אֲמַרְגָּן ז׳ impresario

אִמְרָה נ׳ maxim, saying

אֲמַרְכָּל ז׳ administrator

אֲמַרְכָּלוּת נ׳ administration

אֶמֶשׁ תה״פ last night

אֱמֶת נ׳ truth, verity

אַמְתַּחַת נ׳ pouch, bag; rucksack, haversack

אֲמַתְלָה נ׳ excuse, pretext

אָן, לְאָן תה״פ where (to)?, whither?

אָנָּא מ״ק please, pray, I beseech you

אַנְדְּרוֹגִינוֹס ז׳ androgyne, hermaphrodite

אַנְדַּרְטָה נ׳ statue, memorial, bust

אַנְדְּרַלְמוּסְיָה נ׳ chaos, utter confusion, disorder

אָנָה תה״פ whither?, where (to)?

אָנוּ מ״ג we

אָנֹכִי מ״ג I

אָנֹכִיּוּת נ׳ egotism, selfishness

אָנֹכִיִּי ת׳ egotistic, selfish

אָנוּס ז׳ forced, compelled; Marrano

אָנוּשׁ ת׳ very seriously (ill)

אֱנוֹשׁ ז׳ man

אֱנוֹשׁוּת נ׳ humanity, mankind

אֱנוֹשִׁי ת׳ human; humane
אֱנוֹשִׁיּוּת נ׳ humanity; humaneness
אֲנָחָה נ׳ sigh
אֲנַחְנוּ מ״ג we
אַנְטִישֵׁמִיּוּת נ׳ anti-Semitism
אֲנִי מ״ג I
אָנִין ת׳ delicate, sensitive, refined
אֲנִינוּת נֶפֶשׁ נ׳ sensitivity, refinement
אֲנִיץ ז׳ flake (of hair, etc.), wisp
אֲנָךְ ז׳ plumb line, plummet
אֲנָכִי ת׳ perpendicular; vertical
אֲנָנָס ז׳ pineapple
אָנַס פ׳ compel; rape
אַנָּס ז׳ rapist
אֲנָפָה נ׳ heron, egret
אִנְפּוּף ז׳ nasalization
אַנְפִּילָה נ׳ (ר׳ אַנְפִּילָאוֹת) נ׳ felt slipper
אִנְפֵּף פ׳ nasalize, speak through one's nose
אֲנָקָה נ׳ moan, groan
אַנְקוֹל ז׳ large hook
אַנְקוֹר ז׳ sparrow
אֲנָשִׁים ז״ר men; people (plural of אִישׁ)
אַסְדָּה נ׳ raft, barge
אָסוּךְ ז׳ oil-can
אָסוֹן (ר׳ אֲסוֹנוֹת) disaster, calamity
אֲסוּפִי ת׳ foundling
אָסוּר ת׳, תה״פ forbidden, prohibited; imprisoned
אֵסוּר ז׳, אֱסוּרִים ז״ר fetter, shackle, manacle
אַסְטֵלָה נ׳ stele, grave-stone
אַסְטְרָטֶגִי ת׳ strategic

אֲסִימוֹן ז׳ token; an old worthless coin
אָסִיף ז׳ harvest-time
אֲסִיפָה נ׳ accumulation; collecting
אֲסֵיפָה, אֲסֵפָה נ׳ meeting, assembly
אָסִיר, אַסִּיר ז׳ prisoner
אֲסִיר תּוֹדָה ת׳ grateful, obliged
אַסְכּוֹלָה נ׳ school (of thought, etc.)
אַסְכָּרָה נ׳ diphtheria
אֵסֶל ז׳ yoke (for carrying two buckets)
אַסְלָה נ׳ lavatory seat, lavatory bowl
אִסְלֵם פ׳ convert to Islam
אָסָם ז׳ granary, barn
אַסְמַכְתָּא נ׳ authority, support
אָסַף פ׳ collect, gather, assemble
אַסְפָן ז׳ collector (as hobby)
אֲסַפְסוּף ז׳ rabble, mob
אַסְפֶּסֶת נ׳ alfalfa, lucerne grass
אַסְפָּקָה נ׳ supplies, supply
אַסְפַּקְלַרְיָה נ׳ mirror, looking-glass
אַסְקוּפָּה נ׳ doorstep
אַסְקוּפָּה נִדְרֶסֶת נ׳ fallguy, stooge; doormat
אָסַר פ׳ forbid, prohibit; imprison, jail
אִסְרוּ־חַג ז׳ the day after a festival (שָׁבוּעוֹת, פֶּסַח, סוּכּוֹת)
אַף ז׳ nose; anger
אַף מ״ח also, even, too
אַף כִּי מ״ח although, even though
אַף־עַל־פִּי־כֵן תה״פ even so, nevertheless

although, though אַף־עַל־פִּי־שֶׁ
bake אָפָה פ'
therefore, then אֵפוֹא, אֵיפוֹא תה"פ
ephod; tunic אֵפוֹד ז'
sweater, pullover, jumper אֲפוּדָּה נ'
guardian, custodian אַפּוֹטְרוֹפּוֹס ז'
custodianship, guardianship אַפּוֹטְרוֹפְּסוּת נ'
baked אָפוּי ת'
pea אֲפוּנָה נ' (ר' אֲפוּנִים)
wrapped, enveloped אָפוּף ת'
gray, grey אָפוֹר ת'
nasal אַפִּי ת'
baking אֲפִיָּה נ'
characterize, be characteristic of אִפְיֵן פ'
even, even if אֲפִילוּ מ"ח
dry biscuit, wafer אֲפִיפִית נ'
bed (of a river), channel אָפִיק ז'
afikoman (piece of unleavened bread first hidden and later eaten at end of Passover evening) אֲפִיקוֹמָן ז'
the opposite אִפְכָא, אִיפְכָא ז'
the opposite is the case אִיפְכָא מִסְתַּבְּרָא
dark gloomy אָפֵל ת'
darkness, gloom אֲפֵלָה נ'
dim, darkish אַפְלוּלִי ת'
dimness, dusk אַפְלוּלִית נ'
discrimination אַפְלָיָה נ'
come to an end, cease אָפֵס פ'
zero; nothing אֶפֶס ז'
yet, but אֶפֶס תה"פ
futility, worthlessness אַפְסוּת נ'
insignificant, worthless אַפְסִי ת'
quartermaster storekeeper אַפְסְנַאי ז' ־נָאִית נ'
halter, bridle, tether אַפְסָר ז'
viper, adder אֶפְעֶה ז'
surround, beset אָפַף פ'
ash, ashes אֵפֶר ז'
mask, disuise אֲפֵר ז'
meadow, pasture אָפָר ז'
young bird, chick אֶפְרוֹחַ ז'
grayish, ashen אַפְרוּרִי ת'
sedan-chair אַפִּרְיוֹן ז'
April אַפְּרִיל ז'
ear-piece, outer ear אֲפַרְכֶּסֶת נ'
persimmon אֲפַרְסְמוֹן ז'
peach אֲפַרְסֵק ז'
grayish, light gray אֲפַרְפַּר ת'
aristocratic; Ephraimite אֶפְרָתִי
enabling, facilitation אִפְשׁוּר ז'
perhaps, possibly אֶפְשָׁר תה"פ
enable, facilitate אִפְשֵׁר פ'
possibility, likelihood, feasibility אֶפְשָׁרוּת נ'
possible, likely, feasible אֶפְשָׁרִי ת'
hurry, rush אָץ פ'
finger; toe אֶצְבַּע נ'
thimble אֶצְבָּעוֹן ז'
midget; Tom Thumb אֶצְבְּעוֹנִי תו"ז
sea weed, algae אַצָּה נ'
nobility, aristocracy אֲצוּלָה נ'
shelf, ledge אִצְטַבָּה, אִיצְטַבָּה נ'
astrologer, horoscoper אִצְטַגְנִין ז'
stadium, arena אִצְטַדְיוֹן ז'
pine-cone אִצְטְרוּבָּל ז'
the upper arm אַצִּיל ז' אַצִּילָה נ'
aristocrat, nobleman; gentleman אָצִיל ז';

אֲצִילָה נ׳ delegating, bestowal; noble lady
אֲצִילוּת נ׳ aristocracy, nobility; gentlemanliness, breeding
אֵצֶל מ״י beside, by, near; at, with, in the posssession of
אֶצֶ״ל I.Z.L., Irgun Zevai Leumi (the Irgun)
אָצַל פ׳ delegate, bestow, impart
אֶצְעָדָה נ׳ bangle, bracelet
אָצַר פ׳ gather, hoard
אֶקְדָּח ז׳ pistol, revolver
אֶקְדָּח ז׳ carbuncle, garnet
אַקְלִים ז׳ climate
אַקְלִימִי ת׳ climatic
אִקְלֵם פ׳ acclimate, acclimatize
אַקְרַאי ז׳ chance, at random
אַקְרָאִי ת׳ chance, random
אַקְרָאִיּוּת נ׳ chance, randomness
אֶקְרָן ז׳ screen (film, T.V, etc.)
אָרַב פ׳ lie in wait, lie in ambush
אַרְבֶּה ז׳ locust
אַרְבָּה נ׳ barge
אַרְבַּע נ׳, אַרְבָּעָה ז׳ four
אַרְבָּעָה־עָשָׂר ז׳ fourteen *(masc.)*
אַרְבַּע־עֶשְׂרֵה נ׳ fourteen *(fem.)*
אַרְבָּעִים זו״ג forty
אַרְבַּעְתַּיִם תה״פ fourfold, quadruple
אָרַג פ׳ weave
אֶרֶג ז׳ woven material, fabric, cloth
אִרְגּוּן ז׳ organization, organizing
אִרְגּוּנִי ת׳ organizational
אַרְגָּז ז׳ chest, crate
אַרְגָּמָן ז׳ dark red, purplish red, mauve
אִרְגֵּן פ׳ organize, arrange
אַרְגָּעָה נ׳ calm, respite, relief; all-clear
אָרָד ז׳ bronze
אַדְרִיכָל, אַרְדִּיכָל ז׳ architect
אַרְדִּיכָלוּת נ׳ architecture
אָרָה פ׳ pick, pluck, gather (fruit)
אֲרוּבָּה נ׳ chimney
אָרוּג ת׳ woven
אָרוּז ת׳ packed; tied up
אֲרוּחָה נ׳ meal, repast
אָרוֹךְ ת׳ (ר׳ אֲרוּכִּים) long, lengthy
אֲרוּכָה נ׳ healing, cure, recovery
אָרוֹן, אֲרוֹן ז׳ cupboard, cabinet, closet; coffin
אֲרוֹן הַקּוֹדֶשׁ ז׳ the Ark, the Holy Ark (in synagogue)
אֲרוֹנִית נ׳ small cupboard
אָרוּס, אָרוּשׂ ז׳ fiancé, betrothed (man)
אֲרוּסָה, אֲרוּשָׂה נ׳ fiancée, betrothed (woman)
אָרוּר ת׳ cursed, accursed
אֶרֶז ז׳ cedar
אָרַז פ׳ pack, tie up
אָרַח פ׳ journey, travel, join
אָרְחֵי פָּרְחֵי ז״ר vagabonds, tramps; good-for-nothings
אֲרִי, אַרְיֵה ז׳ lion
אָרִיג ז׳ woven cloth, fabric
אֲרִיגָה נ׳ weaving
אֲרִיזָה נ׳ packing, package
אָרִיחַ ז׳ tile; small brick
אֲרִיָּה נ׳ picking, plucking, gathering (of fruit)
אֲרִיךְ־נֶגֶן ת׳ long-playing

אֲרִיכוּת נ׳ prolongation, lengthening
אֲרִיכוּת יָמִים נ׳ longevity
אֲרִינָמָל ז׳ ant-lion
אָרִיס ז׳ tenant-farmer, share-cropper
אֲרִיסוּת נ׳ land tenancy; condition of tenant
אָרַךְ פ׳ last, take (time), be long
אַרְכָאִי ת׳ archaic
אַרְכָּה נ׳ extension (of time), respite
אַרְכּוּבָּה נ׳ knee joint; cranking handle
אַרְכּוֹף ז׳ stirrup
אַרְכִיב, אַרְכִיּוֹן ז׳ archive(s)
אַרְכָנוּת נ׳ long-windedness, verbosity
אַרְמוֹן ז׳ palace, mansion
אֲרַמִּי ת׳ Aramaic, Aramaean
אֲרָמִית נ׳ Aramaic
אַרְנָב ז׳, אַרְנֶבֶת נ׳ hare
אַרְנוֹנָה נ׳ property tax, rates
אַרְנָק ז׳ wallet, purse
אֶרֶס ז׳ poison, venom
אַרְסִי ת׳ poisonous
אַרְסִיּוּת נ׳ toxity; virulence
אַרְסָן ז׳ arsenic
אֲרָעִי ת׳ temporary, provisional
אֶרֶץ נ׳ ground, earth, soil, country, land
הָאָרֶץ the country (Israel)
אַרְצָה תה״פ to the country (Israel)
אַרְצִי ת׳ national; earthly, mundane
אָרַר פ׳ curse, damn
אֲרֶשֶׁת נ׳ expression
אֲרֶשֶׁת שְׂפָתַיִם נ׳ expression (verbal)
אֵשׁ נ׳ fire, flame
אֵשׁ צוֹלֶבֶת נ׳ crossfire
אֶשְׁבּוֹל ז׳ corn cob
אֶשֶׁד ז׳ waterfall, cataract, cascade
אֲשֵׁדָה נ׳ mountainside, hillside
אַשּׁוּחַ ז׳ fir tree
אָשׁוּן ת׳ rough; rigid, stiff
אָשׁוּר ז׳ box tree, box wood
אַשּׁוּר ז׳ Assyria
אַשּׁוּרִית נ׳ Assyrian (language)
אָשְׁיָה, אוּשְׁיָה נ׳ foundation; basic principle
אֲשִׁינוּת נ׳ stiffness, rigidity
אֶשֶׁךְ, אֶשְׁכַּיִם ז״ר testicle(s)
אַשְׁכָּבָה נ׳ interment, burial
אֶשְׁכּוֹל ז׳ cluster (of grapes)
אֶשְׁכּוֹלִית נ׳ grapefruit
אֶשְׁכָּר ז׳ present, gift, tribute
אֵשֶׁל ז׳ tamarisk
אֵשֶׁ״ל ז׳ traveling expenses (board and lodging)
אַשְׁלָג ז׳ potash
אַשְׁלְגָן ז׳ potassium
אַשְׁלָיָה נ׳ illusion, deception
אָשֵׁם פ׳ found guilty
אָשֵׁם ת׳ guilty, culpable
אָשָׁם ז׳ offense, crime, sin; guilt
אַשְׁמַאי, אַשְׁמַיי ת׳ sinner, wrongdoer
אַשְׁמְדַאי ז׳ Asmodeus, prince of demons
אַשְׁמָה נ׳ blame, fault

אַשְׁמוּרָה, אַשְׁמוֹרֶת נ׳	watch(night of), vigil
אֶשְׁנָב ז׳	small window, lattice, grille
אֶשְׁנַבַּאי ז׳	clerk (dealing with public)
אַשָּׁף ז׳	magician, sorcerer
אַשַּׁף הַמִּטְבָּח ז׳	chef
אָשָׁ"ף ז׳	P.L.O.
אַשְׁפָּה נ׳	garbage, refuse, rubbish; quiver (for bows)
אִשְׁפּוּז ז׳	hospitalization
אִשְׁפֵּז פ׳	hospitalize
אַשְׁפָּרָה נ׳	finishing
אֲשֶׁר מ"ח, מ"ג	that, which, who
אַשְׁרַאי ז׳	credit (financial)
אַשְׁרָה נ׳	visa, permit
אַשְׁרֵי מ"ק	happy!, blessed!
אִשְׁרֵר פ׳	ratify
אֶשְׁתָּקַד תה"פ	last year
אַתְּ, אַתָּה, אַתֶּם, אַתֶּן מ"ג	you (sing fem., sing. masc., pl. masc., pl. fem.)
אֶת מ"י (אוֹתִי, אוֹתְךָ, אוֹתוֹ ...אוֹתָנוּ, אֶתְכֶם, אוֹתָם...)	form-word indicating direct object
אֵת מ"י (אִתִּי, אִתְּךָ, אִתָּךְ...)	with
אֶתְגָּר ז׳	challenge
אָתוֹן נ׳	donkey (fem), she-ass
אַתְחַלְתָּא נ׳	beginning
אַתְלֵט ז׳	athlete, strong man
אַתְלֵטִיקָה נ׳	athletics
אֶתְמוֹל תה"פ	yesterday
אֶתְנָה ז׳, אֶתְנַחְתָּא נ׳	pause, rest
אֶתְנָן ז׳	pay (to a prostitute)
אֲתָר ז׳	site, place, location
אֶתֶר ז׳	ether
אַתְרָאָה נ׳	warning
אֶתְרוֹג ז׳	citron, ethrog
אַתָּת ז׳	signaller (military)

ב

בְּ, בַּ, בָּ, בֶּ, בּ מ״י — in, at; on; with
בָּא (יָבוֹא) פ׳ — come, arrive
בָּא כּוֹחַ ז׳ — delegate, representative
בָּא לִי (לשיר) — I have an urge (to sing), I want (to sing)
(הַ)בָּא ת׳ — next, subsequent
בְּאוֹפֶן תה״פ — in a manner
בָּאוּשׁ ת׳ — stinking, evil-smelling
בָּאַחֲרוֹנָה תה״פ — recently, lately
בְּאַקְרַאי תה״פ — by chance, accidentally
בְּאֵר נ׳ (ר׳ בְּאֵרוֹת) — well
בָּאַשׁ פ׳ — stink
בַּאֲשֶׁר תה״פ — as regards, as to; because; seeing that
בָּבָה, בָּבַת־עַיִן נ׳ — pupil (of the eye)
בָּבוּאָה נ׳ — reflection, image
בִּבְחִינַת תה״פ — as a kind of, as a sort of
בְּבִטְחָה תה״פ — confidently
בְּבֵירוּר תה״פ — clearly, explicitly
בַּבְלִי ת׳ — Babylonian
בְּבַקָּשָׁה תה״פ — please; don't mention it
בְּבַת אַחַת תה״פ — all at once
בָּבַת־עַיִן נ׳ — pupil (of the eye)
בִּבְנַת־רֹאשׁ תה״פ — with a nod
בָּגַד פ׳ — betray, deceive
בֶּגֶד ז׳ — garment, article of clothing
בְּגֶדֶר תה״פ — within the bounds of
בְּגֶדֶר סוֹד — in secrecy, in secret
בְּגִידָה נ׳ — betrayal, treason, unfaithfulness

בְּגִילוּפִין תה״פ — tipsy, tipsily
בְּגִין מ״י — because of, due to
בָּגִיר ז׳ — adult (in the legal sense)
בַּגִירוּת נ׳ — adulthood (legal)
בִּגְלַל מ״י, תה״פ — because of, on account of
בְּגַפּוֹ תה״פ — alone, by oneself
בָּגַר פ׳ — mature, grow up
בַּגְרוּת נ׳ — adolescence; maturity; matriculation examination
בַּד ז׳ — cloth, linen; screen (at cinema); canvas (for painting); branch (of tree)
בַּדַּאי ז׳ — liar
בְּדַאי ז׳ — fiction
בָּדָד תה״פ — alone, apart
בָּדָה פ׳ — make up, fabricate, invent
בֶּדְוִי ז׳ — Bedouin
בָּדוּחַ ת׳ — merry, jolly
בָּדוּי ת׳ — fabricated, invented, false
בְּדוֹלַח ז׳ — crystal; bdellium
בַּדּוֹן ז׳ — canvas hut
בָּדוּק ת׳ — tried, tested, checked
בְּדוּקָאִי ז׳ — suspect (known to the police)
בְּדוּת, בְּדוּתָה נ׳ — fabrication, fiction, lie
בִּדְחִילוּ וּרְחִימוּ תה״פ — with awe and reverence
בַּדְחָן ז׳ — comedian, jester
בָּדִיד ז׳ — twig, small branch
בְּדִידוּת נ׳ — loneliness, solitude, isolation

בְּדָיָה נ׳ falsehood, fabrication
בְּדִיוֹנִי ת׳ fictitious
בְּדִיּוּק תה״פ precisely, exactly
בְּדִיּוּק נִמְרָץ most precisely, most exactly
בְּדִיחָה נ׳ joke, jest
בְּדִיחוּת נ׳ joy, merriment
בְּדִיל ז׳ tin
בְּדִיעֲבַד תה״פ now that it's happened, after the event, ex post facto
בְּדִיקָה נ׳ inspection, check, test
בָּדֵל ת׳ separated, isolated
בָּדָל ז׳ tip, end
בְּדַל־סִיגָרִיָּה ז׳ cigarette butt
בַּדְלָנוּת נ׳ isolationism
בָּדַק פ׳ inspect, examine, test, check
בֶּדֶק ז׳ repair
בֶּדֶק הַבַּיִת ז׳ house-repairs
בַּדְרָן ז׳ entertainer, comedian
בְּהַדְרָגָה תה״פ gradually
בָּהָה פ׳ gaze vacantly
בָּהוּל ת׳ hasty, hard-pressed, urgent
בְּהִזְדַּמְּנוּת תה״פ when time permits
בְּהֶחְלֵט תה״פ absolutely, certainly
בַּהַט ז׳ alabaster
בְּהִילוּת נ׳ urgent haste, agitation
בְּהֶיסַּח הַדַּעַת תה״פ in a moment of inattention
בָּהִיק ת׳ luminescent
בָּהִיר ת׳ bright, clear; light (in color)
בְּהִירוּת נ׳ brightness, clarity; lightness

בֶּהָלָה נ׳ panic, alarm
בֶּהָלַת קְנִיּוֹת נ׳ shopping spree, shopping splurge
בְּהֵמָה נ׳ animal, livestock
בְּהֵמוֹת ז׳ hippopotamus
בַּהֲמִיּוּת נ׳ brutishness, coarseness
בְּהֵן צִדְקִי! on my word of honor
בַּהֶקֶת נ׳ albinism
בַּהֶרֶת נ׳ freckle, white spot (on a skin)
בְּהַשְׁאָלָה תה״פ figuratively, metaphorically; on loan
בְּהֶתְאֵם תה״פ accordingly; respectively
בּוֹ מ״ג in him, in it
בּוֹא (לָבוֹא) מקור coming, arrival
בּוֹא נֹאמַר (כָּךְ, שֶׁ) let us say (that)
בּוֹאֶשׁ ז׳ skunk
בּוֹאְשָׁה נ׳ weed; stench
בּוּבָּה נ׳ doll, puppet
בּוּבּוֹנַאי ז׳ puppeteer
בּוֹגֵד ז׳ traitor, renegade; unfaithful (man)
בּוֹגְדָנוּת נ׳ disloyalty, treachery
בּוֹגֵר ז׳ adult; graduate
בּוֹדֵד ת׳ isolated; lonely, individual
בּוֹדֵד פ׳ be isolated
בּוֹדֵק ז׳ examiner, tester, inspector
בּוֹהוּ ז׳ chaos, emptiness
בּוֹהֶן ז׳ thumb; big toe
בּוֹהַק ז׳ shine, glitter
בְּוַדַּאי תה״פ certainly
בּוּז ז׳ scorn, contempt, mockery
בּוֹזֵז ז׳ plunderer, looter

simultaneous	בּוֹזְמַנִּי ת'
simultaneously	בּוֹזְמַנִּית תה"פ
puberty	בּוֹחַל ז'
test, examination, quiz	בּוֹחַן ז'
tester, examiner	בּוֹחֵן ז'
voter, elector	בּוֹחֵר ז'
be insured	בּוּטָח פ'
be cancelled	בּוּטָל פ'
peanut; pistachio nut	בּוֹטֶן ז' (ר' בּוֹטְנִים)
be stamped	בּוּיַּל פ'
be staged	בּוּיַּם פ'
(weaver's) shuttle	בּוּכְיָיר ז'
piston	בּוּכְנָה נ'
(postage) stamp	בּוּל ז'
block of wood	בּוּל עֵץ ז'
stamp-collecting, philately	בּוּלָאוּת נ'
stamp-collector, philatelist	בּוּלַאי ז'
potato, bulb, tuber	בּוּלְבּוּס ז'
protruding, conspicuous, prominent	בּוֹלֵט ת'
assimilate, mix	בּוֹלֵל פ'
mania, craze	בּוּלְמוּס ז'
be swallowed up, be destroyed	בּוּלַע פ'
secret police; police criminal-investigation department	בּוֹלֶשֶׁת נ'
builder, mason; beaver	בּוֹנֶה ז'
trample, tread on; wallow, flounder	בּוֹסֵס פ'
unripe fruit	בּוֹסֶר ז'
fruit garden	בּוּסְתָּן ז'
bubble; blister	בּוּעָה נ'

air bubble	בּוּעַת אֲוִויר נ'
mud, mire	בּוֹץ ז'
dinghy, skiff	בּוּצִית נ'
be performed	בּוּצַע פ'
grape-picker	בּוֹצֵר ז'
herdsman, cattleman, cowboy	בּוֹקֵר ז'
morning	בּוֹקֶר ז'
good morning!	בּוֹקֶר טוֹב!
be sought	בּוּקַּשׁ פ'
pit; cistern	בּוֹר ז'
ignoramus, boor	בּוּר ז'
creator	בּוֹרֵא ז'
the creator of the world, God	בּוֹרֵא עוֹלָם ז'
screw	בּוֹרֶג ז'
screw-like	בּוֹרְגִּי ת'
bourgeois	בּוּרְגָּנִי ת'
dysentery	בּוֹרְדָּם ז'
ignorance	בּוּרוּת נ'
runaway, fugitive	בּוֹרֵחַ ז'
stock-exchange	בּוּרְסָה נ'
tannery	בּוּרְסְקִי ז'
arbitrator; selector, sorter	בּוֹרֵר ז'
be clarified	בּוֹרַר פ'
arbitration	בּוֹרְרוּת נ'
be ashamed	בּוֹשׁ (יֵבוֹשׁ) פ'
shame, disgrace	בּוּשָׁה נ'
scent, fragrance; perfume	בּוֹשֶׂם ז'
tarry, be late	בּוֹשֵׁשׁ פ'
shame, disgrace	בּוֹשֶׁת נ'
shame, ignominy	בּוֹשֶׁת פָּנִים נ'
despise, disdain, scorn	בָּז פ'
booty, loot; hawk, falcon	בַּז ז'
waste, squandering	בִּזְבּוּז ז'
waste, squander	בִּזְבֵּז פ'

בַּזְבְּזָן ז' spendthrift, squanderer
בְּזָדוֹן תה"פ maliciously, premeditatedly
בָּזָה פ' despise, scorn, mock
בָּזוּי ת' despised, despicable, contemptible
בְּזוֹל תה"פ cheap(ly)
בָּזַז פ' spoil, plunder, pillage, loot
בְּזִיזָה נ' plundering, pillaging, looting
בַּזְיָר ז' falconer, hawker
בָּזִיךְ ז' censer
בְּזִיל הַזּוֹל תה"פ dirt-cheap
בְּזִיקָה נ' sprinkling, spreading; flash(ing)
בַּזֶּלֶת נ' basalt
בִּזְמַנּוֹ תה"פ in his (its) time
בֶּזֶק ז' telecommunication
בָּזָק ז' flash; lighting
בְּחוֹפְזָה תה"פ hastily
בָּחוּר ז' youth, young man; boy-friend
בַּחוּרָה נ' girl; girl-friend
בְּחָזְקָה, בַּחֲוזְקָה תה"פ forcefully
בְּחֶזְקַת תה"פ by virtue of, having the status of
בַּחֲזָרָה תה"פ back, in return
בְּחַיַּי! מ"ק On my word! Honestly!
בְּחִילָה נ' disgust, nausea, revulsion
בְּחִינָה נ' test, examination; aspect, point of view
בְּחִינוֹת בַּגְרוּת matriculation examinations
בְּחִינָּם, חִינָּם תה"פ free, gratis
בָּחִיר ת' chosen; choice, best
בְּחִירָה נ' choosing; choice, selection
בְּחִירוֹת נ"ר elections
בְּחִישָׁה נ' stirring, mixing; meddling
בָּחַל פ' loathe, abhor, be disgusted by
בָּחַן פ' examine, test
בָּחַר פ' choose, select; elect
בַּחֲרוּת נ' youth
בָּחַשׁ פ' stir, mix; meddle
בַּחֲשַׁאי תה"פ secretly, in secret
בָּטוּחַ ת' safe, sure, certain, secure
בֵּטוֹן ז' concrete
בָּטַח פ' trust, rely on, depend on
בֶּטַח תה"פ surely, certainly; safely
בִּטְחָה נ' certainty, sureness
בְּטִיחוּת נ' safety, security
בְּטִישָׁה נ' beating (of clothes, carpets); trampling
בָּטֵל פ' cease, stop; be idle
בָּטֵל ת' unemployed, idle; null, void
בַּטָּלָה נ' idleness, doing nothing
בַּטְלָן ז' idler, loafer, impractical person
בֶּטֶן נ' belly, abdomen, stomach
בִּטְנָה נ' lining (of garment)
בַּטְנוּן ז' double-bass
בַּטְנוּנִית נ' cello
בִּיאָה נ' entry, incoming; coitus
בֵּיאוּר ז' elucidation, explanation, commentary
בֵּיאֵר פ' explain, elucidate
בִּיב ז' duct, gutter; canal
בֵּיבָר ז' zoo

בִּיגּוּד ז' clothing
בִּידֵּד פ' isolate, insulate
בִּידּוּד ז' isolation, insulation
בִּידּוּחַ ז' amusement, diversion
בִּידּוּל ז' separation, setting apart
בִּידּוּר ז' entertainment, diversion
בִּידֵּחַ פ' entertain, amuse
בִּידֵּר פ' entertain, divert, amuse
בִּיּוּב ז' sewage, drainage
בְּיוֹדְעִין תה"פ knowingly, wittingly
בִּיּוּל ז' affixing of stamps, stamping
בִּיּוּם ז' production (of a play), staging
בִּיּוּן ז' intelligence, espionage; interpolation
בִּיּוּץ ז' ovulation
בְּיוֹקֶר תה"פ expensively
בִּיּוּת ז' domestication
בְּיוֹתֵר תה"פ most; exceedingly
בִּיזָּה פ' scorn, despise; humiliate
בִּיזּוּי ז' scorning, treating with contempt, despising; humiliating
בִּיזּוּר ז' decentralization
בִּזָּיוֹן ז' disgrace, shame
בִּיזֵּר פ' decentralize
בִּיטֵּא פ' pronounce, articulate, express
בִּטָּאוֹן ז' organ (journal etc.), mouthpiece
בִּיטּוּחַ ז' insurance
בִּיטּוּחַ חַיִּים ז' life insurance
בִּיטּוּחַ לְאוּמִּי ז' national insurance
בִּיטּוּי ז' expression, idiom
בִּיטּוּל ז' cancellation, annulment; contemptuous dismissal
בִּיטּוּשׁ ז' treading, trampling
בִּיטֵּחַ פ' insure
בִּטָּחוֹן ז' security, defence; confidence, trust
בִּיטֵּל פ' cancel, annul; dismiss (as unimportant)
בִּיטֵּן פ' line, make lining
בְּיִיחוּד תה"פ especially, particularly
בִּייֵּל פ' affix stamps to, stamp
בִּייֵּם פ' produce, stage
בִּייֵּשׁ פ' shame, put to shame
בַּיְישָׁן ז' shy person, bashful person
בַּיְישָׁנוּת נ' shyness, bashfulness
בִּייֵּת פ' domesticate, tame
בִּיכָּה פ' lament, bewail
בִּיכּוּרִים ז"ר first fruits
בִּיכֵּר פ' prefer
בִּילָּה פ' wear out; have a good time
בִּילּוּי ז' wearing out; having a good time, recreation
בִּילַּע פ' destroy, swallow up
בִּילֵּשׁ פ' search, inspect
בִּימַאי ז' producer (of a play)
בִּימָה נ' stage, platform
בִּימּוּי ז' production (of a play)
בֵּין מ"י between, among
בֵּין הָעַרְבַּיִם twilight, dusk
בֵּין הַשְּׁמָשׁוֹת dusk, night-fall
בֵּין־זְרוֹעִי ת' inter-service
בֵּין־חֵילִי ת' inter-corps

בֵּין לְאוּמִי ת׳ international
בֵּין עִירוֹנִי ת׳ interurban
בִּינָה נ׳ wisdom, understanding
בִּינּוּי ז׳ rebuilding, reconstruction, restoration
בֵּינוֹנִי ת׳ middle, intermediate, mediocre; present tense (grammar), participle
בֵּינוֹנִיּוּת נ׳ mediocrity
בֵּינוֹת מ״י between, among
בֵּינַיִים ז״ז intermediate, interim
בֵּינְתַיִים תה״פ meanwhile, in the meantime
בִּיסּוּס ז׳ basing, establishing
בִּיסֵּם ת׳ perfume, scent
בִּיסֵּס פ׳ base, establish, found
בִּיעוּר ז׳ clearing out, elimination; burning
בִּיעוּת ז׳ terror, dread, horror
בְּיָעַף תה״פ in a rush
בִּיעֵר פ׳ clear out, eliminate; burn
בֵּיצָה נ׳ egg; testicle
בֵּיצָה שְׁלוּקָה נ׳ hard-boiled egg
בִּיצָּה נ׳ marsh, swamp
בִּיצּוּעַ ז׳ implementation, performance, execution
בִּיצּוּר ז׳ fortifying, fortification, strengthening
בֵּיצִי ת׳ oval, egg-like
בֵּיצִיָּיה נ׳ fried egg
בֵּיצִית נ׳ ovule
בִּיצֵּעַ פ׳ carry out, perform, execute
בִּיצֵּר פ׳ fortify, strengthen
בִּיקּוּעַ ז׳ splitting, cleaving
בִּיקּוּר ז׳ visiting, visit, call

בִּיקּוֹרֶת נ׳ criticism; check
בִּיקּוֹרֶת הַמִּקְרָא נ׳ Biblical criticism
בִּיקּוֹרְתִּי ת׳ critical
בִּיקּוֹרְתִיּוּת נ׳ criticism, fault-finding
בִּיקּוּשׁ ז׳ demand (for goods)
בִּיקֵּעַ פ׳ split, cleave
בִּיקֵּר פ׳ visit; criticize
בִּיקֵּשׁ פ׳ ask, request; want; seek
בֵּירֵג פ׳ unscrew
בִּירָה נ׳ capital (city); citadel, fortress; beer
בֵּירוּר ז׳ clarification, inquiry; sorting, selection
בִּירִית נ׳ garter; sleeve band
בֵּירֵךְ פ׳ bless; greet; congratulate
בֵּירֵר פ׳ explain, clarify, inquire into
בֵּירֵשׁ ת׳ brush
בִּישׁ ת׳ bad
בִּישׁ גַּדָּא ז׳ unlucky, unfortunate
בִּישׁ־מַזָּל ת׳ unfortunate, unlucky
בִּישּׁוּל ז׳ cooking, cookery
בִּישּׂוּם ז׳ perfuming, scenting
בִּישֵּׁל פ׳ cook
בִּישֵּׂם פ׳ perfume, scent
בִּישֵּׂר פ׳ bring news, herald, portend
בַּיִת ז׳ (ר׳ בָּתִּים) house, home; family; stanza
בֵּית־אוֹכֶל ז׳ restaurant
בֵּית אֲחִיזָה ז׳ handle
בֵּית אֲרִיגָה ז׳ textile mill
בֵּית אֲרִיזָה ז׳ packing-house
בֵּית אַרְכּוּבָּה ז׳ crankcase

בֵּית־בַּד ז' **oil-press**
בֵּית בּוֹשֶׁת ז' **brothel; female pudenda**
בֵּית בְּלִיעָה ז' **gullet, esophagus**
בֵּית־גִידּוּל ז' **natural habitat**
בֵּית־דּוֹאַר ז' **post office**
בֵּית־דִּין ז' **law court**
בֵּית־דְּפוּס ז' **printing-press**
בֵּית הַבְּחִירָה ז' **the Temple**
בֵּית הַבְרָאָה ז' **rest home, holiday home; convalescent home**
בֵּית הַמִּקְדָּשׁ ז' **the Temple**
בֵּית הָעָם ז' **community center, municipal center**
בֵּית זוֹנוֹת ז' **brothel**
בֵּית זִיקּוּק ז' **refinery**
בֵּית־חוֹלִים ז' **hospital**
בֵּית־חָזֶה ז' **chest; brassiere**
בֵּית־חֲרוֹשֶׁת ז' **factory**
בֵּית יִשְׂרָאֵל ז' **Jewry, the Jewish people**
בֵּית־יְתוֹמִים ז' **orphanage**
בֵּית־כָּבוֹד ז' **toilet, lavatory (euphem.)**
בֵּית־כִּיסֵּא ז' **lavatory, water closet, bathroom**
בֵּית־כֶּלֶא ז' **prison, jail**
בֵּית־כְּנֶסֶת ז' **synagogue**
בֵּית מִדְרָשׁ ז' **rabbinical academy; training college; house of study; school (of thought)**
בֵּית מְחוֹקְקִים ז' **legislature**
בֵּית מַחֲסֶה ז' **poor-house, asylum**
בֵּית מִטְבָּחַיִים ז' **slaughterhouse, abattoir**

בֵּית־מְלָאכָה ז' **workshop**
בֵּית־מָלוֹן ז' **hotel**
בֵּית־מִסְחָר ז' **shop**
בֵּית מַרְגּוֹעַ ז' **rest-home**
בֵּית מַרְזֵחַ ז' **tavern, ale-house**
בֵּית מֶרְחָץ ז' **bath-house, public baths**
בֵּית מִרְקַחַת ז' **pharmacy, chemist's shop, drugstore**
בֵּית־מְשׁוּגָּעִים ז' **lunatic asylum, mad-house**
בֵּית־מִשְׁפָּט ז' **court (of law)**
בֵּית נִבְחָרִים ז' **parliament; house of representatives**
בֵּית נוּרָה ז' **socket (of electric bulb)**
בֵּית־נְכוֹת ז' **museum**
בֵּית־סוֹהַר ז' **prison, jail**
בֵּית־סֵפֶר ז' **school**
בֵּית־סֵפֶר יְסוֹדִי ז' **elementary school, primary school**
בֵּית־סֵפֶר עַל־יְסוֹדִי ז', בֵּית־סֵפֶר תִּיכוֹן ז' **secondary school, high school**
בֵּית־סְפָרִים ז' **library**
בֵּית־עָלְמִין ז' **cemetery**
בֵּית־קְבָרוֹת ז' **graveyard, cemetery**
בֵּית־קִיבּוּל ז' **receptacle, repository**
בֵּית קָלוֹן ז' **brothel**
בֵּית־קָפֶה ז' **café**
בֵּית שֶׁחִי ז' **arm-pit**
בֵּית־שִׁימּוּשׁ ז' **lavatory, bathroom**
בֵּית שֵׁנִי ז' **Second Temple**
בֵּית תַּמְחוּי ז' **soup kitchen**
בֵּית־תְּפִילָּה ז' **prayer-house, synagogue**

בִּיתּוּק ז׳ piercing, stabbing, cutting open

בִּיתּוּר ז׳ dissection, cutting up

בֵּיתִי ת׳ domestic, homey

בִּיתָן ז׳ booth, pavilion

בִּיתֵּק פ׳ pierce, stab, cut open

בִּיתֵּר פ׳ dissect, cut up

בִּכְבֵדוּת תה״פ heavily

בְּכְדִי תה״פ in vain, for nothing

בָּכָה פ׳ cry, weep

בְּכַוָּונָה תה״פ on purpose, intentionally

בְּכוֹחַ תה״פ by force; potential(ly); by virtue of, in the capacity of

בְּכוֹר ז׳ first-born, eldest; senior

בְּכוֹרָה נ׳ birthright; priority, precedence

בַּכּוּרָה, בִּיכּוּרָה נ׳ early ripening fruit

בְּכִי ז׳ crying, weeping

בְּכִי־טוֹב תה״פ for the best

בְּכִייָּה נ׳ crying, weeping

בְּכִייָּה לְדוֹרוֹת נ׳ an irreparable disaster

בַּכְיָין ז׳ crybaby

בָּכִיר ת׳ elder; senior

בְּכָל־אוֹפֶן תה״פ anyway, anyhow

בְּכָל־זֹאת תה״פ even so, nevertheless, still

בִּכְלָל תה״פ at all; generally

בְּלֹא תה״פ without

בְּלָאו הָכִי תה״פ in any case, even so, at any rate

בַּלָּאט תה״פ clandestinely, secretly

בְּלַאי ז׳ ageing, wear

בְּלֹא עֵת תה״פ prematurely

בִּלְבַד תה״פ only, solely, merely

בִּלְבַדִּי ת׳ exclusive

בִּלְבַדִּיּוּת נ׳ exclusiveness

בִּלְבַדִּית תה״פ exclusively

בִּלְבּוּל ז׳ confusion, disorder

בְּלֵב וָלֵב תה״פ insincerely, falsely

בִּלְבּוֹלֶת נ׳ a state of confusion, disorder

בִּלְבֵּל פ׳ confuse, mix up

בַּלְדָּר ז׳ emissary, courier

בָּלָה פ׳ wear out; grow old; decay, wither

בָּלֶה ת׳ worn out, shabby

בַּלָּהָה נ׳ terror, horror, dread

בְּלוֹ ז׳ excise

בְּלוֹאִים ז״ר rags

בַּלּוּט ז׳ acorn

בַּלּוּטָה נ׳ gland

בָּלוּי ת׳ worn out; tattered, threadbare

בָּלוּם ת׳ crammed full, closed

בְּלוֹרִית נ׳ forelock, shock of hair

בְּלוֹת נ׳ menopause

בְּלוּת נ׳ ageing

בָּלַט פ׳ project, protrude, stick out; be distinguished, be emphasized

בֶּלֶט ז׳ projection

בְּלִי מ״י without

בְּלִי הֶרֶף תה״פ incessantly, continuously

בְּלָיָה, בְּלִייָּה נ׳ wearing out, decay

בְּלִיטָה נ׳ projection

בְּלִייַּעַל ז׳ wickedness

בְּלִיל ז׳ mash (of fodder); jumble, mixture
בְּלִילָה נ׳ mixing, mixture, medley
בְּלִימָה נ׳ braking, stopping; nothing
בָּלִיעַ ת׳ swallowable, absorbable
בְּלִיעָה נ׳ swallowing, absorption
בָּלַל פ׳ mix, mingle
בָּלַם פ׳ brake, stop, curb
בַּלָּם ז׳ stopper (in football)
בֶּלֶם ז׳ brake (on a vehicle)
בַּלְמְנוֹעַ ז׳ safety brake
בָּלַע פ׳ swallow, absorb
בֶּלַע ז׳ crookedness, corruption
בִּלְעֲדֵי מ״י without, except, apart from
בִּלְעָדִי ת׳ exclusive
בִּלְעָדִיּוּת נ׳ exclusiveness
בְּלַעַז תה״פ in a foreign language (not Hebrew)
בָּלַשׁ פ׳ search, investigate
בַּלָּשׁ ז׳ detective, investigator
בַּלְשָׁן ז׳ linguist
בַּלְשָׁנוּת נ׳ linguistics
בִּלְתִּי מ״י not; un-,in-; without
בִּלְתִּי אִם only, unless, except for
בִּלְתִּי מַסְפִּיק ת׳ insufficient; fail (as a mark)
בִּלְתִּי־נִמְנָע ת׳ inevitable
בַּמָּאוּת נ׳ stage production
בַּמַּאי ז׳ producer, director, stage-manager
בָּמָה נ׳ platform, stage
בְּמֵזִיד תה״פ maliciously, with evil intent
בְּמָטוּתָא תה״פ please
בַּמְיָה נ׳ okra
בִּמְיוּחָד תה״פ in particular, especially, particularly
בְּמֵישָׁרִים, בְּמֵישָׁרִין תה״פ directly
בִּמְקוֹם תה״פ instead of
בְּמִקְרֶה תה״פ by chance, accidentally
בְּמֶשֶׁךְ תה״פ during, in the course of
בְּמִתְכַּוֵּן תה״פ intentionally, deliberately, on purpose
בֵּן ז׳ (ר׳ בָּנִים) son, child
בֶּן־אָדָם ז׳ human being; man
בֶּן־אָח ז׳ nephew
בֶּן־אַלְמָוֶות ת׳ immortal
בֶּן־בַּיִת ת׳ frequent visitor, ‘one of the family’
בֶּן־בְּלִיַּעַל ת׳ wicked, villain
בֶּן־בְּלִי־שֵׁם ז׳ a nobody
בֶּן־בְּרִית ז׳ a Jew, ally
בֶּן גִּיל of the same age as, contemporary
בֶּן דּוֹד ז׳ cousin
בֶּן־זוּג ז׳ spouse, mate
בֶּן־זְקוּנִים ז׳ child born to elderly parents
בֶּן חוֹרֵג ז׳ stepson
בֶּן־חוֹרִין ת׳ free, freeborn
בֶּן־חַיִל ת׳ smart fellow, hero
בֶּן טוֹבִים ת׳ of good parentage, pampered
בֶּן־יוֹמוֹ ת׳ one day old
בֵּן יָחִיד ז׳ an only child
בֶּן כְּפָר ת׳ villager
בֶּן כְּרַךְ ת׳ townsman
בֶּן לְוָיָה ת׳ companion, escort
בֶּן־מָוֶת ת׳ doomed to die

בֶּן מִינוֹ ת׳ — of the same kind
בֶּן עֲרוּבָּה ז׳ — hostage
בִּן רֶגַע, בִּין רֶגַע תה״פ — in an instant, in a moment
בֶּן תְּמוּתָה ת׳ — mortal
בֶּן תַּעֲרוֹבֶת ת׳ — half-breed, person of mixed race
בֶּן תַּרְבּוּת ת׳ — a cultured person
בִּנְאוּם ז׳ — internationalization
בַּנָּאוּת נ׳ — building (trade), construction
בַּנַּאי ז׳ — builder, construction worker
בָּנָה פ׳ — build, construct
בְּנוֹגֵעַ ל תה״פ — about, concerning
בָּנוּי ת׳ — built, constructed
בְּנִי ז׳ — masonry
בְּנֵי טִיפֵּש עֶשְׂרֵה ז״ר — (slang)teenagers
בְּנִיָּה נ׳ — building, construction
בִּנְיָן ז׳ — building; verb stem
בְּסוֹמֶת נ׳ — aroma
בְּסִיטוֹנוּת תה״פ — wholesale
בָּסִיס ז׳ — basis, base, foundation
בְּסִיסִי ת׳ — basic; fundamental; alkaline
בַּסָּם ז׳ — spice merchant
בִּעְבּוּעַ ז׳ — bubbling, effervescence
בַּעְבּוּעַ ז׳ — bubble, blister
בַּעְבּוּעָה נ׳ — boil, blister
בַּעֲבוּר מ״י — for
בִּעְבֵּעַ פ׳ — bubble; effervesce
בְּעַד, בְּעַד־ מ״י — for, in favor of; through
בְּעוֹד תה״פ — while; after, so long as
בָּעַט פ׳ — kick; despise, spurn, scorn
בְּעֶטְיוֹ תה״פ — because of (him, it)
בְּעָיָה נ׳ — problem
בְּעִיטָה נ׳ — kick, kicking
בְּעִילָה נ׳ — sexual intercourse, coitus
בְּעֶצֶם תה״פ — in actual fact, in reality
בְּעַיִן יָפָה תה״פ — generously; favorably, approvingly
בְּעַיִן רָעָה תה״פ — ungenerously; unfavorably, disapprovingly
בְּעִיר ז׳ — grazing cattle, livestock
בְּעֵירָבוֹן מוּגְבָּל (בע״מ) — Limited (Ltd)
בְּעֵירָה נ׳ — burning, conflagration
בְּעָיָתִי ת׳ — problematic(al)
בָּעַל פ׳ — have sexual relations with
בַּעַל ז׳ — husband; owner
בַּעַל אוֹפִי ז׳ — man of character
בַּעַל אֶמְצָעִים ז׳ — man of means, wealthy
בַּעַל־בַּיִת ז׳ — householder
בַּעַל בְּרִית ז׳ — ally
בַּעַל־גוּף ז׳ — burly person, stout person
בַּעַל דָּבָר ז׳ — person concerned
בַּעַל הוֹן ז׳ — capitalist
בַּעַל חוֹב ז׳ — debtor; debtee
בַּעַל חַיִּים ז׳ — animal
בַּעַל טַעַם ז׳ — man of taste
בַּעַל כִּשְׁרוֹן ת׳ — talented person, gifted person
בַּעַל מוּם ת׳ — cripple, invalid
בַּעַל מְלָאכָה ז׳ — craftsman, artisan
בַּעַל מִקְצוֹעַ ת׳ — skilled worker
בַּעַל מִשְׁפָּחָה ת׳ — man with a family, family-man
בַּעַל נִיסָּיוֹן ת׳ — person with experience

בַּעַל עֲגָלָה ז׳ coachman
בַּעַל עֵרֶךְ ת׳ having value, valuable
בְּעַל־פֶּה תה״פ by heart, orally
בַּעַל תְּפִילָּה ז׳ cantor
בַּעַל תְּשׁוּבָה ז׳ penitent, repentant sinner
בְּעַל־כּוֹרְחוֹ תה״פ against one's will; perforce
בַּעֲלוּת נ׳ ownership, proprietorship
בַּעֲלֵי חוּלְיוֹת ז״ר vertebrates
בְּעָלִיל תה״פ clearly, manifestly, expressly
בְּעָלִים ז׳ owner, proprietor
בְּעֶצֶם תה״פ actually, as a matter of fact
בַּעֲקִיפִין תה״פ indirectly, roundabout
בָּעַר פ׳ burn, blaze
בַּעַר ז׳ boor, ignorant, stupid
בַּעֲרוּת נ׳ boorishness; ignorance, stupidity
בְּעֵרֶךְ תה״פ approximately, about
בַּעַת ז׳ intense fear, phobia
בְּעָתָה נ׳ horror, dread, terror
בְּפֶה מָלֵא תה״פ wholeheartedly
בְּפוּמְבֵּי תה״פ publicly, in public
בְּפוֹעַל תה״פ actually; acting as, potentially
בְּפֵירוּשׁ תה״פ explicitly, expressly
בִּפְנֵי תה״פ in front of; against
בִּפְנִים תה״פ inside, within
בִּפְנֵי עַצְמוֹ תה״פ by itself, in itself
בְּפַרְהֶסְיָא תה״פ flagrantly, openly, publicly
בִּפְרוֹטְרוֹט תה״פ in detail, minutely
בִּפְרָט תה״פ in particular, particularly
בִּצְבֵּץ פ׳ break out; burst forth, emerge
בְּצַוְותָא, בְּצַוְותָה תה״פ in company, together
בַּצּוֹרֶת נ׳ drought
בָּצִיר ז׳ grape harvest, vintage
בָּצָל ז׳ onion, bulb
בְּצַלְצוּל, בְּצַלְצָל ז׳ small onion, shallot
בְּצִמְצוּם תה״פ sparingly
בָּצַע פ׳ slice, cut, break off
בֶּצַע ז׳ ill-gotten gains, lucre
בֶּצַע כֶּסֶף ill-gotten profit, lucre
בָּצֵק ז׳ dough, pastry
בַּצֶּקֶת נ׳ edema, oedema
בָּצַר פ׳ gather, harvest (grapes)
בַּקְבּוּק ז׳ bottle
בִּקְבִיעוּת תה״פ regularly, constantly
בְּקוֹצֶר־רוּחַ תה״פ impatiently
בְּקוֹשִׁי תה״פ barely, hardly; with difficulty
בָּקִי, בָּקִיא ת׳ (ר׳ בְּקִיאִים) expert, learned
בְּקִיאוּת נ׳ proficiency, expertise; erudition
בִּקְיָה נ׳ vetch (cattle fodder)
בְּקִיעַ ז׳ crack, cleft, fissure
בָּקִיעַ ת׳ splittable, fissionable (atom)
בְּקִיעָה נ׳ cleaving, splitting
בְּקִיצּוּר תה״פ in brief, briefly
בְּקֵירוּב תה״פ approximately
בֶּקַע ז׳ split, crack; hernia
בָּקַע פ׳ cleave, split, break open

בִּקְעָה נ'	valley
בָּקָר ז'	cattle
בַּקָּרָה נ'	control, check
בְּקָרוֹב תה"פ	soon, shortly
בַּקָּשָׁה נ'	request, application
בַּקְשִׁישׁ ז'	bribe, baksheesh; tip
בִּקְתָּה נ'	hut, hovel
בָּר, בַּר ז'	countryside, open fields; grain, corn
בַּר ת'	pure, clean
בַּר ז'	son of
בַּר בִּיצּוּעַ ת'	practicable, achievable
בַּר דַּעַת ת'	intelligent person
בַּר חֲלוֹף ת'	transitory, ephemeral
בַּר מַזָּל ת'	lucky person, fortunate person
בַּר מִינָּן ז'	dead, deceased; God forbid
בַּר מִצְוָה ז'	boy of thirteen responsible (in Jewish religious law); bar-mitzva (religious coming of age of Jewish boy); ceremony celebrating the event
בַּר סַמְכָא ת'	authority (on given subject)
בַּר פִּיקּוּחַ ת'	supervisable
בַּר פְּלוּגְתָּא ז'	opponent, adversary
בַּר קַיָּמָא ת'	lasting, durable
בַּר תּוֹקֶף ת'	valid, in force
בָּרָא פ'	create
בְּרֵאשִׁית תה"פ	in the beginning, (of) earliest times
בִּרְבּוּר ז'	babble, babbling
בַּרְבּוּר ז'	swan
בָּרַבִּים תה"פ	in public, publicly
בִּרְבֵּר פ'	babble
בַּרְבָּרִיּוּת נ'	barbarity, barbarism, savagery
בָּרַג פ'	screw in, screw
בָּרָד ז'	hail, hailstone
בַּרְדְּלָס ז'	panther
בַּרְדָּס ז'	hood, cowl
בָּרוּא ז'	creature
בְּרוֹגֶז תה"פ	angrily, not on speaking terms
בָּרוֹד ת'	spotted, dappled
בַּרְוָז ז'	duck, drake; gossip
בַּרְוָזוֹן ז'	young duck
בָּרוּךְ ת'	blessed, blest
בָּרוּךְ הַשֵּׁם	thank God!
בָּרוּר ת'	clear, plain, evident
בָּרוּר תה"פ	clearly, plain
בָּרוּר כַּשֶּׁמֶשׁ	plain as day, clear as daylight
בְּרוֹשׁ ז'	cypress
בֶּרֶז ז'	faucet, tap
בַּרְזִילִי ת'	iron, ferrous
בַּרְזֶל ז'	iron
בִּרְזֵל פ'	cover with iron, iron-plate
בָּרַח פ'	run away, escape, flee
בָּרִיא ת'	healthy, sound
בְּרִיאָה נ'	creation; the world
בְּרִיאוּת נ'	health, soundness
בְּרִיאוּתִי ת'	sanitary; healthful
בִּרְיוֹן ז'	thug, tough, hooligan
בִּרְיוֹנוּת נ'	hooliganism, bullying
בְּרִיּוֹת זו"ר	people, folk
בְּרִיחַ ז'	bolt, latch, bar
בְּרִיחָה נ'	flight, escape

בְּרִיָּה נ׳ person, creature, human being
בְּרֵירָה, בְּרֵרָה נ׳ choice, alternative
בְּרִית נ׳ covenant, treaty, pact; circumcision
בְּרִית מִילָה נ׳ rite of circumcision
בְּרִית שָׁלוֹם נ׳ peace treaty, peace pact
בָּרַךְ פ׳ kneel
בֶּרֶךְ נ׳ (נ״ז בִּרְכַּיִים) knee
בְּרָכָה נ׳ greeting, blessing
בְּרָכָה לְבַטָּלָה נ׳ wasted effort
בְּרֵכָה, בְּרֵיכָה נ׳ pool, pond
בַּרְכִיָּיה נ׳ wild duck, mallard
בְּרַם תה״פ however, but
בַּרְמִינָן תה״פ dead, deceased; God forbid
בַּרְנָשׁ ז׳ guy, fellow (derisive)
בְּרָצוֹן תה״פ willingly, gladly
בִּרְצִיפוּת תה״פ continuously
בָּרָק ז׳ lightning, shine, glitter
בַּרְקַאי ז׳ morning star
בַּרְקָן ז׳ brier, briar, thorn
בָּרֶקֶת נ׳ agate
בֵּרַר פ׳ select, choose, pick, sort
בַּרְרָן ז׳ choosy, fastidious
בִּשְׁבִיל מ״י for, on behalf of, for the sake of
בְּשׁוּם אוֹפֶן תה״פ by no means, on no account, in no way
בְּשׂוֹרָה נ׳ tidings, news
בָּשֵׁל ת׳ ripe, mature
בְּשֶׁל מ״י for, because of, on account of
בְּשֵׁלוּת נ׳ ripeness, maturity
בְּשֵׁם in the name of; on behalf
בַּשָּׂם ז׳ parfumier, scent-merchant
בִּשְׁעַת תה״פ at the time of, while, during
בִּשְׁעָתוֹ תה״פ in its time
בָּשָׂר נ׳ meat, flesh
בְּשָׂרִי ת׳ carnal, fleshy; for meat meals (in observance of kashrut)
בַּשְׂרָנִי ת׳ fat, fleshy, meaty, juicy
בַּת נ׳ daughter, girl
בַּת חַיִל נ׳ capable woman, industrious woman
בַּת יַעֲנָה נ׳ ostrich
בַּת מִצְוָוה נ׳ girl of twelve; bat mitzva (religious coming of age of Jewish girl); ceremony celebrating the event
בַּת צְחוֹק נ׳ smile
בַּת קוֹל נ׳ echo; divine voice
בְּתוּלָה נ׳ virgin, maiden
בְּתוּלִים ז״ר virginity
בְּתוֹם לֵב, בְּתוֹם לֵבָב תה״פ innocently, in good faith
בְּתוֹר, בְּתוֹרַת תה״פ as, in the role of, in the capacity of
בַּתְּחִילָּה תה״פ at first; previously
בְּתֵיאָבוֹן תה״פ bon appetit
בְּתַכְלִית תה״פ entirely, absolutely
בִּתְמִיהָה תה״פ with astonishment
בָּתַר פ׳ cut up, dissect, split
בָּתַר מ״י post-, after
בָּתַר־מִקְרָאִי post-Biblical
בְּתַשְׁלוּמִים תה״פ in instalments

ג

גֵּא, גֵּאֶה ת' — proud, conceited, arrogant

גָּאָה פ' — rise, be exalted

גַּאֲוָה נ' — pride, conceit, arrogance

גַּאַוְתָן ת' — conceited, self-important

גַּאַוְתָנוּת נ' — pride, vanity

גְּאוּלָּה נ' — redemption, liberation, salvation, delivery; reclamation (of land)

גָּאוֹן ז' — grandeur, majesty; flood (of river)

גָּאוֹן ת' — genius, Gaon, learned

גְּאוֹנוּת נ' — quality of genius; position of Gaon

גְּאוֹנִי ת' — possessing genius, highly talented; Gaonic

גֵּאוּת, גֵּיאוּת נ' — high tide; pride, glory, majesty

גָּאַל פ' — redeem, deliver, save; dirty, soil

גַּב ז' — back, rear

גֵּב ז' — cistern

גַּבָּאוּת נ' — office of honorary management, office of Gabbai

גַּבַּאי ז' — Gabbai, head manager or treasurer (of a synagogue); collector of dues or contributions to charity

גִּבֵּב פ' — heap, pile up, accumulate

גְּבָב ז' גְּבָבָה נ' — heap, pile

גָּבַהּ פ' — be high, be tall; rise, mount

גָּבָה פ' — collect (money due)

גַּבָּה נ' — eyebrow, brow

גַּבְהוּת נ' — height; haughtiness, pride

גָּבוֹהַּ ת' — high, tall, exalted, lofty

גְּבוֹהָה תה"פ — proudly, vainly

גְּבוֹהָה גְּבוֹהָה תה"פ — very boastfully, loftily

גְּבוּל ז' — border, limit; frontier

גְּבוּרָה נ' — heroism, valor, courage

גַּבַּחַת נ' — baldness (at front of head)

גְּבִיָּיה נ' — collection (of money due)

גְּבִין ז' — brow, eyebrow

גְּבִינָה נ' — cheese

גָּבִיעַ ז' — goblet, wine-glass, chalice; cup (as trophy); calix (botany)

גְּבִיר ז' — lord, master; rich man

גָּבִישׁ ז' — crystal

גְּבִישִׁי ת' — crystalline

גָּבַל פ' — limit, confine; border on; knead

גַּבְלוּל ז' — lump of dough; lump of mortar

גַּבָּן ז' — cheese-maker; cheese-vendor

גַּבְנוּן ז' — hump, peak

גַּבְנוּנִי ת' — hump-backed; convex, rounded

גֶּבֶס ז' — gypsum, plaster of Paris

גֶּבַע ז' — hillock, low hill

גִּבְעָה נ' — hill

גִּבְעוֹל ז׳ stalk, stem
גָּבַר פ׳ be strong; increase, grow stronger; overpower, subdue
גֶּבֶר ז׳ man, male; he-man; cock
גַּבְרָא ז׳ man, male
גַּבְרוּת נ׳ masculinity, virility
גַּבְרִי ת׳ male, manly, virile, masculine
גְּבֶרֶת נ׳ lady, madame; Miss, Mrs., Ms
גְּבִרְתִּי! Madame!
גְּבַרְתָּן ת׳ strong man, 'tough guy'
גַּבְשׁוּשִׁית נ׳ mound, hillock; hump, lump
גַּג ז׳ roof, top
גַּגּוֹן ז׳ awning; little roof
גָּדָה נ׳ bank (of river), shore
(הַ)גָּדָה הַמַּעֲרָבִית the West Bank
גְּדוּד ז׳ troop, battalion, regiment
גָּדוֹל ת׳ big, great, large, grand
גְּדוּלָּה נ׳ greatness, magnitude, high rank
גָּדוּעַ ת׳ cut down, hewn, felled
גָּדוּר ת׳ fenced (in)
גָּדוּשׁ ת׳ replete, crowded, crammed full
גְּדִי ז׳ kid (male), young goat
גְּדִיל ז׳ tassel, fringe, strand
גְּדִיעָה נ׳ chopping, hewing, felling
גָּדִישׁ ז׳ stack or heap (of corn or other plants)
גָּדַל פ׳ grow, increase, become great
גַּדְלוּת נ׳ greatness, grandeur; self-esteem
גָּדַם פ׳ cut off, lop off, amputate
גֶּדֶם ז׳ stump (of tree or limb), trunk
גָּדַע פ׳ chop, hew, fell, cut down
גַּדְפָן ז׳ blasphemer, reviler
גָּדַר פ׳ fence in, enclose
גָּדֵר נ׳ fence, railing; restriction, limit
גְּדֵרָה נ׳ sheep-pen; enclosure, pound, corral
גָּדֵר תַּיִל נ׳ barbed-wire fence
גָּדַשׁ פ׳ pile, stack; overflow, overdo
גֵּהָה, גֵּיהָה נ׳ healing, cure, remedy
גֵּהוּת, גֵּיהוּת ת׳ hygiene, sanitation
גָּהַר פ׳ stretch oneself out full length
גֵּו ז׳ back
גּוֹאַל פ׳ be soiled, be dirtied
גּוֹאֵל ז׳ redeemer, saviour, deliverer
גּוֹב ז׳ den, pit
גּוֹב אֲרָיוֹת ז׳ lion's den
גּוֹבַהּ ז׳ height, altitude, grandeur
גּוֹבֶה ז׳ collector (of money due)
גּוֹבַיְינָא נ׳ collection (of money due)
כְּגוֹבַיְינָא collect
גּוֹבֵל ת׳ bordering, adjacent, adjoining
גּוֹדֶל ז׳ size, greatness, magnitude
גּוֹדֵר ז׳ fence-maker
גּוֹדֶשׁ ז׳ overflow, superabundance
גְּוִויָּה נ׳ corpse, dead body
גְּוִויל ז׳ parchment; unhewn stone

גְּוִויעָה נ׳ dying, expiration, demise
גָּוֶון ז׳ color, shade, hue, tint
גִּוְנוּן ז׳ tinting, tinging
גִּוְנֵן פ׳ tint, tinge
גָּוַע פ׳ die, expire
גּוֹזֵז ז׳ shearer, clipper
גּוֹזָל ז׳ chick, young bird, fledgling
גּוּזְמָה נ׳ exaggeration
גּוֹי ז׳ nation, people; gentile; non-religious Jew
גּוּיַּס פ׳ be mobilized, be called up
גּוּיַּר פ׳ be converted (to Judaism)
גּוּלְגּוֹלֶת נ׳ skull, head
גּוּלָּה נ׳ marble (children's toy)
גּוֹלָה נ׳ exile, captivity, the Diaspora, the Dispersion
גּוֹלֵל ז׳ tombstone
גּוֹלֶם ז׳ idiot; robot, golem; shapeless lump; chrysalis
גּוֹלְמִי ת׳ raw, crude, shapeless, amorphous
גּוֹמֶא ז׳ papyrus plant, paper reed
גּוֹמֶד ז׳ cubit
גּוּמָּה נ׳ dimple; pit, hole, shallow crater
גּוּמְחָה נ׳ niche, recess, alcove
גּוּמִּי ז׳ rubber, elastic
גּוּמִיָּה נ׳ rubber band, elastic band
גּוֹמֵל ז׳ reciprocator; benefactor
גּוֹמֵר ת׳ finishing, ending
גּוּנְדָּר ז׳ squadron leader, company commander

גּוֹנִי ת׳ tinted, colored
גּוֹנִית נ׳ nuance, connotation
גּוֹנֵן פ׳ protect, shelter
גּוֹסֵס ת׳ תו״ז dying, expiring, moribund; a dying man
גּוֹעַל ז׳ disgust, revulsion
גּוֹעַל נֶפֶשׁ! disgusting!
גּוֹעֲלִי ת׳ disgusting, revolting, abominable
גּוּף ז׳ body, substance, essence
גּוּף רִאשׁוֹן first person
גּוּפָה נ׳ corpse, dead body
גּוּפִיָּה נ׳ undershirt, singlet
גּוּפִיף ז׳ corpuscle
גּוּפָנִי ת׳ physical, bodily, corporal
גּוֹפֶר ז׳ gopher-wood
גּוֹפְרָה, גָּפְרָה נ׳ sulphate
גּוֹפְרִית, גָּפְרִית נ׳ sulphur, brimstone
גּוֹפְרָתִי, גָּפְרָתִי ת׳ sulphate
גּוֹפְרִיתָנִי ת׳ sulphuric
גּוּץ ת׳ short, dwarf-like
גּוּר ז׳ cub, whelp
גּוּר אַרְיֵה ז׳ lion cub
גּוֹרָל ז׳ fate, destiny, fortune, lot
גּוֹרָלִי ת׳ fateful, crucial
גּוֹרֵם ז׳ cause, factor
גּוֹרֶן נ׳ threshing-floor
גּוֹרֵר ז׳, גּוֹרֶרֶת נ׳ tug, tug-boat
גּוֹרַשׁ פ׳ be driven away, be driven out, be expelled
גּוּשׁ ז׳ bloc, mass; clod, lump, bulk
גּוּשִׁי ת׳ bumpy; belonging to a power bloc

גוּשְׁפַּנְקָה נ' seal; authorization, approval
גַּז, גָּאז ז' gas
גֵּז ז' shearing; shorn wool, fleece
גָּז פ' disappear, pass away, go by
גִּזְבָּר ז' treasurer, bursar
גָּזָה נ' gauze
גָּזוֹז ז' flavored soda water
גָּזוּז ת' shorn, fleeced, cropped, cut
גְּזוּזְטְרָה נ' balcony, veranda(h), porch
גָּזוּל ת' robbed, plundered
גְּזוֹמֶת נ' prunings, pruned branches
גָּזוּר ת' cut, cut out; derived (gram.)
גָּזַז פ' shear, fleece; cut, clip, trim
גַּזֶּזֶת נ' ringworm
גְּזִיזָה נ' shearing, clipping, cutting
גְּזֵילָה, גְּזֵלָה נ' stolen goods, loot, plunder, spoils
גָּזִיר ת' cuttable, easily cut; differentiable (math.)
גְּזִיר ז' piece of wood, chip of wood; cutting, clipping (from newspaper)
גְּזִירָה נ' cutting, shearing; differentiation (math.)
גְּזֵירָה, גְּזֵרָה נ' decree, edict, decision
גָּזִית נ' hewn stone
גָּזַל פ' rob, spoil, plunder, pillage
גָּזֵל, גֶּזֶל ז' robbery, plunder, seizure
גַּזְלָן ז' robber, brigand, bandit; scoundrel, rascal (colloq.)
גָּזַם פ' prune, clip, trim (branches of a tree)
גַּזְמָן ז' exaggerator
גֶּזַע ז' race, stock; tree trunk
גִּזְעִי ת' racial; pure bred, thoroughbred
גִּזְעָנוּת נ' racism
גִּזְעָנִי ת', תו"ז racist
גָּזַר פ' cut; decree; derive, differentiate (math.)
גֶּזֶר ז' carrot; piece, block; clipping
גְּזַר ז' decision
גְּזַר דִּין ז' verdict
גִּזְרָה נ' figure (shape of body); cut (of clothes); sector, section (military); segment (of a circle); conjugation (verbs)
גָּח פ' burst forth, break out
גָּחוֹן ז' belly (of reptile); bottom
גָּחוּן ת' bent over, stooping
גַּחֲלִילִית נ' firefly, glow-worm; carbuncle, anthrax
גַּחֲלִית נ' carbuncle, anthrax
גַּחֶלֶת נ' ember, glowing coal
גַּחַם ז', גַּחְמָה נ' caprice, whim
גַּחֲמוֹן ז' arsonist
גַּחְמָן ז' capricious
גָּחַן פ' bend over, stoop
גֵּט ז' bill of divorce, divorce
גֵּט־פִּיטוּרִין ז' dismissal, sacking
גֶּטוֹ, גֵּיטוֹ ז' ghetto

גַּי, גַּיְא ז' valley, gorge, wadi
גֵּיאַל פ' soil, foul, dirty, pollute
גִּיבֵּב פ' pile up, stack, heap, amass
גִּיבָּה פ' back, give backing to
גִּיבּוּב ז' piling up, stacking, accumulation
גִּיבּוּי ז' backing
גִּיבּוּל ז' kneading, remolding
גִּיבּוֹר תו"ז hero, champion; brave, courageous
גִּיבּוּשׁ ז' crystallization; consolidation; integration
גִּיבֵּחַ פ' bald (at front of head)
גִּיבֵּן ז' humpback, hunchback
גִּיבֵּן פ' make cheese
גִּיבֶּנֶת נ' hunchback (female)
גִּיבֵּשׁ פ' crystallize, consolidate; integrate
גִּיבְתּוֹן ז' yellow-hammer
גִּיגִית נ' tub, wash-tub
גִּיד ז' sinew, tendon
גִּידּוּל ז' growing; rearing, raising; breeding, growth, development; tumor
גִּידּוּלֵי פֶּרֶא ז"ר weeds
גִּידּוּלִים ז"ר crops
גִּידּוּף ז' abuse, revilement, curse
גִּידּוּר ז' fencing, enclosing; constraint, restraint, restriction
גִּידֵּל פ' grow, rear, raise, breed
גִּידֵּם ת' one-armed
גִּידֵּעַ פ' cut to pieces, hew down
גִּידֵּף פ' revile, abuse, curse
גִּידֵּר פ' fence (in), enclose
גִּיהוּץ ז' ironing, pressing
גִּיהוּק ז' belching, burping
גֵּיהִינּוֹם ז' hell, gehinnom
גִּיהֵץ פ' iron, press
גִּיהֵק פ' belch, burp
גִּיוּוּן ז' variegation; variety, diversity
גִּיוֵּן פ' vary, diversify
גּוֹוֵן פ' add a nuance, tint
גִּיּוּס ז' mobilization, call-up, recruitment
גִּיּוּר ז' proselytizing, judaizing, conversion (to Judaism)
גִּיּוֹרֶת נ' converted Jewess
גִּיזָּה נ' fleece, shorn wool
גִּיזּוּם ז' pruning, clipping, trimming
גִּיזּוּר ז' cutting, clipping
גִּיזֵּם פ' prune, clip, trim
גִּיזָּרוֹן ז' etymology
גִּיחָה נ' sally, sortie, sudden attack
גִּיחוּךְ ז' giggle, smirk; absurdity
גִּיחֵךְ פ' smile (in scorn), smirk; giggle, grin
גֵּיטוֹ, גֶּטוֹ ז' ghetto
גִּיֵּיס פ' mobilize, call up, recruit
גַּיֶּיצֶת נ' cutter, etching tool, engraving tool
גִּיֵּיר פ' convert, proselytize (to Judaism), judaize
גִּיל ז' joy, delight; age
גִּילָאִי ז' aged, of same age-group
גִּילָאֵי 12־14 age group 12-14
גִּילָה נ' joy, rejoicing

reveal, disclose, discover גִילָה פ'
shaving גִילוּחַ ז'
revealing, discovering; discovery גִילוּי ז'
idols גִילוּלִים ז"ר
embodiment, personification גִילוּם ז'
engraving, carving, etching גִילוּף ז'
tipsy בְּגִילוּפִין
shave גִילֵחַ פ'
sheet (of paper); issue (of a newspaper) גִילָיוֹן ז'
embody, personify, portray גִילֵם פ'
engrave, carve, etch גִילֵף פ'
reduce, shrink גִימֵד פ'
finishing; finish גִימוּר ז'
prune, trim, cut; criticize severely (literary slang) גִימֵז פ'
גִימְלָה ר' גִמְלָה
finish גִימֵר פ'
denounce, censure, condemn גִינָה פ'
small garden, vegetable garden גִינָה נ'
denunciation, censure, condemnation גִינוּי ז'
manner, mode of behaviour, etiquette; gardening גִינּוּן ז'
brother-in-law גִיס ז'
army corps, regiment גַיִס ז'
fifth column גַיִס חֲמִישִׁי ז'
sister-in-law גִיסָה נ'
embracing, caressing; embrace, caress גִיפּוּף ז'
dusting with sulphur, sulphurization; vulcanization (of rubber) גִיפּוּר ז'
embrace, caress גִיפֵּף פ'
dust with sulphur, sulphurize; vulcanize (rubber) גִיפֵּר פ'
chalk, a piece of chalk; limestone גִיר ז'
scratch, scrape; itch (colloq.) גֵירֵד פ'
provoke; incite, arouse; irritate גֵירָה פ'
scratching, scraping גֵירוּד ז'
stimulation, provocation, irritation גֵירוּי ז'
expulsion, eviction, banishment גֵירוּשׁ ז'
badger גִירִית נ'
text, version, wording; interpretation גִירְסָא, גִרְסָה נ'
deficit, shortage גֵירָעוֹן ז'
expel; banish; divorce גֵירֵשׁ פ'
approach, access; attitude גִישָׁה נ'
realization, materialization, implementation גִישׁוּם ז'
bridging, bridgework גִישׁוּר ז'
groping, feeling, probing, scouting גִישׁוּשׁ ז'
bridge, build a bridge גִישֵּׁר פ'
grope, feel, probe, scout גִישֵּׁשׁ פ'
wave; pile, heap; lever גַל ז'
open radio program (for listeners' questions and comments) גַל פָּתוּחַ ז'

גַּלַּאי ז׳ — detector
גַּלָּב ז׳ — barber
גִּלְגּוּל ז׳ — rolling, revolving; metamorphosis; re-incarnated soul
גַּלְגִּילָה נ׳ — pulley
גַּלְגִּילּוֹן ז׳ — small wheel, pulley
גַּלְגַּלַּיִּם ז״ז — scooter (for child)
גַּלְגַּל ז׳ — wheel, cycle, pulley
גַּלְגַּל חוֹזֵר ז׳ — regular, endless recurrence
גִּלְגֵּל פ׳ — roll, revolve; cause, bring about
גַּלְגִּלִּית נ׳ (ר׳ גַּלְגִּלִּיּוֹת) — roller-skate
גַּלְגֶּלֶת נ׳ — pulley-block, pulley-wheel, derrick
גֶּלֶד ז׳ — scab, crust
גָּלָה פ׳ — be exiled; reveal
גִּלְוֵן פ׳ — galvanize; electro-plate
גָּלוּחַ ת׳ — shaven; irreligious
גָּלוּי ת׳ — open, evident, apparent, manifest
גְּלוּי לֵב ת׳ — frank, candid
גְּלוּי רֹאשׁ ת׳ — bare-headed
גְּלוּיָה ת׳ — postcard
גְּלוּלָה נ׳ — pill
גָּלוּם ת׳ — hidden, latent
גְּלוֹסְקָמָה נ׳ — ossuary, sarcophagus, coffin
גְּלוּפָה נ׳ — block (for printing); woodcut
גָּלוּת נ׳ (ר׳ גָּלֻיּוֹת) — exile, captivity; the Diaspora, the Dispersion
גַּלָּח ז׳ — Christian priest
גַּלִּי ת׳ — wavy, wave-like, undulating

גְּלִיד ז׳ — piece of ice
גְּלִידָה נ׳ — ice-cream
גַּלִּיּוּת נ׳ — waviness, undulation
גָּלִיל ז׳ — province, region, district; roll, cylinder
גְּלִילָה נ׳ — rolling up; roll-like cake
גְּלִילִי ת׳ — regional; cylindrical; Galilean
גְּלִימָה נ׳ — cloak, gown, mantle
גְּלִיפָה נ׳ — engraving
גְּלִישָׁה נ׳ — skiing; sliding, boiling over, gliding
גָּלַל (יָגוֹל או יִגְלוֹל) פ׳ — roll; roll up, wrap
גָּלָל ז׳ — dung, excrement
גֹּלֶם ז׳ — crudeness
גַּלְמוּד ת׳ — lonely, solitary; barren, sterile
גַּל־עֵד ז׳ — monument, cairn
גַּלְעִין ז׳ — stone (of fruit), kernel, pit
גַּלְעִינִי ת׳ — having a stone (fruit)
גִּלְעֵן פ׳ — stone (fruit)
גָּלַף פ׳ — engrave, carve, etch
גָּלַשׁ פ׳ — slide, ski; glide; boil over
גִּלְשׁוֹן ז׳ — glider (plane)
גַּלְשׁוֹן ז׳ — avalanche
גַּלֶּשֶׁת נ׳ — eczema
גַּם מ״ח — also, as well, even
גַּם כֵּן תה״פ — too
גִּמְגּוּם ז׳ — stammering, stuttering; hesitation
גִּמְגֵּם פ׳ — stammer, stutter; hesitate
גַּמְגְּמָן ז׳ — stammerer, stutterer
גַּמָּד ז׳ — dwarf
גָּמוּד ת׳ — dwarfish, undersized, reduced

גָּמוּל ת' weaned
גְּמוּל ז' recompense, reward
גָּמוּר ת' finished, complete; exhausted (slang)
גָּמַז פ' criticize severely (literary slang)
גְּמִיאָה נ' drinking, sipping; sip
גְּמִילָה נ' weaning; recompensing, rewarding
גְּמִילוּת חֶסֶד נ' act of charity, interest-free loan
גְּמִילוּת חֲסָדִים נ' giving charity
גְּמִיעָה נ' drinking, sipping, gulping; gulp
גָּמִישׁ ת' flexible, elastic, pliable, supple
גְּמִישׁוּת נ' flexibility, elasticity, pliability, suppleness
גָּמַל פ' recompense, requite; ripen; wean
גָּמָל ז' camel
גַּמָּל ז' camel driver
גִּמְלָה, גִּימְלָה נ' (ר' גִּימְלָאוֹת) pension, insurance benefit
גַּמְלוֹנִי ת' overlarge, outsize
גְּמֵלוּת נ' ripeness, maturity
גַּמֶּלֶת נ' camel caravan
גֻּמָּמִית נ' depression; pock-mark
גָּמַע פ' drink, sip, swallow; gulp
גָּמַר פ' finish, complete, terminate; conclude, decide
גְּמָר, גֶּמֶר ז' end, completion, conclusion
גְּמָרָא נ' the Talmud
גְּמַרְסָל ז' play off (basketball)
גְּמָשָׁה נ' spat, legging

גַּן ז' garden; kindergarten
גַּן־יְלָדִים ז' kindergarten
גַּן עֵדֶן ז' Paradise, the Garden of Eden
גְּנַאי ז' disgrace, shame
גָּנַב פ' steal, rob
גַּנָּב נ' thief, robber
גְּנֵבָה, גְּנֵיבָה נ' theft, stealing, robbery; stolen property
גִּנְדּוּר ז' dressing up, dolling up
גַּנְדְּרָן ת' coquettish, dandy, foppish
גַּנְדְּרָנוּת נ' coquetry, ostentation, overdressing, foppishness
גָּנוּב ת' stolen
גְּנוּגֶנֶת נ' awning, canopy
גָּנוּז ת' hidden, concealed, secret
גַּנּוֹן ז' nursery-school
גְּנוּת נ' disgrace, dishonor; reproach
גָּנַז פ' hide, conceal; file away
גַּנָּז ז' archivist
גִּנְזַךְ ז' archives
גָּנַח פ' groan; cough blood
גְּנִיזָה נ' hiding, concealing; archives; Geniza
גְּנִיחָה נ' groaning, groan, coughing blood
גַּנָּן ז' gardener, horticulturist
גַּנָּנוּת נ' gardening, horticulture
גַּנֶּנִית נ' woman gardener, woman horticulturist
גַּנֶּנֶת נ' kindergarten teacher (fem.)
גַּס ת' crude, boorish; large obscene, vulgar, coarse

גַּסּוּת נ׳ rudeness, bad manners, vulgarity, obscenity

גְּסִיסָה נ׳ dying, death throes

גָּסַס פ׳ be dying, be about to die

גַּס־רוּחַ ת׳ coarse, rude, vulgar

גַּעְגּוּעִים ז״ר yearning, longing, nostalgia

גָּעָה פ׳ moo, low, bleat; wail, moan, cry

גָּעָה בִּבְכִיָּה cry aloud, sob loudly

גְּעִיָּה נ׳ mooing, lowing, bleating; wailing, crying

גָּעַל פ׳ hate, loathe, abhor; scald, rinse in boiling water, cleanse

גָּעַר פ׳ rebuke, scold; curse

גְּעָרָה נ׳ rebuke, scolding, reproof

גָּעַשׁ פ׳ storm, rage

גַּעַשׁ ז׳ storming, raging

גַּעֲשִׁי ת׳ volcanic

גַּף ז׳ wing; arm; leg; back, body; handle, rim; flight

גֶּפֶן נ׳ vine

גַּפְרוּר ז׳ match

גֵּץ ז׳ (ר׳ גִּיצִים) spark, flicker

גֵּר ז׳ stranger, foreigner; convert to Judaism, proselyte

גָּר פ׳ dwell, live, reside, inhabit

גָּרָב ז׳ eczema

גֶּרֶב ז׳ sock, stocking

גַּרְבּוֹנִים ז״ר tights (for women), panty hose

גִּרְגּוּר ז׳ gargling, gargle

גַּרְגִּיר ז׳ grain

גִּרְגֵּר פ׳ gargle, gurgle; glut, gormandize

גַּרְגְּרָן ז׳ glutton, gourmand

גַּרְגֶּרֶת נ׳ throat, windpipe, trachea

גַּרְדּוֹם ז׳ gallows, scaffold

גָּרֶדֶת נ׳ itch; scabies

גֵּרָה נ׳ cud (of chewed food)

גְּרוֹדֶת נ׳ filings, shavings, chips

גְּרוּטָאוֹת נ״ר scrap metal, junk

גָּרוּם ת׳ bony; oversized

גָּרוֹן ז׳ throat

גְּרוֹנִי ת׳ guttural, throaty

גָּרוּעַ ת׳ bad, inferior

גְּרוֹפֶת נ׳ drift, bed load (of river), gravel

גְּרוּרָה נ׳ metastasis (med.)

גָּרוּשׁ ז׳ divorced man, divorcé

גְּרוּשָׁה נ׳ divorced woman, divorcée

גַּרְזֶן ז׳ axe, hatchet

גְּרֵידָא תה״פ only, merely, exclusively

גְּרִידָה נ׳ scraping, scratching

גְּרִיּוּת נ׳ sensitivity, excitability

גְּרִימָה נ׳ causing, bringing about

גְּרִיסִים ז״ר groats, grits

גְּרִיעוּת נ׳ inferiority, badness; deterioration, worsening

גְּרִיפָה נ׳ scouring, cleaning out

גְּרִירָה נ׳ towing, dragging, trailing

גָּרַם פ׳ cause, bring about

גֶּרֶם ז׳ bone; body

גַּרְמִי ת׳ bony, large-boned

גָּרַס פ׳ crush, pound; learn, study; think, be of the opinion

גָּרַע פ׳ lessen, reduce, subtract

גַּרְעִין ז' nucleus; kernel, pip

גַּרְעִינִי ת' nuclear; pippy

גִּרְעֵן פ' core (fruit)

גַּרְעֶנֶת נ' trachoma

גָּרַף פ' sweep away, scour; rake up; blow (nose); amass (wealth)

גָּרַר פ' drag along, tow, draw; cause, lead to, bring about

גְּרָר ז' towing, trailing, dragging

גְּרָרָה נ' sledge, sleigh

גַּשׁ! come here!, draw near!

גָּשׁוּם ת' rainy, dripping, wet

גָּשׁוֹשׁ ז' sounding rod, calipers; mine-detector

גֶּשֶׁם ז' rain, shower

גַּשְׁמִי ת' physical, material, earthly, corporeal

גֶּשֶׁר ז' bridge

גָּשַׁר פ' bridge

גִּשְׁרוֹן ז' small bridge

גִּשְׁרִית נ' bridge (of stringed instrument)

גַּשָּׁשׁ ז' scout, pathfinder, tracker; reconnoitrer

גִּשְׁתָּה נ' syphon

גַּת נ' wine-press, vat

ד

דָּאַב פ' — grieve, be sad, pine

דְּאָבוֹן ז' — regret

דָּאַג פ' — worry, be anxious

דְּאָגָה נ' — worry, concern, anxiety

דָּאָה פ' — glide, soar

דָּאוֹן ז' — glider

דְּאָז ת' — then, former

דְּאִיָּה נ' — gliding, soaring

דָּבוּק ת' — stuck, attached

דָּבוּר ת' — spoken, said

דַּבּוּר ז' — hornet

דְּבוֹרָה נ' — bee

דָּבִיק ת' — sticky, gummed, gummy

דְּבִיר ז' — the Holy of Holies; sanctuary, palace, court

דָּבַק פ' — stick, cling, adhere

דָּבֵק ת' — sticking to, clinging, attached

דֶּבֶק ז' — glue, gum, paste

דְּבֵקוּת נ' — attachment, devotion, loyalty

דִּבְקִי ת' — sticky, adhesive

דִּבְקִית נ' — sticker

דָּבָר ז' — thing; matter, affair; word, saying

דָּבָר אַחֵר ז' — another meaning; euphemism for pig

דַּבָּר ז' — leader, guide

דֶּבֶר ז' — plague, pestilence

דִּבְרָה נ' — word, saying; speech

דִּבְרֵי הַיָּמִים ז"ר — history; the Book of Chronicles

דְּבָרִים — Deuteronomy

דְּבַר־מָה ז' — something, a trifle

דַּבְּרָן ז' — eloquent speaker; chatter-box

דַּבֶּרֶת נ' — incessant talking

דְּבַשׁ ז' — honey; syrup

דַּבֶּשֶׁת נ' — hump (of a camel)

דָּג פ' — fish

דָּג ז' — fish

דָּג מָלוּחַ ז' — herring

דָּג מְמוּלָּא ז' — stuffed fish, gefilte fish

דִּגְדֵּג פ' — tickle

דַּגְדְּגָן ז' — clitoris

דָּגוּל ת' — distinguished, outstanding

דָּגִיג ז' — small fish, young fish

דְּגִימָה נ' — sampling, random sampling

דְּגִירָה נ' — hatching, incubation

דָּגַל פ' — believe in, stand for, profess; raise a standard, wave a flag

דֶּגֶל ז' — flag, banner, standard

דַּגְלָן ז' — flag-bearer

דְּגָם ז' — pattern, type

דֶּגֶם ז' — model, sample, specimen

דָּגָן ז' — corn, grain cereals

דָּגַר פ' — hatch, incubate

דָּגֵשׁ ז' — dagesh (a dot put in a consonant); emphasis, stress

דַּד ז' — nipple, teat

דָּהָה פ' — fade

דָּהוּי ת' — faded

דְהַיְינוּ תה"פ	namely, in other words
דְהִירָה נ'	gallop
דָהַר פ'	gallop
דוּ ש"מ	bi-, two-
דוּ־לְשוֹנִי ת'	bilingual
דוּ־מַשְמָעִי ת'	ambiguous
דוּ־סִטְרִי ת'	two-way (street)
דוּ־עֶרְכִּי ת'	ambivalent
דוּ־פַּרְצוּפִי ת'	two-faced
דוּ־קִיוּם ז'	coexistence
דוּ־קְרָב ז'	duel
דוּ־שְבוּעוֹן ז'	fortnightly
דוּ־שִׂיחַ ז'	dialogue
דוֹאַר ז'	post, mail
דוֹאַר אֲוִויר ז'	airmail
דוֹאַר נָע ז'	mobile post office
דוֹב ז'	bear
דוֹבֵב פ'	induce to speak
דוּבְדְבָן ז'	cherry
דוֹבֵר ז'	spokesman
דוֹבְרָה נ'	raft, barge
דוּבְשָן ז', דוּבְשָנִית נ'	honey cake
דוּגִית נ'	fishing boat
דוּגְמָה נ'	example, sample
דוּגְמָה אִישִית נ'	personal example
דוּגְמָן ז', דוּגְמָנִית נ'	(male) model, (female) model
דוּד ז'	boiler, tank
דוֹד ז'	uncle
דוֹדָה נ'	aunt
דוֹדָן נ'	cousin (male)
דוֹדָנִית נ'	cousin (female)
דְוַואי ז'	sickness, affliction
דָוֶוה ת'	in pain, sad
דוּוַח פ'	be reported
דַוְוקָא, דַוְוקָה תה"פ	for all that, precisely
דַוָּור ז'	postman
דוּוַר פ'	sent by post
דַוְושָה נ'	pedal
דו"חַ ז'	report
דוּחַי, דוּחַיי ז'	amphibian
דוֹחַן ז'	millet
דוֹחַק ז'	pressure, stress; want, poverty; overcrowding
דוּכָּא פ'	be oppressed
דוּכְדַּךְ פ'	be depressed (mentally)
דוֹכִי, דֳכִי ז'	surf
דוּכִיפַת נ'	hoopoe
דוּכָן ז'	stall (in market); dais, podium, platform
דוֹלֶב ז'	plane (tree)
דוּלְדַל פ'	be weakened, be exhausted, be impoverished
דוֹלְלָה נ'	ball of thread
דוֹם!	attention!
דוֹם לֵב	cardiac arrest
דוֹמֶה ת'	similar, like, resembling
דוֹמֶה שֶ	it seems that
דוֹמִי, דֳמִי ז'	silence, stillness, quietness
דוּמִיָּה נ'	silence, stillness
דוּמָם תה"פ	silently, quietly
דוֹמֵם ת'	inanimate, inorganic; silent, still
דוֹמֶן ז'	manure, dung, excrement
דוֹמַנִי	it seems to me
דוֹנַג ז'	wax
דוֹנַגִית נ'	waxlike layer or film

דּוֹפִי ז' defect, blemish, flaw
דּוֹפֶן ז' wall, side
דּוֹפֶק ז' pulse
דּוּקְרָב, דּוּ־קְרָב ז' duel
דּוּקְרָן ז' sear (of a rifle)
דּוּקְרָנִי ת' barbed, spiky, prickly, thorny
דּוֹר ז' (ר' דּוֹרוֹת) generation, age
דּוֹרַג פ' be graded, be classed
דּוּרֶגֶל ז' biped
דּוּרָה נ' sorghum, durra
דּוֹרוֹן ז' present, gift
דּוֹרְסָנִי ת' predatory, crushing
דָּחָה פ' reject, refuse; postpone
דָּחוּי ת' postponed, put off
דָּחוּס ת' compressed
דָּחוּף ת' urgent, pressing
דָּחוּק ת' in need, hard up; far-fetched
דְּחִי, דֶּחִי ז' failure, downfall
מִדְּחִי אֶל דֶּחִי from bad to worse
דְּחִיָּה נ' rejection, postponement
דְּחִיסוּת נ' density, compressibility, compactness
דְּחִיפָה נ' push, impetus, incentive, stimulus
דְּחִיפוּת נ' urgency
דְּחִיקָה נ' pressing, pressure, thrust
דְּחִיקַת הַקֵּץ נ' rushing; hastening the Redemption
דַּחְלִיל ז' scarecrow
דָּחַס פ' compress, pack tight
דַּחַף ז' impulse, drive; impetus, thrust
דָּחַף פ' push, thrust, drive
דַּחְפּוֹר ז' bulldozer
דָּחַק פ' press, push, urge; oppress
דֹּחַק ז' pressure; stress, need
דֵּי, דַּיי, דַּי־ תה"פ enough, sufficient, adequate
דַּיי וְהוֹתֵר תה"פ more than enough
דֵּי הַצּוֹרֶךְ תה"פ sufficiently
דִּיבָּה נ' slander, defamation, libel
דִּיבּוּב ז' encouragement (of others) to speak
דִּיבּוּק ז' a dead spirit taking possession of a live person; obsession
דִּיבּוּר ז' saying, speaking, speech, utterance
דִּיבּוּרִי ת' colloquial, spoken
דִּיבֵּר ז' speech, saying; commandment
דִּיבֵּר פ' speak
דַּיִג ז' fishing; fishery
דִּיגֵּל פ' raise a flag
דַּיָּה נ' kite
דֵּיהֶה, דֵּהֶה ת' faded, discolored
דִּיהוּי ז' fading, discoloration
דְּיוֹ נ' ink
דִּיוּג ז' fishing
דִּיוּוּחַ ז' reporting, accounting; report, account
דִּיוֵּחַ פ' report, make a report, give an account
דִּיוֵּר פ' send by post
דִּיוּוּר ז' delivery by post
דִּיוֵּשׁ פ' pedal; practise
דְּיוֹטָה נ' floor, story
דִּיוּן ז' discussion, deliberation, debate

דִּיּוּק ז' precision, accuracy, exactitude
דְּיוֹקָן ז' likeness, image, portrait, profile
דִּיּוּר ז' living accommodation, housing
דְּיוֹת נ' India ink
דְּיוֹתָה נ' inkwell
דִּיחוּי ז' postponement, deferment, delay
דַּיָּג ז' fisherman
דַּיָּל ז' air host, steward
דַּיֶּלֶת נ' air hostess, stewardess
דַּיָּן ז' judge (in a religious court)
דַּיְסָה נ' porridge, gruel; mess, confusion
דִּיֵּק פ' be exact, be accurate; be punctual
דָּיֵק ז' defence work, rampart, bulwark
דַּיְקָן ז' a punctual person
דַּיְקָנוּת נ' punctuality, exactness
דַּיָּר ז' tenant, lodger
דַּיַּר מִשְׁנֶה ז' sub-tenant
דִּיכֵּא פ' oppress; suppress, crush; repress
דִּיכָּאוֹן ז' depression (mental), dejection, melancholy
דִּיכּוּי ז' oppression; suppression
דִּילֵּג פ' skip, omit
דִּילּוּג ז' skipping, omitting
דִּילּוּל ז' thinning out; dilution
דִּילֵּל פ' thin out, dilute, reduce
דִּימָּה פ' compare, liken; imagine
דִּימּוּי ז' comparison, likeness, image; simile
דִּימּוּם ז' bleeding, hemorrhage
דִּין ז' trial, judgment; sentence; lawsuit
דִּין וְחֶשְׁבּוֹן, דו"חַ ז' report, account
דִּינָר ז' dinar (unit of Jordanian & Iraqi currency)
דִּיסְקוּס ז' disc; discus
דִּיצָה נ' joy, amusement, joyful dancing
דִּיר ז' pen, fold, sty; shed
דֵּירָאוֹן ז' abomination, abhorrence, disgrace
דֵּירֵג פ' terrace; grade; classify
דִּירָה נ' apartment, flat
דֵּירוּג ז' terracing; grading, scaling, classification
דַּיִשׁ ז' threshing; threshing time; threshed grain
דִּישָׁה נ' threshing
דִּישׁוֹן ז' antelope
דִּישּׁוּן ז' fertilization
דִּישֵּׁן פ' fatten, make fat; fertilize
דִּכְדּוּךְ ז' dejection, depression
דִּכְדֵּךְ פ' depress (mentally), oppress
דַּכָּה נ' crushing, bruising
דְּכִי־חוֹף ז' surf
דַּל ת' poor; meager
דָּלַג פ' leap, skip, omit, skip over
דַּלְגִּית נ' skipping rope
דִּלְדּוּל ז' impoverishment, decline, reduction
דִּלְדֵּל פ' impoverish, weaken, reduce

דָּלָה פ׳ draw water; bring out, reveal
דָּלוּחַ ת׳ dirty, filthy, muddy
דְּלוּעִים ז״ר pumpkins
דָּלוּק ת׳ burning, alight, lit
דַּלּוּת נ׳ poverty; meagerness
דָּלַח פ׳ make filthy, muddy, pollute
דְּלִי ז׳ pail, bucket
דְּלִיחָה נ׳ making turbid, muddying, polluting
דָּלִיל ת׳ thin, meager, sparse
דְּלִיפָה נ׳ dripping, leaking, leak, leakage
דָּלִיק ת׳ inflammable, combustible
דְּלִיקָה נ׳ burning; chase, pursuit
דְּלִיקוּת נ׳ inflammability, combustibility
דָּלַל פ׳ dwindle, waste away, decline
דְּלַעַת נ׳ pumpkin
דָּלַף פ׳ drip, leak
דַּלְפֵּק ז׳ counter
דָּלַק פ׳ burn; chase, pursue
דֶּלֶק ז׳ fuel, oil
דְּלֵקָה, דְּלֵיקָה נ׳ fire, conflagration
דִּלְקַמָּן, כְּדִלְקַמָּן תה״פ as follows
דַּלֶּקֶת הַסִּימְפּוֹנוֹת נ׳ bronchitis
דַּלֶּקֶת נ׳ inflammation
דַּלֶּקֶת הָרֵיאוֹת נ׳ pneumonia
דַּלַּקְתִּי ת׳ inflammatory; inflamed
דֶּלֶת נ׳ door
דַּלַּת הָעָם נ׳ the poor of the people
דָּם ז׳ blood
דִּמְדּוּם ז׳ dimlight, glimmer, dimness

דָּמָה פ׳ be like, resemble; cease, stop
דְּמוּת נ׳ shape; likeness, image; character
דִּמְיוֹן ז׳ resemblance, likeness, similarity; imagination, fantasy
דִּמְיוֹנִי ת׳ imaginary; fantastic
דִּמְיֵן פ׳ imagine, fancy
דָּמִים ז״ר price; money; blood
דְּמֵי־מַפְתֵּחַ ז״ר key money
דְּמֵי־קְדִימָה ז״ר advance payment
דָּמַם פ׳ fall silent, be silent, be still; bleed
דֶּמֶם ז׳ hemorrhage, bleeding
דְּמָמָה נ׳ silence, stillness, calm
דַּמֶּמֶת נ׳ hemophilia
דָּמַע פ׳ shed tears, weep, cry
דִּמְעָה נ׳ tear
דָּן פ׳ consider, discuss; judge, try, punish
דִּסְקָה נ׳ writ; disc
דִּסְקִית, דִּיסְקִית נ׳ small disc, washer
דֵּעָה נ׳ opinion, view
דֵּעָה צְלוּלָה נ׳ clear thinking, lucidity
דָּעַךְ פ׳ fade, flicker, die out
דַּעַת נ׳ knowledge, wisdom; mind; understanding
דַּעַת הַקָּהָל נ׳ public opinion
דַּף ז׳ page, leaf; plank
דִּפְדֵּף פ׳ leaf through, turn over pages
דַּפְדֶּפֶת נ׳ notepad, loose-leaf notebook

דְּפוּס ז׳ mold; type; printing-press
דְּפִיקָה נ׳ knock, beat; mistreatment (slang) sexual intercourse (slang)
דַּפְנָה נ׳ laurel, bay
דַּפָּס ז׳ printer
דָּפַק פ׳ knock, beat; work well, go smoothly (colloquial); cause someone to fail (slang); have sexually (slang)
דָּץ פ׳ rejoice; dance, leap
דָּק פ׳ examine very carefully
דַּק ת׳ thin, fine; delicate, subtle
דַּק ז׳ minute
דִּקְדּוּק ז׳ grammar; exactness, precision
דִּקְדּוּקִי ת׳ grammatical
דִּקְדֵּק פ׳ be precise, be very particular; examine minutely
דַּקְדְּקָן ז׳ grammarian; a meticulous person
דַּקָּה נ׳ minute
דַּקּוּת נ׳ fineness; thinness, slenderness; subtlety
דָּקִיק ת׳ very fine, thin
דְּקִירָה נ׳ prick, stabbing, pierce; sarcastic remark
דֶּקֶל ז׳ palm tree
דִּקְלוּם ז׳ declamation, recitation
דִּקְלֵם פ׳ declaim, recite
דָּקַר פ׳ stab, prick, pierce, make sarcastic remark
דֶּקֶר נ׳ mattock, pick, pickaxe
דַּקָּר ז׳ spineback
דִּקְתָּה נ׳ plywood
דָּר פ׳ dwell, live, reside
דִּרְבּוּן ז׳ spurring on, urging on
דָּרְבָן, דָּרְבוֹן ז׳ spur, goad; quill
דַּרְבָּן ז׳ porcupine
דִּרְבֵּן פ׳ spur on, goad, prod, urge on
דֶּרֶג ז׳ grade, level, echelon
דַּרְגָּה נ׳ step, stair; degree, grade, rank
דַּרְגְּנוֹעַ ז׳ escalator
דַּרְגָּשׁ ז׳ couch, divan, settee
דִּרְדּוּר ז׳ rolling down; causing to deteriorate
דַּרְדַּק ז׳ infant, small child
דַּרְדַּר ז׳ thistle, thorn
דִּרְדֵּר פ׳ send rolling down; cause to deteriorate
דָּרוּךְ ת׳ cocked, drawn; tense, taut
דָּרוֹם ז׳ south
דְּרוֹם מִזְרָח south east
דְּרוֹם מַעֲרָב south west
דְּרוֹמִי ת׳ southern, southerly
דְּרוֹר ז׳ freedom, liberty; sparrow
דְּרוּשׁ ז׳ homily, sermon
דָּרוּשׁ ת׳ needed, required, demanded
דְּרִיכָה נ׳ treading, trampling; cocking; drawing
דְּרִיכָה בַּמָּקוֹם נ׳ marking time
דְּרִיכוּת נ׳ tension, suspense, preparedness
דְּרִיסָה נ׳ treading, trampling, running over
דְּרִיסַת רֶגֶל נ׳ entry, access

דְּרִישָׁה נ׳ **demand; requirement**
דְּרִישַׁת־שָׁלוֹם, נ׳ דַּ"ש ז׳ **greetings, regards**
דָּרַךְ פ׳ **tread, trample; step; cock; draw**
דֶּרֶךְ ז"נ **way, route; method; manner**
דֶּרֶךְ אַגַּב תה"פ **by the way, incidentally**
דֶּרֶךְ אֶרֶץ נ׳ **good manners, courtesy**
דֶּרֶךְ הַמֶּלֶךְ נ׳ **highway, highroad**
דַּרְכּוֹן ז׳ **passport**
דָּרַס פ׳ **run over, trample**
דְּרָקוֹן ז׳ **dragon**
דָּרַשׁ פ׳ **demand, require; inquire, seek; expound, preach, explain, interpret**
דְּרָשָׁה נ׳ **homily, sermon; homiletic interpretation**
דַּרְשָׁן ז׳ **preacher, homilist**
דָּ"ש ז׳ (ר"ת דרישת שלום) **regards, greetings (colloquial)**
דָּשׁ פ׳ **thresh; practise; tread, trample**
דַּשׁ ז׳ **lapel, flap**
דֶּשֶׁא ז׳ **grass, lawn**
דִּשְׁדּוּשׁ ז׳ **treading, trampling; training, practising**
דִּשְׁדֵּשׁ פ׳ **tread, trample; practise**
דֶּשֶׁן ז׳ **chemical fertilizer; fatness**
דָּשֵׁן ת׳ **lush, fat, rich**
דָּשַׁן פ׳ **grow fat, be fat**
דָּת נ׳ **religion; faith, creed**
דָּתִי ת׳ **religious, devout, pious**
דָּתִיּוּת נ׳ **religiousness, piety, religiosity**

ה

הַ־,הָ־,הֶ־ the definite article
הָאִישׁ הֶחָזָק הַזֶּה this strong man
הֲ־ (הַ־,הֶ־)...? prefix indicating a question
הֲשָׁמַעְתָּ? have you heard?
ה' ר' הַשֵּׁם
הֵא מ"ק here! look!
הֶאֱבִיד פ' destroy, cause to perish
הַאֲבָקָה נ' pollination
הֶאֱדִים פ' become red; redden
הֶאֱדִיר פ' glorify, magnify, extol
הֵ"א הַיְדִיעָה the definite article
הֶאֱהִיל פ' shade, shelter; pitch (a tent)
הַאוּמְנָם? really?, is that so?
הֶאֱזִין פ' listen
הַאֲזָנָה נ' listening; monitoring
הַאֲחָדָה נ' making uniform; unification, standardization
הֶאֱחִיד פ' make uniform, unify, standardize
הֵאֵט פ' slow down, decelerate
הָאָטָה נ' slowing down, deceleration
הֵאִיץ פ' urge, hurry, accelerate
הֵאִיר פ' illuminate, throw light on
הֶאֱכִיל פ' feed
הַאֲלָהָה נ' deification, idolization
הַאֲלָחָה נ' infection; pollution, contamination
הֶאֱמִין פ' believe; trust
הֶאֱמִיר פ' rise steeply, soar (price)
הַאֲמָנָה נ' confirmation, accreditation

הַאֲנָשָׁה נ' personification, anthropomorphism
הֶאֱפִיל פ' darken, black-out, overshadow, obscure
הֶאֱפִיר פ' turn grey; make grey
הַאֲפָלָה נ' black-out; darkening, obscuring
הָאָצָה נ' urging, hurrying, acceleration
הֶאֱצִיל פ' bestow on, inspire, confer title of nobility
הָאָרָה נ' illumination, lighting
הַאֲרָחָה נ' entertaining (guests), acting as host
הֶאֱרִיךְ פ' lengthen, extend, prolong
הֶאֱרִיק פ' earth (electricity)
הַאֲרָכָה נ' extension, lengthening
הַאֲרָקָה נ' grounding, earthing
הֶאֱשִׁים פ' accuse, charge; blame
הַאֲשָׁמָה נ' accusation, charge; indictment
הֲבָאָה נ' bringing, fetching; quoting, quotation
הֲבַאי ז' nonsense
הִבְאִישׁ פ' stink, be offensive; cause to stink
הִבְדִּיל פ' separate, distinguish
הֶבְדֵּל ז' difference, distinction
הַבְדָּלָה נ' differentiation; separation; Havdala prayer at end of Shabbat
הִבְהֵב פ' singe; flicker, smoulder
הִבְהִיל פ' alarm, summon urgently

glisten, gleam, glitter הִבְהִיק פ׳
clarify, explain הִבְהִיר פ׳
clarifying, clarification הַבְהָרָה נ׳
humiliate, scorn הִבְזָה פ׳
flash הִבְזִיק פ׳
flash, flashing הַבְזָקָה נ׳
distinguish, discriminate הִבְחִין פ׳
distinguishing, distinction הַבְחָנָה נ׳
looking (act of) הַבָּטָה נ׳
promising, promise, assurance הַבְטָחָה נ׳
promise, assure; ensure, make safe הִבְטִיחַ פ׳
bring, fetch הֵבִיא פ׳
look הִבִּיט פ׳
embarrass; bewilder, perplex הֵבִיךְ פ׳
steamy, muggy הָבִיל ת׳
understand, comprehend הֵבִין פ׳
defeat, rout הֵבִיס פ׳
express הִבִּיעַ פ׳
nonsense, vanity; breath הֶבֶל ז׳
restraint, self-restraint, moderation הַבְלָגָה נ׳
emphasis, stressing הַבְלָטָה נ׳
vain, conceited; nonsensical הַבְלִי ת׳
restrain oneself הִבְלִיג פ׳
flicker, flutter הִבְלִיחַ פ׳
give prominence to, emphasize, stress הִבְלִיט פ׳
swallow, absorb, take in; insert unnoticed הִבְלִיעַ פ׳
understanding, comprehension הֲבָנָה נ׳
reading comprehension הֲבָנַת הַנִּקְרָא נ׳
listening comprehension הֲבָנַת הַנִּשְׁמָע נ׳
defeat, rout; defeating, routing הֲבָסָה נ׳
expression, uttering הַבָּעָה נ׳
set alight, burn הִבְעִיר פ׳
terrify, horrify הִבְעִית פ׳
seize; break through, penetrate הִבְקִיעַ פ׳
recovery, convalescence; recuperation הַבְרָאָה נ׳
screwing in place הַבְרָגָה נ׳
syllable הֲבָרָה נ׳
smuggling, contraband; causing or helping to escape הַבְרָחָה נ׳
recover, convalesce, recuperate הִבְרִיא פ׳
screw in place הִבְרִיג פ׳
cause or help to flee; smuggle הִבְרִיחַ פ׳
make kneel (camel) הִבְרִיךְ פ׳
shine, gleam; send a telegram; burnish הִבְרִיק פ׳
brush הִבְרִישׁ פ׳
flash, brilliancy; stroke of genius, inspired remark; polishing הַבְרָקָה נ׳
ripen, mature הִבְשִׁיל פ׳
ripening, maturation הַבְשָׁלָה נ׳
pilot, helmsman הַגַּאי ז׳
response, reaction הֲגָבָה נ׳
raising, lifting, elevating הַגְבָּהָה נ׳

raise, lift, elevate; be elevated	הִגְבִּיהַ פ׳
limit, restrict	הִגְבִּיל פ׳
strengthen, increase, intensify	הִגְבִּיר פ׳
harden; become hard	הִגְבִּישׁ פ׳
limitation, restriction	הַגְבָּלָה נ׳
boosting	הַגְבֵּר ז׳
strengthening, increasing, intensification	הַגְבָּרָה נ׳
tale, saga; telling	הַגָּדָה נ׳
the Passover Haggada (book)	הַגָּדָה שֶׁל פֶּסַח נ׳
West Bank (of River Jordan)	הַגָּדָה הַמַּעֲרָבִית נ׳
increase, enlarge, magnify; become larger	הִגְדִּיל פ׳
he did great things	הִגְדִּיל לַעֲשׂוֹת
define	הִגְדִּיר פ׳
overdo, overfill	הִגְדִּישׁ פ׳
overdid things, went too far	הִגְדִּישׁ אֶת הַסְּאָה
increasing, enlarging, magnification	הַגְדָּלָה נ׳
definition	הַגְדָּרָה נ׳
self determination	הַגְדָּרָה עַצְמִית נ׳
overdoing, overfilling	הַגְדָּשָׁה נ׳
utter, speak, say; study, think	הָגָה פ׳
sound, utterance; moan, whisper; steering wheel, rudder, helm	הֶגֶה ז׳
glide	הֶגָה מַעֲבָר ז׳
proof-reading; proof (of book)	הַגָּהָה נ׳

pronounced	הָגוּי ת׳
decent, fair, proper	הָגוּן ת׳
philosophy, meditation, contemplation	הָגוּת נ׳
exaggerate	הִגְזִים פ׳
exaggeration	הַגְזָמָה נ׳
react, respond	הֵגִיב פ׳
meditation, thought	הָגִיג ז׳
tell, inform, say	הִגִּיד פ׳
proof-read, correct	הִגִּיהַּ פ׳
logical, rational, reasonable	הֶגְיוֹנִי ת׳
break out, burst forth	הֵגִיחַ פ׳
pronunciation; meditation, study	הֲגִיָּה נ׳
phoneme	הֶגֶין ז׳
decency, fairness	הֲגִינוּת נ׳
arrive at, reach	הִגִּיעַ פ׳
it's (high) time	הִגִּיעַ הַזְּמַן
close, bolt, shut	הֵגִיף פ׳
migration, emigration	הֲגִירָה נ׳
serve, offer present, submit	הִגִּישׁ פ׳
banish, exile, deport	הִגְלָה פ׳
form a scab; coagulate	הִגְלִיד פ׳
banishment, exile, deportation	הַגְלָיָה נ׳
even though	הֲגַם שֶׁ מ״ח
cardinal, bishop	הֶגְמוֹן ז׳
hegemony, leadership	הֶגְמוֹנְיָה נ׳
make (more) flexible	הִגְמִישׁ פ׳
making (more) flexible	הַגְמָשָׁה נ׳
defend, protect	הֵגֵן פ׳
smuggling, inserting by stealth	הַגְנָבָה נ׳
protection, defense	הֲגָנָה נ׳

הִגְנִיב פ' smuggle, insert stealthily
הִגְעִיל פ' disgust, make sick; make ritually clean
הַגְעָלָה נ' scouring, scalding; ritual cleansing (in boiling water)
הֲגָפָה נ' closing, bolting, shutting
הִגְרִיל פ' raffle, draw lots for
הִגְרִיעַ פ' degrade
הַגְרָלָה נ' raffle, lottery
הַגָּשָׁה נ' serving, offering, presenting, submitting
הִגְשִׁים פ' realize, implement, achieve, materialize
הַגְשָׁמָה נ' realization; implementation, achieving, materialization
הֵד ז' echo, repercussion
הִדְאִיב פ' grieve, distress
הִדְאִיג פ' worry
הִדְבִּיק פ' stick; infect; overtake
הִדְבִּיר פ' destroy, exterminate; cause to submit
הַדְבָּקָה נ' sticking; infecting; overtaking
הִדְגִּים פ' exemplify, demonstrate, illustrate
הִדְגִּישׁ פ' emphasize, stress
הַדְגָּמָה נ' illustrating, exemplifying, demonstrating; illustration, exemplification, demonstration
הַדְגָּשָׁה נ' emphasis, stress
הֲדָדִי ת' mutual, reciprocal
הֲדָדִיּוּת נ' mutuality, reciprocity

הִדְהֵד פ' echo, resound, reverberate
הִדְהִים פ' stun, astound, amaze
הֲדוֹם ז' footstool, footrest
הָדוּר ת' splendid, glorious, illustrious, elegant
הַדָּחָה נ' dismissal, removal; leading astray
הֲדָחָה נ' (dish) washing
הַדְחָקָה נ' repression (psych)
הֶדְיוֹט ז' layman, commoner; ordinary person
הֵדִיחַ פ' rinse, wash
הֵדִיחַ בָּשָׂר rinsed meat
הֵדִיחַ כֵּלִים washed dishes
הִדִּיחַ פ' dismiss, remove, depose
הֲדִיפָה נ' repulse; pushing; push
הָדִיר ת' repeatable, reproducible
הִדְלָה פ' trellis (vines)
הִדְלִיחַ פ' soil, dirty, befoul, pollute
הִדְלִיף פ' leak (information, etc)
הִדְלִיק פ' light, ignite, set fire to; fire
הַדְלָפָה נ' leak, leaking (of information)
הַדְלָקָה נ' lighting, igniting, bonfire
הִדְמָה פ' simulate
הַדְמָיָה נ' simulation
הִדְמִים פ' silence, still
הֲדַס ז' myrtle
הֶדֶף ז' blast
הֶדֶף אֲוִיר ז' blast (after explosion)
הָדַף פ' push, repel, repulse, rebut
הִדְפִּיס פ' print

הֶדְפֵּס ז' print
הַדְפָּסָה נ' printing
הֶדֶק ז' trigger; paper clip; clothes peg
הֵדֵק פ' grind to powder, make fine
הָדָר ז' splendor, glory, majesty; citrus fruit
הַדְרָגָה נ' progression, gradualness, gradation
הַדְרָגָתִי ת' progressive, gradual
הִדְרִיךְ פ' guide, instruct, lead
הִדְרִיךְ אֶת מְנוּחָתוֹ disturbed his peace of mind
הִדְרִים פ' go south
הַדְרָכָה נ' instruction, guidance
הִדְרֵל פ' hydrolyze
הַדְרָן מ"ק encore!
הָהּ! מ"ק ah!, alas!
הֵהִין פ' venture, dare
הֵהֵל פ' shine, gleam
הוּא מ"ג he, it
הוּאֲחַד פ' be made uniform, be standardized; be unified
הוּאַט פ' be slowed down, be decreased
הוֹאִיל פ' consent, be willing, deign
הוֹאִיל וְ תה"פ since, because
הוּאֳרַךְ פ' be lengthened, be extended, be prolonged
הוּבָא פ' be brought, be fetched
הוּבְהַל פ' be rushed in, be brought in a hurry
הוּבְטַח פ' be promised, be assured
הוֹבִיל פ' guide, lead; transport, convey; be ahead (in games)
הוֹבָלָה נ' transport, conveying
הוּבְלַט פ' be given prominence, be highlighted
הוּבַן פ' be understood
הוֹבְנֶה ז' ebony (tree or wood)
הוֹבְנִית נ' ebonite
הוּבַס פ' be defeated
הוּבַּע פ' be expressed
הוּבְרַר פ' be clarified
הוּגְבַּהּ פ' be raised, be elevated
הוֹגִיעַ פ' weary, tire, exhaust
הוֹגֶן ז' ר' כְּהוֹגֶן decency
הוֹגֵן ת' decent, proper, fair
הוּגְרַל פ' be raffled
הוֹד ז' splendor, glory, majesty
הוּדְאַג פ' be worried, be made anxious
הוֹדָאָה נ' admission, confession; consent
הוּדְגַּשׁ פ' be emphasized
הוֹדָה פ' admit, confess; thank
הוֹדוֹת ל thanks to
הוּדַּח פ' be expelled, be deposed, be removed
הוֹדָיָה נ' praise, thanksgiving, thanking
הוֹדִיעַ פ' inform, announce
הוּדְלַק פ' be lit, be ignited
הוֹדָעָה נ' announcement, notice, communiqué
הָוָה פ' be
הֲוֵה/הֲוֵיאוֹמַר that is to say
הוֹוֶה ז' the present; present tense
הֲוַי ז' way of life, folk ways, cultural pattern
הֲוָיָה נ' existence, being, reality

הוֹזֶה ז' — dreamer, visionary
הוֹזִיל פ' — cheapen, make cheaper
הוּזַל פ' — be made cheaper
הוֹזָלָה נ' — cheapening, reduction (in price)
הוּזְנַח פ' — be neglected
הוּחְזַק פ' — be held, be maintained, be considered
הוּחְלַט פ' — be decided
הוּחְלַשׁ פ' — be weakened
הוּחְמַר פ' — be made more severe
הוּחְסַן פ' — be stored (goods)
הוּחְרַם פ' — be confiscated; be boycotted
הוּחְשַׁד פ' — be suspected
הוּטַב פ' — be improved
הוּטַס פ' — be flown
הוּטְעָה פ' — be misled
הוּטְעַם פ' — be emphasized, be stressed
הוּטְרַד פ' — be troubled, be bothered
הוֹי מ"ק — alas!!
הוּכָּה פ' — be hit, be beaten
הוּכַח פ' — be proved; be reproved
הוֹכָחָה נ' — proof
הוֹכִיחַ פ' — prove; reprove
הוּכַן פ' — be prepared, be made ready
הוּכְפַּל פ' — be doubled; be multiplied
הוּכַּר פ' — be recognized
הוּכְרַח פ' — be compelled, be forced
הוּכְשַׁר פ' — be trained
הוּכְתַּר פ' — be crowned
הוּלֶדֶת נ' — birth
הוֹלִיד פ' — give birth, have a child; cause

הוֹלִיךְ פ' — lead, conduct
הוֹלָכָה נ' — leading, transporting; conducting, (elec. etc.)
הוֹלְלוּת נ' — dissipation, profligacy
הוֹלֶם ז' — strike, beat
הוֹמֶה ת' — humming, noisy, busy and bustling
הוּמְלַח פ' — be salted
הוּמַת פ' — be put to death
הוֹן ז' — capital; wealth
הוֹן חוֹזֵר ז' — working capital
הוֹנָאָה נ' — defrauding, cheating; fraud
הוֹנָה פ' — defraud, cheat
הוּנַח פ' — be set at rest
הוּנַּח פ' — be put down; be assumed, be supposed
הוּנַס פ' — be put to flight, be driven off
הוּנַף פ' — be waved; be wielded; be hoisted
הוּנְצַח פ' — be perpetuated
הוּסְדַּר פ' — be arranged, be settled
הוּסְוָוה פ' — be camouflaged, be disguised
הוֹסִיף פ' — add, increase, augment, continue
הוּסְכַּם פ' — be agreed to, be approved
הוּסְמַךְ פ' — be authorized; be graduated (academic)
הוֹסָפָה נ' — addition; supplement
הוּסְרַט פ' — be filmed, be shot (film)
הוֹעֲבַר פ' — be transferred, be brought across
הוֹעִיד פ' — fix (an appointment with), invite (to an appointment)

הוֹעִיל פ׳ be useful, help, be profitable
הוּעַם פ׳ be darkened, be dulled
הוֹעֲרַךְ פ׳ be estimated, be valued
הוֹפִיעַ פ׳ appear
הוּפְנַט פ׳ be hypnotized
הוֹפָעָה נ׳ appearance; presence; show
הוּפְעַל פ׳ be activated, be set in motion, be put to work
הוֹפְעַל, הוּפְעַל Hoph'al, Huph'al (causative; passive verb stem of הִפְעִיל)
הוּפַץ פ׳ be distributed, be scattered, be disseminated
הוּפְצַץ פ׳ be bombed
הוּפְקַד פ׳ be deposited
הוּפְקַע פ׳ be requisitioned, be appropriated
הוּפְקַר פ׳ be abandoned
הוּפְרַד פ׳ be separated
הוּפְרָה פ׳ be impregnated, be made fruitful
הוּפְרַע פ׳ be disturbed, be interrupted, be hindered, be bothered
הוּפְתַּע פ׳ be surprised
הוּצָא פ׳ be taken out, be removed, be excluded
הוֹצָאָה נ׳ taking out, removing; outlay, expenses; publication, publishing house
הוֹצָאָה לְאוֹר נ׳ publishing publication

הוֹצָאָה לְפוֹעַל נ׳ execution
הוֹצָאוֹת נ״ר expenses
הוֹצָאַת סְפָרִים נ׳ publishing house
הוּצַּב פ׳ be put in position, be stationed
הוּצַּג פ׳ be presented, be put on (a play), be introduced
הוֹצִיא פ׳ take out, bring out, produce; exclude
הוּצְנַח פ׳ be dropped by parachute
הוּצְנַע פ׳ be concealed, be hidden away
הוּצַּע פ׳ be proposed, be suggested
הוּצְרַךְ פ׳ be obliged, be required; be in need of
הוּצַּת פ׳ be lit, be ignited be set on fire
הוּקְדַּם פ׳ be set earlier
הוּקְדַּשׁ פ׳ be dedicated, be devoted
הוֹקִיעַ פ׳ denounce, condemn, censure
הוֹקִיר פ׳ esteem, respect
הוּקַל פ׳ be made lighter, be lightened
הוּקַע פ׳ be denounced, be condemned, be censured
הוֹקָעָה נ׳ condemnation, censure
הוּקַּף פ׳ be surrounded, be encircled
הוּקְפָּא פ׳ be frozen, be congealed
הוּקְצַב פ׳ be allocated (money), be allotted
הוּקְצָה פ׳ be set aside; be allocated
הוֹקָרָה נ׳ esteem, respect

be projected (film), be radiated, be shown (film) הוּקְרַן פ׳
teaching; instruction, direction, order; meaning הוֹרָאָה נ׳
be brought down, be lowered, be reduced; be taken off הוּרַד פ׳
taking down, lowering, reduction; taking off הוֹרָדָה נ׳
parent הוֹרֶה ז׳, הוֹרָה נ׳
teach instruct show הוֹרָה פ׳
bring down, lower, reduce; take off הוֹרִיד פ׳
parents הוֹרִים ז״ר
turn green, be green הוֹרִיק פ׳
bequeath; dispossess הוֹרִישׁ פ׳
grow worse הוּרַע פ׳
be lequreathed הוּרַשׁ פ׳
be boiled be; infuriated הוּרְתַּח פ׳
be put back, be returned; be settled הוּשַׁב פ׳
be made swear הוּשְׁבַּע פ׳
be fitted in, be worked in הוּשְׁבַּץ פ׳
be stopped (work), be locked out הוּשְׁבַּת פ׳
be attained; be grasped (idea); be criticized הוּשַּׂג פ׳
seat, set, settle הוֹשִׁיב פ׳
extend, hold out (hand) הוֹשִׁיט פ׳
save, rescue, deliver הוֹשִׁיעַ פ׳
be thrown הוּשְׁלַךְ פ׳
be placed הוּשַׂם פ׳
be omitted הוּשְׁמַט פ׳
be defamed הוּשְׁמַץ פ׳
be influenced הוּשְׁפַּע פ׳
be launched הוּשַּׁק פ׳
be planted; be transplanted הוּשְׁתַּל פ׳
leave, leave over הוֹתִיר פ׳
be made conditional (on) הוּתְנָה פ׳
be started up (car engine) הוּתְנַע פ׳
be installed, be fitted, be set הוּתְקַן פ׳
be attacked הוּתְקַף פ׳
be loosened; be permitted הוּתַּר פ׳
be warned, be cautioned הוּתְרָה פ׳
be protested vigorously at הוּתְרַע פ׳
sprinkling הַזָּאָה נ׳
identify oneself, be identified הִזְדַּהָה פ׳
identification (of oneself) הִזְדַּהוּת נ׳
become dirty, contaminated, polluted הִזְדַּהֵם פ׳
couple, copulate, mate; join הִזְדַּוֵּג פ׳
coupling, copulation, mating, joining הִזְדַּוְּגוּת נ׳
be armed, arm oneself; have sexual intercourse (slang) הִזְדַּיֵּן פ׳
become purified הִזְדַּכֵּךְ פ׳
chance, happen הִזְדַּמֵּן פ׳
opportunity, occasion, chance הִזְדַּמְּנוּת נ׳
trail along, trail after הִזְדַּנֵּב פ׳
be shocked, be appalled הִזְדַּעְזַע פ׳

הִזְדַּעֵף פ׳ become angry

הִזְדַּקֵּן פ׳ grow old, age

הִזְדַּקֵּף פ׳ straighten up, stand upright

הִזְדַּקֵּק פ׳ need, be in need of; be refined, be purified

הִזְדַּקֵּר פ׳ stick out; stall

הִזְדָּרֵז פ׳ hurry, be brisk

הָזָה פ׳ daydream, dream

הִזָּה פ׳ sprinkle

הִזְהִיב פ׳ brown, gild; become golden

הִזְהִיר פ׳ warn, caution, adomonish; shine brightly

הַזְהָרָה נ׳ warning, caution

הֲזָזָה נ׳ moving, removal

הֲזָיָה נ׳ fantasy, delusion

הֵזִיז פ׳ move

הֵזִיחַ פ׳ budge, displace

הִזִּיל פ׳ cause to flow, distil

הִזִּיל דִּמְעָה פ׳ shed tears

הֵזִין פ׳ feed, nourish

הֵזִיעַ פ׳ perspire, sweat

הִזִּיק פ׳ harm, damage

הִזְכִּיר פ׳ remind, mention

הַזְכָּרָה נ׳ mentioning, reminding; reference, mention; commemoration, memorial ceremony

הִזְלִיף פ׳ sprinkle, spray

הֵזֵם פ׳ contradict, refute, confute

הֲזָמָה נ׳ refutation

הִזְמִין פ׳ invite, summon, order; reserve, book

הַזְמָנָה נ׳ invitation; order, booking

הֲזָנָה נ׳ nutrition; feeding, nourishing

הֲזָנָה מְלָאכוּתִית נ׳ artificial feeding (of patient)

הַזְנָחָה נ׳ abandoning; abandonment, neglect, negligence

הִזְנִיחַ פ׳ abandon, neglect, leave undone

הֲזָעָה נ׳ sweating, perspiring

הִזְעִים פ׳ infuriate, enrage

הִזְעִיק פ׳ summon, call for; sound an alarm

הַזְעָקָה נ׳ summoning, calling for, cry of alarm, warning-cry

הִזְקִין פ׳ become old, age

הִזְקִיק פ׳ oblige, compel

הִזְרִים פ׳ set flowing, cause to flow, pour

הִזְרִיעַ פ׳ impregnate, inseminate

הִזְרִיק פ׳ inject

הַזְרָעָה נ׳ impregnation, insemination

הַזְרָעָה מְלָאכוּתִית נ׳ artificial insemination

הַזְרָקָה נ׳ injection

הֶחְבִּיא פ׳ hide, conceal

הֶחְדִּיר פ׳ instil; cause to penetrate, insert

הַחְדָּרָה נ׳ instilling; insertion, piercing

הֶחְוִיר פ׳ blanch, turn pale

הֶחְזִיק פ׳ hold, seize; maintain

הֶחְזִיר פ׳ return, give back

הַחְזָקָה נ׳ holding, possesion; maintenance

הֶחְזֵר ז׳ return, thing returned
הַחְזָרָה נ׳ giving back, restoring
הַחְטָאָה נ׳ missing (one's aim)
הֶחְטִיא פ׳ miss (a target)
הַחְיָאָה נ׳ revival, reviving, resuscitating
הֶחְיָה פ׳ revive, restore to life, resuscitate
הֵחִיל פ׳ apply (a law), enforce (a law)
הֵחִישׁ פ׳ hasten, accelerate, rush
הֶחְכִּים פ׳ make wise(r), teach wisdom; grow wise(r)
הֶחְכִּיר פ׳ lease, rent
הֵחֵל פ׳ begin, start
הָחֵל מ(ן)... starting from...
הַחָלָה נ׳ application (of law etc.)
הַחְלָטָה נ׳ decision, resolution
הֶחְלֵטִי ת׳ decisive, absolute, definitive
הֶחְלֵטִיּוּת נ׳ decisiveness, absoluteness, resoluteness
הֶחֱלִיד פ׳ rust, become rusty; make rusty
הֶחְלִיט פ׳ decide; determine, resolve
הֶחְלִים פ׳ recover; cure, recuperate
הֶחְלִיף פ׳ change, exchange; replace
הֶחְלִיף כּוֹחַ פ׳ renewed his strength
הֶחְלִיק פ׳ slide, slip, skate (on ice); smooth
הֶחְלִישׁ פ׳ weaken
הַחְלָמָה נ׳ recovery, recuperation
הֶחְמִיא פ׳ flatter, compliment
הֶחְמִיץ פ׳ acidify; become sour; miss (opportunity)
הֶחְמִיר פ׳ make more severe; become graver; be strict, stern
הַחְמָצָה נ׳ missing (opportunity)
הַחְמָרָה נ׳ deterioration, worsening, greater severity; being strict, stern
הֶחְנָה פ׳ park
הֶחְנִיף פ׳ flatter
הֶחְנִיק פ׳ strangle, stifle, suffocate
הֶחְסִין פ׳ store (goods)
הֶחְסִיר פ׳ subtract, deduct; omit, miss
הַחְסָנָה נ׳ storage, storing
הַחְסָרָה נ׳ omission
הֶחְצִין פ׳ extrovert (psych)
הַחְצָנָה נ׳ extroversion
הֶחְרִיא פ׳ excrete, defecate
הֶחֱרִיב פ׳ destroy, ruin
הֶחֱרִיד פ׳ frighten, terrify
הֶחְרִים פ׳ confiscate; ban; boycott; ostracize
הֶחְרִיף פ׳ worsen; make worse, aggravate
הֶחְרִישׁ פ׳ deafen, silence
הַחְרָמָה נ׳ confiscation; excommunicating, boycotting
הֶחֱשָׁה פ׳ fall silent, be still
הֶחֱשִׁיב פ׳ regard as important, appreciate, esteem
הֶחְשִׁיד פ׳ throw suspicion on, implicate

הֶחְשִׁיךְ פ׳ darken; make dark
הֶחְתִּים פ׳ cause to sign, cause to subscribe (to journal etc.)
הֲטָבָה נ׳ improvement; bonus; doing a favor
הִטְבִּיל פ׳ dip, immerse; baptize
הִטְבִּיעַ פ׳ drown, sink
הַטְבָּלָה נ׳ dipping; immersing immersion
הִטָּה פ׳ deflect, divert; distort; decline, conjugate
הֲטָחָה נ׳ knocking; striking; hurling
הֲטָחַת דְּבָרִים נ׳ saying harsh things
הַטָּיָה נ׳ diversion, deflecting; bending; distorting; declining, conjugating
הִטִּיל פ׳ impose, set; lay (egg)
הֵטִיל פ׳ cast, throw, project
הֵטִיס פ׳ send by airplane
הִטִּיף פ׳ preach, hold forth; drip
הַטָּלָה נ׳ imposing; imposition; laying (egg)
הֲטָלָה נ׳ casting; throwing
הִטְלִיא פ׳ patch
הִטְמִין פ׳ hide, conceal
הִטְמִיעַ פ׳ absorb, take in; assimilate
הִטְעָה פ׳ mislead, lead astray
הִטְעִים פ׳ emphasize, stress
הִטְעִין פ׳ load
הַטְעָמָה נ׳ accentuation; stress; emphasis
הַטָּפָה נ׳ preaching, sermonizing
הִטְפִּיחַ פ׳ baste

הַטְרָדָה נ׳ troubling, bothering, harassment
הִטְרִיד פ׳ trouble, bother, harass
הִטְרִיחַ פ׳ bother, harass
הִיא מ״ג she
הֵיאָבְקוּת נ׳ wrestling
הֵיאָחֲזוּת נ׳ settling, settlement, taking root
הֵיאָלְמוּת נ׳ becoming silent
הֵיאָלְצוּת נ׳ being compelled
הֵיאָנְחוּת נ׳ sighing
הֵיאָנְסוּת נ׳ being compelled; being raped
הֵיאָסְפוּת נ׳ being gathered together
הֵיאָרְכוּת נ׳ becoming longer, lengthening
הִיבָּדְלוּת נ׳ separation, isolation; dissimilation
הֶיבֵּט ז׳ aspect
הִיבָּרְאוּת נ׳ creation
הֶיגֵב ז׳ reaction
הֶיגֵבִיּוּת נ׳ reactivity
הִיגּוּי ז׳ pronunciation
הִיגָּיוֹן ז׳ logic, common sense, reason
הִיגָּמְלוּת נ׳ weaning
הִיגֵּר פ׳ migrate, immigrate; emigrate
הִיגָּרְרוּת נ׳ being dragged, being towed
הִיגָּרְפוּת נ׳ being raked up
הִידַּבְּקוּת נ׳ infection; joining, attachment
הִידַּבְּרוּת נ׳ rapprochement, dialogue

הֵידָד מ"ק hurrah! bravo!
הִידֵד פ' interact
הידוד ז' interaction
הידוק ז' tightening, fastening
הִידּוּר ז' splendor, elegance, adornment
הִידָּחֲקוּת נ' pushing, shoving (through crowd)
הִידַּלְדֵל, נִידַּלְדֵל פ' waste away, dwindle, decline; become impoverished
הִידֵּלֵל פ' thin
הִידָּמוּת, הִידַּמּוּת נ' resemblance, likeness; assimilation
הִידֵּק פ' tighten, fasten
הִידֵּר פ' adorn, bedeck; be very scrupulous (in religious observance)
הִידַּרְדֵּר, נִידַּרְדֵּר פ' roll down; decline, deteriorate
הָיָה פ' be, exist; happen
היוּוָּדְעוּת נ' becoming known, making known
הִיוָּה פ' constitute, comprise
היוּוָּלְדוּת נ' birth, being born
היוּוָּעֲדוּת נ' meeting together
היוּוָּעֲצוּת נ' consulting, consultation
היוּוָּצְרוּת נ' being created; forming, formation
הִיוּלִי ת' primeval; formless, raw
הַיּוֹם תה"פ today
הֱיוֹת תה"פ since, seeing that, being that
הִיזּוּן ז' feeding

הִיזּוּן חוֹזֵר ז' feedback
הִיזָּכְרוּת נ' recall
הֶיזֵּק ז' harm, damage
הִיזָּקְקוּת נ' being in need of; need, necessity
הֵיחָלְשׁוּת נ' becoming weaker
הֵיחָפְזוּת נ' acting hastily
הֵיחָשְׂפוּת נ' being revealed, being exposed
הֵיטֵב תה"פ well, very well, properly
הִיטַּהֵר פ' become pure, purify oneself
הֵיטִיב פ' do good to, benefit; better, improve
הֶיטֵּל ז' levy, impost; projection
הִיטַּלְטֵל, נִיטַּלְטֵל פ' be moved about, move about
הִיטַּמֵּא פ' become unclean
הִיטַּמְטֵם, נִיטַּמְטֵם פ' become stupid, be stultified
הִיטָּמְעוּת נ' absorption, assimilation
הִיטַּנְּפוּת נ' becoming filthy, contamination, defilement
הִיטַּשְׁטֵשׁ, נִיטַּשְׁטֵשׁ פ' blur, become blurred, become obliterated
הַיְינוּ תה"פ that is
הַיְינוּ הַךְ the same thing, all the same
הִיכָּווּת נ' being burnt, scalded; scorching, burning
הִיכּוֹן ז' (state of) alert
הֵיכָל ז' palace, temple, hall
הֵיכָן תה"פ where?
הִיכָּנְעוּת נ' submitting, giving in, resignation, surrender

הֶיכֵּר ז׳ recognition
הֶיכֵּרוּת נ׳ acquaintance
הִיכָּשְׁלוּת נ׳ failure, failing; stumbling
הִילָה נ׳ halo
הִילּוּךְ ז׳ gear; gait, carriage, walk
הִילּוּךְ סְרָק ז׳ neutral gear
הִילּוּלָה נ׳ merry-making, revel, festivity
הִילּוּלָה וַחִינְגָּה נ׳ joyous celebration, revelry
הִילֵּךְ פ׳ walk about
הִילֵּל פ׳ praise, laud
הִימּוּר ז׳ betting, gambling, gamble
הֵימִין פ׳ turn or go to the right
הִימָּלְטוּת נ׳ escaping, escape
הֵימֶנּוּ מ״ג from him, of him
הִימְנוֹן ז׳ hymn, anthem
הִימָּנְעוּת נ׳ avoidance
הִימָּצְאוּת נ׳ being found, existing
הִימֵּר פ׳ gamble
הִימָּשְׁכוּת נ׳ continuation, duration; being drawn to, being attracted
הִינֵּה, הִנֵּה תה״פ here, now, look
הִינָּה פ׳ cause joy, give pleasure to, please
הִינּוּמָה נ׳ veil, bridal veil
הֵינִיקָה, הֵנִיקָה פ׳ breast-feed, suckle
הֶינֵעַ ז׳ driving
הִינָּצְלוּת נ׳ being saved, being rescued
הִינָּתְקוּת נ׳ being cut off; severed; isolation, separation, severance

הִיסּוּס ז׳ hesitation, wavering
הֶיסֵּחַ ז׳ diversion, distraction
הֶיסֵּחַ הַדַּעַת ז׳ inattention, absent-mindedness
הִיסָּחֲפוּת נ׳ being swept along; being eroded
הִיסֵּס פ׳ hesitate, waver, vacillate
הֶיעָדֵר ז׳, הֵיעָדְרוּת נ׳ absence, lack
הֵיעָלְבוּת נ׳ being insulted, being offended
הֵיעָלְמוּת נ׳ being hidden; being unknown
הֵיעָנוּת נ׳ response, assent, consent
הֵיעָרְכוּת נ׳ arrangement, deployment (military)
הֵיעָתְרוּת נ׳ acceding (to request)
הִיפָּגְמוּת נ׳ being offended being insured
הִיפּוּךְ ז׳ inverting, inversion, reverse, contrary
הִיפָּעֲמוּת נ׳ being deeply moved
הִיפָּצְעוּת נ׳ being wounded
הִיפָּרְדוּת נ׳ being separated
הִיפָּרְסוּת נ׳ being spread out
הֶיצֵּעַ ז׳ supply (economics)
הֶיצֵּף ז׳ flooding, inundation
הִיקָּלְטוּת נ׳ being absorbed
הִיקָּלְעוּת נ׳ chancing
הֶיקֵּף ז׳ perimeter, circumference; scope, extent, range
הֶיקֵּשׁ ז׳ comparison, analogy; syllogism, inference
הִיקָּרְעוּת נ׳ being torn
הִירָגְעוּת נ׳ calming down, becoming tranquil

הֵירָדְמוּת נ' falling asleep
הֵירָיוֹן ז' pregnancy, conception
הִישָּׁאֲרוּת נ' remaining, staying
הֶישֵּׂג ז' achievement, accomplishment; reaching, attaining
הֵישִׁיר פ' proceed directly
הֵישִׁיר מַבָּט פ' looked straight
הִישָּׁמְדוּת נ' being destroyed, destruction
הִישָּׁנוּת נ' being repeated, repetition, recurrence
הִישָּׁעֲנוּת ת' leaning (on), reclining; reliance, dependence
הִישָּׂרְפוּת נ' being burnt
הִיתּוּךְ ז' smelting, melting, fusing, fusion
הִיתּוּל ז' mockery, irony, derision
הֶיתֵּז ז' ricochet, shrapnel; splash
הִיתַּמֵּם פ' pretend innocence, pretend not to understand
הִיתַּמֵּר פ' rise, go up (in slender column)
הִיתָּקְלוּת נ' bumping into
הֶיתֵּר ז' permission, permit
הַכָּאָה נ' hitting, striking, beating
הִכְאִיב פ' hurt, cause pain
הַכְבָּדָה נ' burdening, burden, inconvenience
הִכְבִּיד פ' make heavier, burden, inconvenience
הִכָּה פ' hit, strike, beat
הִכְהָה פ' make darker, dull
הִכְווִין פ' set, regulate (controls); direct; tune
הֶכְווֵן ז' guidance, tuning

הַכְווָנָה נ' guidance, direction, tuning
הִכְזִיב פ' disappoint
הִכְחִיד פ' wipe out, exterminate
הִכְחִיל פ' be blue; turn blue
הִכְחִישׁ פ' deny
הַכְחָשָׁה נ' denial
הֲכִי מ"ח תה"פ really? the most
הֲכִי טוֹב the best
הֵכִיל פ' contain, include, hold
הֵכִין פ' prepare
הִכִּיר פ' know, recognize; get to know; introduce
הִכִּישׁ פ' bite, sting, strike
הַכְלָאָה נ' cross-breeding hybridization, crossing (plants)
הִכְלִיב פ' tack
הִכְלִיל פ' generalize; include
הִכְלִים פ' humiliate, insult
הַכְלָלָה נ' generalization; inclusion
הַכְלָמָה נ' humiliating, humiliation
הִכְמִישׁ פ' wither, wrinkle
הָכֵן תה"פ at the ready, ready, on the alert
הֲכָנָה נ' preparation; preparedness
הִכְנִיס פ' put in, insert; bring in
הִכְנִיעַ פ' subdue
הַכְנָסָה נ' income, revenue; putting in, insertion; bringing in
הִכְסִיף פ' turn silver; whiten
הִכְעִיס פ' anger, enrage
הִכְפִּיל פ' double; multiply
הַכְפָּלָה נ' doubling, duplication; multiplying, multiplication

recognizing, recognition; הַכָּרָה נ׳
consciousness, awareness;
acquaintance
proclamation, הַכְרָזָה נ׳
announcement,declaration; bid
necessity, compulsion הֶכְרֵחַ ז׳
necessary, essential, הֶכְרֵחִי ת׳
indispensable
proclaim, announce, הִכְרִיז פ׳
declare; bid
force, compel הִכְרִיחַ פ׳
decide; subdue הִכְרִיעַ פ׳
destroy, cut down הִכְרִית פ׳
deciding, decision; הַכְרָעָה נ׳
subduing
gratitude הַכָּרַת טוֹבָה נ׳
conscious הַכָּרָתִי ת׳
bite, sting הַכָּשָׁה נ׳
snake bite הַכָּשַׁת נָחָשׁ נ׳
cause to fail; mislead; הִכְשִׁיל פ׳
thwart
train; make ritually הִכְשִׁיר פ׳
clean (Kasher)
authorization, validation; הֶכְשֵׁר ז׳
permit (issued by a rabbi);
certificate of Kashrut
training; preparation; הַכְשָׁרָה נ׳
making Kasher
dictating, dictation הַכְתָּבָה נ׳
dictate הִכְתִּיב פ׳
stain, blot, soil הִכְתִּים פ׳
shoulder הִכְתִּיף פ׳
crown; award a הִכְתִּיר פ׳
degree or title
crowning, coronation; הַכְתָּרָה נ׳
awarding a degree or title

surely! הֲלֹא תה״פ
farther, away הָלְאָה תה״פ
weary, exhaust, tire הֶלְאָה פ׳
nationalize הֶלְאִים פ׳
nationalization הַלְאָמָה נ׳
turn white, הִלְבִּין פ׳
make white, bleach
shamed his friend הִלְבִּין פְּנֵי חֲבֵרוֹ
dress, clothe הִלְבִּישׁ פ׳
that one, the latter הַלָּה מ״ג
inflame, excite, enthuse הִלְהִיב פ׳
lending, loan (of money) הַלְוָאָה נ׳
if only...!, would that...! הַלְוַאי מ״ק
oh that...!
lend, loan הִלְוָה פ׳
funeral, funeral הַלְוָיָה נ׳
procession, cortège
there and back, הָלוֹךְ וָשׁוֹב
back and forth, 'return'
(fare)
hither, (to) here הֲלוֹם תה״פ
that one, the latter הַלָּז, הַלָּזֶה מ״ג
that one (fem.), the latter הַלֵּזוּ מ״ג
solder, weld הִלְחִים פ׳
set to music, compose הִלְחִין פ׳
soldering, welding הַלְחָמָה נ׳
slander, speak ill of, vilify הֵלִיז פ׳
enwrap, enclose הֵלִיט פ׳
custom, practice; הָלִיךְ ז׳
proceeding, process
walking, going הֲלִיכָה נ׳
(on foot); conduct
legal הֲלִיכִים מִשְׁפָּטִיִּים ז״ר
proceedings
suitability, הֲלִימוּת נ׳
appropriateness

הֵלִין פ׳ put up for the night; delay, put off (till morning)
הָלַךְ פ׳ walk, go (on foot); happen, go on; go away, depart; go well (colloq.)
הֵלֶךְ ז׳ traveller, wayfarer
הֲלַךְ־נֶפֶשׁ, הֲלוּךְ־נֶפֶשׁ ז׳ mood; fancy
הֲלַךְ־רוּחַ mood, state of mind
הֲלָכָה נ׳ law. tradition, religious practice; theory
הֲלָכָה לְמַעֲשֶׂה נ׳ actually, by rule of thumb
הֲלָכָה פְּסוּקָה נ׳ authoritative law
הַלְכָן ז׳ walker, hiker
הַלֵּל ז׳ praise, thanksgiving
הַלָּלוּ מ״ג these
הַלְלוּיָהּ נ׳ halleluyah (lit. praise the Lord)
הָלַם פ׳ fit, become; strike, beat, stun; suit, be approporiate
הֶלֶם ז׳ shock
הַלָּן, לְהַלָּן תה״פ below (in a text), further on, hereafter
הֲלָנָה נ׳ keeping overnight, leaving till morning; providing night's lodging
הַלְעָזָה נ׳ slandering, defaming, libelling; slander, defamation, libel
הַלְעָטָה נ׳ feeding, stuffing, cramming
הִלְעִיג פ׳ mock
הִלְעִיט פ׳ feed, stuff, cram
הֲלָצָה נ׳ joke, jest
הַלְקָאָה נ׳ whipping, flaggelation
הִלְקָה פ׳ whip, flog
הֶלְקֵט ז׳ capsule (botanic)
הִלְשִׁין פ׳ inform, denounce, blab
הֵם מ״ג they (masc.)
הִמְאִיס פ׳ make loathsome;disgust
הִמְדִּיר פ׳ bevel (wood); make a slope
הֵמָּה מ״ג they (masc.)
הָמָה פ׳ be noisy; hum; growl; coo; rumble; roar; yearn for
הִמְהֵם פ׳ hum, buzz; murmur
הֲמוּלָּה נ׳ noise, tumult, din, uproar
הָמוּם ת׳ stunned, shocked, dazed
הָמוֹן ז׳ crowd, mob; noise; plenty
הֲמוֹנִי ת׳ common; vulgar; mass
הֲמוֹנִית נ׳ slang, colloquial speech
הַמְחָאָה נ׳ check, cheque
הַמְחָאַת דּוֹאַר נ׳ postal order
הַמְחָזָה נ׳ dramatization
הִמְחִישׁ פ׳ illustrate, concretize, actualize
הַמְחָשָׁה נ׳ illustration, actualization, concretization
הִמְטִיר פ׳ rain, shower
הֶמְיָה נ׳ roar, sound, noise, moan, bleating, cooing; yearning for
הֶמְיַת לֵב נ׳ yearning
הֵמִיט פ׳ bring down on
הֵמִיר פ׳ exchange, change, convert
הֵמִית פ׳ execute, kill, slay
הַמְלָחָה נ׳ salting, salination
הַמְלָטָה נ׳ giving birth (animals)

הִמְלִיחַ פ׳ salt; pickle

הִמְלִיטָה פ׳ give birth (animals)

הִמְלִיךְ פ׳ make king, crown king

הִמְלִיץ פ׳ recommend, speak

הַמְלָצָה נ׳ for recommendation, reference (for employment)

הֵמַם פ׳ shock, stun, stupefy

הֵמֵס פ׳ הִמְסָה פ׳ melt, dissolve, thaw

הֲמָסָה נ׳ melting, dessolving, dissolution

הַמְעָטָה נ׳ reduction, decrease, diminution

הִמְעִיד פ׳ cause to stumble

הִמְעִיט פ׳ reduce, decrease; do little of

הַמְצָאָה נ׳ invention, device; providing, provision

הִמְצִיא פ׳ supply; invent, devise

הֵמַר פ׳ embitter

הַמְרָאָה נ׳ taking off (plane), take-off

הִמְרָה פ׳ rebel, defy

הֲמָרָה נ׳ exchanging, converting; substitution; permutation

הִמְרִיא פ׳ take off (plane)

הִמְרִיד פ׳ incite to revolt or mutiny

הִמְרִיץ פ׳ urge on, stimulate

הִמְשִׁיךְ פ׳ continue, go on

הִמְשִׁיל פ׳ compare

הֶמְשֵׁךְ ז׳ continuation, sequel

הֶמְשֵׁךְ יָבוֹא to be continued

הֶמְשֵׁכִיּוּת נ׳ continuity

הֲמָתָה נ׳ killing, execution

הִמְתִּין פ׳ wait

הִמְתִּיק פ׳ sweeten; mitigate, reduce (sentence, punishment); desalinate

הַמְתָּנָה נ׳ waiting

הַמְתָּקָה נ׳ sweetening; mitigation, reduction (of sentence, punishment); desalination

הֲמָתַת חֶסֶד נ׳ euthanasia

הֵן מ״ג they (fem.)

הֵן מ״ק yes

הֵן־צֶדֶק ז׳ word of honor

הֲנָאָה נ׳ enjoyment, pleasure

הַנְבָּטָה נ׳ germination, sprouting

הִנְבִּיט פ׳ cause to germinate, sprout

הַנְגָּנָה נ׳ intonation

הַנְדָּסָה נ׳ engineering; geometry

הַנְדָּסִי ת׳ engineering; geometric(al)

הֵנָּה תה״פ hither, (to) here

הַנְהָגָה נ׳ leadership, management, direction

הִנְהוּן ז״ר nod, saying 'yes'

הִנְהִיג פ׳ establish, lay down

הַנְהָלָה נ׳ management, executive

הַנְהָלַת חֶשְׁבּוֹנוֹת נ׳ bookkeeping

הִנְהֵן פ׳ nod, say 'yes'

הַנַּח! פ׳ leave it!, leave off!

הֲנָחָה נ׳ reduction, discount, rebate

הַנָּחָה נ׳ putting, laying; assumption, premise

הַנָּחַת קֹדֶם נ׳ presupposition

הִנְחָה פ׳ guide, direct; be master of ceremonies

הַנְחָיָה נ׳ instruction, directive; direction; being master of ceremonies
הִנְחִיל פ׳ bequeath; impart
הִנְחִית פ׳ bring down, land; deal (a blow)
הַנְחָלָה נ׳ endowing (with); imparting; conferring
הַנְחָלַת הַלָּשׁוֹן נ׳ instruction in Hebrew (to adults)
הַנְחָתָה נ׳ bringing down, landing; dealing (a blow)
הֵנִיא פ׳ dissuade, prevent
הֵנִיב פ׳ yield (crops), produce
הֵנִיד פ׳ move, nod, blink
הַנִּידּוֹן: subject:
הֵנִיחַ פ׳ put at ease, calm
הִנִּיחַ פ׳ put down; suppose; allow; leave
הֵנִיס פ׳ put to flight, rout, drive off
הֵנִיעַ פ׳ set in motion; impel (to act), motivate,urge
הֲנִיעָה, הֲנָעָה נ׳ motivation
הֵנִיף פ׳ wave, swing, brandish
הֵנִיקָה, הֵינִיקָה פ׳ suckle, breast-feed
הַנַּ״ל, הַנִּזְכָּר לְעֵיל the above-mentioned
הִנְמִיךְ פ׳ lower, depress
הַנְמָקָה נ׳ justification, argument(ation)
הִנְנוּ מ״ג (here) we are
הִנְנִי מ״ג (here) I am
הֲנָעָה נ׳ setting in motion, impelling, motivating, urging

הִנְעִיל פ׳ put shoes on
הִנְעִים פ׳ make pleasant, entertain
הֲנָפָה נ׳ waving, swinging, brandishing
הִנְפִּישׁ פ׳ animate (cartoons)
הַנְפָּקָה נ׳ issue (shares)
הַנְפָּשָׁה נ׳ animation (of cartoons)
הֵנֵץ פ׳ shine; sprout
הַנְצָחָה נ׳ perpetuation (of memory)
הִנְצִיחַ פ׳ perpetuate (memory)
הֲנָקָה נ׳ suckling, breast-feeding
הַס מ״ק selence!, quiet!
הֵסֵב פ׳ lead round; turn; endorse (check); recline; cause
הֲסָבָה נ׳ endorsement (check); reclining; causing
הֲסָבָה מִקְצוֹעִית נ׳ professional retraining
הִסְבִּיר פ׳ explain
הִסְבִּיר פָּנִים פ׳ was affable
הֶסְבֵּר ז׳ explanation
הַסְבָּרָה נ׳ explaining; explanation (act of); information, publicity
הֲסָגָה נ׳ moving back, shifting, trespassing
הִסְגִּיר פ׳ hand over, deliver; extradite
הֶסְגֵּר ז׳ detention, confinement; quarantine; blockade, parenthesis
הַסְגָּרָה נ׳ extradition, handing over; confining
הִסְדִּיר פ׳ arrange, settle, order

הֶסְדֵּר ז' arrangement, settlement, order
הַסְוָואָה נ' camouflage, disguise
הִסְוָוה פ' camouflage, disguise
הַסָּחָה נ' diversion, distraction
הִסִּיחַ פ' divert, distract
הֵסִיחַ פ' talk, speak
הֵסִיט פ' shift, displace
הִסִּיעַ פ' transport, give a ride
הִסִּיק פ' light, heat; conclude, deduce
הֵסִיר פ' remove, take off
הֵסִית, הִסִּית פ' incite, instigate
הִסְכִּים פ' agree, consent
הִסְכִּית פ' listen
הֶסְכֵּם ז' agreement, accord
הֶסְכֵּם שֶׁבְּעַל־פֶּה ז' gentleman's agreement
הַסְכָּמָה נ' agreeing; agreement; approval
הַסְלָמָה נ' escalation
הִסְמִיךְ פ' attach, link; authorize; award academic degree
הִסְמִיק פ' blush, turn red
הַסְסָן ז' waverer, vacillator
הַסְסָנוּת נ' wavering, vacillation, indecision
הַסָּעָה נ' transport, carrying; lift
הִסְעִיר פ' agitate, arouse strong feeling
הַסְפָּגָה נ' soaking, impregnation
הֶסְפֵּד ז' eulogy, obituary
הִסְפִּיג פ' soak
הִסְפִּיד פ' eulogize
הִסְפִּיק פ' be sufficient, suffice
הֶסְפֵּק ז' capacity, output; supply
הַסְפָּקָה נ' supplying, providing; supply, provision
הַסָּקָה נ' heating; drawing a conclusion
הַסְרָטָה נ' filming, shooting (a film)
הִסְרִיחַ פ' stink
הִסְרִיט פ' film, shoot (a film)
הִסְתָּאֵב פ' become corrupt
הִסְתַּבֵּךְ פ' become entangled; get involved
הִסְתַּבֵּר פ' become evident, become clear; be probable
הִסְתַּבְּרוּת נ' probability, likelihood
הִסְתַּגֵּל פ' adapt (oneself), adjust
הִסְתַּגֵּף פ' mortify (the flesh)
הִסְתַּגֵּר פ' shut oneself up; withdraw into oneself
הִסְתַּדֵּר פ' line up, be organized, settle in
הִסְתַּדְּרוּת נ' organization, federation, association
הַסָּתָה נ' incitement, agitation, subversion
הִסְתּוֹבֵב פ' revolve, rotate; wander about, loiter (colloq.)
הִסְתּוֹדֵד פ' confer in secret
הִסְתּוֹפֵף פ' frequent, visit frequently
הִסְתַּחֵף פ' erode
הִסְתַּחְרֵר פ' go round and round; get giddy, dizzy
הִסְתַּיֵּג פ' have reservations; dissociate oneself from

calcification	הִסְתַּיְּידוּת נ׳
sclerosis	הִסְתַּיְּידוּת הָעוֹרְקִים נ׳
end, finish	הִסְתַּיֵּים פ׳
be aided, be helped	הִסְתַּיֵּיעַ פ׳
hide, conceal	הִסְתִּיר פ׳
look at, observe	הִסְתַּכֵּל פ׳
looking, observation	הִסְתַּכְּלוּת נ׳
add up to, amount to	הִסְתַּכֵּם פ׳
endanger oneself, take a chance	הִסְתַּכֵּן פ׳
dispute, wrangle, quarrel	הִסְתַּכְסֵךְ פ׳
curl, become curly; undulate, trill	הִסְתַּלְסֵל פ׳
go away, depart; die	הִסְתַּלֵּק פ׳
become blind	הִסְתַּמֵּא פ׳
rely on	הִסְתַּמֵּךְ פ׳
be indicated, be marked; begin to take shape, begin to appear	הִסְתַּמֵּן פ׳
be dazzled, be blinded	הִסְתַּנְוֵור פ׳
be filtered; infiltrate, filter through	הִסְתַּנֵּן פ׳
fork (roads), branch out, ramify	הִסְתַּעֵף פ׳
storm, assault, charge	הִסְתַּעֵר פ׳
join, be annexed to	הִסְתַּפַּח פ׳
be content with, be satisfied with	הִסְתַּפֵּק פ׳
have one's hair cut	הִסְתַּפֵּר פ׳
concealment, hiding	הָסְתֵּר ז׳
become awkward, unwieldy	הִסְתַּרְבֵּל פ׳
become entwined, be intertwined	הִסְתָּרֵג פ׳
concealment, hiding	הַסְתָּרָה נ׳

sprawl	הִסְתָּרֵחַ פ׳
comb one's hair	הִסְתָּרֵק פ׳
be sealed up, be stopped up	הִסְתַּתֵּם פ׳
hide (oneself), conceal oneself	הִסְתַּתֵּר פ׳
employ, put to work	הֶעֱבִיד פ׳
bring across, transfer; transmit; pass (someone in test)	הֶעֱבִיר פ׳
transfer	הַעֲבָרָה נ׳
anchor	הֶעֱגִין פ׳
prefer, give priority to, favor	הֶעֱדִיף פ׳
preferring, giving preference, favoring	הַעֲדָפָה נ׳
absence, lack, want	הֶעְדֵּר ז׳
grimace, facial contortion	הַעֲוָיָה נ׳
dare, be bold, venture	הֵעֵז פ׳
daring, boldness, audacity	הֲעָזָה נ׳
wrap, cover	הֶעֱטָה פ׳
crown	הֶעֱטִיר פ׳
cloud over, darken	הֶעֱיב פ׳
testify, give evidence; call as witness	הֵעִיד פ׳
dare, be bold	הֵעִיז פ׳
fly, set flying	הֵעִיף פ׳
weigh heavily, oppress, be distressing	הֵעִיק פ׳
wake, rouse; remark, comment	הֵעִיר פ׳
increase; raising, lifting; bringing to Israel as immigrant; promotion	הַעֲלָאָה נ׳
insulting, offending	הַעֲלָבָה נ׳

הֶעֱלָה פ' — raise, lift; promote; bring to Israel as immigrant
הֶעֱלִיב פ' — insult, offend
הֶעֱלִיל פ' — accuse falsely, libel
הֶעְלִים פ' — hide, conceal, suppress
הַעְלָמָה נ' — concealing, hiding, supression
הֵעֵם פ' — dim, dull, darken
הַעֲמָדָה נ' — setting up, placing
הֶעֱמִיד פ' — set up; stop; appoint
הֶעֱמִיד פָּנִים פ' — pretend
הֶעְמִיס פ' — load; impose
הֶעֱמִיק פ' — deepen; go deeply into, be profound
הֶעֱנִיק פ' — grant, award
הֶעֱנִישׁ פ' — punish, penalize
הַעֲנָקָה נ' — granting, awarding, bestowing
הֶעֱסִיק פ' — employ; occupy (mind)
הָעָפָה נ' — flying
הַעְפִּיל פ' — climb, struggle upwards; immigrate illegally to mandatory Palestine
הָעָקָה נ' — weighing heavily, oppression
הֶעֱרָה פ' — lay bare, uncover
הֶעָרָה נ' — remark, comment, observation
הֶעֱרִיךְ פ' — estimate, value; appreciate; esteem
הֶעֱרִים פ' — act with cunning, trick
הֶעֱרִיץ פ' — admire, venerate
הַעֲרָכָה נ' — valuing; evaluation; appreciation
הַעֲרָכָה עַצְמִית נ' — self-evaluation
הַעֲרָצָה נ' — admiration, veneration
הֶעֱשִׁיר פ' — make wealthy; become rich
הֶעְתִּיק פ' — transfer; copy
הֶעְתִּיר פ' — entreat, supplicate
הֶעְתֵּק ז' — copy
הַפְגָּזָה נ' — shelling, bombardment
הִפְגִּיז פ' — shell, bombard
הִפְגִּין פ' — demonstrate
הִפְגִּיעַ פ' — affict with; beseech
הִפְגִּישׁ פ' — bring together
הַפְגָּנָה נ' — demonstration
הֲפוּגָה נ' — respite; cease-fire
הִפְחִיד פ' — frighten, scare
הִפְחִית פ' — reduce, diminish
הַפְחָתָה נ' — lessening, reduction
הִפְטִיר פ' — dismiss; release; read the Haftara (weekly reading from Prophets)
הֵפִיג פ' — relax; relieve
הֵפִיחַ פ' — blow; exhale (breath), breathe out
הִפִּיחַ פ' — blow on, blow away
הָפִיךְ ת' — reversible; convertible
הֲפִיכָה נ' — inversion; overthrow; revolution, coup
הֲפִיכוּת נ' — reversibility
הִפִּיל פ' — bring down, cast down, overthrow
הִפִּילָה פ' — have a miscarriage
הֵפִיס פ' — appease, pacify
הֵפִיץ פ' — spread, scatter, disseminate; distribute
הֵפִיק פ' — obtain; produce

הֵפִיק פ׳ draw out, bring forth
הֵפִיר, הֵפֵר פ׳ nullify, annul, break (contract, agreement)
הָפַךְ פ׳ invert, reverse; overthrow, overturn; become, turn into
הֶפֶךְ ז׳ opposite, contrary, reverse
הֲפֵכָה, הֲפִיכָה נ׳ overthrow, revolution, coup
הֲפַכְפַּךְ ת׳ fickle, changeable, capricious
הַפְלֵא, הַפְלֵא וָפֶלֶא! how wonderful!, how marvelous!
הַפְלָגָה נ׳ departure, sailing; exaggeration
הִפְלָה פ׳ discriminate
הַפָּלָה נ׳ knocking down or over, dropping; overthrowing; miscarriage
הַפְלָטָה נ׳ ejection, discharge, letting slip
הִפְלִיא פ׳ amaze, astonish
הִפְלִיג פ׳ depart, embark; exaggerate, overdo
הַפְלָיָה נ׳ discrimination
הִפְלִיט פ׳ eject, discharge; let slip
הִפְנָה פ׳ turn; refer; divert
הִפְנֵט פ׳ hypnotize, mesmerize
הַפְנָיָה נ׳ turning; referring
הִפְנִים פ׳ internalize, turn inwards
הַפְנָמָה נ׳ internalization, internalizing; introversion
הֶפְסֵד ז׳ loss, damage
הִפְסִיד פ׳ lose
הִפְסִיק פ׳ stop; interrupt
הֶפְסֵק ז׳ interruption, stopping, cessation
הַפְסָקָה נ׳ break, intermission, interval; stopping
הַפְסָקַת אֵשׁ נ׳ cease-fire
הַפְסָקַת חַשְׁמַל נ׳ electricity cut
הִפְעִיל פ׳ set in motion, put to work, activate
הִפְעִים פ׳ excite, rouse
הַפְעָלָה נ׳ putting to work, setting in motion, activating
הֲפָצָה נ׳ distribution, circulation, dissemination
הִפְצִיר פ׳ entreat, beg, press
הֶפְצֵר ז׳, הַפְצָרָה נ׳ entreaty, insistent, request
הַפְקָדָה נ׳ depositing, bailing; appointing; appointment
הֲפָקָה נ׳ production; extraction, deriving
הִפְקִיד פ׳ deposit, entrust; appoint
הִפְקִיעַ פ׳ requisition, confiscate, commandeer
הִפְקִיר פ׳ abandon, renounce (ownership)
הַפְקָעָה נ׳ requisitioning, confiscation, commandeering
הֶפְקֵר ז׳ ownerless property; lawlessness, anarchy
הַפְקָרָה נ׳ abandonment, renunciation (of ownership)
הֶפְקֵרוּת נ׳ lawlessness, licence, anarchy
הֵפֵר פ׳ violate, infringe
הֵפֵר שְׁבִיתָה was a strike breaker
הֶפְרֵד ז׳, הַפְרָדָה נ׳ separation, division

הִפְרָה פ׳ fertilize (sexual), impregnate, make fruitful
הֲפָרָה נ׳ violation, infringement, nullification, annullment
הַפְרָזָה נ׳ exaggeration, overstatement, hyperbole
הַפְרָטָה נ׳ detailing, specifying, itemizing
הִפְרִיד פ׳ separate, part; decompose
הַפְרָיָה נ׳ fertilization, impregnation, insemination
הַפְרָיָה מְלָאכוּתִית נ׳ artificial insemination
הִפְרִיז פ׳ exaggerate, overstate, overdo
הִפְרִיחַ פ׳ flower, blossom; set flying, spread abroad
הִפְרִיחַ שְׁמוּעָה פ׳ spread a rumor
הִפְרִיךְ פ׳ refute
הִפְרִיס פ׳ be cloven-hoofed, have hooves
הִפְרִיעַ פ׳ disturb, interfere
הִפְרִישׁ פ׳ set aside; secrete
הַפְרָכָה נ׳ refutation, denial
הַפְרָעָה נ׳ disturbance, interference
הֶפְרֵשׁ ז׳ difference, remainder
הַפְרָשָׁה נ׳ setting aside; excretion,
הַפְשָׁטָה נ׳ abstraction; flaying, stripping off
הִפְשִׁיט פ׳ undress (another person); skin, abstract away from
הִפְשִׁיל פ׳ roll up (sleeves, trousers)
הִפְשִׁיר פ׳ thaw, melt (ice), defrost, become tepid
הַפְשָׁרָה נ׳ thaw, melting, defrosting
הִפְתִּיעַ פ׳ surprise
הַפְתָּעָה נ׳ surprise
הַצָּבָה נ׳ setting up, placing (in position), posting
הִצְבִּיעַ פ׳ vote; raise hand
הַצְבָּעָה נ׳ voting; indicating, pointing
הַצָּגָה נ׳ play (theatrical), show; introducing, presenting
הִצְדִּיד פ׳ avert, turn aside
הִצְדִּיעַ פ׳ salute (military)
הִצְדִּיק פ׳ justify, vindicate
הַצְדָּעָה נ׳ saluting; salute (military)
הַצְדָּקָה נ׳ justification, vindication
הִצְהִיב פ׳ yellow, turn yellow
הִצְהִיל פ׳ make happy, make jubilant
הִצְהִיר פ׳ declare, proclaim
הַצְהָרָה נ׳ declaring, proclaiming; declaration, proclamation
הִצְחִין פ׳ cause to smell, make stink
הִצְחִיק פ׳ make laugh, amuse
הִצְטַבַּע פ׳ paint oneself, make up
הִצְטַבֵּר פ׳ accumulate, pile up
הִצְטַבְּרוּת נ׳ accumulation, accretion
הִצְטַדֵּד פ׳ move aside
הִצְטַדֵּק פ׳ justify oneself, apologize
הִצְטַדְּקוּת נ׳ apology, excuse

הִצְטוֹפֵף פ׳ **crowd together**
הִצְטַחֵק פ׳ **chuckle, titter**
הִצְטַיֵּד פ׳ **equip oneself; provide oneself with food (for journey)**
הִצְטַיֵּן פ׳ **excel, be excellent, be distinguished**
הִצְטַיֵּר פ׳ **be drawn, be portrayed, be depicted, be painted**
הִצְטַלֵּב פ׳ **intersect, cross; cross oneself**
הִצְטַלֵּם פ׳ **be photographed**
הִצְטַמְצֵם פ׳ **limit oneself, be reduced**
הִצְטַמֵּק פ׳ **be dried up, shrink, shrivel, contract**
הִצְטַנֵּן פ׳ **catch (a) cold; cool**
הִצְטַנְּנוּת נ׳ **catching (a) cold; cold**
הִצְטַנֵּעַ פ׳ **pretend to be modest, be modest**
הִצְטַנֵּף פ׳ **be wound, be wrapped**
הִצְטַעְצֵעַ פ׳ **preen oneself; toy (with)**
הִצְטַעֵר פ׳ **be sorry, regret**
הִצְטָרֵד פ׳ **become hoarse**
הִצְטָרֵךְ פ׳ **have to; have need of, require**
הִצְטָרֵף פ׳ **join; be refined**
הִצְטָרְפוּת נ׳ **joining, siding with**
הִצְטָרֵר פ׳ **become narrow(er)**
הִצִּיב פ׳ **put in position, place**
הִצִּיג פ׳ **present; show, exhibit; introduce (person)**
הַצִּידָה **step aside!, out of the way!**

הִצִּיל פ׳ **save, rescue**
הִצִּיעַ פ׳ **suggest, propose, offer**
הֵצִיף פ׳ **flood, overflow, inundate**
הֵצִיץ פ׳ **peep, look**
הֵצִיק פ׳ **press, oppress; bother, pester**
הִצִּית פ׳ **light, set on fire, ignite**
הֵצֵל פ׳ **shade, give shade**
הַצְלָבָה נ׳ **crossbreeding, hybridization; crucifying; crucifixion**
הַצָּלָה נ׳ **rescuing; rescue, deliverance**
הַצְלָחָה נ׳ **success**
הִצְלִיב פ׳ **cross (plants), cross-breed, hybridize;**
הִצְלִיחַ פ׳ **succeed, prosper crucify**
הִצְלִיף פ׳ **lash, whip, flog**
הַצְמָדָה נ׳ **attachment, tying, linking, linkage**
הִצְמִיחַ נ׳ **cause to grow, produce**
הִצְמִית פ׳ **destroy, annihilate**
הֵצֵן פ׳ **cool, chill**
הִצְנִיחַ פ׳ **drop by parachute**
הִצְנִיעַ פ׳ **conceal, hide away; behave modestly**
הַצָּעָה נ׳ **suggestion, proposal; making (a bed)**
הִצְעִיד פ׳ **lead, cause to march**
הִצְעִיר פ׳ **rejuvenate**
הֲצָפָה נ׳ **flooding, overflowing, inundation**
הִצְפִּין פ׳ **hide; face north; encode**
הִצְפִּיף פ׳ **pack together**
הֲצָצָה נ׳ **glancing, peeping; glance, peep**

הַצָּקָה נ׳ pestering, bothering, bullying
הֵצַר פ׳ narrow, make narrow(er); vex, distress
הֵצַר אֶת צְעָדָיו obstruct one's progress
הַצְרָחָה נ׳ castling (in chess)
הִצְרִיד פ׳ become hoarse
הִצְרִיחַ פ׳ castle (in chess)
הִצְרִיךְ פ׳ necessitate, require, oblige, compel
הַצָּתָה נ׳ setting on fire, igniting; ignition
הֲקָאָה נ׳ vomiting
הִקְבִּיל פ׳ welcome; make parallel; be equivalent to
הַקְבָּלָה נ׳ comparing, contrasting; comparison; parallelism
הַקְבָּעָה נ׳ fixation
הַקָּדוֹשׁ־בָּרוּךְ־הוּא ז׳ The Holy one blessed be He, God
הִקְדִּיחַ פ׳ burn (food) make feverish; have a fever
הִקְדִּים פ׳ anticipate, precede; do earlier; say or write as introduction
הִקְדִּישׁ פ׳ dedicate, devote
הֶקְדֵּם ז׳ earliness
הַקְדָּמָה נ׳ being early or first; anticipation; introduction, preface
הֶקְדֵּשׁ ז׳ dedicated objects; poor-house; hostel for the poor
הַקְדָּשָׁה נ׳ dedication, consecration, devotion
הִקְהָה פ׳ blunt, dull
הִקְהִיל פ׳ summon (a meeting), assemble, convoke
הִקְטִין פ׳ make smaller, reduce, diminish
הִקְטִיר פ׳ burn incense
הַקְטָנָה נ׳ reduction, diminution
הֵקִיא פ׳ vomit
הִקִּיז פ׳ bleed, let blood
הֵקִים פ׳ set up, raise
הִקִּיף פ׳ surround, encircle; comprise,include; sell on credit
הֵקִיץ פ׳ awake, be awake
הִקִּישׁ פ׳ beat, strike; draw an analogy with, compare, contrast
הֵקַל פ׳ lighten, make lighter
הֲקָלָה נ׳ lightening, easing; alleviation; facilitation
הַקְלָטָה נ׳ recording
הִקְלִיט פ׳ record
הֲקָמָה נ׳ setting up, establishment
הִקְמִיחַ פ׳ add flour, flour
הִקְנָה פ׳ sell, transfer (property); provide with, impart
הַקְנָיָה נ׳ selling, transferring (property); imparting
הִקְנִיט פ׳ tease, irritate, annoy
הִקְסִים פ׳ fascinate, charm
הַקְפָּאָה נ׳ freezing, freeze
הַקְפָּדָה נ׳ meticulousness, preciseness, strictness
הַקָּפָה, הַקָּפָה נ׳ surrounding, encompassing; credit; circuit (esp. with Tora scrolls on Simhat Tora holiday)

freeze הִקְפִּיא פ'
be meticulous, be strict הִקְפִּיד פ'
cause to jump הִקְפִּיץ פ'
allocation, setting aside הַקְצָאָה נ'
allocation, allotment, appropriation הַקְצָבָה נ'
set aside, allocate הִקְצָה פ'
allocate, allot הִקְצִיב פ'
plane (wood), smooth הִקְצִיעַ פ'
whip, whisk (an egg), cause to foam; infuriate, enrage הִקְצִיף פ'
reading, aloud, recital, recitation הַקְרָאָה נ'
sacrifice; drawing near הַקְרָבָה נ'
read out, recite הִקְרִיא פ'
sacrifice; bring nearer הִקְרִיב פ'
go bald הִקְרִיחַ פ'
radiate, shine; project, show (film) הִקְרִין פ'
congeal, coagulate הִקְרִישׁ פ'
radiation; projection, showing (of film) הַקְרָנָה נ'
listening; paying attention הַקְשָׁבָה נ'
harden, stiffen; ask a difficult question הִקְשָׁה פ'
listen, pay attention הִקְשִׁיב פ'
harden (the heart), make callous הִקְשִׁיחַ פ'
context, connection הֶקְשֵׁר ז'
mountain, mount הַר ז'
volcano הַר גַּעַשׁ ז'
show הֶרְאָה פ'
increase, multiply הִרְבָּה פ'
many, much, plenty הַרְבֵּה תה"פ
thicken with roux הִרְבִּיךְ פ'
mate (animals) הִרְבִּיעַ פ'
cause to lie down (animals); hit, beat (colloq). הִרְבִּיץ פ'
(he) taught הִרְבִּיץ תּוֹרָה
kill, slay הָרַג פ'
killing, slaughter הֶרֶג ז', הֲרִיגָה, הֲרֵיגָה נ'
make angry, annoy הִרְגִּיז פ'
accustom, habituate הִרְגִּיל פ'
calm, pacify; reassure הִרְגִּיעַ פ'
feel, sense הִרְגִּישׁ פ'
habit, custom הֶרְגֵּל ז'
calming, tranquilizing; reassurance, pacification הַרְגָּעָה נ'
feeling, sensation הַרְגָּשָׁה נ'
oleander (plant) הַרְדּוּף ז'
put to sleep; anaesthetize הִרְדִּים פ'
putting to sleep; anaesthesia הַרְדָּמָה נ'
be pregnant, conceive הָרָה, הָרְתָה פ'
pregnant woman הָרָה ת', נ'
thought, meditation, reflection הִרְהוּר ז'
embolden; excite, fascinate הִרְהִיב פ'
(he) dared הִרְהִיב עוֹז בְּנַפְשׁוֹ
think, meditate, reflect הִרְהֵר פ'
(a person) slain; dead, tired (colloq). הָרוּג תו"ז
saturate, quench הִרְוָה פ'
relief, comfort הַרְוָוחָה נ'

הִרְוִויחַ פ׳ profit, gain; earn

הִרְזָה פ׳ make slimmer; become thinner, slim

הַרְזָיָה נ׳ slimming

הַרְחָבָה נ׳ widening, broadening, expansion

הֲרָחָה נ׳ smelling, sniffing

הִרְחִיב פ׳ widen, broaden, expand

הִרְחִיק פ׳ remove (to a distance); go far; alienate

הַרְחֵק תה״פ far away, far off

הַרְחָקָה נ׳ removal; keeping away; alienating

הַרְטָבָה נ׳ moistening, wetting

הִרְטִיב פ׳ moisten, dampen, wet

הִרְטִיט פ׳ make tremble; quiver, thrill

הֲרֵי here is..., you see..., is it not that...?, after all...

הֲרִיגָה נ׳ killing, homicide

הֵרִיחַ פ׳ smell, scent

הֵרִים פ׳ lift, raise, pick up; contribute

הֲרֵינִי מ״ג I am (see also הֲרֵי)

הֲרִיסָה נ׳ destruction, ruin, demolition

הֵרִיעַ פ׳ shout, cheer

הֵרִיץ פ׳ make run, run in; send urgently

הֵרִיק פ׳ empty

הֵרֵךְ פ׳ soften, mollify

הֶרְכֵּב ז׳ composition; compound, make-up

הַרְכָּבָה נ׳ putting together; compounding; grafting; inoculation

הִרְכִּיב פ׳ put together, assemble; make a compound; graft; inoculate, wear (eye glasses)

הִרְכִּין פ׳ lower, bow (the head)

הֲרָמָה נ׳ raising, lifting

הַרְמוּן ז׳ harmonizaton

הַרְמוֹן ז׳ harem

הַרְמוֹנִי ת׳ harmonious, harmonic

הַרְמוֹנְיָה נ׳ harmony

הִרְמֵן פ׳ harmonize

הִרְנִין פ׳ gladden, cheer

הָרַס פ׳ destroy, ruin

הֶרֶס ז׳ destruction, ruin

הַרְסָנִי ת׳ destructive, ruinous

הֲרָעָה נ׳ make worse; deterioration

הִרְעִיב פ׳ starve, cause hunger

הִרְעִיד פ׳ tremble; cause to tremble, shake

הִרְעִיל פ׳ poison

הִרְעִים פ׳ thunder

הִרְעִיף פ׳ drip, trickle

הִרְעִישׁ פ׳ make noise; bomb, bombard; cause a sensation

הִרְעִישׁ עוֹלָמוֹת caused a sensation

הַרְעָלָה נ׳ poisoning

הַרְעָשָׁה נ׳ bombardment

הֶרֶף! stop it!, leave it alone!

הֶרֶף ז׳ pause (momentary), instant

(כְּ)הֶרֶף עַיִן (in a) twinkling

הִרְפָּה פ׳ desist, leave alone; relax

הַרְפַּתְקָה נ׳ adventure, exploit

הַרְפַּתְקָנִי ת׳ adventurous, foolhardy

הַרְצָאָה נ' lecture, exposition
הִרְצָה פ' lecture, expound
הֲרָצָה נ' making run; running in (car)
הִרְצִין פ' become serious
הַרְקָדָה נ' making dance
הֲרָקָה נ' emptying
הִרְקִיב פ' decay, rot
הִרְקִיד פ' set dancing
הִרְקִיעַ פ' be exalted, reach the sky
הִרְקִיעַ (לַ)שְּׁחָקִים soar aloft; go sky-high (prices)
הֲרָרִי ת' mountainous, hilly
הַרְשָׁאָה נ' giving permission, giving authorization; permission, authorization
הִרְשָׁה פ' allow, permit; authorize
הִרְשִׁים פ' impress
הִרְשִׁיעַ פ' convict, find guilty
הַרְשָׁמָה נ' registering, registration, enrollment
הִרְתִּיחַ פ' boil; make boil, infuriate
הִרְתִּיעַ פ' deter, daunt
הִרְתִּית פ' tremble, quiver
הַרְתָּעָה נ' deterring, deterrence
הִשְׁאִיל פ' lend
הִשְׁאִיר פ' leave, leave behind
הַשְׁאָלָה נ' lending; metaphor
הַשָּׁבוּעַ this week
הַשְׁבָּחָה נ' improving; improvement
הִשְׁבִּיחַ פ' improve
הִשְׁבִּיעַ פ' make swear, swear in
הִשְׂבִּיעַ פ' sate, glut
הִשְׁבִּית פ' lock out (workers), stop (work)
הַשְׁבָּעָה נ' making swear, swearing in, administering an oath
הַשְׁבָּתָה נ' lock-out, stopping (work)
הַשָּׂגָה נ' achievement; perception; criticism
הַשְׁגָּחָה נ' supervision, overseeing, watching; providence
הִשְׁגִּיחַ פ' supervise, watch; oversee
הִשְׁגִּיר פ' habituate, accustom; run in
הַשְׁגָּרָה נ' stereotyping, making routine; running in
הִשְׁהָה פ' delay, hold back, defer
הַשְׁהָיָה נ' delaying; delay
הַשְׁוָאָה נ' comparing, comparison; equalization
הַשְׁוָאָתִי ת' comparative
הִשְׁוָה פ' compare, equate
הִשְׁחִיז פ' sharpen, whet
הִשְׁחִיל פ' thread, pass through a hole
הִשְׁחִים פ' brown
הִשְׁחִיר פ' blacken; become black
הִשְׁחִית פ' corrupt; mar; destroy
הִשְׁטִיף פ' elute
הִשִּׂיא פ' marry off
הִשִּׂיא לוֹעֵצָה (he) gave him advice
הֵשִׁיב פ' answer, reply; return, restore
הִשִּׂיג פ' obtain, attain, achieve; catch up with
הִשִּׂיחַ פ' ר' הֵסִיחַ
הֵשִׁיט פ' set afloat, launch; transport (by boat)

הִשִּׁיל פ'	drop, shed (skin)
הִשִּׁיק פ'	touch, graze; be a tangent to; launch (for first time)
הִשִּׁיר פ'	drop, shed (skin)
הֵשִׁית פ'	set
הַשְׁכָּבָה נ'	laying down, putting to bed; knocking down flat (slang)
הִשְׁכִּיב פ'	lay down, put to bed; knock down flat (slang)
הִשְׁכִּיחַ פ'	banish from mind
הִשְׂכִּיל פ'	learn; succeed (through cleverness)
הִשְׁכִּים פ'	rise early
הִשְׂכִּיר פ'	lease, let (property)
הַשְׂכָּלָה נ'	education, learning; enlightenment, culture, Haskala
הַשְׁכֵּם תה"פ	early in the morning
הַשְׁכֵּם וְהַעֲרֵב תה"פ	morning and evening, continuously
הַשְׁכָּמָה נ'	early rising; reveille
הִשְׁלָה פ'	delude, deceive
הַשְׁלָיָה נ'	deluding, deception
הִשְׁלִיט פ'	put in control, establish, impose
הִשְׁלִיךְ פ'	throw away; hurl
הִשְׁלִים פ'	complete; accomplish
הִשְׁלִישׁ פ'	hand to a third party; divide into three
הַשְׁלָכָה נ'	throwing away; hurling; effect, implication, repercusssion
הַשְׁלָמָה נ'	completion, making peace, reconciliation; resignation

הַשֵּׁם (ה') ז'	God
הֵשַׁם פ'	lay waste, devastate
הַשְׁמָדָה נ'	destruction, annihilation, extermination
הַשְׁמָטָה נ'	omitting; omission, deletion
הִשְׁמִיד פ'	destroy, annihilate, exterminate
הִשְׁמִיט פ'	omit, delete, leave out
הִשְׂמִיל, הִשְׂמְאִיל פ'	turn left
הִשְׁמִין פ'	make fat(ter); become fat(ter)
הִשְׁמִיעַ פ'	make heard; announce; play (music etc.)
הִשְׁמִיץ פ'	defame, libel, slander
הַשְׁמָצָה נ'	defamation, libel, slander
הַשָּׁנָה תה"פ	this year
הִשְׁעָה פ'	suspend (an employee etc,)
הַשְׁעָיָה נ'	suspending, suspension
הִשְׁעִין פ'	lean against (tr.)
הַשְׁעָרָה נ'	assumption, guess, surmise, conjecture
הִשְׁפִּיל פ'	humiliate, lower
הִשְׁפִּיעַ פ'	influence, affect; give generously
הַשְׁפָּלָה נ'	humiliation, abasement
הַשְׁפָּעָה נ'	influence, effect
הַשְׁקָאָה נ'	irrigation, watering, giving drink to
הַשָּׁקָה נ'	touching, launching (ship)
הִשְׁקָה פ'	water, irrigate, give drink to

הִשְׁקִיט פ׳ calm, quieten
הִשְׁקִיעַ פ׳ invest
הִשְׁקִיף פ׳ observe, watch, overlook
הַשְׁקָעָה נ׳ investing; investment
הַשְׁקָפָה נ׳ outlook, view, conception
הַשְׁקָפַת עוֹלָם נ׳ outlook on life
הַשְׁרָאָה נ׳ inspiration
הִשְׁרָה פ׳ inspire; immerse
הִשְׁרִישׁ פ׳ strike root
הִשְׁתָּאָה פ׳ be astonished, be surprised
הִשְׁתַּבֵּחַ פ׳ praise oneself, boast
הִשְׁתַּבֵּשׁ פ׳ be spoilt, deteriorate; be thrown into disarray, go wrong; have mistakes in it
הִשְׁתַּגֵּעַ פ׳ go crazy; go wild
הִשְׁתַּדֵּךְ פ׳ arrange to get married
הִשְׁתַּדֵּל פ׳ try hard, endeavor
הִשְׁתַּדְּלוּת נ׳ trying hard, endeavoring, lobbying
הִשְׁתַּהָה פ׳ be delayed
הִשְׁתּוֹבֵב פ׳ be naughty
הִשְׁתַּוָּה פ׳ be equal; become equal; reach an understanding
הִשְׁתּוֹלֵל פ׳ run wild, run riot; rage; thrash about
הִשְׁתּוֹמֵם פ׳ be astonished, be amazed
הִשְׁתּוֹקֵק פ׳ long for, crave, yearn for
הִשְׁתַּזֵּף פ׳ get a suntan, sunbathe
הִשְׁתַּזֵּר פ׳ be interwoven
הִשְׁתַּחֲוָה פ׳ bow down
הִשְׁתַּחֵל פ׳ squeeze through (colloq.)
הִשְׁתַּחֵק פ׳ be worn away, eroded
הִשְׁתַּחְרֵר פ׳ be set free, be released
הִשְׁתַּטָּה פ׳ play the fool; act foolishly
הִשְׁתַּטֵּחַ פ׳ stretch oneself out
הִשְׁתַּיֵּךְ פ׳ belong to, be associated with, join
הִשְׁתַּיֵּר פ׳ remain, be left
הִשְׁתִּיל פ׳ transplant
הִשְׁתִּין פ׳ urinate
הִשְׁתִּיק פ׳ silence
הִשְׁתִּית פ׳ base, establish
הִשְׁתַּכְלֵל פ׳ be perfected, become perfect
הִשְׁתַּכֵּן פ׳ take up residence
הִשְׁתַּכְנֵעַ פ׳ be(come) convinced or persuaded
הִשְׂתַּכֵּר פ׳ earn
הִשְׁתַּכֵּר פ׳ get drunk
הִשְׁתַּכְשֵׁךְ פ׳ paddle, dabble
הִשְׁתַּלֵּב פ׳ interlock, intertwine, become integrated
הַשְׁתָּלָה נ׳ transplanting
הִשְׁתַּלְהֵב פ׳ go up in flames; get enthusiastic
הִשְׁתַּלֵּט פ׳ take control of; overpower
הִשְׁתַּלֵּם פ׳ be profitable; further ones studies
הִשְׁתַּלְשֵׁל פ׳ hang down; develop, evolve
הִשְׁתַּמֵּד פ׳ apostatize (from Judaism)
הִשְׁתַּמֵּט פ׳ shirk, dodge, evade

הִשְׁתַּמֵּעַ פ׳ be heard; be understood; imply
הִשְׁתַּמְּעוּת נ׳ implication
הִשְׁתַּמֵּר פ׳ be preserved; be kept
הִשְׁתַּמֵּשׁ פ׳ use, make use of
הַשְׁתָּנָה נ׳ urination
הִשְׁתַּנָּה פ׳ change, alter, vary
הִשְׁתַּעְבֵּד פ׳ become enslaved, be subjugated
הִשְׁתַּעֵל פ׳ cough
הִשְׁתַּעֲמֵם פ׳ be bored
הִשְׁתָּעֵר, הִסְתָּעֵר פ׳ storm, assault
הִשְׁתַּעֲשֵׁעַ פ׳ play with, amuse oneself with
הִשְׁתַּפֵּךְ פ׳ be poured out; pour out, overflow
הִשְׁתַּפֵּר פ׳ improve
הִשְׁתַּפְשֵׁף פ׳ be rubbed; be put through the mill (slang, esp. military)
הִשְׁתַּקֵּם פ׳ rehabilitate oneself
הִשְׁתַּקֵּעַ פ׳ settle permanently
הִשְׁתַּקֵּף פ׳ be reflected
הִשְׁתַּרְבֵּב פ׳ be extended (in length); be wrongly inserted
הִשְׁתָּרֵךְ פ׳ plod along; be dragged along
הִשְׁתָּרֵעַ פ׳ spread out, extend
הִשְׁתָּרֵר פ׳ prevail; control, dominate, reign
הִשְׁתָּרֵשׁ פ׳ take root, strike root
הִשְׁתַּתֵּף פ׳ take part, participate
הִשְׁתַּתֵּק פ׳ become silent, fall silent
הִתְאַבֵּד פ׳ commit suicide

הִתְאַבֵּךְ פ׳ billow upwards (smoke)
הִתְאַבֵּל פ׳ mourn
הִתְאַבֵּן פ׳ be petrified, turn to stone; become fossilized
הִתְאַבֵּק פ׳ be covered with dust; wrestle, grapple
הִתְאַגֵּד פ׳ unite, combine
הִתְאַגְרֵף פ׳ box
הִתְאַדָּה פ׳ evaporate, vaporize
הִתְאַדֵּם פ׳ blush, flush
הִתְאַהֵב פ׳ fall in love
הִתְאַוְרֵר פ׳ be aired, be ventilated
הִתְאוֹנֵן פ׳ complain, grumble
הִתְאוֹשֵׁשׁ פ׳ recover, pull oneself together
הִתְאַזֵּן פ׳ be balanced, balance
הִתְאַזֵּר פ׳ gird oneself
הִתְאַזְרֵחַ פ׳ become naturalized
הִתְאַחֵד פ׳ unite, combine
הִתְאַחֲדוּת נ׳ union, association, confederation
הִתְאַחָה פ׳ be patched, be sewn together; heal
הִתְאַחֵר פ׳ be late
הִתְאִים פ׳ adapt, match, fit, suit
הִתְאַכְזֵב פ׳ be disappointed
הִתְאַכְזֵר פ׳ be cruel, behave cruelly
הִתְאַכֵּל ר׳ הִתְעַכֵּל
הִתְאַכְסֵן פ׳ stay (as guest), be accommodated
הִתְאַלְמֵן פ׳ become a widower
הֶתְאֵם ז׳ accord, agreement, fit
הַתְאָמָה נ׳ suitability, appropriateness, fit; adjustment, adaptation
הִתְאַמֵּן פ׳ train, practise

הִתְאַמֵּץ פ׳ make an effort, exert oneself
הִתְאַמֵּר פ׳ boast, brag
הִתְאַמֵּת פ׳ be verified, come true
הִתְאַנָּה פ׳ seek occasion (to do harm), seek a quarrel
הִתְאַנֵּחַ פ׳ groan, sigh
הִתְאַסְלֵם פ׳ become a Moslem
הִתְאַסֵּף פ׳ gather, assemble
הִתְאַפֵּק פ׳ control oneself, restrain oneself
הִתְאַפֵּר פ׳ make up (actor, woman)
הִתְאַפְשֵׁר פ׳ be made possible, become possible
הִתְאַקְלֵם פ׳ become acclimated
הִתְאַרְגֵּן פ׳ get organized
הִתְאָרֵחַ פ׳ stay (as a guest)
הִתְאָרֵךְ פ׳ grow longer, lengthen
הִתְאָרֵס פ׳ become engaged
הִתְאָרֵעַ פ׳ occur, happen
הִתְאַשֵּׁר פ׳ be confirmed, approved
הִתְבָּאֵר פ׳ become clear; be expounded
הִתְבַּגֵּר פ׳ become adult, mature
הִתְבַּדָּה פ׳ be proved wrong
הִתְבַּדֵּחַ פ׳ joke, amuse oneself
הִתְבַּדֵּל פ׳ isolate oneself, segregate oneself
הִתְבַּדֵּר פ׳ amuse oneself, entertain oneself
הִתְבַּהֵם פ׳ become brutalized, bestial
הִתְבַּהֵר פ׳ become clear, clear up
הִתְבּוֹדֵד פ׳ withdraw (from society), seek solitude
הִתְבּוֹלֵל פ׳ assimilate
הִתְבּוֹנֵן פ׳ stare, look intently, observe; contemplate
הִתְבּוֹסֵס פ׳ wallow
הִתְבּוֹשֵׁשׁ פ׳ tarry, be delayed
הִתְבַּזְבֵּז פ׳ be wasted; waste oneself
הִתְבַּזָּה פ׳ be (come) despised, be (come) contemptible
הִתְבַּטֵּא פ׳ express oneself
הִתְבַּטֵּל פ׳ be cancelled; do nothing; deny one's worth
הִתְבַּיֵּשׁ פ׳ be ashamed; be shy
הִתְבַּיֵּית פ׳ be tamed, be domesticated
הִתְבַּלְבֵּל פ׳ become confused, mixed up
הִתְבַּלָּה פ׳ wear out
הִתְבַּלֵּט פ׳ stand out, protrude
הִתְבַּסֵּם פ׳ become tipsy; put on perfume
הִתְבַּסֵּס פ׳ establish oneself, be based
הִתְבַּצֵּעַ פ׳ be performed, be executed
הִתְבַּצֵּר פ׳ fortify oneself, dig oneself in
הִתְבַּקֵּעַ פ׳ burst, split open
הִתְבַּקֵּשׁ פ׳ be asked, called for
הִתְבָּרֵג פ׳ be screwed (in)
הִתְבַּרְגֵּן פ׳ become bourgeois, middle-class
הִתְבָּרֵךְ פ׳ be blessed; consider oneself fortunate
הִתְבָּרֵר פ׳ be clarified

הִתְבַּשֵּׁל פ' be cooked, be boiled, ripen
הִתְבַּשֵּׂר פ' receive news
הִתְגָּאָה פ' pride oneself(on), be proud (of)
הִתְגַּבֵּב פ' accumulate, be piled up
הִתְגַּבֵּן פ' curdle (milk)
הִתְגַּבֵּר פ' overcome; become stronger
הִתְגַּבֵּשׁ פ' crystallize
הִתְגַּדֵּל פ' be magnified; think oneself great
הִתְגַּדֵּר פ' distinguish oneself, excel
הִתְגּוֹדֵד פ' form groups
הִתְגּוֹלֵל פ' roll about; grumble at
הִתְגּוֹנֵן פ' defend oneself
הִתְגּוֹרֵר פ' stay, dwell, live
הִתְגּוֹשֵׁשׁ פ' wrestle, struggle
הִתְגַּיֵּס פ' enlist, be mobilized
הִתְגַּיֵּר פ' become a Jew
הִתְגַּלְגֵּל פ' roll, revolve; drift; happen; be metamorphosed
הִתְגַּלָּה פ' be revealed, become known
הִתְגַּלֵּחַ פ' shave (oneself)
הִתְגַּלֵּם פ' be embodied, take bodily form
הִתְגַּלֵּעַ פ' become evident; break out
הִתְגַּלֵּשׁ פ' ski; slide down
הִתְגַּמֵּד פ' reduce oneself
הִתְגַּנֵּב פ' creep (in, out, or away), move stealthily
הִתְגַּנְדֵּר פ' dress up, show off
הִתְגַּעְגֵּעַ פ' yearn, long
הִתְגָּעֵל פ' be soiled, be tainted
הִתְגָּעֵשׁ פ' erupt; rage, be agitated
הִתְגָּרֵד פ' scratch oneself
הִתְגָּרָה פ' provoke, tease
הִתְגָּרֵשׁ פ' be divorced
הִתְגַּשֵּׁם פ' be realized, materialize
הִתְגַּשְּׁמוּת נ' realization, materialization
הִתְדַּבֵּק פ' become infected; be joined together
הִתְדַּיֵּן, נִתְדַּיֵּן פ' dispute; litigate, go to law
הִתְדַּלְדֵּל פ' waste away, dwindle
הִתְדַּפֵּק פ' keep knocking
הִתְדָּרֵג פ' be graded
הִתְדַּרְדֵּר פ' decline; roll down, worsen
הִתְהַדֵּק פ' be tightened
הִתְהַדֵּר פ' be ostentatious, overdress
הִתְהַוָּה פ' take shape, be formed, come into being
הִתְהוֹלֵל פ' revel, live riotously; act madly
הִתְהַלֵּךְ פ' walk about, go around
הִתְהַלֵּל פ' boast
הִתְהַפֵּךְ פ' be turned upside down; be inverted; turn over
הִתְוַדָּה פ' confess
הִתְוַדַּע פ' become acquainted with
הִתְוָה פ' mark; sketch; outline
הִתְוַכַּח פ' argue, debate
הִתּוּךְ, הִיתּוּךְ ז' melting; fusion
הַתָּזָה נ' spraying; breaking off
הִתְחַבֵּא פ' hide (oneself)

הִתְחַבֵּב פ' be liked
הִתְחַבֵּט פ' take pains, struggle hard, wrestle
הִתְחַבֵּק פ' embrace, hug
הִתְחַבֵּר פ' be connected, be allied with, join with
הִתְחַדֵּד פ' become sharp
הִתְחַדֵּשׁ פ' be renewed, be restored
הִתְחַוֵּר פ' become clear
הִתְחוֹלֵל פ' be brewing (storm, trouble); break out
הִתְחַזָּה פ' pose, pretend to be
הִתְחַזֵּק פ' take courage, gather strength
הִתְחַיָּה פ' be revived, live again
הִתְחַיֵּב פ' undertake, take upon oneself; follow
הִתְחַיְּבוּת ת' obligation, commitment, liability
הִתְחַיֵּךְ פ' smile, smile to oneself
הִתְחַיֵּל פ' become a soldier, enlist
הִתְחִיל פ' begin, start, commence
הִתְחַכֵּךְ פ' rub oneself, rub up against
הִתְחַכֵּם פ' try to be too clever
הַתְחָלָה נ' beginning, start, commencement
הִתְחַלָּה פ' malinger
הִתְחַלְחֵל פ' be shocked; permeate
הִתְחַלֵּף פ' be exchanged; change places
הִתְחַלֵּק פ' be divisible (number); slip, slide
הִתְחַמֵּם פ' warm oneself; warm up
הִתְחַמֵּץ פ' turn sour
הִתְחַמְצֵן פ' be oxidized, oxidize
הִתְחַמֵּק פ' slip away, dodge, evade
הִתְחַנְחֵן פ' act coquettishly; prettify oneself
הִתְחַנֵּךְ פ' be educated
הִתְחַנֵּן פ' beg, implore, beseech, entreat
הִתְחַנֵּף פ' fawn, toady
הִתְחַסֵּד פ' assume piety, be self-righteous
הִתְחַסֵּל פ' be liquidated
הִתְחַסֵּן פ' be strengthened; be immunized
הִתְחַפֵּר פ' dig oneself in
הִתְחַפֵּשׂ פ' disguise oneself
הִתְחַצֵּף פ' be impertinent
הִתְחַקָּה פ' search for; keep close check on
הִתְחַרְבֵּן פ' (slang) make a mess of things
הִתְחָרֵד פ' become extremely orthodox
הִתְחָרָה פ' compete, rival; emulate
הִתְחָרֵז פ' rhyme; be strung on thread
הִתְחָרֵט פ' regret, repent
הִתְחַשֵּׁב פ' consider, be considerate
הִתְחַשֵּׁל פ' be forged (iron, character)
הִתְחַשְׁמֵל פ' be electrified; be electrocuted
הִתְחַשֵּׁק פ' feel like,have an urge to
הִתְחַתֵּן פ' marry, wed
הִתִּיז פ' splash, spray; chop off
הִתְיָאֵשׁ פ' despair
הִתְיַבֵּשׁ פ' dry, dry up

הִתְיַיגֵּעַ פ׳ tire oneself out
הִתְיַידֵּד פ׳ become friendly with
הִתְיַיהֵד פ׳ become a Jew
הִתְיַיחֵד פ׳ be alone
הִתְיַיחֵם פ׳ be in heat, rut
הִתְיַיחֵס פ׳ treat, deal with, refer to
הִתְיַיחֲסוּת נ׳ attitude; treatment; referring, reference
הִתְיַימֵּר פ׳ pretend, purport; boast
הִתְיַיסֵּר פ׳ suffer torment
הִתְיָיעֵץ פ׳ consult with
הִתְיַיפָּה פ׳ prettify oneself
הִתְיַיפֵּחַ פ׳ sob, cry
הִתְיַיצֵּב פ׳ report, present oneself; become stable stabilize
הִתְיַיקֵּר פ׳ rise in price, become (more) expensive
הִתְיָירֵא פ׳ fear, be afraid
הִתְיַישֵּׁב פ׳ settle, colonize; sit down
הִתְיַישֵּׁן פ׳ become obsolete, become old-fashioned, age
הִתְיַישְּׁנוּת נ׳ obsolescence
הִתְיַישֵּׁר פ׳ be straightened (up, out), straighten (up, out)
הִתְיַיתֵּם פ׳ be orphaned
הִתִּיךְ פ׳ melt, fuse
הִתִּיר פ׳ release, set free; untie; permit, authorize; solve
הִתִּישׁ פ׳ weaken
הִתְכַּבֵּד פ׳ be honored; help oneself (to food etc.)
הַתָּכָה נ׳ melting, fusing
הִתְכַּוּוֵן פ׳ intend, mean
הִתְכַּוּוֵץ פ׳ shrink contract; go into cramp

הִתְכּוֹנֵן פ׳ prepare oneself, get ready
הִתְכּוֹפֵף פ׳ bend (over, down), stoop
הִתְכַּחֵשׁ פ׳ disown, deny, disavow
הִתְכַּנֵּס פ׳ assemble, meet
הִתְכַּנֵּף פ׳ huddle together
הִתְכַּסָּה פ׳ cover oneself; be covered
הִתְכַּעֵס פ׳ become angry
הִתְכַּעֵר פ׳ become ugly
הִתְכַּרְבֵּל פ׳ wrap oneself up
הִתְכַּרְכֵּם פ׳ turn orange-red
הִתְכַּתֵּב פ׳ correspond, exchange letters
הִתְכַּתֵּשׁ פ׳ wrangle, fight
הֵתֵל פ׳ joke, jest, mock
הִתְלַבֵּט פ׳ debate with oneself
הִתְלַבֵּן פ׳ become white-hot; be clarified
הִתְלַבֵּשׁ פ׳ dress oneself; fit over or on to (colloq.)
הִתְלַהֵב פ׳ become excited
הִתְלַהֵט פ׳ blaze, burn; be roused to frenzy
הִתְלוֹנֵן פ׳ complain, make a complaint, grumble
הִתְלוֹצֵץ פ׳ joke; jest, clown
הִתְלַחְלֵחַ פ׳ be moistened, be made damp
הִתְלַחֵשׁ פ׳ whisper together
הִתְלִיל פ׳ become steep
הִתְלִיעַ פ׳ become wormy
הִתְלַכֵּד פ׳ unite
הִתְלַכְלֵךְ פ׳ become dirty
הִתְלַכְסֵן פ׳ run diagonally, slant

teach oneself	הִתְלַמֵּד פ׳
catch fire, flare up	הִתְלַקֵּחַ פ׳
lick one's lips; fawn	הִתְלַקֵּק פ׳
fester, suppurate	הִתְמַגֵּל פ׳
constant practice, diligence	הַתְמָד ז׳
diligence, perseverance, persistence	הַתְמָדָה נ׳
tarry, linger; be late	הִתְמַהְמֵהַּ פ׳
melt, dissolve; go into raptures	הִתְמוֹגֵג פ׳
compete with, take on	הִתְמוֹדֵד פ׳
collapse, break down	הִתְמוֹטֵט פ׳
dissolve, melt	הִתְמוֹסֵס פ׳
merge, fuse, coalesce	הִתְמַזֵּג פ׳
be lucky	הִתְמַזֵּל פ׳
become soft; pet, neck (slang); idle about (slang), be frittered away (slang)	הִתְמַזְמֵז פ׳
become expert; specialize	הִתְמַחָה פ׳
persist, persevere	הִתְמִיד פ׳
astonish, amaze	הִתְמִיהַּ פ׳
be classified	הִתְמַיֵּן פ׳
be mechanized	הִתְמַכֵּן פ׳
devote oneself	הִתְמַכֵּר פ׳
be filled, become full	הִתְמַלֵּא פ׳
escape; slip out	הִתְמַלֵּט פ׳
act innocent, pretend not to understand	הִתַּמֵּם, הִיתַּמֵּם פ׳
be realized, become a fact, materilize	הִתְמַמֵּשׁ פ׳
be appointed	הִתְמַנָּה פ׳
be dissolved, become soft, soggy	הִתְמַסְמֵס פ׳
devote oneself; surrender	הִתְמַסֵּר פ׳
diminish, decrease	הִתְמַעֵט פ׳
become westernized	הִתְמַעְרֵב פ׳
become orientated, know or find one's way about	הִתְמַצֵּא פ׳
orientation, familiarity, adaptability	הִתְמַצְּאוּת נ׳
solidify	הִתְמַצֵּק פ׳
bargain, haggle	הִתְמַקֵּחַ פ׳
take up position, be located, be situated	הִתְמַקֵּם פ׳
rot, decay	הִתְמַקְמֵק פ׳
rise, go up (in slender column)	הִתַּמֵּר, הִיתַּמֵּר פ׳
revolt, rebel, mutiny	הִתְמָרֵד פ׳
substitution	הַתְמָרָה נ׳
be bitter, complain, grumble	הִתְמַרְמֵר פ׳
extend (in time)	הִתְמַשֵּׁךְ פ׳
be stretched; stretch oneself	הִתְמַתֵּחַ פ׳
become (more) moderate	הִתְמַתֵּן פ׳
be sweetened	הִתְמַתֵּק פ׳
prophesy, predict, foretell	הִתְנַבֵּא פ׳
dry oneself	הִתְנַגֵּב פ׳
oppose, object, resist	הִתְנַגֵּד פ׳
opposition, objection, resistance	הִתְנַגְּדוּת נ׳
contend with, tussle	הִתְנַגֵּחַ פ׳
collide, clash	הִתְנַגֵּשׁ פ׳
volunteer; donate	הִתְנַדֵּב פ׳
see-saw; fluctuate, swing to and fro	הִתְנַדְנֵד פ׳

הִתְנַדֵּף פ׳ evaporate; disappear (slang)
הִתְנָה פ׳ make conditional
הִתְנַהֵג פ׳ behave, conduct oneself
הִתְנַהֲגוּת נ׳ behavior, conduct
הִתְנַהֵל פ׳ be conducted, be carried on
הִתְנוֹדֵד פ׳ wander from place to place; oscillate, fluctuate
הִתְנַוֵּן פ׳ degenerate, atrophy
הִתְנוֹסֵס פ׳ be flaunted, be displayed; flutter on high
הִתְנוֹעֵעַ פ׳ move, sway
הִתְנוֹפֵף פ׳ flutter, be waved to and fro
הִתְנוֹצֵץ פ׳ sparkle, glitter, twinkle
הִתְנַזֵּר פ׳ abstain from
הִתְנַחֵל פ׳ settle (on land)
הִתְנַחֵם פ׳ be consoled, console oneself
הִתְנִיעַ פ׳ start (machine)
הִתְנַכֵּל פ׳ plot, conspire, attack
הִתְנַכֵּר פ׳ be estranged, act as a stranger to, disavow
הִתְנַמְנֵם פ׳ doze, drowse
הִתְנַסָּה פ׳ be tested by, undergo, experience
הַתְנָעָה נ׳ starting (machine)
הִתְנַעְנֵעַ פ׳ sway; vibrate
הִתְנַעֵר פ׳ shake oneself free of; disown
הִתְנַפֵּחַ פ׳ be inflated; puff up
הִתְנַפֵּל פ׳ fall on, attack
הִתְנַפְּלוּת נ׳ attack, assault
הִתְנַפֵּץ פ׳ be shattered
הִתְנַצֵּחַ פ׳ dispute, contest; wrangle
הִתְנַצֵּל פ׳ apologize
הִתְנַצְּלוּת נ׳ apology, excuse
הִתְנַצְנֵץ פ׳ sparkle, gleam
הִתְנַצֵּר פ׳ be converted to Christianity
הִתְנַקֵּם פ׳ avenge oneself; recoil on, boomerang on
הִתְנַקֵּשׁ פ׳ attack with intent to harm or kill
הִתְנַקְּשׁוּת נ׳ attempt to kill
הִתְנַשֵּׂא פ׳ arise, be borne aloft, boast
הִתְנַשֵּׁם פ׳ breathe in heavily, pant
הִתְנַשֵּׁף פ׳ breathe out heavily, pant
הִתְנַשֵּׁק פ׳ kiss each other
הִתְסִיס פ׳ ferment; animate, agitate
הִתְעַבָּה פ׳ become thicker, become denser, condense
הִתְעַבּוּת נ׳ thickening, condensation
הִתְעַבֵּר פ׳ become pregnant; become angry
הִתְעַגֵּל פ׳ become round; be rounded
הִתְעַדֵּן פ׳ become (more) refined; be sublimated
הִתְעָה פ׳ mislead, lead astray
הִתְעוֹדֵד פ׳ be encouraged, cheer up
הִתְעַוֵּר פ׳ go blind
הִתְעַוּוֹת פ׳ be(come) distorted, perverted; be contorted, twisted

הִתְעוֹפֵף פ׳ fly about
הִתְעוֹרֵר פ׳ wake up
הִתְעוֹרְרוּת נ׳ waking up, awakening; stirring
הִתְעַטֵּף פ׳ wrap oneself
הִתְעַטֵּשׁ פ׳ sneeze
הַתְעָיָה נ׳ misleading; decoy
הִתְעַיֵּף פ׳ become tired
הִתְעַכֵּב, נִתְעַכֵּב פ׳ be delayed, be held up, stop
הִתְעַכֵּל פ׳ be digested
הִתְעַלָּה, נִתְעַלָּה פ׳ rise; be exalted
הִתְעַלֵּל פ׳ abuse, maltreat
הִתְעַלְּלוּת נ׳ abuse, maltreatment
הִתְעַלֵּם פ׳ ignore, overlook, disregard
הִתְעַלְּמוּת נ׳ overlooking, deliberately ignoring, disregarding
הִתְעַלֵּס פ׳ make love, play (at love)
הִתְעַלֵּף פ׳ faint, lose consciousness
הִתְעַמֵּל פ׳ do physical exercise
הִתְעַמְּלוּת נ׳ physical training, gymnastics, exercise
הִתְעַמְעֵם פ׳ become faint, become dim
הִתְעַמֵּק פ׳ go deeply into
הִתְעַמֵּר פ׳ abuse, treat harshly
הִתְעַנֵּג פ׳ take pleasure, indulge oneself
הִתְעַנָּה פ׳ be tormented
הִתְעַנְיֵין פ׳ take an interest; try to find out
הִתְעַנֵּן פ׳ become cloudy

הִתְעַסֵּק פ׳ have dealings with; quarrel; (sl.) flirt
הִתְעַסְּקוּת נ׳ having dealings with; occupation, affair; flirting
הִתְעַפֵּר פ׳ become dusty
הִתְעַצֵּב פ׳ be grieved, saddened
הִתְעַצְבֵּן פ׳ be irritated, annoyed
הִתְעַצֵּל פ׳ be lazy
הִתְעַצֵּם, נִתְעַצֵּם פ׳ become more powerful, stronger
הִתְעַקֵּל פ׳ be curved
הִתְעַקֵּם פ׳ be bent
הִתְעַקֵּשׁ פ׳ be obstinate, insist stubbornly
הִתְעָרֵב פ׳ be mixed with; intervene, meddle; bet
הִתְעַרְבֵּב פ׳ be mixed up together
הִתְעָרְבוּת נ׳ interference
הִתְעַרְבֵּל פ׳ be mixed (concrete, mortar)
הִתְעָרָה פ׳ become rooted
הִתְעַרְטֵל פ׳ expose one's body
הִתְעָרֵם פ׳ be piled up
הִתְעַרְעֵר פ׳ be undermined; be sapped (strength)
הִתְעַרְפֵּל פ׳ become dim, misty, foggy
הִתְעַשֵּׁר פ׳ become wealthy
הִתְעַתֵּד פ׳ be destined
הִתְפָּאֵר פ׳ boast, brag
הִתְפַּגֵּר פ׳ become a corpse or carcass; croak (slang)
הִתְפַּדֵּר פ׳ powder oneself
הִתְפּוֹגֵג פ׳ become less, become weak

הִתְפּוּטֵר פ׳ be forced to resign (slang)
הִתְפּוֹצֵץ פ׳ explode, burst
הִתְפּוֹרֵר פ׳ crumble, disintegrate
הִתְפַּזֵּר פ׳ be scattered, be spread
הִתְפַּחֵם פ׳ be carbonized
הִתְפַּטֵּם פ׳ eat a lot; absorb a lot
הִתְפַּטֵּר פ׳ resign; get rid of
הִתְפִּיחַ פ׳ let rise (baking)
הִתְפַּיֵּס פ׳ be reconciled, make peace
הִתְפִּיל פ׳ desalinate (sea-water)
הִתְפַּכֵּחַ פ׳ become sober, come to one's senses
הִתְפַּלֵּא פ׳ be surprised, wonder
הִתְפַּלְבֵּל פ׳ roll one's eyes
הִתְפַּלֵּג פ׳ split up, sub-divide
הַתְפָּלָה נ׳ desalination
הִתְפַּלֵּחַ פ׳ be split; sneak in, out (slang)
הִתְפַּלֵּל פ׳ pray
הִתְפַּלְמֵס פ׳ engage in polemics, argue
הִתְפַּלְסֵף פ׳ philosophize
הִתְפַּלְפֵּל פ׳ quibble, split hairs
הִתְפַּלֵּץ פ׳ shudder, be deeply shocked
הִתְפַּלֵּשׁ פ׳ roll about
הִתְפַּנָּה פ׳ have free time; become vacant
הִתְפַּנֵּק פ׳ indulge oneself
הִתְפַּסֵּק פ׳ be spread wide
הִתְפַּעֵל פ׳ be impressed, be enthused about
הִתְפַּעֲלוּת נ׳ being deeply impressed, admiration
הִתְפַּעֵם פ׳ be agitated, be stirred
הִתְפַּצֵּל פ׳ be divided, be ramified, fork
הִתְפַּקֵּד פ׳ be numbered
הִתְפַּקֵּחַ פ׳ become clever
הִתְפַּקֵּעַ פ׳ burst, split
הִתְפַּקֵּעַ מִצְּחוֹק burst with laughter
הִתְפַּקֵּר פ׳ apostatize, renounce one's faith
הִתְפָּרֵד פ׳ be parted, be separated, dissociate
הִתְפַּרְחֵחַ פ׳ behave rowdily, unruly
הִתְפָּרֵט פ׳ disintegrate
הִתְפַּרְכֵּס פ׳ spruce oneself up
הִתְפַּרְנֵס פ׳ earn a living
הִתְפָּרֵס פ׳ spread out; be deployed
הִתְפַּרְסֵם פ׳ become famous; be published
הִתְפָּרֵעַ פ׳ create a disturbance, go on a rampage
הִתְפַּרְפֵּר פ׳ malinger (slang); run after other women (slang), go away
הִתְפָּרֵץ פ׳ burst in; break out, erupt
הִתְפָּרֵק פ׳ relax, relieve oneself, be dismantled; disintegrate, decompose
הִתְפַּרְקֵד פ׳ lie on one's back
הִתְפָּרֵשׁ פ׳ be interpreted, be explained
הִתְפָּרֵשׂ, הִתְפָּרֵס פ׳ be dispersed, be deployed
הִתְפַּשֵּׁט פ׳ become widespread; strip, undress oneself

הִתְפַּשְּׁטוּת נ' spreading, expansion; stripping, undressing (oneself)
הִתְפַּשֵּׂק, הִתְפַּסֵּק פ' be spread wide
הִתְפַּשֵּׁר פ' compromise, come to terms
הִתְפַּתָּה פ' be enticed
הִתְפַּתֵּחַ פ' develop
הִתְפַּתֵּל פ' meander, wind, twist, writhe
הִתְקַבֵּל פ' be received, be accepted
הִתְקַבֵּץ פ' assemble, gather together
הִתְקַדֵּם פ' advance, move forward; make progress, get on
הִתְקַדְּמוּת נ' advance, progress
הִתְקַדֵּשׁ פ' be hallowed, become holy
הִתְקַהֲלוּת נ' assembly, gathering
הִתְקוֹטֵט פ' quarrel
הִתְקוֹמֵם פ' rebel, rise up; resent
הִתְקַטֵּן פ' contract, become smaller
הִתְקַיֵּם פ' take place; exist, make ends meet
הִתְקִין פ' set up, install; introduce (regulations etc.)
הִתְקִיף פ' attack, assault
הִתְקַלֵּחַ פ' take or have a shower
הִתְקַלֵּס פ' mock, deride
הִתְקַלֵּף פ' peel off, be peeled off
הִתְקַלְקֵל פ' go bad, go wrong, get spoilt; break down
הִתְקַמֵּט פ' crease, be crumpled
הֶתְקֵן ז' device, mechanism

הִתְקַנֵּא פ' become jealous or envious
הַתְקָנָה נ' installing; installation; setting up; introduction (of regulations, etc.)
הִתְקַעֵר פ' curve inwards
הֶתְקֵף ז' attack (of fear, pain, etc.)
הַתְקָפָה נ' attack, onslaught
הִתְקַפֵּל פ' be folded; cave in, withdraw opposition
הִתְקַצֵּף פ' become angry
הִתְקַצֵּר פ' become shorter
הִתְקָרֵא פ' be called
הִתְקָרֵב פ' approach, come or go near
הִתְקָרֵחַ פ' become bald
הִתְקָרֵר פ' grow cold; cool off; catch cold
הִתְקָרֵשׁ פ' congeal (blood), coagulate
הִתְקַשָּׁה פ' harden, become hard; find it hard
הִתְקַשֵּׁט פ' adorn oneself, dress oneself up
הִתְקַשֵּׁר פ' get in touch with, contact; communicate
הַתְרָאָה נ' warning; caution
הַתְרָאָה אַחֲרוֹנָה נ' last warning, final warning
הִתְרָאָה פ' see each other, meet again
הִתְרַבָּה פ' increase, multiply
הִתְרַבְרֵב פ' boast, brag, show off
הִתְרַגֵּז פ' be enraged, become angry, annoyed

הִתְרַגֵּל פ׳ get used to
הִתְרַגֵּשׁ פ׳ be moved (emotionally), be excited, agitated
הִתְרַגְּשׁוּת נ׳ emotion; excitement, agitation
הִתְרָה פ׳ warn, caution
הַתָּרָה נ׳ loosening, untying; permission, authorization; solution, cancellation; release
הִתְרוֹמֵם פ׳ raise oneself; rise
הִתְרוֹמְמוּת נ׳ rising, ascending; exaltation
הִתְרוֹמְמוּת הָרוּחַ נ׳ spiritual exaltation
הִתְרוֹנֵן פ׳ shout for joy, rejoice
הִתְרוֹעֵעַ פ׳ be friendly, associate with
הִתְרוֹפֵף פ׳ become slack, become unsteady
הִתְרוֹצֵץ פ׳ run about, run around
הִתְרוֹקֵן פ׳ become empty
הִתְרוֹשֵׁשׁ פ׳ become poor
הִתְרַחֵב פ׳ expand, broaden
הִתְרַחֵץ פ׳ wash oneself, bathe
הִתְרַחֵק פ׳ move or keep away, keep at a distance
הִתְרַחֵשׁ פ׳ occur, happen, go on
הִתְרַטֵּב פ׳ become wet
הִתְרִים פ׳ elicit contributions from
הִתְרִיס פ׳ defy, challenge, protest, oppose
הִתְרִיעַ פ׳ protest vigorously at; sound the alarm about
הִתְרַכֵּב פ׳ combine
הִתְרַכְּבוּת נ׳ combination
הִתְרַכֵּז פ׳ concentrate; be concentrated on
הִתְרַכֵּךְ פ׳ soften, become soft; be mollified
הַתְרָמָה נ׳ obtaining contributions
הַתְרָסָה נ׳ defiance, challenge, protest
הִתְרַסֵּן פ׳ restrain oneself, curb oneself
הִתְרַסֵּק פ׳ be shattered, be smashed up; crash
הִתְרַעֵם פ׳ resent, grumble
הִתְרַעֲנֵן פ׳ refresh oneself, be refreshed
הִתְרַפֵּא פ׳ receive medical treatment, recover
הִתְרַפְּאוּת נ׳ curing, healing, recovery (from illness)
הִתְרַפָּה פ׳ grow slack, become slack
הִתְרַפֵּט פ׳ wear out, become tatty
הִתְרַפֵּס פ׳ grovel, abase oneself
הִתְרַפֵּק פ׳ cuddle up to; cling nostalgically to
הִתְרַצָּה פ׳ become reconciled, be appeased,
הִתְרַקֵּם פ׳ take shape, be formed
הִתְרַשֵּׁל פ׳ be negligent, be lazily careless, be slovenly
הִתְרַשֵּׁם פ׳ have the impression, be impressed
הִתְרַשְּׁמוּת נ׳ impression; being impressed
הִתְרַתֵּחַ פ׳ boil over; be furious
הַתָּשָׁה נ׳ weakening; attrition

ו

וְ (וּ, וַ, וָ, וֶ, וִי־) and; but, therefore, then
וְאִילוּ מ"ח but, whereas
וּבְכֵן מ"ח so, thus, therefore, accordingly
וגוֹמֵר, וְגוֹ' and so on, etc.
וַדָּאוּת נ' certainty, certitude
וַדַּאי ז' a certainty
וַדַּאי תה"פ certainly, of course
וַדָּאִי ת' certain, sure
וָו ז' hook, peg; Hebrew letter waw (vav)
וָוִית נ' small hook
וַי מ"ק woe!, alas!
וִידֵּא פ' make certain, check; certify, confirm, validate
וִידָּה פ' urge to confess; hear confession of
וִידּוּי ז' confession
ויכּוּחַ ז' argument, dispute, debate
ויכּוּחַ סְרָק ז' pointless argument
וילוֹן ז' curtain, drape; velum
ויסוּת ז' regulation, control
ויסֵּת פ' regulate, govern, control
ויתּוּר ז' concession, giving way, yielding
ויתֵּר פ' concede, give up, yield
וְכַדּוֹמֶה, וכד' תה"פ and the like
וְכוּלֵי, וְכוּ' תה"פ and so on, etc.
וַכְּחָן ז' argumentative person
וְתוּ לֹא and that's all,
וָלָד ז' young (of an animal); child, offspring
וַלְדָנִית נ' prolific mother
וֶסֶת זו"נ menstruation, period
וַסָּת ז' regulator, regulating instrument
וַעַד ז' committee, board
וָעֶד תה"פ forever
וַעֲדָה נ' committee, board, commission
וְעִידָה נ' conference, convention, congress
וְעִידַת פִּסְגָּה נ' summit conference
וֶרֶד ז' rose
וַרְדִּי ת' rose-colored, rosy, rose
וְרַדְרַד ת' pinkish, rose-tinted
וָרוֹד ת' pink, rose-colored, rosy
וְרִיד ז' vein
וְרִידִי ת' veiny, venous
וֶשֶׁט ז' gullet, (o)esophagus
וְתוּ מ"ח this also and no more
וָתִיק ת' veteran, senior, long-standing; old timer
וֶתֶק ז' seniority, long service
וַתְּרָן ז' acquiescent, compliant, yielding person
וַתְּרָנִי ת' acquiescent, compliant, yielding

ז

זְאֵב ז׳ — wolf

זְאֵב־הַיָּם ז׳ — wolf fish, hake

זַאֲטוּט ז׳ — youngster, kid, urchin

זֹאת מג״נ — this

זָב פ׳ — flow slowly, discharge, ooze

זִבְדָּה נ׳ — sour cream

זְבוּב ז׳ — fly

זְבוּבוֹן ז׳ — small fly

זָבַח פ׳ — sacrifice

זֶבַח ז׳ — sacrifice

זְבִיל ז׳ — bomb-holder, missile-holder

זֶבֶל ז׳ — manure, dung, fertilizer; garbage, rubbish

זַבָּל ז׳ — dustman

זַבְלְגָן ז׳ — tearfully sentimental person, lachrymose person

זַבָּן ז׳ — shop-assistant, salesman

זַבָּנִית נ׳ — shop-assistant (fem.), salesgirl, saleslady

זַגָּג ז׳ — glazier; dealer in glass

זְגוּגִית נ׳ — glass, pane of glass

זֵד ז׳ — evil-doer, villain

זָדוֹן ז׳ — malice, vicious intent

זֶה מג״ז — this; it

זֶה עַתָּה תה״פ — just now

זָהָב ז׳ — gold

זְהַבְהַב ת׳ — golden (color)

זֶהָבִי ז׳ — goldsmith

זֵהֶה, זֵיהֶה ת׳ — identical

זֶהוּ מג״ז — this is, that is; that's it!

זָהוֹב ת׳ — golden, gilded

זְהוֹרִית נ׳ — rayon

זֶהוּת נ׳ — identity

זָהִיר ת׳ — careful, cautious

זְהִירוּת נ׳ — carefulness, caution, heed

זָהַר פ׳ — glow, gleam, shine

זַהֲרוּר ז׳ — glow, radiance, brightness

זוֹ מג״נ — this

זוּבַּל פ׳ — be manured, be fertilized

זוּג ז׳ — pair, couple; married couple

זוּגַּג פ׳ — be fitted with glass

זוּגָה נ׳ — spouse (fem.), partner (fem.), wife

זוּגִי ת׳ — even (number); dual, binary

זוּגָתִי — my wife (coll.)

זוּהָה פ׳ — be identified

זוֹהִי מג״נ — this is, that is, that's it

זוּהַם פ׳ — be contaminated, be infected

זוּהֲמָה נ׳ — dirt, filth, scum

זוֹהַר ז׳ — radiance, brightness, glow; ha-Zohar (book of Kabbala, Jewish mysticism)

זְוָד ז׳ — kit; personal luggage

זָוִית נ׳ — angle; corner

זָוִית רְאִיָּה נ׳ — perspective, viewpoint

זָוִיתוֹן ז׳ — square, try-square

זְוָעָה נ׳ — atrocity, horror

זְוָעָתִי ת׳ — horrible, ghastly, atrocious

זוֹחֵל ז׳ — reptile, creeper

זוּטָא ת' little, tiny, miniature
זוּטוֹת נ"ר trifles, bagatelles
זוּטָר ת' junior, small
זוּיַּן פ' be armed;
be 'had', be 'laid' (slang)
זוּיַּף פ' be forged, be faked
זוֹךְ ז' purity, clarity
זוּכָּה פ' be acquitted;
be credited with (money)
זוּכַּךְ פ' be cleansed, be purified
זוֹל ז' cheapness
זוֹל ת' cheap, inexpensive
זוֹלֵל ת' gluttonous,
voracious
זוֹלֵל וְסוֹבֵא ז' drunken glutton
זוּלַת, זוּלָתִי מ"י apart from,
except for, but for
זוֹמֵם ת' plotting, scheming
זוּמַּן פ' be fixed, be
appointed; be prepared
זוּמְנַן פ' be timed
זוֹנָה נ' prostitute, harlot, whore
זוּעֲזַע פ' be shocked, be shaken
זוּפַּת פ' be tarred
זוֹקֶן ז' old age
זוֹקֵק ז' antecedent (gram.)
זוּקַּק פ' be refined (oil), be
purified
זוֹרְמִי ת' fluid
זָז פ' move, shift
זָח פ' rise; be proud
זָחָה עָלָיו דַּעְתּוֹ (he) became
self-satisfied
זָחִיחַ ת' sliding, movable
זְחִילָה נ' crawling, creeping
זַחִית נ' slide (part of tool)

זָחַל פ' crawl, creep; grovel
זַחַל ז' larva, caterpillar; track
זַחְלָם ז' light tank, bren-gun
carrier, half-track
זַחְלָן ז' slow mover, crawler
זִיבָה נ' drip; gonorrhea
זִיבּוּל ז' manuring, fertilizing
זִיבּוּרִי ת' poor quality, shoddy
זִיבֵּל פ' manure, fertilize
זִיג ז' jacket, coat
זִיגֵּג פ' glaze, fit with glass
זִיהָה פ' identify
זִיהוּי ז' identification; identifying
זִיהוּם ז' infection; soiling,
polluting
זִיהֵם פ' infect; soil, pollute
זִיו ז' brightness, radiance
זִיוֵּג פ' match, pair, couple; mate
זִיווּג ז' matching, pairing,
coupling; mating
זִיוּן ז' arming; fornication (slang)
זִיוּף ז' forgery, fake,
counterfeiting
זִיז ז' projection, bracket, knob
זִיֵּן פ' arm, fornicate (slang)
זִיֵּף פ' forge, fake, counterfeit
זַיְּפָן ז' forger, counterfeiter
זִיכָּה פ' acquit; credit with;
grant a right or privilege to
זִיכּוּי נ' acquittal (legal);
crediting; granting of
right or privilege
זִיכּוּךְ ז' purifying, cleansing,
refining
זִיכָּיוֹן ז' concession, grant of
rights

purify, cleanse refine זִיכֵּךְ פ׳
memory, remembrance; memorial זִיכָּרוֹן, זִכְרוֹן ז׳
sprinkling, spraying זִילוּף ז׳
licentiousness, lewdness זִימָּה נ׳
invitation, summons, appointment, meeting זִימּוּן ז׳
beeper זִימּוּנִית נ׳
fix, appoint; invite; provide; summon together, convene; say grace after a meal זִימֵּן פ׳
sing זִימֵּר פ׳
arm(s), weapon(s); the letter zayin; penis (slang) זַיִן ז׳
dock (tail), trim, cut short זִינֵּב פ׳
feeding זִינָה נ׳
spring, leap forward זִינֵּק פ׳
tremor, quake זִיעַ ז׳
bristle זִיף ז׳
tarring זִיפּוּת ז׳
tar זִיפֵּת פ׳
lousy; lousy stuff זִיפְת תו״ז
spark, sparkle זִיק ז׳
connection, attachment; tie זִיקָה נ׳
refining, purifying, distillation; spark זִיקּוּק ז׳
fireworks זִיקוּקֵי אֵשׁ, זִיקוּקִין דִּינוּר ז״ר
chameleon זִיקִית נ׳
refine, purify, distill זִיקֵּק פ׳
arena, ring זִירָה נ׳
urging, hurrying, expediting; catalysis זֵירוּז ז׳
hurry, hustle, expedite; catalyze זֵירֵז פ׳
sperm, seed זֵירָעוֹן ז׳
olive, olive tree זַיִת ז׳
pure, clear, clean זַךְ ת׳
innocent, acquitted; entitled, eligible זַכַּאי ת׳
be acquitted; be privileged; win (prize), gain, earn זָכָה פ׳
glass זְכוּכִית נ׳
magnifying glass זְכוּכִית מַגְדֶּלֶת נ׳
remembered זָכוּר ת׳
of blessed memory; well-remembered זָכוּר לְטוֹב
right, privilege, reward; credit; advantage; vantage; merit זְכוּת נ׳
copyright זְכוּת יוֹצְרִים נ׳
purity, innocence זַכּוּת נ׳
winning, gaining זְכִיָּה נ׳
remembering, recalling, retention זְכִירָה נ׳
remember, recall זָכַר פ׳
male, masculine זָכָר ז׳
memory, remembrance; trace, hint זֵכֶר, זֶכֶר ז׳
maleness, masculinity; penis זַכְרוּת נ׳
drip; flow, trickle זָלַג פ׳
sparsely-bearded person זַלְדְּקָן תו״ז
disdain, scorn, contempt זִלְזוּל ז׳
disdain, scorn, slight זִלְזֵל פ׳
sprig, young shoot, tendril זַלְזַל ז׳
spray, sprinkle זָלַח פ׳
eating greedily, gorging זְלִילָה נ׳
eat greedily, gorge זָלַל פ׳

זָלַף פ׳ drip, sprinkle, spray
זְמוֹרָה נ׳ branch, twig, sprig, tendril
זִמְזוּם ז׳ buzz, buzzing, humming
זַמְזָם ז׳ buzzer
זִמְזֵם פ׳ buzz, hum
זָמִין ת׳ available, cashable
זְמִינוּת נ׳ availability; cashability
זָמִיר ז׳ nightingale
זְמִירוֹת נ״ר religious songs
זָמַם פ׳ plot, scheme, intrigue; muzzle
זְמָם ז׳ plot, scheme, intrigue; muzzle
זְמַן ז׳ time, period, season, term; tense
זִמְנוּן ז׳ timing
זְמַנִּי ת׳ temporary, provisional, interim
זְמַנִּית תה״פ temporarily
זִמְנֵן פ׳ time
זָמַר פ׳ prune, trim
זֶמֶר ז׳ song, tune
זַמָּר ז׳ singer
זְמָרַגְד ז׳ emerald
זִמְרָה נ׳ singing, music; choice produce
זִמְרַת הָאָרֶץ נ׳ best crop of the land
זַמֶּרֶת נ׳ singer (female)
זָן (יָזוּן) פ׳ feed, nourish, provide
זַן ז׳ variety (of plant, species), kind, sort, species
זַנַּאי ז׳ adulterer, lecher
זָנָב ז׳ tail, end, appendage; stump
זַנְגְּבִיל ז׳ ginger
זָנָה פ׳ prostitute oneself, commit adultery
זְנוּנִים ז״ר, זְנוּת נ׳ prostitution, whoredom, harlotry
זָנַח פ׳ abandon, forsake, neglect
זְנִיקָה נ׳ jump, spring, leap forward
זָע (יָזוּעַ) פ׳ move, budge
זֵעָה, זֵיעָה נ׳ sweat, perspiration
זָעוּם ת׳ meagre, scanty
זָעוּף ת׳ irate, angry, vexed
זַעֲזוּעַ ז׳ shock, shaking, rocking
זִעְזַע פ׳ shock; shake, agitate
זָעִיר ת׳ tiny, little, small
זְעֵיר תה״פ a little, a trifle
זְעֵיר אַנְפִּין ז׳ miniature
זְעֵיר שָׁם זְעֵיר שָׁם תה״פ a litile here and a little there
זָעַם פ׳ be very angry with
זַעַם ז׳ fury, rage, anger, wrath
זָעַף פ׳ be angry, be enraged, be ill-tempered
זַעַף ז׳ rage
זָעֵף ת׳ ill-tempered, angry, cross
זָעַק פ׳ cry out, shout
זְעָקָה נ׳ cry, shout
זַעֲרוּרִי ת׳ tiny, minute, minuscule
זְפִזִיף, זִיפְזִיף ז׳ sand (used for building)
זֶפֶק ז׳ crop (in bird's gullet)
זֶפֶת נ׳ tar, pitch, asphalt
זַפָּת ז׳ worker with tar
זִפֵּת ר׳ זיפת pitch, or asphalt
זְקוּנִים ז״ר old age
זָקוּף ת׳ upright, erect, vertical
זָקוּק ת׳ needing, in need of

זָקִיף ז' sentry, guard, sentinel
זְקִיפוּת נ' uprightness, erectness
זְקִיפוּת קוֹמָה נ' holding one's head high (in pride)
זָקֵן פ' grow old, age; be old
זָקֵן ת', ז' old, aged; grandfather, patriarch, sage
זָקָן ז' beard
זִקְנָה נ' old age
זְקַנְקָן ז' small beard
זָקַף פ' straighten up (or out); charge (an account); attribute
זָקֵף ז' adjacent side (of a right-angle)
זִקְפָּה נ' erection (of male organ)
זֵר ז' garland, wreath, bouquet
זָר ת' foreign, alien
זָרָא ז' abhorrence, disgust, loathing
זַרְבּוּבִית נ' spout (of a kettle)
זֶרֶג ז' penis (slang)
זֶרֶד ז' sprig, shoot, twig
זָרָה פ' scatter, spread
זְרוֹעַ נ' arm, upper arm
זָרוּעַ ת' sown, seeded; scattered
זָרוּת נ' foreignness, oddness

זָרָז ז' catalyst
זַרְזִיר ז' starling
זָרַח פ' shine, glow, rise (sun)
זַרְחָן ז' phosphorus
זָרִיז ת' nimble, agile, alert, quick
זְרִיזוּת נ' agility, alertness, quickness
זְרִיחָה נ' sunrise; shining, glowing
זָרִים ת' streamlined
זְרִימָה נ' flow, flowing
זְרִיעָה נ' sowing, seeding; scattering
זְרִיקָה נ' throwing; injection; sprinkling
זָרַם פ' flow, stream
זֶרֶם ז' flow, stream, current; trend, movement
זַרְנוּק ז' hose, tube
זַרְנִיךְ ז' arsenic
זָרַע פ' sow, seed; scatter
זֶרַע ז' seed; semen; offspring
זֵרְעוֹנִים ז"ר seeds
זָרַק פ' throw, toss; sprinkle
זֶרֶק ז' serum (for injection)
זַרְקוֹל ז' amplifier, loudspeaker
זַרְקוֹר ז' searchlight, spotlight, floodlight
זֶרֶת נ' the little finger; span

ח

be in debt, owe	חָב פ׳
like, be fond of	חָבַב פ׳
beaten, stricken	חָבוּט ת׳
hidden, concealed; latent	חָבוּי ת׳
injured, damaged; pledged, pawned	חָבוּל ת׳
counterfoil	חָבוּר ז׳
bruise, bump, wound	חַבּוּרָה נ׳
group; band, gang	חֲבוּרָה נ׳
bandaged; (of hat) worn, wearing; imprisoned; tied up; saddled	חָבוּשׁ ת׳
quince	חַבּוּשׁ ז׳
indebtedness, debt; obligation	חָבוּת נ׳
beat; strike; knock down	חָבַט פ׳
beating, stroke, blow	חֲבָטָה נ׳
hiding-place, hide-out, retreat	חֲבִי ז׳, חֶבְיוֹן ז׳
likeable; lovable; pleasant	חָבִיב ת׳
amiability; pleasantness	חֲבִיבוּת נ׳
bale	חֲבִיל ז׳
package, parcel, bundle	חֲבִילָה נ׳
pudding, custard	חָבִיץ ז׳ חֲבִיצָה נ׳
bandaging; wearing (a hat); imprisonment; tying up; saddling	חֲבִישָׁה נ׳
barrel, cask	חָבִית נ׳
omelet	חֲבִיתָה נ׳
pancake, blintze	חֲבִיתִית נ׳
injure, damage, wound	חָבַל פ׳
a pity..., what a pity!	חֲבָל מ״ק
rope, cord; region, district; part; group, band	חֶבֶל ז׳
pain, agony	חֵבֶל ז׳
labor pains; birth pangs	חֶבְלֵי לֵידָה ז״ר
the suffering that ushers in the Messianic age	חֶבְלֵי מָשִׁיחַ ז״ר
convolvulus, bind-weed	חֲבַלְבַּל ז׳
sabotage, destruction	חַבָּלָה נ׳
sapper	חַבְּלָן ז׳
demolition, destruction	חַבְּלָנוּת נ׳
destroyer (ship)	חַבְּלָנִית נ׳
lily	חֲבַצֶּלֶת נ׳
hug, embrace; encircle, encompass	חָבַק פ׳
clamp	חֲבָק ז׳
join together, unite	חָבַר פ׳
company, association, league	חֶבֶר ז׳
the League of Nations	חֶבֶר הַלְאוּמִים ז׳
friend; member; comrade; mate; boy-friend	חָבֵר ז׳
society, community; company, firm	חֶבְרָה נ׳
Jewish burial society	חֶבְרָה קַדִּישָׁא נ׳
friendship; membership; comradeship	חֲבֵרוּת נ׳
socialization	חִבְרוּת ז׳
sociable, friendly	חַבְרוּתִי ת׳
group of friends, 'gang', 'crowd'	חֲבֶרְיָא, חֶבְרָיָה נ׳

חִבְרֵת פ׳ socialize
חֶבְרַת בַּת נ׳ subsidiary (company)
חֶבְרַת קַשׁ נ׳ dummy company
חֶבְרָתִי ת׳ social, communal
חָבַשׁ פ׳ bandage, dress, put on, wear (hat); saddle; imprison; tie-up
חַבְתָּן ז׳ barrel-maker, cooper
חָג (יָחוּג) פ׳ draw a circle; circle
חַג ז׳ holiday, festival
חַג שָׂמֵחַ! Happy Holiday!
חָגָב ז׳ locust, grasshopper
חָגַג פ׳ celebrate, observe a festival
חָגָו ז׳ cleft, crevice, crack
חָגוּר ת׳ girded, belted
חֲגוֹר ז׳ full pack (military); girdle, belt
חֲגוֹרָה נ׳ belt, girdle
חֲגִיגָה נ׳ celebration, festivity
חֲגִיגִי ת׳ festive; solemn
חֲגִיגִיּוּת נ׳ festiveness; solemnity
חָגְלָה נ׳ rock partridge
חָגַר פ׳ gird (a sword), put on (a belt)
חַד ז׳, ת׳ one, mono-; sharp, acute
חַד וְחָלָק ת׳ just like that
חַד־לְשׁוֹנִי ת׳ monolingual
חַד־מַשְׁמָעִי ת׳ unambiguous
חַד־סִטְרִי ת׳ one-way
חַד־פַּעֲמִי ת׳ one-time
חַד־צְדָדִי ת׳ one-sided
חַד־שֵׂכֶל ת׳ with a keen mind
חָד (יָחוּד) פ׳ propound a riddle, tell a riddle
חַדְגּוֹנִי ת׳ monotonous
חִדּוּד ז׳ point, blade, sharp edge
חֲדוּדִית נ׳ cone
חֶדְוָה נ׳ joy, gladness, delight
חֲדִילָה נ׳ ceasing, cessation
חָדִיר ת׳ penetrable, permeable
חֲדִירָה נ׳ penetration, permeation
חֲדִירוּת נ׳ penetrability, permeability
חָדִישׁ ת׳ modern, up-to-date, brand-new
חָדַל פ׳ cease, stop
חֵדֶק ז׳ thorn, thorn-bush; notch, slot; trunk of elephant, proboscis of insects
חִדְקוֹנִית נ׳ weevil, beetle
חָדַר פ׳ penetrate, permeate, enter
חֶדֶר ז׳ room, ‘heder’ (diaspora Jewish religious school)
חַדְרָנִית נ׳ chambermaid
חָדָשׁ ת׳ new, fresh
חֲדָשָׁה נ׳ news item
חֲדָשׁוֹת נ״ר news
חַדְשִׂיחַ ז׳ monologue, monolog
חַדְשָׁן ז׳ innovator, neologist
חוֹב ז׳ debt; obligation
חוֹבֵב ת׳ amateur; admirer
חוֹבְבָן ז׳ amateur, hobbyist, dilettante
חוֹבָה נ׳ duty, obligation; guilt; debit
חוֹבֵל ז׳ seaman, sailor
חוּבַּל פ׳ be harmed, be injured
חוֹבֶץ ז׳ חוֹבְצָה נ׳ buttermilk
חוּבַּר פ׳ be joined, be connected; be added; be written, composed

booklet, pamphlet, brochure; copy (of a journal)	חוֹבֶרֶת נ'
medical orderly, medical assistant, paramedic	חוֹבֵשׁ ז'
circle, class, department; range	חוּג ז'
celebrant, celebrator; pilgrim	חוֹגֵג ת', ז'
dial; lark, woodlark	חוּגָה נ'
non-commissioned officer	חוֹגֵר ז'
point, sharp edge, tip, apex	חוֹד ז'
be sharpened	חוּדַּד פ'
month	חוֹדֶשׁ ז'
be renewed, be renovated; be innovated	חוּדַּשׁ פ'
monthly	חוֹדְשִׁי ת'
farmer	חַוַּאי ז'
farm	חַוָּה נ'
live through, experience	חָוָה פ'
deep impression; experience, sensation	חֲוָויָה נ'
'happening'	חַוְויוֹן ז'
villa	חַוִוילָה נ'
transom, rung of ladder	חִווּק ז'
pale, go white	חִווֵּר פ'
be clarified	חוּוַּר פ'
palish, somewhat pale	חַוַורְוַור ת'
palish	חַוַורְוּרִי ת'
opinion, pronouncement	חַוַּת־דַּעַת נ'
contract, treaty, agreement; seer, visionary	חוֹזֶה ז'
cortractual; video	חוֹזִי ת', חוֹזִי ז'
video (tape)	חוֹזִי (סֶרֶט)

be strengthened, be reinforced; be corroborated	חוּזַּק פ'
strength, might, intensity	חוֹזֶק ז'
forcefully, hard	חוֹזְקָה, בְּחוֹזְקָה תה"פ
circular (letter); person returning	חוֹזֵר ז'
penitent, repentant sinner	חוֹזֵר בִּתְשׁוּבָה ז'
go on repeatedly	חוֹזֵר חֲלִילָה תה"פ
sorb-apple	חוּזְרָר ז'
thorn	חוֹחַ ז'
goldfinch	חוֹחִית נ'
thread, string, wire	חוּט ז'
spinal cord, backbone	חוּט שִׁדְרָה ז'
sinner, evil-doer, transgressor	חוֹטֵא ז'
be disinfected, be fumigated	חוּטָּא פ'
nose, snout	חוֹטֶם ז'
kidnapper, abductor; grabber, snatcher	חוֹטֵף ז'
branch, shoot; stick	חוֹטֶר ז'
be obliged; be found guilty; be debited	חוּיַּב פ'
be dialled	חוּיַּג פ'
be enlisted, be called up, be mobilized	חוּיַּל פ'
fricative, spirant	חוֹכֵךְ ת'
(he) is in doubt, uncertain	חוֹכֵךְ בְּדַעְתּוֹ
tenant, renter, lessee	חוֹכֵר ז'
sand; phoenix	חוֹל ז'
abroad	חוּ"ל, חוּץ לָאָרֶץ
secular, not holy	חוֹל ז'

חול הַמּוֹעֵד ז' the intermediate days (between first and last days of Pesah and Succot)
חולֵב ז' milkman, dairyman
חולֶד ז' mole
חוּלְדָּה נ' rat
חולֶה תו"ז sick, ill; patient
חולֵה רוּחַ ז' mentally ill, insane
חוֹלָה נ' (sand) dune
חוֹלִי ז' illness, sickness, disease
חוּלְיָה נ' link (in chain); coil, vertebra; squad, section (military)
חוֹלִירָע נ' cholera
חולֵל פ' cause, bring about, perform, do; dance, cause to dance
חוּלַּל פ' be desecrated, be profaned
חוֹלְמָנִי ת' dreamy
חוֹלָנִי ת' sickly; morbid, pathological
חוֹלֵץ ז' corkscrew, extractor
חוּלְצָה נ' shirt, blouse
חוּלַּק פ' be divided, be shared
חוּלְשָׁה נ' weakness, feebleness
חום ז' heat, warmth; fever
חום ת' brown
חוֹמָה נ' wall
חוּמַּם פ' be heated, be warmed, be warmed up
חוֹמֵס ז' robber, doer of violence
חוֹמֶץ ז' vinegar
חוּמְצָה נ' acid
חוּמְצָה גוֹפְרָתִית נ' sulphuric acid
חוּמְצָה חַנְקָנִית נ' nitric acid
חוּמְצִיּוּת נ' acidity
חוּמְצַן פ' be oxidized
חוֹמֶר ז' clay, clay soil; matter, material; severity
חוֹמֶר גוֹלְמִי raw material
חוֹמֶר נֶפֶץ ז' explosive(s)
חוּמְרָה נ' severity; strictness, seriousness
חוּמְרִיּוּת נ' materialism; materiality
חוּמְרָנוּת נ' materialism
חוֹמֶשׁ ז' a fifth; five-year period; belly
חוּמָּשׁ ז' the Pentateuch
חוּמַּשׁ פ' be multiplied by five, fivefold
חוּנַּךְ פ' be educated; be inaugurated
חוֹנֵן פ' favor, be gracious to; endow
חוֹנַן פ' be pardoned, be favored with, be blessed with
חוּסַּל פ' be liquidated
חוֹסֶן ז' strength, power, immunity
חוּסַּן פ' be immunized; be strengthened
חוּסְפַּס פ' be roughened
חוֹסֶר ז' lack, want, shortage
חוֹסֶר כּוֹל ז' destitution
חוֹסֶר מַעַשׂ ז' inactiveness, failure to act
חוֹסֶר עֲבוֹדָה ז' unemployment
חוּסַּר פ' be subtracted; be deprived of
חוֹף ז' coast, shore, beach

חוּפָּה נ׳ canopy, covering; wedding, marriage ceremony
חוּפְזָה, חָפְזָה נ׳ haste, hurry, rush
חוֹפֶן ז׳ handful
חוֹפֵף ת׳ congruent, overlapping
חוֹפֶשׁ ז׳ freedom, liberty; vacation, holiday
חוֹפֶשׁ הַדִּיבּוּר ז׳ freedom of speech
חוֹפֶשׁ פְּעוּלָּה ז׳ freedom of action
חוּפְשָׁה נ׳ vacation, leave
חוּפְשַׁת לֵידָה נ׳ maternity leave
חוּפְשִׁי ת׳ free, unrestricted, irreligious
חוּפְשִׁיּוּת נ׳ freedom (from restraint)
חוּץ ז׳ out of doors, outside; foreign
חוּץ תה״פ except (for), apart from, excluding
חוּץ לָאָרֶץ abroad; outside Israel
חוּץ מִזֶּה apart from this
חוֹצֵב ז׳ stone-cutter, mason
חוֹצֶה, חוֹצֵה זָווִית ז׳ bisector
חוֹצֶן ז׳ bosom
חוּצְפָּה נ׳ insolence, impertinence, impudence, cheek
חוּצְפָּן ז׳ cheeky person, impertinent person
חוֹק ז׳ law, rule; regulation; portion
חוֹק בַּרְזֶל ז׳ unchangeable law
חוֹק וְלֹא יַעֲבוֹר law that admits of no exception
חוֹק לִימּוּדָיו course of one's studies
(הַ)חוֹק (הַ)פְּלִילִי ז׳ criminal law
חוּקָּה נ׳ constitution, law
חוּקִּי ת׳ lawful, legal
חוּקִּיּוּת נ׳ legality, lawfulness
חוֹקֶן ז׳ enema
חוֹקֵק פ׳ legislate, enact
חוֹקֵר ז׳ investigator, researcher
חוּקָּתִי ת׳ constitutional
חוֹר ז׳ hole
חוּר ז׳ white linen
חוֹרֶב ז׳ drought, dryness, aridity; desolation
חוּרְבָה נ׳ ruin
חוּרְבָּן ז׳ destruction
חוּרְבַּן הַבַּיִת ז׳ the destruction of the Temple
חוֹרֵג ת׳ step-, exceptional
חוֹרִי־אַף, חֲרִי־אַף ז׳ wrath, fury, anger
חוֹרַךְ פ׳ be scorched, be charred, be singed
חוּרְמָה, חָרְמָה נ׳ extermination, annihilation, destruction
חוֹרֶף ז׳ winter
חוּרְפָּה נ׳ blade (of a knife)
חוֹרְפִּי ת׳ wintry
חוֹרְפָּן ז׳ mink
חוֹרֶשׁ ז׳, חוֹרְשָׁה, חוּרְשָׁה נ׳ thicket, grove
חוּשׁ ז׳ sense, feeling
חוּשׁ הַטַּעַם sense of taste
חוּשׁ הַמִּישּׁוּשׁ sense of touch
חוּשׁ הָרְאִיָּיה sense of sight
חוּשׁ הָרֵיחַ sense of smell
חוּשׁ הַשְּׁמִיעָה sense of hearing
חוּשַּׁב פ׳ be calculated, be thought out

חוּשְׁחָשׁ ז' wild orange
חוֹשֶׁךְ ז' darkness, dark
חוֹשֶׁךְ מִצְרַיִם ז' pitch blackness
חוּשַׁל פ' be forged; be steeled, be strengthened
חוֹשָׁם ז' fool, dolt, simpleton
חוּשְׁמַל פ' be electrified
חוֹשֶׁן ז' breastplate
חוּשָׁנִי ת' sensual
חוֹשְׂפָנִי ת' revealing; all-revealing, blatant
חוֹשֵׁק ז' lover, adorer
חוֹשְׁשַׁנִי, חוֹשְׁשַׁנִי I fear, I'm afraid
חוֹתָל ז' wrapping, wrapper
חוֹתֶלֶת נ' legging, gaiter; diaper; wrapper
חוֹתָם ז', חוֹתֶמֶת נ' seal, mark, stamp
חוֹתֵן ז' father-in-law
חוֹתֶנֶת נ' mother-in-law
חַזַּאי ז' weather forecaster, weatherman
חָזָה פ' watch, foresee, envisage
חָזֶה ז' chest, breast
חָזוֹן ז' vision, prophecy, revelation
חָזוֹן נִפְרָץ ז' a common phenomenon
חָזוּת נ' vision (prophetic), revelation; appearance, outward form
חָזוּתִי ת' visual, optical
חֲזָזִית נ' acne, herpes; lichen, moss
חֲזִיז ז' flash, flash of lightning
חֲזִיז וָרַעַם! damnation!
חֲזִיָּה נ' brassiere (for women)
חֲזִיר ז' pig, swine
חֲזִיר־יָם ז' guinea-pig
חֲזִירוּת נ' piggishness, swinishness
חֲזִית נ' front, facade
חֲזִיתִי ת' frontal, head-on
חַזָּן ז' cantor
חַזָּנוּת נ' cantillation; cantorial music
חָזַק פ' be strong; become strong; be hard, be severe
חָזָק ז' strong, powerful, firm; hard, severe
חָזְקָה ר' חוֹזְקָה
חֶזְקָה נ' force, severity; power (algebra)
חֲזָקָה נ' right of claim, right of possession; taking hold, holding
חֲזָקָה עָלָיו שֶׁ... you may rest assured that he...
חָזַר פ' return, go back, repeat
חָזַר בּוֹ changed his mind
חָזַר עַל פ' reiterate, repeat
חֲזָרָה נ' return, repetition,rehearsal
חֲזָרָה כְּלָלִית נ' dress rehearsal
חִזְרוּר ז' reiteration
חֲזַרְזִיר ז' piglet
חֲזֶרֶת נ' horse radish
חַזֶּרֶת נ' mumps
חַט ז' incisor, canine tooth; chisel
חָטָא פ' sin, transgress
חַטָּאָה, חַטָּאת נ' sin; sin offering, guilt
חָטַב פ' cut up, chop, hew

חָטוּב ת״ז חֲטוּבָה ת״נ cut, hewn; well shaped
חֲטוֹטֶרֶת נ׳ hump, hunch
חָטוּף ת׳ kidnapped, abducted; snatched
חָטָט ז׳ furuncle, scab, pimple
חַטְטָן תו״ז nosy person, fussy over details
חַטֶּטֶת נ׳ furunculosis
חֲטִיבָה נ׳ cutting, chopping, hewing; brigade, section, unit
חֲטִיפָה נ׳ snatching, grabbing; kidnapping
חָטַף פ׳ snatch, grab; abduct, kidnap
חַטְפָן תו״ז snatcher, kidnapper
חַי ת׳ alive, living, live; lively, active; raw
חַי נַפְשִׁי I swear
חִיבֵּב פ׳ like, be fond of
חִיבָּה נ׳ liking, affection, fondness
חִיבּוּב ז׳ liking, fondness
חִיבּוּט ז׳ beating, striking
חִיבּוּץ ז׳ churning
חִיבּוּק ז׳ embrace, hug, hugging
חִיבּוּר ז׳ connection, joining; joint; addition; composition
חִיבּוּר חוֹפְשִׁי ז׳ free composition
חִיבֵּל פ׳ sabotage, damage, harm, injure
חִיבֵּל ז׳ rigging, rig, ropes
חִיבֵּק פ׳ embrace, hug
חִיבֵּר פ׳ connect; add; compose
חִיגֵּר ז׳ lame person
חִידֵּד פ׳ sharpen

חִידָה נ׳ riddle, puzzle
חִידַת הַרְכָּבָה נ׳ jigsaw puzzle
חִידּוּד ז׳ sharpening; witticism, clever remark
חִידּוֹן ז׳ quiz
חִידּוּשׁ ז׳ renewal; innovation
חִידָּלוֹן ז׳ non-existence, cessation
חִידֵּשׁ פ׳ renew, renovate, innovate
חָיָה, חַי פ׳ live, exist
חַיָּה נ׳ animal, beast
חִיּוּב ז׳ obliging; affirmation, approval; guilt, conviction; debit
חִיּוּבִי ת׳ positive; affirmative
חִיּוּג ז׳ dialling
חִיוָּה פ׳ state, pronounce
חִיוָּה דֵעָה state one's opinion
חִיוֵּר ת׳ pale, wan
חִיוָּרוֹן ז׳ pallor,wanness, paleness
חִיּוּךְ ז׳ smile
חִיּוּל ז׳ mobilizing, enlisting, mobilization, recruitment
חִיּוּנִי ת׳ vital, essential
חִיּוּת, חַיּוּת נ׳ life, vitality
חִיזּוּי ז׳ prediction, forecast
חִיזּוּק ז׳ strengthening, fortifying; corroboration
חִיזּוּר ז׳ wooing, courting; going round
חִיזָּיוֹן ז׳ phenomenon, spectacle, vision; drama, play
חִיזֵּק פ׳ strengthen, fortify; corroborate
חִיזֵּר פ׳ woo, court; go round
חִיטֵּא פ׳ disinfect, cleanse, fumigate

חִיטָּה נ׳ — wheat
חִיטּוּב ז׳ — hewing, carving; shapely form
חִיטּוּט ז׳ — scratching, scrabbling; searching closely, ransacking
חִיטּוּט בָּאַף ז׳ — picking one's nose
חִיטּוּי ז׳ — disinfection, fumigation
חִיטֵּט פ׳ — scrabble, dig up, scratch about; search closely
חִייֵּב פ׳ — oblige; convict, find guilty, debit, approve
חַיָּיב ז׳ — obliged; owing; guilty
חִייֵּג פ׳ — dial
חַיידַּק ז׳ — microbe, bacterium
חִיָּיה פ׳ — keep alive, leave alive; revive
חַיָּיט ז׳ — tailor
חַיָּיטוּת נ׳ — tailoring
חַיֶּיטֶת נ׳ — tailor (female), dress-maker
חִייֵּךְ פ׳ — smile
חַייְכָנִי ת׳ — smiling, cheerful
חַיָּיל ז׳, חַיֶּילֶת נ׳ — soldier
חִייֵּל פ׳ — call up, mobilize, recruit
חַיִּים ז״ר — life
חַייעַד ז׳ — everlasting; aizoon flower
חַייְשָׁן ז׳ — fearful person
חִיכָּה פ׳ — wait, await; expect
חִיכּוּךְ ז׳ — friction; rubbing
חִיכִּי ת׳ — palatal
חִיכֵּךְ פ׳ — rub against; clear throat
חִיכָּנִי ת׳ — piquant, appetizing
חַיִל ז׳ — strength, valor, bravery; armed force
חִיל ז׳ — quake, fear
חֵיל הָאֲווִיר ז׳ — air force
חֵיל הַיָּם ז׳ — navy
חֵיל הָרַגְלִים, חִי״ר ז׳ — infantry
חִילָּה פ׳ — beseech, implore
חִילָּה אֶת פָּנָיו — beseeched him
חִילּוּל ז׳ — desecration, profanation
חִילּוּל הַשֵּׁם ז׳ — blasphemy
חִילּוֹנִי ת׳ — secular non-religious
חִילּוּף ז׳ — exchanging, changing
חִילּוּף חוֹמָרִים ז׳ — metabolism
חִילּוּפִית נ׳ — amoeba
חִילּוּץ ז׳ — deliverance, rescue
חִילּוּץ עֲצָמוֹת ז׳ — exercise, physical training
חִילּוּק ז׳ — dividing; division
חִילּוּקֵי דֵעוֹת ז״ר — differences of opinion
חִילָּזוֹן ז׳ — snail
חִילֵּל פ׳ — profane, desecrate; play flute
חִילֵּן פ׳ — secularize, make profane
חִילֵּץ פ׳ — deliver, rescue; remove
חִילֵּק פ׳ — divide; share out
חִימּוּם ז׳ — heating, warming
חִימּוּשׁ ז׳ — arming, ordnance; division into five
חִימֵּם פ׳ — heat, warm
חִימֵּר פ׳ — drive donkey
חִימֵּשׁ ז׳ — child of the fifth generation
חִימֵּשׁ פ׳ — arm; divide by five; multiply by five
חִינּוּךְ ז׳ — education, schooling, upbringing

חִינוּכִי ת' educational
חִינֵּךְ פ' educate, school, bring up
חִינָּם, חִנָּם תה"פ free (of charge), in vain
חִינֵּן פ' implore, beseech
חִינָּנִי ת' charming, graceful, comely
חִינָּנִית נ' daisy; graceful lady
חִינֵּק פ' strangle, suffocate, throttle
חִיסּוּי ז' finding shelter, seeking refuge
חִיסּוּל ז' elimination, liquidation
חִיסּוּם ז' hardening (of metal); muzzling
חִיסּוּן ז' immunization, inoculation; strengthening
חִיסּוּר ז' subtraction (arithmetic), deduction; ellipsis
חִיסָּיוֹן ז' right of restriction (of documents)
חִיסָּכוֹן ז' saving, ecomomy; thrift
חִיסֵּל פ' liquidate, eliminate
חִיסֵּן פ' immunize, inoculate; strengthen
חִיסֵּר פ' subtract; deprive
חִיסָּרוֹן ז' disadvantage, defect; deficiency
חִיפָּה פ' cover over, overspread
חִיפּוּי ז' covering, protecting; cover (by gunfire, etc.)
חִיפּוּשׂ ז' search, quest
חִיפּוּשִׁית נ' beetle
חִיפָּזוֹן ז' haste, hurry, rush
חִיפֵּשׂ פ' look for, seek

חַיִץ ז' barrier, partition, screen
חִיצּוּי ז' halving; bisection, division in two
חִיצוֹן, חִיצוֹנִי ת' outer, external
חִיצוֹנִיּוּת נ' outward appearance, exterior
חֵיק ז' bosom, lap
חִיקָּה פ' copy, imitate
חִיקּוּי ז' imitation, copy
חִיקּוּק ז' legislation, enacting; engraving
חִיקּוּר ז' investigation
חֵירוּם ז' emergency
חֵירוּף ז' abuse, curse
חֵירוּף נֶפֶשׁ ז' reckless courage
חֵירוּק ז' gnashing, grinding
חֵירוּק שִׁינַּיִים ז' gnashing of teeth, fury
חֵירוּת, חֵרוּת נ' freedom, liberty
חֵירֵף פ' abuse, revile, curse
חֵירֵשׁ ז' deaf
חֵירֵשׁ־אִילֵּם ז' deaf and dumb
חֵירְשׁוּת נ' deafness
חִישׁ תה"פ quickly, fast
חִישׁ קַל, חִישׁ מַהֵר תה"פ very quickly
חִישֵּׁב פ' estimate, calculate; esteem
חִישּׁוּב ז' calculation, reckoning; estimation
חִישּׁוּל ז' forging, strengthening
חִישּׂוּף ז' exposure, uncovering
חִישּׁוּק ז' rim, hoop
חִישּׁוּר ז' spoke (of wheel)
חִישֵּׁל פ' forge, strengthen, toughen
חִישֵּׁק פ' gird, tie round

חִיתּוּךְ ז' cutting up, carving
חִיתּוּךְ דִּיבּוּר ז' articulation
חִיתּוּל ז' diaper, nappy; wrapping
חִיתּוּם ז' stamping, sealing, subscribing
חִיתּוּן ז' marrying
חִיתֵּל פ' diaper (a baby); wrap
חִיתֵּן פ' marry off, give in marriage
חֵךְ, חֵיךְ ז' palate, roof of the mouth
חַכָּה נ' fish-hook, fishing-tackle
חֲכִירָה נ' tenancy (of property); leasing, renting
חָכַךְ פ' rub, scratch
חָכַךְ בְּדַעְתּוֹ hesitate, be in doubt
חָכַם פ' become wise; be wise
חָכָם ת' wise, sage, clever
חָכָם בַּלַּיְלָה ז' wiseacre, fool
חָכְמָה נ' wisdom, cleverness; science, study; clever trick (slang)
חָכַר פ' lease, rent, hire
חָל פ' fall on, occur; apply
חָל פ' tremble, fear
חֶלְאָה נ' filth, dirt, scum
חֶלְאַת הַמִּין הָאֱנוֹשִׁי נ' the dregs of humanity, loathsome person
חָלַב פ' milk
חָלָב ז' milk
חָלָב מְעוּקָר ז' sterilized milk
חָלָב מְפוּסְטָר ז' pasteurized milk
חָלָב מְרוּכָּז ז' evaporated milk; condensed milk
חָלָב עָמִיד ז' long life milk
חֵלֶב ז' animal fat, tallow
חַלְבָה, חַלְוָוה נ' halva
חֶלְבּוֹן ז' white (of egg); albumen; protein
חֲלָבִי ת' milky, lactic; for or of milk foods in Jewish dietary laws
חֲלַבְלוּב ז' spurge (plant)
חֶלֶד ז' this world, this life
חָלָה פ' fall sick, be sick
חַלָּה נ' halla (loaf eaten on Shabbat)
חָלוּד ת' rusty; creaky with age (slang)
חֲלוּדָה נ' rust, rustiness
חַלְוָוה ר' חַלְבָה
חָלוּט ת' absolute, final, decided; soaked in hot water
חָלוּל ת' hollow
חֲלוֹם ז' dream
חַלּוֹן ז' window; free period (in school timetable) (colloq.)
חַלּוֹן רַאֲוָוה ז' display window
חָלוּף ז' vanishing, perishing, transient, ephemeral
חֲלוּפָה נ' alternative
(לַ)חֲלוּפִין תה"פ alternatively
חָלוּץ ז' pioneer, vanguard; forward (football)
חֲלוּצִיּוּת נ' pioneering, pioneering spirit
חָלוּק ז' dressing-gown, robe, work-coat
חָלוּק ת' divided, disagreeing
חַלּוּק ז' pebble, smooth stone

pebbles חַלּוּקֵי אֲבָנִים ז"ר
division, distribution, partition חֲלוּקָה נ'
feeble, weak, exhausted חָלוּשׁ ת'
weakness, feebleness חֲלוּשָׁה נ'
spiral חֶלְזוֹנִי ת'
trembling, shaking; permeation, seeping חִלְחוּל ז'
percolator חַלְחוּל ז'
move, shake; permeate, penetrate חִלְחֵל פ'
trembling, shudder חַלְחָלָה נ'
scald, pour boiling water on, blanch חָלַט פ'
decisive, determined חַלְטָנִי ת'
milking חֲלִיבָה נ'
liable to rust חָלִיד ת'
flute, pipe (musical) חָלִיל ז'
around, in turn (חוֹזֵר) חֲלִילָה תה"פ
God forbid! (חַס וְ) חָלִילָה! תה"פ
recorder, flute, shepherd's pipe חֲלִילִית נ'
flautist, flute-player חֲלִילָן ז'
new shoot; caliph; substitute חָלִיף ז'
interchangeable, exchangeable חָלִיף ת'
suit, garment, dress; exchange, change, replacement חֲלִיפָה נ'
alternately חֲלִיפוֹת תה"פ
caliphate; interchangeability חֲלִיפוּת נ'
exchangeable חֲלִיפִי ת'
barter; thing bartered; exchange חֲלִיפִים, חֲלִיפִין ז"ר
taking off, removing, extracting; in Jewish law: release from obligation to marry brother's widow חֲלִיצָה נ'
weakness, enfeeblement חֲלִישׁוּת נ'
wretched, poor, unfortunate, miserable חֵלֶךְ, חֵלְכָה ת'
dead, fatal casualty; vacuum, void; outer space חָלָל ז'
spaceman חֲלָלַאי ז'
space-ship חֲלָלִית נ'
dream חָלַם פ'
(egg) yolk חֶלְמוֹן ז'
egg brandy, egg-nog חֶלְמוֹנָה נ'
flint חַלָּמִישׁ ז'
brush with yolk; separate yolk from white חִלְמֵן פ'
pass by, elapse חָלַף פ'
in exchange for, instead of חֵלֶף תה"פ
spare part חֵלֶף ז' (ר' חֲלָפִים)
ritual slaughterer's knife חַלָּף ז'
swordfish חַלְפִּית נ'
money-changer חַלְפָן ז'
remove, extract; take off (shoe); rescue, remove, extricate חָלַץ פ'
loins חֲלָצַיִים ז"ז
divide, apportion, allot חִלֵּק פ'
differ with, disagree with חָלַק עַל פ'
pay one's last respects to (dead person) חָלַק כָּבוֹד אַחֲרוֹן לְ
smooth; slippery חָלָק ת'
part, portion; share חֵלֶק ז'
part of speech חֵלֶק דִיבּוּר ז'

lion's share	חֵלֶק הָאֲרִי ז'
(in) equal shares	חֵלֶק כְּחֵלֶק תה"פ
plot (of land)	חֶלְקָה נ'
partial, fractional; part-time	חֶלְקִי ת'
particle	חֶלְקִיק ז'
partly, partially	חֶלְקִית תה"פ
very slippery; very smooth	חֲלַקְלַק ת'
skating-rink; slippery ground	חֲלַקְלַקָּה נ'
by flattery, with a smooth tongue	חֲלַקְלַקּוֹת תה"פ
be weak, become weak	חָלַשׁ פ'
he was downhearted	חָלְשָׁה דַּעְתּוֹ
weak, feeble, frail	חַלָּשׁ ת'
of weak character	חַלַּשׁ אוֹפִי ת'
hot, warm	חַם, חָם ת'
father-in-law	חָם ז' (חָמִי, חָמִיךָ... חָמִיו...)
butter	חֶמְאָה נ'
covet, desire, lust after	חָמַד פ'
delight, charm, loveliness	חֶמֶד ז'
desire, object of desire	חֶמְדָּה נ'
covetousness, greed, lustfulness	חַמְדָנוּת נ'
sun	חַמָּה נ'
anger, wrath, rage	חֵמָה נ'
delightful, charming, cute	חָמוּד ת'
clan	חֲמוּלָה נ'
heated	חָמוּם ת'
hot-tempered, excitable	חֲמוּם מוֹחַ, חֲמוּם מֶזֶג ת'
sour	חָמוּץ ת'
pickles	חֲמוּצִים ז"ר
curve, bend, roundness	חַמּוּק ז'

her rounded thighs	חֲמוּקֵי יְרָכַיִךְ ז"ר
donkey, ass	חֲמוֹר ז'
jackass	חֲמוֹר גָּרֶם ז'
grave, severe, serious	חָמוּר ת'
armed, equipped	חָמוּשׁ ת'
mother-in-law	חָמוֹת נ'
warm, warmish; cosy	חָמִים ת'
warmth; warm-heartedness; cosiness	חֲמִימוּת נ'
'cholent'; food kept warm for Shabbat	חַמִּין ז'
sour soup, beetroot soup, borsht	חֲמִיצָה נ'
sourness, acidity	חֲמִיצוּת נ'
five (masc.)	חֲמִישָּׁה ש"מ
fifteen (masc,)	חֲמִשָּׁה עָשָׂר ש"מ
fifth (masc.)	חֲמִישִׁי ת'
group of five; quintet; quintuplets	חֲמִישִׁיָּה נ'
one fifty (fem.);on fifth	חֲמִשִּׁים ש"מ
one fifth; fifth (fem.)	חֲמִישִׁית נ'
pity, have pity on, spare	חָמַל פ'
pity, mercy, compassion	חֶמְלָה נ'
warmer (for food)	חַמָּם ז'
hothouse, greenhouse	חֲמָמָה נ'
sunflower	חַמָּנִית נ'
rob, extort; do violence	חָמַס פ'
violent crime, brigandage; harsh wrong	חָמָס ז'
hamsin (hot dry desert wind)	חַמְסִין ז'
robber, oppressor	חַמְסָן ז'
go sour, turn sour; become leavened, ferment	חָמַץ פ'
leavened bread, leavened dough, leaven	חָמֵץ ז'

chick-pea(s), humus — חִמְצָה נ'
oxidation, oxygenation — חִמְצוּן ז'
sorrel — חַמְצִיץ ז'
sourish — חֲמַצְמַץ ת'
oxygen — חַמְצָן ז'
oxidize, oxygenate — חִמְצֵן פ'
oxygenic, containing oxygen — חַמְצָנִי ת'
acidosis — חַמֶּצֶת נ'
slip away, run off, dodge — חָמַק פ'
shirker, dodger — חַמְקָמָק, חַמְקָן ז'
shirking, evasiveness — חַמְקָנוּת נ'
asphalt, bitumen — חֵמָר ז'
חֹמֶר ר' חוֹמֶר
donkey-driver, pack-animal driver — חַמָּר ז'
rufous warbler — חִמְרִייָה נ'
aluminium — חַמְרָן ז'
חַמְרָנוּת ר' חוֹמְרָנוּת
caravan of donkeys — חַמֶּרֶת נ'
five (feminine) — חָמֵשׁ ש"מ
quintuplets — חֲמִשָּׁה ש"מ
fifteen (fem.) — חֲמֵשׁ־עֶשְׂרֵה ש"מ
limerick — חֲמְשִׁיר ז'
quintet(te) (musical) — חֲמִשִׁית נ'
skin bottle, waterskin — חֵמֶת נ'
bagpipes — חֵמַת חֲלִילִים נ'
charm, grace; favor — חֵן ז'
thank you, thanks — חַד־חֵן
park; encamp — חָנָה פ'
shopkeeper — חֶנְוָונִי ז'
mummy, embalmed body — חָנוּט ז'
inauguration, dedication; Hanukka — חֲנוּכָּה נ'
Hanukka lamp — חֲנוּכִּייָה נ'
gracious, merciful — חַנּוּן ת'

flattery, sycophancy — חֲנוּפָּה נ'
strangled, choked, stifled — חָנוּק ת'
shop, store; fly (of man's trousers) (colloq.) — חֲנוּת נ'
embalm (a body), mummify — חָנַט פ'
parking place — חֲנָיָה נ'
embalming, mummification — חֲנִיטָה נ'
parking; encampment — חֲנִייָּה נ'
student, pupil, apprentice, trainee; cadet — חָנִיךְ ז'
gums — חֲנִיכַיִם ז"ר
amnesty, pardon, mercy — חֲנִינָה נ'
strangulation, choking — חֲנִיקָה נ'
spear, javelin, lance — חֲנִית נ'
inaugurate, dedicate — חָנַךְ פ'
hail, sleet — חֲנָמַל ז'
pardon, show mercy to — חָנַן פ'
two-faced; flatterer — חָנֵף ת'
flatterer, sycophant — חַנְפָן ז'
strangle, choke, stifle — חָנַק פ'
strangulation, suffocation — חֶנֶק ז'
nitrate — חַנְקָה נ'
nitrification — חִנְקוּן ז'
nitrogen — חַנְקָן ז'
nitrogenize — חִנְקֵן פ'
nitric, nitrogenous — חַנְקָנִי ת'
nitrous — חַנְקָתִי ת'
pity, have mercy on; spare — חָס פ'
God forbid! — חַס וְחָלִילָה!, חַס וְשָׁלוֹם!
loving kindness, graciousness, favor — חֶסֶד ז'
youthful friendship and affection — חֶסֶד נְעוּרִים ז'
find protection, find refuge — חָסָה פ'

חַסָּה נ' lettuce
חָסוּד ת' graceful, charming
חָסוּי ת' protected, guarded; classified, restricted (documents)
חָסוּךְ ת' lacking, wanting
חָסוּם ת' muzzled, blocked, closed off
חָסוֹן ת' sturdy, strong, powerful
חָסוּת נ' protection, patronage, auspices
חַסְחוּס ז' cartilage
חָסִי ז' leeward
חָסִיד ת' Hassid, pious man; fan, follower, devotee
חֲסִיד אוּמּוֹת הָעוֹלָם ז' righteous Gentile
חֲסִידָה נ' stork
חֲסִידוּת נ' Hassidism
חֲסִימָה נ' barring, blocking; obstruction; muzzling
חָסִין ת' proof (against...), immune (from...), resistant
חֲסִין־אֵשׁ ת' fireproof
חֲסִין־מַיִם ת' waterproof
חֲסִינוּת נ' immunity; strength
חָסַךְ פ' save; withhold
חֶסֶךְ ז' deprivation
חַסְכָן ז' thrifty person, frugal person
חַסְכָנִי ת' thrifty, economical, frugal
חֲסַל! מ"ק stop!, enough!
חָסַם פ' close, block, bar; muzzle
חִסְפּוּס ז' roughening, coarsening; roughness
חִסְפֵּס פ' roughen, coarsen
חָסַר פ' lack, be without; be absent, be missing
חָסֵר ת' lacking, in need of; incomplete; less, minus
חֶסֶר ז' lack, shortage; poverty; deficiency
חֲסַר דַּעַת ת' brainless, witless
חִסָּרוֹן ז' disadvantage; deficiency, lack
חַף ת' clean, pure, innocent
חַף מִפֶּשַׁע ת' innocent, guiltless
חָף ז' tooth of a key; dowel
חָפָה פ' cover
חָפוּז ת' hasty, rushed, hurried
חָפוּי ת' covered
חָפוּת ת' rolled-up (sleeve)
חַפּוּת נ' innocence
חָפַז פ' hasten, rush, hurry
חִפָּזוֹן נ' impulsiveness
חֲפִיָּה נ' covering
חֲפִיסָה נ' packet, pack (of cigarettes), deck (of cards), bar (of chocolate)
חָפִיף ת', תה"פ easy, light; easily (slang)
חֲפִיפָה נ' shampooing, washing the hair; congruence; overlapping
חֲפִירָה נ' digging; ditch, trench, excavation (archaeological)
חָפַן פ' take a handful of
חָפַף פ' shampoo, wash (the hair); be congruent, overlap
חֲפָפִית נ' rash, eczema

חָפֵץ, חָפַץ פ׳ want, wish, desire
חֵפֶץ ז׳ wish, desire; object article, thing
חָפַר פ׳ dig, excavate, search
חַפָּר ז׳ digger, sapper
חֲפַרְפֵּרָה, חֲפַרְפֶּרֶת נ׳ mole
חָפַת פ׳ roll up (sleeves)
חֵפֶת ז׳ fold (in garment)
חֵץ ז׳ arrow, dart; vector (math.)
חֲצָאִית נ׳ skirt
חָצַב פ׳ quarry, hew; chisel, carve
חַצֶּבֶת נ׳ measles
חָצָה פ׳ halve; divide; cross
חָצוּב ת׳ quarried, hewn, dug out
חֲצוּבָה נ׳ tripod
חָצוּי ת׳ halved, bisected; crossed
חָצוּף ת׳ impudent, insolent, cheeky
חֲצוֹצְרָה נ׳ trumpet, bugle
חֲצוֹצְרָן ז׳ trumpeter, bugler
חֲצוֹת נ׳ midnight
חֵצִי, חֲצִי ז׳ half; middle, center
חֲצִי־אִי ז׳ peninsula
חֲצִי גְּמָר ז׳ semi-final
חֲצִי גּוֹרֶן ז׳ semi-circle
חֲצִי חֲצִי תה״פ fifty-fifty
חֲצִי נֶחָמָה ז׳ some consolation
חֲצִי תְּנוּעָה ז׳ semi-vowel
חֲצָיָה, חֲצִיָּה נ׳ halving, bisection; crossing
חָצִיל ז׳ egg-plant, aubergine
חֲצִיצָה נ׳ partitioning, separating; partition, intervening object
חָצִיר ז׳ hay, grass
חָצַץ פ׳ partition off, separate, divide
חָצָץ ז׳ gravel, stones
חִצְצֵר פ׳ blow a trumpet or a bugle
חָצֵר נ׳ yard, courtyard, court
חֲצֵרִים ז״ר premises
חַצְרָן ז׳ caretaker; courtier
חַקְיָן ז׳ imitator, mimic
חֲקִיקָה נ׳ legislation; engraving, carving
חֲקִירָה נ׳ investigation, interrogation; research
חַקְלָאוּת נ׳ farming, agriculture
חַקְלַאי ז׳ farmer, agriculturalist
חַקְלָאִי ת׳ agricultural
חָקַק פ׳ legislate, enact; engrave, carve
חָקַר פ׳ investigate, interrogate; study, research
חֵקֶר ז׳ investigation, inquiry, study
חֵקֶר הַמִּקְרָא ז׳ Bible study
חָרַב פ׳ be destroyed be dried up, arid
חָרֵב ת׳ destroyed, desolate; dry
חֶרֶב נ׳ sword
חָרָבָה נ׳ arid land
חֶרְבּוֹן ז׳ mess, failure (slang)
חִרְבֵּן פ׳ ruin, mess up, foul up (slang)
חָרַג פ׳ go beyond, exceed
חַרְגּוֹל ז׳ locust, grasshopper
חָרַד פ׳ tremble; be anxious, be worried
חָרֵד ת׳ fearful; anxious; pious, God-fearing

חֲרָדָה נ'	dread; anxiety
חֲרֵדִי ת'	ultra orthodox
חַרְדָּל ז'	mustard
חָרָה פ', חָרָה לוֹ	be angry, be indignant
חָרוּב ז'	carob
חָרוּז ז'	bead; rhyme
חָרוּט ת'	engraved, carved
חָרוּט ז'	cone
חָרוּךְ ת'	scorched, singed, charred
חָרוּל ז'	thistle, nettle, bramble
חָרוּם ת'	flattened
חֲרוּמַף ז'	flat-nosed person
חָרוֹן, חֲרוֹן־אַף ז'	wrath, fury, anger
חֲרוֹסֶת נ'	haroset (mixture of nuts, fruit and wine eaten on night of Pessah)
חָרוּץ ת'	industrious, diligent
חָרוּר ת'	perforated, full of holes
חָרוּשׁ ת'	ploughed, furrowed
חֲרוֹשֶׁת נ'	industry, manufacture
חֲרוֹשְׁתָּן ז'	industrialist, manufacturer
חָרוּת ת'	engraved, carved
חָרַז פ'	string, thread; write verses or rhymes
חַרְזָן ז'	versifier, rhyme, poetaster
חִרְחוּר ז'	stirring up, incitement, provocation
חִרְחוּר מִלְחָמָה ז'	war mongering
חִרְחֵר פ'	stir up, provoke
חָרַט פ'	engrave, carve, etch
חֶרֶט ז'	stylus
חָרָט ז'	engraver, carver, etcher
חֲרָטָה נ'	regret, remorse
חַרְטוֹם ז'	snout, beak (of bird); prow (of vessel); nose (of plane); toe (of shoe)
חַרְטוּמָן ז'	woodcock
חָרִיג תו"ז	exception, irregular
חֲרִיגָה נ'	deviation, exception; exceeding, going beyond
חֲרִיזָה נ'	stringing, threading; rhyming; writing rhymes or verses
חָרִיט ז'	purse
חֲרִיטָה נ'	engraving, carving, etching
חָרִיף ת'	sharp, keen, pungent; acute; severe
חָרִיץ ז'	groove, slit, notch
חָרִיצוּת נ'	diligence, industriousness
חֲרִיקָה נ'	creaking, squeaking
חָרִיר ז'	small hole, eyelet
חָרִישׁ ז'	ploughing; ploughing season
חֲרִישָׁה נ'	ploughing
חֲרִישִׁי ת'	still, quiet
חָרַךְ פ'	scorch, singe, char
חָרָךְ ז'	lattice window, loophole, slit
חֵרֶם ז'	excommunication, boycott, ban; forfeited property
חֶרְמֵשׁ ז'	scythe, sickle
חֶרֶס ז'	clay; shard, sherd, piece of pottery
חַרְסִינָה נ'	porcelain, porcelain tile
חַרְסִית נ'	clay soil; sherds
חָרַף פ'	winter, spend the winter, hibernate

חֵרֶף תה"פ in spite of, despite, notwithstanding
חֶרְפָּה נ' disgrace, shame, ignominy
חֶרְפַּת רָעָב ז' the shame of having to beg for food
חָרַץ פ' groove, cut into; decide, determine
חַרְצוּבָּה נ' shackle, fetter
חַרְצָן ז' pip, stone (of fruit)
חָרַק פ' grate, creak, squeak; gnash, grind
חָרַק שִׁנַּיִים פ' gnash one's teeth, become furious
חֶרֶק ז', חֲרָקִים ז"ר insect; grating
חֶרֶשׁ תה"פ secretly, silently
חָרַשׁ פ' plough
חָרָשׁ ז' artisan, craftsman
חַרְשָׁף ז' artichoke
חָשׁ פ' feel; rush, hurry
חֲשַׁאי ז' stillness, silence, secrecy
חֲשָׁאִי ת' secret, clandestine
חֲשָׁאִיּוּת נ' secrecy, clandestineness
חָשַׁב פ' think; intend; consider; esteem
חַשָּׁב ז' accountant
חֶשְׁבּוֹן ז' account, bill, invoice; arithmetic, calculation
חֶשְׁבּוֹן עוֹבֵר וָשָׁב ז' current account
חֶשְׁבּוֹנָאוּת נ' accounting, accountancy
חֶשְׁבּוֹנִיָּיה נ' abacus, counting frame
חִשְׁבֵּן פ' figure, calculate
חָשַׁד פ' suspect, distrust

חֲשַׁד ז' suspicion, distrust
חַשְׁדָן ז' suspicious person
חָשׁוּב ת' important
חָשׁוּד ת' suspected, suspicious
חֶשְׁוָון ז' Heshvan (Oct.-Nov.)
חָשׁוּךְ ז' dark, obscure, dim; unenlightened
חָשׂוּךְ ת' lacking, without, devoid
חֲשׂוּךְ בָּנִים ת' childless
חָשׂוּף ת' bare, exposed, uncovered
חָשׁוּק ת' adored, beloved, desired
חֲשִׁיבָה נ' thinking, reckoning
חֲשִׁיבוּת נ' importance, significance
חָשִׁיל ת' malleable, forgeable
חֲשִׂיפָה נ' laying bare, exposing; exposure
חֲשִׁישׁ ז' hashish, marihuana
חָשַׁךְ פ' darken, grow dark
חָשְׁכוּ עֵינָיו be appalled
חֲשֵׁכָה נ' darkness, obscurity
חַשְׁמַל ז' electricity
חִשְׁמֵל פ' electrocute; electrify; thrill
חַשְׁמְלָאוּת נ' electrical engineering
חַשְׁמְלַאי ז' electrician
חַשְׁמַלִּי ת' electric(al)
חַשְׁמַלִּית נ' streetcar, tram, trolley car
חַשְׁמָן ז' cardinal; noble
חָשַׂף פ' uncover, expose, bare
חַשְׂפָנוּת נ' striptease; exhibitionism
חַשְׂפָנִית נ' strip-tease artiste
חָשַׁק פ' desire, long for, crave
חֵשֶׁק ז' desire, longing, craving

חַשְׁקָנִיּוֹת נ"ר adolescent pimples (slang)
חָשַׁשׁ פ' fear, be afraid, be apprehensive
חֲשָׁשׁ ז' fear, apprehension
חֲשַׁשׁ ז' chaff, hay
חַשְׁשָׁן ז' apprehensive person
חָתָה פ' stir (fire), rake (ash), carry (coals)
חָתוּךְ ת' cut (up)
חָתוּל ז' cat
חָתוּם ת' stamped, signed; closed, blocked; subscriber
חֲתוּנָּה נ' wedding
חָתִיךְ ז' good-looking young man (slang)
חֲתִיכָה נ' piece, bit, slice; attractive young woman (slang)
חֲתִימָה נ' signature, signing; conclusion, completion; closing, blocking; subscription
חֲתִימַת זָקָן נ' first signs of a beard
חֲתִירָה נ' undermining; striving to attain or achieve; rowing
חֲתִירָה תַּחְתָּיו seeking to undermine his outhority
חָתַךְ פ' cut (up), slice
חֲתָךְ ז' cut, incision
חֲתַלְתּוּל ז' kitten, pussy
חָתַם פ' sign, seal, stamp; complete; stop up; take out a subscription
חָתַם קֶבַע sign up (for permanent army)
חָתָן ז' bridegroom; son-in-law; recipient of prize
חָתַר פ' undermine; strive to attain or achieve; row
חַתְרָנוּת נ' undermining, subversiveness, subversion
חַתְרָנִי ת' subversivc, intended to undermine position or authority

ט

טָאטֵא פ׳ sweep

טָב, טָבָא ת׳ good

טַבּוּ taboo; land registry office

טָבוּחַ ת׳ slaughtered

טָבוּל ת׳ dipped, immersed; baptized

טָבוּעַ ת׳ drowned, sunk

טַבּוּר ז׳ navel; hub, center

טַבּוּרִי ת׳ umbilical; navel orange

טָבַח פ׳ slaughter, massacre

טֶבַח ז׳ slaughter, massacre

טַבָּח ז׳ cook, chef

טַבַּחַת, טַבָּחִית נ׳ cook (female)

טְבִילָה נ׳ dipping, immersion; baptism

טְבִילַת אֵשׁ נ׳ baptism of fire

טָבִין וּתְקִילִין ת״ר hard cash

טְבִיעָה נ׳ stamping, imprinting, minting; coining; drowning, sinking

טְבִיעַת אֶצְבָּעוֹת נ׳ finger print

טְבִיעַת עַיִן נ׳ keen visual perception, sharp eye

טָבַל פ׳ dip, immerse; baptize

טַבְלָה נ׳ table, board; bar (of chocolate, etc.)

טַבְלִית נ׳ tablet

טָבַע פ׳ drown, sink; stamp; mint, coin

טֶבַע ז׳ nature

טֶבַע דוֹמֵם ז׳ inorganic nature

טֶבַע שֵׁנִי second nature

טִבְעוֹנִי ת׳ naturist, vegetarian

טִבְעִי ת׳ natural

טִבְעִיּוּת נ׳ naturalness

טִבְעִית תה״פ naturally, obviously

טַבַּעַת נ׳ ring

טַבַּעַת נִישּׂוּאִין נ׳ wedding ring

טַבַּעְתִּי ת׳ ringlike

טַבָּק ז׳ tobacco

טֵבֵת ז׳ Tevet (December-January)

טִגְנִית נ׳ fritter

טָהוֹר ת׳ pure, clean

טָהַר פ׳ become clean, become pure

טַהֲרָנוּת נ׳ purism

טוּאֲטָא פ׳ be swept

טוֹב ת׳ good, fine

טוֹב לֵב ת׳ good hearted

טוֹב תה״פ well

טוֹב ז׳ goodness

טוֹב מְאוֹד ת׳ very good (mark)

טוּב ז׳ goodness, virtue

טוּב טַעַם ז׳ good taste

טוֹבָה נ׳ favor, kindness, good deed

טוּבִים ז״ר goods, movable property

טוּבַּע פ׳ be sunk, be drowned

טוּבְעָנִי ת׳ swampy, marshy

טוּגַן פ׳ be fried

טוּגָנִים ז״ר potato chips

טוּהַר פ׳ be cleansed; be purged, be purified

טוֹהַר ז׳, טוֹהֳרָה, טָהֳרָה נ׳ purity; purification

טָוָה פ׳ spin, weave

טוּוַּח פ׳ be ranged

טְוָח ז׳ range

טְוָוח אָרוֹךְ ז' long range
טַוָּס ז' peacock
טְוִי ז' cloth, fabric
טְוִיָּיה נ' spinning, weaving
טוֹחֵן ז', טוֹחֶנֶת נ' miller
טוֹחֶנֶת נ' molar tooth
טוּיַּח פ' be plastered, be coated; be covered up
טוּלָּא פ' be patched
טוּלְטַל פ' be moved about
טוּמָּא פ' be defiled
טוּמְאָה נ' defilement, impurity, uncleanness
טוּמְטַם פ' be made stupid, be dulled
טוּנַּף פ' be dirtied, be made filthy
טוֹעֶה ת' wrong, mistaken
טוֹעֵן ז' claimant (legal)
טוֹפַח ז' vetchling
טוּפַּח פ' be nurtured, be tended, be cherished
טוּפַּל פ' be treated, be dealt with, be attended to
טוֹפֶס ז' form; copy, mold, die
טוּר ז' column; row; progression
טוּרַאי ז' private (in army)
טוֹרְדָנִי ת' pestering, troublesome, worrying
טוֹרַח ז' bother, trouble, hardship
טוֹרֵף ת' predatory, rapacious; carnivorous
טוֹרַף פ' be seized as prey; be deranged; be shuffled; be scrambled
טוֹרְפַּד פ' be torpedoed
טוּשְׁטַשׁ פ' be blurred; be covered up; be confused
טָח פ' plaster, smear, coat
טַחַב ז' damp(ness), mustiness
טָחוּב ת' damp, moist, dank, moldy
טְחוֹל ז' spleen, milt
טָחוּן ת' ground, milled
טְחוֹרִים ז"ר haemorrhoids, piles
טְחִינָה נ' grinding; sesame paste, tehina
טָחַן פ' grind, mill
טָחָן ז' miller
טַחֲנָה נ' mill
טַחֲנַת־רוּחַ נ' windmill
טִיב ז' quality, character
טִיבּוּעַ ז' sinking, drowning; submersion
טִיבֵּעַ פ' sink, drown; submerge
טִיגּוּן ז' frying
טִיגֵּן פ' fry
טִיהוּר ז' purification, cleansing, purge
טִיהֵר פ' purify, cleanse, purge
טִיּוּב ז' improving; improvement, betterment
טִיווּחַ ז' ranging, range-finding
טִיוֵּחַ פ' range, find the range
טִיּוּחַ ז' plastering, coating; covering up
טְיוּטָה נ' rough draft, first copy
טִיּוּל ז' walk, hike; excursion, trip
טְיוֹנֶת נ' silt, alluvium
טִיחַ ז' plaster
טִיט ז' clay, loam; mud, mire

טִיֵּב פ׳ improve, better
טִיַּח פ׳ plaster, coat; cover up
טַיָּח ז׳ plasterer
טִיֵּל פ׳ go for walk or a hike, go on an excursion
טַיֶּלֶת נ׳ promenade, walk
טַיָּס ז׳ pilot, airman, aviator
טַיֶּסֶת נ׳ squadron; pilot (female)
טִיכֵּס פ׳ arrange, order
טִיכֵּס עֵצָה פ׳ consult, decide what to do
טִיל ז׳ missile, rocket, projectile
טִיל אֲוִויר־אֲוִויר ז׳ air to air missile
טִיל קַרְקַע־אֲוִויר ז׳ ground to air missile
טִיל קַרְקַע־קַרְקַע ז׳ ground to ground missile
טִימֵּא פ׳ defile, taint
טִין ז׳ silt, mud
טִינָא, טִינָה נ׳ resentment, grudge, jealousy
טִינּוֹפֶת נ׳ dirt, filth
טִינֵּף פ׳ dirty, make filthy
טַיִס ז׳ flying, flight, aviation
טִיסָה נ׳ flight, flying (by plane)
טִיסַת חָלָל נ׳ space flight
טִיסַת שָׂכָר נ׳ charter flight
טִיסָן ז׳ model plane
טִיעוּן ז׳ claim, argument
טִיפָּה נ׳ drop, drip
טִיפָּה מָרָה נ׳ strong liquor
טִיפ־טִיפָּה נ׳ just a drop, just a little (colloq.)
טִיפּוֹנֶת נ׳ a drop, a little
טִיפִּין־טִיפִּין drop by drop, little by little
טִיפּוּחַ ז׳ fostering, tending; cultivation; clap
טִיפּוּל ז׳ treating, treatment, care
טִיפּוּס ז׳ type, character; unusual or eccentric person (slang)
טִיפּוּסִי ת׳ typical, characteristic
טִיפֵּחַ פ׳ foster, tend, cultivate
טִיפֵּל פ׳ treat, look after, take care of, deal with
טִיפֵּס פ׳ climb
טִיפֵּשׁ ז׳ fool, stupid person
טִיפֵּשׁ עֶשְׂרֵה ז״ר the silly teens (sl.)
טִיפֵּשׁ, טִיפְּשִׁי ת׳ foolish, stupid, silly
טִיפְּשׁוּת נ׳ foolishness, stupidity, silliness
טִירָה נ׳ palace, castle, fortress
טִירוֹן ז׳ recruit; beginner, novice
טִירוֹנוּת נ׳ basic training; novitiate
טֵירוּף ז׳ madness, insanity
טֵירוּף הַדַּעַת ז׳ madness
טֶכְנַאי ז׳ technician
טַכְסִיס ז׳ tactic(s), design, trick, strategem
טַל ז׳ dew
טְלַאי ז׳ patch
טְלַאי עַל גַּבֵּי טְלַאי a patchwork
טִלְגְרֵף פ׳ telegraph, cable, wire
טֶלֶגְרָפִית תה״פ by telegram, by cable
טָלֶה ז׳ lamb; Aries
טָלוּא ת׳ patched, speckled
טִלְוֵוז פ׳ televise
טָלוּל ת׳ wet with dew, dewy
טִלְטוּל ז׳ moving, moving about
טִלְטֵל פ׳ move (trans.)

טַלְטֵלָה נ׳ hurling, throwing
טַלִּיסְמָה נ׳ talisman
טַלִּית נ׳ tallit (Jewish prayer-shawl)
טַלִּית קָטָן נ׳ small fringed garment (worn by religious Jews under their shirt)
טַלִּית שֶׁכּוּלָּהּ תְּכֵלֶת perfect person (ironically)
טְלָלִים ז״ר dew
טֶלֶף ז׳, טְלָפַיִם ז״ר hoof; hooves
טֶלֶפוֹנִית תה״פ by telephone
טִלְפֵּן פ׳ telephone
טֶלֶפַּתִית תה״פ telepathically
טָמֵא ת׳ unclean, impure, defiled
טִמְטוּם ז׳ stupefying, dulling; stupidity, dullness
טִמְטֵם פ׳ make stupid, dull
(יָרַד לְ) טִמְיוֹן perished, was lost completely
טְמִיעָה נ׳ assimilation, mixing, absorption
טָמִיר ת׳ mysterious, concealed, secret
טָמַן פ׳ hide, conceal
טֶנֶא ז׳ wicker basket
טַס ז׳ tray, platter
טָס פ׳ fly (in plane); rush off (colloq.)
טַסִּית נ׳ small tray
טָעָה פ׳ make a mistake, err; go astray
טָעוּן ת׳ requiring, needing; charged; loaded, laden
טְעוֹנֶת נ׳ river-load
טָעוּת נ׳ mistake, error, blunder
טָעוּת אוֹפְּטִית נ׳ optical illusion
טָעוּת דְּפוּס נ׳ printing error
טְעִיָּה נ׳ making a mistake, erring, blundering
טָעִים ת׳ tasty, delicious
טְעִינָה נ׳ loading, charging
טָעַם פ׳ taste; experience, try
טַעַם ז׳ taste, flavor; reason; sense, sensation; accent, stress
טַעַם גַּן עֵדֶן ז׳ delicious flavor
טַעֲמֵי הַמִּקְרָא ז״ר cantillation signs (of the Bible)
טָעַן פ׳ load, charge; claim, maintain
טַעֲנָה נ׳ claim, argument
טַף ז׳ (small) children
טְפוֹלֶת נ׳ putty
טֶפַח ז׳ span, handsbreadth; small amount
טָפַח פ׳ slap, strike
טְפָחוֹת נ״ר top (of a house)
טִפְטוּף ז׳ dripping, dropping; light drizzle
טִפְטֵף פ׳ drip, drop; drizzle
טַפְטֶפֶת נ׳ dropper
טְפִי ז׳ oil-can; dropping flask
טְפִיחָה נ׳ slap
טְפִיחָה עַל הַכָּתֵף נ׳ slap on the back (in approval)
טַפִּיל ז׳ parasite
טַפִּילוּת נ׳ parasitism
טְפִיפָה נ׳ mincing walk, tripping along
טְפִיפִית נ׳ pipet(te)
טָפַל פ׳ stick, paste, attach

subsidiary, subordinate; tasteless, insipid	טָפֵל ת'
putty	טֶפֶל ז'
molder (in concrete)	טַפְסָן ז'
climber, creeper	טַפְסָן ז'
walk mincingly, trip along	טָפַף פ'
tact; bar (of music)	טַקְט ז'
ticking, tick; typing	טִקְטוּק ז'
tick; type	טִקְטֵק פ'
ceremony, protocol	טֶקֶס ז'
text	טֶקְסְט ז'
ceremenial	טִקְסִי ת'
banish, drive away	טָרַד פ'
trouble, bother; preoccupation	טִרְדָה נ'
nuisance, bothersome person	טַרְדָן ז'
bothersome, troublesome	טַרְדָנִי ת'
bothered, preoccupied, busy	טָרוּד ת'
bleary-eyed	טָרוּט ת'
before, pre-, ante-	טֶרוֹם תה"פ
pre-historic	טֶרוֹם הִיסְטוֹרִי
prefabricated	טְרוֹמִי ת'
indignation	טְרוּנְיָה נ'
wreckage (of ship)	טְרוּפַת נ'
he-man, muscular athlete, Tarzan; foppish; fop	טַרְזָן ת"ז
take trouble, bother	טָרַח פ'
bother, effort, trouble	טִרְחָה נ'

nuisance	טַרְחָן ז'
excessive drill (military slang); clatter, rattle, racket	טִרְטוּר ז'
clatter, 'chase' (milit. slang)	טִרְטֵר פ'
fresh, new; raw	טָרִי ת'
drift	טְרִידָה נ'
freshness, newness; rawness	טְרִיּוּת נ'
wedge	טְרִיז ז'
trefa (non-kasher food)	טְרֵיפָה, טְרֵפָה נ'
slamming, banging	טְרִיקָה נ'
sardine	טְרִית נ'
trill; stupefy with incessant talk (slang)	טִרְלֵל פ'
before; not yet	טֶרֶם תה"פ
tear to pieces; mix, confuse; shuffle; scramble	טָרַף פ'
prey; food	טֶרֶף ז'
non-kasher	טָרֵף ת'
torpedo	טִרְפֵּד פ'
torpedo-boat	טַרְפֶּדֶת נ'
slam, bang	טָרַק פ'
salon, drawing room	טְרַקְלִין ז'
rocky ground	טְרָשִׁים ז"ר
sclerosis, hardening of the arteries	טָרֶשֶׁת הָעוֹרְקִים נ'
blur, make indistinct; cover up	טִשְׁטֵשׁ פ'

יָאֶה ת׳ — seemly, fitting, proper
יְאוֹר ז׳ — the Nile; river
יָאוּת ת׳ — fitting, proper
יְבָבָה נ׳ — sobbing, wailing
יְבוּא ז׳ — import(s)
יְבוּאָן ז׳ — importer
יְבוּל ז׳ — yield, crop
יְבוֹשֶׁת נ׳ — dryness, aridity
יַבְחוּשׁ ז׳ — gnat
יַבְּלִית נ׳ — crabgrass
יַבֶּלֶת נ׳ — blister, corn, callus
יָבָם ז׳ — husband's brother
יְבָמָה נ׳ — brother's childless widow
יָבֵשׁ פ׳ — be dry, be dried up
יָבֵשׁ ת׳ — dry, arid
יַבָּשָׁה נ׳ — dry land, mainland
יְבֵשׁוּת נ׳ — dryness, aridity
יַבֶּשֶׁת נ׳ — continent; dry land
יַבַּשְׁתִּי ת׳ — continental
יָגוֹן ז׳ — grief, sorrow
יָגוֹר פ׳ — fear, be afraid
יְגִיעַ ז׳ — toil, labor
יְגִיעַ כַּפָּיו ז׳ — fruits of one's labors
יְגִיעָה נ׳ — toil, labor, effort, pains
יָגַע פ׳ — toil, labor; become weary
יָגֵעַ ת׳ — weary, exhausted; wearisome
יֶגַע ז׳ — wearisome toil
יָד נ׳ (נ״ז יָדַיִים, נ״ר יָדַיִים, יָדוֹת) — hand, arm; memorial
יָד וָשֵׁם — memorial
יָד חוֹפְשִׁית נ׳ — free hand
יָד פְּתוּחָה נ׳ — open-handedness, generosity
יָד קָשָׁה נ׳ — firm hand
יַד יְמִינוֹ נ׳ — one's right hand man
יָדוֹ עַל הַתַּחְתּוֹנָה — get the worst of it
יָדַיִים רֵיקוֹת נ״ר — empty-handed
יָדָה נ׳ — cuff
יָדָה פ׳ — throw, cast, hurl
יְדוֹנִית נ׳ — muff; handcuff
יָדוּעַ ת׳ — known, well-known, famous
יְדוּעַ־חוֹלִי ת׳ — sickly
(ה)יְדוּעָה בַּצִּיבּוּר נ׳ — common law (wife)
יְדִיד ז׳ — friend, close friend
יְדִידוּת נ׳ — friendship
יְדִידוּתִי ת׳ — friendly, amiable
יְדִיעָה נ׳ — knowledge, awareness; information (item of)
יְדִיעוֹן ז׳ — information sheet, bulletin
יָדִית נ׳ — handle, grip
יָדְנִי ת׳ — manual
יָדְנִית תה״פ — manually, by hand
יָדַע פ׳ — know, know how to
יֶדַע ז׳ — knowledge; know-how, expertise information
יֶדַע־עַם ז׳ — folklore
יַדְעָן ז׳ — erudite person;
יָהּ ז׳ — God
יְהֵא — will be, let it be, may it be
יְהֵא כָּךְ — let it be so
יַהֲדוּת נ׳ — Jewry; Judaism, Jewishness
יְהוּדִי ז׳ — Jew

הַיְּהוּדִי הַנּוֹדֵד ז'	the wandering Jew
יְהוּדִית נ'	Yiddish language
יְהִי	let it be
יְהִי כֵן	let it be so
יָהִיר ת'	haughty, supercilious, conceited
יַהֲלוֹם ז'	diamond
יַהֲלוֹמָן ז'	diamond merchant;
יַהֲלוֹמָנוּת נ'	diamond trade; diamond polishing
יוּבָא פ'	be imported
יוֹבֵל ז'	jubilee; anniversary
יוּבַל ז'	stream, brook; tributary
יוֹבֶשׁ ז'	dryness, aridity
יוּבַּשׁ פ'	be dried, be dried up
יוֹד ז'	iodine
יוּהַד פ'	be converted to Judaism, be Judaized
יוּהֲרָה נ'	arrogance, pride, conceit
יָוֵן ז'	mire, mud
יְוֵן מְצוּלָה ז'	slough of despond
יוֹזֵם ז'	initiator
יוֹזְמָה, יָזְמָה נ'	initiative, enterprise
יוּחַד פ'	be singled out, be set apart, be assigned
יוּחַל פ'	be hoped for, be awaited
יוּחַם פ'	be sexually aroused
יוּחַס פ'	be ascribed, be attributed
יוּחֲסִין ז"ר	lineage, genealogy
יוּלַּד פ'	be born
יוֹלֵדָה, יוֹלֶדֶת נ'	woman in confinement
יוֹם ז'	day; daylight
יוֹם הוּלֶּדֶת ז'	birthday
יוֹם־יוֹם תה"פ	daily, every day
יוֹם טוֹב ז'	Jewish holiday
יוֹם הָעַצְמָאוּת ז'	Independence Day
יוֹם הַשָּׁנָה ז'	anniversary of death, Jahrzeit
יָמִים נוֹרָאִים ז"ר	The High Holidays (Rosh Hashana and Yom Kippur)
יְמֵי הַבֵּינַיִם ז"ר	the Middle Ages
יוֹם כִּיפּוּר ז'	Yom Kippur, Day of Atonement
יוֹם רִאשׁוֹן ז'	Sunday
יוֹם שֵׁנִי ז'	Monday
יוֹם שְׁלִישִׁי ז'	Tuesday
יוֹם רְבִיעִי ז'	Wednesday
יוֹם חֲמִישִׁי ז'	Thursday
יוֹם שִׁישִׁי ז'	Friday
יוֹם הַשַּׁבָּת ז'	Shabbat, Saturday
יוֹמוֹן ז'	daily paper
יוֹמִי ת'	daily
יוֹם־יוֹמִי, יוֹמְיוֹמִי ת'	daily; everyday
יוֹמֵם ז'	commuter
יוֹמָם תה"פ	by day, during the day, daily
יוֹמָם וָלַיְלָה	day and night
יוֹמָן ז'	diary; ledger, logbook
יוֹמָנַאי ז'	duty officer (in police station)
יוּמְנָה נ'	skill
יוּמְרָה נ'	pretension, arrogant claim
יוּמְרָנִי ת'	pretentious
יוֹנָה נ'	dove, pigeon; symlol of peace
יוֹנֵק ז'	mammal; suckling
יוּעַד פ'	be assigned

be made efficient יוּעַל פ'
adviser, counsellor יוֹעֵץ ז'
legal adviser יוֹעֵץ מִשְׁפָּטִי ז'
the Attorney General הַיּוֹעֵץ הַמִּשְׁפָּטִי ז'
confidential adviser יוֹעֵץ הַסְּתָרִים ז'
be afforested יוּעַר פ'
beauty, loveliness יוֹפִי ז'
lovely! fine! wonderful! יוֹפִי!
be exported יוּצָא פ'
unusual, exceptional יוֹצֵא דוֹפֶן ת'
extraordinary, terrific יוֹצֵא מִן הַכְּלָל ת'
liable for army service יוֹצֵא צָבָא ז'
be stabilized יוּצַּב פ'
be represented יוּצַּג פ'
creator, maker; potter יוֹצֵר ז'
be made, be manufactured יוּצַּר פ'
expensiveness, cost יוֹקֶר ז'
cost of living יוֹקֶר הַמִּחְיָה ז'
prestige יוּקְרָה נ'
emigrant (from Israel) יוֹרֵד ז'
sailor, seaman יוֹרֵד יָם ז'
first rain; shooter יוֹרֶה ז'
boiler יוֹרָה נ'
be intercepted (airplane) יוּרַט פ'
heir יוֹרֵשׁ ז'
inhabitant, dweller יוֹשֵׁב ז'
idlers, loafers יוֹשְׁבֵי קְרָנוֹת ז"ר
chairman יוֹשֵׁב־רֹאשׁ ז'
be settled יוּשַּׁב פ'
oldness, antiquity יוֹשֶׁן ז'
straightness; honesty, integrity, uprightness יוֹשֶׁר ז'
be straightened, be levelled יוּשַּׁר פ'
be orphaned יוּתַּם פ'
more יוֹתֵר תה"פ
too much יוֹתֵר מִדַּיי תה"פ
the lobe of the liver יוֹתֶרֶת נ', יוֹתֶרֶת הַכָּבֵד נ'
initiated, undertaken יָזוּם ת'
yizkor (Memorial Service) יִזְכּוֹר ז'
initiator, promoter, entrepreneur יַזָּם ז'
initiate, take the initiative יָזַם פ'
sweat, perspiration יֶזַע ז'
together יַחַד, יַחְדָּיו תה"פ
only, single, individual, unique; singular (grammar) יָחִיד ת'
special, selected few יְחִידֵי סְגוּלָּה ז"ר
unit; unity (math) יְחִידָה נ'
solitariness, aloneness יְחִידוּת נ'
only, single, sole, alone יְחִידִי ת' ותה"פ
individual יְחִידָנִי ת'
roebuck, fallow-deer יַחְמוּר ז'
relation; proportion; genealogy יַחַס ז'
inverse proportion יַחַס הָפוּךְ ז'
direct proportion יַחַס יָשָׁר ז'
reciprocal relations, reciprocity יַחֲסֵי גוֹמְלִין ז"ר
sexual relations יַחֲסֵי מִין ז"ר
public relations יַחֲסֵי צִיבּוּר ז"ר
case (grammar) יַחֲסָה נ'
relativity יַחֲסוּת, יַחֲסִיוּת נ'
relative, proportional יַחֲסִי ת'
relatively, comparatively יַחֲסִית תה"פ

יַחְסָן ז' high-born person; haughty person (colloq.)
יָחֵף ת' ותה"פ barefoot(ed)
יַחְצָ"ן ז' public relations official (colloq.)
יֵיאוּשׁ ז' despair, hopelessness
יֵיאֵשׁ פ' drive to despair
יִיבֵּא פ' import
יִיבֵּב פ' sob, wail
יִיבּוּא ז' importing, importation
יִיבּוּשׁ ז' drying, draining
יִיבֵּשׁ פ' dry, drain
יִיגֵּעַ פ' tire, weary
יִידָּה פ' throw, cast, hurl
יִידּוּי אֲבָנִים ז' throwing stones
יִיהֵד פ' convert to Judaism
יִיזּוּם ז' initiating, promoting
יִיחֵד פ' assign, set aside, devote
יִיחוּד ז' setting aside; distinctiveness
בְּיִיחוּד תה"פ especially, particularly
יִיחוּדִי ת' exclusive, unique
יִיחוּדִיּוּת נ' exclusiveness, uniqueness
יִיחוּל ז' hope, expectation
יִיחוּם ז' rut, sexual excitation
יִיחוּס ז' lineage, distinguished birth, pedigree; attribution, ascribing
יִיחוּר ז' shoot (of tree), twig
יִיחֵל פ' hope for, expect, await
יִיחֵס פ' attach, ascribe
יִילֵּד פ' act as midwife
יִילּוֹד ת' born
יִילֵּל פ' wail, whine, howl; new (cat)
יַיִן ז' (ר' יֵינוֹת) wine

יֵין נֶסֶךְ ז' non-kasher wine
יֵין שׁוּלְחָנִי ז' table wine
יֵין שָׂרוּף ז' spirits
יִינּוּן ז' ionization
יֵינִי ת' winy, vinous, wine-colored
יֵינָן ז' wine maker; wine merchant
יִיסֵּד פ' found, establish
יִיסּוּד ז' founding, establishing
יִיסּוּף ז' revaluation (of currency)
יִיסּוּרִים ז"ר affliction, suffering, pains, pangs
יִיסּוּרֵי תּוֹפֶת ז"ר hellish agony
יִיסֵּר פ' chastise, punish
יִיעֵד פ' designate, assign
יִיעוּד ז' designation; destiny, calling, mission
יִיעוּל ז' making (more) efficient, streamlining
יִיעוּץ ז' advising, counselling
יִיעוּר ז' afforestation
יִיעֵל פ' make (more) efficient, streamline
יִיעֵץ פ' advise, counsel
יִיעֵר פ' afforest
יִיפָּה פ' beautify, embellish
יִיפּוּי ז' beautification, embellishment
יִיפּוּי־כּוֹחַ authorization, power of attorney
יִיצֵּא פ' export
יִיצֵּב פ' stabilize
יִיצֵּג פ' represent
יִיצּוּא ז' exporting
יִיצּוּב ז' stabilizing, stabilization

ייצוג ז'	representing; representation
ייצור ז'	production, manufacture
ייצֵר פ'	produce, manufacture
ייקור ז'	making more expensive
ייקֵר פ'	make more expensive
יירוט ז'	interception (of airplane)
יירֵט פ'	intercept (airplane)
יי"ש	spirits
יישֵב פ'	settle; colonize; solve, clarify
יישוב ז'	settlement; settled area; solution, clarification
יישום ז'	application
יישור ז'	straightening, levelling
יישֵם פ'	apply
ייַשֵן פ'	put to sleep
יישֵר פ'	straighten
ייתָכֵן תה"פ	possibly, maybe, perhaps
יָכוֹל ת'	able, capable
יָכוֹל פ'	be able to, can
יְכוֹלֶת נ'	ability, capability
יֶלֶד ז'	child, small boy
יַלְדָה נ'	girl, small girl
יָלְדָה פ'	give birth to, bear
יַלְדוּת נ'	childhood
יַלְדוּתִי ת'	childish, babyish
יְלוּד ז'	child, (born of)
יְלוּד אִישָה	mortal (born of woman)
יְלוּדָה נ'	births total number of
יָלִיד ז'	native, native-born
יְלִיד הָאָרֶץ ז'	native-born Israeli
יְלִידִי ת'	native born, indigenous
יְלָלָה נ'	howl, wail, whine
יֶלֶק ז'	locust larva
יַלְקוּט ז'	satchel, bag, rucksack; school bag; anthology
יָם ז'	sea, ocean
יָם הַתִיכוֹן ז'	Mediterranean Sea
יָם סוּף	Red Sea
יַמָאוּת נ'	seamanship
יַמַאי ז'	sailor, seaman, mariner
יָמָה תה"פ	westwards; towards sea
יַמָה נ'	inland sea
יְמוֹת הַמָשִיחַ ז"ר	the Messianic Age
יַמִי ת'	of the sea, maritime, marine, nautical
יַמִייָה נ'	navy, naval force, flotilla
יָמִין ז'	the right (also political), the right hand; outside part of a garment (colloq.)
יָמִינָה תה"פ	right, to the right
יְמִינִי ת'	right
יְמֵי קֶדֶם ז"ר	olden times
יַמְלוּחַ ז'	nitraria
יְמָמָה נ'	a day (24 hours), calendar day
יְמָנִי ת'	right (also political); right-handed
יַנוּקָא ז'	child
יְנִיקָה נ'	suction, sucking; imbibing, absorbing
יָנַק פ'	suckle (baby), suck; imbibe, absorb
יַנְקוּת נ'	infancy, babyhood, childhood
יַנְשוּף ז'	owl
יָסַד פ'	found, establish
יְסוֹד ז' (ר' יְסוֹדוֹת)	source, element, foundation, root, basis

firm foundation יְסוֹד מוּסָד ז'
fundamental, basic; thorough; elementary יְסוֹדִי ת'
thoroughness יְסוֹדִיּוּת נ'
jasmine יַסְמִין ז'
petrel (sea bird) יַסְעוּר ז'
continue, go on; add to, increase יָסַף פ'
set aside, fix, assign, designate יָעַד פ'
objective, target, goal, aim יַעַד ז'
shovel, spade יָעֶה ז'
designated, assigned יָעוּד ת'
efficient, effective יָעִיל ת'
efficiency, effectiveness יְעִילוּת נ'
mountain-goat, ibex יָעֵל ז', יַעֲלָה נ'
graceful, attractive woman יַעֲלַת חֵן נ'
ostrich (male) יָעֵן ז'
because, on account of, since יַעַן, יַעַן אֲשֶׁר, יַעַן כִּי
that is, I mean (slang usage) יַעֲנִי
tired, weary יָעֵף ת'
advise, counsel יָעַץ פ'
forest, wood יַעַר ז'
honeycomb יַעְרָה נ'
forester יַעֲרָן ז'
beautiful, lovely; good, fine יָפֶה ת'
delicate, sensitive (usually derogatory and ironic in tone) יְפֵה־נֶפֶשׁ ת'
well, properly יָפֶה תה"פ
good-looking יְפֵה תוֹאַר ת'
very beautiful, very handsome, exquisite יְפֵהפֶה, יְפֵיפֶה ת"ז

very beautiful (woman) יְפֵהפִיָּה, יְפֵיפִיָּה ת"נ
splendor, brilliance יִפְעָה נ'
come out, emerge, leave; go out יָצָא פ'
fulfilled one's formal obligation (and no more) יָצָא יְדֵי חוֹבָתוֹ
be published יָצָא לָאוֹר
chance, happen (colloq.) gain (colloq) יָצָא לוֹ פ'
be carried out, be implemented יָצָא לַפּוֹעַל
lose control יָצָא מִגִּדְרוֹ
go out of one's mind יָצָא מִדַּעְתּוֹ
lose one's temper יָצָא מִכֵּלָיו
prostitute, streetwalker יַצְאָנִית נ'
pure oil יִצְהָר ז'
export(s) יְצוּא ז'
exporter יְצוּאָן ז'
shaft יָצוּל ז'
bed, couch יָצוּעַ ז'
cast, poured, forged יָצוּק ת'
creature יְצוּר ז'
coming or going out, exit, departure יְצִיאָה נ'
breathing one's last expiring יְצִיאַת הַנְּשָׁמָה נ'
stable, firm, steady יַצִּיב ת'
stability, firmness, steadiness יַצִּיבוּת נ'
representative יָצִיג ת'
balcony, gallery יָצִיעַ ז'
casting, pouring, forging יְצִיקָה נ'
creature יְצִיר ז'
his own creation יְצִיר כַּפָּיו ז'

creation; work (of art, etc.) יְצִירָה נ׳
creative יְצִירָתִי ת׳
cast, pour יָצַק פ׳
create, produce, form יָצַר פ׳
instinct; impulse, desire, passion יֵצֶר ז׳
good nature, good impulse יֵצֶר הַטּוֹב ז׳
evil nature יֵצֶר הָרָע ז׳
instinctual; instinctive יִצְרִי ת׳
manufacturer, maker יַצְרָן ז׳
wine-cellar, wine-press יֶקֶב
burn, blaze יָקַד פ׳
blaze, fire יְקוֹד ז׳
the world, the universe; creation יְקוּם, הַיְקוּם ז׳
hyacinth יַקִּינְתּוֹן ז׳
waking up, awakening יְקִיצָה נ׳
beloved, dear(est); worthy, honorable יַקִּיר ת׳
freemen of the city of Jerusalem יַקִּירֵי יְרוּשָׁלַיִם ז״ר
awake, wake up יָקַץ (יִיקַץ) פ׳
dear, precious, expensive יָקָר ת׳
rare יְקַר־הַמְּצִיאוּת ת׳
valuable יְקַר עֵרֶךְ ת׳
honor, worthiness, glory יְקָר ז׳
person who charges a high price, profiteer יַקְרָן ז׳
fear, be afraid of יָרֵא פ׳
Good fearing יְרֵא שָׁמַיִם ת׳
fearful, afraid יָרֵא ת׳
awe, reverence, fear יִרְאָה נ׳
amaranth יַרְבּוּז ז׳
great tit (lird) יַרְגָּזִי ז׳
go down, come down; deteriorate; decrease; emigrate (from Israel) יָרַד פ׳
fully understand someone יָרַד לְסוֹף דַּעְתּוֹ פ׳
become poor יָרַד מִנְּכָסָיו פ׳
companionway, gangway יַרְדָּה נ׳
shoot, fire; throw, hurl יָרָה פ׳
cataract יָרוֹד ז׳
low, shabby, run-down, reduced יָרוּד ת׳
green יָרוֹק ת׳
evergreen יְרוֹק־עַד ת׳
green algae; chlorosis יְרוֹקָה נ׳
inheritance, legacy יְרוּשָׁה נ׳
moon יָרֵחַ ז׳
month (lunar) יֶרַח ז׳
monthly (journal) יַרְחוֹן ז׳
lunar יַרְחִי ת׳
shooting, firing, gunfire יְרִי ז׳
rival, opponent, adversary יָרִיב ז׳
market, fair יָרִיד ז׳
going or coming down, descent, deterioration; emigration (from Israel) יְרִידָה נ׳
shooting, firing, shot יְרִיָּה נ׳
length of cloth; tent-canvas; curtain, hanging; proof-sheet יְרִיעָה נ׳
spitting, expectoration יְרִיקָה נ׳
thigh, hip, loin יָרֵךְ נ׳
end, outermost part יַרְכָה נ׳, יַרְכָתַיִים נ״ז
spit, expectorate יָרַק פ׳
greens, greenery יֶרֶק ז׳
vegetable; herbage יָרָק ז׳

greengrocer יַרְקָן ז׳
greenish יְרַקְרַק ת׳
inherit, take possession of יָרַשׁ פ׳
there is, there are יֵשׁ תה״פ
some say יֵשׁ אוֹמְרִים
intend to יֵשׁ בְּדַעְתּוֹ
be enough to יֵשׁ בּוֹ כְּדֵי
must, have to, need יֵשׁ ל
be angry with someone יֵשׁ בְּלִבּוֹ עָלָיו
existence, reality יֵשׁ ז׳
sit, sit down; dwell, live, reside; meet (comittee, etc.); do time in prison (slang) יָשַׁב פ׳
be idle, not worke יָשַׁב בָּטֵל
be very restless יָשַׁב עַל גֶּחָלִים
wrestle with a problem יָשְׁבוּ עַל הַמְּדוֹכָה
be on tenterhooks יָשַׁב עַל סִיכּוֹת
be chairman יָשַׁב רֹאשׁ
observed the shiva (ritual seven days of mourning) יָשַׁב שִׁבְעָה
behind, buttocks, bottom יַשְׁבָן ז׳
seated, sitting יָשׁוּב ת׳
salvation, redemption יְשׁוּעָה נ׳
'straight' (in racing course) יְשׁוֹרֶת נ׳
being, existence; entity יֵשׁוּת נ׳
sitting; settlement, dwelling; meeting, session, yeshiva (Jewish religious academy) יְשִׁיבָה נ׳
sitting cross-legged יְשִׁיבָה מִזְרָחִית נ׳

applicable יָשִׂים ת׳
desert, waste יְשִׁימוֹן ז׳
applicability יְשִׂימוּת נ׳
direct, straight, non-stop יָשִׁיר ת׳
directly יְשִׁירוּת תה״פ
old and venerable person יָשִׁישׁ ז׳
sleep יָשֵׁן, יָשַׁן פ׳
old יָשָׁן ת׳
she is, there is (feminine) יֶשְׁנָהּ
he is, there is (masculine) יֶשְׁנוֹ
deliverance, salvation יֶשַׁע ז׳
jasper יָשְׁפֵה ז׳
go straight; be straight יָשַׁר פ׳
seem right to someone יָשַׁר בְּעֵינָיו פ׳
well done, bravo! יִישַׁר כּוֹחַ!
straight, level; upright, honest יָשָׁר ת׳
straight to the point יָשָׁר לָעִנְיָן
Israeli יִשְׂרְאֵלִי ת׳
straightness; honesty, integrity יַשְׁרוּת נ׳
peg, tent-peg יָתֵד נ׳
tongs יַתּוּךְ ז׳
orphan יָתוֹם ז׳, יְתוֹמָה נ׳
mosquito; gnat יַתּוּשׁ ז׳
superfluous, excessive יַתִּיר ת׳
orphanhood יַתְמוּת נ׳
extra, more than usual, excessive, superfluous יָתֵר, יָתִיר ת׳
moreover יְתֵרָה מִזּוֹ
the rest, the remainder; surplus, excess; string (of bow); hypotenuse (geometry) יֶתֶר ז׳

יָתֵר עַל כֵּן moreover, besides
יִתְרָה נ' balance (financial)

יִתְרוֹן ז' advantage, superiority; profit, gain
יַתֶּרֶת נ' appendix, lobe (anatomy)

כ

כְּ־ כַּ־...	like, as; about
כָּאַב פ'	hurt, ache
כְּאֵב ז'	pain, ache
כָּאוּב ת'	painful
כְּאִילוּ תה"פ	as if, as though
כָּאן תה"פ	here; now
כַּאֲשֶׁר	when, as, while
כַּבָּאוּת נ'	fire-fighting
כַּבַּאי ז'	fireman, fire-fighter
כָּבַד פ'	be heavy, be weighty
כָּבֵד ת'	heavy, weighty; grave, serious
כְּבַד פֶּה ת'	having a speech impediment
כְּבַד שְׁמִיעָה ת'	hard of hearing
כְּבַד תְּנוּעָה ת'	slow and awkward
כָּבֵד ז'	liver
כְּבֵדוּת נ'	heaviness, weight
כָּבָה פ'	be extinguished, go out
כָּבוֹד ז'	honor, respect
כְּבוּדָּה נ'	property, baggage; load
כָּבוּי ת'	extinguished
כָּבוּל ת'	bound, chained
כָּבוּשׁ ת'	conquered, subjugated; pickled, preserved; repressed
כְּבוּשִׁים ז"ר	pickles, preserves, conserves
כְּבִידָה נ'	gravitation
כִּבְיָכוֹל תה"פ	supposedly, so-called, so to speak, as it were
כָּבִיס ת'	washable
כְּבִיסָה נ'	washing, laundry
כַּבִּיר ת'	grand, great, mighty, terrific
כְּבִישׁ ז'	road, highway
כְּבִישׁ מָהִיר ז'	motorway
כְּבִישׁ עוֹקֵף ז'	by-pass
כְּבִישָׁה נ'	pickling, preserving; repressing
כָּבַל פ'	bind, tie, chain, fetter
כֶּבֶל ז'	cable; chain, fetter
כַּבְלִיל ז'	cablet
כַּבְלִית נ'	cableway, telpher
כַּבְלָר ז'	(cable) jointer, splicer
כְּבָסִים ז"ר	washing, laundry
כְּבָר תה"פ	already; at last
כְּבָרָה נ'	sieve
כִּבְרַת דֶּרֶךְ נ'	measure of distance
כִּבְרַת אֲדָמָה, כִּבְרַת קַרְקַע נ'	plot of land
כֶּבֶשׂ ז', כִּבְשָׂה נ'	sheep; lamb
כֶּבֶשׁ ז'	ramp, gangway
כָּבַשׁ פ'	conquer, subdue, subjugate; plckle, preserve; repress
כָּבַשׁ אֶת יִצְרוֹ, כַּעְסוֹ	control one's passions, control one's anger
כָּבַשׁ אֶת לִבּוֹ	win someone's heart
כִּבְשָׁן ז'	furnace, kiln
כְּגוֹן תה"פ	for example, like, as for instance
כַּד ז'	jug, pitcher
כְּדָאִי ת', כְּדַאי, כְּדֵיי תה"פ	worth-while
כְּדָאִיּוּת נ'	worthwhileness, profitableness
כִּדְבָעֵי תה"פ	properly, as required

כַּדּוֹמֶה, וְכַדּוֹמֶה (וכד׳) and so on, and the like
כַּדּוּר ז׳ ball; globe, sphere; bullet; pill, tablet
כַּדּוּר־סְרָק ז׳ dummy bullet
כַּדּוּר־עָף ז׳ volley ball
כַּדּוּר פּוֹרֵחַ ז׳ balloon (for flight)
כַּדּוּר תּוֹעֶה ז׳ stray bullet
כַּדּוּר־רֶגֶל, כַּדּוּרֶגֶל ז׳ football
כַּדּוּרַגְלָן ז׳ football player
כַּדּוּרִי ת׳ spherical, round, globular
כַּדּוּר־סַל, כַּדּוּרְסַל ז׳ basketball
כַּדּוּרְסַלָּן ז׳ basketball player
כַּדּוּרֶת נ׳ bowling, bowls
כְּדֵי תה״פ in order to; as much as
כַּדְכּוֹד ז׳ carbuncle, jacinth (gem)
כִּדְלְהַלָּן, כִּלְהַלָּן תה״פ as follows
כִּדְלְקַמָּן תה״פ as follows
כִּדְרוּר ז׳ dribbling (football, basketball)
כִּדְרֵר פ׳ dribble (football, basketball)
כֹּה תה״פ so, thus; here; now
כָּהָה פ׳ grow dark, grow dim
כֵּהֶה, כֵּיהֶה ת׳ dark, dull, dim
כְּהוֹגֶן תה״פ properly, suitably, decently
כָּהוּי ת׳ dull, dim, faint
כְּהוּנָּה נ׳ priesthood; tenure of office
כַּהֲלָכָה תה״פ properly, correctly, thoroughly
כַּהֶלֶת נ׳ alcoholism
כָּהֵנָּה מ״ג like them
כָּהֵנָּה וְכָהֵנָּה more of the same
כְּהֶרֶף עַיִן תה״פ instantaneously
כּוֹאֵב ת׳ painful, in pain
כּוֹבֶד ז׳ weight, heaviness, seriousness
כּוֹבֶד רֹאשׁ ז׳ seriousness
כּוּבַּד פ׳ be honored, be treated with respect
כּוֹבֵס ז׳ laundryman
כּוֹבֶסֶת נ׳ laundrywoman, washerwoman
כּוּבַּס פ׳ be laundered, be washed
כּוֹבַע ז׳ hat
כּוֹבָעוֹן ז׳ small hat; condom
כּוֹבָעִית נ׳ cap
כּוֹבְעָן ז׳ hat-maker, hatter, milliner; hat-merchant
כּוֹבֵשׁ ז׳ conqueror
כּוֹהֶל ז׳ alcohol, spirits
כּוֹהֲלִי ת׳ alcoholic, of alcohol
כּוֹהֵן, כֹּהֵן ז׳ priest, Kohen (Jew tracing descent from line of Temple priests)
כַּוָּה נ׳ window, grille, manhole
כְּוִויָּה נ׳ burn, scald
כָּוִויץ ת׳ shrinkable
כּוּוַּן פ׳ be directed, be aimed; be adjusted, be set, be tuned (instrument, etc.)
כַּוָּונָה נ׳ intention, purpose, meaning
כִּוְונוּן ז׳ adjustment, regulation, setting, tuning (instrument, etc.)
כַּוְונֶנֶת נ׳ regulator (on machine)
כַּוֶּנֶת נ׳ sight (on a weapon)

beekeeper כַּוָּורָן ז'
beehive, hive כַּוֶּורֶת נ'
lying, false, misleading כּוֹזֵב ת'
power, strength, force כּוֹחַ ז'
manpower כּוֹחַ אָדָם ז'
virility כּוֹחַ גַּבְרָא ז'
force of gravity כּוֹחַ הַמְּשִׁיכָה ז'
horsepower כּוֹחַ סוּס ז'
will-power כּוֹחַ רָצוֹן ז'
be modelled (in clay) כּוּיַּר פ'
niche, recess, crypt כּוּךְ ז'
star, planet; asterisk כּוֹכָב ז'
all, the whole כּוֹל, כָּל
supermarket, department store; refuse bowl; Jack of all-trades כּוֹל בּוֹ ז'
omnipotent כּוֹל יָכוֹל ז'
including, inclusive כּוֹלֵל ת'
any כּוֹלְשֶׁהוּ
priest (Christian), parson, clergyman כּוֹמֶר ז'
beret כּוּמְתָּה נ'
be named, be called; be nicknamed כּוּנָּה פ'
establish, found, set up כּוֹנֵן פ'
rack כּוֹנָן ז'
state of alert, readiness כּוֹנְנוּת נ'
rack of shelves, book case כּוֹנָנִית נ'
receiver (in case of bankruptcy) כּוֹנֵס נְכָסִים ז'
viola כּוֹנֶרֶת נ'
glass, tumbler כּוֹס נ'
owl כּוֹס ז'
coriander כּוּסְבָּר ז'
be covered (up) כּוּסָּה פ'

small glass כּוֹסִיָּה, כּוֹסִית נ'
spelt, buck wheat כּוּסֶּמֶת נ'
multiplier (arithmetic) כּוֹפֵל ז'
bend (down) כּוֹפֵף פ'
unbeliever, atheist, heretic, infidel כּוֹפֵר ז'
ransom; asphalt, pitch; camphor כּוֹפֶר ז'
be atoned for, be forgiven כּוּפַּר פ'
dumpling כּוּפְתָּה נ'
be buttoned (up) כּוּפְתַּר פ'
smelting furnace, melting-pot, crucible כּוּר ז'
be wrapped up כּוּרְבַּל פ'
miner כּוֹרֶה ז'
necessity, compulsion כּוֹרַח ז'
bookbinder, binder כּוֹרֵךְ ז'
be bound כּוֹרַךְ פ'
binder, file כּוֹרְכָן ז'
vinegrower, vinedresser כּוֹרֵם ז'
armchair, easychair כּוּרְסָה נ'
be gnawed, be nibbled; be eroded כּוּרְסַם פ'
be cut down, be hewn כּוֹרַת פ'
negro, black; Ethiopian כּוּשִׁי ת'
feeble, helpless, failing; bungler כּוֹשֵׁל ת', ז'
be bewitched, be enchanted כּוּשַּׁף פ'
fitness; capability, capacity כּוֹשֶׁר ז'
physical fitness כּוֹשֶׁר גּוּפָנִי ז'
effectiveness כּוֹשֶׁר פְּעוּלָּה ז'
shirt כּוּתּוֹנֶת, כְּתוֹנֶת נ'
wall כּוֹתֶל ז'

הַכּוֹתֶל הַמַּעֲרָבִי ז׳ — the Wailing Wall, the Western Wall (of the Temple)
כּוּתְנָה נ׳ — cotton
כּוֹתֶפֶת נ׳ — epaulette
כּוֹתֶר ז׳ — title (of book)
כּוּתַּר פ׳ — be encircled, be surrounded, be cut off
כּוֹתֶרֶת נ׳ — heading, headline; corolla; capital (of pillar)
כָּזָב ז׳ — lie, falsehood, deceit
כְּזַיִת תה״פ — very little, minute
כָּח פ׳ — spit, bring up phlegm
כָּחוֹל ת׳ — blue
כָּחוּשׁ ת׳ — thin, lean, meager
כִּחְכֵּחַ פ׳ — clear one's throat
כֹּחַל ז׳ — kohl, antimony, eye-shadow
כָּחָל ז׳ — roller (bird)
כְּחַלְחַל ת׳ — bluish, light blue
כָּחַשׁ פ׳ — become thin, lean
כַּחַשׁ ז׳ — deceit, lie(s)
כִּי מ״ח, תה״פ — because, for; that
כִּי אָז — then
כִּי אִם — but (after negative)
כַּיָּאוּת תה״פ — fittingly, properly, as is fitting, as is proper
כִּיב ז׳ — ulcer
כִּיבֵּד פ׳ — honor, respect; offer food to; sweep out, clean
כִּיבָּה פ׳ — extinguish, put out
כִּיבּוּד ז׳ — honoring; respect; offering food to; cleaning
כִּיבּוּי ז׳ — extinguishing, putting out, turning off (light, etc.)
כִּיבּוּי אוֹרוֹת ז׳ — lights out
כִּיבּוּשׁ ז׳ — conquering; conquest, subjection
כִּיבּוּשׁ הַיֵּצֶר ז׳ — self control
כִּיבֵּס פ׳ — launder, wash
כִּידוֹן ז׳ — javelin, spear; bayonet
כִּידֵּר פ׳ — make round, shape into a ball
כִּיהֵן פ׳ — officiate; hold office
כִּיווּן ז׳ — direction; adjustment, tuning (instrument etc.)
כִּיוֵּון פ׳ — direct, aim; adjust, tune (instrument, etc.)
כֵּיוָן שֶׁ — since, because, seeing that
כִּיווּץ ז׳ — shrinking, contracting; gather (in sewing)
כִּיוֵּוץ פ׳ — shrink, contract; gather (in sewing)
כִּיוּל ז׳ — gauging, measuring, calibrating, calibration
כַּיּוֹם תה״פ — now, nowadays
כַּיּוֹצֵא בּוֹ — and the like, similar to it, its like
כִּיּוֹר ז׳ — sink, wash-basin
כִּיּוּר ז׳ — modelling (in clay, etc.)
כִּיּוֹרֶת נ׳ — plasticine
כִּיזֵּב פ׳ — lie, deceive, mislead
כִּיחַ ז׳ — phlegm
כִּיחָה נ׳ — expectoration, bringing up or coughing up (phlegm)
כִּיחֵשׁ פ׳ — deny, disclaim
כִּייֵּל פ׳ — calibrate, gauge, measure
כִּייֵּף פ׳ — enjoy oneself, have a good time (colloq.)
כַּיָּיס ז׳ — pickpocket
כִּיֵּיר פ׳ — model (in clay, etc.)

כִּיכָּר נ׳ square, plaza, circle; loaf
כִּילָה נ׳ canopy (over a bed)
כִּילָה פ׳ finish, exhaust, destroy
כִּילַיי, כִּילַי ז׳ skinflint, miser
כִּילָיוֹן ז׳ destruction, extermination
כֵּילַף ז׳ adze
כִּימַאי ז׳ chemist
כִּימִי ת׳ chemical
כִּימְיָה נ׳ chemistry
כִּינָה נ׳ louse
כִּינָּה פ׳ name, call; nickname
כִּינּוּי ז׳ name; nickname; pronoun
כִּינּוּן ז׳ establishing, founding
כִּינּוּס ז׳ conference, convention
כִּינּוֹר ז׳ violin, fiddle
כִּינֶּמֶת נ׳ pediculosis, infestation with lice
כִּינֵּס פ׳ gather, assemble, collect
כִּיס ז׳ pocket
כִּיסֵּא ז׳ chair, seat; throne
כִּיסֵּא גַלְגַלִּים ז׳ wheel chair
כִּיסֵּא חַשְׁמַלִּי ז׳ electric chair
כִּיסֵּא מִתְקַפֵּל ז׳ folding chair
כִּיסֵּא נוֹחַ ז׳ deck chair
כִּיסָּה פ׳ cover; cover up
כִּיסּוּי ז׳ cover; covering (act of)
כִּיסַּחַ פ׳ cut down (weeds, etc.); beat up, make mincemeat of (slang)
כִּיסָן ז׳ stuffed pastry
כִּיעוּר ז׳ ugliness; making ugly
כִּיעֵר פ׳ make ugly
כֵּיף, כֵּייף ז׳ fun (colloq)
כִּיפָּה נ׳ dome, cupola; skullcap (worn by religious Jews)

כִּיפּוּף ז׳ bending
כִּיפּוּר ז׳ atoning, atonement, expiation
כִּיפֵּחַ ת׳ very tall, long-legged
כִּיפֵּר פ׳ atone for, expiate
כֵּיצַד תה״פ how
כִּירָה נ׳ hot plate (for cooking)
כִּירַיִים נ״ז stove, cooking-stove
כִּישּׁוּף ז׳ enchantment, magic spell, witchcraft
כִּישּׁוּרִים ז״ר qualifications
כִּישָּׁלוֹן ז׳ failure
כִּישֵּׁף פ׳ bewitch, cast a spell over
כִּיתָּה נ׳ class, grade; section; sect; faction; platoon, detachment
כִּיתָּתִי ת׳ factional, sectional
כִּיתּוּר ז׳ encirclement, surrounding
כִּיתֵּף פ׳ shoulder, carry on the shoulder
כִּיתֵּר פ׳ encircle, surround
כִּיתֵּת פ׳ crush, pulverize
כָּךְ, כָּכָה תה״פ so, thus
כָּל, כּוֹל ז׳ all, the whole, each; every
כָּל הַכָּבוֹד! bravo! well done, good show
כָּל זְמַן שֶׁ as long as, so long as
כָּל טוּב! all the best!
כָּל כָּךְ so much, as much
כָּל עוֹד as long as, so long as
כֶּלֶא ז׳ prison, jail
כָּלָא פ׳ imprison, jail
כִּלְאַיִם ז״ז cross-breeding, cross-fertilization, hybrid

כֶּלֶב ז׳ dog
כֶּלֶב יָם ז׳ seal
כֶּלֶב נָהָר (כֶּלֶב מַיִם) ז׳ otter
כְּלַבְלָב ז׳ puppy, small dog
כַּלְבָן ז׳ dog breeder, dog trainer
כַּלֶּבֶת נ׳ rabies, hydrophobia
כָּלָה פ׳ end, come to an end, perish
כַּלָּה נ׳ bride, betrothed; daughter-in-law
כְּלְהַלָּן תה״פ as follows
כָּלוּא ת׳ imprisoned, jailed
כְּלוּב ז׳ cage
כָּלוּחַ ת׳ obsolete, extinct
כָּלוּל ת׳ included
כְּלוּלוֹת נ״ר engagement; nuptials
כְּלוּם ז׳ something; (after negative) nothing
כְּלוֹמַר תה״פ that is to say, in other words, namely
כְּלוֹנָס ז׳ stilt, long pole
כֶּלַח ז׳ obsolescence
כְּלִי ז׳ tool, implement; utensil; vessel
כְּלֵי זֶמֶר ז״ר musical instruments; popular musicians
כְּלֵי קוֹדֶשׁ ז״ר sacred objects; religious officials
כְּלֵי קֶשֶׁת ז״ר string instruments
כְּלֵי רֶכֶב ז״ר motor vehicles
כְּלִי שָׁרֵת ז׳ tool
כִּלַי, כִּלַּיי ת׳ stingy, mean, miserly
כַּלִיא־בָּרָק ז׳ lightning-conductor
כְּלִיב ז׳ staple
כִּלְיָה נ׳ kidney
כְּלָיָה נ׳ destruction, annihilation
כָּלִיל ת׳, תה״פ entire, total; entirely, totally
כְּלִיל הַשְּׁלֵמוּת ת׳ the acme of perfection
כְּלִיל(ת) יוֹפִי ת׳ perfectly beautiful
כְּלִילוּת נ׳ integrity
כְּלִימָה נ׳ shame, disgrace
כָּלִיף ז׳ caliph
כִּלְכֵּל פ׳ maintain, provide for
כַּלְכָּלָה נ׳ economics; economy
כַּלְכְּלָן ז׳ economist
כָּלַל פ׳ include, comprise
כְּלָל ז׳ rule, regulation
כְּלָל וּכְלָל לֹא תה״פ not at all
כְּלָלִי ת׳ general; universal
כַּלָּנִית נ׳ anemone
כִּלְעוּמַּת שֶׁבָּא תה״פ just as, in the same way as he came
כְּלַפֵּי תה״פ towards; with respect to, in respect of
כִּמְדוּמֶה it seems, it appears
כִּמְדוּמַנִי it seems to me, it appears to me
כַּמָּה תה״פ how many, how much; several
כָּמַהּ פ׳ long for, yearn, pine
כָּמֵהַּ ת׳ longing, yearning, pining
כְּמֵהָה נ׳ truffle
כְּמוֹ תה״פ like, as; as if
כְּמוֹ כֵן תה״פ likewise, also
כַּמּוּבָן תה״פ of course
כַּמּוֹן ז׳ cumin
כָּמוֹנִי כָּמוֹךָ I'm just like you
כָּמוּס ת׳ latent; hidden
כְּמוּסָה נ׳ capsule
כְּמוּרָה נ׳ clergy, priesthood

כָּמוּשׁ ת'	withered, wrinkled, shrivelled
כְּמוֹת תה"פ	like, as
כְּמוֹת שֶׁהוּא	just as he [it] is
כַּמּוּת נ'	quantity, amount
כַּמּוּתִי ת'	quantitative
כִּמְטַחֲוֵי תה"פ	within the range of
כְּמִיהָה נ'	longing, yearning, languishing
כְּמִישָׁה נ'	withering, wrinkling, shrivelling
כִּמְעַט תה"פ	almost, nearly
כִּמְעַט הִתְעַלַּפְתִּי	I nearly fainted
כָּמַשׁ פ'	wither, wrinkle, shrivel
כֵּן תה"פ	yes; so, thus
כֵּן ת'	truthful, right, honest, sincere
כֵּן ז'	base, stand, pedestal
כַּנָּה נ'	easel, stand; stock (for grafting), shoot
כְּנוּפְיָה נ'	gang, band
כֵּנוּת נ'	honesty, truthfulness, sincerity
כְּנִימָה נ'	insect-pest, plant-louse
כְּנִיסָה נ'	entering; entry, entrance
(הַ)כְּנִיסָה אֲסוּרָה	No entry
כְּנִיעָה נ'	surrender, yielding, submission, capitulation
כְּנִיעָה לְלֹא תְּנַאי נ'	unconditional surrender
כָּנַס פ'	collect, gather, assemble
כֶּנֶס ז'	conference, congress, assembly
כְּנֵסִיָּה נ'	church
כְּנֶסֶת נ'	Knesset (Israel's parliament); gathering
כָּנָף נ'	wing
כַּנָּר ז'	violinist, fiddler
כַּנִּרְאֶה תה"פ	apparently, it seems, evidently
כַּנָּרִית נ'	canary
כִּסּוּי ז'	cover, lid
כָּסוּף ת'	silvered
כְּסוּת נ'	covering, cover, garment
כַּסַח, כַּאסַח תה"פ	toughly (slang)
כָּסַח פ'	cut down (grass, etc.), trim; beat up, make mincemeat of (slang)
כְּסָיָה נ'	glove
כְּסִיחָה נ'	cutting down (grass, etc.), trimming
כְּסִיל ז'	fool, dunce; Orion
כַּסְכּוּסִים ז"ר	ground barley
כֶּסֶל ז'	folly, stupidity
כִּסְלֵו ז'	Kislev (Nov.-Dec.)
כָּסַס פ'	gnaw, chew
כֶּסֶף ז'	silver; money
כֶּסֶף קָטָן ז'	small change
כֶּסֶף תּוֹעָפוֹת ז'	plenty of money
כַּסְפִּי ת'	financial, monetary
כַּסְפִּית נ'	mercury, quicksilver
כַּסֶּפֶת נ'	safe; cash register
כֶּסֶת נ'	cushion, bolster; quilt
כְּעֵין תה"פ	a kind of, a sort of, like
כַּעַךְ ז'	ring-shaped roll, beigel
כִּעְכּוּעַ ז'	clearing one's throat
כִּעְכֵּעַ פ'	clear one's throat
כָּעַס פ'	be angry, rage
כַּעַס ז'	anger, rage
כַּעֲסָן ז'	irascible person, bad-tempered person

כָּעֵת תה״פ now, at present

כַּף נ׳ palm (of hand); sole (of foot); spoon; pan (of scales); the Hebrew letter Kaf

כַּף הַמֹּאזְנַיִים נ׳ pan (of scales)

כַּף נַעַל נ׳ shoehorn

כַּף סַיָּדִים נ׳ trowel

כֵּף ז׳ cape, headland; cliff, rock, promontory

כֵּף ר׳ כֵּיף

כְּפַאי ז׳ zugzwang (chess)

כָּפָה פ׳ force, compel, coerce

כָּפוּי ת׳ compelled, forced, coerced

כְּפוּי טוֹבָה ת׳ ungrateful

כָּפוּל ת׳ double; multiplied by

כָּפוּל וּמְכוּפָּל ת׳ manifold, many times over

כְּפוּלָה נ׳ multiple

כָּפוּף ת׳ bent, bowed; subordinate

כְּפוֹר ז׳ frost

כָּפוּת ת׳ tied up, trussed up, bound

כְּפִי תה״פ according to, as, like

כְּפִי הַנִּרְאֶה apparently, as it appears

כְּפִי שֶׁ as

כִּפְיוֹן ז׳ epilepsy

כְּפִיוּת טוֹבָה נ׳ ingratitude

כְּפִיָּה נ׳ compulsion, forcing, coercion

כְּפִיל ז׳ double, duplicate

כָּפִיל ז׳ double (person)

כְּפִילוּת נ׳ duplication

כָּפִיס ז׳ rafter, beam, girder

כָּפִיף ת׳ flexible, pliable

כְּפִיפָה נ׳ bending, bowing; wicker-basket

כְּפִיפוּת נ׳ subordination, subjection

כְּפִיר ז׳ young lion

כְּפִירָה נ׳ denial; heresy; atheism; young lioness

כַּפִּית נ׳ teaspoon, small spoon

כְּפִיתָה נ׳ binding, tying up

כָּפַל פ׳ double, multiply

כֶּפֶל ז׳ duplication, doubling; multiplication

כֶּפֶל כִּפְלַיִים ז׳ many times over

כְּפָל ז׳ duplicate, second copy

כִּפְלַיִים תה״פ doubly, twice

כָּפָן ז׳ famine, hunger

כָּפַף פ׳ bend; stoop

כֶּפֶף ז׳ bend, twist

כְּפָפָה נ׳ glove

כָּפַר פ׳ deny; disbelieve

כְּפָר ז׳ village

כַּפָּרָה נ׳ atonement, expiation; substitute

כַּפְרִי ת׳ rural, rustic, village

כָּפַת פ׳ tie up, truss, bind

כַּפְתּוֹר ז׳ button, stud; knob; switch; bud

כַּפְתּוֹר וָפֶרַח! marvellous! wonderful!

כִּפְתֵּר פ׳ button (up)

כַּר ז׳ cushion, pillow; meadow, field

כָּרָאוּי תה״פ properly, fittingly

כַּרְבּוֹלֶת נ׳ cock's comb, crest

כָּרֶגַע תה״פ at the moment

כָּרְגִיל תה"פ as usual
כָּרָה פ' dig up, dig a hole; mine
כְּרוּב ז' cabbage; angel, cherub
כְּרוּבִית נ' cauliflower
כְּרוּז ז' proclamation, announcement, manifesto
כָּרוֹז ז' herald, town-crier
כָּרוּי ת' dug, dug up, mined
כָּרוּךְ ת' wrapped, bound (book), involved, connected
כָּרוּךְ אַחֲרֶיהָ closely attached to her
כְּרוּכִית נ' strudel
כָּרוּת ת' cut down, cut off, hewn
כְּרָזָה נ' placard, poster
כַּרְטִיס ז' card; ticket
כַּרְטִיסִיָּה נ' card-index, card file; block of tickets
כַּרְטִיסָן ז' ticket-seller, ticket-collector
כִּרְטֵס פ' card-index
כַּרְטֶסֶת נ' card-index, card catalogue
כְּרִיָּה נ' digging (up), mining
כָּרִיךְ ז' sandwich
כְּרִיכָה נ' wrapping, binding (book); combining
כְּרִיכִיָּה נ' book bindery
כְּרִיעָה נ' kneeling
כָּרִישׁ ז' shark
כְּרֵישָׁה נ' leek
כָּרִית נ' pillow, cushion
כְּרִיתָה נ' cutting down or off; contracting (an alliance)
כְּרִיתוּת נ' divorce
כָּרַךְ פ' wrap, bind; combine, tie together

כֶּרֶךְ ז' volume (of a series)
כְּרַךְ ז' large town, city
כַּרְכּוֹב ז' rim, brim, cornice, curtain rail
כַּרְכּוֹם ז' saffron
כִּרְכֵּר פ' dance, leap, skip around
כִּרְכָּר ז' spinning top
כִּרְכָּרָה נ' cart, carriage
כַּרְכֶּשֶׁת נ' large intestine, colon
כֶּרֶם ז' vineyard
כֶּרֶס, כָּרֵס נ' belly, abdomen
כִּרְסוּם ז' gnawing, nibbling; eroding, erosion; etching, serrating; milling
כַּרְסוֹם ז' milling cutter
כַּרְסוֹמֶת נ' milling machine
כִּרְסֵם פ' gnaw, nibble; erode, eat away; etch, serrate; mill
כַּרְסְמָן ז' rodent
כְּרַסְתָּן ז' (big-) bellied
כָּרַע פ' kneel
כֶּרַע ז' leg
כַּרְפַּס ז' celery
כֶּרֶץ ז' thread-worm
כָּרַת פ' cut down or off, fell
כָּרֵת ז' extermination, excommunication, divine punishment by premature death
כְּשֶׁ when, as, while
כַּשּׁוּרָה תה"פ properly, correctly
כְּשׁוּת נ' hops
כַּשִּׁיל ז' sledge-hammer
כָּשִׁיר ת' fit, qualified
כְּשִׁירוּת נ' qualification, fitness

כִּשְׁכֵּשׁ פ׳ wag, wiggle
כָּשַׁל פ׳ stumble; fail
כֶּשֶׁל ז׳ failure, lapse
כְּשֵׁם שֶׁ תה״פ just as, as
כְּשָׁפִים ז״ר magic
כָּשֵׁר ת׳ fit, good, proper, right, legitimate; Kasher
כִּשְׁרוֹן ז׳ talent, ability, aptitude, skill
כִּשְׁרוֹנִי ת׳ talented, gifted
כַּשְׁרוּת נ׳ Kashrut (Jewish dietary fitness); fitness
כַּת נ׳ sect, denomination; group
כָּתַב פ׳ write
כְּתָב ז׳ writing, script, handwriting
כְּתַב אִישׁוּם ז׳ charge sheet
כְּתַב הָאֲמָנָה ז׳ credentials
כְּתַב־יָד ז׳ handwriting; manuscript
כְּתַב פַּלַסְתֵּר ז׳ lampoon, libel
כִּתְבֵי הַקּוֹדֶשׁ ז״ר Holy Scripture(s)
כַּתָּב ז׳ newspaper correspondent
כַּתָּבָה נ׳ press report, press despatch
כַּתְבָנִית נ׳ typist (female)
כָּתוּב ת׳ written
כְּתוּבָּה נ׳ Ketuba, Jewish marriage contract
כְּתוּבִים ז״ר the Writings (third part of Hebrew Bible)
כְּתוּבִית נ׳ subtitle (in television etc)
כְּתוֹבֶת נ׳ address; inscription
כָּתוֹם ת׳ orange (color), golden
כָּתוּשׁ ת׳ pounded, pulverized, crushed
כְּתוֹשֶׁת נ׳ pulp
כָּתוּת ת׳ crushed, pounded
כְּתִיב ז׳ spelling
כְּתִיב חָסֵר ז׳ 'defective' Hebrew writing (with less ו' and י' vowel letters)
כְּתִיב מָלֵא ז׳ plene spelling, (with more ו' and י' as vowels)
כְּתִיבָה נ׳ writing
כְּתִיבָה תַּמָּה נ׳ calligraphy
כְּתִיבוֹן ז׳ spelling-book
כְּתִישָׁה נ׳ pounding, crushing
כְּתִיתָה נ׳ pounding, crushing
כֶּתֶם ז׳ stain, blot, spot
כָּתֵף נ׳ shoulder
כְּתֵפָה נ׳ shoulder strap, suspender, brace
כְּתֵפִיָּה נ׳ shoulder strap, brace
כֶּתֶר ז׳ crown
כֶּתֶר מַלְכוּת ז׳ royal crown
כָּתַשׁ פ׳ pound, crush
כָּתַת פ׳ pound, crush, hammer flat

ל

ל (לְ, לַ, לָ, לֵ) **to, towards, into; for, in order to**

לֹא **no, not**

לֹא יוּצְלַח **good-for-nothing**

לֹא כְלוּם **nothing**

לָאָה פ׳ **be weary; fail**

לָאו תה"פ **no; not**

לָאו דַוְקָא **not necessarily**

לְאוֹם ז׳ **nation, people, folk**

לְאוּמִּי ת׳ **national; nationalistic**

לְאוּמִּיּוּת נ׳ **nationalism; nationality**

לְאוּמָנוּת נ׳ **ultra-nationalism; chauvinism**

לְאוּמָנִי ת׳ **ultra-nationalistic; chauvinistic**

לְאַט תה"פ **slowly, calmly**

לְאַלְתַּר תה"פ **immediately, forthwith**

לֵאמוֹר תה"פ **as follows, in these words: that is to say, namely**

לְאָן? תה"פ **where?, where to?**

לַאֲשׁוּרוֹ תה"פ **properly, well**

לֵב ז׳ **heart; core, center**

לֵב אֶבֶן ז׳ **heart of stone, cruelty**

לֵב אֶחָד ז׳ **of one mind, unanimous**

לֵב זָהָב ז׳ **heart of gold, kind-heartedness**

לֵבָב ז׳ **heart**

לְבָבִי ת׳ **hearty, cordial**

לְבָבִיּוּת נ׳ **heartiness, cordiality**

לְבַד תה"פ **alone, by oneself; by themselves**

לְבַד מִן **apart from**

לֶבֶד ז׳ **felt**

לַבָּה נ׳ **lava**

לָבוּד ת׳ **glued together, joined**

לְבוֹנָה ת׳ **frankincense**

לְבוּשׁ ז׳ **dress, clothing, attire**

לָבוּשׁ ת׳ **dressed, clothed**

לְבָטִים ז"ר **difficulty, doubts, struggle**

לָבִיא ז׳ **lion**

לְבִיבָה נ׳ **latke, patty**

לָבִיד ז׳ **plywood**

לְבַל תה"פ **lest, in order not to**

לִבְלֵב פ׳ **sprout, bud, blossom**

לַבְלָב ז׳ **pancreas**

לַבְלָר ז׳ **clerk**

לָבָן ת׳ **white**

לֶבֶן ז׳ **sour milk**

לְבַנְבַּן ת׳ **whitish**

לְבָנָה נ׳ **moon**

לְבֵנָה נ׳ **brick**

לִבְנֶה ז׳ **birch (tree)**

לִבְנָה נ׳ **lymph**

לַבְנוּן ז׳ **bleak (fish)**

לַבְנוּנִי ת׳ **whitish**

לְבָנוֹנִי תו"ז **Lebanese**

לַבְנוּנִית נ׳ **whiteness**

לְבָנִים ז"ר **underwear; bed-linen**

לַבְנִין, לַבְנִין הַכְּרוּב ז׳ **cabbage butterfly**

לַבְקָן ת׳ **albino**

לַבְקָנוּת נ׳ **albinism**

לָבַשׁ פ׳ **put on, wear, be dressed in**

לְגַבֵּי מ״י concerning, with regard to
לִגְיוֹן ז׳ legion
לְגִימָה נ׳ sipping, sip, tasting (drink), gulping
לָגִין ז׳ jar, jug
לִגְלֵג פ׳ sneer, scoff, mock, ridicule
לַגְלְגָן ז׳ scoffer, mocker
לִגְלוּג ז׳ sneering, scoffing, mockery, ridicule
לָגַם פ׳ take a mouthful (of drink), sip, gulp
לְגַמְרֵי תה״פ entirely, completely
לְדִידִי for my part, as for me
לַהַב ז׳ blade; flame; flash, glitter
לָהַב פ׳ flash, flame, glitter
לְהַבָּא תה״פ in (the) future, from now on, henceforth
לֶהָבָה נ׳ flame
לַהֲבִיוֹר ז׳ flame-thrower
לַהַג ז׳ dialect; prattle, twaddle
לָהַג פ׳ prattle, talk nonsense
לַהֲדָ״ם it's completely false, it's absolutely untrue (initial letters of (לֹא הָיוּ דְבָרִים מֵעוֹלָם
לָהוּט ת׳ eager, desirous, keen
לָהַט פ׳ blaze, flame, burn
לַהַט ז׳ blaze, fierce heat; fervor
לַהֲטוּט ז׳ conjuring trick, sleight of hand
לַהֲטוּטָן ז׳ conjurer, magician
לְהָטִים ז״ר magic tricks
לַהֲטָנוּת נ׳ eagerness, fervor
לָהִיט ז׳ popular song, hit
לְהִיטוּת נ׳ eagerness, enthusiasm, keenness
לְהַלָּן תה״פ further on, what follows, below
לְהֶפֶךְ תה״פ on the contrary, just the opposite
לַהַק ז׳ group (in air-force), squadron; flight (of birds)
לַהֲקָה נ׳ troupe (of artists); flight (of birds); pack of wolves
לְהִתְרָאוֹת! au revoir!, goodbye!
לוּא, לוּ מ״ח if; if only
לוֹבֶן ז׳ whiteness
לוּבַּן פ׳ be whitened, be bleached; be heated white-hot; be clarified
לוּבְנָן ז׳ sponge cake
לוֹהֵט ת׳ blazing, burning; ardent, eager, keen
לְוַאי, הַלְוַאי! if only, would that
לְוַאי ז׳ qualifier, attribute, adjunct (grammar); accompaniment
לוֹוֶה ז׳ borrower (of money)
לָוָה פ׳ borrow (money)
לוּוָּה פ׳ be accompanied; be escorted
לִוְיָה נ׳ diadem, garland, fillet
לִוְיַת חֵן נ׳ adornment, decoration
לְוָיָה נ׳ escort; funeral
לַוְיָן ז׳ satellite
לִוְיָתָן ז׳ whale
לוּז ז׳ almond tree, gland
לוּחַ ז׳ board; plate; tablet; table (math.); calendar

לוּחוֹת הַבְּרִית ז"ר **Tablets of the Covenant (bearing the Ten Commandments)**
לוּחִית נ' **small board, tablet or plate, number plate**
לוּחְלַח פ' **be moistened, be dampened**
לוֹחֵם ז' **fighter, warrior**
לוֹחְמָה נ' **warfare, fighting**
לוּט ת' **enclosed (in a letter)**
לוּכְלַךְ פ' **be dirtied, be soiled**
לוֹכְסָן ז' **stroke (/)**
לוּל ז' **hen-house; playpen**
לוּלֵא, לוּלֵי מ"ת **if not for, were it not, but for**
לוּלָאָה נ' **loop, tie; buttonhole**
לוּלָב ז' **palm branch**
לוֹלָב ז' **bolt**
לוּלְיָין ז' **acrobat**
לוּלְיָינוּת נ' **acrobatics**
לוּלְיָינִי ת' **spiral**
לוּלָן ז' **hen-keeper, poultry-farmer**
לוֹמַר **to say**
לוֹעַ ז' **mouth (of animal, gun, volcano); pharynx, throat**
לוֹעֲזִי ת' **foreign (not Hebrew)**
לוֹעֲזִית נ' **a foreign language**
לוּקַט פ' **be gleaned; be gathered, collected**
לַזְבֵּז ז' **frame, rim**
לְזוּת נ' **perverseness, crookedness**
לְזוּת שְׂפָתַיִים נ' **slander, calumny**
לַחַ ז' **moisture; vigor, freshness**
לַח ת' **damp, moist, humid**
לֵחָה נ' **phlegm**
לְחוּד תה"פ **separately, alone, apart**
לָחוּץ ת' **pressed**
לְחוּת נ' **dampness, moistness, humidity**
לַחֲזוֹרִין תה"פ **by rotation**
לְחִי, לֶחִי נ' **cheek; jaw**
לְחַיִּים מ"ק **to your health!, cheers!**
לְחִימָה נ' **fighting**
לָחִין ת' **tuneful, melodious**
לְחִיץ ז' **push-button**
לְחִיצָה נ' **pressing, urging**
לְחִישָׁה נ' **whispering; flickering**
לַחְלוּחִי ת' **slightly moist, dampish; fresh**
לַחְלוּחִית נ' **moistness, dampness; freshness**
לַחֲלוּטִין תה"פ **absolutely, completely, entirely**
לַחֲלוּפִין תה"פ **alternately**
לִחְלֵחַ פ' **moisten, dampen**
לָחַם פ' **fight, make war**
לֶחֶם ז' **bread; loaf of bread**
לֶחֶם חֶסֶד ז' **the bread of charity, living on charity**
לֶחֶם חוּקוֹ ז' **one's daily bread, one's regular source of income**
לֶחֶם עוֹנִי ז' **the bread of affliction, just enough food for subsistence**
לַחְמִית נ' **white of the eye, conjunctiva**
לַחְמָנִיָּה, לַחְמָנִית נ' **roll (of bread)**
לַחַן ז' **tune, melody**

לָחַץ פ' force, press; oppress
לַחַץ ז' pressure; oppression
לַחַץ דָּם ז' blood pressure
לָחַשׁ פ' whisper, prompt (on stage)
לַחַשׁ ז' whisper; incantation
לַחְשָׁן ז' prompter (on stage)
לָט פ' wrap up, enwrap, envelope
לְטָאָה נ' lizard
לְטִיפָה נ' caress(ing), pat(ting)
לָטַשׁ פ' polish; sharpen
לִי מ"ג to me, for me
לִיבֵּב פ' capture the heart, captivate, charm
לִיבָּה פ' fan (flames), stir up
לִיבָּה, לִבָּה נ' heart, core
לִיבּוּן ז' whitening, bleaching; clarifying; clarification
לִיבֵּן פ' whiten, bleach; clarify
לִיבְרִית נ' libretto
לְיַד מ"י beside, by
לֵידָה, לֵדָה נ' birth
לִיוָּה פ' accompany, escort
לִיוּוּי ז' accompanying, escorting; accompaniment, escort
לִיחֵךְ פ' chew, graze; lick, lap
לִיטוּף ז' caressing, stroking; caress, stroke
לִיטוּשׁ ז' polishing, polish; improving, perfecting
לִיטֵּף פ' caress, stroke
לִיטֵּשׁ פ' polish; improve, perfect
לִיכֵּד פ' unite, combine
לִיכּוּד ז' uniting, combining; unity

לַיִל, לֵיל, לַיְלָה ז' night
לֵיל שַׁבָּת ז' Shabbat eve (Friday night)
לֵילִי ת' nocturnal, nightly
לִילִית נ' owl; Lilith
לִילָךְ ז' lilac
לִימֵּד פ' teach, instruct
לִימּוּד ז' teaching; study, learning
לִימוֹן ז' lemon
לִינָה נ' lodging, staying overnight
לִיפֵּף פ' wrap up, swathe
לֵיצָן ז' clown, joker, jester
לִיקּוּי ז' blemish, defect, fault; eclipse
לִיקֵּט פ' collect, gather; glean
לִיקֵּק ' lick, lap; flatter (colloq.)
לַיִשׁ ז' lion
לִישָׁה נ' kneading
לֵךְ! go!
לְךָ מ"ג to you, for you, (masc.)
לָךְ מ"ג to you, for you, (fem.)
לִכְאוֹרָה תה"פ apparently, seemingly, at first glance
לָכַד פ' capture, seize, trap
לָכִיד ת' coherent
לְכִידָה נ' capturing, seizing, trapping; capture, seizure
לְכִידוּת נ' coherence
לְכָל הַיּוֹתֵר תה"פ at (the) most
לְכָל הַפָּחוֹת תה"פ at least
לִכְלוּךְ ז' dirtying; dirt, filth
לִכְלֵךְ פ' dirty, soil
לַכְלְכָן ז' dirty person
לָכֵן תה"פ therefore, so, accordingly
לְכַסֵּן פ' slant

raffia	לֶכֶשׁ ז'
from the beginning, a priori	לְכַתְּחִילָה תה"פ
without	לְלֹא
learn, study	לָמַד פ'
taught, instructed	לָמֵד ת'
sufficiently, enough, fairly, quite	לְמַדַּיי תה"פ
scholar, learned man	לַמְדָן ז'
erudition	לַמְדָנוּת נ'
why?, what for?	לָמָה? תה"פ
below; further on (in text)	לְמַטָּה, לְמַטָן תה"פ
learnable; teachable	לָמִיד ת'
learning	לְמִידָה נ'
with the exception of, excluding, except for	לְמַעֵט תה"פ
above, up	לְמַעְלָה,לְמַעְלָן תה"פ
in order that, so that; for the sake of; for	לְמַעַן תה"פ
actually, in fact	לְמַעֲשֶׂה תה"פ
retroactively; in advance (colloq.)	לְמַפְרֵעַ תה"פ
in spite of, despite	לַמְרוֹת תה"פ
for example	לְמָשָׁל תה"פ
stay overnight, lodge	לָן פ'
to us, for us	לָנוּ מ"ג
blouse	לְסוּטָה נ'
robbery	לִסְטוּת נ'
robber	לִסְטִים ז'
rob	לִסְטֵם פ'
A.D.	לַסְפִּירָה (לִסְפִירַת הַנוֹצְרִים)
jaw	לֶסֶת נ'
jeer at, mock, ridicule	לָעַג פ'
jeering, mockery, ridicule	לַעַג ז'
for ever, eternally, always	לָעַד תה"פ
for ever, eternally, always	לְעוֹלָם תה"פ
for ever and ever	לְעוֹלָם וָעֶד תה"פ
(in future) never	לְעוֹלָם לֹא
in contrast to, as against, compared with	לְעוּמַּת תה"פ
chewed, masticated; hackneyed, trite	לָעוּס ת'
slander; foreign language (not Hebrew)	לַעַז ז'
above, supra-	לְעֵיל תה"פ
chewing, mastication; talking on and on about the same thing (colloq.)	לְעִיסָה נ'
stutter, stammer	לְעָלַע פ'
wormwood; bitterness, gall	לַעֲנָה נ'
chew, masticate; talk on and on about the same thing (colloq.)	לָעַס פ'
about, approximately	לְעֵרֶךְ תה"פ
at the time	לְעֵת תה"פ
when the opportunity arises	לְעֵת מְצֹא תה"פ
for the time being	לְעֵת עַתָּה תה"פ
often	לְעִתִּים קְרוֹבוֹת תה"פ
seldom, rarely	לְעִתִּים רְחוֹקוֹת תה"פ
wrapped round, coiled round	לָפוּף ת'
at least	לְפָחוֹת תה"פ
according to	לְפִי מ"י
for the time being	לְפִי שָׁעָה תה"פ
torch	לַפִּיד ז'
therefore, accordingly, hence	לְפִיכָךְ תה"פ
clasping, gripping	לְפִיתָה נ'
just before	לִפְנוֹת תה"פ

לִפְנוֹת בּוֹקֶר תה"פ early in the morning
לִפְנוֹת עֶרֶב תה"פ towards evening
לִפְנֵי תה"פ before; in front of
לִפְנֵי הַסְפִירָה תה"פ B.C.
לִפְנֵי הַצָּהֳרַיִים תה"פ before noontime
לִפְנַיי תה"פ inside, within
לִפְנַיי וְלִפְנִים תה"פ well inside (the matter)
לְפָנִים תה"פ formerly; in front; forward
לִפְנִים תה"פ inside
לִפְעָמִים תה"פ sometimes
לָפַף פ' wrap around, swathe
לִפְרָקִים תה"פ sometimes, occasionally
לָפַת פ' clasp, grip
לֶפֶת נ' turnip
לִפְתָּן ז' compôte, stewed fruit
לְפֶתַע, לְפֶתַע פִּתְאוֹם תה"פ suddenly
לֵץ ז' joker, jester, clown
לָצוֹן ז' fun, frivolity
לִצְמִיתוּת תה"פ for ever, permanently
לָקָה פ' be stricken
לָקוֹחַ ז' customer, client, buyer
לָקוּי ת' defective, faulty
לִקּוּת נ' defect, deficiency
לָקַח פ' take
לָקַח חֵלֶק בּ פ' take part in
לָקַח עֵצָה מ פ' take advice from
לֶקַח ז' lesson, moral lesson
לָקַט פ' gather, collect; pick
לֶקֶט ז' collection; gleaning
לְקִיחָה נ' taking
לְקִיקָה נ' licking, lapping
לִקְלוּק ז' licking, lapping
לִקְלֵק פ' lick, lap
לְקַמָּן תה"פ further on, below
לָקַק פ' lick, lap
לַקְקָן ז' person, with a sweet-tooth; flatterer
לִקְרַאת תה"פ towards; for, in view of
לֶקֶשׁ ז' late crop
לָרִאשׁוֹנָה תה"פ for the first time
לְרַבּוֹת תה"פ including
לְרֶגֶל תה"פ on account of, because of; on the occasion of
לָרוֹב תה"פ generally, mostly; in plenty
לָרִיק תה"פ in vain
לָשׁ פ' knead
לְשַׁד ז' marrow; juice, vigor
לָשׁוֹן נ' tongue; language
לָשׁוֹן אַחֵר ז' in other words
לְשׁוֹן הַדִּיבּוּר נ' colloquial speech
לְשׁוֹן הַמֹּאזְנַיִים נ' pivot of balance
לְשׁוֹן הַקּוֹדֶשׁ נ' Hebrew, the Holy Tongue
לָשׁוֹן הָרָע נ' slander, malicious gossip
לְשׁוֹן חֲכָמִים נ' Mishnaic Hebrew
לָשׁוֹן נוֹפֵל עַל לָשׁוֹן pun, play on words
לְשׁוֹן נְקִיָּיה נ' euphemism
לְשׁוֹנַאי ז' linguist
לְשׁוֹנִי ת' linguistic, lingual
לִשְׁכָּה נ' office, bureau
לִשְׁכַּת מוֹדִיעִין נ' information
לִשְׁכַּת עֲבוֹדָה נ' labor exchange

לְשְׁלֶשֶׁת נ׳ **poultry manure**
לֶשֶׁם ז׳ **ligure; opal**
לְשֵׁם מ״י **for, for the sake of**
לְשֶׁעָבַר תה״פ **formerly, previously; ex-, past**
לְתוֹךְ **into**
לֶתֶת ז **malt**

מ

מִ־ (= מִן), מֵ־(לפני אהחע״ר) from, of; more than
מַאֲבוּס ז׳ feeding trough
מַאֲבָק ז׳ struggle, fight; anther
מַאֲגָר ז׳ storage reservoir, reserve
מְאַגְרֵף ז׳ boxing trainer
מְאַדֶּה ז׳ evaporator; carburettor
מַאְדִּים ז׳ Mars
מֵאָה ש״מ hundred; century
מְאַהֵב ז׳ lover, suitor
מַאֲהָל ז׳ encampment of tents
מְאוּבָּן ת׳, ז׳ petrified, fossilized; fossil
מְאוּבָּק ת׳ dusty, dust-covered, powdered
מְאוּגָּד ת׳ associated, organized, federated
מְאוֹד תה״פ very
מְאוֹד מְאוֹד תה״פ very much, exceedingly
מְאוּדֶּה ת׳ steamed (food)
מְאוֹהָב ת׳ in love, loving
מַאֲוַוי ז׳, מַאֲוַויִּים ז״ר desire, longing
מְאַוְורֵר ז׳ ventilator, fan
מְאוּוְורָר ת׳ aired, ventilated
מְאוּזָּן ת׳ balanced; horizontal
מְאוּחָד ת׳ united
מְאוּחֶה ת׳ closely joined together
מְאוּחְסָן ת׳ in storage, stored
מְאוּחָר ת׳ late, belated
מְאוּיָּשׁ ת׳ manned
מְאוּכְזָב ת׳ disappointed
מְאוּכְלָס ת׳ populated, inhabited
מְאוּלָּף ת׳ trained, tamed
מְאוּלָּץ ת׳ forced, compelled
מְאוּלְתָּר ת׳ improvised, impromptu
מְאוּם, מְאוּמָה ז׳ something; nothing (colloquial)
מְאוּמָּן ת׳ trained, skilled
מְאוּמָּץ ת׳ adopted; strenuous
מְאוּמָּת ת׳ verified, confirmed, authenticated
מְאוּנָּךְ ת׳ perpendicular, vertical, upright
מְאוּנְקָל ת׳ hooked, hook-shaped
מָאוּס ת׳ repulsive, loathsome
מְאוּפְיָין ת׳ characterized, typified
מְאוּפָּל ת׳ darkened, blacked-out
מְאוּפָּס ת׳ zeroed (weapon), calibrated
מְאוּפָּק ת׳ restrained, reserved, self-controlled
מְאוּפָּר ת׳ made up (actor)
מְאוּצְבָּע ת׳ digitate (botany)
מְאוּקְלָם ת׳ acclimated, acclimatized
מָאוֹר ז׳ light, lighting; source of light
מְאוּרְגָּן ת׳ organized
מְאוּרָה נ׳ den, lair
מְאוֹרָס ז׳ fiancé; betrothed, engaged
מְאוֹרָע ז׳ event, occurrence
מְאוּשְׁפָּז ת׳ hospitalized, in the hospital
מְאוּשָּׁר ת׳ happy, confirmed, approved

מְאוּשָׁשׁ ת׳ firm, steady
מְאוּתָּר ת׳ localized; located
מְאוֹתֵת ז׳ signaller
מַאֲזִין ז׳ מַאֲזִינָה listener
מַאֲזָן ז׳ balance, balance sheet
מֹאזְנַיִים ז״ז scales, balance
מַאֲחָז ז׳ handle, hold, grip; outpost (military)
מַאֲחֵז ז׳ paper clamp, paper clip
מְאַחֵר ת׳ late, tardy; latecomer
מֵאַחַר שֶׁ תה״פ since, as
מַאי? מ״ג what?
מֵאִידָךְ, מֵאִידָךְ גִּיסָא תה״פ on the other hand
מֵאֵימָתַי? תה״פ since when? from what time?
מֵאַיִן? תה״פ whence? where from?
מְאִיסָה נ׳ loathing, revulsion
מְאִיץ ז׳ accelerator
מְאִית נ׳ hundreth part, 1/100
מַאֲכָל ז׳ food; meal
מַאֲכֶלֶת נ׳ slaughterer's knife
מְאַלְחֵשׁ ז׳ anaesthetic; anaesthetist
מֵאֵלָיו תה״פ of itself, by itself, self-
מְאַלֶּמֶת נ׳ combine (machine), binder
מְאַלֵּף ז׳ trainer (of animals), tamer
מְאַלֵּף ת׳ instructive, revealing
מְאַלְרֵחַ ז׳ deodorant
מַאֲמִין ז׳ believer
מְאַמֵּן ז׳ trainer, instructor, coach
מַאֲמָץ ז׳ effort, exertion, strain
מַאֲמָר ז׳ article, essay; saying
מַאֲמָר מוּסְגָר ז׳ parenthesis
מַאֲמָר רָאשִׁי ז׳ leading article, leader (in newspaper)
מָאַס פ׳ loathe, despise, detest
מְאַסֵּף ז׳ rearguard; collection, anthology; slow bus or train (as opposed to express)
מַאֲסָר ז׳ imprisonment, prison
מַאֲסַר בַּיִת ז׳ house arrest
מַאֲסַר עוֹלָם ז׳ life imprisonment
מַאֲפֶה ז׳ pastry, something baked
מַאֲפִייָה נ׳ bakery
מַאֲפֵרָה נ׳ ash-tray
מַאֲרָב ז׳ ambush
מְאַרְגֵּן ז׳ organizer
מְאָרֵחַ ז׳ מְאָרַחַת נ׳ host, hostess
מַאֲרִיךְ ז׳ extension (of appliance)
מַאֲרֵךְ ז׳ extension rod
מֵאֵת מ״י from; by
מֵאֵת ש״י עַגְנוֹן by S.J. Agnon
מָאתַיִים ש״מ two hundred, 200
מַבְאִישׁ ת׳ stinking, foul, putrid
מַבְדֵּד ז׳ insulator
מִבְדּוֹק ז׳ dry dock
מְבַדֵּחַ ת׳ amusing, funny
מַבְהִיל ת׳ frightening, terrifying
מַבְהִיק ת׳ shining, glowing
מָבוֹא ז׳ entry, entrance; lane; introduction (to book), preface
מְבוֹאָר ת׳ explained, annotated
מְבוּגָּר ת׳ adult
מְבוּדָּד ת׳ insulated; isolated
מְבוּדָּח ת׳ amused, merry
מְבוֹהָל ת׳ hurried, hasty; frightened

מְבוּזְבָּז ת׳ wasted, squandered
מְבוּטָּא ת׳ pronounced, expressed
מְבוּטָּח ת׳ insured
מְבוּטָּל ת׳ insignificant, negligible; cancelled, annulled
מָבוֹי ז׳ lane, alley
מָבוֹי סָתוּם ז׳ impasse, dead end
מְבוּיָּל ת׳ stamped
מְבוּיָּם ת׳ staged, contrived; phony, rigged
מְבוּיָּץ ת׳ mixed with or coated with egg
מְבוּיָּשׁ ת׳ shamed, ashamed, embarrassed
מְבוּיָּת ת׳ domesticated, house-trained
מָבוֹךְ ז׳ maze, labyrinth
מְבוּכָה נ׳ perplexity, bewilderment, embarrassment
מַבּוּל ז׳ flood, deluge, inundation
מְבוּלְבָּל ת׳ confused, bewildered
מְבוּלְגָּן ת׳ in a mess (sl.)
מְבוּסָה נ׳ defeat, rout
מְבוּסָּם ת׳ perfumed; tipsy
מְבוּסָּס ת׳ established, well-based
מַבּוּעַ ז׳ spring, fountain
מְבוּצָּע ת׳ carried out, performed, executed
מְבוּצָּר ת׳ fortified
מְבוּקָּר ת׳ criticized; controlled, supervised; visited
מְבוּקָּשׁ ת׳ sought after, required
מְבוּרָג ת׳ unscrewed
מְבוֹרָךְ ת׳ blessed; welcome
מְבוּשִׁים ז״ר genitalia, pudenda
מְבוּשָּׁל ת׳ cooked, boiled
מְבוּשָּׂם, מְבוּסָּם ת׳ scented, perfumed; tipsy
מְבוּתָּר ת׳ dissected, cut up, cleft
מַבְזֵק ז׳ flash; salt-shaker
מַבְזֶקֶת נ׳ (salt etc.) shaker
מִבַּחוּץ תה״פ from outside, from without, externally
מִבְחָן ז׳ test, examination; trial
מִבְחָן קָשֶׁה ז׳ severe test, ordeal
מַבְחֵנָה נ׳ test tube
מִבְחָר ז׳ selection; the choicest, choice
מַבְחֵשׁ ז׳ ladle
מַבָּט ז׳ look, glance, glimpse
מִבְטָא ז׳ pronunciation, accent
מִבְטָח ז׳ trust, confidence; refuge
מַבְטֵחַ ז׳ safety-fuse
מַבְטִיחַ ת׳ promising
מַבְטִיחָן ז׳ one who often promises
מִבֵּין תה״פ from among, from
מֵבִין ז׳ expert, knowledgeable person, connoisseur
מְבִינוּת נ׳ expertise, knowledgeability
מֵבִישׁ ת׳ shameful, disgraceful
מִבַּיִת תה״פ from within, from inside, internally
מַבְלֵט ז׳ die, block
מַבְלְטָן ז׳ die maker
מִבְּלִי תה״פ without
מִבְּלִי מַשִׂים תה״פ without noticing
מַבְלִיג ת׳ restraining, controlling
מִבַּלְעֲדֵי תה״פ apart from, except, save

structure, build(ing); formation מִבְנֶה ז׳
structural מִבְנִי ת׳
self satisfied (sl. Arabic) מַבְּסוּט ת׳
expression, utterance מַבָּע ז׳
through, from behind מִבַּעַד לְ תה״פ
while it is still... מִבְּעוֹד תה״פ
terrifying, frightful מַבְעִית ת׳
burner, torch (for welding) מַבְעֵר ז׳
from within, from inside, internally מִבִּפְנִים תה״פ
performer, executor מְבַצֵּעַ ז׳, מְבַצַּעַת נ׳
project, operation מִבְצָע ז׳
operational מִבְצָעִי ת׳
fortress, castle מִבְצָר ז׳
critic; controller; visitor מְבַקֵּר ז׳, מְבַקֶּרֶת נ׳
Israel State Comptroller מְבַקֵּר הַמְּדִינָה ז׳
applicant מְבַקֵּשׁ ז׳, מְבַקֶּשֶׁת נ׳
rest home, sanatorium מִבְרָאָה נ׳
from the beginning מִבְּרֵאשִׁית תה״פ
screwdriver מַבְרֵג ז׳
convalescent מַבְרִיא ז׳, מַבְרִיאָה נ׳
smuggler מַבְרִיחַ, מַבְרִיחָן ז׳
shining, brilliant מַבְרִיק ת׳
cable, wire, telegram מִבְרָק ז׳
telegraph office מִבְרָקָה נ׳
brush מִבְרֶשֶׁת נ׳
cook מְבַשֵּׁל ז׳, מְבַשֶּׁלֶת נ׳
perfumery מִבְשָׂמָה, מִבְסָמָה נ׳
herald, forerunner, harbinger מְבַשֵּׂר ז׳, מְבַשֶּׂרֶת נ׳
cut מִבְתָּר ז׳
windscreen wiper; squeegee מַגָּב ז׳
jack (for raising vehicle) מַגְבֵּהַּ ז׳
elevation מִגְבָּה ז׳
range, gamut מִגְבּוֹל ז׳
increasing, amplifying מַגְבִּיר ת׳
megaphone מַגְבִּיר־קוֹל ז׳
fund-drive, collection, appeal מַגְבִּית נ׳
the United Jewish Appeal (הַ)מַּגְבִּית (הַ)יְּהוּדִית (הַ)מְאוּחֶדֶת נ׳
limitation, restriction מִגְבָּלָה נ׳
top hat מִגְבַּע ז׳
hat (with brim), trilby מִגְבַּעַת נ׳
amplifier מַגְבֵּר ז׳
towel מַגֶּבֶת נ׳
sweetness מֶגֶד ז׳
regiment commander מַגָּ״ד (מפקד גדוד) ז׳
definer, book of terms מַגְדִּיר ז׳
plant guide מַגְדִּיר צְמָחִים ז׳
tower מִגְדָּל ז׳
lighthouse מִגְדַּלּוֹר ז׳
magnifying glass מַגְדֶּלֶת, זְכוּכִית מַגְדֶּלֶת נ׳
pastry shop מִגְדָּנִיָּה נ׳
iron מַגְהֵץ ז׳
steam iron מַגְהֵץ אֵדִים ז׳
rake מַגּוֹב ז׳
piled up, heaped מְגוּבָּב ת׳
hunched, humped מְגוּבְנָן ת׳
clothes hanger מָגוֹד ז׳
large, sizeable מְגוּדָּל ת׳
fenced, enclosed מְגוּדָּר ת׳
ironed, pressed מְגוּהָץ ת׳

מְגוּוָּן ת׳ varied, diversified
מִגְוָון ז׳ variety, range
מְגוּחָךְ ת׳ ridiculous, absurd
מְגוּיָּס ת׳ mobilized, called up; committed (to cause)
מְגוּיָּר ת׳ converted to Judaism
מְגוּלְגָּל ת׳ rolled, rounded
מְגוּלֶּה ת׳ revealed, visible
מְגוּלְוָון ת׳ galvanized
מְגוּלָּח ת׳ shaved, shaven
מְגוּלָּח לְמִשְׁעִי ת׳ cleanly shaved
מְגוּלָּל ת׳ rolled up
מְגוּלָּף ת׳ carved, engraved
מְגוּמְגָּם ת׳ stammered, faltering
מְגוּנְדָּר ת׳ dressed up, dandified
מְגוּנֶּה ת׳ indecent, improper
מְגוּפָה נ׳ plug, cap
מְגוּפָּר ת׳ sulphurized
מָגוֹר ז׳ terror, dread
מְגוֹרָד ת׳ scraped, scratched
מְגוֹרֶה ת׳ stimulated, provoked
מְגוּרִים ז״ר living quarters
מְגוֹרָם ת׳ boned
מִגְזָזַיִים ז״ז shears
מִגְזָר ז׳ section, sector
מַגְזֵרָה נ׳ board saw, frame saw
מִגְזָרַיִים ז״ז wire-cutters
מַגִּיד ז׳ preacher
מַגִּיהַּ ז׳ proof-reader, corrector
מְגִילָּה נ׳ scroll
מְגִילַּת הָעַצְמָאוּת נ׳ (Israel) Declaration of Independence
מְגִינָּה נ׳ distress, sorrow
(לְ)מְגִינַּת לִבּוֹ to his sorrow
מָגִינּוֹר ז׳ lampshade
מַגִּיעַ ת׳ arriving, coming; deserved, merited
מַגִּיעַ לוֹ he deserves
מַגִּישׁ ז׳ waiter, steward; server (in tennis)
מַגִּישָׁה נ׳ waitress, stewardess
מַגָּל ז׳ sickle, reaping-hook
מַגְלֵב ז׳ whip, lash
מַגְלוֹל ז׳ tape measure
מַגְלֵחַ ז׳ razor, shaver
מִגְלַעַת נ׳ stoning machine
מַגְלֵף ז׳ engraving tool
מִגְלָפָה נ׳ engraver's workshop
מַגְלֵשׁ ז׳ skid (aeron.)
מִגְלָשׁ ז׳ ski
מַגְלֵשָׁה נ׳ slide; toboggan
מִגְלָשַׁיִים ז״ז skis
מְגַמְגֵּם ז׳ stutterer, stammerer
מְגַמָּה נ׳ aim, object, purpose; tendency; stream (of studies)
מְגַמָּתִי ת׳ tendentious
מָגֵן ז׳ shield, protection
מָגֵן־דָּוִיד ז׳ Star of David
מָגֵן דָּוִיד אָדוֹם Red Star of David (Israel Red Cross)
מַגֵּן ז׳ defender; back (football)
מַגְנֵט ז׳ magnet
מִגְנֵט פ׳ magnetize
מִגְנָן ז׳ defence structure
מִגְנָנָה נ׳ defensive
מָגֵס ז׳ (soup) tureen
מַגָּע ז׳ touch, contact
מַגָּף ז׳ high boot
מַגֵּפָה נ׳ plague, epidemic
מַגְפֵּר ז׳ sulfurator

מַגְרֵד ז' scraper; strigil
מְגָרֵד ת' itching, itchy
מְגָרֵד לִי בַּגַּב my back is itchy
מְגֵרָה נ' drawer (of desk, etc.)
מְגָרֶה ת' provocative, stimulating; irritating
מַגְרֵסָה נ' mill, grinder
מִגְרָע ז' groove
מִגְרָעָה נ' niche, recess, alcove
מִגְרַעַת נ' defect, fault
מַגְרֵפָה נ' rake
מִגְרָרָה נ' sled, sledge, sleigh
מִגְרֶרֶת נ' grater
מִגְרָשׁ ז' plot; lot; playing field
מַגָּשׁ ז' tray
מַגְשִׁים, מַגְשִׁימָן ז' realizer, embodier
מַד ז' measure, gauge, meter
מַד־מְהִירוּת ז' speedometer
מַדְמַיִם, מַד־מַיִם ז' water-meter
מִדְאָה נ' gliding-field
מַדְאוֹר ז' photometer, lightmeter
מַדְבֵּקָה נ' gummed label, sticker
מִדְבָּר ז' desert, wilderness
מִדְבָּרִי ת' desert
מִדְגָּם ז' sample, specimen
מַדְגְּמַן ת' modelling
מַדְגֵּרָה נ' incubator
מַדְגֶּשֶׁם ז' rain-gauge
מָדַד פ' measure, survey; try on
מַדָּד ז' index
מַדַּד יוֹקֶר הַמִּחְיָה ז' cost of living index
מְדוּבְלָל ת' sparse, straggly
מַדְוֶה ז' affliction, ill
מַדּוּחַ ז' lure
מְדוּיָּק ת' exact, precise
מְדוּכָּא ת' dejected, depressed, oppressed
מְדוּכְדָּךְ ת' depressed, dejected
מְדוֹכָה נ' (big) mortar; saddle
מְדוּלְדָּל ת' sparse; dangling, hanging
מְדוּמְדָּם ת' dazed, stupefied
מְדוּמֶּה ת' imaginary, seeming
מָדוֹן ז' contention, quarrel, strife
מַדּוּעַ תה"פ why?, for what reason?
מְדוּפְלָם ת' diplomaed, qualified
מָדוֹר ז' department, section, branch
מְדוֹרָג ת' graded; terraced
מְדוּרָה נ' bonfire, fire
מַדְזָווִית ז' protractor
מַדְזְמַן ז' chronometer; stop-watch
מַדְזֶרֶם ז' ammeter, ampermeter
מַדְחוֹם ז' thermometer
מַדְחָן ז' parking meter
מַדְחֵס ז' compressor
מַדְחֵף ז' propeller
מִדֵּי תה"פ whenever
מִדֵּי יוֹם בְּיוֹמוֹ תה"פ daily, every day
מִדֵּי פַּעַם (בפעם) תה"פ occasionally
מִדַּי, מִדַּיי תה"פ than required, than enough
מָדִיד ת' measurable
מַדִּיד ז' gauge
מְדִידָה נ' measurement, surveying; trying on
מֵדִיחַ ז' inciter, subverter
מֵדִיחַ (כֵּלִים) ז' dish-washer
מַדִּים ז"ר uniform

מְדִינַאי ז׳ **statesman, politician**
מְדִינָה נ׳ **state, country**
מְדִינִי ת׳ **political**
מְדִינִיּוּת נ׳ **policy, politics**
מְדַכֵּא ת׳ **depressing, oppressive**
מְדַכְדֵּךְ ת׳ **depressing, distressing**
מַדְלֶה ז׳ **derrick, crane**
מַדְלַחוּת, מַד־לַחוּת ז׳ **hygrometer**
מַדְלַחַץ, מַד־לַחַץ ז׳ **pressure gauge, manometer**
מַדְלִיף, מַדְלִיפָן ז׳ **one who leaks information**
מַדְלִיק, מַדְלִיקָן ז׳ **one who excites (sexually)**
מַדְלֵק ז׳ **lighter, igniter**
מְדַמֶּה ת׳ **imaginative**
מַדְמֶה ז׳ **simulator**
מַדְמֵנָה נ׳ **dunghill**
מְדָנִים ז״ר **quarrel, contention, strife**
מַדְנְשָׁם, מַד נְשִׁימָה ז׳ **spirometer**
מַדְסְקֶסֶת נ׳ **disc-harrow**
מַדָּע ז׳ **science; knowledge**
מַדָּעִי ת׳ **scientific; scholarly**
מַדְּעֵי הַחֶבְרָה ז״ר **social sciences**
מַדְּעֵי הַטֶּבַע ז״ר. **natural sciences**
מַדְּעֵי הַיַּהֲדוּת ז״ר **Jewish studies**
מַדְּעֵי הָרוּחַ ז״ר **humanities, the arts**
מַדְּעָן ז׳ **scientist**
מַדָּף ז׳ **shelf, ledge**
מַדְפִּיס, מַדְפִּיסָן ז׳ **printer**
מְדַקְדֵּק ז׳ **grammarian; precise or pedantic person**
מְדַקְלֵם ז׳ **reciter**
מַדְקֵר ז׳ **awl**

מַדְקֵרָה נ׳ **stab, piercing, prick**
מֶדֶר ז׳ **bevel**
מְדַרְבֵּן ת׳ **incentive, stimulating, urging**
מַדְרֵגָה נ׳ **step, stair; degree, level; terrace**
מַדְרוּחַ, מַד־רוּחַ ז׳ **wind-gauge, anemometer**
מִדְרוֹן ז׳ **slope, incline**
מִדְרְחוֹב ז׳ **mall**
מַדְרִיךְ ז׳ **instructor, guide**
מִדְרָךְ ז׳ **foothold; tread**
מִדְרַךְ כַּף רֶגֶל ז׳ **foothold**
מִדְרָכָה נ׳ **pavement, sidewalk**
מִדְרָס ז׳ **foot support**
מִדְרָסָה נ׳ **doormat**
מַדְרַעַשׁ ז׳ **seismograph**
מִדְרָשׁ ז׳ **midrash (homiletics); allegory, metaphor**
מִדְרָשָׁה נ׳ **college**
מִדְרָשִׁי ת׳ **midrashic, homiletic**
מִדְשָׁאָה נ׳ **lawn, grass**
מַדְשֶׁטַח, מַד־שֶׁטַח ז׳ **planimeter**
מַה, מָה, מֶה מ״ג מ״ק **what?; what; a little, some(what)**
מְהַבְהֵב ת׳ **flickering, glimmering, winking**
מְהַגֵּר ז׳ **immigrant, emigrant, migrant**
מַהֲדוּרָה נ׳ **edition, version**
מַהְדִּיר, מַהְדִּירָן ז׳ **editor, reviser**
מְהַדֵּק ז׳ **paper clip, clothes-peg, stapler**
מַהוּ מ״ג **what is it?, what is he?**
מְהוּגָּן ת׳ **decent, proper**
מָהוֹד ז׳ **resonator**

מְהוּדָק ת' tight, tightened, fastened

מְהוּדָר ת' splendid, elegant

מְהוּהַ ת' shabby, tattered

מָהוּל ת' dilute(d), adulterated; circumcised

מְהוּלָל ת' praised

מְהוּמְגָן ת' homogenized

מְהוּמָה נ' tumult, uproar, confusion

מְהוּפָּךְ ת' inverted; turned upside down or inside out

מְהוּפְּנָט ת' hypnotized

מְהוּקְצָע ת' planed, smoothed, polished

מְהוּרְהָר ת' pensive, thoughtful

מַהוּת נ' essence, true nature

מַהוּתִי ת' essential, real; immanent

מֵהֵיכָן תה"פ where from?, whence?

מְהִילָה נ' dilution, adulteration; circumcision

מְהֵימָן ת' reliable, trustworthy

מָהִיר ת' fast, quick

מְהִיר חֵמָה ת' quick-tempered

מְהִירוּת נ' speed, rapidity, velocity

מָהַל פ' dilute, adulterate

מַהֲלוּמָה נ' heavy blow, knock

מַהֲלָךְ ז' walking distance, walk; movement, move, course (of events)

מַהֲלַךְ חַיִּים ז' curriculum vitae

מַהֲמוֹרָה נ' pothole, pit

מְהַנְדֵּס ז' engineer

מַהְפָּךְ ז' reversal (of political fortunes, at the polls), complete change

מַהְפֵּכָה נ' revolution; overthrow; total disorder (colloq.)

מַהְפְּכָן ז' revolutionary, revolutionist

מַהְפְּכָנוּת נ' revolutionism, advocacy of revolution

מַהְפְּכָנִי ת' revolutionary

מְהַפְּנֵט ז' hypnotist

מַהֵר תה"פ quickly, fast, speedily

(בִּ)מְהֵרָה תה"פ quickly, very soon

מַהֲתַלָּה נ' joke, jest

מוּאָר ת' lit, illuminated

מוֹאֳרָךְ ת' lengthened, extended

מוֹאֲרָק ת' earthed (electricity)

מוּבָאָה נ' quotation, reference

מוּבְדָּל ת' separated

מוּבְהָק ת' outstanding; wholly characteristic

מוּבְהָר ת' clarified, clearly explained

מוּבְחָר ת' best, choice, selected

מוּבְטָח ת' promised, assured, guaranteed

מוּבְטָחְנִי ש' I (masc.) am certain

מוּבְטַחְתַּנִי ש' I (fem.) am certain

מוּבְטָל ת' unemployed, out of work

מוֹבִיל ז' carrier, conveyor, transporter, conduit

מוֹבִיל ת' leading (to place, or in race etc.)

מוּבְלָע ת' slurred over, elided, syncopated

מוּבְלָעָה, מוּבְלַעַת נ' enclave

מוּבָן ז' meaning, sense

מוּבָן ת׳ understood; understandable
מוּבָן מֵאֵלָיו ת׳ obvious, self-evident, self-explanatory
מוּבָס ת׳ trounced, defeated
מוּבְרָח ת׳ smuggled
מוּג־לֵב ת׳ coward
מוּגְבָּל ת׳ limited, restricted
מוּגְבָּלוּת נ׳ (state of) being limited; limited capacity; paucity
מוּגְבָּר ת׳ increased, intensified
מוּגְדָּל ת׳ enlarged, magnified
מוּגְדָּר ת׳ defined, classified; definite
מוּגָּה ת׳ proof-read, corrected, free from error
מוּגָז ת׳ aerated
מוּגְזָם ת׳ exaggerated
מוּגְלָד ת׳ congealed, covered with new skin
מוּגְלָה נ׳ pus
מוּגְלָתִי ת׳ festering, suppurating
מוּגְמָר ת׳ completed, finished
מוּגָן ת׳ defended, protected, shielded
מוּגְנַט פ׳ be magnetized
מוּגָף ת׳ closed, shut
מוּגַּר פ׳ be defeated, be destroyed
מוּגָּשׁ ת׳ offered, presented, served
מוּגְשָׁם ת׳ realized, implemented; materialized
מוּדְאָג ת׳ worried, anxious
מוּדְגָּם ת׳ exemplified, demonstrated
מוּדְגָּשׁ ת׳ emphasized, stressed
מוֹדֵד ז׳ index; gauge, meter; surveyor
מוֹדֶה ת׳ thankful, grateful; admitting
מוּדָּח ת׳ expelled, dismissed, removed (from office)
מוֹדִיעַ ז׳ announcer, informer
מוֹדִיעִין ז׳ information; information desk; intelligence
מוֹדָע ז׳ acquaintance, friend
מוּדָע ת׳ aware, conscious
מוּדָע ל conscious of, aware of
מוּדָע ז׳ conscious mind
מוֹדָעָה נ׳ notice, announcement; advertisement
מוּדָעוּת נ׳ awareness
מוּדְפָּס ת׳ printed
מוּדְרָג ת׳ graded, graduated
מוּדְרָךְ ת׳ instructed, guided
מוֹהֵל ז׳ circumcizer
מוֹהַר ז׳ bride-price
מָוֶת ז׳ death
מוֹז ז׳ banana
מוֹזֵג ז׳ bartender, barman
מוּזַג פ׳ be blended, be combined
מוּזְהָב ת׳ gilded, gold-plated
מוּזֵיאוֹן ז׳ museum
מוּזְכָּר ת׳ mentioned, referred to
מוּזָל ת׳ reduced (in price), cheaper
מוּזְמָן ת׳ invited; ordered
מוּזְנָח ת׳ neglected, uncared for
מוּזָר ת׳ strange, queer, odd

brain; brains, mind	מוֹחַ ז'
held; considered; supported	מוּחְזָק ת'
returned, restored	מוּחְזָר ת'
leased, rented	מוּחְכָּר ת'
rusty, rusted	מוּחְלָד ת'
absolute, definite	מוּחְלָט ת'
eraser, rubber	מוֹחַק ז'
excommunicated, boycotted; confiscated	מוּחְרָם ת'
the next day, the following day	מוֹחֶרֶת, מָחֳרָת תה"פ
the day after tomorrow	מוֹחֳרָתַיים תה"פ
concrete, tangible, perceptible, real	מוּחָשׁ, מוּחָשִׁי ת'
pole, rod, bar	מוֹט ז'
it's better that, so much the better	מוּטָב תה"פ
beneficiary, person to whom cheque etc. is made out	מוּטָב ז'
immersed; baptized	מוּטְבָּל ת'
shake, knock over	מוֹטֵט פ'
linkage, assembly of rods in a machine	מוֹטֶטֶת נ'
earpieces of eyeglasses	מוֹטִיוֹת הַמִּשְׁקָפַיִים נ"ר
stick, short rod	מוֹטִית נ'
imposed, inflicted; thrown	מוּטָל ת'
in doubt	מוּטָל בְּסָפֵק ת'
flown (by plane)	מוּטָס ת'
mistaken, erroneous	מוּטְעֶה ת'
stressed, accented	מוּטְעָם ת'
bothered, troubled	מוּטְרָד ת'

be sorted, be classified	מוּיָן פ'
cotton wool, fluff, down	מוֹךְ ז'
beaten, smitten; sick, ill	מוּכֶּה ת'
set, adjusted, tuned	מוּכְוָן ת'
bearer (initial letters of מוֹסֵר כְּתָב זֶה)	מוֹכַ"ז ז'
proved, proven	מוּכָח ת'
destroyed, wiped out	מוּכְחָד ת'
reprover, rebuker, admonisher	מוֹכִיחַ, מוֹכִיחָן ז'
be mechanized	מוּכַּן פ'
ready, prepared	מוּכָן ת'
fully prepared	מוּכָן וּמְזוּמָּן ת'
brought in, inserted	מוּכְנָס ת'
customs-officer	מוֹכֵס, מוֹכְסָן ז'
silver-plated	מוּכְסָף ת'
doubled; duplicated; multiplied	מוּכְפָּל ת'
seller, salesman	מוֹכֵר ז'
known, familiar, recognized	מוּכָּר ת'
compelled, must, have to	מוּכְרָח ת'
decided, determined; defeated	מוּכְרָע ת'
talented; kashered; fit	מוּכְשָׁר ת'
dictated	מוּכְתָּב ת'
crowned; mukhtar (Arab village chief)	מוּכְתָּר ת', ז'
opposite, facing, up against	מוּל מ"י
publisher	מו"ל ז' (מוֹצִיא לָאוֹר)
be filled, be stuffed; be fulfilled, be performed	מוּלָּא פ'
nationalized	מוּלְאָם ת'
birth; new moon	מוֹלָד ז'

מוּלָד ת' born with
מוֹלֶדֶת נ' native country, homeland, birthplace
מו"לות נ' publishing
מוּלְחָם ת' soldered
מוֹלִיד ז' procreator, progenitor
מוֹלִיךְ ז' conductor; leader
מוֹלִיכוּת נ' conductivity, conductance
מוּם ז' defect, deformity, disability
מוּמְחֶה ת', ז' expert, specialist
מוּמְחִית נ' expert, specialist (fem)
מוּמְחָז ת' dramatized, adapted for the stage
מוּמְחָשׁ ת' actualized, made perceptible
מוּמַּן פ' be financed
מוּמָס ת' dissolved, melted
מוּמָר ז' apostate, convert (from Judaism)
מוּמַשׁ פ' be realized, be actualized, be implemented
מוּמָת ת' put to death, slain
מוֹנֶה ז' meter; numerator
מוּנָה פ' be appointed
מוּנְהָג ת' led, directed
מוּנָּח ת' lying, resting, placed
מוּנָּח ז' term
מוּנַח פ' be termed
מוּנְחֶה ת' guided, directed
מוֹנִיטִין ז"ר reputation, renown, fame
מוֹנִית נ' taxi, cab
מוֹנֵעַ ת' preventive

מוּסָב ת' endorsed (check, bill, etc.); recipient (of endorsed check, bill, etc.)
מוּסְבָּר ת' explained
מוּסְגָּר ת' handed over, extradited; in parenthesis
מוֹסָד ז' (ר' מוֹסָדוֹת) institution, establishment, foundation
מוּסְוֶה ת' camouflaged, disguised
מוּסָךְ ז' garage; hangar
מוּסְכָּם ת' agreed; accepted
מוּסְכָּמָה נ' convention (generally agreed way of conduct)
מוּסְמָךְ ת', ז' authorized; qualified
מוּסְמַךְ אוּנִיבֶרְסִיטָה ז' M.A.
מוּסָף ת' additional, supplementary
מוּסָף ז' addition, supplement; Musaf prayer
מוּסְפַּר פ' be numbered
מוּסָּק ת' lit, heated
מוּסָר ז' morals, morality, ethics; reproof
מוּסַר הַשְׂכֵּל ז' moral
מוּסַר כְּלָיוֹת ז' remorse
מוֹסֵר ז' informer, stool-pigeon
מוּסְרָט ת' filmed, screened; taped
מוּסָרִי ת' moral, ethical
מוּסָרִיּוּת נ' morality, ethics
מוּסְתָּר ת' hidden, concealed
מוּעֲבָר ת' transferred, carried (over); transmitted
מוֹעֵד ז' fixed time; festival
מוֹעֵד אַחֲרוֹן ז' deadline
מוֹעֲדִים לְשִׂמְחָה! Happy Holiday!
מוּעָד ת' forewarned, cautioned; turned to; notorious

מוּעָד לְפוּרְעָנוּת dangerous (place etc.)
מוֹעֲדוֹן ז' club, club-house
מוּעָט ת' few, scanty
מוֹעִיל ת' useful, advantageous, profitable
מוּעַךְ פ' be squeezed, be squashed
מוּעֳמָד, מוּעֲמָד ז' candidate
מוּעֲמָדוּת נ' candidacy
מוּעַן פ' be addressed (letter)
מוֹעָצָה נ' council, board
מוֹעֶצֶת הַבִּיטָּחוֹן נ' the Security Council
מוּעָקָה נ' heavy feeling, weight, depression, oppression
מוּעֲשָׁר ת' enriched
מוּפְלָא ת' wonderful, marvellous
מוּפְלָג ת' distinguished; superlative; distant
מוּפְלֶה ת' set apart, discriminated
מוּפְלֶה לְטוֹבָה ת' favoured, favored
מוּפְלֶה לְרָעָה ת' discriminated against
מוּפְנֶה ת' turned, set, directed
מוּפְנָם ת' introvert; indented
מוּפְסָק ת' interrupted, discontinued
מוֹפָע ז' event, show, appearance; phase (electric)
מוֹפָע בִּידּוּר ז' entertainment performance
מוּפְעָל ת' set in motion, put into effect, activated
מוּפָץ ת' distributed, diffused
מוּפְצָץ ת' bombed, bombarded; burst
מוּפָק ת' extracted; produced
מוּפְקָד ת' deposited, entrusted
מוּפְקָע ת' requisitioned, expropriated; exorbitant
מוּפְקָר ת' licentious; abandoned
מוּפְרָד ת' separated; disjointed
מוּפְרֶה ת' fertilized, impregnated
מוּפְרָז ת' exaggerated, overdone
מוּפְרָךְ ת' refuted, disproved, groundless
מוּפְרָךְ מִיסוֹדוֹ (מֵעִיקָּרוֹ) ת' completely absurd
מוּפְרָע ת' interrupted; disturbed, mentally disturbed
מוּפְרָעוּת נ' mental disturbance
מוּפְשָׁט ת' abstract
מוּפְשָׁל ת' rolled up, thrown back
מוּפְשָׁר ת' thawed, unfrozen
מוֹפֵת ז' model, exemplar; proof
מוֹפְתִי ת' exemplary, model
מוּפְתָּע ת' surprised
מוֹץ ז' chaff
מוֹצָא ז' exit, outlet; source, origin
מוּצָא ת' taken or brought out; spent
מוֹצָאֵי־שַׁבָּת ת' end of Shabbat, Saturday night
מוּצָב ת' set, placed
מוּצָב ז' post, position (military)
מוּצָג ז' exhibit
מוּצְדָּק ת' justified
מוּצָה פ' be drained; be exhausted; be treated exhaustively
מוּצְהָר ת' declared, proclaimed, affirmed

מוֹצִיא ת׳ taking out, bringing out
מוֹצִיא לָאוֹר, מו״ל ז׳ publisher
מוּצָל ת׳ shaded, shadowed, shady
מוּצָל ת׳ saved, rescued
מוּצְלָח ת׳ successful, fortunate, lucky
מוּצָן ת׳ chilled (of food)
מוּצְנָע ת׳ concealed, hidden
מוּצָע ת׳ proposed, suggested; made (bed)
מוּצָף ת׳ flooded, inundated
מוּצָק ת׳ solid, firm
מוּצָר ת׳ narrowed
מוּצָר ז׳ product
מוֹקֵד ז׳ focus; burning fire, hearth
מוּקְדָּם ת׳ early
מוּקְדָּשׁ ת׳ dedicated, devoted
מוּקְטָן ת׳ reduced, diminished
מוּקְיוֹן ז׳ clown, jester
מוֹקִיר ז׳ affectionate admirer, one who appreciates
מוּקְלָט ת׳ recorded, taped
מוּקָם ת׳ erected, put up
מוּקְסָם ת׳ charmed, fascinated, captivated
מוּקָע ת׳ censured, blamed
מוּקָף ת׳ surrounded, encircled
מוּקְפָּא ת׳ frozen
מוּקְצָה ת׳ set apart
מוּקְצָה מֵחֲמַת מֵיאוּסת׳ rejected as abhorrent
מוּקְרָשׁ ת׳ congealed, solidified
מוֹקֵשׁ ז׳ mine
מוּקַּשׁ פ׳ be mined

מוֹר ז׳ myrrh
מוֹרָא ז׳ awe, dread
מוֹרָא שָׁמַיִם ז׳ Godfearingness, piety
מוּרְאָה נ׳ gizzard, crop
מוּרְגָּשׁ ת׳ felt, sensed, noticed
מוֹרָד ז׳ descent, slope
מוֹרֵד ז׳ rebel, mutineer, insurgent
מוּרָד ת׳ lowered, let down
מוּרְדָּף ת׳ pursued, chased
מוֹרֶה ת׳ rebellious
מוֹרֶה ז׳, מוֹרָה נ׳ teacher
מוֹרֵה־דֶרֶךְ ז׳ guide; guide-book
מוּרְחָב ת׳ widened, enlarged, expanded
מוּרְכָּב ת׳ composed (of), consisting (of), complex, composite
מוֹרֶךְ לֵב ז׳ timidity, faint-heartedness
מוּרְכָּבוּת נ׳ complexity
מוּרָם ת׳ raised, elevated
מוּרְסָה נ׳ abscess
מוּרְעָל ת׳ poisoned
מוּרָק ת׳ emptied, vacated
מוֹרַק פ׳ be scoured, be polished
מוּרְקָב ת׳ rotten, decayed
מוֹרָשָׁה, מוֹרֶשֶׁת נ׳ inheritance; heritage
מוּרְשֶׁה ז׳ deputy, delegate; lawyer (of client)
מוּרְשׁוֹן ז׳ parliament
מוּרְשָׁע ת׳ convicted, condemned
מוֹרַת רוּחַ נ׳ displeasure, annoyance

מוּרְתָּח ת׳ boiled, infuriated
מוּשָׂא ז׳ object (grammar)
מוּשְׁאָל ת׳ lent; figurative, metaphorical
מוֹשָׁב ז׳ seat; session; residence, cooperative village (moshav)
מוֹשַׁב זְקֵנִים ז׳ old age home
מוֹשַׁב עוֹבְדִים ז׳ cooperative village, moshav
מוּשָׁב ת׳ returned, restored
מוֹשָׁבָה נ׳ colony; large village (moshava)
מוּשְׁבָּע ת׳ sworn in, sworn; confirmed
מוּשְׁבָּת ת׳ laid-off; stopped
מוּשָּׂג ז׳ concept, idea, notion
מוּשְׁהֶה ת׳ delayed, held wp, deferred
מוּשְׁזָר ת׳ interwoven, intertwined
מוּשְׁחָז ת׳ sharpened, whetted
מוּשְׁחָל ת׳ threaded
מוּשְׁחָר ת׳ blackened
מוּשְׁחָת ת׳ corrupt, perverted
מוֹשִׁיעַ ז׳ savior, deliverer, redeemer
מוֹשֵׁךְ ת׳ attractive
מוֹשֵׁךְ ז׳ drawer (of cheque)
מוֹשְׁכוֹת נ״ר reins
מוּשְׂכָּל ז׳ idea, concept
מוּשְׂכָּל רִאשׁוֹן ז׳ axiom, first principle
מוּשְׁכַּן פ׳ be mortgaged, be pawned
מוּשְׂכָּר ת׳ let, hired, rented
מוֹשֵׁל ז׳ ruler, governor
מוּשְׁלָם ת׳ accomplished; perfect, complete
מוּשְׁמָד ת׳ destroyed, annihilated
מוּשְׁמָץ ת׳ slandered, defamed
מוּשְׁפָּל ת׳ lowered, humiliated, demeaned
מוּשְׁפָּע ת׳ influenced, affected
מוּשְׁקֶה ת׳ watered, irrigated
מוּשְׁרָשׁ ת׳ rooted, ingrained
מוּתְאָם ת׳ adapted, fitted, adjusted
מוּתָג ז׳ trade name
מוֹתֵחַ ת׳ gripping, full of tersion
מוֹתְחָן ז׳ thriller (film, look)
מוֹתֶן ז׳ loin, hip, waist
מוּתְנֶה ת׳ conditioned
מוֹתְנַיִים ז״ר hips, loins; waist
מוֹתֶק ז׳ sweetness; darling, sweetie, honey (slang)
מוּתָּר ת׳ permitted, allowed
מוֹתָר ז׳ remainder; advantage, superiority
מוֹתַר הָאָדָם (מן הבהמה) ז׳ the superiority of man (to other creatures)
מוֹתָרוֹת ז״ר luxuries, luxury
מוּתַת פ׳ put to death
מִזְבֵּחַ ז׳ altar
מִזְבָּלָה נ׳ garbage dump
מֶזֶג ז׳ temperament, disposition
מֶזֶג אֲוִויר ז׳ weather
מֶזֶג חַם ז׳ emotional nature
מֶזֶג קַר ז׳ phlegmatic nature
מָזַג פ׳ mix, pour out
מִזְגָּגָה נ׳ glass factory
מַזֶּה ז׳ sprinkler
מַזְהִיר ת׳ shining; warning, cautionary

manured, fertilized מְזוּבָּל ת׳
mixed; poured out מָזוּג ת׳
fitted with glass; glazed מְזוּגָּג ת׳
identified מְזוֹהֶה ת׳
contaminated, filthy, dirty, infected מְזוֹהָם ת׳
paired, coupled מְזוּוָּג ת׳
kitbag מִזְוָד ז׳
suitcase, bag, valise מִזְוָדָה נ׳
pantry, larder מְזָוֶה ז׳
atrocious, horrific, ghastly מַזְוִיעַ, מְזַוֵּעַ ת׳
bevel, T-square מַזְוִית נ׳
doorpost; mezuza מְזוּזָה נ׳
armed; fixed (slang); screwed sexually (vul. sl.) מְזוּיָּן ת׳
forged, fake, counterfeit; out of tune מְזוּיָּף ת׳
purified, cleansed מְזוּכָּךְ ת׳
ready (money), cash מְזוּמָּן ז׳
cash, ready money מְזוּמָּנִים ז״ר
food מָזוֹן ז׳
shocked, shaken מְזוּעְזָע ת׳
lousy, rotten (slang), tarred מְזוּפָּת ת׳
bearded מְזוּקָּן ת׳
refined, purified מְזוּקָּק ת׳
healing, cure, remedy מָזוֹר ז׳
accelerated, quick מְזוֹרָז ת׳
pier, jetty, quay מֵזַח ז׳
sled, sleigh, sledge מִזְחֶלֶת נ׳
blending, mixing; mixture, blend; pouring out מְזִיגָה נ׳
malicious, wilful מֵזִיד ת׳
forger, counterfeiter מְזַיֵּף ז׳
scheme, evil intent, plot מְזִימָּה נ׳
nourishing, nutritious מֵזִין ת׳
harmful; damager, pest מַזִּיק ז׳, ת׳
secretary מַזְכִּיר ז׳ מַזְכִּירָה נ׳
secretariat, secretary's office מַזְכִּירוּת נ׳
souvenir, reminder, memento מַזְכֶּרֶת נ׳
luck, good luck; Sign of Zodiac, constellation מַזָּל ז׳
congratulations! good luck! מַזָּל טוֹב!
fork מַזְלֵג ז׳
fork-lift operator מַלְגָן ז׳
watering-can; sprayer מַזְלֵף ז׳
necking, petting (slang); softening, spoiling מִזְמוּז ז׳
amusement, frolic מַזְמוּט ז׳
psalm, song מִזְמוֹר ז׳
neck, pet (slang); soften, spoil מִזְמֵז פ׳
long ago מִזְּמַן תה״פ
pruning-shears; poultry shears מַזְמֵרָה נ׳
bar, buffet, sideboard; kitchen cabinet מִזְנוֹן ז׳
spout; jet branch (aeron.) מַזְנֵק ז׳
minimization מִזְעוּר ז׳
shocking, appalling מְזַעְזֵעַ ת׳
a little, a trifle מִזְעָר תה״פ
minimize מִזְעֵר פ׳
east מִזְרָח ז׳
east, eastern, oriental מִזְרָחִי ת׳
orientalist מִזְרְחָן ז׳
mattress מִזְרָן ז׳

מִזְרָעָה נ׳ sowing machine
מִזְרָק ז׳ syringe, injector
מִזְרָקָה נ׳ fountain (ornamental)
מָחָא פ׳ clap together, applaud
מְחָאָה, מַחָאָה נ׳ protest, objection
מַחֲבוֹא ז׳ hiding-place
מַחֲבוֹאִים hide-and-seek
מַחְבּוֹשׁ ז׳ detention, imprisonment
מַחְבֵּט ז׳ carpet-beater, racquet
מְחַבֵּל ת׳, ז׳ sabotaging; saboteur, terrorist
מַחְבֵּצָה נ׳ churn
מְחַבֵּר ז׳ author
מַחְבֵּר ז׳ joint (carpentry)
מַחְבָּר ז׳ joint (machinery)
מַחְבֶּרֶת נ׳ note-book, copy-book, exercise-book
מַחֲבַת נ׳ frying-pan, pan
מֵחַד, מֵחַד גִּיסָא תה״פ on the one hand
מַחְדֵּד, מְחַדֵּד ז׳ pencil-sharpener, sharpener
מֶחְדָּל ז׳ error, blunder; omission; neglect
מְחַדֵּשׁ ז׳ innovator, renovator
מָחָה פ׳ wipe, erase; protest; mash, purée
מְחוּבָּר ת׳ fastened, connected, joined
מָחוֹג ז׳ pointer, hand (on watch, etc.)
מְחוּגָה נ׳ compass, pair of compasses, calipers
מְחוּדָּד ת׳ pointed; sharp, acute
מְחוּדָּשׁ ת׳ renewed, renovated
מַחֲוֶה ז׳ pointer

מֶחֱוָה נ׳ gesture
מַחֲוָן ז׳ indicator
מְחוּוָּר ת׳ clear, clarified, elucidated
מָחוֹז ז׳ district, region
מְחוֹז חֶפְצוֹ ז׳ his goal, his destination
מְחוֹזִי ת׳ regional, district
מְחוּזָּק ת׳ strengthened, toughened
מְחוּטָּא ת׳ disinfected
מְחוּיָּב ת׳ obliged, bound; committed
מְחוּיַּב הַמְּצִיאוּת ת׳ absolutely necessary, imperative
מְחוּיָּבוּת נ׳ commitment
מְחוּיָּל ת׳ enlisted, mobilized
מָחוֹךְ ז׳ corset
מְחוּכָּם ת׳ wise, clever, cunning, shrewd
מָחוּל ת׳ forgiven, pardoned
מָחוֹל ז׳ dance
מְחוֹל שֵׁדִים ז׳ wild outburst
מְחוֹלִית נ׳ St. Vitus dance
מְחוֹלֵל ז׳ dancer; performer; generator, causer
מְחוּלָּק ת׳, ז׳ distributed, divided
מְחוּמָּם ת׳ heated, warmed
מְחוּמְצָן ת׳ oxidized, oxygenized
מְחוּמָּשׁ ת׳ fivefold; pentagon
מְחוּנָּךְ ת׳ educated, well brought up, well-behaved
מְחוּנָּן ת׳ gifted, talented; pardoned, amnestied
מְחוּסָּל ת׳ ended, liquidated, finished

מְחוּסָּן ת׳ **immune, immunized**
מְחוּסְפָּס ת׳ **rough, uneven**
מְחוּסָּר ת׳ **lacking, devoid of, without**
מְחוּפָּשׂ ת׳ **disguised, in fancy dress**
מְחוּצָּף ת׳ **impertinent, insolent, cheeky**
מָחוּק ת׳ **level (spoon); rubbed out, erased**
מְחוֹקֵק ז׳ **legislator, lawmaker; engraver**
מְחוּרְבָּן ת׳ **lousy, stinking (slang)**
מְחוֹרָז ת׳ **threaded; rhymed**
מֵחוֹשׁ, מַחוּשׁ ז׳ **ache, pain**
מְחוּשָּׁל ת׳ **forged, toughened, steeled**
מְחוּשְׁמָל ת׳ **electrified**
מְחוּתָּן ז׳ **relation by marriage, in-law; married**
מַחֲזַאי ז׳ **playwright, dramatist**
מַחֲזֶה ז׳ **play, drama; sight**
מִחְזוּר ז׳ **recycling**
מַחְזוֹר ז׳ **circulation, circuit; graduation class; cycle, series; prayer book for Jewish festivals; period (menstrual)**
מַחְזוֹר הַדָּם ז׳ **blood cir culation**
מַחְזוֹרִיּוּת נ׳ **periodicity, recurrence**
מַחֲזִירוֹר ז׳ **reflector**
מַחֲזֶמֶר ז׳ **musical**
מַחְזֵק ז׳ **holder, handle, grip**
מְחַזֵּר ת׳ **suitor, wooer**
מִחְזֵר פ׳ **recycle**
מָחַט פ׳ **blow (nose); trim (candle, lamp)**

מַחַט נ׳ **needle**
מְחִי ז׳ **blow, smack; stroke**
בִּמְחִי יָד **with a wave of the hand**
מְחִיאוֹת כַּפַּיִם נ״ר **hand-clapping, applause**
מִחְיָה נ׳ **subsistence, livelihood**
מְחַיֵּב ת׳ **obliging, binding; approving**
מְחִילָה נ׳ **pardon, forgiveness**
מְחִיצָה נ׳ **partition**
מְחִיקָה נ׳ **erasing, deleting; erasure, deletion**
מְחִיר ז׳ **price, cost**
מְחִירוֹן ז׳ **price-list, tariff**
מְחִית נ׳ **puree, sauce, pulp**
מַחְכִּיר ז׳ **lessor, renter**
מָחַל פ׳ **forgive, pardon**
מַחְלָבָה נ׳ **dairy**
מַחֲלָה נ׳ **sickness, illness**
מַחֲלַת יָם נ׳ **seasickness**
מַחֲלַת לֵב נ׳ **heart disease**
מַחְלוֹקֶת נ׳ **disagreement, controversy, dispute**
מַחְלִיט, מַחְלִיטָן ז׳ **decision maker**
מַחֲלִים ת׳ **convalescent**
מַחְלִיקַיִים ז״ז **skates**
מַחְלֵף ז׳ **commutator, changer**
מֶחְלָף ז׳ **interchange (on motorway)**
מַחְלָפָה נ׳ **plait (of hair), lock**
מַחְלֵץ ז׳ **cork-screw**
מַחְלָצוֹת נ״ר **festive costume**
מַחְלָקָה נ׳ **department, class; ward; platoon**
מֵחַם ז׳ **samovar**

מַחְמָאָה נ׳	compliment
מַחְמָאָה נ׳	butterdish
מַחְמָד ז׳	darling
מַחְמַד לִבִּי ת׳	my darling
מַחְמִיא ת׳	flattering; complimentary
מַחְמִיר, מַחְמִירָן ז׳	strict person
מַחְמַצִּים ז״ר	pickles
מֵחֲמַת תה״פ	because of, due to
מַחֲנָאוּת נ׳	camping, campcraft
מַחֲנֶה ז׳	camp, encampment
מַחֲנֵה הֶסְגֵּר ז׳	internment camp
מַחֲנֵה רִיכּוּז ז׳	concentration camp
מְחַנֵּךְ ז׳	educator, teacher
מַחֲנָק ז׳	strangulation, suffocation, stifling
מַחְסֶה ז׳	shelter, refuge, cover
מַחְסוֹם ז׳	roadblock, barrier, muzzle
מַחְסוֹר ז׳	shortage, lack, want
מַחְסָן ז׳	store, storeroom, warehouse
מַחְסְנַאי ז׳	storeman, warehouse-keeper
מַחְסָנִית נ׳	magazine (of rifle, etc.)
מְחַסֵּר ז׳	subtracter, detractor
מַחְפּוֹרֶת נ׳	trench (military), dugout
מַחְפִּיר ת׳	shameful, disgraceful
מַחְפֵּר ז׳	digger (machine), excavator
מָחַץ פ׳	smite, crush, smash
מַחַץ ז׳	severe wound, crushing blow
מַחְצָב ז׳	mineral
מַחְצָבָה נ׳	quarry
מֶחֱצָה נ׳	half
מֶחֱצָה עַל מֶחֱצָה תה״פ	fifty-fifty
מַחֲצִית נ׳	half
מַחְצֶלֶת נ׳	(straw-) mat
מְחַצְצֵר ז׳	trumpeter, bugler
מָחַק פ׳	erase, rub out
מַחַק, מוֹחֵק ז׳	eraser, rubber
מְחַקֶּה ז׳	imitator, mimic
מֶחְקָר ז׳	research, study
מָחָר תה״פ	tomorrow, next day
מַחְרָאָה נ׳	latrine, privy
מַחְרוֹזֶת נ׳	necklace; series, chain
מְחַרְחֵר ז׳	trouble-maker, inciter
מַחְרֵטָה נ׳	lathe
מַחֲרִיב ז׳	destroyer, devastator
מַחֲרִיד ז׳	frightful, terrible, horrible
מַחֲרִישׁ ת׳	deafening, silencing
מַחֲרִישׁ אוֹזְנַיִים ת׳	deafening
מַחְרֵץ ז׳	grooved knife
מַחֲרֵשָׁה נ׳	plough, plow
(לְ)מָחֳרַת, מוֹחֳרָת ז׳, תה״פ	the next day, the following day
מָחֳרָתַיִים תה״פ	the day after tomorrow, in two days time
מִחְשֵׁב פ׳	computerize
מַחְשֵׁב ז׳	computer
מַחְשָׁבָה נ׳	thought, idea
מַחְשְׁבוֹן ז׳	small computer, calculator
מִחְשׁוּב ז׳	computerizaton
מַחְשׂוֹף ז׳	cleared space; neck-line, open neck
מַחְשָׁךְ ז׳	darkness
מְחַשְׁמֵל ת׳	electrifying

censer, fire-pan; shovel (for coals) מַחְתָּה נ׳
cutter מַחְתֵּךְ ז׳
bread-slicer מַחְתֵּכָה נ׳
underground מַחְתֶּרֶת נ׳
underground מַחְתַּרְתִּי ת׳
totter, shake מָט (יָמוּט) פ׳
about to fall, very shaky מָט לִנְפּוֹל ת׳
mate (chess) מַט ז׳
broom מַטְאֲטֵא ז׳
sweeper, cleaner מְטַאֲטֵא ז׳
kitchen; cuisine מִטְבָּח ז׳
slaughter, massacre מִטְבַּחַ ז׳
slaughter (house) (בֵּית) מִטְבָּחַיִים ז׳
baptizer, dipper מַטְבִּיל ז׳
coin; type, form מַטְבֵּעַ ז׳
foreign currency מַטְבֵּעַ חוּץ (זָר) ז׳
idiomatic expression מַטְבֵּעַ לָשׁוֹן ז׳
mint (for making coins) מִטְבָּעָה נ׳
walking-stick; staff מַטֶּה ז׳
General Staff (mil.) (הַ)מַטֶּה (הַ)כְּלָלִי
down, downwards מַטָּה תה״פ
swept מְטוּאטָא ת׳
fried מְטוּגָּן ת׳
purified, cleansed מְטוֹהָר ת׳
(spun) yarn מַטְוֶה ז׳
range (for shooting) מִטְוָח ז׳
spinning-mill, spinnery מַטְוִויָּה נ׳
pendulum מְטוּטֶלֶת נ׳
plastered; covered up מְטוּיָּח ת׳
projector (film); thrower (mil.) מָטוֹל ז׳
patched מְטוּלָּא ת׳
defiled; made ritually unclen מְטוּמָּא ת׳

stupid, imbecile, idiotic מְטוּמְטָם ת׳
filthy, dirty מְטוּנָּף ת׳
plane, airplane מָטוֹס ז׳
jet plane מְטוֹס סִילוֹן ז׳
transport plane מְטוֹס תּוֹבָלָה ז׳
tended, nurtured, cultivated; well-groomed מְטוּפָּח ת׳
silly, foolish, stupid מְטוּפָּשׁ ת׳
mad, crazy, insane מְטוֹרָף ת׳
torpedoed מְטוּרְפָּד ת׳
blurred, unclear; confused מְטוּשְׁטָשׁ ת׳
salvo מַטָּח ז׳
range מִטְחֲוָוה ז׳
food grinder, mincer, mincing-machine מַטְחֵנָה נ׳
beneficent; benefactor מֵטִיב, מֵיטִיב ת׳,ז׳
walker, rambler, hiker, vacationer מְטַיֵּיל ז׳
bar (of metal) מְטִיל ז׳
gold ingot מְטִיל זָהָב ז׳
preacher, sermonizer מַטִּיף ז׳
rag, duster מַטְלִית נ׳
treasure מַטְמוֹן ז׳
plantation מַטָּע ז׳
misleading, deceptive מַטְעֶה ת׳
on behalf of, in the name of, under the auspices of מִטַּעַם תה״פ
on behalf of the government מִטַּעַם הַמֶּמְשָׁלָה
delicacies, sweetmeats מַטְעַמִּים ז״ר
load, freight, baggage; charge מִטְעָן ז׳

מַטְפֶּה ז׳ fire-extinguisher
מִטְפַּחַת נ׳ headscarf, kerchief; handkerchief
מִטְפַּחַת אַף נ׳ handkerchief
מַטְפְּטֵף ז׳ dropper
מְטַפֵּל ז׳ attendant, male nurse
מְטַפֶּלֶת נ׳ mursemaid, nanny
מְטַפֵּס ז׳ creeper, climber
מָטָר ז׳ rain
מְטַר סוֹחֵף ז׳ driving rain
מִטְרָד ז׳ nuisance, bother; (naut.) drift
מַטָּרָה נ׳ purpose, aim, objective, target
מַטְרִיד, מַטְרִידָן ז׳ bothersome
מַטְרִיחַ, מַטְרִיחָן ז׳ troublesome
מִטְרִיָּה נ׳ umbrella
מַטְרֵף ז׳ egg-beater, whisk
מְטֻרְפָּד ת׳ torpedoing
מִי מ״ג who?, whoever, anyone
מֵיאוּן ז׳ refusal
מִיאוּס ז׳ loathing, repulsiveness, abhorrence
מֵיאֵן פ׳ refuse, repudiate
מִיגּוּל ז׳ infecting; infection (with pus)
מִיגּוּן ז׳ taking measures for defence
מִיגּוּר ז׳ destruction, overcoming, overpowering, defeat
מִיגֵּל פ׳ infect (with pus)
מִיגֵּן פ׳ take measures for defence
מִיגֵּר פ׳ destroy, overwhelm, defeat; knock-out
מִיָּד תה״פ immediately, at once

מִידַּבֵּק ת׳ infectious, contagious; sticky, adhesive
מִידָּה נ׳ measure, extent; attribute, quality
מִידּוּעַ ז׳ scientification
מִידֵּי מ״י from the hands, from
מִיָּדִי ת׳ immediate, instant
מֵידָע ז׳ information, knowledge
מִידֵּעַ פ׳ scientify
מִיהוּ who is he?
מִיהוּת נ׳ identity
מִיהֵר פ׳ hasten, hurry
מְיוּאָשׁ ת׳ in despair, desperate, despairing
מְיוּבָּא ת׳ imported
מְיוּבָּשׁ ת׳ dried, dried up
מְיוּגָּע ת׳ exhausted, fatigued
מְיוּדָּד ת׳ friendly, acquainted with
מְיוּדָּע ת׳ friend, acquaintance; (grammar) marked as definite
מְיוּזָּע ת׳ sweaty, perspiring
מְיוּחָד ת׳ special, particular, specific
מְיוּחָד בְּמִינוֹ ת׳ unique
מְיוּחָל ת׳ expected, hoped for, long-awaited
מְיוּחָס ת׳ of good family; attributed, ascribed; privileged
מְיוּמָּן ת׳ skilled
מְיוּמָּנוּת נ׳ skill
מִיּוּן ז׳ sorting, classifying, classification

מְיוֹנִית נ' mayonnaise
מְיוֹעָד ת' intended, designated
מְיוּפֶּה ת' beautified; authorized, empowered
מְיוּפֵּה כּוֹחַ ז' authorized (legally)
מְיוּצָּא ת' exported
מְיוּצָּב ת' stabilized
מְיוּצָּג ת' represented
מְיוּצָּר ת' produced, made, manufactured
מְיוּשָּׁב ת' calm, at ease, sedate; settled, inhabited
מְיוּשָּׁב בְּדַעְתּוֹ ת' calm and collected
מְיוּשָּׁן ת' sleepy; ancient, old antique, out of date
מְיוּשָּׁר ת' straightened
מְיוּתָּם ת' orphaned; isolated, solitary
מְיוּתָּר ת' superfluous, redundant, unnecessary
מִיזֵג פ' blend, mix
מִיזּוּג ז' mixing, combining, blending
מִיזּוּג אֲוִויר ז' air conditioning
מִיזּוּג גָּלוּיוֹת ז' integration of immigrants from all parts of the Diaspora (in Israel)
מִיחָה פ' protest; wipe clean
מִיחוּשׁ ז' ache, pain
מֵיחַם, מֵחַם ז' samovar, tea urn
מֵיטָב ז' the best
מִיטָּה נ' bed, couch
מֵיטִיב ז' benefactor

מִיטַּלְטֵל ת' portable, movable
מִיטַּלְטְלִים ז"ר movables, belongings
מְיַיבֵּא ת' importing
מְיַיגֵּעַ ת' tiring, exhausting, wearisome
מִיָּד, מִיָּד תה"פ immediately, at once
מִיָּדִי, מִיָּדִי ת' immediate, instant
מְיַילֶּדֶת נ' midwife
מִיֵּין פ' sort, classify
מְיַיסֵּד ז' founder, establisher
מְיַיצֵּא ת' exporting
מִיכּוּן ז' mechanization
מֵיכָל ר' מְכָל
מֵיכָלִית ר' מְכָלִית
מִיכֵּן פ' mechanize
מֵילָא מ"ק never mind, so be it
מִילֵּא פ' fill, fulfil
מִילָה נ' circumcision
מִילּוּאִים ז"ר reserve, reserve service; supplement, addenda
מִילּוּי ז' filling, fulfilling
מִילּוּי מָקוֹם ז' replacement, substitute
מִילּוּלִי ת' verbal, literal, verbatim
מִילּוֹן ז' dictionary, lexicon
מִילּוֹנָאוּת נ' lexicography
מִילּוֹנַאי ז' lexicographer
מִילֵּט פ' save, deliver; cement
מִילִּית, מִלִּית נ' particle (grammar)
מִילֵּל פ' speak, say
מַיִם ז"ר water
מֵי בּוֹשֶׂם ז"ר eau de cologne
מֵי רַגְלַיִים ז"ר urine

מֵי שׁוֹפְכִין ז"ר	sewage
מֵי שְׁתִיָּה ז"ר	drinking water
מַיִם חַיִּים ז"ר	fresh water
מַיִם טֶרִיטוֹרְיָאלִיִּים ז"ר	territorial water
מַיִם מְזוּקָּקִים ז"ר	distilled water
מַיִם מְתוּקִים ז"ר	fresh water (not saline)
מַיִם עוֹמְדִים ז"ר	stagnant water
מַיִם קָשִׁים ז"ר	hard water
מֵימָה נ'	hydroxide
מִימוּן ז'	financing
מִימוּשׁ ז'	realizing, realization, implementing, implementation
מֵימִי ת'	watery; feeble, lacking content
מֵימִיָּה נ'	water-bottle, canteen
מִימֵן פ'	finance
מֵימָן ז'	hydrogen
מֵימְרָה נ'	saying, maxim, proverb
מִימֵשׁ פ'	realize, implement
מִין ז'	kind, sort, species; sex; gender
מִין בָּטוּחַ ז'	safe sex
מִינָּה פ'	appoint, nominate
מִינּוּחַ ז'	terminology, nomenclature
מִינּוּי ז'	appointment, nomination
מִינּוּן ז'	dosage, dosing
מִינוּת נ'	heresy
מִינֵּחַ פ'	term
מִינִי ת'	sexual
מִינִי ז'	mini (skirt)
מִינִיּוּת נ'	sexuality, sexual urge
מִינֵּן פ'	dispense, apportion
מֵינֶקֶת נ'	wet nurse, nanny
מִיסָה נ'	mass (Catholic)
מִיסּוּי ז'	taxing, taxation
מִיעוּט ז'	minority; minimum
מִיעֵט פ'	reduce, lessen, minimize
מִיעֵן פ'	address (a letter)
מִיפּוּי ז'	mapping
מִיץ ז'	juice; vitality (slang)
מִיצָּה פ'	squeeze (dry), drain; exhaust
מִיצּוּי ז'	exhausting, extraction
מִיצּוּעַ ז'	averaging
מִיקֵּד פ'	focus, center
מִיקּוּד ז'	focussing, centering; coding; zip code
מִיקּוּחַ ז'	bargaining, haggling
מִיקּוּם ז'	location, siting
מִיקּוּשׁ ז'	mining, mine-laying
מִיקָּח ז'	buying, purchase
מִיקָּח וּמִמְכָּר ז'	buying and selling
מִיקַּח טָעוּת ז'	bad bargain
מִיקֵּם פ'	locate, site
מִיקֵּשׁ פ'	mine, lay mines
מֵירַב ר' מֵרַב	
מֵירַבִּי ר' מְרַבִּי	
מֵירוּט ז'	polishing, buffing
מֵירוּץ ר' מֵרוּץ	
מֵירַק פ'	polish, scour
מֵירַר פ'	embitter
מִישׁוֹר ז'	plain, flat land; plane
מִישֵּׁשׁ פ'	feel, touch, grope
מִיתֵּג פ'	switch (elec.)
מֵיתָד ז'	dowel

מִיתָה נ׳	death, dying
מִיתַת נְשִׁיקָה נ׳	easy death, painless death
מִיתּוּן ז׳	moderating, moderation; recession
מִיתֵּן פ׳	moderate
מֵיתָר ז׳	string, cord, chord
מַכְאוֹב ז׳	pain, suffering, grief
מַכְאִיב ת׳	painful, hurting
מִכָּאן תה״פ	from here, hence
מְכַבֶּה ז׳	extinguisher
מְכַבֵּה־אֵשׁ ז׳	fireman
מַכְבֵּנָה נ׳	hair-pin, bobby-pin
מִכְבָּסָה נ׳	laundry
מִכְבָּר ז׳	rack (in kitchen)
מַכְבֵּשׁ ז׳	press, (steam-) roller
מַכָּה נ׳	hit, blow, stroke
מְכוּבָּד ת׳	honored, respected
מְכוּדָּן ת׳	armed with a bayonet
מַכְוֵון ז׳	regulator, tuner
מְכוּוָּן ת׳	aimed, intended, intentional
מְכוּוָּנוּת נ׳	orientation
מְכוּוָּץ ת׳	shrunk, cramped, contracted
מִכְוֶורֶת נ׳	apiary, beehouse
מְכוּלָה נ׳	container
מַכּוֹלֶת נ׳	grocery, grocery store
מָכוֹן ז׳	institute; institution
מְכוֹנָאוּת נ׳	mechanics, mechanical engineering
מְכוֹנַאי ז׳	mechanic, machinist
מְכוֹנָה נ׳	machine
מְכוֹנַת יְרִייָה נ׳	machine gun
מְכוֹנַת כְּבִיסָה נ׳	washing machine
מְכוֹנַת כְּתִיבָה נ׳	typewriter
מְכוֹנַת תְּפִירָה נ׳	sewing machine
מְכוֹנִית נ׳	car, motor car
מְכוּסֶּה ת׳	covered
מְכוֹעָר ת׳	ugly, repulsive
מָכוּר ת׳	sold, sold out
מָכוּר ל	addicted to (drugs etc.)
מְכוּרְבָּל ת׳	wrapped up; huddled
מְכוֹרָה נ׳	native land, homeland
מְכוֹרָךְ ת׳	bound (book)
מַכּוֹשׁ ז׳	pick, pick-axe
מִכְחוֹל ז׳	paint-brush
מִכֵּיוָן שׁ תה״פ	since, seeing, that, inasmuch as
מֵכִיל ת׳	containing, comprising
מְכִינָה נ׳	preparatory course
מַכִּיר ז׳	acquaintance, friend
מְכִירָה נ׳	selling, sale
מְכִירָה כְּלָלִית נ׳	clearance sale
מְכִירָה פּוּמְבִּית נ׳	auction
מְכָל ז׳	container, tank
מִכְלָאָה נ׳	fold, pen; internment camp
מַכְלֵב ז׳	stapler
מִכְלוֹל ז׳	sum, total, totality
מְכָלִית נ׳	tanker
מִכְלָלָה נ׳	college
מִכָּל מָקוֹם תה״פ	anyway, in any case
מַכָּ״ם ז׳	radar
מִכְמוֹנֶת נ׳	police ambush
מִכְמוֹרֶת נ׳	fishing-net, trawl
מִכְמָן ז׳, מִכְמַנִּים ז״ר	treasure(s)
מְכַנֶּה ז׳	denominator
מְכַנֶּה מְשׁוּתָּף ז׳	(lowest) common denominator
מַכְנִיס ת׳	bringing in; profitable

מִכְנָסַיִם ז"ר	pants, trousers
מִכְנָסַיִם תַּחְתּוֹנִים ז"ז	drawers
מֶכֶס ז'	customs, duty
מִכְסָה נ'	norm, quota
מִכְסֶה ז'	cover, lid
מַכְסֵחָה נ'	mower, lawn-mower
מַכְסִיף ת'	turning silvery, greying
מְכָעֵר ת'	making ugly
מַכְפִּיל ז'	duplicator, multiplier
מִכְפָּל ז'	multiple, double
מַכְפֵּלָה נ'	product (of multiplication)
מָכַר פ'	sell, deliver; sell out, betray (colloq.)
מַכָּר ז'	acquaintance, friend
מִכְרֶה ז'	mine, pit
מִכְרָז ז'	tender (for contract), announcement (of job)
מַכְרִיז ז'	announcer; auctioneer
מַכְרִיעַ ת'	decisive, determining
מְכַרְסֵם ז',ת'	rodent; gnawing, eroding
מְכַרְסֶמֶת נ'	grinder, milling machine
מִכְשׁוֹל ז'	obstacte, stumbling-block
מַכְשִׁיל, מַכְשִׁילָן ז'	one who causes to fail
מַכְשִׁיר ז'	instrument, tool, gadget
מַכְשִׁירָן ז'	instrument, mechanic, tool operator
מַכְשֵׁלָה נ'	obstacle, impediment
מְכַשֵּׁף ז'	magician, wizard, sorcerer
מְכַשֵּׁפָה נ'	witch, sorceress; shrew (colloq.)
מִכְתָּב ז'	letter
מִכְתָּב גָּלוּי ז'	open letter
מִכְתָּב רָשׁוּם ז'	registered letter
מִכְתָּבָה נ'	writing-desk
מִכְתָּם ז'	epigram, aphorism
מַכְתֵּשׁ ז'	mortar (tool); crater
מָל פ'	circumcize
מָלֵא פ'	be full, be completed
מָלֵא ת'	full, full of
מְלַאי ז'	stock; inventory
מַלְאָךְ ז'	angel, messenger
מְלָאכָה נ'	work, trade; craft
מְלֶאכֶת יָד נ'	handicraft
מְלֶאכֶת מַחְשֶׁבֶת נ'	fine craftsmanship, fine artistry
מַלְאָכוּת נ'	mission, commission
מְלָאכוּתִי ת'	artificial
מְלַבֵּב ת'	heartening, heart-warming
מִלְּבַד מ"ח	in addition to, apart from, besides
מַלְבּוּשׁ ז'	dress, clothing
מַלְבֵּן ז'	rectangle, oblong
מָלַג פ'	scald
מִלְגָּה נ'	scholarship, award
מַלְגֵּז ז'	pitchfork
מִלָּה נ'	word
מִלָּה בְּמִלָּה תה"פ	word for word, verbatim
מִלַּת גּוּף נ'	pronoun
מִלַּת חִיבּוּר נ'	conjunction
מִלַּת יַחַס נ'	preposition
מִלַּת קְרִיאָה נ'	exclamation
מִלַּת שְׁאֵלָה נ'	interrogative

מְלוֹא ז׳ fullness, full measure
מְלוֹא הַכּוֹס ז׳ galssful
מְלוֹא קוֹמָתוֹ ז׳ his full height
מְלוּבָּן ת׳ whitened; white-hot
מְלוּבָּשׁ ת׳ clothed, dressed
מַלְוֶוה ז׳ moneylender, creditor
מִלְוָוה ז׳, מִלְוָוה נ׳ loan
מְלַוֶּוה ז׳ escort, chaperone; accompanist
מְלַוֵּוה מַלְכָּה ז׳ Saturday night ceremony for the departure of Shabbat
מָלוּחַ ת׳ salty, savory
מְלוּטָּשׁ ת׳ polished
מְלוּכָּד ת׳ united, combined, consolidated
מְלוּכָה נ׳ kingdom, kingship
מְלוּכְלָךְ ת׳ dirty, soiled, filthy
מְלוּכָנִי ת׳ monarchic
מְלוּכְסָן ת׳ slanting, diagonal, skew
מְלוּמָּד ז׳ scholar, learned man
מָלוֹן, בֵּית־מָלוֹן ז׳ hotel
מֶלוֹן ז׳ melon
מְלוֹנָאוּת נ׳ hotel management, the hotel business
מְלוֹנַאי ז׳ hotel keeper
מְלוּנָה נ׳ kennel
מָלוֹשׁ ז׳ kneading-trough
מֶלַח ז׳ salt
מַלָּח ז׳ seaman, sailor
מְלֵחָה נ׳ salt lands, desert
מַלְחִין ז׳ composer (music)
מְלַחֵךְ ז׳ licker
מְלַחֵךְ פִּינְכָּא ז׳ toady, lickspittle
מַלְחֵם ז׳ soldering iron
מִלְחָמָה נ׳ war, struggle
מִלְחֶמֶת אֶזְרָחִים נ׳ civil war
מִלְחֶמֶת בָּזָק נ׳ blitzkrieg
מִלְחֶמֶת בְּחִירוֹת נ׳ election campaign
מִלְחֶמֶת הָעַצְמָאוּת נ׳ war of independence of Israel, 1948-9
מִלְחֶמֶת הַתָּשָׁה נ׳ war of attrition
מִלְחֶמֶת מַעֲמָדוֹת נ׳ class struggle
מִלְחֶמֶת מִצְוָוה נ׳ holy war
מִלְחֶמֶת קִיּוּם נ׳ struggle for survival
מִלְחַמְתִּי ת׳ warlike, militant
מִלְחַמְתִּיּוּת נ׳ bellicosity, belligerence
מַלְחֵץ ז׳ pinchcock
מֶלְחָצַיִים ז״ז vice, vise
מְלַחַת נ׳ saltpetre, saltpeter
מֶלֶט ז׳ cement; mortar
מִלְטָשָׁה נ׳ diamond-polishing plant
מִלִּיא ז׳ stuffed vegetable
מְלִיאָה נ׳ plenum, plenary session
מָלִיחַ ז׳ salt herring
מְלִיחוּת נ׳ saltiness, salinity
מְלִיל ז׳ dumpling
מֵלִיץ ז׳ advocate, rhetorician; interpreter
מֵלִיץ יוֹשֶׁר ז׳ advocate, recommender
מְלִיצָה נ׳ flowery language, fine literary turn of phrase
מְלִיצִי ת׳ flowery, rhetorical
מְלִית נ׳ filling, stuffing
מִלִּית, מִילִּית נ׳ particle (grammar)
מָלַךְ ז׳ reign, rule, be king
מֶלֶךְ פ׳ king, sovereign

מִלְכֵּד פ' trap
מַלְכָּה נ' queen
מִלְכּוּד ז' trapping
מַלְכּוֹדֶת נ' trap, snare
מַלְכוּת נ' kingdom; kingship
מַלְכוּתִי ת' royal, regal, sovereign
מִלְכַתְּחִילָּה תה"פ from the start, from the very beginning
מֶלֶל ז' talk; chatter, verbiage
מִלָל ז' border, hem, seam
מַלְמָד ז' goad
מַלְמַד הַבָּקָר ז' cattle goad
מְלַמֵּד ז' teacher
מִלְמוּל ז' mumbling, muttering
מִלְמַטָּה תה"פ from below
מִלְמֵל פ' mumble, mutter
מַלְמָלָה נ' muslin, fine, cloth
מַלְמָלִית ז' tissue paper
מִלְעֵיל תה"פ accented on the penultimate syllable
מַלְעָן ז' awn; husk
מְלָפְפוֹן ז' cucumber
מֶלְצַר ז' waiter
מָלַק פ' pinch off (a fowl's head), behead
מַלְקוֹחַ ז' booty, plunder, spoil
מַלְקוֹשׁ ז' last rain (in winter)
מַלְקוֹת נ"ר whipping, flogging
מֶלְקָחַיִים ז"ז tongs, pincers
מֶלְקַחַת נ' pliers
מַלְקֶטֶת נ' tweezers, pincers
מִלְרַע תה"פ accented on the ultimate syllable
מַלְשִׁין ז' informer
מֶלְתָּחָה נ' cloakroom, wardrobe
מַלְתָּעָה נ' fang (of a beast of prey)

מְמְאִיר ת' malignant, pernicious
מַמְגּוּרָה נ' silo, granary
מֵמַד ז' dimension, extent
מַמְדֵּד ז' measuring instrument
מֵמַדִּי ת' dimensional
מְמוּגָל ת' infected (with pus), festering
מְמוּזָג ת' temperate, moderate; air-conditioned
מְמוּיָן ת' sorted, classified
מְמוּכָּן ת' mechanized
מִמּוּל תה"פ opposite, facing
מְמוּלָּא ת' filled, stuffed
מְמוּלָּח ת' salty; sharp, shrewd
מְמוּלְכָּד ת' trapped
מְמוּמָּן ת' financed
מָמוֹן ז' money, Mammon
מְמוּנֶּה ת' in charge, responsible, appointed
מְמוּנָּע ת' motorized, motored
מְמוּסָּד ת' institutionalized
מְמוּסְחָר ת' commercialized
מְמוּסְפָּר ת' numbered
מְמוּעָן ת',ז' addressed; addressee
מְמוּצָּע ת' average, mean
מְמוּקָּד ת' focused, centered
מְמוּקָּשׁ ת' mined
מְמוֹרָט ת' polished; frayed, worn thin
מְמוּרְטָט ת' frayed, threadbare
מְמוּרְמָר ת' embittered, bitter
מְמוּשָּׁךְ ת' prolonged, long
מְמוּשְׁכָּן ת' mortgaged, pawned
מְמוּשְׁמָע ת' disciplined, obedient
מְמוּשְׁקָף ת' bespectacled, wearing eyeglasses

sweetened, sugared מְמוּתָּק ת׳
bastard מַמְזֵר ז׳
blender מַמְחֶה ז׳
handkerchief מִמְחָטָה נ׳
shower מִמְטָר ז׳
sprinkler מַמְטֵרָה נ׳
in any case, anyway; of itself, of its own accord מִמֵּילָא תה״פ
from you (masc., sing.) מִמְּךָ מ״י
from you (fem., sing) מִמֵּךְ מ״י
sale; goods מִמְכָּר ז׳
deputy, substitute, stand-in מְמַלֵּא מָקוֹם ז׳
salt-shaker, salt-cellar מִמְלָחָה נ׳
recommender מַמְלִיץ ז׳
kingdom; reign מַמְלָכָה נ׳
state, governmental מַמְלַכְתִּי ת׳
from her, from it (fem.) מִמֶּנָּה מ״י
from him, from it (masc.); from us מִמֶּנּוּ מ״י
solvent, dissolvent מֵמֵס ת׳,ז׳
establishment מִמְסָד, מִימְסָד ז׳
number stamp מְמַסְפֵּר ז׳
relay מִמְסָר ז׳
transmission line (gear) מִמְסָרָה נ׳
garlic press, onion press מַמְעֵךְ ז׳
finding, find, discovery מִמְצָא ז׳
inventor, discoverer מַמְצִיא, מַמְצִיאָן ז׳
focusing, centering מְמֻקָּד ת׳
rebellious, disobedient מַמְרֵא, מַמְרֶה ת׳
air-strip, landing-strip מִמְרָאָה נ׳
spread, paste מִמְרָח ז׳
reality; really, exactly מַמָּשׁ ז׳ תה״פ
reality, substance מַמָּשׁוּת נ׳

real, concrete, actual, tangible מַמָּשִׁי ת׳
reality, actuality מַמָּשִׁיּוּת נ׳
government, rule מִמְשָׁל ז׳
government, rule מֶמְשָׁלָה נ׳
government(al) מֶמְשַׁלְתִּי ת׳
administration (economic) מִמְשָׁק ז׳
sweetener מַמְתִּיק ז׳
sweet, candy מַמְתָּק ז׳
manna מָן ז׳
from; of; for מִן מ״י
adulterer מְנָאֵף ז׳
seedbed מִנְבָּטָה נ׳
tune, melody מַנְגִּינָה נ׳
manganese מַנְגָּן ז׳
musician, player (of musical instrument) מְנַגֵּן ז׳
administrative staff, personnel; mechanism, apparatus מַנְגָּנוֹן ז׳
the party machine מַנְגְּנוֹן הַמִּפְלָגָה ז׳
donor, benefactor מְנַדֵּב ז׳
number; count מָנָה פ׳
portion, piece; ration; quotient; telling-off (slang) מָנָה נ׳
custom, practice, usage מִנְהָג ז׳
leader מַנְהִיג ז׳
leadership מַנְהִיגוּת נ׳
director, manager, headmaster מְנַהֵל ז׳
bookkeeper, accountant מְנַהֵל חֶשְׁבּוֹנוֹת ז׳
foreman מְנַהֵל עֲבוֹדָה ז׳
administration, management מִנְהָל, מִינְהָל ז׳

מִנְהָלָה נ' directorate
מִנְהָלַאי ז' administrator
מִנְהָלִי ת' administrative, managerial
מִנְהָרָה נ' tunnel
מְנוּאָץ ת' despised
מְנוּגָּד ת' opposed, contrary
מְנוּגָּן ת' played (on musical instrument)
מְנוּדֶּה ת' ostracized, outcast
מְנוּוָּל ת' despicable, contemptible
מְנוּוָּן ת' degenerate, effete
מְנוּזָּל ת' catarrhal, suffering from a cold
מָנוֹחַ ז' rest, repose; deceased, late
מְנוּחָה ז' rest, repose
מָנוּי ת' subscriber; counted
מָנוּי וְגָמוּר ת' resolved, decided definitely
מְנוּמְנָם ת' sleepy, drowsy
מְנוּמָּס ת' polite, courteous, well-mannered
מְנוּמָּק ת' argued, explained, reasoned
מְנוּמָּר ת' mottled, spotted, speckled
מְנוּמָּשׁ ת' freckled
מָנוֹס ז' flight; refuge, escape
מְנוּסָה נ' flight, running away
מְנוּסֶּה ת' experienced
מָנוֹעַ ז' engine, motor
מְנוֹעִי ת' engined, motored, motorized
מָנוֹף ז' lever, crane; impetus, stimulus

מְנוֹפַאי ז' crane operator
מְנוּקְבָּב ת' porous, perforated
מְנוֹרָה נ' lamp, candelabrum
מְנוּשָּׁל ת' evicted, dispossessed
מְנוּתָּק ת' cut off, severed, disconnected
מִנְזָר ז' monastery, convent
מִנְחָה נ' gift; afternoon prayer; afternoon
מְנַחֵם ז' comforter, consoler
מְנַחֵשׁ ז' fortune-teller, diviner
מַנְחֵת ז' damper, absorber
מִנִּי מ"י from, of
מִנִּי אָז תה"פ ever since
מְנָיָה נ' share
מִנְיָן ז' number, counting; quorum; minyan (ten adult Jewish males for prayer)
מִנַּיִן תה"פ where from?, whence?
מֵנִיעַ ז' motive, factor
מָנִיעַ ת' avoidable
מְנִיעָה נ' prevention, hindrance
מְנִיפָה נ' fan (held in hand)
מִנְסָרָה נ' prism; sawmill
מָנַע פ' prevent, hold back
מֶנַע ז' prevention
מַנְעוּל ז' lock (of door etc.)
מַנְעַמִּים ז"ר pleasures
מְנַצֵּחַ ז' winner, victor, conqueror; conductor (of orchestra)
מְנַצֵּל ז' exploiter
מְנַקֵּב ז' punch(er)
מְנַקְבֵּב ז' perforator
מְנַקֵּד ז' pointer, vocalizer (in Hebrew)

מְנַקֶּה ז׳ מְנַקָּה נ׳ cleaner
מְנַקִיָּה נ׳ cleaning instrument
מְנַקֵּר ז׳ porger
מִנְשָׁר ז׳ manifest(o), proclamation
מְנָת חֶלְקוֹ נ׳ one's lot, one's fate
מַנְתֵּב ז׳ branchpoint (comp.)
מִנְתָּה, מֶנְתָּה נ׳ mint
מְנַתֵּחַ ז׳ surgeon; analyst
מְנַתֵּק ז׳ breaker, cut out
מַס ז׳ tax, levy
מַס הַכְנָסָה ז׳ income tax
מַס חָבֵר ז׳ membership fee
מַס עִירִיָּה ז׳ municipal rates
מַס שְׂפָתַיִים ז׳ lip service
מֵסַב ז׳ bearing
מֵסַב כַּדּוּרִיּוֹת ז׳ ball bearing
מִסְבָּאָה נ׳ tavern, saloon, pub
מַסְבֵּב ז׳ stocks and dies
מִסְבָּךְ ז׳ tangle, maze
מִסְבָּנָה נ׳ soap factory
מִסְגָּד ז׳ mosque
מְסַגְנֵן ז׳ style editor
מַסְגֵּר ז׳ metal-worker, locksmith
מַסְגְּרוּת נ׳ metal-work
מַסְגֵּרִיָּה נ׳ metal workshop
מִסְגֶּרֶת נ׳ frame (for picture), framework
מַסָּד ז׳ basement, basis, foundation
מִסְדָּר ז׳ parade; order
מִסְדַּר הַיֵּשׁוּעִים ז׳ the Jesuit Order
מִסְדָּרָה נ׳ composing room
מִסְדְּרוֹן ז׳ corridor, passage
מַסְדֶּרֶת נ׳ composing machine
מַסָּה נ׳ trial, test; essay; mass, weight
מְסוֹאָב ת׳ dirty, tainted
מְסוּבָּךְ ת׳ complicated, complex
מְסוּגָּל ת׳ capable, able
מְסוּגְנָן ת׳ well styled, stylized
מְסוּגָּר ת׳ closed in, shut up
מְסוּדָּר ת׳ well arranged; neat, tidy
מְסוּוָּג ת׳ classified (document)
מַסְוֶה ז׳ disguise, mask
מָסוֹט ז׳ switch (computer)
מְסוּיָּג ת׳ reserved, fenced
מְסוּיָּד ת׳ whitewashed; sclerosed (slang)
מְסוּיָּם ת׳ certain, specific, particular
מְסוּכָה נ׳ hedge (of thorn-bushes); lubricator
מְסוּכָּן ת׳ dangerous, risky
מְסוּכְסָךְ ת׳ quarreling, in conflict
מְסוּלָּא ת׳ worth, valued
מְסוּלְסָל ת׳ curly; trilled; elaborate (style)
מְסוּלָּע ת׳ rocky
מְסוּלָּף ת׳ distorted, garbled, false
מְסוּמָּם ת׳ drugged; poisoned
מְסוּמָּן ת׳ marked
מְסוּנְדָּל ת׳ sandalled
מְסוּנְוָור ת׳ blinded, dazzled
מְסוּנָּן ת׳ filtered, strained
מְסוּנָּף ת׳ affiliated
מְסוּנְתָּז ת׳ synthesized
מְסוּעָף ת׳ ramified, with many branches
מָסוֹף ז׳ terminal

מְסוּפָּק ת׳ doubtful; supplied
מְסוּפָּר ת׳ told, related; having had a haircut, cut (hair)
מְסוּפְרָר ת׳ numbered
מַסּוֹק ז׳ helicopter
מְסוּקָּל ת׳ cleared of stones
מְסוּקָּס ת׳ knotty (wood), gnarled
מְסוּקְרָן ת׳ inquisitive, curious
מַסּוֹר ז׳ saw
מָסוּר ת׳ devoted, conscientious
מְסוּרְבָּל ת׳ clumsy, awkward
מְסוּרָג ת׳ fitted with bars or grille
מְסוּרְגָּל ת׳ ruled, lined
מְסוּרְטָט ת׳ drawn; crossed (check)
מְסוּרְטָן ת׳ cancerous
מְסוּרָס ת׳ castrated, emasculated; distorted, garbled
מְסוּרָק ת׳ combed
מָסוֹרֶת נ׳ tradition
מָסוֹרְתִּי ת׳ traditional, conservative
מְסוּתָּת ת׳ chiselled, cut, hewn
מִסְחוּר ז׳ commercialization
מַסְחֵט ז׳ squeezer, hand-juicer
מַסְחֵטָה נ׳ juicer (machine)
מִסְחָר ז׳ commerce, trade
מִסְחֵר פ׳ commercialize
מִסְחָרִי ת׳ commercial
מְסַחְרֵר ת׳ dizzying; getting out of control
מְסִיבָּה נ׳ party, get-together
מְסִיבָּן ז׳ party-goer
מֵסִיחַ ת׳ talking, speaking
מֵסִיחַ לְפִי תּוּמוֹ talk innocently (unaware of the implications)

מֵסִיחַ ת׳ averting, diverting
מַסִּיחַ ז׳ distractor (as in multiple-choice test)
מְסַייֵעַ ת׳ aiding, helping, supporting
מְסִילָּה נ׳ path, track
מְסִילַּת בַּרְזֶל נ׳ railway track
מְסִיסוּת נ׳ solubility
מַסִּיק ז׳ fireman, stoker, heater
מָסִיק ז׳ olive harvest
מְסִירָה נ׳ delivery, handing over, transmitting, transmission
מְסִירוּת נ׳ devotion, dedication
מֵסִית, מַסִּית ז׳ inciter, agitator, instigator
מָסַךְ פ׳ pour, mix, blend
מָסָךְ ז׳ curtain; screen
מַסֵּכָה נ׳ mask; molten image
מַסֵּכַת גַּז נ׳ gas mask
מִסְכֵּן ז׳, ת׳ miserable, wretched, unfortunate
מִסְכֵּנוּת נ׳ misery, poverty, wretchedness
מִסְכֶּרֶת נ׳ sugar-bowl
מַסֶּכֶת נ׳ web; tractate (of Mishna or Talmud; pageant
מַסְכֵּת ז׳ stethoscope
מַסֶּכְתָּא נ׳ tractate (of the Talmud)
מַסְלוּל ז׳ route, course, orbit, trajectory
מִסְלָקָה נ׳ clearing (banking)
מִסְמָךְ ז׳ document, paper
מִסְמֵס פ׳ dissolve, melt
מַסְמֵר ז׳ nail
מְסַנְוֵר ת׳ blinding, dazzling

מַסְנֵן ז׳ filter
מְסַנֶּנֶת, מְסַנֶּנֶת נ׳ strainer
מַסָּע ז׳ journey; move (in chess)
מִסְעָדָה נ׳ restaurant
מַסְעֵי הַצְּלָב ז״ר the Crusades
מִסְעָף ז׳ branching, fork; road junction
מַסְפֵּג ז׳ blotter
מִסְפֵּד ז׳ mourning, lament, eulogy
מִסְפּוֹא ז׳ fodder, provender
מִסְפּוּר ז׳ numbering, numeration
מַסְפִּיק ת׳ enough, adequate; pass (as mark or grade)
מַסְפִּיק בְּקוֹשִׁי hardly satisfactory, not good enough
מִסְפָּנָה נ׳ dockyard, shipyard
מִסְפָּר ז׳ number; some, a few; character (slang)
מִסְפָּר זוּגִי ז׳ even number
מִסְפָּר לֹא זוּגִי ז׳ odd number
מִסְפָּר יְסוֹדִי cardinal number
מִסְפָּר סִידּוּרִי ordinal number
מִסְפֵּר פ׳ number, numerate
מְסַפֵּר ז׳ story-teller
מִסְפָּרָה נ׳ hairdresser shop, barber('s) shop
מִסְפָּרִי ת׳ numerical, numeral
מִסְפָּרַיִים ז״ז scissors, shears
מָסַק פ׳ pick olives, harvest olives
מַסְקָנָה נ׳ conclusion, result
מְסַקְרֵן ת׳ intriguing, arousing curiosity
מָסַר פ׳ hand over, deliver, transmit

מֶסֶר ז׳ message
מַסְרֵגָה נ׳ knitting-needle
מַסְרֵטָה נ׳ movie camera
מְסַרְטֵט ז׳ draughtsman, draftsman
מְסַרְטֵן ת׳ cancerous, causing cancer
מַסְרִיחַ ת׳ stinking
מַסְרִיט ז׳ camera-man, film-maker
מַסְרֵק ז׳ comb
מִסְתּוֹר ז׳ hiding-place, refuge
מִסְתּוֹרִי ת׳ mysterious
מִסְתּוֹרִין ז׳ mystery
מִסְתַּיֵּג ז׳ one who has reservations
מִסְתַּכֵּל ז׳ onlooker, observer
מַסְתֵּם ז׳ stopper
מִסְתַּמָּא תה״פ apparently, probably
מִסְתַּנֵּן ז׳ infiltrator
מִסְתַּפֵּק ת׳ satisfied, content
מִסְתַּפֵּק בְּמוּעָט ז׳ satsified or content with very little
מְסַתֵּת ז׳ stone-cutter
מְעַבֵּד נְתוּנִים ז׳ data processor
מְעַבֵּד תַּמְלִילִים ז׳ word processor
מַעְבָּדָה נ׳ laboratory, lab
מַעֲבֶה ז׳ thickness
מַעְבּוֹרֶת נ׳ ferry, ferryboat
מַעֲבִיד ז׳ employer
מַעֲבִיר ז׳ transferor, carrier, conveyor, conductor
מַעֲבָר ז׳ transition; crossing; transit, passage
מַעֲבַר חֲצִיָּיה ז׳ pedestrian crossing
מַעְבָּרָה נ׳ ford, river-crossing; maabara (transit camp in Israel)

roller; mangle	מַעֲגִילָה נ'
circle, ring; course, circuit	מַעְגָּל ז'
anchorage, quayside	מַעֲגָן ז'
stumble, slip, totter	מָעַד פ'
delicacies	מַעֲדָן ז', מַעֲדַנִּים ז"ר
hoe, mattock, spade	מַעְדֵּר ז'
coin	מָעָה נ'
pregnant	מְעוּבֶּרֶת נ'
round, rounded	מְעוּגָּל ת'
encouraging, heartening	מְעוֹדֵד ת'
encouraged, heartened	מְעוֹדָד ת'
up-to-date, updated	מְעוּדְכָּן ת'
delicate, dainty	מְעוּדָּן ת'
deformed, malformed	מְעֻוָּה ת'
crooked, distorted, perverted	מְעֻוָּת ת'
stronghold, fastness	מָעוֹז ז'
wrapped	מְעוּטָּף ת'
garnished (of cake etc.)	מְעוּטָּר ת'
rhombus	מְעוּיָּן ת', ז'
squashed, crushed, crumpled	מָעוּךְ ת'
delayed, held up	מְעוּכָּב ת'
digested	מְעוּכָּל ת'
excellent, superlative	מְעוּלֶּה ת'
ever, from of old, ever before	מֵעוֹלָם תה"פ
never (in the past)	מֵעוֹלָם לֹא תה"פ
starched, stiff(ened)	מְעוּמְלָן ת'
dimmed, dim, faint, hazy	מְעוּמְעָם ת'
residence, home	מָעוֹן ז'
tortured, tormented	מְעוּנֶּה ת'
interested, concerned	מְעוּנְיָין ת'

cloudy, overcast	מְעוּנָּן ת'
flight	מָעוֹף, מָעוּף ז'
moldy, rotten	מְעוּפָּשׁ ת'
fashioned, designed, molded	מְעוּצָּב ת'
nervous, nervy, edgy	מְעוּצְבָּן ת'
woody	מְעוּצֶּה ת'
cubic, cube	מְעוּקָּב ת'
confiscated, foreclosed	מְעוּקָּל ת'
curved, twisted, bent	מְעוּקָּם ת'
sterilized	מְעוּקָּר ת'
mixed; involved	מְעוֹרָב ת'
a good mixer, a sociable person	מְעוֹרָב עִם הַבְּרִיּוֹת ת'
mixed; jumbled, confused	מְעוּרְבָּב ת'
involvement	מְעוֹרָבוּת נ'
rooted, connected, attached	מְעוֹרֶה ת'
uncovered, stripped, nude	מְעוּרְטָל ת'
foggy, hazy	מְעוּרְפָּל ת'
awakening,	מְעוֹרֵר ת'
excitor	מְעוֹרֵר ז'
excited	מְעוֹרָר ת'
forced, affected	מְעוּשָּׂה ת'
smoked	מְעוּשָּׁן ת'
money, small change	מָעוֹת נ"ר
Hanuka gelt	מְעוֹת שֶׁל חֲנוּכָּה נ"ר
be little or few, be reduced, diminish	מָעַט פ'
little, few; a little, a few	מְעַט תה"פ, ת'
wrap, covering	מַעֲטֶה ז'
condom	מַעֲטוֹף ז'

מַעֲטָפָה נ׳ envelope; dust-jacket; cover
מְעִי ז׳, ר׳ מֵעַיִים bowels, intestines; entrails, guts
מַעְיָן ז׳ spring, fountain; source
מַעְיָן הַמִּתְגַּבֵּר ז׳ a prolific scholar
מְעַיֵּין ז׳ reader, browser
מְעִיכָה נ׳ crumpling, squashing, crushing
מְעִיל ז׳ coat, overcoat; jacket
מְעִיל גֶּשֶׁם ז׳ raincoat
מְעִילָה נ׳ embezzlement, fraud
מָעִין ת׳ addressable
מֵעֵין תה״פ somewhat like, almost, as if
מְעִי עִיוֵּור ז׳ appendix (anat.)
מְעִינָה נ׳ addressing
מֵעִיק ת׳ oppressive
מֵעִיקָּרָא תה״פ from the very beginning, essentially, a priori
מָעַךְ פ׳ crush, squash, crumple
מְעַכֵּב ת׳ delaying, detaining
מָעַל פ׳ embezzle, betray trust
מַעַל ז׳ embezzlement, fraud, betrayal of trust
מַעֲלֶה ז׳ rise, ascent
מַעֲלָה נ׳ degree, step; advantage, virtue, merit
מַעְלָה תה״פ upwards, up
מַעֲלוֹן (בָּאֳנִיָּה) נ׳ elevator
מַעֲלִית נ׳ elevator, lift
מַעֲלָל ז׳ deed, action, act
מֵעִם מ״י from
מַעֲמָד ז׳ class, status, position; occasion

מְעַמֵּל ז׳ physical training instructor
מַעֲמָס ז׳ load, burden
מַעֲמָסָה נ׳ great burden, heavy load
מַעֲמָק ז׳ depth
מַעַן ז׳ address
מַעֲנָב ז׳ sling
מַעֲנֶה ז׳ answer, reply
מְעַנְיֵין ת׳ interesting
מַעֲנָק ז׳ bonus; scholarship, grant
מַעֲסִיק ז׳ employer
מַעֲפוֹרֶת נ׳ overall, smock
מַעְפִּיל ז׳ ‘illegal’ immigrant into Mandated Palestine
מְעַצֵּב ת׳, ז׳ fashioner, shaper
מְעַצֵּב אוֹפְנָה ז׳ fashion designer
מַעֲצֵבָה נ׳ pain, sorrow
מְעַצְבֵּן ת׳ irritating, annoying, getting on the nerves
מַעֲצָד ז׳ spoke-shave; drawing knife
מַעְצוֹר ז׳ inhibition; brake; hindrance, impediment
מַעֲצִיב ת׳ saddening
מַעֲצֵם ז׳ intensifier
מַעֲצָמָה נ׳ power, great nation
מַעֲצָר ז׳ arrest, detention, imprisonment
מַעֲצֵר ז׳ brake
מַעֲקָב ז׳ follow-up
מַעֲקֶה ז׳ railing, rail, banister
מַעֲקוֹבֶת נ׳ sequence
מַעֲקוֹף ז׳ traffic island
מַעֲקָף ז׳ detour, by-pass
מַעֲרָב ז׳ west, occident
מַעֲרָבָה תה״פ westwards

מְעַרְבּוֹלֶת נ׳ whirlpool, vortex, eddy
מַעֲרָבוֹן ז׳ a western (film, story)
מַעֲרָבִי ת׳ west, western, occidental
מְעַרְבֵּל ז׳ mixer, concrete mixer
מַעֲרְבָּל ז׳ eddy, whirlpool, vortex
מְעָרָה נ׳ cave, cavern
מַעֲרוֹךְ ז׳ rolling pin
מַעֲרוֹכֶת נ׳ constitution (of human body)
מַעֲרוּמִים ז״ר nakedness
מַעֲרִיב ז׳ Jewish evening prayer; evening
מַעֲרִיךְ ז׳ assessor, appraiser, valuer
מַעֲרִיץ ז׳ admirer, fan
מַעֲרָךְ ז׳ array, arrangement, lay-out; alignment, deployment (military)
מַעֲרָכָה נ׳ act (of a play); order; set, system; battle line; battlefield; battle
מַעַרְכוֹן ז׳ one-act play
מַעֲרֶכֶת נ׳ editorial board or office; set, system; assembly
מְעַרְעֵר ז׳ appellant
מַעַשׂ ז׳ action, deed
מַעֲשֶׂה ז׳ deed, action; event; tale, story
מַעֲשִׂי ת׳ practical; practicable; actual
מַעֲשִׂיּוּת ז׳ practicality; practicability, feasibility
מַעֲשִׂיָּה נ׳ tale, fairy story, legend
מְעַשֵּׁן ז׳ smoker
מַעֲשֵׁנָה נ׳ chimney, smokestack
מַעֲשֵׂר ז׳ tithe, tenth
מֵעֵת לְעֵת נ׳ a full day (24 hours)
מַעְתִּיקָה (במחשב) נ׳ reproducer
מַעְתָּק ז׳ displacement, fault (geography); shift
מִפְּאַת תה״פ because (of); from the side of
מִפְגָּן ז׳ parade, demonstration, display
מִפְגָּע ז׳ obstacle, hazard
מְפַגֵּר תו״ז lagging behind, slow; backward; retarded
מִפְגָּשׁ ז׳ meeting-place; meeting
מִפְדֶּה ז׳ repayment
מַפָּה נ׳ map; tablecloth
מְפוֹאָר ת׳ magnificent, splendid, glorious
מְפוּגָּל ת׳ tainted, unfit for use
מְפוּזָּר ת׳ scattered, dispersed, strewn; absentminded, scatterbrained
מַפּוּחַ ז׳ bellow(s)
מַפּוּחוֹן ז׳ accordion
מַפּוּחוֹנַאי ז׳ accordionist
מַפּוּחִית, מַפּוּחִית פֶּה נ׳ harmonica
מְפוּחָם ת׳ sooty, sooted; charred
מְפוּטָּם ת׳ fattened, stuffed
מְפוּטָּר ת׳ fired, dismissed
מְפוּיָּח ת׳ sooty, blackened
מְפוּיָּס ת׳ appeased, pacified, conciliated
מְפוּכָּח ת׳ sober, clear-headed
מְפוּלָּג ת׳ divided, separated
מְפוּלְפָּל ת׳ peppery; subtle, sharp

מַפּוֹלֶת נ׳ fall, collapse; landslide, avalanche
מְפוּנֶּה ת׳ cleared, evacuated
מְפוּנָּק ת׳ pampered, spoiled
מְפוּסְטָר ת׳ pasteurized
מְפוּסָּל ת׳ sculptured, carved
מְפוּסְפָּס ת׳ striped
מְפוּסָּק ת׳ punctuated; parted
מְפוּצֶּה ת׳ compensated, indemnified
מְפוּצָּל ת׳ split up, divided
מְפוּקָּח ת׳ clever, shrewd, astute
מְפוּקְפָּק ת׳ doubtful, dubious, questionable
מְפוֹרָד ת׳ split up, divided, dispersed
מְפוֹרָז ת׳ demilitarized
מְפוּרְזָל ת׳ shod (horse); iron-clad
מְפוֹרָט ת׳ detailed
מְפוּרְסָם ת׳ famous, eminent
מְפוֹרָק ת׳ dismantled; wound up
מְפוֹרָר ת׳ crumbled
מְפוֹרָשׁ ת׳ explained; explicit, specific
מְפוּתָּח ת׳ developed
מְפוּתָּל ת׳ twisted, winding
מְפַזֵּר ז׳ diffuser
מַפָּח ז׳ frustration
מַפַּח נֶפֶשׁ ז׳ frustration, disappointment
מַפָּחָה נ׳ smithy, forge
מַפְחִית ז׳ reducer
מַפְטִיר ז׳ Maftir (reader who finishes the reading from the Law and reads a chapter from the Prophets)

מַפִּיּוֹן ז׳ napkin-holder, serviette-holder
מֵפִיץ ז׳ distributor
מֵפִיק תו״ז producer (of films)
מַפִּיק ז׳ the point placed in a final ה
מַפִּית נ׳ napkin, serviette
מַפָּל ז׳ fall, drop
מַפְלֵג ז׳ distributor (in automobile)
מִפְלָג ז׳ branching off; department
מִפְלָגָה נ׳ party (political)
מִפְלַגְתִּי ת׳ party
מַפְלֶה ז׳ discriminator
מַפָּלָה נ׳ defeat, downfall, fall
מַפְלֵחַ בֵּיצִים ז׳ egg slicer
מִפְלָט ז׳ refuge, asylum
מַפְלֵט ז׳ ejector; exhaust
מִפְלָס ז׳ level; altitude
מַפְלֵס ז׳ level, grader (for roads)
מְפַלְפֶּלֶת נ׳ pepper caster
מִפְלֶצֶת נ׳ monster; horror
מִפְלָשׁ ז׳ culvert; drift
מִפְנֶה ז׳ turn, turning-point
מִפְּנֵי מ״י because of, on account of
מַפְסִיד, מַפְסִידָן ז׳ loser
מַפְסִיק ז׳ separator
מַפְסֶלֶת נ׳ chisel
מַפְסֵק ז׳ switch
מִפְסָק ז׳ breakpoint (comp.)
מַפְעִיל, מַפְעִילָן ז׳ activator, operator
מִפְעָל ז׳ enterprise, project; factory, plant
מִפְעַל הַפַּיִס ז׳ Israel's national lottery

מִפְעָם ז׳ tempo
מִפַּעַם לְפַעַם תה״פ occasionally
מַפָּץ ז׳ smashing
מַפְצֵחַ ז׳, מַפְצֵחַ אֱגוֹזִים ז׳ nut-cracker
מַפְצִיץ ז׳ bomber (plane)
מִפְקָד ז׳ census; muster; parade
מְפַקֵּד ז׳ commander, officer
מִפְקָדָה נ׳ headquarters, command
מְפַקֵּחַ ז׳, מְפַקַּחַת נ׳ inspector, supervisor, superintendent
מַפְקִיד ז׳ depositor
מַפְקִיעַ ת׳ requisitioner, appropriator
מַפְקִיעַ שְׁעָרִים, מַפְקִיעַ מְחִירִים, מַפְקִיעָן ז׳ profiteer
מֵפֵר שְׁבִיתָה ז׳ strike breaker
מַפְרֵד ז׳, מַפְרֵדָה נ׳ separator
מִפְרָט ז׳ specification
מַפְרֵט ז׳ plectrum
מַפְרִיס ת׳ hooved
מַפְרִיס פַּרְסָה ז׳ animal with cloven hoofs
מְפַרְנֵס ז׳ supporter, provider, bread-winner
מַפְרֵסָה נ׳ slicer
מְפַרְסֵם ז׳ advertiser
מִפְרָעָה נ׳ part-payment
מַפְרֵעִי ת׳ retroactive
מִפְרַעִית תה״פ retroactively
מִפְרָץ ז׳ bay, gulf, inlet, cove
מִפְרָק ז׳ joint, link
מְפָרֵק ז׳ liquidator
מַפְרֶקֶת נ׳ nape, back of the neck
מִפְרָשׂ ז׳ sail (of a ship); spread, expanse
מִפְרָשׂ מָלֵא ז׳ sail in full
מַפְרֵשׁ כּוֹחַ ז׳ power take-off
מְפָרֵשׁ ז׳ commentator, exegete
מִפְרָשִׂית נ׳ sailing-boat
מִפְשָׂעָה נ׳ crotch, groin
מִפְשָׂק ז׳ astride position, leap-frog
מְפַשֵּׁר ז׳ conciliator, arbitrator, mediator
מְפַתֶּה ז׳ seducer, enticer, tempter
מִפְתּוּחַ ז׳ keying (telephone)
מַפְתֵּחַ ז׳ key; index; spanner; clef
מַפְתֵּחַ מִתְכַּוְנֵן ז׳ adjustable spanner, wrench
מִפְתֵּחַ פ׳ index, key
מִפְתָּח ז׳ opening; aperture
מְפַתֵּחַ ז׳ engraver; developer
מַפְתִּיעַ ת׳ surprising, amazing, startling
מַפְתִּיעָן ז׳ one who often surprises
מִפְתָּן ז׳ threshold
מָצָא פ׳ find; find out
מְצַאי ז׳ inventory
מַצָּב ז׳ state, situation, position
מַצַּב רוּחַ ז׳ mood, (colloq) bad mood
מַצֵּבָה נ׳ tombstone, gravestone; monument
מַצָּבָה נ׳ list of people in a particular category
מִצְבָּטַיִם ז״ז pincers, nippers
מַצְבִּיא ז׳ commander of an army, general
מַצְבִּיעַ ת׳, ז׳ voter, elector
מִצְבָּעָה נ׳ dye-works
מַצְבֵּר ז׳ accumulator, battery
מַצַּב־רוּחַ ז׳ mood, (coll.) bad mood
מֵצַד ז׳ catch, lock; shunt; parameter (comp.)

מְצָד ז׳ pill-box, stronghold
מְצַדֵּד ת׳, ז׳ supporting; supporter
מְצָדָה נ׳ fortress, stronghold
מַצָּה נ׳ unleavened bread, matza
מְצָהָר ז׳ meridian; manifest, affirmation
מְצוּבְרָח ת׳ in a bad mood (slang)
מָצוֹד ז׳ hunt, manhunt
מְצוֹדֵד ת׳ captivating, alluring
מְצוּדָה נ׳ fortress, citadel
מִצְוָה נ׳ commandment, divine precept; good deed
מִצְוָה גוֹרֶרֶת מִצְוָה one good deed leads to another
מְצוּחְצָח ת׳ polished
מָצוּי ת׳ common, usual; existing
מְצוּיָּד ת׳ equipped
מְצוּיָּן ת׳ excellent, fine; marked
מְצוּיָּץ ת׳ fringed; crested
מְצוּיָּר ת׳ drawn, illustrated
מְצוּלָה נ׳ deep water, depth
מְצוּלָּם ת׳ photographed, filmed
מְצוּלָּע ת׳ polygon
מְצוּלָּק ת׳ scarred
מְצוּמְצָם ת׳ reduced; limited
מְצוּמָּק ת׳ shrivelled, withered, dried up
מְצוּנָּן ת׳ chilled, having a cold
מְצוּעָף ת׳ veiled
מְצוּעְצָע ת׳ showy, ornate
מָצוֹף ז׳ float; buoy
מְצוּפֶּה ת׳ expected; plated, coated
מָצוּץ ת׳ sucked
מָצוֹק ז׳, מְצוּקָה נ׳ distress, trouble
מָצוֹר ז׳ siege, blockade
מְצוּרָה נ׳ fortress
מְצוֹרָע ת׳, ז׳ leprous, leper
מְצוֹרָף ת׳ attached, added; refined
מֵצַח ז׳ forehead, brow
מֵצַח נְחוּשָׁה ז׳ brazen faced
מִצְחָה נ׳ eye-shade, visor, peak
מִצְחִיָּה נ׳ peak (of cap)
מַצְחִין ת׳ stinking
מַצְחִיק ת׳ amusing, funny; laughable, ridiculous
מַצְחִיקָן ז׳ comedian
מִצְטַלֵּב ת׳ crossing, crossing oneself
מְצִיאָה נ׳ finding; find, discovery; bargain
מְצִיאוּת נ׳ reality; existence
מְצִיאוּתִי ת׳ realistic, real
מַצִּיג ז׳ demonstrator, exhibitor; performer or producer (of a play)
מַצִּיָּה נ׳ cracker (biscuit)
מַצִּיל, מַצִּילָן ז׳ life-guard, life-saver, rescuer, saver
מְצִילָה נ׳ bell
מְצִיצָה נ׳ sucking, suction
מֵצִיץ, מְצִיצָן ז׳ peeping Tom
מֵצִיק ז׳, ת׳ oppressor; pestering
מַצִּית נ׳ lighter, cigarette lighter
מֵצֵל ת׳ shady, shading
מַצְלִיחַ ת׳, מַצְלִיחָן ז׳ successful, prosperous
מַצְלִיף, מַצְלִיפָן ז׳ flogger; whip (parliamentary)
מַצְלֵמָה נ׳ camera
מַצְלְצְלִים ז״ר small change, coins, money
מְצִלְתַּיִים ז״ז cymbals

clutch (automobile)	מַצְמֵד ז'
blinking; wink	מִצְמוּץ ז'
blink, wink	מִצְמֵץ פ'
parachute	מַצְנֵחַ ז'
radiator	מַצְנֵן ז'
headdress, turban; head-scarf	מִצְנֶפֶת נ'
bed, bedding; mat; platform (political); bottom crust (baking)	מַצָּע ז'
parade, march; step, walk	מִצְעָד ז'
sad, distressing, upsetting	מְצַעֵר ת'
throttle (of engine)	מַצְעֶרֶת נ'
observation point, look-out point	מִצְפֶּה ז'
conscience	מַצְפּוּן ז'
a clear conscience	מַצְפּוּן נָקִי ז'
compass	מַצְפֵּן ז'
suck	מָצַץ פ'
ladle	מַצֶּקֶת נ'
strait; isthmus; distress	מֵצַר, מֵיצַר ז'
boundary, border	מֶצֶר ז'
Egyptian	מִצְרִי ת'
Egypt	מִצְרַיִם נ'
commodity	מִצְרָךְ ז'
adjacent	מִצְרָנִי ת'
crucible	מַצְרֵף ז'
cluster	מִצְרָר ז'
spark plug, lighter	מַצֵּת ז'
rot, decay	מַק ז'
punch (tool for cutting holes)	מַקָּב ז'
parallel; parallel line	מַקְבִּיל ז', ת'

parallel bars (for gymnastics)	מַקְבִּילַיִם ז"ז
parallelogram	מַקְבִּילִית נ'
fixation	מִקְבָּע ז'
assembly point; group (in target practice)	מִקְבָּץ ז'
sledge-hammer, mallet	מַקֶּבֶת נ'
cutter (in baking)	מַקֵּר ז'
drill, borer	מַקְדֵּחַ ז'
drilling machine, drill press	מַקְדֵּחָה נ'
coefficient	מְקַדֵּם ז'
introduction (music); handicap (in race, etc.)	מִקְדָּם ז'
advance payment	מִקְדָּמָה נ'
from of old	מִקַּדְמַת דְּנָה תה"פ
temple, shrine, sanctuary	מִקְדָּשׁ ז'
choir, chorus	מַקְהֵלָה נ'
common, customary, accepted; Kabbalist, mystic	מְקוּבָּל ת', ז'
collected together, grouped together	מְקוּבָּץ ת'
center punch	מַקּוֹד ז'
sanctified, consecrated, hallowed	מְקוּדָּשׁ ת'
ritual bath	מִקְוֶה ז'
hoped for, expected	מְקוּוֶּה ת'
lined	מְקוּוְקָו ת'
catalogued	מְקוּטְלָג ת'
cut down; interrupted	מְקוּטָּע ת'
gramophone	מָקוֹל ז', מְקוֹלִית נ'
cursed, accursed	מְקוּלָּל ת'
spoilt, broken, bad	מְקוּלְקָל ת'
place, locality	מָקוֹם ז'
wrinkled, creased	מְקוּמָּט ת'
local	מְקוֹמִי ת'

מְקוּמָר ת׳ arched, vaulted, convex
מְקוֹנֵן ז׳ mourner
מְקוּעָר ת׳ concave
מַקּוּף ז׳ beat
מְקוּפָּח ת׳ deprived, discriminated against
מְקוּפָּל ת׳ folded
מְקוּצָּץ ת׳ cut down; curtailed, reduced
מְקוּצָּר ת׳ shortened, abbreviated, condensed
מָקוֹר ז׳ origin; spring; infinitive
מַקּוֹר ז׳ beak; firing-pin
מְקוֹרָב ת׳, ז׳ close friend
מְקוֹרֶה ת׳ roofed
מְקוּרְזָל ת׳ frizzy, curly
מְקוֹרִי ת׳ original
מְקוֹרִיּוּת נ׳ originality
מְקוֹרָר ת׳ chilled, having a cold
מַקּוֹשׁ ז׳ gong, clapper, knocker, stick
מְקוּשָּׁט ת׳ decorated, adorned
מַקּוֹשִׁית נ׳ xylophone
מְקוּשְׁקָשׁ ת׳ mixed up, confused; scribbled, doodled
מְקוּשְׂקָשׂ ת׳ scaly
מְקוּשָּׁר ת׳ tied, connected
מְקוּשָּׁת ת׳ arched, vaulted
מָקָח ר׳ מִיקָּח
מִקְטוֹרֶן ז׳ jacket (man's), smoking jacket
מִקְטָע ז׳ segment
מִקְטֶרֶת נ׳ pipe (for smoking)
מַקִּיף ת׳ surrounding; comprehensive

מֵקִיץ ת׳ waking up, rousing
מַקִּישׁ ת׳ knocking, banging
מַקֵּל ז׳ stick, staff
מֵקֵל ת׳ lenient; alleviating
מִקְלֶדֶת נ׳ keyboard
מַקְלֶה, מַקְלֵה לֶחֶם ז׳ toaster
מִקְלַחַת נ׳ shower
מִקְלָט ז׳ shelter, refuge
מַקְלֵט ז׳ receiver, wireless set
מַקְלֵעַ ז׳ machine-gun
מַקְלְעָן ז׳ machine-gunner
מִקְלַעַת נ׳ braiding, plaiting, wicker-work
מַקְלֵף ז׳ fruit and vegetable peeler
מַקְלֵפָה נ׳ peeling machine
מְקַנֵּא ת׳ jealous, envious
מִקְנֶה ז׳ cattle, flocks
מַקְסִים ת׳ charming, attractive, delightful
מִקְסָם ז׳ charm, attention
מִקְסַם שָׁווְא ז׳ fantasy, delusion
מַקָּף, מַקֵּף ז׳ hyphen
מִקְפָּא ז׳ jelly
מִקְפָּה נ׳ skimming ladle
מַקְפִּיד ת׳, מַקְפִּידָן ז׳ strict, particular
מַקְפֵּצָה נ׳ spring-board, diving-board
מִקְצָב ז׳ meter (poetic); rhythm
מִקְצָבִי ת׳ rhythmical
מִקְצוֹעַ ז׳ profession, occupation, trade; subject (at school)
מִקְצוֹעַ חוֹפְשִׁי ז׳ liberal profession
מַקְצוּעָה נ׳ plane (tool)
מִקְצוֹעִי ת׳ professional, vocational
מִקְצוֹעָן ז׳ professional

professional מִקְצוֹעִי ת׳
foaming, frothy מַקְצִיף ת׳
rotary-beater מַקְצֵף ז׳
(elec.) cake mixer מַקְצֵפָה נ׳
cleaver, food chopper מַקְצֵץ ז׳
chopping machine מַקְצֵצָה נ׳
reaping machine, harvester מַקְצֵרָה נ׳
part, a little, some מִקְצָת נ׳
cockroach מַקָּק ז׳
rot; gangrene מֶקֶק ז׳
reading; legend (on map, etc.); the Bible מִקְרָא ז׳
reader, anthology מִקְרָאָה נ׳
Biblical מִקְרָאִי ת׳
happening, incident מִקְרֶה ז׳
recently מִקָּרוֹב תה״פ
they came recently מִקָּרוֹב בָּאוּ
accidental, random, casual מִקְרִי ת׳
radiator; projector (for films, etc.) מַקְרֵן ז׳
piece, lump of dough מִקְרֶצֶת נ׳
real estate, landed property מְקַרְקְעִים, מְקַרְקְעִין ז״ר
refrigerator מְקָרֵר ז׳
key (of typewriter etc.) מַקָּשׁ ז׳
solid piece (of metal) מִקְשָׁה נ׳
all of one piece (fig.) מִקְשָׁה אַחַת נ׳
stiffener, stiffening bar מַקְשֵׁחַ ז׳
questioner, arguer מַקְשָׁן ז׳
prattler, chatterbox מְקַשְׁקֵשׁ ז׳
binder; liaison officer; half-back (in Br. football) מְקַשֵּׁר ז׳
bitter מַר ת׳

Mr. מַר ז׳
sight, view; appearance מַרְאֶה ז׳
reference (to place in a book) מַרְאֵה מָקוֹם ז׳
mirror מַרְאָה נ׳
interviewer מְרַאְיֵן ז׳
appearance מַרְאִית נ׳
apparently, outwardly (לְ)מַרְאִית עַיִן
in advance, from the beginning מֵרֹאשׁ תה״פ
the head of the bed מְרַאֲשׁוֹת נ״ר
maximum מֵרַב ז׳
carpet, rug, mat מַרְבָד ז׳
deposit; stratification מִרְבָּד ז׳
imcreasing, multiplying מַרְבֶּה ת׳
millipede (insect) מַרְבֵּה רַגְלַיִים ז׳
maximal מֵרַבִּי ת׳
majority, most מַרְבִּית נ׳
deposit (geology) מִרְבָּץ ז׳
rest, repose מַרְגּוֹעַ ז׳
spy, secret agent מְרַגֵּל ז׳
foot (of bed, of mountain) מַרְגְּלוֹת נ״ר
pearl מַרְגָּלִית נ׳
mortar (weapon) מַרְגֵּמָה נ׳
pimpernel מַרְגָּנִית נ׳
feeling, disposition מַרְגָּשׁ ז׳
revolt, rebel, mutiny מָרַד פ׳
revolt, rebellion, mutiny מֶרֶד ז׳
baker's shovel מַרְדֶּה ז׳
anaesthetist מַרְדִּים ת׳ מַרְדִּימָן ז׳
rebellious, insubordinate person מַרְדָּן ז׳
rebelliousness, insubordination מַרְדָּנוּת נ׳

מַרְדַּעַת נ' saddle-cloth; porter's cushion
מִרְדָּף ז' pursuit, chase
מָרָה פ' disobey, rebel
מָרָה נ' bile, gall
מָרָה שְׁחוֹרָה נ' melancholy
מַרְהִיב ת' spectacular, splendid
מַרְהִיב עַיִן ת' splendid
מְרוּאְיָן ת' interviewed
מְרוּבָּב ת' multiple
מְרוּבֶּה ת' much, many, mumerous
מְרוּבָּע ת' square (any four-sided figure); square (person)
מְרוּגָּז ת' angry, irate, annoyed
מְרוּגָּשׁ ת' excited, agitated
מָרוּד ת' wretched, depressed
מְרוּדָּד ת' flat, beaten
מְרוּהָט ת' furnished
מְרוּוָּח ת' roomy, spacious
מְרְוָח ז' space; clearance; distance
מַרְוִיחָן ז' profiteer
מְרוּחָץ ת' washed, bathed
מְרוּחָק ת' remote, far; removed
מְרוּטָּשׁ ת' ripped open, mutilated
מְרוּכָּז ת' concentrated; centralized
מְרוּכָּךְ ת' softened
מָרוֹם ז' height, high place; heaven
מְרוּמֶּה ת' deceived, deluded, misled, tricked
מְרוּמָּז ת' hinted, implied
מְרוֹמָם ת' exalted, uplifted
מְרוּסָּן ת' restrained, checked
מְרוּסָּס ת' sprayed
מְרוּסָּק ת' crushed, mashed
מְרוּעְנָן ת' refreshed, reinvigorated
מְרוּצָּף ת' tiled
מְרוּפָּד ת' cushioned, padded, upholstered
מְרוּפָּט ת' shabby, worn-out, threadbare
מְרוּפָּשׁ ת' muddy, swampy
מֵרוֹץ ז' race (competitive)
מְרוּצָה נ' running
מְרוּצֶּה ת' pleased, satisfied
מְרוּצָּף ת' paved, tiled
מְרוּקָּן ת' emptied, empty
מְרוּקָּע ת' flattened, beaten flat
מָרוֹר ז' bitter herb
מְרוּשָּׁל ת' careless, untidy, slovenly
מְרוּשָּׁע ת' wicked, evil, vicious
מְרוּשָּׁשׁ ת' run down, impoverished
מְרוּשָּׁת ת' meshed, covered with a net; net-like
מָרוּת נ' mastery, authority
מְרוּתָּךְ ת' welded
מְרוּתָּק ת' tied; confined
מַרְזֵב ז' drainpipe
מָרַח פ' spread, smear; do sloppily (slang); write a lot with little content (slang); bribe (slang)
מֶרְחָב ז' wide and open space, expanse
מַרְחֶפָה נ' hovercraft
מֶרְחָץ ז' bath
מֶרְחַץ דָּמִים ז' bloodbath
מֶרְחָק ז' distance; distant place
מַרְחֶשְׁוָן ז' Marheshvan (Oct.-Nov.)

מַרְחֶשֶׁת נ׳ **deep frying pan**
מָרַט פ׳ **pluck; polish, sharpen**
מֶרִי, מְרִי ז׳ **rebelliousness, disobedience**
מֶרִי אֶזְרָחִי ז׳ **civil disobedience**
מְרִיבָה נ׳ **quarrel, dispute, strife**
מְרִידָה נ׳ **revolt, mutiny**
מְרִיחָה נ׳ **smearing, spreading; sloppy work (sl.), bribe (sl.), verbiage (written) (sl.)**
מְרִיצָה נ׳ **wheelbarrow**
מְרִיקָה נ׳ **cleansing, polishing; purging**
מָרִיר ת׳ **bitterish, bitter, tart**
מְרִירוּת נ׳ **bitterness, acrimony**
מָרִית נ׳ **spatula**
מֵרְכָא, מֵירְכָא נ׳ **inverted comma; cantillation sign**
מֵרְכָאוֹת כְּפוּלוֹת נ״ר **inverted commas**
מֶרְכָּב ז׳ **chassis, body (of a car)**
מֶרְכָּבָה נ׳ **chariot; cab, carriage**
מֵרְכָה, מַרְכָא נ׳ **quotation mark, cantillation sign**
מִרְכּוּז ז׳ **centralizing, centralization**
מַרְכּוֹל ז׳ **supermarket**
מַרְכּוֹלִית נ׳ **mini-market**
מַרְכֹּלֶת נ׳ **merchandise**
מֶרְכָּז ז׳ **center, centre**
מְרַכֵּז ז׳ **organizer, coordinator**
מִרְכֵּז פ׳ **center; centralize**
מֶרְכָּזִי ת׳ **central, main**
מֶרְכָּזִיָּה, מִרְכֶּזֶת נ׳ **telephone exhange**

מַרְכִּיב ז׳ **component, ingredient**
מִרְמָה נ׳ **deceit, fraud, cheating**
מַרְנִין ת׳ **gladdening**
מֶרְס, מַארְס ז׳ **March**
מַרְסֵס ז׳ **spray, sprayer**
מַרְסֵק ז׳ **masher**
מִרְעֶה ז׳ **pasture, pasturage**
מַרְעוֹם ז׳ **fuse (of bomb, etc.)**
מַרְעִית נ׳ **flock at pasture**
מַרְפֵּא ז׳ **healing, cure, remedy**
מִרְפָּאָה נ׳ **clinic**
מִרְפֶּסֶת נ׳ **verandah, porch, balcony**
מַרְפֵּק ז׳ **elbow**
מְרַפְרֵף ת׳ **superficial, cursory**
מֶרֶץ ז׳ **energy, drive, strength**
מַרְצֶה ז׳ **lecturer**
מֵרָצוֹן תה״פ **of one's free will**
מְרַצֵּחַ ז׳ **murderer, killer**
מַרְצֵעַ ז׳ **awl**
מְרַצֵּף ז׳ **tiler, tile-layer**
מַרְצֶפֶת נ׳ **paving-stone; pavement, tiled area**
מָרָק ז׳ **soup, broth**
מְרַק עַגְבָנִיּוֹת ז׳ **tomato soup**
מֶרֶק ז׳ **putty**
מַרְקוֹעַ ז׳ **biscuit, wafer**
מֶרְקָחָה נ׳ **turmoil**
מִרְקַחַת נ׳ **mixture of spices or perfumes; jam**
(בֵּית) מִרְקַחַת ז׳ **chemist's shop, pharmacy**
מִרְקָם ז׳ **texture, weave**
מִרְקָע ז׳ **screen (T.V.)**
מַרְקֵקָה נ׳ **spittoon**
מַרְשֶׁה ז׳ **client (of lawyer)**

מַרְשִׁים ת׳ impressive
מִרְשָׁם ז׳ diagram, sketch; recipe; prescription
מָרַת נ׳ Mrs.; Miss; Ms.
מַרְתֵּף ז׳ cellar, basement
מְרַתֵּק ת׳ binding; thrilling, fascinating
מַשָּׂא ז׳ load, burden; prophetic vision
מַשָּׂא וּמַתָּן ז׳ negotiations
מַשְׁאָב ז׳ (ר׳ מַשְׁאַבִּים) resource
מַשְׁאֵבָה נ׳ pump
מַשָּׂאִית ז׳ truck, lorry
מִשְׁאָל ז׳ referendum, poll
מִשְׁאַל־עַם ז׳ referendum
מִשְׁאָלָה נ׳ wish, desire
מִשְׁאֶלֶת לֵב נ׳ aspiration, deepest wish
מִשְׁאֶרֶת נ׳ kneading-trough
מַשָּׁב ז׳ breeze, blowing
מַשְׂבִּיעַ רָצוֹן ת׳ satisfactory
מִשְׁבֶּצֶת נ׳ square; framework, setting
מַשְׁבֵּר ז׳ crisis
מִשְׁבָּר ז׳ heavy wave, billow
מִשְׁגֶּה ז׳ mistake, error
מַשְׁגִּיחַ ז׳ inspector, monitor
מִשְׁגָּל ז׳ copulation, sexual intercourse
מְשַׁגֵּעַ ת׳ maddening; (colloquial) wonderful, terrific
מַשְׁגֵּר ז׳ launcher (for missiles)
מַשְׂדֵּדָה נ׳ harrow
מַשְׁדֵּר ז׳ transmitter
מִשְׁדָּר ז׳ program (on radio, T.V.), broadcast

מָשָׁה פ׳ draw out (of the water)
מַשֶּׁהוּ ז׳ something, a little
מַשּׂוֹא פָּנִים ז׳ partiality, favoritism
מַשּׂוּאָה נ׳ smoke-signal, beacon
מָשׁוֹב ז׳ feedback
מְשׁוּבָה נ׳ mischief
מְשׁוּבָּח ת׳ fine, excellent
מְשׁוּבָּץ ת׳ check, chequered; fitted in, inserted
מְשׁוּבָּשׁ ת׳ faulty, disrupted; in bad repair
מְשׁוּגָּע ת׳ mad, crazy, insane
מְשׁוּגָּע לְדָבָר ת׳ (person) with single-minded devotion to something
מְשׁוּדָּר ת׳ broadcast, transmitted
מִשְׁוָואָה נ׳ equation
מַשְׁוֶה, קַו הַמַּשְׁוֶה ז׳ equator
מַשְׁוָונִי ת׳ equatorial
מְשׁוּחַ ת׳ oiled; annointed
מְשׁוּחָד ת׳ bribed; biased
מְשׁוּחְרָר ת׳ set free, emancipated, liberated, released
מָשׁוֹט ז׳ oar, paddle
מְשׁוֹטֵט ז׳ wanderer, rambler
מְשׂוּכָה, מְסוּכָה נ׳ hedge; hurdle
מְשׁוּכְלָל ת׳ perfect, perfected
מְשׁוּכָּן ת׳ housed, lodged
מְשׁוּכְנָע ת׳ convinced, persuaded
מָשׁוּל ת׳ comparable, similar, like
מְשׁוּלָּב ת׳ combined, interwoven
מְשׁוּלְהָב ת׳ aflame, flaming, greatly excited
מְשׁוּלָּח ת׳,ז׳ sent away
מְשׁוּלָל, מְשׁוּלָּל ת׳ deprived of, denied, lacking

triangle, triangular; threefold, triple מְשׁוּלָּשׁ ז׳,ת׳
on account of, because of מִשּׁוּם שֶׁ תה״פ
Jewish convert, Jewish apostate מְשׁוּמָּד ת׳,ז׳
oiled; octagon מְשׁוּמָּן ת׳,ז׳
preserved, canned, tinned מְשׁוּמָּר ת׳
used, second-hand מְשׁוּמָּשׁ ת׳
odd, strange, queer מְשׁוּנֶּה ת׳
toothed; serrated מְשׁוּנָּן ת׳
mangled, torn to pieces; interrupted, broken מְשׁוּסָּע ת׳
enslaved; subjugated; mortgaged מְשׁוּעְבָּד ת׳
bored מְשׁוּעֲמָם ת׳
estimated, assumed מְשׁוֹעָר ת׳
rasp, file מָשׁוֹף ז׳
wire cleaner מְשׁוֹפָה נ׳
planed, smoothed מְשׁוּפֶּה ת׳
having a moustache מְשׁוּפָּם ת׳
sloping, inclined, slanting; abundant, rich; suffering from flu מְשׁוּפָּע ת׳
restored, renovated מְשׁוּפָּץ ת׳
improved; embellished מְשׁוּפָּר ת׳
rubbed; polished; run through the mill (army slang) מְשׁוּפְשָׁף ת׳
rehabilitated, rebuilt מְשׁוּקָּם ת׳
immersed מְשׁוּקָּע ת׳
abominable, loathsome מְשׁוּקָּץ ת׳
saw מַשּׂוֹר, מַסּוֹר ז׳
measuring vessel מְשׂוּרָה נ׳
drawn, sketched, underlined; crossed (check) מְשׁוּרְטָט, מְסוּרְטָט ת׳
armored; set aside מְשׁוּרְיָין ת׳
fret-saw מַשּׂוֹרִית, מַסּוֹרִית נ׳
poet, bard מְשׁוֹרֵר ז׳
chain-like מְשׁוּרְשָׁר ת׳
joy, gladness מָשׂוֹשׂ ז׳
hexagon מְשׁוּשֶּׁה ת׳,ז׳
antenna, aerial; feeler מְשׁוּשָׁה נ׳
shared, joint, common מְשׁוּתָּף ת׳
paralyzed מְשׁוּתָּק ת׳
oil; annoint מָשַׁח פ׳
swimming-race מִשְׂחֶה ז׳
paste, cream, ointment, polish מִשְׁחָה נ׳
knife-sharpener מַשְׁחֵז ז׳
grinding machine מַשְׁחֵזָה נ׳
grindstone, whetstone מַשְׁחֶזֶת נ׳
destroyer מַשְׁחִית ז׳
game, play; acting מִשְׂחָק ז׳
destroyer (naval) מַשְׁחֶתֶת נ׳
surface; flat ground; expanse מִשְׁטָח ז׳
hatred, enmity מַשְׂטֵמָה נ׳
regime, authority; rule מִשְׁטָר ז׳
police מִשְׁטָרָה נ׳
police (adj.) מִשְׁטַרְתִּי ת׳
silk מֶשִׁי ז׳
Messiah; the annointed מָשִׁיחַ ז׳
Messianism מְשִׁיחִיּוּת נ׳
oarsman, rower מַשִּׁיט ת׳,ז׳
pulling, drawing, attraction מְשִׁיכָה נ׳
task, mission מְשִׂימָה נ׳
tangent מַשִּׁיק ז׳

מָשַׁךְ פ׳ pull, draw, attract
מֶשֶׁךְ ז׳ duration
מִשְׁכָּב ז׳ bed, couch; lying down
מַשְׁכּוֹן ז׳ pledge, security, pawn
מַשְׂכּוֹרֶת נ׳ salary, wage, pay
מַשְׂכִּיל ז׳ man of culture, intellectual, enlightened person
מַשְׁכִּים ז׳ early riser
מַשְׂכִּיר ז׳ lessor, renter
מַשְׂכִּית נ׳ mosaic; ornament, jewel
מִשְׂכָּל ז׳ intelligence
מִשְׁכָּן ז׳ dwelling place; imposing building; the Tabernacle
מִשְׁכַּן הַכְּנֶסֶת ז׳ the Knesset building
מִשְׁכַּן נְשִׂיאֵי יִשְׂרָאֵל ז׳ the residence of the President of Israel
מִשְׁכֵּן פ׳ pawn, pledge, mortgage
מְשַׁכְנֵעַ ת׳ convincing, persuasive
מַשְׁכַּנְתָּא, מַשְׁכַּנְתָּה נ׳ mortgage
מַשְׁכֶּפֶלֶת נ׳ mimeograph
מְשַׁכֵּר ת׳ intoxicating, inebriating
מָשָׁל ז׳ parable, fable; proverb; example
מָשָׁל ל it is like
מָשַׁל פ׳ rule, govern; give a parable
מַשְׁלֵב ז׳ drive (technology)
מַשְׁלֵב אֶלֶקְטְרוֹמַגְנֶטִי ז׳ electromagnetic drive
מִשְׁלוֹחַ ז׳ consignment; sending
מִשְׁלַח־יָד ז׳ occupation, profession
מִשְׁלַחַת נ׳ delegation, deputation, expedition
מִשְׁלָט ז׳ vantage-point, strong point
מַשְׁלִים ת׳,ז׳ completing, complementary, supplementary
מְשַׁלְשֵׁל ת׳,ז׳ purgative, laxative
מִשְׁמוּשׁ ז׳ touching, feeling
מְשַׂמֵּחַ ת׳ gladdening
מַשְׁמִיץ ת׳ defamatory, slanderous
מַשְׁמִיצָן ז׳ slanderer
מִשְׁמָע ז׳ hearing
מַשְׁמָע ז׳ meaning, sense
מַשְׁמָעוּת נ׳ meaning, significance, implication
מַשְׁמָעִי ת׳ significant, meaningful
מִשְׁמַעַת נ׳ discipline, obedience
מְשַׁמֵּר ת׳ preservative
מִשְׁמָר ז׳ guard, watch
מִשְׁמָר אֶזְרָחִי ז׳ civil guard
מִשְׁמַר הַגְּבוּל ז׳ Border Police
מִשְׁמַר כָּבוֹד ז׳ guard of honour
מִשְׁמֶרֶת נ׳ watch, guard; shift
מְשַׁמֶּרֶת נ׳ strainer, colander
מִשְׁמֵשׁ פ׳ touch, feel
מִשְׁמֵשׁ, מִישְׁמִישׁ ז׳ apricot
מִשְׁנֶה ז׳ double, twice; deputy, second in rank
מִשְׁנֵה תּוֹקֶף ז׳ redoubled force
מִשְׁנָה נ׳ the Mishna; doctrine
מִשְׁנִי ת׳ secondary, minor
מַשְׁנֵק ז׳ choke (automobile)
מִשְׁעוֹל ז׳ lane, path
מְשַׁעֲמֵם ת׳ boring, tedious, dull
מִשְׁעָן ז׳ support, prop

מִשְׁעָן ז׳, מִשְׁעָנָה נ׳ support, buttress
מִשְׁעֶנֶת נ׳ support, prop; back or arm (of chair)
מִשְׁעֶנֶת קָנֶה רָצוּץ נ׳ a broken reed (fig.)
מְשַׁעֲשֵׁעַ ת׳ amusing, entertaining, diverting
מִשְׁפָּחָה נ׳ family
מִשְׁפַּחְתִּי ת׳ of a family, family (adj.)
מִשְׁפַּחְתִּיּוּת נ׳ intimacy, family atmosphere
מִשְׁפָּט ז׳ trial; judgment; laws; (gram.) sentence; theorem
מִשְׁפָּט קָדוּם ז׳ prejudice
מִשְׁפַּט רַאֲוָה ז׳ show trial
מִשְׁפָּטִי ת׳ legal, judicial
מִשְׁפְּטָן ז׳ jurist, jurisprudent
מַשְׁפִּיל ת׳,ז׳ lowering, humiliating, degrading
מַשְׁפֵּךְ ז׳ funnel
מַשְׁפֶּת ז׳ hot-plate
מֶשֶׁק ז׳ economy; farm; management, maintenance
מַשָּׁק ז׳ noise, rustling
מַשַּׁ"ק ז׳ non-commissioned officer (N.C.O.)
מַשְׁקֶה ז׳ drink
מַשְׁקֶה חָרִיף ז׳ alcoholic drink
מִשְׁקוֹלֶת נ׳ weight; shot (athletics)
מַשְׁקוֹף ז׳ framehead; lintel
מִשְׁקִי ת׳ economic
מַשְׁקִיף ז׳ observer, onlooker
מִשְׁקָל ז׳ weight; weighing; meter; scales
מִשְׁקָל סְגוּלִי specific gravity
מִשְׁקָע ז׳ precipitate, sediment, residue
מִשְׁקָפַיִם ז״ז glasses, spectacles
מִשְׁקְפֵי מָגֵן ז״ז goggles
מִשְׁקְפֵי שֶׁמֶשׁ ז״ז sunglasses
מִשְׁקֶפֶת נ׳ field-glasses, binoculars; telescope
מִשְׂרָד ז׳ office; ministry (government)
מִשְׂרָדִי ת׳ office (adj.), clerical
מִשְׂרָה נ׳ job, post, position
מַשְׁרוֹקִית נ׳ whistle
מְשַׂרְטֵט, מְסַרְטֵט ז׳ draftsman, draughtsman
מְשָׁרֵת ז׳ servant, attendant
מְשָׁרֶתֶת נ׳ servant (female)
מַשָּׁשׁ ז׳ massage
מִשְׁתֶּה ז׳ banquet, feast
מַשְׁתִּין ת׳ urinating
מִשְׁתַּכֵּן ז׳ tenant, occupant
מַשְׁתֵּלָה, מִשְׁתָּלָה נ׳ nursery, seedbed
מִשְׁתַּמֵּט ז׳ shirker, dodger
מִשְׁתָּנָה נ׳ urinal
מִשְׁתַּנֶּה ת׳, ז׳ varying; variable, changeable
מִשְׁתַּתֵּף ז׳ participant, partaker, sharer
מֵת ז׳ dead, dead person
מֵת עַל ת׳ dying for (slang)
מִתְאַבֵּד ז׳ a suicide
מְתַאֲבֵן ז׳ appetizer
מִתְאַגְרֵף ז׳ boxer, pugilist
מִתְאוֹנֵן ת׳ complainant, grumbler
מַתְאִים ת׳ appropriate, fitting

מַתְאֵם ז' **adapter**
מִתְאַמֵּן ז' **trainee**
מִתְאָר ז' **contour, outline**
מִתְבּוֹדֵד ת',ז' **solitary, hermit, recluse**
מִתְבּוֹלֵל ז' **assimilator**
מִתְבַּיֵּית ת' **homing**
מַתְבֵּן ז' **hay loft, hay stack**
מֶתֶג ז' **bit (for horse); bridle; switch (electric); bacillus; stress mark (on syllable)**
מִתְגּוֹשֵׁשׁ ז' **wrestler**
מִתְגַּיֵּיס ז' **recruit, mobilized soldier**
מְתוֹאָם ת' **coordinated, correlated**
מְתוֹאָר ת' **described, depicted**
מְתוּבָּל ת' **seasoned, spiced**
מְתַוֵּוךְ ז' **middle-man, mediator, intermediary, go-between**
מָתוּחַ ת' **stretched; tense, taut**
מְתוּחְכָּם ת' **sophisticated**
מְתוּכְנָן ת' **planned**
מְתוּלָּע ת' **wormy, worm-eaten**
מְתוּלְתָּל ת' **curly**
מָתוּן ת' **moderate, mild**
מְתוּסְבָּךְ ת' **complex-ridden, neurotic**
מְתוּסְכָּל ת' **frustrated**
מְתוֹעָב ת' **abominable, loathsome, despicable**
מְתוֹפֵף ז' **drummer**
מָתוֹק ת' **sweet; pleasant**
מְתוּקָּן ת' **repaired, fixed; corrected; proper**
מְתוּרְבָּת ת' **cultured, civilzed**
מְתוּרְגָּל ת' **practised, exercised**
מְתוּרְגָּם ת' **translated**
מְתוּרְגְמָן ז' **interpreter (by simultaneous or consecutive translation)**
מָתַח פ' **stretch, extend; stimulate; pull someone's leg, bluff (colloq.)**
מֶתַח ז' **tension; voltage; suspense; horizontal bar (gymnastics)**
מֶתַח נַפְשִׁי ז' **emotional tension**
מַתְחִיל ז' **beginner**
מִתְחַכֵּם ז' **wit, wisecracker**
מִתְחַלֶּה ת' **malingerer, feigning sickness**
מִתְחָם ז' **demarcated area**
מִתְחָרֶה ז' **competitor, rival**
מָתַי מ"ש **when?**
מָתִיחַ ת' **elastic, stretchable**
מְתִיחָה נ' **stretching; leg-pulling (colloquial)**
מְתִיחוּת נ' **elasticity; tension**
מִתְיַיהֵד ת',ז' **convert to Judaism**
מִתְיַישֵּׁב ז' **settler, colonist**
מְתִינוּת נ' **moderation**
מְתִיקוּת נ' **sweetness**
מַתִּירָן ז' **permissive person**
מַתִּירָנוּת נ' **permissiveness**
מַתְכּוֹן ז' **prescription; recipe**
מַתְכּוֹנֶת נ' **measurement, proportion; pattern, layout**
מַתֶּכֶת נ' **metal**
מַתַּכְתִּי ת' **metallic**
מַתְלוּל ז' **escarpment**
מִתְלוֹנֵן ז' **complainer, grumbler**
מִתְלַמֵּד ז' **self-taught person, autodidact; apprentice**

מַתְמִיד ת׳,ז׳ diligent, persevering
מַתְמִיהַּ ת׳ surprising, astonishing, astounding
מַתָּן ז׳ giving, gift
מִתְנַגֵּד ת׳,ז׳ opposed; opponent, adversary
מַתְנֵד ז׳ oscillator
מִתְנַדֵּב ז׳ volunteer
מַתָּנָה נ׳ gift, present
מִתְנַחֵל ז׳ settler (on land considered to be part of Eretz Israel)
מִתְנַיֵּיעַ ת׳ mobile
מַתְנֵעַ ז׳ starter, self-starter
מַתְּנֶת נ׳ lumbago
מַתְסִיס ז׳ enzyme
מַתְעֶה ת׳ misleading
מִתְעַמֵּל ז׳ gymnast, athlete
מַתְפִּיחַ ז׳ leavening agent
מִתְפַּלֵּל ז׳ prayer, worshipper
מִתְפַּלְסֵף ז׳ philosophizer, casuist, sophist
מִתְפָּרָה נ׳ sewing-room
מֶתֶק ז׳ sweetness
מֶתֶק שְׂפָתַיִים ז׳ soft words, winning words
מַתֵּק ז׳ cut-out (switch)
מִתְקַדֵּם ת׳ progressing, progressive; advancing, advanced
מִתְקוֹמֵם ז׳ rebel, insurgent
מַתְקִין ז׳ installer
מַתְקִיף ז׳ attacker, assailant, aggressor
מִתְקִית נ׳ glycerine
מִתְקַלֵּף ת׳ peeling, flaking
מְתַקֵּן ז׳ repairer, mender; reformer, corrector
מִתְקָן ז׳ apparatus, device, installation, mechanism
מִתְקַפֵּל ת׳ folding, collapsible
מְתַקְתֵּק ת׳ sweetish
מְתַרְגֵּם ז׳ translator, interpreter
מַתְרִים ז׳ fund-raiser
מִתְרָס ז׳ barricade
מַתַּת נ׳ gift, present
מַתַּת אֱלוֹהִים נ׳ divine gift

נ

נָא מ"ק, תה"פ **please**

נָא ת' **half-cooked**

נֶאֱבַד פ' **get lost, be lost; perish**

נֶאֱבַק פ' **struggle, wrestle**

נֶאֱגַר פ' **be stored, be hoarded**

נֹאד ז' **water-bottle (of leather); fart (vulg.)**

נֹאד נָפוּחַ! ז' **pompous ass! (vulg.)**

נָאֶה ת' **pleasant, fine, fitting**

נֶאֱהָב ת' **beloved, lovable**

נָאוֶה ת' **lovely, comely, beautiful**

נְאוּם ז' **speech, address; oration**

נָאוֹר ת' **enlightened, cultured**

נֵאוֹת פ' **deign, agree, consent**

נָאוֹת ת' **proper, suitable, fitting**

נְאוֹת מִדְבָּר נ"ר **spots of greenery in the desert, oasis**

נֶאֱחַז פ' **be held, clutch at**

נֶאֱטַם פ' **be sealed up**

נֶאֱכַל פ' **be eaten**

נֶאֱלַח ת' **dirty; mean; infected, contaminated**

נֶאֱלַם פ' **fall silent**

נֶאֱלַץ פ' **be obliged, be forced, be compelled**

נָאַם פ' **make a speech, speak, address**

נֶאֱמַד פ' **be assessed, be estimated**

נֶאֱמָן ת' **loyal, faithful, trustworthy**

נֶאֱמָנָה תה"פ **firmly and clearly**

נֶאֱמָנוּת נ' **trustworthiness, reliability; loyalty; trusteeship**

נֶאֱמַר פ' **be said, be told**

נֶאֱנַח פ' **sigh, groan**

נֶאֱנַס, נֶאֶנְסָה פ' **be forced, be raped**

נֶאֱנַק פ' **moan, groan**

נֶאֱסַף פ' **be gathered, be collected**

נֶאֱסַף אֶל עַמָּיו **died, passed away**

נֶאֱסַר פ' **be imprisoned; be forbidden**

נָאַף פ' **commit adultery**

נַאֲפוּפִים ז"ר **adultery**

נְאָצָה, נֶאָצָה נ' **reviling, abuse**

נָאַק פ' **groan, moan, wail**

נְאָקָה נ' **groan, moan, wail**

נָאקָה נ' **female camel**

נֶאֱרַג פ' **be woven**

נֶאֱרַז פ' **be packed; be tied up**

נֶאֱשַׁם פ' **be accused**

נִבְאַשׁ פ' **become repulsive**

נֶבֶג ז' **spore**

נִבְדַּל פ' **be different, be distinct**

נִבְדָּל תו"ז **different, separate; (football) offside**

נִבְדַּק פ' **be tested, be examined**

נִבְהַל פ' **be frightened, be scared**

נְבוּאָה נ' **prophecy**

נְבוּאִי ת' **prophetic**

נָבוּב ת' **hollow, empty**

נָבוֹךְ פ' **be confused, be perplexed**

נָבוֹן ת' **sensible, wise, understanding**

נִבְזֶה ת' **contemptible, vile, despicable**

נִבְזוּת נ' **vileness, despicable action**

נָבַח פ׳ bark
נִבְחַן פ׳ be examined, be tested
נִבְחָן ז׳ examinee
נִבְחַר פ׳ be chosen
נִבְחָר תו״ז selected, picked; elected, representative
נֶבֶט ז׳ sprout, shoot, bud
נָבַט פ׳ sprout, germinate, bud
נָבִיא ז׳ prophet
נְבִיבוּת נ׳ hollowness, emptiness
נְבִיחָה נ׳ bark, barking
נְבִיטָה נ׳ sprouting, germination, budding
נְבִילָה נ׳ wilting, withering, fading
נָבַל פ׳ wilt, wither, fade
נָבָל ז׳ scoundrel, villain
נֶבֶל, נֵבֶל ז׳ harp
נְבָלָה נ׳ villainy; baseness
נְבֵלָה נ׳ carcass; animal not slaughtered according to Jewish ritual; bastard, swine (slang)
נִבְלַם פ׳ be braked, be curbed, be stopped
נִבְלַע פ׳ be swallowed, be absorbed
נִבְנָה פ׳ be built
נָבַע פ׳ flow, gush forth; result, follow
נִבְעַט פ׳ be kicked
נִבְעָר ת׳ ignorant, stupid
נִבְעַת פ׳ be frightened, be startled
נִבְצַר פ׳ be too difficult, be beyond
נִבְצַר מִמֶּנִּי לְהָבִין I cannot understand
נִבְקַע פ׳ be split, be cleft
נָבַר פ׳ burrow, rummage
נִבְרָא פ׳ be created
נִבְרַג פ׳ be screwed (in)
נַבְרָן ז׳ vole, field-mouse
נִבְרֶשֶׁת נ׳ chandelier
נִגְאַל פ׳ be delivered, be liberated, be redeemed
נֶגֶב ז׳ south
נֶגְבָּה תה״פ southwards
נָגַד פ׳ oppose, be against
נַגָּד ז׳ warrant officer; resistor (electrical)
נֶגֶד מ״ג against; opposite
נֶגְדִּי ת׳ opposite; opposing; counter
נִגְדַּם פ׳ be amputated, be cut off
נִגְדַּע פ׳ be lopped off, be cut off
נָגַהּ פ׳ shine, glow, glitter
נָגוֹז פ׳ vanish, disappear
נָגוֹזוּ תִּקְווֹתָיו he gave up hope
נָגוֹל פ׳ be rolled
נָגוּעַ ת׳ afflicted, diseased
נִגְזַל פ׳ be robbed
נִגְזַר פ׳ be cut; be decreed
נִגְזָר ת׳ cut; decreed; derived
נָגַח פ׳ gore, butt; head (ball)
נָגִיד ז׳ leader, ruler; chancellor
נְגִיד בַּנְק יִשְׂרָאֵל managing director of the Bank of Israel
נְגִיד הָאוּנִיבֶרְסִיטָה chancellor of the university
נְגִיחָה נ׳ goring, butting; heading (ball)
נְגִינָה נ׳ playing music; accent; cantillation

נְגִיסָה נ׳ biting; bite
נְגִיעָה נ׳ touching; touch; connection
נְגִיעוּת נ׳ infection, contamination
נְגִיף ז׳ virus
נְגִישָׁה נ׳ pressure, oppression
נְגִישׁוּת נ׳ accessibility
נִגְלָה פ׳ be revealed, be disclosed
נִגְמַל פ׳ be weaned
נִגְמַר פ׳ be finished
נַגָּן ז׳ musician, player
נִגְנַב פ׳ be stolen, be robbed
נִגְנַז פ׳ be stored away
נָגַס פ׳ bite into, bite
נֶגֶס ז׳ bite
נָגַע פ׳ touch; affect, concern
נֶגַע ז׳ plague, disease; afliction
נִגְעַל פ׳ be disgusted
נָגַף פ׳ smite, injure
נַגָּר ז׳ carpenter, joiner
נַגָּרוּת נ׳ carpentry, joinery
נַגָּרִיָּה נ׳ carpentry workshop
נִגְרַם פ׳ be caused
נִגְרַע פ׳ be diminished, be reduced; be thought worse
נִגְרַר פ׳ be dragged, be drawn, be towed
נִגְרָר ז׳ trailer
נָגַשׂ פ׳ press, oppress; urge, drive, impel
נִגְשַׁר פ׳ be bridged
נָד פ׳ move, wander; shake one's head
נְדָבָה נ׳ donation; alms, charity
נִדְבָּךְ ז׳ course (of stones or bricks), layer

נַדְבָן ז׳ philanthropist, donor
נִדְבַּק פ׳ be stuck, be affixed; be infected
נִדְבַּר פ׳ reach agreement, agree
נָדַד פ׳ wander, roam, rove; migrate
נִדְהַם פ׳ be amazed, be stunned, be shocked
נִדְהַמְתִּי לִשְׁמוֹעַ שֶׁ I was shocked to hear that
נְדוּדִים ז״ר wanderings
נְדוּדֵי שֵׁינָה ז״ר insomnia, sleeplessness
נְדוּנְיָה נ׳ dowry
נָדוֹשׁ ת׳ threshed; hackneyed, trite
נִדְחָה פ׳ be deferred, be postponed; be refused, be rejected
נִדְחַק פ׳ be pressed
נָדִיב ת׳ generous
נְדִיבוּת נ׳ generosity
נְדִידָה נ׳ wandering, roaming, roving, migration
נָדִיף ת׳ volatile
נָדִיר ת׳ rare, scarce
נִדְלָה פ׳ be drawn out, be elicited
נִדְלַף פ׳ leak, be leaked
נִדְלַק פ׳ be lit; get excited about (slang)
נִדְלַקְתִּי עָלָיו I got excited about him (slang)
נָדַם פ׳ fall silent
נִדְמֶה תה״פ aparently, it seems, it appears
נִדְמֶה לִי שֶׁ it seems to me that

נָדָן ז' scabbard, sheath
נִדְנֵד פ' rock, swing; nag, pester, bother (colloquial)
נַדְנֵדָה נ' see-saw; swing
נִדְנוּד ז' rocking, swinging; (coloquial) nagging, pestering, bothering
נָדַף פ' be given off (scent), be wafted
נִדְפַּס פ' be printed
נִדְפַּק פ' be knocked, be beaten; be had, be fixed, be had sexually (slang)
נִדְקַר פ' be stabbed, be pierced, be pricked
נָדַר פ' vow, take a vow
נֶדֶר, נֵדֶר ז' vow
נִדְרַךְ פ' be trampled; be run over
נִדְרַס פ' be run over
נִדְרַשׁ פ' be demanded, be required, be requested; be interpreted
נָהַג פ' drive; lead, conduct; be accustomed to, be in the habit of
נָהָג, נַהָג ז' driver, chauffeur
נַהָג זָהִיר ז' careful driver, safe driver
נֶהֱגָה פ' be uttered, be pronounced
נֶהְדַּף פ' be pushed back, be repulsed
נֶהְדָּר ת' marvellous, glorious, splendid, superb
נָהָה פ' follow; yearn for; wail, lament
נָהוּג ת' customary, usual
נְהִי ז' lament, wailing
נְהִיגָה נ' driving, leading, conducting
נְהִיָּה נ' yearning, longing, weeping, wailing; following
נְהִימָה נ' growling, roaring; groaning; cooing
נְהִיקָה נ' braying
נָהִיר ת' clear, lucid
נְהִירָה נ' flowing, streaming
נָהַם פ' growl, roar; groan; coo
נַהַם ז' growl, roar; groan; coo
נֶהֱנָה פ' enjoy, benefit
נַהֲפוֹךְ הוּא on the contrary
נֶהְפַּךְ פ' be inverted; be changed
נָהַק פ' bray
נָהַר פ' stream, flow, flock
נָהָר ז' river
נֶהֱרַג פ' be killed
נְהָרָה נ' brightness, light
נֶהֱרַס פ' be destroyed
נוֹאֵם ז' speaker, orator
נוֹאֵף ז' adulterer, fornicator
נוֹאַשׁ פ' be desperate, be in despair
נוֹאַשׁ מִתִּקְוָה (he) gave up hope
נוֹאָשׁ ת' desperate, despairing
נוֹבֵעַ ת' gushing; deriving; resulting
נוֹגַב פ' be dried, be wiped
נוֹגְדָן ז' antibody
נוּגֶה ת' sad, gloomy
נוֹגַהּ ז' light, radiance
נוּגַּן פ' be played (music)

touching, affecting, concerning נוגֵעַ ת׳

interested party נוגֵעַ בַּדָּבָר ת׳

slave-driver, taskmaster נוגֵשׂ ז׳

wanderer, nomad, migrant נוֹדֵד ז׳

be ostracized נוּדָּה פ׳

become known נוֹדַע פ׳

it has come to my attention that, I have been informed that נוֹדַע לִי שֶׁ

well-known, famous, prominent נוֹדָע ת׳

procedure, practice נוֹהַג ז׳

be managed, be administered נוֹהַל פ׳

procedure נוֹהַל ז׳

working procedures נוֹהֲלֵי עֲבוֹדָה ז״ר

procedural נוֹהֳלִי ת׳

nomad נַוָּד ז׳

pasture; dwelling, habitation נָוֶה ז׳

comely, beautiful, lovely נָוֶה ת׳

helmsman; navigator, pilot נַוָּט ז׳

navigation נַוָּטוּת ז׳

liquid, fluid נוֹזֵל ז׳

liquid, fluid נוֹזְלִי ת׳

comfortable, easy; convenient, easy-going; mild נוֹחַ ת׳

it is convenient for me like this, I am comfortable this way נוֹחַ לִי כָּךְ

comfort, convenience, amenity נוחוּת נ׳

comfort; convenience; W.C. נוֹחִיּוּת נ׳

consolation נוֹחַם ז׳

be consoled, be comforted נוּחַם פ׳

tending, inclined, bent נוֹטֶה ת׳

tending to forgive נוֹטֶה לִסְלוֹחַ ת׳

guard, watchman נוֹטֵר ז׳

notary נוֹטַרְיוֹן ז׳

abbreviation (acronym) נוֹטָרִיקוֹן ז׳

be neutralized נוּטְרַל פ׳

be abbreviated נוּטְרַק פ׳

be deserted, be left נוּטַשׁ פ׳

beauty, ornament נוֹי ז׳

be deducted, be discounted נוּכָּה פ׳

realize, be convinced נוֹכַח פ׳

I was convinced that he was right נוֹכַחְתִּי בְּצִדְקָתוֹ

present; second person masculine (grammar) נוֹכֵחַ ת׳

opposite; in face of נוֹכַח תה״פ

presence, attendance נוֹכְחוּת נ׳

present, present-day נוֹכְחִי ת׳

crook, swindler נוֹכֵל ז׳

foreigner, alien; gentile נוֹכְרִי, נָכְרִי ז׳

be weeded נוּכַּשׁ פ׳

loom נוֹל ז׳

be born; be created נוֹלַד פ׳

be founded, be established נוֹסַד פ׳

be tried, be tested נוּסָּה פ׳

wording, form, version נוֹסַח, נוּסָח ז׳

correct version נוּסָח נָכוֹן

be formulated	נוּסַח פ'
formula	נוּסְחָה נ'
passenger, traveller	נוֹסֵעַ ז'
stowaway	נוֹסֵעַ סָמוּי ז'
additional, supplementary, extra	נוֹסָף ת'
be added	נוֹסַף פ'
movement, motion	נוֹעַ ז'
be intended for, be designated; meet by appointment	נוֹעַד פ'
be intended for great things	נוֹעַד לִגְדוֹלוֹת
bold, daring, courageous	נוֹעָז ת'
pleasantness, delight	נוֹעַם ז'
take advice, be advised	נוֹעַץ פ'
young people, youth	נוֹעַר ז'
organization of youth who study	נוֹעַר לוֹמֵד
organization of youth who work	נוֹעַר עוֹבֵד
landscape, scenery; top (of tree)	נוֹף ז'
a beautiful view, wonderful scenery	נוֹף נֶהְדָּר ז'
be sifted, be sieved	נוּפָּה פ'
be inflated; be exaggerated	נוּפַּח פ'
turquoise	נוֹפֶךְ ז'
wave, brandish	נוֹפֵף פ'
be shattered, be broken up	נוּפַּץ פ'
rest, recreation, holiday, vacation	נוֹפֶשׁ ז'
a vacation in Teverya	נוֹפֶשׁ בִּטְבֶרְיָה

person on holiday, holiday-maker	נוֹפֵשׁ ז'
flowing honey	נוֹפֶת נ'
sweetest nectar	נוֹפֶת צוּפִים נ'
feather, quill	נוֹצָה נ'
be defeated, be beaten	נוּצַּח פ'
badminton	נוֹצִית נ'
be exploited	נוּצַּל פ'
sparkling, gleaming, glittering	נוֹצֵץ ת'
be created	נוֹצַר פ'
Christian	נוֹצְרִי ת', ז'
piercing, penetrating, incisive	נוֹקֵב ת'
be pierced, be punched	נוּקַּב פ'
be perforated	נוּקְבַּב פ'
be pointed (Hebrew script); be dotted	נוּקַּד פ'
pedant	נוֹקְדָן ז'
be cleaned	נוּקָּה פ'
be drained	נוּקַּז פ'
rigid, stiff, hardened	נוּקְשֶׁה ת'
rigidity, stiffness, harshness	נוּקְשׁוּת נ'
fire	נוּר ז'
dreadful, awful; awfully, very (slang)	נוֹרָא ת', תה"פ
be fired, be shot	נוֹרָה פ'
electric bulb	נוּרָה נ'
subject, theme, topic; carrier	נוֹשֵׂא ז'
postman	נוֹשֵׂא מִכְתָּבִים ז'
be ihnhabited, be populated	נוֹשַׁב פ'
creditor, usurer	נוֹשֶׁה ז'
old, ancient, obsolete	נוֹשָׁן ת'

נוֹשַׁךְ פ׳	be bitten
נוֹשַׁל פ׳	be dispossessed
נוּתַּח פ׳	be cut up, be operated on, be analyzed
נוּתַּח בַּכָּבֵד	had a liver operation
נוּתַּץ פ׳	be smashed
נוֹתָר ת׳	remaining, left over
נוֹתַר פ׳	be left, remain
נוֹתַר הָאַחֲרוֹן	be the last one remaining
נִזְהַר פ׳	take care, beware
נָזִיד ז׳	pottage, mess
נְזִיד עֲדָשִׁים ז׳	mess of lentils, mess of pottage (fig.)
נָזִיל ת׳	fluid, liquid
נְזִילָה נ׳	flowing; leak
נְזִילוּת נ׳	fluidity, liquidity
נְזִיפָה נ׳	reprimand, rebuke, admonition
נְזִיפָה חֲמוּרָה נ׳	harsh rebuke, harsh reprimand
נְזִיקִים ז״ר	damages, torts
נָזִיר ז׳	monk, hermit, abstainer
נְזִירוּת נ׳	monasticism
נִזְכַּר פ׳	remember, be reminded
נָזַל פ׳	flow, drip, leak
נַזֶּלֶת נ׳	cold, catarrh
נֶזֶם ז׳	nose-ring
נֶזֶם זָהָב בְּאַף חֲזִיר	a gold ring in a swine's nose (i.e. outer refinement but inner coarseness)
נִזְעָם ת׳	furious, angry, enraged
נִזְעַק פ׳	be summoned, be called; gather together, be assembled
נָזַף פ׳	rebuke, reprimand, admonish
נֶזֶק ז׳	damage, harm
נִזְקַק פ׳	be in need of; have recourse to
נֵזֶר ז׳	crown, diadem
נִזְרַע פ׳	be sown
נִזְרַק פ׳	be thrown, be hurled, be flung
נָח פ׳	rest, be at rest
נֶחְבָּא ת׳	hidden, hiding
נֶחְבָּא פ׳	hide
נֶחְבָּא אֶל הַכֵּלִים	be shy, withdrawn
נֶחְבַּט פ׳	be beaten with a stick
נֶחְבַּל פ׳	be injured
נֶחְבַּשׁ פ׳	be bandaged; be imprisoned
נֶחְבַּשׁ וְנִשְׁלַח הַבַּיְתָה	was treated and sent home
נָחָה פ׳	guide, lead
נָחוּץ ת׳	necessary; urgent
נָחוּשׁ ת׳	hard, enduring
נָחוּשׁ בְּדַעְתּוֹ ת׳	firmly resolved, adamant
נְחוֹשֶׁת נ׳	copper
נְחוּשְׁתַּיִים ז״ז	fetters, manacles
נָחוּת ת׳	inferior
נֶחְטַף פ׳	be snatched; be kidnapped
נְחִיל ז׳	swarm (of bees)
נְחִיצוּת נ׳	urgency, necessity
נְחִירָה נ׳	snoring
נְחִירַיִים ז״ז	nostrils
נְחִיתָה נ׳	landing, descent
נְחִיתַת אוֹנֶס נ׳	forced landing
נְחִיתוּת נ׳	inferiority

נָחַל פ' inherit, take possession of, obtain
נַחַל ז' stream, brook; wadi
נֶחֱלַד פ' rust, become rusty
נַחֲלָה נ' estate, property; inheritance
נַחֲלַת אָבוֹת נ' family property, heirloom
נֶחֱלַץ פ' be rescued, escape
נֶחְלַץ בְּקוֹשִׁי rescued with difficulty, barely rescued
נֶחֱלַשׁ פ' grow weak, be weakened
נֶחְמָד ת' lovely, delightful
נֶחָמָה נ' comfort, consolation
נֶחָמָה פּוּרְתָּא נ' small comfort
נֶחְמַץ פ' turn sour
נֵחַן פ' be pardoned; be blessed with
נֵחַן בְּכִשְׁרוֹנוֹת talented
נֶחֱנַט פ' be embalmed
נֶחֱנַךְ פ' be dedicated, be opened for use (building etc.)
נֶחְנַק פ' be strangled, be throttled
נֶחְסַךְ פ' be saved
נֶחְסַם פ' be blocked
נֶחְפַּז פ' rush, hurry
נַחַץ ז' stress, emphasis (grammar)
נֶחְצַב פ' be quarried
נֶחֱצָה פ' be halved
נֶחְקַק פ' be passed (law), be enacted; be engraved
נֶחְקַר פ' be investigated
נָחַר פ' snore
נֶחֱרַב פ' be destroyed
נֶחֱרַד פ' be alarmed
נְחָרָה נ' snore
נֶחֱרַז פ' be threaded; be rhymed
נֶחֱרַט פ' be engraved
נֶחֱרַךְ פ' be scorched
נֶחֱרַץ פ' be decreed, be decided
נֶחְרַץ דִּינוֹ have one's fate sealed
נֶחֱרָצוּת נ' decisiveness
נֶחֱרַשׁ פ' be ploughed
נֶחֱרַת פ' be engraved
נָחָשׁ ז' snake, serpent
נָחָשׁ אַרְסִי ז' poisonous snake
נֶחְשַׁב פ' be considered
נֶחְשַׁד פ' be suspected
נַחְשׁוֹל ז' wave, billow, torrent
נֶחְשָׁל ת' backward, retarded
נֶחְשַׂף פ' be revealed, be bared
נֶחְשַׂף לְבִיקוֹרֶת was exposed to criticism
נָחַת פ' descend, land, come down
נָחַת בְּשָׁלוֹם land safely
נַחַת נ' repose, satisfaction, pleasure
נַחַת רוּחַ נ' satisfaction, pleasure
נַחְתּוֹם ז' baker
נֶחְתַּךְ פ' be cut up; be decided
נֶחְתַּם פ' be signed; be stamped
נַחֶתֶת נ' landing, craft
נִטְבַּח פ' be slaughtered
נִטְבַּל פ' be dipped
נִטְבַּע פ' be coined
נָטָה פ' turn; tend
נָטָה לִסְלוֹחַ tended to forgive
נָטוּי ת' inclined; extended; stretched out; slanting; inflected (grammar)
נָטוּל ת' lacking; devoid of

נָטוּעַ ת׳ **planted**
נָטוּשׁ ת׳ **abandoned, deserted**
נִטְחַן פ׳ **be milled, be ground**
נְטִיָּה נ׳ **inclination, tendency; inflection (grammar)**
נְטִילָה נ׳ **taking, receiving**
נְטִילַת יָדַיִים נ׳ **washing hands before eating**
נְטִילַת רְשוּת נ׳ **obtaining permission**
נְטִיעָה נ׳ **planting; young plant**
נְטִיף ז׳ **stalagmite or stalactite**
נְטִירָה נ׳ **bearing a grudge**
נְטִישָׁה פ׳ **abandoning, abandonment**
נָטַל פ׳ **take, receive**
נֵטֶל ז׳ **burden, load**
נִטְמָא פ׳ **be defiled, be polluted**
נִטְמַן פ׳ **be hidden**
נִטְמַע פ׳ **be absorbed, be assimilated**
נָטַע פ׳ **plant; implant**
נֶטַע ז׳ **seedling, sapling, plant**
נִטְעַן פ׳ **be loaded, be charged; be claimed**
נָטַף פ׳ **drip, drop**
נֵטֶף ז׳ **drop**
נֵטֶף דִמְעָה ז׳ **teardrop**
נִטְפַּל פ׳ **cling to, pester**
נִטְפַּל אֵלָיו **cling to someone, pester someone**
נָטַר פ׳ **guard, watch; bear a grudge**
נִטְרוּל ז׳ **neutralization**
נִטְרוּק ז׳ **abbreviation (by acronym)**

נִטְרֵל פ׳ **neutralize**
נִטְרַף פ׳ **be torn to pieces**
נִטְרֵק פ׳ **abbreviate**
נָטַשׁ פ׳ **abandon, forsake, desert**
נִיאוּף ז׳ **adultery, fornication**
נִיאוּץ ז׳ **reviling, abuse**
נִיאֵץ פ׳ **revile, abuse**
נִיב ז׳ **idiom; dialect; canine tooth**
נִיבֵּא פ׳ **predict**
נִיבָּא פ׳ **prophesy**
נִיבּוּי ז׳ **prediction**
נִיבּוּל פֶּה ז׳ **foul language**
נִיבֵּל פ׳ **disgrace, dishonor**
נִיבֵּל אֶת פִּיו **swear, talk obscenely**
נִיגֵּב פ׳ **wipe, dry**
נִיגּוּב ז׳ **wiping, drying**
נִיגּוּד ז׳ **contrast, difference, contradiction**
נִיגּוּחַ ז׳ **goring, butting**
נִיגּוּן ז׳ **playing (musical instrument), tune, melody**
נִיגֵּחַ פ׳ **gore, butt**
נִיגֵּן פ׳ **play (music)**
נִיגַּף פ׳ **be smitten, be defeated**
נִיגַּר פ׳ **be poured out, flow**
נִיגַּשׁ פ׳ **approach, go up to; begin**
נִיד ז׳ **movement, quiver; swing**
נִידֵּב פ׳ **donate**
נִידָּה נ׳ **menstruation**
נִידָּה פ׳ **banish, ostracize**
נִידּוּי ז׳ **excommunication, ostracism**
נִידּוֹן, נָדוֹן פ׳ **be sentenced, be discussed**
נִידּוֹן, נָדוֹן ת׳ **under discussion, in question**

נִידָּח ת' remote, out-of-the-way; banished, expelled
נִידָּף ת' scattered, blown, fallen
נִיהוּל ז' management, direction, administration, conducting
נִיהֵל פ' manage, direct, administer; conduct, lead
נִיהֵם פ' growl, roar; moan; coo
נִיווּט ז' navigating, navigation, piloting
נִיוֵּט פ' navigate, pilot
נִיוּוּל ז' disfigurement, ugliness
נִיוֵּל פ' disfigure, make ugly
נִיוּוּן ז' degeneration, atrophy, decadence
נִיוֵּן פ' cause to degenerate, cause to become decadent
נִיזּוֹן פ' be fed, be nourished
נִיזּוֹק, נִיזָּק ת' injured, damaged
נִיחָא ת' good!, well!, all right!, so be it!
נִיחוֹחַ ז' aroma, fragrance
נִיחוֹחִי ת' aromatic, fragrant
נִיחוּם ז' comforting, consoling, condolence
נִיחוּשׁ ז' guessing, guess, guesswork
נִיחוּתָא ז' ease, serenity, quiet
בְּנִיחוּתָא תה"פ quietly, calmly
נִיחֵם פ' console, comfort
נִיחַם פ' repent, regret
נִיחֵשׁ פ' guess, conjecture
נִיחֵשׁ נָכוֹן בַּלוֹטוֹ guess correctly in the state lottery
נִיטַּע פ' be planted
נִיטַּשׁ פ' be abandoned
נַיָּיד ת' mobile, moveable
נַיָּידוּת נ' mobility
נַיֶּידֶת נ' patrol car, mobile patrol
נַיֶּידֶת הַמִּשְׁטָרָה נ' police patrol car
נַיָּיח ת' stationary, at rest
נַיָּיע ת' mobile
נְיָיר ז' paper; document
נַיֶּירֶת נ' paper work, bureaucracy
נִיכָּה פ' deduct; discount
נִיכּוּי ז' deduction; discount
נִיכּוּיֵי הַמַּשְׂכּוֹרֶת ז"ר deductions in wages
נִיכּוּר ז' alienating, alienation
נִיכּוּשׁ ז' weeding
נִיכָּיוֹן ז' discount
נִיכָּר ת' recognizable; considerable, substantial
נִיכֵּשׁ פ' weed
נִים ת' asleep, drowsing
נִים וְלֹא נִים תה"פ half awake, half asleep
נִימָה נ' thread, string, filament; note, tone, chord
נִימּוֹל פ' be circumcized
נִימּוּס ז' politeness, good manners, courtesy, etiquette
נִימּוּסִי ת' polite, well-mannered, courteous
נִימּוּק ז' reason; argument
נִימּוּקוֹ עִמּוֹ he has his reasons
נִימִי ת' capillary
נִימִיּוּת נ' capillarity
נִימֵּק פ' give reasons for, justify by argument
נִימֵּר פ' spot, bespeckle

נִין ז'	great-grandson
נִינוֹחַ ת'	at ease
נִינוֹחוּת נ'	ease, composure
נִיסָּה פ'	test; try, attempt
נִיסּוּחַ ז'	formulating, formulation
נִיסּוֹט פ'	be shifted, be removed
נִיסּוּי ז'	trying, experimenting; experiment; test, trial
נִיסּוּיִי ת'	experimental; test (adj.), trial (adj.)
נִיסָּיוֹן ז'	attempt; experience; experiment; test, trial
נִיסָּיוֹן לְרֶצַח ז'	attempted murder
נִיסָן ז'	Nisan (March-April)
נִיסֵּר פ'	saw
נִיעַ ז'	quiver, slight movement
נִיעוּר ז'	shaking out, shaking
נִיעֵר פ'	shake out, shake
נִיעֵר אֶת חוֹצְנוֹ מֵהָעֵסֶק	wash one's hands of the affair
נִיפָּה פ'	sift, winnow
נִיפּוּחַ ז'	inflating, inflation, exaggerating
נִיפּוּי ז'	sifting, winnowing
נִיפּוּץ ז'	splitting, shattering, exploding
נִיפּוּק ז'	issue
נִיפֵּחַ פ'	inflate, blow up, exaggerate
נִיפֵּט פ'	beat (wool, cotton)
נִיפֵּץ פ'	split, break up; shatter, smash, explode
נִיצַּב פ'	stand, stand up
נִיצָּב ז', ת'	perpendicular; standing upright; superintendent; handle (of knife or dagger).
נִיצּוֹד פ'	be caught
נִיצּוּחַ ז'	conducting (orchestra, etc.)
נִיצּוּל ז'	exploiting, utilizing; exploitation, utilization
נִיצּוֹל ת'	rescued, saved
נִיצּוֹלֶת נ'	salvage
נִיצּוֹץ ז'	spark
נִיצֵּחַ פ'	defeat, vanquish; conduct (orchestra, etc.)
נִיצָּחוֹן ז'	victory, triumph
נִיצִּי ת'	hawkish (politically)
נִיצַּל פ'	be saved, be rescued
נִיצֵּל פ'	exploit, utilize
נִיצַּלְתִּי אֶת הַהִזְדַּמְּנוּת	I took the opportunity, I used the occasion
נִיצָּן ז'	bud
נִיצַּת פ'	be ignited, be lit
נִיצַּת שְׁבִיב תִּקְוָה	a ray of hope was kindled
נִיקֵּב פ'	perforate, punch
נִיקֵּד פ'	point (Hebrew script), vocalize; dot, draw a dotted line
נִיקָּה פ'	clean
נִיקּוּד ז'	pointing (of Hebrew script), vocalization
נִיקּוּז ז'	draining, drainage
נִיקּוּי ז'	cleaning
נִיקּוּי יָבֵשׁ ז'	dry cleaning
נִיקּוּר ז'	poking out, gouging out
נִיקֵּז פ'	drain
נִיקָּיוֹן ז'	cleanliness, cleanness
נִיקְיוֹן כַּפַּיִים ז'	incorruptibility
נִיקֵּר פ'	poke out, gouge out

נִיר ז׳ ploughed field
נִישָׂא, נִישְׂאָה פ׳ be carried, be raised on high, be borne; be married
נִישֵּׂא פ׳ raise on high, exalt
נִישָּׂא ת׳ high, lofty, exalted
נִישֵּׁב פ׳ blow
נִישׂוּאִים ז״ר marriage, wedlock
נִישׂוּאִים מְאוּשָׁרִים ז״ר a happy marriage
נִישּׁוּל ז׳ dispossessing, eviction
נִישּׁוֹם ז׳ assessed person, tax-payer
נִישּׁוֹם פ׳ be assessed, be rated
נִישָּׁיוֹן ז׳ amnesia
נִישֵּׁל פ׳ dispossess, evict, oust
נִישֵּׁם פ׳ breathe heavily, pant
נִישֵּׁק פ׳ kiss
נִיתּוּב ז׳ guiding, directing, steering
נִיתּוּחַ ז׳ operation; dissection; analysis
נִיתּוּחַ לֵב פָּתוּחַ ז׳ open-heart surgery
נִיתּוּץ ז׳ smashing, shattering
נִיתּוּק ז׳ cutting off, breaking off, severing
נִיתּוּר ז׳ hopping, skipping; leap
נִיתַּז פ׳ be sprayed, be splashed
נִיתֵּחַ פ׳ operate; cut up; analyze
נִיתַּךְ פ׳ flow down; be melted
נִיתַּן פ׳ be given
נִיתַּץ פ׳ be smashed, be shattered
נִיתֵּץ פ׳ smash, shatter
נִיתַּק פ׳ be cut off, be broken off

נִיתֵּק פ׳ cut off, break off, sever
נִיתְּקוּ אֶת הַיְחָסִים they cut off relations
נִיתֵּר פ׳ hop, skip, leap
נְכָאִים ז״ר depression, dejection
נִכְבָּד ת׳ respected, distinguished, honored
נִכְבָּדִי My dear Sir
נִכְבַּל פ׳ be fettered, be chained
נִכְבַּשׁ פ׳ be conquered, be captured
נֶכֶד ז׳ grandchild, grandson
נֶכְדָּה נ׳ granddaughter
נָכֶה ז׳, ת׳ disabled, handicapped, crippled
נְכֵה מִלְחָמָה ת׳ war disabled
נִכְוָוה פ׳ be burnt, be scalded
נְכוֹחָה תה״פ (up)rightly,
נָכוֹן ת׳, תה״פ right, correct; prepared, ready
נָכוֹן מְאוֹד ת׳ very true
נְכוֹנוּת נ׳ rightness, correctness; readiness
נְכוֹנוּת לְהַקְרָבָה נ׳ readiness for self-sacrifice
נְכוֹת ז׳ treasure
נָכוּת ז׳ disability, handicap
נָכַח פ׳ be present
נִכְחַד פ׳ be wiped out
נִכְלָא פ׳ be imprisoned
נְכָלִים ז״ר vices
נִכְלַל פ׳ be included
נִכְלָם ת׳ ashamed, embarrassed
נִכְלַם פ׳ be ashamed, be embarrassed

נִכְמְרוּ רַחֲמָיו עָלַיי he had pity on me
נִכְמַשׁ פ׳ wither, fade
נִכְנַס פ׳ enter, come or go in
נִכְנַס בְּשָׁלוֹם וְיָצָא בְּשָׁלוֹם get through something safely
נִכְנַע פ׳ yield, submit
נֶכֶס ז׳ property; asset
נִכְסֵי דְלָא נָיְידֵי real estate
נִכְסָף ת׳ longed for, desired
נִכְסַף פ׳ long for, yearn
נִכְפֶּה ז׳ epileptic
נִכְפָּה פ׳ be forced, be compelled
נִכְפָּה עָלַיי I was forced
נִכְפּוּת נ׳ epilepsy
נִכְפַּל פ׳ be doubled; be multiplied
נִכְפַּף פ׳ be bent
נִכְבַּשׁ פ׳ be pressed down
נֵכָר ז׳ foreign land; strangeness, foreignness
נִכְרָה פ׳ be dug, be mined
נָכְרִי, נוֹכְרִי תו״ז foreigner, gentile
נִכְרַת פ׳ be destroyed; be cut down
נִכְשַׁל פ׳ fail; stumble
נִכְתַּב פ׳ be written
נִכְתַּם פ׳ be stained
נִלְאָה פ׳ be exhausted
נִלְבָּב ת׳ charming, endeared
נִלְהַב פ׳ be enthusiastic, be keen
נִלְווָה פ׳ accompany
נָלוֹז ת׳ perverse, wayward, crooked
נִלְחַם פ׳ fight, make war
נִלְחַץ פ׳ be pressed
נִלְכַּד פ׳ be captured, be caught
נִלְמַד פ׳ be studied, be learnt
נִלְעָג ת׳ ridiculous
נִלְקַח פ׳ be taken
נָם פ׳ slumber, drowse, doze
נִמְאַס פ׳ be hated, be loathed
נִמְאַס לִי/עָלַיי I am fed up
נִמְדַד פ׳ be measured
נִמְהַל פ׳ be diluted; be circumcized
נִמְהָר ת׳ hasty, impetuous, rash
נָמוֹג ת׳ melting away, fading away
נָמוּךְ ת׳ low, short
נָמוֹשׁ ת׳ backward, belated
נִמְזַג פ׳ be mixed; be poured out
נִמְחָה פ׳ be erased, be deleted
נִמְחַל פ׳ be forgiven, be pardoned
נִמְחַץ פ׳ be crushed, be severely wounded
נִמְחַק פ׳ be erased, be rubbed out
נְמִיכוּת נ׳ lowness, shortness
נִמְכַּר פ׳ be sold
נָמַל ז׳ port, harbor
נְמַל תְּעוּפָה ז׳ airport
נִמְלָא פ׳ be filled, be full
נְמָלָה נ׳ ant
נִמְלַח פ׳ be salted
נִמְלַט פ׳ escape, flee
נִמְלַךְ פ׳ consider, ponder; consult
נִמְלָץ ת׳ flowery, ornate, rhetorical
נִמְלַק פ׳ be pinched off, be nipped off
נִמְנָה פ׳ be counted, be numbered

נִמְנוּם ז׳ doze, snooze, light sleep
נִמְנֵם פ׳ doze, snooze, drowse
נִמְנָע ת׳ impossible; abstaining
נִמְנַע פ׳ avoid, abstain; be prevented, be unable
נָמֵס ת׳ melting, dissolving
נָמַס פ׳ melt, dissolve
נִמְסַךְ פ׳ be mixed, be blended
נִמְסַק פ׳ be picked (olives)
נִמְסַר פ׳ be handed over, be delivered
נִמְעַךְ פ׳ be crushed, be crumpled
נִמְעָן ז׳ addressee
נִמְצָא פ׳ be found; be, exist
נִמְצְאָה הָאֲבֵדָה! what was lost has been found!
נָמַק פ׳ rot, decay
נָמַק בְּבֵית הַסּוֹהַר rot in jail
נָמֵר ז׳ tiger; brave person
נִמְרַח פ׳ be spread; be done sloppily (slang); be written at length with little content (slang); be bribed (slang)
נִמְרָץ ת׳ vigorous, forceful
נֶמֶשׁ ז׳ freckle
נִמְשָׁה פ׳ be pulled out
נִמְשַׁךְ פ׳ be drawn, be attracted; be withdrawn; attracted; continue
נִמְשַׁל פ׳ be likened to, be compared
נִמְתַּח פ׳ be stretched
נִנְזַף פ׳ be admonished, be reprimanded
נַנָּס ז׳, ת׳ midget, dwarf
נִנְעַל פ׳ be locked
נִנְעַץ פ׳ be stuck in
נִנְעַר פ׳ be shaken out
נִנְקַט פ׳ be taken (steps), be adopted (measures)
נִנְקְטוּ צְעָדִים נֶגְדוֹ steps were taken against him
נָס פ׳ flee, escape
נֵס ז׳ miracle; banner, standard
נֵס גָּדוֹל הָיָה שָׁם a great miracle happened there
נָסַב פ׳ turn aside, go round
נִסְבָּל ת׳ tolerated, tolerable
נִסְבַּל פ׳ be tolerated
נַסְגָּנִי ת׳ recessive
נִסְגַּר פ׳ be shut, be closed
נִסְדַּק פ׳ be cracked
נָסוֹג פ׳ retreat, withdraw
נְסוֹרֶת נ׳ sawdust
נֹסַח ז׳ extract (of document), copy, text
נַסָּח ז׳ formulator
נִסְחַב פ׳ be dragged, be dragged out
נִסְחַט פ׳ be wrung out, be squeezed
נִסְחַף פ׳ be swept along; be eroded
נִסְחַף עִם הַזֶּרֶם be swept along with the tide
נְסִיבָּה נ׳ circumstance
נְסִיבּוֹת (מְסִיבּוֹת) מְקִילּוֹת נ״ר extenuating circumstances
נְסִיגָה נ׳ retreating, retreat, withdrawal
נַסְיוּב ז׳ serum

נַסְיָן ז'	experimenter
נִסְיֵן פ'	experiment
נָסִיךְ ז'	prince
נְסִיכוּת נ'	principality, princedom
נְסִיעָה נ'	travelling, journey, voyage
נְסִיעָה טוֹבָה נ'	bon voyage
נְסִיקָה נ'	taking off (of plane, etc.)
נָסַךְ פ'	pour out; inspire
נֶסֶךְ, נֵסֶךְ ז'	libation; molten image
נִסְלַח פ'	be forgiven, be pardoned
נִסְלַל פ'	be paved
נִסְמַךְ פ'	be supported; be authorized
נָסַע פ'	travel, journey
נִסְעַר פ'	be agitated, be enraged
נִסְפַּג פ'	be absorbed
נִסְפָּה פ'	be destroyed, be wiped out
נִסְפָּח ז'	attache; appendix, addendum, supplement
נִסְפָּח בַּשַּׁגְרִירוּת ז'	embassy attache
נִסְפַּח פ'	be attached, join
נִסְפַּר פ'	be counted
נָסַק פ'	rise (plane, etc.), ascend, climb
נִסְקַל פ'	be stoned
נִסְקַר פ'	be surveyed, be scanned
נִסְקְרוּ הַהִתְפַּתְּחֻיּוֹת הָאַחֲרוֹנוֹת בַּחֲזִית	the latest developments at the front were covered
נִסְרַג פ'	be knitted
נִסְרַט פ'	be scratched
נִסְרַק פ'	be combed
נִסְתַּם פ'	be stopped up, be blocked
נִסְתַּם הַגּוֹלֵל עַל הַפָּרָשָׁה	the affair is completely over
נִסְתַּר פ'	be hidden, be concealed
נָע פ'	move, wander, roam
נָע ת'	mobile, moving
נֶעְדַּר פ'	be absent, be missing
נֶעְדַּרְתִּי מִבֵּית הַסֵּפֶר	I was absent from school
נָעוּל ת'	shut, closed, locked; wearing (footwear)
נָעוּל בְּמַגָּפַיִם ת'	wearing boots
נָעוּץ ת'	inserted, stuck in, rooted in
נֵעוֹר ת'	awake, awakened
נְעוּרִים ז"ר	youth
נְעֹרֶת נ'	tow
נֶעֱזַב פ'	be left, be abandoned
נֶעֱזַר פ'	be helped, be aided
נֶעֱזַרְתִּי בְּסִפְרֵי עִיּוּן	I used reference books for help as aids
נֶעֱטַף פ'	be wrapped, be enveloped
נְעִילָה נ'	locking, closing; putting on, wearing (footwear); Neila (closing prayer of Day of Atonement)
נָעִים ת'	pleasant, agreeable
נָעִים מְאוֹד!	pleased to meet you!
נְעִימָה נ'	tune, melody
נְעִימוּת נ'	pleasantness, agreeableness
נָעִיץ ת'	insertable, penetrable
נְעִיצָה נ'	insertion, sticking in
נְעִירָה נ'	shaking out; braying

be digested	נֶעְכַּל פ׳
be depressed, be gloomy, be dejected	נֶעְכַּר פ׳
lock, close, shut; put on (footwear)	נָעַל פ׳
shoe, boot	נַעַל נ׳
insulted, offended	נֶעֱלָב ת׳
be insulted, be offended	נֶעֱלַב פ׳
lofty, sublime, exalted	נַעֲלֶה ת׳
be superior to, be exalted	נַעֲלָה פ׳
hidden; unknown	נֶעְלָם ת׳
disappear, vanish	נֶעְלַם פ׳
be pleasant, be delightful	נָעַם פ׳
stand still	נֶעֱמַד פ׳
be tied, be worn (jewellery)	נֶעֱנַד פ׳
mint (plant)	נַעֲנָה נ׳
be anwered (positively), be accepted; agree, consent	נַעֲנָה פ׳
I agreed to what she wanted	נַעֲנֵיתִי לָהּ
movement, shaking, tossing, rocking	נִעְנוּעַ ז׳
shake, toss, rock	נִעְנֵעַ פ׳
shook the lulav	נִעְנֵעַ אֶת הַלּוּלָב
be punished	נֶעֱנַשׁ פ׳
I was punished for my impudence	נֶעֱנַשְׁתִּי עַל חוּצְפָּתִי
stick in, insert, fix upon	נָעַץ פ׳
drawing-pin, tack	נַעַץ ז׳
be sad	נֶעֱצַב פ׳
be sad, be saddened	נֶעֱצַב אֶל לִבּוֹ
stop, come to a halt	נֶעֱצַר פ׳
be detained for three days	נֶעֱצַר לִשְׁלוֹשָׁה יָמִים
be trussed, be bound	נֶעֱקַד פ׳
be by-passed	נֶעֱקַף פ׳
be stung; be bitten	נֶעֱקַץ פ׳
be uprooted, be pulled out	נֶעֱקַר פ׳
youth, lad	נַעַר ז׳
young girl, lass	נַעֲרָה נ׳
youth, boyhood	נַעֲרוּת נ׳
be arranged; be edited; be valued	נֶעֱרַךְ פ׳
a party was made in his honor	נֶעֶרְכָה מְסִיבָּה לִכְבוֹדוֹ
be piled	נֶעֱרַם פ׳
a lot of material accumulated	נֶעֱרַם חוֹמֶר רַב
be beheaded	נֶעֱרַף פ׳
admired, revered, esteemed	נַעֲרָץ ת׳
be made, be done, become	נַעֲשָׂה פ׳
be moved, be shifted; be copied	נֶעְתַּק פ׳
accede	נֶעְתַּר פ׳
we acceded to his request	נֶעְתַּרְנוּ לְבַקָּשָׁתוֹ
be spoiled, be marred	נִפְגַּם פ׳
be injured, be stricken	נִפְגַּע פ׳
they were wounded in the attack	נִפְגְּעוּ בַּהַתְקָפָה
meet, encounter	נִפְגַּשׁ פ׳
be redeemed, be ransomed	נִפְדָּה פ׳
sieve; district, region	נָפָה נ׳
become weak	נָפוֹג פ׳
swollen; inflated	נָפוּחַ ת׳
fallout	נְפוֹלֶת נ׳

נָפוֹץ ת' widespread, common
נָפוֹץ פ' be scattered, be spread
נָפַח פ' breathe out, exhale, blow
נֶפַח ז' volume, bulk
נַפָּח ז' blacksmith
נִפְחַד פ' be frightened, be afraid
נַפָּחוּת נ' smithery
נַפָּחִיָּה נ' smithy, forge
נִפְחַס פ' be flattened
נֵפְט ז' oil. mineral oil, petroleum, kerosene, paraffin
נִפְטָר ז' deceased
נִפְטַר פ' pass away, die; be released; go away from
נִפְטַרְנוּ מִמֶּנּוּ we got rid of him
נְפִיחָה נ' blowing, puffing; breaking wind
נְפִיחוּת נ' swelling
נְפִיל ז', נְפִילִים ז"ר giants, titans
נְפִילָה נ' fall; defeat, collapse
נָפִיץ ת' explosive
נָפַל פ' fall, drop; fall in battle, die; happen
נָפַל בַּפַּח get into a mess
נֵפֶל ז' abortion
נִפְלָא ת' wonderful, marvelous
נִפְלַט פ' be given off, escape, come out; be let slip
נִפְלַט כַּדּוּר a bullet was accidentally released
נִפְנָה פ' turn round; be free
נִפְנוּף ז' waving, flapping
נִפְנֵף פ' wave, flap
נִפְסָד ת' faulty, bad, spoilt, corrupt
נִפְסַל פ' be disqualified
נִפְסַק פ' cease, stop, be interrupted
נִפְסַק פ' cease, stop, be interrupted
נִפְעַל פ' nifal (gram.) passive of פָּעַל
נִפְעַם פ' be stirred, be deeply moved
נֶפֶץ ז' explosion
נַפָּץ ז' detonator
נִפְצַע פ' be wounded
נִפְקַד פ' be counted, be numbered; be absent
נִפְקָדוּת נ' absenteeism, absence
נִפְקַח פ' be opened, (eyes, ears)
נִפְרָד ת' separate, apart, different
נִפְרַד פ' be separated
נִפְרַם פ' be ripped (stitches)
נִפְרַס פ' be sliced (bread); be spread out
נִפְרַע פ' be paid up; be collected (debt)
נִפְרַץ פ' be broken into
נִפְרַץ הַמַּחְסָן the warehouse was broken into
נִפְרַק פ' be unloaded
נִפְרַשׂ ר' נִפְרַס
נָפַשׁ פ' rest, relax
נֶפֶשׁ ז' soul, spirit of life; person; character in a play
נַפְשִׁי ת' spiritual; mental; warm-hearted
נִפְשָׁע ת' sinful, wicked, criminal
נִפְתָּה פ' be enticed
נִפְתֵּיתִי לְהַאֲמִין לוֹ I was tempted to believe him

נַפְתּוּלִים ז׳ struggle(s), wrestling
נִפְתַּח פ׳ be opened
נִפְתַּל פ׳ be twined, be twisted
נִפְתַּר פ׳ be solved
נִפְתְּרָה הַבְּעָיָה the problem was solved
נֵץ ז׳ hawk
נָצוּר ת׳,ז׳ besieged; locked (gun, etc.)
נֶצַח ז׳ eternity
נֵצַח יִשְׂרָאֵל the Eternal of Israel, God
נִצְחִי ת׳ eternal, perpetual, everlasting
נַצְחָנוּת נ׳ argumentativeness
נִצִּי, נִיצִּי ת׳ hawkish (politically)
נְצִיב ז׳ commissioner, governor; pillar, column
נְצִיב שֵׁירוּת הַמְּדִינָה ז׳ civil service commissioner
נְצִיבוּת נ׳ governorship
נָצִיג ז׳ representative, delegate
נְצִיגוּת נ׳ representation, delegation
נְצִילוּת נ׳ efficient use, efficiency
נָצִיץ ז׳ mica
נַצְלָנִי ת׳ exploiting
נִצְנוּץ ז׳ sparkle, twinkle
נִצְנֵץ פ׳ sparkle, twinkle
נָצַר פ׳ guard, preserve; lock (gun, etc.)
נֵצֶר ז׳ shoot, sprout; scion, descendant, offspring
נִצְרָה נ׳ safety-catch (on a gun)
נַצְרוּת נ׳ Christianity
נִצְרָךְ ת׳ needy, indigent, destitute

נָקַב פ׳ perforate, punch; specify, designate
נָקַב בִּשְׁמוֹ specified his name
נֶקֶב ז׳ hole, aperture
נִקְבֵּב פ׳ perforate, punch
נְקֵבָה נ׳ woman, female, feminine
נִקְבָּה נ׳ tunnel
נִקְבּוּב ז׳ perforating, perforation
נַקְבּוּבִי ת׳ porous, perforated
נַקְבּוּבִית נ׳ pore
נְקֵבִי ת׳ feminine, female
נַקְבָנִית נ׳ punch-typist
נִקְבַּע פ׳ be determined, be fixed
נִקְבְּעוּ הַתְּקָנִים the standards were fixed
נִקְבַּץ פ׳ be assembled, be gathered together, be grouped
נִקְבַּר פ׳ be buried
נֶקֶד ז׳ center point (for drilling); coccus (microbe)
נִקְדֵּד פ׳ draw a dotted line, mark with dots
נִקְדַּח פ׳ be drilled, be bored
נַקְדָן ז׳ pointer (of Hebrew texts), vocalizer; pedant
נַקְדָנוּת נ׳ pointing; vocalizing; pedantry
נִקְהָה פ׳ be blunted, be dulled
נִקְהַל פ׳ assemble, convene
נָקוּב ת׳ perforated, punched, pierced; nominal (value); specified, designated
נָקוּד ת׳ spotted, dotted
נְקוּדָה נ׳ point, dot; full stop, period

נְקוּדָה וּפְסִיק ז"ר	semi-colon
נְקוּדָתַיִם נ"ז	colon
נְקוּדַת רְאוּת נ'	point of view, viewpoint
נִקְוָה פ'	be collected, be gathered together
נָקַט פ'	take (measures, etc.), adopt
נָקַטְנוּ אֶמְצָעִים נֶגְדָם	we took steps against them
נִקְטַל פ'	be slain, be killed
נִקְטַף פ'	be picked (fruit, etc.)
נִקְטְפָה בַּאֲבִיב יָמֶיהָ	she was taken away in the prime of her life, she died young
נָקִי ת'	clean, innocent
נְקִי כַּפַּיִם ת'	clean hands (fig.)
נְקִיוּת נ'	cleanliness
נְקִיעָה נ'	dislocation, sprain
נְקִיפַת מַצְפּוּן נ'	pricking of conscience
נָקִיק ז'	crevice, cleft
נְקִישָׁה נ'	tapping, beating, knocking, percussion
נָקַל תה"פ	easy
נִקְלֶה ת'	base, vile, dishonorable
נִקְלָה פ'	be roasted (coffee)
נִקְלַט פ'	be absorbed; take root
נִקְלַע פ'	be hurled; chance
נִקְלַעְתִּי בְּמִקְרֶה לַמָּקוֹם	I chanced to be there
נִקְלַשׁ פ'	be thinned, be weakened
נָקַם פ'	avenge, take vengeance
נָקָם ז', נְקָמָה נ'	revenge, vengeance
נִקְנָה פ'	be bought, be purchased
נַקְנִיק ז'	sausage, salami
נַקְנִיקִיָּה נ'	sausage-shop
נַקְנִיקִית, נַקְנִיקִיָּה נ'	small sausage, frankfurter, hot dog
נִקְנַס פ'	be fined; be punished
נָקַע פ'	be sprained, be dislocated
נָקְעָה לִי הָעֶצֶם	I dislocated the bone
נֶקַע ז'	sprain, dislocation (of limb)
נָקַף פ'	beat, knock; rotate, spin
נֶקֶף ז'	bruise, wound
נִקְפָּא פ'	be frozen, be solidified
נִקְצַץ פ'	be cut down, be chopped, be minced
נִקְצַר פ'	be reaped, be harvested
נָקַר פ'	peck, pierce, bore, gouge
נֶקֶר ז'	pecking, pecked hole; puncture, flat (tire)
נַקָּר ז'	woodpecker
נִקְרָא פ'	be read; be called; be summoned
נִקְרֵאתִי לְמִילּוּאִים	I was called to army reserve duty
נִקְרָה נ'	crevice, cleft
נִקְרָה פ'	happen upon, chance
נִקְרַח פ'	go bald, lose hair
נִקְרַם פ'	be covered with skin
נַקְרָן ז'	fussy person, fault-finder
נַקְרָנוּת נ'	fussiness, fault-finding
נִקְרַע פ'	be torn, be rent
נִקְרַשׁ פ'	solidify, congeal
נָקַשׁ פ'	knock, beat, rap
נֶקֶשׁ ז'	click

נִקְשַׁר פ' be tied up, be bound, be connected
נֵר ז' candle; suppository
נֵר נְשָׁמָה ז' memorial candle, memorial lamp
נֵרוֹת שַׁבָּת ז"ר Shabbat candles
נִרְאֶה ת' visible; acceptable
נִרְאָה פ' be visible; seem; seem right
נִרְאֶה לִי שֶׁאַתְּ צוֹדֶקֶת it seems to me that you are right
נִרְבְּעָה פ' be mated (animal)
נִרְגַּז פ' be enraged, be annoyed
נִרְגַּם פ' be stoned
נִרְגַּן פ' grumble, complain
נִרְגַּע פ' calm down, relax
נִרְגָּשׁ ת' moved, excited
נִרְדַּם פ' fall asleep
נִרְדָּף ת' hunted, persecuted; synonymous
נִרְדַּף פ' be pursued, be persecuted
נִרְחַץ פ' be washed
נִרְטַב פ' get wet
נִרְכַּס פ' be fastened, be buttoned
נִרְכַּשׁ פ' be obtained, be acquired
נִרְמַז פ' be hinted, be suggested
נִרְמַז לוֹ שֶׁבְּקָרוֹב יְשׁוּחְרַר it was hinted to him that soon he would be freed
נִרְמַס פ' be trampled, be trodden on
נִרְעַד פ' tremble, shiver
נִרְעַשׁ פ' be upset, be shaken
נִרְפָּא פ' get well, be cured, recover
נִרְפֶּה ת' lazy, slack, idle
נִרְפָּה פ' become slack, weaken

נִרְפַּשׁ פ' be muddied, become muddy
נִרְצָה פ' be acceptable, be accepted
נִרְצַח פ' be murdered
נִרְצַע פ' be pierced
נִרְקַב פ' decay, rot
נַרְקִיס ז' narcissus
נִרְקַם פ' be embroidered; be formed
נִרְשַׁם פ' be registered, be written down
נַרְתִּיק ז' case, sheath, holster; vagina
נִרְתַּם פ' be harnessed
נִרְתַּע פ' flinch, recoil, be deterred
נָשָׂא פ' lift, raise; carry; endure; marry
נִשְׁאַב פ' be drawn
נִשְׁאַל פ' be asked
נִשְׁאַף פ' be inhaled
נִשְׁאַר פ' remain, be left
נָשַׁב פ' blow, puff
נִשְׁבָּה פ' be captured, be taken prisoner
נִשְׁבַּע פ' swear, take an oath
נִשְׁבַּר פ' be broken
נִשְׁבַּר לִי I have had enough
נִשְׂגָּב ת' lofty, sublime, exalted; powerful
נִשְׂגַּב פ' be elevated, be set on high
נִשְׂגַּב מִבִּינָתִי it is beyond my understanding, it is beyond me
נִשְׁדַּד פ' be robbed

ammonia נַשְׁדוּר ז'
be burnt, be dried by heat נִשְׁדַּף פ'
demand payment of a debt; forget נָשָׁה פ'
sinew of the thigh, sciatic nerve נָשֶׁה, גִּיד הַנָּשֶׁה ז'
lifted, raised; carried; (grammar) predicate נָשׂוּא ת'
married woman נְשׂוּאָה נ'
predicative נְשׂוּאִי ת'
married (couple) נְשׂוּאִים ז"ר
married (man) נָשׂוּי ת'
bitten; stung נָשׁוּךְ ת'
filings נְשׁוֹפֶת נ'
kissed נָשׁוּק ת'
fallout; droppings נְשׁוֹרֶת נ'
radioactive fallout נְשׁוֹרֶת רַדְיוֹאַקְטִיווִית נ'
be sun-tanned נִשְׁזַף פ'
be interwoven נִשְׁזַר פ'
be slaughtered נִשְׁחַט פ'
be ground, be pulverized נִשְׁחַק פ'
be spoiled, be destroyed נִשְׁחַת פ'
be rinsed, be washed נִשְׁטַף פ'
womanly, feminine, female נָשִׁי ת'
president; rain-cloud נָשִׂיא ז'
presidency, the office of president; presidium נְשִׂיאוּת נ'
blowing (of wind) נְשִׁיבָה נ'
womanliness, femininity נָשִׁיוּת נ'
forgetting, forgetfulness נְשִׁיָּה נ'
bite, biting נְשִׁיכָה נ'
women נָשִׁים נ"ר
breathing, breath, respiration נְשִׁימָה נ'
blowing, exhaling, expiration נְשִׁיפָה נ'
kiss נְשִׁיקָה נ'
deciduous נָשִׁיר ת'
falling off (out), dropping off (out) נְשִׁירָה נ'
sciatica נָשִׁית נ'
bite נָשַׁךְ פ'
excessive interest, usury נֶשֶׁךְ ז'
be forgotten נִשְׁכַּח פ'
given to biting נַשְׁכָן ת'
hired, paid; rewarded נִשְׂכָּר ת'
be hired, be paid; be rewarded נִשְׂכַּר פ'
be sent, be dispatched נִשְׁלַח פ'
be deprived of נִשְׁלַל פ'
have one's license revoked נִשְׁלַל רִשְׁיוֹנוֹ
be completed נִשְׁלַם פ'
the work was completed נִשְׁלְמָה הַמְּלָאכָה
breathe, inhale נָשַׁם פ'
be destroyed נִשְׁמַד פ'
soul, spirit; living being נְשָׁמָה נ'
be omitted, be left out; slip, fall נִשְׁמַט פ'
be heard; be listened to; sound (intr.) נִשְׁמַע פ'
be kept, be guarded נִשְׁמַר פ'
be repeated, recur; be learned, be studied נִשְׁנָה פ'
lean, be supported; rely on נִשְׁעַן פ'
blow, breathe out, exhale נָשַׁף פ'
party at night, soiŕee נֶשֶׁף ז'
dance, ball נֶשֶׁף רִיקּוּדִים ז'

נִשְׁפַּט פ' be tried, be brought to trial
נִשְׁפִּיָּה נ' small party at night
נִשְׁפַּךְ פ' be spilled, be poured out
נָשַׁק פ' kiss; come together, touch
נַשָּׁק ז' armorer
נֶשֶׁק ז' arms, weapons
נֶשֶׁק אֲטוֹמִי, נֶשֶׁק גַּרְעִינִי ז' atomic (nuclear) weapons
נֶשֶׁק חַם ז' firearms
נֶשֶׁק קַר ז' cold steel (knives, etc.)
נִשְׁקַל פ' be weighed; be considered
נִשְׁקַף פ' be seen, be visible; look out, look through, look over
נָשַׁר פ' fall off, fall away, fall out
נֶשֶׁר ז' vulture (Biblical); eagle (colloquial)
נִשְׁרָה פ' be soaked, be steeped
נִשְׂרַט פ' ר' נִסְרַט
נִשְׂרַף פ' be burnt
נִשְׁרַץ פ' swarm, teem
נִשְׁתַּל פ' be planted, be transplanted
נִתְבָּע ז' defendant, respondent
נִתְבַּע פ' be claimed, be demanded, be required
נָתוּן ז' given; datum
נְתוּנִים ז"ר data
נֶתֶז ז' spray, splash
נֵתַח ז' cut, piece
נִתְחַם פ' be delimited
נָתִיב ז' path, way, lane
נָתִיךְ ז' fuse
נָתִין ז' citizen, national, subject
נְתִינָה נ' giving, presentation
נְתִינוּת נ' citizenship, nationality
נָתִיק ת' severable, detachable
נֶתֶךְ ז' alloy
נִתְלָה פ' be hung
נִתְמַךְ פ' be supported
נָתַן פ' give, present; let
נִתְעָב ת' loathsome, abhorrent, detestable
נִתְעָה פ' be misled, be led astray
נִתְפַּס פ' be caught, be seized; be grasped
נִתְפַּר פ' be sewn, be stitched
נִתְפַּשׂ ר' נִתְפַּס
נָתַץ פ' smash, shatter
נָתָק ז' contact-breaker (elect.)
נִתְקַל פ' bump into, meet by chance
נִתְקַע פ' be stuck
נִתְקַף פ' be attacked
נֶתֶר ז' washing soda; nitre
נִתְרַם פ' be contributed, be donated
נַתְרָן ז' sodium

ס

se'a (ancient dry measure) סְאָה נ׳

he was overwhelmed by troubles סְאַת הַצָּרוֹת שֶׁלּוֹ הוּגְדְּשָׁה

leaven; original state סְאוֹר ז׳

the best part, the vital part סְאוֹר (שְׂאוֹר) שֶׁבָּעִיסָּה

old, grandfather סָב, סָבָא ת׳

granddad סַבָּא ז׳

drink to excess סָבָא פ׳

turn, go round סָבַב פ׳

pinion, cog-wheel סַבֶּבֶת נ׳

tangled, complicated סָבוּךְ ת׳

tolerance, endurance סְבוֹלֶת נ׳

soap; softy (slang) סַבּוֹן ז׳

soap-dish סַבּוֹנִיָּה, סַבּוֹנִית נ׳

of the opinion סָבוּר ת׳

screwdriver סְבוֹרֶג ז׳

I am of the opinion, I think סְבוּרַנִי, סְבוּרַנִי

drinking to excess סְבִיאָה נ׳

(a)round, surrounding סָבִיב תה״פ

surroundings, environs סְבִיבוֹת נ״ר

vicinity, neighborhood סְבִיבָה נ׳

swivel סְבִיבוֹל ז׳

spinning-top סְבִיבוֹן ז׳

ragwort סַבְיוֹן ז׳

entanglement, complexity סְבִיכוּת נ׳

passive; endurable סָבִיל ת׳

passivity; endurance סְבִילוּת נ׳

reasonable, probable סָבִיר ת׳

reasonableness, probability סְבִירוּת נ׳

thicket; tangle, complication סְבַךְ, סְבָךְ ז׳

grate, trellis, lattice סְבָכָה נ׳

suffer, bear, endure, tolerate סָבַל פ׳

porter, carrier סַבָּל ז׳

suffering; load, burden סֵבֶל ז׳

patience, tolerance סַבְלָנוּת נ׳

patient סַבְלָנִי ת׳

be of the opinion, think; understand סָבַר פ׳

hope, expectation; countenance סֵבֶר ז׳

warm welcome סֵבֶר פָּנִים יָפוֹת ז׳

opinion, theory, supposition סְבָרָה נ׳

baseless supposition סְבָרוֹת כָּרֵס נ״ר

granny, grandma, grandmother סַבְתָּא נ׳

worship, adore, bow down to סָגַד פ׳

segol (Hebrew vowel, é) סֶגּוֹל ז׳

purple, violet, mauve סָגוֹל ת׳

treasured possession; (special) characteristic; remedy סְגוּלָּה נ׳

remedy for long life סְגוּלָּה לַאֲרִיכוּת יָמִים נ׳

specific, characteristic סְגוּלִי ת׳

closed, shut סָגוּר ת׳

zip סְגוֹרָץ ז׳

plenty, sufficiently, enough סַגִּי תה״פ

blind man (euphem.) סַגִּי נָהוֹר ז׳

סְגִידָה נ' worshipping, worship, adoring, bowing down to
סָגִיל ת' adaptable
סְגִילוּת נ' adaptability
סְגִיר ז' shackle
סְגִירָה נ' shutting, closing
סְגִירוּת נ' introversion; narrow-mindedness
סֶגֶל ז' cadre, staff, corps
סְגַלְגַּל ת' oval, elliptical
סְגָן ז' assistant, deputy, vice-
סֶגֶן ז' lieutenant
סֶגֶן מִשְׁנֶה ז' second lieutenant
סִגְנוֹן ז' style
סִגְנוּן ז' stylizing, style-editing, polishing
סִגְנוֹנִי ת' of style, stylistic
סִגְנֵן פ' stylize, improve the style
סַגְסוֹגֶת נ' alloy
סַגְפָן ז' ascetic
סָגַר פ' shut, close
סֶגֶר ז' clasp, bolt; valve disc, valve gate; curfew (milit.)
סַגְרִיר ז' rainstorm
סַגְרִירִי ת' cold and rainy
סַד ז' stocks, pillory; splint
סְדוֹם ש"פ Sodom
סָדוּק ת' cracked, split
סָדוּר ת' arranged, in order
סָדִין ז' sheet
סָדִיר ת' regular, in order
סָדִיר ז' regular army
סְדִירוּת נ' regularity
סַדָּן ז' anvil
סַדְנָה נ' workshop
סֶדֶק ז' crack, split, fissure
סִדְקִית נ' haberdashery
סֵדֶר ז' order, arrangement; seder (Passover night ceremony)
סֵדֶר הַיּוֹם ז' agenda
סַדָּר ז' type-setter, compositor
סְדָר ז' set-up type
סִדְרָה נ' series, sequence; weekly portion of the Pentateuch
סַדְרָן ז' usher, steward
סַדְרָנוּת נ' ushering, stewarding
סַהַר ז' moon, crescent
(הַ)סַהַר (הַ)פּוֹרֶה ז' Fertile Crescent
סַהֲרוּרִי ת' sleepwalking, dreamy
סוֹאֵן ת' noisy, bustling
סוֹבֵא ז' drunkard
סוֹבֵב ז' radius (anat.)
סוֹבֵב פ' go round, encircle
סוֹבַב פ' be surrounded, be encircled
סוּבִּים, סוּבִּין ז"ר bran
סוּבַּךְ פ' be complicated, be entangled, be involved
סוֹבֶךְ ז' lair; calf of leg
סוֹבְלָנוּת נ' tolerance, toleration
סוֹבְלָנִי ת' tolerant
סוּבַּן פ' be soaped; be made a fool of (slang)
סוּג ז' kind, type, class
סוּגְיָה נ' problem, issue, subject for study
סוּגַּל פ' be acquired; be adapted
סוּגְנַן פ' be stylized, be polished
סוּגַר ז' cage; muzzle
סוּגַּר פ' be closed up

bracket; second line of a verse	סוֹגֵר ז'
square brackets	סוֹגְרַיִים מְרוּבָּעִים ז"ר
round brackets	סוֹגְרַיִים עֲגוּלִים ז"ר
secret	סוֹד ז'
military secret	סוֹד צְבָאִי ז'
secret, confidential	סוֹדִי ת'
serial, ordinal	סוֹדֵר ת'
shawl, scarf	סוּדָר ז'
be arranged, be put in order	סוּדַּר פ'
index file	סוֹדְרָן ז'
jailer, prison guard, warder	סוֹהֵר ז'
be classified	סוּוַּג פ'
stevedore, longshoreman	סַוָּר ז'
erosive; swirling	סוֹחְפָנִי ת'
merchant, trader	סוֹחֵר ז'
deviating, divergent, deviant	סוֹטֶה ת'
faithless wife, adulteress	סוֹטָה נ'
be whitewashed	סוּיַּד פ'
branch, bough	סוֹךְ ז', סוֹכָה נ'
booth; succa	סוּכָּה נ'
Succot, the Feast of Tabernacles	סוּכּוֹת, חַג-הַסּוּכּוֹת ז'
umbrella; sunshade	סוֹכֵךְ ז'
be covered over	סוּכַּךְ פ'
be frustrated, be foiled	סוּכַּל פ'
be added up, be totalled; be summarized	סוּכַּם פ'
agent	סוֹכֵן ז'
be risked; be endangered	סוּכַּן פ'
agency	סוֹכְנוּת נ'
the Jewish Agency	(ה)סוֹכְנוּת (ה)יְהוּדִית נ'

be involved in a quarrel	סוּכְסַךְ פ'
sugar	סוּכָּר ז'
saccharine	סוּכְּרָזִית נ'
candy, sweet	סוּכָּרִיָּה נ'
diabetes	סוּכֶּרֶת נ'
be valued	סוּלָּא פ'
shrinking from, recoiling, revolted by	סוֹלֵד ת'
allergy	סוֹלְדָנוּת נ'
forgiving, condoning	סוֹלְחָן ת'
forgiveness, leniency	סוֹלְחָנוּת נ'
sole (of footwear)	סוּלְיָה נ'
embankment, rampart; dike; battery	סוֹלְלָה נ'
ladder; scale	סוּלָּם ז'
soloist	סוֹלָן ז'
be curled, be waved; be trilled	סוּלְסַל פ'
be distorted, be garbled	סוּלָּף פ'
be removed, be taken away	סוּלָּק פ'
the debt was paid	סוּלָּק הַחוֹב
fine flour, semolina; cream (of society, etc.)	סוֹלֶת ז'
blind man	סוּמָא, סוֹמֵא ז'
consistency (of soup, etc.)	סוֹמֶךְ ז'
support, prop; uninflected form in Hebrew compound noun (gramm.)	סוֹמֵךְ ז'
be drugged; be poisoned	סוּמַּם פ'
be marked	סוּמַּן פ'
the boundaries were marked	סוּמְּנוּ הַגְּבוּלוֹת
redness, crimson	סוֹמֶק ז'

סוֹמֶק לְחָיַיִם ז' rouge; flush (of one's cheeks)
סוּמְרַר פ' be riveted
סוּנְוַור פ' be dazzled
סוּנַּן פ' be strained
סוּס ז' horse; knight (in chess)
סוּסָה נ' mare
סוֹעֵר ת' stormy, raging
סוּף ז' reed, bulrush, rush
סוֹף ז' end, finish, conclusion
סוֹף דָּבָר ז' conclusion
סוֹף (כָּל) סוֹף תה"פ finally, at last
סוֹף פָּסוּק ז' the end
סוֹף שָׁבוּעַ ז' weekend
סוֹף שָׁחוֹר ז' tragic end
סוֹפֵג ז' blotting-paper
סוּפְגָּן ז' sponge cake
סוּפְגָּנִיָּיה, סוּפְגָּנִית נ' doughnut
סוּפָה נ' storm, gale, tempest
סוּפַת חוֹל נ' sandstorm
סוּפַת שֶׁלֶג נ' snowstorm
סוּפַּח פ' be attached, be annexed
סוֹפִי ת' final, terminal; finite
סוֹפִית תה"פ, נ' finally; suffix
סוֹפָנִי ת' final
סוּפַּק פ' be supplied
סוֹפֵר ז' author, writer; scribe
סוּפַּר פ' be told, be narrated; have one's hair cut
סוּפְרַר פ' be numbered, be given a number
סוּקַּל פ' be cleared of stones; be stoned
סוֹר ז' leaven; original state
סוּרְבַּל פ' be wrapped up, be made cumbersome
סוֹרֵג ז', סוֹרְגִים ז"ר lattice, grille, grid
סוֹרַג פ' be plaited, be interwoven
סוּרְגַּל פ' be ruled (lines)
סוּרְטַט פ' be drawn, be sketched, be designed
סוֹרַס פ' be castrated; be muddled (text)
סוֹרֵק ז' scanner; tomograph
סוֹרַק פ' be combed
סוֹרֵר ת' stubborn, rebellious
סוֹרֵר וּמוֹרֶה ת' stubborn and rebellious
סוּת נ' garment, clothing, apparel
סוֹתֵר נ' contradictory, conflicting
סוֹתְרָנִי ת' ambivalent
סוּתַּת פ' be chipped, be chiselled
סָח, שָׂח פ' say, speak, tell
סָחַב פ' drag, draw out; pilfer, steal (colloq.)
סְחָבָה נ' rag
סַחֶבֶת נ' red-tape (colloq.), procrastination
סָחוּט ת' squeezed, wrung out; exhausted (colloq.)
סְחוּס ז' cartilage
סְחוֹפֶת נ' sediment, silt, erosion
סְחוֹרָה נ' goods, ware, merchandise
סְחוֹר־סְחוֹר תה"פ round and round; roundabout, indirectly, circuitously
סָחַט פ' squeeze, wring out; blackmail
סַחְטָן ז' blackmailer, extortioner

סַחְטָנוּת נ' blackmail, extortion
סְחִי ז' refuse, garbage
סְחִי וּמָאוֹס ז' disgrace
סְחִיבָה נ' dragging; pilfering, stealing (colloq.)
סְחִיטָה נ' squeezing; wringing out; blackmailing, blackmail
סְחִיפָה נ' sweeping away, eroding, erosion
סָחִיר ת' negotiable (bill)
סַחְלָב ז' orchid
סָחַף פ' sweep away, erode
סַחַף ז' erosion; alluvial soil
סָחַר פ' do business, trade
סַחַר ז' trade, commerce, business
סַחַר־חֲלִיפִין ז' barter, trade
סַחַר־מֶכֶר ז' crooked dealings
סְחַרְחוֹרֶת נ' dizziness, giddiness
סְחַרְחַר ת' dizzy, whirling round
סְחַרְחֵרָה נ' merry-go-round, carousel
סְחֵרֵר פ' make dizzy, whirl round
סָטָה פ' deviate, digress
סְטִיָּה נ' deviation, aberration, digression
סְטִירָה נ' slap
סְטִירַת לֶחִי נ' slap in the face
סָטַר פ' slap
סֵיאוּב ז' dirtying, defiling, corruption
סִיב ז' fiber
סִיבִים ז"ר fibers
סִיבֵּב פ' cause; turn; surround

סִיבָּה נ' cause, reason
סִיבּוּב, סִיבוּב ז' rotation; round, spin
סִיבּוּבִי, סִיבוּבִי ת' rotary, circulatory
סִיבּוּךְ ז' complicating; complication, entanglement
סִיבּוֹלֶת נ' endurance, stamina
סִיבּוּן ז' soaping; soap-making; making a fool of (slang)
סִיבִי ת' fibrous
סִיבִית נ' fiber-board
סִיבֵּךְ פ' complicate, entangle, involve
סִיבֵּן פ' soap; make soap; make a fool of (slang)
סִיבָּתִי ת' causal
סִיבָּתִיּוּת נ' causality
סִיג ז' dross, base metal
סִיגִים ז"ר cinder, slag
סִיגּוּף ז' affiction, torture, mortification of the flesh, self-denial
סִיגֵּל פ' adapt, adjust, fit
סִיגֵּף פ' afflict, torture, mortify the flesh
סִיד ז' lime, whitewash, plaster
סִידוּק ז' cracking, splitting
סִידּוּר ז' arranging; arrangement; prayer book; tricking or fixing someone (slang)
סִידּוּר עֲבוֹדָה ז' work roster
סִידּוּרִי ת' serial, ordinal
סִידָן ז' calcium
סִידֵּר פ' arrange, put in order; trick or fix someone (slang)

whitewashing	סיווּד ז'
classify, categorize	סיווֵּג פ'
classifying; classification, categorization	סיווּג ז'
Sivan (May-June)	סיוָון, סיוָן ז'
nightmare; horror	סיוּט ז'
ending, finishing, concluding; end, finish, conclusion	סיוּם ז'
suffix, ending	סיוֹמֶת נ'
help, aid, assistance	סיוּעַ ז'
fencing	סיוּף ז'
tour; expedition; reconnaissance (military)	סיוּר ז'
wholesaler	סיטוֹנַאי ז'
wholesale trading	סיטוֹנוּת נ'
fence, hedge, restriction	סייָג ז'
mum's the word; a wise man knows when to keep silent	סייָג לַחָכְמָה – שְׁתִיקה
whitewash, plaster	סייֵד פ'
whitewasher, plasterer	סייָד ז'
colt, foal	סייָח ז'
end, finish, conclude	סייֵם פ'
groom (for horses)	סייָס ז'
help, aid, assist, support	סייֵעַ פ'
fencer	סייָף ז'
fence	סייֵף פ'
tour, survey; reconnoiter (military)	סייֵר פ'
mobile police unit; reconnaissance unit; battle-cruiser	סייֶרֶת נ'
lubrication, oiling	סיכה נ'
pin, clip, staple	סיכה נ'
safety pin	סיכַּת בִּיטָחוֹן נ'
hairpin	סיכַּת ראש נ'
chance, prospect	סיכּוּי ז'
foiling, frustration	סיכּוּל ז'
addition; summing up, summary	סיכּוּם ז'
risk; endangering	סיכּוּן ז'
cover over, thatch	סיכֵּך פ'
foil, frustrate	סיכֵּל פ'
add up, sum up, summarize	סיכֵּם פ'
endanger, risk, jeopardize	סיכֵּן פ'
sugar, sugar-coat	סיכֵּר פ'
modulation (music); scaling	סילוּם ז'
jet (plane), stream	סילוֹן ז'
distortion, perversion, falsification	סילוּף ז'
removing; removal, disposal	סילוּק ז'
modulate (music); scale	סילֵּם פ'
distort, pervert, falsify	סילֵּף פ'
remove, take away	סילֵק פ'
pay a debt	סילֵק חוֹב פ'
sift, select	סילֵת פ'
blind; dazzle	סימֵּא פ'
blinding	סימוּי ז'
	סימוכין ר' סְמוכין
symbolization	סימוּל ז'
poisoning; drugging	סימוּם ז'
marking, notation	סימוּן ז'
narrow lane; alley; boil, furuncle	סימטה נ'
symbolize	סימֵל פ'

סִימֵּם פ׳ poison; drug
סִימָן ז׳ sign, mark; omen
סִימָן טוֹב! good luck! best of luck!
סִימָן קְרִיאָה ז׳ exclamation point(!)
סִימָן שְׁאֵלָה ז׳ question mark(?)
סִימֵּן פ׳ mark, indicate
סִימָנִיָּה, סִימָנִית נ׳ bookmark; sign, mark
סִימְפּוֹזְיוֹן ז׳ symposium
סִינּוּן ז׳ straining, sifting, filtration
סִינְכְּרוּן, סִנְכְּרוּן ז׳ synchronizing; synchronization
סִינְכְּרוֹנִי ת׳ synchronous
סִינְכְּרֵן, סִנְכְּרֵן פ׳ synchronize
סִינֵּן פ׳ strain, sift, filter; mutter
סִינָּר ז׳ apron
סִיס ז׳ fringe, fiber; swallow (bird)
סִיסְמָה נ׳ password; slogan
סִיעָה נ׳ faction, group
סִיעָתִי ת׳ factional, group
סַיִף ז׳ sword; fencing (sport)
סֵיפָא ז׳ ending, last section
סִיפּוּחַ ז׳ annexing; annexation
סִיפּוּן ז׳ deck (of a ship); ceiling
סִיפּוּק ז׳ supplying; satisfying; satisfaction
סִיפּוּר ז׳ story-telling; story, tale; cutting hair
סִיפּוּרִי ת׳ narrative
סִיפּוֹרֶת נ׳ fiction
סִיפֵּחַ פ׳ annex, attach
סֵיפָן ז׳ gladiolus
סִיפֵּק פ׳ supply; satisfy
סִיפֵּר פ׳ tell; cut hair
סִיקּוּל ז׳ clearing of stones
סִיקּוּס ז׳ knot (in wood)
סִיקּוּר ז׳ surveying, reviewing, covering (news); survey, review, coverage (news)
סִיקּוֹרֶת נ׳ review
סִיקֵּל פ׳ clear of stones; stone
סִיקֵּר פ׳ survey, review, cover (news)
סִיקָרִי, סִיקָרִיקוֹן ז׳ armed bandit
סִיר ז׳ pot, pan, vessel
סִיר הַבָּשָׂר ז׳ fleshpots, plenty
סִיר לַיְלָה ז׳ chamber pot
סֵירֵב פ׳ refuse, decline
סִירָה נ׳ small boat
סֵירוּב ז׳ refusing, declining, refusal
סֵירוּג ז׳ interweaving; covering with a grille
סִירוֹנִית נ׳ mermaid, siren
סֵירוּס ז׳ castration; jumbling, garbling
סֵירֵס פ׳ castrate; jumble, garble
סִיתּוּת ז׳ stone-cutting; chip
סִיתֵּת פ׳ cut (stone), chip
סָךְ פ׳ lubricate, grease
סַךְ ז׳ amount, sum
סַךְ הַכּוֹל ז׳ sum total
סָכוּךְ ת׳ covered, thatched
סְכוּם ז׳ amount, sum, total
סַכּוּ"ם ז׳ cutlery, silverware (סַכִּינִים, כַּפּוֹת וּמַזְלְגוֹת)
סַכִּין ז׳, נ׳ knife
סַכִּין בַּגַּב stab in the back

cut-throat, armed-robber סַכִּינַאי ז׳
screen, cover סָכַךְ פ׳
covering, thatch סְכָךְ ז׳
covering; covered shed סְכָכָה נ׳
stupid, foolish סָכָל ת׳
stupidity, foolishness סִכְלוּת נ׳
danger, peril, hazard סַכָּנָה נ׳
danger of death, mortal risk, peril סַכָּנַת מָוֶת נ׳
danger to life, mortal risk סַכָּנַת נְפָשׁוֹת נ׳
quarrel, strife, conflict סִכְסוּךְ ז׳
foment a quarrel, entangle, embroil סִכְסֵךְ פ׳
zigzag סִכְסָךְ ז׳
trouble-maker סַכְסְכָן ת׳
trouble-making סַכְסְכָנוּת נ׳
dam (up), stop (up) סָכַר פ׳
dam; lock סֶכֶר ז׳
basket סַל ז׳
food-basket סַל הַמְּזוֹנוֹת ז׳
editor's waste-paper basket סַל הַמַּעֲרֶכֶת ז׳
recoil, shrink from סָלַד פ׳
allergy סַלֶּדֶת נ׳
forgiven, pardoned סָלוּחַ ת׳
paved סָלוּל ת׳
forgive, pardon סָלַח פ׳
forgiving, clement סַלְחָן, סוֹלְחָן ת׳
forgiving, clement, lenient סַלְחָנִי ת׳
salad; mishmash (slang) סָלָט ז׳
revulsion, disgust סְלִידָה נ׳
pardon, forgiveness סְלִיחָה נ׳
coil, spool, reel סְלִיל ז׳
paving, road-building; winding (weaving) סְלִילָה נ׳

spiral, coiled סְלִילִי ת׳
arms cache; end, conclusion סְלִיק ז׳
pave, build a road סָלַל פ׳
salamander סַלָמַנְדְרָה נ׳
curl, wave; trill; curling, waving,; trilling סִלְסוּל ז׳
permanent wave סִלְסוּל תְּמִידִי ז׳
small basket סַלְסִילָה נ׳
curl, wave; trill סִלְסֵל פ׳
rock, boulder סֶלַע ז׳
bone of contention סֶלַע הַמַּחְלוֹקֶת ז׳
rocky, craggy סַלְעִי ת׳
chat (bird), wheatear סַלְעִית נ׳
distortion, perversion, falsification סֶלֶף ז׳
distorter, perverter, falsifier סַלְּפָן ז׳
beet סֶלֶק ז׳
drug; poison סַם ז׳, ר׳ סַמִּים
healing drug, tonic סַם חַיִּים ז׳
poison סַם מָוֶת ז׳
tranquilizer סַם מַרְגִּיעַ ז׳
medicines סַמֵּי רְפוּאָה ז״ר
elder (plant) סַמְבּוּק ז׳
bud, blossom סְמָדַר ז׳
hidden, concealed, invisible, unobserved סָמוּי ת׳
adjacent, nearby; supported, leaning; firm סָמוּךְ ת׳
support, prop, stay סָמוֹךְ ז׳ סְמוֹכָה נ׳
documentary evidence סִמּוּכִין, סִימּוּכִין ז״ר
flushed, red סָמוּק ת׳

סָמוּר ת׳ bristly, stiff
סַמּוּר ז׳ weasel, marbled polecat
סִמְטָה ר׳ סִימְטָה
סַמֶּטֶת נ׳ boils, a boil, furuncle
סָמִיךְ ת׳ thick, dense
סְמִיכָה נ׳ supporting, support, dependence; ordaining; ordination
סְמִיכוּת נ׳ ordination; construct state (grammar); nearness, proximity; density; association
סְמִיכוּת הַפָּרָשִׁיּוֹת נ׳ connection (causal or logical)
סָמִיר ת׳ bristly, stiff
סָמַךְ פ׳ rely on, trust; support, lay (hands)
סָמְכוּ אֶת יְדֵיהֶם עַל הַתִּיקּוּן they supported the change
סֶמֶךְ ז׳ support, prop
סַמְכָא ז׳ support, authority
סַמְכוּת נ׳ authority, power
סַמְכוּת עֶלְיוֹנָה ת׳ supreme authority
סֵמֶל, סֶמֶל ז׳ symbol, emblem, badge
סַמָּל ז׳ sergeant
סַמָּל רִאשׁוֹן ז׳ staff sergeant
סִמְלוֹן ז׳ harness, collar (of a yoke)
סִמְלִי ת׳ symbolic, token
סִמְלִיּוּת נ׳ symbolism
סַמֶּלֶת נ׳ sergeant (fem.)
סְמָמִית, שְׂמָמִית נ׳ house-lizard
סַמְמָן ז׳ ingredient of perfume, drug; flavor; effect
סַמָּן ז׳ marker
סִמְפּוֹנוֹן ז׳ סִמְפּוֹנִית נ׳ bronchial tube

סָמַר פ׳ bristle, stiffen
סָמְרוּ שַׂעֲרוֹתָיו his hair stood on end, bristled
סָמָר ז׳ rush (plant)
סִמְרוּר ז׳ riveting
סְמַרְטוּט ז׳ rag
סְמַרְטוּטָר ז׳ rag-merchant
סִמְרֵר פ׳ rivet; make bristle, stiffen, cause to shudder
סְנָאִי ז׳ squirrel
סָנֵגוֹר, סָנֵיגוֹר ז׳ defending counsel
סָנֵגוֹרְיָה, סָנֵיגוֹרְיָה נ׳ defense (in law) case
סִנְגֵּר פ׳ defend (in law)
סִנְדּוּל ז׳ locking (a car or vehicle), clamping, bolting
סַנְדָּל ז׳ sandal; sole (fish)
סִנְדֵּל פ׳ lock (a car or vehicle), bolt
סִנְדְּלוּ אוֹתִי they locked my car
סַנְדְּלָר ז׳ shoemaker, cobbler
סַנְדְּלָרוּת נ׳ shoemaking
סַנְדְּלָרִיָּה נ׳ shoemaker's workshop
סַנְדָּק ז׳ godfather
סִנְדֵּק פ׳ act as godfather; sponsor
סְנֶה ז׳ thorn-bush
סַנְהֶדְרִין נ׳ Jewish high court (in Second Temple times)
סִנְווֵר פ׳ blind, dazzle
סִנְווּר ז׳ blinding, dazzling, dazzle
סַנְוֵורִים ז״ר sudden blindness
סְנוּנִית נ׳ swallow (bird)
סְנוֹקֶרֶת נ׳ a punch (with fist)
סָנַט פ׳ mock, sneer, taunt, jeer at

סַנְטֵר ז׳ chin
סְנִיף ז׳ branch, affiliate
סְנִיקָה ז׳ discharge, delivery (in pumps)
סִנְכְּרוּן ז׳ synchronization
סִנְכְּרֵן פ׳ synchronize
סְנַפִּיר ז׳ fin; bilge keel
סְנַפִּירִית נ׳ hydrofoil
סָנַק פ׳ (of pumps) deliver
סָס ז׳ clothes moth
סַסְגּוֹנִי ת׳ multicolored, variegated, colorful
סַסְגּוֹנִיּוּת נ׳ multicolor, variegation
סַסְקוֹלִי ת׳ polyphonic
סַסְקוֹלִיּוּת נ׳ polyphony
סָעַד פ׳ eat, dine; sustain, support, assist
סָעֲדוּ אֶת לִבָּם (they) ate
סַעַד ז׳ support, aid, assistance; corroboration
סְעוּדָה נ׳ meal
סְעוּדָה מַפְסֶקֶת נ׳ last meal before a fast day
סָעוּר ת׳ stormy
סְעִיף ז׳ paragraph, clause; branch; cleft
סְעִיף קָטָן ז׳ sub-section
סַעֶפֶת נ׳ manifold
סָעַר פ׳ storm, rage
סַעַר ז׳, סְעָרָה נ׳ gale, storm, tempest
סְעָרָה בִּצְלוֹחִית שֶׁל מַיִם a storm in a teacup
סַף ז׳ threshold, sill
סַף הַהַכָּרָה ז׳ the threshold of consciousness

סַף הַחַלּוֹן ז׳ window sill
סַף הַמָּוֶת ז׳ the threshold of death
סָפַג פ׳ absorb; blot, dry
סָפַד פ׳ mourn, lament, eulogize
סַפָּה נ׳ sofa, couch, divan
סְפוֹג ז׳ sponge, absorbent material
סָפוּג ת׳ permeated, saturated, imbued
סְפוֹגִי ת׳ spongy, absorbent
סְפוֹגִיּוּת נ׳ sponginess, absorptiveness
סָפוּר ת׳ numbered, counted
סְפּוֹרְטַאי ז׳ sportsman
סְפּוֹרְטִיבִי ת׳ sportive, sporting, sportsmanlike
סֶפַח ז׳ addition, attachment; aftergrowth; stub (of ticket, etc.)
סַפַּחַת נ׳ skin-disease
סְפִיגָה נ׳ absorption, soaking up, taking in
סְפִיגוּת נ׳ absorbency, absorptiveness
סָפִיחַ ז׳ aftergrowth, accretion
סְפִינָה נ׳ ship, vessel
סְפִיקָה נ׳ flow; capacity, supply; possibility; need; clapping
סַפִּיר ז׳ sapphire
סָפִיר ת׳ countable
סְפִירָה נ׳ counting, numbering, numeration; era; sphere
סְפִירַת דָּם נ׳ blood count
סְפִירַת הַמְּלַאי נ׳ taking stock
סְפִירַת הַנּוֹצְרִים נ׳ the Christian era

סְפִירַת הָעוֹמֶר נ׳ **the counting of the omer (from Passover to Shavuot)**
סְפִירָה נ׳ **sphere**
סֵפֶל ז׳ **cup, mug**
סִפְלוֹן ז׳ **small cup**
סַפָּן ז׳ **seaman, sailor**
סַפָּנוּת נ׳ **seamanship**
סַפְסָל ז׳ **bench**
סַפְסַל הַלִּמּוּדִים ז׳ **school bench, school desk**
סַפְסַל הַנֶּאֱשָׁמִים ז׳ **the dock**
סַפְסָר ז׳ **speculator, profiteer; broker, middleman, agent**
סִפְסֵר פ׳ **speculate, profiteer**
סַפְסָרוּת נ׳ **speculation, profiteering**
סַפְסָרִי ת׳ **speculative, profiteering**
סָפַק פ׳ **clap, strike**
סָפַק כַּפָּיו **he clapped his hands (in sorrow)**
סָפֵק ז׳ **doubt**
סָפֵק רַב אִם יֵצֵא זַכַּאי **there is little chance he will be judged innocent**
סַפָּק ז׳ **supplier**
סַפְקָן ז׳ **sceptic, doubter**
סַפְקָנוּת נ׳ **scepticism, doubt**
סַפְקָנִי ת׳ **sceptical, doubtful**
סָפַר פ׳ **count, number**
סֵפֶר ז׳ **book, volume**
סֵפֶר זִיכְרוֹנוֹת ז׳ **memoirs**
סֵפֶר כְּרִיתוּת ז׳ **divorce**
סֵפֶר לִימּוּד ז׳ **textbook**
סֵפֶר עֵזֶר ז׳ **reference book**
סֵפֶר תּוֹרָה ז׳ **the Tora, Tora Scroll**

סַפָּר ז׳ **barber, hairdresser**
סְפָר ז׳ **border, frontier**
סְפָרַד ז׳ **Spain**
סְפָרַדִּי ת׳, ז׳ **Spanish; Sepharadi Jew**
סְפָרַדִּית נ׳ **Spanish (language)**
סִפְרָה נ׳ **numeral, figure, digit**
סִפְרוֹן ז׳ **booklet, small book, pamphlet**
סַפָּרוּת נ׳ **hairdressing**
סִפְרוּת נ׳ **literature**
סִפְרוּת יָפָה נ׳ **belles-lettres**
סִפְרוּתִי ת׳ **literary**
סִפְרִיָּיה נ׳ **library**
סַפָּרִית נ׳ **female barber, hairdresser**
סַפְרָן ז׳, סַפְרָנִית נ׳ **librarian**
סַפְרָנוּת נ׳ **librarianship**
סִפְתָּח ז׳ **(colloq) [a good] start**
סְקִילָה נ׳ **stoning**
סְקִירָה נ׳ **review(ing), survey(ing), covering; glancing, looking; glance, look**
סָקַל פ׳ **stone**
סָקַר פ׳ **survey, review, cover; glance at, scan**
סֶקֶר ז׳ **survey, review**
סַקְרָן ז׳ **curious or inquisitive person**
סִקְרֵן פ׳ **arouse curiosity, intrigue**
סַקְרָנוּת נ׳ **curiosity, inquisitiveness**
סָר פ׳ **turn (aside), drop in; cease, stop**
סִרְבּוּל ז׳ **making awkward, making clumsy; awkwardness, clumsiness; wrapping, swathing**

סַרְבָּל ז׳ overalls
סִרְבֵּל פ׳ make awkward, make cumbersome
סָרְבָן ת׳ uncompliant, disobedient
סָרְבָנוּת נ׳ non-compliance, disobedience
סָרַג פ׳ knit; plait, weave
סִרְגּוּל ז׳ ruling (lines)
סִרְגֵּל פ׳ rule (lines)
סַרְגֵּל ז׳ ruler
סָרוּג ת׳ knitted
סָרוּחַ ת׳ stinking; sinful; sprawled, stretched out
סָרוּק ת׳ combed, carded
סָרַח פ׳ stink, smell; sin, misbehave; spread out, sprawl
סֶרַח ז׳ overhang, excess, appendage; stink, stench; sin
סֶרַח עוֹדֵף ז׳ amount left over
סִרְחוֹן ז׳ stink, stench
סָרַט פ׳ scratch
סֶרֶט ז׳ film; strip, ribbon, tape
סֶרֶט מֶתַח ז׳ thriller
סֶרֶט נָע ז׳ conveyor belt
סִרְטוּט ז׳ sketch, drawing, design
סִרְטוֹן ז׳ film-strip
סִרְטוּן ז׳ causing cancer, canceration
סִרְטֵט פ׳ sketch, draw, design
סַרְטָט ז׳ draughtsman, draftsman
סִרְטִיָּה נ׳ film-library
סַרְטָן ז׳ cancer; crab; Cancer
סַרְטַן הַדָּם ז׳ leukemia
סִרְטֵן פ׳ cause cancer, cancerate
סְרֶטֶת נ׳ scratch

סָרִיג ז׳ grille, lattice; (elec.) grid; knitted work
סְרִיגָה נ׳ knitting
סְרִיטָה נ׳ scratch, scratching
סָרִיס ז׳ castrated person, eunuch
סְרִיקָה נ׳ combing; thorough search
סֶרֶן ז׳ captain (army); axle
סַרְסוּר ז׳ agent, middleman; procurer, pimp
סַרְסוּר לִדְבַר עֲבֵירָה ז׳ procurer, pimp
סִרְסֵר פ׳ act as agent, procure
סַרְסָרוּת נ׳ brokery, mediation; procuring
סַרְעַפִּים ז״ר thoughts
סַרְעֶפֶת נ׳ diaphragm
סִרְפָּד ז׳ nettle
סִרְפֶּדֶת נ׳ nettle-rash, urticaria
סָרַק פ׳ comb, card; search thoroughly
סְרָק ז׳ emptiness, barrenness
סְתַגְלָן ז׳ adaptable person; opportunist
סְתַגְלָנוּת נ׳ adaptability; opportunism
סְתַגְרָן ז׳ introvert
סְתַגְרָנוּת נ׳ introversion
סְתָו ר׳ סְתָיו
סְתָוִי ת׳ autumnal
סִתְוָנִית נ׳ meadow saffron
סָתוּם ת׳ stopped up, blocked; vague, obscure; stupid (slang)
סָתוּר ת׳ dishevelled, unkempt; destroyed; refuted; contradictory

סְתָיו ז' autumn, fall
סְתִימָה נ' stopping up, plugging; blockage; (dental) filling
סְתִירָה נ' contradicting; contradiction; refuting; refutation; hiding; destroying
סָתַם פ' stop up, block; state unclearly, speak vaguely
סִתְמִי אֶת פִּיךְ! shut your mouth! shut up! (fem.)
סְתָם תה"פ just, merely
סֶתֶם ז' seal, plug; tampon
סְתָמִי ת' vague, indefinite; neuter; abstract (number)
סָתַר פ' contradict; refute; destory
סֵתֶר ז' hiding-place, secret
סְתַרְשָׁף ז' flash eliminator (on gun)
סַתָּת ז' stone-cutter
סַתָּתוּת נ' stone-cutting

ע

עָב נ׳ cloud

עָב ת׳ thick, coarse

עָבַד פ׳ work; worship

עֶבֶד ז׳ slave

עֶבֶד כִּי יִמְלוֹךְ underdog become topdog

עַבְדוּת נ׳ slavery, bondage

עֶבֶד נִרְצָע ז׳ willing slave

עַבְדְּקָן ז׳ thick-bearded man

עָבֶה ת׳ thick, coarse; deep

עֲבוֹדָה נ׳ work; job; piece of work; worship

עֲבוֹדָה זָרָה נ׳ idolatry, idol-worship, paganism

עֲבוֹדָה שְׁחוֹרָה נ׳ hack-work

עֲבוֹדַת אֲדָמָה נ׳ agriculture

עֲבוֹדַת אֱלִילִים נ׳ idolatry

עֲבוֹדַת פֶּרֶךְ נ׳ hard labor

עֲבוֹט ז׳ pledge, pawn, surety

עֲבוּר מ״י for

עָבִיב ז׳ light cloud

עָבִיט ז׳ chamber-pot; tub

עָבִיר ת׳ passable, crossable

עֲבִירָה נ׳ passing, crossing

עֲבֵירָה, עֲבֵרָה נ׳ sin, transgression, offence, crime

עֲבִירוּת נ׳ passability, negotiability

עָבַר פ׳ pass, cross

עָבָר ז׳ past

עֵבֶר ז׳ side

עֵבֶר הַיַּרְדֵּן נ׳ Trans-Jordan

עֶבְרָה נ׳ wrath, fury, anger

עִבְרוּר, עִבְרוּת ז׳ Hebraization

עִבְרִי ז׳, ת׳ Hebrew

עֲבַרְיָן ז׳ criminal, trangressor, delinquent

עֲבַרְיָנוּת נ׳ crime, delinquency

עֲבַרְיָנוּת נוֹעַר נ׳ juvenile delinquency

עִבְרִית נ׳ Hebrew (language)

עִבְרֵר פ׳ Hebraize

עִבְרֵת פ׳ Hebraize

עָבַשׁ פ׳ go moldy, go musty

עָבֵשׁ ת׳ moldy, musty

עָג פ׳ draw a circle

עָגַב פ׳ lust; make love

עֲגָבִים ז״ר lust, sensual love

עַגְבָנוּת נ׳ lust, sexuality

עַגְבָנִיָּה נ׳ tomato

עַגֶּבֶת נ׳ syphilis

עָגָה נ׳ vernacular, slang

עָגוֹל ת׳ round, circular

עָגוּם ת׳ sad, sorrowful, gloomy

עֲגוּנָה נ׳ abandoned wife (who cannot remarry)

עָגוּר ז׳ crane (bird)

עֲגוּרָן ז׳ crane (for lifting)

עָגִיל ז׳ earring

עֲגִינָה נ׳ anchoring, mooring; dependence, reliance

עֵגֶל ז׳ calf

עֵגֶל הַזָּהָב ז׳ the golden calf (as symbol of materialism)

עֲגַלְגַּל ת׳ rounded

עֶגְלָה נ׳ heifer

עֲגָלָה נ׳ cart; carriage, pram

עֶגְלַת יְלָדִים נ׳ perambulator

עֲגָלַת תֵּה נ׳ tea trolley
עֶגְלוֹן ז׳ coachman, carter
עָגַם פ׳ be sad, be distressed, be gloomy
עַגְמוּמִי ת׳ a little sad, rather sad
עַגְמַת נֶפֶשׁ נ׳ chagrin, disress
עָגַן פ׳ be anchored, moor, rely
עַד ז׳ eternity
עַד מ״י until, till; up to, to
עַד אֶחָד every single one
עַד אֵין סוֹף endlessly
עַד בּוֹשׁ a very long time
עַד בְּלִי דַיּ without end
עַד... וְעַד בִּכְלָל up to and including
עַד כָּאן up to here
עַד כְּדֵי כָּךְ to such an extent
עַד מֵאָה וְעֶשְׂרִים! may you live to 120!
עַד שֶׁ until
עֵד ז׳ witness
עֵד מְדִינָה ז׳ state's evidence
עֵד רְאִיָּה ז׳ eye witness
עֵד שֶׁקֶר ז׳ false witness
עֵדָה נ׳ community; congregation; witness (female)
עָדוּי ת׳ adorned, bejewelled
עֵדוּת נ׳ evidence, testimony; precept
עֵדוּת שֶׁקֶר נ׳ false evidence
עֲדִי ז׳ adornment, jewel
עֲדַיִין תה״פ still
עֲדַיִין לֹא תה״פ not yet
עָדִין ת׳ delicate, fine, gentle
עֲדִינוּת ז׳ delicacy, refinement, gentleness

עָדִיף ת׳ preferable; superior
עֲדִיפוּת נ׳ priority, preference; superiority
עֲדִירָה נ׳ hoeing, digging
עִדְכּוּן ז׳ bringing up-to-date
עִדְכֵּן פ׳ bring up-to-date
עַדְכָּנִי ת׳ up-to-date
עַדְלָיָדַע נ׳ Purim carnival
עֵדֶן ז׳ delight, pleasure; Eden, paradise
עֶדְנָה נ׳ delight
עָדַר פ׳ hoe, dig over
עֵדֶר ז׳ herd, flock
עֶדְרִי ת׳ herd-like
עֶדְרִיּוּת נ׳ leing like a herd
עֲדָשָׁה נ׳ lentil; lens; eyeball
עֲדָשׁוֹת מַגָּע נ״ר contact lenses
עֲדָתִי ת׳ communal
עֲדָתִיּוּת נ׳ sectionalism
עוֹבֵד ז׳ worker, laborer
עוֹבֵד אֱלִילִים ז׳ idol worshipper
עוֹבֵד מְדִינָה ז׳ civil servant
עוּבַּד פ׳ be worked; be adapted, be arranged
עוּבְדָּה נ׳ fact
עוּבְדָּתִי ת׳ factual
עוֹבִי ז׳ thickness
עוֹבֵר ת׳ passing; passer-by
עוּבָּר ז׳ embryo, foetus, fetus
עוֹבֵר אוֹרַח ז׳ passer by
עוֹבֵר בָּטֵל ז׳ in his dotage, senile
עוֹבֵר וָשָׁב ת׳ current (account)
עוּבְרַר פ׳ be Hebraized
עוֹבֶשׁ ז׳ mould (on moist surface)
עוּגָב ז׳ organ
עוֹגֵב ז׳ lover philanderer

cake; circle עוּגָה נ'
small cake, bun, cookie עוּגִיָּה נ'
chagrin, distress עוּגְמַת נֶפֶשׁ נ'
more; also, yet, still עוֹד תה"פ
in a little while עוֹד מְעַט
cheer up, encourage, support עוֹדֵד פ'
be encouraged, be supported עוֹדַד פ'
be brought up to date עוּדְכַּן פ'
be refined, be ennobled עוּדַּן פ'
surplus, extra, in excess עוֹדֵף ת'
surplus, excess; change עוֹדֶף ז'
twisted expression, contortion (of face) עֲוָיָה נ'
convulsion, spasm, twitch עֲוִית נ'
convulsive עֲוִיתִי ת'
wrong, injustice, evil עָוֶל ז' עַוְלָה נ'
sin, crime, iniquity עָווֹן ז'
confusion; madness עִוְעִים ז"ר
rung, step עָווּק ז'
blindness עִוָּרוֹן נ'
be perverted (justice); be distorted, be twisted עוּוַּת פ'
strength, courage, boldness עוֹז ז'
courage עוֹז רוּחַ ז'
helper, assistant עוֹזֵר ז'
hawthorn עוּזְרָר ז'
domestic help, charwoman עוֹזֶרֶת, עוֹזֶרֶת־בַּיִת נ'
be wrapped, be swathed עוּטַּף פ'
folder עוֹטְפָן ז'
be adorned, be decorated, be illustrated עוּטַּר פ'
hostile, inimical עוֹיֵן ת'
hostility, enmity עוֹיְנוּת נ'
be digested עוּכַּל פ'
defiler עוֹכֵר ת'
enemy of the Jewish people (term of abuse) עוֹכֵר יִשְׂרָאֵל ז'
young עוּל ת'
young person עוּל יָמִים ת'
yoke; burden עוֹל ז'
offensive, insulting עוֹלֵב ת'
immigrant (to Israel) עוֹלֶה ז'
sacrifice, burnt offering עוֹלָה נ'
pilgrim עוֹלֵה רֶגֶל ז'
baby, infant עוֹלָל ז'
perpetrate, commit, do (evil) עוֹלֵל פ'
be caused (evil), be perpetrated עוֹלַל פ'
the world; universe; eternity עוֹלָם ז'
the world to come עוֹלָם הָאֱמֶת ז'
the next world (after death) הָעוֹלָם הַבָּא ז'
this world (of the living) הָעוֹלָם הַזֶּה ז'
the underworld הָעוֹלָם הַתַּחְתּוֹן ז'
people are just stupid עוֹלָם־גוֹלָם
universal, world-wide; wonderful (slang) עוֹלָמִי ת'
eternally עוֹלָמִית תה"פ
chicory עוֹלֶשׁ ז'
be set up (in printed pages) עוּמַּד פ'

עוּמְלַן פ׳ be starched
עוֹמֵם ת׳ flickering, growing dim
עוּמַם פ׳ be dimmed, be dipped (lights), be muffled
עוֹמֶס ז׳ load, burden; strain
עוּמְעַם פ׳ pree-ssure be dimmed; be vague
עוֹמֶק ז׳ depth, profundity
עוֹמֶר ז׳ sheaf (of corn); omer (ancient dry measure)
עוּמַּת, לְעוּמַּת תה"פ against, opposite
עוֹנֶג ז׳ pleasure, delight
עוֹנֶג שַׁבָּת ז׳ Shabbat social gathering
עוֹנָה נ׳ season, term
עוּנָּה פ׳ be tortured, be tormented
עוֹנִי ז׳ poverty
עוּנְיַין פ׳ be intersested
עוֹנֵן ז׳ fortune teller
עוֹנֶשׁ ז׳ punishment, penalty
עוֹנֶשׁ מָוֶות ז׳ death penalty
עוֹנָתִי ת׳ seasonal
עוֹף ז׳ fowl, bird
עוֹפֶל ז׳ citadel, fortified height
עוֹפֵף פ׳ fly, flutter
עוֹפְפָן ז׳ kite
עוֹפֶר ז׳ young deer
עוּפַּר פ׳ be covered with dust
עוֹפֶרֶת נ׳ lead
עוּפַּשׁ פ׳ go moldy, decay
עוּצַּב פ׳ be modelled, be designed
עוּצְבָּה נ׳ regiment
עוּצְבַּן פ׳ be made nervous
עוֹצֶם ז׳ force, power
עוֹצְמָה, עָצְמָה נ׳ intensity; force
עוֹצֵר ז׳ regent
עוֹצֶר ז׳ curfew
עוֹקֵב ת׳ consequent, following
עוּקַּב פ׳ be cubed
עוֹקְבָה, עָקְבָה נ׳ guile
עוֹקְדָן ז׳ file, classeur
עוּקָה נ׳ sump
עוּקַּל פ׳ (legal) be distrained, be foreclosed
עוּקַּם פ׳ be bent, be twisted
עוֹקֶם ז׳ curvature, bend
עוֹקֶץ ז׳ thorn; sting
עוֹקֶץ הָעַקְרָב ז׳ heliotrope
עוֹקְצָנוּת נ׳ sarcasm, stinging remarks
עוֹקְצָנִי ת׳ sarcastic
עוּקַּר פ׳ be sterilized
עוֹר ז׳ skin, hide; leather
עוֹרֵב ז׳ crow
עוֹרְבָא פָּרַח illusion
עוּרְבַּב פ׳ be mixed; be jumbled
עוּרְבַּל פ׳ be mixed; be churned up
עוֹרְבָנִי ז׳ jay
עוּרְגַּל פ׳ be rolled (steel)
עוּרְטַל פ׳ be stripped, be laid bare
עוֹרִי ת׳ of leather
עוֹרֵךְ ז׳ editor
עוֹרֵךְ־דִּין ז׳ lawyer, advocate
עוֹרְלָה, עָרְלָה נ׳ foreskin
עוֹרְמָה, עָרְמָה נ׳ cunning, slyness
עוּרְעַר פ׳ be undermined, be shaken, be oppealed
עוֹרֶף ז׳ back of the neck, nape, (military) rear

עוֹרְפִּי ת' **in the rear**
עוּרְפַּל פ' **be obscured, be befogged**
עוֹרֶק ז' **artery**
עוֹרְקִי ת' **arterial**
עוֹרֵר ז' **(legal) appellant**
עוֹרֵר פ' **rouse, wake**
עוּשַּׂב פ' **be weeded**
עוּשַּׁן פ' **be smoked (fish etc)**
עוֹשֶׁק ז' **exploitation, oppression**
עוֹשֶׁר ז' **wealth, riches**
עוּשַּׂר פ' **be tithed**
appellant (at law)
עוֹתֶק ז' **exemplar, copy**
עוֹתֵר ז'
עַז ת' **strong; pungent**
עַז פָּנִים ז' **impudent, impertinent**
עֵז נ' **goat (female), she-goat**
עֲזָאזֵל ז' **Azazel, hell**
עָזַב פ' **leave, leave behind; abandon**
עָזוּב ת' **abandoned, deserted, uncared for**
עֲזוּבָה נ' **neglect, derelict condition**
עַזּוּת נ' **insolence, impudence**
עַזּוּת פָּנִים נ' **insolence, brazenness**
עֲזִיבָה נ' **departure abandonment, leaving desertion**
עִזְקָה נ' **ring**
עָזַר פ' **help, assist**
עֵזֶר ז' **help, assistance**
עֵזֶר כְּנֶגְדּוֹ ז' **helpmate (i.e. wife)**
עֶזְרָה נ' **help, assistance, aid**
עֲזָרָה נ' **Temple Court**

עֶזְרָה הֲדָדִית נ' **mutual assistance**
עֶזְרָה רִאשׁוֹנָה נ' **first aid**
עֶזְרַת נָשִׁים נ' **women's gallery (in a synagogue)**
עָט פ' **pounce, swoop down**
עֵט ז' **pen**
עֵט כַּדּוּרִי ז' **ball point pen**
עֵט נוֹבֵעַ ז' **fountain pen**
עָטָה פ' **wrap oneself in, put on**
עָטוּי ת' **wrapped, enveloped**
עָטוּף ת' **wrapped, enveloped**
עָטוּר ת' **adorned, crowned**
עֲטוּר תְּהִילָּה ת' **crowned with praise**
עֲטִין ז' **udder, brisket**
עֲטִיפָה נ' **covering, wrapping; wrapper, cover**
עֲטִישָׁה נ' **snezze**
עֲטַלֵּף ז' **bat**
עָטַף פ' **wrap, cover**
עִטֵּר פ' **decorate, arnament**
עֲטָרָה נ' **crown, diadem, wreath**
עִטְרָן ז' **pitch, resin, taor**
עֲטֶשֶׁת נ' **fit of sneezing**
עִיר חוֹרָבוֹת ז' **heap of ruins**
עִיבֵּד פ' **work over, adapt, arrange**
עִיבָּה פ' **thicken, coarsen; condense**
עִיבּוּד ז' **adaptation, arrangement; working over, working on**
עִיבּוּד מוּסִיקָלִי ז' **musical arrangement**
עִיבּוּד נְתוּנִים ז' **data processing**
עִיבּוּד תַּמְלִילִים ז' **word processing**

עִיבּוּי ז' thickening; coarsening; condensing
עִיבּוּר ז' conception, gestation; Hebraization
עִיבּוּרָה שֶׁל עִיר ז' outskirts of the town
עִיבּוּשׁ ז' turning moldy
עִיבּוּת ז' cable-making, rope making
עִיבֵּר פ' cause to conceive, impregnate
עִיגּוּל ז' circle; rounding off
עִיגּוּלִי ת' circular, round
עִיגּוּן ז' desertion of a wife; anchorage
עִיגֵּל פ' round, round off
עִיגֵּל מִסְפָּר פ' round up a number
עִיגֵּן פ' moor (ship); desert a wife
עִידּוּד ז' encouragement, support
עִידּוּן ז' refining, refinement
עִידּוּר ז' hoeing, digging
עִידִּית נ' good soil; quality goods
עִידֵּן פ' indulge; refine
עִידָּן ז' age, epoch, era
עִידְּנָא דְרִיתְחָא ז' a moment ot temper
עִיוָּה פ' twist, deform, contort
עִיוֵּר ז' blind (man)
עִיוֵּר פ' blind
עִיוָּרוֹן ז' blindness
עִיוֶּרֶת נ' blind (woman)
עִיוֵּת פ' pervert; distort
עִיוּוּת ז' distortion, perversion, contortion
עִיוּוּת הַדִּין ז' injustice, perversion of justice
עִיּוּן ז' reading, perusing; study
עִיּוּנִי ת' theoretical, speculative
עִיּוּר ז' urbanization
עִיזָּבוֹן ז' legacy; remains
עִיזָּה נ' goat, she-goat
עִיזּוּז ת' bold, brave, courageous
עַיִט ז' bird of prey, vulture
עֵיט־הַיָּם ז' eagle-fish
עִיטּוּף ז' wrapping, enveloping
עִיטּוּר ז' ornament, decoration; illustration
עִיטּוּשׁ ז' sneezing; sneeze
עִיטֵּר פ' crown; surround, encircle; adorn; illustrate
עִיֵּין פ' read, study; ponder, reflect
עָיֵיף ת' tired, weary, fatigued
עָיֵיף פ' grow tired, tire
עִיֵּיף פ' tire, weary, make tired
עֲיֵיפָה נ' tiredness, weariness
עֲיֵיפוּת נ' weariness, fatigue
עִיֵּיר פ' urbanize
עֲיָירָה נ' small town, township
עִיכֵּב פ' delay, hold up; hinder
עִיכּוּב ז' delaying, holding-up; hindering; delay, hold-up; hindrance
עִיכּוּל ז' digesting, digestion
עִיכּוּר ז' muddying; polluting
עִיכֵּל פ' digest
עִיכֵּס פ' rattle, jingle
עִיכֵּר פ' make turbid, pollute, spoil
עֵיל, לְעֵיל תה"פ above, supra
עֵילָּא ז' top, up, height

עִילָּאוּת נ' supremacy, superiority, superbness
עִילָּאִי ת' supreme, superior, superb
עִילֵּג ת' stammering, stuttering, inarticulate
עִילָּה פ' exalt, praise, extol
עִילָּה נ' pretext, cause
עִילּוּי ז' genius, prodigy; elevation, uplift(ing)
עִילּוּיִי ת' of a genius, of a prodigy
עִילּוּם ז' hiding, concealment
בְּעִילּוּם שֵׁם תה"פ anonymously
עִילִּי ת' upper, higher, top, overhead
עִילִּית נ' elite
עִילָּפוֹן ז' swoon, faint
עִימֵּד פ' set up (print in pages)
עִימָּדִי, עִמָּדִי מ"י with me
עִימּוּד ז' setting up (print in pages)
עִימּוּל ז' training, exercising, drill
עִימּוּם ז' dimming; muffling, blurring
עִימּוּת ז' confrontation, comparison
עִימֵּל פ' exercise, train, drill
עִימֵּם פ' dim; muffle, blur
עִימֵּת פ' confront; contrast, compare
עַיִן נ' eye; shade, color; appearance; stitch; loop
עַיִן הָרָע נ' the Evil Eye
עַיִן ז' spring, fountain, the letter and consonant ayin

עִינֵּג פ' delight, please
עִינָּה פ' torture, torment
עִינּוּג ז' delighting; delight, pleasure
עִינּוּי ז' torturing, tormenting; torture, torment
עִינּוּי הַדִּין ז' prolonged delay in legal proceedings
עֵינִית נ' mesh; eyepiece
עִינֵּן פ' overcloud
עִיסָּה נ' dough
עִיסָּה פ' massage; knead
עִיסּוּי ז' massaging; massage
עִיסּוּק ז' occupation, employment, business
עִיפּוּשׁ ז' mold
עִיפָּרוֹן ז' pencil
עִיפֵּשׁ פ' turn moldy, cause to decay
עִיצֵּב פ' shape, fashion, model, design
עִיצָּבוֹן ז' pain, distress, sorrow
עִיצּוּב ז' shaping, fashioning, modelling, designing; design
עִיצּוּם ז' essence; height, peak; strengthening
עִיצּוּמִים ז"ר sanctions
עִיצּוּר ז' consonant
עִיצֵּר פ' press (olives, grapes)
עִיקּוּל ז' foreclosing, foreclosure; distraint; bending; curve
עִיקּוּם ז' bending, curving, bend; distortion, perversion
עִיקּוּף ז' bypassing, going round
עִיקּוּר ז' uprooting, extirpation; sterilizing; sterilization

עִיקֵל פ׳ foreclose; distrain; bend, curve
עִיקֵּל ת׳ bow-legged, bandy-legged
עִיקֵּם פ׳ bend, twist; distort
עִיקֵּר פ׳ uproot, hamstring; sterilize
עִיקָּר ז׳ the main thing; basis, core; principle, tenet
עִיקָּר שָׁכַחְתִּי (ע״ש) P.S. (at end of letter)
עִיקָּרוֹן ז׳ principle, tenet
עִיקָּרִי ת׳ main, principal, basic
עִיקֵּשׁ ת׳ crooked, perverse; stubborn
עִיר נ׳ city, town
עִיר בִּירָה נ׳ capital city, capital
עִיר הַקּוֹדֶשׁ נ׳ (Jerusalem), the Holy City
עַיִר ז׳ young ass
עֵירַב פ׳ mix; involve
עֵירָבוֹן ז׳ pledge, security, pawn
עֵירָה פ׳ lay bare, strip; pour out
עֵירוּב ז׳ mixing, mixture
עֵירוּב פָּרָשִׁיּוֹת ז׳ a jumble of texts; confusion, muddle
עֵירוּב תְּחוּמִים ז׳ confusing different issues
עֵירוּי ז׳ emptying, pouring, out; transfusion
עֵירוּי דָּם ז׳ blood transfusion
עֵירוֹם תה״פ nude, nudity
עִירוֹנִי ת׳,ז׳ urban, municipal; townsman
עֵירוּר ז׳ excitation
עֵירוּת, עֵרוּת נ׳ alertness; liveliness, stir, activity

עִירִיָּיה נ׳ municipality; city hall, town hall
עֵירָנוּת, עֵרָנוּת נ׳ alertness
עֵירָנִי, עֵרָנִי ת׳ alert
עַיִשׁ נ׳ the Great Bear
עִישֵּׂב פ׳ weed
עִישּׂוּב ז׳ weeding
עִישּׁוּן ז׳ smoking; fumigation; curing (meat, etc.)
עִישֵּׁן פ׳ smoke; fumigate; cure (meat, etc.)
עִישֵּׂר פ׳ tithe
עִישֵּׁר פ׳ enrich, make rich
עִישָּׂרוֹן ז׳ one-tenth, decimal
עִיתֵּד פ׳ make ready, prepare; intend
עִיתָּה פ׳ time
עִיתּוּי ז׳ timing, choosing the time
עִיתּוֹן ז׳ newspaper
עִיתּוֹן יוֹמִי ז׳ daily newspaper
עִיתּוֹנָאוּת נ׳ journalism
עִיתּוֹנַאי ז׳ journalist, reporter
עִיתּוֹנָאִי ת׳ journalistic
עִיתּוֹנוּת נ׳ the press
עִיתִּי, עִתִּי ת׳ at an appointed time; periodical
עִיתֵּק פ׳ shunt; (nautical) shift, haul
עַכָּבָה נ׳ hindrance, delay; inhibition
עַכָּבִישׁ ז׳ spider
עַכְבָּר ז׳ mouse
עַכְבָּרוֹן ז׳ little mouse
עַכְבְּרוֹשׁ ז׳ rat
עַכּוּז ז׳ buttocks

עכו"ם ז' (עוֹבֵד כּוֹכָבִים וּמַזָּלוֹת) pagan
עָכוּר ת' muddy, turbid; gloomy, dismal
עֲכִירוּת נ' turbidity, muddiness; gloom; bad state
עֶכֶס ז' anklet, bangle
עָכַר פ' make turbid, muddy; pollute, spoil
עַכְרוּרִי ת' slightly turbid; dismal
עַכְשָׁוִי ת' of the present, current, contemporary, actual
עַכְשָׁיו תה"פ now
עַל ז' height
עַל מ"י on, upon, over, above, about
עַל אוֹדוֹת about, concerning
עַל אַחַת כַּמָּה וְכַמָּה all the more so
עַל אַף in spite of, despite
עַל בּוּרְיוֹ thoroughly, perfectly
עַל גַּבֵּי on top of, on
עַל דְּבַר concerning
עַל דַּעַת by authority of, on instructions from
עַל הַגּוֹבַהּ first class (sl.)
עַל הַכַּוֶּנֶת singled out, marked down (for attack etc.)
עַל יַד near, close to
עַל יְדֵי by (of agent, means)
עַל יְדֵי כָּךְ thus, in this way
עַל כּוֹרְחוֹ against one's will
עַל כֵּן therefore
עַל לֹא דָבָר don't mention it, not at all
עַל מְנָת in order to
עַל נְקַלָּה easily
עַל סְמַךְ on the basis of
עַל פֶּה by heart
עַל פִּי according to
עַל פִּי רוֹב generally, mostly
עַל קוֹלִי supersonic
עָלַב פ' insult, offend
עֶלְבּוֹן ז' insult, humiliation
עָלָה פ' go or come up, rise; cost; immigrate (to Israel)
עָלֶה ז' leaf; sheet (of paper)
עֲלֵה גָבִיעַ ז' sepal
עֲלֵה כּוֹתֶרֶת ז' petal
עֲלֵה תְאֵנָה ז' fig-leaf, comouflage
עֲלֵי הַגָּהָה ז"ר proof sheets
עָלוּב ת' wretched, poor, pathetic
עֲלוּב נֶפֶשׁ ת' miserable (person)
עַלְוָה נ' foliage, leafage
עָלוּל ת' likely, liable, prone (usu. in unpleasant sense)
עָלוּם ת' hidden, unknown, secret
עֲלוּם שֵׁם ת' anonymous
עֲלוּמִים ז"ר youth, time of youth
עָלוֹן ז' leaflet, pamphlet, brochure, bulletin
עֲלוּקָה נ' bloodsucker, leech
עֲלוּת נ' cost
עָלַז פ' rejoice, be merry
עָלֵז ת' joyful, merry
עֲלָטָה נ' darkness, gloom
עֱלִי ז' pestle; pistil (botany)
עֲלֵי מ"י on
עֶלְיוֹן ת' supreme; upper, lofty, high
עֶלְיוֹנוּת נ' supremacy, superiority

עָלִיז ת' merry, joyful; 'gay'
עֲלִיזוּת נ' cheerfulness, joy
עֲלִיָּה נ' coming or going up; rise, ascent; promotion; immigration (to Israel); upper rom
עֲלִייָה בַּדַּרְגָּה נ' promotion
עֲלִיַּת־גַּג נ' attic, loft
עֲלִיָּה לָרֶגֶל נ' pilgrimage (esp. to Jerusalem)
עֲלִיָּה לַתּוֹרָה נ' being called up to reading of the Law (in synagogue)
עֲלִיָּה פְּנִימִית נ' increase of population by natural reproduction
עֲלִילָה נ' plot (of story, etc); deed, act, action; scene; libel, false charge
עֲלִילַת דָּם נ' bloodlibel
עֲלִילוּת נ' likelihood, predisposition
עֲלִילָתִי ת' of a plot
עֲלִיצוּת נ' gladness, gaiety, rejoicing
עֶלֶם ז' youth, young man
עַלְמָה נ' maiden, lass, young woman
עָלַס פ' refoice, exult
עִלְעוּל ז' leafing through, mmbrowsing
עַלְעָל ז' small leaf, leaf
עִלְעֵל פ' leaf through, browse
עַלְעֶלֶת נ' blight (in citrus trees)
עָלַץ פ' rejoice, be glad
עַלְקוֹלִי, עַל־קוֹלִי ת' supersonic

עַם ז' people, nation, folk
עַם הָאָרֶץ ז' ignoramus, illiterate
עַם הַסֵּפֶר ז' the people of the Book, the Jews
עִם מ"י with, by, beside, at
עִם זֹאת nevertheless, at the same time
עִם שֶׁ while
עִם כָּל זֶה nevertheless, all the same
עָמַד פ' stand; stop; remain; be about to
עֶמְדָּה נ' position, stand; post (military); standpoint
עִמָּדִי, עִימָּדִי מ"י with me, beside me
עַמּוּד ז' column, pillar; page; lectern, stand
עַמּוּד הַקָּלוֹן ז' pillory
עַמּוּד הַשִּׁדְרָה ז' spinal column, spine
עַמּוּד הַשַּׁחַר ז' first light of dawn
עַמּוּד הַתָּוֶךְ ז' mainstay, central pillar of a building; kingpin
עַמּוּדָה נ' column (in a page)
עָמוּם ת' dim, dull, muffled
עֲמוּמוֹת תה"פ dimly, dully, muffledly
עָמוּס ת' loaded, burdened; very busy
עָמוֹק ת', תה"פ deep; profound; deeply, profoundly
עֲמוּקוֹת תה"פ deeply, profoundly
עָמִיד ת' durable, resistant

עֲמִידָה נ׳ standing position; durability
עֲמִידוּת נ׳ durability, resistance
עָמִיל ז׳ commission agent
עֲמִילוּת נ׳ commission, brokerage
עֲמִילָן ז׳ starch
עֲמִיסָה נ׳ loading
עָמִיר ז׳ sheaf (of wheat, etc.)
עָמִית ז׳ colleague, associate, comrade; counterpart
עַמְךָ ז״ר ordinary Jews, common folk
עָמַל פ׳ toil, labor, exert oneself
עָמֵל ז׳ worker, laborer
עָמָל ז׳ work, toil, labor; suffering, misery, ills
עָמָלָה, עַמְלָה נ׳ commission fee
עִמְלֵן פ׳ starch
עַמְלָנִי ת׳ based on practical work
עִמֵּם פ׳ dim, darken
עַמָּם, עַמַּם פְּלִיטָה ז׳ muffler, dimmer
עַמְמוֹר ז׳ headlight dimmer
עֲמָמִי ת׳ popular; of the people, folk
עֲמָמִיּוּת נ׳ folksiness, popularism
עָמַס פ׳ load; carry
עִמְעוּם ז׳ dimming, fading, blurring
עִמְעֵם פ׳ dim, dull, blur
עַמְעָם ז׳ silencer (on gun)
עֵמֶק ז׳ valley, lowland
עֲמִקוּת, עַמְקָנוּת נ׳ depth, profundity
עַמְקָן ת׳ profound thinker
עָנַב פ׳ put on or wear (a tie)
עֵנָב ז׳ grape; berry

עֲנָבָה נ׳ single fruit or berry
עִנְבֵי שׁוּעָל ז״ר gooseberries
עִנְבָּל ז׳ bell clapper; uvula
עִנְבָּר ז׳ amber
עָנַד פ׳ tie on, decorate (with medal, etc.)
עָנָה פ׳ answer, reply, respond
עָנוֹג ת׳, עֲנוּגָה ת״נ tender, delicate
עָנוּד ת׳ tied on, decorated
עֲנָוָה נ׳ humility, modesty, meekness
עַנְוְתָן ת׳ humble, modest, meek
עֱנוּת נ׳ affliction, suffering
עָנִי ת׳ poor, wretched
עֲנִיבָה נ׳ putting on (a tie); tying a loop; tie; loop
עֲנִידָה נ׳ tying on, decorating
עָנָיו ת׳ humble, modest, meek
עֲנִיוּות נ׳ humility, diffidence
עֲנִיּוּת נ׳ poverty
עִנְיָן ז׳ matter, thing, affair; topic; interest
עִנְיֵן פ׳ interest, concern
עִנְיָנִי ת׳ relevant, to the point, appropriate; matter-of-fact, businesslike
עֲנִישָׁה נ׳ punishing, punishment
עָנָן ז׳ cloud
עֲנָנָה נ׳ storm cloud; bank of clouds
עָנָף ז׳ branch, bough
עָנֵף ת׳ thick with branches; ramified, widespread
עֲנָק ז׳ giant, necklace
עֲנָקִי ת׳ gigantic, enormous, huge
עָנַשׁ פ׳ punish

עַסַּאי ז׳, עַסָּאִית נ׳ masseur
עָסוּק ת׳ busy, occupied
עַסְיָין ז׳ masseur
עָסִיס ז׳ juice, fruit-juice
עֲסִיסִי ת׳ juicy
עֲסִיסִיּוּת נ׳ juiciness
עָסַק פ׳ deal with, engage in, occupy oneself with
עֵסֶק ז׳ business; affair; concern
עֵסֶק בִּישׁ ז׳ a nasty business
עִסְקָה נ׳ transaction, deal
עִסְקַת חֲבִילָה נ׳ package deal
עִסְקִי ת׳ business-like, business
עַסְקָן ז׳ public figure, public worker
עַסְקָנוּת נ׳ public service
עַסְקָנִי ת׳ busy, always busy
עָף פ׳ fly; be dismissed (slang)
עָפוּץ ת׳ tanned (as leather)
עַפְיָין ז׳ anchovy
עֲפִיפוֹן ז׳ kite
עִפְעוּף ז׳ blinking, winking, flickering
עִפְעֵף פ׳ blink, wink, flicker
עַפְעַף ז׳, עַפְעַפַּיִים ז״ז eyelid(s)
עָפָץ ז׳ gall-nut
עָפָר ז׳ dust
עַפְרָה נ׳ ore
עֶפְרוֹנִי ז׳ lark
עַפְרוּרִי ת׳ dust-like, earthen
עַפְרוּרִית נ׳ dirt
עֵץ ז׳ tree; wood; timber
עֵץ לָבוּד ז׳ plywood
עֵץ מַחַט ז׳ conifer
עֵץ נוֹי ז׳ tree (non fruit bearing)
עֵץ פְּרִי ז׳ fruit tree

עֶצֶב ז׳ sadness, pain, sorrow
עָצָב ז׳, ר׳ עֲצַבִּים nerve
עָצֵב ת׳ sad, sorrowful
עַצְבוּת נ׳ sadness, grief
עִצְבֵּן פ׳ irritate, annoy, get on one's nerves
עַצְבָּנוּת נ׳ nervousness, edginess
עַצְבָּנִי ת׳ nervous, edgy
עַצֶּבֶת נ׳ grief, sadness, sorrow
עֵצָה נ׳ piece of advice, counsel; lignin
עֲצַת אֲחִיתוֹפֶל נ׳ deliberately bad advice
עָצֶה ז׳ lowest vertebra of the spine
עָצוּב ת׳ sad, sorrowful
עָצוּם ת׳ huge, enormous, numerous; closed; wonderful (colloq.)
עֲצוּמָה נ׳ petition; claim
עָצוּר ת׳,ז׳ confined, detained; restrained
עֲצוֹר! פ׳ stop!, halt!
עֵצִי ת׳ woody
עָצִיץ ז׳ flower-pot
עָצִיר ז׳ prisoner, detainee
עֲצִירָה נ׳ stopping; arresting
עֲצִירַת גְּשָׁמִים נ׳ drought
עֲצִירוּת נ׳ constipation
עָצֵל ת׳ lazy, idle
עַצְלָה, עַצְלוּת נ׳ laziness, sloth
עַצְלָן ז׳ lazy person, idler; sloth
עַצְלָנוּת נ׳ laziness, idleness
(בַּ)עֲצַלְתַּיִים תה״פ extremely slowly, sluggishly

עָצַם פ׳ flourish, grow powerful; close (one's eyes)
עֶצֶם ז׳, ר׳ עֲצָמִים object, substance, matter; essence
עֶצֶם נ׳, ר׳ עֲצָמוֹת bone
עַצְמָאוּת נ׳ independence
עַצְמָאִי ת׳ independent; self-employed
עָצְמָה ר׳ עוֹצְמָה
עַצְמוֹ himself, itself; alone
עַצְמִי ת׳ of one's own, personal, self
עַצְמִיּוּת
נ׳ original and independent character
עָצַר פ׳ stop, halt; arrest, detain; prevent
עֲצָרָה, עֲצֶרֶת נ׳ public meeting, assembly
עֲצֶרֶת הָאוּ״ם נ׳ General Assembly of the United Nations
עֲצֶרֶת עַם נ׳ mass meeting
עָקָא נ׳ trouble, distress
דָא עָקָא that is the trouble, unfortunately
עָקַב פ׳ follow; track
עָקֵב ז׳ heel; footprint; trace
עֲקֵבוֹת ז״ר foot-prints, traces
עֵקֶב תה״פ as a result of, because of
עַקָּב ז׳ buzzard
עִקְבָּה נ׳ trace
עִקְבִי ת׳ consistent
עָקַד פ׳ bind hand and foot, truss
עֶקֶד ז׳ collection, set

עֲקֵדָה, נ׳ binding (for sacrifice); (self-) sacrifice
עֲקֵדַת יִצְחָק the bimding of Isaac
עָקָה נ׳ oppression, stress, trouble
עָקוֹב ת׳ crooked; deceitful
עָקוֹב מִדָּם ז׳ bloody
עָקוּד ת׳ bound hand and foot
עָקוֹד ת׳ striped (animal)
עָקוּם ת׳ curved, bent
עָקוֹם ז׳, עֲקוּמָה נ׳ curve, graph
עָקוּץ ת׳ stung
עָקוּר תו״ז uprooted, displaced person; sterilized
עָקִיב ת׳ consistent
עֲקִיבוּת נ׳ consistency
עֲקֵידָה ר׳ עֲקֵדָה
עָקִיף ת׳ indirect, roundabout
עֲקִיפָה נ׳ going round; circumventing; overtaking (in driving)
(בַּ)עֲקִיפִין תה״פ indirectly
עֲקִיצָה נ׳ stinging; sting; sarcastic remark
עֲקִירָה נ׳ uprooting; extracting, removing; removal
עֲקַלְקַל ת׳ crooked, winding, twisted
עֲקַלָּתוֹן תו״ז winding, crooked; zigzag
עַקְמוּמִיּוּת נ׳ crookedness, crooked behavior
עַקְמוּמִית נ׳ curvature, curve
עַקְמִימוּת נ׳ crookedness; crooked behavior
עָקַף פ׳ byspass, go round; circumvent; overtake

עָקַץ פ' sting; be sarcastic about
עִקְצוּץ ז' slight sting; itch
עִקְצֵץ פ' sting (slightly)
עָקַר פ' uproot, extract; remove
עָקָר ז' sterile, barren
עַקְרָב ז' scorpion; Scorpio
עֲקָרָה נ' barren woman
עֶקְרוֹנִי ת' principal, fundamental, essential
עֶקְרוֹנִית תה"פ in principle
עֲקָרוּת נ' barrenness, sterility
עֲקֶרֶת בַּיִת נ' housewife
עִקְּשׁוּת, עִיקְּשׁוּת נ' obstinacy, stubbornness; crookedness
עַקְשָׁן ז' obstinate, stubborn person
עַקְשָׁנוּת נ' obstinacy, stubbornness
עַקְשָׁנִי ת' persistent, dogged
עֵר ת' awake; alert
עֲרַאי ז' chance occurrence, accident
עֲרָאִי ת' temporary, provisional casual, chance
עֲרָאִיּוּת נ' temporariness, provisional nature
עָרַב פ' guarantee, pledge, pawn; be pleasant, be agreeable; become evening; become dark
עָרֵב תו"ז liable, responsible; guarantor; pleasant, agreeable, tasty
עֶרֶב ז' evening; the eve of, the day before
עֶרֶב שַׁבָּת ז' Shabbat eve (Friday night)
עֵרֶב ז' mixture, jumble; woof
עֲרָב נ' Arabia
עִרְבֵּב פ' mix, mix up, confuse
עֲרָבָה נ' widerness, steppe, prairie; willow
עִרְבּוּב ז' mixing; confusing, mudling
עִרְבּוּבְיָה נ' mess, confusion, muddle
עִרְבּוּל ז' mixing; whipping up, churning
עַרְבּוֹלֶת נ' whirlpool
עֲרֵבוּת נ' guarantee, surety; pleasantness, sweetness tastiness
עַרְבִי, עֲרָבִי תו"ז Arab; Arabian, Arabic
עַרְבִיָּה נ' Arab woman
[בֵּין הָ] עַרְבַּיִם ז"ז twilight, dusk
עַרְבִית, עֲרָבִית נ' Arabic (the language)
עַרְבִית נ' evening prayer
עִרְבֵּל פ' mix; whip up, churn
עַרְבָּל ז' mixing-machine; concrete-mixer
עֲרַבְרַב, עֵרֶב־רַב ז' rabble, mob
עָרַג פ' long for, yearn
עֶרְגָּה נ' longing, yearning
עִרְגּוּל ז' rolling (steel)
עִרְגֵּל פ' roll (steel)
עַרְדָּל (עַרְדָּלַיִם) ז' rubber overshoe, galosh
עֲרוּבָּה נ' security, surety
עֲרוּגָה ז' flower-bed, garden-bed

עָרוֹד ז׳ wild ass, onager
עֶרְוָה נ׳ nakedness; genitals, pudenda
עָרוּךְ ת׳ arranged, laid (table); edited
עָרוֹם ת׳ naked, bare, nude
עָרוּם ת׳ cunning, sly
עָרוּץ ז׳ ravine; channel
עִרְטוּל ז׳ stripping, laying bare
עַרְטִילָאִי ת׳ abstract, immaterial; naked, bare
עִרְטֵל פ׳ strip, lay bare
עֲרִיגָה נ׳ longing, yearning
עֶרְיָה נ׳ nakedness, nudity
עֲרִייָה נ׳ seminal fluid, semen
עֲרִיכָה נ׳ arranging; arrangement; editing
עֲרִיכַת דִּין נ׳ the practice of law
עֲרִיסָה נ׳ cradle
עֲרִיפָה נ׳ beheading, decapitation
עָרִיץ תו״ז cruel; tyrant, despot
עָרִיצוּת נ׳ tyranny, despotism
עָרִיק תו״ז deserter
עֲרִיקָה, עֲרִיקוּת נ׳ desertion
עֲרִירוּת נ׳ childlesssness; loneliness
עֲרִירִי ת׳ childless; lonely, alone
עָרַךְ פ׳ arrange, put in order; edit
עֵרֶךְ ז׳ value, worth
(כְּ)עֵרֶךְ abut
עֵרֶךְ מוּסָף value added
עַרְכָּאָה נ׳ instance (legal)
עַרְכָּאוֹת נ״ר authorities (governmental, legal)
עֶרְכִּי ת׳ valued; valent
עֶרְכִּיּוּת נ׳ value; valency
עָרֵל ת׳ uncircumcised; Gentile, non-Jew; unpruned tree (in first three years)
עֲרֵל־לֵב ת׳ heartless
עֲרַל שְׂפָתַיִים ת׳ stammering
עָרְלָה ר׳ עוֹרְלָה
עָרַם פ׳ stack, pile up
עָרְמָה ר׳ עוֹרְמָה
עֲרֵמָה נ׳ heap, pile, stack
עַרְמוּמִי ת׳ sly, cunning, artful
עַרְמוּמִיּוּת נ׳ slyness, cunning
עַרְמוֹן ז׳ chestnut
עַרְמוֹנִי ת׳ chestnut (color)
עַרְמוֹנִיּוֹת נ״ר castanets
עַרְמוֹנִית נ׳ prostate
עַרְמִימוּת נ׳ cunning, slyness
עֵרָנוּת נ׳ alertness
עֵרָנִי ת׳ alert
עֶרֶס, עֶרֶשׂ ז׳ cradle
עַרְסָל ז׳ hammock
עִרְעוּר ז׳ undermining; (legal) appeal; protest, objection
עִרְעֵר פ׳ undermine; (legal) appeal, lodge an appeal; protest, object
עַרְעָר ז׳ juniper tree
עָרַף פ׳ behead, decapitate
עַרְפָּד ז׳ vampire-bat; (fig.) bloodsucker
עִרְפּוּל ז׳ making indistinct; fogginess, mistiness; obscurity
עַרְפִּיחַ ז׳ smog
עַרְפִּילִי ת׳ foggy, hazy, indistinct

עֲרָפֶל ז׳ mist, fog
עִרְפֵּל פ׳ obscure, befog, blur
עָרַק פ׳ desert, run away
עַרְקוֹב ז׳ knee-joint
עַרְקוֹם ז׳ talus
עֲרָר ז׳ appeal, protest, objection
עֶרֶשׂ, עֶרֶס ז׳ cradle
עָשׁ ז׳ moth, clothes-moth; the Great Bear (astron.), Ursa Major
עֵשֶׂב ז׳ grass
עִשְׂבִּיָּה נ׳ herbarium, grass
עָשָׂה פ׳ do, make; cause, bring about; spend (time)
עָשָׂה אֶת צְרָכָיו פ׳ relieve himself
עָשָׂה חַיִל פ׳ do well, proper
עָשָׂה חֶסֶד עִם פ׳ be kind or gracious to
עָשָׂה טוֹבָה פ׳ do favor
עָשָׂה לוֹ כְּנָפַיִם פ׳ spread abroad
עוֹשִׂים עִנְיָן פ׳ make a whole fuss
עָשָׂה רוֹשֶׁם פ׳ make an impression
עָשָׂה עַצְמוֹ פ׳ pretend
עָשׂוּי ת׳ made; done; capable, likely
עָשׂוּי לִבְלִי חַת ת׳ intrepid
עָשׁוּק ת׳ exploited, robbed, wronged
עָשׂוֹר ש״מ decade, ten
עֲשִׂיָּה נ׳ doing, making; action
עָשִׁיר ת׳,ז׳ rich, wealthy
עֲשִׁירוּת נ׳ richness, wealth
עֲשִׂירִי ת׳ tenth
עֲשִׂירִיָּה נ׳ a tenth; a group of ten
עֲשִׂירִית נ׳,ת׳ (a) tenth, 1/10

עָשַׁן פ׳ smoke, give off smoke
עָשֵׁן ת׳ smoking
עָשָׁן ז׳ smoke
עָשַׁק פ׳ exploit; oppress, wrong
עָשַׁר פ׳ become rich, get rich
עֶשֶׂר ש״מ ten (fem.)
עָשָׂר ש״מ (in numbers from 11 to 19) teen (masc.)
עֶשְׂרֵה ש״מ (in numbers from 11 to 19) teen (fem.)
עֲשָׂרָה ש״מ ten (masc.)
עֲשֶׂרֶת הַדִּיבְּרוֹת ז״ר the Ten Commandments
עֲשֶׂרֶת הַשְּׁבָטִים ז״ר the Ten (lost) Tribes
עֶשְׂרוֹנִי ת׳ decimal
עֶשְׂרִים ש״מ twenty (masc. & fem.)
עֲשָׁשִׁית נ׳ oil-lamp, kerosene-lamp
עַשֶּׁשֶׁת נ׳ decay (bones or teeth), caries
עֶשֶׁת ז׳ bar, lump; mooring clump, steel
עֶשְׁתּוֹנוֹת ז״ר mind, wits
עַשְׁתּוֹרֶת נ׳ Astarte
עֵת נ׳ time, season, period, occasion
עַתָּה תה״פ now
עַתּוּד ז׳ he-goat, billy-goat
עַתּוּדַאי ז׳ reservist
עֲתוּדָה נ׳ reserve
עֲתוּדוֹת ז״ר reserves (mil.)
עָתִיד ז׳,ת׳ future; ready, prepared
עָתִיד ל ת׳ is going to, is destined to
עַתִּיק ת׳ ancient, old, antique

עַתִּיק יוֹמִין ת׳ **ancient, very old**
עַתִּיקוּת נ׳ **antiquity, great age**
עַתִּיקוֹת נ״ר **antiquities; antiques**
עָתִיר ת׳ **rich, wealthy**
עֲתִיר מַדָּע ת׳ **high technology**
עֲתִיר נְכָסִים ת׳ **wealthy, affluent**
עֲתִיר קָלוֹרְיוֹת ת׳ **multi-caloried**
עֲתִירָה נ׳ **plea (legal); request**

פ

פָּאָה, פֵּאָה נ׳ edge; corner; side, fringe; side curl

פֵּאָה נוֹכְרִית נ׳ wig

פֵּאִי ת׳ faced (geometry)

פְּאֵר ז׳ glory, magnificence; headdress

פְּאֵר הַיְצִירָה ז׳ consummate creation

פֹּארָה נ׳ branch, bough

פָּארוּר ז׳ glow, redness

פִּבְרוּק ז׳ fabricating; fabrication

פִּבְרֵק פ׳ fabricate, make up

פַּג ז׳ premature baby

פָּג פ׳ grow faint, fade away, expire

פַּגָּה נ׳ girl (before puberty); premature baby (female); unripe fig

פָּגוּם ת׳ defective, flawed, faulty

פָּגוּעַ ת׳ stricken; damaged

פָּגוֹשׁ ז׳ bumper, fender

פָּגָז ז׳ shell (artillery); terrific (slang)

פִּגְיוֹן ז׳ dagger

פְּגִימָה נ׳ spoiling; flaw, defect

פָּגִיעַ ת׳ vulnerable

פְּגִיעָה נ׳ hurting; attack, blow, hit

פְּגִיעוּת נ׳ vulnerability

פְּגִישָׁה נ׳ meeting

פָּגַם פ׳ spoil, impair

פְּגָם ז׳ defect, flaw, fault

פָּגַע פ׳ harm, wound, hit; offend

פֶּגַע ז׳ misfortune, trouble; imp

פֶּגַע רַע ז׳ evil spirit; a pest, a nuisance

פָּגַר פ׳ die (like an animal)

פֶּגֶר ז׳ corpse, carcass, cadaver

פַּגְרָה נ׳ holiday; vacation

פָּגַשׁ פ׳ meet, encounter

פָּדָה פ׳ redeem, ransom, save; have a turnover (in business)

פָּדוּי ת׳ redeemed, ransomed

פְּדוּת נ׳ redemption, deliverance; difference, discrimination

פַּדַּחַת נ׳ forehead

פִּדְיוֹן ז׳ ransom, redemption; payment (to redeem); (commercial) turnover

פִּדְיוֹן הַבֵּן ז׳ redemption of first-born son

פְּדִיָּה נ׳ ransoming, redeeming

פֶּה ז׳ mouth; opening

פֹּה תה״פ here, in this place

פֶּה אֶחָד תה״פ unanimously

פְּהִיקָה נ׳ yawning, yawn

פּוֹאַר פ׳ be decorated, be adorned

פּוּבְרַק פ׳ be fabricated, be made up

פּוּגַג פ׳ de-energize, release

פּוּגָה נ׳ release, relaxation

פּוּגַל פ׳ be spoiled, be made unfit; be denatured; be adulterated

פּוֹגֵעַ ת׳ offending

פּוּדַר פ׳ be powdered

פּוּדְרִיָּה נ׳ powder-compact, powder-box
פּוּזֵל ת׳ cross-eyed, squinting
פּוּזַם פ׳ be sung, be hummed
פּוּזְמָק ז׳ stocking, sock
פּוּזַּר פ׳ be scattered, be dispersed
פּוֹחֵז ת׳ rash, irresponsible, reckless
פּוֹחֵחַ ת׳ shabbily dressed, in rags
פּוּחְלָץ פ׳ stuffed animal; saddlebag
פּוּחַם פ׳ be blackened; be turned into charcoal
פּוֹחֵר ז׳ potter
פּוֹחֵת ת׳ diminishing, growing less, decreasing
פּוּחַת פ׳ be reduced, be lessened, be devalued
פּוֹחֵת וְהוֹלֵךְ ת׳ dwindling, diminishing
פּוּטַּם פ׳ be fattened; be stuffed, be filled; be mixed
פּוּטַּר פ׳ be dismissed, be fired, be discharged
פּוּיַּח פ׳ be blackened with soot
פּוּיַּס פ׳ be appeased, be soothed
פּוּךְ ז׳ kohl (eye-shadow)
פּוֹל ז׳ bean, broad bean
פּוּלַּג פ׳ be split up, be divided
פּוּלַּח פ׳ be sliced, be cut up
פּוּלְחָן ז׳ worship; cult, ritual; adoration
פּוּלְחָנִי ת׳ ritual
פּוֹלֵט ז׳ emitter
פּוּלְמוּס ז׳ polemic(s), debate
פּוּלְמוּסָן תו״ז polemist, polemicist, debater
פּוּלַּס פ׳ be levelled, be smoothed flat
פּוּמְבֵּי נ׳ publicity
פּוּמִית נ׳ mouthpiece
פּוּמְפִּיָּה נ׳ grater
פּוּנְדָּק ז׳ inn, tavern
פּוּנְדְּקַאי, פּוּנְדְּקִי ז׳ innkeeper, tavernkeeper
פּוּנָּה פ׳ be cleared, be evacuated
פּוּנַּק פ׳ be pampered, be spoiled
פּוּסַּל פ׳ be carved, be sculptured, be hewn
פּוּסְפַּס פ׳ be striped
פּוּסְפַּס פ׳ be muffed (slang)
פּוֹסֵק ז׳ arbiter; Rabbinic authority
פּוּסַּק פ׳ be punctuated; be spaced
פּוֹסְקָן ז׳ normativist, prescriber
פּוֹעֵל ז׳ worker, workman, laborer
פּוֹעַל ז׳ action; verb
פּוּעַל ז׳ Pu'al (name of verbal conjugation – passive of Pi'el)
פּוֹעֲלִי ת׳ of the workers, labor
פּוֹעֲלִי ת׳ working, functioning; verbal
פּוֹעַל יוֹצֵא (עוֹמֵד) ז׳ transitive (intransitive) verb

פוּעֲנַח פ׳ be deciphered, be decoded
פוּצָה פ׳ be compensated, be paid damages
פוּצַח פ׳ be cracked, be split
פוּצַל פ׳ be split up, be subdivided
פוֹצֵץ ת׳ explosive
פּוֹצֵץ פ׳ explode; smash, shatter
פּוּצַץ פ׳ be exploded, be demolished
פּוּקַד פ׳ be ordered
פּוּקָה נ׳ obstacle, hindrance
פּוּקַח פ׳ be inspected, be supervised
פּוּקְפַּק פ׳ be in doubt, be dubious
פּוּר ז׳ lot
פּוּרְגַל פ׳ be whipped
פּוֹרֶה ת׳ fertile, prolific
פּוּרַז פ׳ be demilitarized
פּוּרְזַל פ׳ be shod
פּוֹרֵחַ ת׳ flowering, blooming; flying
פּוֹרַט פ׳ be specified, be detailed
פּוֹרְטָן ז׳ plectrum
פּוֹרִיּוּת נ׳ fertility, fruitfulness
פּוּרִים ז׳ Purim, Feast of Esther
פּוּרְכַּס פ׳ be beautified, be prettified
פּוֹרַם פ׳ be or come unstitched
פּוּרְסַם פ׳ be advertised, be publicized
פּוֹרֵעַ ז׳ rioter, riotous person
פּוּרְעָנוּת נ׳ tribulation, suffering, affliction
פּוֹרֵץ ז׳ burglar
פּוֹרֵק ז׳ discharger; unloader
פּוֹרַק פ׳ be dismantled; be unloaded; be dissolved
פּוּרְקָן ז׳ redemption, salvation; relief
פּוֹרֶקֶת נ׳ lighter (boat)
פּוֹרֵר פ׳ crumble, break up
פּוֹרַר פ׳ be crumbled, be broken up
פּוֹרֵשׁ ז׳ dissenter, dissident
פּוֹרַשׁ פ׳ be explained, be interpreted
פּוֹרֶת ת׳ flourishing, fruitful
פּוּרְתָּא נ׳ a little, a bit
פּוֹשֵׁט ת׳ taking off, stripping; stretching out
פּוּשַׁט פ׳ be simplified
פּוֹשֵׁט יָד ז׳ beggar
פּוֹשֵׁט עוֹר ז׳ skinner; profiteer
פּוֹשֵׁט רֶגֶל ז׳ bankrupt
פּוֹשֵׁעַ ז׳ criminal; sinner
פּוּשַׂק פ׳ be opened wide
פּוֹשֵׁר ת׳ lukewarm, tepid; indifferent
פּוֹשְׁרִין, פּוֹשְׁרִים ז״ר lukewarm water
פּוֹת נ׳ vagina, female pudenda
פּוֹתֶה ת׳ gullible, credulous
פּוֹתָה נ׳ vagina, female pudenda
פּוּתָּה פ׳ be seduced; be tempted
פּוּתַּח פ׳ be developed; be opened wide
פּוֹתְחָן ז׳ opener (for cans, tins, bottles, etc.)

פּוֹתַחַת נ׳ master-key, skeleton-key
פּוּתַּל פ׳ be twisted
פּוֹתֵר ז׳ solver
פָּז ז׳ pure gold
פָּזוּר ת׳ scattered, strewn
פְּזוּר נֶפֶשׁ ת׳ scatterbrained, absent-minded
פְּזוּרָה נ׳ dispersion, diaspora
פָּזִיז ת׳ rash, impetuous
פְּזִיזוּת נ׳ rashness, impetuosity, haste
פְּזִילָה נ׳ squinting; squint; ogling
פָּזַל פ׳ squint; ogle
פִּזְלָן ז׳ squinter, cross-eyed person
פִּזְמוֹן ז׳ popular song; chorus, refrain
פִּזְמוֹנָאוּת נ׳ popular song-writing
פִּזְמוֹנַאי ז׳ popular song-writer
פַּזְרָן ז׳ lavish spender, spendthrift
פַּזְרָנוּת נ׳ lavishness, extravagance; squandering
פַּח ז׳ sheet-metal; tin, can; trap
פָּחַד פ׳ fear, be afraid of
פַּחַד ז׳ fear, fright; dreadful (slang)
פַּחַד מָוֶת ז׳ mortal fear; terrifying (slang)
פַּחְדָן ת׳ coward, timid person
פַּחְדָנוּת נ׳ cowardice, timidity
פֶּחָה ז׳ governor, prefect; pasha
פַּחוֹן ז׳ tin hut, shack, shanty
פָּחוּס ת׳ compressed, flattened

פָּחוּת ת׳ inferior; lesser
פָּחוֹת תה"פ less; minus
פָּחוֹת אוֹ יוֹתֵר תה"פ more or less
פָּחַז פ׳ act rashly, act recklessly
פַּחַז ז׳ rashness, recklessness
פַּחֲזָנוּת נ׳ impetuosity, rashness
פַּחֲזָנִית נ׳ éclair, cream-puff
פֶּחָח ז׳ tinsmith, tinner
פֶּחָחוּת נ׳ the work of a tinsmith
פֶּחָחִיָּה נ׳ tinsmithy, tinsmith's workshop
פְּחִיסָה נ׳ compressing, flattening
פְּחִיסוּת נ׳ flatness, oblateness
פַּחִית נ׳ small can, small tin
פְּחִיתָה נ׳ reduction
פְּחִיתוּת נ׳ decrease, reduction
פְּחִיתוּת כָּבוֹד נ׳ disrespect, disgrace
פִּחְלֵץ פ׳ stuff (animals or birds)
פֶּחָם ז׳ coal; charcoal
פַּחְמָה נ׳ carbonate
פֶּחָמִי ת׳ charcoal-burner
פַּחְמֵי אֶבֶן ז"ר coal, anthracite
פַּחְמֵימָה נ׳ carbohydrate
פַּחְמֵימָן ז׳ hydrocarbon
פַּחְמָן ז׳ carbon
פִּחְמֵן פ׳ carbonize
פַּחְמָן דּוּ־חַמְצָנִי ז׳ carbon dioxide
פַּחְמָנִי ת׳ carbonic
פַּחֶמֶת נ׳ anthrax
פַּחְמָתִי ת׳ containing carbon dioxide
פָּחַס פ׳ compress, flatten, squash
פֶּחָר ז׳ potter
פָּחַת פ׳ grow less, diminish, depreciate (in value)

פְּחָת ז' depreciation, amortization; waste, loss
פַּחַת נ' pit, snare, trap
פִּטְדָה נ' topaz
פְּטוֹטֶרֶת נ' stalk (of fruit); leaf-stalk, petiole
פָּטוּם ת' crammed, filled
פָּטוּר ת' exempt, free
פְּטוֹר ז' exemption (from tax)
פְּטִירָה נ' departing, departure; decease, death
פַּטִּישׁ ז' hammer
פַּטִּישׁוֹן ז' small hammer
פֶּטֶל ז' raspberry
פַּטָּם ז' specialist in fattening animals
פְּטָם ז' fatted ox, fatted animal or bird
פִּטְמָה נ' nipple; knob
פִּטְפּוּט ז' chatter, prattle
פִּטְפֵּט פ' chatter, prattle
פַּטְפְּטָן ז' chatterer, chatterbox
פַּטְפְּטָנוּת נ' chattering, chattiness
פָּטַר פ' dismiss, send away; exempt, acquit
פֶּטֶר, פֶּטֶר־רֶחֶם ז' first-born
פִּטְרוּל ז' patrolling
פַּטְרוֹן ז' patron, guardian
פַּטְרוֹנוּת נ' patronage, guardianship
פֶּטְרוֹסִילְיוֹן, פֶּטְרוֹסְלִינוֹן ז' parsley
פִּטְרִיָּה נ' mushroom, fungus
פִּטְרֵל פ' patrol
פִּי הַטַּבַּעַת ז' anus
פִּי שְׁנַיִים twice as much
פֵּיאוֹן, פֵּאוֹן ז' polyhedron

פֵּיאֵר פ' adorn, decorate, embellish, glorify
פִּיגּוּל ז' taint, filth, stench; abomination
פִּיגּוּם ז' scaffolding
פִּיגּוּעַ ז' hitting; hit, blow, strike
פִּיגּוּר ז' lagging; lag, delay; arrears (of payment), backlog; backwardness
פִּיגֵּל פ' pollute, spoil, make unfit (for consumption)
פִּיגֵּר פ' fall behind, lag, be backward; be slow (clock)
פִּיד ז' calamity, disaster
פִּידֵּר פ' powder
פִּיהוּק ז' yawning, yawn
פִּיהֵק פ' yawn
פִּיּוּט ז' poetry (mainly liturgical)
פִּיּוּטִי ת' poetic, lyrical
פִּיּוֹנִית נ' pore (in a leaf)
פִּיּוּס ז' appeasing; appeasement, conciliation
פִּיּוֹת ז"ר (פֶּה mouths (plur. of
פִּיזּוּל ז' squinting; squint
פִּיזּוּר ז' scattering, dispersal
פִּיזּוּר נֶפֶשׁ ז' absent-mindedness, distraction
פִּיזֵּז פ' dance, leap about
פִּיזֵּם פ' hum, sing
פִּיזֵּר פ' scatter, disperse
פִּיחֵד פ' fear, be afraid
פִּיחוּם ז' charcoal-burning; blackening
פִּיחוּת נ' reduction; devaluation
פִּיחֵם פ' blacken, cover with carbon

levelling, grading, straightening out	פִּילּוּס ז'
making a way	פִּילּוּס דֶּרֶךְ ז'
philosopher	פִּילוֹסוֹף ז'
philosophical	פִּילוֹסוֹפִי ת'
slice (fruit); break open; plow	פִּילַּח פ'
steal, pinch (slang)	פִּילַּח פ'
expect; pray	פִּילַּל פ'
elephantism	פִּילָנוּת נ'
level, smooth flat; straighten out; break through	פִּילַּס פ'
double chin; fat	פִּימָה נ'
pin, tooth (of wheel); penis	פִּין ז'
corner	פִּינָה נ'
clear, clear out; remove; evacuate	פִּינָה פ'
clearing, removal, evacuation	פִּינּוּי ז'
spoiling, pampering; luxury	פִּינּוּק ז'
mess-tin	פִּינָךְ ז'
spoil, pamper	פִּינַּק פ'
	פִּינְקָס ר' פִּנְקָס
lottery	פַּיִס ז'
scrap, bit, small piece	פִּיסָה נ'
carving; sculpturing, sculpture	פִּיסּוּל ז'
punctuation; opening	פִּיסּוּק ז'
lame	פִּיסֵּחַ ת'
sculpture, carve, hew, chisel	פִּיסֵּל פ'
punctuate; space out	פִּיסֵּק פ'
Pi'el (name of verbal stem)	פִּיעֵל ז'

reduce, lessen, depreciate, devalue	פִּיחֵת פ'
fattening, stuffing	פִּיטּוּם ז'
dismissal, discharge	פִּיטּוּרִים, פִּיטּוּרִין ז"ר
fatten, stuff	פִּיטֵּם פ'
knob, protuberance (on fruit)	פִּיטָּם ז'
dismiss, discharge, fire	פִּיטֵּר פ'
mouthpiece; aperture, orifice	פִּייָה נ'
blacken (with soot), darken	פִּייֵחַ פ'
black rot	פִּייַחַת נ'
poet; liturgical poet	פַּייְטָן ז'
bowl, basin	פִּייְלָה נ'
appease, pacify, conciliate	פִּייֵס פ'
appeaser, conciliator	פַּייְסָן ז'
appeasement, conciliation	פַּייְסָנוּת נ'
appeasing, conciliatory	פַּייְסָנִי ת'
gush, flow forth	פִּיכָה פ'
sober, clear-headed	פִּיכֵּחַ ת'
soberness, sobriety	פִּיכָּחוֹן ז'
elephant	פִּיל ז'
split, divide	פִּילֵּג פ'
mistress, concubine	פִּילֶגֶשׁ נ'
delouse, search for lice	פִּילָה פ'
splitting; split, division, schism	פִּילּוּג ז'
slicing, breaking open; plowing	פִּילּוּחַ ז'
baby elephant	פִּילוֹן ז'

פִּיעֵם פ' excite, animate, inspire
פִּיף ז' fringe, tassel
פִּיפְיוֹן ז' pipit
פִּיפִיָּה נ' blade, sharp edge; mouth, opening
פִּיפִית נ' pipette
פִּיצָּה פ' compensate, recompense, pay damages; pacify, appease
פִּיצּוּחַ ז' cracking (nuts, etc.), splitting
פִּיצּוּי ז', פִּיצּוּיִים ז"ר compensation, damages
פִּיצּוּל ז' splitting; subdivision; strip, peel
פִּיצּוּץ ז' blowing up, explosion, blast
פִּיצֵּחַ פ' crack (nuts etc.) split
פִּיצֵּל פ' split; strip, peel
פִּיק ז' trembling, quivering
פִּיק בִּרְכַּיִים ז' feeling weak (from fear)
פִּיקֵד פ' command; give orders
פִּיקָּדוֹן ז' deposit, pledge
פִּיקָה נ' cap; cam; kneecap
פִּיקּוּד ז' command
פִּיקּוּדִי ת' command
פִּיקּוּחַ ז' supervising; supervision, inspection
פִּיקּוּחַ נֶפֶשׁ ז' the saving of life
פִּיקּוּק ז' corking, plugging
פִּיקֵּחַ פ' supervise, inspect
פִּיקֵּחַ ת' clever, shrewd; not blind, not deaf
פֵּירֵד פ' decompose, separate into component parts

פֵּירוּד ז' split, separation, division
פֵּירוּז ז' demilitarization
פֵּירוּט ז' detailing, giving in detail; changing money into smaller denominations
פֵּירוּךְ ז' crushing, sapping
פֵּירוּס ז' distribution; fanning out
פֵּירוּק ז' dismantling; unloading; dissolution
פֵּירוּק נֶשֶׁק ז' disarmament
פֵּירוּר ז' crumbling; crumb
פֵּירוּשׁ ז' interpretation, explanation
פֵּירוֹת ז"ר fruits
פֵּירֵז פ' demilitarize
פֵּירֵט פ' specify, give in detail; change money into smaller denominations
פִּירְכָא, פִּירְכָה נ' refutation, rebuttal
פֵּירֵם פ' unstitch, undo
פֵּירֵס פ' spread out; fan out deploy
פֵּירָעוֹן ז' paying off, payment
פֵּירֵק פ' dismantle; unload; dissolve
פֵּירֵשׂ פ' ר' פֵּירֵס פ'
פֵּירֵשׁ פ' interpret, explain, clarify
פִּישּׁוּט ז' simplification; extension, stretching
פִּישּׂוּק ז' opening (legs etc.)
פִּישּׂוּק רַגְלַיִים ז' legs apart
פִּישֵּׁט פ' simplify
פִּישֵּׁל פ' make a mess off (sl.), botch
פִּישֵּׂק פ' open wide

פִּישֵׁר פ׳ compromise, mediate
פִּיתָּה נ׳ pitta, flat round Arab bread
פִּיתָּה פ׳ seduce, entice, tempt
פִּיתּוּחַ ז׳ developing; engraving
פִּיתּוּי ז׳ tempting; seduction, temptation, enticement
פִּיתּוּךְ ז׳ blending (colors)
פִּיתּוּל ז׳ winding, twisting; bend; torsion, torque
פִּיתוֹם ז׳ ventriloquist
פִּיתֵּחַ פ׳ develop, elaborate, expand; engrave
פִּיתָּיוֹן ז׳ bait, lure
פִּיתֵּךְ פ׳ blend (colors)
פִּיתֵּל פ׳ twist, wind, bend, curve
פַּךְ ז׳ flask, cruse, can (esp. for oil)
פַּכִּים קְטַנִּים ז״ר trifles, trivialities
פַּכִּית נ׳ small can (esp. for oil), small jar
פַּכְסָם ז׳ rusk, dry biscuit
פִּכְפּוּךְ ז׳ gushing, flow, bubbling
פִּכְפֵּךְ פ׳ gush, flow, bubble
פֶּלֶא ז׳ miracle, marvel
פִּלְאִי ת׳ miraculous, marvellous
פִּלְאֵי פְּלָאִים ז״ר absolutely wonderful
פִּלְבּוּל ז׳ goggling, rolling (eyes)
פִּלְבֵּל פ׳ goggle, roll
פֶּלֶג ז׳ stream, brook, rivulet; part, section
פֶּלֶג ז׳ part, section
פְּלַגָּה נ׳ group; company, detachment (military)

פַּלְגָן ז׳ dissenter, schismatist, sectarian
פַּלְגָנוּת נ׳ separatism, dissension, factionalism
פַּלְגָנִי ת׳ schismatic, separatist
פְּלָדָה נ׳ steel
פָּלָה פ׳ search for lice, delouse
פְּלוּגָּה נ׳ company (military), squadron, platoon; group
פְּלוּגְתָּא נ׳ controversy, (military) disagreement
פְּלוּגָתִי ת׳ company, platoon
פְּלוֹטֶת נ׳ emission; exhaust
פְּלוּמָה נ׳ down, fluff
פְּלוֹנִי ת׳ someone (unnamed)
פְּלוֹנִי אַלְמוֹנִי ז׳ someone
פְּלוּשׁ ז׳ vestibule, vestry corridor
פָּלַח פ׳ plow, furrow, break
פֶּלַח ז׳ segment, slice, piece
פַּלָּח ז׳ fellah, peasant
פְּלָחָה נ׳ field crops
פָּלַט פ׳ emit, give off, eject
פְּלֵטָה, פְּלֵיטָה נ׳ remnant, remains
פָּלָטִין נ׳ palace
פַּלְטֵרִין ז׳ palace
פְּלִיאָה נ׳ marvel, wonder; surprise
פְּלִיז ז׳ brass
פָּלִיט ז׳ refugee, fugitive
פְּלִיטָה נ׳ emitting, giving off; casting up, ejecting; exhaust, emission, (technical)
פְּלִיטַת פֶּה נ׳ slip of the tongue
פְּלִיטַת קוּלְמוֹס נ׳ slip of the pen

פְּלִילִי ת׳ criminal
פְלִירְטֵט פ׳ flirt (slang)
פְּלִישָׁה נ׳ invading; invasion, incursion
פֶּלֶךְ ז׳ district, province; distaff, spindle
פַּלְמוֹנִי נ׳ so-and-so, someone (unnamed), such-and-such
פַּלְמוּדָה נ׳ tuna fish
פְלָנֶלִית נ׳ flannelette; "four-by-two" (army)
פֶּלֶס ז׳ scale, balance, level
פֶּלֶס מַיִם ז׳ spirit-level
פְּלַסְתֵּר, פְּלַסְטֵר ז׳ fraud, deceit, forgery
פִּלְפּוּל ז׳ sophistry, casuistry, hair-splitting
פֶּלְפ(א)פוֹן ז׳ portable telephone (in vehicle)
פִּלְפֵּל פ׳ split hairs, argue, debate
פִּלְפֵּל ז׳ pepper
פִּלְפְּלוֹן ז׳ pepper tree
פַּלְפְּלָן ז׳ casuist, sophist, hairsplitter
פִּלְפֶּלֶת נ׳ sweet-pepper or red pepper
פְּלָצוּר ז׳ lasso, lariat
פַּלָּצוּת נ׳ shuddering, quaking, horror, shock
פָּלַשׁ פ׳ invade
פְּלִשְׁתִּי ת׳ Philistine
פָּמוֹט ז׳ candlestick
פָּמַלְיָה נ׳ entourage, retinue
פֶּן מ״ח lest, in order not to
פַּן ז׳ face, surface; facet, aspect
פְּנַאי ז׳ free time, spare time; leisure
פָּנָה פ׳ turn; turn to, apply to
פָּנָה עוֹרֶף פ׳ turned his back; fled
פָּנוּי ת׳ free, unoccupied; unmarried
פְּנוּת נ׳ partiality; free time
פִּנְטֵז, פִּנְטֵס פ׳ (music) improvise; have illusions
פְּנֵי הַיָּם זו״נ ר׳ sea level
פְּנִיָּה נ׳ turning; turn; addressing, application, appeal
פָּנִים ז״ר, נ״ר face, facade, front; appearance; surface
פְּנִים ז׳ inside, interior
פָּנִים אֶל פָּנִים תה״פ face to face
פְּנִימָה תה״פ inside, within
פְּנִימִי ת׳ internal, inward
פְּנִימִיָּה נ׳ boarding school
פְּנִינָה נ׳ pearl
פְּנִינִיָּה נ׳ guinea fowl
פִּנְכָּה, פִּינְכָּה נ׳ plate, dish
פָּנָס ז׳ lantern, flashlight, torch; black eye (slang)
פִּנְקָס, פִּינְקָס ז׳ notebook; ledger
פִּנְקַס זֶהוּת ז׳ identity card
פִּנְקְסָן ז׳ book-keeper
פִּנְקְסָנוּת כְּפוּלָה נ׳ double-entry book-keeping; hypocrisy
פֶּנֶת נ׳ upper (of shoe)
פַּס ז׳ stripe, streak; rail on railway line; pass
פִּסְגָּה נ׳ summit, peak
פָּסוּל ת׳ disqualified; unfit for use; unacceptable; faulty

פְּסוּל ז' fault, flaw, defect
פְּסֹלֶת נ' refuse, waste
פָּסוּק ז' verse (of the Bible); sentence
פְּסוּקִית נ' half-verse, hemistich; clause
פְּסוֹקֶת נ' parting (in the hair)
פָּסַח פ' pass over; skip; celebrate Passover
פֶּסַח ז' Passover, Pessaḥ
פָּסַח עַל שְׁתֵּי הַסְּעִפִּים (he) vacillated, wavered
פַּסְחָא ז' Easter
פִּסְחוּת, פִּיסְחוּת נ' lameness
פִּסְטוּר ז' pasteurization
פִּסְטֵר פ' pasteurize
פְּסִיג ז' cotyledon
פְּסִיגִי ת' cotyledonous
פַּסְיוֹן ז' pheasant
פְּסִיחָה נ' passing over, skipping, omitting
פְּסִילָה נ' declaring unfit, disqualification, rejection
פְּסִילִים ז"ר graven images, idols
פָּסִיס ז' batten, plank, beam
פִּסִיסָה נ' strip
פְּסִיעָה נ' stepping; step, pace
פְּסֵיפָס ז' mosaic
פְּסִיק ז' comma
פְּסִיקָה נ' giving judgment; body of legal judgments
פָּסַל פ' declare unfit; disqualify, reject; carve, chisel
פַּסָּל ז' sculptor
פֶּסֶל ז' statue, piece of sculpture; graven image, idol
פִּסְלוֹן ז' statuette, small piece of sculpture
פְּסַנְתֵּר ז' piano
פְּסַנְתֵּר כָּנָף ז' grand piano
פְּסַנְתְּרָן ז' pianist (male)
פְּסַנְתְּרָנִית נ' pianist (female)
פָּסַע פ' step, tread, pace
פִּסְפֵּס פ' miss, muff (slang)
פָּסַק פ' stop; give judgment
פֶּסֶק ז' disconnection; gap, space
פְּסַק־דִּין ז' verdict, judgment
פְּסַק־זְמַן ז' time-out
פִּסְקָה נ' paragraph
פַּסְקָנוּת נ' absoluteness, indisputability
פָּעָה פ' bleat
פָּעוֹט ז' small child, tot
פָּעוּט ת' petty, trifling, small
פָּעוּל ת' creature, passive
פְּעוּלָה נ' action, act; effect
פָּעוּר ת' wide open
פְּעִי ז' bleat
פְּעִיטוּת נ' smallness, insignificance
פְּעִיָּה נ' bleating, bleat
פָּעִיל ת' active
פְּעִילוּת נ' activity; activeness
פְּעִים ז' knock, beat
פְּעִימָה נ' beating, throbbing; beat, throb; message unit of telephone
פָּעַל פ' work, act, do, function; influence
פָּעַל ז' Paal (simple stem of the Hebrew verb)

פַּעֲלוּל ז׳ effect, gimmick
פְּעַלְתָּן ז׳ active person
פְּעַלְתָּנוּת נ׳ activity
פָּעַם פ׳ beat, throb
פַּעַם נ׳ time, occasion; beat; (foot) step
פַּעַם אַחַת נ׳ once, once upon a time
פַּעֲמָה נ׳ beat (in music)
פַּעֲמוֹן ז׳ bell
פַּעֲמוֹנָה נ׳ carillon
פַּעֲמוֹנִית נ׳ harebell, campanula
פְּעָמִים, לִפְעָמִים תה״פ sometimes, at times
פִּעְנוּחַ ז׳ decipherment, decoding; unraveling
פִּעְנַח פ׳ decipher, decode; unravel
פִּעְפּוּעַ ז׳ bubbling, sizzling; diffusing; diffusion
פִּעְפַּע פ׳ bubble, sizzle; diffuse
פָּעַר פ׳ open wide, gape
פַּעַר ז׳ gap, difference
פָּצָה פ׳ open (usu. mouth)
פָּצוּעַ ת׳, ז׳ wounded, injured; casualty
פָּצַח פ׳ open (mouth to sing)
פְּצִיחָה נ׳ burst of song, singing; cracking (nuts etc.), breaking
פְּצִיעָה נ׳ wounding, injuring; wound, injury
פְּצִיץ ז׳ piece (of shrapnel), splinter, fragment
פְּצִירָה נ׳ filing; file
פְּצָלָה נ׳ peeled part of a tree
פַּצֶּלֶת נ׳ feldspar, spar

פָּצַע פ׳ wound, injure
פֶּצַע ז׳ wound, injury
פִּצְעֵי בַּגְרוּת ז״ר acne, blackheads
פִּצְפֵּץ פ׳ shatter; pop, explode
פַּצָּץ ז׳ detonator, fuse
פְּצָצָה נ׳ bomb
פְּצָצַת מֵימָן נ׳ hydrogen bomb
פְּצָצַת עוֹמֶק נ׳ depth-charge
פְּצָצַת שָׁעוֹן נ׳ time-bomb
פָּצַר פ׳ entreat, plead, urge; file
פָּקַד פ׳ order, command; remember; count, number; punish; visit
פַּקָּד ז׳ chief-inspector (of police)
פָּקוּד ת׳, ז׳ numbered, counted; under someone's command, subordinate; soldier
פְּקוּדָה נ׳ order, command
פָּקוּק ת׳ corked, plugged
פָּקַח פ׳ open (eyes, ears)
פַּקָּח ז׳ inspector, controller
פַּקָּחוּת נ׳ inspection, control, supervision
פִּקְחִי, פִּיקְחִי ת׳ clever, shrewd
פָּקִיד ז׳ (modern) clerk, official; (biblical) officer
פְּקִידָה נ׳ elerk (female), official (female), period
מִפְּקִידָה לִפְקִידָה from time to time
פְּקִידוֹן ז׳ petty official
פְּקִידוּת נ׳ office-work; office staff
פְּקִידוּתִי ת׳ bureaucratic, clerical
פְּקִימָה נ׳ diverting; changing course (ship)
פְּקִיעָה נ׳ bursting, splitting; lapse (of rights), expiration

פְּקִיקָה נ׳ corking, plugging
פַּקֶּלֶת נ׳ scaly bark, psoriasis
פָּקַם פ׳ divert; change course (ship)
פָּקַע פ׳ burst, split; expire, lapse (rights)
פֶּקַע ז׳ bud
פְּקַעַת נ׳ bulb (flower); ball (of wool), coil
פְּקַעַת עֲצַבִּים a bundle of nerves
פִּקְפּוּק ז׳ doubt, hesitation, uncertainty
פִּקְפֵּק פ׳ doubt, hesitate, waver
פַּקְפְּקָן ז׳ doubter, sceptic
פַּקְפְּקָנוּת נ׳ doubting, scepticism
פָּקַק פ׳ cork, plug
פְּקָק, פְּקָק ז׳ cork, plug, stopper
פַּקֶּקֶת נ׳ thrombosis
פַּקְרָס ז׳ jumper, sweater
פַּר ז׳ bull, bullock
פֶּרֶא ז׳ savage, wild; wild ass
פֶּרֶא־אָדָם ת׳, ז׳ wild man, savage
פִּרְאוּת נ׳ savagery, wildness
פִּרְאִי ת׳ savage, wild
פַּרְבָּר ז׳ suburb, outskirts
פֶּרֶג ז׳ poppy; poppy-seed
פַּרְגּוֹד ז׳ screen, curtain
פַּרְגּוֹל ז׳ whip
פַּרְגִּית נ׳ young chicken; (slang) teenage girl, chick
פִּרְגֵּל פ׳ whip
פֶּרֶד ז׳ mule; odd number
פִּרְדָּה נ׳ mule (fem.)
פְּרֵדָה, פְּרִידָה נ׳ parting, departure
פִּרְדָּנִית נ׳ gadabout (woman)
פַּרְדֵּס ז׳ orchard; citrus grove
פַּרְדְּסָן ז׳ citrus-grower, citriculturist
פָּרָה פ׳ be fruitful, multiply
פָּרָה נ׳ cow
פָּרָה חוֹלֶבֶת נ׳ milch-cow (lit. and fig.)
פִּרְהֵס פ׳ publicize, make public
פַּרְהֶסְיָה נ׳ publicity, public
פָּרוּד ת׳ divided, separated
פְּרוּדָּה נ׳ molecule
פַּרְוָה נ׳ fur; fur coat
פַּרְוָן ז׳ furrier
פַּרְוָר ז׳ outskirts
פָּרוּז ת׳ demilitarized
פְּרוֹזְדוֹר ז׳ corridor, passage
פְּרוּטָה נ׳ small coin
פְּרוּטְרוּט ז׳ detail; small change
פָּרוֹכֶת נ׳ curtain (in front of ark of Covenant, in synagogue)
פָּרוּס ת׳ spread (out); sliced; deployed (military)
פְּרוּסָה נ׳ slice
פָּרוּעַ ת׳ wild, unrestrained, dishevelled
פָּרוּף ת׳ fastened, pinned
פָּרוּץ ת׳ broken open; licentious, dissolute
פְּרוּצָה נ׳ loose woman
פָּרוּשׁ ת׳ ascetic, abstemious; Pharisee; finch (bird)
פָּרוּשׂ ת׳ spread out, stretched out
פִּרְזוּל ז׳ shoeing (horses)
פִּרְזוֹן ז׳ undefended area
פְּרָזוֹת תה״פ open, unwalled, unfortified

shoe (horses) פַּרְזֵל פ׳
blossom, flower; פָּרַח פ׳
bloom, flourish; break out (rash); fly away
vulgar tarty female (sl.) פְּרֵחָה נ׳
urchin, mischievous and rowdy child פִּרְחָח ז׳
mischievousness and rowdiness פִּרְחָחוּת נ׳
officer cadets פִּרְחֵי קְצִינִים ז״ר
change (money); פָּרַט פ׳
give small change; specify, detail; play or pluck stringed instrument
small change; פְּרָט ז׳
odd number; detailed list; detail, individual
detail פְּרָטוּת נ׳
private, individual, personal פְּרָטִי ת׳
in minute detail(בִּ)פְרָטֵי פְּרָטִים תה״פ
except for פְּרָט ל תה״פ
fruit; result; profit פְּרִי ז׳
parting, departure, separation פְּרִידָה נ׳
פְּרֵידָה ר׳ פְּרֵדָה
fruitfulness, productivity, productiveness פִּרְיוֹן ז׳
flowering, blossoming; success; rash (medical); flying, flight פְּרִיחָה נ׳
item פְּרִיט ז׳
changing (money), giving small change; playing, strumming,or plucking stringed instrument פְּרִיטָה נ׳

fruitfulness, bearing fruit פְּרִיָּה נ׳
bull-shed פְּרִיָּה נ׳
having children; copulation פְּרִיָּה וּרְבִיָּה נ׳
brittle, crumbly פָּרִיךְ ת׳
breaking, crushing פְּרִיכָה נ׳
brittleness, fragility פְּרִיכוּת נ׳
spreading out; slicing; (military) deployment פְּרִיסָה נ׳
payment; letting one's hair grow wild פְּרִיעָה נ׳
fastening; pin, clasp פְּרִיפָה נ׳
squire; lawless and violent person פָּרִיץ ז׳
wild animal פְּרִיץ חַיּוֹת ז׳
breaking-through; break-through; breach, burglary פְּרִיצָה נ׳
licentiousness, dissoluteness, lawlessness פְּרִיצוּת נ׳
forcing a way through; break-through פְּרִיצַת דֶּרֶךְ נ׳
detachable, capable of being dismantled פָּרִיק ת׳
unloading פְּרִיקָה נ׳
lawlessness, irresponsibility פְּרִיקַת עוֹל נ׳
crumbly פָּרִיר ת׳
spreading out, extending פְּרִישָׂה נ׳
leaving; withdrawal; retirement פְּרִישָׁה נ׳
abstemiousness, abstinence פְּרִישׁוּת נ׳
sexual abstinence פְּרִישׁוּת דֶּרֶךְ אֶרֶץ נ׳
oppression; crushing פֶּרֶךְ ז׳

פִּרְכָא, פִּרְכָה נ' refutation, counter-argument, rebuttal
פִּרְכּוּס ז' dolling up, self-adornment; spasm, jerk
פִּרְכֵּס פ' prettify, doll up; jerk, have spasms
פָּרַם פ' unstitch, undo, take apart; rip
פִּרְנֵס פ' support, sustain, maintain, provide for
פַּרְנָס ז' community leader
פַּרְנָסָה נ' livelihood, maintenance
פָּרַס פ' spread out, extend; slice
פֶּרֶס ז' bearded vulture
פְּרָס ז' prize, reward
פַּרְסָה נ' hoof; horse-shoe
פִּרְסוּם ז' publicizing, publishing; publication; fame, popularity; publicity
פִּרְסוֹמֶת נ' advertisement, publicity
פִּרְסֵם פ' publish, publicize, advertise
פָּרַע פ' repay (a debt), pay off; riot; dishevel
פַּרְעוֹשׁ ז' flea
פְּרָעוֹת נ"ר riots, pogroms
פָּרַף פ' pin together, fasten
פִּרְפּוּר ז' spasm, twitch, quiver
פַּרְפַּר ז' butterfly; breast-stroke (colloq.); bow-tie (colloq.); swinger, ladies man (colloq.)
פִּרְפֵּר פ' twitch; flutter, quiver
פַּרְפַּר לַיְלָה ז' moth; night-bird (slang)
פַּרְפֶּרֶת נ' dessert
פָּרַץ פ' break open, break into
פֶּרֶץ ז' breach, gush, trouble
פִּרְצָה נ' breach, gap
פַּרְצוּף ז' face (often derogatory); character, type (slang)
פָּרַק פ' unload, take or throw off; save, redeem
פָּרַק עוֹל פ' throw off the yoke (of law, of morals)
פֶּרֶק ז' chapter, section; joint; maturity
פְּרַקְדָּן תה"פ supine, lying on one's back
פְּרַקְלִיט ז' advocate, attorney
פְּרַקְלִיטוּת נ' advocacy, law (as profession)
פְּרַקְמַטְיָה נ' goods, merchandise; business
פָּרַשׂ, פָּרַס פ' stretch, spread out, extend
פָּרַשׁ פ' leave, retire, withdraw
פָּרָשׁ ז' horseman; knight; horse
פָּרָשָׁה נ' affair, case; portion (of Scripture), chapter
פַּרְשָׁן ז' commentator, exegete
פַּרְשָׁנוּת נ' commentary, exegesis
פָּרָשַׁת דְּרָכִים נ' cross-roads
פָּרָשַׁת הַשָּׁבוּעַ נ' weekly portion of the Law
פָּרָשַׁת הַמַּיִם נ' watershed
פָּרַת־יָם נ' sea-cow
פָּשׁ פ' relax, rest
פָּשָׂה פ' spread (esp. disease)
פָּשׁוּט ת', תה"פ simple, easy; undistinguished; extended; simply
פָּשׁוּט מְאוֹד! very simple!

פְּשׁוּט ז' simple meaning, plain meaning
פְּשׁוּטוֹ כְּמַשְׁמָעוֹ תה"פ literally, quite simply, quite plainly
פָּשׁוֹשׁ ז' graceful warbler
פְּשָׁט ז' literal meaning, plain meaning
פָּשַׁט פ' take off, strip; stretch out, extend; attack, raid
פָּשַׁט אֶת הָרֶגֶל פ' went bankrupt
פָּשַׁט יָד פ' begged for alms
פָּשַׁט עוֹר פ' skinned; overcharged
פַּשְׁטוּת נ' simplicity, plainness
פַּשְׁטִידָה נ' pie, pudding
פַּשְׁטָנוּת נ' simplicity; over-simplification
פַּשְׁטָנִי ת' simple; over-simple
פְּשִׁיטָא תה"פ obviously! clearly! of course!
פְּשִׁיטָה נ' stripping; attack, raid
פְּשִׁיטַת רֶגֶל נ' bankruptcy
פְּשִׁיעָה נ' sinning, offending; crime; criminal negligence
פַּשְׁלָה נ' mess, fiasco, botched job (sl.)
פָּשַׁע פ' sin, offend; commit crime
פֶּשַׁע ז' sin, offense; crime
פָּשַׂע, פָּסַע פ' step, tread
פֶּשַׂע, פְּסִיעָה נ' step, pace
פִּשְׁפּוּשׁ ז' searching; search, examination
פִּשְׁפֵּשׁ ז' bug, bed-bug
פִּשְׁפֵּשׁ פ' search, scrutinize
פִּשְׁפָּשׁ ז' wicket (gate)

פָּשַׂק פ' open wide
פֵּשֶׁר ז' meaning, explanation
פְּשָׁרָה נ' compromise
פַּשְׁרָן ז' compromiser
פַּשְׁרָנוּת נ' tendency to compromise
פִּשְׁתָּה נ' flax
פִּשְׁתָּן ז' linen; linseed
פַּת נ' piece (of bread), morsel
פִּתְאוֹם תה"פ suddenly
פִּתְאוֹמִי ת' sudden
פְּתָאִים ז"ר fools
פַּתְבַּג, פַּת־בַּג delicacy, good food
פִּתְגָּם ז' proverb, saying
פָּתוּחַ ת' open, open-minded
פָּתוּךְ ת' (colors) blended, mixed
פְּתוֹת ז' crumb, flake
פְּתוֹתֵי לֶחֶם ז"ר breadcrumbs
פָּתַח פ' open; begin, start
פֶּתַח ז' opening; doorway, entrance
פַּתָּח ז' patah (vowel as in כַּ)
פַּתָּח גְּנוּבָה נ' patah (when occurring under a final ה, ח, ע)
פֶּתַח דָּבָר ז' foreword, preface
פִּתְחָה נ' opening, scuttle
פִּתְחוֹן־פֶּה excuse, pretext
פֶּתִי ז' fool, simpleton
פְּתַיָּה נ' foolish woman, simple-minded woman
פַּתְיוּת נ' foolishness, simple-mindedness
פְּתִיחָה נ' opening; start; overture
פְּתִיחוּת נ' openness, open-mindedness

פְּתִיכָה נ׳ (colors) blending, mixing
פְּתִיל ז׳ wick; fuse; thread, cord
פְּתִילָה נ׳ wick; fuse; suppository
פְּתִילִיָּה נ׳ paraffin stove
פְּתִיעָה נ׳ surprise
פָּתִיר ת׳ solvable, soluble
פְּתִירָה נ׳ solving
פָּתִית ז׳ crumb; flake, floccule
פְּתַלְתּוֹל ת׳ twisted, winding, tortuous; perverse, crooked
פֶּתֶן ז׳ cobra
פֶּתַע, לְפֶתַע תה״פ suddenly
פִּתְפּוּת ז׳ crumbling, crushing, mashing
פִּתְפּוּתֵי בֵּיצִים ז״ר nonsense
פֶּתֶק ז׳, פִּתְקָה נ׳ note, chit
פָּתַר פ׳ solve
פִּתְרוֹן ז׳ solution
פַּתְשֶׁגֶן ז׳ summary

צ

צָא go out!
צְאֵל ז׳, צֶאֱלִים ז״ר a kind of shady acacia
צֹאן נ״ר flocks (sheep and goats); sheep, goat
צֶאֱצָא ז׳ offspring, descendant
צֵאת נ׳ going out, departure
צָב ז׳, צַבִּים ז״ר tortoise, turtle
צָבָא פ׳ assemble, throng, gather, crowd
צָבָא ז׳ army, armed forces
צְבָא הַקֶּבַע ז׳ the regular army
צְבָא הַהֲגָנָה לְיִשְׂרָאֵל ז׳ Israel Defense Force
צְבָאוֹת ז״ר armies
צְבָאִי ת׳ military
צְבָאִיּוּת נ׳ militant spirit, militarism
צָבָה פ׳ swell, become swollen
צָבוּעַ ת׳ painted, colored, dyed; hypocritical, two-faced
צָבוּעַ ז׳ hyena
צָבוּר ת׳ heaped together, piled up
צְבוּת נ׳ swelling
צָבַט פ׳ pinch, nip; grip, clasp
צְבִי ז׳ deer, stag; loveliness, beauty
צִבְיוֹן ז׳ character, quality
צְבִיטָה נ׳ pinching; pinch, holding, clasping
צְבִיָּה נ׳ hind, gazelle (fem.)
צְבִיעָה נ׳ painting, coloring, dyeing
צְבִיעוּת נ׳ hypocrisy
צְבִיר ז׳ cluster; galaxy
צָבִיר ת׳ accumulative, accumulable
צְבִירָה נ׳ piling up, accumulation, collecting
צָבַע פ׳ paint, color, dye
צֶבַע ז׳ paint, color, dye
צַבָּע ז׳ painter
צִבְעוֹנִי ת׳ colorful
צִבְעוֹנִי ז׳ tulip
צִבְעוֹנִיּוּת נ׳ colorfulness
צַבָּעוּת נ׳ painting
צִבְעֵי מָגֵן ז״ר protective coloring
צִבְעָן ז׳ pigment
צָבַר פ׳ pile-up, amass, accumulate
צָבָר, צַבָּר ז׳ prickly pear, cactus, Sabra, native born Israeli,
צַבָּרִיּוּת נ׳ character of a Sabra
צְבָת נ׳ pliers, tongs
צַד ז׳ side; aspect; party; page
צָד פ׳ hunt, catch
צְדָדִי ת׳ side, lateral; secondary, incidental
צְדָדִים ז״ר sides; aspects; parties (plur. of צַד)
צְדוּדִית נ׳ profile
צְדִיָּה נ׳ malice, wicked intent
צַדִּיק ת׳ godfearing, righteous, just
צַדִּיקוּת נ׳ righteousness, saintliness
צֶדַע ז׳ temple
צֶדֶף ז׳ shell
צִדְפָּה נ׳ oyster

צִדְפִּי ת' shell-like, molluscoid
צָדַק פ' be right; be just
צֶדֶק ז' justice, justness; rightness; Jupiter (the planet)
צְדָקָה נ' charity, act of charity; righteousness; justice
צַדֶּקֶת נ' righteous woman
צָהַב פ' turn yellow, glow
צְהַבְהַב ת' yellowish, yellowy
צַהֶבֶת נ' jaundice
צָהוּב ת' angry, hostile, sullen
צָהוֹב ת' yellow
צָהַל פ' shout for joy, exult; neigh
צַה"ל ז' Israel Defense Force, the Israel Army
צָהֳלָה נ' shouts of joy
צַהֲלָה נ' neighing, neigh
צָהֳרַיִם ז"ר noon, midday; lunch (colloq.)
צָהֳרַיִים טוֹבִים! ז"ר good noontime
צַו ז' command, order, decree
צַו עַל תְּנַאי ז' order nisi
צוֹאָה נ' excrement, faeces
צוֹבֵעַ ז' painter; dyer
צוּבַּע פ' be painted, be dyed
צוֹבֶר ז' heap, pile, accumulation
צוֹדֵד פ' captivate, capture
צוּדַד פ' be diverted, be turned aside
צוֹדֵק ת' right; just
צוֹהַב ז' yellowness; yellow
צוֹהֵל ת' shouting for joy, joyful, exultant
צוֹלֵעַ ת' limping, lame
צוֹהַר ז' skylight, window

צַוָּאָה נ' will, testament
צַוָּאר ז' neck
צַוַּאר בַּקְבּוּק ז' bottleneck (fig)
צַוָּארוֹן ז' collar
צַוָּאַת שְׁכִיב מְרַע ז' last will and testament of sick person
צוּוָּה פ' be ordered, be commanded, be bidden
צָוַח פ' shriek, scream, cry
צְוָחָה נ' scream, cry, shriek
צַוְחָן ז' screamer shrieker
צַוְחָנִי ת' shrieking, screaming
צְוִיחָה נ' shriek, scream
צִוּוּץ ז' chirrup
צֶוֶת ז' team, crew, panel
צַוְתָּא נ' team; company
צוּחְצַח פ' be polished; be dressed up
צוּטַט פ' be quoted
צוּיַּד פ' be equipped, be supplied
צוּיַּן פ' be marked, be noted
צוּיַּר be drawn, be illustrated
צוּלָּב ת' crossed, cruciform
צוּלָה נ' depth(s) (of the sea)
צוֹלֵל ת',ז' diver, frogman
צוֹלֶלֶת נ' submarine
צוּלַּם פ' be photographed, be filmed
צוֹלֵעַ ת' lame, limping; shaky, feeble
צוֹלְפָנִי ת' lashing whipping, biting
צוּלַּק פ' be scarred
צוֹם ז' fast
צוּמַּד פ' be coupled, be combined

צוֹמֵחַ ת', ז' growing; flora, vegetation
צוּמְצַם פ' be reduced, be cut down
צוֹמֵק ת' shrunken, shriveled
צוֹמַק פ' be shrunken, be shriveled
צוֹמֶת ז' juncture point, joint, node
צוֹמֶת דְרָכִים ז' crossroads
צוֹמֶת רַכָּבוֹת ז' railway junction
צוּנְזַר פ' be censored
צוֹנֵן ת' cold, chilly
צוּנַּן פ' be cooled, cool down
צוֹנְנִים ז"ר cold water
צוֹעֲנִי ז' gypsy
צוֹעַף פ' be veiled
צוּעֲצַע פ' be ornamented, be decorated
צוֹעֵר ז' cadet; junior; assistant, shepherd boy
צוּף ז' nectar; mead
צוֹפֶה ז' observer, spectator; viewer; scout
צוּפָּה פ' be plated, be coated
צוֹפִי ת' of the scouts, scouting
צוֹפִיּוּת נ' scouting
צוֹפִים ז"ר scouts
צוּפִית נ' hummingbird
צוּפָן ז' nectary
צוֹפֶן ז' code
צוֹפֵף פ' crowd together, close up
צוּפַּף פ' be crowded together
צוֹפָר ז' siren, hooter, horn
צוּצַל ז', צוּצָלֶת נ' ringed turtle-dove, ring-dove

צוּק ז' cliff
צוּק ז', צוּקָה נ' hardship, distress, trouble
צוּק הָעִיתִּים ז' troubled times
צוֹר ז' flint
צוּר ז' rock, fortress
צוּר מַחְצַבְתּוֹ ז' one's origins, one's roots
צוּר מִכְשׁוֹל ז' stumbling block
צוֹרֵב ת' burning, scalding; painful, agonizing
צוֹרְבָנִי ת' burning, scalding, agonizing
צוּרָה נ' form, shape; figure; structure, appearance
צוֹרֶךְ ז' need, necessity
צוֹרְכֵי צִיבּוּר ז"ר public affairs
צוֹרְכֵי שַׁבָּת ז"ר requirements of the Shabbat
צוֹרְמָנִי ת' discordant
צוֹרָן ז' silicon
צוּרָן ז' morpheme
צוּרָנִי ת' formal; morphemic
צוֹרָנִי ת' silicious
צוֹרֵף ז' goldsmith, silversmith
צוֹרַף פ' be added, be attached; be refined, be purified
צוֹרְפוּת נ' craft of goldsmith or silversmith
צוֹרֵר ז' foe, enemy
צוּרָתִי ת' formal
צוֹתֵת פ' listen in, bug
צַח ת' pure, clear, clean
צַחוּן ת' stinking, smelly
צְחוֹק ז' laughter, laugh; joke

צְחוֹק בַּצַד joking apart
צָחוֹר ת' purity, white
צְחוֹר ז' purity, whiteness
צַחוּת נ' purity, lucidity, clarity
צָחִיחַ ת' dry, parched, arid
צְחִיחַ ז' dryness, parchedness
צְחִיחוּת נ' dryness, aridity
צָחַן פ' stink, smell
צַחֲנָה נ' stench, stink
צִחְצוּחַ ז' polishing, shining
צִחְצוּחַ חֲרָבוֹת ז' sabre-rattling
צִחְצַחַ פ' polish, shine
צָחַק פ' laugh; joke, mock
צַחֲקָה נ' chuckle, smile
צִחְקוּק ז' faint smile, chuckle, giggle
צַחְקָן ז' laughter-loving person
צִחְקֵק פ' chuckle, giggle
צְחַרְחַר ת' whitish
צִי ז' fleet, marine, navy
צִי מִלְחָמָה ז' naval fleet, navy
צִי סוֹחֵר ז' merchant navy
צֹאָה, צָאָה נ' excrement, filth
צִיבּוּי ז swelling
צִיבּוּעַ ז' painting, paint
צִיבּוּר ז' public, community; heap, pile
צִיבּוּרִי ת' public, communal
צִיבַּע פ' paint
צַיִד ז' hunting; hunt game
צִידֵּד פ' side with; support
צֵידָה נ' provisions, food for a journey
צִידּוּד ז' supporting; turning aside
צִידּוּק ז' justifying; justification; proving right, vindication

צֵידָנִית נ' picnic hamper
צִידֵּק פ' justify, vindicate
צִיּוּד ז' equipping; equipment, supplies
צִיוָּה פ' command, order
צִיוָּה, לְבֵיתוֹ פ' made his will
צִיוּוּי ז' order, command; imperative (grammar)
צִיּוּן ז' mark; marking; note, remark; grade marker
צִיּוּן לְשֶׁבַח; צָלַ"שׁ ז' citation (for bravery) (mil.)
צִיּוֹן נ' Zion
צִיּוֹנוּת נ' Zionism; (colloquial) moralizing
צִיּוֹנִי ת', ז' Zionist
צִיּוֹנִיּוּת נ' Zionism
צִיּוּץ ז' chirruping, chirping
צִיּוּר ז' drawing, painting; picture, description, figure
צִיּוּרִי ת' pictorial, descriptive, graphic; picturesque
צִיּוּת ז' obeying; obedience
צִיטֵט פ' quote, cite
צִיטָטָה נ' quotation, citation
צִיֵּיד פ' equip, supply, furnish
צַיָּיד ז' hunter, huntsman
צִיָּה נ' desert, aridity
צִיֵּין פ' mark, indicate; point out
צִיֵּיץ פ' chirrup, twitter
צַיְיקָן ז' miser, skinflint
צִיֵּיר פ' draw, paint; describe, picture
צַיָּיר נ' artist, painter
צִיֵּית פ' obey, heed, submit
צַיְיתָן ז' obedient or submissive person

bird	צִיפּוֹר נ׳
one's dearest wish,	צִיפּוֹר נַפְשׁוֹ נ׳
one's aim in life	
nail; claw;	צִיפּוֹרֶן נ׳
nib; clove; carnation	
small bird; butterfly	צִיפּוֹרֶת נ׳
expectation, anticipation	צִיפִּיָּה נ׳
pillow-case, pillow-slip	צִיפִּית נ׳
buoyant	צִיפָנִי ת׳
crowd together,	צִיפֵּף פ׳
press, close up	
blossom, flower	צִיץ ז׳
blossom, flower; tuft,	צִיצָה נ׳
cluster; tassel	
tassel, fringe, fringed	צִיצִית נ׳
garment (worn by	
observant Jews)	
forelock	צִיצִית הָרֹאשׁ נ׳
cyclone	צִיקְלוֹן ז׳
hinge, pivot, axle; axis;	צִיר ז׳
envoy, delegate; brine,	
sauce; line of advance;	
labor pain, pain	
tsere - vowel (as in צֵ)	צֵירָה ז׳
labor pain (in child	צִירֵי לֵידָה ז״ר
birth)	
joining; combination;	צֵירוּף ז׳
refining	
combinatorial	צֵירוּפִי ת׳
legation	צֵירוּת נ׳
axial	צִירִי ת׳
combine, join	צֵירֵף פ׳
together; purify, refine	
listening-in, bugging	צִיתוּת ז׳
zither	צִיתָר ז׳
shade, shadow	צֵל ז׳

obedience,	צַיְּתָנוּת נ׳
submissiveness	
cross, make the sign of	צִילֵב פ׳
the cross	
photographing;	צִילוּם ז׳
photograph; photography	
photograph, film	צִילֵּם פ׳
scar	צִילֵק פ׳
thirst; arid land	צִימָּאוֹן ז׳
combine, fasten,	צִימֵּד פ׳
couple, pair	
shrivelling; raisin;	צִימּוּק ז׳
choice story (colloq.)	
grow, sprout	צִימַּח פ׳
caption	צַיַן ז׳
cold, chill; shield,	צִינָה נ׳
breastplate; protective	
wall; gun barrel	
chilling, cooling	צִינּוּן ז׳
solitary cell; prison,	צִינוֹק ז׳
pipe, tube; drain, conduit;	צִינּוֹר ז׳
channel	
knitting needle;	צִינּוֹרָה נ׳
stream, jet (of water)	
knitting needle	צִינּוֹרִית נ׳
cool	צִינֵּן פ׳
veil	צַיְעֵף פ׳
sadden, grieve, pain	צִיעֵר פ׳
floating, floatation; pulp	צִיפָה נ׳
expect, wait;	צִיפָּה פ׳
coat, plate, overlay	
cover, covering; bed-cover	צִיפָּה נ׳
cover, covering,	צִיפּוּי ז׳
plating, coating	
crowding together,	צִיפּוּף ז׳
pressing, closing up	

צָלַב פ' crucify
צְלָב ז' cross, crucifix; club (in cards)
צְלַב הַקֶּרֶס ז' swastika
צְלָבוֹן ז' cross (worn as an ornament)
צַלְבָן ז' Crusader
צַלְבָנִי ת' Crusader, of the Crusades
צָלָה פ' roast, grill
צָלוּב ת' crucified; Jesus
צְלוֹחִית נ' flask, phial, flagon
צָלוּי ת' roast(ed); grill(ed)
צָלוּל ת' clear, pure, transparent, lucid
צְלוֹפָח ז' eel
צָלוּק ת' scarred
צָלַח פ' succeed, prosper, flourish; fit, be good for; ford, cross
צָלֵחַ ת' successful, prosperous
צִלְחָה נ' headache, migraine
צַלַּחַת נ' plate, dish
צְלִי ז' roast meat, roast
צְלִיבָה נ' crucifying; crucifixion
צְלִיחָה נ' fording, crossing
צְלִיָּה נ' roasting, grilling
צַלְיָן ז' pilgrim
צְלִיל ז' note, tone; sound, ring
צְלִילָה נ' diving; sinking to the bottom
צְלִילוּת נ' clearness, lucidity
צְלִילוּת הַדַּעַת נ' clear-headedness
צְלִילִיּוּת נ' resonance
צְלִיעָה נ' limping; limp, lameness
צְלִיפָה נ' lashing, whipping, sniping

צָלַל פ' dive, plunge; sink to the bottom
צְלָלִים ז"ר shadows (plur. of צֵל)
צְלָלִית נ' silhouette
צֶלֶם ז' likeness, image; form, idol; the Cross
צַלָּם ז' photographer, cameraman
צַלְמָוֶת ז' deep shadow, great darkness
צַלְמוֹנִיָּה, צַלְמָנִיָּה נ' photographer's studio
צֶלְסְיוּס ז' centigrade
צָלַע פ' limp; lag; be inadequate, be feeble
צֵלָע, צֶלַע ז' rib; side; wing
צַלְעוֹן ז' polygon
צַלְעִית נ' chop, cutlet
צָלָף ז' caper bush
צָלַף פ' snipe
צַלָּף ז' sniper, sharpshooter
צַלָּפוּת נ' sniping, sharpshooting
צִלְצוּל ז' ringing; ring, telephone call
צְלָצַל ז' kind of locust
צִלְצֵל פ' ring, chime; telephone
צִלְצָל ז' harpoon
צַלֶּקֶת נ' scar; stigma (of flower)
צַל"ש ר' צִיּוּן לְשֶׁבַח
צָם פ' fast
צָמֵא פ' be thirsty, thirst
צָמֵא ת' thirsty, arid
צָמָא ז' thirst, thirstiness
צְמֵא דָם ת' bloodthirsty
צֶ'מְבָּלוֹ ז' harpsichord, cembalo
צֶמֶג ז' rubber
צְמִגְמַג ת' sticky, tacky

צָמַד פ׳ couple, link, join together, pair
צֶמֶד ז׳ pair, couple
צִמְדָּה נ׳ duet
צֶמֶד־חֶמֶד ז״ר a lovely couple
צַמָּה נ׳ plait, braid
צָמוּג ת׳ sticky, adhesive
צָמוּד ת׳ tied, linked, joined
צָמוּם ת׳ compact
צָמוּק ת׳ shrivelled, wrinkled, dried up
צָמַח פ׳ grow, sprout, develop; spring from
צֶמַח ז׳ plant; growth
צִמְחוֹנוּת נ׳ vegetarianism
צִמְחוֹנִי ת׳ vegetarian
צִמְחוֹנִיָּה נ׳ vegetarian restaurant
צִמְחִי ת׳ vegetable, vegetal
צִמְחִיָּה נ׳ vegetation, flora
צְמִיג ז׳ tire, tyre
צָמִיג ת׳ sticky, viscous
צְמִיגוּת נ׳ stickiness, viscosity
צְמִיגִי ת׳ sticky, adhesive
צָמִיד ז׳ bracelet; lid, cover
צְמִידוּת נ׳ attachment, linkage, joining;1 interdependence
צְמִיחָה נ׳ growing, growth, sprouting, development
צָמִיר ת׳ woolly, shaggy
צְמִית ת׳, ז׳ permanent, everlasting, perpetual; vassal
צְמִיתוּת נ׳ permanence, everlastingness, perpetuity
צֶמֶל ז׳ ripe fig; adolescent girl
צִמְנֵט פ׳ cement
צִמְצוּם ז׳ reduction, restriction, cutting down, contraction
צִמְצֵם פ׳ reduce, restrict, cut down, contract
צַמְצָם ז׳ shutter (of camera) etc., restrictor
צָמַק פ׳ shrivel, shrink, dry up
צֶמֶק ז׳ dried fruit
צֶמֶר ז׳ wool; fiber (on plants)
צֶמֶר גֶּפֶן ז׳ cotton wool; cotton
צַמְרִי ת׳ wolly, woollen
צְמַרְמוֹרֶת נ׳ shiver, shudder
צַמֶּרֶת נ׳ tree-top; top, leadership, upper ranks
צַמֶּרֶת הַשִּׁלְטוֹן נ׳ the upper ranks of government, the leadership
צָמַת פ׳ destroy; oppress; shrink, shrivel
צֵן ז׳ thorn, brier
צְנוֹבָר ז׳ pine-cone
צָנוּם ת׳ skinny, thin, shrunken; scanty, meager
צְנוֹן ז׳ radish
צְנוֹנִית נ׳ small radish
צָנוּעַ ת׳ modest, meek; chaste
צָנוּף ת׳ turbaned
צִנְזֵר פ׳ censor
צָנַח פ׳ drop, sink, fall to the ground; parachute
צַנְחָן ז׳ parachutist
צַנְחָנוּת נ׳ parachute jumping
צְנִיחָה נ׳ dropping, sinking, falling to the ground; parachuting; parachute descent
צְנִים ז׳ rusk, toast

צָנִין ז' thorn, prick, goad
צְנִיעוּת נ' modesty, meekness; chastity
צָנִיף ז' turban, head-cloth, mitre
צְנִיפָה נ' winding around; putting on a turban; neighing; neigh
צְנִירָה נ' knitting; crocheting
צֶנַע ז' austerity; modesty
צִנְעָה נ' secrecy, privacy
צָנַף פ' wrap round; roll; neigh
צִנְצֶנֶת נ' jar
צַנָּר ז' pipe-maker; pipe-layer
צַנֶּרֶת נ' piping, pipe-system
צִנְתּוּר ז' catheterization
צַנְתָּר ז' thin pipe, tube, catheter
צִנְתֵּר פ' catheterize
צָעַד פ' march, step, stride
צַעַד ז' step, stride
צְעָדָה נ' march
צְעִידָה נ' marching; stepping
צָעִיף ז' veil; stole
צָעִיר ת', ז' young, youthful; youth, lad
צְעִירָה נ' young girl, young woman
צְעִירוֹן ז' youngster, mere lad
צְעִירוּת נ' youth, youthfulness
צָעַן פ' wander, roam
צַעֲצוּעַ ז' toy, plaything
צִעְצֵעַ פ' adorn, ornament, decorate
צָעַק פ' shout, yell, cry (out)
צְעָקָה נ' shout(ing), yell(ing)
צַעֲקָן ז' shouter, yeller, crier
צַעֲקָנוּת נ' shouting, noisiness; blatancy, loudness

צַעַר ז' sorrow, grief, trouble; pain
צַעַר בַּעֲלֵי חַיִּים ז' prevention of cruelty to animals
צַעַר גִּידּוּל בָּנִים ז' the trouble of bringing up children
צָף פ' float; flow
צַף ז' float
צַפְדִּינָה נ' scurvy
צַפֶּדֶת נ' tetanus
צָפָה פ' watch, observe; foresee
צָפוּי ת' expected; foreseen, destined
צָפוֹן ז' north
צָפוּן ת' hidden, concealed, secret
צְפוּנוֹת נ"ר secrets
צְפוֹנִי ת' north, northern
צָפוּף ת' crowded, packed tight, overcrowded
צִפְחָה נ' slate (rock)
צַפַּחַת נ' flat flask, water-bottle
צַפִּיחִית נ' wafer, cake
צְפִיָּה נ' watching, observation, viewing
צְפִיעַ ז' dung, excrement
צְפִיעָה נ' infant, baby
צְפִיפוּת נ' crowding, overcrowding; denseness, density
צָפִיר ז' young goat
צְפִירָה נ' whistle, siren, hoot(ing); dawn, morning
צְפִיר עִזִּים ז' he-goat
צָפִית נ' covering, table-cloth
צָפַן פ' hide, conceal
צֶפַע ז' viper
צִפְעוֹנִי ז' viperine snake

צִפְצוּף ז׳ whistling; whistle; complete disregard (colloq.)
צִפְצֵף פ׳ whistle; completely disregard (colloq.)
צַפְצָפָה נ׳ poplar
צַפְצֵפָה נ׳ whistle
צֶפֶק ז׳ peritoneum
צַפֶּקֶת נ׳ peritonitis
צָפַר פ׳ hoot, sound horn (of a car, etc.), sound siren
צַפָּר ז׳ bird-keeper, bird-fancier
צַפְרָא ז׳ morning
צַפְרָא טָבָא! good morning
צְפַרְדֵּעַ נ׳ frog
צִפְרוֹנִי ת׳ capricious
צִפְרוֹנִיּוּת נ׳ capriciousness, caprice
צַפָּרוּת נ׳ bird-keeping, bird-raising
צַפְרִיר ז׳ zephyr, light morning breeze
צֶפֶת נ׳ capital (of a pillar)
צָץ פ׳ blossom, bloom; spring forth, come up
צִקְלוֹן ז׳ bag, satchel
צָר ז׳ czar, tsar
צַר ז׳ enemy, foe
צָר פ׳ besiege (a city); shape, form
צַר ת׳ narrow
צַר־אוֹפֶק ת׳ narrow-minded
צַר עַיִן ת׳ mean, stingy
צָרַב פ׳ burn, scorch; sting; cauterize; corrode
צָרֶבֶת נ׳ heartburn

צֶרֶדָה, צְרֵידָה נ׳ middle finger
צָרֶדֶת נ׳ hoarseness, huskiness
צָרָה נ׳ trouble, misfortune
צָרָה צְרוּרָה נ׳ great trouble
צָרוּב ת׳ burnt, scorched; stung; cauterized; corroded
צָרוּד ת׳ hoarse
צָרוּעַ ת׳ leprous
צָרוּף ת׳ refined, smelted, purified, pure
צָרוּר ת׳ bound up, tied up
צְרוֹר ז׳ bundle, package, bunch; burst (of bullets); pebble
צָרוּת נ׳ narrowness, crampedness
צָרוּת אוֹפֶק נ׳ narrow-mindedness
צָרוּת עַיִן נ׳ meanness, selfishness
צָרַח פ׳ scream, screech, yell
צַרְחָן ז׳ screamer, screecher, yeller
צַרְחָנִי ת׳ screaming, screeching, yelling
צֳרִי, צוֹרִי ז׳ balsam, balm
צְרִיבָה נ׳ burn(ing), scorch(ing); sting(ing); cauterizing; cauterization; corroding; corrosion; etching; heartburn
צְרִידוּת נ׳ hoarseness
צְרִיחַ ז׳ tower spire; turret; castle, rook
צְרִיחָה נ׳ screaming; scream; screeching; screech
צָרִיךְ ת׳ necessary, needful; must, should, have to
צָרִיךְ אֶת meed, require
צָרִיךְ לִהְיוֹת should be
צָרִיךְ לוֹמַר one has to say (to admit)

צְרִיכָה נ' consumption

צְרִימָה נ' grating (sound), dissonance

צְרִיף ז' hut, shack

צְרִיפָה נ' refining, smelting purifying

צְרִיפוֹן ז' small hut, shack

צְרִיר ז' dissonance

צָרַךְ פ' need, be required to; use, consume

צַרְכָן ז' consumer

צַרְכָנוּת נ' consumers (as a body); consumption; cooperative marketing

צַרְכָנִיָּה נ' cooperative store, co-op

צָרַם פ' grate (of sounds), jar

צִרְעָה נ' wasp

צָרַעַת נ' leprosy; plague

צָרַף פ' refine, smelt, purify; test

צָרְפַת נ' France

צָרְפָתִי ת',ז' French, Frenchman

צְרָצוּר ז' cricket (insect)

צִרְצוּר ז' chirping like a cricket

צִרְצֵר פ' chirp like a cricket

צָרַר פ' make into a bundle, pack

ק

brawl, tough treatment (sl.) קָאסָח ז׳
pelican קָאָת נ׳
small amount; crutch; wooden leg; stilt קַב ז׳
short but good קַב וְנָקִי תה״פ
small and poor quantity of food קַב חֲרוּבִים ז׳
curse קָבַב פ׳
fixed, regular, permanent קָבוּעַ ת׳
constant (maths) קָבוּעַ ז׳
group, team; collection; kvutza, collective settlement קְבוּצָה נ׳
collective, combined קְבוּצָתִי ת׳
buried קָבוּר ת׳
burial קְבוּרָה נ׳
(a pair of) crutches קַבַּיִים ז״ז
acceptable קָבִיל ת׳
complaint קְבִילָה נ׳
acceptability קְבִילוּת נ׳
fixing, determining קְבִיעָה נ׳
regularity; permanence; tenure קְבִיעוּת נ׳
burying; burial קְבִירָה נ׳
complain קָבַל פ׳
condenser, capacitor קַבָּל ז׳
before, in front of קֳבָל, קוֹבָל תה״פ
openly, publicly קֳבָל עַם תה״פ
receiving; receipt; reception, acceptance; tradition; Kabbala, Jewish mysticism קַבָּלָה נ׳
reception, welcome קַבָּלַת פָּנִים נ׳
inauguration of the Shabbat קַבָּלַת שַׁבָּת נ׳
contractor קַבְּלָן ז׳
contracting, piece-work קַבְּלָנוּת נ׳
contracting, undertaking piece-work קַבְּלָנִי ת׳
nausea קֶבֶס ז׳
nauseating individual קְבַסְתָּן ז׳
fix, determine, designate; install; assert, maintain קָבַע פ׳
made hard and fast rules, was dogmatic קָבַע מַסְמְרוֹת בַּדָּבָר
established facts on the ground קָבַע עוּבְדוֹת בַּשֶּׁטַח
permanence, regularity קֶבַע ז׳
collect, gather, assemble קָבַץ פ׳
beggar, pauper קַבְּצָן ז׳
beggary קַבְּצָנוּת נ׳
beggarly קַבְּצָנִי ת׳
clog, wooden shoe קַבְקַב ז׳
bury, inter קָבַר פ׳
grave, tomb קֶבֶר ז׳
communal grave קֶבֶר אַחִים ז׳
gravedigger קַבְּרָן ז׳
captain; leader קַבַּרְנִיט ז׳
bow (the head) קָדַד פ׳
drilled, bored; burning, ardent קָדוּחַ ת׳
ancient, old קָדוּם ת׳
forward, front קְדוּמָנִי ת׳
gloomy, dismal, dark קְדוֹרָנִי ת׳
gloomily, dismally קְדוֹרַנִּית תה״פ
holy, sacred, hallowed קָדוֹשׁ ת׳

the Holy One Blessed be He (i.e. God) הַקָּדוֹשׁ בָּרוּךְ הוּא
holiness, sanctity קְדוּשָּׁה נ׳
drill, bore; be sick with fever; have malaria קָדַח פ׳
fume; bore קַדַח ז׳
spiral drill קַדַחְדַּח ז׳
fever; malaria; excitement, flush; like hell (slang); nothing at all (slang) קַדַּחַת נ׳
feverish; exciting קַדַּחְתָּנִי ת׳
boring, drilling; having a fever; having malaria קְדִיחָה נ׳
east; east wind קָדִים ז׳
priority, precedence, advancement קְדִימָה נ׳
forward! קָדִימָה! תה״פ
pot, cooking-pot קְדֵירָה, קְדֵרָה נ׳
Kaddish, (memorial prayer for the dead); son (colloquial) קַדִּישׁ ת׳, ז׳
Kaddish said by an orphan קַדִּישׁ יָתוֹם ז׳
precede, come before קָדַם פ׳
pre- קְדַם־
pre-historic קְדַם הִיסְטוֹרִי
pre-vocational קְדַם מִקְצוֹעִי
pre-military קְדַם צְבָאִי
front; east; antiquity קֶדֶם ז׳
progress, advance קִדְמָה נ׳
eastward קֵדְמָה תה״פ
ancient, primeval קַדְמוֹן, קַדְמוֹנִי ת׳ ז׳
ancient events, early history antiquities קַדְמוֹנִיּוֹת נ״ר
early condition, former condition, antiquity קַדְמוּת נ׳
forward, front, anterior קִדְמִי ת׳
darken, grow dark; be gloomy, become gloomy קָדַר פ׳
potter קַדָּר ז׳
pottery, ceramics קַדָּרוּת נ׳
gloom, depression; darkness קַדְרוּת נ׳
become holy, be consecrated, be hallowed קָדַשׁ פ׳
temple prostitute (male) קָדֵשׁ ז׳
temple prostitute (female) קְדֵשָׁה נ׳
be blunted, be dulled; be faint קָהָה פ׳
blunt, dull; dull witted; on edge קֵהֶה, קֵיהֶה ת׳
coffee קַהֲוָה נ׳
blunted, dulled קָהוּי ת׳
bluntness, dullness קֵהוּת נ׳
community, congregation קְהִילָּה נ׳
a Jewish community קְהִילָּה קְדוֹשָׁה (ק״ק)
republic; community, commonwealth קְהִילִיָּה נ׳
communal, congregational קְהִילָּתִי ת׳
community, public; audience, gathering, crowd קָהָל ז׳
line קַו, קָו ז׳
line of longitude קַו אוֹרֶךְ ז׳

קַו הַבְּרִיאוּת good health
קַו הַמַּשְׁוֶה ז' equator
קַו מַפְרִיד ז' dash
קַו רוֹחַב ז' line of latitude
קוֹבָה, קֵבָה נ' womb
קוּבּוּץ ז', קִיבּוּץ ז' Kubbutz – name of Hebrew vowel sign (as in the first letter of toopim) = תֻּפִּים
קוּבְיוּסְטוּס ז' dice-player; card-player; gambler
קוּבִּיָּה נ' cube; dice
קוּבְלָנָה נ' complaint
קוֹבַע ז' helmet
קוּבַּעַת נ' cup, goblet
קוּבַּץ פ' be gathered together, be assembled
קוֹבֶץ ז' collection, anthology
קוֹד ז' code
קוֹדַאי ז' encoder, coder
קוּדַּד פ' be pierced, be drilled; be coded, be encoded
קוֹדֶדֶת נ' pastry cutter
קוֹדֵם ת' previous, prior, former
קוֹדֶם תה"פ previously, before
קוֹדֶם כּוֹל first of all, first
קוֹדֶם לָכֵן before this
קוֹדֶם שֶׁ... before...
קוֹדְמָן ז' antecedent
קוֹדְקוֹד, קָדְקוֹד ז' crown (of the head), head; top, apex, vertex
קוֹדֵר ת' dark; gloomy, dismal, somber
קוּדַּשׁ פ' be sanctified, be consecrated; be betrothed

קוֹדֶשׁ ז' holiness, sanctity
קוֹדֶשׁ ל... dedicated to, devoted to
קוֹדֶשׁ־קוֹדָשִׁים ת' Holy of Holies; most holy
קַוִּוי ת' linear
קַוָּן ז' line(s)man
קַוָּנוּת נ' the work of a line(s)man
קְוּוּצָּה נ' lock (of hair), tress
קִוְוקֵד פ' line with alternate dots and dashes
קוּוְקַד פ' be lined with alternate dots and dashes
קִוְוקֵו פ' hatch, shade with lines
קוּוְקַו פ' be hatched, be shaded with lines
קִוְוקוּד ז' line of dots and dashes
קִוְוקוּו ז' hatching, shading with lines
קוּזַּז פ' be compensated for, be written off, be set off
קוֹטֶב ז' pole (geography, elec.)
קוֹטְבִּי ת' polar; polarized
קוֹטְבִּיּוּת נ' polarity, polarization
קוּטְלַג פ' be catalogued
קוֹטֶן ז' smallness, littleness; little finger
קוּטַּע פ' be cut off; be interrupted; be split
קוּטַּף פ' be picked, be plucked
קוּטָר ז', קוּטָרִית ז' moaner (sl.)
קוֹטֶר ז' diameter; axis; caliber
קוּטְרַב פ' be fastened with a cotter

קוּיַם פ' be fulfilled; be validated; be held, take place
קוֹל ז' voice; sound; vote, opinion
קוֹל קוֹרֵא ז' proclamation, public appeal
קוֹל קוֹרֵא בַּמִּדְבָּר ז' a voice crying in the wilderness
קוֹלָב, קוֹלֶב ז' clothes-hanger
קוֹלֶג' ז' college
קוֹלֶגְיָאלִי ת' fraternal
קוּלְטַר פ' be cultivated, be prepared with a cultivator
קוֹלִי ת' vocal, oral, voiced
קוּלִית נ' thighbone
קוּלַּל פ' be cursed
קוּלְמוֹס ז' pen
קוֹלָן ז' tuning fork
קוֹלְנוֹעַ ז' talking film, movie, cinema
קוֹלְנוֹעִי ת' cinematic, of the films
קוֹלָנִי ת' loud, noisy, vociferous
קוֹלָנִיּוּת נ' loudness, noisiness, clamorousness
קוֹלָס ז' stalk
קוּלַּס פ' be praised
קוֹלֵעַ ת' to the point, apt
קוּלַּף פ' be peeled
קוּלְקַל פ' be spoiled, be damaged
קוֹלָר ז' collar, chain
קוֹל רִאשׁוֹן ז' soprano
קוֹל שֵׁנִי ז' alto
קוֹם ז' curd
קוֹמְבִּינַצְיָה נ' combination, wangle, trick
קוֹמָה נ' height; floor, storey
קוֹמַת קַרְקַע נ' ground floor
קוּמַּח פ' be dusted with flour
קוּמַּט פ' be wrinkled, be creased, be crumpled
קוֹמֵם פ' rebuild, restore; rouse, stir up
קוֹמְמִיּוּת נ', תה"פ sovereignty, independence; erect, upright
קוֹמֶץ ז' handful; small number
קוּמְקוּם ז' kettle
קוּנְדֵּס ז' prankster, practical joker
קוּנְדֵּסִי ת' prankish, mischievous
קוֹנֶה ז' buyer, customer
קוּנַּח פ' be wiped clean
קוּנְטְרֵס ז' booklet, pamphlet; sheet folded as part of book
קוֹנְכִיָּה, קוֹנְכִית נ' shell, conch
קוֹנָם ז' oath
קוֹנָם אִם, קוֹנָם שֶׁ I swear that
קוֹנֵן פ' lament, bewail
קוֹנְצֶרְט ז' concert
קוֹסֵם ז' magician, sorcerer, wizard, conjurer
קוּעֲקַע פ' be undermined; be tattooed
קוּעַר פ' be made concave
קוֹעַר ז' concavity; bucket (of ship)
קוֹף ז' קוֹפִים ז"ר monkey, ape; Kof (letter of Hebrew alphabet), ק
קוֹף ז' eye (of a needle)

קוּפַּאי ז' cashier, teller; ticket-seller
קוּפַּר פ' be cut short, be cut off
קוּפָּה נ' cash-box, till; booking-office, box-office, ticket-office; fund; kitty (in games)
קוּפָּה שֶׁל שְׁרָצִים תְּלוּיָה לוֹ מֵאֲחוֹרָיו he has a bad record
קוּפַּת חוֹלִים נ' sick fund
קוּפַּת מִלְוֶוה נ' loan fund
קוּפַּת תַּגְמוּלִים נ' pension fund
קוּפַּח פ' be deprived
קוֹפִי ז' froth
קוֹפִי ת' ape-like, apish
קוֹפִיץ ז' meat-chopper
קוּפַּל פ' be folded, be rolled up
קוֹפָל ז' padlock
קוּפְסָה נ' box, tin
קוּפְסִית נ' small box
קוֹץ ז' thorn, thistle; jot
קוֹצוֹ שֶׁל יוּד ז' tiny trivial detail
קוֹצֵב לֵב ז' pacemaker (med.)
קוֹצִי ת' thorny, prickly
קוֹצִיץ ז' acanthus (plant)
קוֹצָן ז' thistle
קוֹצָנִי ת' thorny, prickly
קוֹצֵץ ת' cutting, chopping
קוּצַּץ פ' be cut, be curtailed
קוֹצֵר ז' reaper, harvester
קוּצַּר פ' be shortened, be abridged
קוֹצֶר ז' shortness, brevity
קוֹצֶר־יָד ז' powerlessness, impotence
קוֹצֶר נְשִׁימָה ז' shortness of breath
קוֹצֶר רְאוּת ז' shortsightedness
קוֹצֶר־רוּחַ ז' impatience
קוּקִיָּה נ' cuckoo
קוֹר ז' cold, coldness
קוֹר רוּחַ ז' coldheadedness, nonchalance
קוּר ז' spider's web
קוֹרֵא ז' reader; desert partridge
קוֹרָא פ' be called, be named
קוּרְאָן ז' Koran, Quran
קוֹרַב פ' be brought near
קוּרְבָה נ' proximity, nearness
קוּרְבָּן, קָרְבָּן ז' sacrifice; victim
קוֹרָה נ' beam, girder, rafter; coolness
קוֹרַת גַּג a roof over one's head
קוֹרַת־רוּחַ נ' satisfaction, contentment
קוֹרוֹת נ"ר events, happenings; history
קוּרְזַל פ' be curled
קוּרְחָה, קָרְחָה נ' bald spot, bald patch
קוֹרֶט ז' speck, grain, drop
קוּרְטוֹב ז' small liquid measure, dram; speck, grain, drop
קוֹרֵן ת' shining, radiant, beaming
קוּרְנָס ז' sledgehammer
קוֹרַץ פ' be shaped, be fashioned
קוּרְצַף פ' be curried, be scraped, be combed
קוּרְקְבָן ז' gizzard; belly-button (colloq.)

קוֹרְקַע פ׳ be grounded (aircraft)
קוּשַׁט פ׳ be decorated, be adorned
קוֹשִׁי ז׳ hardness; difficulty
קוּשְׁיָה נ׳ difficult question, poser
קוֹשֵׁר ז׳ rebel, conspirator, plotter
קוּשַׁר פ׳ be tied, be connected
קוֹשֵׁשׁ פ׳ gather (straw or wood)
קוֹתָל ז׳ wall; fat meat, thick meat
קַח פ׳ take!
קַחְוָון ז׳ anthemis (plant)
קַחַת, לָקַחַת פ׳ taking, to take
קַט ת׳ little, small, tiny
קַטֵגוֹר, קָטֵיגוֹר ז׳ prosecutor, prosecuting counsel
קַטֵגוֹרִי, קָטֵיגוֹרִי ת׳ categorical
קַטֵגוֹרְיָה, קָטֵיגוֹרְיָה נ׳ prosecution; category
קָטוּם ת׳ chopped down, cut down, truncated
קְטוּמָה נ׳ trapezoid
קָטוֹן פ׳ be small
קָטוּעַ ת׳ cut off, amputated; fragmentary, interrupted
קָטוּף ת׳ picked, plucked
קְטוֹרָה, קְטוֹרֶת נ׳ incense
קְטָטָה נ׳ quarrel, squabble, brawl
קְטִימָה נ׳ chopping, lopping
קָטִין ז׳ minor (legal)
קְטִינָא ת׳ tiny, small
קְטִיעָה נ׳ cutting off, amputating; amputation; interrupting; interruption
קָטִיף ז׳ fruit-picking; orange picking season

קְטִיפָה נ׳ picking, plucking; velvet (material)
קְטִיפָתִי ת׳ velvety
קָטַל פ׳ kill, slay; tear to pieces (colloq.)
קֶטֶל ז׳ killing, slaughter
קְטָלָב ז׳ arbutus (tree)
קִטְלֵג פ׳ catalogue
קִטְלֵז פ׳ catalyze
קַטְלִית נ׳ hip, pelvis
קַטְלָן ז׳ killer, murderer
קַטְלָנִי ת׳ killing, murderous, fatal
קָטַם פ׳ cut off, lop off
קָטָן, קָטוֹן ת׳, ז׳ small, little; young; unimportant; small boy
קָטֵן ת׳ becoming smaller
קְטַן־אֱמוּנָה ז׳, ת׳ person of little faith, pessimist
קַטְנוּנִי ת׳ small-minded, petty
קַטְנוּנִיּוּת נ׳ small-mindedness, pettiness
קַטְנוֹעַ ז׳ motor-scooter
קַטְנוּת נ׳ smallness, littleness; pettiness
קְטַנְטַן, קְטַנְטוֹן ת׳ very small, tiny, minuscule
קִטְנִית נ׳ pulse, legume
קָטַע פ׳ amputate, cut off; interrupt
קֶטַע ז׳ section, passage; sector (military)
קָטַף פ׳ pick, pluck
קַטָּר ז׳ steam engine, locomotive
קַטָּרַאי ז׳ engine-driver
קַטְרָב ז׳ cotter-pin, linch pin; cross-piece of a yoke

קִטְרֵג פ׳ prosecute; accuse, denounce
קִטְרוּג ז׳ prosecuting; accusing, denunciating; prosecution; accusation, denunciation
קִיא ז׳ vomit
קֵיבָה, קֵבָה נ׳ stomach
קֵיבָה מְקוּלְקֶלֶת נ׳ upset stomach
קִיבּוּל ז׳ receiving, accepting; capacity
קִיבּוּלִי ת׳ capacitive (electrical)
קִיבּוּלִית נ׳ jerrycan, container
קִיבּוֹלֶת נ׳ capacity; piece-work, contract work
קִיבּוּעַ ז׳ fixing, installing; fixation
קִיבּוּץ ז׳ Kibbutz, communal settlement; gathering, collecting
קִיבּוּץ גָּלוּיוֹת ז׳ ingathering of the exiles (in Israel)
קִיבּוּצִי ת׳ collective, communal
קִיבּוּצִיּוּת נ׳ collectivism, collective living
קִיבּוֹרֶת נ׳ biceps (muscle)
קִיבֵּל פ׳ receive; accept
קִיבָּעוֹן ז׳ fixture; fixation
קִיבֵּץ פ׳ gather together, collect
קִיבָר ז׳ bran, coarse flour
קִידֵּד פ׳ broach, drill a hole in; code, encode
קִידָה נ׳ bow, curtsey
קִידּוּד ז׳ broaching, drilling a hole; coding, encoding

קִידּוּחַ ז׳ drilling, boring
קִידּוּם ז׳ advancing; advancement
קִידּוֹמֶת נ׳ prefix; area code in telephone number
קִידּוּשׁ ז׳ hallowing; sanctification; kiddush (blessing said over wine)
קִידּוּשׁ הַשֵּׁם ז׳ martyrdom
קִידּוּשִׁים, קִידּוּשִׁין ז״ר Jewish marriage ceremony
קִידֵּחַ פ׳ drill, bore
קִידֵּם פ׳ advance; welcome, receive, greet
קִידֵּשׁ פ׳ sanctify, consecrate; betroth
קִיוָּה פ׳ hope, expect
קִיוִית נ׳ lapwing, pewit
קִיוֵּץ פ׳ remove thorns, clear away thorns
קִיּוּם ז׳ carrying out, fulfilment; confirmation; preservation; existence
קִיזּוּז ז׳ compensation, equalization; writing off, setting off
קִיזֵּז פ׳ compensate, write off, set off
קַיִט ז׳ summer holiday, vacation
קִיטּוּב ז׳ polarization
קִיטוֹן ז׳ bed-room, small room
קִיטּוּעַ ז׳ cutting off, amputation; interrupting; interruption; breaking off
קִיטוֹר ז׳ steam; thick smoke
קִיטֶל ז׳ kittel, white robe worn by orthodox Jews

קִיטֵם פ' cut down, chop down
קִיטֵעַ פ' cut off, lop off; interrupt
קִיטֵעַ ז' amputee, person with a limb amputated
קִיטֵר פ' burn incense, perfume; grumble, complain (slang)
קִיֵּט פ' spend one's summer vacation
קַיְיטָן ז' vacationist, holidaymaker
קַיְיטָנָה נ' summer camp; summer vacation resort
קִיֵּם פ' fulfil, carry out; confirm; arrange, hold
קַיָּם ת' existing, extant, alive
קִיָּם ז' duration, life period; existence
קַיְימָא ת' standing
קַיְימָא לָן it is generally accepted
קַיָּן ת' having large testicles
קִיֵּץ פ' spend the summer
קַיָּץ ז' fig-picker, fig-dryer, vacationist, holidaymaker
קִיכְלִי ז' thrush
קִילּוּחַ ז' flow, jet, gush, steady stream
קִילּוּס ז' praising, praise
קִילּוּף ז' peeling, shelling, skinning
קִילֵּחַ פ' spout, jet forth; flow
קִילֵּל פ' curse
קִילֵּס פ' praise
קִילֵּף פ' peel, shell, skin
קִילֵּשׁ פ' thin, thin out
קִימָה נ' standing up
קִימּוּחַ ז' dusting with flour; addition of flour
קִימּוּט ז' creasing, wrinkling; crease, wrinkle
קִימּוּם ז' rebuilding, restoration
קִימּוּץ ז' saving; thrift, frugality
קִימּוּר ז' arching, vaulting; convexity
קִימּוֹרֶת נ' arch, dome, anticlinorium
קִימּוֹשׁ ז' thorn, thistle
קִימֵּחַ פ' dust with flour; mix with flour
קִימָּחוֹן ז' mo(u)ld (on food); fungus disease
קִימֵּט פ' wrinkle, crease
קִימֵּץ פ' save, be thrifty, economize
קִינֵּא פ' envy; be jealous
קִינָה נ' lament, dirge, elegy
קִינּוּחַ ז' wiping clean; dessert
קִינּוּחַ סְעוּדָה ז' dessert
קִינּוּן ז' nesting; occupying, taking hold
קִינֵּחַ פ' wipe clean
קִינָּמוֹן ז' cinnamon
קִינֵּן פ' make a nest, nestle; occupy, take hold
קִיסוֹס ז' ivy
קִיסוֹסִית נ' greenbrier
קִיסָם, קֵיסָם ז' chip, splinter; toothpick
קֵיסָר ז' emperor, Caesar, Kaiser, Czar
קֵיסָרוּת נ' empire

קֵיסָרִי ת' imperial; Caesarean
קִיעוּר ז' concavity
קִיעֵר פ' make concave
קִיפָּאוֹן ז' freezing, coagulation; deadlock
קִיפֵּד פ' cut short, cut off
קִיפָּה פ' skim off
קִיפּוֹד ז' hedgehog
קִיפּוֹדָן ז' globe thistle
קִיפּוּחַ ז' depriving; deprivation; discriminating; discrimination
קִיפּוּי ז' skimming; scum
קִיפּוּל ז' fold(ing), pleat(ing)
קִיפּוֹן ז' mullet
קִיפּוֹף ז' long-tailed ape
קִיפֵּחַ פ' deprive; discriminate against; lose; strike
קִיפֵּחַ ת' very tall
קִיפֵּל פ' fold, roll up
קִיפֵּץ פ' skip, leap suddenly
קַיִץ ז' summer
קִיצֵּב פ' ration, apportion, allocate; cut
קִיצוּב ז' rationing, apportioning, allocation
קִיצוֹן, קִיצוֹנִי ת' extreme, extremist, endmost, end
קִיצוֹנִיּוּת נ' extremism
קִיצוּעַ ז' planing, smoothing off
קִיצוּץ ז' cutting (off), curtailing; cut
קִיצוּר ז' shortening, abridgement
קֵיצִי ת' summer, summery
קִיצֵּעַ פ' plane, smooth off,
קִיצֵּץ פ' cut (off), curtail, reduce
קִיצֵּר פ' shorten, curtail
קִיק ז' castor oil seed
קִיקָיוֹן ז' castor-oil plant
קִיקְיוֹנִי ת' short-lived, ephemeral
קִיר ז' wall
קֵירֵב פ' bring near, bring closer; befriend
קֵירֵד פ' scrape, curry, comb
קֵירָה פ' roof over
קֵירוּב ז' bringing nearer
קֵירוּב לְבָבוֹת ז' promoting better understanding
קֵירוּי ז' roofing
קֵירוּן ז' radiating; radiation
קֵירוּס ז' squatting, crouching; knees-bent position
קֵירוּר ז' chilling, cooling; refrigerating, refrigeration
קֵירֵחַ, קֵרֵחַ ת' bald
קֵירְחוּת, קָרְחוּת נ' baldness
קֵירֵר פ' chill, cool, refrigerate
קִישּׁוּא ז' squash, marrow
קִישּׁוּט ז' decorating, adorning; decoration, ornament
קִישּׁוּי ז' hardening, stiffening
קִישּׁוּר ז' connecting, tying together; connection; ribbon, bow
קִישּׁוֹשֶׁת נ' splint
קִישּׁוּת נ' squash, marrow
קִישֵּׁחַ ת' harsh, callous
קִישֵּׁט פ' decorate, adorn, ornament
קִישֵּׁר פ' tie, bind; connect

קִיתוֹן ז׳ jug
קַל ת׳ light; easy; simple; swift, nimble
קַל־דַעַת ת׳ frivolous, light-minded
קַל־וָחוֹמֶר תה״פ all the more so
קַל־עֵרֶךְ ת׳ unimportant, trivial
קַל־רַגְלַיִים ת׳ swift-footed
קַל־תְפִיסָה ת׳ quick-minded
קִלְבּוֹסֶת נ׳ hip-bone
קַלְגַס ז׳ soldier
קַלְדָן ז׳, קַלְדָנִית נ׳ keyboarder, keyboard operator
קָלָה פ׳ roast, parch; toast; burn
קָלוּי ת׳ roasted, parched; toasted
קָלוֹן ז׳ shame, disgrace, dishonor
קָלוּעַ ת׳ twisted, plaited
קָלוּף ת׳ peeled, skinned, shelled
קְלוֹקֵל ת׳ poor quality, shoddy, bad
קָלוּשׁ ת׳ thin; weak, flimsy
קַלּוּת נ׳ lightness; easiness, ease
קַלּוּת דַעַת נ׳, קַלּוּת רֹאשׁ נ׳ frivolity, light-mindedness
קָלַח פ׳ flow, gush
קֶלַח ז׳ head (of cabbage); stalk
קַלַּחַת נ׳ cauldron; turmoil, uproar
קָלַט פ׳ absorb, take in; receive (transmission); comprehend
קֶלֶט ז׳ input (computer); reception center (military)
קִלְטוּר ז׳ cultivating; cultivation, breaking up soil with cultivator
קַלְטָקוֹל ז׳ dictaphone
קִלְטֵר פ׳ cultivate, break up soil with cultivator
קַלֶטֶת נ׳ cassette (radio)
קָלִי נ׳ parched corn
קְלִיבּוֹסֶת נ׳ hip-bone
קְלִיד ז׳ key (of piano, computer)
קְלִיטָה נ׳ absorbing; absorption, taking in; receiving; reception; comprehension
קְלִיָּה נ׳ roasting, parching; toasting
קַלִּיל, קָלִיל ת׳ light, slight
קַלִּילוּת, קְלִילוּת נ׳ lightness, slightness
קָלִיעַ ז׳ bullet; projectile, missile
קָלִיעַ אֲטוֹמִי ז׳ atomic warhead
קָלִיעַ מוּדְרָךְ ז׳ guided missile
קְלִיעָה נ׳ weaving, plaiting; shooting; throwing, slinging; hitting; target practice; network
קָלִיף ת׳ easily peeled, skinned off, shelled
קְלִיפָה נ׳ peeling, skinning, shelling
קְלִיפָּה נ׳ peel, skin, shell; rind; evil spirit
קְלִישׁוּת נ׳ thinness, flimsiness; superficiality
קָלָל ז׳ burnished metal
קְלָלָה נ׳ curse; misfortune
קַלְמָר ז׳ pencil-box

קַלְנוֹעַ ז' motorized pedal-cycle
קֶלֶס ז' praise; scorn, derision
קַלָּסָה נ' scorn, derision
קְלַסְתֵּר פָּנִים ז' countenance, facial features
קְלַסְתְּרוֹן ז' indentikit
קָלַע פ' weave, plait; shoot; throw, sling; hit
קַלָּע ז' marksman, sharpshooter
קֶלַע ז' bullet; curtain
קִלֵּף פ' peel, skin, shell
קְלָף ז' parchment; card, playing card
קַלְפֵּי נ' ballot-box
קְלָפָן ז' card-player
קִלְקוּל ז' spoiling; damage, deterioration; corruption, sin; fault
קִלְקוּל קֵיבָה ז' stomach upset
קִלְקֵל פ' spoil, impair damage; corrupt; cause to break down
קַלְקָלָה נ' corrupt behavior, misconduct
קְלַרְנִית נ' clarinet
קִלְשׁוֹן ז' pitchfork
קַלַּת נ' fruit basket
קַלְתִּית נ' tartlet
קָם ז' enemy, foe
קָם פ' get up; stand up, rise; be established
קָמָה נ' standing crop
קָמוּט ת' wrinkled, creased
קָמוּל ת' withered, wilted, dried up

קָמוּץ ת' clamped, closed; pointed with Hebrew vowel Kammats
קָמוּר ת' convex; arched, vaulted
קָמוּר־קָעוּר ת' convexo-concave
קֶמַח ז' flour; food
קֶמֶט ז' wrinkle, crease
קִמְטוּט ז' small wrinkle, crinkle
קֻמְטָר ז' chest of drawers
קָמִיט ת' liable to crease
קְמִילָה נ' wilting, withering
קָמִין ז' stove; fireplace
קָמֵיעַ ז' charm, amulet, talisman
קְמִיצָה נ' taking a handful; creasing; fourth finger
קָמַל פ' wilt, wither, fade
קָמֵל ת' wilted, withered, faded
קִמְעָה תה"פ a little, somewhat
קִמְעוֹנַאי ז' retailer
קִמְעוֹנוּת נ' retail, retail trade
קִמְעוֹנִי ת' retail
קָמָץ ז' Kammats (Hebrew vowel for a, as in קָ)
קָמַץ פ' take a handful; close, clench
קֻמְצוּץ ז' pinch, small quantity
קַמְצָן ת' miser, skinflint
קַמְצָנוּת נ' miserliness, stinginess
קַמְצָנִי ת' miserly, stingy
קָמַר פ' vault, arch, build a dome
קִמְרוֹן ז' vault, arch, dome
קִמְשׁוֹן ז' nettle, thorn, thistle
קֵן ז' nest, compartment; socket
ק"ן ש"מ 150
ק"ן טְעָמִים ז"ר many reasons (for, against)

קַנָּא ת' jealous
קִנְאָה נ' envy, jealousy
קַנָּאוּת נ' fanaticism, zealotry, zeal
קַנַּאי ז' fanatic, zealot
קַנָּאִי ת' fanatical, zealous
קַנְאָתָנִי ת' jealous, jealous-natured
קַנַבּוֹס ז' hemp, cannabis
קָנָה פ' buy, purchase; acquire, gain, get
קָנָה את לִבּוֹ (he) won his heart
קָנָה אֶת עוֹלָמוֹ won renown
קָנֶה ז' stalk, stem; cane, reed; branch
קְנֵה מִידָּה ז' criterion
קְנֵה סוּכָּר ז' sugar-cane
קְנֵה רוֹבֶה ז' barrel of a rifle
קָנֶה רָצוּץ ז' a broken reed
קָנוּי ת' bought, purchased; acquired
קָנוֹן ז' canon, round (song)
קְנוּנְיָה נ' intrigue, conspiracy
קְנוֹקֶנֶת נ' tendril
קִנְטוּר ז' annoying, vexing
קִנְטֵר פ' annoy, vex
קַנְטְרָנוּת נ' provocativeness
קַנְטְרָנִי ת' provocative, quarrelsome
קַנְיוֹן ז' shopping center, shopping mall
קְנִייָה נ' buying, purchase; acquisition
קִנְייָן ז' property, possession; purchase; value, quality
קַנְייָן ז' buyer, purchaser
קָנַס פ' fine, impose a penalty
קְנָס ז' fine, penalty
קַנְקַן ז' jar, jug, flask
קִנְרֵס ז' artichoke
קַסְדָּה נ' helmet
קָסוּם ת' enchanted, charmed, bewitched
קָסַח ז', תה"פ brawl, tough treatment (slang)
קָסַם פ' enchant, bewitch; practise magic
קֶסֶם ז' charm, fascination; witchcraft
קִסְמִית נ' chip, splinter
קְסַרְקְטִין ז' barracks, military camp
קֶסֶת נ' inkwell
קָעוּר ת' concave
קָעוּר־קָמוּר ת' concave-convex
קְעִירוּת נ' concavity
קִעְקוּעַ ז' tattooing; undermining, destruction
קַעֲקַע ז' tattooing, tattoo mark
קִעְקֵעַ פ' tattoo; undermine, destroy
קְעָרָה נ' bowl, basin, dish
קַעֲרוּר ז' synclinal bowl
קַעֲרוּרִי ת' concave
קַעֲרִית נ' small bowl
קָפָא פ' freeze, harden, solidify
קוֹפֵא עַל שְׁמָרָיו stands still, does not move with the times
קַפְּדָן, קַפְּדָנִי ת' strict, pedantic
קַפְּדָנוּת נ' strictness, pedantry
קָפֶה ז' coffee
קָפֶה הָפוּךְ ז' coffee with a lot of milk

קָפֶה נָמֵס ז' instant coffee
קָפֶה קָפוּא ז' iced coffee
קָפוּא ת' frozen, chilled, solidified, congealed
קַפּוֹטָה נ' long black coat (worn by orthodox Jews)
קָפוּץ ת' closed tight, clenched
קְפִידָה נ' strictness, severity, sternness
קְפִיץ ז' spring
קְפִיצָה נ' jump(ing), leap(ing)
קְפִיצַת הַדֶּרֶךְ נ' short cut (especially miraculous)
קְפִיצִי ת' springy, elastic
קְפִיצִיּוּת נ' springiness, elasticity
קֶפֶל ז' fold, pleat
קֶפֶל קַרְקַע ז' fold in the ground
קַפַּנְדַּרְיָא נ' short cut
קַפְסוּלֶת נ' capsule
קָפַץ פ' jump, leap; close tight, clench; drop in, pay a short visit (colloq.)
קֵץ ז' end; destruction
קָץ פ' loathe, abhor, detest
קָצַב פ' cut, chop; allot, ration
קַצָּב ז' butcher
קֶצֶב ז' rhythm, tempo, beat, rate, meter
קִצְבָּה נ' annuity, pension, allowance
קִצְבִּי ת' rhythmical, full of rhythm
קָצֶה ז' end, edge
קָצוּב ת' rhythmic(al), steady; allotted, allocated
קְצוּבָּה נ' allowance
קְצוּנָּה נ' officer class, commission
קָצוּץ ת' minced, chopped (up); cut off
קְצוֹצֶת נ' clippings (of metal); trimmings
קֶצַח ז' black cumin
קָצִין ז', קְצִינָה נ' officer
קְצִין בִּיטָּחוֹן ז' security officer
קְצִין הָעִיר ז' Town Major (army's liaison officer with soldiers' families)
קְצִין מִבְצָעִים ז' operations officer
קְצִין תּוֹרָן ז' orderly officer
קְצִינוּת נ' commission, commissioned rank
קָצִיף ת' foamy
קְצִיפָה נ' whipping; whip, foam
קְצִיץ ז' meat loaf
קְצִיצָה נ' chopping, mincing; meat-ball, rissole; fritter, croquette
קָצִיר ז' harvest, harvest season
קָצַף פ' be angry, rage
קֶצֶף ז' anger, rage; foam, froth
קַצֶּפֶת נ' whipped cream
קָצַץ פ' chop up, cut up
קָצַר פ' reap, harvest
קֶצֶר ז' short-circuit
קָצָר ת' short, brief
קְצַר יָד ת' powerless
קְצַר יָמִים ת' short lived
קְצַר קוֹמָה ת' short (in stature)
קְצַר רְאוּת ת' short sighted
קְצַר רוּחַ ת' impatient, quick tempered

קְצָרוֹת תה"פ in short, briefly

קַצְרָן ז' shorthand writer, stenographer

קַצְרָנוּת נ' shorthand, stenography

קְצַרְצַר ת' very short, very brief

קַצֶּרֶת נ' asthma

קְצָת תה"פ a little, a few, some

קְצָתָם some of them

קַר ת' cold

קַר מֶזֶג ת' cool tempered, unemotional

קַר רוּחַ ת' cool headed, composed, calm

קָרָא פ' read; call, name; call out

קְרָא ז' a Biblical verse

קָרָאִי ת' Karaite

קָרַב פ' come near, approach

קְרָב ז' battle; match

קְרַב מַגָּע ז', קְרַב פָּנִים אֶל פָּנִים ז' hand to hand fighting

קִרְבָה נ' proximity, nearness, closeness; connection (kinship)

קִרְבַת דָּם נ' blood relationship

קִרְבַת מָקוֹם נ' proximity

קִרְבַת מִשְׁפָּחָה נ' family connection

קְרָבַיִם ז"ר intestines, bowels

קְרָבִי ת' of battle, fighting, combat

קַרְבִּית נ' corvette

קֶרֶד ז' lime (on kettles, etc.)

קַרְדָּה נ' thistle

קַרְדּוֹם ז' ax(e), hatchet

קָרָה פ' happen, occur

קָרָה נ' frost

קָרוּא ת' called, summoned; invited; read

קָרוֹב ת', ז' near, close; relative, relation

קְרוּם ז' crust, membrane, skin

קְרוּמִי ת' crusty, membraneous

קְרוּמִית נ' thin skin, membrane

קָרוֹן ז' coach, carriage; cart, wagon

קָרוֹנַאי ז' carter, coachman

קְרוֹנוֹעַ ז' diesel car on rail road

קְרוֹנִית נ' small wagon; trolley

קָרוּעַ ת' torn, ripped, tattered

קָרוּץ ת' formed, made

קָרוּשׁ ת' solid, congealed, jellied

קִרְזוּל ז' curling; curl

קִרְזֵל פ' curl

קֶרַח ז' ice

קַרְחוֹן ז' glacier, iceberg

קָרַחַת נ' baldness, bald spot

קִרְטוּם ז' cutting, lopping

קַרְטוֹן ז' cardboard, cardboard box, carton

קִרְטֵל פ' cartelize, form a cartel

קִרְטֵם פ' cut, lop

קַרְטֶנֶת נ' cretinism

קִרְטֵעַ פ' prance, jump about

קְרִי, קֶרִי ז' violent opposition; nocturnal emission (of semen)

קְרִי, קְרֵי ז' Masoretic reading of the Bible

קָרִיא ת' legible, readable

קְרִיאָה נ' reading; calling, call, cry

קְרִיאַת בֵּינַיִים נ׳ interruption, interjection
קְרִיָה נ׳ town, district
קִרְיַת הָאוּנִיבֶרְסִיטָה נ׳ university campus
קַרְיָין ז׳ announcer (radio, etc.)
קִרְיֵין פ׳ announce
קַרְיָינוּת נ׳ announcing
קְרִימָה נ׳ forming a crust, forming a skin
קְרִינָה נ׳ shining; radiation
קְרִיסָה נ׳ kneeling, knees-bend position; buckling, collapse
קְרִיעָה נ׳ tearing, rending
קְרִיעַת יַם סוּף נ׳ extremely hard task
קְרִיצָה נ׳ winking; wink
קָרִיר ת׳ cool
קְרִירוּת נ׳ coolness
קָרִישׁ ז׳ jelly
קְרִישׁ דָם נ׳ infarct, blood clot
קְרִישָׁה נ׳ coagulating, congealing
קְרִישׁוּת נ׳ coagulation, congealment
קָרַם פ׳ form a crust, form a skin; cover with a skin
קָרֶמֶת נ׳ diphtheria
קָרַן פ׳ shine, radiate
קֶרֶן נ׳ horn; corner; capital; fund; ray
קֶרֶן הַיְסוֹד נ׳ Keren Hayesod (main fund of Zionist Organization)
(הַ)קֶּרֶן הַקַּיֶּימֶת (לישראל) נ׳ Jewish National Fund
קֶרֶן זָווִית נ׳ forgotten corner
קַרְנְזוֹל ז׳ diagonal
קַרְנִי ת׳ horny, made of horn
קֶרֶן יַעַר נ׳ French horn
קַרְנֵי רֶנְטְגֶן נ״ר X-rays
קַרְנִית נ׳ cornea
קַרְנָן ז׳ hornwort (plant)
קַרְנַף ז׳ rhinoceros
קָרַס פ׳ collapse, buckle; bend at the knees
קֶרֶס ז׳ hook, brace, clasp
קַרְסוֹל ז׳ ankle
קַרְסוּלִית נ׳ gaiter
קִרְסוּם ז׳ gnawing, nibbling; deterioration
קִרְסֵם פ׳ gnaw, nibble
קָרַע פ׳ tear, rend, split
קֶרַע ז׳ tear, rent; split, breach, schism
קַרְפָּדָה נ׳ toad
קַרְפִּיוֹן ז׳ carp
קַרְפִּיף ז׳ enclosure, fenced-in area
קָרַץ פ׳ wink; grimace; hint, cut off, nip off; fashion, form
קֶרֶץ ז׳ slaughter, destruction; winking; hinting; something cut off, esp. dough; tick
קִרְצוּף ז׳ scraping, currying, combing
קַרְצִית נ׳ tick
קִרְצֵף פ׳ scrape, curry, comb
קִרְקוּר ז׳ croaking, caw, clucking; undermining; destruction
קִרְקָס ז׳ circus
קַרְקַע זו״נ soil, ground; land; bottom, floor

קַרְקַע פ׳ ground
קַרְקָעִי ת׳ of the soil or ground
קַרְקָעִית נ׳ bottom, base
קִרְקֵף פ׳ scalp, behead
קַרְקֶפֶת נ׳ head, scalp, skull
קִרְקֵר פ׳ croak, cluck, caw, undermine, destroy
קָרַשׁ פ׳ harden, congeal, coagulate
קֶרֶשׁ ז׳ board, plank; idiot (colloq.); frigid person (slang); flat-chested girl (slang)
קֶרֶת נ׳ town, city
קַרְתָּנוּת נ׳ provincialism
קַרְתָּנִי ת׳ provincial
קַשׁ ז׳ straw
קַשׁ וּגְבָבָה ז״ר so much rubbish
קֶשֶׁב ז׳ attentiveness, attentive listening
קָשָׁה פ׳ harden, be hard; be difficult
קָשֶׁה ת׳ hard; difficult; harsh; severe
קְשֵׁה־הֲבָנָה ת׳ slow to understand
קְשֵׁה־חִינּוּךְ ת׳ difficult to educate
קָשֶׁה לִכְעוֹס ת׳ slow to anger
קָשֶׁה לִרְצוֹת ת׳ hard to pacify, implacable
קְשֵׁה־עוֹרֶף ת׳ stubborn
קְשֵׁה־תְּפִיסָה ת׳ slow to grasp things
קָשׁוּב ת׳ attentive, listening
קַשְׂוָה נ׳ cup, libation-cup; valve (botany)
קָשׁוּחַ ת׳ callous, harsh, unfeeling
קָשׁוֹט עַצְמְךָ תְּחִילָּה charity begins at home
קָשׁוּר ת׳ connected, related; tied (up), bound
קָשׁוּת, קָשׁוּת ת׳ arched, vaulted
קָשׁוֹת תה״פ severely, harshly
קַשְׁיוּת נ׳ hardness, severity
קַשְׁיוּת עוֹרֶף נ׳ stubbornness
קָשִׁיחַ ת׳ rigid, unbending, callous
קְשִׁיחוּת נ׳ rigidity, callousness
קְשִׂיטָה נ׳ ancient coin
קָשִׁיר ת׳ connectable, connected
קְשִׁירָה נ׳ tying, binding
קְשִׁירַת קְשָׁרִים נ׳ tying knots; forming ties
קָשִׁישׁ ת׳ elderly, aged; senior
קְשִׁישׁוּת נ׳ elderliness, old age
קַשִּׁית נ׳ straw (for drinks)
קִשְׁקוּשׁ נ׳ tinkle, rattle; prattle, nonsense; scribble
קִשְׁקֵשׁ פ׳ tinkle, rattle; prattle, talk nonsense; scribble
קַשְׂקַשׂ ז׳, קַשְׂקֶשֶׂת נ׳ scale (of fish, etc.)
קַשְׁקְשָׁן ת׳ chatterbox, prattler
קָשַׁר פ׳ tie, bind; connect; conspire
קֶשֶׁר ז׳ knot, tie, bond; contact; conspiracy; signals
קַשָּׁר ז׳ liaison officer; signaller (army)
קָשַׁשׁ פ׳ gather (straw, thistles, etc.); become old
קֶשֶׁת נ׳ bow; rainbow; arc; arch; spectrum

קַשָּׁת ז׳ **archer, bowman**

קַשְׁתִּי ת׳ **arched, bow-shaped, convex**

קַשְׁתִּית נ׳ **retina; fret-saw; coat-hanger**

קַת נ׳ **wooden handle; butt (of rifle)**

קָתֶדְרָה נ׳ **chair (at a university)**

קַתְרוֹס ז׳ **(ancient) lyre, lute; (modern) guitar**

ר

- רָאָה פ׳ — **see, behold, perceive**
- רָאָה אֶת הַנּוֹלָד — **foresee the future**
- רְאֵה זֶה פֶּלֶא! — **what a marvel!**
- רַאֲוָה נ׳ — **show, display, ostentation**
- רַאַוְתָן ז׳ — **exhibitionist, showoff**
- רַאַוְתָנִי ת׳ — **ostentatious**
- רָאוּי ת׳ — **proper, fit; desirable**
- רָאוּי ל — **it is proper to, one should**
- רְאוּת נ׳ — **sight, vision**
- רְאִי ז׳ — **mirror, glass**
- רְאָיָה נ׳ — **proof, evidence**
- רְאִיּוּת נ׳ — **visibility**
- רְאִיָּה נ׳ — **seeing, looking; sight**
- רְאִיַּת הַנּוֹלָד נ׳ — **foresight, anticipation**
- רִאְיֵן פ׳ — **interview**
- רֵאִינוֹעַ ז׳ — **cinematograph, cinema**
- רְאֵם ז׳ — **wild ox**
- רֹאשׁ ז׳ — **head; top; leader; beginning; principal, basis**
- רֹאשׁ גָּדוֹל (דיבורית) — **broad mindedness**
- רֹאשׁ גֶּשֶׁר ז׳ — **bridgehead**
- רֹאשׁ הַשָּׁנָה ז׳ — **the Jewish New Year**
- רֹאשׁ חוֹדֶשׁ ז׳ — **New Moon**
- רֹאשׁ חֵץ ז׳ — **warhead**
- רֹאשׁ מֶמְשָׁלָה ז׳ — **Prime Minister**
- רֹאשׁ עִיר ז׳ — **mayor**
- רֹאשׁ פִּינָּה ז׳ — **cornerstone, foundation stone**
- רֹאשׁ קָטָן ז׳ (דיבורית) — **narrow-mindedness**
- רָאשֵׁי פְּרָקִים ז״ר — **headings, main points**
- רָאשֵׁי תֵּיבוֹת ז״ר — **initials, acronym**
- רִאשׁוֹן ת׳ — **first; foremost; initial; prime**
- רִאשׁוֹנָה תה״פ — **first, firstly**
- רִאשׁוֹנוּת נ׳ — **priority**
- רִאשׁוֹנִי ת׳ — **first, foremost, primary**
- רִאשׁוֹנִים ז״ר — **forefathers, ancestors**
- רָאשׁוּת נ׳ — **leadership, headship**
- רָאשִׁי ת׳ — **chief, principal, head, main**
- רֹאשִׁיָּה נ׳ — **(football) header**
- רֵאשִׁית נ׳ — **beginning, start**
- רֵאשִׁית תה״פ — **first of all, in the first place**
- רֹאשָׁן ז׳ — **tadpole**
- רַב, רַבָּה ת׳ — **many, numerous; great, mighty; multi-, poly-**
- רַב־אַלּוּף ז׳ — **Lieutenant-General**
- רַב־חוֹבֵל ז׳ — **captain (ship)**
- רַב חֶסֶד ת׳ — **magnanimous**
- רַב־טוּרַאי, רַבָּ״ט ז׳ — **corporal**
- רַב־מֶכֶר ת׳, ז׳ — **best-seller**
- רַב־סַמָּל ז׳ — **sergeant-major**
- רַב־סֶרֶן ז׳ — **major (army)**
- רַב־צְדָדִי ת׳ — **many-sided, versatile**
- רַב־צַלְעוֹן ז׳ — **polygon**
- רַב־קוֹלִי ת׳ — **polyphonic**
- רַב־שִׂיחַ ז׳ — **symposium**
- רַב תה״פ — **enough**
- רַב ז׳ — **Rabbi, teacher, master**
- רָב פ׳ — **quarrel, argue, dispute**

רֶבֶב ז׳ stain, spot
רְבָבָה נ׳ ten thousand
רַבְגּוֹנִי ת׳ multi-colored, variegated
רָבָה פ׳ be many, be great
רָבוּךְ ת׳ soaked in boiling water and slightly baked
רָבוּעַ ת׳ square
רָבוּץ ת׳ lying down (animal)
רְבוּתָה נ׳ remarkable thing, great thing
רַבִּי ז׳ Rabbi; teacher; sir!
רְבִיב ז׳ light rain, drizzle
רַבִּיב ת׳ major (music)
רָבִיד ז׳ necklace
רְבִיָּה נ׳ propagation, increase
רְבִיכָה נ׳ flour mixed with boiling water or oil
רְבִיעַ ז׳ quarter
רְבִיעָה נ׳ mating (animals)
רְבִיעוֹנִי ת׳ quaternary
רְבִיעִי ת׳ fourth
רְבִיעִיָּה נ׳ quartet; quadruplets
רְבִיעִית ש״מ, נ׳ fourth; quarter
רְבִיצָה נ׳ lying down (animal)
רַבָּן ז׳ Rabbi; teacher
רַבָּנוּת נ׳ rabbinate
רַבָּנוּת רָאשִׁית נ׳ Chief Rabbinate
רַבָּנִי ת׳ Rabbinic
רַבָּנִית נ׳ Rabbi's wife
רַבָּנָן ז״ר our Rabbis
רָבַע פ׳ mate (animal)
רֶבַע ז׳ quarter, one fourth
רִבְעוֹן ז׳ quarterly (journal)
רְבָעִי ת׳ of the fourth year (of planting)

רָבַץ פ׳ lie down (animal)
רִבְצָל ז׳ haversack; perfume-bag
רַבְרְבָן, רַבְרְבָנִי ת׳ boastful, bragging
רַבָּתִי ת׳ great, large; capital
רַגְבּוּבִית נ׳ lump of earth, clod
רָגוּעַ ת׳ relaxed, calm
רָגַז פ׳ be angry, be enraged
רַגְזָן ז׳ bad-tempered person, irritable person
רַגְזָנוּת נ׳ bad-temper, irritability
רָגִיל ת׳ ordinary, usual, accustomed, regular
רְגִילוּת נ׳ usualness, habit; ordinariness, regularity
רְגִימָה נ׳ stoning
רְגִיעָה נ׳ calming down; relaxation, rest, lull
רָגִישׁ ת׳ sensitive; touchy
רְגִישׁוּת נ׳ sensitivity; touchiness
רֶגֶל נ׳ foot; leg
רַגְלִי ז׳ man going on foot, pedestrian; infantryman, footsoldier; pawn (chess)
רַגְלִי תה״פ on foot
רָגַם פ׳ stone; shell with mortar fire
רַגָּם ז׳ mortarman, gunner
רָגַן פ׳ grumble, complain
רָגַע פ׳ be calm, be at rest
רֶגַע ז׳ moment, instant, minute (colloq.)
רִגְעִי ת׳ momentary, transient
רַגֶּפֶת ז׳ eclampsia
רָגַשׁ פ׳ be in commotion

רֶגֶשׁ ז׳ feeling, emotion, sentiment

רַגָּשׁ ת׳ feeling, emotional, sensitive

רִגְשִׁי ת׳ emotive, sentimental

רִגְשִׁיּוּת נ׳ emotionalism, sentimentality

רַגְשָׁן ת׳ emotional person, sentimental person

רַגְשָׁנוּת נ׳ sentimentality, emotionalism

רַגְשָׁנִי ת׳ sentimental, emotional

רָדָה פ׳ rule over; tyrannize; remove honey from hive; remove bread from oven

רָדוּד ת׳ flattened, shallow; superficial

רָדוּם ת׳ asleep; sleepy, drowsy

רָדוּף ת׳ hunted, pursued

רְדִיד ז׳ woman's scarf

רְדִיָּה נ׳ rule, dominion, subjugation; removal of honey from hive, removal of bread from oven

רָדִים ת׳ sleepy, drowsy; lethargic

רְדִיפָה נ׳ pursuit, hunt, pursuing; persecution

רַדֶּמֶת נ׳ lethargy; extreme sleepiness, stupor

רָדַף פ׳ run, pursue, chase; persecute

רַהַב ז׳ boasting, pride, arrogance

רָהוּט ת׳ fluent; hasty

רִהֲטָא, רִיהֲטָא ז׳ haste, hurry

רָהִיט ז׳ piece of furniture

רְהִיטוּת נ׳ fluency, speed

רָהִיטִים ז״ר furniture

רוֹאֶה ז׳ spectator, onlooker; seer; prophet

רוֹאֶה חֶשְׁבּוֹן ז׳ accountant; auditor

רוֹאֶה מֵהִרְהוּרֵי לִבּוֹ indulges in wishful thinking

רוֹאֶה שְׁחוֹרוֹת ז׳ pessimist

רוּאְיַן פ׳ be interviewed

רוֹב ז׳ majority, greater part; plenty, abundance

רוֹב רוּבּוֹ, רוּבּוֹ כְּכוּלוֹ תה״פ almost all, almost entirely

רוֹבָאוּת נ׳ rifle-shooting

רוֹבַאי ז׳ rifleman

רוֹבֶד ז׳ layer, stratum

רוֹבֶה ז׳ rifle

רוֹבֵה צַיִד ז׳ shotgun

רוּבָּנִי ת׳ majority

רוֹבַע ז׳ quarter (of a city, etc.)

רוֹגֵז ת׳ angry, irate

רוֹגֶז ז׳ anger, rage, ire, wrath

רוֹגְזָנִי ת׳ angry, irate, enraged

רוֹגֵן ת׳ grumbling, complaining

רוֹגֵעַ ת׳ calm, tranquil, peaceful

רוּדַּד פ׳ be beaten flat, be flattened

רוֹדָן ז׳ dictator, tyrant, despot

רוֹדָנוּת נ׳ dictatorship, tyranny, despotism

רוֹדָנִי ת׳ dictatorial, tyrannical, despotic

רוֹדֵף בֶּצַע ת׳ money grubber

רוֹדֵף כָּבוֹד ת׳ pursuer of honors

רָוָה פ׳ drink one's fill, be well-watered

רָוֶה ת׳ saturated, well-watered, quenched
רָווּחַ ת׳ spacious, wide, roomy
רוֹוֵחַ ת׳ widespread, common
רָוַח פ׳ be relieved; be widespread, be common
רָוַח לִי! I am relieved, I feel easier
רֶוַח ז׳ profit, gain; space, interval; relief, respite
רֶוַח נָקִי ז׳ clear profit, clear gain
רְוָחָה נ׳ relief, respite; welfare, affluence
רְווֹחִיּוּת נ׳ profitability, profitableness
רָווּי ת׳ saturated, well-watered, quenched
רְוָיָה נ׳ saturation, fill
רִוְיוֹן ז׳ saturation
רְוִוּיָה נ׳ saturating, quenching
רַוָּק ז׳ bachelor
רַוָּקָה נ׳ single woman
רוֹזֵן ז׳ baron, count
רוּחַ זו״נ wind, air, breath; soul, mind, spirit, ghost; point of compass
רוּחַ הַקּוֹדֶשׁ נ׳ divine inspiration
רוּחַ חֲרִישִׁית נ׳ breeze, light wind
רוּחַ פְּרָצִים נ׳ draught, draft
רוּחַ צֶוֶות נ׳ team spirit
רוּחַ רְפָאִים נ׳ ghost, phantom
רוּחַ שְׁטוּת נ׳, רוּחַ תַּזְזִית נ׳ spirit of madness
רוֹחַב ז׳ breadth, width
רוֹחַב לֵב ז׳ generosity
רוֹחְבִּי ת׳ transverse
רוּחַם פ׳ be pitied
רוּחָנִי ת׳ spiritual, intellectual, mental
רוּחַץ פ׳ be washed
רוּחַק פ׳ be placed at a distance
רוֹחַק ז׳ distance
רוֹטֶב ז׳ sauce, gravy
רוֹטֵט ת׳ quivering
רוּטַּשׁ פ׳ be torn apart, be split open; be retouched (photography)
רוֹךְ ז׳ softness, gentleness, tenderness
רוֹכֵב ז׳ rider
רוּכַּז פ׳ be concentrated
רוּכַּךְ פ׳ be softened
רוֹכֵל ז׳ peddler, hawker
רוֹכְלוּת נ׳ peddling, petty trade
רוּכַּס פ׳ be fastened, be buttoned
רוֹכְסָן ז׳ zip fastener, zipper
רוֹם, רוּם ז׳ height, level, altitude; pride
רוֹמָאִי ת׳, ז׳ Roman
רוּמָּה פ׳ be cheated, be swindled
רוּמַּז פ׳ be hinted at, be alluded to
רוֹמַח ז׳ short spear, lance
רוֹמֵם פ׳ raise, lift up
רוֹמַם פ׳ be raised, be lifted up
רוֹמְמוּת נ׳ loftiness, elevation, sublimity
רוֹמְמוּת רוּחַ נ׳ high spirits

רוֹן ז׳ song, music
רוּסַן פ׳ be restrained, be curbed
רוּסַס פ׳ be sprayed
רוּסַק פ׳ be mashed, be smashed
רוֹעַ ז׳ evil, wickedness, badness
רוֹעַ הַמַּזָּל ז׳ unluckiness
רוֹעַ לֵב ז׳ malevolence, wickedness
רוֹעֶה ז׳ shepherd, herdsman
רוֹעֵה רוּחַ ז׳ waster, idler
רוֹעֵם ת׳ thunderous, thundering
רוּעֲנַן פ׳ be refreshed
רוֹעֵעַ פ׳ smash, break down
רוֹעֵץ ז׳ obstacle, stumbling-block
רוֹעֵשׁ ת׳ loud, noisy, clamorous
רוֹפֵא ז׳ doctor, physician
רוֹפֵא אֱלִיל ז׳ witch doctor; quack
רוֹפֵא בְּהֵמוֹת ז׳ veterinarian
רוּפַּד פ׳ be padded; be upholstered
רוּפַּט פ׳ be worn through, be worn out
רוֹפֵס ת׳ feeble; weak, limp
רוֹפֵף ת׳ wobbly, shaky, weak
רוֹפֵף פ׳ make shaky, make unstable
רוֹצֵחַ ז׳ murderer, assassin
רוֹצְחָנִי ת׳ murderous
רוּצַּף פ׳ be tiled, be paved
רוֹצֵץ פ׳ shatter, crush
רוֹק ז׳ saliva, spit
רוֹקֵחַ ז׳ druggist, pharmacist, chemist
רוּקַּח פ׳ be dispensed (medicines), be prepared (drugs); be mixed (spices, etc.)
רוֹקְחוּת נ׳ pharmaceutics, pharmacy
רוֹקֵם ז׳ embroiderer
רוֹקֵן פ׳ empty, empty out
רוּקַּן פ׳ be emptied, be emptied out
רוּקַּע פ׳ be hammered flat, be beaten flat
רוּשַׁל פ׳ be neglected, be slovenly
רוֹשֶׁם ז׳ impression
רוֹשֵׁשׁ פ׳ impoverish, make poor
רוּשַּׁשׁ פ׳ be impoverished, be made poor
רוּשַּׁת פ׳ be covered with netting
רוֹתֵחַ ת׳ boiling; furious
רוּתַּח פ׳ be coiled
רוּתַּךְ פ׳ be welded
רוֹתֶם ז׳ broom (shrub)
רוּתַּק פ׳ be tied, be bound; be confined; be held
רָז ז׳ secret, mystery
רָזָה פ׳ become thin, lose weight
רָזֶה ת׳ thin, lean, slim
רָזוֹן ז׳ thinness, leanness
רָזִי ת׳ secret, mysterious
רְזִיָּיה נ׳ losing weight, loss of weight
רַזַ״ל (רַבּוֹתֵינוּ זִכְרָם לִבְרָכָה) initials of "our Rabbis, of blessed memory"
רָזַם פ׳ wink; hint
רָחַב פ׳ widen, broaden, expand

רָחָב ת' — wide, broad; spacious
רְחַב אוֹפֶק ת' — of wide horizons
רְחַב יָדַיִים ת' — extensive, spacious
רְחַב כְּתֵפַיִים ת' — broad shouldered
רְחַב לֵב ת' — magnanimous
רְחָבָה נ' — square, open space
רַחֲבוּת נ' — breadth, extent; generosity
רְחוֹב ז' — street, road
רְחוֹב צְדָדִי ז' — side-street
רַחוּם ת' — merciful, compassionate
רְחוֹפֶת נ' — suspended load material
רָחוּץ ת' — washed
רָחוֹק ת' — far, distant; remote
רֵחַיִים, רֵיחַיִים ז"ז — millstone(s)
רְחִימָאִי — my darling, my love
רְחִימוּ נ' — love
רְחִיפָה נ' — hovering; suspension
רָחִיץ ת' — washable
רְחִיצָה נ' — washing, bathing
רְחִישָׁה נ' — stirring; movement; swarming, crawling
רָחֵל נ' — ewe
רַחַם, רֶחֶם ז' — womb, uterus
רָחָם ז' — Egyptian vulture
רַחֲמִים ז"ר — mercy, pity, compassion
רַחֲמָן ת' — merciful, compassionate
רַחְמָנָא ז' — God the Merciful
רַחְמָנָא לִיצְלַן — God forbid!
רַחְמָנוּת נ' — mercy, pity, compassion
רַחְמָנוּת עָלָיו — poor fellow
רַחֶמֶת נ' — metritis
רָחַף פ' — shake, tremble; hover, float
רַחֶפֶת נ' — hovercraft

רָחַץ פ' — wash, bathe
רַחְצָה נ' — washing, bathing; washing place, bathing place
רָחַק פ' — be far, be distant, keep far from
רִחְרוּחַ ז' — sniffing; nosing around
רִחְרֵחַ פ' — sniff; nose around
רָחַשׁ פ' — murmur; feel, sense; swarm, crawl, creep (insects)
רַחַשׁ ז' — whisper, murmur; feeling, thought; rustle; swarming, crawling
רַחַת נ' — spade; tennis racket
רָטַב פ' — be wet, be moist, be damp, be humid
רָטוֹב ת' — wet, moist, damp, humid
רָטוּשׁ ת' — split open, torn apart; retouched (photography)
רֶטֶט ז' — trembling, quaking; quiver, thrill
רַטָּט ז' — vibrator
רְטִיבוּת נ' — wetness, moistness, dampness, humidity
רְטִיָּה נ' — poultice, plaster, compress; eye-patch
רָטַן פ' — grumble, mutter, complain
רַטְנָן ז' — grumbler, complainer
רֵיאָה, רֵאָה נ' — lung
רֵיאָיוֹן ז' — interview; appointment
רִיב ז' — quarrel, dispute
רִיבָּה נ' — jam
רִיבָּה פ' — increase, add; raise, rear

רִיבָּה נ׳ young lady, lass, maiden
רִיבּוֹא ז׳ ten thousand
רִיבּוּד ז׳ layering; stratification
רִיבּוּי ז׳ increase, growth; raising, breeding
רִיבּוֹן ז׳ lord, sovereign, the Lord
רִיבּוֹנוֹ שֶׁל עוֹלָם ז׳ Lord Almighty
רִיבּוֹנוּת נ׳ sovereignty
רִיבּוֹנִי ת׳ sovereign
רִיבּוּעַ ז׳ square; squaring
רִיבִּית נ׳ interest (on money)
רִיבִּית דְּרִיבִּית נ׳ compound interest
רִיבִּית קְצוּצָה נ׳ exorbitant interest, usury
רִיבָּס ז׳ rhubarb
רִיבֵּעַ פ׳ square (number); multiply by four; repeat four times
רִיגּוּל ז׳ spying, espionage
רִיגּוּן ז׳ grumbling, complaining
רִיגּוּשׁ ז׳ excitement, agitation
רִיגּוּשִׁי ת׳ emotional
רִיגּוּשִׁיּוּת נ׳ emotionalism
רִיגֵּל פ׳ spy
רִיגֵּשׁ פ׳ fill with emotion, move, stir, excite
רִידּוּד ז׳ beating flat, hammering flat
רִיהוּט ז׳ furnishing; furniture
רִיהֵט פ׳ furnish
רִיוָּה פ׳ saturate, quench
רִיוַּח פ׳ space; spread out
רִיוּוּי ז׳ saturation, quenching
רִיזּוּן ז׳ slimming, thinning
רֵיחַ ז׳ smell, odor; a hint of
רִיחוּף ז׳ hovering; flying; suspending
רִיחוּק ז׳ putting at a distance, moving away; removal; distance
רִיחוּשׁ ז׳ murmuring, stirring; swarming, crawling, creeping (insects)
רִיחֵם פ׳ pity, show mercy to
רֵיחָנִי ת׳ fragrant, sweet-smelling, aromatic
רֵיחַ נִיחוֹחַ ז׳ fragrance
רִיחֵף פ׳ hover; be suspended
רִיחֵק פ׳ place at a distance, remove
רִיחֵשׁ פ׳ murmur, stir; swarm, crawl, creep (insects)
רִיטּוּט ז׳ quivering, vibrating
רִיטּוּן ז׳ muttering, grumbling, complaining
רִיטּוּשׁ ז׳ tearing apart, splitting open; retouching (photography)
רִיטֵּט פ׳ quiver, quake; vibrate
רִיטֵּשׁ פ׳ tear apart, split open; retouch (photography)
רִיכּוּז ז׳ concentrating; concentration
רִיכּוּזִיּוּת נ׳ centralism, centralization
רִיכּוּךְ ז׳ softening, softening up; mollifying
רִיכֵּז פ׳ concentrate, bring together
רִיכֵּךְ פ׳ soften, soften up, mollify, palliate

רִיכֵּל, 'רִיכֵל' פ' gossip
רִיכֵּס פ' fasten, button
רִימָּה נ' worm, maggot
רִימָּה פ' deceive, cheat, swindle
רִימּוּז ז' hinting; hint, allusion
רִימּוּם ז' raising; uplift, elevation
רִימּוֹן ז' pomegranate; grenade
רִימֵּז פ' hint at, imply; beckon
רִינָּה נ' singing; joy
רִינּוּן ז' song; gossip
רִינֵּן פ' sing for joy; gossip
רִיס ז' eyelash, lash
רִיסּוּן ז' restraining, curbing, bridling
רִיסּוּס ז' spraying; spray; pulverization
רִיסּוּק ז' shattering, smashing; mashing
רִיסֵּן פ' restrain; curb; bridle
רִיסֵּס פ' spray; pulverize
רִיסֵּק פ' shatter, smash; mash
רִיעוּף ז' tiling
רִיעֵף פ' tile, cover with tiles
רִיפֵּא פ' heal; cure; treat
רִיפֵּד פ' upholster, pad; spread
רִיפָּה פ' relax, slacken, weaken
רִיפּוּד ז' upholstery, padding
רִיפּוּי ז' curing, healing; relaxing, weakening
רִיפֵּשׂ פ' muddy, dirty
רִיצֵּד פ' skip, dart to and fro
רִיצָּה נ' running, racing; race
רִיצָּה פ' placate, appease
רִיצּוּד ז' skipping, darting to and fro
רִיצּוּי ז' placating, appeasement
רִיצּוּף ז' tiling, paving
רִיצּוּץ ז' breaking, crushing
רִיצֵּף פ' tile, pave
רֵיק ת' empty, vacant
רֵיק וּפוֹחֵז ת' irresponsible, reckless
רִיק ז' emptiness, vacuum
רֵיקָא, רֵיקָה ת' empty headed, good for nothing
רִיקָּבוֹן ז' decay, rot
רִיקֵּד פ' dance; jump about
רִיקּוּד ז' dancing; dance
רִיקּוּחַ ז' dispensing of medicines; preparation of drugs
רִיקּוּן ז' emptying
רִיקּוּעַ ז' hammering flat, beating flat; metal leaf
רֵיקוּת נ' emptiness, vacancy
רִיקַּח פ' prepare drugs; mix (spices, etc.)
רֵיקָם תה"פ with nothing, empty-handed
רֵיקָן ת' empty; empty-headed
רֵיקָנוּת נ' emptiness, futility; vacancy
רִיקַּע פ' hammer flat, beat flat; coat
רִיר ז' saliva; mucus
רִירִי ת' mucous
רִישׁ, רֵישׁ ז' want, poverty indigence
רֵישׁ ז' head; letter of Hebrew alphabet (=r)
רֵישָׁא נ' beginning, first part
רִישּׁוּי ז' licensing

רִישׁוּל ז' **negligence, sloppiness, slovenliness**

רִישׁוּם ז' **registering; registration; drawing, sketching; sketch, graphic art; trace, effect, impression**

רִישׁוּת ז' **covering with netting; network, grid**

רִישֵּׁם פ' **draw, sketch; have an effect, leave an impression**

רִישֵּׁת פ' **cover with netting; grid**

רִיתָּה פ' **show favor, wish well**

רִיתּוּחַ ז' **boiling, stewing**

רִיתּוּי ז' **indulgence, leniency**

רִיתּוּךְ ז' **welding**

רִיתּוּק ז' **tying, binding; confining; confinement; enthralment**

רִיתֵּךְ פ' **weld**

רִיתֵּק פ' **tie, bind; confine; enthral**

רַךְ פ' **soften, become softer**

רַךְ ת' **soft; tender; young**

רָכַב פ' **ride; boss around (slang)**

רֶכֶב ז' **(motor) vehicle; graft; upper millstone**

רַכָּב ז' **charioteer, horseman**

רַכֶּבֶל ז' **cable car**

רַכֶּבֶת נ' **(railway) train, railway; ladder in stocking, (colloq.)**

רַכֶּבֶת תַּחְתִּית נ' **underground (railway), subway, tube**

רָכוּב ת' **riding, mounted; ridden**

רְכוּבָּה נ' **knee-cap**

רָכוּן ת' **stooping, leaning over, bent over**

רָכוּס ת' **buttoned, fastened**

רְכוּשׁ ז' **property, possessions; capital**

רְכוּשָׁנוּת נ' **capitalism**

רְכוּשָׁנִי ת' **capitalist(ic)**

רַכּוּת נ' **softness, gentleness, tenderness**

רַכּוּת תה"פ **softly, gently, tenderly**

רַכָּז ז' **organizer, co-ordinator, person in charge**

רַכֶּזֶת נ' **(telephone) switchboard**

רְכִיב ז' **component**

רְכִיבָה נ' **riding**

רַכִּיךְ ת' **softish, somewhat soft**

רַכִּיכָה נ', רַכִּיכוֹת נ"ר **mollusc(s)**

רַכִּיכוּת נ' **softness, slight softness**

רְכִיל ז' **gossip, backbiting**

רְכִילַאי ז' **gossip, backbiter**

רְכִילוּת נ' **gossip, slander**

רָכִין ת' **stooping, tipping, bending over**

רְכִיסָה נ' **fastening, buttoning**

רְכִישָׁה נ' **purchasing, acquiring; acquisition**

רַכִּית, רַכֶּכֶת נ' **rickets, rachitis**

רָכַל פ' **peddle**

רַךְ־לֵב ת' **cowardly, timorous**

רַכְלָן ז' **gossip, slanderer**

רַכְלָנוּת נ' **gossip**

רָכַן פ' **stoop, lean over, bend over**

רָכַס פ' **button, fasten**

רֶכֶס ז' **ridge, range; cuff link; collar button**

רִכְפָּה נ׳ mignonette
רַכְרוּכִי ת׳ soft, weak; pliant, unstable
רַכְרוּכִיּוּת נ׳ softness, weakness; instability, pliancy
רַכְרַךְ ת׳ delicate, soft
רִכְרֵךְ פ׳ soften a little
רָכַשׁ פ׳ purchase, acquire, obtain
רֶכֶשׁ ז׳ purchase (of arms)
רָם ת׳ high, lofty, eminent
רָם פ׳ rise aloft, rise up
רַם לֵב ת׳ haughty
רַם־מַעֲלָה ת׳ of high rank
רַם קוֹמָה ת׳ tall
רַמָּאוּת נ׳ swindling, cheating, fraud
רַמַּאי ת׳ swindler, cheat, fraud
רָמָה נ׳ hill, plateau, height; level, standard
רָמַת (הַ)חַיִּים נ׳ standard of living
רָמוּז ת׳ hinted at, implied, suggested; beckoned
רָמוּס ת׳ trampled, trodden
רָמַז פ׳ hint, allude to, gesticulate; imply, suggest; beckon
רֶמֶז ז׳ hint, allusion, clue; insinuation; gesture; indication
רֶמֶז דַּק ז׳ gentle hint
רֶמֶז עָבֶה ז׳ broad hint
רֶמֶז שָׁקוּף ז׳ obvious hint
רַמְזוּז ז׳ slight hint
רַמְזוֹר ז׳ traffic light(s)
רַמַטְכָּ"ל (רֹאשׁ הַמַּטֶּה הַכְּלָלִי) Chief of Staff
רְמִיזָא ז׳ hint

רְמִיזָה נ׳ hinting, implying, alluding; gesticulation
רְמִיָּה נ׳ deceiving, cheating; falsehood, deceit, fraud
רְמִיסָה נ׳ trampling, treading
רַמָּם ז׳ booster
רַמָּן ז׳ grenade-thrower, grenadier
רָמַס פ׳ trample, stamp, tread
רֶמֶץ ז׳ hot ashes
רַמְקוֹל ז׳ loudspeaker
רָמַשׂ פ׳ creep, crawl
רֶמֶשׂ ז׳ creeping things, reptiles
רָן פ׳ sing, chant
רְנָנָה נ׳ joyful music, song(s) of joy
רָסוּק ת׳ crushed, shattered; smashed
רְסִיס ז׳ drop; splinter, chip, shrapnel, fragment
רֶסֶן ז׳ curb, restraint; bridle
רִסֵּס פ׳ sprinkle, spray
רֶסֶק ז׳ purée, mash
רֶסֶק עַגְבָנִיּוֹת ז׳ tomato purée
רֶסֶק תַּפּוּחֵי אֲדָמָה ז׳ mashed potatoes
רָע ת׳ bad, evil, wicked, malignant
רַע־לֵב ת׳ wicked
רָע ז׳ badness, evil, wickedness; harm, misfortune
רֵעַ ז׳ friend, companion
רָעֵב פ׳ be hungry, feel hungry, starve; crave
רָעֵב ת׳ hungry, starving; craving
רָעָב ז׳ hunger, starvation, famine
רְעָבוֹן ז׳ hunger

רַעַבְתָן ת׳ glutton, voracious eater
רַעַבְתָנוּת נ׳ gluttony, voracity
רָעַד פ׳ tremble, shiver, shudder
רַעַד ז׳ tremble, shiver, shudder
רְעָדָה נ׳ trembling, shivering, shuddering
רַעְדוּד ז׳ tremolo
רָעָה פ׳ herd, shepherd; pasture; lead
רָעָה נ׳ evil deed, wickedness; misfortune, calamity
רֵעֶה ז׳ friend, companion (male)
רֵעָה נ׳ friend, companion (female)
רָעָה חוֹלָה נ׳ a serious trouble
רָעוּל ת׳ veiled, masked
רָעוּעַ ת׳ in bad condition, dilapidated, decrepit, unstable
רֵעוּת נ׳ friendship, companionship
רְעוּת רוּחַ נ׳ vanity, futility
רְעִידָה נ׳ quaking, shaking, trembling
רְעִידַת אֲדָמָה נ׳ earthquake
רַעְיָה נ׳ wife, lady, spouse
רַעְיוֹן ז׳ idea, notion, thought
רַעְיוֹן רוּחַ ז׳ folly, nonsense
רַעְיוֹנִי ת׳ notional, intellectual, ideological
רְעִיָּה נ׳ putting out to pasture, pasturing, grazing
רְעִימָה נ׳ thundering; backfire
רְעִיעוּת נ׳ bad condition, dilapidation, shakiness
רְעִיפָה נ׳ dripping, trickling
רַעַל ז׳ poison
רַע־לֵב ת׳ wicked
רְעָלָה נ׳ veil
רַעֲלָן ז׳ toxin
רַעֶלֶת נ׳ toxicosis
רָעַם פ׳ thunder, roar, rage
רַעַם ז׳ thunder, roar
רַעְמָה נ׳ mane
רִעֲנוּן ז׳ refreshing, freshening, invigorating
רִעֲנֵן פ׳ refresh, freshen; invigorate
רַעֲנָן ת׳ fresh, refreshed, vigorous
רַעֲנַנּוּת נ׳ freshness, vigor
רָעַף פ׳ drizzle, drip, trickle
רַעַף ז׳ tile, roof-tile
רָעַץ פ׳ crush, shatter
רָעַשׁ פ׳ make a noise, be noisy; quake
רַעַשׁ ז׳ noise, din; earthquake
רַעֲשִׁי ת׳ seismic
רַעֲשִׁיּוּת נ׳ seismicity
רַעֲשָׁן ז׳ noisy person; rattle
רַעֲשָׁנוּת נ׳ noisiness, loudness, din
רַעֲשָׁנִי ת׳ noisy, loud, clamorous; blatant
רַף ז׳ shelf
רָפָא פ׳ cure, heal
רְפָאוּת נ׳ medicine, cure, remedy
רְפָאִים ז״ר ghosts, shades, spirits of the dead
רָפֶד ז׳ padding, material for upholstery
רַפָּד ז׳ upholsterer
רָפָה פ׳ lose strength, grow weak
רָפֶה ת׳ weak, feeble, flabby; without dagesh (grammar)

רְפֵה שֵׂכֶל ת׳ weak minded
רְפוּאָה נ׳ medicine, medical science; cure; recovery
רְפוּאָה שְׁלֵמָה! נ׳ "I wish you a full recovery!" (said to someone sick)
רְפוּאִי ת׳ medical
רָפוּי ת׳ slack, loose, lax
רָפוּף ת׳ shaky, flimsy
רָפִיא ת׳ curable
רְפִידָה נ׳ upholstering, lining, padding, cushioning; inner sole
רִפְיוֹן ז׳ weakness, slackness, looseness
רִפְיוֹן יָדַיִים ז׳ impotence, powerlessness
רְפִיסוּת נ׳ weakness, feebleness
רְפִיפוּת נ׳ shakiness, instability
רָפַס פ׳ be feeble, be frail; trample, tread
רִפְסֵד פ׳ sail a raft
רַפְסוֹדַאי ז׳ raftsman
רַפְסוֹדָה נ׳ raft
רִפְרוּף ז׳ fluttering, hovering; skimming
רִפְרֵף פ׳ flutter, hover; examine superficially, skim
רַפְרָף ז׳, רַפְרָפִים ז״ר hawk moth
רַפְרָף ז׳ (wireless) wobbulator
רַפְרֶפֶת נ׳ custard
רֶפֶשׁ ז׳ mud, mire, dirt
רֶפֶת נ׳ cowshed; dairy-farming
רַפְתָּן ז׳ cowman
רַפְתָּנוּת נ׳ dairy-farming
רָץ פ׳ run
רָץ ז׳ courier, envoy; half-back (football); bishop (chess)
רָצָה פ׳ want, wish; be willing; be pleased with
רָצוּי ת׳ wanted, desirable; acceptable, welcome
רָצוֹן ז׳ wish, desire; will; (good) will
רָצוֹן חוֹפְשִׁי ז׳ free will
רְצוֹנִי ת׳ voluntary, volitional
רְצוּעָה נ׳ strap, band, belt; strip; ligament
רָצוּף ת׳ continuous, non-stop; attached; paved; enclosed
רָצוּף בָּזֶה, ר״ב enclosed herewith
רָצוּץ ת׳ broken, crushed; exhausted
רָצַח פ׳ murder, kill, assassinate
רֶצַח ז׳ murder, killing, assassination
רֶצַח אוֹפִי ז׳ character assassination
רַצְחָנִי ת׳ murderous, killing
רְצִיחָה נ׳ murdering, assassinating; murder, assassination
רְצִיָּה נ׳ wishing; wish; desire
רְצִינוּת נ׳ seriousness; gravity
רְצִינִי ת׳ serious; grave
רְצִיעָה נ׳ piercing or boring with an awl
רָצִיף ז׳ platform; wharf, quay
רָצִיף ת׳ continuous
רְצִיפוּת נ׳ continuity
רָצַע פ׳ pierce or bore with an awl

רַצְעָן ז' leatherworker; shoemaker, cobbler
רַצָּף ז' paver, floor-layer
רֶצֶף ז' continuity, succession, duration
רִצְפָּה נ' floor; ember
רַצָּפוּת נ' paving, floor-laying
רָצַץ פ' crush, shatter
רַק תה"פ only
רָקַב פ' rot, decay, go bad
רָקָב ז' decayed matter
רֶקֶב ז' plant rot
רַקְבּוּבִי ת' decayed, rotten
רַקְבּוּבִית נ' decay, rot
רַקְבִּיבוּת נ' decay, rot, corruption
רָקַד פ' dance
רַקְדָן ז' dancer
רַקָּה נ' temple
רָקוּב ת' decayed, rotten
רָקַח פ' dispense (medicine), prepare (drugs)
רַקָּחוּת נ' dispensing (medicines), pharmacy, pharmaceutics
רָקִיב ת' perishable, tending to rot easily
רְקִיבוּת נ' proneness to rot
רְקִימָה נ' embroidering; embroidery; fashioning, creating
רָקִיעַ ז' sky, heaven, firmament
רָקִיעַ ת' malleable, ductile
רְקִיעָה נ' stamping (of feet)
רָקִיק ז' wafer
רְקִיקָה נ' spitting
רָקַם פ' embroider; fashion, form, create

רֶקֶם, רֶקֶם ז' embroidery
רִקְמָה נ' embroidery; tissue; texture
רָקַע פ' stamp (foot), trample; spread; beat into sheets
רֶקַע ז' background, setting
רַקֶּפֶת נ' cyclamen
רָקַק פ' spit
רְקָק ז' shoal, shallow; swamp
רְקָקִית נ' spittoon, cuspidor
רָשׁ ת' poor, destitute
רַשַּׁאי ת' allowed, entitled, authorized
רָשׁוּי ת' licensed
רָשׁוּם ת' registered, recorded
רְשׁוּמָה נ' record
רְשׁוּמוֹת נ"ר minutes; Reshumot, official gazette of the Israeli government
רָשׁוּת נ' authority, power
רָשׁוּת מְקוֹמִית נ' local authority, local council
רְשׁוּת נ' permission; option; possession
רְשׁוּת הַיָּחִיד נ' private possession
רְשׁוּת הָרַבִּים נ' public possession
רָשׁוּת ת' net-like, of net
רִשְׁיוֹן ז' licence
רִשְׁיוֹן נְהִיגָה ז' driving licence
רְשִׁימָה נ' writhing, recording, noting down; list; short article or story
רַשְׁלָן ז' lazy person, sloppy person, careless person

רַשְׁלָנוּת נ' laziness, sloppiness; carelessness, negligence
רַשְׁלָנִי ת' lazy, sloppy, careless
רָשַׁם פ' note down, record, register; list; sketch, draw
רַשָּׁם ז' registrar
רִשְׁמִי ת' official
רִשְׁמִיּוּת נ' formality
רִשְׁמִית תה"פ officially
רְשַׁמְקוֹל ז' tape-recorder
רָשָׁע ת', ז' wicked, evil; villain
רֶשַׁע ז' wickedness, evil
רִשְׁעָה נ' wickedness, iniquity
רִשְׁעוּת נ' wickedness, malice
רֶשֶׁף ז' spark; flash
רִשְׁרוּשׁ ז' rustling; rustle
רִשְׁרֵשׁ פ' rustle
רֶשֶׁת נ' net, network
רִשְׁתִּי ת' made of net, of net
רִשְׁתִּית נ' retina
רָתוּחַ ת' boiled
רָתוּם ת' harnessed, hitched
רַתּוּק ז' chain, cable
רַתּוּקָה, רְתוּקָה נ' chain
רָתַח פ' boil, rage, be furious
רְתָחָה נ' boiling; fury, rage
רַתְחָן ת' bad-tempered person, person given to fits of anger
רַתְחָנוּת נ' irascibility, bad-temperedness
רְתִיחָה נ' boiling; rage; effervescence
רָתִיךְ ת' weldable
רְתִיכוּת נ' weldability
רְתִיעָה נ' recoiling, flinching; recoil
רַתָּךְ ז' welder
רַתָּכוּת נ' welding
רָתַם פ' harness, hitch
רִתְמָה נ' harness
רֶתַע ז' recoiling, recoil
רָתַת פ' tremble, shake, quiver
רֶתֶת ז' trembling, quivering, quaking

ש

שֶׁ... that, who, which; because; let
שֶׁיְּדַבֵּר! let him talk
שָׁאַב פ׳ draw, pump; derive, obtain
שָׁאַג פ׳ roar, bellow
שְׁאָגָה נ׳ roar, bellow
שָׁאוּב ת׳ drawn, pumped; derived, obtained
שְׁאוֹל זו״נ sheol, the underworld
שָׁאוּל ת׳ borrowed, loaned
שָׁאוֹן ז׳ noise, roar, din
שְׂאוֹר ז׳ leaven, yeast
שְׁאָט ז׳ contempt, disgust, revulsion
(בִּ)שְׁאָט נֶפֶשׁ תה״פ (with) disgust
שְׁאִיבָה נ׳ drawing, pumping; deriving, obtaining
שְׁאִיָּה נ׳ desolation, destruction
שְׁאִילָה נ׳ borrowing; asking
שְׁאִילְתָּה נ׳ parliamentary question
שְׁאִיפָה נ׳ breathing in, inhaling; ambition, aspiration
שָׁאִיר ז׳ surviving relative
שָׁאַל פ׳ ask, ask for; borrow
שְׁאֵלָה נ׳ question; request
שְׁאֵלַת תָּם נ׳ an innocent question, a plain question
שְׁאֵלוֹן ז׳ questionnaire
שָׁאנִי ת׳ different
שַׁאֲנָן ת׳ tranquil, serene, complacent
שַׁאֲנַנּוּת נ׳ tranquillity, serenity, complacency
שָׁאַף פ׳ breathe in; strive for
שַׁאֲפָן ז׳ ambitious person
שַׁאֲפָנוּת נ׳ ambition, ambitiousness
שַׁאֲפָנִי, שְׁאַפְתָּנִי ת׳ ambitious
שְׁאַפְתָּן ז׳ ambitious man
שְׁאַפְתָּנוּת נ׳ ambitiousness
שְׁאָר ז׳ the rest, the remainder, other
שְׁאַר־רוּחַ ז׳ nobility of mind or spirit
שְׁאֵר ז׳ kinsman
שְׁאֵר בָּשָׂר ז׳ blood relation
שְׁאֵרִית נ׳ remainder, remnant
שְׁאֵרִית הַפְּלֵיטָה נ׳ the few surviving remnants
שְׂאֵת נ׳ loftiness
שָׂב ת׳ old, aged, grey-haired
שָׁב פ׳ return, come back, go back; repeat; repent
שֵׁב sit down!
שָׂב פ׳ become old, age, become grey-haired
שְׁבָב ז׳ splinter, shaving, chip
שָׁבָה פ׳ capture, take prisoner
שְׁבוֹ ז׳ agate
שָׁבוּי ת׳, ז׳ captured; prisoner-of-war, captive
שָׁבוּעַ ז׳ week
שְׁבוּעָה נ׳ oath, vow
שְׁבוּעַת שָׁוְא נ׳ vain oath
שְׁבוּעַת שֶׁקֶר נ׳ false oath
שְׁבוּעוֹן ז׳ weekly (journal)
שָׁבוּעוֹת, חַג הַשָּׁבוּעוֹת ז׳ Shavuot, Pentecost, the Feast of Weeks

weekly — שְׁבוּעִי ת'
two weeks, a fortnight — שְׁבוּעַיִים ז"ז
broken, fractured — שָׁבוּר ת'
return (to the land of Israel) — שִׁבוּת נ'
praise; improvement — שֶׁבַח, שְׁבָח ז'
increased value of landed property — שֶׁבַח מְקַרְקְעִין ז'
rod; scepter; tribe — שֵׁבֶט ז'
Shevat (January-February) — שְׁבָט ז'
tribal — שִׁבְטִי ת'
captivity; captives — שֶׁבִי, שְׁבִי ז'
spark, ray (of hope etc.) — שְׁבִיב ז'
comet — שָׁבִיט, כּוֹכַב שָׁבִיט ז'
path, pathway; part (in hair) — שְׁבִיל ז'
the golden mean — שְׁבִיל הַזָּהָב ז'
the Milky Way — שְׁבִיל הֶחָלָב ז'
woman's head ornament; woman's kerchief, head-scarf — שְׁבִיס ז'
feeling of satisfaction, satiety — שְׂבִיעָה נ'
seven-month baby — שְׁבִיעוֹנִי ת'
satiety — שְׂבִיעוּת נ'
satisfaction — שְׂבִיעוּת רָצוֹן נ'
seventh — שְׁבִיעִי ת'
septet; set of seven — שְׁבִיעִיָּה נ'
fragile, breakable — שָׁבִיר ת'
diopter — שְׁבִיר ז'
breaking, fracturing; breakage; refraction — שְׁבִירָה נ'
fragility, brittleness — שְׁבִירוּת נ'
strike — שְׁבִיתָה נ'
wildcat strike — שְׁבִיתָה פִּרְאִית נ'
sympathy strike — שְׁבִיתַת אַהֲדָה נ'
go-slow strike — שְׁבִיתַת הָאָטָה נ'
armistice, cease fire, truce — שְׁבִיתַת נֶשֶׁק נ'
hunger strike — שְׁבִיתַת רָעָב נ'
sit-in strike — שְׁבִיתַת שֶׁבֶת נ'
lattice, trellis, net, grid — שְׂבָכָה, סְבָכָה נ'
snail — שַׁבְּלוּל ז'
pattern, model: stereotype, routine (colloq.) — שַׁבְּלוֹנָה נ'
stereotyped, routine, hackneyed — שַׁבְּלוֹנִי ת'
eat one's fill, be sated — שָׂבַע פ'
satisfied, sated, full — שָׂבֵעַ ת'
satisfied, pleased — שְׂבַע רָצוֹן ת'
plenty, satiety — שָׂבָע ז'
seven (fem.) — שֶׁבַע ש"מ, נ'
seventeen (fem.) — שְׁבַע־עֶשְׂרֵה ש"מ,נ'
seven (masc.) — שִׁבְעָה ש"מ, ז'
seventeen (masc.) — שִׁבְעָה־עָשָׂר ש"מ, ז'
satiety, satisfaction — שָׂבְעָה, שׂוֹבְעָה נ'
seventy (masc. and fem.) — שִׁבְעִים ש"מ, זו"נ
septet — שַׁבְעִית נ'
seven times; sevenfold — שִׁבְעָתַיִם ש"מ
death throes, apoplexy, convulsion, stroke — שָׁבָץ ז'
stroke — שְׁבַץ לֵב ז'
leave, forsake, abandon — שָׁבַק פ'
depart this life (biblical) — שָׁבַק חַיִּים לְכָל חַי

שֶׂבֶר ז' hope, expectation
שָׁבַר פ' break, fracture; refract; turn sharply (steering-wheel) (colloq.)
שֶׁבֶר ז' break, fracture; fragment; fraction; hernia, rupture; disaster; grain; fulfilment, realization
שַׁבְרִיר ז' fragment, splinter, sliver
שְׁבַר־כְּלִי ז' weakling, human wreck
שֶׁבֶר עָנָן ז' cloudburst
שַׁבְשֶׁבֶת נ' weather-vane, weathercock
שַׁבֶּשְׁתָּא נ' mistake, error
שַׁבֶּשְׁתָּא כֵּיוָן דְעָל־עָל once a mistake is made, it is bound to remain
שָׁבַת פ' strike; cease, stop; rest; observe the Shabbat
שֶׁבֶת נ' sitting; cessation; idleness,
שַׁבָּת נ' Shabbat, seventh day; day of rest
שַׁבַּת שָׁלוֹם! (greeting on Shabbat)
שַׁבְּתַאי ז' Saturn
שַׁבָּתוֹן ז' complete rest; public holiday (when all working establishments are closed); sabbatical
שָׂגַב פ' be strong, be high, be great
שֶׂגֶב ז' greatness, sublimity
שָׁגַג פ' sin in error, be unintentionally mistaken
שְׁגָגָה נ' inadvertent sin; unintentional mistake
שָׂגָה פ' prosper, thrive, rise
שָׁגָה פ' make a mistake, err
שָׁגוּר ת' fluent; usual, habitual
שַׂגִּיא ת' exalted, sublime
שְׁגִיאָה נ' mistake, error
שַׂגִּיב ת' sublime, great
שְׁגִירוּת נ' fluency; habitual use
שָׁגַל פ' have sexual intercourse with (a woman)
שֵׁגַל נ', שִׁגְלוֹנָה נ' concubine
שֶׁגֶם ז' tenon, spline, tongue
שִׁגְעוֹנִי, שִׁיגְעוֹנִי ת' insane, crazy, wild
שֶׁגֶר ז' young (of animals)
שִׁגְרָה נ' routine; fluency
שַׁגְרִיר ז' ambassador
שַׁגְרִירוּת נ' embassy
שִׁגְרָתִי ת' routine, habitual
שִׂגְשֵׂג פ' flourish, thrive, prosper
שִׂגְשׂוּג ז' flourishing, thriving, prosperity
שַׁד, שֵׁד ז' ז"ר שָׁדַיִים breast
שֵׁד ז', שֵׁדָה נ' devil, demon
שֵׁד מִשַּׁחַת ז' little devil; a real wizard; a bundle of energy
שָׂדָאוּת נ' field training, fieldcraft
שָׁדַד פ' rob, loot, plunder
שָׂדֶה ז' field
שְׂדֵה בּוּר ז' uncultivated land
שְׂדֵה מַגְנֶטִי ז' magnetic field
שְׂדֵה מוֹקְשִׁים ז' minefield

שְׂדֵה קְרָב ז' battlefield
שְׂדֵה רְאִיָּה ז' field of vision
שְׂדֵה שְׁלָחִים ז' artificialy irrigated land
שְׂדֵה תְּעוּפָה ז'. airfield
שָׁדוּד ת' robbed, looted, plundered
שְׁדוּלָה נ' lobby, lobbying
שֵׁדוֹן ז' little devil, imp, gnome
שָׁדוּף ת' blighted, scorched, blasted; empty, meaningless
שַׁדַּי ת' the Almighty
שְׁדִידָה נ' robbery, looting, plundering
שָׁדִיר ת' suitable for broadcasting
שַׁדְכָן ז' match-maker, marriage-broker; stapler (colloq.)
שַׁדְּכָנוּת נ' match-making
שְׁדֵמָה נ' field (of grain or fruit)
שָׁדַף פ' blight, scorch, blast
שַׁדָ"ר ז' collector (for Jewish institutes of learning)
שַׁדָּר ז' broadcaster, transmitter; birch
שֶׁדֶר ז' broadcasting transmission; message
שִׁדְרָה נ' spine, backbone
שְׂדֵרָה נ' avenue, boulevard; row, column; social class, social circle
שְׂדֵרוֹת הֶרְצְל Herzl Avenue
שִׁדְרִית נ' keel
שַׁדְרָן ז' broadcaster
שַׁדֶּרֶת נ' rickets, rachitis
שֶׂה זו"נ lamb

שָׂהֵד ז' witness
שָׂהֲדִי בַּמְּרוֹמִים! as God's my witness!
שָׁהָה פ' stay (for a certain time)
שְׁהוּת, שָׁהוּת נ' sufficient time, leisure
שְׁהִי ז' rest (music), fermata
שְׁהִיָּה נ' staying; stay, wait; delaying; delay
שַׁהַר, סַהַר ז' moon, crescent
שַׂהֲרוֹן, סַהֲרוֹן ז' moon-shaped ornament
שׁוֹאֵב־אָבָק ז' vacuum cleaner, dust extractor
שׁוֹאֵב, שׁוֹאֵב מַיִם ז' water-drawer
שׁוֹאָה נ' catastrophe, holocaust, destruction, calamity
שׁוֹאֵל ז' questioner; borrower
שׁוּב תה"פ again, once more
שׁוֹבֵב פ' return, restore, refresh; put back; cause go astray; go astray
שׁוֹבָב ת' naughty, mischievous
שׁוֹבְבוּת נ' naughtiness, mischievousness, misbehavior
שׁוּבָה נ' calm, rest, repose
שׁוֹבֵה לֵב ת' captivating, enchanting
שׁוּבַּח פ' be praised; be praiseworthy
שׂוֹבֶךְ ז' lattice-work, network; thicket, tangle of boughs
שׁוֹבָךְ ז' dove-cote

שׁוֹבֶל ז׳ train (of a dress); wake (of a ship), vapor trail (of airplane)

שׁוֹבַע ז׳, שׁוֹבְעָה, שָׂבְעָה נ׳ satisfaction, satiety

שׁוּבַּץ פ׳ be checkered be marked out in squares; be graded; be set be integrated

שׁוֹבֵר ז׳ voucher, warrant, receipt

שׁוּבַּר פ׳ be shattered

שׁוֹבֵר־גַּלִּים ז׳ breakwater

שׁוֹבֵר־רוּחַ ז׳ windbreak

שׁוּבַּשׁ פ׳ be corrupt (text), be full of mistakes; into disorder, be disrupted

שׁוֹבֵת ז׳ striker

שׁוֹגֵג ת׳, בְּשׁוֹגֵג unintentionally or inadvertantly erring

שׁוּגַּע פ׳ driven mad, be maddened; be infatuated (slang)

שׁוּגַּר פ׳ be sent, be dispatched, be launched

שׁוֹד ז׳ robbery, plunder

שׁוֹדֵד ז׳ robber, bandit

שׁוּדַּד פ׳ be laid waste, be ravaged, be destroyed

שׁוּדַּד פ׳ be harrowed

שׁוּדַּךְ פ׳ be brought together (by a matchmaker)

שׁוּדַּל פ׳ be coaxed, be persuaded

שׁוּדַּר פ׳ be broadcast, be transmitted

שׁוֹהַם ז׳ onyx

שָׁוְא ז׳ falsehood; vanity

שְׁוָא ז׳ sheva (silent or half vowel of Hebrew)

שְׁוָא נָח ז׳ silent sheva

שְׁוָא נָע ז׳ sounded sheva

שְׁוָאִי ת׳ pointed with a sheva

שָׁוָה פ׳ be equal, be equivalent, be comparable, be worthwhile

שָׁוֶה ת׳ equal, equivalent; worth, worthwhile (colloq.)

שָׁוֶה בְּשָׁוֶה תה"פ equally, in equal shares, fifty-fifty

שְׁוֵה־זְכוּיוֹת ת׳ with equal rights

שָׁוֶה לְכָל נֶפֶשׁ suitable for everyone

שְׁוֵה־נֶפֶשׁ ת׳ indifferent

שְׁוֵה־עֵרֶךְ ת׳ equal in value, equivalent

שָׁוֶה פְּרוּטָה ת׳ of little value

שְׁוֵה צְלָעוֹת ת׳ equilateral (triangle)

שׁוֹוִי ז׳ value, worth

שִׁוְיוֹן ז׳ equality, equivalence

שִׁוְיוֹן־זְכוּיוֹת ז׳ equality of rights

שִׁוְיוֹן נֶפֶשׁ ז׳ indifference, equanimity

שִׁוְיוֹנוּת, שִׁוְיוֹנִיּוּת נ׳ equality of rights

שָׁוִיק ת׳ marketable

שַׁוַע ז׳, שַׁוְעָה נ׳ cry for help

שׁוּוַּק פ׳ be marketed

שַׁוָּר ז׳ dancer; tight-rope artist, trapeze-artist

שׁוּזַּר פ׳ be twisted, be twined

שוחַד פ' be bribed

שוחַד ז' bribe

שוחָה נ' deep trench, pit

שוחְזַר פ' be reconstructed

שוחֵחַ פ' talk, converse

שוחֵט ז' ritual slaughterer

שוחֵק ת' laughing, merry

שוחֵר ז' well wisher,friend, supporter; seeker

שוחְרַר פ' be set free, be released

שוט ז' whip

שוטֶה ת' foolish, stupid, silly

שוטַח פ' be flattened

שוטֵט פ' rove, wander about; loiter

שוטְטוּת נ' wandering about, loitering, vagrancy

שוטִית נ' skiff, canoe

שוטֵף ת' continuous, running; flowing; current; rapid

שוטֵר ז' policeman, constable

שוטֵר־חָרָש ז' detective

שוטֵר מְקוֹפִי ז' policeman on the beat

שוטֵר תְּנוּעָה ז' traffic policeman

שוּיַךְ פ' be ascribed, be attributed

שוּיַף פ' be filed

שוכָה נ' bough, branch

שוכַּךְ פ' be calmed, be appeased, be eased

שוכַּל פ' be left childless

שוכְלַל פ' be improved, be perfected

שוכַּן פ' be housed, be provided with housing

שוכְנַע פ' be convinced

שוכְפַּל פ' be duplicated

שוכֵר ז' hirer, renter, lessee

שול ז' edge, margin

שוּלַב פ' be interlocked, be interwoven

שולְהַב פ' be set alight, be inflamed, be fired with enthusiasm, be carried away

שוּלַח פ' be sent away

שולְחָן ז' table; desk

שולְחַן כְּתִיבָה ז' writing desk

שולְחַן מְלָאכָה ז' work-bench

שולְחָן עָגוֹל ז' round table

שולְחָן עָרוּךְ ז' laid table (for a meal); Shulhan Arukh (codification of Jewish laws)

שולְחָנִי ז' money-changer

שוּלַט פ' be signposted

שולְטָאן ז' Sultan

שולְטָנִי ת' domineering, bossy

שולִי ת' marginal

שולְיָה ז' apprentice

שולַיִים ז"ז edge, brim; margins

שולֵל ז' one who says no, opponent

שולָל ת' stripped, deprived, bereft

שוּלַל פ' be devoid of, be deprived of

שוּלַם פ' be paid

שוּלַש פ' be tripled, be trebled

שולְשַל פ' be dropped in; be mailed

שׁוּם ז' garlic; something, anything
שׁוּם דָּבָר תה"פ nothing
שׁוּמָה נ' assessment, valuation; mole (on body)
שׁוּמָה ת' incumbent
שׁוּמָה עָלָיו it is incumbent on him
שׁוֹמֵם ת' waste, desolate, dreary
שׁוּמָן ז' fatness
שׁוּמָּן ז' fat
שׁוּמַּן פ' be oiled
שׁוֹמֵר ז' watchman, guard, keeper
שׁוֹמֵר (שׁוֹמֶרֶת) טַף ז' (נ') baby-sitter
שׁוֹמֵר יִשְׂרָאֵל ז' Guard of Israel (God)
שׁוֹמֵר מִשְׁקָל ז' weight watcher
שׁוֹמֵר נַפְשׁוֹ ת' cautious, careful
שׁוֹמֵר רֹאשׁ ז' bodyguard
שׁוּמַּר פ' be preserved, be conserved, be canned
שׁוּמָר ז' fennel
שׁוֹמְרוֹנִי ת' Samaritan
שׁוּמַּשׁ פ' be used, be second-hand
שׁוּמְשׁוּמִין, שׁוּמְשׁוּם ז' sesame
שׂוֹנֵא ז' enemy, foe
שׂוֹנֵא יִשְׂרָאֵל ז' anti-Semite
שׁוֹנֶה ת' different
שׁוּנָּה פ' be changed, be altered
שׁוֹנוּת נ' difference; variation, divergence, variability
שׁוֹנִי ז' difference; variance, variety

שׁוּנִית נ' reef; cliff, promontory
שׁוּנַּן פ' be learned by heart; be sharpened
שׁוּנְרָה נ' wild cat
שׁוּנַּת פ' be notched, be graduated
שׁוּסָּה פ' be set on be provoked, be incited
שׁוּסַּע פ' be split; be interrupted
שׁוּסַּף פ' be split, be rent
שׁוֹעַ ז' magnate; noble
שׁוּעְבַּד פ' be enslaved; be subjected; be mortgaged
שׁוּעָל ז' fox
שׁוּעֲמַם פ' be bored
שׁוֹעֵר ז' gatekeeper; doorman; janitor, goalkeeper
שׁוּעַר פ' be estimated; be supposed, be imagined
שׁוּעֲשַׁע פ' be amused, be diverted
שׁוּעְתַּק פ' be reproduced
שׁוֹפֵט ז' judge; referee, umpire
שׁוֹפֵט שָׁלוֹם ז' magistrate
שׁוּפִי ז' ease, comfort
שׁוֹפִין ז' file
שׁוּפַּךְ פ' be poured out; be spilled
שׁוֹפְכָה, שָׁפְכָה נ' penis
שׁוֹפְכִים ז"ר dirty water; sewage
שׁוֹפְכֵי תַּעֲשִׂיָּה ז"ר industrial waste
שׁוֹפֵעַ ת' flowing, streaming; full of, abounding (in)
שׁוֹפַע פ' abound in, be rich in
שׁוּפַע ז' trim (of ship)

be renovated, be restored, be overhauled שוּפַּץ פ'
shofar (ram's horn); mouthpiece שוֹפָר ז'
be improved שוּפַּר פ'
beauty; best portion שוּפְרָא ז'
the very best quality, first class שוּפְרָא דְשׁוּפְרָא תה"פ
be elaborated שוּפְרַט פ'
supermarket שוּפֶּרְסַל ז'
be rubbed; be burnished; be broken in (by tough military training) (mil. slang) שוּפְשַׁף פ'
leg (below the knee), side (geometry); shock שׁוֹק נ'
market, market-place, bazaar שׁוּק ז'
vulgar שׁוּקִי ת'
leg (of a high boot) שׁוֹקִית נ'
be rehabilitated שׁוּקַם פ'
draft (of ship), draught שׁוֹקַע ז'
be submerged, be sunk in שׁוּקַע פ'
be loathsome, be detestable שׁוּקַץ פ'
bustling; craving, longing שׁוֹקֵק ת'
drinking-trough שׁוֹקֶת נ'
efforts come to nothing שׁוֹקֶת שְׁבוּרָה נ'
ox, bull, bullock שׁוֹר ז'
be extended, hang down; be interpolated שׁוּרְבַּב פ'
row, rank, line; series שׁוּרָה נ'
the strict letter of the law שׁוּרַת הַדִּין נ'
bison, buffalo שׁוֹר הַבָּר ז'
lined paper שׁוּרוֹן ז'
שׁוּרְטַט ר' סוּרְטַט
be earmarked, be set aside; be armor-plated שׁוּרְיַין פ'
sing; write poetry שׁוֹרֵר פ'
navel, umbilicus שׁוֹרֶר ז'
root שׁוֹרֶשׁ ז'
be uprooted; be eradicated שׁוֹרַשׁ פ'
rootlet, small root שׁוֹרְשׁוֹן ז'
root, radical; deep-rooted, authentic, fundamental שׁוֹרְשִׁי ת'
deep-rootedness, authenticity, fundamentality שׁוֹרְשִׁיּוּת נ'
best man; partner; friend and promoter שׁוֹשְׁבִין ז'
status of best man שׁוֹשְׁבִינוּת נ'
dynasty; genealogy שׁוֹשֶׁלֶת נ'
lily; rosette (architecture) שׁוֹשָׁן ז'
lily; rose (colloq.); erysipelas (med.) שׁוֹשַׁנָּה נ'
rosette שׁוֹשֶׁנֶת נ'
compass card שׁוֹשַׁנַּת הָרוּחוֹת נ'
partner שׁוּתָּף ז'
be made a partner, be allowed to participate שׁוּתַּף פ'
partnership שׁוּתָּפוּת נ'
be paralysed; be silenced שׁוּתַּק פ'
tanned, sunburnt שָׁזוּף ת'
twisted, twined; interwoven, intertwined שָׁזוּר ת'

שְׁזִיף ז' plum
שְׁזִירָה נ' twisting, twining; interweaving, intertwining
שָׁזַר פ' twist, twine; interweave, intertwine
שִׁזְרָה נ' spine, backbone
שַׁח ת' bent, bowed; depressed, dejected, cast down (eyes)
שַׁח ז' chess; check (in chess); shah (of Iran)
שָׂח, סָח פ' talk, speak
שָׂחָה פ' swim
שָׁחָה פ' bow down, bend, stoop
שָׁחוּז ת' sharpened
שְׁחוֹחַ תה"פ stooped, with head bent
שָׁחוּחַ ת' stooping, bent
שָׁחוּט ת' slaughtered; beaten flat (metal); sharpened (metal)
שָׁחוּל ת' threaded (needle)
שָׁחוֹם, שָׁחוּם ת' dark brown, swarthy
שְׁחוּם עוֹר ת' negro
שָׁחוּן ת' very hot and dry
שָׁחוּף ת' consumptive, tubercular
שְׂחוֹק ז' laughter, jest; mockery, derision
שָׁחוּק ת' worn, frayed; powdered, crushed
שָׁחוֹר ת' black, dark
שְׁחוֹר ז' blackness
שָׁחוֹר מִשְׁחוֹר ת' jet black
שִׁחְזוּר ז' reconstruction, restoration
שִׁחְזֵר פ' reconstruct, restore

שָׁחַח פ' be bowed
שָׁחַט פ' slaughter; butcher, massacre
שֶׁחִי, שֶׁחִי ז' armpit
שְׁחִיטָה נ' slaughtering; slaughter; massacer
שְׂחִיָּה נ' swimming
שַׂחְיָן ז' swimmer
שַׂחְיָנוּת נ' swimming (sport)
שָׁחִיל ת' threadable
שְׁחִין ז' boils
שְׁחִיף־עֵץ ז' thin board, lath
שְׁחִיף עֲצָמוֹת ת' thin as a rake
שָׁחִיק ת' crushed, powdered, ground
שְׁחִיקָה נ' crushing, powdering, grinding; attrition
שְׁחִיתוּת נ' corruption; demoralization
שַׁחַל ז' lion
שַׁחֲלָה נ' ovary
שִׁחְלוּף ז' rearranging; rearrangement
שַׁחַם ז' granite
שְׁחַמְחַם ת' brownish, darkish
שַׁחְמָט ז' chess
שַׁחְמְטַאי ז' chess-player
שַׁחַף ז' seagull
שַׁחֲפָן ז', שַׁחֲפָנִי ת' consumptive, tubercular
שַׁחֶפֶת נ' consumption, tuberculosis
שַׁחַץ ז' pride, arrogance, haughtiness
שַׁחְצָן ת' arrogant person, vain person

שַׁחְצֵן פ' be arrogant; bluster, brag
שַׁחְצָנוּת נ' arrogance, vanity
שַׁחְצָנִי ת' arrogant, vain
שָׂחַק פ' laugh, smile; jeer, mock
שַׁחַק ז' powder, dust
שָׁחַק פ' powder, grind to powder; wear away, wear down
שְׁחָקִים ז"ר sky, heavens
שַׂחְקָן ז' actor; player
שַׁחַר ז' dawn, daybreak; meaning, sense
שַׁחַר נְעוּרָיו ז' his early years
שָׁחַר פ' take an active interest in, seek after
שִׁחְרוּר ז' release, discharge; liberation, emancipation; exemption; loosening
שַׁחֲרוּר ז' blackbird
שַׁחֲרוּת נ' blackness; boyhood
שְׁחַרְחוֹר, שְׁחַרְחַר ת' blackish, brunette; darkish, swarthy
שַׁחֲרִית נ' early morning; morning prayer; matinee
שִׁחְרֵר פ' set free, liberate; emancipate, release; loosen, undo
שַׁחַת נ' pit; grave
שַׁחַת ז' hay, fodder
שָׁט פ' sail; roam, wander
שָׂטָה, סָטָה פ' deviate; turn aside, turn away
שָׁטוּחַ ת' flat, spread out
שְׁטוּיוֹת! nonsense!, rubbish!, rot!
שָׁטוּף ת' flooded, washed, bathed; passionately addicted
שְׁטוּף בְּזִימָה ת' lustful, salacious
שְׁטוּף שֶׁמֶשׁ ת' bathed in sunshine
שְׁטוּת נ' nonsense, foolishness
שְׁטוּתִי ת' nonsensical, foolish
שָׁטַח פ' spread out
שֶׁטַח ז' surface; area; domain, sphere
שֶׁטַח בָּנוּי ז' built up area
שֶׁטַח הֶפְקֵר ז' no man's land
שֶׁטַח מֵת ז' dead ground
שִׁטְחִי ת' surface; superficial, shallow
שִׁטְחִיּוּת נ' superficiality, shallowness
שָׁטִיחַ ז' carpet, rug
שְׁטִיחוֹן ז' small carpet, small rug, mat
שְׁטִיפָה נ' washing, rinsing; flooding, washing away
שְׁטִיפַת מוֹחַ נ' brainwashing
שְׁטִיפוּת נ' engrossment, absorption
שָׂטַם פ' hate
שָׂטָן ז' Satan, the Devil; fiend, devil
שִׂטְנָה נ' enmity, hate; denunciation, accusation
שְׂטָנִי ת' Satanic, diabolical, fiendish
שָׁטַף פ' wash, rinse; flood, wash away
שָׁטַף לוֹ אֶת הַמּוֹחַ brainwashed him
שֶׁטֶף ז' flow, flood; fluency
שֶׁטֶף דִּיבּוּר ז' flow of speech
שֶׁטֶף דָּם ז' haemorrhage

שְׁטָר ז' bill, promissory note, banknote
שְׁטַר כֶּסֶף ז' banknote
שְׁטַר־מֶכֶר ז' bill of sale
שַׁי ז' gift, present
שִׂיא ז' climax, peak; record
שִׂיא הַתַּעֲנוּג ז' the height of pleasure
שִׁיבֵּב פ' whittle, chip
שֵׂיבָה נ' grey hair; old age
שֵׂיבָה טוֹבָה נ' ripe old age
שִׁיבָה נ' returning; return
שִׁיבַת צִיּוֹן נ' Return to Eretz Israel
שִׁיבּוּב ז' whittling, chipping
שִׁיבּוֹלִית נ' ear (of corn)
שִׁיבּוֹלֶת נ' ear of grain; torrent, rapids
שִׁיבּוֹלֶת שׁוּעָל נ' oats
שִׁיבּוּץ ז' checkering; marking out in squares; grading; setting; interweaving, integrating
שִׁיבּוּשׁ ז' throwing into disorder, disrupting; confusion, muddle; error; mistake; corruption (text)
שִׁיבֵּחַ פ' praise, extol, laud
שִׁיבֵּעַ פ' repeat seven times; multiply by seven
שִׁיבֵּץ פ' mark out in squares; grade; set; interweave, integrate
שִׁיבֵּר פ' shatter, smash
שִׂיבֵּר פ' hope, expect
שִׁיבְרוֹן לֵב ז' a broken heart

שִׁיבֵּשׁ פ' throw into disorder, disrupt; confuse, muddle, garble; make errors, corrupt (text)
שִׂיג ז' affair, business
שִׂיג וָשִׂיחַ ז' chat, dealings, business
שִׂיגֵּב פ' exalt, raise up
שִׂיגּוּב ז' exalting; exaltation
שִׁיגּוּר ז' sending, dispatch(ing)
שִׁיגּוּר טִיל ז' launching of rocket
שִׁיגָּיוֹן ז' obsession, fixed idea
שִׁיגֵּם פ' mortise, join
שִׁיגֵּעַ פ' drive mad, madden; infatuate (slang)
שִׁיגָּעוֹן ז' madness; mania; fantastic! (slang)
שִׁיגְעוֹן גַּדְלוּת ז' megalomania
שִׁיגְעוֹנִי ת' crazy, mad, wild
שִׁיגֵּר פ' send, dispatch, launch
שִׁיגָּרוֹן ז' rheumatism, arthritis
שִׂידֵּד פ' plow, harrow
שִׁידָּה נ' chest of drawers
שִׁידּוּד ז' plundering, despoling, ravaging
שִׁידּוּד מַעֲרָכוֹת ז' a thorough change
שִׁידּוּךְ ז' marriage negotiations; betrothal, engagement; proposed match; alliance
שִׁידּוּל ז' persuading; persuasion; lobbying; coaxing
שִׁידּוּף ז' blighting, withering
שִׁידּוּר ז' broadcasting; broadcast transmitting; sending
שִׁידּוּרֵי יִשְׂרָאֵל ז"ר Israel Broadcasting Service

שִׁידֵּךְ פ׳ negotiate a marriage; match, bring together
שִׁידֵּל פ׳ persuade; coax; lobby
שִׁידֵּף פ׳ blight, wither
שִׁידָּפוֹן ז׳ blight, blast
שִׁידֵּר פ׳ broadcast, transmit, send
שֶׂיָה נ׳ ewe-lamb
שִׁיהוּי ז׳ delay, hold-up
שִׁיהוּק ז׳ hiccough, hiccup
שִׁיהֵק פ׳ hiccough, hiccup
שִׁיוֶּוה פ׳ compare; imagine; give form to
שִׁיוּוּי ז׳ equalizing, making even; comparing; giving form to; value, worth
שִׁיוּוּי זְכוּיוֹת ז׳ equal rights
שִׁיוּוּי מִשְׁקָל ז׳ equilibrium
שִׁיוַּוע פ׳ cry, shout
לְשַׁוֵּעַ לְעֶזְרָה cry for help
שִׁיוּוּק ז׳ marketing
שִׁיוֵּוק פ׳ market
שִׁיוֵּור פ׳ align
שִׁיוּט ז׳ rowing, sailing
שִׁיוּךְ ז׳ ascription, attribution; ascribing, attributing
שִׁיוּף ז׳ filing, scraping, rubbing
שִׁיוּר ז׳ remainder, remnant, residue
שִׁיוֹרֶת נ׳ remainder, leavings
שִׁיזּוּף ז׳ tanning, sunbathing; tan, sunburn
שֵׁיזָף ז׳ jujube, zizyphus (shrub)
שִׁיזֵּף פ׳ tan, burn
שִׁיזָּפוֹן ז׳ suntan; sunburn
שִׂיחַ ז׳ bush, shrub; speech, talk, conversation

שִׁיחֵד פ׳ bribe, corrupt
שִׂיחָה נ׳ conversation; talk
שִׂיחָה בֵּין־עִירוֹנִית נ׳ trunk call
שִׂיחָה דְחוּפָה נ׳ urgent call
שִׂיחַת רֵעִים נ׳ friendly chat
שִׁיחָה נ׳ pit
שִׁיחוּד ז׳ bribing, corrupting
שִׁיחוּל ז׳ extrusion (meteor.)
שִׂיחוֹן ז׳ phrase-book, conversation manual
שִׂיחַ וָשִׂיג ז׳ dealings, contact
שִׁיחוּת ז׳ corruption, marring
שִׂיחֵק פ׳ play (game); act (on stage)
שִׁיחֵק פ׳ grind fine, pound, pulverize
שִׁיחֵת פ׳ corrupt, spoil
שַׁיִט ז׳ sailing; rowing
שִׁיטָה נ׳ system, line, method
(הַ)שִּׁיטָה (הָ)עֶשְׂרוֹנִית נ׳ decimal system
שִׁיטָה נ׳ acacia (tree)
שִׁיטָּה פ׳ make a fool of, laugh at, ridicule
שִׁיטּוּחַ ז׳ flattening, beating flat; spreading out
שִׁיטוּט ז׳ wandering, roving
שִׁיטּוּר ז׳ policing; police work
שִׁיטֵּחַ פ׳ flatten, beat flat; spread out, set out
שִׁיטָּפוֹן ז׳ flood, deluge
שִׁיטָתִי ת׳ systematic, methodical
שִׁיטָתִיּוּת נ׳ methodicalness, systematic procedure
שַׁיָּט ז׳ rower, oarsman
שַׁיֶּטֶת נ׳ fleet, flotilla

שִׁיֵּךְ פ' ascribe, attribute
שַׁיָּךְ ת' belonging; relevant
שַׁיָּכוּת נ' possession; belonging; relevance, connection
שִׁיֵּף פ' file, scrape, rub
שִׁיֵּר פ' leave, leave over
שַׁיָּרָה נ' caravan, convoy
שְׁיָרִים ז"ר remains, leftovers
שֵׁיךְ ז' sheikh
שִׁיכּוּךְ ז' appeasing; calming, easing
שִׁיכּוּל ז' crossing; transposition, metathesis
שִׁיכּוּן ז' housing; housing project
שִׁיכּוֹר ז' drunk, intoxicated
שִׁיכַּח פ' cause to forget
forget
שִׁכְחוֹן ז' oblivion, forgetfulness
שִׁיכֵּךְ פ' appease, calm, ease
שִׁיכֵּל פ' bereave, kill the children of
שִׁיכֵּל פ' cross; transpose
שִׁיכֵּן פ' house, provide with housing
שִׁיכֵּר פ' intoxicate, make drunk
שִׁכָּרוֹן ז' drunkenness, intoxication
שִׁילֵּב פ' fold, cross; combine, interlock, interweave
שִׁילּוּב ז' folding, (arm) crossing; (legs); combining, interlocking, interweaving
שִׁילּוּחַ ז' sending away; dismissal; release; launching
שִׁילּוּט ז' signposting; roadsigns
שִׁילּוּם ז' paying; payment
שִׁילּוּמִים ז"ר reparations
שִׁילּוּשׁ ז' tripling; group of three; Trinity
שִׁילַּח פ' send away, dismiss; release; send forth; stretch out; divorce (a wife); launch
שִׁילֵּט פ' put up sign(s), signpost
שִׁילֵּם פ' pay, pay for
שִׁילֵּם ז' payment, requital, recompense
שִׁילֵּשׁ פ' triple; divide into three
שִׁילֵּשׁ ז' great-grandchild, member of the third generation
שִׂימָה נ' putting, placing, appointing
שִׂימַת לֵב נ' attention
שִׁימּוּן ז' oiling
שִׁימּוּעַ ז' hearing
שִׁימּוּר ז' preserving, conserving, canning
שִׁימּוּרִים ז"ר preserves, conserves, canned goods
שִׁימּוּשׁ ז' using; use, usage
שִׁימּוּשׁ לְרָעָה ז' using for ill purposes
שִׁימּוּשִׁי ת' useful, practical; applied
שִׁימּוּשִׁיּוּת נ' usefulness, practicalness
שִׂימַּח פ' make happy, gladden, delight
שִׁימָּמוֹן ז' desolation; depression
שִׁימֵּן פ' oil
שִׁימֵּר פ' conserve, preserve, can

שִׁימֵּשׁ פ' serve, serve as, act as; minister, officiate

שִׁינָּה פ' change, alter, make a difference

שִׁינּוּי ז' change, alteration, changing, altering

שִׁינּוּן ז' memorizing (by repetition); memorization; learning by heart; sharpening

שִׁינּוּס ז' girding

שִׁינּוּעַ ז' handling (cargo, etc.); transshipment

שִׁינּוּץ ז' rib-lacing

שִׁינּוּק ז' throttling, choking

שִׁינּוּת ז' division, gradation

שִׁינֵּן פ' memorize (by repetition), learn by heart; sharpen

שִׁינָּן ז' dental hygienist

שִׁינֵּס פ' gird

שִׁינֵּס אֶת מוֹתְנָיו gird up his loins (fig.)

שִׁינֵּק פ' choke, throttle

שִׁינֵּת פ' notch, gradate

שִׁיסָּה פ' set on, incite

שִׁיסּוּי ז' setting on, inciting; incitement, provocation

שִׁיסּוּעַ ז' splitting; interrupting

שִׁיסּוּף ז' hewing in pieces, splitting

שִׁיסַּע פ' split; interrupt

שִׁיסֵּף פ' hew in pieces, split

שִׁיעוּל ז' cough

שִׁיעוּם ז' covering with cork

שִׁיעוּר ז' lesson; measure, quantity; rate; approximation, estimate; instalment

שִׁיעוּרֵי בַּיִת ז"ר homework

שִׁיעוּר קוֹמָה ז' stature

שִׁיעֵר פ' imagine, conceive, estimate

שִׁיפָה נ' filing, scraping, rubbing

שִׁיפָּה פ' plane, smooth

שִׁיפּוּט ז' judging; jurisdiction judgment, discretion

שִׁיפּוּי ז' shavings, splinters; slope, slant

שִׁיפּוּלַיִם ז"ז, שִׁיפּוּלֵי אוֹנִיָּה bilge

שִׁיפּוּלִים ז"ר lower, part, bottom; train (of a dress)

שִׁיפּוֹן ז' rye

שִׁיפּוּעַ ז' sloping, slanting; slope, slant, incline

שִׁיפּוּץ ז' renovation, restoration, overhaul; renovating, restoring, overhauling

שִׁיפּוּר ז' improvement; improving

שִׁיפֵּעַ פ' make slant, slant, make slope; trim(ship)

שִׁיפֵּץ פ' renovate, restore, overhaul

שִׁיפֵּר פ' improve

שִׁיקּוּי ז' drink, beverage

שִׁיקּוּל ז' considering, weighing; consideration

שִׁיקּוּל דַּעַת ז' consideration, discretion

שִׁיקּוּם ז' rehabilitation, restoration

שִׁיקּוּף ז' making, transparent, reflecting; reflection; X-ray photograph

שִׁיקּוּץ ז' abomination, idol

rehabilitate, restore — שִׁיקֵם פ'
sink in, embed, immerse — שִׁיקַע פ'
make transparent; mirror, reflect — שִׁיקֵּף פ'
detest, abominate — שִׁיקֵּץ פ'
lie, tell a lie — שִׁיקֵּר פ'
song; poem — שִׁיר ז'
song of songs — שִׁיר הַשִּׁירִים ז'
sonnet — שִׁיר זָהָב ז'
marching song — שִׁיר לֶכֶת ז'
folksong — שִׁיר עַם ז'
lullaby — שִׁיר עֶרֶס, עֶרֶשׂ ז'
fine, silk — שִׁירָאִים ז"ר
interweave, intertwine — שֵׁירֵג פ'
poetry, singing, song — שִׁירָה נ'
songbook — שִׁירוֹן ז'
spreading(out); spread, extent — שֵׁירוּעַ ז'
uprooting; eradication — שֵׁירוּשׁ ז'
service; utility, aid; Israel taxi service — שֵׁירוּת ז'
W.C., utilities — שֵׁירוּתִים ז"ר
poetic(al), lyric(al) — שִׁירִי ת'
twist, wind; go slowly, go astray — שֵׁירֵךְ פ'
uproot, eradicate — שֵׁירֵשׁ פ'
serve, minister — שֵׁירֵת פ'
marble — שַׁיִשׁ ז'
six (masc.) — שִׁישָּׁה ש"מ
multiply by six; divide into six parts — שִׁישָּׁה פ'
sixteen (masc.) — שִׁישָּׁה־עָשָׂר ש"מ
sixth (masc) — שִׁישִּׁי ת'
made of marble — שַׁיִשִׁי ת'
sixty (masc. or fem.) — שִׁישִּׁים ש"מ זו"נ
sixth (fem.) 1/6 — שִׁישִּׁית נ'
thorn-bush — שַׁיִת ז'
corrosion, rusting — שִׁיתּוּךְ ז'
sharing; collaborating; partnership; participation, collaboration — שִׁיתּוּף ז'
co-operative — שִׁיתּוּפִי ת'
co-operation, collaboration — שִׁיתּוּף פְּעוּלָּה ז'
paralysis; silencing — שִׁיתּוּק ז'
infantile paralysis, polio — שִׁיתּוּק יְלָדִים ז'
corrode, rust — שִׁיתֵּךְ פ'
join, let participate, take in, include — שִׁיתֵּף פ'
co-operate, collaborate — שִׁיתֵּף פְּעוּלָּה פ'
paralyse; silence; calm, soothe — שִׁיתֵּק פ'
thorn, prickle — שַׂךְ ז'
lie, lie down; lie (with), sleep (with) — שָׁכַב פ'
sleep with (sexually) — שָׁכַב עִם, שָׁכְבָה עִם
lower millstone — שֶׁכֶב ז'
layer, stratum — שִׁכְבָה נ'
lying down — שָׁכוּב ת'
cock, rooster — שֶׂכְוִוי ז'
forgotten — שָׁכוּחַ ת'
God forsaken — שְׁכוּחַ אֵל ת'
bereavement, loss — שְׁכוֹל ז'
bereaved (of children) — שַׁכּוּל ת'
neighbourhood, quarter, district — שְׁכוּנָה נ'
rented, hired, leased — שָׂכוּר ת'
forget — שָׁכַח פ'

שִׁכְחָה נ׳ forgetfulness, oblivion
שַׁכְחָן ז׳ forgetful person
שַׁכְחָנוּת נ׳ forgetfulness
שְׁכִיבָה נ׳ lying, lying down; lying (with), sleeping (with)
שְׁכִיב־מְרַע ז׳ dangerously ill person
שָׁכִיחַ ת׳ common, widespread, frequent, usual
שְׁכִיחוּת נ׳ commonness, frequency
שַׂכִּין ר׳ סַכִּין
שְׁכִינָה נ׳ the Divine Presence, God
שָׂכִיר ז׳ hired laborer, wage earner, salaried employee
שְׂכִירָה נ׳ renting, hiring, leasing
שְׂכִירוּת נ׳ renting, rental
שָׁכַךְ פ׳ calm down, abate, subside
שַׁכָּךְ ז׳ damper (elec.)
שֵׂכֶל ז׳ intelligence, intellect; wisdom, understanding, sense
שֵׂכֶל יָשָׁר ז׳ common sense
שָׁכַל פ׳ lose (one's children)
שִׁכְלוּל ז׳ perfecting; improvement
שִׂכְלִי ת׳ intellectual, rational, mental
שִׂכְלִיּוּת נ׳ intelligence, intellectuality, rationalism
שִׁכְלֵל פ׳ perfect, improve
שִׂכְלֵן פ׳ rationalize
שְׂכַלְתָנוּת נ׳ rationalism, intellectualism
שְׂכַלְתָנִי ת׳ rationalistic, intellectual

שְׁכֶם, שֶׁכֶם ז׳ shoulder
שְׁכֶם אֶחָד תה״פ shoulder to shoulder, together
שִׁכְמִיָּה נ׳ cape, cloak
שָׁכַן פ׳ dwell, reside, live
שָׁכֵן ז׳ neighbor
שִׁכְנוּעַ ז׳ convincing, persuading
שְׁכֵנוּת נ׳ neighborliness; vicinity
שִׁכְנֵעַ פ׳ convince, persuade
שִׁכְפּוּל ז׳ duplicating; duplication, stencilling, mimeographing
שִׁכְפֵּל פ׳ duplicate, stencil, mimeograph
שַׁכְפֵּלָה נ׳ duplicating, machine, stencilling machine, mimeographing machine
שָׂכַר פ׳ rent, hire, lease
שָׂכָר ז׳ wages, pay, remuneration; fee
שְׂכַר דִירָה ז׳ rental, rent
שָׂכָר וָעוֹנֶשׁ ז״ר reward and punishment
שְׂכַר טִרְחָה ז׳ professonal fee
שְׂכַר לִימוּד ז׳ tuition fee
שְׂכַר סוֹפְרִים ז׳ royalties (paid to writer)
שֶׂכֶר ז׳ charter
שֵׁכָר ז׳ beer
שִׁיכְרוּת נ׳ drunkenness, alcoholism
שִׁכְשׁוּךְ ז׳ padling
שִׁכְשֵׁךְ פ׳ paddle
שֶׁל מ״י (שֶׁלִּי, שֶׁלְּךָ, שֶׁלָּךְ וכו׳) of, belonging to; made of
שָׁלָב ז׳ stage, phase; rung
שִׁלְבֵּק פ׳ cause to blister

שַׁלְבֶּקֶת נ׳ herpes
שֶׁלֶג ז׳ snow
שִׁלְגוֹן ז׳ avalanche, snowslide; ice-cream bar, ice-cream on a stick
שִׁלְגִיָּה נ׳ Snow-white
שֶׁלֶד ז׳ skeleton; outline, framework, frame
שַׁלְדָּג ז׳ kingfisher
שָׁלָה פ׳ be tranquil, be calm; draw out, fish out
שִׁלְהֵב פ׳ fire with enthusiasm, inflame; set alight
שַׁלְהֶבֶת נ׳ flame
שִׁלְהֵי ז״ר end of
שִׁלְהֵי הַקַּיִץ ז״ר end of summer
שְׂלָו, שְׂלָיו ז׳ quail (bird)
שָׁלַו פ׳ be calm, be tranquil, be serene; be still
שָׁלֵו ת׳ tranquil, serene, still
שָׁלוּב ת׳ interlinked, interlaced; folded, crossed; combined
שְׁלוּבֵי זְרוֹעַ ת״ר arm in arm
שְׁלוּגִית נ׳ slush
שַׁלְוָה נ׳ calmness, tranquillity, serenity, stillness
שָׁלוּחַ ת׳ sent; stretched out
שְׁלוּחַ רֶסֶן ת׳ unrestrained, uncontrolled
שְׁלוּחָה נ׳ offshoot, extension, branch, branch-line
שְׁלוּלִית נ׳ puddle, pool
שָׁלוֹם ז׳ peace; well-being; welfare; hello; goodbye
שְׁלוֹם־בַּיִת ז׳ domestic harmony
שְׁלוּמִיאֵל ת׳ shlemiel, bungler
שְׁלוֹמֵי אֱמוּנֵי יִשְׂרָאֵל Orthodox Jews
שָׁלוּף ת׳ drawn (sword)
שָׁלוּק ת׳ cooked in boiling water
שָׁלוֹשׁ ש״מ three (fem.)
שְׁלוֹשׁ עֶשְׂרֵה ש״מ thirteen (fem.)
שְׁלוֹשָׁה ש״מ three (masc.)
שְׁלוֹשָׁה־עָשָׂר ש״מ thirteen (masc.)
שְׁלוֹשִׁים ש״מ thirty (masc. & fem.)
שָׁלַח פ׳ send; stretch out; send away, dismiss
שֶׁלַח ז׳ spear
שַׁלְחוּפָה נ׳ tortoise
שָׁלַט פ׳ rule, control; master; be proficient
שֶׁלֶט ז׳ sign, signboard; shield
שְׁלַט רָחוֹק ז׳ remote control
שִׁלְטוֹן ז׳ rule, dominion, reign
(הַ)שִּׁלְטוֹנוֹת ז״ר (the) authorities
שְׁלִיבָה נ׳ interlocking, linkage
שִׁלְיָה נ׳ placenta
שָׁלִיחַ ז׳ messenger, emissary, envoy, agent
שְׁלִיחַ צִיבּוּר ז׳ cantor, leader of prayers (in synagogue), public servant
שְׁלִיחוּת נ׳ mission, errand
שַׁלִּיט ז׳ ruler, governor, overlord
שַׁלִּיט בְּרוּחוֹ ת׳ self-controlled
שְׁלִיטָה נ׳ rule, command, control
שָׁלִיל ז׳ embryo, foetus
שְׁלִילָה נ׳ negating, rejecting; negation, rejection, deprivation
שְׁלִילַת זְכוּיוֹת נ׳ denial of rights
שְׁלִילִי ת׳ negative; unfavorable, undesirable

שְׁלִימַזָּל ת׳ unlucky person
שָׁלִיף ת׳ extractable, capable of being drawn
שְׁלִיפָה נ׳ drawing (out), extracting
שָׁלִישׁ ז׳ adjutant, officer
שְׁלִישׁ ז׳ third
שְׁלִישׁוֹן ז׳ triplet (music)
שְׁלִישׁוֹנִי ת׳ tertiary (geology)
שָׁלִישׁוּת נ׳ adjutancy
שְׁלִישִׁי ת׳ third (masc.)
שְׁלִישִׁיָּה נ׳ trio; triplets
שַׁלֶּכֶת נ׳ falling of leaves, fall
שָׁלַל פ׳ reject, deny, negate, deprive
שָׁלָל ז׳ plunder, booty, spoils
שְׁלַל צְבָעִים ז׳ a riot of color
שָׁלַם פ׳ be completed
שָׁלֵם ת׳ whole, entire, full; perfect; unharmed
שַׁלָּם ז׳ paymaster, pay clerk
שְׁלָמָא ז׳ peace
שַׂלְמָה נ׳ robe, dress, gown
שַׁלְמוֹן ז׳, שַׁלְמוֹנִים ז״ר bribe, illegal payment
שְׁלֵמוּת נ׳ wholeness; perfection
שְׁלָמִים ז״ר peace-offering
שָׁלַף פ׳ draw (out), extract
שֶׁלֶף ז׳, שְׂדֵה שֶׁלֶף ז׳ stubble, stubble-field
שַׁלְפּוּחִית נ׳ bladder
שָׁלַק פ׳ cook in boiling water
שְׁלָשָׁה נ׳ row or line of three
שִׁלְשׁוּל ז׳ earthworm; letting down; putting in; diarrhea
שִׁלְשׁוֹם תה״פ the day before yesterday

שְׁלָשִׁי ת׳ triliteral
שִׁלְשֵׁל פ׳ lower, put in; let down; suffer from diarrhea
שַׁלְשֶׁלֶת נ׳ chain; succession
שַׁלְשַׁלְתִּי ת׳ chain-like
שֵׁם ז׳ name; substantive; noun
שֵׁם (הַ)גּוּף ז׳ pronoun
שֵׁם בָּדוּי ז׳ pseudonym, pen name
שֵׁם דָּבָר ז׳ sonething which gained publiclty
שֵׁם הַפּוֹעַל ז׳ infinitive
שֵׁם טוֹב ז׳ reputation
שֵׁם לְוַוי ז׳ appellation, nick name
שֵׁם מִסְחָרִי ז׳ brand name
שֵׁם מִשְׁפָּחָה ז׳ surname
שֵׁם נִרְדָּף ז׳ synonym
שֵׁם עֶצֶם ז׳ nown, substantive
שֵׁם פְּעוּלָּה ז׳ verbal noun
שֵׁם פְּרָטִי ז׳ first name
שֵׁם רָע ז׳ bad name
שֵׁם תּוֹאַר ז׳ adjective
שָׁם תה״פ there
שָׁם פ׳ assess, value
שָׂם פ׳ put, place, set; appoint
שֶׁמָּא תה״פ perhaps; lest, in case, for fear that
שַׁמָּאוּת נ׳ assessing, appraising; assessment
שַׁמַּאי ז׳ assessor, appraiser
שְׂמֹאל ז׳ left; left hand; the Left (politics); purl (knitting) (colloq); inside part of garment (colloq.)
שְׂמָאלִי ת׳ left; left-handed; of the Left (politics), radical
שְׂמָאלָנוּת נ׳ leftism, radicalism

שְׂמָאלָנִי ת' leftist, left-wing, leftist
שְׁמָד ז' religious persecution, forced conversion
שַׁמָּה נ' devastation, desolation
שָׁמָּה תה"פ there; to there, thither
שֵׁמוֹן ז' list of names
שְׁמוֹנֶה ש"מ eight (fem.)
שְׁמוֹנָה ש"מ eight (masc.)
שְׁמוֹנָה עָשָׂר ש"מ eighteen (masc.)
שְׁמוֹנֶה עֶשְׂרֵה ש"מ eighteen (fem.)
שְׁמוֹנִים ש"מ eighty
שְׁמוּעָה נ' rumor, hearsay
שָׁמוּר ת' guarded, preserved; reserved, restricted
שְׁמוּרָה נ' reserve, reservation, preserve, eyelash; catch (on a gun), safety-guard
שְׁמוּרַת טֶבַע נ' nature reserve
שָׂמַח פ' be happy, be glad, rejoice
שָׂמֵחַ ת' glad, joyful
שִׂמְחָה נ' happy, happiness; joy festivity, glad ocasion
שִׂמְחַת יְצִירָה נ' the joy of creation
שִׂמְחַת תּוֹרָה ז' Simhat Tora (the last day of Succot, marking end of annual cycle of Readings of the law)
שָׁמַט פ' drop; cast down; leave
שֵׁמִי ת' nominal, by name; Semitic
שָׁמִיט ת' removable, detachable
שְׁמִיטָה נ' leaving; abandoning; Sabbatical year of the land
שְׂמִיכָה נ' blanket
שָׁמַיִם ז"ר sky, heavens; Heaven; God
שְׁמֵימִי ת' heavenly, celestial
שְׁמִינִי ת' eighth (masc.)
שְׁמִינִיָּה נ' octave; octet
שְׁמִינִית ש"מ eighth (1/8) (fem.)
שָׁמִיעַ ת' audible
שְׁמִיעָה נ' hearing, listening; ear (for music)
שְׁמִיעוּת נ' audibility
שְׁמִיעָתִי ת' auditory, aural
שָׁמִיר ז',ת' thorn, thistle; dill; emery, flint; guardable, defensible; legendary worm (that cuts stone)
שְׁמִירָה נ' guarding; watching; guard, watch; observing, keeping; reserving (place); observance
שָׁמִיר וָשַׁיִת ז"ר thorns and thistles (as symbol of desolation)
שָׁמִישׁ ת' serviceable, usable
שִׂמְלָה נ' dress, woman's garment
שִׂמְלָנִית נ' skirt
שָׁמֵם פ' be desolate, be waste, be deserted
שָׁמֵם ת' desolate, waste, deserted
שְׁמָמָה נ' waste land, desert, desolation
שָׁמַן פ' grow fat
שָׁמֵן ת' fat, stout, thick; fatty, oily
שֶׁמֶן ז' oil
שֶׁמֶן דָּגִים ז' cod-liver oil
שֶׁמֶן סִיכָה ז' lubricating oil
שֶׁמֶן קִיק ז' castor oil
שַׁמְנוּנִי ת' fatty
שַׁמְנוּנִיּוּת נ' fattiness
שַׁמְנִי ת' oily, oil-bearing

שֵׁמָנִי ת׳ nominal
שְׁמַנְמַן ת׳ fattish, plump
שַׁמֶּנֶת נ׳ cream
שָׁמַע פ׳ hear, listen; obey
שֵׁמַע ז׳ hearing; report, rumor
שִׁמְעוֹן ז׳ walkman
שֶׁמֶץ ז׳ a little, jot, bit
שִׁמְצָה נ׳ disgrace
שָׁמַר פ׳ observe, guard, watch; keep; reserve (place)
שְׁמַרְחוֹם ז׳ thermos flask
שְׁמַרְטַף ז׳ baby sitter (colloq.)
שְׁמָרִים ז״ר yeast; lees, dregs
שַׁמְרָן ז׳,ת׳ conservative
שַׁמְרָנוּת נ׳ conservatism
שַׁמְרָנִי ת׳ conservative
שַׁמָּשׁ ז׳ caretaker; janitor; central Hanukka candle
שֶׁמֶשׁ זו״נ sun
שִׁמְשָׁה נ׳ windshield, windscreen; window-pane
שִׁמְשׁוֹן ז׳ sun-rose (plant)
שִׁמְשִׁיָּה נ׳ parasol, sunshade
שֵׁן נ׳ tooth; cog; ivory
שֵׁן בִּינָה נ׳ wisdom tooth
שֵׁן הָאֲרִי ז׳ dandelion
שֵׁן חוֹתֶכֶת נ׳ incisor, front tooth
שֵׁן טוֹחֶנֶת נ׳ molar, back tooth
שֵׁן סֶלַע נ׳ cliff
שִׁינַּיִים תּוֹתָבוֹת נ״ר false teeth
שָׂנֵא, שָׂנָא פ׳ hate, detest, dislike
שִׂנְאָה נ׳ hate, hatred, dislike
שַׁנַּאי ז׳ transformer (electricity)
שִׁנְאָן ז׳ angel (poet.)
שָׁנָה פ׳ repeat; learn; teach
שָׁנָה נ׳ year
שָׁנָה טוֹבָה! A Happy New Year!
שָׁנָה מְעוּבֶּרֶת נ׳ leap year, year with intercalated month
שְׁנַת אוֹר נ׳ light year
שְׁנַת הַכְּסָפִים נ׳ financial year
שְׁנַת הַלִּימוּדִים נ׳ school year
שֵׁנָה, שֵׁינָה נ׳ sleep
שֶׁנְהָב ז׳ ivory
שַׁנְהֶבֶת נ׳ elephantiasis
שָׂנוּא ת׳ hated, detested, disliked
שָׁנוּי ת׳ repeated; stated; learned
שָׁנוּי בְּמַחֲלוֹקֶת ת׳ controversial, disputed
שָׁנוּן ת׳ sharp, keen, clever, shrewd
שְׁנוּנִית נ׳ cape, promontory
שְׁנוֹרֵר פ׳ beg (colloq.)
שָׁנִי ז׳ scarlet, crimson; scarlet fabric
שֵׁנִי ת׳ second (masc.)
שְׁנִיּוּת נ׳ duality; duplicity; dualism
שְׁנִיָּיה נ׳ second (of time)
שְׁנִיָּיה ת׳ second (fem.)
שְׁנַיִים ש״מ two (masc.)
שְׁנֵים־עָשָׂר ז״ר twelve (masc.)
שְׁנִינָה נ׳ taunt, gibe
שְׁנִינוּת נ׳ sharp-wittedness, mockery, sharpness, sarcasm
שֵׁנִית תה״פ a second time, again; secondly
שָׁנִית נ׳ scarlet fever, scarlatina
שֶׁנֶף ז׳ vanilla
שְׂנֶץ ז׳ strap, lace (on shoes), cord

שָׁנַץ פ' — fasten (with straps), tie, strap, lace
שֵׁנָת נ' — sleep (poet.)
שֶׁנֶת נ' — mark, gradation
שְׁנָתוֹן ז' — yearbook, annual; age-group
שְׁנָתִי ת' — yearly, annual
שְׁנָתִית תה"פ — throughout the year, by the year, yearly
שַׁסַּאי ז' — instigator, inciter
שָׁסוּי ת' — plundered, robbed, despoiled
שָׁסוּעַ ת' — split, cloven, cleft
שֶׁסַע ז' — split, cleft
שַׁסַּעַת נ' — schizophrenia
שֶׁסֶק ז' — loquat
שַׁסְתּוֹם ז' — valve
שִׁעְבֵּד פ' — enslave; subjugate; mortgage
שִׁעְבּוּד ז' — enslavement; subjugating; subjection; enslaving; mortgaging
שָׁעָה פ' — turn towards; pay heed, notice
שָׁעָה נ' — hour; time, while
שָׁעָה קַלָּה נ' — a short time, a while
שְׁעַת חֵירוּם נ' — emergency
שְׁעַת כּוֹשֶׁר נ' — opportune moment
שַׁעֲוָה נ' — wax
שַׁעֲוָנִית נ' — oilcloth
שָׁעוּן ת' — leaning; supported
שָׁעוֹן ז' — clock, watch; meter, gauge
שָׁעוֹן מְעוֹרֵר ז' — alarm clock
שְׁעוֹנִית נ' — passion-flower
שְׁעוּעִית נ' — bean, beans

שְׂעוֹרָה נ' — barley; sty (in the eye)
שָׁעַט פ' — stamp, pound
שְׁעָטָה נ' — stamping, pounding
שַׁעַטְנֵז ז' — mixture of wool and linen (forbidden in Judaism); incompatible combination
שְׁעִינָה נ' — leaning, supporting, resting
שָׁעִיעַ ת' — smooth, not hairy
שָׂעִיר ת' — hairy, woolly, furry
שָׂעִיר ז' — he-goat; satyr
שָׂעִיר לַעֲזָאזֵל ז' — scapegoat
שְׂעִירָה נ' — she-goat
שְׂעִירוּת נ' — hairiness, wooliness, furriness
שַׁעַל ז' — step, pace
שֻׁעָלוּל ז' — fox cub
שַׁעֶלֶת נ' — whooping-cough
שַׁעַם ז' — cork
שִׁעְמוּם ז' — boredom, dullness, tedium
שִׁעְמֵם פ' — bore
שַׁעֲמָנִית נ' — linoleum
שָׁעָן ז' — watchmaker, watch repairer
שֵׂעָר ז' — hair
שִׁעֵר פ' — imagine, think
שַׁעַר ז' — gate, gateway; goal (sport); cover, title-page; rate, measure
שַׁעַר חֲלִיפִין ז' — rate of exchange
שַׁעַר עַצְמִי ז' — own goal (in football)
שַׂעֲרָה נ' — hair
שַׁעֲרוּרִיָּה נ' — scandal
שַׁעֲשׁוּעַ ז' — amusement, pleasure; game

שִׁעֲשַׁע פ׳ amuse, delight, entertain
שִׁעְתּוּק ז׳ reproducing
שַׁעְתּוּק ז׳ reproduction (of picture etc.)
שִׁעְתֵּק פ׳ reproduce, make a reproduction of
שָׁף פ׳ file, scrape
שָׂפָה נ׳ lip; language; edge, rim, hem; shore, bank; labium
שְׂפַת אֵם נ׳ mother tongue
שְׂפַת אַרְנֶבֶת נ׳ hare lip
שְׂפַת דִּיבּוּר נ׳ colloquial language
שָׂפָה זָרָה נ׳ foreign langnage
שְׂפַת יֶתֶר ז׳ verbosity
שְׂפַת עֵבֶר נ׳ Hebrew language
שַׁפּוּד ז׳ spit, skewer; knitting needle (colloq.)
שָׁפוּי ת׳ sane
שָׁפוּי בְּדַעְתּוֹ ת׳ of sound mind, sane
שָׁפוּךְ ת׳ poured out, spilt
שְׁפוֹכֶת נ׳ debris, detritus
שָׂפוּן ת׳ hidden, concealed, secret
שָׁפוּף ת׳ bent, stooping; dejected, tired, low
שְׁפוֹפֶרֶת נ׳ tube; (telephone) receiver
שָׁפוּת ת׳ placed on the fire
שִׁפְחָה נ׳ female slave
שָׁפַט פ׳ judge; pass judgment
שְׁפִי תה״פ quietly, calmly
שְׁפִיטָה נ׳ judging; judgment; refereeing, umpiring
שְׁפִיכָה נ׳ pouring, spilling
שְׁפִיכוּת נ׳ spilling
שְׁפִיכוּת דָּמִים נ׳ murder, bloodshed
שָׁפִיעַ ת׳ talus cone
שְׁפִיעָה נ׳ abundant supply; flow; flowing
שְׁפִיפָה נ׳ bending, stooping crouching
שְׁפִיפוֹן ז׳ horned viper
שָׁפִיר ז׳ foetal sac
שַׁפִּיר ת׳ fine, good, excellent, benign
שַׁפִּירִית נ׳ dragonfly
שְׂפִית נ׳ labellum
שְׁפִיתָה נ׳ placing on the fire
שָׁפַךְ פ׳ pour, spill
שֶׁפֶךְ ז׳ mouth (of a river), estuary
שָׁפַל פ׳ become low, subside
שָׁפָל ת׳ mean, base, low
שֵׁפֶל ז׳ low condition, nadir; ebb tide; slump
שְׁפֵלָה נ׳ lowland, plain
שִׁפְלוּת נ׳ baseness, meanness; humility
שַׁפְלָן ז׳ terrier
שְׁפַל־רוּחַ ת׳ meek, humble
שָׂפָם ז׳ moustache
שְׂפָמוֹן ז׳ small moustache
שְׂפַמְנוּן ז׳ catfish
שָׁפָן ז׳ coney; rabbit; coward (colloq.)
שְׁפַנִּיָּיה נ׳ rabbit-hutch
שָׁפַע פ׳ abound in, give copiously; flow abundantly
שֶׁפַע, שִׁפְעָה ז׳,נ׳ abundance, plenty, profusion
שִׁפְעוּל ז׳ activation
שִׁפְעֵל פ׳ activate

שַׁפַּעַת נ׳ influenza, flu, grippe
שָׁפַר פ׳ be fine, be good
שֶׁפֶר ז׳ beauty, fairness
שִׁפְרוּט ז׳ elaboration
שִׁפְרֵט פ׳ elaborate
שַׁפְרִיר ז׳ canopy, pavilion
שִׁפְשׁוּף ז׳ rubbing, grazing; breaking in (by tough army training) (slang)
שִׁפְשֵׁף פ׳ rub, graze; put through the mill (by tough army training) (slang)
שַׁפְשֶׁפֶת נ׳ doormat
שָׁפַת פ׳ place on the fire
שְׂפָתוֹן ז׳ lipstick
שִׂפְתּוּת ז׳ labialization
שְׂפָתַיִים נ״ז lips
שִׂפְתִּי ת׳ labiate
ש״ץ ז׳ cantor [initials of שְׁלִיחַ צִיבּוּר]
שֶׁצֶף ז׳ flow, stream
שֶׁצֶף־קֶצֶף ז׳ great rage, fury
שַׂק ז׳ sack, bag; sack-cloth
שֶׁק, צֶ׳ק ז׳ check, cheque
שֶׁק מְסוּרְטָט ז׳ crossed check
שָׁקַד פ׳ be vigilant; be diligent
שָׁקֵד ז׳ almond; tonsil
שְׁקֵדִי ת׳ almond-shaped
שְׁקֵדִיָּה נ׳ almond-tree
שַׁקְדָן ז׳ diligent person, industrious person
שַׁקְדָנוּת נ׳ diligence, industriousness
שָׁקוּד ת׳ diligent, industrious
שָׁקוּל ת׳ weighed; balanced; equal; considered

שָׁקוּל כְּנֶגֶד counterweight to
שָׁקוּעַ ת׳ submerged, immersed, wrapped up in
שָׁקוּף ת׳ transparent, clear
שְׁקוּפִית נ׳ slide (for projection of picture)
שָׁקַט פ׳ be quiet, be still
שֶׁקֶט ז׳ silence, stillness, quiet
שָׁקֵט ת׳ quiet, still
שְׁקִידָה נ׳ diligence, zeal, industriousness
שְׁקִיטָן ז׳ flamingo
שְׁקִילָה נ׳ weighing
שְׁקִיעָה נ׳ sinking; immersion; decline; sunset
שְׁקִיעַת דָּם נ׳ blood test (of sedimentation)
שְׁקִיעַת הַשֶּׁמֶשׁ נ׳ sunset
שָׁקִיף ז׳ crag, cliff; bayonet catch
שְׁקִיפוּת נ׳ transparence
שַׂקִּיק ז׳ small bag; saccule
שְׁקִיקָה נ׳ growl, noise; lust, craving
שְׁקִיקוּת נ׳ lust, craving
שַׂקִּית נ׳ small bag
שָׁקַל פ׳ weigh; consider
שֶׁקֶל ז׳ sheqel (unit of Israeli currency)
שַׁקְלָא וְטַרְיָא נ׳ discussion, negotiation
שִׁקְלֵל פ׳ weigh (statistics)
שֶׁקֶם ז׳ Shekem - Army Canteen Organization
שִׁקְמָה נ׳ sycamore
שַׁקְנַאי ז׳ pelican

שָׁקַע פ' sink, settle; decline; subside; be immersed; set (sun)

שֶׁקַע ז' hollow, depression; socket; depression (barometric); fault (geological)

שְׁקַעֲרוּרִי ת' concave, hollow

שְׁקַעֲרוּרִית נ' concave surface, concavity

שִׁקֵּף פ' render transparent

שֶׁקֶץ ז' unclean animal; loathsome creature; abomination

שָׁקַק פ' bustle, bustle about, be full of bustle

שֶׁקֶר ז' lie, untruth, falsehood

שֶׁקֶר וְכָזָב! lies!, all lies!

שִׁקְרִי ת' false, untrue

שַׁקְרָן ז' liar

שַׁקְרָנוּת נ' lying; mendacity

שִׁקְשׁוּק ז' rustle, rumble, clatter; fear, terror (slang)

שִׁקְשֵׁק פ' rumble, rustle, clatter; fear, be terrified (slang)

שַׂר ז' minister; chief, ruler

שַׂר צָבָא ז' military commander

שָׁר ז' singer

שָׁר פ' sing

שָׁרָב ז' hot dry weather, khamseen; fata morgana, mirage

שִׁרְבֵּב פ' prolong, extend; interpolate, transpose

שִׁרְבּוּב ז' prolonging, extending; interpolating, transposing

שִׁרְבּוּט ז' doodling, scribbling

שִׁרְבֵּט פ' doodle, scribble

שְׁרָבִי ת' hot and dry (weather), khamseen

שַׁרְבִיט ז' sceptre, rod; baton

שְׁרַבְרַב ז' plumber

שְׁרַבְרָבוּת נ' plumbing

שְׁרָגָא ז' candle

שָׂרַד פ' remain, survive

שְׂרָד ז' office, service

שֶׂרֶד ז' stylus

שָׂרָה פ' wrestle, struggle, fight

שָׂרָה נ' minister (female)

שָׁרָה פ' soak, steep; rest, dwell

שַׁרְווּל נ' sleeve

שַׁרְווּלִית ז' cuff

שָׁרוּי ת' steeped, soaked; dwelling, resting

שְׂרוֹךְ ז' lace, string

שְׂרוֹךְ נַעַל ז' shoe-lace

שָׂרוּעַ ת' stretched out, extended

שָׂרוּף ת' burnt; scorched; fired, enthusiastic

שָׂרַט, סָרַט פ' scratch

שִׂרְטוֹן ז' sandbank, shoal

שִׂרְטֵט ר' סִרְטֵט

שָׂרֶטֶת, סָרֶטֶת נ' scratch, cut, incision

שָׁרֵי תה"פ permitted, allowed

שָׂרִיד ז' survivor; vestige, remainder, residue

שִׁרְיוֹן ז' armor, armor-plate; armored force; protective outer shell (of animals)

שִׁרְיוּן ז' armoring, armor-plating; earmarking, setting aside

שִׁרְיוֹנַאי ז' member of the armored corps

שִׁרְיוֹנִית נ׳ armored car
שְׂרִיטָה, סְרִיטָה נ׳ scratching; scratch; incision
שְׁרִיָּה נ׳ steeping, soaking; resting, dwelling
שִׁרְיֵן פ׳ armor, armor-plate; earmark, set aside
שְׁרִיקָה נ׳ whistling; whistle
שְׁרִיר ז׳ muscle, sinew
שָׁרִיר ת׳ firm, strong
שָׁרִיר וְקַיָּם ת׳ firm and established
שְׁרִירוּת, שְׁרִירוּת־לֵב נ׳ arbitrariness, obduracy
שְׁרִירוּתִי ת׳ arbitrary
שְׁרִירִי ת׳ muscular
שָׂרָךְ ז׳ fern
שַׂרְעַף ז׳ thought, contemplation
שָׂרַף פ׳ burn, fire; use up, waste (colloq.)
שָׂרָף ז׳ poisonous snake; seraph
שְׂרָף ז׳ resin
שְׂרֵפָה, שְׂרֵיפָה נ׳ burning; fire, conflagration
שְׂרָפִי ת׳ resinous
שְׁרַפְרַף ז׳ footstool, stool
שָׁרַץ פ׳ swarm, teem, abound; produce abundantly, breed
שֶׁרֶץ ז׳ small, creeping animals
שֶׁרֶץ עוֹף ז׳ winged insect
שָׁרַק פ׳ whistle
שָׁרָק ז׳ rouge
שְׁרַקְרַק ז׳ bee-eater (bird)
שָׂרַר פ׳ rule; dominate, reign, prevail
שְׂרָרָה נ׳ rule, authority, power, dominion
שִׁרְשׁוּר ז׳ chaining, linking; belting, (gun)
שִׁרְשֵׁר פ׳ chain together, link together)
שַׁרְשֶׁרֶת נ׳ chain; cordon (military)
שָׁרָת ז׳ caretaker
שָׁרֵת ז׳ service, office (religious)
שִׁרְתּוּעַ ז׳ strut
שִׁרְתֵּעַ פ׳ strut
שֵׁשׁ ש״מ six (fem.)
שֵׁשׁ ז׳ marble; fine linen
שָׂשׂ פ׳ rejoice, be glad
שָׂשׂוֹן ז׳ joy, delight
שֵׁשׁ־עֶשְׂרֵה ש״מ sixteen (fem.)
שָׁשַׁר ז׳ lacquer, vermilion
שֵׁת ז׳ buttocks, posterior
שָׁת ז׳ basis, foundation
שָׁת פ׳ set, put, place
שַׁתָּא נ׳ year
שְׁתַדְּלָן ז׳ intercessor; pleader
שְׁתַדְּלָנוּת נ׳ intercession; pleading
שְׁתַדְּלָנִי ת׳ interceding; pleading
שָׁתָה פ׳ drink, imbibe
שָׁתוּי ת׳ drunk, drunken, intoxicated
שָׁתוּל ת׳ planted
שְׁתוּקִי ת׳ of unknown parentage, illegitimate (child)
שְׁתִי ז׳ warp (of loom)
שְׁתִי וָעֵרֶב ז׳ warp and woof, crosswise, crisscross
שְׁתִיָּה נ׳ drinking; drink (colloq.); basis, foundation
שְׁתַּיִם ש״מ two (fem.)
שַׁתְיָן ז׳ heavy drinker, drunkard
שָׁתִיל ז׳ seedling, sapling, plant

שְׁתִילָה נ׳ planting
שְׁתַּיִם ש״מ two (fem.)
שְׁתֵּים־עֶשְׂרֵה ש״מ twelve (fem.)
שְׁתִיקָה נ׳ silence
שְׁתִיתָה נ׳ flowing; flow (of blood from a wound)
שֶׁתֶל ז׳ plant (for transplanting)
שָׁתַל פ׳ plant
שְׁתַלְטָן ז׳ domineering person
שְׁתַלְטָנוּת נ׳ domineering nature
שַׁתְלָן ז׳ nurseryman
שַׁתְלָנוּת נ׳ nursery gardening, planting
שְׁתַמְטָן ז׳ shirker, dodger
שְׁתַמְטָנוּת נ׳ shirking, dodging duty
שֶׁתֶן ז׳ urine
שִׁתְנוּן ז׳ urination
שָׁתַע פ׳ be afraid, fear
שִׁתְפָנִי ת׳ co-operative
שָׁתַק פ׳ keep quiet, be silent; be calm
שַׁתְקָן ז׳ taciturn person, reticent person
שַׁתְקָנוּת נ׳ taciturnity, reticence
שַׁתֶּקֶת נ׳ paralysis
שָׁתַת פ׳ flow, drip; lose (blood)
שַׁתָּת ז׳ bleeder, haemophilic

ת

תָּא ז׳ cell, conpartment, cabin; box
תָּא דוֹאַר ז׳ post office box
תָּא הַקְפָּאָה ז׳ freezer
תָּאֵב ת׳ longing; desiring, craving
תְּאַבְדֵּעַ ת׳ inquisitive, curious, eager to learn
תַּאֲגִיד ז׳ corporation
תְּאוֹ ז׳ bufallo
תַּאֲוָה נ׳ desire, greed, passion
תַּאַוְתָן ת׳ lustful, greedy, libidinous
תַּאַוְתָנוּת נ׳ lustfulness, lust
תַּאַוְתָנִי ת׳ lustful, greedy, libidinous
תְּאוּטָה נ׳ deceleration
תְּאוֹם ז׳ twin (male)
תְּאוֹמָה נ׳ twin (female)
תְּאוּנָה נ׳ accident, mishap
תְּאוּנַת דְּרָכִים נ׳ road accident
תְּאוּצָה נ׳ acceleration
תְּאוּרָה נ׳ lighting, illumination
תַּאֲחִיזָה נ׳ cohesion, adhesion
תָּאִי ת׳ cellular, built of cells, honeycombed
תְּאִימוּת נ׳ harmony, symmetry
תָּאִיר ת׳ figurate (music)
תָּאִית נ׳ cellulose
תָּאַם פ׳ fit, match, suit
תְּאֵנָה נ׳ fig (fruit, tree)
תַּאֲנִיָּה וַאֲנִיָּה נ׳ grief and lamentation
תָּאַר פ׳ surround, encompass
תַּאֲרִיךְ ז׳ date
תַּאֲרִיכוֹן ז׳ date-stamp
תְּאָרֵךְ פ׳ date
תְּאַשּׁוּר ז׳ box tree
תַּבְהָלָה נ׳ panic
תְּבוּאָה נ׳ grains, cereals; produce, yield, crop
תְּבוּנָה נ׳ understanding, reason, wisdom
תְּבוּסָה נ׳ defeat, rout
תְּבוּסָן ז׳ defeatist
תְּבוּסָנוּת נ׳ defeatism
תְּבוּסָנִי ת׳ defeatistic
תַּבְחִין ז׳ diagnostic test
תְּבִיעָה נ׳ demand, claim
תְּבִיעָה מִשְׁפָּטִית נ׳ law suit, prosecution
תֵּבֵל נ׳ the world, the universe
תֶּבֶל ז׳ abomination
תְּבַלּוּל ז׳ cataract
תַּבְלִיט ז׳ relief, bas-relief
תַּבְלִיל ז׳ batter (cookery)
תַּבְלִין ז׳ spice, seasoning
תֶּבֶן ז׳ straw, stubble
תַּבְנִית נ׳ form, mold, pattern, structure; paradigm
תַּבְנִיתִי ת׳ patterned, structured
תָּבַע פ׳ demand, claim; sue
תָּבַע אֶת עֶלְבּוֹנוֹ (he) demanded satisfaction (for insult)
תָּבַע לְמִשְׁפָּט sued, prosecuted
תַּבְעֵרָה נ׳ conflagration, fire
תִּבְרֵג פ׳ thread, cut screws
תַּבְרוּאָה נ׳ sanitation, hygiene
תַּבְרוּאָתִי ת׳ sanitary, hygienic

תַּבְרוּאָן ז' public hygiene expert, public health expert
תִּבְרוּג ז' threading, screw-cutting
תִּבְרוֹגֶת נ' תַּבְרִיג ז' thread, screw thread
תַּבְשִׁיל ז' cooked food, dish
תָּג ז' tag, badge, label; apostrophe, coronet on letter of Hebrew alphabet
תִּגְבּוּר ז' reinforcement, reinforcing
תִּגְבּוֹרֶת נ' reinforcement; increase
תִּגְבֵּר פ' reinforce, send reinforcements
תְּגוּבָה נ' reaction, comment
תִּגְלַחַת נ' shaving; shave
תַּגְלִיף ז' engraving
תַּגְלִית נ' discovery, find
תַּגְמוּל ז' reward, recompense; reprisal, retaliation
תַּגְמִיר ז' final stage, finishing touch, finish
תַּגָּר ז' merchant, dealer, trader
תִּגְרָה נ' skirmish, tussle, brawl, scuffle
תִּגְרוֹבֶת נ' hosiery
תִּגְרוֹלֶת נ' raffle, lottery
תַּגְרָן ז' small-time merchant, trafficker
תַּגְרָנוּת נ' haggling, bargaining; petty trade
תִּדְגּוֹרֶת נ' incubation period
תַּדְהֵמָה נ' shock, dismay
תַּדְחִית נ' moratorium
תָּדִיר ת', תה"פ frequent, constant; constantly, regularly

תְּדִירוּת נ' frequency, constancy
תִּדְלוּק ז' fuelling, refuelling
תִּדְלֵק פ' fuel, refuel
תַּדְמִית נ' stencil, die; image
תַּדְמִיתָן ז' pattern maker
תַּדְפִּיס ז' offprint, reprint, print
תֶּדֶר ז' frequency
תִּדְרוּךְ ז' instruction, briefing
תַּדְרִיךְ ז' briefing, detailed instructions
תִּדְרֵךְ פ' brief (with instructions)
תֵּה ז' tea
תָּהָה פ' gape, gaze in astonishment, be amazed, wonder
תְּהוּדָה נ' resonance, reverberation
תְּהוֹם זו"נ the depths; abyss, chasm, bottomless pit
תְּהוֹם הַנְּשִׁיָּה נ' oblivion, limbo
תְּהִיָּה נ' surprise, astonishment; wondering; wonderment
תְּהִלָּה נ' praise; glory, fame
תְּהִילִים, תְּהִלִּים ז"ר the Book of Psalms
תַּהֲלוּכָה נ' procession, parade
תַּהֲלִיךְ ז' process
תַּהְפּוּכָה נ', תַּהְפּוּכוֹת נ"ר unreliability, deceitfulness; upheaval, vicissitude
תַּהְפּוּכָן ז' unreliable person, deceitful person
תָּו ז' mark, sign; note (in music); tag, label; tav (letter of Hebrew alphabet ,ת)
תּוּ תה"פ more, again, further

וְתוּ לֹא and nothing more
תוא ר׳ תְּאוֹ
תּוֹאֵם ת׳ matching, suitable; fitting, simliar
תּוֹאַם פ׳ be correlated, be co-ordinated
תּוֹאַם ז׳ symmetry; correlation, co-ordination
תּוֹאֲנָה נ׳ pretext, excuse
תּוֹאַר פ׳ be described; be drawn, be portrayed
תּוֹאַר ז׳ appearance, form; title, degree; adjective
תּוֹאַר הַפּוֹעַל ז׳ adverb
תּוֹאֲרַךְ פ׳ be dated
תּוֹבָּה נ׳ trunk (of ship)
תּוּבַּל פ׳ be seasoned, be spiced
תּוֹבָלָה נ׳ transport
תּוֹבָנָה נ׳ insight
תּוֹבֵעַ ז׳ plaintiff; prosecutor
(הַ)תּוֹבֵעַ (הַ)כְּלָלִי ז׳ public prosecutor
תּוֹבְעָנָה נ׳ bill of complaint
תּוּבְרַג פ׳ be threaded
תּוּגְבַּר פ׳ be reinforced
תּוּגָה נ׳ grief, sorrow, sadness
תּוֹדָה נ׳ gratitude, thanks
תּוֹדָה רַבָּה נ׳ thanks very much
תּוֹדָעָה נ׳ consciousness, awareness
תּוּדְרַךְ פ׳ be briefed, be given instructions
תֹּהוּ ז׳ emptiness, nothingness, desolation
תֹּהוּ וָבֹהוּ ז׳ chaos
תּוֹהֳלָה, תָּהֳלָה נ׳ fault, blemish; sin

תַּוַּאי ז׳ plotter, designer
תְּוַוי, תְּוָאי ז׳ alignment, feature
תְּוִויָּה נ׳ plotting, designing
תַּוְויָן ז׳ copyist, (musical)
תָּוִית נ׳ label
תָּוֶךְ ז׳ middle, center, inside, interior
תּוּזְמַר פ׳ be orchestrated, be scored
תּוּחְלַב פ׳ be emulsified
תּוֹחֶלֶת נ׳ hope, expectation
תּוּיָה נ׳ thiya (plant)
תּוּיַק פ׳ be filed
תּוֹךְ ז׳ inside, interior
תּוֹכֵחָה נ׳ chastisement, reproof
תּוֹכָחָה, תּוֹכַחַת נ׳ reproach, rebuke
תּוֹכִי ת׳ inner, inside, internal
תּוּכִּי ז׳ parrot
תּוֹכִיּוּת נ׳ inwardness, inner nature
תּוֹכִית נ׳ infix
תּוֹךְ כְּדֵי in the course of, while, during
תּוּכַּן פ׳ be measured; be planned
תּוֹכֵן ז׳ astronomer
תּוֹכֶן ז׳ content, contents
תּוֹכֶן הָעִנְיָנִים, הַתּוֹכֶן ז׳ table of contents
תּוֹכְנָה נ׳ software (computers)
תּוּכְנַן פ׳ be planned, be designed
תּוּכְנַת פ׳ be programmed
תּוֹלָדָה נ׳ outcome, consequence; corollary
תּוֹלְדוֹת נ״ר descendants; history
תּוֹלְדוֹת יִשְׂרָאֵל נ״ר history of the Jewish People

תולע ז׳	worm; scarlet cloth
תולַע פ׳	be full of worms, be wormy
תולַעת נ׳	worm
תולַעת מֶשי נ׳	silkworm
תולַעת סְפָרים נ׳	bookworm (fig)
תולְתַל פ׳	be curled, be made curly
תום ז׳	perfect innocence, naivete; wholeness, purity
תומֵך ת׳	supporting; supporter
תומְצַת פ׳	be summarized
תומֶר ז׳	date-palm, palm tree
תונְפָּן ז׳	kettle drum
תוסְכַּל פ׳	be frustrated
תוסֵס ת׳	fermenting; effervescent, bubbling; excited, lively
תוסֶפֶת נ׳	addition, supplement, bonus
תוסֶפֶת יוקֶר ז׳	cost-of-living bonus
תוסֶפְתָּן ז׳	appendix
תועַב פ׳	be abominable
תועֵבָה נ׳	abomination, loathsome act or object
תועַד פ׳	be documented
תועֶלֶת נ׳	use, utility, benefit
תועַלְתִי ת׳	useful; utilitarian
תועַלְתִיוּת נ׳	utilitarianism
תועַמְלָן ז׳	propagandist, agitator
תועָפות נ״ר	height
הון תועָפות ז׳	great fortune, a vast amount of money
תועַש פ׳	be industrialized
תועְתַק פ׳	be transliterated
תוף ז׳	drum
תופִּי ת׳	drum-like, drum-loaded
תופין ז׳	flat pastry; biscuit
תופִית נ׳	diaphragm
תופֵס ז׳	guard (mechanics)
תופֵס ת׳	relevant, applicable
תופָעָה נ׳	phenomenon
תופֵף פ׳	drum
תופֵר ז׳	tailor
תופֶרֶת נ׳	dressmaker, seamstress
תופֶת ז׳	inferno, hell, fire
תוצָא ז׳	effect
תוצָאָה נ׳	result, outcome, consequence
תוצָר ז׳	product
תוצֶרֶת נ׳	produce, products, production
תוקַן פ׳	be corrected; be repaired
תוקְנַן פ׳	be standardized
תוקֶף ז׳	power; validity, force
תוקְפָן ז׳	aggressor
תוקְפָנות נ׳	aggression, aggressiveness
תוקְפָנִי ת׳	aggressive
תוקְצַב פ׳	be budgeted for
תוקְצַר פ׳	be outlined, be summarized
תוקְשַר	be communicated
תור ז׳	turn; queue, line; turtle-dove; appointment (colloq.)
תור פ׳, ר׳ תָּר	
תורְבַּת פ׳	be cultured; be cultivated, be tamed
תורְגַם פ׳	be translated
תורְגְמָן ז׳	interpreter; translator; dragoman

תּוֹרָה נ' Tora, the Pentateuch; the Law; instruction, teaching; doctrine; theory
תּוֹרָה שֶׁבִּכְתָב נ' the Written Law, the Pentateuch
תּוֹרָה שֶׁבְּעַל־פֶּה נ' the Oral Law, the Talmud
תּוֹרֵם ז' donor, contributor
תּוּרְמוֹס ז' lupin (plant)
תּוֹרֶן ז' mast (on ship); flag-pole
תּוֹרָן ז' person on duty, orderly
תּוֹרָנוּת נ' turn of duty
תּוֹרָנִי ת' learned in the Tora; religious, theological
תּוֹרְנִית נ' main shaft
תּוֹרֶף ז' blank spaces on a document to be filled in (name, date, etc.)
תּוּרְפָּה נ' מְקוֹם הַתּוּרְפָּה ז' weakness, weak spot
תּוֹרַץ פ' be explained, be clarified
תּוֹרָשָׁה נ' heredity
תּוֹרַשְׁתִּי ת' hereditary
תּוֹשָׁב ז' resident, inhabitant
תּוֹשֶׁבֶת נ' chassis (of a vehicle); base
תּוּשִׁיָּה נ' resourcefulness, skill
תּוּשַּׁע פ' be multiplied by nine
תּוּת ז' mulberry
תּוּת שָׂדֶה ז' strawberry
תּוּתָב ת' inserted, fixed in
תּוֹתֶבֶת נ' insert, insertion, prosthesis
תּוֹתָח ז' gun, cannon; big shot (colloq.)
תּוֹתְחָן ז' gunner, artilleryman
תּוֹתְחָנוּת נ' gunnery, artillery
תַּזְגִּיג ז' enamel
תְּזוּזָה נ' moving, movement, motion
תְּזוּנָה נ' nutrition
תְּזוּנָתִי ת' nutritional, nutritive
תְּזוּעָה נ' slight movement
תְּזָזִית, רוּחַ תְּזָזִית נ' spirit of madness
תִּזְכּוֹרֶת נ' reminder
תַּזְכִּיר ז' memorandum
תִּזְמוּן ז' timing
תִּזְמוּר ז' orchestrating; orchestration, scoring
תִּזְמוֹרֶת נ' orchestra
תִּזְמוֹרְתִּי ת' orchestral
תִּזְמֵן פ' time
תִּזְמֵר פ' orchestrate, score
תַּזְנוּת נ' fornication, whoring
תַּזְרִיק ז' injection
תָּחַב פ' stick in, insert
תָּחַב אֶת חוֹטְמוֹ (אַפּוֹ) poked his nose
תַּחְבּוּלָה נ' trick, wile, ruse, strategem
תַּחְבּוּרָה נ' transport, communication; traffic
תַּחְבּוֹשֶׁת נ' bandage, dressing
תַּחְבִּיב ז' hobby
תַּחְבִּיבָן ז' hobbyist
תַּחְבִּיר ז' syntax
תַּחְבִּירִי ת' syntactic(al)
תִּחְבֵּל פ' contrive, plot, scheme
תַּחְבְּלָן ז' wily person; schemer, plotter
תַּחְבְּלָנוּת נ' wiliness, trickiness;

תַּחְדִּישׁ ז׳ word-coining; coined word
תָּחוּב ת׳ ז׳ stuck in, inserted
תָּחוּחַ ת׳ broken up (soil), loose
תְּחוּלָה נ׳ time of coming into force or into effect
תְּחוּם border, limit, domain, field, area
תְּחוּם שַׁבָּת ז׳ Shabbat day's journey (beyond which one may not walk)
תְּחוּשָׁה נ׳ feeling, sensation, perception
תְּחוּשָׁתִי ת׳ perceptual
תַּחְזוּקָה נ׳ maintenance
תַּחֲזִית נ׳ forecast; spectrum
תַּחֲזִית מֶזֶג הָאֲוִיר נ׳ weather forecast
תִּחְזֵק פ׳ maintain
תְּחִיבָה נ׳ sticking in, inserting
תְּחִיגָּה נ׳ festival
תְּחִיחָה נ׳ breaking up (soil)
תְּחִיחוּת נ׳ looseness (of soil)
תְּחִיָּה נ׳ revival, rebirth, renaissance
תְּחִיַּת הַמֵּתִים נ׳ resurrection of the dead
תְּחִלָּה נ׳, תה״פ beginning, start; firstly
תְּחִילִּית נ׳ prefix
תְּחִימָה נ׳ fixing limits; demarcation
תְּחִנָּה נ׳ entreaty, supplication
תְּחִיקָה נ׳ legislation
תִּחְכּוּם ז׳ sophisticating, sophistication
תִּחְכֵּם פ׳ sophisticate
תִּחְלֵב פ׳ emulsify
תַּחֲלוּאָה נ׳ incidence of disease, morbidity
תַּחֲלוּאִי ת׳ concerning the incidence of disease
תַּחֲלוּפָה נ׳ replacement, turnover (of personnel)
תַּחֲלִיב ז׳ emulsion
תַּחֲלִיף ז׳ replacement, substitute
תִּחְלֵף פ׳ replace, substitute
תָּחַם פ׳ fix limits, fix a boundary, demarcate, delimit
תַּחְמוֹצֶת נ׳ oxide
תַּחְמוֹשֶׁת נ׳ ammunition
תַּחְמִיץ ז׳ silage
תַּחְמָס ז׳ falcon
תִּחְמֵץ פ׳ make into silage
תַּחֲנָה נ׳ station, stop
תַּחֲנַת דֶּלֶק נ׳ petrol station, gas station
תַּחֲנַת כּוֹחַ נ׳ power station
תַּחֲנַת מִשְׁטָרָה נ׳ police station
תַּחֲנַת רַדְיוֹ נ׳ radio station
תַּחֲנוּן ז׳ supplication, plea, entreaty
תַּחַנְחָנוּת נ׳ coquetry
תַּחַנְחָנִי ת׳ coquettish
תַּחְפּוֹשֶׂת נ׳ disguise; fancy dress
תַּחְקִיר ז׳ investigation
תַּחְקִירָן ז׳ researcher (for press, radio etc)
תִּחְקֵר פ׳ investigate
תִּחֲרָה פ׳ compete
תַּחֲרוּת נ׳ competition, contest, match

תַּחְרִיט ז׳ engraving, etching
תַּחְרִים ז׳ lacework, embroidery
תַּחַשׁ ז׳ badger
תַּחְשִׁיב ז׳ calculation
תַּחַת מ״י under, beneath;
in place of, instead of
תַּחַת ז׳ bottom, behind (slang)
תַּחְתּוֹן ת׳ lower, lowest
תַּחְתּוֹנִים נ״ר underpants, panties
תַּחְתּוֹנִית נ׳ petticoat, slip
תַּחְתִּי ת׳ lower, underground
תַּחְתִּית נ׳ bottom part; saucer;
subway
תֵּיאָבוֹן ז׳ appetite
תֵּיאוּם ז׳ coordinating, correlating;
co-ordination, correlation
תֵּיאוּר ז׳ describing; description,
depiction
תֵּיאוּרִי ת׳ descriptive
תֵּיאַטְרוֹן ז׳ theater
תֵּיאַטְרוֹנִי ת׳ theatrical
תֵּיאַטְרָלִי ת׳ theatrical; dramatic,
spectacular, pompous
תֵּיאַטְרָלִיּוּת נ׳ theatricalness,
theatricality;
staginess, pomposity
תֵּיאֵם פ׳ correlate, co-ordinate
תֵּיאֵר פ׳ describe, portray, depict
תֵּיבָה נ׳ box, crate, chest; ark;
written word
תֵּיבַת דוֹאַר נ׳ mail box, pillar-box,
post office-box
תֵּיבַת הִילוּכִים נ׳ gear-box
תֵּיבַת מִכְתָּבִים נ׳ letter-box, mail
box
תֵּיבַת נוֹחַ נ׳ Noah's ark

תִּיבּוּל ז׳ spicing, seasoning
תִּיבֵּל פ׳ spice, season
תִּיגָּר ז׳ dispute, quarrel
תִּיוָּה פ׳ put a mark on;
sketch
תִּיוּוּי ז׳ sketching, laying out
תִּיוּוּךְ ז׳ mediation, arbitration
תִּיוֵּךְ פ׳ mediate, arbitrate
תִּיוּל ז׳ wiring
תֵּיוֹן ז׳ teapot
תִּיוּק ז׳ filing (papers)
תִּיוּר ז׳ touring, tour
תִּיחוּחַ ז׳ breaking up (soil)
תִּיחוּם ז׳ setting limits,
demarcating,
delimiting
תִּיחֵחַ פ׳ break up (soil)
תִּיחֵם פ׳ set limits, demarcate,
delimit
תִּיֵּק פ׳ file (papers)
תַּיָּק ז׳ filing-clerk
תַּיָּר ז׳ tourist, sightseer
תִּיֵּר פ׳ tour, sightsee
תַּיָּרוּת נ׳ tourism, sightseeing
תַּיָּרָן ז׳ promoter of tourism
תִּיכוֹן ת׳ middle, central
תִּיכוֹן ז׳ high-school (colloq.)
תִּיכוֹנִי ת׳ intermediate
תֵּיכֶף, תֵּכֶף תה״פ immediately,
instantly, at once
תֵּיכֶף וּמִיָּד תה״פ at once
תַּיִל ז׳ wire, barbed wire
תִּילוּי ז׳ raising, hanging up;
suspension, deferment
תִּילוּל ז׳ heaping earth;
making steep, steepening

תִּילוּם ז' furrowing
תִּילוּעַ ז' removal of worms
תִּילֵי תִּילִים ז"ר heaps and heaps
תִּילֵּל פ' heap earth around
תִּילֵּם פ' furrow
תִּילֵּעַ פ' remove worms
תִּימָּהוֹן ז' wonder, surprise, amazement, astonishment
תִּימְהוֹנִי ר' תִמְהוֹנִי
תִּימּוּךְ ז' bracing, supporting
תִּימוּכִין ז"ר backing, support
תִּימּוּר ז' rising, aloft
תֵּימָן נ' Yemen
תֵּימָנִי ת' Yemenite
תִּימֵּר פ' rise, rise, aloft
תִּימָּרָה נ' column (of smoke, dust, etc.)
תִּינֵּד פ' vibrate, oscillate
תִּינָּה פ' recount, relate, tell; mourn, grieve
תִּינּוּי ז' recounting, telling
תִּינוֹק ז' baby, babe, infant
תִּינוֹקוֹת שֶׁל בֵּית רַבָּן ז"ר infants, schoolchildren
תִּינוֹקִי ת' babyish, childish, infantile
תִּינוֹקִיּוּת נ' babyishness
תִּינוֹקֶת נ' baby (girl), small baby (girl)
תִּיסּוּף ז' ר' ייסוּף revaluation
תִּיסֵּף פ' revaluate
תִּיעֵב פ' abominate, abhor, loathe, detest, make abominable
תִּיעֵד פ' document
תִּיעוּב ז' abomination, abhorrence

תִּיעוּד ז' documentation
תִּיעוּל ז' channelling; drainage, sewerage
תִּיעוּשׁ ז' industrialization
תִּיעֵל פ' provide with drains, channels, sewers
תִּיעֵשׁ פ' industrialize
תִּיפּוּר ז' stitching, sewing
תִּיפֵּר פ' stitch, sew
תִּיק ז' case; briefcase, bag; file, folder, dossier, portfolio; handbag
תֵּיקוּ ז' tie, draw; stalemate
תִּיקּוּן ז' repairing, correcting, reforming, amending; repair, correction, reform, amendment
תִּיקּוּן הָעוֹלָם ז' putting the world to rights
תִּיקְיוֹן ז', תִּיקִיָּה נ' filing cabinet
תִּיקָן ז' cockroach
תִּיקֵּן פ' repair, correct, reform, amend
תֵּירוּץ ז' excuse, pretext
תִּירוֹשׁ ז' new wine, unfermented wine, grape juice
תִּירָס ז' corn, maize
תַּיִשׁ ז' he-goat, billy-goat
תִּישֵּׁעַ פ' multiply by nine
תִּיתוֹרָה נ' brim, rim
תֵּיתֵי פ' let it come
תֵּיתֵי לוֹ thanks to him
תַּךְ ז' stitch
תִּכְבּוֹסֶת נ' washing, laundering
תָּכוֹל ת' light blue, azure
תְּכוֹל ז' light blue, azure

content(s), capacity תְּכוּלָה נ׳
property, characteristic, trait, feature; preparation(s) תְּכוּנָה נ׳
frequent, in quick succession תָּכוּף ת׳
frequently, at frequent intervals תְּכוּפוֹת תה״פ
frequency, recurrence תְּכִיפוּת נ׳
intrigue(s) תְּכָכִים ז״ר
intriguer, troublemaker תַּכְכָן ז׳
intriguing תַּכְכָנוּת נ׳
score (music) תַּכְלִיל ז׳
aim, purpose, end תַּכְלִית נ׳
purposeful תַּכְלִיתִי ת׳
purposefulness תַּכְלִיתִיּוּת נ׳
pale blue תְּכַלְכַּל ת׳
light blue, azure תְּכֵלֶת נ׳
examine, estimate; design, plan, measure תָּכַן פ׳
design תֶּכֶן ז׳
designer תַּכָּן ז׳
software (computer) תָּכְנָה ר׳ תוֹכְנָה נ׳
planning תִּכְנוּן ז׳
programming תִּכְנוּת ז׳
program(me) (theater, concert, etc.) תָּכְנִיָּה, תּוֹכְנִיָּה נ׳
plan, scheme; program(me) תָּכְנִית, תּוֹכְנִית נ׳
syllabus תָּכְנִית לִימּוּדִים נ׳
planned, programmatic תָּכְנִיתִי, תּוֹכְנִיתִי ת׳
plan תִּכְנֵן פ׳
program תִּכְנֵת פ׳
tactic(s), strategy, stratagem תַּכְסִיס ז׳
tactical, strategic(al) תַּכְסִיסִי ת׳
tactician, strategist תַּכְסִיסָן ז׳
use of tactics, tactical manoeuvring תַּכְסִיסָנוּת נ׳
use tactics, manoeuvre תִּכְסֵס פ׳
come in quick succession, be frequent תָּכַף פ׳
frequency תֶּכֶף ז׳
bundle; covering תַּכְרִיךְ ז׳
shroud תַּכְרִיכִים ז״ר
jewel, ornament; mischievous child (colloq.) תַּכְשִׁיט ז׳
jewellery תַּכְשִׁיטִים ז״ר
jeweller תַּכְשִׁיטָן ז׳
preparation תַּכְשִׁיר ז׳
correspondence תִּכְתּוֹבֶת נ׳
dictate, order, dictation תַּכְתִּיב ז׳
mound, hillock, tel (archaeology) תֵּל ז׳
hardship, suffering תְּלָאָה נ׳
dress, attire; uniform תִּלְבּוֹשֶׁת נ׳
plywood תַּלְבִּיד ז׳
hang(up), suspend; ascribe; leave undecided תָּלָה פ׳
placed the blame on her תָּלָה אֶת הָאַשְׁמָה בָּהּ
hanging; suspended; dependent on, depending on תָּלוּי ת׳
pending, undecided תָּלוּי וְעוֹמֵד ת׳
suspender, hanger, loop תְּלוּי ז׳
steep, precipitous תָּלוּל ת׳
hillock, hummock תְּלוּלִית נ׳
complaint, grumbling תְּלוּנָה נ׳
plucked, picked, detached; rootless, out of touch תָּלוּשׁ ת׳

תָּלוּשׁ מִן הַמְּצִיאוּת ת' unrealistic, out of touch with reality
תְּלוּשׁ ז' coupon, counterfoil
תְּלוּת נ' dependence
תְּלִי ז' clothes rack, peg
תְּלִיָּה נ' hanging (up), suspending
תַּלְיָן ז' hangman
תַּלְיָנוּת נ' hangman's work
תְּלִילוּת נ' steepness, precipitousness
תְּלִישָׁה נ' picking, pulling out, tearing off (out), detaching
תְּלִישׁוּת נ' rootlessness, detachment, remoteness
תַּלְכִּיד ז' agglomeration
תֶּלֶם ז' furrow
תַּלְמוּד ז' Talmud (code of Jwish Law); learning, study
תַּלְמוּד־תּוֹרָה ז' Jewish religious school
תַּלְמִיד ז' pupil, student, disciple
תַּלְמִיד־חָכָם ז' man learned in the Law
תַּלְפִּיּוֹת נ"ר citadels, fortresses
תָּלַשׁ פ' pick, pull out, tear off (out); detach
תְּלַת ש"מ tri-, three-
תְּלַת אוֹפַן ז' tricycle
תְּלַת־מְמַדִּי ת' three-dimensional
תְּלַת־שְׁנָתִי ת' triennial
תִּלְתּוּל ז' curling
תַּלְתַּל ז' curl
תִּלְתֵּל פ' curl
תַּלְתֶּלֶת נ' curl (plant disease)
תִּלְתָּן ז' clover
תָּם ת' simple, innocent, flawless

תֶּמֶד ז' mead; grape-skin wine
תָּמַהּ פ' be surprised, be astonished; wonder
תֵּמַהּ ז' surprise, astonishment, wonder
תָּמֵהַּ ת' surprised, astonished, amazed
תִּמְהוֹנִי, תִּימְהוֹנִי ת' eccentric, odd, peculiar
תְּמֵהַנִי I doubt (whether)
תָּמוּהַּ ת' peculiar, strange
תַּמּוּז ז' Tammuz (June-July)
תְּמוּטָה נ' collapse, ruin, downfall
תְּמוּכָה נ' support, buttress
תְּמוֹל תה"פ, ז' yesterday
תְּמוֹל שִׁלְשׁוֹם תה"פ formerly, in the recent past
תְּמוּנָה נ' picture; image, form, scene, tableau (in drama); photograph
תְּמוּרָה נ' exchange; object exchanged; price; exchange value; apposition (grammar)
תְּמוּת נ' perfection, soundness
תְּמוּתָה נ' mortality
תִּמְזוֹגֶת נ' mixture, blend
תַּמְזִיג ז' condensation product
תַּמְחוּי ז' plate with compartments; charity plate; soup kitchen
תַּמְחִיר ז' cost accounting
תַּמְחִירָן ז' cost accountant
תָּמִיד תה"פ,ז' at all times, always, constantly; eternity
תְּמִידוּת נ' constancy, continuity, regularity

תְּמִידִי ת׳ constant, perpetual
תְּמִיהָה נ׳ surprise, wonder, astonishment, amazement
תְּמִיכָה נ׳ support, assistance
תָּמִים ת׳ whole, entire; naive, innocent; faultless
תְּמִימוּת נ׳ naivete, simpleness, innocence; integrity, completeness
תְּמִיסָה נ׳ solution (chemical)
תָּמִיר ת׳ tall and erect
תְּמִירוּת נ׳ erect carriage
תָּמַךְ פ׳ support, maintain
תַּמְלוּגִים ז״ר royalties
תִּמְלַחַת נ׳. brine, salts
תַּמְלִיל ז׳ text (music), libretto; wording
תְּמָנוּן ז׳ octopus
תִּמְנוּעַ ז׳ preventive medicine, prophylaxis; parry (milit)
תְּמָנִיּוֹן ז׳ octahedron
תַּמְנִית נ׳ octet
תִּמְנֵעַ פ׳ take preventive medicine
תִּמְנָעָה נ׳ institute of preventive medicine
תִּמְנָעִי ת׳ preventive, prophylactic
תִּמְסוֹרֶת נ׳ transmission (mechanical)
תִּמְסָח ז׳ crocodile
תַּמְסִיר ז׳ handout, announcement
תִּמְצוּת נ׳ summarizing, making a précis
תַּמְצִיק ז׳ concretion
תַּמְצִית נ׳ essence, juice; summary, precis
תַּמְצִיתִי ת׳ concise, brief, succinct
תַּמְצִיתִיּוּת נ׳ conciseness, succinctness
תִּמְצֵת פ׳ summarize, précis
תָּמָר ז׳ date-paim (tree), date (fruit)
תְּמָרָה נ׳ date-palm (tree)
תַּמְרוּט ז׳ varnish, polish
תַּמְרוֹן ז׳ manoeuver; strategem, trick
תִּמְרוּן ז׳ manoeuvering
תַּמְרוּק ז׳ cosmetic
תַּמְרוּקִיָּה נ׳ perfumery, cosmetic shop
תַּמְרוּקִים ז׳ cosmetics
תַּמְרוּר ז׳ traffic sign, road-sign
תִּמְרוּר ז׳ putting up road signs or traffic signs
תַּמְרוּרִים ז״ר bitterness
תַּמְרִיץ ז׳ impetus, stimulus, incentive
תִּמְרֵן פ׳ manoeuver
תַּמְשִׁיחַ ז׳ fresco
תַּן ז׳ jackal
תְּנַאי ז׳ condition, term, stipulation
תְּנָאִים ז״ר engagement, betrothal
תְּנַאי מוּקְדָם ז׳ precondition
תִּנְגּוֹדֶת נ׳ resistance
תָּנַד פ׳ oscillate, vibrate
תְּנוּבָה נ׳ crop, yield, produce
תְּנוּדָה נ׳ oscillation, vibration
תְּנוּחָה נ׳ lie, lay, position, posture
תְּנוּךְ, תְּנוּךְ־אוֹזֶן ז׳ ear-lobe
תְּנוּמָה נ׳ nap, light sleep, doze
תְּנוּעָה נ׳ movement, move, motion; traffic; vowel

תְּנוּעַת נוֹעַר נ׳ youth movement
תְּנוּפָה נ׳ upward swing; lifting, surge; momentum
תַּנּוּר ז׳ stove, oven
תַּנְחוּמִים ז״ר condolences
תִּנְיָנִי ת׳ secondary
תַּנִּין ז׳ crocodile
תַּנָ״ךְ ז׳ the Bible (initial letters of תּוֹרָה, נְבִיאִים, כְּתוּבִים, Law, Prophets, Writings)
תַּנָ״כִי ת׳ Scriptural, Biblical
תִּנְשֶׁמֶת נ׳ barn owl
תִּסְבּוֹכֶת נ׳ complication(s), mess, mix-up
תִּסְבּוֹלֶת נ׳ load carrying capacity
תַּסְבִּיךְ ז׳ complex (psychology)
תַּסְבִּיר ז׳ information brochure, prospectus
תַּסְדִּיר ז׳ arrangement, lay-out
תְּסוּגָה נ׳ retreat, withdrawal
תָּסוּס ת׳ fermented
תָּסִיס ת׳ fermentable
תְּסִיסָה נ׳ fermentation, agitation, excitement
תִּסְכּוּל ז׳ frustration
תַּסְכִּית ז׳ radio play, dramatic sketch
תִּסְכֵּל פ׳ frustrate
תִּסְמוֹכֶת נ׳ association (of ideas)
תִּסְמוֹנֶת נ׳ syndrome
תַּסְמִין ז׳ symptom
תַּסְנִין ז׳ filtrate, filter
תָּסַס פ׳ ferment, effervesce; seethe, boil, bubble; be agitated, be excited
תַּסָּס ז׳ enzyme

תִּסְפּוֹרֶת נ׳ haircut
תִּסְקוֹרֶת נ׳ revue, review
תַּסְקִיר ז׳ survey, review
תִּסְרוֹקֶת נ׳ hairstyle, coiffure
תַּסְרִיט ז׳ scenario, film-script
תַּסְרִיטַאי ז׳ scriptwriter
תַּעֲבוּרָה נ׳ traffic
תָּעָה פ׳ lose one's way; go astray
תְּעוּדָה נ׳ document; certificate, diploma; purpose, mission
תְּעוּדַת בַּגְרוּת נ׳ matriculation certificate
תְּעוּדַת זֶהוּת נ׳ identity card
תְּעוּדַת כָּבוֹד נ׳ mark of honor, something very creditable
תְּעוּדַת עֲנִיּוּת ל׳... something that speaks badly for...
תְּעוּזָה נ׳ daring
תְּעוּפָה נ׳ flying, flight, aviation
תְּעוּקָה נ׳ pressure
תְּעוּקַת הֶחָזֶה נ׳ angina pectoris
תְּעוּרָה נ׳ awakening
תְּעִיָּה נ׳ losing one's way, straying
תְּעָלָה נ׳ ditch, drain, trench, channel, canal
תַּעֲלוּל ז׳ mischievous trick, prank
תַּעֲלוּמָה נ׳ mystery, secret
תְּעָלִית נ׳ small channel, ditch
תַּעֲמוּלָה נ׳ propaganda
תַּעַמְלָן ז׳ propagandist, agitator
תַּעַמְלָנוּת נ׳ propagandism, propagandizing
תַּעֲנוּג ז׳ pleasure, delight, joy

תַּעֲנִית נ׳ fast
תַּעֲנִית צִיבּוּר נ׳ public fast
תַּעֲסוּקָה נ׳ employment; something to do
תַּעֲצוּמָה נ׳ power, strength, might
תַּעֲקִיף ז׳ paraphrase
תִּעְקֵף פ׳ paraphrase
תַּעַר ז׳ razor; sheath, scabbard
תַּעֲרוּבָה נ׳ pledge, warranty
תַּעֲרוֹבֶת נ׳ mixture; medley, mix-up
תַּעֲרוּכָה נ׳ exhibition, display
תַּעֲרִיף ז׳ tariff, price list
תַּעֲרִיפוֹן ז׳ price list
תַּעֲשִׂיָּה נ׳ industry; manufacture
תַּעֲשִׂיָּן ז׳ industrialist
תַּעֲשִׂיָּנוּת נ׳ idustrialism
תַּעֲשִׂיָּתִי ת׳ industrial
תַּעְתּוּעַ ז׳ deceit, deception, delusion
תַּעְתִּיק ז׳ transliteration; transcription
תִּעְתֵּעַ פ׳ deceive, delude
תִּעְתֵּק פ׳ transliterate; transcribe
תַּפְאוּרָה נ׳ decor, stage design
תַּפְאוּרָן ז׳ stage designer
תִּפְאָרָה, תִּפְאֶרֶת נ׳ glory, splendor
תְּפוּגָה נ׳ expiry
תַּפּוּז ז׳ orange
תָּפוּז ת׳ orange (color)
תַּפּוּחַ ז׳ apple
תַּפּוּחַ אֲדָמָה, תַּפּוּד ז׳ potato
תַּפּוּחַ־זָהָב ז׳ orange
תָּפוּחַ ת׳ swollen, puffed up
תְּפוּנָה נ׳ doubt, hesitation
תָּפוּס ת׳ occupied, busy, engaged, taken; absorbed, immersed; held, seized
תְּפוּסָה נ׳ possession; volume, space, size, capacity; tonnage
תְּפוּצָה נ׳ circulation, distribution; scattering; diaspora community
תְּפוּצוֹת נ״ר diaspora Jewish communities
תְּפוּקָה נ׳ production, yield, output
תָּפוּשׂ, תָּפוּס ת׳ held, ocupied; absorbed, engrossed
תִּפְזוֹרֶת נ׳ loose cargo
תָּפַח פ׳ swell, swell up
תְּפִיחָה נ׳ swelling; souffle
תְּפִיחוּת נ׳ swelling, tumescence
תְּפִילָּה נ׳ prayer; one of the phylacteries
תְּפִילִּין נ״ר phylacteries, tefillin
תְּפִיסָה נ׳ seizing, taking; grasp; conception, outlook; comprehension, perception
תְּפִירָה נ׳ sewing; stitching
תָּפַל פ׳ paste, plaster; slander, denounce
תָּפֵל ת׳ tasteless, insipid
תִּפְלָה נ׳ pointlessness, tastelessness; folly
תִּפְלוּת נ׳ folly; pointless behavior
תְּפֵלוּת נ׳ tastelessness, insipidity, absurdity
תַּפְלִיט ז׳ exudate
תִּפְלֶצֶת נ׳ dread, horror
תַּפְנוּק ז׳ pampering, indulgence spoiling

תַּפְנִים ז׳ interior
תַּפְנִית נ׳ turn, half-turn
תָּפַס פ׳ seize, catch; grasp, comprehend
תֶּפֶס ז׳ catch, clip
תִּפְעוּל ז׳ operation
תִּפְעֵל פ׳ put into operation
תָּפַף פ׳ drum, beat
תִּפְקֵד פ׳ function
תִּפְקוּד ז׳ functioning
תַּפְקִיד ז׳ function; task, duty, office; role
תַּפְקִיק ז׳ infarct
תָּפַר פ׳ sew, stitch
תֶּפֶר ז׳ stitch, seam
תַּפָּר ז׳ stitcher
תִּפְרוֹשֶׂת, תִּפְרוֹסֶת נ׳ sails
תְּפִירוּת נ׳ stitching, hand-sewing
תִּפְרַחַת נ׳ cluster of flowers; bloom; rash
תַּפְרִיט ז׳ menu
תִּפְרֶצֶת נ׳ eruption (medical)
תָּפַשׂ, תָּפַס פ׳ seize, take hold; apprehend, perceive; capture
תַּפְשׁוּעָה נ׳ delinquency, crime
תִּצְבּוֹרֶת נ׳ pile, accumulation
תַּצְהִיר ז׳ affidavit; declaration
תְּצוּגָה נ׳ show, display
תְּצוּרָה נ׳ configuration, formation, form
תִּצְלוֹבֶת נ׳ crossing; hybrid
תַּצְלוּם ז׳ photograph, photo
תַּצְלִיל ז׳ chord
תַּצְפִּית נ׳ observation, observation post, look-out
תִּצְרוֹכֶת נ׳ consumption
תַּצְרוּם ז׳ cacophony, dissonance
תַּצְרֵף ז׳ jig saw puzzle
ת״ק 500
ת״ק פַּרְסָה נ״ר a long distance
תַּקְבּוּל ז׳ intake, receipts (cash)
תִּקְבּוֹלֶת נ׳ parallelism
תַּקְדִּים ז׳ precedent
תִּקְוָה נ׳ hope
תָּקוּל ת׳ out of order, defective
תְּקוּמָה נ׳ revival, renewal, recovery
תָּקוּעַ ת׳ stuck in, inserted; stranded, stuck (colloq.)
תָּקוּף ת׳ seized with
תְּקוּפָה נ׳ period, era, cycle, season
תְּקוּפָתִי ת׳ periodic(al), seasonal
תְּקוּרָה נ׳ overhead expenses
תָּקִיל ת׳ weighed
תָּקִין ת׳ standard, normal
תְּקִינָה נ׳ standardization
תְּקִינוּת נ׳ normality, regularity
תְּקִיעָה נ׳ insertion, sticking in; blowing (a trumpet or shofar)
תְּקִיעַת כַּף נ׳ shaking hands (on a deal)
תַּקִּיף ת׳ forceful, hard, firm, strong, tough
תְּקִיפָה נ׳ attack, assault
תַּקִּיפוּת נ׳ forcefulness, hardness, firmness, toughness
תַּקָּלָה נ׳ obstacle, hindrance; accident, mishap
תַּקְלִיט ז׳ phonograph record
תַּקְלִיטִיָּה נ׳ record library, record collection

תֶּקֶן ז׳ norm, standard; establishment, complement; post, position

תַּקָּנָה נ׳ remedy; reform, improvement; regulation, rule

תַּקָּנוֹן ז׳ constitution (of organization, etc.), regulations, set of rules

תִּקְנוּן ז׳ standardization

תִּקְנִי ת׳ standard, normal

תִּקְנֵן פ׳ standardize

תָּקַע פ׳ sound (a trumpet or shofar), stick in, insert

תָּקַע כַּף shake hands (on a deal)

תֶּקַע ז׳ plug (electric)

תָּקֵף ת׳ valid, in force

תָּקַף פ׳ attack, assault

תִּקְצֵב פ׳ draw up the budget, budget

תַּקְצִיב ז׳ budget; allocation, allowance

תַּקְצִיבִי ת׳ budgetary

תַּקְצִיר ז׳ summary, synopsis, outline, abstract

תִּקְצֵר פ׳ summarize, outline, abstract

תֶּקֶר, נֶקֶר ז׳ flat tire, puncture

תִּקְרָה ז׳ ceiling

תִּקְרוֹבֶת נ׳ light refreshments

תִּקְרוֹנֶת נ׳ radiation

תַּקְרִישׁ ז׳ thrombosis

תַּקְרִית נ׳ incident

תִּקְשׁוֹרֶת נ׳ communication(s)

תִּקְשׁוֹרְתִּי ת׳ of communication

תַּקְשִׁיט ז׳ ornament, decoration, décor

תַּקְשִׁי"ר ז׳ (תַּקָּנוֹן שֵׁירוּת הַמְּדִינָה) civil service regulations

תִּקְשֵׁר פ׳ communicate

תִּקְתּוּק ז׳ ticking; typing

תִּקְתֵּק פ׳ tick; type

תָּר פ׳ tour, survey

תַּרְבּוּת נ׳ culture, civilization; culture (bacteria)

תִּרְבּוּת ז׳ civilizing; cultivating; domesticating, taming; preparing a culture

תַּרְבּוּתִי ת׳ cultured, cultural; cultivated

תַּרְבִּיךְ ז׳ ragout

תַּרְבִּית נ׳ interest, usury; breeding, increase

תִּרְבֵּת פ׳ civilize, make cultured; domesticate, tame

תִּרְגּוּל ז׳ exercise, practice

תִּרְגּוֹלֶת נ׳ series of exercises

תִּרְגּוּם ז׳ translating

תַּרְגּוּם ז׳ translation; Targum (Aramaic version of Bible)

תַּרְגּוּם הַשִּׁבְעִים ז׳ Septuagint

תַּרְגִּיל ז׳ exercise, drill

תַּרְגִּימָה נ׳ sweets

תַּרְגִּישׁ ז׳ sentiment

תִּרְגֵּל פ׳ exercise, train, drill

תִּרְגֵּם פ׳ translate

תֶּרֶד ז׳ spinach

תַּרְדֵּמָה נ׳ deep sleep, torpor

תַּרְדֶּמֶת נ׳ coma

תָּרוֹג ת׳ citron-colored, lemon-colored

תַּרְוָוד ז׳ kitchen spoon, ladle

תַּרְוָוח ז׳ diastole

תְּרוּמָה נ׳ contribution, donation
תְּרוּמִי ת׳ choice, superlative
תְּרוּנָה נ׳ masting
תְּרוּעָה נ׳ shout, cry, cheer; trumpet or shofar blast
תְּרוּפָה נ׳ medicine, remedy
תִּרְזָה נ׳ linden
תֶּרַח ז׳ old fool
תַּרְחִיף ז׳ suspension
תַּרְחִיץ ז׳ lotion
תַּרְחִישׁ ז׳ scenario
תַּרְטִיט ז׳ vibration
תַּרְיַ"ג מִצְוֹות נ"ר 613 commandments (of Jewish Law)
תְּרִיס ז׳ shutter, blind; shield, protection
תְּרִיסִיָּה נ׳ thyroid gland
תְּרֵיסַר ש"מ twelve; a dozen
תְּרֵיסַריון ז׳ duodenum
תְּרֵי־עָשָׂר ש"מ the twelve Minor Prophets
תִּרְכּוּב ז׳ vaccination, inoculation
תִּרְכּוֹבֶת נ׳ compound (chemical)
תִּרְכּוֹזֶת נ׳ concentration
תַּרְכּוֹס ז׳ side board
תַּרְכִּיב ז׳ vaccine, serum
תַּרְכִּיז ז׳ concentrate
תָּרַם פ׳ contribute, donate
תַּרְמִיל ז׳ bag, rucksack, pack; pod; cartridge (of bullet)
תַּרְמִית נ׳ deceit, fraud
תַּרְנְגוֹל ז׳ rooster, cock
תַּרְנְגוֹלֶת נ׳ hen
תַּרְנְהוֹד ז׳ turkey
תַּרְסִיס ז׳ spray
תַּרְעוֹמֶת נ׳ resentment, grudge, indignation, anger
תַּרְעֵלָה נ׳ poison
תְּרָפִים ז"ר household gods
תִּרְקוֹבֶת נ׳ compost
תַּרְשִׁים ז׳ draft plan, design, sketch
תַּרְשִׁישׁ ז׳ nacre, mother-of-pearl; pearl
תַּרְתֵּי ש"מ two
תַּרְתֵּי דְסָתְרֵי ז"ר a contradiction in terms
תַּרְתֵּי מַשְׁמָע ז"ר double meaning
תִּשְׁאֵל פ׳ investigate, question
תִּשְׁאוּל ז׳ investigating; investigation, questioning
תַּשְׁבֵּץ ז׳ checker work; crossword puzzle
תִּשְׁדּוֹרֶת נ׳ broadcast message or report
תַּשְׁדִּיר ז׳ commercial broadcast
תְּשׁוּאָה נ׳, תְּשׁוּאוֹת נ"ר cheers, applause
תְּשׁוּאָה נ׳ proceeds, capital gains
תְּשׁוּבָה נ׳ answer, reply; return; repentance, penitence
תְּשׂוּמָה נ׳ input; putting
תְּשׂוּמַת (תְּשׂוּמֶת) לֵב נ׳ attention
תְּשׁוּעָה נ׳ salvation, rescue, deliverance, redemption
תְּשׁוּקָה נ׳ desire, craving, lust
תְּשׁוּרָה נ׳ present, gift
תָּשׁוּשׁ ת׳ feeble, exhausted, worn out
תַּשְׁטִיף ז׳ gargle
תְּשִׁיעִי ת׳ ninth (masc.)

ninth (fem.); one-ninth תְּשִׁיעִית נ׳
feebleness, exhaustion תְּשִׁישׁוּת נ׳
gearing; combination; complex תִּשְׁלוֹבֶת נ׳
payment, instalment תַּשְׁלוּם ז׳
use; coitus תַּשְׁמִישׁ ז׳
nine (fem.) תֵּשַׁע ש״מ
nine (masc.) תִּשְׁעָה ש״מ
nineteen (masc.) תִּשְׁעָה עָשָׂר ש״מ
ninety תִּשְׁעִים ש״מ
nineteen (fem.) תְּשַׁע־עֶשְׂרֵה ש״מ
ninefold תִּשְׁעָתַיִם תה״פ
cosmetics, make-up תִּשְׁפּוֹרֶת נ׳
perspective תִּשְׁקוֹפֶת נ׳
forecast (of weather) תַּשְׁקִיף ז׳
tip תֶּשֶׁר ז׳
Tishri (Sept.–Oct.) תִּשְׁרֵי ז׳
draft, plan, blueprint תַּשְׁרִיט ז׳
enactment, validation תַּשְׁרִיר ז׳
enact, validate תִּשְׁרֵר פ׳

grow weak, be exhausted תָּשַׁשׁ, תַּשׁ פ׳
foundation, base, infrastructure תַּשְׁתִּית נ׳
to give תֵּת פ׳
under-, sub- תַּת תה״פ
Brigadier-General תַּת־אַלּוּף ת׳
the subconscious תַּת־הַכָּרָה נ׳
under-water תַּת־יָמִי, תַּת־מֵימִי ת׳
sub-machine gun תַּת־מַקְלֵעַ ז׳
subterranean תַּת־קַרְקָעִי ת׳
malnutrition, under-nourishment תַּת תְּזוּנָה נ׳
sub-standard תַּת תִּקְנִי ת׳
Jewish religious school (initials of תַּלְמוּד תּוֹרָה) ת״ת
pituitary gland תַּתּוֹן הַמּוֹחַ ז׳
support, prop, bulwark תִּתְמוֹכֶת נ׳
anosmic תַּתְרָן ז׳
anosmia תַּתְרָנוּת נ׳

Z

zany *n.* בַּדְחָן, מוּקְיוֹן; שׁוֹטֶה, מְשׁוּגָּע
zeal *n.* קַנָּאוּת, לַהַט
zealot *n.* קַנַּאי
zealous *adj.* קַנָּאִי
zebra *n.* זֶבְּרָה
zebra crossing *n.* מַעֲבַר חֲצִיָּה
zenith *n.* זֵנִית; שִׂיא הַגּוֹבַהּ
zephyr *n.* רוּחַ מַעֲרָבִית, רוּחַ חֲרִישִׁית
zeppelin *n.* סְפִינַת אֲוִויר, צֶפֶּלִין
zero *n.* אֶפֶס (0), נְקוּדַּת־הָאֶפֶס
zest *n.* טַעַם מְגָרֶה; חֵשֶׁק, הִתְלַהֲבוּת
zigzag *adj., adv., n.* סִכְסָךְ, זִגְזָג; סִכְסָכִי, זִגְזָגִי; בְּזִגְזָג
zigzag *v.* הִזְדַּגְזֵג
zinc *n.* אָבָץ, צִינְק
zinc etching *n.* חֲרִיטַת אָבָץ
zinnia *n.* צִינְיָה (צמח נוֹי ססגוני)
Zion *n.* צִיּוֹן (גם במשמעות ישראל)
Zionism *n.* צִיּוֹנִיּוּת, צִיּוֹנוּת
Zionist *adj., n.* צִיּוֹנִי
zip *n.* שְׁרִיקָה; כּוֹחַ; רוֹכְסָן
zip *v.* חָלַף בִּשְׁרִיקָה; רָכַס בְּרוֹכְסָן
zip fastener, רוֹכְסָן
zipper *n.*
zircon *n.* זִירְקוֹן (מינרל)
zirconium *n.* זִירְקוֹנִיוּם (יסוד מתכתי)
zither *n.* צִיתֶר (כלי פריטה)
zodiac *n.* גַּלְגַּל 12 הַמַּזָּלוֹת
zone *n.* אֵזוֹר, חֶבֶל
zone *v.* חִילֵּק לַאֲזוֹרִים
zoo *n.* גַּן חַיּוֹת
zoologic(al) *adj.* זוֹאוֹלוֹגִי
zoologist *n.* זוֹאוֹלוֹג (חוקר חיי בע"ח)
zoom *n.* נְסִיקָה מְהִירָה תְּלוּלָה
zoom *v.* הִנְסִיק בִּמְהִירוּת וּבִתְלִילוּת
zucchini *n.* דְּלַעַת קִישׁוּא (מוארכת)